LES MONUMENS
DE
LA MONARCHIE
FRANÇOISE,
QUI COMPRENNENT
L'HISTOIRE DE FRANCE.

TOME TROISIÉME.

LES MONUMENS
DE
LA MONARCHIE
FRANÇOISE,

QUI COMPRENNENT

L'HISTOIRE DE FRANCE,

AVEC LES FIGURES DE CHAQUE REGNE
QUE L'INJURE DES TEMS A EPARGNE'ES.

TOME TROISIÉME.

La suite des Rois depuis CHARLES V. jusqu'à LOUIS XI.
inclusivement.

Par le R. P. Dom BERNARD DE MONTFAUCON,
Religieux Benedictin de la Congregation de Saint Maur.

A PARIS,

Chez { JULIEN-MICHEL GANDOUIN, Quai de Conti, aux trois Vertus:
ET
PIERRE-FRANÇOIS GIFFART, ruë S. Jacques, à Sainte Therese.

M. DCC. XXXI.
AVEC PRIVILEGE DU ROI.

FAUTES A CORRIGER.

Page 169. à la marge, lifez 160.
Page 193. ligne pénult. lifez 1383. comme au latin.
Page 207, l. 7. lifez Villandras : & Page 208. l. 12.
Page 274. l. 4. lifez, fils de Louis Duc d'Orleans tué près de la porte Barbette.

L'Approbation & le Privilege sont imprimez aux deux premiers Volumes.

AU LECTEUR.

ES Monumens de la Monarchie Françoise sont si rares dans la premiere & seconde race de nos Rois; & même dans la troisiéme jusqu'à Saint Louis, que malgré tous les soins que j'ai pris pour que rien n'échappât à ma diligence, il y a eû des tems où l'on ne les a pû trouver qu'en fort petit nombre. Le Regne de S. Louis en a fourni une quantité considerable. Cela se soûtient assez sous quelques Regnes suivans; mais ce fut sous Charles V. que ces Monumens se multiplierent de telle sorte, qu'on en découvre tous les jours de nouveaux, & cela augmente beaucoup à mesure qu'on approche de ces derniers tems.

Ce Prince qui s'est acquis à si juste titre le surnom de Sage, aimoit la peinture & les beaux Arts, tombez dans une décadence affreuse depuis tant de siecles. Il avoit toujours auprés de lui un Peintre appellé Jean de Bruges; ce nom de Bruges marque apparamment sa ville & son payis. Les Flamans se sont distinguez depuis long-tems dans la peinture plus que tous les autres peuples voisins. C'est sans doute ce Jean de Bruges qui a fait la plûpart des miniatures, d'après lesquelles nous avons donné plusieurs Plan-

LECTORI.

MONUMENTA Franciae Monarchiae, queis injuria temporum pepercit, quaeque vel sub prima, vel sub secunda Regum nostrorum stirpe, vel etiam sub tertia ad usque sancti Ludovici ævum edita sunt, adeo rara supersunt, ut quantamcumque diligentiam adhibuerimus, ad quædam maxime illorum temporum spatia, paucissima proferre potuerimus. Sancti Ludovici ævum grandem nobis Monumentorum copiam subministravit, nec spernendum eorum numerum subsequentium Regum tempora suppeditavere. Verum sub Carolo Quinto Rege hujusmodi Monumenta usque adeo adaucta sunt, ut nova neque hactenus observata quotidie occurrant, crescitque semper numerus, dum ad inferiora sæcula pergis.

Princeps ille, qui ex gestis insignibus Sapientis sibi cognomen peperit, picturam & artes omnes liberales adamabat, fovebatque, quæ a tot sæculis jacuerant neglecta & pessum-data. Pictorem semper ille penes se habebat nomine Petrum de Brugis. Cognomen porro illud *de Brugis*, patriam ejus, ut credere est, indicabat; eratque ille Brugensis & Flandrus. Flandri vero ab aliquot retro sæculis in picturæ exercitio, plusquam cæteræ vicinæ gentes floruerant. Hic porro Joannes Brugensis, ut quidem existimo, tabulas illas depictas, quas regnante Carolo V. factas ex-

AU LECTEUR.

ches, qui representent des Assemblées & des Histoires particulieres.

Ce goût de peinture s'accrût comme un torrent dans les Regnes suivans, où l'on fit une infinité de Tableaux & de Portraits des Rois, des Princes & des Grands Seigneurs; des Histoires & des Assemblées en peinture; des Miniatures à la tête des Livres, & sur-tout des Heures & des Livres de dévotion, avec la figure de celui qui les a fait faire; de grands Manuscrits d'Histoires où l'on montre en peinture les Actions, les Batailles, les Sieges, & les autres choses remarquables que les Historiens décrivent. La fin du quatorziéme & tout le quinziéme siecle peuvent fournir une quantité prodigieuse de ces sortes de Monumens. Ceux qui sont faits depuis le milieu du quinziéme siecle montrent plus d'art & d'élegance, comme approchant du tems où la peinture fut portée à sa perfection.

Il y a aussi dans quantité d'Eglises de vieilles Tapisseries qui representent des histoires, la plûpart tirées de l'Ecriture Sainte, ou des Vies des Saints, ou de quelque autre sujet pieux. Nous y avons pourtant trouvé l'Expedition en Angleterre de Guillaume Duc de Normandie, dit *le Conquerant*; mais c'est un fait singulier, qui ne tire point à consequence. Ce n'est point dans les anciennes Tapisseries des Eglises où il faut chercher des sujets propres à cet Ouvrage, c'est plûtôt dans celles des Grands Seigneurs & des Particuliers. Nous avons trouvé dans une la Cour de François I. telle qu'elle étoit vèrs le milieu de son Regne.

La Sculpture peut aussi fournir des Monumens en quantité, la plûpart sur des Tombeaux: on en rencontre encore d'autres comme des Statuës à pied & à cheval, & quelquefois des bas-reliefs, tel qu'est celui de l'entrevûë de François I. & d'Henri VIII. Roi d'Angleterre, trouvé à Rouen, d'un excellent goût, & qu'on donnera sous le Regne de François I.

---

pressimus, quod ad maximam saltem illarum partem; edidisse creditur.

Hoc pingendi artificium & studium, Regum subsequentium ævo torrentis instar accrevit ac diffusum est; tunc innumeræ tabulæ depictæ prodiere, ubi Regum, Principum & Procerum imagines comparent, necnon gesta plurima, cœtus & confessus: tabellæ quoque minio depictæ in fronte Librorum, maximeque in libris Diurnarum Horarum, cæterisque pietatem ac religionem præ se ferentibus. Ad hæc magnæ molis libri Historiarum Manuscripti in plerisque Bibliothecis habentur, ubi secundum Scriptorum enarrationem, gesta, pugnæ, obsidiones, cæteræque res insigniores in membranis depictæ exhibentur. Decimi-quarti sæculi finis, & totum quintum-decimum sæculum ingentem hujuscemodi Monumentorum copiam suppeditare possunt. Quæ autem a medio quinto-decimo sæculo depicta fuere, majorem artem, elegantiamque exhibent, utpote ad illam infimam ætatem accedentia, in qua ex frequenti peritorum exercitio, pictura ad summum pene perfectionis apicem pervenit.

In Ecclesiis quoque aulæa vetera observantur, quæ depictas historias exhibent; sed quarum maxima pars aut Biblicas historias, aut vitam Sanctorum, vel pium aliquod argumentum repræsentant. In Ecclesia tamen Baiocensi, Guillelmi Normanniæ Ducis, Angliæ *Domitoris*, expeditionem in Angliam reperimus in aulæo depictam & minutatim exhibitam; sed quod hoc Monumentum in Ecclesia habeatur, singulare est: neque enim solent res hujusmodi in Ecclesiis comparere. Hujusmodi quippe aulæa ad Historiam Francicam pertinentia, in ædibus Principum, Procerum & aliorum sunt potius perquirenda. In aulæo uno aulam Regiam Francisci I. reperimus, qualis illa erat, cum ipse medium fere regnandi spatium attigerat.

Sculptura quoque magnum Monumentorum numerum suppeditare valet, quorum maxima pars in sepulcris & mausoleis visitur. Alibi quoque occurrunt statuæ & nonnullæ equestres; imo etiam anaglypha, etsi rarius; quale est illud, quod Rotomagi repertum fuit: congressus nempe Francisci I. & Henrici VIII. Angliæ Regis, miro artificio repræsentatus, qui in Tomo sequenti cum Francisci Primi historia comparebit.

AU LECTEUR.

Par tout ce que je viens de dire, le Lecteur équitable verra bien qu'il est impossible de rassembler dans un Ouvrage toutes les pieces de ces bas siecles que la Peinture & la Sculpture nous ont conservées. Outre la difficulté de les chercher & de les découvrir en tant de differens lieux, un Auteur, ni un Libraire ne pourroient jamais fournir à la dépense de faire dessiner & graver un si grand nombre de Portraits & d'Histoires répanduës en des endroits souvent fort éloignez, où il faudroit envoier des Dessinateurs, sans parler du long-tems qu'il faudroit pour ramasser toutes ces Pieces à la Ville, à la Campagne & dans les Provinces; la vie d'un homme suffiroit à peine pour tout cela. J'ai déja dit dans ma Préface au premier Tome, que je n'aurois jamais osé entreprendre cet Ouvrage; si je n'avois trouvé de grandes avances dans les Manuscrits & les Portefeuilles de M. de Gagnieres, qui sont présentement à la Bibliotheque du Roi. Il avoit emploié à faire ces Recueils bien des années & de grosses sommes, & fait de frequens voiages en differentes Villes & contrées du Roiaume. J'ai ajoûté aux desseins de M. de Gagnieres un grand nombre d'autres Pieces, qui excedent même dans quelques Volumes celles que j'ai tirées de ses Portefeuilles, & qui certainement ne sont pas les moins estimables de cet Ouvrage.

Je crois qu'après cela on peut se passer de plus grandes recherches. Le Lecteur veut s'instruire de la forme des habits, des modes, des manieres, des usages de la Cour, de nos Rois, des Princes & des Officiers de la Couronne & des changemens qui y sont survenus dans la suite des siecles. Le nombre des figures que nous donnons est assez grand pour cela : on y en voit de toutes les sortes & de tous les tems, & j'ai lieu d'esperer que le Public sera content de la quantité de Monumens, que cet Ouvrage renferme.

Je dois avertir ici que la troisiéme Planche de ce Tome ne me paroît pas suffisamment expliquée. Le Roi Charles V. tient une banniere & la donne à un Seigneur que l'on voit à genoux. Derriere le Roi est un Evêque crossé

Ex iis porro quæ modo diximus, prudens candidusque Lector quilibet existimabit, nullo modo, nulla arte posse illa omnia infiniti ævi Monumenta, a Pictoribus & Sculptoribus edita, unum in opus colligi & publicari. Præterquam enim quod difficile esset illa in tam variis & dissitis locis posita reperire ac colligere, neque Auctor, neque Bibliopola quivis posset eas pecunias numerare, quæ ad tot, tantasque historias imaginesque delineandas & in ære incidendas insumendæ essent, quæ etiam sæpe in diversis & procul positis locis exstant, quò mittendi essent delineandi periti viri. Ad hæc autem ingenti temporis spatio opus esset ad ea reperienda & colligenda, in urbe, in agro, in provinciis : vix putarim viri cujuslibet vitam ad hæc undique colligenda satis fore. Jam dixi in Præfatione ad primum Tomum, me nunquam illud opus suscipere ausurum fuisse, nisi multa jam collecta reperissem in Manuscriptis & chartis D. de Gagneriis, quæ jam in Bibliotheca Regia habentur. Ipse tot colligendis Francicis Monumentis multos annos, grandesque pecuniæ summas impendit, itinera suscepit varia ad diversas urbes, provinciasque Regni. Gagnerianis bene multa alia Monumenta adjeci, atque in quibusdam Tomis plura iis, quæ ex illius Manuscriptis excerpsi, & quæ certe novum hoc Opus non minus quam Gagneriana illustrant.

Post tantam emissam collectionem non est quod plura requiramus. Quærit Lector ediscere vestium ritus, cultûs varietates, usus & modos in aula Regia & apud Principes & Aulicos adhiberi solitos, necnon mutationes, quæ in decursu temporum eas in res advectæ sunt. Hic depicta Monumenta tanto sunt numero, ut ejus optatui factum sit satis; hic modi omnes variorum temporum comparent, speroque fore ut Lector his animum expleat, nec plura desideret.

Hic monendum putavi tertiam hujusce Tomi tabulam non sat explanatam mihi videri. Carolus V. Rex vexillum tenet, ac nobili cuipiam viro genuflexo tradit. Pone Regem est Episco-

AU LECTEUR.

& mitré. Ce Prelat est l'Archevêque de Rheims, selon M. de Gagnieres, qui dit avoir tiré cette peinture d'un Manuscrit de la Bibliotheque des Celestins de Paris. Cette banniere paroît être l'Oriflamme que le Roi donne à ce Seigneur, pour le déclarer Porte-Oriflamme. C'étoit alors une Charge considérable de la Couronne. Sous le Roi Charles V. nous trouvons deux Portes-Oriflamme, Arnoul Sire d'Audenehan, qui se démit du bâton de Maréchal de France, pour porter l'Oriflamme, l'an 1368. & Pierre de Villiers Grand-Maître de France, qui fut nommé Porte-Oriflamme, l'an 1372. Il y a apparence que dans la cérémonie exprimée sur cette Planche, le Roi donne cette Charge à l'un de ces deux Seigneurs.

---

pus, quem Archiepiscopum esse Rhemensem, inquit Gagnerius, qui hanc se depictam tabellam mutuatum testificatur ex Bibliotheca Cælestinorum Parisiensium. Hoc vexillum Oriflammam esse putamus, quam isti nobili viro Rex tradit, ut illum Oriflammam-ferentem constituat. Hoc autem munus tunc temporis inter præcipua Coronæ Francicæ munia censebatur. Regnante Carolo V. duos Oriflammam-ferentes comperimus; Arnulphum Audenchani Toparcham, qui anno 1368. Marescalli Franciæ baculum deposuit, ut Oriflammam-ferens constitueretur; & Petrum de Villariis, Magnus Franciæ Magister, qui Oriflammam-ferens constitutus fuit anno 1372. Rex itaque, ut verisimile est, alterutri ex istis munus Oriflammam ferentis solenniter tradit.

LES MONUMENS

LES MONUMENS
DE
LA MONARCHIE
FRANÇOISE,
QUI COMPRENNENT L'HISTOIRE DE FRANCE:
AVEC LES FIGURES DE CHAQUE REGNE,
que l'injure des tems a épargnées.

CHARLES V. dit LE SAGE & LE RICHE.

E Dauphin Charles, dès qu'il apprit la mort de son Pere, prit la qualité de Roi de France. Il trouva le Roiaume dans un triste état, les Finances absolument épuisées, les Provinces désolées par les compagnies de Brigans, qui ravageoient les campagnes; l'autorité Roiale fort affoiblie par une espece d'impuissance, où s'étoit mis le Roi défunt de remedier à tant de desordres. Le ciel parut alors propice à la France, en lui donnant un Prince, dont la sagesse remit dans peu de tems en un état florissant le Roiaume presque bouleversé.

MONUMENTA FRANCICÆ MONARCHIÆ
QUÆ FRANCIÆ HISTORIAM COMPLECTUNTUR:
cum iis cujusque Regni figuris quibus injuria temporum pepercit.

CAROLUS V. cognomine SAPIENS & DIVES.

COMPERTO patris obitu, Carolus Delphinus, se Regem Francorum promulgari curat. Res fere omnes in Regno pessumdatas invenit: exhaustum penitus ærarium, vastatas undique regiones a turmis prædonum, qui perpetuis incursibus depopulabantur agros: hincque lapsam fere regiam potentiam & majestatem, quæ vix posset tot malis & calamitatibus manum medicam admovere. Tunc emicuit divina erga Francos Providentia, Rege concesso, cujus sapientia, nec multo temporis spatio, labefactatum, ac fere eversum Regnum, florentem in statum reduxit.

Froissart.

CHARLES V. dit LE SAGE & LE RICHE.

1364.

Charles songea d'abord à aller se faire sacrer à Rheims. Mais avant que de partir, il donna des preuves de sa vigilance. Une fâcheuse guerre alloit lui tomber sur les bras. Charles le Mauvais, Roi de Navarre, outré de ce que le Roi Jean s'étoit emparé de la Bourgogne, qu'il prétendoit lui appartenir, se préparoit à venir porter la guerre au cœur du Roiaume. Outre un bon nombre de places, & de gens de guerre, qui tenoient son parti; il avoit sur la Seine les deux villes de Mante & de Meulan, qui pouvoient fort incommoder Paris. Le Roi Charles envoia le Maréchal de Boucicaut avec ordre de se joindre à Bertrand du Guesclin, & de tâcher de s'emparer de ces deux places. Ces deux chefs joints ensemble userent de stratagême, & surprirent ces deux villes sans presqu'aucune perte, ce qui recula fort les affaires du Roi de Navarre.

Mante & Meulan pris.

Le Roi Charles rendit ensuite les derniers devoirs à son pere, dont le corps fut apporté d'Angleterre. Les obseques en furent célebrées à S. Denis. Le Roi de Chypre fut present à la cérémonie & à l'enterrement.

Sacre & Couronnement de Charles V. & de sa femme.

Après cela Charles se rendit à Rheims avec Jeanne de Bourbon sa femme, pour s'y faire sacrer & couronner. L'assemblée fut auguste. Le Roi de Chypre s'y trouva, avec les Ducs d'Anjou & de Bourgogne, Venceslas Duc de Luxembourg & de Brabant, les Comtes d'Eu, de Dampmartin, de Tancarville, de Vaudemont, & un grand nombre d'autres Princes, Prélats & Seigneurs. La cérémonie de l'onction, représentée dans la Planche suivante, est tirée d'un Manuscrit de la Bibliotheque des Célestins de Paris, dont le Monastere a été fondé par Charles V. L'Archevêque de Rheims Jean de Craon oint le Roi, qui est à genoux sur un carreau. Les douze Pairs assistent à cette fonction, & étendent leurs bras vers le Roi. Les Pairs Ecclesiastiques portent la mitre, & les Pairs Séculiers ont la tête nue; ceux-ci ont une courte veste frangée par le bas. C'étoit l'habit de ces tems-là; nous verrons plus bas dans une cérémonie le Roi & un autre Seigneur vêtus de même. L'onction de la Reine Jeanne de Bourbon se fait de la même maniere. Il n'y a sur la Planche pour spectateurs que des Evêques d'un côté, & des Dames de l'autre.

PLANCHE I.

Le couronnement du Roi & de la Reine, qui se fit au même tems, a été peint dans le beau Manuscrit de Froissart de la Bibliotheque du Roi, tel que

Idem.

Nec mora Remos profectionem parat, ut pro more inter Francos recepto, inungeretur in Regem. Verum antequam iter carperet, quam solerter Regni negotiis vel a principio advigilaret deprehensum est. Instabat importunum bellum. Carolus Rex Navarræ, cognomine Malus, indignatus, quod Joannes Rex ante obitum suum Burgundiam occupasset, quam ipse Carolus ad se pertinere contendebat, Regi Francorum inferre bellum parabat, neque extrema regni confinia invadere cogitabat; sed in regiæ urbis vicinia grassari, urbes enim & castella non procul posita tenebat, militumque turmas dicto audientes. Ad hæc vero Meduntam & Mellentum ad Sequanam occupabat, quæ oppida Lutetiæ poterant multum incommodi parere. Jussit ergo Carolus, Bucicaltium Marescallum, adjuncto sibi Bertrando Guesclinio, istæc aggredi oppida, & belli fortunam tentaret, ut illa sibi adsciscerent. Hi vero duces una conjuncti, arteque usi, sine ullo pene agminis Francici dispendio, hæc oppida ceperunt; quo facto, ut Regis Navarræ negotia secus quam ipse putaverat, ab initio cederent.

Idem.

Tum Carolus, ut defuncto patri justa persolveret, corpus ejus, ex Anglia relatum, in Ecclesiam S. Dionysii in Francia ipso Rege præsente & comitante transferri curavit, ubi magnifice & ritu celebri tumulatum fuit. Parentalibus adfuit Rex Cypri.

Sub hæc Carolus profectus est cum uxore Joanna Borbonia, ut pro more ambo regia unctione & corona donarentur. Celeberrimus conventus, augustus cœtus fuit, cui interfuere Rex Cypri, Duces Andegavorum & Burgundiæ, Venceslaus Dux Luxemburgi & Brabantiæ, Comites Augæ, Domni-Martini, Tancarvillæ & Valdemontii, atque innumeri pene alii Principes, Antistites, Proceresque. Unctionis ceremonia, quæ in sequenti incisa tabula exhibetur, educta fuit ex Codice Biblioth. RR. PP. Cælestinorum Parisiens, quorum Monasterium fundatum est a Carolo V. Rege. Archiepiscopus Rhemensis Joannes de Cratumno, Regem inungit pulvino genibus innixum. Duodecim Franciæ Pares officio suo fungentes versus Regem brachia extendunt. Pares Ecclesiastici mitram, ut vulgo dicitur, capite gestant. Pares vero seculares capitibus sunt nudis. Hi omnes strictiori veste non longa induti sunt, fimbriis inferne ornata; quod vestimenti genus illo tempore in usu erat. Infra Regem videbimus & primorem alium eadem indutos vestimenti forma, Unctio Reginæ Joannæ Borboniæ, eodem ipso perficitur ritu. In tabula non alii conspiciuntur spectatores, quam Episcopi ex uno latere, & primores feminæ ex altero.

Post unctionem Rex & Regina coronam acceperunt, quæ coronarum impositio depicta habetur in eleganti illo Froissartii Codice Manuscripto, qui in Biblioth. Re-

Sacre du Roi Charles V.   *Sacre de la Reine Jeanne de Bourbon.*

COURONNEMENT DU ROI CHARLES V.
ET DE LA REINE SA FEMME.

CHARLES V. dit LE SAGE & LE RICHE.

nous le donnons dans la Planche suivante. La même troupe y est représentée deux fois. Elle vient en procession à l'Eglise Cathedrale de Rheims. L'eau benite & la Croix marchent devant. A la tête de la troupe qui suit, marchent deux Religieux en chappe, reconnoissables par leur tonsure. Ce pourroit bien être les Abbez de S. Denis & de S. Remi de Rheims, qui assistoient ordinairement à ces céremonies. Après quelques autres qui les suivent, le Roi & la Reine viennent sous un dais soutenu par quatre Seigneurs ; ceux qui suivoient & qui faisoient sans doute le plus grand nombre, sont cachez par l'Eglise ; c'étoient les Princes, les Prélats, les Seigneurs & le peuple. Le couronnement se fait dans l'Eglise. Le Roi & la Reine sont assis au pied du grand Autel. L'Archevêque qui se tient derriere le Roi, lui met la couronne sur la tête. Parmi les assistans, on remarque un Prince qui porte la Couronne, le Sceptre, & le Manteau Roial. C'est certainement Pierre Roi de Chypre. Après la céremonie le Roi & toute la Cour demeura à Rheims l'espace de cinq jours ; qui se passerent en festins & en réjouissances. Après quoi il s'en retourna à Paris. **PL. II.**

Je ne sai si ce fut après son Sacre que le Roi Charles fit benir sa banniere Roiale par l'Archevêque de Rheims. Cette benediction se trouve peinte en miniature dans la Bibliotheque des Célestins de Paris, d'où M. de Gaignieres la fit copier telle que nous la representons ici. Un chevalier à genoux la tête nue tient cette banniere de ses deux mains. Le Roi la prend, & porte sa couronne ornée de trefles. L'Archevêque la mitre en tête, qui tient une grande croix de sa main gauche, benit de la droite cette banniere. Le Roi & le Chevalier, qui tiennent la banniere, ont des gands aux mains, & sont vêtus de même que les Pairs Séculiers qui assistent au Sacre ci-dessus. On a d'autres preuves que c'étoit l'habit du tems. **PL. III.**

Avant que le Roi partît de Rheims, il eut nouvelle de la victoire que Bertrand du Guesclin venoit de remporter sur le Captal de Buch, & sur les troupes Navarroises. En voici l'histoire. Le Roi de Navarre pour porter selon son projet la guerre en France, avoit engagé le Captal de Buch de passer en Normandie avec un bon nombre de Gascons. Il se mit sur mer, y aborda heureusement, & se joignit à Jean Jouel Capitaine Anglois, à Robert Knolles, & à d'autres ac-

Froissart.

gia asservatur, qualem nos exhibemus in sequenti tabula. Idem ipse cœtus totus in eadem imagine bis repræsentatur. Primo namque ille solemni ritu procedit ad Ecclesiam Cathedralem Rhemensem. Præeunt crux & aqua lustralis benedicta. Primi procedunt Monachi duo, cappis induti, quos ex attonso capite Monachos deprehendimus. Hi sunt fortassis Abbates sancti Dionysii in Francia, & S. Remigii Rhemensis, qui istiusmodi celebritati interesse debent & solent. Hos alii sequuntur : posteaque Rex & Regina sub umbella a quatuor ex primoribus gestata procedunt. Qui priorem sequebantur turmam, & majore haud dubie numero erant, ab Ecclesia, ne comparerent, obteguntur. Hi erant Principes, Episcopi, primores & populus. Rex & Regina in Ecclesia coronantur, sedentque ante aræ majoris gradus. Archiepiscopus pone Regem stans, coronam ipsi imponit. Inter astantes suspicitur Princeps quispiam, coronam, sceptrum, palliumque regium gestans. Is est haud dubie Petrus Cypri Rex. Post peractam illam tam celebrem functionem, Rex quinque dies sequentes Rhemis transegit cum Aulicis, quod temporis spatium conviviis, cæterisque oblectandi animi causa spectaculis insumtum fuit. Posteaque Rex Lutetiam reversus est.

Non ausim affirmare an post peractam regiam unc-
tionem Carolus, an alio suscepto Rhemôs itinere, Vexillum regium ab Archiepiscopo Rhemensi benedici curaverit. Ut ut est, benedictio istæc depicta visitur in Bibliotheca Cœlestinorum Parisiensium, indeque Gagnerii jussu delineata fuit, qualem hic exhibemus. Ex equestri & Nobilium ordine, quispiam flexis genibus, nudo capite, hoc vexillum ambabus tenet manibus. Ipsum Rex accipit, coronam trisoliis ornatam capite impositam, Archiepiscopus mitra sua insignitus, grandem sinistra sua crucem tenens, dextera vexillo benedictionem impertit. Rex & nobilis ille vir, qui ambo vexillum tenent, manus chirothecis obtectas habent, & eodem vestitus genere induti sunt, quo Pares illi sæculares, qui unctioni regiæ supra interfuere. Aliis quoque exemplis confirmatur ejusmodi fuisse istius ævi vestem virilem.

Nondum Rhemis profecto Regi nunciata fuit victoria à Bertrando Guesclinio de Capitali Boiorum, & de Navarræis reportata : quæ res sic feliciter acta fuit. Carolus Rex Navarræ, cum bellum in Galliam inferre constituisset, cum Capitali Boiorum id pacto inito constituerat, ut Capitalis ipse, collecta Vasconum valida manu, in Normanniam trajiceret. Conscensis navibus Capitalis cum Vasconum manu illò appulit, ac cum Joanne Juello, Roberto Knollio Ducibus, aliis-

Froissart.

Froissart. hist. de Bertrand du Guesclin.

Tome III.   A ij

CHARLES V. dit LE SAGE & LE RICHE.

compagnez de troupes Angloises. Bertrand du Guesclin, qui depuis la prise de Mante & de Meulan avoit reçû un renfort considerable, & quantité de troupes Gasconnes commandées par des Seigneurs de cette nation, alla chercher les ennemis. Le Captal s'avançoit aussi de son côté, & alla se camper auprès de Cocherel sur une colline. Le poste étoit de difficile accès. Quelqu'envie qu'eût du Guesclin d'en venir aux mains, il ne vouloit pas risquer le combat en un lieu, où l'action seroit trop perilleuse pour lui & les siens. Il prit donc le parti de faire semblant de se retirer : & fit faire volte-face à ses gens, comme s'il eût voulu s'éloigner du camp des ennemis. Alors Jean Jouel Anglois, croiant victoire gagnée, se mit en marche pour donner sur les François. Le Captal plus sage, qui savoit bien que du Guesclin n'étoit pas d'humeur à s'enfuir, soupçonna que ce n'étoit qu'une feinte, & voulut arrêter Jouel; mais malgré ses rémontrances Jouel engagea le combat, qui fut rude & long-tems disputé; ensorte qu'on ne savoit pas de quel côté la victoire tourneroit. Elle demeura enfin aux François. Jean Jouel fut blessé à mort. Le Captal de Buch fut fait prisonnier. Il y eut bien des gens tuez des deux partis, mais beaucoup plus du côté des ennemis, dont plusieurs demeurerent prisonniers.

Combat de Cocherel, & victoire des François sur les Anglois & Navarrois.

Après cette victoire, Bertrand du Guesclin acheta de Wautaire, Capitaine d'une compagnie de Pillards, le Château de Romboise pour le prix de six mille francs. Le payis se trouva ainsi délivré de ces Brigands, qui désoloient les campagnes.

Charles après son retour du Sacre donna à son frere Philippe l'investiture du Duché de Bourgogne, selon la volonté du Roi Jean son Pere. Philippe alla en prendre possession, & reçût les hommages des Seigneurs. Après quoi le Roi son frere l'envoia avec un corps de troupes pour chasser les compagnies de Pillards des forteresses qu'elles tenoient en diverses Provinces, où elles faisoient le dégat. Philippe aiant divisé ses gens en plusieurs corps, assiegea & prit un grand nombre de Châteaux. Pendant ce tems-là le Comte de Montbelliard entra dans la Bourgogne; & se mit à piller, brûler & désoler les campagnes. Le Duc Philippe se rendit en Bourgogne, assembla quantité de Seigneurs, de Chevaliers & de Gendarmes, & ravagea tout le Comté de Montbelliard.

Tandis que le Duc de Bourgogne faisoit ces expeditions; les gens de Louis de Navarre, frere bâtard de Charles le Mauvais, Navarrois, Anglois, Gascons

---

que Anglorum bene multorum ducibus copias junxit. Bertrandus vero Guesclinius; qui post capta oppida Meduntam & Melientum, Vasconum manum & ipse non spernendam, ducibus Vasconum quibusdam primoribus, in subsidium acceperat, in hostium occursum cum toto agmine perrexit. Nec impigre Capitalis properabat ut cœpta perficeret, cumque propius accessisset, juxta Cocherellum castrum in colle castra posuit, locumque occupavit, quo difficilis aditus hosti erat. Etsi porro Guesclinius cum Capitali manus consertere peroptabat, nolebat tamen istic belli fortunam tentare, ubi ex difficultate loci majus periculum imminebat. Verum ut hostes ad castra relinquenda sua alliceret, se receptui canere simulavit, exercitumque suum quasi aliò proficiscentem hosti terga dare & aliò proficisci jubet. Ut vidit Juellus dux Anglus Francos loco movere & terga dare, quasi ad certam victoriam egressus properat, ut Francos adoriatur. Capitalis vero petitior, gnarus item non tali animo esse Guesclinium, ut ad hostium conspectum terga daret, dolum suspicatus, Juellum cohibere conatur : at frustra cessere monita. Juellus pugnam iniit; diu utrinque & acerrime pugnatum est, ita ut vix posset sciri cui cessura victoria esset. Tandem victores Franci fuerunt. Juellus gravissime vulneratus : ex vulnere postea interiit. Capitalis Boiorum captus fuit. Multi utrinque cæsi sunt, sed longe plures ex Navarræis, quorum multi captivi mansere.

Post victoriam Bertrandus Guesclinius a Waltario quodam prædonum duce, Rombosium castrum emit precio sex millium Francorum, sicque regio vicina ab incursibus libera fuit, queis antea devastabatur. *Froissart.*

Reversus Rhemis Carolus unctus- & coronatus, Burgundiæ Ducem instituit fratrem Philippum, id quod a patre suo Joanne Rege jam decretum, nec peractum fuerat. Philippus Burgundiam petiit, ibique procerum *hominia* accepit. Tum jubente fratre, cum militum manu profectus est, ut prædonum cohortes profligaret, quæ castra & oppida quædam occupantes, provincias circum devastabant. Copiis suis Philippus multas in partes divisis, castra multa cepit. Interea vero Montis-Belligardi Comes, Burgundiam invadens, agros & regionem depopulatur. Philippus vero Dux in Burgundiam profectus, Proceres, Equites & armatos quotquot potuit collegit, & Montis-Belligardi Comitatum igni ferroque vastavit. *Idem.*

Dum hæc gererentur, Ludovicus Navarræus frater nothus Caroli Mali Navarræ Regis, missis Navarræis, *Idem.*

CHARLES V. DONNE L'ORIFLAMME A UN SEIGNEUR.

CHARLES V. dit LE SAGE & LE RICHE.

prirent la Charité sur Loire, s'y établirent, & faisoient delà des courses de l'un & de l'autre côté de la riviere, pillant & désolant le pays. Le Roi pour prévenir les maux que pouvoient faire ces Navarrois, fit partir le Connétable de Fiennes, avec les deux Maréchaux de Boucicaut & de Blainville, pour en faire le siége ; & fit depuis partir le Duc de Bourgogne avec un grand renfort de troupes pour y aller commander. La garnison se défendit fort bien au commencement ; mais quand ils se virent serrez de tous côtez par une nombreuse armée, ils demanderent à capituler. Le Duc de Bourgogne ne vouloit d'abord les recevoir qu'à discretion : mais comme Charles de Blois qui disputoit la Bretagne à Jean de Montfort, avoit besoin d'un promt secours, le Roi Charles manda à son frere de recevoir la place à composition ; ce qui fut fait. On les laissa sortir sans rien emporter, que ce qu'ils pouvoient porter sur eux, après qu'ils eurent juré que de trois ans ils ne serviroient le Roi de Navarre.

<small>La Charité sur Loire pris & reprise.</small>

La guerre s'étoit renouvellée plus fort que jamais entre Charles de Blois & Jean de Montfort. Chacun d'eux tenoit une partie de la Bretagne, & travailloit à chasser son competiteur de l'autre partie. Montfort assiegea le château d'Avrai & le serra de si près, qu'il étoit sur le point de se rendre. Charles de Blois à qui il importoit beaucoup d'empêcher que son rival ne s'aggrandît à ses dépens, demanda secours au Roi de France, qui lui envoya un puissant renfort de troupes, commandé par Bertrand du Guesclin. Jean de Montfort de son côté demanda secours aux Anglois. Jean Chandos qui commandoit en ces pays-là sous le Prince de Galles, le vint joindre avec tout ce qu'il pût ramasser de troupes Angloises. La bataille se donna. Il n'y en eut jamais de plus disputée que celle-ci, il y eut un grand nombre de morts de part & d'autre, & bien des gens de qualité y furent tuez ou blessez. Charles de Blois fut tué sur la place, Bertrand du Guesclin fut prisonnier, & la victoire demeura à Montfort. Froissart dit que les Anglois pour mettre fin à une guerre qui faisoit périr tant de gens, avoient résolu de tuer le Comte de Blois s'il tomboit entre leurs mains, & que les François vouloient faire le même traitement à Jean de Montfort, s'ils pouvoient le prendre.

<small>Bataille d'Avrai, & mort de Charles de Blois.</small>

Ainsi finit Charles de Blois, un des plus braves & des plus vertueux Princes

---

Anglis & Vasconibus, Charitatem oppidum ad Ligerim occupavit. Isti vero agros citra ultraque Ligerim depopulabantur. Rex ut imminentibus inde damnis occurreret, statim misit Constabularium de Fielnis, cum Marescallis Bucicaltio & Albavillæo, qui oppidum obsiderent ; postæaque jussit Burgundiæ Ducem cum magna militum manu, illò se conferre, ut imperaret obsidentibus. Initio quidem Navarræi adorientes se Francos strenue propulsabant : at ubi viderunt se ab numeroso exercitu undique premi, pacta inire rogarunt, ut liberi abirent. Dux autem Burgundiæ, nonnisi ad arbitrium suum illos statim excipere volebat : verum quia Carolus Blesensis qui tunc de Britanniæ ditione cum Joanne de Montefortí concertabat, celeri & grandi opus habebat auxilio, misit Rex Carolus fratri, imperans ut obsessos pactis conditionibus emitteret ; id quod subito factum fuit : egressique sunt Navarræi quique sarcinam suam gestantes, quantum scilicet ferre poterant, dato prius sacramento quo pollicebantur, se per totum triennium sequens pro Navarræ Rege arma gestaturos non esse.

Recruduerat in Britannia bellum, Carolum Blesensem inter & Joannem de Montefortí. Uterque partem Britanniæ tenebat, uterque alterum ex finibus regionis pellere totis viribus nitebatur. Joannes de Monteforti Avraicum castrum obsedit, & tam arctè premebat urgebatque, ut deditioni proximum esset. Carolus porro Blesensis, ne dispendio suo rivalis hostisque suus ditione cresceret, Caroli Francorum Regis opem imploravit, qui validissimam armatorum manum duce Bertrando Guesclinio misit in auxilium. Montefortius quoque Anglorum suppetias evocat , venitque Joannes Candosius cum quanta potuit Anglorum manu ; eratque Candosius sub Principe Gallensi dux Anglorum strenuus, & Montefortii copias junxit. Pugna committitur, qua nulla usquam acrior visa fuerat, multi utrinque cecíderant , eoque Proceribus plurimi vel cæsi vel capti fuere. Carolus Blesensis confossus interiit. Bertrandus Guesclinius captus est, & Montefortius victor evasit. Ait vero Froissartius apud Anglos statutum fuisse ut Carolus Blesensis trucidaretur , si quidem in illorum manus incideret , quo tam diuturnum, tam cruentum bellum finem tandem haberet : apud Francos item edictum fuisse, ut si Montefortius pugnantibus occurreret, statim occideretur, ut hoste cadente dissensio finiretur.

Sic è vivis sublatus fuit Carolus Blesensis ; inter strenuissimos ac piissimos Principes computandus, probi-

<small>Froissart de Streé. Lo.</small>

<small>Idem.</small>

A iij

CHARLES V. dit LE SAGE & LE RICHE.

de son tems, plus recommandable encore par sa pieté que par sa valeur. Toujours attaché aux devoirs du Christianisme, il portoit la haire & le cilice. Les Bretons le regardent comme Saint, & racontent de lui plusieurs miracles.

Après cette victoire, le Comte de Montfort prit plusieurs places, mit le siége devant Dinan, & le réduisit enfin sous son obéïssance, alla assieger Quimpercorentin, qui se défendit plus longtems, mais il se rendit enfin. Tout cédoit au vainqueur; cependant le Duc d'Anjou vouloit soutenir puissamment la veuve & les enfans de Charles de Blois, & le Roi panchoit assez de ce côté-là. Mais aiant assemblé son Conseil, on lui représenta les inconveniens d'une guerre qui apparemment devoit être fort longue, & le péril qu'il y avoit que Jean de Montfort se voiant ennemi de la France, ne rendît hommage de la Bretagne au Roi d'Angleterre; au lieu que traitant presentement avec lui, on pourroit lui accorder le Duché à condition qu'il en rendroit hommage au Roi de France. Ce conseil fut suivi, on traita avec le Comte de Montfort, & l'on convint des articles suivans. Que Jean de Montfort se mettroit en possession de la Bretagne & en rendroit hommage au Roi : que la veuve de Charles de Blois porteroit durant sa vie le titre de Duchesse de Bretagne : que le Comté de Pentievre & le Vicomté de Limoges lui demeureroient & à ses descendans à perpetuité ; on y ajouta aussi quelques rentes. On convint de plus, qu'Henri fils aîné de Charles de Blois épouseroit la Sœur du Comte de Montfort, que sa mere lui donneroit en le mariant le Vicomté de Limoges, & que si le Comte de Montfort mouroit sans enfans légitimes, les enfans de Charles de Blois lui succederoient. Le Roi Charles attira alors à son service Olivier de Clisson, Tannegui du Chastel, & le Sire de Beaumanoir. Le Duc de Bretagne vint l'année d'après rendre hommage au Roi de son Duché.

1365.
Traité de paix fait à Guerrande.

1366.
Par l'entremise du Captal de Buch, le Roi de France fit aussi sa paix avec le Roi de Navarre, en lui rendant les places qui lui appartenoient en France, hors Mante & Meulan, qui demeurerent au Roi. Et pour ses prétentions sur les Comtez de Brie & de Champagne, le Roi lui donna la ville de Montpellier. La crainte d'une guerre que le Roi de Navarre avoit à soutenir contre le Roi d'Aragon, suscité par la Cour de France, ne contribua pas peu à la conclusion de cette paix.

Belen.

tate morum, sanctitateque commendabilior, quam fortitudine. Semper christianæ vitæ officiis addictus, cilicio corpus macerabat. Illum Britones ut Sanctum colunt, plurimaque ab illo miracula patrata fuisse narrant.

Post illam victoriam Montefortius plurima castra, oppidaque cepit, Dinantium obsedit, & ad deditionem compulit. Corisopitum etiam obsidione cinxit, diuturniorque fuit obsidio; at obsessi tandem victoris legibus cesserunt. In tali tamen rerum conditione Dux Andegavensis uxorem viduam & filios Caroli Blesensis fovere, & contra hostem fortiter tueri peroptabat, in illamque sententiam statim propendebat Rex Carolus. Verum coacto consilio, perpensum fuit quanta incommoda esset pariturum bellum, quod admodum diuturnum fore portendebatur, & quantum periculi esset, ne Montefortius Francicam sibi Regiam infestam videns, *hominium* pro Britannia Anglorum Regi præstaret; sin contra cum illo pacta inirentur, Britanniam illi concedi posse ea lege, ut *hominium* illud Regi Francorum præstaret. Placuit hoc consilium, cum Montefortio pacta inita fuerunt, ea lege, iisque conditionibus, ut Montefortius totam Britanniam occuparet, pro illaque *hominium* Regi Francorum redderet; ut uxor defuncti Caroli Blesensis, dum viveret, Ducissæ Britan-

niæ cognomen haberet; ut Comitatus Pentevriensis & Vicecomitatus Lemovicensis ipsi & filiis suis in perpetuum permanerent: his etiam aliquot annui proventus adjecti fuerunt. Pactum quoque fuit ut Henricus Caroli Blesensis primogenitus sororem Comitis Montefortii uxorem duceret, ut mater filio nuptias contrahenti Lemovicensem Vicecomitatum daret, utque si Montefortius Comes sine legitimis filiis obiret, filii Caroli Blesensis Britanniæ Ducatum accepturi essent. Tunc porro Carolus Rex ad suas allexit partes Olivarium de Clissonio, Tanaquillum de Castello, & dominum de Bello-Manerio. Anno autem sequenti Dux Britanniæ *hominium* redditurus Regem adiit.

Froi.

Interveniente Capitali Boiorum, Carolus Rex Francorum pacem fecit cum Rege Navarræ, cui urbes & oppida, quæ in Francia pridem possidebat, ipsi restituit, exceptis Medunta & Mellento, quæ Regi Francorum cessere. Quia vero contendebat Navarræus sibi in Campaniam & Briam aliquot jura competere, hæc ut compensaret Francorum Rex, Montempessulanum urbem dedit illi. Ad pacem cum Rege Francorum ineundam deductus est Navarræus, quod metueret se bello impetendum fore ab Aragonum Rege, quem contra ipsum suscitaverat Rex Francorum.

La France se trouva alors en paix avec ses voisins. Une seule chose l'empêchoit de jouir pleinement de cet avantage ; c'étoit ce grand nombre de compagnies de Pillards qui désoloient le Roiaume, & qu'il étoit fort difficile d'exterminer. Il se présenta une occasion favorable pour s'en délivrer. Dom Pedro Roi de Castille s'étoit attiré la haine de tous les Etats de son Roiaume par ses violences, par son humeur sanguinaire, & ses autres mauvaises qualitez ; il fit empoisonner sa femme Blanche de Bourbon, sœur de Jeanne femme de Charles V. Roi de France. Il n'y avoit presque point de jour qui ne fût marqué de quelque action d'inhumanité. On peut voir tout ceci écrit fort en détail dans Mariana. Il avoit cinq freres naturels, tous d'une mere, il fit tuer à diverses fois la mere & deux des fils, Féderic & Ferdinand, & grand nombre de Seigneurs, ce qui lui acquit à juste titre le surnom de Cruel. L'aîné des trois freres qui restoient, & qui s'appelloit Henri Comte de Tristemare, ou, comme d'autres disent, Trastamare, fut enfin obligé de se refugier en Aragon & depuis en France, où il demeura longtems. Il complota enfin avec le Roi d'Aragon pour détrôner le tyran, & se faire élire Roi en sa place ; il demanda secours au Roi de France. Le Roiaume étant épuisé par tant guerres & de malheurs, il n'étoit guere en état de l'aider à executer une si grande entreprise. Mais il pensa que si l'on pouvoit engager ces compagnies de Pillards qui désoloient la France, à aller porter la guerre en Espagne, on en tireroit un double avantage, & de secourir Henri, & d'éloigner ces Brigands du Roiaume. La difficulté étoit de les résoudre à une telle expedition. Il n'y avoit point d'homme plus propre à le faire que Bertrand du Guesclin, qui connoissoit la plûpart des Capitaines, & dont la réputation étoit capable d'attirer ces compagnies à marcher sous sa conduite.

Guerre d'Espagne.

Bertrand du Guesclin étoit encore prisonnier depuis la bataille d'Avrai. Le Pape, qui s'interessoit à cette guerre pour plus d'une raison, le Roi, & le Prince Henri de Castille se cottiserent & paierent sa rançon. Bertrand du Guesclin aiant ainsi obtenu sa liberté, eut bien-tôt persuadé aux chefs des compagnies de le suivre. Il leur disoit d'abord, qu'ils iroient faire la guerre aux Mores de Grenade, & qu'ils s'enrichiroient des dépouilles de cette nation : & ne leur déclara

1367.

Tunc Francia pace cum vicinis & conterminis omnibus facta frui cepit : unum erat quod suæ officeret tranquillitati, prædonum nempe agmina per totum regnum sparsa, quæ agros ubique depopulabantur : difficileque erat illa vel eliminare, vel delere. Tandem hæc sese occasio obtulit, & spes affulsit, posse illa amoveri & alio averti. Petrus Castellæ Rex omnium Regni sui ordinum sibi odium pepererat, tum ex violentia, tum ex sanguinario & ad quælibet vitia propenso animo : Blancham Borboniam, Reginæ Francorum sororem uxoremque suam veneno sustulerat ; nulla dies erat, quæ non aliqua crudelitatis nota insigniretur. Hæc vero omnia speciatim enarrata apud Marianam videre possis. Erant ipsi quinque fratres spurii ex eadem matre nati. Jam ille & matrem & ex fratribus duos Federicum & Ferdinandum necari curaverat ; hinc merito Petri Crudelis nomen sortitus est. Trium vero superstitum fratrum primogenitus Henricus vocabatur, Comes Tristematæ, vel ut aliis placet, Trastamaræ. Is vero in Aragoniam posteaque in Franciam confugere coactus est. Istic diuturno versatus tempore ; tandem cum Rege Aragoniæ pacto inito, Tyrannum e regno deturbare, seseque Regem constituere cogitavit. Hæc ut perficere posset, ab Rege Francorum suppetias postulavit. Exhausto tot bellis & infortuniis Francorum regno, vix poterat Carolus copias quantas ad tantam expeditionem opus erat, extra Galliam mittere. At hæc cogitanti in mentem subit, si possent illæ prædonum turmæ, quæ Gallias devastabant, ad hoc Hispanicum bellum mitti, hinc duplex commodum oriturum esse; quod & auxiliares copiæ numerosæ Henrico mitterentur, & regnum Francorum ab infestis latronum turmis liberaretur. Verum non ita facile videbatur esse, prædonibus varias in turmas coactis suadere ut talem expeditionem susciperent. Unus ad rem suscipiendam & sequendam omnium aptissimus videbatur esse Bertrandus Guesclinius, qui prædonum duces pene omnes noverat, cujusque in re bellica fama poterat prædonum turmas ad illam expeditionem suscipiendam allicere, tali videlicet præeunte duce.

Bertrandus vero Guesclinius in pugna Avraïca captus, nondum solutus erat : at Summus Pontifex, cui hoc bellum maxime cordi erat, neque una solum de causa, Rex quoque Francorum Carolus & Henricus Trastamarensis, expetitas ad libertatem ipsi obtinendam pecunias conjunctim subministrarunt. Liber Guesclinius duces prædonum adiit, facileque suasit illis, ut ad hujusmodi bellum secum proficiscerentur. Statim porro quo magis alliceret eos, dicebat Guesclinius hoc bellum contra Mauros Granatenses apparari, tantasque ex manubiis opes sperari, ut quotquot hoc bellum susciperent, divites inde reverti possent, nec nisi

Idem.

que dans la suite le véritable sujet de cette expedition en Espagne. Ces compagnies ainsi réunies firent une armée de trente mille hommes, qui s'avança du côté d'Avignon, & exigea du Pape une somme considerable de cent mille livres. Le Duc de Bourbon qui étoit alors en Languedoc fut nommé General de cette armée ; mais ce Prince encore fort jeune, laissa le commandement à du Guesclin, & ne partit point du Languedoc. L'armée se rendit en Aragon, où elle trouva le passage libre. Le Roi d'Aragon leur fit fort bon accueil, & donna à Bertrand du Guesclin le château de Borgia. L'armée arrivée dans la Castille, se rendit à Burgos, où elle entra sans résistance. Henri de Trastamare y fut couronné Roi. La renommée en vola dans la Castille, & fut reçûë avec applaudissement dans toutes les villes : tant Dom Pedro étoit haï. Le Roi Henri fut reconnu par tout, & Dom Pedro, qui s'étoit retiré à Seville, voulut se refugier en Portugal ; mais le Roi de Portugal ne voulut point le recevoir, & il fut obligé de se retirer dans la Gallice. Le Roi Henri voiant que tout étoit tranquille, & que l'armée étrangere qu'il avoit chez lui ne pouvoit servir qu'à charger l'Etat ; congedia les compagnies, & retint auprès de lui Bertrand du Guesclin. Ces compagnies eurent assez de peine à passer les Pyrenées.

Dom Pedro le Cruel envoia prier le Prince de Galles de lui donner secours pour recouvrer son Roiaume. Il se rendit depuis lui-même à Bayonne, & de là à Bourdeaux, où il promettoit mons & merveilles au Prince de Galles ; s'il vouloit le rétablir dans son Roiaume. Le Prince assembla son Conseil, plusieurs furent d'avis qu'il ne devoit pas se mêler dans cette guerre, ni travailler à remettre sur le trône un homme du caractere de Dom Pedro, un tyran décrié dans toute la Chrétienté. Le sentiment opposé, qui étoit plus au goût du Prince, prévalut. Il résolut de faire cette expedition, ramassa des troupes de tous côtez, fit engager dans son parti plusieurs de ces mêmes compagnies, qui avoient mis le Roi Henri sur le trône, pour l'aller détrôner & remettre Dom Pedro en sa place, en un mot il forma une très-puissante armée.

Le Roi Henri de son côté faisoit ses préparatifs pour le bien recevoir. Il ramassa tout ce qu'il pût de troupes dans ses Etats ; son infanterie étoit fort superieure en nombre à celle du Prince de Galles, mais incomparablement moins

---

insequenti tempore, quæ vera esset expeditionis tantæ causa declaravit. Una vero coactæ prædonum turmæ, triginta millium virorum exercitum constituerunt, qui versus Avenionem iter agentes, a Summo Pontifice pecuniæ summam grandem centum mille librarum exegerunt. Dux Borbonius, qui tum in Septimania degebat, exercitus hujusce dux constitutus est : verum ille cum junior adhuc esset, imperium Guesclinio detulit, neque ex Septimania movit. In Aragoniam iter habuit exercitus, Rege Aragoniæ comprobante, qui & liberum transitum dedit, & properantes humaniter excepit, atque Bertrando Guesclinio castellum nomine Borgiam dono obtulit. In Castellam ingressus exercitus, Burgos movit, quam in urbem nullo obsistente ingressus est. Hic vero Henricus Trastamarensis Rex coronatur. Hujusce rei nuncia fama per Castellam volavit, ac cum plausu omnium in cunctis civitatibus excepta fuit ; tantum scilicet odium apud omnes sibi pepererat Petrus ille Crudelis dictus. Henricus, Rex ab omnibus promulgatus est. Petrus vero, qui Hispalim se receperat, in Lusitaniam confugere voluit ; sed abnuente Lusitaniæ Rege, nec recipere volente, in Galleciam receptum habuit. Henricus vero Rex, ubi tranquilla omnia vidit, metuens ne tantus ille prædonum extraneorum exercitus oneri sibi & regno suo foret ; cohortes illas dimisit, & penes se Bertrandum Guesclinium detinuit. Turmæ porro illæ ægre & cum labore multo Pyrenæos montes superarunt.

Petrus e regno suo pulsus, Principem Gallensem rogatum misit, sibi ad regnum recuperandum auxilia commodaret. Posteaque ipse Baionam venit, indeque Burdegalam, ubi nihil non pollicebatur Gallensi Principi, si se in statum pristinum restitueret. Coacto consilio Gallensis, quid agendum esset deliberavit. Plurimi vero dicebant non esse bellum suscipiendum, nec decere Petro ferre suppetias, vel ipsum in statum pristinum restituere ; virum scilicet qui immanitate sua Tyrannisibi famam per totum Christianum orbem conciliaverat. Alii secus sentiebant, & ferendam opem censebant ; quæ sententia cum Gallensi placeret, invaluit. Ad expeditionem illam copias undique collegit, ex turmis autem illis prædonum, quæ Henricum in regnum invexerant, plurimas ad suas ille partes allexit, ut secum decuterent eum quem evexerant, & quem eliminaverant reducerent : uno verbo numerosissimum fortissimumque collegit exercitum.

Henricus vero Rex ad tantum propulsandum hostem sese apparabat. In regno suo copias undique evocat, pedites colligit, & quidem longe majori numero quam in exercitu Gallensis Principis essent, sed non

aguerrie

CHARLES V. dit LE SAGE & LE RICHE.

aguerrie. Il envoia Bertrand du Guesclin en France, qui ramassa quatre mille hommes d'armes, qui faisoient douze mille hommes, chaque homme d'armes aiant son écuyer & son costilier; & deux mille arbaletriers, qu'il amena au Roi Henri.

Le Prince de Galles se mit en marche, & traita avec Charles Roi de Navarre pour avoir le passage libre dans son Roiaume. Charles s'accorda avec lui, & puis il traita avec le Roi d'Aragon, à dessein de tromper l'un & l'autre. Mais aiant été pris dans ses finesses, il donna enfin passage au Prince de Galles, qui arriva aux frontieres de la Castille. Henri vint au-devant de lui & se posta sur une montagne, où il étoit impossible de l'attaquer. Il assembla son Conseil pour déliberer sur le parti qu'il avoit à prendre. Bertrand du Guesclin & les plus sages lui conseilloient de ne point donner bataille, mais de se fortifier dans son camp, où on lui apporteroit abondamment des vivres; au lieu que l'armée ennemie manqueroit infailliblement de subsistance : ils lui disoient que s'il ne donnoit une bataille & qu'il la gagnât, il ne gagnoit rien sur ses ennemis, & s'il la perdoit, il perdoit son Roiaume. Mais parce que Dom Teillo frere du Roi Henri, enflé de quelque avantage qu'il avoit remporté sur les avantcoureurs de l'armée du Prince de Galles, vouloit à force donner la bataille, & fut suivi des Seigneurs Castillans, le Roi prit enfin ce parti.

La bataille se donna à Navarrete. L'aîle droite de l'armée Castillane, où étoit Bertrand du Guesclin poussa d'abord l'aîle gauche des Anglois; mais la gauche d'Henri ne fit presque point de résistance, Teillo qui avoit tant demandé la bataille, s'enfuit & entraîna toute cette aîle. Le Roi Henri fit tout ce qu'on pouvoit attendre du plus brave Prince, il menoit ses gens à la charge & les encourageoit; mais enfin les Castillans plierent, & Henri s'enfuit vers l'Aragon. Bertrand du Guesclin attaqué de tous côtez se défendit jusqu'à la derniere extrêmité, & se rendit enfin au Prince de Galles.

Bataille de Navarrete. Bertrand du Guesclin prisonnier.

Par le gain de cette bataille Dom Pedro fut rétabli dans ses Etats : après quoi il ne pensa plus qu'à écarter le Prince de Galles, qu'à l'amuser par de belles paroles, sans lui tenir aucune des promesses qu'il lui avoit fait; il fit sa paix avec

---

ita ad bellum exercitatos. Bertrandum Guesclinium in Galliam misit, qui quatuor mille viros *armorum* ut vocabant, collegit; singuli vero *armorum* viri suum scutiferum, & insuper cultellarium habebant; ita ut quatuor mille viri duodecim millia virorum constituerent. Præterea duo millia sagittariorum ad Henricum Regem adduxit.

Idem.

Princeps Gallensis cum exercitu suo iter suscepit, & cum Carolo Rege Navarræ egit, ut transitum per regnum ipsius liberum obtineret. Carolus cum Gallensi pepigit, etiamque cum Rege Aragonio pacta iniit, utriusque fallendi animo. Sed callide licet ageret deprehensus, liberum transitum Gallensi exercicuique ejus præbuit, qui demum ad regni Castellæ confinia pervenit. In occursum illius cum exercitu venit Henricus, & in monte quodam castra posuit, sic ordinatis agminibus, ut nullus hostili exercitui aditus relinqueretur. Coacto consilio deliberatum est, quid agendum esset. Guesclinii & peritiorum opinio erat, ut ne pugna committeretur, sed castra undique munirentur, ut nullus hosti pateret accessus, dicebantque annonam facile in castra duci, hostilem vero exercitum, annona & commeatu omni privatum, non posse diu eodem in loco consistere. Si pugna committeretur & Henricus vinceret, ne ipsum vestigium quidem pedis in hostium

ditione lucrari; sin vinceretur, regnum totum amittere. At quia Tellesius Henrici Regis frater elatus quod prævios quosdam cursores exercitus Gallensis fudisset, pugnam omnino committi volebat, quæ erat etiam Procerum Castellanotum sententia, Rex quoque pugnandum esse censuit.

Pugna itaque Navarretæ commissa est : ala dextera Castellani exercitus, ubi erat Bertrandus Guesclinius, alam sinistram Anglorum retrocedere compulit. Verum ala sinistra Regis Henrici non diu Anglorum impetum tulit, Tellesius, qui se adeo pugnæ cupidum exhibuerat, fugam capessivit, & totam pene alam illam sinistram secum abduxit. Henricus strenuissime pugnavit, sese fortem intrepidumque Principem exhibuit : suos ad prælium ducebat, ipsisque animos faciebat : at Castellani demum in fugam versi sunt : Henricus vero in Aragoniam receptum habuit. Bertrandus Guesclinius ab Anglis cinctus undique, fortiter diuque obstitit, tandemque Principi Gallensi se dedere coactus est.

Froissart. Mariana.

Post illam Anglorum victoriam, Petrus amissum regnum obtinuit. Deindeque non aliud cogitabat, quam ut Gallensem Principem procul amoveret, utque illum verbis produceret, dum interim nullum promissorum exsequeretur. Pacem vero fecit cum Regibus Navarræ

Iidem.

Tome III. B

les Rois de Navarre & d'Aragon. Le Prince de Galles s'arrêta longtems en Castille, dans l'esperance de retirer les sommes promises, & la Biscaye dont le tyran devoit le mettre en possession. L'excessive chaleur du climat mit la maladie & puis la peste dans son armée, dont il périt plus de la moitié. Il tomba lui-même dans une langueur & une espece d'hydropisie, dont il se ressentit le reste de ses jours. Il se retira enfin dans la Guienne très-mécontent de Dom Pedro.

Henri de Castille, qui après sa défaite s'étoit refugié en Aragon, se rendit ensuite dans la Bigorre, où il passa quelque tems, attendant le succès des affaires de Castille. Dès qu'il apprit que le Prince de Galles étoit retourné en Aquitaine avec son armée, fort mécontent de Dom Pedro; & que ce Prince s'attiroit de plus en plus la haine de ses Sujets par ses cruautez: il ramassa des gens de tous côtez, & se rendit à Toulouse. Le Duc d'Anjou Gouverneur de Languedoc, qui s'interessoit vivement pour lui, lui fournit tout ce qu'il pût trouver de gens de guerre. Il passa en Aragon, & delà en Castille où il prit d'abord sans aucune résistance la ville de Burgos; il alla ensuite au Roiaume de Leon, qu'il conquit avec la même facilité: il prit encore plusieurs autres places, & alla enfin mettre le siége devant Tolede qui se défendit bien.

1368.

A ces nouvelles, Dom Pedro qui se tenoit à Seville, assembla une armée, demanda secours au Roi de Portugal, & l'obtint. Les Maures qu'il mit aussi dans ses interêts, lui fournirent vingt mille hommes. Avec cette grande armée il s'avança vers Tolede pour secourir la ville, & combattre contre Henri: il vint jusqu'à Montjel forteresse assez près de Tolede. Henri laissant une partie de ses gens pour continuer le siége, alla au-devant de lui pour lui donner bataille. Par le plus grand bonheur du monde, il fut joint dans sa marche par Bertrand du Guesclin, qui lui amenoit un renfort considerable de troupes, & surtout de cavalerie. Il avoit été fait prisonnier, comme nous venons de dire, à la bataille de Navarrete, & avoit enfin obtenu sa liberté en payant une grosse rançon au Prince de Galles. L'arrivée de du Guesclin encouragea beaucoup Henri & ses troupes. La bataille fut donnée & longtems disputée. Dom Pedro s'y comporta vaillamment, & fut enfin défait. Il s'enfuit au château de Montjel, où il fut fort étroitement assiegé.

Bataille de Montjel. Mort de Pierre le Cruel.

& Aragoniæ, Princeps autem Gallensis diuturnas in Castella traxit moras, sperans semper & promissas pecuniæ summas acceptarum, necnon Cantabriam quam pollicitus Petrus fuerat. Solis æstus in istis regionibus ardentior, morbum primo, deinde pestilentiam in ejus exercitum immisit; ita ut plusquam dimidia pars armatorum interiret. Ipse Princeps in languorem incidit, & in quamdam ceu hydropisim, a qua nunquam postea liber omnino fuit. Tandemque in Aquitaniam se recepit, Petri perfidiam exsecratus.

Iidem.

Henricus Castellæ Princeps, qui post cladem acceptam in Aragoniam confugerat, ad Bigerrensem deinde tractum se contulit, ubi aliquamdiu eventus rerum observabat. Cum comperisset autem Gallensem Principem, in Aquitaniam cum exercitu regressum, infenso animo Petri horrere perfidiam, ipsumque tyrannum Petrum inhumanitate solita subditos suos in dies exasperare, armatos undique collegit, Tolosamque venit. Andegavensis Dux, qui Septimaniam provinciam tunc regebat, Henrici rebus admodum studebat, ipsique quantas potuit copias undique cogere tradidit, in Castellam ducendas. In Aragoniam vero, indeque in Castellam cum exercitu se contulit, Burgos urbem nullo obsistente cepit, Legionense regnum invasit, parique facilitate in potestatem redegit suam, aliaque oppida multa obtinuit; tandemque Toletum obsidione cinxit, obsessosque ad suum propulsandum impetum paratos invenit.

His compertis Petrus, qui tunc Hispali erat, exercitum collegit, ab Lusitaniæ Rege auxilium impetravit, a Mauris etiam, qui ipsi favebant, viginti millia pugnatorum obtinuit. Cum hoc tanto exercitu versus Toletum movit, ut obsessis opem ferret. Montjellum autem venit castrum prope Toletum. Tunc Henricus, parte pugnatorum ante Toletum relicta, cum Petro pugnaturus movit. Dum pergeret autem, fausto fortunæ casu evenit, ut in Bertrandum Guesclinium incideret, qui ipsi copiarum manum validissimam adducebat, maxime vero equitatum, quo opus habebat. Captus fuerat Guesclinius, ut modo dicebamus, in pugna Navarretensi, solutoque tandem redemptionis precio, libertatem adeptus fuerat. Guesclinii adventus & Henrico & exercitui ejus animos fecit. Committitur pugna, acerrimeque dimicatur. Strenue pugnavit Petrus, tandemque profligatus exercitus ejus fuit, fugitque Petrus in Montjellii castrum, quod statim obsidione cinctum fuit.

Idem.

CHARLES V. dit LE SAGE & LE RICHE.

La mort de cet infortuné Prince est rapportée diversement : voici comme Froissart la raconte. Il n'y avoit point de vivres dans le château de Montjel. Les avenuës en étoient d'ailleurs si bien gardées, qu'il n'y avoit pas moien de s'enfuir sans être apperçû. Cependant Dom Pedro & son Conseil virent bien qu'il falloit necessairement tenter de s'échapper, n'y aiant pas moien d'éviter que le Roi ne fût tué, s'il tomboit entre les mains de ses ennemis. Il sortit donc la nuit lui douziéme, & fut arrêté par le bâtard de Villaines, à qui il promit une rançon extraordinaire, s'il vouloit le garder sans rien dire à Henri son frere. Il le lui promit & le mena dans sa tente. Il n'y fut pas une heure qu'Henri se rendit à cette tente accompagné du Comte de Roquebertin & de quelques autres. Dom Henri & Dom Pedro se dirent mille injures : Dom Pedro se lança sur Dom Henri le jetta à terre, & tira sa dague pour le tuer ; mais Roquebertin venant au secours, Henri prit le dessus, & tua Dom Pedro. Après quoi Dom Henri se rendit aisément le maître de tout le Roiaume. Ainsi finit cette guerre, qui fit un grand bien à la France, en éloignant une grande partie de ces compagnies de Pillards, qui désoloient tout le Roiaume.

Le Roi Charles profitant de la tranquilité, où se trouvoit son Etat par l'éloignement de ces Brigands, songea à soulager ses peuples, diminua les impôts. Il avoit déja augmenté ses revenus en retirant les terres du Domaine, que son grand-pere, son pere & lui avoient alienées dans des tems fâcheux, où ils ne pouvoient autrement retenir à leur service les Seigneurs, qui faisoient là guerre pour eux. La profonde paix dont il jouissoit alors, faisoit qu'il entretenoit peu de troupes. Ainsi le Trésor Roial augmentoit, au même tems que les peuples, & par l'éloignement des Brigands, & par la diminution des taxes, commençoient à respirer après des tems si orageux. Le 3. Décembre de cette même année, la Reine accoucha de son premier fils, ce qui causa une grande joie à la Cour & dans tout le Roiaume.

Le Prince de Galles, qui avoit dépensé de grosses sommes à la guerre d'Espagne, & qui n'avoit rien touché de ce que Dom Pedro lui avoit promis, se trouva fort embarassé à son retour. Il avoit accumulé dettes sur dettes, & il lui fal-

---

Froissart.

Quo mortis genere perierit infelicissimus ille Princeps varie a Scriptoribus narratur. Sic vero rem actam recenset Froissartius. In Montjelli castro deficiebant omnia ed victum necessaria, adeoque arcte aditus ad castrum omnes observabantur, ut nullus videretur superesse elabendi modus. Interea vero Petrus habito cum suis consilio, tentandam omnino aleam esse, caeteris suadentibus, decrevit ; neque enim spes erat posse Regem salvum evadere, si in hostium manus incideret. Comitantibus ergo suis, noctu duodenus egreditur, sed a Notho de Villaniis capitur. Huic ille immensam pollicetur pecuniæ summam, si ipsum clam servare vellet, neque rem Henrico fratri patefaceret. Nothus conditionem accipit, ac Petrum in tentorium suum adducit. Vix a capto Petro elapsa hora erat, cum Henricus in tentorium istud, comitantibus Rocabertino, aliisque se contulit. Tunc Henricus & Petrus se convitiis mutuo incesserunt. Petrus in Henricum insiliit, ipsumque in terram dejecit, arreptoque pugione, jugulare tentabat. Accurrit Roccabertinus, ut Henrico ferat opem. Revolvitur Henricus, substratumque Petrum interficit. Quo peremto facile Henricus regnum totum in potestatem suam redigit. Hic tanti belli finis fuit, quod in Galliarum felicitatem susceptum, peractumque est : ab hinc enim prædonum turmæ quæ regnum depopulabantur, eliminatæ sunt pene omnes.

Froissart.

Sic abactis magna saltem ex parte prædonibus, cum tranquilla omnia essent, Rex Carolus, ut populum tum latrociniis, tum vectigalibus nimiis antehac oppressum liberaret, tributa oneraque minuere satagebat. Ipse vero jam proventum, ærariumque suum augere mente agitabat, cum recuperavit terras, agros, villas, oppida, quæ Regii erant dominii, quæque avus & pater Caroli, ipseque Carolus oppignoraverant, cum ærario exhausto, ob temporum infelicitatem, non alio modo poterant proceres illos qui bella gerebant & propulsando hosti operam dabant, in hoc officio retinere. Tunc vero, cum pax ubique esset, pugnatorum copiam, quam minimam poterat, Carolus retinuerat, atque ita Regium ærarium augebatur. Eadem autem opera populi, & pulsis prædonibus, & vectigalibus imminutis, post diuturnas illas ærumnas, post vastitatem tantam, respirare demum incipiebant. Tertia Decembris hujusce anni Joanna Regina primogenitum suum enixa est, inde gaudium & lætitia ingens exorta est in Aula Regia, perque totum Francorum Regnum pervasit.

Froissart.

Princeps Gallensis, qui ingentem pecuniæ summam in Hispanico bello profuderat, quique a Petro nihil promissorum implente deceptus, æs alienum grande conflaverat, redux, quid consilii caperet non habe-

loit beaucoup d'argent pour soutenir l'état de sa Cour, le plus grand & le plus magnifique qu'il y eut alors dans la Chrétienté, & dont il ne vouloit rien rabatre. On lui conseilla de lever un certain droit qu'on appelloit *de fouage*; c'étoit une espece de capitation, qui lui devoit produire douze cent mille francs, somme fort extraordinaire en ces tems-là. Le Poitou, la Rochelle, la Saintonge, le Limosin & le Rouergue, se soumettoient volontiers à cette levée de deniers; mais les Gascons n'y vouloient point consentir. Le Prince de Galles s'obstinant à lever ce subside, les principaux Seigneurs de Gascogne se rendirent à la Cour du Roi Charles, & le solliciterent de prendre leur fait & cause comme leur Souverain. On leur objectoit le Traité de Bretigni, où le Roi s'étoit dépouillé de tout Domaine sur ces Provinces. Ils répondoient, qu'un Traité fait sans qu'on y appellât les Etats de ces payis-là, les Prélats & les Seigneurs, étoit de nulle valeur; que les Anglois avoient souvent violé ce même Traité; que les Lettres du Roi Edouard, qu'on produisoit, portoient, que s'il y avoit des rebelles dans le Roiaume, le Roi d'Angleterre seroit obligé de joindre ses forces à celles du Roi de France pour les reprimer, & que bien loin d'executer ce point important, le Roi d'Angleterre & le Prince de Galles avoient toujours fomenté ces compagnies de Pillards qui désoloient la France, & que le Roi Charles n'étoit point obligé de tenir un Traité que les Anglois avoient violé tant de fois.

Les Seigneurs Gascons suscitent le Roi contre le Prince de Galles.

Le sage Roi temporisa, & prit souvent conseil sur cette importante affaire; & pour ne pas mécontenter ces Seigneurs Gascons qu'il retenoit à Paris, il les défraia pendant tout le tems qu'ils y demeurerent. Il se détermina enfin à envoier citer & ajourner le Prince de Galles pour comparoître en Parlement, & rendre raison de sa conduite. Les porteurs de l'ajournement furent un Chevalier & un Clerc. Le Prince de Galles indigné d'un tel message, répondit superbement, qu'il comparoîtroit le bacinet en tête accompagné de soixante mille hommes, & fit depuis arrêter sous quelque prétexte le Chevalier & le Clerc, qui avoient porté la parole. Les choses furent ainsi disposées à une guerre ouverte: le Duc de Berri qui avoit été longtems en ôtage en Angleterre, étant venu en France avec la permission d'Edouard, se regarda comme libre dès qu'il

1369.
Le Prince de Galles cité en Parlement.

---

bat. Ipse jam olim aulam regiam quavis magnificentiorem tenebat, cui par nulla erat in orbe Christiano, neque temporum conditioni cedere, sed omnia in pristino statu servare cogitabat. De suorum itaque consilio, ut optatui faceret satis, vectigal imposuit, quod *Focagium* vocabant, quia videlicet singuli foci, sive singulæ domus statam pecuniæ summam pendere cogebantur. Tota vero inde proventura summa erat duodecim centenorum millium Francorum, quæ ingens istis temporibus habebatur. Pictavi, Rupella, Santones, Lemovices, Rhutenij, hujusmodi vectigal solvere parati erant; sed abnuebant omnino Vascones. Persistente autem Gallensi, & vectigal pertinaciter repetente, primores Vasconum ad aulam Caroli Regis confugerunt, ipsumque ut supremum Dominum rogabant causam suam susciperet, & injustæ exigenti Principi obsisteret. Objiciebantur ipsis Bretiniacensia pacta, queis Rex Francorum supremum in hasce provincias dominium deposuerat. Reponebant illi, hujusmodi pacta non advocatis harumce Provinciarum Ordinibus, Episcopis, & Primoribus edita, nulla esse. Alioquin vero Anglos pactiones Bretiniacenses sæpe violasse: nam ex ipsis Eduardi Regis literis, quæ tum proferebantur, constabat Regem Angliæ pollicitum fuisse, si qui essent in Francorum regno, Principi suo rebelles, se cum ipso Rege conjunctis copiis, ad illos exterminandos operam daturum esse: at Eduardum Regem & Principem Gallensem, nedum promissa exsequerentur, prædonum turmas, quæ regnum devastabant, semper fovisse, nec teneri Carolum Regem stare pactis & promissis, Anglorum Principum fraude toties violatis.

His auditis Rex sapiens cunctatur, & de re tam gravi, consilia suorum frequenter expetit. Ut ne primores illi Vascones moras ægre ferrent, quamdiu Lutetiæ manserunt sumtus illis quotidianos suppeditavit; sed re tandem mature deliberata, viros misit, qui Principi Gallensi diem dicerent, ipsumque ad Senatum *Parium* evocarent, ut causam suam dicerent. Missi vero ad eam rem fuere, Eques quispiam & *Clericus* ut vocabant. Nuncios ille audacter excepit, deque re proposita indignatus, superbe respondit, venturum se utique esse, sed galeatum, & cum sexaginta mille pugnatoribus, Equitem vero & Clericum qui jussa regia attulerant, causam prætextens frivolam, apprehendi & sub custodia teneri jussit. Sic in apertum bellum res prorupta videbatur. Bituricensis porro Dux, qui jamdiu obses in Anglia erat, cum Eduardo concedente Rege in Franciam tunc venisset, ut vidit imminere bellum contra Anglos, se liberum putavit:

CHARLES V. dit LE SAGE & LE RICHE.

vit qu'on alloit lui déclarer la guerre ; plusieurs autres ôtages échapperent de même. Ceux qui restoient furent mis à rançon.

Cependant Charles de l'avis de son Conseil envoia des ordres exprès dans les Provinces de fortifier les villes & les châteaux, & comme il prévoioit que les Anglois qui avoient déja souvent fait des courses autour de Paris, pourroient bien y revenir, il ordonna à Richard Abbé de S. Germain des Prez de fortifier son Abbayie, & de la munir comme une place de guerre. Quoique cela ne se pût faire sans une très-grande dépense, Richard executa volontiers les ordres du Roi. Il bâtit autour de l'Abbayie des murs fort épais munis de tours d'espace en espace, de ponts-levis, & de grands fossez pleins d'eau.

L'emprisonnement du Chevalier & du Clerc, qui étoient venus de la part du Roi ajourner le Prince de Galles, fut regardé comme le signal de la guerre. Les Comtes de Périgord & de Comminge, avec plusieurs autres Seigneurs Gascons dresserent une embuscade au Sénéchal de Rouergue, qui étoit en marche du côté de Villeneuve d'Agenois, avec soixante lances & deux cens archers Anglois. Ils furent d'abord mis en déroute, & la plûpart tuez ou pris. Le Prince de Galles fit appeller le brave Jean Chandos, qui étoit alors dans le Coutentin, & le fit venir sur la Garonne, pour tenir tête à ces Seigneurs Gascons, qui avoient déja commencé les actes d'hostilité : il fit d'autres levées pour la guerre qu'il se disposoit à porter sur les terres du Roi Charles, qui faisoit aussi ses préparatifs.

Ce Prince dont la sagesse & la prévoiance étoient le principal caractere, voiant le Comté de Ponthieu mal gardé, & aiant dessein de commencer la guerre en s'en emparant, amusoit le Roi Edouard, &, pour lui faire croire, qu'il vouloit terminer par la négotiation certains differens qui s'élevoient entr'eux, il lui envoia des Ambassadeurs, chargez de lui porter des plaintes sur son peu d'exactitude à garder le Traité, & de proposer en même tems des voies d'accommodement. Cependant il avoit des intelligences dans Abbeville & dans le Ponthieu & quand les choses furent au point qu'il souhaitoit, il fit déclarer la guerre au Roi Edouard, par un valet Breton, ne voulant point exposer des gens de qualité à subir le même traitement que le Prince de Galles avoit fait au Chevalier & au Clerc, qu'il lui avoit envoiez pour l'ajourner au Parlement des Pairs.

La guerre est déclarée au Roi d'Angleterre.

Hist. de Germain Prez Buillri.

alii obsides partim clam aufugerunt, partim soluto redemtionis precio libertatem adepti sunt.

Interea Carolus, habito cum suis consilio, misit per provincias nuncios, qui nomine suo juberent urbes & castra vallis & præsidiis muniri. Cum autem prospiceret Anglos, qui non raro prope Lutetiam incursiones fecerant, eodem hostiliter redituros esse, Ricardo sancti Germani a Pratis Abbati præcepit, ut Monasterium suum in arcis modum muniret. Etsi vero nec nonnisi grandi sumtu perfici posset, jussa Regis Ricardus libenter exsequutus est : densissimos circa Monasterium muros excitavit, munitos hinc & inde turribus, pontibusque subliciis, cinctos fossis grandibus aqua plenis.

Froissart.

Quod Princeps Gallensis Equitem & Clericum, qui ut sibi diem dicerent ab Rege Carolo missi fuerant, sub custodia posuisset, id quasi belli denunciatio habitum est. Comites Petragoricensium & Convenarum cum plurimis aliis Vasconum proceribus insidias struxere Senescallo Ruthenorum, qui prope Villam-novam Aginnensium iter agebat cum sexaginta lanceis, & ducentis sagittariis Anglis, qui statim in fugam versi, & maxima pars vel cæsi vel capti sunt. Tunc Gallensis Princeps strenuum illum virum Joannem Chandosium evocavit, qui tunc in tractu Constantiensi erat ; atque ad Garumnam direxit, ut illis Vasconum primoribus obsisteret, qui jam hostilia cœperant ; aliosque apparatus fecit ad bellum quo impetiturus erat terras, regionesque Caroli Regis, qui etiam ad bellum sese apparabat.

Idem.

Hic vero Princeps qui sapientia, præmeditatione & cautione præ cæteris eminebat, ubi vidit Pontivi tractum neglectum, neque ab Anglis adeo munitum, hanc invadere regionem ante alias meditabatur : utque Eduardi Regis animum alio averteret, ipsique suaderet, velle se negotiatione & pactionibus, dissidia quæ suboriri videbantur, terminare, Oratores ad illum misit, qui conquererentur ipsum Eduardum pridem edita pacta non accurate servavisse, simulque confirmandæ pacis modos proponerent. Interea vero ille in Abbatis-villa, & in Pontivo tractu viros secum consentientes habebat, qui res ad nutum suum disponerent. Ubi vero omnia ad exitum felicem apparata vidit, misit ad Eduardum Regem qui bellum indiceret, non virum quempiam nobilem & insignem, ne perinde atque Eques ille alius & Clericus qui ad Gallensem Principem missi fuerant, in carcerem truderetur, sed servum quemdam Britonem.

B iij

Cette déclaration de guerre paroissoit bien hardie après tant de malheurs dont la France avoit été presque accablée, par les victoires des Anglois. Mais le bon Roi Charles esperoit qu'en prenant des routes toutes contraires à celles des Rois precedens, il auroit une meilleure issue. Toujours attentif aux devoirs du Christianisme, il s'exerçoit au jeûne & à la priere. Il ordonna aussi des prieres publiques dans tout son Roiaume, & se rendit ainsi le ciel propice, comme l'évenement le prouva.

Dès que la guerre fut ainsi déclarée, le Comte de Saint Pol & le Sire de Châtillon Maître des Arbaletriers de France, se saisirent d'Abbeville, attaquerent les Anglois qui gardoient le Pont de Saint Remi, & qui furent presque tous tuez ou pris & la forteresse rendue; ils conquirent en peu de tems tout le Ponthieu, avant que le secours qu'Edouard avoit préparé y pût arriver. Le Duc de Berri qui commandoit du côté d'Auvergne, se mit en devoir de porter la guerre dans le Poitou, & dans les payis voisins, sujets au Roi d'Angleterre; & le Duc d'Anjou Gouverneur du Languedoc, qui se tenoit vers Toulouse, attira plusieurs Seigneurs Gascons au parti du Roi son frere. Il y avoit encore dans le Roiaume plusieurs compagnies de ces Pillards qui ne reconnoissoient proprement aucun Souverain. Le Roi Charles en gagna plusieurs, il y en eut aussi quelques-uns qui se tournerent du côté du Prince de Galles.

Le Roi d'Angleterre envoia au Prince de Galles cinq cent lances & mille arbaletriers conduits par le Comte de Cambridge son fils, & par le Comte de Pembroc son gendre; ils traverserent la Bretagne, & allerent joindre le Prince avec leur troupe. Il reçût aussi plusieurs autres renforts amenez par Jean Chandos, Eustache d'Auberticourt, Hugue Caurelée, qui vint de l'Aragon avec sa troupe. La guerre recommença donc en plusieurs endroits par des petits corps détachez, à l'avantage tantôt des uns, tantôt des autres, mais les bons succès furent plus souvent du côté des François; ils surprirent près de Lusignan dans une embuscade un corps de deux ou trois cens Anglois, qui se défendirent bien, & furent presque tous tuez ou pris. Jean Chandos qui se tenoit à Montauban alla assieger la petite ville de Terrieres dans le Toulousain, & voiant qu'il auroit peine à la prendre par assaut, il fit jouer la mine, & après quinze jours de siege il prit la ville. Il voulut aussi surprendre Laval, autre ville à quatre lieues de

Hostilitez de part & d'autre.

Froissart.

Hæc belli denunciatio audacis certe animi videbatur esse, post calamitates illas tantas tam recentes, queis post Anglorum victorias, oppressa Francia fuerat: at sapiens ille Princeps sperabat, se si adversam decessoribus viam carperet, prosperum habiturum exitum. Cæterum christianis intentus officiis, jejunio, precibusque dabat operam, atque ut divinum Numen placaret, preces publicas per totum regnum indixit: sicque Cælum sibi propitium reddidit, ut ex eventu comprobatum est.

Bello sic denunciato, Comes S. Pauli & Castellionæus Magister sagittariorum in Francia, Abbatis-villam sine sanguinis effusione ceperunt, posteaque Anglos adorti sunt, qui pontem S. Remigii custodiebant. Hi fere omnes vel cæsi vel capti sunt, & arx deditionem fecit. Exinde Pontivum tractum omnem invaserunt, & in Regis Francorum potestatem redegerunt, antequam paratæ ab Eduardo auxiliares copiæ illô pervenire potuissent. Dux Bituricensis qui prope Arvernos tunc versabatur, ad bellum in Pictavos & in vicinas regiones, quæ Anglis parerent, inferendum sese apparabat. Dux vero Andegavensis, Septimaniæ provinciæ Rector, qui tum Tolosæ degebat, multos Vasconum primores ad fratris sui Regis partes attraxit.

Erant adhuc per regnum aliquot prædonum turmæ, quæ nullum Regem, nullum agnoscebant Principem. Harum majorem partem ad se pellexit, & copiis suis junxit Carolus. Nonnullæ etiam Gallensi Principi sese dediderunt.

Rex Angliæ Gallensi Principi misit quingentas lanceas, milleque sagittarios, ducibus Comite Cantabrigiensi filio suo, & Pembrocii Comite genero. Britanniam illi Armoricam trajecerunt, & cum agmine suo Gallensem Principem adierunt. Alias quoque pugnatorum manus excepit ille, ducibus Joanne Chandosio, Eustachio de Alberticurte, & Hugone Caureleo, qui cum pugnatorum manu ex Aragonia venit. In hoc belli initio non ita numerosæ militum manus conflixere, cum vario eventu, modo his, modo aliis superantibus; verum sæpius penes Francos victoria fuit. Insidiis his prope Lusinianum collocatis, ducentos trecentosve Anglos intercepere, qui strenue pugnantes pene omnes interfecti, vel capti sunt. Joannes Chandosius qui in Monte-albano urbe sedes habebat, Terrerias oppidulum in Tolosano tractu obsedit, cumque videret vix posse assultu expugnari, cuniculos admovit, & post dies quindecim oppidulum cepit. Lavallium etiam urbem quatuor leucis Tolosa distantem aggressus est,

Froiss.

CHARLES V. dit LE SAGE & LE RICHE.

Touloufe ; mais il manqua fon coup. D'un autre côté les Comtes de Périgord, & de Comminges, & un grand nombre d'autres Seigneurs allerent fuivant l'ordre du Duc d'Anjou ravager le Querci, & affiegerent enfuite Realville place bien munie, où commandoit le Sénechal de Querci avec une garnifon Angloife qui foutint longtems le fiége. La ville fut enfin prife d'affaut, & tous les Anglois qui fe défendirent jufqu'au dernier foupir, taillez en pieces.

Tandis que les troupes Françoifes affiegeoient & prenoient des places, Jean de Cardaillac Archevêque de Touloufe, incité par le Duc d'Anjou, alloit prêcher dans les villes & les campagnes le bon droit du Roi Charles : l'efficace de fes difcours ramena fous la domination Françoife plus de foixante villes, châteaux ou forterefles, entre autres Cahors dont fon frere étoit Evêque. D'autres Prélats dans le Roiaume firent la même fonction avec un fuccès prefque égal. Le Roi Edouard publioit auffi fon bon droit, & tâchoit d'attirer à fon parti bien des gens ; il follicita le Comte de Hainaut & le Duc de Brabant de fe liguer avec lui contre le Roi de France ; mais le fage Roi Charles aiant pris les devans, avoit déja mis ces deux Princes dans fes interêts. Edouard gagna pourtant les Ducs de Gueldres & de Juliers, qui prirent les armes pour lui, & s'en trouverent mal, comme nous verrons plus bas. Edouard fit encore tout ce qu'il pût pour marier Edmond Comte de Cambridge fon fils avec la fille du Comte de Flandres : mais il n'y pût jamais réuffir : elle fut mariée à Philippe Duc de Bourgogne frere du Roi Charles. Cependant les courfes & les expeditions continuoient de part & d'autre.

Robert Knolles fameux Capitaine Anglois, avoit quitté la Bretagne pour venir joindre le Prince de Galles, qui lui donna le commandement de toutes fes troupes. Il fe mit en marche pour faire quelque expedition à la tête d'un corps confiderable, & alla affieger la forterefle de Durmel dans le Querci. Il la trouva bien munie & gardée par des gens réfolus de fe bien défendre. Jean Chandos & une groffe troupe d'Anglois le vinrent joindre ; mais voiant que la place fe défendoit trop bien, & fouffrant beaucoup du défaut de vivres & de fourages, ils leverent le fiége, & allerent à Dommes dans l'efperance de prendre bien-tôt cette place : ils n'y réuffirent pas mieux qu'à Durmel, & furent obligez de lever

fed irrito conatu. Ex altera vero parte Comites Petragoricenfium & Convenarum cum aliis proceribus, jubente Andegavenfi Duce, Cadurcenfem tractum depopulati funt, Regalemque villam munitiffimum caftrum obfederunt, quod occupabant Angli, Duce Senefcallo Cadurcenfi. Diuturna fuit obfidio, fed expugnata illa tandem fuit, omnefque Angli, qui ad extremum ufque fortiter obftitere, cæfi funt.

Dum Franci oppida caftraque obfiderent & caperent, Joannes de Cardailliaco Archiep. Tolofanus, concitante Duce Andegavenfi, circumquaque per urbes caftra & agros difcurrebat, Caroli Regis jura depraedicans ; afferenfque penes illum effe vera juftitiæ & æquitatis indicia. Hæc ille tam folerter & valide differebat, ut fexaginta feu urbes, feu caftra, feu præfidia, ad Francorum poteftatem reduxerit ; ex numero urbium erat Cadurcum, cujus Epifcopus tunc erat frater Joannis de Cardailliaco. Alii per Franciæ regnum Epifcopi idipfum fecerunt, ac cum pari fere exitu. Rex Eduardus quoque penes fe æqui bonique jura effe dictabat, multofque alliciebat ut ad partes fuas declinarent. Comitem Hannoniæ, Ducemque Brabantiæ concitavit, ut fecum arma jungerent contra Regem Francorum. At prudens Carolus Eduardi conatum jam præverterat, iftofque Principes fibi amicos fœderemque conjunctos fecerat. Adjunxit tamen fibi Eduardus Duces Gueldrienfem & Julianenfem, qui arma fumfere ; fed infelici exitu, ut infra narrabitur. Nihil non egit etiam Eduardus, ut Edmundum filium fuum Cantabrigienfem Comitem cum filia Comitis Flandrenfis connubio jungeret ; verum id nunquam efficere potuit ; fed nupfit illa Duci Burgundiæ Caroli Regis Francorum fratri. Interea vero expeditiones & pugnæ frequentes quotidie erant Francos inter & Anglos.

Robertus Knollus Dux Anglorum fama confpicuus, Britanniam Armoricam reliquerat, ut Principem Gallenfem adiret, qui ipfum copiis fuis præfecit. Movit autem ille ut aliquam fufciperet expeditionem, cum valida, numerofaque pugnatorum manu, & Durmellum in Cadurcenfi regione, munitiffimum caftrum obfideret. Ibi præfidium erat virorum fortium, qui oppugnantes ftrenue propulfabant. Joannes vero Chandofius, cum numerofa Anglorum manu Knollo ad obfidionem continuandam junctus eft ; fed cum viderent ambo duces obfefforum fortitudinem, deficiente quoque pabulo, inde profecti Dummas oppidum obfeffum venerunt, fe brevi tempore locum effe capturos fperantes, fed non feliciori exitu ipfum aggreffi, obfidionem folvere

le siege. Ils allerent ensuite attaquer plusieurs petites villes & forteresses qu'ils emporterent. Le Comte de Cambridge, & le Comte de Pembroc avoient assiégé un château dans le Périgord qui s'appelloit Bordeille. Ils furent deux mois & demi devant la place défendue par des jeunes Chevaliers, braves, hardis, & qui faisoient souvent des sorties ; ensorte qu'ils risquoient d'être obligez de lever le siège. Un stratagême dont ils s'aviserent fit réussir leur entreprise. Ils dresserent une embuscade, & à la premiere sortie que fit cette jeunesse, ils firent semblant de prendre la fuite ; les jeunes Chevaliers les poursuivirent si loin, que les Anglois qui se tenoient cachez les investirent par derriere, & ceux qui fuioient revinrent sur eux. Se trouvant ainsi enfermez, ils ne perdirent pas courage, mais ils combattirent encore si vaillamment pendant deux heures, que les Anglois en étoient tous émerveillez. Ils furent enfin tous tuez ou prisonniers. La ville & le château furent pris le même jour.

La Duchesse de Bourbon, prise par les Anglois.

Une autre expedition que les compagnies Angloises firent dans le Limosin fit bien plus de bruit dans le Roiaume. Trois Ecuyers entreprirent d'aller escalader la nuit le château de Belleperche, où faisoit sa demeure la Duchesse de Bourbon mere de la Reine de France. Elle étoit là sans garnison, n'aiant avec elle que les gens de sa suite, ensorte que les trois Ecuiers & leur troupe planterent leurs échelles & entrerent dans le château sans résistance, & prirent la Princesse, qui demeura prisonniere & fut traitée par les Anglois fort honorablement. Cette même nuit ils surprirent aussi la forteresse de S. Severe, qui coûta bien à reprendre depuis.

Le Roi fit préparer en ce tems-ci une grande flote pour aller porter la guerre en Angleterre. Il avoit cette affaire si fort à cœur, qu'il se transporta à Rouen, d'où il alloit trois fois la semaine voir la fabrique de ses vaisseaux & navires ; il faisoit assembler une quantité extraordinaire de gens de guerre pour monter cette flote, dont Philippe Duc de Bourgogne devoit avoir le commandement, & grande abondance de vivres pour cette grande expedition. Tout cela se faisoit contre l'avis du Sire de Clisson, qui étoit du Conseil du Roi, & disoit, que les François n'étoient pas assez versez dans la Marine, pour aller ainsi attaquer les Anglois, qui l'entendoient incomparablement mieux qu'eux. Le Roi persistoit pourtant toujours. Il y a apparence que ce sage Prince avoit quelque des-

coacti sunt. Exinde vero aliquot oppidula & castra ceperunt, Cantabrigiensis vero & Pembrocensis Comites Castellum in Petragoricensi tractu obsederant, cui nomen Bordella. Per duos autem menses & dimidium oppugnationi Castelli institerunt : hostes enim propulsabant nobiles quidam Equites juniores, strenui & audaces, qui sæpe erumpebant in Anglos, ita ut periculum Anglis immineret, ne cogerentur obsidionem solvere, sed stratagemate quodam usi optatum tandem exitum sunt assequuti. Insidias, quà erumpere obsessi solebant, struxere. Juvenes autem illi Equites obvios sibi Anglos impetunt. Hi fugam simulantes procul a Castello ardenter insequentes se abducunt. Tum ii qui in latebris erant, cuneum insequentium a tergo aggrediuntur. Qui vero fugiebant regressi à fronte equites illos adoriuntur, dum alii a tergo insisterent. Sic undique præcincti juvenes per duas integras horas ita fortiter pugnarunt, ut Angli obstupescerent. Omnes tandem vel cæsi vel capti sunt. Oppidum autem & Castellum eodem die deditionem fecerunt.

Idem.

Alia Anglicarum cohortium expeditio in Lemovicino tractu, majorem per regnum totum rumorem concitavit. Tres scutiferi Bellæ-Perciæ castellum noctu, scalis admotis impetere statuerunt. Illic porro sedes habebat Borboniæ Ducissa, Joannæ Borboniæ Francorum Reginæ mater. Nullum ibi præsidium erat, sed sola domesticorum familia Ducissam comitabatur. Tres igitur scutiferi, obsistente nemine scalas admoverunt, castellumque ceperunt & Ducissam, quam Angli honorifice excepere, & officia omnia captivæ tali ut decebat, exhibuere. Eadem porro nocte Sanctæ Severæ castrum ex improviso ceperunt, quod nonnisi magno conatu postea recuperatum fuit.

Froiss.

Hoc ipso tempore Rex Carolus classem magnam apparabat, ut transmitteret in Angliam, bellumque in hostium regionem ipsam moveret : quæ res ita ipsi cordi erat, ut Rothomagum se conferret, ac ter per singulas hebdomadas navium structuram ipse conspiceret, armatorum vero numerum ingentem undique cogebat, qui classem conscenderent, cujus dux futurus erat Philippus Burgundiæ Dux. Annonam quoque grandem comportari curabat. Hæc porro omnia contra Clissonii ducis sententiam apparabantur, qui in Regio admissus consilio dicebat Francos in re nautica non satis exercitatos esse, ut Anglos adoriantur rerum nauticarum peritissimos, ipsisque longe superiores. Verisimile autem est sapientissimum Principem aliquid arcani in mente habuisse. Fortassis autem in animo habebat, ut

sein

CHARLES V. dit LE SAGE & LE RICHE. 17

sein secret, peut-être vouloit-il que sa flote fît descente en Ecosse, & se joignît aux Ecossois pour porter la guerre en Angleterre. Mais ses desseins furent rompus, par l'arrivée du Duc de Lancastre à Calais, comme nous allons voir.

Après la prise de Belleperche & de la Duchesse de Bourbon, le Prince de Galles fit marcher un grand corps de troupes commandé par le Comte de Cambridge pour aller assieger le château de la Roche-sur-Yon dans l'Anjou. Dès que la place fut investie, on disposa quelques canons pour la battre. Cette artillerie avoit commencé depuis peu de tems d'être en usage. Il y avoit dans la forteresse bonne garnison commandée par un Chevalier nommé Jean Blondeau, qui passoit pour brave & vaillant, mais qui effraié de se voir si vivement attaqué, écouta les propositions que les assiegeans lui firent. Six mille francs qu'ils lui promettoient pour les provisions de la garnison, furent apparement l'attrait qui le porta à capituler sans faire aucune défense. Les conditions de la capitulation furent, que si dans un mois il ne recevoit point de secours, il rendroit la place. Le secours ne vint point, il la rendit & toucha les six mille francs. Revenu à Angers, il fut saisi par ordre du Duc d'Anjou, qui le fit mettre dans un sac & jetter dans la riviere, pour avoir rendu pour de l'argent une place, qui pouvoit tenir un an si elle avoit été bien défendue. C'est ainsi que Froissart raconte la chose: l'Abbé de Choisi, qui cite la Cronique d'Anjou, dit que Blondeau après avoir rendu la place, craignant d'en être puni prit la route de Cherbourg; mais qu'il fut arrêté & puni de mort, comme nous venons de dire. Après cette prise Jean Chandos ravagea tout l'Anjou, & fit un dégât extraordinaire dans cette Province.

La Roche-sur-Yon pris par les Anglois.

Le Duc de Lancastre débarqua à Calais, & fut bien-tôt joint par Robert de Namur qui lui amena un renfort considerable de troupes; il se mit à ravager les payis voisins. Le Roi Charles qui étoit alors à Rouen, où il préparoit sa grande flote, voiant bien qu'il falloit abandonner ce dessein, envoia le Duc de Bourgogne son frere pour s'opposer aux mouvemens du Duc de Lancastre, il lui donna une grande quantité de troupes, ensorte qu'il se trouva fort superieur en nombre à l'armée Angloise, avec défense pourtant de donner bataille. Il rencontra le Duc de Lancastre à Tournehen, où les deux armées furent long-tems en presence. Les Anglois vouloient donner bataille, le Duc de Bourgo-

Expedition du Duc de Lancastre.

---

classis sua in Scotiam appelleret, & Scotis sui jungerentur, bellumque in Angliam inferrent. At superveniente Caletum Lancastrio Duce, marina illa expeditio peracta non est, ut mox videbitur.

Post captum Bellæ-Perticæ castrum, abductamque captivam Borboniam Ducissam, Gallensis Princeps grandem armatorum manum duce Comite Cantabrigiensi misit, ad obsidendum castrum, cui nomen Rupes-ad-Yonem in Andegavensi tractu. Circumpositis autem castris, cœpere Angli tormentis bellicis pulvere pyrio instructis, quorum usus haud ita pridem cœperat, muros urbis quatere. Valido instructum præsidio castrum erat, duce Equite quopiam Joanne Blondello, qui fortis, strenuusque vir habebatur. Verum ille tormentorum strepitu perterritus, de tradendo castro protinus cum Anglis certis conditionibus pactus est, etsi posset illud diuturno tempore tueri, oppugnantemque hostem propulsare: sex mille Franci Blondello oblati, ut ferebatur, illum ad turpissimam pactionem pellexere. Conditio autem illa fuit, ut nisi intra mensem auxilium accederet, Blondellus castrum Anglis traditurus esset. Nullo autem comparente auxilio, Blondellus castrum Anglis tradidit, & sex millia Francorum percepit: at Andegavum reversus, jussu Andegavensis Ducis comprehensus, atque in sacco inclusus in flumen conjectus est, quod pacta pecunia castrum dedidisset, in quo expugnando Angli annum integrum insumturi erant, si probum habuisset propugnatorem. Ita narrat Froissartinus. Verum Abbas Causiliacensis, ex Andegavensi Chronico id expiscatus ait, Blondellum, postquam castrum Anglis tradiderat, metu supplicii Cariburgum versus iter suscepisse; sed in via captum, eo quo diximus modo plexum fuisse. Post captam Rupem-ad-Yonem Joannes Chandosius Andegavenses agros depopulatus est, ingentemque vastitatem in provinciam istam intulit.

Dux Lancastrius, cum Caletum appulisset, exscensu facto, a Roberto Namurcensi cum magna copiarum manu junctus est. Exinde vicinos agros devastare cœpit. Rex vero Carolus, qui tum Rotomagi apparandæ magnæ classi advigilabat, marinæ expeditionis proposito deponendum censuit, misitque Burgundiæ Ducem fratrem, qui Lancastrio Duci obsisteret. Etsi copias illi suppeditarit exercitu Anglorum numerosiores, vetuit tamen ne pugnam committeret. Ad Turnehenium autem Lancastrio occurrit, ibique ambo exercitus diuturnas in conspectu positi moras egere. Angli hostes pugnandi cupidi erant: Burgundus, pro-

Idem.

Tome III. C

gne suivant les ordres du Roi son frere la refusoit. Mais craignant enfin que ce refus ne tournât à son deshonneur, il demanda au Roi permission de se retirer. Elle lui fut accordée, & il congedia ses troupes.

Vers ce même tems le Comte de Pembroc fit une course dans l'Anjou, accompagné d'une troupe d'Anglois & de Poitevins, il fut attaqué par le Maréchal de Sancerre, qui tua d'abord ou prit une bonne partie de ses gens; il fut obligé de se refugier dans un Hôtel de Templiers, où il fut assiegé & vivement attaqué. Il trouva moien de faire avertir Jean Chandos du péril où il se trouvoit. Ce brave Anglois y accourut si bien accompagné, que les François jugerent à propos de ne pas attendre son arrivée.

Mort de Jean de Chandos. En Poitou les François surprirent Saint Sabin: Jean Chandos dans le dessein de reprendre promtement cette place, ramassa des gens; & s'étant mis aux champs avec un petit nombre d'Anglois, il fut rencontré par un parti François, & fut blessé à mort dans le combat. Ces Anglois alloient être pris; mais un grand corps de troupes qui arrivoit, obligea les François à se rendre à ces mêmes Anglois, qu'ils alloient emmener prisonniers. Cet avantage ne consola point les Anglois de la perte qu'ils venoient de faire de Jean Chandos, qu'ils regardoient comme le plus brave de leurs Capitaines. Peu après sa mort les François surprirent Châteleraut, & y mirent une forte garnison.

Le Duc de Bourbon, dont la mere avoit été prise avec son château de Belleperche, apprenant que les Anglois pilloient & ravageoient son Duché par des courses continuelles, demanda au Roi des troupes pour leur aller donner la chasse, ce qui lui fut accordé. Il partit de Paris, assembla un corps d'armée considerable, vint se camper près du château pour le battre, enferma ses troupes dans de bons retranchemens, mit un grand ordre dans son camp, & continua de battre la forteresse d'un côté seulement, sans l'investir, de peur que les Anglois qui devoient venir pour la secourir, n'enlevassent quelque quartier. Les Comtes de Cambridge & de Pembroc, avec un corps d'armée choisi & fort nombreux, vinrent pour faire lever le siége, & trouvant le Duc de Bourbon trop bien retranché pour l'attaquer, ils l'envoierent défier en lui presentant la bataille. Le Duc de Bourbon répondit, qu'il étoit venu-là pour prendre Belle-

---

Froissart.

hibente fratre Rege, pugnam detrectabat, metuensque tandem ne id sibi dedecori foret, a fratre redeundi licentiam petiit & impetravit, missisque copiis reversus est.

Idem circiter tempus Pembrocii Comes in tractum Andegavensem, Anglorum Pictavorumque copiis instructus, excursionem fecit: irrumpente autem Sancerrao Marescallo, suorum multos seu cæsos, seu captos amisit, atque in Hospitalem Templariorum domum confugere coactus est, ubi obsessus, acriterque impugnatus fuit. Occasionem opportunissime nactus, Joannem Chandosium monuit sibi opem in tanto periculo ferret. Nec impigre strenuus ille Dux cum tanta Anglorum manu occurrit, ut Franci non exspectandum illum esse rati, a cœpto desisterent, abscederentque.

Idem.

In Pictavorum tractu Franci S. Sabinum ex improviso ceperunt. Joannes vero Chandosius, ut oppidum illud quam celerrime posset, recuperaret, quos ad manum habuit, armatos secum assumsit, ac cum paucis Anglis movit: sed cum in Francorum turmam incidisset, inter pugnandum lethali vulnere confossus est, futurumque erat ut omnes qui cum illo erant Angli, a Francis caperentur: verum superveniente Anglorum manu validiore ac numerosiore, Franci iisdem Anglis,

quos mox capturi erant, sese dedidere: quæ res tam opportune gesta, non sat Anglis fuit ut amissi Chandosii dolorem allevaret, quem Ducum suorum strenuissimum censebant. Post defunctum Chandosium Franci Eraldi castrum ceperunt, & validissimo munire præsidio.

Idem.

Dux autem Borbonius, cujus mater cum Castro Bellæ-Perticæ capta fuerat, cum comperisset Anglos Ducatus sui agros & villas perpetuis incursionibus devastare, ab Rege armatorum turmas & cohortes expetiit, ut vim vi repelleret. Cum optatum impetrasset, Lutetia profectus est, collectoque exercitu, ante castrum Bellæ-Perticæ consedit. Castra vero sua vallo undique munivit, omnia intus recte composuit, castrique muros ex uno tantum latere tormentis concussit, neque undique cinxit vel obsedit, ne si exercitum suum in partes distraheret, Angli qui ad opem suis ferendam venturi erant, partem aliquam invaderent, caperentque. Advenere tandem Comites Cantabrigiensis & Pembrocensis cum selecto & numeroso exercitu, ut Borbonium obsidionem solvere cogerent, cumque ejus exercitum vallo undique ita munitum conspicerent, ut nulla spes esset posse se Francos expugnare; Borbonium ad dimicandum provocarunt. Respondit ille se exercitum duxisse, ut Bellam-Perticam caperet; non

CHARLES V. dit LE SAGE & LE RICHE. 19

perche & non pas pour donner bataille, & qu'il n'en partiroit point qu'il n'eut executé son dessein. Il se fit encore d'autres propositions qui n'aboutirent à rien. Les Anglois qui ne trouvoient plus de fourages, prirent le parti d'abandonner le château de Belleperche, & emmenerent avec eux la Duchesse de Bourbon. Le Duc son fils se saisit du château, le répara, & le rendit plus fort qu'il n'avoit jamais été. Peu de tems après on fit un échange de la Duchesse de Bourbon contre Simon de Burle, Chevalier du Prince de Galles.

La Duchesse ainsi délivrée, se rendit auprès de Louis II. Duc de Bourbon son fils, qui venoit de prendre Belleperche. On assure que ce fut auprès de Clermont en Beauvoisis que se fit l'entrevûe de la Duchesse qui revenoit de sa prison, & de Jeanne Reine de France sa fille. Cette entrevûe est représentée dans une miniature des hommages du Comte de Clermont en Beauvoisis, qui est à la Chambre des Comptes de Paris, fol. 96. C'est M. de Gaignieres qui l'a fait dessiner tel qu'on le donne ici. J'ai été un peu surpris en la conferant avec celle qu'ont donné le P. Menetrier en 1683. & l'Abbé de Choisi en 1689. d'y trouver tant de difference, qu'il faut nécessairement que leur Original soit un autre que celui de M. de Gaignieres; quoiqu'ils disent tous deux que leur copie est tirée d'un Livre des hommages de la Chambre des Comptes. Comme je suis fort persuadé que M. de Gaignieres a fait tirer ses desseins fort exactement à son ordinaire, je crois que le Tableau se sera trouvé dans deux miniatures de la Chambre des Comptes, faites par differentes mains, & qui se trouvent peut-être en differens Livres.

Entrevûë de la Reine & de la Duchesse de Bourbon sa mere.

Je donne ici l'explication du Tableau, tiré d'un porte-feuille de M. de Gaignieres, & je marquerai ensuite les differences qui se trouvent entre l'un & l'autre Tableau. La Reine Jeanne de Bourbon, femme du Roi Charles V. va au-devant de sa mere la Duchesse de Bourbon, qui vient aussi vers sa fille. La Reine est revêtue de son blason, comme le sont aussi tous ceux & celles qui forment la compagnie. Sur sa juppe semée de fleurs-de-lis, on voit le bâton brisure de Bourbon. Elle tient sur la main gauche un oiseau, marque de Seigneurie & de grande qualité, comme nous avons si souvent vû; les Princesses & les Dames le portoient aussi-bien que les hommes. La Reine est menée par Jean

PL. 1 V.

---

ut committeret pugnam, nec se ante digressurum esse, quam castrum expugnavisset. Alia quoque proposuerunt Angli Duces, quæ perinde rejecta sunt. Cum autem Equitibus Anglorum pabula deficerent, castrum illi deseruerunt, & Ducissam secum captivam abduxerunt. Borbonius autem occupatum castrum restauravit, & munitius, quam antea esset, reddidit. Nec diu postea Borbonia Ducissa, cum Simone de Burlo, captivo Principis Gallensis Equite, commutata, libertatem recepit.

Postea vero Borbonia Ducissa filium suum Ludovicum II. Borbonii Ducem, qui ab expeditione illa reversus fuerat, convenit. Narratur autem, prope Clarum-Montem in Bellovacensi tractu, Ducissam ex carcere eductam in congressum & colloquium venisse cum Joanna Regina Franciæ filia sua. Quod colloquium depictum videtur in libro *Hominiorum* Comitatus Claromontani in Bellovacensi tractu, qui liber asservatur in Camera Computorum Lutetiæ, fol. 96. a D. autem de Gagneriis, seu illo jubente, delineata hæc pictura fuit, qualis hic repræsentatur. Cum autem hanc delineatam tabulam contulissem, cum illa eamdem historiam exhibente, quam dedere R.P. Menetrerius anno 1683. & D. Abbas de Causiaco anno 1689. Fateor me tantillum obstupuisse, quod tot tantaque discrimina inter utramque tabulam comparent, ut necesse prorsus sit ut illi, ad alterius exemplaris fidem tabulam dederint quod diversum sit ab illo in Gagnerii tabulis expresso. Etsi autem ambo Menetrerius nempe, & Causiacensis Abbas dicunt se tabulam suam delineatam excepisse ex libro *Hominiorum* Claromontensium, cum certus omnino sim Gagnerium tabulam suam accuratissime ad exemplaris fidem delineari pro more suo curavisse; hanc picturam puto in Camera Computorum bis exhiberi, fortasse variis in libris, & diversa manu delineatis.

Tabulam igitur illam hic explanandam suscipio, quam ex scriniis D. de Gagneriis eduxi, & si qua sint inter ambas tabulas discrimina, indicare illa non negligam. Joanna Borbonia Regina Caroli V. uxor, in occursum matris pergit, Ducissæ nempe Borboniæ, quæ Reginam filiam suam adit. Regina insignibus suis induta, tectaque est, ut & alii omnes, cum viri, tum feminæ, qui in hoc cœtu comparent. In veste ejus lillis conspersa baculus comparet ad Borboniorum stemmata pertinens. Manu sinistra avem gestat, quæ erat grandis nobilitatis nota, ut sæpe vidimus. Principum ac primorum uxores atque filiæ avem gestabant, perinde atque viri. Ducitur Regina a Joanne Borbonio Co-

Tome III. C ij

de Bourbon Comte de la Marche, qui lui sert de Chevalier d'honneur. On le reconnoît au bâton brisure de Bourbon : dans l'autre Tableau donné par le P. Menetrier, ce bâton est surbrisé de trois lionceaux d'argent, brisure de Bourbon la Marche. Celle qui porte la queue du manteau de la Reine est la Dame de Savoisi, femme de Philippe de Savoisi Chambellan du Roi. La petite Princesse qui suit est, disent nos deux Auteurs, Marie fille du Roi Charles V. âgée de trois ou quatre ans, mise ici après sa mere. Mais comment cela peut-il s'accorder avec nos Genealogistes, qui ne font naître cette Princesse qu'en 1370. & l'entrevûe se fait selon l'Abbé de Choisi en 1369? Cela semble prouver que l'entrevûe s'est faite quelques années après. Cette petite Princesse porte de France, parti de Bourbon. Après elle viennent six Princesses ou Dames divisées en deux rangs. Celles du premier rang, qui est de quatre, tiennent chacune un chien attaché à une longue corde : marque qu'elles vont à la chasse. La premiere est la jeune Duchesse de Bourbon Dauphine d'Auvergne & Comtesse de Forests, femme de Louis II. Duc de Bourbon, dont la robe est blasonnée de Bourbon, parti du Dauphiné d'Auvergne & de Forests. La queue de sa robe est portée par la quatriéme de ce rang, qui est la Dame de Nedonchel. Celle qui suit la Dauphine, & les deux autres Princesses plus éloignées qui font le second rang, sont les trois sœurs de la Reine & du Duc de Bourbon; Bonne, épouse d'Amé VI. Comte de Savoie, Catherine femme de Jean Comte de Harcourt, & Marguerite mariée à Arnaud Amanjeu Sire d'Albret, grand Chambellan de France, leur robe est blasonnée de Bourbon, parti des armes de leurs maris. Les deux du rang d'enhaut tiennent chacune un oiseau sur la main. La troisiéme du rang d'en bas est Agnes de Chaleu, sa robe est mi-partie des armes de Bourbon & des siennes; c'étoit l'épouse de Jean bâtard de Bourbon, qui porte un quartier de Bourbon parti de ses armes, qui sont un sautoir de gueules. La derniere de ce rang est la Dame de Nedonchel de la Maison de Bournel, dont la robe est mi-partie des armes de son mari d'azur à la bande d'argent, & des siennes d'argent à l'écusson de gueules, à l'orle de perroquets de sinople.

De l'autre côté on voit Isabeau de Valois Duchesse de Bourbon mere de la Reine, veuve de Pierre I. Duc de Bourbon. Elle porte un voile comme veuve,

mite Marchiæ, qui ex Borbonio baculo dignoscitur. In Menetrerii tabula baculus ille tribus leunculis insignitur argentatis, quod insigne est Borboniorum Marchiæ. Quæ Reginæ oblongum peplum a tergo sustinet, est Domina de Savoisiaco, uxor Philippi de Savoisiaco Cambellani Regis. Quæ tenella Principissa sequitur est, inquiunt ambo Scriptores supra memorati, Maria filia Regis Caroli V. tunc annotum trium vel quatuor, quæ hic post matrem repræsentatur. At quomodo id cum nostris genealogiæ regiæ Scriptoribus quadrare possit, qui hanc Regiam filiam natam dicunt anno 1370. & Causiacus Abbas, hoc Reginæ cum matre colloquium referat in annum 1369. hinc certe probari videtur hunc congressum aliquot postea annis factum fuisse. Hæc infans Regia insigne regium Francicum gestat cum Borbonio junctum. Post illam sequuntur tres Principissæ, seu primores feminæ, duplici distinctæ ordine. Quatuor illæ, quæ primum ordinem constituunt, singulæ canem tenent longissimo funiculo alligatum, quo venatum illas ire significatur. Prima est junior Ducissa Borbonia; Delphina Arvernorum & Comitissa Forensis, uxor Ludovici II. Borbonii Ducis. In ipsius autem veste insignia visuntur Borbonia juncta insignibus Delphinorum Arvernorum & Comitum Forensium. Quæ vero pepli ejus extrema sustinet, est Domina de Nedonchello. Quæ post Delphinam venit, duæque aliæ remotiores, quæ secundum ordinem constituunt, tres sorores sunt Reginæ & Ducis Borbonii : Bona, conjux Amedei VI, Comitis Sabaudiæ, Catharina uxor Joannis Comitis Harcurtii, & Margarita conjux Armandi Amanjei Domini Leporeti magni Franciæ Cambellani. Earum vestes insignia Borboniorum referunt, insignibus conjugum suorum adjuncta. Duæ illæ quæ remotiorem tenent ordinem, avem habent manui impositam. Tertia in ordine sequenti est Agnes de Chalevo, cujus vestis insignia Borboniorum habet, cum insignibus suis conjuncta; erat enim uxor Joannis Nothi Borbonii. Insignibus inquam, Borboniorum adjicuntur insignia Chalevi, quæ sunt decussis rubrer. Postrema in hoc ordine est Domina de Nedonchello ex Burnellorum familia, cujus vestis insignia refert viri sui, quæ in cæruleo campo fasciam argenteam repræsentant, conjuncta cum insignibus suis, quæ in campo argenteo, scutum rubrum referunt, & oram exhibent psittacis viridibus onustam.

In altero tabulæ latere est Elisabetha, seu Isabella Valesia Borbonii Ducissa, Reginæ mater, quæ uxor fuerat Petri I. Borbonii Ducis. Utpote vidua velo ob-

ENTREVUE DE LA REINE DE FRANCE ET DE LA DUCHESSE DE BOURBON SA MERE.

CHARLES V. dit LE SAGE & LE RICHE.

revêtue de son blason comme les autres. Le Sire de Nedonchel son Chambellan la soutient de son bras gauche, & de l'autre main il tient une hache dont le manche se termine en pied de cerf. Cette hache est apparemment pour dépecer la bête prise. De son bras droit pendent deux bouteilles pour donner à boire aux chasseurs. De l'autre coté de la Duchesse est la Dame d'honneur, qui presente un petit chien à la Reine.

Au-dessous de la Duchesse on voit le Duc de Bourbon son fils & frere de la Reine, qui perce un cerf d'un coup d'épée. Le cerf est abbatu. Le Prince est revêtu de son blason, & à l'autre extrémité du Tableau sont deux Nains, dont l'un est armé d'une pique & d'une épée, & l'autre joue du cor. Ce Duc se plaisoit à avoir des Nains auprès de lui, nous l'allons voir dans une grande céremonie, aiant en sa compagnie un fort petit Nain. Ces deux Nains ne sont pas dans le Tableau donné par le P. Menetrier & par l'Abbé de Choisi, qui differe en beaucoup d'autres choses de celui-ci. Le Sire de Nedonchel qui tient une hache ici, tient le pied & presque un quartier d'un cerf dans leur Tableau. Les deux Auteurs disent que c'est le pied du cerf que le Duc de Bourbon tue, que le Sire de Nedonchel presente à la Reine, en quoi il n'y a nulle apparence : car le cerf n'est pas mort, il se démene encore contre le Duc qui le tue, & contre les chiens. La Dame d'honneur de la Duchesse mere de Bourbon, qui presente ici un petit chien à la Reine, se tient dans leur Tableau derriere la Duchesse, & ne montre pas seulement ses mains. Ici les quatre Princesses ou Dames du premier rang tiennent chacune un chien attaché à une longue corde, & il n'y en a dans l'autre Tableau qu'une qui tienne un chien. On y observe encore beaucoup d'autres differences ; mais la principale est qu'au haut de la Planche à l'endroit où l'on voit un homme & une femme ; on voit dans l'autre Tableau un château, que l'Abbé de Choisi croit avec raison être le château de Clermont. Toutes les girouettes du château ont au milieu un écusson, marque de l'Ordre de l'Ecu que Louis II. Duc de Bourbon venoit de fonder.

Cet Ordre militaire fut fondé en l'an 1369. On l'appelloit l'Ordre de *l'Ecu* PL. *d'Or* ou *l'Ordre de Bourbon*. Le Tableau que nous en representons ici, est tiré du V. Livre des hommages du Comté de Clermont en Beauvoisis, qui est à la Chambre des Comptes de Paris, d'où M. de Gaignieres l'a pris. Le Duc instituteur de

tegitur, & in veste insignia sua gestat, ut & aliæ. Dominus de Nedonchello Cambellanus ejus, ipsam brachio sinistro sustentat, alteraque manu securim tenet, cujus manubrium in cervi pedem definit. Hæc vero securis in hoc deputata videtur, ut captæ bestiæ membra defecentur. Ex brachio ejus dextero duæ lagenæ pendent ad potum venatoribus dandum. Ad alterum Ducissæ Borboniæ latus, est nobilis quædam Domina ex Ducissa familia, quæ catellum Regi offert.

In ima tabulæ parte sub Ducissa Borbonia visitur Dux Borbonius filius ejus, & Reginæ frater, qui gladio cervum transfigit. Jam cecidit cervus. Ille vero veste induitur insignibus ornata suis. In ima opposita tabulæ parte duo sunt pumiliones, quorum alter lancea armatur & gladio, alter corniciněm agit. Dux hic pumiliones penes se libenter habebat. Mox illum in celebri coetu conspiciemus cum adstante pumilione. Hi vero pumiliones non habentur in tabulis a Menetrerio & Causiacensi Abbati publicatis, quæ in multis aliis ab hac discrepant. Dominus de Nedonchello, qui hic securim tenet, pedem & fere, membrum totum cervi tenet in tabulis illis. Dicunt ambo illi Scriptores pedem esse cervi, quem occidit Dux Borbonius, quemque Nedonchellus Reginæ offert ; id certe a verisi-

mili abhorrere videtur. Nam cervus nondum mortuus est, & adhuc ferienti Duci & canibus obsistere videtur. Illa nobilis femina quæ prope Duscissam Borboniam matrem stat, in tabula nostra catellum Reginæ offert. In ipsorum tabella pone Ducissam Borboniam illa stat, ac ne manus quidem suas profert. Hic quatuor illæ Principissæ, seu nobiliores feminæ quæ primum ordinem occupant, tenent singulæ canem oblongo funiculo ligatum ; in illa vero tabula una tantummodo ligatum tenet canem. Multa quoque alia observantur discrimina ; sed quod præcipuum est, in suprema tabula, quo loco in nostra videmus virum atque mulierem, in ipsorum tabulis castellum videmus, quod jure putat Abbas Causiacensis esse castellum Claromontanum in Bellovacensi tractu. Versatiles autem pinnulæ ventorum indices, quæ in variis Castelli partibus visuntur, insigne ferunt Ordinis Scuti, quem Ludovicus II. Dux Borbonius haud ita pridem fundaverat.

Fundatus est hic Ordo Militaris anno 1369. Vocabatur autem Ordo Scuti aurei, sive Ordo Borbonii. Tabula ejus quæ hic exhibetur, educta fuit ex libro *Hominiorum* Comitatus Claromontani in Bellovacensi tractu, qui in Computorum Camera servatur, indeque illam eruit Gagnerius. Dux Ordinis Institutor no-

C iij

CHARLES V. dit LE SAGE & LE RICHE.

l'Ordre reçoit ici un nouveau Chevalier qui met les deux mains entre celles du Duc. Ce nouveau Chevalier qui n'a pas encore l'habit de Chevalerie, est vêtu de rouge & porte une escarcelle attachée à la ceinture. Le Duc & tous les Chevaliers portent un grand manteau d'un bleu foncé doublé d'hermine, & fendu aux côtez sous le bras. Ils portent sur la poitrine un écusson d'or tourné un peu de travers, tous ont des souliers noirs & fort pointus sur le devant. Entre le Duc & le nouveau Chevalier, on voit un fort petit Nain, qui atteindroit à peine à la ceinture d'un homme de taille médiocre. Il est bien vêtu & se targue, il porte un bâton, & a la mine fiere. Il y a apparence que le Duc le gardoit chez lui pour s'en divertir. On voit dans le Tableau deux bannieres, l'une avec les armes de France & la brisure du bâton, qui marque Bourbon; l'autre à l'écusson d'argent chargé de trois lions de sable, à la bordure engrelée. C'est la banniere de cet Ordre, portée par un homme destiné pour cela. Un autre Officier tient une clef, & de l'autre main un instrument que je ne connois pas.

Vers la fin de la même année, le Roi convoqua les Etats & leur représenta le besoin qu'il avoit de nouvelles levées d'argent, pour la guerre qu'il avoit à soutenir contre les Anglois. La proposition fut favorablement reçûë, on mit des impôts sur le sel. On mit aussi tant pour chaque feu dans les villes, & moins dans les villages. Les plus grandes levées furent sur le vin. On consentit sans peine à ces levées, sachant bien qu'elles étoient nécessaires, & que l'argent qui se leveroit seroit bien emploié. Il fit aussi faire la recherche des droits d'amortissement sur les Ecclesiastiques. Ces droits n'avoient été recherchez depuis long-tems, ce qui fit qu'il en tira des sommes considerables.

1370.

Bertrand du Guesclin rappellé d'Espagne.

L'hiver suivant les quatre freres s'assemblerent à Paris; le Roi, les Ducs d'Anjou, de Berri & de Bourgogne. Ils délibererent ensemble sur ce qu'il y avoit à faire la campagne prochaine. Il fut résolu qu'on leveroit deux grosses armées qui entreroient en Guienne; l'une commandée par le Duc d'Anjou du côté de la Réole & de Bergerac, & l'autre sous la conduite du Duc de Berri par le Limosin, & que les deux se joindroient pour aller assieger le Prince de Galles dans Angoulême. Ils convinrent qu'il falloit rappeller de l'Espagne Bertrand du Guesclin, & le faire Connétable de France, persuadez qu'il seroit d'un grand se-

---

vum Equitem recipit, qui ambas manus inter manus Ducis tenet. Hic porro Eques, qui nondum vestem Ordinis gestat, rubro induitur vestitu, & marsupium ad zonam appensum habet. Dux & Equites omnes, magnum gestant pallium cæruleum obscurum, assutas habens muris Pontici pelles, & a lateribus sub brachio apertum. Ad pectus scutum aureum gestant obversum, calceos omnes habent nigros, & antrorsum acuminatos. Inter Ducem & novum Equitem pumilio comparet; qui vix ad zonam viri mediocris staturæ pertingeret, Sat eleganter indutus, sese ostentantis speciem præfert, baculum tenet, audacique vultu comparet. Verisimile est Ducem Borbonium talem homunculum animi recreandi causâ penes se habuisse. In tabula duo visuntur vexilla; aliud insignia Franciæ præ se fert cum Borbonio baculo, aliud scutum habet argenteum, tribus nigris leonibus onustum, cùm ora denticulatim incisa. Hoc vexillum erat Ordinis, quod hic gestatur a viro ad eam rem deputato. Alter clavem manu tenet, & altera manu nescio quid.

Froissart.

Hoc anno vertente Rex Status sive Ordines Regni convocavit, atque significavit illis, quam exhaustum ærarium esset, quantaque vi pecuniæ esset opus ad bellum contra Anglos peragendum; edixitque ut viderent quod vectigalium genus esset imponendum. Regis dicta libenter exceperunt Ordines. In salem vectigal impositum est; in singulos focos seu familias pecuniæ par quantitas major in urbibus, minor in vicis seu pagis. Maximum autem omnium vectigal in vina cujusvis generis indictum fuit. His facile annuerunt Ordines, gnari has pecuniæ summas omnino necessarias esse, & provide administrandas fore. Exegit præterea Rex a cœtibus Ecclesiasticis & Monasticis qui fundos acquisierant, ea quæ Regibus persolvi solebant; cumque a longo tempore hæc neglecta fuissent, hinc majores collectæ summæ fuere.

Insequenti hieme quatuor fratres una convenerunt, Rex scilicet & Duces Andegavensis, Bituricensis & Burgundiæ; atque inter se deliberarunt quid facto opus esset ad bellum redintegrandum; statutumque fuit ut duo magni exercitus cogerentur in Aquitaniam impressionem facturi, quorum alter ab Andegavensi ductus versus Regulam & Bergeracum bellum gereret; alter imperante Duce Bituricensi per Lemovicas ingrederetur, amboque exercitus postea convenirent, ut Gallensem Principem intra Engolismam urbem obsiderent. Una fuit omnium sententia ut Bertrandus Guesclinius ex Hispania evocaretur, & Franciæ Con-

Idem.

cours dans cette guerre contre les Anglois. On résolut aussi de faire la paix avec le Roi de Navarre, qui pouvoit beaucoup nuire dans cette guerre en introduisant les Anglois dans ses places de Normandie. On traita avec lui, & la paix fut conclue & terminée par des festins & des réjouissances. Le Roi de Navarre pour plus grande sûreté laissa ses deux fils en ôtage.

Bertrand du Guesclin prié de venir faire la guerre en France, prit congé du Roi Henri de Castille, qui consentit à son départ. Il se rendit à Toulouse, où il trouva le Duc d'Anjou avec un bon corps d'armée. Ils marcherent d'abord vers la Guienne, où par la terreur de leurs armes, sans presque aucune résistance ils firent plusieurs conquêtes. Ils prirent Moissac, Agen, le Port Sainte Marie, Tonneins, Montpensier, Aiguillon; ce qui effraia les Anglois, qui croioient que cette derniere place soutiendroit un long siége, étant des plus fortes, & elle fut prise dans quatre jours. Le Duc de Berri prit aussi plusieurs places dans le Limosin : la ville de Limoges se tournant du côté de France reçût garnison Françoise. Le Prince de Galles se doutant que le dessein des deux freres ne fut de venir l'assieger dans Angoulême, se mit en campagne & assembla un grand corps de troupes.

En ce même tems Robert Knolles passa la mer avec une armée & vint descendre à Calais, il se mit après en marche pillant & désolant les campagnes de la Picardie & du Vermandois. Toutes les villes & les forteresses étoient bien munies de gens de guerre, qui selon les ordres du Roi ne sortoient point sur les pillards. Les Anglois brulerent en passant la ville de Pont-l'Evêque sur l'Oise, où il y avoit de beaux Hôtels. Les Chevaliers & Ecuiers qui étoient dans Noion, dès qu'ils apprirent que Knolles avec son armée étoit parti du Pont-l'Evêque se rendirent à cette ville, qui brûloit encore. Ils y trouverent quantité d'Anglois qui pilloient, & d'autres qui mettoient le feu. Ils les chargerent & taillerent en pieces presque tous. Quinze prisonniers furent amenez à Noion, où on leur fit couper la tête. Par cette expedition plusieurs Hôtels de Pont-l'Evêque furent garentis de l'incendie. Robert Knolles vint jusqu'auprès de Paris, brûla quelques villages des environs, se rendit ensuite dans le Maine & dans l'Anjou.

Le Prince de Galles aiant assemblé ses troupes à Coignac marcha vers Limo- 1371.

stabularius crearetur, vir nempe ad bellum contra Anglos feliciter gerendum aptissimus. De pace quoque cum Rege Navarræ facienda actum est. Ille namque in hujusmodi bello admodum nocere poterat, si nempe Anglos in oppida & castra quæ in Normannia tenebat, induxisset. Cum illo igitur inita pacta fuerunt; pax facta & conviviis celebrata fuit, Rexque Navarræ in cautionem reique firmitatem, ambos filios obsides dedit.

Bertrandus Guesclinius ab Rege Carolo ad bellum Francicum evocatus, ab Henrico Castellæ Rege redeundi licentiam petiit & impetravit. Tolosam venit, ubi Andegavensem Ducem cum numeroso exercitu reperit. Ambo autem cum exercitu in Aquitaniam movere ; at nemine fere obsistente, urbes multas oppidaque ceperunt, Musciacum, Aginnum, Portum Sanctæ Mariæ, Toninsum, Montem-Penserium, Acullionem ; id quod Anglis terrori fuit, putantibus Acullionem, utpote munitissimum oppidum, nonnisi post diuturnam obsidionem capi posse, & tamen quatridui spatio captum fuit. Dux etiam Bituricensis in Lemovicensi tractu castris multis & oppidis potitus est, Lemovicum etiam ad Francorum partes se transferens, Francicum præsidium accepit. Tum Princeps Gallensis suspicans in proposito esse fratribus ut junctis copiis se intra Engolismam obsiderent, ex urbe ista egressus numerosam pugnatorum manum collegit.

Interea Robertus Knollus, trajecto mari cum exercitu, Caletum appulit & exscensum fecit. Inde movit in Francos, ac Picardiæ Veromanduorumque agros desolavit est. Urbes porro & castra omnia præsidiis validis munita erant, quæ ut jussa regia exsequerentur, in prædones Anglos non erumpebant. Angli autem ulterius procedentes, Pontem Episcopi ad Isaram oppidum incenderunt, ubi elegantes quædam ædes visebantur. Equites vero & Scutiferi, qui Noviomi erant, cum comperissent Knollum cum exercitu suo ex Ponte Episcopi profectum esse, ad oppidum illud, quod flammas adhuc emittebat, se contulerunt, multosque offenderunt Anglos, quorum alii domos diripiebant, alii supponebant ignes, quos adorti internecione fere deleverunt ; quindecim ex illis capti, & Noviomum deducti, capite truncati sunt. Hujus eruptionis beneficio ædes multæ in Episcopi Ponte servatæ sunt : Knollus prope Lutetiam venit, & vicos aliquot incendit. Inde vero ad Cenomanos, posteaque ad Andegavos se contulit.

Princeps vero Gallensis postquam Conaci exercitum collegerat, Lemovicum movit, quæ urbs, ut dixi- *Freissart.*

ges, qui s'étoit rendu au Duc de Berri & à Bertrand du Guesclin; il ne trouva point de troupes Françoises, parce que les Ducs d'Anjou & de Berri après avoir fait leur *chevauchée*, comme on disoit en ce tems-là, avoient congedié leurs gens & s'étoient retirez. Le Prince assiegea donc Limoges: il ne donna point d'assaut, mais il fut un mois entier à miner, au bout duquel tems un grand pan de muraille tomba & combla le fossé, ce qui fit une breche si grande, que les troupes entrerent dans la ville en bon ordre & sans résistance. Les Anglois massacrerent tous ceux qu'ils rencontrerent, hommes, femmes & petits enfans; ceux qui se jettoient aux pieds du Prince criant misericorde, étoient tuez sans pitié comme les autres, rien n'étoit capable d'adoucir sa colere: il exerça sa vengeance sur les enfans à la mammelle comme sur les autres. L'Evêque fut aussi pris & mené au Prince de Galles qui le traita fort indignement, & le menaça de lui faire couper la tête. La ville fut saccagée, & puis brûlée. Les Commandans François, qui se défendirent en braves furent faits prisonniers. L'Evêque fut en grand péril de sa vie, & emmené prisonnier; il obtint depuis sa liberté à la priere du Pape.

Limoges pris & brulé par le Prince de Galles.

1371.

Après la prise de Limoges, le Prince de Galles, sentant que sa maladie, qu'il avoit contractée en Espagne augmentoit tous les jours, congedia ses troupes, & se retira à Bordeaux, où il perdit son fils aîné. Après quoi de l'avis des Médecins, esperant que l'air natal pourroit lui procurer la santé, il s'embarqua pour l'Angleterre, & laissa le gouvernement de l'Aquitaine au Duc de Lancastre son frere. Le Roi Charles fut informé de la prise & désolation de Limoges, dont il fut fort indigné. Il fit rétablir la ville, & lui accorda de grands privileges. Selon Froissart, ce fut la prise de Limoges, qui détermina le Roi Charles à faire Bertrand du Guesclin Connétable; mais selon les autres Historiens, ce fut en l'année précedente 1370. que le Roi voulut mettre à la tête de ses armées, un homme capable de faire la guerre avec succès dans des tems si difficiles: le Connétable de Fiennes déja cassé & tout usé des fatigues passées, s'étoit démis de sa charge. Le Roi & toute sa Cour jettoit les yeux sur Bertrand du Guesclin, comme le plus propre à le remplacer; de Fiennes l'indiqua lui-même comme le plus capable de soutenir cet emploi. Le Roi le fit venir à Paris, & lui en fit la proposition; il résista quelque tems, mais il se rendit enfin aux instances

1370.

---

mus, Bituricensi Duci & Bertrando Guesclinio manus dederat. Exercitum Francorum nullum offendit, quia Andegavensis & Bituricensis Duces post expeditionem factam, pugnatores suos missos fecerant. Lemovicum igitur Gallensis obsedit; non aperto marte urbem expugnare contendit; sed admotis cuniculis per mensem integrum muros decutere satagebat; demumque tanta murorum pars decidit, ut cumulatis fossis, amplus obsidentibus pateret accessus. Angli igitur servato cuneorum ordine, in urbem, nullo obsistente sunt ingressi: tum obvios quosque viros, mulieres, infantes immaniter trucidarunt. Qui ad pedes Principis provoluti misericordiam ejus implorabant, ferro necabantur ut alii; iram ejus placare nihil poterat, ut vindictam exerceret etiam in tenellos infantes ab ubere matrum avulsos. Episcopus quoque captus fuit, & ad Gallensem Principem adductus, dira indignaque sustinuit, ita ut minaretur Princeps se caput illi amputari jussurum. Urbs tota direpta, & postea flammis tradita fuit. Duces Francorum qui intra urbem erant, postquam strenue dimicassent, capti fuere. Episcopus grande vitæ periculum subiit, & captivus abductus fuit; sed postea, rogante Summo Pontifice, liber evasit.

Idem. Post captum Lemovicum, Princeps Gallensis ingravescente in dies morbo illo, quem in Hispania contraxerat, copias suas missas fecit, & Burdegalam se recepit, ubi primogenitum suum morbo consumtum amisit. Deinde suadentibus Medicis, in natali solo se meliore valetudine fruiturum sperans, navem conscendit ut in Angliam trajiceret, relicto Duce Lancastriæ fratre Aquitaniæ Rectore. Comperto Rex Carolus Lemovicensi excidio, indignatus admodum est. Urbem porro restaurare curavit, ipsique privilegia magna contulit. Narrat Froissartius Lemovici desolationem & excidium, in causa fuisse, quod Rex Carolus Bertrandum Guesclinium Constabularium Franciæ creaverit. At alii Scriptores dicunt jam anno præterito 1370. voluisse ipsum exercituum suorum ducem & Constabularium constituere, ut qui posset felici exitu difficilia bella peragere. Jam Constabularius de Fiennis, senio laboribusque confectus, Officii sui munus deposuerat. Neque Rex modo, sed etiam Regiæ aulæ primores omnes Guesclinium, ut ad tale munus aptissimum, indicabant, ipseque Robertus de Fiennis hunc sibi successorem fore omnium dignissimum significabat. Rex igitur ipsum Lutetiam evocavit, ipsique Constabularii munus obtulit. Præ modestia ille aliquantum obstitit; sed tandem instanti Regi cessit,

du

CHARLES V. dit LE SAGE & LE RICHE. 25

du Roi & fut fait Connétable. Il partit d'abord avec de bonnes troupes, accompagné d'Olivier de Cliſſon, qui avoit déja donné des preuves de ſa valeur. Il alla chercher Robert Knolles, qui avoit ravagé pluſieurs Provinces du Roiaume. Il rencontra au Pont-Vallain une bonne partie de ſes troupes, commandées par Thomas Grantſon, & la chargea. Les Anglois ſe défendirent longtems & furent enfin tous pris ou tuez. Après cette défaite, Knolles congedia ſa troupe & ſe retira en Bretagne. Il y eut encore quelques actes d'hoſtilité cette même année & la ſuivante. Le château de Mont-Paon près de Bourdeaux, fut pris par quatre Chevaliers Bretons, & depuis repris par les Anglois. Le Connétable prit auſſi pluſieurs villes, châteaux & forteresſes.

Bertrand du Gueſclin fait Connétable.
Défait les troupes Robert Knolles.

Le mariage qui ſe fit alors entre le Duc de Lancaſtre, & la fille aînée de Pierre le Cruel Roi de Caſtille, tourna à l'avantage de la France. Le Duc de Lancaſtre prit le titre de Roi de Caſtille, ce qui déplût fort au Roi Henri. Voiant un puiſſant competiteur, qui ne pouvoit s'élever que ſur ſes ruines, il fit un Traité de confédération avec le Roi Charles, & arma une grande flote. Le Duc de Lancaſtre aiant paſſé de Bourdeaux en Angleterre, le Roi Edouard envoia en Poitou le Comte de Pembroc avec une grande flote. Celle d'Eſpagne étoit venue à la hauteur de la Rochelle. Les deux armées ſe rencontrerent, il y eut un combat, qui dura juſqu'à la nuit, ſans nul avantage de part ni d'autre: les Anglois envoierent demander ſecours à ceux de la Rochelle, qui malgré toutes les inſtances que pût faire leur Sénéchal demeurerent neutres, & voulurent être les ſpectateurs de la bataille. Le Sénéchal y alla lui-même avec quelques Chevaliers & un fort petit ſecours, qu'il mit ſur quatre barques. Le lendemain le combat recommença. Les Anglois ſe défendirent vaillamment; mais ils ſuccomberent enfin, & furent tous pris avec le Comte de Pembroc leur chef. Les Eſpagnols les chargerent de chaînes; ainſi avoient-ils accoutumé de faire, de même que les Allemans: au lieu que les François & les Anglois ſe traitoient avec plus de generoſité & de courtoiſie. La flote d'Eſpagne s'en retourna triomphante emmenant les priſonniers, dont les Eſpagnols tirerent une groſſe rançon.

1372.

La flotte Angloiſe défaite par l'Eſpagnole.

Cette défaite porta un grand changement dans les affaires. Les conquêtes des François allerent plus rapidement dans la ſuite, comme nous verrons. Vers le même tems que ce combat naval ſe donnoit, Yvain de Galles Seigneur Anglois,

---

Conſtabularii munus accepit, ſtatimque movit cum valida armatorum manu, comitante Olivario Cliſſonio, qui jam fortitudinis ſuæ argumenta dederat. Robertum Knollum Gueſclinius attingere cupiebat, qui plurimas regni provincias devaſtaverat. Magnam vero copiarum ejus partem offendit ad Pontem Vallanium in Cenomanis, duce Thoma Grantſonio. Acerrima pugna fuit: Angli fortiter pugnantes ad unum vel cæſi, vel capti ſunt. Hoc comperto Knollus, miſſis copiis ſuis, in Britanniam ſe recepit. Alia quoque hoſtilia hoc ipſo anno geſta ſunt. Quatuor equites Britones Montis-Paonis caſtrum prope Burdegalam ceperunt; ſed ab Anglis poſtea recuperatum fuit.

Contractum hoc tempore connubium inter Lancaſtriæ Ducem & primogenitam filiam Petri Crudelis Caſtellæ Regis, in Francorum commodum ceſſit. Lancaſtrius ſeſe Caſtellæ Regem nuncupavit. Ingrata res Henrico Regi fuit, qui competitorem & æmulum videns armis inſtructum, qui nonniſi profligatis Henrici rebus, in illo gradu ſtare poterat, pacta & fœdera iniit cum Carolo Francorum Rege, & claſſem magnam apparavit. Cum vero Lancaſtrius Burdegala in Angliam trajeciſſet, Eduardus Rex in Pictavos Pembrocii Comitem miſit cum claſſe grandi. Hiſpanienſis vero claſſis e regione Rupellæ verſabatur. Tum claſſis altera alteram offendit, acriterque pugnatum eſt uſque ad noctem, neutra autem claſſis prævaluiſſe videbatur. Dum nox pugnam dirimeret, mittunt Angli Rupellanos rogatum auxilia ſibi ſuppeditarent. Quantumcumque vero Seneſcallus inſtaret & obſecraret, ut opitulatum mitterent, Rupellani neutri partium favere voluerunt; ſed ſpectatores certaminis manſere. Seneſcallus porro cum aliquot equitibus, & modica armatorum manu in ſcaphas quatuor conſcendens, in claſſem Anglicam ſe contulit. Inſequente luce redintegrata pugna fuit: Angli fortiter decertarunt; ſed ſuccubuere tandem, omneſque cum Pembrocio duce capti ſunt. Ipſos Hiſpani catenis onuſtos captivos detinuerunt. Hac ſolebant Hiſpani ratione cum hoſtibus agere, perindeatque Germani: ſed Franci & Angli majori cum generoſitate humanitateque captivos excipere in uſu habebant. Hiſpanica claſſis triumphans cum captivis in Hiſpaniam regreſſa eſt; ad quorum redemtionem Hiſpani pecunias grandem exegerunt.

Hæc Anglorum clades rerum faciem immutavit. Exinde Franci celerius caſtra & urbes ceperunt, ut mox narrabitur. Quo tempore iſthæc navalis pugna committebatur, Ivo Gallenſis ex nobiliſſimis Anglo-

qui longtems auparavant, lorsque son pere fut executé pour avoir été du parti des Spensers, s'étoit refugié en France, fit une descente dans l'Isle de Grenesai, avec des troupes Françoises. Aimon Rose qui commandoit dans l'Isle ramassa tout ce qu'il pût d'Anglois & d'Insulaires pour aller l'attaquer. Le combat fut rude, mais enfin les Anglois furent défaits; de huit cens qu'ils étoient, quatre cens demeurerent sur la place. Yvain alla assieger un château, mais il reçut ordre du Roi Charles de se rendre en Castille, pour négotier avec le Roi Henri, & obtenir de lui une flote, avec des vaisseaux plats pour aider au siége de la Rochelle. Il leva d'abord le siége, & s'embarqua pour passer en Espagne.

Le Connétable prend plusieurs places.

Le Connétable du Guesclin profitant de la conjoncture prit plusieurs places dans le Poitou, Montmorillon, Chauvigni, Leuzat, & le fort château de Montcontour, qui après s'être bien défendu quelque tems se rendit à composition. D'un autre côté le Duc de Berri vouloit assieger Sainte Severe en Limosin place des plus fortes, & des mieux munies. Il envoia prier le Connétable de venir se joindre à lui pour en faire le siége. Ils attaquerent vigoureusement la place, & firent donner un assaut si terrible & qui dura si longtems, que les assiegez craignant d'être pris de force se rendirent par composition. Les Anglois & les Poitevins sous la conduite du Captal de Buch, s'étoient assemblez pour faire lever le siege; mais apprenant que la forteresse s'étoit renduë, ils s'arrêterent. Après la prise de ces places, ceux de Poitiers dont les trois quarts étoient pour la France, firent dire au Connétable, que s'il vouloit venir à eux, ils lui ouvriroient les portes de leur ville. Il y vint avec trois cens chevaux, & trouvant les portes de la ville ouvertes, il y entra, & en prit possession pour le Roi.

Les Anglois & les Poitevins qui s'étoient assemblez sous la conduite du Captal de Buch, apprenant toutes ces prises de places, furent fort étonnez, & n'osant plus tenir la campagne, ils se separerent en deux corps; les Poitevins prirent le chemin de Thouars, & les Anglois s'en allerent à Niort; mais ils trouverent les portes fermées & les ponts levez, ceux de la ville ne vouloient plus les recevoir. Ils se mirent en devoir d'y entrer de force, & n'y ayant dedans que des bourgeois & des artisans, peu capables de deffense, ils les forcerent en peu de tems, tuerent un grand nombre de ses habitans, hommes & femmes, & pil-

rum, qui diu antea, cum pater ipsius, quod Spenserorum partes sectatus fuisset, capite truncatus est, in Franciam aufugerat; in Garnseiam insulam exscensum fecit, cum Francorum manu valida. Aimo autem Roseus, qui tum Insulam regebat, quantos potuit Anglos & Insulanos collegit, ut illum adoriretur. Pugna committitur, acriterque certatur, tandemque Angli victi sunt, exque octingentis, quadringenti ceciderunt. Castellum obsedit Ivo Gallensis. Inter hæc vero a Rege Carolo jussus est, in Castellam proficisci, ac cum Henrico Rege id agere, ut classem planarum navium impetraret, quæ obsidendæ Rupellæ usui foret. Statim ille, obsidione soluta, in Hispaniam profectus est.

Idem.

Constabularius vero Guesclinius, occasionem bene gerendæ rei arripiens, oppida multa in Pictavorum tractu cepit, Montem-Maurilionis, Calviniacum, Leuzatum, & Montis-Consularis munitissimum Castellum, quod cum aliquandiu oppugnantium impetum propulsavisset, deditionem fecit. Ex altera vero parte Bituricensis Dux sanctam Severam in Lemovicino agro, firmum, munitissimumque castrum obsidere cupiens, Constabularium rogavit se cum gente sua conveniret, ad obsidionem faciendam. Castrum illi fortiter impugnarunt, atque assultu validissimo & diuturno ita obsessos exterruerunt, ut ne vi caperentur, pacta conditione, deditionem fecerint. Angli & Pictavi duce Capitali Boiorum una convenerant, ut obsidionem solvere cogerent; sed cum captum castellum fuisse audivissent, non sunt ultra progressi. Post capta tot oppida & castella, Pictavorum civitas, in qua tres civium partes Francis studebant, Constabulario nunciari curarunt, si veniret; portas civitatis apertas se repertum esse. Accessit ille cum trecentis equitibus, & ut polliciti cives erant, aperta ostia reperit, in urbem intravit, illamque in Caroli Regis potestatem reduxit.

Froiss.

Angli & Pictavi qui duce Capitali Boiorum in unum convenerant, ubi tot urbes, oppida, castra in Francorum potestatem redacta fuisse didicerunt, stupore perculsi, cum non auderent ultra in aperto campo bellum gerere, in duas sese partes diviserunt. Pictavi Duracium iter arripuerunt, Angli vero Niortum venerunt; sed occlusas portas, pontesque sublicios erectos invenerunt. Oppidani nolebant illos intra mœnia recipere: at illi ut vi in urbem irrumperent sese apparatunt, at cum nonnisi oppidani & artifices imbelles ad illos propulsandos adessent, impetu facto, intra breve tempus in urbem ingressi, magnam partem virorum mulierumque trucidarunt, domosque

CHARLES V. dit LE SAGE & LE RICHE.

lerent toutes les maisons. Si la ville avoit pû tenir quelques heures, le secours que le Connétable y envoioit y seroit arrivé à tems.

Sur ces entrefaites arriva devant la Rochelle Yvain de Galles avec une flote Espagnole de quatorze gros navires & de huit galeres : tous ces bâtimens étoient chargez de gens de guerre, & se tinrent devant la Rochelle pour bloquer la ville par mer. Le Connétable qui étoit alors à Poitiers envoia un corps de troupes pour prendre le château de Soubise, situé à l'embouchure de la Charente. La Dame de Soubise se voyant assiegée demanda secours au Captal de Buch, qui se tenoit à S. Jean d'Angeli. Il y marcha avec un corps de troupes conduites par les plus braves Capitaines Anglois. Cette entreprise des François alloit échouer sans la prévoyance du brave Yvain de Galles, qui bien informé & du siege de Soubise, & du nombre de ceux qui venoient pour le faire lever, choisit quatre cens hommes qu'il mit sur treize barques, & alla débarquer vis-à-vis le château. Il y vint fort à propos, dans le tems que les François surpris la nuit étoient fort mal menez par le Captal & sa troupe. Le Sire de Pons Commandant étoit déja pris, avec soixante autres, & les François prenoient la fuite. Yvain donna vigoureusement sur les Anglois & les Gascons, les défit à plate couture. Il y eut de leur côté beaucoup de morts & de prisonniers, du nombre desquels fut le Captal de Buch. La petite ville de Soubise se rendit peu de jours après, & la Dame prêta serment de fidelité au Roi de France. Saint Jean d'Angeli & Saintes furent réduits sous son obéissance sans perte de gens.

Le Captal de Buch pris.

Il ne restoit gueres que la Rochelle à prendre. Les Rochellois étoient tout disposez à se donner à la France ; une seule chose les arrêtoit. Il y avoit dans cette ville un château dont le Gouverneur étoit un nommé Manul, qui le gardoit pour le Roi d'Angleterre. Il n'y avoit pas moyen de le gagner, & de le faire tourner pour la France. Le Maire de la ville s'avisa d'un expedient ; il invita Manul à dîner, & lui dit à table qu'il avoit un ordre à lui signifier de la part du Roi Edouard, qui commandoit au Maire de la ville de faire montre dans la place publique des gens de la ville portans armes, & au Commandant du château de faire montre dans la même place de la troupe qui composoit sa garnison. Il montra à Manul des lettres avec le sceau du Roi Edouard, qu'il reconnût ; mais comme il ne sçavoit pas lire, le Maire lut lui-

---

diripuerunt universas. Si per aliquot horas Anglorum impetum Oppidani sustinuissent, manus pugnatorum, quam Constabularius mittebat in opem, urbem a direptione ereptura erat.

Inter hæc Ivo Gallensis ante Rupellam advenit cum Hispana classe navium magnarum quatuordecim, & octo quinqueremium, quæ naves onustæ pugnatoribus erant, & ante Rupellam steterunt, ut omnem aditum ex parte maris occluderent. Constabularius autem, qui tunc in Pictavorum urbe degebat, armatorum manum misit, quæ Solbisiam castellum obsideret ; ad ostia Carantoni situm. Solbisiæ Domina se obsessam videns, a Capitali Boiorum auxilium petiit, qui tunc apud sanctum Joannem Angeriacensem versabatur. Movit ille cum cohortibus, quæ à fortissimis Anglorum ducebantur. Hæc autem Francorum expeditio infelicem exitum habitura erat, nisi strenuus Ivo Gallensis, obsidentium saluti prospexisset. Cum comperisset enim quo in statu esset Solbisiæ obsidio, & quantum loco subsidium contra obsidentes accederet, quadringentos viros delegit, quos scaphis tredecim imposuit, & e regione castelli excensum fecit. Opportunissime autem advenit, quo tempore Franci ex improviso impetiti, a Capitali & suis acerrime urge-

bantur. Jam Pontius Dux & sexaginta alii capti erant ; jam Franci fugam capessebant. Strenuissime Ivo Anglos & Vascones invasit, penitusque illos devicit. Ex iis multi cæsi, multi capti sunt, ex quorum numero fuit Capitalis Boiorum. Solbisiæ oppidum paucis elapsis inde diebus, deditionem fecit, Solbisiæque Domina sacramentum fidei Regi Francorum præstitit. Sub ejus potestatem redactæ sine ulla jactura sunt urbes sancti Joannis Angeriacensis & Santonum.

Una supererat Rupella in ordinem redigenda, cum paucissimis aliis locis. Rupellani sese Regi Francorum dedere peroptabant ; sed impedimentum unicum erat : castellum nempe, cujus rector & custos erat vir quispiam nomine Manulus, quem nulla arte ad optatum suum deducere, vel ad partes Francorum pellicere se posse sperabant, sed astu quopiam Major urbis rem totam confecit. Manulum ad prandium invitavit, atque inter fercula hospiti suo dixit, se literas accepisse ab Eduardo Rege, queis Majori urbis imperabat ; ut in platea urbis publica, pugnatorum omnium qui in urbe erant recensionem faceret ; & ut castelli Rector armatos suos eamdem in plateam educeret recensendos. Manulo autem literas ostendit regio sigillo munitas, quod sigillum Manulus agnovit ; sed cum literas non nosset,

Tome III. D ij

CHARLES V. dit LE SAGE & LE RICHE.

La Rochelle se donne au Roi.

même la lettre qui faisoit foi de ce qu'il venoit de dire. Le bon homme le crut & fit sortir sa garnison. Dès qu'elle fut sortie, deux cens hommes que le Maire avoit appostez, & qui se tenoient cachez, se saisirent du château. La ville se rendit au Roi, à condition que le château seroit démoli, & qu'on n'y en bâtiroit plus d'autre, qu'on y frapperoit monnoye. Ils demanderent encore plusieurs autres privileges qui leur furent accordez. Les Rochellois acquirent ainsi une espece de liberté, dont ils se prévalurent depuis contre l'Etat. Le Connétable vint prendre possession de la ville pour le Roi Charles.

Après tant d'heureux succès le Duc de Berri se rendit maître de S. Maixant, & de quelques autres places. Le Connétable prit aussi plusieurs châteaux, & vint enfin assieger Thouars où s'étoient retirez la plûpart des Comtes & des Seigneurs qui tenoient le parti du Roi d'Angleterre. Voyant qu'ils seroient infailliblement pris, ils firent un traité, que s'ils n'étoient point secourus du Roi d'Angleterre depuis ce jour jusqu'à la saint Michel, ils se rendroient au Roi de France. Le Roi d'Angleterre croyant qu'il y alloit de son honneur d'empêcher que cette place ne fut prise, & de rétablir ses affaires dans l'Aquitaine & dans le Poitou,

Siege & prise de Thouars.

équippa une des plus puissantes flottes qu'on eut encore vû, & fit des levées extraordinaires de gens de guerre. Il se mit en mer : les vents lui furent si contraires, qu'il ne pût jamais tourner vers la Rochelle. Il tenta souvent de faire voile de ce côté-là, mais le vent le repoussoit toujours sur ses côtes, de sorte que la saint Michel approchant, il fut obligé de relâcher & de prendre terre. Il dit alors avec indignation, parlant du Roi Charles : IL N'Y EUT ONCQUES ROY QUI MOINS S'ARMAST, ET SI N'Y EUT ONCQUES ROY QUI TANT ME DONNAST A FAIRE. Après la saint Michel de Septembre Thouars se rendit, & le Roi se trouva maître du Poitou, excepté Niort, & un fort petit nombre de places ou châteaux.

Au commencement de la campagne suivante le Connétable alla assieger la ville & le château de Chisai. Le nombre des combattans ne montoit pas à plus de quatorze cens qui se retrancherent, & environnerent leur camp de palissades, crainte de surprise. Jean d'Evreux qui commandoit à Niort, sortit avec six ou sept cens gendarmes Anglois, pour secourir ceux de Chisai, & s'avança jusqu'auprès du camp du Connétable, qui voyant les Anglois si près de lui, fit ab-

Froissart.

Major urbis ea legit ipsi, quæ dictis suis fidem facerent. Vir ille simplex fidem habuit legenti, & præsidium castelli totum foras eduxit. Quo egresso, ducenti armati viri, quos Major in latebris posuerat, erumpentes, castellum occuparunt. Urbs sese Regi dedidit, his pactis conditionibus, ut castellum solo æquaretur, nec aliud ultra castellum construeretur, ut civitas cudendæ monetæ facultatem haberet. Multa quoque alia privilegia experiere Rupellani, quæ concessa illis sunt. Sic Rupellani speciem quamdam libertatis sibi impetrarunt, qua postremis exinde temporibus sunt abusi. Rebus omnibus ita prospere gestis, Dux Bituricensis sanctum Maxentium, & aliqua alia oppida occupavit. Constabularius etiam castella plurima cepit, tandemque Duracium obsessum venit, quo confugerat magna pars Comitum & Procerum qui Regis Angliæ partes sectabantur. Cum viderent autem capiendum haud dubie fore oppidum, cum Constabulario hac conditione pepigere, ut si non ab illa die ad usque proxime sequens sancti Michaelis festum, ab Rege Angliæ auxilium acciperent, sese & oppidum Regi Francorum dedituri essent. Rex porro Angliæ putans sibi dedecori fore, si oppidum illud Regi Francorum dederetur, & si ille res suas in Aquitania & in Picta-

vis restaurare negligeret, classem apparavit, quæ major visa non fuerat, & armatorum copiam ingentem collegit, mareque conscendit. Tum sævo & adverso reflante vento, nunquam versus Rupellam vela dare potuit. Illò naves dirigere sæpe contendit, sed venti ad oras Anglicanas illum semper rejiciebant. Cum porro S. Michaelis festum jam appropinquaret, exscensum facere coactus est : tumque de Carolo Rege loquens, hoc cum indignatione dictum protulit : NUNQUAM FUIT REX, QUI MINUS ARMA SUMERET, ET NUNQUAM FUIT REX, QUI MIHI PLUS NEGOTII FACESSERET. Cum advenisset festum Sancti Michaelis, Duracium deditionem fecit, sicque Rex Carolus tota Pictavorum regione potitus est, excepto Niorto, ac paucis oppidis & castellis.

Anno sequenti ab obsidione Chisacii oppidi atque castelli cœpta sunt hostilia. Armatis viris non plus mille quadringentis instructus Constabularius ante oppidum castra posuit, quæ ne ab hostibus ex improviso invaderentur, palis & vallo circummunita sunt. Joannes porro Ebroicensis qui Niorti imperabat, cum sexcentis vel septingentis pugnatoribus Anglis egressus est, ad opem obsessis ferendam, & ad Constabularii castra propius accessit. Is hostem in limine videns, palos circum-

CHARLES V. dit LE SAGE & LE RICHE.

battre les palissades qui environnoient son camp, pour marcher contre eux. Prévoyant bien que les assiegez ne manqueroient pas de sortir pour venir aider les Anglois qui s'étoient mis en campagne pour les secourir, il mit deux cens hommes en embuscade, & alla contre l'ennemi. Les assiegez sortirent au nombre de soixante, & tomberent dans l'embuscade où ils furent presque tous tuez ou pris, après s'être bien défendus. Le combat se donna ensuite, & les Anglois percerent d'abord le premier corps de troupes qu'ils trouverent ; mais deux autres corps de troupes fraiches étant venus sur eux, ils furent enfin défaits ; il ne s'en sauva pas un de la troupe, tous furent ou morts ou prisonniers.

Le beau Manuscrit de Froissart de la Bibliotheque du Roi, nous represente le camp du Connétable du Guesclin. On y voit des tentes dressées, & dans le lointain la ville de Chisai. [1] Ces tentes sont marquées de lettres pour les distinguer & les faire connoître. Nous voyons ici des soldats, qui par ordre du Géneral mettent à bas les palissades. On a jugé à propos pour remplir la Planche de mettre ici [2] la figure de Bertrand du Guesclin, comme on la voit à S. Denis dans la Chapelle du Roi Charles V.

Après cette victoire Chisai se rendit ; Niort & tout ce qui restoit de forteresses dans le Poitou suivirent son exemple. La Saintonge & le pays d'Aunis se mirent aussi sous l'obéissance du Roi.

Le Duc de Bretagne, qui étoit tout Anglois dans son ame, voyoit à contre-cœur ces heureux succès des armées de France, & la décadence des affaires du Roi Edouard. Il avoit encore le chagrin de voir que ses sujets, tant les grands Seigneurs, que les particuliers, s'étoient tournez pour le Roi de France. Ne se tenant donc point en sûreté dans son pays, il demanda secours au Roi d'Angleterre, qui lui envoya le Comte de Salisberi avec grande quantité de troupes. Les Bretons voyant ces Anglois dans leur pays, furent mal-satisfaits de leur Duc qui les avoit fait venir. Le Roi Charles manda à son Connétable de se rendre en Bretagne : il y vint volontiers avec ses troupes, ayant toujours été opposé à Jean de Montfort. Il se présenta devant Rennes, qui lui ouvrit les portes. Vannes se rendit aussi. Le Duc de Bretagne qui se méfioit toujours des Bretons, avoit jugé à propos pour plus grande sûreté de se retirer en Angleterre, laissant le gouvernement de son Duché à Robert Knolles. Le Connétable continua toujours à prendre les villes & châteaux de la Bretagne, & vint assiéger Hennebond. Il fit dire

PL. VI.
1.

2.

1375.

Guerre en Bretagne.

---

positos omnes decuti jussit, ut in aperto campo confligeret. Suspicatus autem obsessos eruptutos esse, ut pugnantes Francos a dorso invaderent, & suis opem ferrent, ducentos ex suis in insidiis locavit, & contra hostem movit. Obsessi sexaginta ex suis emiserunt, qui ab insidiatoribus intercepti, strenueque pugnantes, pene omnes cæsi vel capti sunt. Cum Anglis etiam pugnatum est, qui primo impetu priores ordines perrupere, sed supervenientibus aliis agminibus duobus, victi tandem & ad unum omnes vel cæsi vel capti sunt.

Elegans ille Froissartii Codex, qui in Bibliotheca Regia asservatur, Constabularii castra depicta exhibet. Hic tentoria erecta visuntur, & procul conspicitur Chisaium oppidum. Tentoria verò singula literis distincta sunt, ut internosci possint. Hic milites conspicimus qui jubente duce palos decutiunt. In ima verò tabula positum fuit schema Bertrandi Guesclinii armati, qualis visitur in Ecclesia S. Dionysii in Capella Regis Caroli V.

Post victoriam illam Chisaium, deditionem fecit ; ejusque exemplo Niortum, & reliqua castra, quæ hactenus Anglorum fuerant, in Regis Francorum po-

testatem redacta sunt. Santones quoque & Alnetensis tractus Francis manus dedere.

Dux Britanniæ Armoricæ, qui Anglis omnino studebat, victrices Francorum expeditiones, & labefactatas Regis Eduardi res, invitus spectabat. Nec sinæ quadam indignatione videbat subditos suos, tum primores Britannos, tum etiam alios e vulgo ; ad Regem Francorum declinavisse. Cum ergo non sat tutas sibi in Armorica sedes esse putaret, ab Rege Angliæ auxilia expetiit, qui Comitem ipsi Sarisberiensem cum magna armatorum manu misit. Ubi tot Anglos in patria sua viderunt Britones, adversus Ducem suum qui illos evocaverat indignati sunt. Rex verò Carolus Constabularium suum illo misit. Hic libenter expeditionem hujusmodi suscepit, quia Joanni de Montforti infensus semper fuerat. Primo in Rhedonum urbem venit, quæ statim portas aperuit ? Venetia quoque Armorica sese ipsi dedidit. Dux verò Britonibus non fidens, ad majorem cautionem in Angliam se receperat, relicta Roberto Knollo rerum suarum administratione. Pergens autem Guesclinius urbes & castra in Britannia occupabat, atque Hennebondum venit, ci-

Lobineau ;
Froissart.

D iij

aux Bourgeois qu'il vouloit souper dans la ville, & que si pas un d'eux jettoit seulement une pierre sur ses gens, il les feroit tous passer au fil de l'épée. Les Bourgeois effraiez se retirerent chacun chez soi. Il n'y eut que les Anglois qui se défendirent, mais se trouvant en trop petit nombre, ils ne pûrent empêcher que les François n'entraffent dans la ville, ils furent tous tuez hors deux Capitaines qui furent pris. Le Connétable défendit qu'on portât aucun dommage aux habitans. Il prit encore quelques villes, & alla assiéger Brest. C'étoit la plus forte place de la Bretagne. Pendant ce siége les François assiégerent encore la Roche-sur-Yon, & Derval, qui étoit le château de Robert Knolles.

Les François firent quatre siéges à la fois, de Bercerel, aux confins de la Normandie, de Brest, de la Roche-sur-Yon, & de Derval. La Roche-sur-Yon fut attaqué par Olivier de Clisson: après quelque défense la garnison Angloise fit cette composition, que si dans un mois elle n'étoit pas secourue, elle rendroit la place. Le siége de Brest fut changé en blocus. On renforça les troupes qui assiégeoient Derval, & enfin le Gouverneur fit cette capitulation, que si dans deux mois il n'étoit secouru il se rendroit, & que pendant tout ce tems-là il ne recevroit aucun renfort de troupes. Le Connétable se presenta ensuite devant Nantes, les habitans lui donnerent entrée dans leur ville sous certaines conditions. Robert Knolles fit aussi pour Brest cette capitulation, que les François laisseroient la liberté aux assiégez d'aller & venir, & que si dans quarante jours il ne venoit pour les secourir un corps assez considerable pour combattre contre le Connétable, la place seroit rendue. Mais le Comte de Salisberi étant arrivé devant la place, il fit descente, se retrancha & envoia sommer le Connétable de le venir combattre. Le Connétable dit qu'il le combattroit s'il sortoit de ses retranchemens, & s'il se mettoit dans la plaine. Le Comte repliqua que n'aiant point mené de chevaux d'Angleterre, il ne pouvoit le combattre dans la plaine; mais que s'il vouloit lui en prêter, il donneroit bataille. Le Connétable rejetta cette plaisante proposition: & le Comte entra dans Brest avec ses gens, croiant ne faire rien contre la capitulation. Derval fut aussi manqué: mais la Roche-sur-Yon & Bercerel furent rendus aux François.

L'arrivée du Duc de Lancastre à Calais avec une grande armée, qui montoit, disoit-on, à plus de 30000. hommes, attira toute l'attention des François.

Ejidem.

vibusque edici curavit, velle se in urbem cœnatum ingredi, & si quis civium vel lapidem jaceret, omnes se prorsus internecione deleturum esse. Perterriti cives, sese singuli in domos suas receperunt. Angli soli Francos propulsare conati sunt; sed cum pauci numero essent, Francosque arcere non valerent, cæsi omnes sunt, duobus exceptis ducibus qui capti fuere. Vetuit porro Constabularius, ne quis cives in re quavis læderet. Aliquot præterea urbes cepit, & Brestum obsedit; munitissimum totius Britanniæ oppidum. Interea Franci Rupem-ad-Yonem obsederunt, & Dervallium, quod erat Roberti Knolli castellum.

Quatuor simul obsidiones suscepere Franci, Bercerelli in Normanniæ confinio, Bresti, Rupis-ad-Yonem & Dervallii. Rupes-ad-Yonem ab Olivario Clissonio impetita fuit, & postquam propulsando hosti aliquid operæ dederant Angli obsessi, in hanc pactionem venerunt, ut si intra mensem auxilium non acciperent, locum Francis dedituri essent. Bresti obsidio, postquam cœpta fuerat, sine insultu postea vel oppugnatione, aditus solum & exitus observando continuata fuit. Qui Dervallium obsidebant copiarum numero aucti sunt; tandemque obsessorum dux illa conditione pepigit, ut si elapso ab inde bimestri spatio, auxilium nullum adventaret; quod posset Francos abigere,

castrum obsidentibus dederetur: interea vero non posset præsidiarii numero augeri. Namnetes postea adiit Constabularius, & intra urbem præmissis quibusdam pactis & conditionibus admissus est. Robertus quoque Knollus, pro iis qui intra Brestum obsidebantur, hanc iniit pactionem, ut libertas daretur obsessis eundi & redeundi, & nisi intra quadraginta dierum spatium, tanta ut auxilium copiarum manus accederet, ut posset cum Constabulario in aperto campo configere, urbs reddenda Francis esset. At Comes Satisberiensis cum aurem urbem appulisset, excensum fecit, seseque & suos vallo munivit; atque ad Constabularium misit nuncios, qui edicerent ut secum pugnatum veniret. Respondit Constabularius se venturum esse, si Comes ex vallo exiret, atque in aperto campo consisteret. Reponit Comes se equis destitutum non posse in aperto campo pugnare; sed equos ille sibi commodaret, & sic se ad pugnandum egressurum esse. Hanc propositionem, ut illudentis, rejecit Constabularius. Comes vero Brestum cum armatis ingressus, nihil se putabat contra pactam conditionem fecisse. Dervallium obsessum, captum non fuit; sed Rupes-ad-Yonem & Becherellum sese Francis dediderunt.

Dux Lancastrius, qui cum exercitu triginta millium circiter virorum Caletum appulit, Francorum

Froiss. l'Abbé Choisi.

Camp de Chisai détruit.

Le connétable du Guesclin.

CHARLES V. dit LE SAGE & LE RICHE.

Le Roi Charles avec sa sagesse ordinaire, fit bien munir de gens de guerre toutes les places qui se trouvoient sur la route qu'il devoit prendre, & disposa toutes choses pour faire périr cette armée sans bataille. Les Anglois alloient ensemble, toujours suivis de quelque cavalerie Françoise, qui empêchoit que leurs gens n'allassent au fourrage; si quelque partie de la troupe s'écartoit elle étoit taillée en pieces, comme il arriva à Riblemont, & une autrefois auprès de Soissons. Les Payisans assommoient tous ceux qui s'écartoient tant soit peu. Le Duc de Bourgogne eut soin de suivre cette armée jusqu'en Beaujollois, donnant toujours sur les traîneurs, & empêchant que les Anglois n'allassent au fourrage, ce qui fit qu'une bonne partie des chevaux périt. Depuis le Beaujollois cette armée fut suivie par le Connétable, jusqu'auprès de Bourdeaux, où elle arriva réduite à six mille hommes, parmi lesquels cinq cent cavaliers à pied étoient presque tout nuds.

Armée du Duc de Lancastre ruinée sans bataille.

Au printems suivant le Duc d'Anjou & le Connétable firent une *chevauchée* dans la Gascogne, où ils prirent un grand nombre de places; après quoi le Duc d'Anjou se retira à Périgueux. A l'instance continuelle du Pape Gregoire XI. les Rois de France & d'Angleterre firent tenir des assemblées à Bruges pour y traiter de la paix entre les deux Couronnes. Il y eut de grandes difficultez. Les deux parties ne pouvoient convenir, chacun prétendant beaucoup au-delà de ce que l'autre vouloit accorder. On fit une tréve jusqu'au premier de Mai de l'année suivante. Le Duc de Bretagne passa en Angleterre, & la Bretagne n'étant point comprise dans la tréve, il obtint du Roi Edouard un corps considerable de troupes Angloises, avec lesquelles il repassa dans son Duché, où il prit plusieurs places, & alla assiéger Saint Brieuc. Jean Comte d'Evreux qui faisoit la guerre d'un autre côté aiant fait bâtir un fort auprès de Kimperlai, qui incommodoit fort la ville, Olivier de Clisson, & plusieurs autres Seigneurs Bretons qui suivoient le parti du Roi de France, n'étant pas assez forts pour faire lever le siége de S. Brieuc, allerent assiéger le nouveau fort & l'attaquerent vivement. Le Duc en étant averti, leva le siége de S. Brieuc & marcha en diligence contre ceux qui assiégeoient la forteresse, peu s'en fallut qu'il ne les surprît: à peine eurent-ils le tems de se retirer dans Kimperlai, où ils furent investis par le Duc

1374.

Treve avec l'Angleterre.

---

omnium animos commovit. Rex vero Carolus prudenter pro more omnibus prospiciens, oppida omnia & castra, qua iter agendo ille cum exercitu pertransire posse videbatur, firmis præsidiis muniri jussit, cæteraque omnia apparavit, quæ possent tantum exercitum sine pugna delere. Anglos ordine simul progressos Franci equites semper sequebantur, qui illos a pabulatu cohiberent. Si qui vero ab agmine discederent, statim concidebantur, ut contigit ad Ribodi-montem, & altera quoque vice prope Suessionas: disjunctos etiam ab aliis rustici perimebant. Dux Burgundiæ exercitum illum a tergo sequutus est ad usque Bellojocensem agrum, extrema semper agmina concidens, & Anglos a pabulo arcens, quo factum, ut maxima pars equorum perierit. A Bellojocensi agro Burgundiæ Ducem excipiens Constabularius, ad usque pene Burdegalam Anglos est insequutus. Illò tandem pervenit exercitus Anglorum ad sex circiter millia hominum redactus, inter quos quingenti Equites fere nudi, & equis destituti, pedibus incedebant.

Insequente vero Dux Andegavensis & Guesclinius Constabularius in Vasconiam expeditionem susceperunt, ubi multa cepere castra & oppida. Indeque Dux Andegavensis Petrocoram se contulit. Jamdiu vero Gregorius XI. instabat, nihilque non movebat, ut pacem Reges inter Franciæ & Angliæ conciliaret: qui Brugas misere viros, ut de pace inter ambos Principes tractaretur; sed nulla consentiendi ratio excogitari poterat, cum uterque longe plura expeteret, quam alter concedere vellet. Induciæ tamen factæ sunt; ad usque primum Maii diem anni sequentis. Dux Britanniæ in Angliam trajecit, & cum induciæ statutæ ad Britanniam non spectarent, Dux ab Rege Eduardo Anglorum militum manum validissimam impetravit: cumque in Britanniam trajecisset, multa castra oppidaque cepit, atque Brioeas obsessum venit. Joannes porro Comes Ebroicensis ad alteram regionis partem bellum gerens, castellum prope Kimperlaium exstruxerat, quod urbi multum incommodi pariebat. Olivarius vero Clissonius, plurimique alii primores Britones, qui Francorum partibus hærebant, neque tot tantisque instructi copiis erant, quæ possent Britanniæ Ducem ab obsidione Briocarum removere, novum istud castellum obsessum venerunt, & validissime oppugnarunt. Qua re comperta Dux Britanniæ, obsidionem Briocarum solvit, & quam celerrime contra eos qui castellum istud obsidebant, movit, parumque abfuit quin illos in castris suis ex improviso caperet, vix enim potuere Kimperlaium se recipere. Dux statim istam urbem undique cinxit, fortiterque impugnavit, ut primores il-

Hist. de Bret. Lobineau.

qui poussa le siége vigoureusement, résolu de ne leur point faire de quartier, sur tout à Olivier de Clisson, qu'il haïssoit à mort. Sur ces entrefaites, fort à propos pour eux, arriverent deux Anglois qui apportoient une piorogation de la tréve, dans laquelle étoit comprise la Bretagne, avec ordre aux troupes Angloises de se retirer; ce qu'elles firent, & le Duc de Bretagne passa aussi en Angleterre.

A la faveur de cette tréve, le Roi Charles toujours attentif au principal devoir d'un Monarque, qui est de veiller à la félicité de ses sujets, cherchoit toujours à soulager le peuple foulé ci-devant par les impôts & les taxes inévitables dans une aussi ruineuse guerre que celle-là, & encore plus par les compagnies des pillards, qui avoient désolé les campagnes. Un de ses principaux soins étoit de faire fleurir les Lettres dans son Roiaume, selon le goût de ce tems-là. Il aimoit fort la conversation des gens savans, & donnoit des pensions à ceux qui passoient pour exceller en divers genres de litterature. Il assembla une Bibliothéque assez considerable: & comme il n'entendoit guere bien le Latin, il faisoit traduire plusieurs Livres en François. Il paroit qu'il prenoit beaucoup de plaisir à ces traductions, qu'il les lisoit, & s'en servoit dans les occasions.

Livres presentez au Roi Charles.

P L. VII.

1.

Nicolas Oresme Grand-Maître du College de Navarre, qui avoit été son Précepteur, étoit en même tems & grand Théologien & bon Philosophe. Il traduisit la Bible en François. Il donna aussi une version Françoise des Politiques d'Aristote, apparemment pour l'usage du Roi son éleve. C'est ce dernier Livre que Nicolas Oresme présente 1 au Roi Charles le Sage dans la Planche suivante. Le dessein m'en a été envoié par feu M. Mellier General des Finances de Bretagne, & Maire de la ville de Nantes. Cette Miniature étoit à la tête de la traduction de la Politique d'Aristote. »Ce qui se justifie, dit » M. Mellier, par une écriture Gothique au dos de cette Miniature. Le Man- »teau Roial est peint en outre-mer, semé de fleurs-de-lis d'or. La soutane » d'Oresme est en pourpre, le surplus blanc, l'aumusse de couleur grise. Les ha- »bits des gens de Loi sont en outre-mer relevé d'or, à l'exception de celui qui » porte un chaperon de sable, dont la robe est teinte en pourpre. Celui qu'on » voit debout à l'autre côté de Charles V. est Robert de Fiennes Connétable de » France.

los Britones caperet, & capite plecteret, maximéque Olivarium Clissonium, quem summo prosequebatur odio. Inter hæc duo Angli nuncii periclitantibus opportunissimi advenerunt, qui inducias longe ulterius productas attulerunt, quæ ad Britanniam quoque spectabant. Angli vero qui cum Duce Britanniæ erant, in Angliam redire jubebantur. Hi statim profecti sunt. Dux quoque in Angliam trajecit.

Induciarum hujusmodi tempore Rex Carolus, præcipuo Principis officio semper intentus, quod est ut subditorum felicitati prospiciat, pridem quasi obrutum populum vectigalibus nimiis, quæ vix vitari poterant in perniciosissimis præteritis bellis; præcipueque attritum per vastitatem illam quam prædonum manus fere innumeræ, per totum Francorum regnum intulerant, in feliciorem statum reducere studebat. Inter præcipuas autem curas ejus, illa spectabilis erat, qua literarum studia, ut illo ævo in usu erant, pro virili fovebat. Cum viris doctis libentissime versabatur; iis qui in quovis literaturæ genere maxime florerent, reditus solebat annuos statuere. Bibliothecam paravit ut illo ævo non spernendam. Quia vero Latinam linguam non apprime callebat, libros plurimos Latine scriptos in idioma vulgare converti cu-

ravit. In versionibus hujusmodi maxime delectari videbatur, & quem fructum ex lectione carperet, sicubi sese occasio daret, ostendebat.

Nicolaus Oresmius Magnus Collegii Navarræ Magister, qui ejus Præceptor, Doctorque fuerat, simul & magnus Theologus & peritus Philosophus erat. Is Biblia sacra in Francicum vulgare idioma convertit, in usum maxime Regis Caroli, ut putatur, quem a puero instituerat. Hunc postremum librum Nicolaus Oresmius in tabula sequenti Regi Carolo offert, quam tabulam delineatam misit mihi ὁ μακαρίτης D. Melletius *Generalis* ærariæ rei Britannicæ Præfectus & Major Namnetensis urbis. Hæc depicta tabula in fronte erat librorum Politicæ Aristotelis in Francicum idioma translatorum. Id vero probatur, inquit Mellerius ex Gothica inscriptione, quæ a tergo tabulæ depictæ legitur. » Pallium regium cæruleii coloris est, conspersum li- » liis aureis. Tunica Nicolai Oresmii purpurea est, li- » neus amictus albus, pelliceus ornatus, *almutia* dic- » tus, tercei coloris. Vestes Legisperitorum cæruleæ » sunt, auro hinc & inde fulgentes; illo excepto qui » caputium nigrum gestat, cujus vestis purpurei co- » loris est. Qui in altero Regis Caroli latere stat, est »Robertus de Fiennis, Constabularius Franciæ.

Ceux

Nicolas Oresme presente un Livre au Roy.

Le Roy se promene a cheval.

Vue du Château de Vincennes.

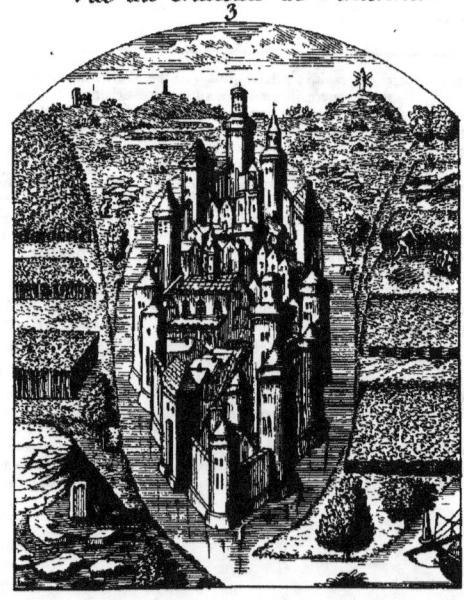

CHARLES V. dit LE SAGE & LE RICHE. 33

Ceux qu'il appelle gens de Loi sont les Professeurs & Lecteurs du College de Navarre qui accompagnent leur Grand-Maître : ils portent tous des bonnets de la même forme. Celui qui a le chaperon noir est apparemment le Chancelier Jean de Dormans. Nous verrons plus bas un Tableau semblable, où le Roi est assis, aiant le Connétable d'un côté & le Chancelier de l'autre. Le Connétable qui est debout de l'autre côté, est Robert Moreau de Fiennes armé de pied en cap, qui tient un bâton à la main ; à sa taille & à sa mine on juge que c'est lui. Le brave Bertrand du Guesclin qui lui succeda étoit d'une taille fort médiocre. Il s'ensuit delà que ce Livre fut présenté avant que Bertrand du Guesclin fut Connétable. Ce qui arriva en 1370. car quoique ceci se soit passé quelques années auparavant, nous avons cru devoir le rapporter ici avec d'autres choses qui regardent la Litterature, & qui sont arrivées en différens tems. Nicolas Oresme fut depuis fait Evêque de Lizieux l'an 1377.

Le Roi Charles ne se contentoit pas de consulter les gens de Lettres, & de leur faire un bon accueil quand ils venoient le voir, il les menoit aussi avec lui à la campagne. Nous en voions un exemple dans une Miniature, dont le dessein m'a été envoié par le même M. Mellier. Le Roi à cheval est dans la campagne, aiant à sa droite quatre de ces gens de Lettres avec des bonnets tels que ceux que nous venons de voir, & à sa gauche un bien plus grand nombre de Seigneurs & de gens armez. »Dans l'éloignement, dit M. le Mellier, la Tour »de Mont-le-heri & la montagne, sont peints en outre-mer (ou azur). Les ar- »bres & le terrain sont peints en verd rehaussez d'or. Le château de Vincennes »est de couleur de terre. Les armures des Cavaliers de la suite du Roi sont en »argent bruni tirant sur la couleur d'acier : & les cottes d'armes sont les unes à »fond de pourpre, les autres en azur, semées de fleurs-de-lis d'or. Le cheval »du Cavalier derriere celui du Roi est de couleur bai ; le cheval du Roi est »blanc : la cotte d'armes du Roi est peinte à fond rouge cramoisi, semée de »de fleurs-de-lis d'or. Pour ce qui est des gens de Loi en robes longues montez »à cheval à la droite du Roi, il y en a trois en arriere, dont les robes sont pein- »tes en azur, aiant des manches Doctorales en pourpre, & celui qui marche à »côté du Roi a la robe teinte en pourpre. Il est monté sur un cheval bai »brun.

Quos hic vocat Legisperitos, Professores sunt & Lectores Collegii Navarræi qui magnum Magistrum suum comitantur: singuli pileos ejusdem formæ gestant. Is qui caputium nigrum habet, videtur esse Cancellarius Joannes de Dormientibus. Mox tabulam depictam videbimus, ubi Rex sedet, habens ab uno latere Constabularium, ab altero Cancellarium. Constabularius, qui ab altero latere stat, est Robertus Morellus de Fiennis a capite ad calcem armis obtectus', & baculum manu tenens, ex vultus forma & ex statura judicatur esse Robertus de Fiennis; nam strenuus ille Bertrandus Guesclinius, qui ipsi in Constabularii munere successit, mediocris erat staturæ, Unde sequitur librum Regi Carolo oblatum fuisse antequam Bertrandus Guesclinius Constabularius crearetur, quod anno 1370. accidit. Licet enim hoc ante aliquot annos gestum fuerit, hoc tamen loco visum est proferre, ut ne ea quæ literas spectabant, variis gesta temporibus, separaremus. Nicolaus vero Oresmius postea Episcopus Lexoviensis electus est anno 1377.

Nec satis habebat Carolus Rex Literatos consulere, ipsosque se convenientes humaniter excipere, sed etiam cum rusticatum procederet, aliquot ex eorum numero secum adducebat ; cujus rei exemplum conspicimus in alia tabula depicta, cujus mi-

hi delineationem misit idem D. Mellerius. Rex eques in agris progreditur, ad dexteram habens quatuor literatos viros cum pileis eadem forma concinnatis, qua in præcedenti tabula, ad sinistram vero longe majorem numerum procerum, & armatorum virorum. » In depicta tabula, inquit Mellerius, pro- » cul conspiciuntur turris Montis-Leherii & mons » ipse, ac cæruleo colore depinguntur. Arbores & » agri viridi colore depicti, auri identidem fulgorem » emittunt, Vincennense castellum terrei coloris est. » Armorum tegmina quibus vestiuntur Equites Re- » gem comitantes, argenteum colorem subobscure » referunt, ad ferreum lucidum colorem accedentem. » Loricæ aliæ purpureum colorem habent, aliæ cæ- » ruleum liliis conspersum aureis. Equitis pone Regem » incedentis, equus badius est. Regis autem equus » est albus, ejus lorica rubeo cramesino, ut vocant, » depicta colore est, aureis conspersa liliis. Quod ad » Legisperitos spectat, qui oblongis induti tunicis ad » dexteram Regis equitant ; tres ex illis retro positi, » tunicas gestant cæruleo colore depictas, cum mani- » cis ad Doctores pertinentibus, purpureo colore mi- » cantibus ; qui ad Regis latus equitat, vestem habet » purpura tinctam. Equus autem illius est badius sub- » obscurus.

34   CHARLES V. dit LE SAGE & LE RICHE.

Le Roi est monté sur un cheval blanc, ce qui étoit une marque de toute souveraineté, comme nous verrons plus bas. Selon la peinture, du lieu où le Roi étoit avec sa troupe, on voioit en lointain entre deux tours du château de Vincennes la Tour de Mont-le-heri. On pourroit par là assigner au juste le lieu où le Roi étoit alors. C'étoit certainement le pied de la colline qui est au Nord de Vincennes, dont le Peintre a représenté ici une partie.

Charles V. se plaisoit beaucoup au château de Vincennes, il l'ornoit & l'embellissoit. Il y fonda la Chapelle Roiale, qui subsiste aujourd'hui. On fit de son tems une Miniature en perspective à vûe d'oiseau au château de Vincennes, dont M. Mellier m'a envoié le dessein, *tel que je le represente ici.* » Voici la » troisiéme Miniature, dit-il, qui contient l'élevation du château de Vincen- » nes. L'Original est de couleur de brique : les filets des couvertures sont en or : » le sol des deux campagnes voisines est peint en verd, les arbres de même om- » brez en or. Les bleds sont jaunes, pointez en or. Le fond de la Miniature, » ou perspective, est peint en outre-mer, ombré d'or.

3.

Le château paroît ici fort étroit par rapport à sa longueur. Mais le point de vûe est d'un angle à un autre. La Miniature est d'ailleurs faite en un siécle, où les Peintres & Dessinateurs n'étoient pas fort habiles, sur tout en ce qui regarde la perspective.

PL. VIII.

Jean Corbechon de l'Ordre de S. Augustin, Maître en Théologie & Chapelain du Roi, lui présenta l'an 1372. un Livre intitulé, *les Proprietez des choses*. La Miniature qui est à la tête du Livre, represente le Roi sur son trône, la couronne sur la tête & le sceptre à la main ; à un dégré plus bas devant le Roi sont assis, le Connétable Bertrand du Guesclin à droite, & le Chancelier Jean de Dormans à gauche. L'assemblée qui est tout autour est grande, & represente le Roi séant en Parlement, ou un lit de justice, si ce n'est pas un caprice du Peintre. L'assemblée se tient dans une clôture de bois, dont la hauteur ne va pas jusqu'à la ceinture ; dans cette clôture sont assis en deux rangs ceux qui composent l'assemblée. La clôture est quarrée. Le trône du Roi est à l'un des angles, & à l'angle diametralement opposé au trône, est la porte gardée par un Huissier. Le Connétable tient l'épée la pointe en haut, & a son casque posé

Regis equus albus est, quod est-signum supremi omnino dominii, ut paulo postea videbimus. Ut ex depicta tabula arguitur ex loco ubi Rex cum comitatu suo erat, procul visebatur inter duas castelli Vincennensis turres, turris Montis-Leherii. Sic posset accurate assignari locus in quo Rex tunc erat, cujus radices collis ad Septentrionem Vincennarum siti, cujus partem pictor in tabula delineavit.

Carolus V. castellum Vincennense libentissime frequentabat, quod etiam ædificiis solebat exornare. Capellam regiam ædificavit, quæ hodieque stat. Illius tempore depictum, delineatumque fuit Vincennense castellum, quasi ex sublimi loco, ita ut omnia quæ intra castelli ambitum sunt, oculis pateant. Idem sæpe memoratus D. Mellerius, hanc quoque mihi delineatam tabellam transmisit. » En tertiam, inquit, » delineatam tabulam, quæ castelli Vincennensis or- » tographiam exprimit. In autographo lateritii est co- » loris. In tegminibus ceu fila quædam aurea compa- » rent. Agri vicini viridis sunt coloris ; itidemque ar- » bores, quarum umbra auro decoratur. Frumentariæ » segetes flavæ, in suprema parte acuminatæ in au- » rum desinunt. Totius conspectus hujusce fundus cæ- » ruleus est, auro subumbratus.

Castellum hic angustum videtur, si longitudinem ejus spectes. At conspectus ab angulo ad angulum est.

Aliunde vero hæc pictura illo ævo delineata fuit ; quo pictores & delineatores non ita periti erant, in iis maxime rebus quæ ad conspectum, seu *perspectivam*, ut dicitur, pertinent.

Joannes Corbechonius ex Ordine S. Augustini in Theologia Magister & Capellanus Regis, ipsi anno 1372. librum obtulit Francico idiomate scriptum, cujus titulus erat, *Proprietates rerum*. Quæ in libri fronte visitur pictura, Regem in solio sedentem repræsentat, coronam capite gestantem, & sceptrum manu tenentem. In gradu inferiore ante Regem sedent Constabularius Bertrandus Guesclinius ad dexteram, & Cancellarius Joannes de Dormientibus ad sinistram. Totus circumpositus cœtus peramplus est, Regemque exhibet in suprema Senatus, seu *Parlamenti*, vocant, Curia sedentem ; estque *Lectus Justitiæ*, ut vulgo dicitur, nisi id ex mera pictoris imaginatione prodierit. Celebris autem ille cœtus intra septum ligneum concluditur, cujus septi altitudo ne ad zonam quidem usque pertingit. In hujusmodi cœtu, duplici ordine sedent ii omnes qui Senatum hujusmodi constituunt. Septum quadratum est. Solium regium in angulo septi locatur. Et in angulo, qui solio regio a diametro opponitur est ostium, quod ostiarius custodem habet. Constabularius gladium evaginatum erectum tenet, cuspide sursum spectante. Galea ejus

JEAN CORBECHON AUGUSTIN PRESENTE UN LIVRE AU ROI.

CHARLES V. dit LE SAGE & LE RICHE.

près du pied droit, sur le dernier dégré du trône. Si ce Lit de Justice s'est véritablement tenu, & si ce n'est pas une imagination du Peintre, il ne faut pas croire que le Roi l'ait indiqué pour y recevoir dans une si grande compagnie le Livre de l'Augustin ; mais le Roi le devant tenir pour quelque affaire importante, aura fait l'honneur à son Chapelain de recevoir son Livre dans cette auguste assemblée.

Dans la Planche suivante, le Roi reçoit de Frere Jean Golem, Provincial des Carmes, le Livre intitulé, *Rational des divins Offices*. Charles est ici representé en famille ; la Reine sa femme est assise à son côté : derriere le Roi sont ses deux fils encore enfans, Charles Dauphin revêtu de son blason de France & de Dauphiné, & Louis Duc d'Orleans, avec la brisure du lambel à trois pendans. Derriere la Reine sont ses deux filles, Marie & Isabel, qui étoient encore enfans, & Isabel à la mammelle. Mais il n'est pas nouveau de voir en ces tems-là les enfans peints d'une taille au-dessus de leur âge. Une chose assez singuliere ici, c'est que Frere Jean Golem un genou à terre devant le Roi, à la maniere de ces tems-là, écrit son Livre, & le Roi tendant la main lui donne ses ordres : ce qui marque que c'étoit par ordre du Roi qu'il avoit entrepris cet Ouvrage.

Il fit aussi traduire plusieurs Livres de Saint Augustin, les Dialogues de Pétrarque de l'une & de l'autre Fortune. Il ne négligeoit point les Historiens profanes : il fit encore traduire Valere Maxime. On découvre tous les jours des Ouvrages traduits de son tems, & le plus souvent par son ordre. S'il avoit vêcu dans un siécle plus éclairé, il pourroit passer pour un des plus grands restaurateurs de la Litterature.

Une des plus grandes qualitez d'un Prince, c'est d'être attentif à l'administration des Finances ; c'est en quoi Charles surpassa tout les Rois qui l'avoient précédé, & il s'en trouve peu des suivans qui lui soit comparable. A son avenement à la Couronne il trouva l'Etat ruiné, toutes les Finances épuisées & beaucoup de dettes ; & en peu d'années il remit les choses sur un si bon pied, que l'argent ne lui manquoit jamais pour les plus grandes entreprises. Il l'emploioit fort à propos, & presque toujours avec un bon succès. Le Trésor Roial augmentoit sans cesse, sans qu'on se soit jamais plaint qu'il ait foulé son peuple. Il a mérité par là le surnom de Sage, autant que par les

---

prope dextrum pedem jacet, in ultimo solii regii gradu. Si hic *Justitiæ lectus* vere celebratus fuerit, neque ex mero pictoris arbitrio repræsentatus, minime putandum est indictum fuisse, ut in tam celebri cœtu Rex Augustiniani librum reciperet ; sed Rex cum gravi quadam de causa tantum cœtum coegisset, honoris gratia Augustinianum Capellanum suum librum sibi offerentem in tam celebri conventu admiserit.

In sequenti tabula Rex Carolus a Fratre Joanne Golemo Provinciali Carmelitarum librum accipit, cujus titulus, *Rationale divinorum officiorum*, Gallico vulgari idiomate descriptum. Carolus Rex hic cum uxore & liberis exhibetur. Ad Regis latus sedet Regina. Pone Regem ejus duo filii sunt, adhuc tenelli. Carolus Delphinus vestem insignibus suis ornatam gestat, Franciæ scilicet insignia, cum Delphinatus insignibus conjuncta sunt. Ludovicus vero Dux Aurelianensis insignia Franciæ gestat, cum limbo & tribus pendentibus fasciis. Pone Reginam sunt ambæ filiæ ejus, Maria & Elisabeta, seu Isabella infantes, Isabella vero lactens adhuc erat. At jam sæpe vidimus tenellos infantes majorem quam ætas ferret, ætate depictos. Singulare certe est Joannem Golemum, genu coram Rege flectentem, ut in more tunc erat, librum suum scribere, Regemque

manu aliquid imperare, quod signum conspicuum est ipsum, jubente Rege, id operis suscepisse.

Studiosus ille Rex, plurimos S. Augustini libros in Francicum idioma vulgare converti curavit, necnon Petrarchiæ dialogos de utraque Fortuna, neque profanos historiæ scriptores negligebat. Nam Valerium quoque Maximum verti jussit. Multa quotidie opera deprehenduntur, ipsius ævo, ac sæpius ipso jubente, in vulgarem linguam conversa, si in sæculo vixisset, veræ & genuinæ literaturæ peritia florenti, inter præcipuos rei literariæ restauratores censeri mereretur.

Illud potissimum inter officia Principis censetur, ut rem ærariam probe administrandam curet ; qua in re Carolus V. omnes qui præcesserant Reges superavit, paucique sunt ex sequentibus ipsi comparandi. Quando regnum suscepit, omnia pessumdata, exhaustam rem ærariam, æs alienum grande conflatum reperit, & paucis post annis ita labefactatam rem instauravit, ut nunquam sibi pecunia ad magna quæque suscipienda deficeret, quam sagaciter ipse effundebat, ac fere semper cum exitu felici. Thesaurus regius mirum in modum accrevit, neque ulla videtur fuisse, quod populum attriverit, querimonia. Tam his de causis Sapientis cognomen meruit, quam ex victo-

grands avantages qu'il remporta sur ses ennemis : & plusieurs Auteurs l'ont aussi appellé Charles le Riche.

Le Roi Charles voiant sa santé notablement alterée par le poison que Charles le Mauvais Roi de Navarre lui avoit fait donner, & craignant que s'il laissoit son fils aîné en bas âge, en sorte qu'il y eut un grand intervalle entre la mort du Pere & la majorité du fils, ses freres fort remuans ne fissent quelque entreprise pour l'exclure de la Roiauté, donna des Lettres Patentes par lesquelles il établissoit que son fils aîné seroit déclaré majeur, sacré & couronné dès qu'il auroit quatorze ans commencez. Ces Lettres furent données au Bois de Vincennes au mois d'Août 1374.

Age fixé pour la majorité des Rois.

1375.

Quand la tréve fut publiée, les Anglois prétendirent que S. Sauveur-le-Vicomte, qui étoit assiegé par les François, & qui avoit promis par traité de se rendre à un tel jour, s'il n'étoit secouru, devoit être délivré du siège & demeurer en leur puissance ; mais les François prétendoient au contraire que le traité fait pour la tréve ne dérogeant point à celui qu'on avoit fait pour S. Sauveur-le-Vicomte, la place seroit à eux, si elle n'étoit secourue au jour marqué. Le Roi Charles y fit marcher des troupes de tous les côtez, & le jour assigné étant arrivé, la ville se rendit à eux.

Le Sire de Couci fils d'une sœur du Duc d'Autriche, aiant appris que le dernier Duc d'Autriche étoit mort sans lignée, demandoit le Duché comme lui appartenant. L'Empereur avouoit que son droit étoit légitime, mais il ne pouvoit contraindre les gens du païs, qui avoient bien des gens armez pour leur défense, à le reconnoître pour leur Duc ; ils avoient appellé pour succeder au défunt un de ses parens bien plus éloigné. Le Sire de Couci voiant que le Roi pendant sa tréve avec l'Angleterre, pouvoit lui fournir des troupes pour aller se rendre maître de ce Duché, le pria de lui donner certaines compagnies de Bretons, qui pilloient & faisoient du dégât dans le Roiaume. Le Roi le lui accorda volontiers, & de plus lui donna ou lui prêta, car on ne sait lequel des deux, soixante mille livres, pour les leur distribuer & les engager par-là à le suivre dans cette expedition. Il attira encore beaucoup de Seigneurs & de Chevaliers, fit un corps considerable & se rendit en Allemagne. Lorsqu'il appro-

1376.

L'Abbé de Choisi. Froissart.

riis, prudentia sua & vigilantia plusquam vi armorum reportatis. Scriptores aliquot Carolum V. Divitem cognominarunt.

Videns porro Rex se a quo tempore astu Caroli Mali Regis Navarræ venenum hauserat, adversa admodum valetudine laborare, metuensque ne si majorem filium adhuc tenerum, e vivis abscedendo relinqueret; ita ut longum temporis spatium esset inter mortem Patris & Filii *majoritatem*, turbulenti Patrui rerumque novarum molitores, ipsum a regno excludere tentarent, Literas regias dedit & publicavit, queis statuebat, ut major filius suus Major vere declararetur, unctione sacra & corona donaretur statim atque quartodecimi anni principium attigisset. Quæ literæ datæ sunt in Vincennarum nemore mense Augusto anno 1374.

Froissart.

Cum induciæ publicatæ fuerunt, Angli dicebant oppidum S. Salvatoris Vicecomitis a Francis obsessum, quod ante inducias pepigerat, se nisi assignato tempore, auxilium acciperet, deditionem facturum ; ab obsidione liberandum, & sibi Anglis relinquendum esse. Contra vero Franci contendebant, cum induciarum pactiones initæ, non abrogarent pacta pro deditione oppidi S. Salvatoris Vicecomitis statuta, oppidum suum fore, nisi statuto tempore auxilium acciperet. Carolus autem Rex copias undique collectas illò misit : cumque ad indictum tempus Anglorum auxilium non adventasset, oppidum sese Francis dedidit.

Cuciacensis toparcha, filius cujusdam sororis Austriæ Ducis, cum didicisset postremum Austriæ Ducem sine prole obiisse, Austriæ Ducatum, quasi ad se jure pertinentem expetebat. Fatebatur Imperator id secundum æquitatis leges postulari ; sed non posse se dicebat gentem illam quæ arma sumserat, & pugnatorum manum validam coegerat, eo ipsam vi deducere, ut Cuciacensem toparcham ut Ducem suum agnosceret. Ipsi vero Austrienses alium defuncti Ducis cognatum, sed affinitate remotiorem, quam Cuciacensem, Ducem suum constituerant. Videns autem Cuciacensis Francorum Regem, induciis cum Anglia fruentem, posse copias sibi suppeditare ; ut Austrienses domitum peragraret, Regem Carolum rogavit, turmas quasdam sibi commodaret Britonum, qui in regno suo agros devastabant. Id illi Rex concessit, insuperque numeravit ipsi sexaginta millia Francorum ; an mutuo, an dono ignoratur, ut summam illam Britonibus distribueret, sicque illos ad tantam expeditionem suscipiendam pelliceret. Plurimos etiam proceres & equites bene multos sibi conciliavit, & cum grandi exercitu in Germaniam ingressus est.

Idem.

choit de l'Autriche, les gens du payis ne se jugeant pas assez forts pour combattre ce corps de troupes aguerries, quitterent la plaine & les bords du Danube, & se retirerent dans les montagnes. Le Sire de Couci ne trouvant dans ces contrées ni vivres ni fourages pour les chevaux, fut obligé de revenir en France. Et aiant éprouvé en la personne du Roi de France une grande bonté & générosité, il lui fut plus attaché qu'auparavant.

En cette même année le jour de la Trinité, mourut à Westminster Edouard Prince de Galles, autrefois la terreur de la France. Son corps fut embaumé & mis dans un cercueil de plomb jusqu'à la S. Michel suivant, où le Parlement devoit être assemblé, afin que ses funerailles fussent célébrées avec un plus grand concours d'Anglois de toute qualité. Le Roi Charles lui fit faire un service solennel à la Sainte Chapelle. Après ses obseques, le Roi Edouard déclara son fils Richard son successeur à la Couronne d'Angleterre, & lui fit prendre le pas sur le Duc de Lancastre & ses autres fils. La tréve entre la France & l'Angleterre fut encore prolongée pour toute cette année. *Mort du Prince de Galles.*

Le Roi Edouard ne survécut guere au Prince de Galles son fils. Il mourut à deux lieues de Londres la veille de S. Jean Baptiste l'an 1377. Il fut fort regreté des Anglois, qui cacherent quelque tems sa mort, de peur que la France n'en tirât quelque avantage. La tréve étant expirée; le Roi Charles, qui depuis longtems préparoit une flotte de navires & de galeres, l'envoia sur les côtes de l'Angleterre. Le Commandant étoit Jean de Vienne Amiral de France, assisté des conseils de Ferdinand Sausse Amiral de Castille, que le Roi d'Espagne lui avoit envoié. Ils firent descente dans l'Isle de Wigth, pillerent & brulerent cinq ou six villes, & la ville de Wigth même. Delà ils cinglerent vers l'Angleterre & firent descente près de Douvre, où ils battirent les Anglois, qui s'étoient assemblez-là. Ils firent encore d'autres tentatives; mais trouvant ces côtes trop bien gardées, ils se retirerent. *1377. Mort d'Edouard III.*

Les garnisons Angloises de Calais, de Guines, & sur tout celle d'Ardres faisoient perpetuellement des courses sur les payis voisins du côté de Boulogne, de S. Omer, & de Terouenne. Les plaintes en venoient tous les jours au Roi, qui résolut d'y mettre ordre. La garnison d'Ardres étoit celle qui faisoit le plus

---

Cum versus Austriam contenderet, videntes Austriaci se impares esse, ut cum exercitu virorum in bellis exercitatorum confligerent, relicta planitie & Danubii oris, ad montes confugerunt. Cuciacensis vero toparcha, cum nec annonam viris, nec pabulum equis nancisci posset, receptui canere, & in Franciam redire coactus est. Expertus autem Regis Caroli beneficentiam, generositatemque, magis illi postea adhæsit, dictoque audiens fuit.

Idem.

Eodem anno, die sanctæ Trinitatis, Westmonasterii obiit Eduardus Gallensis Princeps, olim Francorum terror. Corpus ejus aromatibus conditum in sarcophago servatum fuit ad usque festum diem sancti Michaelis sequentis, quo tempore Senatus Anglicani Ordines una conventuri erant, ut ejus funus majori Anglorum cujusvis conditionis concursu cohonestaretur. Rex Francorum Carolus feralia ejus in sacra Capella solenniter celebrari curavit. Post hæc funera Eduardus Rex, filium ejus Ricardum in regno Anglicano sibi successorem declaravit, ipsumque Lancastrio Duci cæterisque filiis suis honore præire jussit. Induciæ Franciam inter & Angliam per totum hunc annum prorogatæ fuere.

Idem.

Eduardus Rex filio suo Principi Gallensi haud diu superstes fuit, obiitque in loco duabus leucis ab urbe Londino distante, in vigilia sancti Joannis Baptistæ, anno 1377. Magnum sui desiderium reliquit apud Anglos, qui ejus obitum aliquanto tempore celarunt, ne hinc Franci aliquam movendi occasionem carperent. Elapso induciarum tempore Rex Carolus, qui jamdiu classem navium & quinqueremium apparabat, illam ad oras Anglicanas trajicere jussit. Classis Præfectus erat Joannes de Vienna, classium Francicarum Rector, a consiliis habens Ferdinandum Salsam, Castellæ regni Navarchum, quem Hispaniæ Rex Carolo Regi miserat. Primo autem exscensum fecerunt in insulam Vectim, ac quinque sexve Insulæ urbes, ipsamque Vectim urbem diripuerunt. Inde in Angliam vela dederunt, & exscensu prope Dubrim facto, Anglos qui istuc una multi convenerant profligarunt. Alia quoque multa tentavere; sed cum illas omnes oras munitissimas, & armatis custodibus refertas invenirent, in Franciam reversi sunt.

Idem,

Anglicana præsidia Caleti, Guinæ, præsertimque Ardræ, perpetuis incursionibus agros circa Bononiam, sanctum Audomarum & Teruanam diripiebant. Hinc querimoniæ quotidianæ ad Regem deferebantur, qui prædones illos reprimere decrevit. Plus mali inferebant Ardrenses præsidiarii quam cæteri; ideoque sa-

de mal. Le sage Prince assembla sécretement un bon corps de troupes, dont il donna le commandement au Duc de Bourgogne, qui suivant ses ordres alla soudainement assiéger Ardres, ensorte que les Anglois n'eurent pas le tems d'en augmenter ou fortifier la garnison. La place fut investie de tous les côtez, battue avec des machines qui jettoient des pierres de deux cent pesant. Les Chefs des François menaçoient les assiégez, que s'ils attendoient jusqu'à ce qu'ils fussent pris de force, ils ne feroient quartier à pas un d'eux. Les Anglois capitulerent enfin, & furent conduits à Calais. Après cela le Duc de Bourgogne alla assiéger le château d'Arduich. Les trois freres de Maulevrier Anglois qui le gardoient, se défendirent bien avec leurs gens pendant trois jours, après lesquels ils se rendirent. Il alla encore attaquer le château de Vauclinge qui fut pris de même; après quoi le Duc fit rafraîchir ses troupes, congedia ses Gendarmes & se retira auprès du Roi son frere.

Vers le mois de Novembre de l'an 1377. l'Empereur Charles IV. écrivit au Roi Charles, qu'il partoit pour la France à dessein de voir le Roi, & *de faire un certain pèlerinage de devotion*. Ce Prince qui avoit été élevé à la Cour de France sous Charles le Bel & Philippe de Valois, avoit toujours conservé un tendre amour pour la Maison Roiale, avec laquelle il étoit encore uni par plusieurs alliances.

Arrivée de l'Empereur Charles IV. en France.

La nouvelle de sa venue fit grand plaisir au Roi. Il envoia d'abord quelques-uns des plus grands Seigneurs du Roiaume accompagnez de trois cens cavaliers pour le recevoir sur les frontieres, & donna ordre aux villes par où il devoit passer d'aller au-devant de lui, & de fournir abondamment à lui & à tout son train, ce qui étoit nécessaire pour sa subsistance. Le Roi défendit en même tems qu'on sonnât les cloches à son arrivée, qu'on allât en procession au-devant de lui, & qu'on lui rendît aucun des devoirs, qu'on rendoit au Roi comme Souverain; ce n'est pas qu'il se méfiât de lui; mais il craignoit que ses successeurs ne voulussent tirer cela à conséquence, & s'en prévaloir dans les occasions. L'Empereur fut ainsi reçû à S. Quentin, à Ham, à Noion, à Compiegne, où le vinrent trouver le Duc de Bourbon & le Comte d'Eu, accompagnez de trois cens chevaux. L'Empereur fort incommodé de la goutte partit pour Senlis le 1. de Janvier de l'an 1378. à la maniere de compter d'aujourd'hui. A une lieue de Senlis il trouva les Ducs de Berri & de Bourgogne, qui avoient en leur compagnie

1378.

---

pientissimus Princeps exercitum clam omnino coegit; cui Ducem Burgundiæ præfecit. Hic jubente fratre, celeri cursu Ardram obsessum venit; neque spatium habuere Angli augendi præsidii. Improvisa omnino fuit obsidio; oppidum undique cinctum fuit; tormenta bellica admoventur, quæ libratum ducentarum petras emittebant. Duces Francorum minis adhibitis, Anglis præsidiariis edicebant, si ad extrema usque obsisterent, & vi caperentur, se omnes interfecturos, nemini parcituros esse. Præsidiarii tandem Angli certis conditionibus Ardram dediderunt, & Caletum adducti sunt. Post hæc Burgundiæ Dux Arduichum castellum obsedit. Tres Angli fratres Mali-Leporei dicti, per tres dies hostem fortiter propulsarunt, posteaque deditionem fecerunt. Valcingum etiam castellum oppugnavit & cepit. Postremo cum copias a diuturno labore allevasset, missis militibus suis, ad fratrem receptum habuit.

Mense circiter Novembri anni 1377. Imperator Carolus IV. Regi Francorum Carolo scripsit, se iter in Franciam suscipere, ut ipsum Regem Carolum inviseret, & piam quamdam peregrinationem exsequeretur. Hic enim Princeps qui in Regia Francorum sub Carolo Pulcro & sub Philippo Valesio educatus fuerat, Familiam Francorum regiam summo complectebatur affectu, cui etiam multis affinitatis modis junctus erat. Magno Francorum Rex gaudio adventure cognatum Imperatorem audivit. Statim vero ex primoribus Francorum quosdam misit cum equitibus trecentis, qui adventantem Augustum ad confinia regni exciperent, & qua transiturus ille erat civitatibus cunctis præcepit, ut Imperatori obviam occurrerent, & ipsi suisque ad victum necessaria abunde suppeditarent. Vetuit tamen Rex ne in adventu ipsius Campanæ pulsarentur, neve *processionis* ritu in occursum ejus iretur, neu quidpiam aliud præstaretur, quod Regi ut supremo Domino deferri solebat, non quod aliquid metueret a Carolo Imperatore, sed ne successores paria sibi deberi contenderent, neve in occasione quapiam eadem exigere tentarent. Ita exceptus est Imperator in S. Quintini urbe, Hami, Noviomi, Compendii, qua in urbe Imperatorem convenit Dux Borbonius cum trecentis equitibus. Ipse vero Carolus Augustus tunc podagra admodum laborabat, & Silvanectum profectus est primo die Januarii anni 1378. secundum hodiernam computandi rationem. Antequam Silvanectum adventaret, in loco una leuca ab istac urbe distante, Duces Biturigum & Burgundiæ inve-

CHARLES V. dit LE SAGE & LE RICHE. 39

plusieurs Prélats & Seigneurs, & cinq cent Chevaliers ou Ecuiers tous magnifiquement vêtus & bien montez. Le Duc de Berri dit à l'Empereur de la part du Roi son frere qu'il se réjouissoit de son arrivée, & qu'il souhaitoit ardemment de le voir. L'Empereur alla ensuite à Louvre, où il trouva le Duc de Bar, qui venoit de la part du Roi lui faire le même compliment.

Il se rendit enfin à S. Denis, où il trouva un grand nombre de Prélats qui l'attendoient. Il alla faire ses devotions dans l'Eglise, vit les Reliques & le Trésor, alla prier Dieu sur les Tombeaux des Rois Charles le Bel & Philippe de Valois & des Reines leurs femmes, chez lesquels il avoit été élevé en sa jeunesse; après quoi il les recommanda aux prieres des assistans. Ce jour-là même, c'étoit le 4. de Janvier, se devoit faire la premiere entrevûe à cheval entre la Chapelle & Paris. Le Roi lui envoia un beau cheval noir, & un autre de même couleur pour son fils Venceslas Roi des Romains qui l'accompagnoit. Cela se faisoit à dessein; le cheval blanc étoit une marque de souveraineté, le Roi en devoit monter un de ce poil, & l'Empereur & son fils devoient entrer à Paris sur des chevaux noirs, ce qui marquoit qu'ils n'avoient aucune espece de domination en France. »Ainsi chevaucha le Roy, *dit l'Historien*, de son Palais jusques à my-
»voye du moulin à vent & de la Chapelle, qu'ils s'entre-rencontrerent luy &
»l'Empereur, & fut grand piece avant qu'ils peussent venir l'un à l'autre pour la
»presse des gens qui y estoient : en laquelle encontre l'Empereur osta sa barrete
»& son chapperon & aussi le Roy, & ne se voulut pas le Roy trop approcher de
»l'Empereur, afin que son cheval ne frayast à ses jambes où il avoit la goute,
»mais preindrent les mains l'un à l'autre, & ainsi s'entre-saluerent, en disant le
»Roy à l'Empereur, que très-bien fut-il venu, & qu'il avoit eu grand desir de
»le veoir : & passa outre le Roy pour saluer le Roy des Romains, & le print par
»la main par la maniere qu'il avoit fait l'Empereur. Et puis retourna devers
»l'Empereur & le fit mectre à dextre de luy, combien que l'Empereur s'en ex-
»cusast très-longuement, & ne le vouloit faire, & feit mectre emprès lui à senes-
»tre ledict Roy des Romains. Et ainsi chevaucha le Roy au milieu de l'Empe-
»reur & de son fils tout le chemin, & tout au long de la ville de Paris jusques
»à son Palais.

Cette entrevûe est peinte en Miniature à la tête d'un Manuscrit fait à peu

Entrevûe de Charles IV. Empereur & de Charles V. Roi de France.

PL. X.

---

nit cum primoribus Francorum multis atque Episcopis, ac quingentis seu equitibus seu scutiferis, qui omnes magnifico cultu equis insidebant. Tunc Dux Bituricensis, nomine fratris sui Regis, Imperatorem alloquitur, dixit gaudere admodum Regem de tanti hospitis adventu, ipsiusque videndi summo desiderio teneri. Imperator postea Luparam venit, ubi Ducem Barrensem reperit, Regis nomine paria dicturum.

Ad S. Dionysii oppidum tandem pervenit Imperator, ubi multos reperit Episcopos ipsum exspectantes. Pio motus effectu in Ecclesiam venit, Reliquias & cimelia vidit, atque ad sepulcra Regum Caroli Pulcri & Philippi Valesii, necnon Reginarum uxorum, penes quos omnes dum tener adhuc esset educatus fuerat, preces cum affectu effudit, præsentesque omnes ut paria præstarent rogavit. Illo ipso die nempe 4 Januarii, Regis cum Imperatore congressus futurus erat inter Capellam & Lutetiam, ubi ambo Principes equites sese mutuo salutaturi & colloquuturi erant ; misitque Rex Imperatori elegantem equum nigrum, similemque Imperatoris filio Venceslao Regi Romanorum patrem comitanti. Illud vero de industria factum est : equus enim albus, tunc supremi erat dominii nota ; ideoque Rex album equum, Imperator vero & filius nigros ambo conscensuri erant, quo significabatur nihil illos in Francia dominii habere. »Itaequitavit Rex, inquit historiæ Scriptor, a Palatio suo ad usque dimidiam viam inter
»molendinum & Capellam, quo in loco sibi mutuo
»occurrerunt Rex & Imperator. Vix autem præ po-
»puli turba convenire potuerunt. Imperator pileum
»caputiumque suum manu sua demisit, Rexque simi-
»liter, neque ausus est ad Imperatorem propius ac-
»cedere, ne tibias ejus podagra laborantes continge-
»ret ; sed ambo manus tantum mutuo dederunt, at-
»que ita salutem sibi dixerunt. Imperatori Rex dixit,
»se magno ipsius videndi desiderio captum, multum
»gaudere, cum præsentem cerneret. Deinde ad Re-
»gem Romanorum ipsum salutaturus accessit, ejus-
»que manum apprehendit. Deinde ad Imperatorem
»regressus est, ipsumque ad dexteram suam consti-
»tuit, reluctante licet diu Imperatore ; Regem autem
»Romanorum ad sinistram suam locavit. Ita Rex
»in medio constitutus equitabat ; ad dexteram habens
»Imperatorem, ad sinistram vero Regem Romano-
»rum, illoque ordine tres Principes equis vecti, to-
»tam uibem ad usque Palatium trajecerunt.

Hic Principum congressus depictus habetur, initio

CHARLES V. dit LE SAGE & LE RICHE.

près dans le tems, & qui contient cette Histoire, dont le titre figuré au bas de l'Estampe est tel : *La venue de l'Empereur Charles en France, & de sa reception par le Roi Charles le Quint.* Elle se fait auprès du moulin à vent entre la Chapelle & Paris. Le Roi monté sur un cheval blanc a mis le chapeau à la main ; chapeau d'une ancienne forme, dit l'Historien, & a soin d'empêcher que son cheval n'approche de peur qu'il ne froisse les jambes de l'Empereur, qui avoit la goutte. Il tend la main droite à l'Empereur, qui met aussi le chapeau à la main, monté sur un cheval noir aussi-bien que son fils qui est derriere lui. Les Princes qui suivent le Roi portent tous une couronne, je ne sai si c'est un caprice du Peintre.

Il ne se pouvoit rien ajouter à la magnificence du Roi Charles, il n'oublia rien pour faire à son hôte le meilleur accueil qu'on eut vû depuis longtems en France. Il se signala par les grands festins qu'il donna à l'Empereur & à ses gens, dont notre Historien fait la description, & par les riches presens qu'on lui fit. Un spectacle fort singulier qu'il lui donna, attira l'attention de l'Empereur, de la Cour de France & de la ville de Paris. Il fit representer l'expedition de Godefroi de Bouillon dans la Terre-Sainte & la prise de Jérusalem. Mais ce qui plaisoit le plus à l'Empereur ; c'étoit la grande cordialité qu'il remarquoit dans le Roi Charles, & sa sincere amitié. Pendant son séjour au Palais il eut une conference secrete avec le Roi, où ne fut admis que le Chancelier. Ils furent trois heures ensemble, & personne ne sût rien du sujet de leur entretien.

Du Palais l'Empereur fut amené au Louvre dans un vaisseau construit & orné comme une maison, où il y avoit une salle, des chambres & deux cheminées. Au Louvre il fut traité avec la même magnificence, qu'au Palais. Ce fut-là que le Roi Charles eut une autre conference avec l'Empereur, non en secret comme la précedente ; mais en presence de plusieurs Princes & grands Seigneurs, & des gens de son Conseil : en voici le sujet. Les Anglois répandoient par tout & principalement en Allemagne, que le Roi de France leur faisoit la guerre contre toute sorte de droit, & qu'il violoit le Traité de paix fait entre les deux Couronnes. Le Roi voulant desabuser l'Empereur, & le mettre en état de répondre aux Princes Allemans, qui séduits par ces faux bruits que sémoient les An-

---

cujusdam Codicis MS. eodem ferme tempore scripti, & hanc historiam complectentis, cujus titulus in ima depictæ tabulæ parte descriptus, sic habet : *Adventus Imperatoris Caroli in Franciam, & quomodo a Carolo Quinto Rege exceptus fuerit.* Congressus ille prope molendinum depingitur inter Capellam & Lutetiam urbem. Rex equo albo vectus, petasum manu tenet ; petasum veteris formæ, inquit historiæ Scriptor. Curat autem Rex Francorum ne equus suus propius accedat, metuens ne Imperatoris podagra laborantis tibias contingat & atterat. Dexteram manum Carolus Rex Imperatori porrigit. Qui Imperator etiam petasum manu tenet, equo nigro vectus, ut & Rex Romanorum qui pone patrem visitur. Principes qui Regem comitantur, coronam gestant omnes. At sic fortasse ex meto pictoris arbitrio repræsentantur.

Vix narrari possit cum quanto splendore & magnificentia Rex Carolus Imperatorem exceperit, quot sumtus profuderit, ut hospitis tanti animum demulceret. Vix quidpiam simile unquam in Francorum Curia visum fuerat. Quam lauta convivia apparata fuerint, minutatim recenset historiæ hujusce Scriptor, donaque describit Augusto Principi oblata. Spectaculum porro dedit Rex singularissimum, quo Imperator, Comitesque illius Germani Principes, populusque Parisinus vehementer sunt affecti ; expeditionem nempe Godefridi Bullonii in Terram-sanctam, captamque Jerosolymam. At plus movebat Imperatorem sincerus Regis affectus & amor, qui in hæc exteriora signa erumpebat. Per has in Palatio regio moras, arcanum Imperator cum Rege colloquium habuit, ad quod unus admissus fuit Cancellarius. Per tres autem horas congressi mutuo sunt, ac nemo unquam scire potuit qua de re actum fuerit.

Ex Palatio Imperator ad Lupatæas ædes adductus est in navi quadam sic constructa, ut ibi & conclave majus & cubicula & camini haberentur. In istis porro ædibus magnifice ille, perinde atque in Palatio exceptus fuit. Hic etiam cum Imperatore congressus est Carolus Rex, non clam ut antea, sed coram Principibus & optimatibus exque consilio suo plurimis. Hæc porro fuit colloquii causa & argumentum. Angli circumquaque maxime vero in Germania spargebant, dictitabantque ; contra jus, fasque sibi ab Rege Francorum bellum inferri, pactaque inter ambas coronas inita violari. Rex vero ut Imperatori contraria suaderet, suggereretque illi quæ respondenda essent Germanis Principibus, qui hisce falsis rumoribus, Anglorum opera disseminatis,

glois,

Entrevûe du Roi Charles V. et de Charles IV. Empereur.

glois, croioient que le bon droit étoit de leur côté, prit lui-même la parole, & parla pendant deux heures, portant avec lui les Traitez faits & les preuves de tout ce qu'il disoit. Il fit voir que de tout tems l'Aquitaine avoit été sujette au Roi de France, & que le Roi Edouard lui-même en avoit fait hommage à son grand-Pere; qu'à la verité son Pere avoit quitté le droit de souveraineté par le Traité de Bretigni; mais que ce Traité avoit été violé cent fois par les Anglois; qu'ils n'avoient point rendu les forteresses, qui selon le Traité fait devoient être renduës; qu'ils avoient rançonné les ôtages contre le contenu du Traité; maintenu les compagnies de Pillards dans le Roiaume; usurpé des droits de souveraineté qui ne leur appartenoient en aucune maniere; qu'ils avoient aidé & soutenu le Roi de Navarre, qui faisoit la guerre à la France, & fait bien d'autres choses qui violoient le Traité & le rendoient nul : que malgré tout cela, quoiqu'il eut un si juste sujet de prendre les armes pour soutenir ses droits contre le Roi Edouard, il n'avoit voulu le faire qu'après lui avoir envoié des Ambassadeurs pour le sommer de rétablir les choses en l'état qu'elles devoient être, & que n'aiant point eu de réponse favorable, il avoit été forcé de lui déclarer la guerre.

Ce discours du Roi fut applaudi de toute l'assemblée, & sur tout de l'Empereur, qui dit que le Roi en avoit même trop fait, & qu'il lui conseilloit de continuer la guerre, qu'il faisoit avec tant d'avantage, que lui & tous les siens qui étoient presens ne manqueroient pas de répandre dans l'Alemagne le bon droit de la France, & de dissiper tous ces faux bruits que les Anglois avoient sémez. Le lendemain qui étoit le 9. Janvier, l'Empereur croiant n'en avoir pas assez dit, pria le Roi de faire rassembler son Conseil, & dit tout haut, que lui, son fils, ses autres enfans, & tous ses alliez & sujets, seroient toujours prêts à venir secourir le Roi & l'aider à soutenir une guerre si justement entreprise : & il donna au Roi *un rôle où estoient declarez & nommez ses alliez, sujets & bien-veuillans, desquels li se faisoit fort. De quoy le Roy le remercia moult gratieusement, & ainsi se départirent.*

Le lendemain 10. Janvier, l'Empereur fut amené à l'Hôtel de S. Paul, où étoit la Reine avec ses enfans & un grand nombre de Princesses. La Reine fit à l'Empereur l'accueil le plus gracieux, qu'elle accompagna d'un riche present. L'Empereur demanda à voir la mere de la Reine, Isabel de Valois sœur de sa

fidem habentes, putabant illos injuste bello impeti. Ut illorum, inquam, dicta refelleret Carolus Rex, per duas horas verba fecit, præ manibus habens & inita pacta & ea quæ dictis suis fidem facerent. Primo probavit Aquitaniam jam inde a priscis temporibus Francorum Regibus fuisse subditam, ipsumque Eduardum Regem avo suo Philippo pro illa *hominium præstitisse*; vereque tamen patrem suum per Bretiniacensia pacta hæc supremi dominii jura deposuisse, sed hæc pacta centies ab Anglis violata fuisse; non restituisse illos castra & munitiones, quæ ex pacta conditione restitui debuerant; ab obsidibus summas pecuniæ exegisse contra ipsa pactionum verba; prædonum cohortes intra regnum fovisse, jura supremi dominii usurpavisse, quæ nulla ratione ad illos pertinere poterant; Regem Navarræ qui contra Regem Francorum bellum gerebat juvisse, ipsique copias subministrasse, multaque alia designavisse, quæ pacta inita violarent ac nulla redderent; seque tamen, etsi jure arma sumere, & bellum gerere posset, ut contra Eduardum Regem sua defenderet, noluisse id statim facere, sed Oratores ad illum misisse, qui indicerent illi, ut res in debitam, secundum jura & pacta, rationem restituerent: cumque ille non ea, quæ par erat, ad hæc respondisset, se quasi vi adactum, Eduardo bellum indixisse.

Hæc Regis Caroli dicta cum omnium plausu excepta fuere, maximeque Imperatoris; qui dixit Regem plura etiam quam juris & æquitatis ratio postularet præstitisse, suadebatque illi ut pergeret inferre bellum, quod tam felici gerebat exitu; pollicebaturque & se & suos qui tum præsentes erant, postquam in Germaniam pervenissent circumquaque publicaturos esse jure Francos bellum Anglis inferre, dissipaturosque esse falsos illos rumores, quos Angli sparserant. Insequente mane, nona Januarii die, Imperator, non satis esse putans illa quæ præcedenti die dixerat, Regem rogavit, consilium suum denuo cogeret; altaque voce in cœtu dixit, & se & filium præsentem aliosque filios, confœderatos & subditos suos, paratos semper fore ad auxilium Regi præstandum pro bello tam juste suscepto, Regique schedulam dedit, *in qua numerabantur confœderati sui, subditi & amici, quos sibi dicto audientes fore asseverabat. Tum Rex gratias egit Imperatori & dimissum consilium fuit.*

Insequente die Januarii 10. deductus est Imperator ad ædes sancti Pauli, ubi degebat Regina Joanna cum filiis suis & Principibus feminis magno numero. Excepit Imperatorem Regina gratioso vultu, ac munus ipsi eximium obtulit. Postulat ille ut advocetur Isabella Valesia Reginæ mater, sororque Blancha Valesia, quæ prima uxor sua fuerat. Venit illa, & ad primum illius

premiere femme Blanche de Valois. On la fit venir, & à ce premier aspect, le bon Empereur rappellant le tems de sa jeunesse, où il l'avoit vûe élevée avec Bonne de Luxembourg sa sœur, premiere femme du Roi Jean, s'attendrit & fondit en larmes, sans pouvoir dire un seul mot: la Princesse en pleurs, garda aussi le silence, & dit enfin à l'Empereur qu'il falloit réserver la conversation pour l'après-dînée; ce qui fut fait.

De l'Hôtel de S. Paul, l'Empereur fut amené à Vincennes, d'où il alla à Beauté sur Marne: il accomplit-là son pélerinage à S. Maur des Fossez, où il se rendit deux fois pour y faire ses devotions. Ce fut à Beauté sur Marne qu'il reçût les presens du Roi, presens si considerables, qu'ils méritent bien qu'on les rapporte ici: Une grande coupe d'or garnie de pierreries, où étoit marquée la Sphere, les douze Signes du Zodiaque, les Planetes, &c. Deux grands flacons d'or sur lesquels étoit figuré S. Jaques montrant à Charlemagne le chemin de l'Espagne. Un bel & grand hanap d'or sur un trépied garni de pierreries. Une aiguiere d'or aussi garnie de pierreries: Deux pots d'or ouvrez à têtes de lions. Au Roi des Romains on donna un grand gobelet & une aiguiere d'or, & deux grands pots d'or ornez de Saphirs & de Perles. On fit encore des presens considerables aux Princes, au Chancelier & à l'Evêque, aux Chevaliers, & à d'autres qui étoient à la suite du même Empereur. Il avoit déja reçû des presens considerables à Paris. On n'épargna rien pour lui faire par tout le meilleur accueil, dont on eût entendu parler.

Au partir de là, ce fut le 16. de Janvier, l'Empereur & le Roi prirent congé l'un de l'autre: ce ne fut pas sans verser beaucoup de larmes, que les deux Princes se dirent adieu. L'Empereur accompagné des Ducs de Berri & de Bourgogne se rendit à Lagni & de là à Meaux, où il expedia des Lettres scellées en or, où il déclaroit le Dauphin Charles son Lieutenant & Vicaire général au Roiaume d'Arles, & cela à vie & irrévocablement. Il en expedia aussi d'autres scellées en or comme les premieres, par lesquelles il le faisoit son Lieutenant & Vicaire général au Dauphiné, fiefs, arriere-fiefs & *tenemens quelconques* sans rien excepter: il lui donna le château de Pompet *sur Vienne*, & en la même ville une autre Maison appellé Chamaux. Et comme le Dauphin paroissoit encore trop jeune pour exercer ces fonctions, l'Historien ajoute: *Et aussi le agea & supplea toutes*

---

conspectum bonus Imperator memoria repetens illa quæ in flore juventutis ipse viderat, Isabellam nempe cum Bona Luxemburgensi sorore sua, quæ prima uxor fuit Joannis Regis, educatam & simul agentem, in lacrymas erupit, ac ne verbum quidem proferre potuit. Flevit illa quoque & tacuit, dixitque tandem colloquium ad pomeridianas horas remittendum esse; quod etiam factum est.

Ex ædibus sancti Pauli Imperator Vincennas adductus est, posteaque Bellum-locum ad Matronam se contulit. Inde vero piam peregrinationem explevit ad sanctum Maurum de Fossis, quo bis precandi causa venit. Hoc in loco Regis munera accepit; munera, inquam, tanta, atque ita preciosa, ut hic recenseri mereantur. Hæc dono oblata fuere; crater aureus grandis lapillis & gemmis decoratus, ubi delineata erat sphæta cùm duodecim Zodiaci signis, planetis quoque, &c. Duæ magnæ lagenæ aureæ, in queis repræsentabatur sanctus Jacobus Carolo Magno iter in Hispaniam monstrans. Cantharus grandis & speciosus aureus supra tripodem lapillis exornatum. Aqualis aureus gemmis & ipse decoratus; duo vasa aurea leoninis capitibus exornata. Regi quoque Romanorum hæc data sunt: Poculum aureum, aqualis item aureus, duoque magna aurea vasa, sapphiris & unionibus exornata. Munera quoque non spernenda oblata fuere Principibus, Cancellario, Episcopo, Equitibus, aliisque qui in ejusdem Imperatoris comitatu erant. Nuper etiam Imperatori Lutetiæ degenti munera preciosa oblata fuerant, nihilque neglectum fuerat, ac cum tanta magnificentia Imperator exceptus est, ut nihil unquam simile visum fuerti.

Hinc proficiscens Imperator 16 Jannuarii, Regi vale dixit, nec sine lacrymis utrinque fusis ambo Principes salutem sibi mutuo apprecati sunt. Imperator vero, comitantibus Biturigum & Burgundiæ Ducibus Latiniacum venit, indeque Meldas se contulit, ubi literas dedit auro sigillatas, queis Carolum Delphinum Vicarium generalem & locum suum tenentem in Arelatensi regno declarabat, idque ad vitam suam, nec reservata sibi hæc revocandi facultate. Alias quoque literas auro signatas ut priores emisit, queis illum Vicarium generalem & locum suum tenentem in Delphinatu declarabat, *in feudis, retrofeudis & possessionibus quibuscumque*, deditque illi castellum Pompeti ad Viennam, & in ipsa urbe domum, quæ Chamausia appellabatur. Qua vero Delphinus junior erat, quam ut hæc munia exercere posse videretur, *ætatem ipse sup-*

choses, qui par défault d'aage pouvoient donner empeschement audict Daulphin pour ces graces & Gouvernemens obtenir. Nos Auteurs remarquent que l'Empereur s'attribuoit par-là des droits, qu'on pouvoit légitimement lui contester. Il y a apparence que le Roi Charles, passa sous silence bien des réflexions, qu'il fit sans doute sur cette autorité que l'Empereur prenoit, de peur de gâter par là toute la grace de l'accueil magnifique qu'il lui avoit fait, & de choquer un proche parent tout dévoué à ses interêts, comme il avoit déja paru en bien des occasions. L'Empereur partit de Meaux & se rendit à petites journées en Allemagne, où il mourut vers la fin de la même année 1378.

Le Captal de Buch qui avoit été pris à Soubise, fut amené à Paris, où il fut mis au Temple sous sure garde. Le Roi d'Angleterre voulut l'échanger contre le Comte de S. Pol alors prisonnier en Angleterre, offrant d'y ajouter encore trois ou quatre autres Chevaliers, tant il souhaitoit de ravoir ce Captal, qui lui étoit si nécessaire en Gascogne. Mais le Roi de France & son Conseil ne furent pas d'avis de le lâcher. On lui fit dire que s'il vouloit promettre de ne jamais s'armer contre la Couronne de France, on consentiroit à l'échange. Le Captal répondit qu'il aimoit mieux mourir en prison que de faire un tel serment. Il y mourut aussi plus de cinq ans après sa prise. Le Roi le fit enterrer fort honorablement. *Mort du Captal de Buch.*

Bien-tôt après, Jeanne de Bourbon Reine de France accoucha d'une fille, qui fut appellée Catherine; peu après ses couches elle fut attaquée d'une violente fiévre, & voulut à toute force qu'on la mît dans le bain; cela ne fit qu'augmenter sa maladie. Elle mourut le 17. de Février de l'an 1378. la quarantième année de sa vie. Le Roi fut presque accablé de douleur de cette perte; cette Reine fut universellement regretée dans tout le Roiaume. Aussi n'avoit-t'on point vû de Reine aussi accomplie. Sa douceur, sa sagesse & sa generosité la rendoient la plus aimable & la plus respectable Princesse de son tems; en un mot, digne épouse de Charles V. un des plus sages Rois qui fut jamais. Elle fut enterrée à S. Denis où l'on voit son Tombeau auprès de celui du Roi son mari. *Mort de la Reine Jeanne de Bourbon.*

Nous avons dit, que quand le Roi Charles le Mauvais Roi de Navarre fit sa paix avec le Roi de France, il laissa pour sûreté deux de ses fils en ôtage. On

---

Froissart.

plevit, & impedimenta omnia sustulit, quæ Delphinum, ob nimiam juventutem ab his officiis removere posse videbantur. Hic notant Scriptores nostri Imperatorem tunc jura sibi attribuisse, quæ ipsi competere jure negari poterat. At verisimile est Regem Carolum multa silentio prætermisisse, quæ haud dubie in mentem ipsi venere, contra hujusmodi autoritatem, quam sibi arrogabat Imperator; metuens scilicet ne si hæc depromeret, gratiam totam, quam Imperatorem tam magnifice excipiendo sibi promeruerat, sic amitteret, neve cognatum suum offenderet, suisque partibus addictum, ut jam sæpe monstraverat. Imperator Meldis profectus lento gradu in Germaniam se contulit, ubi defunctus est circa finem illius anni 1378.

Capitalis Boiorum, qui Solbifiæ captus fuerat, Lutetiam adductus, atque in Templo sub tuta custodia locatus fuit. Rex Angliæ cum Comite Sancti Pauli commutare illum voluit, qui tum in Anglia captivus erat, etiamque tres vel quatuor Equites alios ad illius redemptionem offerebat; usque adeo cupiebat Capitalem illum liberare, qui ipsi in Vasconia admodum necessarius erat. At Rex Francorum habito suorum consilio his acquiescere noluit. Verum id Capitali proposito fuit, ut si polliceri vellet se nunquam contra Regem Francorum arma sumturum esse, Rex commutationi faciendæ tunc annueret. Respondit Capitalis se in carcere mori malle, quam tale sacramentum edere, vereque in carcere mortuus est; annis plus quinque postquam captus fuerat. Rex illum magnifice tumulari curavit. *Idem.*

Nec diu postea Joanna Borbonia Francorum Regina filiam enixa est, quæ Catharina vocata fuit. Parvo post partum elapso tempore, Regina vehemente febri corripitur, & omnino voluit in balneum immitti. Hinc porro exasperatus morbus fuit, ipsaque obiit 17. Februarii anno 1378. cum quadraginta esset annorum. Hac amissa conjuge dolore pene obrutus Rex Carolus fuit: magnum autem illa per totum regnum sui desiderium reliquit. Certe nondum tot virtutibus ornata Regina visa fuerat. Mansuetudine, sapientia, generositate, plusquam omnes ævi sui Principes feminæ, omnium sibi amorem & existimationem conciliaverat; uno verbo digna conjux erat Caroli V. Francorum Regis, inter sapientissimos Regum omnium, qui unquam fuere, jure computandi. Sepulta autem fuit in Ecclesia S. Dionysii, ubi sepulcrum ejus visitur a latere sepulcri Caroli V. viri sui.

Jam antea diximus Carolum Malum, Regem Navarræ, quando pacem fecit cum Francorum Rege, ad pactionis initæ securitatem filios duos obsides reliquisse. *Froissart. l'Abbé de Choisi.*

CHARLES V. dit LE SAGE & LE RICHE.

Le Roi de Navarre veut faire empoisonner le Roi Charles.

découvrit depuis, que deux hommes de la suite de ces jeunes Princes, nommez Jaques de la Rue, & Pierre du Tertre vouloient empoisonner le Roi de France. Il en fut averti, on saisit les deux accusez, on les appliqua à la question. Jaques de la Rue confessa publiquement son crime. Il fut condamné à être écartelé, & fut executé publiquement ; du Tertre n'avoua rien, & fut remis en prison, & à la fin de l'année il obtint sa liberté. La chose est ainsi rapportée dans le Manuscrit du Procès Criminel du Roi de Navarre, cité par l'Abbé de Choisi. Mais Froissart dit deux fois que du Tertre fut executé comme l'autre. N'y aiant plus de mesures à garder avec ce perfide Prince ; le Roi Charles envoia le Connétable en Normandie pour conquerir les places qui appartenoient au Roi de Navarre. Il assiegea & prit Pontaudemer, Mortagne & plusieurs autres places qu'il démantela. Le Connétable alla ensuite assiéger Cherbourg, très-forte ville & trop bien munie. Le siege fut long. Olivier de Clisson aiant dressé une embuscade aux Anglois & Navarrois, qui gardoient la place ; il y eut un grand combat, où Olivier de Clisson fut fait prisonnier : après quoi les François leverent le siége. Clisson fut racheté quelque tems après.

En ce tems-là Guillaume des Bordes, que le Roi avoit envoié pour garder les places de la Normandie prises sur le Roi de Navarre, & pour observer la garnison Angloise de Cherbourg, voulant se signaler par quelque bel exploit, s'avança vers Cherbourg avec un corps considerable de troupes, composé de Gendarmes & d'Archers Genevois. Les Anglois sortirent en grand nombre, il y eut un des plus sanglants combats qu'on eût encore vû ; des Bordes y fit des prodiges de valeur, & si tous y avoient combattu de même, la victoire auroit infailliblement été de son côté ; mais enfin les Anglois après une grande perte de leurs gens, furent superieurs ; la plûpart des François furent ou tuez ou pris, des Bordes resta prisonnier de guerre, peu de François se sauverent par la fuite. Le Roi y envoia un nouveau renfort de troupes, & fit depuis abandonner Montbourg & le Coutentin.

La guerre recommença aussi en Aquitaine, où commandoit pour le Roi d'Angleterre Thomas de Pheleton, grand Sénéchal de Bourdeaux & du Bourdelois. Le Duc d'Anjou & le Connétable du Guesclin, à la tête d'un bon corps

---

Sub hæc autem certis indiciis deprehensum fuit duos horumce juniorum Principum domesticos, quorum alter Jacobus Ruæus, alter Petrus de Tumulo vocabatur, venenum Regi Francorum offerendum apparare. Res Principi nunciatur : apprehenduntur illi, & tormentis subjiciuntur. Jacobus meditatum scelus publice confessus est, damnatusque, membris publice discerptis dilaniatisque periit : Petrus autem de Tumulo nihil confessus, in carcerem reductus, elapsoque anno liber dimissus est. Res ita narratur in Cod. manuscripto, causam Regis Navarræi referente, quo manuscripto D. Abbas de Causiaco usus est. Froissartius autem bis dicit, Joannem de Tumulo, perinde atque alium supplicio affectum fuisse. Cum jam nullæ pactiones servandæ essent cum tam perfido Principe, Rex Francorum Carolus Constabularium in Normanniam misit, ut oppida & castra quæ ad Regem Navarræ pertinerent, expugnaret. Ille Pontem Audomari cepit, Moritaniam, aliaque oppida & castra, quorum mœnia solo æquavit. Deindeque Caroburgum obsessum venit, urbem munitissimam & valido præsidio instructam. Diuturna vero fuit obsidio. Olivarius porro Clissonius insidias Anglis & Navarræis struxit, qui in urbe propulsando hosti intenti erant. Acerrima pugna fuit, in qua Olivarius Clissonius captus est ; posteaque Franci obsidionem solverunt. Quodam autem elapso tempore Clissonius precio redemtus fuit.

Froissr.

Eodem circiter tempore Gullielmus de Bordis, quem Rex miserat, ut castra & oppida Navarræorum, quæ capta fuerant, custodiret, & ut Caroburgense præsidium Anglicum observaret, ut ex aliqua re fortiter gesta nomen sibi pareret, cum magna pugnatorum manu versus Caroburgum movit, milites multos equites secum habens & sagittarios Genuenses. Angli magno numero sunt egressi. Nulla acrior visa pugna fuerat. Admodum strenue decertavit Gullielmus de Bordis, ac si omnes pari cum fortitudine dimicassent, penes Francos victoria futura erat. Verum tandem Angli, postquam multos ex suis amiserant, victores fuere ; Francorum maxima pars vel cæsa, vel capta fuit, pauci fugam fecerunt. Inter captos Gullielmus de Bordis fuit. Rex vero novam armatorum manum illò misit ; neque multo postea Montisburgum, totumque Constantiensem tractum deseri jussit.

Idem.

In Aquitania quoque instauratum denuo bellum fuit, ubi pro Rege Angliæ imperabat Thomas Pheletonius, magnus Burdegalæ & Burdegalensis agri Senescallus. Dux Andegavensis & Constabularius Guescli-

d'armée, allerent mettre le siége devant Bergerac. La ville se défendoit si bien qu'il les assiégeans jugerent qu'ils seroient-là longtems, s'ils n'avoient une grande machine de guerre qu'on appelloit la Truie. Cette machine pouvoit contenir cent hommes armez, & jettoit des pierres d'une grosseur extraordinaire. Ils envoierent des gens pour l'amener, & aiant appris que les Anglois & les Gascons étoient sortis de Bourdeaux & cachoient leur marche, pour se saisir de la machine s'ils pouvoient; ils détacherent un corps de troupes pour se joindre aux premiers; comme ils revenoient avec la machine, ils furent attaquez par les Anglois & les Gascons. Le combat fut rude, & le succès longtems douteux; mais enfin les Anglois furent défaits, & presque tous tuez ou pris. Pheleton & plusieurs autres Seigneurs Gascons furent du nombre des prisonniers. La machine fut amenée & dressée contre la ville, qui se rendit. Deux autres villes, Sainte Foi & Castillon furent prises avec beaucoup de facilité. Le Duc d'Anjou prit encore Sauveterre, Saint Macaire, Duras & grand nombre d'autres villes & forteresses.

Défaite des Anglois & des Gascons.

Le Roi Charles, qui avoit toujours l'œil à soutenir la guerre en plusieurs endroits de son Roiaume, avoit aussi des intelligences avec les Princes voisins, tant pour faire diversion des forces de ses ennemis, que pour se fortifier en cas de besoin de nouvelles troupes. L'Infant de Castille étoit entré en armes dans la Navarre, & Robert Roi d'Ecosse fortement sollicité, & attiré par l'argent de France, se mit en campagne contre les Anglois, & les obligea d'entretenir contre lui une armée qui n'eût pas toujours le dessus. Il ne faut pas douter que ces diversions n'aient eu grande part aux bons succès que le Roi eut presque par tout dans cette guerre.

En ce tems-ci commença ce grand Schisme, qui causa pendant beaucoup de tems des troubles continuels dans l'Eglise. Le Pape Gregoire XI. étant mort à Rome; le peuple obligea les Cardinaux d'élire un Pape Italien : ils élurent l'Archevêque de Bari, qui prit le nom d'Urbain VI. Les Cardinaux sortirent de Rome, & quand ils furent en liberté, ils prétendirent que cette élection qui avoit été forcée étoit nulle, ils élurent à Fondi Robert frere du Comte de Geneve, qui prit le nom de Clement VII. La France, la Castille, l'Ecosse, le Comte de Savoie & le

1378. Le grand schisme commence.

---

nius cum exercitu Bergeracum obsessum moverunt. Præsidiarii vero ita fortiter oppugnatores propulsabant, ut putarent Duces longam fore obsidionem, nisi machina quædam, quæ Scrofa appellabatur, adveheretur. Hæc porro machina armatos centum in se complecti poterat, & immensi ponderis petras emittebat. Copias vero miserunt quasdam, quæ illam adducerent. Cum comperissent autem Anglos & Vascones Burdegala egressos clanculum iter carpere, ut machinam, si possent, interciperent, novam militum manum miserunt, quæ primos attingeret & comitaretur ; cum machina pergentes illos Angli invaserunt cum Vasconibus juncti. Asperrima pugna fuit, dubioque marte diu pugnatum est; tandemque Angli profligati, peneque omnes vel cæsi, vel capti fuere. Ex captivorum numero fuere Pheletonius, plurimique Vasconum proceres. Machina ad castra adducitur, & præsidiarii deditionem fecerunt. Alia duo oppida, nempe Sancta Fides, & Castellio facilius expugnata fuerunt. Cepit etiam Dux Andium Salvamterram, Sanctum Macarium, Duracium, plurimaque alia castella & oppida.

Idem.

Rex Carolus qui bello semper in diversis Regni sui partibus gerendo advigilabat, cum vicinis etiam Principibus per nuncios consilia inibat, ipsosque ad partes suas adducere satagebat, tum ut hostes suos variis in tractibus invadendos alliceret, tum ut etiam armatos viros diversis ex regionibus in opem evocaret. Regis Castellæ filius Navarræ limites invaserat, & Robertus Scotiæ Rex, vehementer sollicitatus, & auro Francico pellectus, contra Anglos exercitum eduxit, atque sic hostes suos adegit, ut contra Scotos cogerent exercitum, qui non semper cum felici pugnavit exitu. Nec dubium est illum, sic distractis hostium viribus, fere semper cum prospero eventu, multa Anglorum loca facilius occupavisse, ac cum minore periculo castra multa expugnasse.

Hoc tempore cœpit magnum illud schisma, quod longo annorum curriculo tumultus & turbas in Ecclesia concitavit. Cum Gregorius Papa XI. Romæ obiisset, Romanus populus Cardinales vi coëgit, ut Italum Papam crearent. Illi vero Archiepiscopum Barensem delegerunt, qui Urbani VI. nomen accepit. Cum autem Roma egressi libertatem essent adepti, electionem vi extortam nullam esse dicentes, Fundis in Campania Robertum Comitis Genevensis fratrem in Summum Pontificem cooptarunt, qui Clementis VII. nomen sibi indidit. Regna Franciæ, Castellæ, Scotiæ,

Baluse Vita Paparum Avenionensium.

F iij

Roiaume de Naples reconnurent ce dernier : tout le reste de la Chrétienté se tourna vers le premier. Ce schisme dura si longtems, que peu de ceux qui l'avoient vû naître le virent entierement éteindre.

Montpellier avoit été donné au Roi de Navarre pour le remplacement d'autres Terres. La guerre étant déclarée contre lui, le Duc d'Anjou se saisit de cette ville, & en chassa les Officiers du Roi de Navarre. Les habitans chargez d'impots prirent un jour les armes, massacrerent tous les Officiers du Roi & ceux du Duc d'Anjou, & jetterent leurs corps dans des puits. A cette nouvelle le Duc d'Anjou assembla toutes les troupes de son gouvernement, & marcha vers Montpellier. Les habitans étant hors d'état de lui résister, sortirent en chemise & la corde au cou, aiant les Consuls à leur tête en même équipage, & criant miséricorde. Cela ne fléchit point le Duc, il condamna la ville à perdre son Université, son Consulat, sa Maison de Ville, ses Cloches, sa Jurisdiction ; ordonna que ses murailles seroient rasées, taxa les habitans à six vingts mille francs d'or d'amende, condamna six cens habitans au supplice, deux cens devoient être décapitez, deux cens pendus, & deux cens brulez. Dès que la Sentence eut été prononcée, le Cardinal de Luna se jetta aux pieds du Duc, & le pria au nom du Pape de differer l'execution jusqu'au lendemain. Il l'obtint, & cela sauva la vie à bien des malheureux. Le Duc s'adoucit enfin & se contenta de faire pendre les principaux auteurs de la sédition, & de faire payer à la ville la taxe imposée. Le Roi informé de tout, ne fit d'abord semblant de rien. Il avoit appris par des voies sures que le Duc traitoit durement le peuple, qu'il mettoit des taxes qui ne venoient pas dans les coffres du Roi, qu'il faisoit de sa propre autorité des choses qui déplaisoient aux gens du payis. Il ménageoit son frere, & ne lui en témoigna rien. Mais il le rappella auprès de lui, & donna le gouvernement du Languedoc au Comte de Foix.

Le Roi de Navarre étant allé en Angleterre pour solliciter cette Cour de le secourir puissamment contre les Rois de France & de Castille, qui s'emparoient de ses terres, le sage Roi Charles envoia promtement le Sire de Couci & le Seigneur de la Riviere pour prendre tout ce qui restoit de places au Navarrois dans la Normandie. Ils marcherent avec un grand corps de troupes, & pri-

Annales de Toulouse, Abbé de Choisi.

Comes item Sabaudiæ & Neapolitanum regnum, hunc postremum ut Summum Pontificem habuerunt. Cæteri orbis Christiani Principes, eum qui prior electus fuerat, ut verum Pontificem receperunt. Tam diuturna autem fuit illa dissensio, ut pauci ex iis qui eam suboriri viderant, omnino extinctam videre potuerint.

Mons-pessulanus urbs Regi Navarræ data fuerat aliarum vice terrarum, quas Rex Francorum sibi adscripserat. Cum autem bellum contra Navarræum Regem indictum fuisset, Dux Andegavensis civitatem illam occupavit, & Regis Navarræ Ministros inde eliminavit. Cives autem vectigalium onere pressi, arma sumserunt, ac Regis Francorum, Ducisque Andegavensis ministros omnes trucidarunt, cadaveraque eorum in puteos conjecere. Re comperta Dux Andegavensis copias undique collegit, ac versus Montem-Pessulanum movit. Monspelienses cives perterriti : cum non possent vim vi repellere, pene nudi & fune ad collum ligato, in occursum ejus venere, Consulibus urbis eodem cultu totum cœtum ducentibus, omnibusque simul Ducis misericordiam implorantibus. Ille nihil flexus, sed ulciscendi sui cupidus, has civitati pœnas indixit, ut Universitatem suam, Consulatum, Basilicam, Campanas, Jurisdictionemque omnem amitteret, muros urbis solo æquari jussit, ut civitas centum viginti mille Francos aureos solverer imperavit : sexcentos cives supplicio addixit, quorum ducenti capite plectendi, ducenti suspendio perituri, ducenti flammis tradendi erant. Hac prolata sententia Cardinalis de Luna ad Ducis pedes provolutus, Summi Pontificis nomine, rogavit ad sequentem diem tam diræ sententiæ executionem differret. Postulatum impetravit Cardinalis, id quod salutem infelicibus multis attulit. Dux tandem emollitus, seditionis tantum auctores suspendio perire jussit, impositamque auri summam exegit. His compertis Rex Carolus, rem statim silentio texit. Jam certis indiciis noverat Ducem Andegavensem asperrime populum agere, vectigalia indicere, quæ in ærarium regium non inducebantur, plurimaque alia auctoritate propria facere, quæ populis summe displicerent. Ne tamen fratris animum exasperaret, illum quasi aliud agens penes se evocavit, & Septimaniam nomini suo regendam Comiti Fluxensi commisit.

Froissart.

Rex Navarræ in Angliam trajecerat, auxilia postulaturus contra Reges Franciæ & Castellæ, qui ejus fere totam ditionem invaserant. Rex vero Carolus Cuciacensem & Ripariensem toparchas cum exercitu misit, ut urbes & oppida, quæ in Normannia Regi Navarræ supererant, expugnarent. Moventes illi cum exercitu,

CHARLES V. dit LE SAGE & LE RICHE.

rent Baieux, Carentan, Conches, & toutes les places que Charles le Mauvais avoit dans cette Province, hors Cherbourg & Evreux. Mais cette derniere ville ne fut pas longtems sous la domination du Roi de Navarre. Car le Roi Charles s'étant rendu à Rouen, la fit assieger par les deux Chefs ci-devant nommez. La ville se défendit quelque tems, le Roi fit dire aux habitans, qu'il ne la vouloit prendre & la garder que pour la rendre à ses neveux, fils de Charles Roi de Navarre son ennemi. Evreux se rendit sur cette parole, & le château suivit son exemple.

Vers ce même tems, ce brave Yvain de Galles, qui servoit si utilement le Roi Charles, aiant formé le siége de Mortagne en Poitou, fut tué traitreusement par un Gallois, qui étoit venu se mettre à son service. Après sa mort les François & les Bretons continuerent quelque tems le siége : mais les Anglois & les Gascons s'étant assemblez pour venir fondre sur les assiegeans, ceux-ci ne jugerent pas à propos de les attendre.

Les Anglois leverent deux puissantes armées, qui passerent la mer, & vinrent se joindre pour faire ensemble le siége de S. Malo, commandez par le Duc de Lancastre & le Comte de Cambrige. Cela mit en mouvement le Roi Charles qui connoissoit l'importance de cette place. Il fit ramasser une prodigieuse quantité de troupes, & forma une des plus grandes armées, qu'on eût encore vû. Elle marcha vers S. Malo, commandée par les Ducs de Berri, de Bourgogne, & le Connétable, accompagnez de presque tous les grands Seigneurs du Roiaume. Les deux armées resterent assez longtems en presence, & les Anglois après avoir fait de vains efforts pour prendre la place, leverent le siége.

Siege de S. Malo.

Vers ce tems-ci, un tumulte arrivé à Gand, dégenera enfin en une rebellion manifeste contre le Comte de Flandres : l'occasion en fut l'inimitié de Jean Lion contre les sept freres Matthieu, & un démêlé des Gantois avec ceux de Bruges, qui vouloient faire passer la Lis dans leur ville. Jean Lion prit le dessus, établit les blancs Chaperons ; c'étoit la marque de ceux de son parti, qui s'assemblerent armez jusqu'au nombre de dix mille hommes. Jean Lion étant mort, les Gantois allerent insulter le Comte, & assiegerent Oudenarde. Le Duc de Bourgogne s'entremit pour faire la paix, fit cesser le tumulte : le calme fut rétabli,

Commencement de la guerre de Flandres.

1379.

Baiocas ceperunt, Carentonium, & Concham, cæteraque oppida quæ adhuc Rex Navarræ in Normannia tenebat, exceptis Caroburgo & Ebroicis; sed hæc postrema urbs haud diu postea Carolo Malo abrepta fuit. Rex quippe Francorum Carolus Rotomagum venit, memoratisque Ducibus imperavit ut urbem istam obsiderent. Hostes aliquamdiu propulsarunt oppidani: at Carolus Rex illis edici jussit, velle se urbem capere & servare, ut illam ipsam filiis sororis suæ & Regis Navarræ inimici sui restitueret. Qua data fide Ebroicæ sese Regi Francorum dedidere, & castellum etiam sub ejus potestatem redactum est.

Idem.

Idem circiter tempus strenuus ille Ivo Gallensis, qui tam prospere pro Rege Francorum pugnare solebat, cum Moritaniam in Pictavis obsedisset, a Gallensi quodam, qui sese in famulatum ejus insinuaverat, peremtus est. Illo defuncto Franci & Britones aliquamdiu in obsidione perstiterunt; sed cum Angli & Vascones, collectis copiis, sese apparaient ut obsidibus invaderent, hi non ultra exspectandum putantes, obsidionem solverunt.

Idem.

Tum Angli duobus numerosissimis collectis exercitibus, trajecto mari, conjunctim Maclovium urbem obsessum venerunt, imperantibus Duce Lancastriensi, & Comite Cantabrigiensi. Commotus animo Carolus, Rex Francorum, qui quantum sua interesset urbem istam servare probe noverat, ingentem pugnatorum copiam circumquaque colligi jussit, & exercitum una coegit, cui numero parem vix quispiam videret. Movit exercitus ille Maclovium, imperantibus Biturigum & Burgundiæ Ducibus, atque Guesclinio Franciæ Constabulario, comitantibus etiam Francorum Proceribus pene omnibus. Exercitus autem ambo Anglorum videlicet Francorumque, diu in conspectu positi steterunt. Angli vero tandem, postquam urbem expugnare sæpe incassum tentaverant, obsidionem solverunt.

Interea vero Gandavi tumultus concitatur: furens plebs & factionum agitata partibus, in rebellionem tandem contra Comitem Flandriæ prorupit. Turbarum occasiones fuere inimicitia Joannem Leonem inter & septem fratres qui Matthæi appellabantur, & dissensio Gandavenses inter & Brugenses, qui Legiam fluvium in urbem suam derivare peroptabant. Joannes Leo superiorem locum obtinuit instituitque alba caputia. Hoc insigne erat eorum qui partes ipsius sectabantur, quique decem millia numero armati una convenerunt. Joanne Leone defuncto, Gandavenses in Comitem arma sumserunt, & Aldenardam obsederunt. Dux porro Burgundiæ suam interposuit operam ut pacem conciliaret, tumultum sedavit, & tranquillitatem indu-

Froissart.

mais cela ne dura guere. Les Gantois & autres se tournerent contre les Nobles & leur firent vivement la guerre, qui recommença bien-tôt après contre le Comte, comme nous verrons.

Le Roi Charles reunit la Bretagne à la Couronne; cela ne réussit pas.

Le Roi Charles après avoir conquis presque toute la Bretagne, voiant le Duc retiré en Angleterre, pensa à réunir cette Province à la Couronne : il proposa cette importante affaire à son Conseil; son dessein fut approuvé, la réunion passa & fut publiée. Ce Prince quoique si sage, n'avoit pas pourtant prévû les conséquences de cette déclaration. Les Bretons accoutumez à avoir un Prince particulier, se voiant par là reduits à la condition des Provinces voisines, se revolterent contre cette réunion. La plûpart des villes & des Seigneurs se tournerent du côté de leur Duc, le rappellerent, & le reçurent à bras ouverts. Le Roi qui avoit fort à cœur de se rendre entierement le maître de cette Province, d'où il avoit tiré ci-devant de bonnes troupes, & d'où il avoit chassé les Anglois avec tant de peine, fit de grands préparatifs pour y porter la guerre. Quoiqu'il se confiât beaucoup en son Connétable, il ne jugea pas à propos de le mettre à la tête de l'armée qu'il préparoit contre cette Province, qui étoit la patrie du du Guesclin. Voilà, comme plusieurs Historiens rapportent l'affaire. Mais il est dit dans la vie de Bertrand du Guesclin, que le Roi l'envoia en Bretagne pour y faire la guerre, que n'y trouvant point d'argent, il demanda d'être emploié ailleurs, que ses ennemis prirent delà occasion de le rendre suspect au Roi d'intelligence avec le Duc de Bretagne : qu'averti de cela, il écrivit fortement au Roi, & vint depuis à Paris, dissipa toutes les méfiances que le Roi avoit eues de lui, & lui persuada de faire sa paix avec le Duc de Bretagne, à condition qu'il prêteroit hommage au Roi, & qu'il le serviroit dans la guerre contre le Roi d'Angleterre & le Roi de Navarre. Ce Traité, dont les Historiens ne parlent point, fut fait; mais il ne fut point executé. Et la guerre fut continuée sans interruption.

1380.

Le Connétable fut envoié en Auvergne prendre quelques places, d'où certaines compagnies d'Anglois & de Gascons faisoient des incursions dans les Provinces voisines. Il s'y rendit, prit plusieurs châteaux, & alla assieger Châteauneuf de Randon. Il fit donner plusieurs assauts à la ville, & dit qu'il ne partiroit point de là qu'il ne l'eût prise; il y tomba enfin malade, & mourut peu de

---

Idem.

xit : at non ad multum temporis pax illa perseveravit. Gandavenses enim & alii contra Nobiles, Proceresque Flandrorum arma sumserunt, ipsosque aspere insectati sunt. Nec diu postea ipsum Comitem sunt adorti, ut infra narrabitur.

Rex Carolus cum fere totam Britanniam Armoricam bello cepisset, videretque Britanniæ Ducem in Angliam sese recepisse, provinciam istam sibi & regno Francorum vindicare cogitavit, remque tanti momenti ad consilium suum detulit. Regis opinio probata omnibus fuit, universorum calculis jungendam regno Britanniam esse decretum fuit, resque publicata est. Rex Carolus, tametsi inter sapientissimos Principes computandus, quid ex talis junctionis promulgatione sequuturum esset non præviderat. Britones, qui jam a longissimis temporibus Principe sibi proprio & peculiari gaudebant, adversus illud junctionis decretum uno animo conspirarunt, maxima pars urbium & procerum ad Ducis partes se contulerunt, ipsum ex Anglia revocatum, libentissime receperunt, sibique Principem confirmarunt. Rex vero, cui admodum cordi erat, provinciam istam in potestatem suam redigere; unde pugnatores antehac egregios eduxerat, & ex qua Anglos tanto conatu & labore eliminaverat, cum apparatu magno bellum illo inferendum destinavit. Etsi Constabulario suo omnimodam fidem haberet, noluit tamen illum Britannici exercitus ducem constituere, ne in patriam suam Guesclinius bellum gereret. Ita rem narrant historiæ Scriptores plerique. At in vita Bertrandi Guesclinii dicitur, Regem ad Britannicum bellum Guesclinium misisse; sed deficiente pecunia Guesclinium ab Rege postulasse ut se alio bellaturum mitteret, indeque invidi & inimici ejus, occasione sumta, Regi suspectum illum reddidere, inquit Scriptor, quod Britanniæ Duci faveret: illum vero, his compertis, Regi vehementiore stylo scripsisse, deindeque Lutetiam venisse, Regis suspiciones omnes eliminasse, ipsique auctorem fuisse, ut pacem cum Duce Britanniæ faceret, illa conditione, ut sibi ille *hominium* præstaret, armisque se juvaret contra Angliæ & Navarræ Reges, cujus rei mentionem nullam alii Scriptores faciunt : hoc vero pactum executioni mandatum non est, bellumque ut antea continuatum fuit.

Vie de Bertrand du Guesclin.

Constabularius contra Anglosquosdam & Vascones, qui castra aliqua & oppida apud Arvernos occupabant ac vicinos agros depopulabantur, missus fuit. Illò cum venisset Guesclinius, castella quædam expugnavit, & Castrum-novum Randonense obsedit. Oppidum oppugnationibus adortus edixit, se non inde profecturum esse, antequam urbem cepisset. At in gravem tandem

Idem.

jours

CHARLES V. dit LE SAGE & LE RICHE. 49

jours après. La compagnie qui gardoit la place, & qui avoit promis de se rendre dans un tel tems, si elle n'étoit pas secourue, vint se rendre au jour marqué, & trouvant le Connétable mort, elle déposa à ses pieds les clefs de la ville. Son corps fut apporté à Paris. Le Roi lui fit faire de magnifiques obseques, & lui fit dresser un Tombeau auprès de celui qu'il avoit fait faire pour lui & pour sa femme Jeanne de Bourbon. Le Roi pensa d'abord à le remplacer, & vouloit donner la charge de Connétable à Enguerrand Sire de Couci, qui la refusa par modestie, disant qu'il ne se sentoit pas capable de soutenir un si grand poids, & qu'Olivier de Clisson rempliroit mieux cette charge que lui. Elle demeura encore quelque tems vacante, ce ne fut qu'au lit de la mort que le Roi Charles V. désigna Olivier de Clisson pour Connétable.

Mort du Connétable du Guesclin.

Environ ce même tems, & peu avant la mort du Connétable du Guesclin, & du Roi Charles V. le Duc de Bourbon vint lui faire hommage du Comté de Clermont en Beauvoisis. L'action se voit représentée dans le Livre manuscrit des hommages du Comté de Clermont en Beauvoisis, d'où M. de Gaignieres l'a fait tirer. Quoique les personnages y soient les mêmes & dans le même ordre, que dans les Tableaux de la même prestation de serment donnez par le P. Menetrier & l'Abbé de Choisi; celui-ci est copié d'une Miniature fort différente de celle qu'ils ont fait copier. Il s'en trouve quelquefois plusieurs de la même Histoire dans la Chambre des Comptes. Le Roi est assis sur son Trône, revêtu de son Manteau Roial, chargé de fleurs-de-lis & doublé d'hermines, la couronne en tête. Louis II. Duc de Bourbon, met ses mains jointes entre les mains du Roi, & fléchit un genou. Il porte à la tête une espece de guirlande, revêtu de son blason; il a une dague pendante à sa ceinture. A côté du Roi un peu derriere sont le Dauphin, qui porte de France écartelé de Dauphiné, & le Duc d'Orleans qui porte de France avec la brisure d'Orleans. Derriere eux à l'extrêmité de la Planche sont les trois freres du Roi, rangez selon l'ordre de leur naissance. Le Duc d'Anjou avec la bordure de gueules, brisure d'Anjou; le Duc de Berri, à la bordure engrelée; & le Duc de Bourgogne écartelé de France & de Bourgogne. Le Prince qui tient la main sur le Trône du Roi, est Jean d'Artois Comte d'Eu, à son côté & derriere le Trône, est le Chancelier, qui tient une baguete, couronné d'une espece de guirlande.

PL. XI.

morbum incidit, & paucis post diebus obiit. Cohors illa Anglorum & Vasconum, quæ oppidum custodiebat, quæque promiserat se loci deditionem esse facturam, nisi intra tale tempus auxilium acciperet, assignato die deditionem fecit, & cum Constabularium mortuum reperisset, claves oppidi ad illius pedes deposuit. Corpus ejus Lutetiam allatum fuit. Rex Carolus magnificas ipsi exequias celebrari jussit, sepulcrumque ipsi erigi prope regium quem sibi & Joannæ Borboniæ uxori apparaverat tumulum. In ejus vicem statim Rex Ingilramnum Cuciacensem toparcham Constabularium creare voluit: at ille ex animi modestia id muneris accipere noluit, dixitque se humeris imparem esse qui tantum oneris sustineret, quod munus Olivario Clissonio magis competeret. Vacavit tamen hoc officium aliquanto tempore, nec nisi mox moriturus Carolus V. Olivarium Clissonium Constabularium designavit.

Manuscrit à la Chambre des Comptes.

Eodem circiter tempore & paulo ante decessum Constabularii Guesclinii & Regis Caroli V. Dux Borbonius hominium ipsi præstitit pro Comitatu Claromontano in Bellovacensi agro. Quæ ita depicta habetur in Codice Manuscripto hominiorum ejusdem Comitatus, ad cujus fidem D. Gagnerius tabellam depictam suam delineari curavit. Etsi vero Proceres & Principes eodem hic ordine locentur, quo in tabulis idem præstitum hominium referentibus, quas publicarunt P. Menetrius & Abbas Causacensis; hæc quam nos proferimus, ex diversa omnino tabula expressa fuit, ut primo conspectu visitur; unde arguitur in Camera Computorum plures nonnunquam esse rei ejusdem tabulas depictas. Rex in solio suo sedet, pallio regio amictus, liliis consperso, assutis murium Ponticorum pellibus, coronam capite gestans. Ludovicus II. Dux Borbonius ambas manus junctas, intra Regis manus inserit; genu flectens, quoddam ceu sertum capiti gestans, insignibus suis vestitur, pugionemque habet ab zona pendentem. A Regis latere, & a tergo pene, visitur Delphinus, insignia Franciæ, insignibus junctis Delphinatûs, gestans, & prope illum frater ejus, insignibus Franciæ cum limbo Aurelianensium Ducum indutus. Pone illos sunt tres Regis Caroli fratres; Andegavensis Dux cum ora rubra Andegavensium Ducum nota; Biturigum Dux cum ora denticulata; Dux Burgundiæ, cum insignibus Franciæ & Burgundiæ simul junctis. Qui solio regio manum imponit, est Joannes Artesius Comes Augensis, ad cujus latus, & pone solium regium est Franciæ Cancellarius, quoddam quasi sertum capite gestans, & virgam manu tenens.

Tome III. G

CHARLES V. dit LE SAGE & LE RICHE.

Plus bas du même côté sont cinq Seigneurs, qui paroissent rangez sur la même ligne. Le premier est le Connétable Bertrand du Guesclin, qui porte d'argent à l'aigle de sable à deux têtes couronnées, avec la cotice de gueules brochant sur le tout. Après lui viennent les Maréchaux de Sancerre & de Blainville, Hugues de Châtillon Seigneur de Dampierre, Maître des Arbalétriers, & Jean de Vienne Amiral de France, tous revêtus de leurs blasons. A la suite du Duc de Bourbon, sont le Sire de Beaujeu revêtu de son blason d'or au lion de sable & au lambel de gueules, le Seigneur de Nedonchel Chambellan du Duc de Bourbon, que nous avons déja vû avec son blason dans le Tableau de l'entrevûe de la Reine & d'Isabeau de Valois sa mere. Il tient un gros bâton qu'il éleve, au bout duquel sont plusieurs clefs apparemment celles du château de Clermont en Beauvoisis. Derriere lui est Regnaut de Trie, qui porte d'or à la bande de gueules, surchargée d'une autre bande componée d'argent & d'azur, à la merlette de sable. Au dessous de lui est Jean bâtard de Bourbon, que nous verrons plus bas, & derriere lui Pierre d'Auxi & de Monceaux, dont l'habit est échiqueté d'or & de gueules. Il étoit Chambellan du Duc de Bourgogne. Des deux qui sont les derniers du rang, celui qui porte de gueules à quatre fasces d'argent, est de la maison de Chaumont, l'autre n'est point connu.

Le Roi Charles fit peu de tems avant sa mort un Traité avec le Roi de Castille, par lequel ce Prince lui devoit fournir à certaines conditions une flote. Il étoit ordonné à ceux qui la montoient de faire le dégât dans les Isles de Wicht, de Gerzai & de Grenesai. Les termes du Traité sont tels : *Et par especial est ordoné, qu'ils fassent leur loyal pouvoir de detruire les Isles de With, Jarsi & Garnizi, & mettre tout en feu, tailler les arbres, & faire la plus grande destruction que faire se pourra bonnement.* Il eut toujours cette attention pendant son regne de faire diversion en Angleterre & dans ces Isles.

Le Duc de Bouquingam entre en France.

Le Duc de Bretagne qui s'étoit déja rendu maître d'une bonne partie des villes de son Duché, sollicitoit incessamment le Roi d'Angleterre & sa Cour de lui envoier du secours. On tint Parlement, où il fut résolu que Thomas Comte de Bouquingam, fils du Roi Edouard, partiroit avec trois mille hommes d'armes & autant d'archers. Il se rendit donc à Calais, & se jetta ensuite dans l'Ar-

---

Infimo loco in eodem latere quinque proceres sunt, eadem linea & ordine positi. Primus est Constabularius Bertrandus Guescelinius, cujus insignia hæc sunt; in argenteo campo aquila nigra duobus expansa capitibus cum fasciola rubra omnia supergrediente. Post illum sequuntur Marescalli Sancerranus, & Blanvillæus, Hugo Castellionæus Domni-Petri Toparcha, Sagittariorum Magister, & Joannes de Vienna navium Præfectus, qui omnes insignibus suis ornantur. Ii qui Borbonium Ducem comitantur, sunt Belli-joci Dominus, cujus vestis hæc insignia habet : in campo aureo leo niger, cum limbo rubro, Nedonchellensis, Cambellanus Borbonii Ducis, quem jam cum insignibus suis vidimus, in tabula illa supra, ubi Regina & Isabella Borbonia mater ipsius sibi mutuo occurrunt. Is oblongum baculum erectum tenet, in cujus summitate multæ claves sunt, claves nempe ut videtur, castelli Claromontani Bellovacensis. Pone illum est Reginaldus de Tria, cujus insignia sunt campus aureus cum diagonali fascia rubra, cui insidet alia fascia ex argento & cæruleo colore composita, cum merula nigra. Sub illo est Joannes Nothus Borbonius, quem infra visuri sumus, ac pone illum Petrus de Auxio de Moncellis, cujus vestis tessellata est auro & rubro colore : eratque ille Ducis Borbonii Cambellanus. Ex duobus qui in hac linea & ordine postremi sunt, is qui rubro colore vestitur, cum quatuor fasciis argenteis, est Calvimontanæ familiæ. Alter vero notus non est.

Alb. Choisi.

Rex Carolus paulo ante, quam ex vita excederet, pactum iniit cum Castellæ Rege, quo tenebatur secundum statutas conditiones classem apparare. Jubebantur autem ii, qui classem conscendebant pugnatores, insulas Vectim, Cæsaream, & Garnseiam depopulari. Hæc pacti initi verba sunt : *specialiter autem præcipitur, ut quidquid poterunt omnino faciant ad depopulandas insulas Vectim, Cæsaream & Garnseiam, ignem ubique conjiciant, arbores concidant, in summa quantumcumque poterunt damnum inferant.* Per totum regni sui curriculum hoc in animo habuit, ut ad divertendas hostium vires, Angliæ oras & insulas devastaret.

Froissart.

Dux Britanniæ qui Ducatûs sui urbium magnam partem jam occupabat, apud Regem Angliæ, & Anglicæ aulæ primores id assidue agebat, ut auxilia sibi mitterentur, habito in Senatu consilio, statutum fuit ut Thomas Buxingami Comes, filius Eduardi Regis, cum ter mille armatis viris, & totidem sagittariis mitteretur. Ille vero Caletum appulit, & postea in Arte-

Prestation de serment au Roi par Louis II du nom duc de Bourbon.

CHARLES V. dit LE SAGE & LE RICHE.

tois, dans la Picardie & dans la Champagne, où il fit de grands ravages. De là il vint dans la Bourgogne, pillant & défolant les campagnes à l'ordinaire. Le Roi Charles avoit défendu qu'on lui donnât bataille, & dans le tems que les Anglois continuoient leur route, il tomba malade, & fentant que fa mort approchoit, il recommanda fon fils à fes freres. Il avoit eu deffein de l'affocier à la couronne de fon vivant, pour éviter les conteftations qu'il pourroit y avoir entre les oncles. Mais la maladie ne lui laiffa pas le tems de le faire. Il choifit un nombre de Prélats & de perfonnes de marque, pour être Confeillers du Roi fon fils pendant fa minorité, & établit les Ducs de Bourgogne & de Bourbon pour avoir foin de fon éducation. Il témoigna fouhaiter qu'on nommât Connétable Olivier de Cliffon. Sa mort arriva le 16. Septembre 1380.

Mort de Charles V.

Jamais Prince ne porta à fi jufte titre le furnom de Sage, que Charles V. Roi de France. Il lui fut donné, parce que fa fage conduite contribua plus que la force des armes à chaffer les Anglois, que leurs victoires précedentes avoient rendus formidables à la France; mais il le méritoit autant par fes autres vertus, par fa pieté & fon attention aux devoirs du Chriftianifme, qu'il a toujours remplis exactement; par la prudence & l'adreffe qu'il eut de maintenir en paix fes trois freres, tous d'un efprit fort remuant, de s'en fervir utilement dans les guerres, de les tenir toujours obéiffans à fes ordres, fans qu'il y ait jamais eu la moindre plainte de leur côté; par le foin qu'il eut de prévenir toujours fes ennemis, en attirant à fon parti les Princes fes voifins. Une des plus grandes preuves de fa fageffe, c'eft fa bonne conduite dans l'adminiftration des Finances, en quoi il a furpaffé tous les Rois qui l'avoient précedé. Il trouva le Roiaume abîmé, le trefor épuifé, de grandes dettes accumulées: & par fa fage conduite, fans qu'il paroiffe que le peuple fe foit jamais plaint durant fon regne de trop grandes taxes, il remit les Finances en fi bon état, que jamais l'argent ne lui manqua pour paier fes troupes, pour attirer des Princes fes voifins à fon parti, & maintenir fes confederez. Il fit plus bâtir qu'aucun de fes prédeceffeurs, quoique fon regne n'ait duré que feize ans complets; & il laiffa un fort grand Tréfor en vafes d'or, d'argent, en pierreries, en meubles précieux. De là vient que Matthieu de Couci & Monftrelet l'appellent ordinairement Charles le Riche. Quelques mois avant fa mort il en fit faire un Inventaire, qu'on conferve aujourd'hui

---

L'Abbé de Choifi.

fiam, Picardiam & Campaniam ingreffus vaftitatem magnam in his regionibus intulit. Inde in Burgundiam venit, ubi agros pro more depopulatus eft. Vetuerat Rex Carolus ne pugna cum Anglis committeretur, & dum Angli ulterius procederent, in morbum incidit, cumque jam inftare mortis tempus perfentifceret, fratribus filium commendat. Cogitaverat porro illum regni focium, dum in vivis ipfe erat, conftituere, ut diffenfiones inter patruos ipfius orituras præverteret; fed morbo præoccupatus, quod in animo habebat, exfequi non potuit. Epifcoporum & procerum numerum quempiam defignavit, qui filio fuo Regi a confiliis effent, dum minoris effet ætatis, ipfumque educandum Ducibus Burgundiæ & Borbonii commifit, ut Olivarius Cliffonius Conftabularius crearetur fe cupere teftificatus eft. Obiit vero 16. Septembris anno 1380.

Nullus unquam Principum ita Sapientis cognomen promeruiffe comprobatur, ut Carolus V. Rex Francorum. Hoc ille donatus nomine eft, quoniam induftria, prudentiaque fua magis, quam viribus, Anglos ex Francia pene tota eliminavit, cui antehac ex reportatis victoriis terrori admodum erant. Neque minus ex aliis virtutibus id cognomen meruit; ex pietate nempe & chriftianis officiis, queis femper addictus fuit; ex fo-

lertia & fagacitate, qua turbulentiffimos fratres & rerum novarum molitores in pace continuit, queis opportune in bellis ufus eft, ipfofque femper dicto audientes habuit, fine ulla querimonia; ex vigilantia illa qua hoftes femper antevertens, vicinos fibi Principes ad partes fuas allexit. Hinc vero maxime fapientia illius emicuit, quod rem ærariam adeo fapienter adminiftraverit, ut ea in re decefforum fuos omnes longe retro reliquerit. Regnum ærumnis obrutum invenit, exhauftum ærarium, æs alienum grande conflatum, ejufque fapientia, atque induftria, fine ulla, ut quidem videtur, ob tributa & vectigalia, populi querela, ita rem temperavit, ut pecunia nunquam ipfi defecerit, five ad exercitus & præfidiorum ftipendia, five ad vicinos Principes in partes fuas alliciendos, five ad fœderatos in amicitia fua continendos. Plura perfecit ædificia, quam decefforum ullus, etfi per annos tantum fexdecim regnaverit, & tamen ingentem reliquit gazam; vafa nempe aurea, argentea, lapillos, gemmas, preciofamque fuppellectilem. Ideo autem, ut videtur *Matthæus Cuciacenfis & Monftreletus Carolum divitem ipfum appellant. Aliquot ante obitum fuum menfibus eorum quæ gaza illa complectebatur, indicem omnium, five, ut vocant, in-

Hift. de Charles VII. p. 544. Monftrelet p. 1.

Tome III.

G ij

CHARLES V. dit LE SAGE & LE RICHE.

à la Bibliotheque du Roi, & que l'Abbé de Choisi a fait imprimer à la fin de son Histoire de Charles V. Ce sont des monumens qui ne doivent point être omis, dans un Livre qui a pour titre les Monumens de la Monarchie Françoise. Voici cet Inventaire tel qu'il fut écrit dans le tems, & qu'il se trouve à la Bibliotheque du Roi au Manuscrit cotté 8356.

„ C'Est l'Inventoire general du Roy Charles le Quint de tous ses joyaulx qu'il avoit
„ au jour qu'il fut commencé, tant d'or comme d'argent; c'est assavoir, couronnes,
„ chappeaulx, vaisselle, joyaulx d'Eglise & autres choses garnies de pierreries: & aussi
„ joyaulx, vaisselle d'or & d'argent de pleine façon estans és Chasteaulx, Hostels
„ & Oratoires dudit Seigneur, tant en ses chasteaulx de Meleun sur Seyne, du
„ Boys de Vincennes, du Louvre, de Sainct Germain en Laye, de ses Hostels
„ de Sainct Pol à Paris, de Beauté sur Marne & autre part, & aussi des joyaulx
„ & vaisselle, qui sont continuellement portés avecques luy, & avecques ce de
„ toutes les chappelles, chambres de brodure & de tapisserie dudit Seigneur; le-
„ quel Inventoire a esté commencé à faire par ledit Seigneur le xxi. jour de
C'est l'an 1380. à la maniere de compter aujourd'hui. „ Janvier l'an mil troys cens soixante dix-neuf, & continué aux jours ensuivants
„ en la presence de noble-homme Messire Philippe de Savoisy Chevalier, Pierre
„ de Seilenay Chambellan, Gilles Malet, Jean de Vaudetar, Gabriel Fati-
„ nant Varlez de Chambre, & Maistre Jehan Crete Conseiller dudit Seigneur.
„ Et veut & ordonna iceluy Seigneur, que les personnes, qui ont & auront la
„ garde desdits joyaulx, ayent chacun en droit soy sa charge de ce qui baillé leur
„ en sera en garde, selon l'Inventoire particulier de chacun des lieux dessusdits, le-
„ quel sera consigné de la main dudit Seigneur. Et avecques ce ordonna ledit
„ Seigneur que ledit Inventoire fust & soit tripple, dont l'un demourera par de-
„ vers luy en ses coffres & fermera à clef, laquelle il mettra par devers soy. Le
„ second sera mis en coffre fermant à deux clefs en la Chambre des Comptes,
„ lesquelles clefs seront gardées par telles personnes comment il plaira au Roy a
„ ordener, & le tiers sera devisé par parties selon les lieux où lesdits joyaulx se-
„ ront mis, afin que ceulx, qui en auront la garde, ayent chacun un Livre où sera
„ contenu & déclaré tout ce dont ils auront la charge, si comme plus à plain est
„ contenu cy-dessous en chacun Chapitre.

ventarium edi curavit, quod hodieque in Bibliotheca regia habetur, & a Causiacensi Abbate cusum fuit ad calcem historiæ Caroli V. Regis. Hujusmodi porro monumenta prætermittere non licet in libro, cui titulus Monumenta Franciæ Monarchiæ. En inventarium illud tempore Caroli V. factum, ut habetur in Bibliotheca Regia, in Codice Manuscripto, cujus numerus est 8356.

„ HOc inventarium generale est Caroli V. Regis,
„ in quo enumerantur cimelia omnia aurea & argen-
„ tea, quæ eo ipso die, quo inventarium cœptum est,
„ reperta sunt, scilicet, coronæ, petasi, vasa Eccle-
„ siastica quoque cimelia & alia, lapillis exornata;
„ etiamque cimelia vasaque aurea & argentea egregie
„ elaborata, quæ habentur in castellis, ædibus, & orato-
„ riis ad eumdem Principem pertinentibus; tam ea quæ
„ in castellis ipsius Melodunensi ad Sequanam, Vin-
„ cennensi, Luparæo, S. Germani in Laia, in ædibus
„ S. Pauli Lutetiæ, Belli-loci ad Matronam, quam ea
„ cimelia & vasa, quæ cum illo iter agente semper
„ gestantur, itemque ea quæ ad Capellas ejus spec-
„ tant, & ad cubicula aulæis exornata. Quod inven-
„ tarium a memorato Principe cœptum fuit 21. Ja-
„ nuarii anno millesimo trecentesimo septuagesimo no-
„ no, & diebus sequentibus continuatum est, præsen-
„ tibus nobili viro de Sabausiaco Equite, Perro de Sei-
„ lenaio, Cambellano, Ægidio Maleto, Joanne item
„ de Valdetaro, & Gabriele Fatinantio, cubiculariis
„ famulis, & Magistro Joanne Creto, Regi a consiliis,
„ præcepitque idem Dominus Rex, ut ii omnes qui-
„ bus horum cimeliorum custodia deputata fuerit,
„ singuli iis custodiendis advigilent, & penes se in-
„ ventarium peculiare habeant eorum quæ supradictis
„ in locis custodienda ipsis demandata fuerint; quod
„ inventarium tradet illis ipse Dominus Rex. Præce-
„ pit quoque idem ipse Dominus Rex, ut inventa-
„ rium illud triplex sit, quorum unum penes ipsum
„ Regem erit, atque in arcis ipsius clavi clausum con-
„ signabitur; alterum in arca duabus clausa & consi-
„ gnata clavibus in Camera Computorum servabitur:
„ claves autem iis custodiendæ tradentur, quibus Rex
„ præceperit; tertium vero inventarium per partes di-
„ videtur, secundum loca ubi supradicta cimelia re-
„ posita fuerint, ut ii quibus illa custodienda tradita
„ sunt, libellum & inventarium speciale habeant, ubi
„ enumerabuntur ea quæ illorum curæ sunt demanda-
„ ta, quorum catalogus omnium infra texitur.

CHARLES V. dit LE SAGE & LE RICHE,

"JOYAULX D'OR GARNIS DE PIERRERIES.

"Couronnes & cercles d'or.

"Vingt Couronnes d'or garnies de dyamans, rubis, saphirs, emeraudes,
"perles &c. sçavoir.

"La tres-grande, tres-belle & la meilleure couronne du Roi, laquelle il a fait
"faire, en laquelle a quatre grans florons & quatre petits garnis de pierrerie, &
"en chacun des grans florons : c'est assavoir ou maistre floron en droit le chapel
"a un tres-grand ballai carré, & à costé deux grands saphirs, & aux quatre coins
"dudit ballai carré a en chacun une tres-grosse perle & un tres-gros dyamant,
&c. (*On passe ici dans le Manuscrit le reste de la description de la plus grande couronne,
& celle des dix-neuf autres.*)

"Dix cercles d'or, sçavoir.

"Le grand cercle d'or, qui fut à la Reine Jehanne de Bourbon, ouquel a sept
"assiettes garnies de dyamans, ballais, saphirs & troches de perles ; c'est assa-
"voir 23. ballais, 16. saphirs, 60. dyamans, & 116. perles, & les bastons du-
"dit cercle * a sept ballais, sept saphirs & quatorze dyamans, pesant cinq marcs,   * ainsi.
"deux onces d'or, &c. (*On passe ainsi souvent dans le Manuscrit la description & le
poids de chaque chose en particulier.*)

"Dix Chappels d'or, sçavoir.

"Un chappel à vingt saphirs, dix balais, dix émeraudes & vingt troches, en
"chacune quatre, & trois perles, & lxx. perles ; pesant un marc d'or, quatre
"onces, dix estellins, &c.

"Un frontier garni d'or, ouquel a douze balais, quarante-quatre grosses per-
"les, & trois dyamans, lequel fut à la Reine Jeanne de Bourbon, pesant sept
"onces, &c.

"Une coëffe garnie de grosses perles, de saphirs & de doublais vermeulx, &
"a ou frontier douze troches de perles chacune de quatre grosses perles, & ou
"milieu de la troche ung dyamant plat & avecques ce oudit frontier a sept sa-
"phirs, six balais garnis chacun de deux dyamans aux deux costés pesant deux
"marcs six onces.

"CIMELIA AUREA LAPILLIS ORNATA.

"Corona & circuli aurei.

"Viginti coronæ aureæ, adamantibus, carbunculis,
"sapphiris, smaragdis, unionibus &c. exornatæ : vide-
"licet.

"Maxima illa pulcherrima & præstantissima Regis co-
"rona, quam ipse concinnari curavit, in qua sunt qua-
"tuor magni flores, & quatuor minores, lapillis deco-
"rati, & in quatuor magnis floribus [lapilli habentur]
"nempe in præcipuo magno flore, qui versus pileum ha-
"betur, est pyropus magnus quadratus, & a lateribus ejus
"duo grandes sapphiri ; in angulis autem singulis qua-
"drati illius pyropi est margarita maxima, & densissi-
"mus adamas, &c. (*Hic cætera quæ ad maximam illam
coronam spectabant, & novemdecim coronarum aliarum
descriptio in Manuscripto prætermittuntur.*)

"Decem circuli aurei, videlicet.

"Magnus circulus aureus, qui fuit Reginæ Joannæ
"Borboniæ, in quo septem orbiculatæ tabellæ, ada-
"mantibus, pyropis, carbunculis, & margaritarum tro-
"chis, ut vocant, ornatæ ; nempe viginti tres pyropi,
"sexdecim sapphiri, 60. adamantes, 116. margaritæ, &

"circuli hujusce baculis septem pyropos habent, septem
"sapphiros, & quatuordecim adamantes. Circulus est
"pondo quinque bessium, duarum unciarum auri &c.
(*Sic sæpe infra cimeliorum singulorum descriptio eorumque
pondus prætermittuntur.*

"Decem petasi aurei, scilicet.

"Petasus unus, qui viginti sapphiros habet, decem py-
"ropos, decem smaragdos, viginti trochas, quatuor &
"trium margaritarum, & septuaginta margaritas. Pon-
"dus petasi est unius bessis auri, & quatuor unciarum,
"ac decem scrupulorum, &c.

"Frontale auro ornatum, in quo sunt duodecim py-
"ropi, quadraginta quatuor grandes margaritæ, tres
"adamantes, quod ad Joannam Reginam Borboniam
"pertinuit ; pondus ejus est septem unciarum &c.

"Capitis tegmen grandibus margaritis ornatum, sap-
"phiris & duplicibus rubis. In frontali autem habet
"duodecim margaritarum *trochas*, quarum singulæ qua-
"tuor margaritis grandibus constant, & in medio tro-
"chæ adamas planus. Insuperque in eodem frontali sunt
"septem sapphiri, sex pyropi, in quorum singulis duo
"adamantes inserti sunt a lateribus. Pondus est duo-
"rum bessium & quinque unciarum.

» Item cent pieces de doublais vermeulx.

*160. » Item * VIII^{xx} troches de perles, assises chacune en deux pivots d'or.

* 89. » Item * IIII^{xx}IX tuyaux d'or.

» Quatorze ceintures d'or, sçavoir.

» Un demi ceint d'or, qui fu de Madame Marie de France jadis fille du Roy,
» ou il y a cent quarente-sept perles, huit saphirs, deux balais pesans un marc
» trois onces, &c.

» Cinq attaches d'or garnies de pierreries, sçavoir.

» Une attache d'or qui fu à la Reine Jeanne de Bourbon, garnie de sept ba-
» lais & sept émeraudes, & y a treize troches de perles, & en chacune troche
» quatre grosses perles & ung dyamant ou milieu, & sont assises sur un bastonet
» armoyé de France, pesant quatre onces.

» *Boutonnieures.*

» Unze paires de boutonnieures, c'est assavoir neuf paires pour manteaux,
» & deux paires pour chapes, dont l'une boutonniere pour chape a cinquante
» boutons; chacun bouton d'un gland d'or & de trois perles.

» Item, quatre boutons chacun de six grosses perles, & un saphir ou milieu.

» Quarente-cinq boutons de perles, de rubis, & de dyamans.

» *Seintures d'or pour le corps du Roy dix*, sçavoir.

» Une seinture d'or à pierrerie sur un orfrois d'or trait à cinquante-six clouds
» de deux façons, c'est assavoir en l'un a quatre perles & un balai, & en l'autre
» deux dyamans & une perle, & y faut un balai & en la bouche six perles, & ou
» mordant un saphir, deux balais & sept perles, pesant en tout le tissu deux
» marcs once & demie, &c.

» *Fermaux & fleurs-de-lis d'or 25*. sçavoir.

» Une fleur-de-lis d'or en maniere de fermail garnie de pierrerie; c'est assa-
» voir de seize balais, treize esmeraudes, & vingt-quatre perles esmaillées au dos
» d'esmail de plate, & poise deux marcs demi once.

» Item centum duplices rubri.

» Item centum sexaginta trochæ margaritarum, qua-
» rum singulæ duobus aureis cardinibus sustentan-
» tur.

» Item octoginta novem tubi aurei.

» Quatuordecim zonæ seu cingula aurea, videlicet:

» Semi-cingulum aureum, quod fuit D. Mariæ filiæ
» Regis Caroli V. in quo sunt centum quadraginta
» septem margaritæ, octo sapphiri, duo pyropi, cu-
» jus pondus est unius bessis, ac trium unciarum, &c.

» Quinque ligamina aurea lapillis ornata, scilicet:

» Ligamen aureum quod fuit Joannæ Borboniæ Re-
» ginæ ornatum septem pyropis, septem smaragdis, &
» tredecim margaritarum trochis; in singulis vero tro-
» chis sunt quatuor margaritæ grandes, & in medio ea-
» rum adamas; positæ autem in baccillo insignibus
» Francicis decorato. Pondus ejus est quatuor uncia-
» rum; *cætera tacentur.*

— » *Fissura ad inserendos globulos.*

» Undecim paria fissurarum ad inserendos globulos;
» nempe novem paria pro palliis & duo paria pro cap-
» pis. Una autem ex fissuris pro cappa, quinquaginta

» globulos habet. Quisque vero globulus aureus est, &
» tribus ornatur margaritis.

» Item qnatuor globuli, singuli ex quatuor grandi-
» bus margaritis, cum sapphiro in medio.

» Quadraginta quinque globuli ex margaritis, car-
» bunculis & adamantibus.

» *Zona seu cingula pro Regis corpore decem,* videlicet.

» Cingulum aureum cum lapillis, in acu concinnata
» aurea fascia, cum quinquaginta clavis, binis iisque
» variis modis: in uno videlicet quatuor margaritæ &
» pyropus unus; in altero duo adamantes & margarita,
» ibique pyropus deficit. In fissura vero in quam inseri-
» tur uncinus, sex margaritæ: in uncino autem, sap-
» phirus, duo pyropi, septem margaritæ. Pondus om-
» nium est duorum bessium, unciæ & dimidiæ &c.

» *Fibula & lilii flores aurei viginti quinque,* nempe.

» Flos lilii aureus in modum fibulæ concinnatus, la-
» pillis ornatus, videlicet sexdecim pyropis, tredecim
» smaragdis, viginti quinque margaritis encausto ins-
» crutatis a tergo. Pondus ejus est duorum bessium &
» semunciæ.

CHARLES V. dit LE SAGE & LE RICHE.

»JOYAUX D'OR D'EGLISE, CROIX, IMAGES, RELIQUAIRES, CALICES,
»Burettes, Porte-paix, Encenfiers, Navettes, Clochettes, Boettes à pain
»à chanter, Eaubenoiftiers, Afpergeoirs d'or, &c.

» *Croix d'or 25. à fçavoir.*

»La croix des Vendredis d'or garnie de rubis, faphirs, emeraudes & perles
»des deux cotés, neuf marcs fept onces d'or ; le pied eft d'argent & pefe vingt-
»trois marcs trois onces, &c.

»Une image de la Sainte Vierge tenant le petit Jefus, qui a un diademe gar-
»ni de perles : l'image pefe treize marcs d'or, & l'entablement pefe vingt-fept
»marcs d'argent.

»Item, un faint Denis, qui tient fon chef entre fes mains. La mitre, le col-
»lier & le pallium font garnis de pierreries, il eft fur un pied d'argent : l'image
»pefe fix marcs, deux onces d'or, huit marcs quatre onces d'argent.

Item, un faint Michel garni de pierreries, pefant douze marcs d'or, deux
»onces, cinq eftellins, & le Tabernacle de trente-deux marcs d'argent.

»Item, une image d'or de Notre-Seigneur Jefus-Chrift, qui eft accompagné
»de faint Denis, de faint Charles, de faint Louis Roi de France, & de faint
»Louis de Marfeille. Les images font d'or, le diademe de Notre-Seigneur eft
»garni de pierreries. L'image pefe quatorze marcs d'or, vingt marcs d'argent.

» *Reliquaires d'or 15. à fçavoir.*

»Un Reliquaire en façon d'une nef à porter le corps de Notre-Seigneur,
»que deux Anges fouftiennent, pefe neuf marcs fept onces d'or.

»Item, un grand Reliquaire d'or garni de pierreries, plein de Reliques de
»faint Germain des Prez. Le Roi y fit faire un grand entablement d'argent ;
»pefe vingt marcs d'or & vingt-neuf marcs d'argent, &c.

»Item, plus de cent pieces d'or, caffettes, bouteilles, boëttes, petits Reli-
»quaires d'or garnis de pierreries.

Joyaux d'or d'Eglife fans pierreries.

»Trente-deux Calices.
»Trente-deux Burettes.

»CIMELIA AUREA ECCLESIASTICA, CRUCES,
»Imagines, Reliquiarum thecæ, Calices, Urceoli,
»Inftrumenta ad ferendam pacem, Thuribula, Navi-
»culæ, Tintinnabula, Pyxides ad hoftias fervandas,
»Vafa ad afperfionem, Afpergilla aurea, &c.

» *Cruces aureæ viginti quinque*, videlicet:

» Crux quæ feria fexta in ufu erat, ornata carbuncu-
»lis, fapphiris, fmaragdis, margaritis ex utraque parte,
»pondo novem beffium & feptem unciarum auri. Pes
»argenteus eft pondo viginti trium beffium & trium
»unciarum, &c.

»Statua Beatæ Virginis puerum Jefum geftantis, qui
»diademate cingitur margaritis decorato. Statua eft
»pondo tredecim beffium auri, quæ bafi fuftentatur
»argentea, pondo viginti feptem beffium.

»Item Sancti Dionyfii ftatua, manu caput fuum gef-
»tans, mitra, collare & pallium lapillis exornantur,
»argenteo autem pede fuftentatur. Totius ftatuæ &
»pedis pondus eft fex beffium, duarumque unciarum
»auri, & octo beffium, quatuorque unciarum argenti.

»Item fancti Michaelis ftatua, lapillis exornata, cu-
»jus pondus eft duodecim beffium, duarum unciarum,
»& quinque fcrupulorum auri. Tabernaculum autem

»ejus eft pondo triginta duorum beffium argenti.

» Item ftatua aurea D. N. Jefu-Chrifti, quem comi-
»tantur Sanctus Dionyfius, Sanctus Carolus, Sanctus
»Ludovicus Rex Franciæ, & Sanctus Ludovicus Maffi-
»lienfis. Imagines illæ aureæ funt. Diadema Domini
»noftri lapillis exornatur. Totum eft pondo quatuorde-
»cim beffium auri, & viginti beffium argenti.

» *Reliquiarum thecæ aureæ quindecim*, nempe :

» Reliquiarum theca, navis forma, ad geftandum
»corpus Domini noftri, quam duo Angeli fuftentant,
»pondo novem beffium & feptem unciarum auri.

»Item magna Reliquiarum theca aurea, lapillis de-
»corata, plena Reliquiarum Sancti Germani a Pratis.
»Rex illam magno ftrato argenteo fulciri curavit. To-
»tum pondus eft viginti beffium auri, & viginti-novem
»beffium argenti, &c.

»Item plufquam centena vafa aurea, arculæ, phialæ,
»pyxides, Reliquiarumque thecæ minores aureæ, la-
»pillis exornatæ.

» *Cimelia aurea Ecclefiaftica fine lapillis.*

»Triginta duo calices.
»Triginta duo urceolorum paria.

CHARLES V. dit LE SAGE & LE RICHE.

» Trente-deux Porte-paix.
» Trente-deux Encenfiers & Navettes.
» Trente-quatre Clochettes.
» Trente-quatre Eaubenoiftiers.
» Trente-quatre Afpergeoirs.

VAISSELLE D'OR AVEC DES PIERRERIES.

Coupes d'or.

» La Coupe de Charlemagne enrichie de faphirs, pefe cinq marcs, cinq on-
» ces & demie d'or, &c.

Hanaps.

» Un Hanap d'or fur un trepied garni de perles, de rubis, d'émeraudes,
» pefe fix marcs fix onces, &c.

» Trente-fept Gobelets.
» Quarente Aiguieres.
» Quarente Flacons.
» Quarente-deux Pots, Pintes
» & Chopines.
» Quarente-cinq Salieres.   } d'or, garni
» Quarente-cinq Drageoirs.   } de pierreries.
» Quarente-trois Cueilleres &
» Fourchetes.

VAISSELLE D'OR SANS PIERRERIES.

Nefs & Bacquets.

» La grande nef d'or à deux Angels fur les deux bouts à quatre écuffons émail-
» lez de France, dont les deux font à trois fleurs-de-lis, & les autres femez de
» fleurs-de-lis, & fix lions d'or qui la foutiennent, pefe cinquante-trois marcs,
» quatre onces d'or.

» Item, une petite nef d'or pleine, a deux ferpens aux deux bouts, femée
» d'efmaux de France, pefe trente & un marcs d'or.

» Triginta duo inftrumenta ad pacem ferendam.
» Triginta duo Thuribula, & totidem naviculæ.
» Triginta quatuor tintinnabula.
» Triginta quatuor vafa ad afperfionem.
» Triginta quatuor afpergilla.

» **VASA AUREA CUM LAPILLIS.**

» *Crateres auri.*

» Crater aureus Caroli Magni fapphiris decoratus,
» pondo quinque beffium & quinque unciarum & fe-
» mis, &c.

» *Canthari.*

» Cantharus aureus fupra tripodem margaritis exor-
» natum, carbunculis item & fmaragdis, eft pondo
» fex beffium & fex unciarum, &c.

» Triginta feptem Cululli.
» Quadraginta aquales.
» Quadraginta lagenæ.
» Quadraginta duo vafa, quo-
» rum alia fextarios duos
» caftrenfes, alia fextarium
» unum caftrenfem: alia fex-   } Hæc aurea funt
» tarium unum urbanum   } lapillis orna-
» continebant.   } ta.
» Quadraginta quinque falina.
» Quadraginta quinque fac-
» caro conditorum globu-
» lorum vafa.
» Quadraginta tria cochlearia
» & totidem fufcinæ.

» **VASA AUREA SINE LAPILLIS.**

» *Naves & Cadi.*

» Navis magna aurea ad extrema Angelos habens
» duos cum quatuor fcutis encaufto oblitis, infignia
» Franciæ referentibus, quorum duo tria tantum re-
» ferunt lilia; duo autem alia funt liliis confperfa. Sex
» porro leones aurei navem fuftentant. Hæc fimul po-
» fita pondus habent quinquaginta trium beffium &
» quatuor unciarum.

» Item parva navis plena, duos ferpentes ad extre-
» ma habens, encaufto confperfa cum infignibus Fran-
» ciæ, eft pondo triginta & unius beffium aureorum.

» Item,

CHARLES V. dit LE SAGE & LE RICHE.

» Item, une autre nef d'or toute pleine assise sur quatre Lions, pese trente-
» neuf marcs un once d'or.

» Item, la grande nef du Roi, que la ville de Paris lui donna, toute pleine,
» pesant cent vingt-cinq marcs d'or.

» Item, un bacquet d'or, lequel est soutenu de quatre Seraines, pesant vingt-
» cinq marcs une once d'or, &c.

» Flacons d'or.

» Deux flacons d'or tout pleins, & ou milieu trois fleurs-de-lis, & une cou-
» ronne enlevée, & a deux busles enlevez à quoi l'ance pend : & pesent qua-
» rente-six marcs sept onces, trois estellins d'or, &c.

» Estamoies d'or.

» Six estamoies d'or émaillé avec un couvercle pesant cent soixante & dix-
» sept marcs d'or, &c.

» Douze justes d'or rondes aux armes de France, pesant cent vingt-sept marcs,
» six onces, cinq estellins d'or.

» Item, six bien grands justes d'or toutes pleines à un esmail rond de France,
» pesant cent vingt-huit marcs d'or.

» Deux idres d'or à mettre eaüe : où il y a ou milieu la teste d'un lion sur le
» rond & y a en chacun côté un homme sauvage, qui porte lance & six esmaux
» de France ou pied dessous & ou milieu un esmail à image, pesant quarente-deux
» marcs une once d'or.

» Une quarte d'or semée d'esmaux aux armes de France & d'Angleterre, pe-
» sant six marcs six onces d'or, &c.

» Pots, Pintes, Chopines, Brots & Ampoules d'or.

» Un pot quarré semé d'esmaux de France, pesant sept marcs quatre onces, &c.

» Pots à Aumosne d'or.

» Un grand pot à Aumosnes à deux ances de deux lions à quatre écussons de
» France, pesant trente-six marcs cinq onces d'or, &c.

» Item altera navis aurea, quatuor leonibus insi-
» dens; est pondo triginta novem bessium & unius un-
» ciæ.

» Item magna Regis navis quam ipsi obtulit Pari-
» sina civitas; est pondo centum viginti quinque bes-
» sium auri.

» Item cadus aureus, sirenis quatuor nixus; est
» pondo viginti quinque bessium, uniusque unciæ, &c.

» Lagena aurea.

» Duæ lagenæ aureæ, & in medio earum tres flores
» lilii & corona prominens, duoque sunt bubali pro-
» minentes, ex quibus pendet ansa, amboque sunt pon-
» do quadraginta sex bessium, septem unciarum,
» triumque scrupulorum auri, &c.

» Estamœ aurea.

» Sex Estamœæ aureæ cum encausto & operculo,
» pondo septuaginta septem bessium, &c.

» Duodecim justa auri rotunda, cum insignibus
» Franciæ, quorum pondus est centum viginti septem
» bessium, sex unciarum, & quinque scrupulorum
» aureorum.

» Item sex maxima justa aurea plena cum encausto
» rotundo ad insignia Franciæ, pondo centum viginti
» octo bessium.

» Duæ hydriæ aureæ, in quarum medio caput leo-
» nis prominens, & in utroque latere homo ferus &
» agrestis lanceam gestans, & in ima parte subtus po-
» sita sexies sunt insignia Franciæ in encausto depicta;
» in medio quoque encausto est cum imagine. Est
» autem pondo quadraginta duorum bessium & un-
» ciæ unius.

» Quarta auri insignibus Franciæ & Angliæ in en-
» causto conspersa, cujus pondus est sex bessium, sex-
» que unciarum, &c.

» Vasa quæ duos sextarios castrenses; alia quæ unum sex-
» tarium castrensem; alia quæ unum sextarium urba-
» num capiebant, amphora, ampulla aurea.

» Vas quadratum duos sextarios castrenses capiens,
» insignibus Franciæ in encausto conspersum, pondo
» septem bessium & septem unciarum, &c.

» Vasa ad stipem pauperibus erogandam.

» Vas magnum ad stipem pauperibus erogandam,
» cum ansis duabus leones duos exprimentibus, &
» quatuor scutis insignibus Franciæ ornatis, pondo
» triginta sex bessium, & quinque unciarum auri,
» &c.

Tome III. H

» *Coupes d'or & leurs Aigueres.*

» La Coupe de saint Louis avec son Aiguere pleine sans esmaux, pesant sept
» marcs six onces.

» La Coupe du Roi Dagobert pesant quatre marcs, &c.

> » Vingt Hanaps.
> » Quarente Tasses.
> » Dix-neuf Goubelets.
> » Douze Aigueres despareillées.
> » Huit Drageoirs.

d'or.
Le poids n'est pas marqué.

» *Bassins d'or 25.*

» Deux Bassins d'or à laver semez de petits écussons de France sur le bord, pe-
» sant dix-neuf marcs, &c.

» Trente-six grands plats d'or, tout pleins d'une façon, pesant deux cens
» vingt-sept-marcs, quatre onces.

» Une douzaine de grans plats d'or de cette même façon, pesant soixante &
» douze marcs.

» Trente-six plats d'or à fruit tout pleins poinçonnez sur les bords, pesant cin-
» quante-six marcs une once.

» Six douzaines d'Ecuelles d'or de pleine façon, pesant deux cents dix-sept
» marcs cinq onces.

» *Chandeliers ou Mestiers d'or.*

» Deux Chandeliers d'or appellez Mestiers, & y a oupré quatre écussons
» de France, lesquels donna Monsieur de Chevreuse aux Estrennes de l'an
» MCCCLXXIX. pesant dix-huit marcs deux onces seize estellins d'or.

» Douze autres Chandeliers d'or, dont le poids n'est pas marqué.

» *Salieres d'or.*

» La grand Saliere d'or à façon d'une nef que la ville de Paris donna au Roy,
» & est pareille à la grant nef dont cy-dessus est faite mention, pesant quinze
» marcs six onces.

» Dix autres Salieres d'or.

» *Crateres aurei cum aqualibus suis.*

» Crater sancti Ludovici cum aquali suo pleno sine
» encausto: cujus pondus est septem bessium, sexque
» unciarum.

» Crater Dagoberti Regis quatuor bessium, &c.

> » Viginti Canthari.
> » Quadraginta Pateræ.
> » Novemdecim Cululli.
> » Duodecim Aquales dispares.
> » Octo saccharo conditorum
> » globulorum vasa.

ex auro.
Pondus non notatur.

» *Pelves aureæ viginti quinque.*

» Duæ pelves aureæ ad ablutionem in ora scutis in-
» signia Franciæ ferentibus consperse, quarum pondus
» est novemdecim bessium, &c.

» Triginta sex magni catini aurei pleni ejusdem
» formæ, pondo ducentorum viginti septem bessium
» & quatuor unciarum.

» Duodecim magni catini aurei ejusdem formæ,
» pondo septuaginta duorum bessium.

» Triginta sex catini aurei pomis & fructibus ca-
» piendis deputati, in oris eleganter insculpti, pondo
» quinquaginta sex bessium uniusque unciæ.

» Septuaginta duæ scutellæ aureæ, pondo ducen-
» torum septem-decim bessium & quinque unciarum.

» *Candelabra seu mesteria aurea.*

» Duo candelabra seu *mesteria*, ut vocant, aurea,
» ubi quatuor scuta, insignibus Franciæ ornata visun-
» tur, quæ Caprosianus Toparcha in xeniis, seu stre-
» nis anni 1379. Regi dono obtulit, quorum pondus
» est duodecim bessium duarum unciarum, & sexde-
» cim scrupulorum auri.

» Duodecim alia candelabra aurea, quorum pon-
» dus non notatur.

» *Salina aurea.*

» Magnum salinum aureum naviculæ forma, quod
» Parisina civitas Regi dedit; estque similis magnæ
» navi, quæ supra memorata fuit, pondo quindecim
» bessium sex unciarum.

» Decem alia salina aurea.

CHARLES V. dit LE SAGE & LE RICHE.

» Trente Ceuilleres d'or.

Il avoit outre cela quantité de lingots d'or, qui étoient à la garde du Sire de Savoiſi. Après ſa mort Louis Duc d'Anjou, obligea Savoiſi de les lui remettre, & il s'en ſervit pour ſa malheureuſe expedition de Naples.

Dans cet Inventaire on paſſe une infinité de choſes, en mettant un *&c.* & l'on ne marque le poids que de la moindre partie de celles qui y ſont exprimées. On aura peine à trouver ailleurs un pareil Tréſor.

» AUTRE INVENTOIRE DES JOYAUX DU ROY;
» c'eſt aſſavoir Fermaux, Anneaux & autres choſes eſtant és coffres que le Roy
» fait porter continuellement aveecques ſoy dont il porte les clefs, fait à Melun
» par ledit Seigneur en ſa perſonne le 23. 24. & 25. jours de Janvier mil CCC. LXXIX.

» *Anneaux d'or.*

» Quarente rubis, aſſavoir.

» Un gros ruby de grand prix, ſur le long, qui tient de couleur violette, &
» fut du Roy de Chypre, &c.

» *Dyamans.*

» Un Annel où il y a un très-gros & fin Dyamant bien carré, & ſont deux
» fleurs-de-lis taillez ſur la verge.

» Item, un autre Annel, où il y a un gros Dyamant, & n'eſt pas de bonne
» eaïe, ne trop fin, & fut au Roy Jean Pere du Roy.

» Item, l'Annel des Vendredis, lequel eſt vieille, & y eſt la croix double
» noire de chacun coſté, où y a un crucifix d'un camayeu de ſaint Jean & N.
» Dame, & deux Angels ſur les deux bras de la croix, & le porte le Roy conti-
» nuellement les Vendredis.

» *Bagues.*

Neuf Saphirs.
Vint Eſmeraudes.
Une Turquoiſe.

» *Signets du Roy ou Cachets.*

» Le Signet du Roy qui eſt de la teſte d'un Roy ſans barbe, & eſt d'un fin

---

» Triginta cochlearia aurea.

Ad hæc maſſas multas aureas collegerat, quas Savoſiacenſi Toparchæ cuſtodiendas tradidit. Poſt Regis Caroli V. obitum Ludovicus Dux Andegavenſis a Savoſiacenſi hæc exegit, & ad infeliciſſimam ſuam Neapolitanam expeditionem auro illo uſus eſt.

In ſuperiori porro enumeratione, innumera tacentur, & per hanc vocem *&c. cætera*, ſilentio prætermittuntur. Eorum vero quæ ſpeciatim enunciantur, pondus aliquando notatur: ſed ſæpe ſæpius tacetur, quibus perpenſis omnibus vix alicubi tantam gazam auream recenſitam reperias.

» ALIUD INVENTARIUM CIMELIORUM REGIS;
» *videlicet* fibularum, annulorum, aliarumque re-
» rum quas in arcis ſuis Rex ſemper ſecum geſtari
» curat, clavemque ipſe ſervat. Hoc inventarium
» Melodunifactum eſt, ipſo Rege præſente, diebus
» 23. 24. 25. Januarii anno 1379.

» *Annuli aurei.*

» Quadraginta Carbunculi, nempe:
» Grandis carbunculus magni pretii, qui ad colorem

violaceum accedit, & ad Regem Cypri pertinuit, &c.

» *Adamantes.*

» Annulus cui adamas denſiſſimus, & puriſſimus
» adamas quadratus hæret, & in virga duo lilii flores
» inſculpti ſunt.

» Item alius annulus in quo denſus adamas, non ita
» purus nec clarus, qui olim ad Joannem Regem Re-
» gis patrem pertinuit.

» Item annulus vetus, qui feria ſexta in uſu eſt, in
» cujus lateribus ſingulis crux duplex nigra, ubi in
» cameo viſitur Crucifixus cum Beata Maria Virgine,
» & ſancto Joanne, duoque Angeli in brachiis cru-
» cis inſidentes. Hunc geſtat ſemper Rex in ſingulis
» feriis ſextis.

» *Annuli.*

» Novem ſapphiri.
» Viginti ſmaragdi.
» Una Turcica gemma.

» *Sigilla Regis.*

» Sigillum Regis in quo caput Regis cujuſpiam non
» barbati, eſtque in puriſſimo carbunculo orientali,

» ruby d'Orient, & est celuy de quoy le Roy scelle ses Lettres, qu'il écrit de sa
» main, &c.

» Un petit coffre plein de pierreries hors d'œuvre, assavoir saphirs, rubis,
» &c.

» Un autre petit coffret où est une Agnus-Dei garni d'or où est écrit l'Evan-
» gile saint Jehan aux armes de la Reine Jehanne de Bourbon.

» Une croix d'or appellée la croix de Rhodes, & est garnie de dix-sept rubis
» d'Orient, de seize dyamans, de dix-sept grosses perles, & est l'envers esmaillé
» des armes de France, & au bout dessous un escu, ouquel y a un Dauphin.

» Y a douplus tableaux, fermaux, bourses, estuys, &c. & quelques ouvra-
» ges d'ambre.

» Item, une croix neelée de fleurs-de-lis d'or.

» Item, deux Patenotres ou Chapelets de perles & de saphirs.

» Item, une pierre appellée la Pierre sainte, qui aide aux femmes à avoir en-
» fant, laquelle est enchassée en or, & y sont quatre perles, six esmeraudes,
» deux rubis & au dos y a un escu de France.

» Item, la pierre qui guérit de la goute, en laquelle est entaillé un Roy &
» Lettres en Ebrieu d'un costé & d'autre, laquelle est assise en or.

» Un autre petit coffre, où sont les pierreries, qui furent de la Reine Jehanne
» de Bourbon, assavoir dyamans, saphirs, rubis, esmeraudes, anneaux, ima-
» ges d'or, miroirs, &c.

» Item, un grant Bible en François & 2. volumes, que le Roi Charles portoit
» toujours avec lui.

» Item, quarente Camahieux.

» AUTRE INVENTOIRE DES JOYAULX DU ROY.

». ARGENT.

» *Joyaulx d'Eglise.*

» Vingt-neuf croix d'argent.

» La grant croix d'argent que Monsieur d'Anjou donna au Roy, garnie, pié
» & tout de Camahieux, de saphirs, de perles, & de plusieurs autres pierreries,
» pesant cent trente-cinq marcs, &c.

» quo Rex utitur ad illas, quas manu sua scribit, lite-
» ras sigillandas, &c.

» Arcula plena lapillis in usum nondum adhibitis,
» nempe sapphiris, carbunculis, &c.

» Arcula alia ubi est Agnus Dei auro exornatus, ubi
» descriptum est sancti Joannis Evangelium, cum in-
» signibus Reginæ Joannæ Borboniæ.

» Crux aurea, quæ appellatur crux Rhodia, ornata
» septemdecim carbunculis orientalibus, sexdecim ada-
» mantibus, septemdecim grandibus margaritis. In
» posteriore autem illius parte in encausto sunt insi-
» gnia Franciæ, & sub illis scutum in quo delphinus
» exhibetur.

» Insunt etiam tabellæ depictæ, fibulæ, crumenæ,
» thecæ, &c. insunt præterea quædam in succino ela-
» borata.

» Item crux ex lilii floribus aureis constans.

» Item duo Rosaria, seu globulorum series ex mar-
» garitis & sapphiris.

» Item lapis, qui Lapis sanctus appellabatur, cujus ope
» mulieres fœcundæ sunt, infantesque pariunt, quæ in
» auro includitur: ibique sunt quatuor margaritæ, sex
» smaragdi, duo carbunculi: in posteriori autem parte

» est scutum insignibus Regum Francorum exornatum.

» Item lapis quo podagra curatur, in quo inscul-
» ptus Rex quidam cum inscriptione Hebraica ex utra-
» que parte. Qui lapis in auro inclusus est.

» Alia arcula ubi sunt lapilli, qui nuper Joannæ
» Borboniæ Reginæ erant; videlicet adamantes, sap-
» phiri, carbunculi, smaragdi, annuli, imagines au-
» reæ, specula, &c.

» Item magna Biblia lingua Francica duobus tomis,
» quæ Rex semper secum gestabat.

» Item quadraginta camei.

» ITEM ALIUD INVENTORIUM CIMELIORUM
» REGIS.

» *ARGENTUM.*

» *Cimelia Ecclesiastica.*

» Viginti novem cruces argenteæ.

» Magna illa crux argentea, quam Dux Andega-
» vensis Regi dedit, ad pedem usque crucis, cameis,
» sapphiris, margaritis, aliisque multis lapillis ornata,
» cujus pondus est centum triginta quinque bessium,
» &c.

CHARLES V. dit LE SAGE & LE RICHE. 61

„ Quatre-vingts images d'argent tant de N. Dame que des Saints.
„ Item, la grant chasse d'argent, que le Roy fit faire, pesant cent quatorze
„ marcs, &c.

„ *Reliquaires 30. assavoir.*

„ Un reliquaire d'argent doré à façon de Chapelle, que quatre images sou-
„ tiennent, appellées les quatre couronnes, & y a un pilier ou milieu, assis
„ sur un entablement d'argent plat & carré, & a dedans ledit reliquaire le men-
„ ton d'un Saint appellé Saint Nycostrate, & le laissa au Roy le Cardinal de
„ Beauvais en son Testament, pesant dix-huit marcs, &c.

„ *Calices d'argent 15. assavoir.*

„ Le grant calice d'argent esmaillé que l'Evêque de Paris donna au Roy, pe-
„ sant vingt-cinq marcs, quatre onces, &c.
„ Grant nombre de burettes d'argent, sonnettes, boëttes, porte-paix, encen-
„ siers, navettes, eaubenoistiers, aspergeoirs, &c.

„ *Mitres 8. brodées de pierreries, assavoir.*

„ La grant mitre que le Roy a fait faire garnie de balais, esmeraudes, saphirs,
„ dyamans & perles, &c.

„ *Crosses 3. assavoir.*

„ La Crosse que l'Archevêque de Sens donna au Roy, & est le crosseron de
„ perles & pierreries, & dedans le couronnement N. Dame, pese trente & un
„ marcs.

„ *Chappes, Chasubles, Tuniques, Dalmatiques, &c.*

„ Une chappe à Prelat de * camocas d'outremer blanc brodée à images de la
„ vie Nostre-Dame, dont l'orfrois est sur champ d'or & Apotres & Angels, &
„ est ledit orfrois garni de perles, &c.
„ Neuf anneaux Pontificaux.
„ Y a douplus des tables d'Autel, des * Chapelles blanches, vermeilles, de
„ cendre, de vert, azurées, noires, &c.
„ Y a des draps d'or, d'argent & de veluau & de soye pour parer les Chapelles.

* *Voyez le Glossaire de du Cange.*
*Chapelle, prise pour les ornemens d'Eglise. V. ce même Glossaire au mot *Capella*.

„ Octoginta imagines argenteæ, tam beatæ M. Vir-
„ ginis, quam aliorum Sanctorum.
„ Item magna capsa Reliquiarum argentea, quam
„ Rex concinnari jussit, cujus pondus est centum qua-
„ tuordecim bessium, &c.

„ *Reliquiarum Theca triginta, nempe:*

„ Reliquiarum theca argentea deaurata in modum
„ Capellæ, a quatuor statuis sustentata, quæ bessium
„ coronæ vocantur. In medio columella est, posita su-
„ pra bussim argenteam, planam & quadratam. Intra
„ thecam autem est mentum Sancti qui Nicostratus vo-
„ catur, quam thecam Regi Carolo in testamento suo
„ reliquit Cardinalis Bellovacensis, estque pondo bes-
„ sium octodecim, &c.

„ *Calices argentei quindecim, nempe:*

„ Calix magnus argenteus encausto obductus, quem
„ Episcopus Parisiensis dono obtulit Regi Carolo, cu-
„ jus est pondus viginti bessium, & quatuor uncia-
„ rum, &c.
„ Item magno numero urceoli argentei, tintinna-
„ bula, pyxides, instrumenta ad ferendam pacem,
„ thuribula, navicula, vasa ad aspersionem, asper-
„ gilla, &c.

„ *Mitræ octo lapillis ornatæ, nempe:*

„ Mitra illa magna, quam Rex effici curavit, or-
„ nata pyropis, smaragdis, sapphiris, adamantibus &
„ margaritis, &c.

„ *Peda Pontificalia tria, scilicet:*

„ Pedum Pontificale, quod Archiepiscopus Seno-
„ nensis Regi dedit. Pars ejus superna recurva constat
„ margaritis: atque intra circulum repræsentatur co-
„ ronatio B. Mariæ Virginis. Pondus ejus est bessium
„ triginta & unius.

„ *Cappa, Cesulæ, Tunicæ, Dalmaticæ, &c.*

„ Cappa Pontificia ex camoca ultramarino albo,
„ acu depictas habens imagines B. M. Virginis vitam
„ continentes, cujus oræ in aureo fundo Apostolos &
„ Angelos exhibent. Oræ autem illæ margaritis sunt
„ decoratæ, &c.

„ *Novem Annuli Pontificales.*

„ Insuperque tabulæ altarium, Capellæ albæ, ro-
„ seæ, cinereæ, virides, cæruleæ, nigræ, &c.
„ Item panni aurei, argentei, serici, villosi, serici
„ puri ad Capellas exornandas.

" Y a Livres d'Eglises, Breviaires, Messels, &c.

" Item, le Sire de la Riviere donna au Roi une N. Dame d'or étant en u
" Tabernacle, garni de saphirs, de rubis, de perles, avec deux Angels d'argen
" L'image pese quinze marcs d'or, & l'entablement trente-quatre marcs d'ar
" gent.

" Nefs d'argent dorées, vingt, assavoir.

" La grand nef d'argent ; qui fut du Roi Jehan, à deux chasteaux aux deu
" bouts & à tournelles tout en tour, pesant soixante & dix marcs, &c.

" Flacons d'argent dorés 25. assavoir.

" Deux très-grans flacons d'argent dorez à images enlevées des neuf preux
" pesant quatre-vingt dix-sept marcs.

" Y a douplus une infinité de barils d'argent, estamoyes, justes, pots, pintes
" aigueres, pots à aumosnes, coupes, hanaps, tasses, goubelets, drageoirs, &c

" Bassins d'argent dorez 50. assavoir.

" Le grand bassin d'argent blanc, où sont des armes de France, pesant trente
" cinq marcs, &c.

" Un bassin à Barbier d'argent doré, cizelé sur les bords à fleurs-de-lis, & pend
" à un annel, tout pesant quatorze marcs.

" Plats d'argent dorez.

" Quatre douzaines de grans plats, & six douzaines de petits d'argent dorez
" Quatre grans plats gouderonnés, esmaillés, pesant chacun dix marcs.
" Dix vieils plats dorez à fruit, & a chacun sur le bord trois fleurs-de-lis fer-
" mées en maniere d'écusson, pesant neuf marcs six onces.
" Dix-neuf douzaines d'escuelles d'argent doré.
" Six douzaines de chandeliers d'argent doré.
" Vingt salieres d'argent doré, assavoir la grand saliere aux armes de France
" & de l'Evesque de Noyon, & la donna ledit Evesque au Roi, pesant vingt-huit
" marcs, &c.
" Dix-huit ceuilleres d'argent doré.

" Item libri Ecclesiastici, Breviatia, Missalia, &c.
" Item D. de Riparia Regi dedit B. M. Virginem aurea, positam in Tabernaculo decorato sapphiris, carbunculis, margaritis, cum duobus Angelis argenteis. Pondus imaginis aureæ est quindecim bessium; basis vero argentea triginta quatuor bessium.

" Naves argenteæ deauratæ viginti, scilicet :

" Magna navis argentea, quæ fuit Joannis Regis, in cujus extremis duobus duo castella sunt, & circum turriculæ prominent. Pondus navis est septuaginta bessium.

" Lagenæ argenteæ deauratæ viginti quinque, nempe :

" Duæ maximæ lagenæ argenteæ deauratæ cum imaginibus prominentibus novem fortium virorum, quorum pondus est centum nonaginta septem bessium.

" Item infinito numero sunt cadi argenti, estamoeæ, justa, bissextarii, sextarii castrenses, aquales, vasa ad stipem pauperibus erogandam, crateres, cantharii, pateræ, cululli, vasa ad globulos saccharo conditos, &c.

" Pelves argenteæ deauratæ quinquaginta, nempe :

" Magna pelvis argentea alba, in qua sunt Franciæ insignia, cujus pondus est triginta quinque bessium, &c.

" Pelvis tonsoris argentea deaurata, in oris incisa lilii floribus, ab annulo pendens. Totum pondus est quatuordecim bessium.

" Catini argentei deaurati.

" Quater duodeni magni catini, & sexies duodeni minores argenti, deaurati.
" Quatuor magni catini encausto obducti ; singulorum pondus est decem bessium.
" Decem veteres catini argentei deaurati, pomis & fructibus excipiendis deputati, singuli in ora habentes tres flores lilii in modum scuti conclusos; singulorum pondus est novem bessium & sex unciarum.
" Decies novies duodenæ scutellæ argenteæ deauratæ.
" Sexies duodena candelabra argentea deaurata.
" Viginti salina argentea deaurata, nempe magnum salinum insignibus Regiis Francicis, & Episcopi Noviomensis ornatum, quod Regi dono obtulit idem Episcopus; estque pondo viginti octo bessium, &c.
" Duodecim cochlearia argentea deaurata.

CHARLES V. dit LE SAGE & LE RICHE.

″Vaisselle d'argent.

″Quatre douzaines de très-grands plats.
″Douze douzaines de petits.
″Vingt douzaines d'escuelles.
″Cinq bassins à barbes.

″Y a douplus une infinité de justes d'argent, d'idres, quartes, pots, pintes, ″aigueres, coquemars, pots à aumosnes, hanaps, tasses, drageoirs, bassins, ″cauffoires, &c.

″Y a douplus des coupes, pots, pintes, aigueres & goubelets de cristal, & ″des joyaux d'argent, chateaux, seraines, chevaux, &c.

AUTRE INVENTOIRE DES ROBES DU ROY.

″Il ne voulut point qu'on inventoriast ses robes ordinaires, parce qu'il les ″donnoit à ses Valets de Chambre.

″Robes.

″Une robe d'escarlate vermeuille de six garnemens ; c'est assavoir les cinq ″garnemens fourez d'ermines, & la cotte sengle, &c.

″Un mantel froncy d'une escarlate rosée fourée d'ermines à trois boutons ″d'or, garnis de miglias, & a lettres en la pance.

″Une houpelande, un mantel & un chaperon de veluau vermeil cramoisi ″fouré d'ermines, à trois boutons d'argent dorez de muglias.

″Un surcot de drap de soye azuré changeant sur le vermeil fouré de menu ″vair, c'est assavoir, houce, surcot & chaperon.

″Un surcot & un chaperon de * Zatabys violet, fouré de menu vair, &c.

Voyez Du Cange sur le mot Zatouy; c'étoit du satin.

″AUTRE INVENTOIRE DES CHAMBRES DE TAPISSERIE ″ET PAREMENS.

″Y a cinquante chambres ; assavoir, premierement une chambre de veluau ″azurée à fleurs-de-lis, garnie de ciel, de dossier, de coulte-pointe, de ban″quieres brodé, & de trois custodes de Zatabys azuré avec deux gros carreaulx, ″un autre long, six petits & un petit dossier à fleurs-de-lis brodé.

″Item, une chambre de drap d'or, consistant, &c.

″ *Vasa argentea.*

″Quater duodeni catini maximi.
″Duodecies duodeni catini minores.
″Vigesies duodenæ scutellæ.
″Quinque pelves tonsorum.
″Item infinitus numerus justorum ex argento hy″driarum, quartarum, bisextariorum & sextariorum ″castrensium, aqualium, cucumarum, vasorum ad ″stipem pauperibus erogandam, cantharorum, pate″rarum, vasorum ad globulos saccharo conditos, pel″vium & aliorum vasorum.

″Item crateres, bisextarii, sextarii, aquales & cu″lulli, ex crystallo, atque cimelia argentea, castella, ″sirenes, equi, &c.

″ALIUD INVENTARIUM VESTIUM
″REGIARUM.

″Noluit in inventario adscribi vestes suas consueti ″usus, quia illas cubiculariis suis dare solebat.

″ *Vestes.*

″Vestis coccinea sex partium, in quinque vero par″tibus assutæ sunt muris Pontici pelles & . . . . &c.

″Pallium in plicaturas concinnatum ex coccino ro″seo, cui assutæ sunt muris Pontici pelles cum tribus ″globulis aureis . . . . cum literis in superficie rotunda.

″Penula, pallium & caputium ex serico villoso ″roseo cramesino, cui assutæ sunt muris Pontici pel″les, cum tribus globulis ex argento, &c. . . . .

″Surcorium ex serico panno cæruleo, ad roseum ″declinante, cui assutum est minutum varium, nem″pe gausapa, surcotium, & caputium.

″Surcotium & caputium, ex zatabyo violaceo, cui ″assutum erat minutum varium, &c.

INVENTARIUM ALIUD CUBICULORUM, SIVE
AULÆORUM ET ORNATUUM.

″Quinquaginta sunt cubicula (sive ornamenta cu″biculorum) scilicet primo cubiculum ex serico villo″so cum floribus lilii, cum cælo, dorso & stragulo, & ″stragulis abaci acu depictis, cum tribus custodiis ex ″zatabyo cæruleo, & duobus densis pulvinis quadratis, ″& alio oblongo, sexque minoribus, cum parvo dor″so liliis ornato & acu picto.

″Item cubiculum panni aurei, scilicet, &c.

Du Cange sur Cendalum.

» Douze tappis de ladite chambre.

» Item, une chambre que la ville de Paris donna au Roi, brodé fur * cendal
» vermeuil, à fermaux, à rofes & à perles ou ciel, ou doffier, & en la coulte-
» pointe en cinq compas qui y font, & font les courtines de cendal vermeuil de
» bateure de mefmes ; la chambre avec huit carreaulx, defquels les deux font
» longs & les fix autres font petits.

» *Salles d'Angleterre, huit, affavoir.*

» Premierement une falle brodée d'azur & pourcelets blancs tenant trois pie-
» ces.

» Item, les deux draps d'or du Sacre, contenant l'un dix-huit aulnes de long
» & deux aulnes & demi de lé, & l'autre dix-huit aulnes de long & trois aulnes
» de lé.

» Item, une autre falle à arbres & à hommes fauvages brodée de blanc, & eft
» de trois pieces.

» *Tapis ou Tapifferies à images, 66. affavoir.*

» Le grand Tappis de la Paffion de N. Seigneur.
» Le grand Tappis de la vie faint Denis.
» Le Tappis de la vie faint Thefeus.
» Le Tappis de la vie de faint Grael.
» Le Tappis des fept pechés mortels.
» Le grant Tappis des neuf Preux.
» Le Tappis de la Reyne d'Irlande.
» Les deux Tappis de Godefroy de Bilhon.

» Un Tapis blanc à fleurs-de-lis, contenant huit aulnes & demie de long, &
» trois aulnes & un quart de lé.

» Le grand Tappis des fept Sciences.
» Le Tappis de veluau de foixante & dix aulnes, &c.

» *Pavillons, 30. affavoir.*

» Un pavillon de broderie de France à quatre Evangeliftes, & fe tend à bâ-
» tons à façon de voultes à courtines palées de vert & de violet hoyées d'or, &c.

» Une chaife à têtes de lions & d'aigles, & le fiege de veluau azuré à fleurs-
» de-lis, &c.

» Duodecim aulea ejufdem cubiculi.
» Item cubiculum quod Parifina civitas Regi dedit,
» aut depictum in cendalo rubro cum ornamentis &
» margaritis in cælo, in dorfo & in ftragulo in quin-
» que... funtque aulæa ex cendalo rubro eodem ope-
» re. Cubiculum cum octo pulvinis, ex quibus duo
» longi funt, fexque minores.

» *Aula Anglica, octo, fcilicet :*

» Primo aula una acu picta cæruleo colore & .....
» albis tres in partes divifa.
» Duo panni ad facram unctionem adhibiti ; alte-
» rius longitudo eft octodecim ulnarum, latitudo au-
» tem duarum & dimidiæ; alterius vero longitudo eft
» octodecim ulnarum, latitudo autem trium.

» *Aulea imaginibus decorata fexaginta fex, nempe:*

» Magnum aulæum Paffionis Domini noftri Jefu-
» Chrifti.
» Magnum aulæum vitæ Sancti Dionyfii.
» Aulæum vitæ fancti Thefei.
» Aulæum vitæ fancti...
» Aulæum feptem peccatorum mortalium.
» Magnum aulæum novem fortium virorum.
» Aulæum Reginæ Hiberniæ.
» Duo aulæa Godefridi Bullonii.
» Aulæum album floribus lilii confperfum, cujus
» longitudo eft octo ulnarum & dimidiæ ; latitudo au-
» tem trium ulnarum, cum quarta ulnæ parte.
» Magnum aulæum feptem Mathefeon.
» Aulæum ex ferico villofo feptuaginta ulnarum.

» *Papiliones triginta.*

» Papilio Francico more acu pictus, quatuor Evan-
» geliftas referens, cum baculis autem oblongis eri-
» gitur, & tenditur, atque in modum fornicis con-
» cinnatur, cum conopeis partim viridis, partim vio-
» lacei coloris, intermixto auro, &c.
» Cathedra cum capitibus leonum & aquilarum ;
» fedes autem ex ferico villofo cæruleo concinnatur,
» adjunctis lilii floribus, &c.

CHARLES V. dit LE SAGE & LE RICHE.

» Y a encore l'Inventoire du linge, les grosses toiles estoient de Laon & de
» Compiegne, & les fines estoient de Reims.

» On fit aussi l'Inventoire des meubles qui se trouverent à Melun, à saint Ger-
» main en Laie, à l'Hostel de saint Paul, au Louvre, au chasteau du Bois de
» Vincennes, à Creil, à Beauté, & dans toutes ces Maisons ; il se trouva dans
» l'Oratoire du Roy un petit coffret de pierreries & de bijoux, sans comp-
» ter un grand nombre de pieces de toutes sortes d'étoffes, draps, veluau,
» camelots, vermeils, verdoyans, changeans, tannés brun couleur de cen-
» dre, &c.

MONUMENS DU REGNE
DE CHARLES V. dit LE SAGE.

LES Portraits de [1] Charles V. & de [2] Jeanne de Bourbon, qui commencent la Planche suivante sont en buste & paroissent originaux. Ils sont tirés des Manuscrits des hommages de Beauvoisis. Il n'y a rien de particulier à remarquer sur les habits : les couronnes se voient souvent en cette forme. Le même Roi [3] qui suit est representé en marbre blanc sur son Tombeau au milieu du chœur de l'Eglise de Notre-Dame de Rouen où son cœur est enterré. Après vient celui [4] qui se voit à S. Denis au milieu de la Chapelle de Nôtre-Dame. Il est de marbre blanc sur son Tombeau de marbre noir. Auprès de lui est sa femme enterrée [5] à son côté en la forme que nous la donnons ici. Le [6] même Roi & [7] son épouse se voient au portail de l'Eglise des Celestins de Paris, dont Charles V. fut le fondateur. Le Roi tient une Eglise sur son bras marque ordinaire des fondateurs. [8] Le Tableau qui vient après represente le Roi dans sa chambre assis sur un pliant sous un dais, aiant une espece de coeffe sur sa tête. Son Peintre met un genou en terre à l'ordinaire, & lui presente un Livre. Cette peinture est à la tête du même Livre avec une inscription, traduite ici du Latin, qui est en bas : *L'an de Notre Seigneur 1371. cette peinture fut faite en l'honneur & par l'ordre de l'illustre Prince Charles Roi de France en l'année trente-cinq de son âge, qui étoit*

PL. XII.
1.
2.
3.
4.
5.
6.
7.
8.

» Est etiam inventarium linteorum ; rudiores telæ
» Lauduni & Compendii textæ fuerant, tenuiores
» Remis.

» Inventarium etiam factum est supellectilis, quæ
» in ædibus Regiis reperta fuit Meloduni, apud Sanc-
» tum Germanum in Laia, in ædibus Sancti Pauli Lu-
» tetiæ, in Lupara, in castello nemoris Vincennarum,
» Credolii, in ædibus Belli-loci ad Matronam. In his
» porro ædibus omnibus in oratorio Regis reperta fuit
» arcula gemmis & pretiosis cimeliis plena. Nec ne-
» numerantur panni magno numero cujusvis generis,
» sive ex lana confecti, sive ex serico villoso, sive ex
» pilis animalium concinnati, rubri, virides, varii
» & mutabilis coloris, obscuri etiam cinerei, &c.

MONUMENTA REGNI CAROLI V.
cognomine SAPIENTIS.

CAROLI V. & Joannæ Borboniæ protomæ, quæ primæ in tabula sequenti comparent, ad nativam formam factæ videntur. Eductæ sunt autem ex Ma-

nuscripto *Hominiorum* Bellovacensium. Nihil annotandum occurrit circa vestis formam. Coronas his similes sæpe videmus. Ejusdem Regis imago sequens sic in marmore albo exhibetur in sepulcro ipsius in medio chori Ecclesiæ Beatæ Mariæ Rothomagensis ; ubi cor ipsius sepultum fuit. Post sequitur is ipse Princeps, ut repræsentatur in medio capellæ B. Mariæ in Ecclesia Sancti Dionysii. Sepulcrum ex marmore nigro, statua decumbens ex marmore albo confecta est. Juxta illum jacet uxor ejus, quæ hic conspicitur. Idem Rex & sponsa ejus visuntur ad portam Cælestinorum Parisiensium, quos ipse fundavit. Rex brachio Ecclesiam sustentat, ut fundatores exhiberi solent. Tabula depicta sequens in cubiculo, inque sede flexili sedentem repræsentat ; sub umbella caput ejus quadam ceu calantica textum est. Pictor genuflexus, ut tunc in more erat, librum ipsi offert, in cujus libri fronte hæc depicta tabella est cum hac inscriptione : *Anno Domini millesimo trecentesimo septuagesimo primo, istud opus pictum fuit, ad præceptum ac honorem illustris Principis Karoli Regis Franciæ, ætatis suæ tricesimo quin-*

Tome III.   I

66 MONUMENS DU REGNE

la huitiéme de son regne. C'est Jean de Bruges Peintre du même Roi, qui a fait de sa propre main cette peinture.

PL. XIII.

Jeanne dite Blanche de France, fille de Philippe de Valois & de Blanche de Navarre sa troisiéme femme, naquit l'an 1351. plusieurs mois après la mort de son pere; fût promise en mariage à Jean d'Aragon Duc de Gironde, partit pour

1. l'Aragon sous Charles V. & mourut à Beziers le 16 Septembre 1373. [1] Elle est representée en marbre blanc auprès de Blanche de Navarre sa mere, sur un Tombeau de marbre noir dans la Chapelle de S. Hippolyte de l'Eglise de S. Denis. Le jour de sa mort y est marqué le 11. Septembre, mais la date du 16. est plus sûre.

2. Une autre Jeanne [2] fille du Roi Jean, fut mariée en bas âge à Henri Duc de Limbourg fils du Duc de Brabant, lequel étant mort peu d'années après, elle épousa Charles II. dit le Mauvais Roi de Navarre, dont elle eut plusieurs enfans. M. de Gagnieres l'a tirée des vitres de Notre-Dame d'Evreux, où l'on voit sous elle les armes de Navarre soutenu d'Evreux, parti de France.

3. Jeanne fille de Charles [3] Duc de Normandie depuis Roi de France, & de Jeanne de Bourbon, mourut en fort bas âge le 21. Octobre 1360. & fut enterrée en l'Eglise de l'Abbayie de S. Antoine des Champs. Il est si ordinaire dans ces Monumens de voir des enfans representez comme de grandes personnes,

4. qu'on ne s'y arrête plus. [4] Bonne sa sœur plus jeune qu'elle, & morte en la même année, est enterrée auprès d'elle, comme nous la donnons ici.

J'ai balancé quelque tems si je mettrois ici les freres du Roi Charles V. Louis Duc d'Anjou, Jean Duc de Berri, & Philippe Duc de Bourgogne; mais j'ai enfin cru qu'il convenoit mieux de les mettre au regne suivant, où ils ont eu grand'-part aux affaires & au gouvernement de l'Etat.

PL. XIV.

Beatrix de [1] Bourbon fille de Louis I. Duc de Bourbon & de Marie de Hainaut, fut mariée en 1334. au mois de Décembre à Jean de Luxembourg Roi

1. de Boheme, qui fut tué en 1346. à la bataille de Créci: Elle se remaria depuis au Sire de Grancei, & mourut l'an 1383. Elle est ainsi representée au haut d'un pilier à gauche du grand Autel de l'Eglise des Dominicains de la ruë S. Jacques. Elle est revêtue de son blason d'argent au lion de gueules, la queüe noüée

2. & passée en sautoir; c'est Luxembourg parti de Bourbon. La [2] même Princesse

---

to, & regni sui octavo. Et Joannes de Brugis, pictor Regis prædicti, fecit hanc picturam propria sua manu.

Joanna, quæ etiam Blanca nominabatur, filia Regis Philippi Valesii & Blanchæ Navarræ. tertiæ uxoris ejus, nata est anno 1351. aliquot mensibus post mortem patris, desponsataque fuit Joanni Aragonio. Profecta autem in Aragoniam sub Carolo V. Biterris obiit 16 Septembris anno 1373. In marmore albo decumbit in sepulcro nigro marmoreo prope Blancham Navarrææam matrem in Capella sancti Hippolyti, quæ est in Ecclesia Sancti Dionysii. Ibi dies obitus ejus notatur 11. Septembris; sed in 16. ejusdem mensis tutius refertur.

Joanna alia Joannis Regis filia, adhuc tenera connubio juncta fuit cum Henrico Limburgensi Duce, Brabantiæ Ducis filio, quo paucis post annis defuncto, nupsit illa Carolo II. Malo Regi Navarræ, ex quo plurimos suscepit liberos. D. Gagnerius illam ex vitreis B. Mariæ Ebroicensis expressit, ubi sub illius imagine visuntur insignia Navarræ, quibus subjiciuntur Ebroicensia, adjunguntque Regia Francica.

Joanna filia Caroli Normanniæ Ducis, qui deinde fuit Rex Francorum, & Joannæ Borboniæ Reginæ, admodum tenera obiit 21. Octobris anno 1360. sepultaque fuit in Ecclesia Abbatiæ Sancti Antonii de Campis. Ita more receptum est in hisce monumentis tenellos infantes utriusque sexus, quasi adultæ jam ætatis & staturæ repræsentari, ut hæc non nos ultra morentur. Bona soror ejus junior, eodemque anno mortua, prope illam sepulta est, & qua forma hic exhibetur.

Aliquandiu hæsi an hic trium Regis Caroli V. fratrum schemata reponerem; Ludovici nempe Andegavensis Ducis, Joannis Bituricensis, & Philippi Burgundiæ Ducis; demumque putavi opportunius reponenda esse in regno sequenti, quia tunc permultum temporis rerum administratio penes illos fuit.

Beatrix Borbonia, filia Ludovici I. Ducis Borbonii & Mariæ Hannoniensis, anno 1334. nupta fuit Joanni Luxemburgensi Bohemiæ Regi, qui anno 1346. cecidit in Creciacensi pugna: deindeque connubio juncta fuit Granceio Toparchæ, obiitque anno 1383. Ut illam hic proferimus, visitur columna nixa ad lævam aræ majoris in Ecclesia Dominicanorum vici sancti Jacobi. Vesti insignibus ornata priscis, in argenteo campo leonem exhibet rubrum, cujus cauda decussata est: hæc sunt insignia Luxemburgensia, quibus Borbonia adjunguntur. Ejusdem Principis feminæ

PRINCESSES DU TEMS DE CHARLES V.

PRINCESSES DE LA MAISON DE BOURBON.

DE CHARLES V. dit LE SAGE & LE RICHE.

se voit peinte en buste, prise par M. de Gagnieres sur le Manuscrit des hommages du Comté de Clermont, qui est à la Chambre des Comptes de Paris, fol. 166. Elle porte une couronne surhaussée de fleurons.

Bonne de Bourbon ³ qui suit, étoit fille de Pierre I. Duc de Bourbon, & fut femme d'Amé VI. Comte de Savoie, dit le Verd. Son habit est chargé de Savoie parti de Bourbon. Elle mourut l'an 1402.

3.

Isabeau de Bourbon la Marche, qui est appellée dans le Manuscrit de M. de Gagnieres, Isabeau & Jeanne, ⁴ étoit fille de Jacques de Bourbon I. du nom, Comte de la Marche: elle épousa en premieres nôces Louis Vicomte de Beaumont, & après sa mort Bouchart Comte de Vendôme. Elle porte sur sa juppe de Vendôme parti de Bourbon la Marche. Elle est enterrée auprès de Bouchard son mari dans l'Eglise de S. George de Vendôme. ⁵ Bouchard paroît ici avec sa femme armé & revêtu de son blason du lion rampant. Il porte au côté gauche l'épée, & au côté droit, une dague qu'on appelloit *misericorde*. Jeanne ⁶ fille de Bouchard Comte de Vendôme, & d'Isabelle ou Jeanne de Bourbon la Marche, est représentée auprès d'eux, telle qu'on la voit ici, quoiqu'elle soit morte en fort bas âge. Toutes les figures de cette Planche sont tirées des portes-feuilles de M. de Gagnieres.

4.

5.

6.

¹ Marguerite de Bourbon fille de Pierre I. Duc de Bourbon, fut femme d'Arnaud Amanieu Sire d'Albret, grand Chambellan de France, & commence la Planche suivante. ² Simon de Thouars Comte de Dreux qui suit, fiança l'an 1362. Jeanne d'Artois, fille de Jean d'Evreux Comte d'Eu. Les nôces se celebrerent l'an 1365. le 12. de Juillet,& le même jour Simon de Thouars fut tué dans un Tournoi. Sa femme vécut longtems après lui sans se remarier. ³ Elle est représentée auprès de son mari dans l'Eglise du château d'Eu. Elle a la tête voilée comme veuve. Après Simon de Thouars & sa femme, je mets ici un allié fort proche de la maison de Thouars, que M. de Gagnieres fit dessiner dans l'Eglise de l'Abbayie de Villeneuve en Bretagne, dans la Chapelle de saint-Anne, où est le Tombeau du mari & de la femme: Voici l'inscription. *Ci gist Monsieur* ⁴ *Selvestre du Chafaut, Chevalier Seigneur du Chafaut, de Monceaux & de la Lemosnaire, qui trepassa le Jeudi avant la Chandelor* ⁵ *l'an de grace MCCCLXXVI. Priez.* † *Ci gist Dame Ysabeau* ⁵ *fille du Seigneur de la Jaille, & de la Dame Margarite fille du Sei-*

PL. XV.
1.
2.
3.

4.

5.

---

hic protome conspicitur, quam D. Gagnerius desumsit ex Manuscripto *hominiorum* Comitatus Claromontani, qui in Camera Computorum Lutetiæ asservatur, fol. 166. Coronam gestat illa floribus ornatam.

Bona Borbonia quæ sequitur filia erat Petri I. Borbonii Ducis, nupsitque Amedeo VI. Sabaudiæ Comiti, cui nomen *Viridis* erat. Vestis ejus insignibus Sabaudiæ & Borbonii notatur. Obiit autem anno 1401.

Isabella Borbonia Marchiæ, quæ in MS. D. Gagnerii Isabella & Joanna vocatur, filia erat Jacobi Borbonii hoc nomine primi Comitis Marchiæ, & uxor fuit primo Ludovici Vicecomitis Bellimontis; quo defuncto, Burchardo Comiti Vindocinensi nupsit. In veste sua insignia gestat Vindocinensia, juncta Borbonii Marchiæ. Sepulta est prope Burchardum conjugem in Ecclesia Sancti Georgii Vindocinensis. Burchardus hic cum uxore conspicitur armatus, leonem insigne habens erectum. Ad sinistram gladium gestat, ad dexteram vero pugionem, quem *misericordiam* vocabant. Joanna filia Burchardi Comitis Vindocinensis & Isabellæ seu Joannæ Borboniæ de Marchia, juxta patrem matremque repræsentatur, ut hic conspicitur, licet in tenerrima ætate obierit. Omnia hujusce tabulæ schemata ex Manuscriptis D. de Gagneriis prodeunt.

Margarita Borbonia filia Petri I. Borbonii Ducis nupsit Arnaldo Amanixo Leporeti Dynastæ, magno Franciæ Cambellano, & prima est in tabula sequenti. Simon Duracii Comes Drocensis, qui sequitur, sponsalia iniit anno 1362. cum Joanna Artesia filia Joannis Artesii Comitis Augensis. Nuptiæ vero celebratæ sunt anno 1365. duodecima Juliijeademque die in ludicra pugna equestri Simon Duracius occifus est. Uxor ejus multis postea annis superstes, non alio conjugi copulata fuit. Ipsa vero prope virum suum sepulta conspicitur in Ecclesia Augensis castelli. Post Simonem Duracium & uxorem ipsius hic apponere visum est virum nobilem & Duraciæ familiæ affinem, quem D. de Gagneriis delineari curavit in Ecclesia Abbatiæ Villa-novanæ in Britannia, ubi vir ille prope uxorem suam sepultus est cum hac inscriptione: *Hic jacet Dominus Silvester de Chaffaldo eques, Dominus Chaffaldi, Moncellorum & Lemosinariæ, qui obiit feria quinta ante Purificationem B. Virginis anno gratiæ MCCCLXXVI. Precamini.* † *Hic jacet Domina Isabella filia Domini de Jallia, & Domina Margaritæ filia Do-*

gneur de Rochefort, & de la fille du Vicomte de Thoars ; Fame Monſour Seveſtre du Chaſaut qui treſpaſſa ou mais de Octobre l'an M & CCC L & III. Entre le mari & la femme eſt un fort petit enfant, mort en bas âge, qui a cette inſcription : *Ci gît Yvon leur fils aîné.* Du Chafaut porte de ſinople, au lion rampant couronné, d'argent. La Maiſon eſt ancienne & des mieux alliées.

PL. XVI.
1.

¹ Marie de Bourbon fille de Pierre I. du nom Duc de Bourbon, fut Religieuſe & puis Prieure à Poiſſi, où elle mourut, l'an 1401. Elle a été deſſinée d'après la figure en relief, qui eſt ſur ſon Tombeau de Poiſſi. Après elle ſuit ſon frere Jean bâtard de Bourbon, tiré du ² Livre des hommages du Comté de Clermont en Beauvoiſis fol. 37. Il porte ſur ſon habit un quartier des Armoiries de Bourbon. Agnes de Chaleu ſa femme tirée ³ du même Livre, fol. 96. porte auſſi le quartier de Bourbon parti de ſon blaſon, qui eſt un ſautoir. Les deux ⁴ Epoux ſe voient encore ſur leur Tombeau ⁵ dans l'Egliſe du Prieuré de Souvigni. Ils ſont tirez des Manuſcrits de M. de Gagnieres, comme toutes les autres figures de cette Planche & de la ſuivante.

2.
3.
4.
5.

PL. XVII.
1.

Geofroi ¹ de Collon Ecuier tranchant du Roi Charles V. mourut l'an 1377. Il fut enterré en l'Egliſe de l'Abbaye de Preuilli près de Montereau, où il eſt gravé ſur ſa tombe tel que nous le donnons ici armé à la maniere de ces tems-là, portant l'épée d'un côté & la dague appellée la *miſericorde*, de l'autre. Iſabeau de Courgenai ſa femme, enterrée au même lieu eſt repréſentée à côté de ſon mari. Elle mourut l'an 1381.

2.

Pierre des Eſſars Chevalier, ² Conſeiller du Roi, Garde de la Prevôté de Paris, eſt enterré aux Mathurins de Paris à côté gauche de l'Egliſe, où il eſt gravé ſur ſa tombe. Il vivoit du tems de Charles V. ſes armoiries ſont trois croiſſans.

3.

Sa femme Marie de Rulli ³ enterrée & repréſentée auprès de ſon mari, mourut le 28. Novembre 1418. Elle eſt revêtue du blaſon de ſon mari de trois croiſſans, & du ſien de trois coquilles. ⁴ Jean Perdrier Prêtre, Maître ès Arts, Clerc de la Chapelle du Roi, mourut l'an 1376. le 2. Octobre. Il eſt gravé ſur ſa tombe, qui étoit ci-devant dans la Sacriſtie des Blancs-Manteaux, d'où elle a été tranſportée dans la Chapelle ſouterraine de la nouvelle Egliſe.

4.

Le fameux duel d'un Gentilhomme de la Cour du Roi Charles V. dit le Sage, contre un chien, dont ce Gentilhomme avoit tué le Maître, eſt un fait ſi ex-

mini de Ruperforti, & filiæ Vicecomitis Duracienſis; uxor Domini Silveſtri de Chaffaldo, quæ obiit menſe Octobri anno 1353. Inter virum & uxorem repræſentatur in ſepulcro tenellus filius, immatura morte præoccupatus, cum hac inſcriptione: *Hic jacet Ivo filius ipſorum primogenitus.* Chaffaldorum inſignia ſunt in viridi campo leo coronatus repens. Ii vetuſtate generis & affinitatibus gaudent inſignibus.

Maria Borbonia filia Petri I. Borbonii Ducis, Monacha fuit, & poſtea Prior in Monaſterio Piſſiacenſi, ubi obiit anno 1401. Delineata vero fuit, ut eſt in ſepulcro ſuo Piſſiacenſi: decumbens exhibetur inſculpta in marmore. Poſt illam ſequitur frater ejus Joannes Borbonius nothus, eductus ex libro *hominiorum* Comitatus Claromontani in Bellovacenſi tractu, fol. 37. In veſte inſignium Borboniorum ſcutulum geſtat. Agnes de Chalevo uxor ejus ex eodem libro fol. 96. eruta, inſignibus Borboniorum ſua adjicit, nempe decuſſim. Ambo conjuges viſuntur etiam in ſepulcro ſuo, quod habetur in Eccleſia Prioratus Silvinacenſis. Ex ſchedis autem Gagnerianis prodeunt, ut & alia omnia ſchemata hujus tabulæ atque ſequentis etiam.

Goffridus Collonius Scutifer ſector menſarius Regis Caroli V. obiit anno 1377. ſepultuſque eſt in Ec-

cleſia Abbatiæ Proviliacenſis, ubi in tabula ſepulcrali inſculptus viſitur, qualis hic exhibetur, illius ævi more armatus, gladium ab altero latere geſtans, ab altero autem pugionem, quem *miſericordiam* appellabant. Iſabella de Curgenaco ejus uxor, eodem in loco ſepulta, juxta virum ſuum inſculpta exhibetur. Obiit autem illa anno 1381.

Petrus de Eſſartiis, Eques, Regi a conſiliis, cuſtos præpoſituræ Pariſienſis, ad lævam Eccleſiæ Mathurinorum ſepultus eſt, & in lapide ſepulcrali inſculptus. Vixit autem ævo Caroli V. Regis. Ejus inſignia ſunt tres lunæ creſcentes. Uxor ejus Maria de Rulliaco, ſepulta eſt & inſculpta juxta conjugem ſuum ; obiit 28. Novembris anno 1418. Inſignibus illa viri & ſuis quoque induta eſt ; tribus nempe creſcentibus lunis tres conchas adjicit. Joannes Perdrerius Presbyter, Magiſter in artibus, regiæ Capellæ Clericus, obiit anno 1376. die 2. Octobris : in ſepulcrali tabula inſculptus eſt, quæ antea erat in Sacriſtia Alborum-Mantellorum, tranſlataque fuit in Capellam ſubterraneam novæ Eccleſiæ.

Singulare certamen illud decantatum viri cujuſdam nobilis, in aula regia Caroli V. Sapientis dicti verſantis, contra canem, cujus ille magiſtrum occide-

Princesses Seigneurs et Dames.

Marie de Bourbon Prieure. *Batard de Bourbon et sa Femme.*

OFFICIERS DU ROI.

DE CHARLES V. dit LE SAGE & LE RICHE. 69

traordinaire, que Lecteur sera sans doute bien aise d'en voir ici l'estampe. L'histoire de ce duel se voit encore aujourd'hui peinte sur le manteau d'une des cheminées de la grande salle du château de Montargis, mais la poussiere qui s'y est attachée depuis si longtems, fait qu'on ne peut distinguer qu'avec peine les parties qui la composent. Le R. P. Noël Seurrad, ci-devant Prieur de Ferrieres, m'a procuré une vieille estampe faite il y a près de deux cens ans de l'histoire representée sur cette cheminée ; c'est d'après cette estampe qu'on a fait faire la Planche suivante. Voici l'Histoire de ce duel rapportée dans le Théatre d'honneur & de Chevalerie de la Colombiere, Tome 2. p. 300. Chap. 23.

PL. XVIII.

» Nous avons très suffisamment fait voir ci-devant, comme par faute de
» preuves, les Princes Souverains, ou leurs Parlemens, permettoient le duel en-
» tre les hommes, lorsqu'il s'agissoit de quelque crime capital, commis secret-
» tement. Mais ceci est bien plus nouveau & plus étrange, qu'on ait accordé le
» combat à une beste contre un homme, & contraint un homme d'entrer en
» combat, & se mesurer avec une beste. L'histoire en est admirable, & on la
» voit encore peinte sur le manteau d'une des cheminées de la grande salle du
» chasteau de Montargis ; le Roi Charles V. ayant eû soin de l'y faire represen-
» ter pour une marque des merveilleux jugemens de Dieu.

» Il y avoit un Gentil-homme que quelques-uns qualifient avoir esté Archer
» des Gardes du Roy, & que je crois devoir plustost nommer un Gentilhomme
» ordinaire, ou un Courtisan, pour ce que l'histoire Latine dont j'ai tiré ceci, le
» nomme *Aulicus*, nommé par quelques Historiens le Chevalier Macaire, le-
» quel estant envieux de la faveur que le Roy portoit à un de ses compagnons,
» nommé Aubry de Montdidier, l'espia si souvent, qu'enfin il l'attrapa dans la
» forest de Bondy, accompagné seulement de son chien (que quelques Histo-
» riens, & nommement le sieur d'Audiguier, disent avoir été un levrier d'atta-
» che,) & trouvant l'occasion favorable pour contenter sa malheureuse envie, le
» tua, & puis l'enterra dans la forest, & se sauva après le coup, & revint à la
» Cour tenir bonne mine. Le chien de son costé ne bougea jamais de dessus la
» fosse où son maître avoit été mis, jusques à ce que la rage de la faim le contrai-

---

rat, tam singulare spectaculum est, ut spes sit Lectorem ejusmodi gestæ rei hîc schema libenter visutum esse. Monarchiæ hujusmodi historia hodieque depicta visitur in cortina unius ex caminis magnæ illius aulæ Montis-Argisi : verum pulvis, qui per tantum annorum spatium cortinæ adhæsit & quasi agglutinatus est, id efficit, ut historiæ illius partes vix conspici queant. R. vero P. D. Natalis Seurratius, qui paucis antea annis in Monasterio Ferrariensi Prior erat, chartam mihi transmisit, ad incisam in ære tabulam ab annis pene ducentis impressam, ubi historia illa in superficie cortinæ camini depicta repræsentatur, ad hujus impressæ chartæ fidem tabula sequens concinnata fuit. En historiam hujus singularis certaminis allatam in libro, cui titulus, *Theatrum honoris & strenuorum Equitum*, auctore D. de Columbaria, *Tom.* 2. *pag.* 300. *cap.* 23.

» Jam supra vidimus, quomodo cum legitimæ pro-
» bationes deficerent, Principes supremi, vel Curiæ
» Senatus singularia certamina inter viros ineunda
» permitterent, cum de pravo facinore aliquo clam
» admisso ageretur ; sed res admodum nova imo stu-
» penda videtur, quod bruto animali contra virum
» congredi permissum fuerit, & coactus vir fuerit,
» ut cum bruto animali pugnaret. Mira utique res

» est, quæ hodieque depicta visitur in cortina unius
» ex caminis amplæ illius aulæ castelli Montis-Ar-
» gisi. Rex enim Carolus curavit, ut ibi illa depin-
» geretur, quasi exemplum mirabilium Dei judicio-
» rum.

» Vir quidam nobilis erat, quem dicunt quidam
» fuisse ex Sagittariis nobilibus, qui custodiæ Regii
» corporis advigilabant, sed putaverim fuisse virum
» nobilem regiæ aulæ, vel qui aulam regiam frequen-
» taret : nam historia Latine scripta, unde hæc ex-
» sumsi, *Aulicum* illum vocat, qui a quibusdam hi-
» storiæ scriptoribus appellatur Eques Macarius. Hic
» cum videret ex sodalibus quempiam, cui nomen
» Albericus de Monte-Desiderii, gratiâ multum apud
» Regem valere, invidia motus, insidias ipsi appa-
» ravit, & occasionem captans, tandem illum in Sil-
» va Bondia reperit, canem solummodo suum secum
» habentem, quem canem quidam historiæ scriptores,
» & nominatim Audiguerius, dicunt fuisse vertagum :
» arreptaque ille occasione, ut sceleste invidiæ suæ
» faceret satis, ipsum interfecit, & in ipsa silva hu-
» mavit, congestaque terra operuit. Indeque absces-
» sit, ad aulamque regiam reversus est, nullam mali
» speciem præ se ferens. Canis vero supra fossam hu-
» mati domini sui mansit, donec famis rabie conci-

» gnit de venir à Paris où le Roy estoit, demander du pain aux amis de son feu
» maistre, & puis tout incontinent s'en retournoit au lieu où ce miserable as-
» sassin l'avoit enterré; & continuant assez souvent cette façon de faire, quelques-
» uns de ceux qui le virent aller & venir tout seul, heurlant & plaignant, & sem-
» blant par des abois extraordinaires vouloir descouvrir sa douleur, & declarer le
» malheur de son maître, le suivirent dans la forest, & observans exactement
» tout ce qu'il feroit, virent qu'il s'arrestoit sur un lieu où la terre avoit été fraî-
» chement remuée; ce qui les ayant obligé d'y faire fouiller, ils y trouverent le
» corps mort, lequel ils honorerent d'une plus digne sepulture, sans pouvoir
» découvrir l'auteur d'un si execrable meurtre. Comme donc ce pauvre chien
» estoit demeuré à quelqu'un des parens du deffunt, & qu'il le suivoit, il apper-
» ceut fortuitement le meurtrier de son premier maistre, & l'ayant choisi au
» milieu de tous les autres Gentilshommes ou Archers, l'attaqua avec une grande
» violence, lui sauta au collet, & fit tout ce qu'il pût pour le mordre & pour
» l'estrangler. On le bat, on le chasse; il revient toujours, & comme on l'em-
» pêche d'approcher, il se tourmente & abbaye de loin, addressant les menaces
» du costé qu'il sent que s'est sauvé l'assassin. Et comme il continuoit ses assauts
» toutes les fois qu'il rencontroit cet homme, on commença de soupçonner
» quelque chose du fait, d'autant que ce pauvre chien plus fidele & plus recon-
» noissant envers son maistre, que n'auroit esté un autre serviteur, n'en vouloit
» qu'au meurtrier, & ne cessoit de lui vouloir courir sus pour en tirer ven-
» geance. Le Roy estant averti par quelques-uns des siens de l'obstination du
» chien, qui avoit esté reconnu appartenir au Gentilhomme qu'on avoit trouvé
» enterré & meurtry miserablement, voulut voir les mouvemens de cette pau-
» vre beste : l'ayant donc fait venir devant luy, il commanda que le Gentil-
» homme soupçonné se cachast au milieu de tous les assistans, qui estoient en
» grand nombre. Alors le chien avec sa furie accoustumée, alla choisir son
» homme entre tous les autres; & comme s'il se fust senti assisté de la presence
» du Roy, il se jetta plus furieusement sur lui, & par un pitoyable abboy, il
» sembloit crier vengeance & demander justice à ce sage Prince. Il l'obtint aussi;
» car ce cas lui ayant paru merveilleux & estrange, joint avec quelques autres
» indices, il fit venir devant soy le Gentilhomme soupçonné, & l'interrogea &
» pressa assez publiquement pour apprendre la verité de ce que le bruit com-

» tante, Lutetiam venire coactus est, ubi tunc Rex
» erat, ut panem expeteret ab amicis domini sui de-
» functi, & statim revertebatur ad locum ubi homici-
» da ille ipsum deposuerat. Cum autem in eodem of-
» ficio pergeret, quidam ex illis qui canem euntem
» & redeuntem observabant, ululantem ac dolentem,
» clamoribusque assiduis de amisso domino suo cru-
» ciatum animi significantem, ipsum in silvam re-
» deuntem insequuti sunt, illumque euntem obser-
» vantes, viderunt eum in loco illo gradum sistere &
» manere, ubi terra haud ita pridem mota & effossa
» fuerat; egestaque humo, in cadaver defuncti inci-
» derunt, quem honorifica sepultura dignati sunt, ne-
» que tamen quis scelerati homicidii autor esset vel
» conjectura assequi potuerunt. Canis vero ille cuipiam
» ex cognatis defuncti domini sese dedidit ; quem
» cum pro more suo sequeretur, forte accidit ut in
» homicidam incideret, quem ut primum videt in
» medio nobilium Sagittariorum, statim vehementer
» aggreditur, insilit in collum ejus, nihilque non
» egit ut in eum dentes infigeret, ipsumque strangu-
» laret si valeret. Verberatur ille, pellitur, sed redit
» semper, & quia ne accedat arcetur, oblatrat sem-
» per, & procul minas intentat ; ad illum con-
» versus locum quo se receperat homicida. Cum autem
» canis idipsum praestare pergeret, & quoties vir ille
» in conspectum veniebat, in ipsum insilire tentaret,
» in suspicionem admissi sceleris venit homicida; ca-
» nis quippe domino magis fidus & addictus, quam
» quivis servus fuisset, solum domini interfectorem
» impetebat, & ut defunctum ulcisceretur, nihil non
» agebat. Id nunciatur Regi Carolo; aulici quidam
» Principi referunt canis istius pertinaciam, quem jam
» noverant pertinuisse ad nobilem illum virum, qui
» interfectus & humatus repertus fuerat. Voluitque
» Rex canis motus & impetus suis oculis conspicere.
» Jubet adduci canem, nobilemque illum qui in sus-
» picionem venerat, in medio eorum, qui magno nu-
» mero aderant, sese occultare. Tunc canis consueto
» more, homicidam furens inter omnes alios aggres-
» sus est, & quasi Regis praesentia fultus, cum ma-
» jori violentia & rabie in illum insiliit, & ululatu
» maximo quasi vindictam expetere, & Sapientis Re-
» gis justitiam implorare videbatur: & certe impeta-
» vit optatum. Cum enim res mira ac stupenda Caro-
» lo Regi videretur, & aliunde quaedam indicia facti
» suppeterent, nobilem illum virum evocari jussit, &
» diligenterque sciscitatus ab illo est, ut rei veritatem

» mun, & les attaques & abbayemens de ce chien (qui estoient comme autant
» d'accusations,) lui mettoient sus; mais la honte & la crainte de mourir par
» un supplice honteux, rendirent tellement obstiné & ferme le criminel dans
» la négative, qu'enfin le Roy fut contraint d'ordonner que la plainte du chien
» & la négative du Gentilhomme se termineroient par un combat singulier en-
» tr'eux deux, par le moyen duquel Dieu permettroit que la verité seroit recon-
» nuë. Ensuite dequoy ils furent tous deux mis dans le camp comme deux cham-
» pions, en presence du Roy & de toute la Cour : le Gentilhomme armé d'un
» gros & pesant baston, & le chien avec ses armes naturelles, ayant seulement
» un tonneau percé pour sa retraite, pour faire ses relancemens. Aussi-tost que le
» chien fut lasché, il n'attendit point que son ennemy vinst à lui; il sçavoit
» que c'estoit au demandeur d'attaquer; mais le baston du Gentilhomme estoit
» assez fort pour l'assommer d'un seul coup, ce qui l'obligea à courir çà & là à
» l'entour de luy, pour en éviter la pesante cheute, mais enfin tournant tantôt
» d'un costé, tantost de l'autre, il prit si bien son temps, que finalement il se
» jetta d'un plein saut à la gorge de son ennemy, & s'y attacha si bien qu'il le
» renversa parmi le champ, & le contraignit à crier misericorde; & supplier le
» Roy qu'on lui ostast cette beste, & qu'il diroit tout. Sur quoi les escoutes du
» camp retirerent le chien, & les Juges s'estant approchez par le commande-
» ment du Roy, il confessa devant tous, qu'il avoit tué son compagnon, sans
» qu'il y eust personne qui l'eust pû voir que ce chien, duquel il se confessoit
» vaincu. L'histoire dit qu'il fut puni; mais elle ne dit point de quelle mort,
» ni de quelle façon il avoit tué son ami. Si ce chien eust esté au temps des an-
» ciens Grecs, lorsque la Ville d'Athenes estoit en son lustre, il eust esté nourry
» aux dépens du public; son nom seroit dans l'histoire; l'on lui auroit dressé une
» statuë, & son corps auroit esté enseveli avec plus de raison & plus de merite
» que celui de Xanthippus. L'histoire de ce chien, outre les honorables vestiges
» peintes de sa victoire qui paroissent encore à Montargis, a esté recommandée
» à la posterité par plusieurs Auteurs, & singulierement par Julius Scaliger en
» son Livre contre Cardan, Exerc. 202. J'oubliois de dire que le combat fut fait
» dans l'Isle Nostre-Dame, en presence du Roy & de toute la Cour.

Ce duel se fit l'an 1371. s'il faut s'en rapporter à la datte marquée au haut

---

» edisceret, cujus argumenta erant, tum rumor ille
» publicus, tum canis illius impetus & ululatus, qui
» tot criminationes esse videbantur. Verum pudor &
» extremi supplicii metus, ita reum ad rem negan-
» dam pertinacem reddidit, ut Rex tandem jube-
» re coactus sit, canis ejulatum, & querelam nobilis-
» que illius viri in negando pertinaciam per singula-
» re certamen dirimi oportere, cujus exitu Deus rei
» veritatem patefaceret. Ambo itaque postea in cam-
» pum, velut duo pugnatores inducti sunt, praesente
» Rege & aulicis omnibus. Vir ille nobilis gravi ba-
» culo armatus prodiit; canis vero non alia quam quae
» natura sibi subministraverat arma attulit; sed do-
» lium utrinque pertusum in campo positum fuit, ut
» in ipsum canis receptum habere posset, si quando
» in certamine defatigatus, respirare vellet, & pos-
» tea ad pugnam redire. Ubi primum canis in campo
» constitutus est, non expectavit se aggredientem;
» sed ac si gnarus fuisset sui officii esse, utpote pu-
» gnam petentis, certamen inire, & hostem aggredi,
» prior irruit in illum; sed gravis ille baculus vel uno
» ictu poterat canem mactare, quapropter ille circum
» hostem currit, opportunum observans insiliendimo-
» mentum; occasionem tandem nactus, in guttur

» inimici sui sese injecit, infixisque dentibus tam for-
» titer apprehendit, ut in terram decuteret. Tunc ille
» Regis misericordiam implorat, rogatque amoveri
» canem, se omnia declaraturum esse pollicens. Tum
» qui ad hoc deputati erant, canem amoverunt. Ju-
» dices autem, jubente Rege accedunt. Vir ille nobi-
» lis, praesentibus omnibus fatetur se socium suum
» occidisse; idque nemine praesente, sed astante solum
» cane, a quo se nunc victum fatebatur. In historia
» narratur illum dedisse poenas; sed non dicitur quo
» mortis genere plexus fuerit. Si canis ille tempore
» veterum Graecorum vixisset, Athenae cum florerent,
» publico deinde cibo pastus fuisset, nomenque ejus
» in historia celebraretur; erecta ipsi statua fuisset, ca-
» daverque ipsius potiori jure sepultum fuisset, quam
» corpus canis Xanthippi. Historia hujusce canis, prae-
» ter illa in honorem victoriae ejus depictae in Monte-
» Argisio vestigia, a multis Scriptoribus celebrata fuit,
» & specialiter a Julio Scaligerio in libro suo contra
» Cardanum, Exerc. 202. Ex memoria exciderat di-
» cere certamen illud factum fuisse in insula B. Ma-
» riae Lutetiae praesente Rege, & Aulicis omnibus.

Hoc singulare certamen commissum est anno 1371.
si fides habenda sit notae quae in summa tabula adscri-

de la Planche, ajoutée à la main longtems après que la Planche fut faite. Le meurtrier étoit le Chevalier Macaire, Gentilhomme Archer des Gardes du Roi. La difficulté que fait là-dessus la Colombiere, lorsqu'il dit qu'un Auteur l'appelle *Aulicus*, & que cela ne peut convenir à un Gentilhomme Archer du Roi ; cette difficulté, dis-je, n'est rien ; car un Gentilhomme qui est ordinairement auprès du Roi pour le garder, se peut fort bien appeller *Aulicus*. L'autre Gentilhomme Archer du Roi qui fut massacré par Macaire, s'appelloit Aubri de Montdidier. Ce meurtre est représenté fort en petit dans la Planche au-dessus du Théâtre. Les deux Gentilshommes étoient à cheval ; Macaire a fait tomber Aubri de son cheval & l'acheve, tandis que le levrier abboie, & semble prêt à s'élancer.

 Le Théâtre où se passe l'action est ovale comme étoient anciennement les champs pour les combats dans les Amphithéâtres. Celui-ci est bordé d'une balustrade, autour de laquelle sont les Spectateurs, Seigneurs & Dames. La place qu'occupe le Roi est disposée à plusieurs étages. Le Roi est au plus élevé, accompagné de plusieurs Dames. Toutes ces Dames, tant celles qui sont auprès du Roi, que les autres qui bordent le Théâtre, portent cet ornement de tête fait en pain de sucre, qui a été en usage pendant près de deux cens ans. On voit ici le tonneau effoncé des deux côtez pour servir de retraite au chien. Pendant le combat les trompettes sonnent des deux côtez. Le Peintre, qui n'a û montrer qu'un instant de l'action, a représenté le Gentilhomme au moment que le levrier le prend à la gorge. Il se démene, tient son gros bâton levé, & son bouclier de l'autre main. C'est par la faute de l'ancien Graveur, qu'il tient dans l'ancienne Estampe le bâton de la main gauche & le bouclier de la droite : cela a été corrigé dans la nouvelle. Ce combat eut l'issue que la Colombiere marque ci-dessus. Le Chevalier Macaire pour être délivré du chien qui l'étrangloit, promit de confesser tout ; il avoua qu'il étoit auteur du meurtre, & fut envoié au gibet, disent les Mémoires qu'on m'a envoiez de Montargis. Il est surprenant qu'aucun des Historiens du tems n'ait fait mention d'un fait si extraordinaire.

---

bitur, quæ nota adjecta fuit diu postquam prisca tabula incisa fuerat. Homicida ille erat Macarius, nobilis vir, ex numero Sagittariorum corporis Regii Custodum. Quæ a supra allato Scriptore asseritur difficultas, Macarium nempe illum, *Aulicum* a Scriptore quopiam vocari, nec posse *Aulicum* dici virum nobilem ex Sagittariis Regii corporis custodibus ; illa, inquam, difficultas nihili esse videtur. Vir quippe nobilis qui assidue Regi adest ad custodiendum ipsum, *Aulicus* certe vocari posse videtur. Alius vir nobilis, Regis sagittarius qui a Macario peremtus est, vocabatur Albericus de Monte-Desiderii. Homicidium illud in tabula supra theatrum minutissimis figuris repræsentatur. Duo illi nobiles viri equis insidebant. Macarius Albericum ex equo decussit, illumque perimit. Oblatrat autem vertagus, & in homicidam insilire velle videtur.

 Theatrum in quo singulare certamen committitur ovatæ formæ est, qua olim forma erant medii campi in amphitheatris. Hic vero campus clathris seu cancellis circumdatur : in quorum ambitu spectatores sunt proceres Franci, mulieresque primariæ. Locus quem Rex occupat, plurimis instructus est tabulatis, & in supremo Rex sedet, cum multis feminis primæ nobilitatis. Omnes porro feminæ illæ tam eæ quæ circa Regem sunt, quam aliæ quæ theatri oras circum occupant, ornatum capitis gestant illum longissimum & in conum desinentem, qui ornatus per ducentos ferme annos in usu fuit. Hic videmus dolium illud utrinque pertusum, ut in eo canis receptum posset habere. Singularis certaminis tempore clangunt utrinque tubæ. Pictor qui pugnæ nonnisi momentum exhibere potuit, Macarium repræsentavit illo temporis puncto, quo vertagus illius gutturi dentes infigit. Ille vero exagitatur, gravem illum baculum manu tenens ; altera autem manu clipeum. Errore veteris incisoris baculum sinistra & clipeum dextera tenet, id quod in nova tabula emendatum fuit. Talis pugnæ exitus fuit, qualis supra describitur. Eques Macarius ut a cane eriperetur ; qui fauces ejus apprehenderat, se omnia declaraturum esse pollicitus est, seque cædis autorem esse confessus, ad patibulum missus est, ut suspendio periret, ut narratur in scriptis quæ mihi ex Monte-Argisio missa sunt. Miror istius ævi Scriptorem nullum rem ita singularem memoravisse.

CHARLES VI.

CHARLES VI. dit LE BIEN-AIMÉ.

DES les premiers jours de ce regne, il y eut un grand débat entre les trois freres; le Duc d'Anjou s'étoit saisi de la regence, & s'étoit emparé du Trésor & des joiaux du feu Roi. Les Ducs de Bourgogne & de Bourbon, le premier oncle paternel, & le dernier oncle maternel du Roi, s'en formaliserent. On s'anima de part & d'autre; les parties avoient pour se soutenir des gens de guerre qui vivoient de pillage, tout sembloit disposé à une guerre civile. On fit une assemblée, où Pierre d'Orgemont expliqua les intentions du feu Roi, qui avoit ordonné de son vivant, que son fils Charles ne fut sacré que quand il auroit atteint l'âge qu'il avoit lui-même établi, & dit qu'il avoit déclaré souhaiter que les Ducs de Bourgogne & de Bourbon eussent soin de son éducation. Jean des Marés, qui parla après lui, fut d'avis que dans la conjoncture presente, sans s'arrêter aux Loix ni aux Coutumes, il falloit faire sacrer le Roi au plutôt, pour mettre fin à la dissension qui étoit entre les Princes, & qui pourroit dégenerer en une guerre civile.

_{Dissension entre les Princes.}

Après ces avis donnez, la dissension augmenta entre les deux partis ensorte qu'on fut sur le point d'en venir aux mains. Les Princes convinrent enfin qu'on nommeroit des arbitres de part & d'autre, & qu'on s'en tiendroit à leur décision. Ces arbitres établirent, que le jeune Roi seroit sacré au plutôt, que tous les Actes se feroient en son nom & seroient scellez de son Sceau, que le Duc d'Anjou auroit la qualité de Regent, qu'il auroit toute l'argenterie du Roi, ses joiaux & ses trésors, hors ce qui seroit nécessaire pour l'usage du jeune Roi; que les Ducs de Bourgogne & de Bourbon auroient la garde de sa personne roiale. Le Cardinal d'Amiens, qui pendant les dernieres années de Charles V. avoit eu l'administration des Finances, étoit fort hai du peuple. Le Roi lui-même témoigna beaucoup d'aversion pour lui. Cela lui fut rapporté: il délogea bien vîte, & emporta avec lui de grands trésors, à ce qu'on disoit. Olivier de Clisson fut confirmé dans sa charge de Connétable.

Le Sacre du Roi se fit à Rheims le quatriéme de Novembre, non sans quel-

_{1380.}

CAROLUS VI. qui DILECTUS cognominatur.

_{Juvenal des Ursins, le Moine de S. Denis, Froissart.}

PRIMIS hujusce Regni diebus ingens inter fratres Principes coorta dissensio est. Dux Andium regimen totum invaserat, gazamque occupaverat regiam cum cimeliis. Duces autem Burgundiæ, & Borbonii, quorum alter patruus, alter avunculus Regis erat, obnitebantur: armatis autem viris utrinque stantibus, videbantur omnia ad civile bellum parata Armati porro illi viri deficiente stipendio, agros, ut victum pararent, devastabant. Tunc coacto consilio de re componenda deliberatum fuit. Petrus Orgemontius quid in animo Rex defunctus haberet, aperuit. Ille namque vivens decreto sanxerat ne Carolus filius in Regem inungeretur, donec ad definitam ibidem ætatem pervenisset; statueratque ut interim Duces Burgundiæ & Borbonii ejus educandi curam haberent. Orgemontium excepit Joannes Desmaresius, cujus opinio fuit, in tam periculosa rerum conditione, non cum tanta religione legibus consuetudinibusque standum esse; sed quam citissime ungendum, coronandumque Regem Carolum esse, ut sic sedarentur dissidia & imminentia belli civilis pericula removerentur.

Post has prolatas opiniones inter factionum partes aucta dissidia sunt; ita ut periculum esset ne manus statim consererent. At Principes tandem una consenserunt, ut delectis arbitris res committeretur, ambæque partes illorum decisioni manus darent. Statuêre porro arbitri, ut quamprimum Rex unctione sacra liniretur & coronaretur; ut acta omnia ejus nomine fierent, illiusque sigillo munirentur, ut Dux Andium Regentis nomine res administraret, gazam omnem pecuniæ & cimeliorum penes se haberet, iis exceptis quæ ad Regiæ familiæ victum spectarent; ut Duces Burgundiæ & Borbonii Regem educandum curarent. Ambianensis Cardinalis qui rem ærariam vivente Carolo V. administrarat, populis perosus admodum erat, cumque Rex ipse alienatum ab illo animum præ se ferret; re cognita ille, pellente nemine, protinus abscessit, & vim pecuniæ grandem, ut rumore ferebatur, secum abstulit. Olivarius Clissonius, jam in Constabularii officium evocatus, idem munus exercere jussus est.

_{Iidem.}

Regis unctio sacra Rhemis peracta est, nec sine dis-

Sacre du Roi Charles VI. que dispute entre les Ducs d'Anjou & de Bourgogne sur la presseance. Ce dernier prétendoit qu'étant le premier Pair séculier dans ce Sacre, il devoit l'avoir sur le Duc d'Anjou; & il l'eut en effet. La céremonie fut faite avec beaucoup de magnificence. On fit ensuite un grand festin, sur lequel Froissart s'explique en cette maniere. » Après la Messe on vint au Palais: & pour ce que la salle es- » toit trop petite pour recevoir tel peuple, on avoit fait en la cour du Palais un » haut & grand trait sur hautes estages, & là fut le disner fait & ordonné: & » s'assirent le jeune Roi & ses cinq oncles, Brabant, Anjou, Berri, Bourgogne » & Bourbon à sa table bien loin de lui: & l'Archevesque de Rheims & autres » Prélats furent à sa dextre. Et les servoient de haux Barons, le Sire de Couci, le » Sire de Clisson, Messire Gui de la Trimouille, l'Admiral de la mer, & ainsi » des autres sur haux destriers tous couvers & parez de draps d'or. Destrier étoit un terme fort commun en ces tems-là pour signifier un cheval, un beau coursier. Ils portoient les mets à cheval, dit Juvenal des Ursins. Après cela le Roi fit plusieurs Chevaliers & reçût des hommages.

P L. X I X. Le Sacre du Roi Charles VI. se trouve dans une tapisserie de la Chapelle Imperiale de Bruxelles, après laquelle M. Pothier l'a fait dessiner & me l'a communiqué. L'action du Sacre ne s'y voit pas. Le Roi y est representé sur un grand trône, aiant les Pairs Ecclesiastiques à sa gauche & les Pairs Séculiers à sa droite. Il tient de la droite la Main de Justice, & de la gauche un sceptre, au sommet duquel est un lion. Sur le faîte du trône sont trois écussons de France à trois fleurs-de-lis chacun. C'est du tems de ce Roi que les fleurs-de-lis furent fixées à trois dans les armes de France. Ce n'est pas qu'on ne trouve sous plusieurs Rois précedens des écussons qui n'ont que ce nombre de fleurs-de-lis, comme on peut voir ci-devant dans l'Inventaire de Charles V. Mais les fleurs-de-lis sans nombre étoient plus en usage. Les six Pairs Evêques sont crossez & mitrez. Les six Pairs Séculiers tiennent chacun un petit bâton, & ont à la tête une espece de guirlande; ils sont vêtus à peu près de même. Il en faut excepter le Comte de Toulouse, dont l'habit est fort different de celui des autres Pairs. Il porte une couronne de forme singuliere. Au-dessous de chaque Pair sont ses armoiries. On remarque sur ces écussons beaucoup de varietez; celui du Duc de Bourgogne est de l'ancienne Bourgogne: le Duc de Normandie avoit deux Leopards

Froissart. sidio Duces inter Andium & Burgundiæ, qui minor licet ætate, contendebat se, utpote primum Parem Franciæ sæcularem, fratrem suum ætate licet majorem Andegavensem Ducem antecedere debere, & reipsa antecessit. Unctionis sacræ ritus cum magnificentia & apparatu maximo peractus est. Hinc ingens sequitur convivium, quod hic depingit verbis Froissartius. » Post sacra celebrata, in ædes regias itur, » quia vero cœnaculum longe minus erat, quam ut » tantam multitudinem capere posset, in ædium aula » sive area ex ligneis tabulis grande & præaltum cœ- » naculum structum fuit, quo fercula allata; ibique » concinne posita fuere. Sedit juvenis Rex, sederunt » quoque ejus seu patrui seu avunculi Duces Braban- » tiæ, Andium, Biturigum, Burgundiæ & Borbonii » ad mensam eamdem; sed procul a Rege. Archiepis- » copus vero Rhemensis & alii Episcopi ad dexteram » ejus sedes habuere. Prandentibus ministrabant pro- » cerum nobilissimi, Cuciacensis Toparcha, Clisso- » nius, Guido de Trimollia, maris Præfectus, alii- » que equis auro stratis & opertis vecti. Equites, in- » quit Juvenalis Ursinus, fercula gestabant. Post » prandium Rex Equites plurimos creavit, & *bominia* » accepit.

Celebritas sacræ unctionis Caroli VI. visitur in aulæo Capellæ Imperialis Bruxellensis, ad cujus fidem delineatam mihi tabulam D. Potherius obtulit; sed ipsa unctio hic non repræsentatur. Rex in præalto solio exhibetur; Pares Ecclesiasticos ad sinistram, sæculares vero ad dexteram habens. Dextera vero tenet Rex manum justitiæ; sinistra autem sceptrum leone superne terminatum. In solii fastigio tria scuta Francica conspiciuntur, quorum singula tres lilii flores exhibent. Hujusce Regis tempore ad ternum numerum redacta sunt lilia in scutis & insignibus Franciæ, tamenque anteriorum Regum tempore scuta tribus tantum liliis insignia conspiciuntur, ut videre est supra in indice cimeliorum Caroli V. Regis. Verum flores lilii sine definito numero in usu frequentiori erant. Pares Episcopi pontificale pedum & mitram, ut vocant, gestant. Sex vero Pares sæculares virgam singuli tenent, ac ceu sertum ex floribus capite gestant, omnesque eodem vestium genere teguntur; uno excepto Comite Tolosano, cujus indumenta a cæteris longe discrepant; coronam vero gestat ille omnino singularem. In scutis & insignibus varietates non paucæ observantur. Burgundiæ insignia sunt Burgundiæ illius veteris. Normanniæ Dux pardos duos, quorum alter

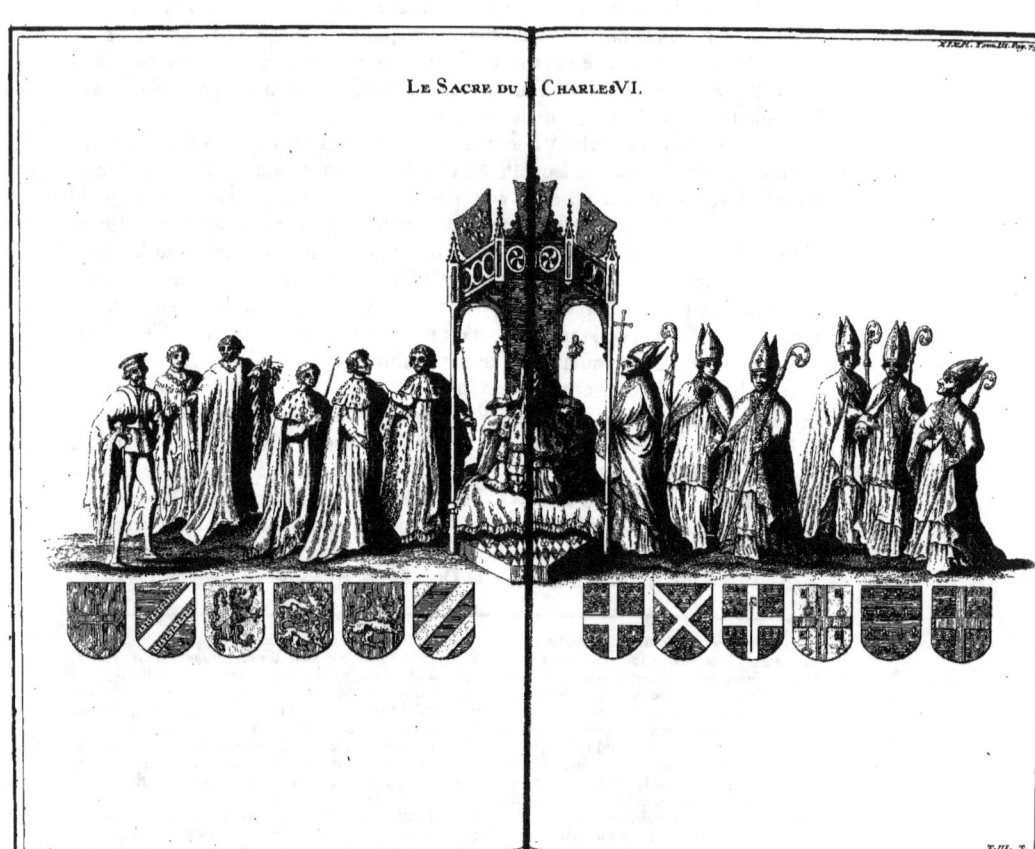

CHARLES VI. dit LE BIEN-AIMÉ.

d'or l'un sur l'autre dans un champ de gueules, & le Duc d'Aquitaine n'avoit qu'un Leopard. Ici c'est tout le contraire, Normandie n'en a qu'un & Guienne en a deux, qui ont la forme de Lions plutôt que de Leopards: le Lion de Flandres qui devroit être de sable, est de gueules, si ce n'est pas la faute du Dessinateur. Dans les Pairs Ecclesiastiques, Rheims qui a la croix de gueules, l'a ici d'argent; le sautoir de gueules de Langres est ici d'argent. Noion n'a pas les deux crosses adossées d'argent qui devoient y être.

Les douze Pairs de France se trouvent fort singulierement representez dans les vitres de S. Sauveur de Bruges. D. Ambroise d'Audeux de Besançon, Benedictin de la Congregation de S. Vannes, me les a envoiez peints d'après l'original, & m'a fourni d'autres pieces considerables pour cet Ouvrage. Dans la copie qu'il m'a envoiée sur les Pairs Ecclesiastiques on lit ces mots: *La partie dextre de la Verrerie ancienne de S. Sauveur à Bruges*; & sur les Pairs Séculiers: *La partie senestre de la Verrerie ancienne de S. Sauveur à Bruges*. Ces peintures sur vitre sont d'un goût fort grossier, auquel je n'ai pas permis qu'on ait rien changé. Les Pairs Ecclesiastiques ont la mitre en tête, l'épée à la main. Ils sont revêtus de leur blason, & portent un long manteau rejetté sur le derriere. Il est bien vrai que les Evêques en ces tems-là alloient à la guerre, y conduisoient des troupes, & se battoient comme les autres Seigneurs & Barons. Mais je ne sai s'ils se trouvoient jamais dans l'assemblée des Pairs, l'épée à la main & la mitre en tête, comme on les voit sur cette Planche. Ce pourroit bien être ici un pur caprice du Peintre. Les Pairs Séculiers sont aussi revêtus de leur blason, & tiennent l'épée à la main. Ils ont tous un bonnet semblable Le Duc de Bourgogne revêtu des armes de Bourgogne ancienne & moderne, tient à la main l'écusson de Bourgogne ancienne, bandé d'or & d'azur de six pieces à la bordure de gueules; mais celui qui est sous ses pieds, represente les armes de la moderne écartelée de l'ancienne. Les Pairs Ecclesiastiques sont ici sans aucun ordre, les Ducs mêlez avec les Comtes. Leurs armoiries varient en plusieurs choses qu'il seroit trop long de rapporter. Ces varietez dans le blason se trouvent dans les anciennes figures, comme nous avons déja remarqué.

Il fut ordonné à Rheims qu'on ôteroit les Aides, selon la volonté du Roi Charles V. ils furent en effet ôtez. Mais le Duc d'Anjou, qui ramassoit de l'ar-

PL. XX.

---

alteri superpositus erat, gestabat in campo rubro, & Dux Aquitaniæ pardum unum ferebat. Hic vero contra, Normannia unicum, Aquitania duos habet, qui magis leones, quam pardos referunt. Leo Flandrensis qui niger esse deberet, ruber est; nisi fortasse id ex delineantis lapsu factum sit. In Paribus autem Ecclesiasticis Rhemorum Archiepiscopus, qui crucem rubram insigne habet, hic argenteam refert. Lingonensis decussis ruber, hic argenteus est. Noviomensis Episcopus duo Pontificalia peda opposita non habet, ut more receptum est.

Duodecim Pares Franciæ singulari modo repræsentantur in vitreis fenestris S. Salvatoris Brugensis, quos delineatos misit D. Ambrosius de Aldusio Benedictinus Congregationis sancti Vitoni, mihique alia bene multa egregia ad hoc opus suppeditavit. In ejus autem tabulis hæc scripta leguntur, ad Pares Ecclesiasticos. *In parte dextra vitreæ fenestræ veteris, S. Salvatoris Brugensis*; & ad Pares Seculares: *Pars sinistra vitreæ fenestra veteris; Sancti Salvatoris Brugensis*. Illæ porro in vitreis fenestris depictæ figuræ rudi admodum penicillo delineatæ fuere: nec delineatori tamen permisi, ut aliquid elegantius exprimeret. Pares hi Ecclesiastici mitram capite gestant, & gladium manu tenent. Insignibus autem suis vestiuntur, & oblongum pallium gestant in posteriores partes rejectum. Et vere quidem Episcopi ævo isto ad bellum procedebant, & pugnatorum duces erant; atque ut alii Proceres irrumpebant in hostes. At nescio an in Parium cœtibus hujusmodi, cum mitra sua & gladium manu tenentes comparerent. Id certe ex mero pictoris arbitrio factum esse suspicari licet. Pares quoque sæculares insignibus teguntur suis, & gladium manu tenent, pileum vero gestant omnes ejusdem formæ. Burgundiæ Dux in veste sua insignia Burgundiæ, veteris & novæ præ se fert, & manu tenet scutum insignibus veteris Burgundiæ notatum; quæ sunt sex tæniæ seu aureæ, seu cærulæ alternatim positæ, cum ora rubra; sed scutum sub pedibus Ducis positum, insignia refert Burgundiæ novæ cum veteris insignibus conjuncta. Pares porro Ecclesiastici hic nullo servato ordine locantur, Duces videlicet cum Comitibus admixti. Insignia vero in multis secus posita habentur, quæ omnia minutatim recensere longius & nullius operæ precii esset. Hæ porro varietates in tabulis insignium frequentius occurrunt, ut jam sæpe supra observatum fuit.

Rhemis statutum fuit, ut subsidia, quod vectigalis genus est, tollerentur, prout ante obitum suum jusserat Carolus V. Verum quia Andegavensium Dux,

Froissart.
Juvenal des Ursins.
Le Moine de S. Denis.

gent pour son voiage de Naples, dont il avoit été déclaré Roi par la Reine Jeanne, aiant épuisé l'épargne, on fut obligé de remettre ces impôts, d'où s'ensuivit une sédition à Paris, à Compiegne & dans d'autres villes. Cette sédition étant appaisée, le peuple se mutina encore le lendemain & se jetta sur les Juifs, pilla leurs maisons, prit leurs enfans pour les mener à l'Eglise & les faire baptiser. Leurs peres auroient été massacrez, s'ils ne s'étoient mis en lieu de sûreté. Ils furent depuis remis dans leurs maisons & dans leurs biens, & l'on obligea le peuple de leur rendre ce qu'il leur avoit pris. L'ordre en fut donné, mais il fut mal executé.

Boukingham fait la guerre en Bretagne.

Tandis que ces choses se passoient. Le Comte de Boukingham arriva en Bretagne avec son armée, & alla faire le siége de Nantes. Le Duc lui avoit promis de venir le joindre avec un corps de troupes Bretonnes, pour renforcer son armée. Mais il ne fut pas en son pouvoir de le faire. Les Bretons qui l'avoient appellé, & qui s'étoient donnez à lui, fort mécontens de voir dans leur payïs une armée d'Anglois, qui alloit consumer leurs vivres & ruiner leurs campagnes, refusoient de lui prêter secours, & lui disoient de se racommoder avec le Roi de France son souverain, s'offrant de l'aider en cela: & de renvoïer ces Anglois chez eux; cependant les François qui gardoient Nantes en grand nombre se défendoient vaillamment. Ils faisoient de grandes & fréquentes sorties sur les Anglois qui avoient presque toujours du pire. Le Comte de Boukingham, voiant qu'il se morfondoit inutilement devant cette place, leva le siége, & alla se plaindre au Duc qui étoit à Vannes, de ce qu'il ne lui avoit pas tenu sa promesse: le Duc lui representa l'impossibilité où il avoit été de la faire. Cependant les Seigneurs Bretons, qui étoient à la Cour de France pour faire la paix du Duc avec le Roi, terminerent enfin leur affaire. Le Traité fut fait, par lequel il étoit permis de fournir des navires & des vivres au Comte de Boukingham pour s'en retourner en Angleterre.

Le Roi chassant en la Forêt de Senlis, dit Juvenal des Ursins, prit un cerf vivant, qui avoit au cou un collier de cuivre doré, où étoit cette inscription, *Hoc me Cæsar donavit*. Depuis ce tems-là il prit deux cerfs volans pour supports de ses armes. Froissart dit qu'il prit le cerf volant *en sa devise*, parce qu'il eut un songe, où il lui sembloit qu'il étoit monté sur un cerf volant. L'Histoire du

ab Joanna Neapolis Regina Rex cooptatus, ad Neapolitanam expeditionem pecunias undique corradebat, totumque regium ærarium exhauserat: hæc revocare vectigalia coacti Principes sunt. Hinc vero coorta seditio Lutetiæ est, Compendii item, in aliisque civitatibus: qua aliquantum sedata, populus tamen insequente die denuo commotus, Judæos adortus, domos illorum diripit, filios puerulos in Ecclesiam adducit, ut aqua baptismatis tingantur; Judæique omnes, furente populo, cæsi fuissent, nisi in tuto se collocassent. Postea tamen in ædes reducti suas, bonaque ipsis restituta sunt, jussusque populus suit rapta infelicibus restituere; sed pauci præcepto paruere.

Eidem.

Interea vero Buxinganus Comes cum exercitu in Britanniam Armoricam pervenit & Namnetas obsedit. Pollicitus ipsi erat Britanniæ Dux venturam se cum armatorum manu & suppetias laturum. At promissis stare non valuit; Britanni namque Armorici, qui Ducem advocaverant, indigne ferebant, quod Anglorum exercitus in regionem suam induxisset, qui annonam absumeret, atque agros suos depopularetur, opemque ipsi bella movere cupienti negabant, dicebantque in Regis Francorum supremi Domini sui gratiam rediret; qua in re ipsi opem Duci ferre parati erant; & Anglos in patriam suam remitteret. Interea vero Franci Namnetum urbis præsidii, ii, qui bene multi erant, Anglos fortiter propulsabant. In obsidentes sæpe erumpebant, ac felici semper fere exitu, hostes cædebant, pellebantque; ita ut Buxinganus Comes cernens se irrito conatu cœptis manum admovere, obsidionem solverit, Ducemque adierit, in quo Venetiis considebat, expostulaveritque quod quam promiserat opem non tulisset. Reposuit Dux non penes arbitrium suum fuisse id præstare, quod admodum cupiebat. Interea Britones qui tum in Regia Francica erant, operamque dabant, ut Ducem suum in Regis gratiam reducerent, optatum tandem sunt assequuti. Pacta inita fuere, queis licebat Duci & Britannis naves & commeatum Buxingano Comiti suppeditare, ut in Angliam, re infecta, trajiceret.

Rex Carolus cum prope Silvanectum in nemus venatum se contulisset, inquit Juvenalis de Ursinis, cervum cepit viventem, qui torquem æreum deauratum collo gestabat, ubi hæc inscriptio legebatur: *Hoc me Cæsar donavit*. Abhinc vero duos cervos alis instructos in scuti & insignium suorum adminicula sumsit. Froissartius vero narrat Carolum sibi cervum volantem in insignibus adscripsisse, quia in somnio se a volante cervo vehi putaverat. Historia vero cervi in Sil-

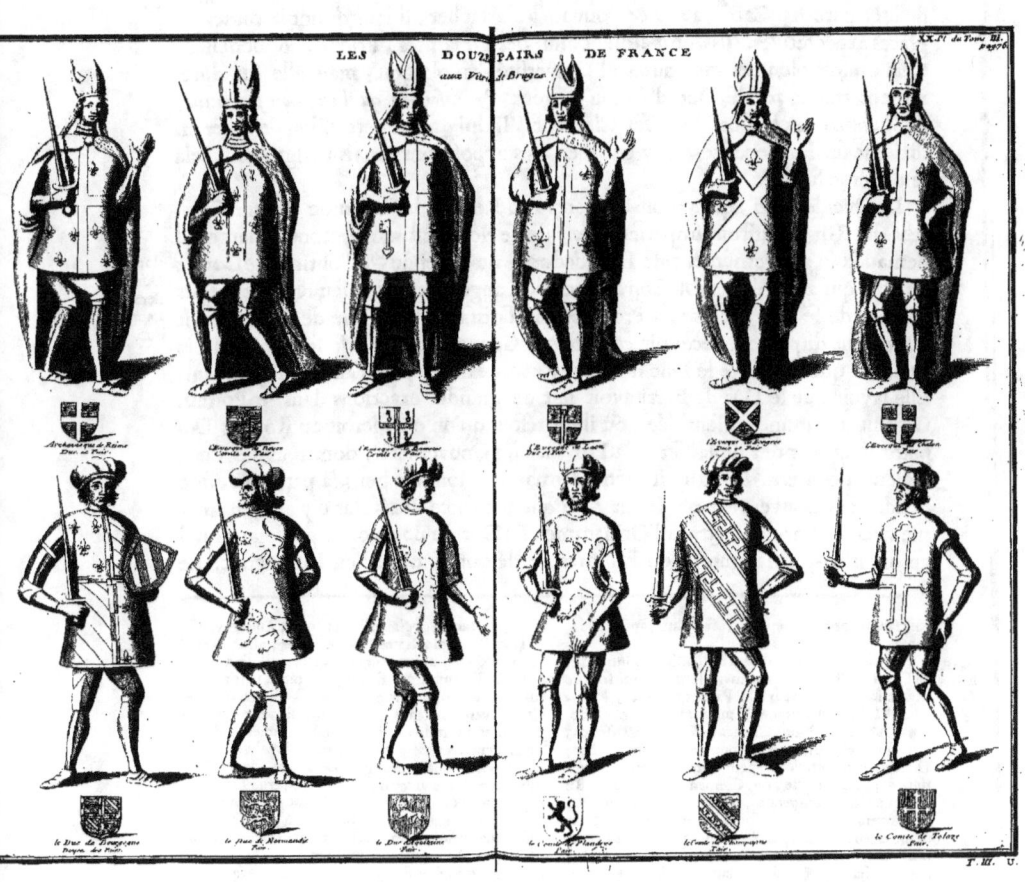

cerf trouvé dans la Forêt de Senlis a tout l'air d'une vision, & d'un conte fait à plaisir.

En ce tems-ci les Rois d'Espagne & d'Hongrie envoierent des Ambassadeurs au Roi, pour le porter à rejetter le Pape Clement VII. & reconnoître Urbain VI. élu canoniquement. Le Duc d'Anjou Regent du Roiaume, lié d'interêt avec Clement VII. qui le favorisoit dans ses prétentions sur le Roiaume de Naples, leur porta la parole & leur dit que le Roi étoit dans le dessein de suivre les traces de son pere, qui avoit adhéré à Clement VII: qu'après une meure délibération, on avoit jugé que l'élection d'Urbain VI avoit été forcée, & extorquée par la crainte, & étoit par conséquent nulle. Cependant Clement VII. se rendoit odieux au Clergé de France & à l'Université de Paris. Il avoit auprès de lui trente-six Cardinaux, & pour se les attacher, il leur donnoit toutes les graces expectatives. Ils s'emparoient ainsi des Prélatures, Prieurez & Benefices. Cela causoit bien des murmures ; l'Université s'en plaignit, mais elle fut durement traitée par le Duc d'Anjou Regent, *& disoit-on qu'il en avoit son butin*, dit Juvenal des Ursins. En effet Clement VII. lui donna permission de lever un dixiéme sur les Benefices. Il y eut bien des oppositions : mais malgré tout cela le dixiéme fut levé.

Le Duc de Berri, qui voioit ses freres l'un Regent du Roiaume, l'autre Curateur du Roi, souffroit impatiemment de se voir destitué de toute charge. Il demanda le gouvernement de Languedoc & de Guienne, & l'obtint. Le Comte de Foix qui avoit été établi Gouverneur de Languedoc par le feu Roi, ne fut pas content de se voir exclus. La Province fort satisfaite du Comte de Foix, n'étoit nullement disposée à recevoir ce nouveau Gouverneur, elle se souvenoit de la tyrannie que son frere le Duc d'Anjou y avoit exercée peu d'années auparavant. Elle savoit que le Duc de Berri avoit fait de grandes exactions dans le Poitou. On tint une grande assemblée, où il fut résolu qu'on envoieroit au Roi des Députez pour le prier de laisser à la Province un Gouverneur, dont tous les Etats étoient si contens. Le Roi vit bien à la maniere dont ces gens-là parloient, que le nouveau Gouverneur n'y seroit reçû que par force. Il résolut d'y aller lui-même avec une armée, & prit l'Oriflamme. Le Duc de Bourgogne prévoiant qu'il auroit bien-tôt la guerre en Flandres, le détourna d'aller en Languedoc. Le

Juvenal. le Moine de S. Denis. Froissart.

Hoc circiter tempus Reges Hispaniæ & Hungariæ, ad Carolum Regem nuncios miserunt, qui sollicite urgerent ut Clementem VII. Papam rejiceret, & Urbano VI. hæreret, utpote secundum Canones electo. Dux autem Andium Clementi VII. addictissimus, qui sibi Neapolitanum regnum affectanti favebat, Oratoribus respondit, Regem Carolum patris sui vestigia sequuturum esse, qui Clementi VII. hæserat. Re namque serio deliberata, visum fuisse Urbani VI. electionem vi extortam fuisse, & ex timore factam atque ideo nullam esse. Clemens vero VI. in Cleri Gallicani & Universitatis Parisiensis odium incurrebat. Triginta sex Cardinales aderant sibi, queis gratias omnes *expectativas*, ut vocabant, conferebat, ut illos fortiore vinculo secum retineret. Sic illi Episcopatus, Prioratus, beneficiaque pene omnia invadebant. Hinc rumores & querimoniæ spargebantur. Universitas obsistebat, expostulabatque: sed vehementer coercita est ab Andium Duce, tunc res omnes moderante, *qui in partem prædæ admittebatur*, inquit Juvenalis de Ursinis. Et certe Clemens VII. decimam illi beneficiorum concessit, multis fortiter reluctantibus ; sed tamen decima illa potius est Andegavensis.

Dux Biturigum fratres suos cernens, alium Regni Moderatorem, alium Regis Curatorem, se munere omni destitutum ægre ferens, provincias petiit Septimaniam & Aquitaniam regendas, impetravitque. Comes vero Fluxensis, cui Septimaniam regendam commiserat Carolus V. Rex, se ab hoc munere destitutum videns, rem indigne tulit. Provincia vero ipsa, quæ Fluxensem omnia ex æquo moderantem sibi Præfectum libentissime videbat, novum recipere Præfectum detrectabat. Non memoria exciderant illa omnia quæ Andium Dux ante paucos annos truculenter gesserat, ipsumque Bituricensem exactionem pecuniarum grandem apud Pictavos fecisse non nesciebat. Una igitur collectis Ordinibus statutum fuit, ut ad Regem mitteretur rogatum, Fluxensem Comitem provinciæ Rectorem confirmaret, cujus in rebus administrandis æquitas omnium sibi animos conciliaverat. Ex Oratorum dictis conspicatus Rex novum Præfectum nonnisi vi & armis recipiendum fore ; ipse cum exercitu eo se conferre decrevit, & vexillum San-Dionysianum accepit. Dux autem Burgundiæ, qui bellum in Flandria quamprimum fore prospiciebat, Regis animum a profectione in Septimaniam avertit. Bituricensis por-

Duc de Berri assembla des troupes & s'y rendit : dès son arrivée ses gens se mirent à piller, à désoler le payis, à prendre des gens qu'ils rançonnoient. Le Comte de Foix assembla les Etats, & il fut résolu qu'on se mettroit en défense. Il eut bientôt plus de troupes que n'en avoit le Duc de Berri. Dans un combat qui se donna, le Duc de Berri fut battu, & il eut toujours du pire en d'autres rencontres. Enfin le Comte voiant que cette guerre alloit désoler la Province, prit genereusement le parti de sacrifier ses interets au bien public. Il s'accommoda avec le Duc de Berri, & lui laissa le gouvernement.

Guerre de Flandres.
1381.

La guerre recommença en Flandres plus forte que jamais. Les Gantois étoient toujours rebelles à leur Comte, & ennemis jurez de la Noblesse. La paix faite par le Duc de Bourgogne fut bien-tôt rompue. Le Comte rassembla tout ce qu'il pût de Nobles & de Gensdarmes, & se mit aux champs. Les Gantois aiant attiré à leur parti ceux de la ville d'Ypre, le Comte surprit une grosse troupe de gens armez des deux villes, en tailla en pieces une bonne partie & mit le reste en fuite. Après quoi les villes d'Ypre & de Courtrai s'étant tournées de son côté, il alla assiéger Gand. Les Gantois s'étonnerent si peu de se voir assiégez par leur Comte, qu'ils détacherent un corps de troupes de leur ville, qui alla prendre & bruler Alost, & pilla quelques autres places. Le Comte leva le siége. Les Gantois eurent du pire dans quelques autres rencontres, & élurent enfin pour leur chef Philippe d'Artevelle, fils de ce Jacques ou Jaquemart d'Artevelle, qui fit tant parler de lui du tems du Roi Philippe de Valois. Le Comte alla de nouveau assiéger Gand avec le même succès que la premiere fois. Quelque tems après le Comte étant sorti de Bruges avec les troupes ramassées dans la ville, donna bataille à Philippe d'Artevelle, & fut défait à plate couture : il s'enfuit à Bruges, & de-là à l'Isle. Les Gantois prirent & pillerent la ville de Bruges, après quoi Philippe d'Artevelle les mena assieger Oudenarde.

Tandis que cela se passoit en Flandres, le Duc d'Anjou & les autres Princes & Seigneurs voulurent établir les *Aides*, sorte d'impôt qu'on avoit été obligé de mettre à bas, pour éviter une revolte. Les Parisiens s'y opposoient, & voiant que le Duc vouloit à force faire passer cet impôt, & y ajoûter encore l'imposition du douziéme denier, ils élurent des Quarteniers, des Dixeniers, des Cin-

---

ro collecta pugnatorum valida manu, in Septimaniam venit. Hi pugnatores statim agros devastare, omnia diripere, captivos viros ducere, ut redemtionis precium exigerent. Tunc Fluxensis Comes Ordines convocat, decretumque fuit ut vis vi propulsaretur. Quam primum vero longe majorem pugnatorum numerum collegit, quam Bituricensis Dux haberet. Pugna committitur : Bituricensis Dux superatur, & in præliis subsequentibus Duci semper adversa fortuna fuit. Tandem vero cernens Fluxensis, hoc bello desolatum iri Septimaniam totam, qua sua intererant omnia publicæ rei & utilitati condonavit, ac cum Bituricensi Duce, pacto inito, liberam ipsi Septimaniæ administrationem reliquit.

Iidem.

In Flandria redintegratum bellum fuit, & vehementius quam antehac pugnæ, præliaque commissa sunt. Pax, quæ intercedente Burgundiæ Duce conciliata fuerat, cito violata fuit. Gandavenses Comiti suo rebelles, nobilibusque omnibus infesti erant. Comes quam maximam potuit nobilium & armatorum manum collegit ; cumque Gandavenses Hypram civitatem ad suas partes pellexissent, Comes grandem utriusque urbis armatorum manum ex improviso adortus est, magnaque edita strage, reliquos in fugam vertit. Sub hæc Hypra & Curtracum ad Comitis partes se contulerunt, & Comes Gandavum obsessum venit. Gandavenses usque adeo Comitem qui circum urbem castra posuerat, non extimuere, ut manum suorum validam emitterent, quæ Alostum cepit & incendit, aliaque castra diripuit. Comes vero obsidionem solvit. Gandavenses porro cum minus prospere aliquoties concertavissent, ducem tandem sibi delegerunt Philippum Artevellæum, filium Jacobi illius Artevellæi, qui tempore Philippi Valesii Regis, ex faustis & infaustis tantopere celebratus est. Comes autem Flandrensis denuo Gandavum obsedit, nec meliore, quam prius, exitu. Quodam sub hæc elapso tempore, Comes Brugis egressus cum copiis in istac urbe collectis, cum Philippo Artevellæo pugnam commisit ; profligatusque est, ac primo Brugas, deinde in Insulas confugit. Postea vero Gandavenses Brugas cepere, ac diripuere : exindeque Artevellæus illos Aldenardam obsessum duxit.

Dum hæc in Flandria gererentur, Dux Andium, aliique Principes & Proceres *subsidia*, quod vectigalis genus erat, exigere voluerunt, quæ pridem seditionis metu de medio sublata fuerant. Obnitebantur pro virili Parisini ; cumque viderent obfirmatum Andium Ducem, nec modo velle subsidia exigere, sed etiam huic vectigali duodecimam adjicere, Quaternarios,

CHARLES VI. dit LE BIEN-AIME'

quanteniers, se pourvûrent d'armes & de maillets, d'où vint le nom de Maillotins qu'on leur donna depuis. Ils mirent aussi des chaînes par la ville, & des gardes aux portes. Un des Fermiers étant venu en ce tems demander quelque droit à une Herbiere qui vendoit du cresson aux Halles, elle se mit à crier. Ce fut comme le signal de la sédition : la populace prit les armes, alla forcer l'Hôtel de Ville, emporta les armes & les maillets de plomb, courut par la ville, pillant les maisons, & massacrant tous ceux qu'ils soupçonnoient être ou Fermiers ou Maltotiers. Ils apprirent que plusieurs de ces gens-là s'étoient refugiez dans l'Abbayie de Saint Germain des Prez : ils y accoururent, & firent des efforts pour y entrer : mais la place étant trop bien gardée & fortifiée, ils furent repoussez & s'en allerent au Châtelet, rompirent les portes, & délivrerent deux cens prisonniers.

A l'exemple de Paris plusieurs villes de France prirent les armes, & sur-tout ceux de Rouen, qui firent plus de désordre que les autres. A l'imitation des Flamans qui faisoient une cruelle guerre aux Nobles, les Parisiens, d'intelligence avec eux, disoit-on, en vouloient aux Seigneurs, aux Riches, & sur-tout aux Fermiers. Il sembloit que le mal fut contagieux ; car dans ce même tems la populace d'Angleterre prit les armes ; un nombre prodigieux de mutins vint à Londres dans le dessein d'exterminer tous les Seigneurs : ils massacrerent l'Archevêque de Cantorbery & plusieurs autres Seigneurs & Chevaliers : tout étoit disposé à un bouleversement, si on n'eût eû l'art de separer & d'écarter la troupe. Les Parisiens après tant de violences, s'apperçurent qu'ils en avoient trop fait : ils deputerent les plus honorables d'entre eux : l'Université y envoya aussi pour implorer la misericorde du Roi, qui parut d'abord fort ému ; mais il se laissa enfin fléchir & pardonna aux Parisiens, hors ceux qui avoient forcé le Châtelet, dont il voulut qu'on fît justice. Le Prevôt de Paris en prit plusieurs, qu'il fit jetter dans la riviere, & le Roi voiant que ces executions alloient exciter une seconde mutinerie, ordonna qu'on mit fin aux recherches. On s'accommoda avec les Parisiens, à condition qu'ils fourniroient cent mille francs au Roi qui vint à Paris, & l'on fit chanter le *Te Deum*. Le Duc d'Anjou partit enfin pour se rendre au Roiaume de Naples, portant avec lui des trésors immenses. Il se rendit à Avignon, où le Pape Clement VII. le couronna Roi de Naples & de

Seditions en France & en Angleterre.

Decuriones & Quinquagenarios delegerunt, arma & malleos collegerunt, unde & *Malleotini* postea dicti sunt ; catenas per urbem, & in portis custodias posuere. Cum autem conductorum quidam a muliere nasturtium venum exponente, vectigal quoddam exigeret, exclamavit illa. Hoc quasi signo dato coorta seditio est. Plebs ad arma currit, urbanam basilicam vi capit, arma & malleos plumbeos aufert, per urbem infesta currit, domos diripit, omnesque trucidat, quotquot vel conductores, vel *Mala-toltarios* esse suspicatur : cumque comperissent seditiosi ex illis quosdam in Abbatiam sancti Germani a Pratis confugisse, istuc veloci cursu se contulere ; sed præsidio munitus & armis, valloque cinctus locus erat. Repulsi igitur in Castelletum venerunt, ostia confregere, ducentosque in carcere clausos, liberos dimisere.

Iidem. Parisinorum exemplo, plurimæ civitates arma sumserunt, Rothomagenses vero plura quam cæteros ausos esse dicebatur. Æmulatores Flandrensium Parisini, qui ex compacto cum illis agebant, ut ferebatur ; proceribus, divitibus, maximeque conductoribus infesti erant ; contagioni tunc simile malum erat. Eodem namque tempore Anglicana plebs ingenti numero Londinum venit, illo animo ut proceres omnes de medio tolleret, Archiepiscopumque Cantuariensem trucidavit, multosque alios primores Equitesque peremit, omnia ad exitium parata erant, nisi seditiosorum multitudo illa arte in partes distracta fuisset. Parisini post tot gesta, post tantam violentiam, se tandem longe plura quam par fuisset designavisse senserunt. Eos qui apud se honorabiliores esse censebantur, ad Regem miserunt : Universitas quoque ex suis misit, qui ejus misericordiam implorarent. Commotus animo Rex non statim cessit rogantibus ; sed tandem in misericordiam versus Parisinis pepercit, iis exceptis, qui Castelletum invaserant, quos dare pœnas volebat. Parisiensis Præpositus ex iis plurimos captos in flumen demergi jussit. Cumque advertere Rex ex tot seditiosorum supplicio periculum fore ne nova seditio concitaretur, præcepit ut ne ulterior factiosorum perquisitio fieret. Cum Parisinis tandem pacta inita sunt, ut missis omnibus iis quæ nuper patrata fuerant, centum mille Francos Regi numerarent; qui tunc Lutetiam venit, & per canticum *Te Deum Laudamus*, terminata res fuit. Dux Andium tandem profectus, ut in Neapolitanum Regnum se conferret, immensa auri & argenti vi communitus, Avenionem venit, ubi Clemens VII. illum Neapolis &

Sicile. Le Prince lui en rendit hommage, aussi-bien que du Comté de Provence. Ce ne fut pas sans peine qu'il réduisit les Provençaux ; après quoi il prit le chemin d'Italie.

Siege d'Oudenarde.

Le siege d'Oudenarde dura long-tems, les François se défendoient en braves ; mais les vivres commençoient à leur manquer. Un ravitaillement qu'ils eurent les aida à soutenir le siege jusqu'à l'arrivée des troupes du Roi. Les assiegez envoierent paître cinq cens cochons autour de la ville. Les François, dans le dessein d'en enlever le plus qu'ils pourroient pour leur subsistance, sortirent de la place en assez petit nombre, partie à cheval & partie à pied. Les cavaliers s'avancerent pour soûtenir les pietons : ceux-ci coururent après les cochons, en prirent deux ou trois, qu'ils traînerent vers la ville. Ces cochons qu'on menoit à force se mirent à crier : au cri de ceux-ci tous les autres accoururent vers la porte de la ville. Les Gantois vinrent charger ces Cavaliers François plus avancez que les autres. Ils se défendirent vaillamment, battant toujours en retraite, jusqu'à ce que les cinq cens cochons furent entrez. Une partie de la garnison sortit pour soutenir ces Cavaliers ; les Flamans perdirent bien de leurs gens, & ce qu'ils regretterent le plus, tous leurs cochons.

Les Gantois pendant ce siege alloient piller & bruler les terres voisines qui appartenoient au Comte. Ils brulerent aussi quelques villages du Roi de France. Le Comte de Flandres craignant les suites de cette guerre, engagea son gendre le Duc de Bourgogne, de porter le Roi à venir le secourir. Le Duc de Bourgogne en parla à son frere le Duc de Berri, qui fut de même avis que lui. Tandis qu'ils parloient ensemble le Roi entra en leur chambre, *l'epervier sur le poing*, & voulut savoir le sujet de leur conversation. Ils lui raconterent ce qui se passoit en Flandres, l'insolence de Philippe d'Artevelle, & le siege d'Oudenarde. Le Roy animé par leur discours, témoigna qu'il desiroit ardemment d'aller remettre le Comte de Flandres dans ses Etats, & punir ces rebelles. Philippe d'Artevelle envoia prier le Roi Charles de remettre les Gantois & leurs alliez Flamans en grace avec leur Comte. Le Roi ne tint aucun compte de cette Ambassade. Alors Artevelle envoia douze Bourgeois de Flandre demander secours au Roi d'Angleterre. C'étoit le meilleur parti, mais il s'y prit trop tard ; ces Flamans firent mal leur ambassade, en demandant en même tems & un grand secours contre le Roi

---

Juvenal des Ursins. Le Moine de S. Denis.

Siciliæ Regem coronavit. Ipse vero Princeps Clementi *hominium* præstitit pro Regnis Neapoli & Siciliæ, & pro Comitatu Provinciæ. Nec sine labore & opera Provinciales sibi subditos reddidit, posteaque in Italiam iter suscepit.

Diuturna fuit Aldenardæ obsidio, Gandavenses fortiter propulsabant Franci ; sed jam proximum erat ut annona deficeret : verum non modica cibariorum accessio, quam dicturi sumus, ut usque adventum regii exercitus obsidionem ferre possent, effecit. Circum urbem Gandavenses quingentos porcos emittebant, qui pascerent in campis. Franci vero ut quantumcumque possent ex illis numerum abducerent, & in oppidum intromitterent, exiêre tum equites, tum pedites numero pauci. Equites progressi sunt ut peditibus opitularentur. Hi ad porcos currunt, quorum duo tresve abripiunt, & ad oppidum adducunt. Sic abstracti porci grunnitum edunt maximum ; alii circum positi, horum attracti clamore versus urbis portum accurrunt. Gandavenses in equites Francos qui longius processerant irrumpunt. Hi fortiter pugnando sensim retrocedere donec porci illi quingenti ad urbem essent ingressi. Tunc porro præsidii pars egressa est ut equitibus opem ferret. Flandrenses hic ex suis multos, & quod magis dolori erat, totum porcorum gregem amiserunt.

Gandavenses dum Aldenardam obsiderent, vicinos agros ad Flandrensem Comitem pertinentes, igni & ferro devastabant, Regis quoque Francorum vicos incendio tradebant. Comes vero Flandrensis de infausti belli exitu metuens, apud generum suum Burgundiæ Ducem id egit, ut opem Regis sibi imploraret. Dux Burgundiæ Bituricensi fratri rem aperuit, & dum ambo ea de re confabularentur, Rex in ipsorum cubiculum ingressus est, accipitrem manu gestans, & qua de re inter illos ageretur sciscitatus est. Tunc enarranti illi omnia quæ tum in Flandria gerebantur ; petulantiam Philippi Artavellæi & Aldenardæ obsidionem. Rex his auditis, animo commotus, se velle dixit in Flandriam iter suscipere, ut Comitem Flandrensem in gradum & ditionem suam restitueret, ac rebelles plecteret. Philippus vero Artavellæus ad Regem mittit rogatum, Gandavenses & ipsorum socios in gratiam Comitis sui restitueret, Rex Artavellæi Oratores nihili fecit ; tumque ille duodecim Flandrenses cives ad Regem Angliæ misit suppetias postulaturos : & quidem opportuna hæc auxilia fuissent ; sed tardius quam par erat Oratores istos misit. Illi vero Flandrenses legati auxi-

de

CHARLES VI. dit LE BIEN-AIMÉ.

de France, & deux cens mille écus qu'ils avoient prêtez au Roi Edouard, lorsqu'il fit les sieges de Tournay & de Calais. Cela fut cause qu'ils n'obtinrent rien.

Le Roi Charles avant que d'assembler son armée, fit tenter quelque voie d'accommodement ; mais Artevelle fier de quelque bon succès, ne voulut rien écouter. On fit alors assembler l'armée dans l'Artois, une des plus fortes, des plus nombreuses & des mieux choisies armées qu'on eût vû depuis long-tems. Un petit échec de soixante hommes du Comte de Flandres tuez au passage d'une riviere, releva encore les esperances de Philippe d'Artevelle, qui fit rompre tous les ponts des rivieres où les François devoient passer, & garder tous les passages. L'armée arriva au pont de Comines, qui étoit rompu. Tandis qu'on pensoit à rétablir ce pont, plusieurs Seigneurs François, & les plus braves des Gendarmes passerent de l'autre côté dans des barques. L'entreprise étoit téméraire : cependant il en passa un si grand nombre, qu'ils se crurent assez forts pour aller chercher les ennemis, qui étoient plus de quatre contre un. Quand le Connétable vit ces Seigneurs passez sans son ordre, il donna permission à qui voudroit de traverser la riviere, pour les aller secourir. Les Flamans conduits par Pierre du Bois vinrent attaquer ce corps de troupes Françoises. Ils furent acueillis à grands coups d'épées de Bourdeaux, fort en usage en ces tems-là. Ils ne tinrent gueres contre ces gens aguerris qui les tuoient à tas ; Pierre du Bois fort blessé, fut emporté par ses valets ; six mille Flamans demeurerent sur la place ; les autres prirent la fuite. L'avant-garde qui passa, chassa ensuite les Flamans de Comines, & en tua un grand nombre. La ville de Verain fut prise & saccagée. Les troupes Françoises, & sur-tout les Bretons firent là un grand pillage. Ces Bretons qui se battoient bien, étoient les plus grands pillards de l'armée.

Combat du Pont de Comines.

Le corps de bataille où étoit le Roi aiant passé la Lis, la ville d'Ypre vint se rendre à sa merci. Le Roi Charles traita cette Bourgeoisie fort humainement. Il reçut la nouvelle de ce qui se passoit dans sa ville capitale. Les Parisiens en l'absence du Roi & de ses troupes délibererent entr'eux de mettre à bas le Château de Beauté sur Marne, le Louvre & tous les autres Châteaux Royaux ; c'étoient des forteresses qui les incommodoient, & qui pouvoient traverser leurs desseins. Ils étoient sur le point de le faire ; mais un de la troupe plus sage que les autres, leur conseilla d'attendre au moins l'issuë de la guerre de Flandres,

lium grande ab Anglis postulabant, ac simul intempestive ducentorum millium scutorum, quæ Eduardo Regi cum Tornacum & Caletum obsideret, mutuo dederant, repetebant : quapropter illi, re infecta, reversi sunt.

Rex Carolus, antequam exercitum colligeret, aliquam rei componendæ viam offerri curavit. Verum Artevellæus, quod aliquid prospere jam in hoc bello assequutus esset, inflatus, ne audire quidem conditiones voluit. Hinc in Artesia magnus congregatur exercitus, quo fortior, numerosior, ex delectu pugnatorum splendidior vix antea visus fuerat. Tunc ex Flandrensis Comitis copiis sexaginta viri in transitu cujusdam fluvii cæsi sunt ; qua re majorem felicis in hoc bello exitus spem concepit Artavellæus, qui pontes omnes fluviorum, qua transituri Franci erant, destrui jussit, & in transitu quovis custodias apponi curavit. Exercitus vero regius ad pontem Comineum nuper diruptum venit. Dum de illo restaurando agitur, multi proceres & militum fortissimi scaphis fluvium trajiciunt, temerario certe ausu : tot tamen numero transierunt, ut se posse putarent hostem aggredi, quadruplo tamen numerosiorem. Ubi vidit Constabularius hos, nullo permittente aut jubente, transiisse, quemvis volentem fluvium trajicere, & auxilia-

tum ire permisit. Flandrenses, duce Petro Boisio, hanc Francorum manum adorti sunt. Hi cum Burdegalensibus gladiis, qui tunc admodum in usu erant, Flandros exceperunt. Isti non diu sustinuere pugnatores in bellicis rebus exercitatos, qui magnam illorum fecere stragem. Petrus Boisius admodum saucius, a famulis suis e loco pugnæ exportatus & in tuto collocatus fuit ; sex mille Flandri cæsi sunt, reliqui vero fugam fecerunt. Prima exercitus acies, quæ flumen trajecit, Flandros Cominâ expulit & magno numero concidit, Veranium oppidum captum, expilatumque fuit ; magnam inde prædam reportarunt Franci, maximeque Britones, qui strenui quidem pugnatores erant, sed plusquam alii prædæ inhiantes.

Media acies in qua Rex erat, Legiam trajecit. Hypra vero civitas statim Regis clementiæ sese dedidit, & ab illo perhumaniter excepta fuit. Hoc loco Carolus Rex edidicit quas turbas Parisini darent : absente namque Rege cum copiis suis, deliberarunt illi de solo æquandis castellis regiis Belli-loci ad Matronam, Luparæ, cæterisque omnibus. Erant quippe hæ munitiones quæ sibi multum incommodi parerent, & proposita disturbare sua possent. Jamque rei manum admovere parati erant ; sed ex cœtu aliquis cæteris prudentior, auctor illis fuit ut exspectarent belli Flandrensis exi-

Froissart.

Tome III.   L

avant que de prendre leurs dernieres résolutions : car si le Roi revient victorieux, disoit-il, quel traitement fera-t'il à des sujets qui auront ruiné tous ses châteaux? Cela les arrêta. Ils se tinrent dans Paris, & s'armerent au nombre de plus de trente mille, chacun avec son maillet, ils faisoient fabriquer jour & nuit des heaumes, & achetoient ceux qu'ils trouvoient à vendre. Tout étoit disposé à une revolte, non seulement dans Paris, mais aussi dans toute la Champagne, à Rheims, à Rouen, à Orleans, à Blois. Les paysans s'ameutoient & menaçoient les Nobles; c'étoit à eux principalement qu'ils en vouloient, & si les Gantois avoient eû le dessus, on auroit vû une revolte generale pire que la Jaquerie.

A l'éxemple de ceux d'Ypre les autres villes voisines vinrent implorer la clemence du Roi, en lui livrant les Commandans que Philippe d'Artevelle avoit mis. Elles furent traitées avec la même douceur, le Conseil du Roi jugeant qu'il falloit ainsi attirer les autres à faire la même démarche. Philippe d'Artevelle voiant l'armée des François si près de lui, mit en bataille la sienne, qui étoit de cinquante mille hommes. Il choisit d'abord un poste fort avantageux auprès de Rosebeque, & où il eut été très-difficile de le forcer, mais guidé par son arrogance, & par sa mauvaise fortune, il quitta ce poste pour venir attaquer l'armée. Il fit marcher ses gens extremement serrez les uns contre les autres.

Défaite des Flamans à Rosebeque.

Ces Flamans vinrent d'un grand courage attaquer le corps de bataille des François, qu'ils firent même reculer. Alors l'avant-garde & l'arriere-garde s'avancerent & les prirent en flanc de chaque côté, les chargerent à grands coups d'épée, & en tuerent un grand nombre. Ce corps déja trop resserré dès le commencement, étant violement poussé des deux côtez, la presse fut si grande que ces Flamans ne pouvoient ni avancer, ni reculer, ni se deffendre; on les tuoit & on les assommoit comme des moutons. Un grand nombre tomboit dès qu'il trouvoit place pour tomber; d'autres tomboient sur eux & empêchoient les premiers de se relever; les pillards qui suivoient les combattans, tuoient ceux qui vivoient encore, pour les dépouiller. Philippe d'Artevelle fut trouvé mort sous un tas sans aucune blessure. Ce grand choc ne dura pas plus de demi-heure. Les autres Flamans qui étoient derriere ce premier corps de bataille, voiant leurs gens si mal menez, ne songerent plus qu'à prendre la fuite. Les

---

tum, ut postea tutius hac de re consulerent. Nam si Rex, inquiebat ille, victor redierit, quid acturus est de subditis, qui castella ejus omnia diruerint? His sedati dictis, in urbe ad plusquam triginta millia hominum arma sumsere, qui suo quique malleo instructi erant, galeas in urbe diu noctuque fabricari curabant, & quascumque poterant emebant. Omnia erant ad rebellionem parata, non modo Lutetiæ, sed & per totam Campaniam, Rhemis, Aureliani, Blesis, Rothomagi. Rustici quoque congregabantur, atque in Nobiles minas intentabant, illisque maxime infesti erant. Et si Gandavenses victoriam retulissent, rebellio rusticorum omnium visa fuisset longe deterior illa olim quam Jacobariam vocabant.

Idem.

Hypræ exemplo vicinæ aliæ urbes Regis clementiam imploraverunt, ducesque illos tradiderunt ipsi, quos Philippus Artevellæus singulis urbibus præfecerat. Omnes vero pari benignitate exceptæ fuerunt, regio consilio existimante sic debere alias urbes ad par obsequium præstandum allici. Philippus Artevellæus exercitum Francorum videns e vicino esse, exercitum suum quinquaginta millium virorum ad pugnandum apparavit. Statim vero in quodam loco aciem instruxit prope Rosebeccam, quo nonnisi cum periculo & difficultate hostis accedere poterat. Verum ab arrogantia & mala fortuna sua excæcatus, locum illum reliquit, ut ipse prior hostem adoriretur. Admodum densos constituit pugnantium ordines, ita ut liberum ad agendum spatium non haberent. Flandri igitur animose, fortiterque mediam Francorum aciem adorti sunt, quam etiam retrocedere compulerunt. Verum prima postremaque acies a lateribus utrinque aggressæ, cum gladiisque insilientes, magnam illorum fecere stragem. Ordines autem illi jam a principio densiores, quam par erat, a lateribus compressi, adeo confertam turbam effecerunt, ut non possent Flandri ultra procedere, nec retrocedere, vel pugnare; ita ut impune trucidarentur & mactarentur ut oves. Magno numero cadebant, cum locus ad cadendum daretur. Alii qui confertim cadebant, impedimento erant, ne priores illi surgerent. Prædones vero qui pugnatores sequebantur, eos qui adhuc viverent perimebant ut spoliarent. Philippus Artevellæus sub cæsorum cumulo mortuus repertus est, nec saucius. Illa porro conflictatio non plus spatii quam dimidiæ horæ occupavit. Cæteri vero Flandri qui primam illam aciem sequebantur, cum cernerent suos tam aspere a Francis actos, fugæ sibi consuluerunt:

CHARLES VI. dit LE BIEN-AIMÉ.

François donnerent sur ces fuyards & les poursuivirent si chaudement, en tuant toûjours, qu'il en perit beaucoup plus dans cette fuite, que dans la meslée. Le nombre des morts monta en tout à environ trente quatre mille.

Ceux de Bruges craignans les Bretons fort avides du pillage, dit Froissart, vinrent se rendre à la merci du Roi : le Comte de Flandres & le Duc de Bourgogne s'entremirent pour eux ; ils en furent quittes pour six vingt mille livres, ce qui déplut extrémement aux Bretons, qui comptoient de s'enrichir au pillage de cette ville. Une grande faute que firent les François, ce fut de ne pas être allez droit à Gand aprés la bataille. Ils auroient sans doute emporté cette ville, & auroient entierement fini cette guerre ; au lieu que les Gantois, aprés qu'ils furent revenus de l'effroi d'une si grande défaite, se remirent sur pied & firent plus de peine qu'auparavant. A la nouvelle de cette défaite, ceux qui assiegeoient Oudenarde, leverent précipitamment le siege, laissant une partie de leur bagage & de leurs munitions, dont les assiegez profiterent.

La bataille de Rosebeque se voit peinte dans l'ancien Manuscrit de Froissart de la Bibliotheque du Roi, en la maniere que nous la donnons ici. L'Armée de France est reconnoissable à la banniere des trois fleurs de lis, & tout auprés l'Oriflamme, que Froissart appelle l'Oriflambe, sur laquelle cet Auteur fait cette petite histoire, qu'il ne sera pas inutile de rapporter ici, & que les bonnes gens de ces tems-là croioient trop facilement. » Assés tôt aprés fut developpée » l'Oriflambe, laquelle Messire Pierre de Villiers portoit, & veulent aucuns » dire, si comme on trouve escrit, qu'on ne la vit oncques deployer sur Chres- » tiens, fors que là : & fut grand question sur ce voiage, s'on la developperoit » ou non. Toutesfois, plusieurs raisons considerées, finalement il fut déter- » miné pour la déployer, pour cause que les Flamans tenoyent opinion con- » traire à celle du Pape Clement, & se nommoient en créance Urbanistes : » dont les François dirent qu'ils estoyent incredules & hors de foy. Ce fut la » principale cause pourquoi elle fut apportée & developpée en Flandres. Cest' » Oriflambe est une digne banniere & enseigne, & fut envoyée du Ciel par » grand mystere : & est en maniere d'un gonfanon : & est grand confort le jour » à ceux qui la voyent. Encores monstra-elle là de ses vertus. Car toute la ma- » tinée avoit fait si grand'bruine & si espesse, qu'à grand peine pouvoyent veoir

PL. XXI.

fugacem turbam insequuti Franci, & dorso illorum diu insistentes, cædendi finem non faciebant, longeque plures in fuga, quam in pugna perierunt. Cæsorum vero numerus triginta quatuor millium circiter fuit.

Brugenses cum Britonas metuerent prædam avide insequentes, inquit Froissartius, Regis clementiam implorarunt; Comes vero Flandrensis & Dux Burgundiæ pro ipsis intercessere, solutaque centum viginti millium librarum summa, liberi missi fuerunt ; id quod Britonibus admodum displicuit, qui se ex istius urbis manubiis opulentos evasuros esse sperabant. Hac in re certe Franci imprudentiæ notam non effugerunt, quod statim post victoriam tantam, Gandavum non petierint ; urbem namque perterritam ad deditionem compulissent, & belli exitum sine ullo pene labore felicissimum nacti fuissent. Cum contra ubi primum deposuere terrorem Gandavenses, quem ex tanta clade conceperant, resumtis animis, plus negotii quam antea facessere pertexerint. Hac comperta clade, ii qui Aldenardam obsidebant, obsidionem quam celerrime solverunt, relicto commeatu & annona, quæ obsessis cesserunt.

Pugna Rosebeccensis depicta visitur in veteri Manuscripto Froissartii in Bibliotheca Regia, qua forma hîc illam repræsentamus. Exercitus Francorum a vexillo dignoscitur, tribus liliis insignito, & e vicino est Oriflamma vexillum illud sacrum, quod Oriflambam appellat Froissartius, de quo hanc historiam refert idem Scriptor, quam hîc perscribere non abs re fuerit, ut nimis credulæ illius ævi gentis ore ferebatur. » Paulo » post, inquit Froissartius, expansum fuit vexillum, » Oriflambam dictum, quod gestabat vir nobilis Pe- » trus de Villaribus. Narrant vero quidam ; & certe » scripto consignata res fuit, illud nunquam in bellis » contra Christianos expansum fuisse, hac una excep- » ta vice : deliberatumque fuit an tunc expandi debe- » ret ; multisque allatis utrinque argumentis & ratio- » nibus, adhibendum tandem hoc signum esse decre- » tum fuit, quia Flandri contra Clementem Papam » stabant, & Urbanistæ vocabantur : quapropter a » Francis increduli & extra fidem esse dicebantur ; hac » de causa in Flandriam allatum & explicatum fuit. » Hæc Oriflamba, vexillum & insigne quoddam est » e cælo divina de causa missum, & Gonfanonis, ut » vocant, formam præ se fert, magnamque indit vi- » dentibus fiduciam, illoque die magna virtutis suæ » indicia protulit : matutinis namque horis obnubilato » aere, tam densa caligo erat, ut vix alter alterum

Tome III.

L ij

» l'un l'autre : mais si tost que le Chevalier qui la portoit, la developpa, &
» qu'il porta sa lance contremont, cette bruine à une fois cheut & se dérompit,
» & fut le ciel aussi cler & net, qu'on ne l'avoit point veu de toute l'année, dont
» les Seigneurs de France furent moult réjouis, quand ils veirent ce beau jour
» venir, & le souleil luire, & qu'ils peurent veoir au loing, à l'entour d'eux,
» devant & derriere, & se tindrent à moult reconfortés. Là estoit fort grand'
» beauté de voir ces bannieres, ces bacinets & belles armoiries : & se taisoyent
» tous quois, ne nul sonnoit mot : mais regardoyent ceux qui devant estoyent,
» la grosse bataille des Flamans toute ensemble qui s'approchoit durement, &
» venoyent le pas, tous serrés, leurs plançons tous droits, levés contremont,
» & sembloit, des lances, que ce fut un bois : tant il y en avoit moult grand
» foison, je fu adonc informé du Seigneur d'Estonnenort, & me dit qu'il vit,
» & aussi firent plusieurs autres, quand l'Oriflambe fut developpée & la bruine
» cheute, un blanc coulomb voler, & fit plusieurs vols par-dessus la bataille du
» Roy : & quand il eut assés volé, & que l'on se deut combattre & assembler
» aux ennemis, il s'alla asseoir sur l'une des bannieres du Roy : dont l'on tint ce
» à grand' signifiance de bien.

Juvenal des Ursins dit aussi que dés que l'Oriflamme fut developée, le tems devint serein, & que cela fut regardé comme un heureux préfage. Cette Oriflamme se voit ici de la même forme qu'elle est représentée au tome précédent, Pl. XXXIII. où Saint Denis la met entre les mains du Maréchal de Mez. Elle a cette inscription, *Montjoie Saint Denis* : mais comme elle flote au gré du vent, on n'en peut lire qu'une partie. *Montjoie Saint Denis* étoit le cri de guerre des François : il le fut à cette bataille, dit Juvenal des Ursins. Auprès de l'Oriflamme est une autre banniere, sur laquelle est la colombe blanche qui étend ses ailes, dont parle Froissart. Les casques des François sont pour la plûpart comme celui du Roi Edouard dans le tome précédent, Pl. XLIX. & comme celui de Charles V. Pl. VII. de ce Tome. Ils n'ont point de visiere, mais le gorgerin monte jusqu'à la hauteur du nez, & le casque descend jusqu'aux paupieres ; en sorte qu'il n'y a que le nés & les yeux à découvert. L'ordre de bataille de part & d'autre est ici représenté fort imparfaitement ; on y voit seulement les rangs de Flamans fort serrez, comme dit l'Historien. Ils avoient des canons, dit Frois-

---

» conspicere posset. Verum statim atque Eques ille
» qui hoc vexillum gestabat, ipsum erexit & expan-
» dit, caligo statim cecidit, dissipataque fuit, cælum-
» que ita sudum & nitidum fuit, ut vix per totum an-
» num cum hujusmodi serenitate visum fuerit. Quæ
» res Francis primoribus aliisque multum gaudii at-
» tulit, cum clarum diem, lucentemque solem cons-
» picere, ita ut procul & ante & a tergo omnia fa-
» cile conspicere possent ; quæ res illis multum fi-
» duciæ attulit. Hic vidisses, vexilla, galeas & insi-
» gnibus decoratas seu vestes seu loricas. Franci vero
» quieti & cum silentio stabant. Qui autem primos
» occupabant ordines, densam Flandrorum aciem
» spectabant accedentem & asperum quidpiam præ
» se ferentem, erectis lanceis & hastis tam dense po-
» sitis, ut sylvam esse putavisses. A nobili autem viro
» de Estonnenortio rem audivi, cujus alii bene multi
» testes fuerunt ; scilicet ubi primum Oriflambæ ve-
» xillum expansum fuit, caligine dilapsa, columbam
» albam volatu Regis aciem circuivisse, posteaque cum
» prope fuit ut pugna cum hoste committeretur, in
» aliquo ex vexillis regiis insedisse, quod boni ominis
» & auspicii esse putatum est.

Juvenalis quoque de Ursinis ait, expanso Oriflammæ vexillo, statim caliginem delapsam, remque boni ominis visam fuisse. Oriflamma hic visitur eadem forma, qua repræsentatur Tomo II. Tabula XXXIII. ubi sanctus Dionysius Oriflammam tradit Marescallo de Mezo. Hanc vero inscriptionem Francico vulgari idiomate præ se fert *Montjoie Saint Denis* ; sed quia vento circumquaque agitatur, pars tantum illius legi potest. Hic bellicus clamor erat in prœliis, quo clamore usus est exercitus Francorum in pugna Rosebeccensi, inquit Juvenalis de Ursinis. Prope Oriflammam, aliud vexillum comparet, cui insidet alba columba alis expansis, quam columbam supra memorat Froissartius. Galeæ Francorum omnes ea forma sunt, qua galea Eduardi Regis tomo præcedenti, Tabula XLIX. & Caroli V. Francorum Regis supra Tab. VII. Pars illa galeæ, quæ jugulum & maxillas tegit, ad usque nares pene attingit, & galea ad usque palpebras frontem operit, ita ut sine alio tegmine totus fere vultus præter nares & oculos obtegatur. Aciei utriusque forma non accurate in tabula depingitur, densi omnino sunt Flandrorum ordines, ut supra dicitur. Flandri tormenta ignita bellica habuere, inquit

BATAILLE DE ROSEBECQUE.

CHARLES VI. dit LE BIEN-AIMÉ.

fart, on en voit ici deux. Les canons en ce tems-là étoient fort courts.

Pierre du Bois qui avoit été fort bleffé au Pont de Comines, fut porté à Gand. Il trouva les Gantois fi défolez de la perte de la bataille, & fi abbatus, que ne fçachant plus quel parti prendre, ils ne faifoient pas même garder les portes de leur ville. Il les tança & les encouragea fi bien, qu'ils devinrent plus fiers & plus orgueilleux que devant. On leur fit quelques propofitions de paix : mais ils dirent qu'ils fe donneroient volontiers à la France, pour être du domaine du Roi, & reffortir à Paris, mais que jamais ils ne reviendroient fous la domination du Comte de Flandres, qui leur avoit fait tant de mal.

Après la journée de Rofebecque, le Roi partit pour fe rendre à Courtrai, où on trouva bien des lettres que les Parifiens écrivoient aux Flamans, avec lefquels ils étoient d'intelligence. La ville fut pillée, les Bourgeois & les femmes fe cachoient ou fe refugioient dans des Eglifes. Le Roi fut informé qu'en une Chapelle de l'Eglife de Nôtre-Dame, on gardoit cinq cens éperons dorez, pris fur les Seigneurs François qui furent tuez à la bataille de Courtrai, l'an 1302. & que les habitans de la ville faifoient tous les ans une grande folemnité au jour de cette bataille, où ils renouvelloient leur triomphe fur les François. Cela indifpofa tellement le Roi contre eux, qu'il réfolut de faire brûler la ville à fon départ. Le Comte de Flandres lui demanda grace pour cette ville ; mais le Roi perfifta toûjours à la vouloir faire reduire en cendres, & y fit mettre le feu à fon départ, & les François emmenerent de la même ville un grand nombre de prifonniers de toute condition, pour les mettre à rançon. Le Roi s'en retourna à Paris, & à fon arrivée, les Parifiens fortirent au nombre de plus de vingt mille, & fe mirent en ordonnance de bataille bien armez, entre faint Lazare & Paris. Cette hiftoire fe trouve peinte dans le beau Manufcrit de Froiffart de la Bibliotheque du Roi. C'eft de-là qu'eft tiré le deffein de la Planche fuivante. Nous ajoûtons ici l'hiftoire tirée du même Manufcrit de Froiffart, differente en quelque chofe de l'imprimé.

Les Parifiens fortent en armes à l'arrivée du Roi.

Froiffartius. Hic duo comparent : hoc tempore autem tormenta hujufmodi admodum brevia erant.

Petrus Boifius qui in Comminæo ponte admodum faucius exportatus fuerat, Gandavum ductus eft, Gandavenfesque tanta clade ita perterritos offendit, ut quid confilii caperent non habentes, ne quidem portis fuis cuftodias ponerent. Objurgat illos Boifius, trementibufque animos facit, ita ut audaciores arrogantiorefque, quam antea evaferint. Oblatæ illis fuere quædam pacis conditiones ; fed refponderunt fe Regi Francorum deditionem libenter facturos effe, fed illa conditione, ut fub ejus tantum dominio & poteftate effent, a Regia Curia jura fua peterent ; fed nunquam fe fub Comitis Flandrenfis ditionem redituros effe, a quo tot malis & damnis affecti fuiffent.

Poft Rofebeccenfem pugnam, Cortracum Rex proficifcitur ; qua in urbe repertæ funt literæ multæ Parifinorum, quas Flandris miferant, queis fe cum illis una confpirare deprehendebantur. Direpta autem urbs fuit ; cives Cortracenfes & mulieres in latibula & in Ecclefias confugiebant. Nunciatum Regi fuit, in Capella quadam Ecclefiæ beatæ Mariæ quingenta affervari calcaria deaurata equitum Francorum, qui in Cortracenfi pugna cæfi fuere anno 1302. oppidanofque quotannis grandem folemnitatem in eadem qua commiffa pugna fuit die celebrare, ficque fuum de Francis triumphum renovare : qua re ita offenfus Regis animus fuit, ut Cortracum ante profectionem fuam flammis tradere decreverit. Comes Flandrenfis pro iftac urbe Regis clementiam imploravit, fed irrito conatu ; Rex enim profecturus, ultricibus flammis illam tradidit. Franci vero magnum captivorum cujufvis conditionis numerum abduxerunt, qui nonnifi foluto redemptionis precio, libertatem nancifci poffent. Rex demum Lutetiam reverfus eft. Cum adventaret, Parifini plus viginti mille armati exierunt, & inter fanctum Lazarum & urbem quafi pugnaturi aciem inftruxerunt. Eximius ille Froiffartii Codex manufcriptus Bibliothecæ Regiæ hanc hiftoriam depictam exhibet, quam in fequenti tabula expreffam vides. Hiftoriam quoque ipfam ex eodem Codice, qui in nonnullis a Froiffartio typis dato difcrepat, eductam hîc proferimus,

CHARLES VI. dit LE BIEN-AIMÉ.

Du second Volume de Froissart mf. de la Biblioth. du Roi N°. 8321. fol. CCLXV.

„ Comment le Roy alla vers Paris: comment il esprouva les Parisiens, &
„ comment les Parisiens se mirent en armes aux champs à sa venue.
„ (Maillotins.)

PL. XXII.
„ LE Roy revenant de Flandres & venant à Paris envoia devant ses Officiers
„ pour appareiller l'Hotel du Louvre, où il vouloit descendre ; & aussi firent ses
„ trois oncles pour apprester leurs Hotels, & les autres grans Seigneurs sembla-
„ blement, & tout à cautele. Car un pou se doutoient des Parisiens, & pour ce
„ mettoient cet essay avant. Et disoient ces Officiers & Serviteurs du Roy quand
„ on leur demandoit du Roy s'il venoit, oüi il sera tantost icy. Adonc s'avise-
„ rent les Parisiens qu'ils s'armeroient, & monstreroient au Roy à son entrée à
„ Paris quelle puissance il y avoit, & de quelle quantité de gens armez de
„ pié en cap le Roy s'il vouloit pourroit estre servi.

„ Le Roi vint disner au Bourget, lors s'armerent & mirent sur le beau plus
„ de vint mil Parisiens, & s'ordonnerent en une belle bataille entre S. Ladre &
„ Paris devers Montmartre. Et avoient leurs Arbalestriers, leurs Pavesceurs &
„ leurs Maillets tous ordonnez & rangez comme pour entrer en bataille. Fut
„ conté au Roy toute l'ordonnance des Parisiens. Aucuns Seigneurs disoient, se le
„ Roy est bien conseillé, il ne se boutera pas entre cestuy peuple qui vient armé
„ contre luy, & ils deussent venir humblement, & sonner les cloches de Paris,
„ en loüant Dieu de la victoire qu'il a euë en Flandres. Finablement fut or-
„ donné que le Connestable de France, le Sire de Labreth, (d'Albret) le Sire de
„ Coucy, Messire Gui de la Trimouille, & Messire Jean de Vienne viendroient
„ parler à eux, & leur demanderoient pour quelle cause ils estoient en si grand
„ nombre à main armée contre le Roy. Et sur ce qu'ils respondroient, ces Sei-
„ gneurs estoient conseillez de parler. Car ils estoient bien saiges pour ordon-
„ ner de telle besoigne, & de plus grande encore dix fois. Adonc se desparti-
„ rent du Roy sans armures. Ils envoyerent trois ou quatre Heraus, & leur di-
„ rent, allez jusques à ces gens, & leur demandez saufconduits jusques à ce que
„ nous ayons parlé à eux & remonstré la parole du Roy. Les Heraults qui

---

Ex secundo tomo Froissartii manuscripti Bibliothecæ Regiâ, num. 8321. fol. CCLXV.

„ Quomodo Rex versus Lutetiam iter direxerit, &
„ quomodo Parisinorum animum exploraverit, ac
„ quo pacto adveniente Rege, Parisini exeuntes ar-
„ mati aciem instruxerint (Malleotini.)

„ Rex ex Flandria redux, & Lutetiam ingressu-
„ rus, Ministros quosdam præmisit, qui Luparæas
„ ædes, quo se recepturus ipse erat, appararent, id-
„ ipsum fecere duo patrui & avunculus Regis, nec-
„ non alii proceres, qui sese in ædes suas recepturi
„ erant; idque non sine aliqua cautione. Suspectos
„ enim Parisinos habebant ; ideoque illorum propo-
„ siti periculum facere peroptabant. Ministri porro
„ illi & famuli, sciscitantibus Parisinis, num Rex ac-
„ cederet, respondebant, brevi adfuturum esse. Tum
„ re secum deliberata Parisini conspirantibus animis
„ decernunt, obviam Regi Lutetiam venienti, in-
„ structa acie, eundum sibi esse, ut compertum Rex
„ haberet, quantum posset armatorum Parisinorum nu-
„ mero uti si vellet, ac si illis opus aliquando haberet.

„ Rex igitur Burgetum pransurus venit, tuncque
„ Parisini, plus viginti mille numero exierunt, aciem-
„ que instruxerunt Lutetiam inter & S. Lazarum prope
„ Montem Martyrum. Hic vidisses sagittarios scutis &
„ malleis armatos, ceu ad pugnam committendam
„ instructos. Regi nunciatur Parisinos sese quasi ad
„ pugnam apparavisse. Tunc quidam ex proceribus
„ dixerunt, non debere Regem in populum illum ar-
„ mis instructum sese ingerere : oportuisse namque
„ Parisinos non armatos, sed demissiore animo &
„ cultu obviam ire, campanas pulsare, Deoque gra-
„ tias agere ob victoriam ab eo de Flandris repor-
„ tatam. Statutumque fuit ut Constabula-
„ rius Franciæ, & proceres alii de Leporeto, de Cu-
„ ciaco, Guido de Trimollia, Joannes de Vienna,
„ armatos Parisinos adirent, & sciscitarentur, qua de
„ causa tanto numero contra Regem armati processis-
„ sent; ut ex responsione illorum, quid sibi reponen-
„ dum esset prospicerent : erant enim illa instructi
„ prudentia, ut hanc rem imo longe difficiliora ne-
„ gotia solerter tractare possent. Hi ergo sine armis
„ profecti sunt, ac tres quatuorve caduceatores mi-
„ serunt, qui a Parisinis fidem & se conveniendi po-
„ testatem expeterent, ut Regis nomine & jussu ipsos
„ alloqui possent. Tum caduceatores loricis instructi

SORTIE DES PARISIENS EN ARMES AU DEVANT DE CHARLES VI.

„ avoient veſtu cottes d'armes, demanderent aux Pariſiens, où ſont les Maiſ-
„ tres leſquels de vous ſont Capitaines, il nous faut parler à eux. Ils s'apperceu-
„ rent aucuns qu'ils avoient mal ouvré, ſi baiſſerent les teſtes, & dirent : Il n'y
„ a ici nuls Maiſtres, nous ſommes tous ung & au commandement du Roy &
„ de vos Seigneurs. Nos Maiſtres & Seigneurs, dirent-ils, lorſqu'ici nous en-
„ voyent, & les nommerent, ne ſçavent mie à quoi vous penſez, ſi vous prient
„ & requierent que paiſiblement & ſans danger ils puiſſent venir parler à vous,
„ & retourner devers le Roy, & luy faire reſponſe telle que vous leur direz. Il
„ reſpondirent, il ne convient mie cela dire à nous : dites leur qu'ils viennent
„ tout ſurement : ils n'auront nul mal, mais ſommes prets à faire leur comman-
„ dement. Les Heraults le furent dire, & vinrent les * quatre Barons aux Pari- *Il y en
„ ſiens qu'ils trouverent bien ordonnez, & là avoit plus de vint mille Maillets. a cinq ci-
„ Et ainſi que les Seigneurs paſſoient ils les regardoient & en priſoient en eux- deſſus.
„ meſme aſſez la maniere. Et les Pariſiens en paſſant les enclinoient. Quant
„ ces Seigneurs furent ainſi au milieu d'eux, ils s'arreſterent. Adonc parla le
„ Conneſtable tout hault en diſant : O vous gens de Paris, qui vous meut
„ maintenant à eſtre vvidez de Paris en telle ordonnance. Il ſemble que vous
„ voulez combatre le Roy qui eſt voſtre Sire. Monſeigneur, reſpondirent-ils,
„ ſauve voſtre grace nous n'en avons nulle volenté. Mais nous ſommes iſſus
„ ainſi pour remonſtrer à noſtre Sire la puiſſance des Pariſiens ſi ne la viſt onc-
„ ques. Car il eſt jeune, & ne peut ſçavoir s'il ne la voit, comment il en ſe-
„ roit ſervy, s'il luy en eſtoit beſoin. Or Seigneurs vous parlez bien dit le
„ Conneſtable. Mais nous vous diſons de par le Roy que tant qu'eſt pour cette
„ fois il ne veult plus voir, & ce que vous en avez fait luy ſouffit. Si retour-
„ nez à Paris paiſiblement & chacun en ſon hoſtel, & mettez vos armures jus
„ ſe vous voulez que le Roy y deſcende. Monſeigneur, reſpondirent-ils, nous
„ le ferons volentiers par voſtre commandement. Adonc rentrerent à Paris
„ chacun en ſa Maiſon deſarmer. Et les quatre Barons retournerent le dire au
„ Roy.

„ Fut ordonné que le Roy & ſes oncles & les Seigneurs entreroient en Paris,
„ & aucunes gens d'armes. Mais la plus groſſe route ſe tiendroit au dehors de
„ Paris tout à l'environ pour donner tremeur aux Pariſiens. Et furent le Seigneur

„ Pariſinos percontantur ; quinam ipſis imperarent, „ aciem inſtruxiſti ? an contra Regem Dominum veſ-
„ quinam duces eſſent, quos ſe alloqui oporteret ? „ trum pugnare vultis ? Abſit a nobis, reponunt illi;
„ Tum ex Pariſinis prudentiores quidam ſenſere, ſe „ id ne cogitamus quidem : ſed ideo ſic egreſſi ſumus
„ non conſulto talia aggreſſos eſſe ; demiſſoque capi- „ ut Regi noſtro oſtenderemus quantæ eſſent Pariſi-
„ te reſponderunt : Nullus hic imperat, omnes hic „ norum vires, quas nunquam conſpexit, quia ju-
„ pares ſumus, ſed Regis & Miniſtrorum ejus impe- „ nior adhuc eſt, utque videat quantis poſſit Pariſino-
„ rio paremus. Reponunt caduceatores, ſe a proceri- „ rum copiis uti, ſi quidem ipſis opus habeat, quos
„ bus quibuſdam, quos nominatim protulere, miſ- „ ſemper dicto audientes ſibi experietur. Optime lo-
„ ſos fuiſſe, qui cum neſcirent quid in animo Pariſi- „ quimini, infit Conſtabularius ; ſed Regis nomine
„ ni haberent, percontatum mitterent, an tuto poſ- „ vobis dicimus, ipſum jam hunc exercitum adſpi-
„ ſent ipſos adire & alloqui, ut poſtea illorum pro- „ cere nolle. Satis ſunt ea quæ hactenus feciſtis : Lu-
„ poſitum & mentem Regi referrent. Reponunt Pa- „ tetiam ergo pacifice regredimini, quiſque domum
„ riſini, non cum hujuſmodi cautione ſecum agen- „ ſe recipiat, & arma deponat, ſi tamen velitis ut
„ dum fuiſſe, tuto venirent, & quæ vellent impera- „ Rex in urbem ingrediatur. Hoc te jubente, Domi-
„ rent, ſeque imperata facturos eſſe. Regreſſi cadu- „ ne, reponunt illi, libentiſſime faciemus. Lutetiam
„ ceatores iſthæc renunciant, qui Pariſinos „ ergo regreſſi ſunt, & quiſque domum ſe recepit. Et
„ adeunt, probe inſtructam illorum aciem ſuſpiciunt, „ quatuor illi proceres, Regi quid geſtum fuiſſet re-
„ in qua mallei pluſquam viginti mille comparabant. „ nunciarunt.
„ Pariſini vero tranſeuntes proceres, inclinato capite
„ ſalutabant. Poſtquam primores illi in medium „ Tunc porro ſtatutum fuit, ut Rex cum patruis,
„ agmen pervenere, gradum ſiſtens Conſtabularius „ ac proceribus, & quibuſdam armatis viris in urbem
„ cum ſuis, alta voce Pariſinos alloquitur : O Pariſi- „ ingrederetur, majorque pars copiarum extra urbem
„ ni, inquit, quo animo ex urbe progreſſi, talem „ maneret, & circum ordines inſtrueret, ut majorem
„ Pariſinis terrorem incuteret, imperatumque fuit

» de Coucy & les Mareschaux ordonnez que quand le Roy seroit entré à Paris
» que on osteroit les feuillets des quatre portes principales au lez devers saint
» Denis & S. Mor : & seroient nuit & jour ouvertes pour entrer & yssir toutes
» gensdarmes , & pour coriger ceux de Paris s'il estoit besoin, & feroient oster
» toutes les chaisnes des rues, portées au Palais : ce qui fut fait. Adonc entra le
» Roy à Paris & alla au Louvre , & ses oncles de lez lui, & les Seigneurs en leurs
» Hostels. Adonc furent les Parisiens en grand doute & péril de recevoir plus
» de dommage qu'on ne leur fit , si leur couta-il aux uns 6000. livres, aux au-
» tres 4000. livres, & aucuns 8000. livres, tant que on leva au profit du Roy,
» de ses Oncles ou Ministres 400. mille francs. Et ne demandoit-on rien aux
» povres & petits, fors aux grans maisons où il y avoit bien à prendre , & leur
» fit-on toutes leurs armures chacun par jus mettre en sacs & porter ou Chas-
» teau de Beaulté, que on dit le Bois de Vincennes, & là encore leurs armures
» en la grosse Tour , & tous les Maillets pareillement. Ainsi furent menez
» pour donner exemple à toutes les autres villes du Royaume.

Les Parisiens punis.

On remit alors sur pied toute sorte d'impots, subsides, gabelles, aides, douannes, fouages, douziéme & treiziéme denier, & tout ce qu'on avoit inventé dans les regnes précedens. Ce qui n'empêcha point qu'on ne se mît à la poursuite des principaux auteurs de la sédition. On en fit jetter quantité dans la riviere, toute la ville étoit dans l'effroi : & pour appaiser un peu le peuple , on fit crier de par le Roi par les carrefours , que nul sur peine de la vie ne touchât aux biens des Parisiens, qu'on ne leur fît point de mal, & qu'aucun ne fût assez hardi que de piller les maisons. Cela appaisa un peu le peuple , & le fit respirer, esperant que tout seroit fini. Mais on fut bien surpris, quand on vit peu de tems après une douzaine des plus notables mis hors du Châtelet, & amenez sur des charettes aux Halles pour y avoir les têtes coupées. La femme d'un de ceux-là, qui étoit enceinte, à cette triste nouvelle se pendit aux fenêtres de sa maison. On offrit pour sauver la vie d'un de la troupe nommé Nicolas le Flamant Marchand Drapier la somme de quarante mille livres ; mais sans rien écouter on l'executa comme les autres. Ce qui fit le plus de peine , non-seulement au peuple ; mais aussi à plusieurs Seigneurs de la Cour & de la premiere qualité, ce fut de voir conduire au supplice avec les autres un homme des plus

---

» Cuciacensi Toparchæ & Marescallis ad eam rem
» deputatis, ut postquam Rex Lutetiam ingressus esset,
» portarum quatuor præcipuarum , quæ versus sanc-
» tum Dionysium & S. Maurum spectabant , fores
» & valvæ auferri curarent, ac nocte dieque apertæ
» manerent , ut armati viri possent libere ingredi &
» exire , ac Parisinos reprimere, si opus esset, jussum-
» que est catenas omnes vicorum abstrahi, in Palatium-
» que portari, id quod etiam factum est. Ingressus ita-
» que Lutetiam Rex ; ad Luparæas ædes se contulit
» cum patruis & avunculo, Primores in ædes suas se
» receperunt. Metus ergo terrorque Parisinos subiit ,
» pluraque extimuere mala & damna, quam statim im-
» portata sunt. Aliis imposita mulcta fuit sexies mille,
» aliis quater mille, aliis octies mille librarum, sicque
» quadringenta millia librarum , tam Regi, quam pa-
» truis & ministris obvenerunt. Nihil a pauperibus &
» inopibus exigebatur ; sed a majoribus qui plura sol-
» vere poterant, armaque omnia in saccis conclusa, in
» castellum Belli-loci ad Matronam juxta Vincenna-
» rum nemus allata, & una cum malleis in majori tur-
» reconclusa sunt. Sic cum Parisinis actum fuit , ut
» hoc exemplum cæteris Regni civitatibus daretur.

Tunc vectigalium genera omnia restituta sunt, tri-
buta , gabellæ , subsidia , portoria, tributa in familias singulas , duodecima , tertiadecima , cæteraque omnia quæ in præcedentibus Regnis imposita fuerant. Neque tamen a præcipuorum præteritæ seditionis auctorum perquisitione & examine desitum est. Multi in flumen conjecti sunt , terrore & consternatione plena civitas erat. Tum Rex ut trementis plebis animos aliquantum sedaret , per quadrivia proclamari jussit, & imperari, ut sub capitis pœna nemo Parisinotum facultates diriperet, ut nihil mali ipsis inferretur ; utque nemo domos expilare auderet. Hæc plebis animos tantisper recrearunt ; sperabant enim hunc malorum fore terminum ; sed haud multum postea universos novus timor invasit, cum viderent duodecim ex præcipuis civibus ex Castelleto eductos carris imponi , & ad forum venalium adduci, ut ibi capite plecterentur. Tunc uxor unius ex iis qui ad supplicium ducebantur, prægnans, comperta proxima viri nece , ad fenestram domus suæ sese laqueo suspendit. Ut liberaretur unus ex destinatis supplicio, nomine Nicolaus Flandrus, quadraginta millia librarum oblata fuere ; sed non eaquidem conditione, cum aliis & ille plexus est. Quod autem non populo tantum, sed etiam multis procerum aulicorum dolori summo fuit ; Joannes Desmaresius vir admodum

Froissart.
Juvenal.
Le Maire.
S. Denis.

venerables ,

vénérables, nommé Jean des Marests, Conseiller & Avocat du Roi en Parlement, qui avoit servi fort utilement les trois Rois précedens, Philippe, Jean & Charles, & dont la conduite avoit été irréprochable : il avoit toujours fait son possible pour empêcher les séditions, & les troubles ; tout son crime étoit, disoit-on, de n'avoir pas été pour les Ducs de Berri & de Bourgogne pendant la Régence du Duc d'Anjou, ce qui lui avoit attiré leur haine. Marque certaine que ceux qui l'accuserent le jugeoient irréprehensible, c'est qu'en lui imposant le crime de sédition, ils empêcherent qu'on ne l'interrogeât sur sa conduite, & lui ôterent tout moien de défendre sa cause. Il alla au supplice avec une grande constance, en disant : *Judica me Deus & discerne causam meam de gente non sancta.*

Ce ne fut pas la fin de la tragedie. Après ces executions le Roi ordonna qu'on lui préparât un Siege Roial sur les dégrez du Palais, où il s'assit accompagné de ses oncles, les Ducs de Berri & de Bourgogne, de plusieurs Seigneurs, & des gens de son Conseil. On fit assembler-là le peuple de Paris, qui se rendit dans la cour du Palais. Pierre d'Orgemont fit-là par ordre du Roi un discours, où il fit voir combien le peuple de Paris étoit coupable de tant de séditions, d'émeutes & de conspirations contre l'Etat, que fort justement on en avoit fait executer plusieurs, & qu'il y en avoit encore beaucoup d'autres qui méritoient le même châtiment. Les Oncles du Roi se mirent à genoux & lui demanderent grace pour les Parisiens. Les Dames & Demoiselles toutes eschevelées, lui firent la même priere. Le peuple à genoux baisant la terre se mit à crier, miséricorde. Le Roi répondit *qu'il étoit content que la peine criminelle fut convertie en civile.* Il commanda d'abord de mettre tous les prisonniers en liberté. La peine civile fut que chaque Parisien donneroit la moitié de son vaillant. On tira ainsi de grosses sommes, dont il ne vint que le tiers dans les coffres du Roi. Le reste fut donné aux gens de guerre que l'on congédia, en leur faisant promettre, de ne point piller les campagnes par où ils passeroient en s'en retournant chez eux. Mais ils tinrent très-mal leur promesse : dès qu'ils eurent gagné les champs, ils se mirent à piller, à rançonner les peuples, & firent des maux incroiables.

---

venerabilis, Regi a Consiliis, & in Curia Senatus Advocatus Regius, ad supplicium cum aliis adductus fuit, etsi ille sub tribus præcedentibus Regibus, Philippo, Joanne & Carolo, officia sua rebus gerendis utiliter admodum contulerat, atque inculpatum se omnibus in negotiis exhibens, seditiosam & turmas moventem plebem sæpe sedaverat. Culpa autem ejus erat, ut omnium ore ferebatur, quod non ad Bituricensis & Burgundiæ Ducum partes sese dedidisset, quando Dux Andium regnum administrabat. Hinc autem in illorum odium incurrerat. Hocque signum manifestum erat vel ipsos accusatores ipsum omni culpa liberum existimare, quod cum ipsum concitatæ seditionis accusarent, ne hac de re interrogaretur impedierint, & omnem ipsi criminis propulsandi modum abstulerint. Constanti suarum & firmo ad supplicium animo perrexit, hoc dictum proferens : *Judica me Deus, & discerne causam meam de gente non sancta.*

Non hæc postrema tragœdiæ scena fuit. Post tot hominum supplicia, jussit Rex apparari sibi solium in Palatii gradibus, seditque comitantibus Bituricensi & Burgundiæ Ducibus patruis, aliisque primoribus, necnon iis qui a consiliis erant : tunc jussit Parisinum populum cogi, & in area Palatii aggregari. Petrus Orgemontius, jubente Rege, longo sermone prosequutus est, quantas seditiones, quantas turbas dederit populus Parisinus, quoties contra Regnum conspicaverit, jureque multos illorum ea de causa capite mulctatos fuisse dixit, longeque plures superesse, qui eadem pœna plecti mererentur. Patrui vero Regis genua flectentes, ejus clementiam implorarunt. Notabiliores feminæ, passis capillis, veniam precantur, populus in genua procumbens, terram osculatus, clamore edito, misericordiam petit. Respondet Rex capitis pœnam in civilem, seu in pecuniariam mulctam esse mutandam. Tum mandat, ut quotquot in carcere erant, libertate donarentur. Pœna autem civilis illa fuit, ut Parisinus quilibet facultatum suarum dimidium penderet. Hinc prodiit ingens pecuniæ summa, cujus tertia solum pars regio cessit ærario. Residuæ vero partes pugnatoribus regii exercitus distributæ sunt, ea lege, ut pollicerentur, se dum patriam repeterent, agros non esse vastaturos. At promissis ipsi non steterunt ; nam ubi ad sua pergere cœperunt, regiones desolari, atque a populis pecunias exigere non destiterunt, malaque intulerunt innumera.

Après Paris il n'y avoit point de ville en France, où le peuple eut fait tant d'émeutes & de violences, qu'à Rouen. On y envoia l'Amiral Jean de Vienne, accompagné de Jean Pastourel & de Jean le Mercier. Ils firent saisir les principaux des séditieux, & il y eut d'abord plusieurs têtes coupées. Après cela le peuple criant miséricorde, tout fut réduit à une amende pécuniaire, qui fut très-considerable ; mais tout tourna au profit de quelques particuliers : il n'en vint rien aux coffres du Roi ; non plus que de plusieurs autres villes, qui furent taxées de même.

Autre guerre de Flandres.

À peine cette guerre de Flandres étoit finie, qu'il en survint une autre suscitée par le Pape Urbain VI. qui envoia prêcher en Angleterre une espece de Croisade contre ceux qui tenoient le parti de Clement VII. son competiteur, qu'on appelloit les Clementins : il donnoit à tous ceux qui contribueroient à cette guerre absolution de coulpe & de peine, & permettoit de lever le dixiéme sur tous les biens Ecclesiastiques. La somme ramassée tant par aumônes que par ce dixiéme monta à deux millions cinq cens mille livres. Une partie fut destinée à faire la guerre en Castille. Le Duc de Lancastre qui se disoit Roi de Castille, devoit porter la guerre dans ce Roiaume. L'autre partie fut donnée à Henri Spenser Evêque de Nordvic, qui se mit à la tête des troupes Angloises pour subjuguer la Flandre soumise au Roi de France, qui étoit Clementin. Cette armée partit la premiere, & celle de Castille ne devoit partir qu'après que celle-ci auroit fait ce grand exploit. L'Evêque se rendit à Calais avec l'armée. Hue de Caurelée lui representa que s'il portoit la guerre en Flandres, il attaquoit les Flamans & leur Comte, qui étoient aussi bons Urbanistes que lui, & qu'il valoit mieux la porter en France, qui étoit toute Clementine. Le Comte lui envoia aussi des Ambassadeurs lui representer, que lui & son Comté étoient tous Urbanistes, & qu'ainsi selon l'intention du Pape il ne devoit pas leur faire la guerre. Le Roi de France & le Duc de Bourgogne, répondit l'Evêque, sont Clementins, & Seigneurs de Flandre ; c'est à leurs sujets que nous faisons la guerre.

Aiant appris qu'il y avoit auprès de Dunquerque douze mille Flamans conduits par le Bâtard de Flandres, il alla les attaquer & les défit. Les Flamans s'enfuirent vers Dunquerque, & les Anglois entrerent pesle-mesle avec eux.

Idem. Post Lutetiam, nulla civitas tantas dederat turbas, tanta mala intulerat, quanta Rothomagus. Illo missus est Rei marinæ Præfectus Joannes de Vienna, comitibus Joanne Pastorello & Joanne Mercerio. Hi statim seditionum Principes apprehendi curarunt, multorumque cæsa capita fuere. Sub hæc autem cum populus misericordiam postularet, in pecuniariam mulctam conversa pœna fuit, unde magna vis auri & argenti coacta est ; sed hæc in emolumentum quorumpiam cesserunt, nihil hinc ad regium ærarium pervenit, ut neque ex aliis multis civitatibus, quibus pecuniaria mulcta indicta fuit.

Idem. Vix hoc confecto Flandrico bello, aliud concitatum fuit ab Urbano VI. Papa. Hic in Angliam misit quosdam, qui crucem assumendam prædicarent contra eos qui partes Clementis VII. competitoris sui sectabantur, quos vocare solebant Clementinos. Iis vero qui ad hoc movendum & conficiendum bellum aliquid de suo conferrent, *absolutionem a culpa & pœna concedebat* : decimam quoque Ecclesiasticorum bonorum exigi permisit. Summa autem tum ex sponte collatis, tum ex decima corrasa, ad vicies quinquies centena millia librarum pertigit. Pars summæ pecuniariæ ad bellum in Castellam inferendum deputata fuit. Dux quippe Lancastrius, qui sese Castellæ Regem nuncupabat, cum exercitu Castellam invasurus erat. Reliqua vero summæ pars Henrico Spensero Episcopo Nordvicensi tradita fuit ; isque exercitus dux erat Anglici, qui in Flandriam trajecit, ut eam provinciam, quæ sub ditione Regis Francorum Clementini erat, armis subigeret. Hic exercitus prior movit : Lancastriensis enim in Castellam trajecturus non erat ante, quam Nordvicensis insignem aliquam expeditionem fecisset. Caletum cum exercitu appulit Nordvicensis. Hugo autem de Caurelea Episcopo significabat, si in Flandriam bellum inferret, Flandros, ipsorumque Comitem impeti, qui perinde atque ipse Urbano hærebant, consultiusque fore Franciam invadere, quæ Clementi hærebat. Comes quoque Flandriæ Nordvicensi per nuncios suos significavit, & se & subditos suos omnes Urbanistas esse, ideoque contra Summi Pontificis mentem & voluntatem bellum ipsis inferri. Respondet Nordvicensis, Regem Francorum & Ducem Burgundiæ Clementinos esse, & sub eorum ditione Flandriam esse, atque adeo se Clementinorum subditos jure bello impetere.

Idem. Cum comperisset Nordvicensis Episcopus duodecim Flandrorum millia prope Dunkerkam esse, duce Notho Flandrensi, contra illos movit, & adortus ipsos profligavit. Flandri in fugam versi, Dunkerkam petunt ; insequentes Angli permixtim cum illis in ur-

CHARLES VI. dit LE BIEN-AIMÉ.

Ils trouverent de la résistance dans la ville & perdirent quantité de leurs gens. Les Flamans furent enfin presque tous tuez ou pris au nombre de neuf mille. L'Evêque se rendit maître de toute la côte, depuis Gravelines jusqu'à l'Ecluse, & s'en alla ensuite assiéger Ypre. Les Gantois toujours prêts à remuer & conduits par Pierre du Bois, allerent au nombre de vingt mille joindre l'Evêque pour continuer le siége avec lui. La garnison se défendit vaillamment, & la longueur du siége donna moien au Roi Charles d'assembler une armée beaucoup plus puissante que celle de Rosebeque. S'il en faut croire Froissart, c'étoit la plus nombreuse armée qu'on eût jamais vû en France : car il y avoit dit-il, trois cens mille chevaux : je croirois volontiers qu'il y a erreur dans le texte. A ces nouvelles l'Evêque & son conseil furent d'avis de lever promtement le siége. Les Gantois se retirerent à Gand, & les Anglois du côté de Bergue & de Bourgbourg. Le Roi Charles vint avec son armée à S. Omer, & l'avantgarde où étoit le Connétable, alla assiéger Mont-Cassel, que les Anglois occupoient : il fit donner un assaut, la place fut emportée, & les Anglois taillez en pieces : ceux qui pûrent se sauver s'enfuirent à Bergue. Hue de Caurelée, qui étoit-là, ne jugeant pas la place tenable l'abandonna, & se retira vers Calais. Les autres Anglois s'en allerent à Bourgbourg. Les François trouvant la ville de Bergue abandonnée, y mirent le feu & allerent assiéger Bourgbourg. La garnison capitula, les Anglois convinrent, qu'ils abandonneroient Bourgbourg & Gravelines, ce qu'ils firent & s'en retournerent en Angleterre, où ils furent très-mal reçus. Le Roi congédia alors son armée. Tandis que l'armée Françoise étoit devant Bourgbourg, les Gantois surprirent la ville d'Oudenarde, qui fut bien-tôt après reprise, comme nous allons voir.

On parla de faire la paix entre la France & l'Angleterre, mais comme il s'y trouvoit trop de difficultez, on se contenta de faire une tréve jusqu'à la S. Michel. Cette tréve comprenoit les alliez de chaque parti.

Le Comte de Flandres Louis, dit de Male, mourut à S. Omer le vingtiéme Janvier 1383. c'est 1384. selon la maniere de compter d'aujourd'hui. Il fut enterré à l'Isle en l'Eglise de S. Pierre. La magnificence de ses obseques est décrite fort au long par Froissart. Philippe Duc de Bourgogne, qui avoit épousé Marguerite sa fille, fut son successeur au Comté de Flandres ; ainsi commença à

1384. Mort de Louis Comte de Flandres.

bem ingrediuntur : intra mœnia atrox pugna committitur, in qua Angli multi ceciderunt. Flandri demum novem mille numero omnes vel cæsi vel capti sunt. Oram vero totam occupavit Episcopus a Gravelinga Slusam usque : posteaque Hypram obsessum venit. Gandavenses porro rerum semper novarum cupidi, duce Petro Boisio, viginti mille numero Episcopum Nordvicensem adierunt, ut una cum illo urbem obsiderent. Hostem fortiter propulsarunt præsidiarii Franci : cumque diuturna obsidio esset, spatium fuit Carolo Regi exercitus congregandi longe majoris, quam Rosebeccensis ille fuerat. Si sit Froissartio fides, in Francia numerosior nunquam exercitus visus fuerat : nam trecenties mille equi, ait ille, una collecti aderant. Libenter putarim aliquid erroris in seriem irrepsisse. Hac re comperta Nordvicensis, ex consilio suorum obsidionem statim solvit. Gandavenses in urbem se suam receperunt. Angli vero versus Bergam & Burburgum moverunt. Rex Carolus ad Sanctum Audomarum movit; Constabularius autem cum prima acie Montem-castelli obsedit, quod occupabant Angli ; vehementer oppugnatur oppidum & capitur. Angli cæduntur ; qui evadere potuere, Bergam fugerunt. Hugo de Caurelea, qui tunc Bergæ erat, non sat tutum oppidum esse putans, illo relicto, versus Caletum se recepit. Angli vero cæteri Burburgum se contulerunt. Franci desertam Bergam flammis tradidere, & Burburgum obsessum venere. Tum Angli obsessi paciscuntur, illa conditione ut Burburgum & Gravelingam Francis dederent : qua re peracta, in Angliam remearunt, ubi a congeneribus cum improperio excepti fuerunt : tunc Rex Carolus exercitum dimisit suum. Dum autem Burburgum obsiderent Franci, Gandavenses Aldenardam ex improviso ceperunt; sed ea urbs haud diu postea denuo capta fuit, ut mox narraturi sumus.

Sub hæc de pace Anglos inter & Francos facienda actum fuit : at cum nimiæ ad consentiendum utrinque difficultates occurrerent, induciæ solum statutæ fuerunt ad usque festum Sancti Michaelis. Induciæ vero illæ fœderatos utriusque partis complectebantur.

Comes Flandrensis Ludovicus *de Mala* dictus, in S. Audomari urbe mortuus est vigesima Januarii die anni 1383. id est, 1384. secundum hodiernam computandi rationem. Insulis autem sepultus fuit in Ecclesia Sancti Petri. Exequiarum ipsius magnificentia pluribus describitur apud Froissartium. Philippus Dux Burgundiæ, qui Margaritam ejus filiam duxerat, successor ipsius & Comes Flandriæ fuit. Sic accrescere cœ-

Juvenal.

CHARLES VI. dit LE BIEN-AIMÉ.

s'accroître cette Maison de Bourgogne, qui devint depuis si puissante au grand malheur de la France.

Oudenarde surpris.

Les Gantois qui étoient dans Oudenarde, se confiant en la tréve, gardoient fort négligemment cette place : ce qui fit venir la pensée au Sire d'Estournai, que cette garnison incommodoit beaucoup, de surprendre la place. Il communiqua son dessein à ses amis, & ramassa environ quatre cens gensdarmes, qu'il mit en embuscade dans un bois, près d'une des portes de la ville, & fit marcher en même tems deux charrettes chargées, conduites par quatre des plus braves soldats, qui portoient l'habit de charretier sur leurs armes. Ceux-ci appellerent les gardes & leur dirent, qu'ils venoient de Hainaut, & qu'ils amenoient des provisions à la ville. Les gardes ouvrirent la porte : les charretes entrerent : joignant la porte il y avoit un pont à passer sur lequel les conducteurs s'arrêterent & détacherent adroitement les chevaux. Les gardes crierent & voulurent faire passer les charrettes pour fermer la porte. Les conducteurs tirerent alors les chevaux qui passerent, & laisserent les charretes sur le pont. Les gardes s'appercevant alors qu'ils étoient trahis, donnerent sur les conducteurs, qui se mirent en défense, & en tuerent deux. Au même tems ceux qui étoient en embuscade entrerent dans la ville, firent main basse sur les Gantois, en tuerent trois cens, pillerent les maisons, & se saisirent d'une grosse somme d'argent, que François Attremen chef des Gantois y avoit laissée. Ils demeurerent ainsi maîtres de la ville. Attremen se plaignit au Duc de Bourgogne de ce qu'on avoit violé la tréve. Le Duc répondit, qu'il n'avoit eu aucune part à cette entreprise, & voulut faire rendre la place aux Gantois. D'Estournai refusa de la rendre, disant que c'étoient les Gantois, qui avoient eux-mêmes violé la tréve en ravageant ses terres, & le dépouillant de son bien, & qu'il garderoit Oudenarde jusqu'à ce que la Flandre seroit toute réunie sous son Prince.

1385.

Leon de Lusignan Roi d'Armenie, brave de sa personne, mais hors d'état de résister à la grande puissance des Turcs, qui envahirent son Roiaume, fut obligé de s'enfuir en Europe, laissant sa femme & ses enfans entre les mains de ces Infideles. Il s'embarqua & vint aborder en Espagne, où il fut très-bien reçû de Jean Roi de Castille. Delà il vint en France, & se rendit à Paris, où le Roi Charles lui fit tout l'accueil imaginable, & lui assigna sur son Trésor

---

Froissa: t.

pit illa Burgundiæ familia, quæ ultra modum subinde viribus aucta est, in magnam Francici Regni perniciem.

Gandavenses qui Aldenardam occupabant, pactis induciis nimium fidentes, oscitanter urbis custodiæ advigilabant. Qua re comperta, vir nobilis & strenuus Estornacus, cui præsidium Aldenardense multum incommodi pariebat, urbem ex improviso invadere cogitavit. Re cum amicis communicata, quadringentos circiter milites collegit, quos in insidiis collocavit in silva propter portam quamdam ; eodemque tempore duos carros onustos emisit cum ductoribus quatuor, qui inter fortissimos militum delecti fuerant, & armis sub servili veste contecti erant. Hi præsidiarios advocant, dicuntque se ex Hannonia venire, & commeatum ad urbem ducere. Præsidiarii portam aperiunt : ad portam pons erat, in quo carrorum ductores gradum sistunt, & equos solerter solvunt. Clamant præsidiarii, & carros ultra duci curant, ut fores claudere possent. Tunc ductores equos amovent & carros in ponte relinquunt. Præsidiarii tunc se delusos & proditos esse advertentes, in ductores impetum faciunt. Hi cum armis præsidiarios invadunt, duosque trucidant : eodem tempore qui in insidiis latebant accurrunt, in urbemque intrant, Gandavenses passim interimunt, domos diripiunt, aurique summam grandem, quam Franciscus Attremenius dux Gandavensium istic deposuerat abripiunt, atque ita urbem in potestatem suam reducunt. Attremenius apud Ducem Burgundiæ conqueritur, quod induciæ violatæ fuissent : respondet Dux se inscio hanc susceptam fuisse expeditionem, instatque ut urbs Gandavensibus restituatur. Reponit Estornacus se non redditurum urbem esse ; Gandavenses enim priores inducias illas violasse, qui agros suos diripuerint, & se bonis spoliaverint, seque Aldenardam esse retenturum dixit, donec Flandria tota sub Principis sui potestatem redacta foret.

Idem.

Leo de Lusiniano Rex Armeniæ, vir fortis ac strenuus, cum Turcæ regnum illius invasissent, nec posset ille ingentibus Infidelium viribus obsistere, e regno suo profugus in Europam transiit, relicta in manibus Infidelium uxore cum liberis. Conscensa autem nave in Hispaniam appulit, probeque exceptus fuit ab Joanne Castellæ Rege, indeque in Franciam venit, & Lutetiam se contulit, ubi summam Caroli Regis munificentiam expertus est. Rex quippe ipsi ex regio ærario reditum annuum assumendum assignavit,

CHARLES VI. dit LE BIEN-AIMÉ.

une pension suffisante pour s'entretenir avec dignité. Il demeura en France jusqu'à sa mort, qui arriva en 1393. & il fut enterré aux Celestins de Paris.

La mort du Duc d'Anjou Roi de Naples, arrivée en cette année, nous oblige de rappeler ici les affaires d'Italie. Jeanne Reine de Naples avoit adopté & déclaré Louis Duc d'Anjou son successeur à la Couronne : & voiant que Charles de Duras étoit entré avec une armée dans son Roiaume à dessein de s'en emparer, & de venger la mort d'André premier mari de Jeanne, qu'elle avoit fait étrangler; elle pressoit Louis de venir au plûtot la délivrer & prendre possession du Roiaume. Le Prince, qui s'étoit saisi du Trésor & des Joiaux du feu Roi Charles son frere, avoit pris de toute main sur les Finances de l'Etat, & fait des levées extraordinaires sur les peuples, la plûpart à son profit; il se rendit enfin à Avignon, où il fut reçu avec joie du Pape Clement VII. qui se flattant, que ce Prince chasseroit un jour de l'Italie Urbain VI. son competiteur, lui ouvrit ses trésors, & lui donna l'investiture du Roiaume de Naples, dont Louis lui fit hommage. Le Duc força ensuite les Provençaux de le reconnoître pour leur Comte, & prit le chemin de la Lombardie.

Mort de Louis Duc d'Anjou,

Cependant la pauvre Reine Jeanne, qui s'étoit refugiée au château de l'Oeuf, y fut assiégée par Charles de Duras, & fut obligée de se rendre. Charles la fit étrangler inhumainement & contre la foi donnée. Louis continua sa marche, & se joignit en passant à Amé VI. Comte de Savoie, un des grands guerriers de ce siécle. Ils traverserent heureusement la Lombardie, se rendirent à la Marche d'Anconne, & delà dans le Roiaume de Naples. Louis envoia défier Charles de Duras. Celui-ci lui envoia un homme empoisonneur de son métier, qui se chargea de lui donner le boucon; mais il fut découvert & envoié au supplice. Cet indigne moien de se défaire d'un ennemi ne lui aiant pas réussi, il en prit un autre qui le délivra enfin de cet adversaire. Sans lui donner ni combat, ni bataille, il observa toujours & côtoia son armée, lui coupa les vivres; ensorte qu'à la longue il épuisa tous ses Trésors, & que son armée tomba dans une disette qui en fit périr la plus grande partie. Il mourut enfin lui-même accablé de chagrin & de tristesse. Les restes de cette armée périrent de faim & de misere; hors un petit nombre qui demandant l'aumône de ville en

Et de Jeanne Reine de Naples.

Journal. quo cum dignitate posset in congruenti sibi statu degere. In Francia vero consedit ad mortem usque, quae anno 1393. contigit, & in Ecclesia Cælestinorum Parisiensium sepultus est.

Ludovici Andegavensis Ducis, Regisque Neapolis obitus, qui hoc anno contigit, jam nos ad res Italicas enarrandas advocat. Joanna Neapolis Regina Ludovicum Andegavensium Ducem adoptaverat, sibique in Regno Neapolitano successorem declaraverat. Cum videret autem Carolum Durracium cum exercitu Neapolitanum Regnum invasisse, ut illud sibi acquireret, & Andreæ primi Joannæ Reginæ conjugis necem ulcisceretur, quem illa strangulari curaverat, urgebat illa Ludovicum, ut quam celerrime posset, adventaret, seque ab infensissimo hoste eriperet, & Regni gubernacula caperet. Ille vero cum gazam omnem & cimelia Caroli V. Regis fratris sui defuncti occupasset, ærarium regium exhausisset, ac vectigalia ingentia a Franciæ populis exegisset, quorum maximam partem sibi sumserat, Avenionem tandem venit, ubi a Clemente VII. Papa cum gaudio exceptus fuit : qui cum speraret fore ut Princeps ille Urbanum VI. competitorem suum ex Italia ejiceret, thesauros ipsi suos aperuit, Regem illum Neapoli declaravit, cujus Regni Ludovicus *hominium* ipsi præ-

stitit. Dux postea Provinciales coegit, ut se in Comitem suum agnoscerent, & postea in Langobardiam iter capessit.

Interea infelix Joanna Regina, quæ in Castellum Ovi confugerat, ibi obsessa a Carolo Durracio fuit, & deditionem facere coacta est, eamque ille contra datam fidem inhumaniterque strangulari jussit. Ludovicus in Italiam pergens cum Amedeo VI. Sabaudiæ Comite, qui inter præstantissimos istius ævi duces numerabatur, junctus est. Ambo Langobardiam feliciter trajecere, & in Anconitanum tractum, deindeque in Regnum Neapolitanum pervenere. Ludovicus misit qui Carolum Durracium ad pugnam provocarunt. Ipse vero Carolus veneficum quempiam misit, qui veneno Ludovicum de medio tolleret : hic deprehensus, ad supplicium missus est. Cum nequivisset hoc indigno modo hostem opprimere, aliam tentavit viam, qua optatum est assequutus im pugna vel certamine : alas semper exercitus Francorum observavit, commeatus omnes cohibuit; ita ut tandem Ludovicus gazam illam, thesaurumque tantum absumserit; in exercitu ejus fames ita invaluit, ut pars ejus maxima periret. Ludovicus tandem ex mœstitia doloreque interiit. Exercitus vero illius reliquiæ ex inedia periere, paucis exceptis qui vicatim stipem co-

Idem.

ville, arriverent enfin en France. Le Duc d'Anjou lorsqu'il vit que les grandes dépenses qu'il falloit faire en Italie auroient bien-tôt épuisé son Trésor, avoit envoié Pierre de Craon à Marie de Blois sa femme, à laquelle il avoit laissé une partie de son Trésor, pour lui demander secours. Elle lui donna tout ce qu'elle avoit d'or & d'argent. Pierre de Craon muni de si grosses sommes, ne se pressa point de partir, il se fit un équipage magnifique, & partit enfin pour Venise, où il se divertit & fit une grande dépense: & aiant appris que le Duc d'Anjou étoit mort, il s'en retourna en France. Le Duc de Berri le chargea d'injures l'appellant traître & desloial, & vouloit qu'on se saisît de lui & qu'on lui fît son procés. Mais il ne fut point arrêté, & se signala depuis par de plus grands crimes, comme nous verrons.

La tréve avec l'Angleterre étant expirée, le Duc de Berri se rendit à Calais pour traiter de la paix avec le Duc de Lancastre, qui y étoit venu pour le Roi d'Angleterre; mais les propositions de l'Anglois furent si déraisonnables, qu'on n'y pût rien conclure. On se mit à faire des préparatifs pour la guerre. Il fut résolu qu'on équipperoit une flote, qui porteroit l'Amiral Jean de Vienne en Ecosse, avec un puissant secours pour les Ecossois. Le Duc de Bourbon & le Comte de la Marche furent nommez pour aller faire la guerre en Auvergne, dans le Limosin & en Languedoc. Toute la Cour fut alors en fête pour le mariage de Jean fils du Duc de Bourgogne avec la fille du Comte de Hainaut, & du fils de ce Comte avec Marguerite de Bourgogne. Le Roi assista aux nôces, qui se firent à Cambrai avec beaucoup de magnificence.

Une diminution qu'on fit en ce tems-là sur les Monnoies, excita de grands murmures. On en frappa de si foibles, que cela causa du desordre & troubla le commerce pour un tems. Une taille excessive qu'on leva en la même année pour la guerre, obligea un grand nombre de familles de quitter le Roiaume, & d'aller s'établir en d'autres païs. Le Roi de Navarre voulut faire empoisonner par un Anglois les Ducs de Berri & de Bourgogne: cela fut découvert, & l'Anglois fut envoié au supplice.

L'Amiral Jean de Vienne & son armée s'embarquerent à l'Ecluse, & avec un bon vent ils arriverent en Ecosse, où ils furent bien reçus de quelques Sei-

---

gendo, tandem in Franciam advenerunt. Dux vero Andegavensis, cum ex quotidianis expensis, vidit exhaustum iri cito illam tantam pecuniæ summam, quam ex Francia secum exportaverat; Petrum de Cratumno miserat ad Mariam Blesensem uxorem suam, cui partem thesauri sui reliquerat, postulatum opem. Ipsa autem Petro de Cratumno, quidquid supererat auri & argenti dedit. Ille tanto munitus auro, profectionem non acceleravit; sed vestes & famulatum sibi magnificum apparavit, tandemque profectus in Italiam, Venetias petiit, ubi recreandi animi causa multum auri impendit. Cum vero comperisset Andegavensem Ducem interiisse, in Franciam reversus est. Dux porro Bituricensis ipsum opprobriis & maledictis incessit, perfidum & proditorem vocans, volebatque illum apprehendi, & capitale judicium subire. Verum evasit ille, posteaque se deteriori scelere insignem reddidit, ut postea narrabitur.

Froissart. Juvenal. Le Moine de S. Denis.

Postquam induciæ cum Anglia pactæ finierant, Dux Bituricensis Caletum se contulit, ut ibi de pace cum Lancastriæ Duce tractaret: is enim pro Rege Angliæ illò se eadem de causa transtulerat. At conditiones ab Anglis propositæ, tantum ab æquitatis ratione procul erant, ut nihil perfici vel concludi potuerit. Apparatus igitur ad bellum factus, decretumque fuit ut armaretur classis, quæ marinæ rei Præfectum Joannem de Vienna transveheret in Scotiam, adjectis validissimis copiis in auxilium Scotorum. Dux autem Borbonius & Comes Marchiæ ad bellum apud Arvernos & Lemovicas atque in Septimania gerendum designati sunt. Aula tota Regia tum celebritatem agebat maximam, ob connubium Joannis, Burgundiæ Ducis filii, cum filia Comitis Hannoniæ, & filii Comitis Hannoniæ cum Margarita Burgundiæ Ducis filia. Rex nuptiis adfuit, quæ Cameraci cum magnificentia celebratæ fuere.

Ob imminutum hoc tempore monetæ pondus, rumores & querimoniæ ubique fuere. Adeo leves monetæ illæ erant, ut hinc in commercio & negociationibus perturbatio per aliquantum temporis fuerit. Ad hæc autem onerosissimum vectigal hoc anno impositum, familias multas eo redegit, ut ex regno Franciæ migrantes, in vicinis regionibus sedes posuerint. Rex Navarræ Carolum Anglum quempiam misit, qui Duces Biturigum & Burgundiæ veneno tolleret: sed deprehensus Anglus, ad supplicium missus sunt.

Maris Præfectus Joannes de Vienna cum exercitu Slusæ naves conscendit, & secundo vento, classis in Scotiam appulit, ubi exscensu facto, Franci a Primoribus quibusdam perhumaniter excepti sunt; se-

gneurs, mais mal-traitez du commun du peuple, qui ne voioit pas volontiers un si grand nombre de François dans son païs. Robert Roi d'Ecosse aiant fait assembler son armée, elle se mit en marche avec ce grand secours, & entra dans le Northumbelland, où les François & les Ecossois prirent plusieurs places. Richard Roi d'Angleterre, fit assembler une armée de beaucoup plus grande que celle des Ecossois, & laissant les François & les Ecossois dans le Northumbelland, il entra dans l'Ecosse, ravagea les campagnes, prit, pilla & brula les villes. La capitale Edimbourg fut traitée comme les autres. Au même tems qu'il désoloit ainsi l'Ecosse, les François & Ecossois ravageoient le Northumbelland & le païs de Galles où ils entrerent. Le Roi Richard après avoir désolé l'Ecosse vouloit aller chercher les François & les Ecossois pour les combattre; mais on l'en détourna, en lui representant que le Northumbelland étoit un païs montagneux, où il y avoit un grand nombre de passages étroits d'où son armée auroit bien de la peine à se tirer, sur tout dans la saison de l'hiver où l'on entroit alors. Le Roi se retira donc avec son armée ; & les Ecossois en la compagnie des François s'en retournerent en Ecosse. Ces derniers voulurent repasser la mer & revenir en France. Mais les Ecossois exigerent d'eux qu'avant leur départ ils paiassent les frais de la guerre. La somme fut taxée, & il fallut que l'Amiral demeurât en ôtage, jusqu'à ce qu'elle fût paiée. Cela dégoûta fort les François de retourner faire la guerre en ce païs-là. Le Moine de S. Denis, ajoute que l'Amiral s'amouracha d'une Cousine du Roi d'Ecosse, qu'elle ne lui fut point *farouche*, & que les Ecossois en furent si indignez, qu'il eut bien de la peine de se sauver en France.

Guerre des François en Ecosse.

Tandis que les François faisoient la guerre en Ecosse, l'armée de France commandée par le Duc de Bourbon faisoit des conquêtes dans le Poitou, Montlieu fut pris d'assaut. Après quoi le Duc voulant faire le siége de Taillebourg, il falloit auparavant prendre le pont qui étoit bien gardé par les Anglois & les Gascons. Le combat fut rude, & le pont fut longtems disputé ; mais enfin les François s'en rendirent les maîtres, & tous ceux qui le gardoient furent tuez ou noiez, pas un n'échappa. Taillebourg après la prise du pont tint encore neuf semaines, mais il fut enfin pris. Le Duc se rendit encore maître de Berteuil en Poitou, & vers ce tems-là le Sénéchal de Saintonge prit par assaut le

---

eus autem a plebeiis, qui tantum Francorum numerum haud libenter in patria sua videbant. Robertus, Rex Scotiæ, collecto exercitu, tot auxiliaribus copiis instructo, movit, & in Northumbriam ingressus est, ubi Franci cum Scotis juncti, oppida multa & castra ceperunt. Ricardus vero Rex Angliæ exercitum coëgit, Scotico & Francico longe numerosiorem, atque in Scotiam ingressus, agros depopulatus est, oppida & urbes devastavit & incendit, Regiamque Edenburgum pariter flammis tradidit. Dum autem sic ille Scotiam depopulabatur, Franci & Scoti sic Northumbriam & postea Walliam desolati sunt. Rex vero Ricardus postquam Scotiam igni ferroque vastaverat, versus Francos & Scotos movere gestiebat, cum illis certaturus : sed ab hoc consilio deterritus fuit, dicentibus suis, Northumbriam montosam esse regionem, ubi fauces & angusta loca, quæ exercitus suus, ingruente maxime jam hyeme, vix prætergredi posset. Rex itaque Ricardus cum exercitu suo sese domum recepit, & Scoti cum Francis in Scotiam reversi sunt. Franci ad patriam suam repetendam sese apparabant. At Scoti ut pro impendiis & sumtibus belli statutam summam numerarent, exigebant, cumque pecuniæ solvendæ non comparerent, Præfectus maris Joannes de Vienna obses detentus fuit, donec expetita summa solveretur ; quæ res Francorum animos a bello pro Scotis gerendo multum repressit. Addit Monachus sancti Dionysii, Præfectum maris Joannem de Vienna cujusdam Regis Scotiæ cognatæ amore irretitum fuisse, neque ab ea repulsam tulisse ; qua re ita indignati fuere Scoti, ut vix in Franciam ille aufugere potuerit.

Dum Franci bellum cum Scotis gererent, exercitus Francorum, imperante Borbonio Duce, apud Pictavos castra & oppida expugnabat : Mons-loci vi captus est. Sub hæc autem Dux cum Talleburgum obsidere vellet, pontem illius ante occupare tentavit, cui custodiendo Angli & Vascones assidue advigilabant. Acris in hoc ponte, ac diuturna pugna fuit, tandemque Franci illum vi occuparunt, & Angli, Vasconesque omnes qui Francos tamdiu propulsarant, ne uno quidem excepto, vel cæsi, vel in fluvium sunt demersi. Ponte capto, Talleburgum obsessum fuit ; per novem hebdomadas pugnarunt obsessi ; tandemque captum oppidum est. Cepit etiam Borbonius Dux Bertolium in Pictavorum tractu. Senescallus quo-

Ibidem.

château de l'Aigle, d'où les Anglois faisoient des courses dans le voisinage.

Mariage de Charles VI. avec Isabeau de Baviere.

Ces bonnes nouvelles furent apportées au Roi Charles lorsqu'il célebroit ses nôces avec Isabeau de Baviere. Ce mariage fut ménagé par la Duchesse de Brabant. La jeune Princesse fut menée à Brusselles par le Duc Frederic de Baviere son oncle, delà elle se rendit dans le Hainaut, & puis à Amiens, où étoit alors le Roi. Le mariage se fit dans Amiens avec toute la solennité imaginable. La joie des nôces fut interrompue par l'expedition que le Roi fut obligé de faire en Flandres, en voici le sujet.

Autre guerre en Flandres.

Les Gantois toujours rebelles à leur Prince avoient plusieurs Capitaines ; un desquels nommé François Attremen homme hardi & entreprenant, défit une troupe de François près d'Ardembourg, qui accablée par le grand nombre, fut obligée de prendre la fuite ; peu s'en fallut aussi qu'il ne surprit la ville d'Ardembourg : après cela il prit Dam, place de conséquence à cause du port où les François s'embarquoient pour aller en Ecosse. A ces nouvelles le Roi fit assembler promtement une armée considerable & alla assiéger la ville, qu'il trouva bien munie de vivres & d'artillerie avec une forte garnison composée de Gantois & d'Archers Anglois, qui se défendirent vaillamment. Etant devant cette place il découvrit une conspiration de ceux de l'Ecluse contre les François. Il fit saisir plusieurs Bourgeois, qui convaincus de trahison furent décapitez. Après un mois de siége, Attremen voiant qu'il ne pouvoit éviter que Dam ne fut pris, se retira sécretement la nuit avec sa troupe. Les François s'apperçurent trop tard de sa fuite, ils coururent après & prirent quantité de Bourgeois de Dam, qui fuioient avec Attremen. La ville fut emportée par escalade, les François y mirent le feu. Peu après cette prise, le Roi se retira & congedia son armée.

Paix des Gantois avec le Duc de Bourgogne leur Prince.

Cependant les plus sages Bourgeois de Gand souhaitoient de faire la paix avec leur Duc : François Attremen n'en étoit pas éloigné. Deux des principaux Bourgeois menoient toute l'affaire. Pierre du Bois Capitaine des Gantois étoit fort opposé à cette paix, & de concert avec Jean le Boursier, qui étoit là pour le Roi d'Angleterre, il cherchoit les moiens d'opprimer ceux qui vouloient traiter avec le Duc de Bourgogne. Mais les deux Bourgeois aiant gagné

Idem.

que Santonum Aquilam castellum vi cepit, unde Angli exire soliti, vicinos agros depopulabantur.

Hæc prospere gesta nunciata fuere, quando Rex cum Elisabeta, seu Isabella Ducis Bavariæ filia nuptias celebrabat. Connubio isti operam dederat Brabantiæ Ducissa, ductaque fuerat sponsa Bruxellas a Frederico Bavarico patruo. Inde vero in Hannoniam & postea Ambianum venit, ubi Rex tunc erat, ibi cum quanta majore poterat solennitate celebratæ nuptiæ fuere. Tantam lætitiam intercepit, turbavitque expeditio, quam Rex in Flandriam suscipere coactus est, hac de causa.

Gandavenses turbulenti, Principique suo semper rebelles, duces sibi plurimos constituerant, ex quorum numero erat quidam audax vir, novarumque rerum molitor, cui nomen Franciscus Attremenius. Is quamdam Francorum manum prope Ardemburgum profligavit, quam cum longe majore copiarum numero aggressus esset, ad fugam capessendam compulit, parumque abfuit quin Ardemburgum etiam ex improviso caperet. Dam um vero postea occupavit, quod ut servarent sibi oppidum valde Francorum intererat, qui ibi naves conscendebant ut in Scotiam trajicerent. His compertis Rex, exercitum celeriter congregari jussit, & Damum obsessum movit, Oppi-

dum vero annona, tormentis bellicis, ac fortissimo præsidio munitum repetit. Præsidiarii porro erant Gandavenses & Sagittarii Angli, qui Francos strenue propulsabant. Cum ante urbem Rex castra haberet, comperit Slusæ cives contra Francos conspirationem conflavisse. Tum civium multos comprehendi imperat, quos proditionis convictos, capite plecti jubet. Post peractum in obsidione mensem, Attremenius cum videret, non posse Francos arceri, brevique expugnandum fore oppidum, noctu & clam cum suis aufugit. Sero fugam illam advertere Franci, fugacemque turbam sunt insequuti, atque ex Dami civibus multos ceperunt, qui cum Attremenio aufugiebant. Oppidum tandem scalis admotis captum fuit, quod flammis Franci tradiderunt ; reversusque Rex exercitum dimisit.

Inter hæc Gandavenses cives ii, qui plusquam cæteri consilio prudentiaque valebant, cum Duce Burgundiæ Principe suo pacem habere peroptabant, neque abnuebat Franciscus Attremenius. Duo ex Gandavensibus civibus præcipuis rem totam gerebant. Petrus Boisius Gandavensium Dux ab hujuscemodi pace omnino abhorrebat, & cum Joanne Burserio junctus, qui tunc pro Angliæ Rege Gandavi versabatur, illos omnino obruere cogitabat, qui cum Burgundiæ Duce pacisci vellent ; sed cum illi memorati duo cives majo-

Idem.

le

CHARLES VI. dit LE BIEN-AIMÉ.

le plus grand nombre, & François Attremen s'étant déclaré pour eux, le traité se fit : le Duc de Bourgogne expedia des Lettres du dix-huitiéme Décembre mil trois cens quatre-vingt-cinq, où il leur pardonnoit le passé & confirmoit tous leurs privileges.

En ce tems-ci Pierre de Courtenai Seigneur Anglois parent du Roi d'Angleterre, vint à la Cour de France & demanda *à faire armes* contre le Sire de la Trimouille. Celui-ci demanda permission au Roi de se battre contre l'Anglois. Le Roi le permit ; le jour & le lieu furent assignez ; mais lorsqu'ils eurent fait un coup de lance le Roi leur envoia défense d'en venir aux mains. L'Anglois partit de Paris & alla voir le Comte de S. Paul, qui avoit épousé la sœur du Roi d'Angleterre. Il se vantoit en presence de bien des gens, qu'il n'avoit trouvé personne en France qui osât se battre contre lui. Le Seigneur de Clari François qui se trouva-là, lui dit, que s'il vouloit dès le lendemain ils combattroient ensemble. Ils se battirent en effet, Clari blessa l'Anglois, le mit à terre & le vainquit. Le Duc de Bourgogne voulut lui en faire porter la peine, il fut obligé de s'absenter de la Cour, mais il fut bien-tôt remis en grace. Froissart dit, qu'il fut mis en prison, & que le Sire de Couci obtint sa grace. Juvenal des Ursins met cette histoire en 1385. & Froissart semble insinuer qu'elle se passa du tems de Charles. V.

Charles de Duras aiant fait un voiage en Hongrie, où il fut tué, Louis II. fils de Louis Duc d'Anjou fut déclaré Roi à Naples ; il se rendit maître de la Provence, quoi qu'avec beaucoup de peine & alla ensuite à Naples. Charles de Duras avoit laissé un fils fort jeune nommé Ladislas, qui fit depuis la guerre à Louis, & fut enfin Roi de Naples.

1386.

Il y avoit en ce tems-là grande guerre entre le Roi de Castille & le Roi de Portugal, en voici le sujet. Ferdinand Roi de Portugal ne laissa qu'une fille, il l'avoit déclarée avant sa mort son héritiere, & l'avoit mariée à Jean Roi de Castille, qui étoit veuf & avoit deux fils de sa premiere femme. Les Portugais craignant la domination des Castillans élurent pour leur Roi Jean frere bâtard de Ferdinand. Le Roi de Castille voulant les réduire alla assiéger Lisbonne, & voiant l'entreprise trop difficile, il leva le siége. Il reçut peu de tems après un

Guerre en Castille & en Portugal.

Idem.

rem Gandavensium numerum ad partes suas pertraxissent, & palam Franciscus Attremenius pro illis staret, ad pacta denique ventum est. Dux Burgundiæ literas emisit decima-octava Decembris anno 1385. queis præteritorum omnium veniam concedebat, omniaque urbis privilegia confirmabat.

Hoc circiter tempus Petrus de Curtenaco nobilis Anglus Regis Angliæ cognatus, in aulam Francorum regiam venit, & D. de Tremollia ad singulare certamen provocavit, ut mos illo ævo erat. Hic vero petiit ab Rege veniam, ut cum Anglo illo congredi sibi liceret. Id Rex concedit ; sed cum se ambo lancea semel impetiissent, vetuit Rex ne ultra procederent. Anglus vero Lutetia profectus, Comitem Sancti Pauli, qui Regis Angliæ sororem duxerat, invisit, ac multis præsentibus jactabundus dicebat, se neminem in Francia reperisse, qui secum congredi auderet. At nobilis quidam Francus de Clariaco dictus, qui tunc aderat, Anglo dixit, si id adhuc in animo haberet, paratum se esse ad singularem pugnam cum ipso committendam insequenti luce. Et sane congressi sunt : Clariacensis sauciavit Anglum prostravit ac devicit. Dux autem Burgundiæ a Clariacensi audaciæ pœnas repetendas esse sentiebat. Ille vero ab aula regia ad aliquod tempus recessit : sed haud multo post in Regis iterum gratiam admissus est. Ait Froissartius illum carceri mancipatum fuisse ; sed Cuciacensis Toparchæ rogatu, liberum dimissum esse. Hanc historiam Juvenalis de Ursinis in annum 1385. refert. Froissartius vero insinuare videtur id Caroli V. tempore gestum esse.

Cum Carolus Durracius in Hungariam venisset, ibique peremtus fuisset, Ludovicus, Ludovici Andium Ducis filius, Neapolis Rex declaratur. Ille vero Provinciæ Comitatum sibi, nec sine magno labore & conatu subegit, posteaque Neapolim se contulit. Carolus porro Durracius filium ætatis teneræ reliquerat Ladislaum, qui postquam adoleverat, Ludovico bellum intulit, tandemque Rex Neapolitanus fuit.

Idem.

Tunc magnum subortum bellum erat Reges inter Castellæ & Lusitaniæ, cujus hæc causa fuerat. Ferdinandus Lusitaniæ Rex filiam tantum reliquerat, & ante obitum illam sibi hæredem fore declaraverat, atque Joanni Castellæ Regi nuptui dederat, qui Joannes tunc viduus erat, exque prima uxore filios duos susceperat. Lusitani vero Castellanorum dominatum detrectantes, in Regem suum delegere Joannem Ferdinandi fratrem, sed nothum. Rex vero Castellæ ut Lusitanos subigeret, Ulyssiponem regni caput obsedit : ut vidit autem nimis arduam rem, vixque posse urbem illam expugnari, obsidionem solvit. Sub

Tome III.   N

grand renfort de troupes de France & de Bearn ; ce secours, qui lui venoit fort à propos lui fit beaucoup de plaisir ; il fit le meilleur traitement qu'il pût à toute la troupe, prit conseil des principaux sur ce qu'il avoit à faire. Ces nouveaux venus, qui ne demandoient qu'à faire preuve de leur valeur, lui conseillerent d'aller attaquer l'armée des Portugais, qui s'étoit mise en campagne.

L'amitié & la confiance que le Roi Jean témoignoit à ces Etrangers donna de la jalousie aux Espagnols, ils ne dissimulerent pas leur mécontentement, qui eut de funestes suites, comme nous verrons. Les Portugais avoient reçû un puissant secours d'Angleterre, & suivant l'avis des Anglois, ils se retrancherent dans un lieu appellé Juberoth. Les François & les Bearnois qui faisoient l'avantgarde allerent attaquer l'armée ennemie, ils firent des prodiges de valeur, mais les Anglois retranchez les accabloient de fléches. Les Espagnols qui étoient en bataille au nombre de vingt mille, voiant les François ainsi mal-menez, malgré les ordres du Roi n'allerent point à la charge, & ne branlerent point pour les secourir jusqu'à ce qu'ils furent tous ou pris ou tuez. Ils donnerent alors sur l'armée Angloise & Portugaise, mais ils furent défaits & perdirent là plus de grands Seigneurs & de Noblesse qu'en la bataille de Navarrete. Ils porterent ainsi la peine de leur malignité. Le Roi de Portugal après la victoire, ne voulut point avancer dans la Castille, & le Roi de Castille se retira à Burgos. Les deux Rois firent ensuite tréve depuis la S. Michel jusqu'au premier de Mai de l'année suivante.

La défaite des Castillans à Juberoth ne décidoit point le different qui étoit entre les deux Rois. Celui de Castille plus puissant que son adversaire assembloit de nouvelles troupes, & étoit à portée de faire venir des secours de France. Pour se mettre en état de lui résister, le Roi de Portugal envoia demander un promt secours au Roi d'Angleterre. Le Duc de Lancastre se mit en mer avec une armée considerable ; en chemin faisant il alla faire lever le siége de Brest. C'étoit le Duc de Bretagne, qui joint aux troupes du Connétable de Clisson avoit assiégé cette place, que les Anglois tenoient. Le Duc vouloit ôter un violent soupçon qu'on avoit contre lui, qu'il étoit d'intelligence avec le Roi d'Angleterre. La ville étant réduite à l'extrémité, le Duc de Lancastre fit une descente, & se saisit de quelques postes. Les Bretons décamperent la nuit &

---

hæc autem ex Francia & Benearnia, grandem copiarum manum accepit. De tam opportuno lætus auxilio Joannes, Francos perhumaniter excepit, a ducibus eorum consilia cepit circa gerendi belli rationem. Illi vero qui manus conserere cupiebant, ut fortitudinis suæ periculum facerent, Regi auctores fuere, ut cum Lusitanorum exercitu pugnam committeret, qui exercitus jam moverat, & castrametabatur.

Illa tanta quam erga Francos Rex Joannes exhibebat amicitia fiduciaque Hispanorum invidiam concitavit, neque clam vel dissimulanter offensi erant, unde etiam tristia consecuta sunt, ut mox narrabitur. Lusitani prævalidum ex Anglia auxilium acceperant, Anglisque suadentibus castra sua munierunt in loco, cui nomen Juberothum. Franci & Bearnenses qui primam Hispanici exercitus aciem constituebant, hostium exercitum sunt aggressi, ac diu fortissimeque pugnarunt. Verum Angli intra munitiones suas constituti, sagittis illos conficiebant. Hispani autem, qui in acie viginti mille numero stabant ; ubi viderunt Francos laborare & telis obrui, non movere loco, nec auxilium ferre periclitantibus dignabantur, urgente licet Regio jussu ; sed exspectarunt donec omnes vel cæsi vel capti essent. Tunc autem Anglos Lusitanosque sunt aggressi ; sed profligati, cæsique sunt, multoque plures proceres, nobilesque viros in hoc prœlio amiserunt, quam in Navarretensi pugna. Sic illi malignitatis suæ pœnas dederunt. Post victoriam Rex Lusitaniæ Castellam invadere noluit. Rex vero Castellæ Burgos se recepit. Ambo deinde Reges inducias pacti sunt a die festo Sancti Michaelis ad usque primum Maii diem anni sequentis.

Clades Juberothensis, dissidium inter ambos Reges subortum non dirimebat. Rex Castellæ adversario suo longe potentior, novas aggregabat cohortes, & auxiliares Francorum copias accipere facile poterat. Rex autem Lusitaniæ, ne viribus impar hosti esset, ab Anglorum Rege auxilia expetiit, & propere illa mitti rogavit. Lancastrius vero Dux mare conscendit cum numeroso exercitu, statimque versus Brestum vela dedit, ut Francos urbem illam obsidentes amoveret. Dux Britanniæ Armoricæ cum Constabulario Clissonio urbem illam obsederant, quam tum occupabant Angli. Curabat quippe Dux ille suspicionem quamdam avertere, qua concepta multi, nec fortassis abs re, putabant ipsum Anglis studere, & cum Rege Anglorum consilia miscere. Dux Lancastrius exscensum fecit, & loca quædam occupavit. Britones autem noc-

CHARLES VI. dit LE BIEN-AIMÉ.

abandonnerent le siége. On crût en France que la venue du Duc de Lancastre n'avoit été qu'un prétexte au Duc de Bretagne pour lever le siége, qu'il pouvoit fort bien continuer, & cela confirma l'opinion qu'on avoit, qu'il étoit d'intelligence avec les Anglois.

Le Duc de Lancastre se rendit après sur les côtes de Gallice, & débarqua à la Courogne. Un bon nombre de Seigneurs François qui étoient allez faire leurs devotions à S. Jacques en Gallice, apprenant l'arrivée du Duc de Lancastre à la Courogne, partirent en diligence pour aller défendre la ville contre les Anglois ; ils firent une sortie sur eux, où ils leur tuerent deux cent fourrageurs. Le Duc de Lancastre laissant la Courogne vint à S. Jacques de Compostelle qui se rendit, il conquit aussi plusieurs autres places dans la Castille, dont il prétendoit se faire déclarer Roi par le droit de sa femme fille de Pierre le Cruel. Il porta la terreur dans le pays, & prit plusieurs villes & forteresses. Mais la maladie s'étant mise dans son armée, il y périt un grand nombre d'Anglois, la plûpart des autres étoient ou malades, ou dans une espece de langueur ; il tomba fort malade lui-même, & fut obligé de faire un traité avec le Roi d'Espagne pour donner moien à ses gens infirmes & languissans de se retirer sûrement, ou de s'arrêter dans quelques villes du pays pour s'y rétablir. Le Roi de Castille attendoit le Duc de Bourbon, qui venoit le secourir avec un corps d'armée considerable. Il y vint en effet, mais trop tard, & s'en retourna bien-tôt après. Le Duc de Lancastre étant parti d'Espagne, le Roi de Castille à l'aide des François reprit bien-tôt les places qu'il avoit conquises dans la Gallice.

Siege de Brest levé.

Tandis que ceci se passoit en Espagne, toute la France étoit occupée à l'appareil de la plus grande flote qu'on vit jamais dans le Roiaume. Le dessein du Roi Charles & de toute sa Cour étoit de porter la guerre dans l'Angleterre. La conjoncture paroissoit favorable. La flote des Anglois étoit sur les côtes de l'Espagne. On fit des levées d'argent dans tout le Roiaume, les plus grandes qu'on eut encore vû. On acheta tous les vaisseaux qu'on pût trouver sur les côtes de l'Ocean depuis Seville jusques dans la Prusse. L'embarquement se devoit faire à l'Ecluse. Les provisions qu'on fit pour cette expedition, de farine, de chair salée, & autres munitions, étoient si extraordinaires, qu'on ne vit

Grande flotte préparée en France contre l'Angleterre.

---

tu obsidionem solventes, castra moverunt. In aula vero regia Francorum existimatum fuit, frustra obtendi a Britanniæ Duce Lancastrii adventum, ut obsidionem vi solutam esse dictitaret, potuisse enim in obsidione persistere, si id in animo habuisset : hinceque firmabatur illa jam diu concepta opinio, quod Anglis ille studeret.

Guill. Lancastrius Dux postea ad oras Gallæciæ appulit, & ad Corunnam exscensum fecit. Multi vero proceres Franci, qui pietatis religionisque causa ad sanctum Jacobum in Gallæcia venerant, comperto Lancastrii adventu Corunnam, confestim profecti sunt, ut præsidio essent urbi, si ab Anglis obsideretur : erumpentes autem ducentos Anglos occiderunt, qui pabulatum missi fuerant. Dux vero Lancastrius Corunnam relinquens ad sanctum Jacobum de Compostella movit, quæ urbs deditionem fecit. In regione autem tota terrorem intulit, multasque urbes & castra in Castellæ regno expugnavit, in qua se Regem proclamari curaturus erat, quod filiam Petri illius cognomento Crudelis uxorem duxisset : hoc animo ille oppida & munitiones capere pergebat. At exercitum ejus lues invasit, Angli multi morbo consumti interiere : alii autem vel ægrotabant, vel in languorem inciderant.

Ipse quoque Lancastrius in ægritudinem incidit : ac cum Castellæ Rege inire pacta coactus est, ut possent Angli, qui languore detinebantur, secum pacifice in Angliam remeare, vel in civitatibus manere, donec reparatis viribus iter carpere possent. Rex vero Castellæ Ducem Borbonium exspectabat, qui cum exercitu profectus, in Castellam advenit ; sed tardius ac non diu postea regressus in Franciam est. Cum porro Dux Lancastrius ex Hispania profectus esset, Rex Castellæ oppida & castra, quæ ille in Gallæcia occupaverat, cito recepit.

Dum hæc in Hispania gererentur, tota pene Francia apparandæ tantæ classi intenta erat, quantam in Francorum regno nemo viderat : In animo habebat Rex Carolus plaudentibus aulicis, bellum in ipsam Angliam inferre. Opportuna ad eam rem conditio temporis offerebatur. Anglorum namque classis tunc in Hispaniæ oris versabatur. Vectigalia autem in toto regno exacta fuere, quanta nemo viderat. Emtæ fuere naves omnes, quæ repertæ sunt in Oceani oris aburbe Hispali ad usque Borussiam. Slusæ naves conscensurus erat exercitus, commeatus porro ad tantam expeditionem, nempe farinæ, salitæ carnes & reliqua, tam ingentia erant, ut nihil unquam simile vel au-

Froissart. Juvenal. Le Moine de S. Denis.

jamais rien de semblable. Le Roi lui-même devoit monter sur la flote, & passer en Angleterre, pour se mettre à la tête de l'armée. Le nombre des vaisseaux assemblez à l'Ecluse montoit à douze cent quatre-vingt-sept. Le Connétable fit aussi construire en Bretagne une ville flotante, qui devoit aller sur l'eau, & aborder en Angleterre. La machine étoit disposée de manière, qu'on pouvoit en séparer toutes les pieces, pour défaire la ville, & les rejoindre après, pour la rétablir quand on vouloit.

Le Roi Charles partit de Paris, & se rendit à l'Ecluse. Le Roi d'Armenie y vint aussi en sa compagnie. Ils convinrent ensemble que le Roi d'Armenie iroit à la Cour d'Angleterre, pour y faire des propositions de paix, ou de quelque tréve, qui conduisît à la paix. Il fut très-bien reçû pour sa personne ; mais on lui répondit séchement, qu'on ne traiteroit point avec les François, qui venoient à main armée : mais que quand ils se seroient retirez chez eux, alors on parleroit de paix. Par le peu de prévoiance & de conduite de la Cour de France, tout ce grand dessein qui avoit épuisé le Roiaume, s'en alla en fumée. Les vaisseaux, l'armée, les provisions, tout étoit prêt ; & l'on temporisa, jusqu'à ce que la belle saison fût passée, pour attendre le Duc de Berri, qui n'arriva que sur l'entrée de l'hiver, & qui fut d'avis, qu'il falloit rompre le voiage. On pensa à le remettre au mois d'Avril suivant. La ville de bois fut donnée au Duc de Bourgogne ; & les Anglois vinrent sur cette grande flote dégarnie de gens, ils brulerent quantité de ces vaisseaux, & en emmenerent un grand nombre chargez de vin en Angleterre.

Charles Roi de Navarre mourut enfin le premier de Janvier de l'an 1387. Il s'étoit justement acquis le surnom de MAUVAIS par des assassinats, par des empoisonnemens, par des traitez faits en même tems avec deux partis contraires, aussi prêt de trahir l'un que l'autre, & par tous les crimes que la passion lui suggeroit. Peu de tems avant sa mort, il avoit voulu faire empoisonner par un Anglois les Ducs de Berri & de Bourgogne, croiant qu'ils lui étoient opposez ; mais ce dessein fut découvert. On parla diversement de sa mort : l'Evêque d'Aqs son principal Ministre, dans la lettre qu'il écrivit à la Reine Blanche sa sœur, veuve du Roi Philippe de Valois, dit qu'il mourut avec de grands sentimens

Iidem.

ditum vel visum fuerit. Rex ipse navem conscensurus & classi imperaturus erat, atque in Angliam trajecturus, ut tanti dux esset belli. Navium Slusæ collectarum numerus erat mille ducentarum octoginta septem. Constabularius quoque Clissonius in Britannia ligneæ urbi construendæ operam dabat, quæ mari simul committenda erat, ut in Angliam appelleret. Hæc vero machina ita concinnata fuit, ut pro lubito posset in partes dividi, si opus esset, & postea nullo negotio in statum pristinum reduci.

Rex Carolus Lutetia profectus, Slusam se contulit, Leone Armeniæ Rege comitante. Inter ambos autem deliberatum statutumque fuit, ut Armeniæ Rex in regiam Anglicam se conferret, acturus de pace ambas inter Coronas constituenda, vel saltem de induciis, queis posset in progressu temporis via quædam ad pacem aperiri. Rex Armeniæ perhumaniter quidem ipse, & cum honore, quod ad personam spectabat suam, excipitur ; sed ad propositas ineundæ pacis vias satis aspere respondent Angli, nulla fore cum Francis ad pacem componendam colloquia, dum illi cum apparatu tanto bellum sibi inferre disponerent ; sed ubi sese ad sua recepissent, tunc de ineunda pace agendum fore. Verum tanta tunc fuit in regia Francorum oscitantia, ut præmeditata res, & tantus ille belli apparatus, quo & ærarium & regnum totum exhaustum fuerat, in nihilum abiret. Naves, exercitus, commeatus, omnia denique parata erant ; sed extracta res fuit, donec opportuna anni tempestas exacta est. Exspectabatur nempe Dux Bituricensis, qui nonnisi appetente hieme advenit, cujus opinio fuit, ut a proposito suscipiendæ expeditionis absisteretur. Illa vero ad Aprilem mensem anni sequentis missa fuit. Urbs autem illa lignea Duci Burgundiæ data est. Angli porro in classem illam ingentem, armatis vacuam, irruere, ex navibus plurimas incenderunt, alias magno numero onustas vino in Angliam duxerunt.

Idem.

Carolus I. Rex Navarræ obiit tandem prima die Januarii anni 1387. qui Mali sibi cognomen jure pepererat, dum insidiosis cædibus ac veneficiis semper incumberet, fœdera cum adversis partibus iniret, animo fallendi ac prodendi utramvis partem, si sese occasio daret, & sua interesse putaret ; uno verbo nullum non præmeditatum scelus aggrederetur. Paulo ante quam decederet, Duces Biturigum & Burgundiæ Angli cujusdam ministerio veneno tollere voluerat ; sed ejus propositum interceptum fuit. Obitûs ipsius ratio varie narratur. Episcopus Aquensis illius Minister præcipuus in epistola sua ad Blancham Reginam, quæ Philippi Valesii uxor fuerat, narrat ipsum magna pœnitentiæ signa ante obitum dedisse, peccato-

CHARLES VI. dit LE BIEN-AIMÉ.

de penitence; qu'il se fit donner l'absolution jusqu'à sept fois. Cela ne repugne pas avec ce que le Moine de S. Denis raconte de l'étrange maniere dont il mourut: il dit, que *n'aiant plus d'esperance en la vie, cassé d'une longue vieillesse, & dénué de la chaleur naturelle, il fut conseillé de se faire coudre dans un drap trempé d'eau-de-vie : on sait qu'elle est si naturellement disposée à s'enflammer, qu'il ne faut que l'approcher du feu : aussi, disent-ils, que s'étant ainsi fait emmailloter une nuit, l'indiscretion du valet de chambre, qui le venoit de coudre, lui fit prendre la chandelle, pour bruler le fil qu'il falloit couper, & qu'à l'instant même le feu prit à toute la toile, que son corps se trouva tout environné de flammes, & qu'il expira dans des tourmens horribles & dans des cris continuels :* ce qui est rapporté de même par Juvenal des Ursins. On peut dire de lui, qu'il fut un mauvais fils d'un bon pere, & un mauvais pere d'un excellent fils. Philippe son pere, & Charles son fils se rendirent recommandables par des qualitez tout opposées à celles qui ont terni la mémoire de Charles dit le Mauvais.

Mort horrible de Charles le Mauvais Roi de Navarre.

Une petite flote de vaisseaux Normans qui alloient en course, rencontra plusieurs vaisseaux Anglois richement chargez. Le combat fut rude ; mais enfin les Anglois furent défaits, & tous leurs vaisseaux pris. Les Normans s'enrichirent de leurs dépouilles, & firent deux cent prisonniers, du nombre desquels étoit un des Spensers qui commandoit cette flote. Ils firent present au Roi de ce Commandant, & à la priere de quelques Seigneurs, il lui donna la liberté.

Le Connétable de Clisson moienna cette année la délivrance de Jean de Blois, qui étoit prisonnier en Angleterre depuis fort longtems. Il paia sa rançon ; & ce Prince vint en France, où il épousa la fille du Connétable, comme ils étoient convenus ensemble avant que Clisson traitât pour sa rançon. Cela déplut fort, & non sans raison, au Duc de Bretagne, qui craignit que Jean de Blois aidé du Connétable ne fit revivre ses prétentions sur son Duché. Indigné contre le Connétable, il pensa au moien de se vanger de lui, & en trouva bien-tôt l'occasion, comme nous allons voir.

L'entreprise contre l'Angleterre avoit été differée jusqu'au mois d'Avril de cette année : & les accidens survenus sur cette flote sembloient avoir ruiné ce projet. Cependant on jugea à propos au Conseil du Roi, pour soutenir l'hon-

---

Idem.

rumque absolutionem ad usque septies petiisse. Neque pugnat illud cum iis, quæ Monachus Sandionysianus de stupendo mortis illius genere narrat. Ait quippe illum, cum nulla vitæ spes superesset, jam senectute fractum, naturali exstincto calore, quorumdam consilio sese in linteo in ardenti aqua ex vino confecta madefacto includi & consui jussisse, cujus aquæ genus tale est, ut si ad ignem admoveatur, flammam statim concipiat. Cum ergo hoc in statu conclusus jaceret, ejus Cubicularius qui linteum consuerat, imprudenter candelam sumsit ut filum igne rumperet, statimque ignis totam telam invasit ; corpusque totum Caroli flammis undique cinctum fuit. Ipse vero in cruciatu maximo, clamores simul horrendos ad sidera tollens, diem clausit extremum. Idipsum refert quoque Juvenalis ex Ursinis. De Carolo primo Rege Navarræ dicatur fuisse illum optimi patris deterrimam prolem, & optimi filii patrem pessimum. Philippus pater, & Carolus filius a contrariis omnino animi dotibus & gestis celebrati fuere, cum contra Carolus ille Malus vitiorum mole nominis sui memoriam labefactarit.

Parva classis Normannorum, quæ incursiones faciebat, in Anglicas naves quasdam mercibus preciosis onustas incidit, Acriter pugnatum est ; tandemque Angli victi fuerunt. Normanni divitiis aucti, ducentos etiam Anglos cepere, in quorum numero ex Spenseris quidam erat, qui Anglicæ classi imperabat. Normanni Ducem illum Regi Carolo obtulerunt, qui procerum quorumdam rogatu, liberum illum dimisit.

Clissonius Constabularius Joannem Blesensem, qui a multo jam tempore in Anglia captivus detinebatur, libertate donari curavit, redemtionis ejus soluto precio. Ille vero Princeps in Franciam venit, & Constabularii filiam duxit uxorem, ut ante redemtionem inter ambos convenerat, quæ res Britanniæ Armoticæ Duci admodum displicuit, nec fortassis injuria ; metuebat enim ne Joannes Blesensis, favente Constabulario, sua in Britanniæ Ducatum jura, ut paternam hæreditatem reperteret. Indignatus ergo in Constabularium Britanniæ Dux, ulciscendi sui occasionem captabat, quam nec diu postea nactus est, ut mox videbitur.

Expeditio contra Angliam suscipienda in Aprilem mensem anni hujusce missa fuerat, & quæ collectæ classi acciderant damna, propositum rem omnino pessumdedisse videbantur. In consilio tamen regio visum est, in Francici nominis honorem & famam,

Idem.

CHARLES VI. dit LE BIEN-AIMÉ.

neur de la France, de faire de nouveaux préparatifs pour cela. La flote devoit être commandée par le Connétable de Clisson & par l'Amiral de Vienne. Le premier se rendit en Bretagne, pour rassembler des vaisseaux & ramasser des troupes & de la cavalerie. Tandis qu'il travailloit-là à équiper une flote, le Sire de Couci, le Comte de S. Paul en préparoient une autre à Harfleur. On disoit que celle-ci devoit aller sur les côtes de Castille, pour obliger le Duc de Lancastre de sortir de ce Royaume.

Le Duc de Bretagne, qui s'étoit toujours soutenu par les secours de l'Angleterre, de concert avec les Anglois, pensa aux moiens de rompre cette entreprise, qui auroit pû leur nuire dans ce tems, où les brouilleries commençoient chez eux. Il s'avisa de cet expedient : il manda à Vannes tous les Barons de son Duché, les alléchant avec des paroles honnêtes & obligeantes, & sur tout le Connétable, qu'il prioit de la maniere la plus engageante de s'y trouver avec les autres. Ils y vinrent tous, & le Connétable comme les autres. Il les traita magnifiquement, & tirant à part le Connétable, qui ne se doutoit de rien, il le fit enfermer, & l'arrêta prisonnier ; le Sire de Beaumanoir fut aussi pris.

Trahison du Duc de Bretagne.

Le Duc vouloit faire mourir le Connétable, mais le Sire de Laval, qui se trouva-là, le pria avec tant d'instance, qu'il n'executa pas son dessein. Le Duc traita ensuite avec le même Sire pour la rançon du Connétable, qui fut fixée à cent mille livres, à condition qu'il feroit remettre au Duc trois châteaux, qu'il tenoit en Bretagne, & où il avoit garnison. Beaumanoir fut mis hors de prison, pour aller faire remettre les trois châteaux au Duc, & chercher les cent mille livres, moiennant quoi le Connétable fut relâché. Il alla d'abord se plaindre au Roi, qui promit de lui faire justice. On ajourna le Duc, qui ne se pressa

1388. point d'obéir. Il y vint enfin, assuré que les Ducs de Berri & de Bourgogne, qui n'aimoient pas Clisson, le favoriseroient. Il fut bien reçu du Roi, de quoi l'on murmura beaucoup. Les gens sensez trouvoient mauvais, qu'on eût tant d'égard pour ce Prince, après l'attentat qu'il venoit de commetre, qui fit échouer l'entreprise faite contre l'Angleterre. Le Duc en fut quitte en rendant au Connétable les cent mille livres & les trois châteaux.

Au même tems que cette affaire finissoit, le Duc de Gueldres, partisan des

hanc repetendam expeditionem esse, ad eamque rem novo apparatu esse opus. Classi imperaturi erant Clissonius Constabularius & Præfectus maris Joannes de Vienna. Clissonius in Britanniam se contulit, ut naves colligeret, ac copias, equitatumque congregaret. Dum his operam daret Clissonius, Cuciacensis Toparcha & Comes sancti Pauli classem aliam Harflevii apparabant ; famaque erat hanc ad Castellæ otas mittendam fore, ut Lancastrius Dux ex Hispania excedere cogeretur.

Idem. Dux Britanniæ, qui Angliæ auxiliis nixus, fines suos hactenus defenderat, cum Anglis conspirans, quo pacto hanc expeditionem cohibere posset meditabatur, quæ tunc Anglis, qui jam intestinis agitari motibus cœperant, multum inferre damni posset. Hac porro arte callide est usus. Omnes Britanniæ proceres Venetiam advocavit, quos verbis allicere & ad se pertrahere curavit ; maxime vero Constabularium, quem nulla non blanditiæ usus, ut se cum aliis conveniret, obnixe precabatur. Accessere omnes ac cum illis Clissonius Constabularius. Hos ille magnificentissimè excepit, & Constabularium, qui nihil adversi suspicabatur, seorsim evocans, illum in carcerem conjecit, & captivum detinuit. D. de Bello-manerio etiam comprehensus cum Clissonio fuit. Clissonium

Dux interfici volebat ; sed Lavallius, qui tunc aderat, ut ab hac cæde abstineret, tantopere precatus est, ut a cœpto destiterit. Tum Dux pro Constabularii redemtione cum Lavallio paciscitur, centum millia Francorum exigentur, hac addita conditione, ut Clissonius tria castella, quæ in Britannia tenebat, Duci tradi juberet. Bello-manerius autem ex carcere eductus fuit, ut tria illa castella in Ducis potestatem dimitti curaret, & centum mille Francos afferret. Quibus peractis dimissus Constabularius est. Hic vero statim Regem adiit conquestum de Ducis violentia ac tyrannide : Rex se facinus ulturum pollicetur. Duci dies indicitur, qui aliquantum procrastinavit, venitque tandem certus Duces Biturigum & Burgundiæ, qui Clissonio infensi erant, causam suam esse susceturos. A Rege autem benigne exceptus est, id quod multis displicuit, obmurmurantibus ac querentibus, quod Principem illum tantum facinus aggressum, & cujus opera suscepta contra Anglos expeditio evanuerat, cum tanta humanitate exciperet. Nihil demum aliud a Duce expetitum fuit, quam ut centum mille librarum summam, & tria castella extorta Constabulario restitueret, id quod etiam factum est.

Idem. Dum hæc gererentur, & istud negotii finem acciperet, Dux Gueldriæ, qui & ipse Anglis studebat,

Anglois, envoia *défier* le Roi, cela veut dire, qu'il lui fit déclarer la guerre. Toute la Cour fut indignée de la témérité de ce petit Prince. Le Roi ne s'en émut point du tout, & fit même quelques présens au Porteur du défi. Les sentimens furent partagez au Conseil du Roi ; Le Duc de Berri vouloit qu'on méprisât ce défi, & qu'on ne se donnât aucun mouvement pour châtier ce Prince téméraire. Le Duc de Bourgogne étoit d'avis que le Roi allât lui-même avec une puissante armée le punir de sa témérité. Son sentiment fut suivi. Le Roi assembla un grand nombre de troupes, prit le chemin des Ardennes, & entra dans le Duché de Luxembourg. Il prit ensuite le chemin de Gueldres. A ses approches, le Duc de Juilliers pere de Guillaume Duc de Gueldres, vint faire ses excuses au Roi, & rejetta toute la faute sur son fils, qui n'avoit pas en cela suivi son conseil. Le Roi Charles le reçut fort humainement : le Duc lui fit hommage de la Terre de Vierzon, qu'il possedoit dans le Berri. Le Duc de Gueldres ne voulut en nulle maniere retracter ce qu'il avoit fait ; & ne se rendit aux instances que son pere lui fit qu'au bout de six jours : il vint alors s'humilier devant le Roi : il reconnut le seau appliqué à sa lettre ; mais il désavoua l'écriture & le contenu de la lettre, comme aiant été mis sans son consentement : & tout fut ainsi pacifié.

Charles marche contre le Duc de Gueldres, qui s'humilie.

A la persuasion du Cardinal de Lân, le Roi ayant atteint l'âge de vingt ans, déclara qu'il vouloit prendre l'administration de son Roiaume. Ses deux oncles les Ducs de Berri & de Bourgogne se retirerent fort mécontens; & le Duc de Touraine fut admis dans le Conseil avec les Seigneurs de la Riviere & de Noujant, Jean le Mercier & Jean de Montaigu.

Une tréve ménagée pour trois ans entre les Rois de France & d'Angleterre, & leurs alliez, donna moien à Charles de faire bien des fêtes, des réjouïssances, des joutes & des tournois. On en fit de magnifiques au premier jour de Mai, où le Roi de Sicile & le Comte du Maine son frere furent faits Chevaliers, & d'autres à Melun, pour le mariage de Valentine de Milan avec le Duc de Touraine frere du Roi. Mais elles furent effacées par celles du mois suivant, où la Reine Isabeau vint à Paris, pour y être couronnée. La Reine partant de S. Denis pour Paris, se trouve peinte dans le beau Manuscrit de Froissart de la Bibliothéque

1389.

Regem Francorum, more ævi istius provocatum misit ad pugnam. Aulici omnes, de tam exigui Principis audacia, temeritateque stupentes, indignati sunt. Rex vero nedum ira commoveretur, nuncio etiam munera obtulit. In consilio autem regio varii varia senserunt. Bituricensis Dux despectui omnino habendam esse belli denunciationem hujusmodi censebat, nec loco moveri oportere Regem, ut ausum temerarium ulcisceretur. Contra vero Dux Burgundiæ expedire dicebat ut Rex moveret cum prævalido exercitu, ut temeritatis tantæ pœnas repeteret. Huic assensit Rex opinioni, coactaque magna pugnatorum manu, Arduennam versus movens, in Luxemburgi tractum ingressus est, atque in Gueldriam iter direxit. Adventanti Regi Dux Juliacensis pater Gullielmi Gueldriæ Ducis, obviam venit venerabundus, & testificatus est se cum filio hac in re non consensisse, imo illum a tali consilio avertere studuisse. A Rege autem Carolo perhumaniter exceptus, ipsi pro Virzione oppido & agro, quem in Bituricensi regione possidebat, *hominium* præstitit. At Dux Gueldriæ eorum quæ fecerat, nihil omnino revocare volebat, nec nisi post sex elapsos dies objurganti & instanti patri cessit. Tunc vero in occursum Regis venit, depositoque animi tumore, sigillum quidem literarum Regi missarum suum esse agnovit; sed ea quæ literæ complectebantur sua esse negavit, seque non consentiente scripta fuisse affirmavit, atque ita cum pace terminatum fuit negotium.

Juvenal des Ursins.

Suadente Laudunensi Cardinale, Rex cum viginti complevisset annos, se regni sui administrationem suscepturum esse declaravit. Tum Duces Biturigum & Burgundiæ rem molestissime ferentes, se subduxerunt; Dux vero Turonum Regis frater in consilium Regium admissus fuit cum Dominis de Riparia, de Novigento, Joanne Mercerio, & Joanne de Monteacuto.

Triennales induciæ inter Reges Franciæ & Angliæ, amborumque fœderatos conciliatæ, locum dedere Carolo Regi, ut animo indulgeret, dies festos celebraret, lætos cœtus cogeret, ludicras pugnas equestres cujusvis generis exhiberi curaret. Magnificos hujusmodi ludos fieri curavit primo Maii die, ubi Rex Siciliæ, fraterque ipsius Cenomanensis Comes Equites sunt creati, itemque celebritas & equestres ludi Meloduni facti sunt, cum Dux Turonum Regis frater Valentinam Mediolanensis Ducis filiam duxit. Verum has omnes celebritates & equestres ludos longe superarunt illa omnia quæ mense sequenti peracta sunt, cum Isabella Regina Lutetiam venit, ut ibi coronaretur. Regina ex sancti Dionysii oppido egressa ut Lutetiam veniat, depicta visitur in eleganti illo Froissartii codice Bibliothecæ Colbertinæ. Etsi Caroli

Idem.

Froissart.

CHARLES VI. dit LE BIEN-AIMÉ.

Entrée magnifique de la Reine Isabeau.

de M. Colbert. Quoique le mariage du Roi Charles VI. avec Isabeau de Baviere eût été fait & celebré dès l'an 1385, la Reine n'étoit point encore venue à Paris. Le Roi voulut qu'elle y fît son entrée solennelle. Les préparatifs pour cette entrée furent si grands, que la renommée en vola partout. Il vint de tous côtez une affluence extraordinaire de gens. L'Historien Jean Froissart s'y rendit aussi, remarqua tout avec soin, & a fait un détail prodigieux des préparatifs, des spectacles, de la magnificence, de l'ordre qui y fut gardé. Il n'y eut guéres de fête pareille à celle-ci.

PL. XXIII.

La Reine étoit à saint Denis, accompagnée des Duchesses de Berri, de Bourgogne, de Touraine, de Bar, de la Comtesse de Nevers, de la Dame de Couci & d'autres Dames & Demoiselles. Elle en sortit pour se rendre à Paris le 20 Juin de l'an 1389. A la sortie de saint Denis, la Reine & les autres Princesses étoient à cheval. Cela se voit représenté dans ce beau Manuscrit de Froissart, écrit au commencement du quinziéme siecle, comme il paroît par le caractere. La Reine est à cheval, portant une espece de couronne : quatre petits Pages, ou jeunes Seigneurs soutiennent un dais sur sa tête. Des Princesses à cheval suivent la Reine. Il y avoit hors de la ville de saint Denis des litieres pour la Reine & les Princesses. Ces litieres qui étoient sur le chemin de saint Denis, ne se voient pas dans la peinture du Manuscrit de Froissart, qui ne montre que saint Denis, & ce qui étoit devant la porte de la ville. La Reine se mit en litiere, & les Princesses de même, hors la Duchesse de Touraine, qui voulut aller à cheval. Les Princes à cheval accompagnoient la Reine & les Princesses. La troupe alloit si lentement, qu'elle arriva un peu tard à Paris. Toute la rue saint Denis étoit tendue de riches tapisseries. On voioit en plusieurs endroits des histoires representées, des batailles, des garennes & cent autres choses semblables. On ne peut rien ajouter à la somptuosité des repas que le Roi donna, & à la quantité de gens qui y furent invitez : autour du Palais il y avoit deux tables pour cinq cens Demoiselles. Une chose qui surprit tous les assistans, ce furent les riches presens que les Parisiens firent au Roi, à la Reine, & à la Duchesse de Touraine, le tout en vases d'or, flacons, bouteilles, plats, drageoirs : on assure qu'ils valloient plus de soixante mille écus couronnez d'or. La

Iidem.

VI. Regis & Isabellæ Bavaricæ nuptiæ jam celebratæ fuerant anno 1385. at Regina nondum Lutetiam venerat ; voluitque Rex ut cum solemnitate grandi ipsa in urbem intraret. Tanti vero fuere ad hujusmodi celebritatem apparatus, ut nuncia fama ubique circumferretur. Concursus ingens fuit illorum qui ad hujusmodi spectacula undique confluebant. Historiæ quoque Scriptor Froissartius Lutetiam venit, accuratissime omnia observavit, minutatimque recenset apparatus innumeros, spectacula, magnificentiam, ordinatamque rerum seriem. Vix visa unquam fuit par celebritas.

Regina in oppido Sancti Dionysii erat, cui tunc aderant Ducissæ Biturigum, Burgundiæ, Turoniæ, Barensis, Comitissa Nivernensis, Cuciacensis Toparchæ uxor, & aliæ plurimæ nobiliorum uxores ac filiæ. Ex sancti Dionysii oppido ut Lutetiam veniret egressa est 20. Junii anno 1389. Equis vectæ ex oppido isto egressæ sunt Regina, aliæque Principes feminæ. Id vero depictum visitur in egregio illo Codice MS. Froissartii, qui descriptus fuisse videtur ineunte circiter decimo-quinto sæculo, ut ex characteris forma judicatur. Regina eques quamdam ceu coronam cate gestat. Quatuor pueri regii ex nobiliorum filiis umbellam, quæ Reginæ caput obtegit sustinent. Aliæ Principes feminæ equis vectæ Reginam sequuntur. Extra portam sancti Dionysii lecticæ erant pro Regina & Principibus feminis. Hæ porro lecticæ, quæ in itinere Lutetiam erant, in tabella depicta manuscripti Codicis Froissartii non comparent, qui sancti Dionysii oppidum tantummodo, & quæ ante portam ejus erant repræsentat. Regina in lecticam ingressa est. Principes quoque feminæ, missis equis, lecticas sibi sumsere, una excepta Turonum Ducissa, quæ Lutetiam equo vecta petiit. Principes autem Equites Reginam & socias itineris comitabantur. Lento gradu itum est, ita ut jam inclinante die Regina & comitantium turba Lutetiam pervenerit. Vicus sancti Dionysii totus preciosis aulæis exornabatur. Multis in locis historiæ repræsentabantur, pugnæ, leporaria, & similia innumera. Vix autem exprimi possit, quam lauta convivia Rex dederit, quot quantique interfuerint convivæ : juxta palatium duæ mensæ miræ longitudinis erant, ad quas considerant quingentæ nobiliores feminæ invitatæ. Verum omnibus stuporem attulere munera a Parisinis civibus Regi, Reginæ, & Turonum Ducissæ oblata, vasa nempe aurea, scyphi, lagenæ, catini, vascula excipiendis sacchari globulis, ex auro omnia, quorum precium affirmabatur sexaginta millia scuta coronata aurea excedere. Celebritas illa tanta equestribus ludis & pugnis terminata fuit. In loco

fête

CHARLES VI. dit LE BIEN-AIMÉ.

fête finit par les joûtes en un lieu où les tenans pouvoient être vûs des Dames, appellé le Champ de sainte Caterine. Froissart en fait la description; & le Manuscrit dont nous venons de parler, en donne la peinture, que nous mettons ici avec l'explication tirée du Manuscrit même.

JOUSTES APRES L'ENTREE DE LA REYNE ISABEL A PARIS.

» *Froissart, Manuscrit de la Bibliothèque de M. Colbert, n° 17. au commencement,*
» *Chap. 2. du 4. Livre.*

» LE Mardy 22. Aoust 1389. le Roy estant à l'Ostel de St Paul, on alla à 3. heures ou champ de Ste Katerine pour voir jouster.
» La Reine & les Dames sur eschaffaux.

» Or vous vueil je nommer par ordonnance les Chevaliers qui estoient dedans, & s'appelloient les Chevaliers du Roy du Soleil d'or. Et quoique ce fut pour ces jours la devise du Roy, si estoit le Roy de ceux de dehors, & jousta comme les autres pour conquerre le pris par armes; & estoient les Chevaliers trente, sçavoir:

PL. XXIV.

» Le Duc de Berry.	Mre Philippe de Bar.
» Le Duc de Bourgogne.	Le Sgr de Rochefort, Breton.
» Le Duc de Bourbon.	Le Sgr de Rais.
» Le Comte de la Marche.	Le Sgr de Beaumanoir.
» Mre Jacquemart de Bourbon son frere.	Mre Jean de Barbençon, dit l'Ardenois.
» Mre Guillaume de Namur.	Le Harle de Flandres.
» Mre Olivier de Clisson, Connestable de France.	Le Sgr de * Tourcy Normant.
» Mre Jean de Vienne.	Mre Jehan des Barres.
» Mre Jaqueme de Vienne, Sgr d'Espagny.	Le Sgr de Nantouillet.
» Mre Gui de la Trimouille.	Le Sgr de Rochefouchault.
» Mre Guillaume, son frere.	Le Sgr de Garensieres.
	Mre Jean de Harpedane.
	Le Baron d'Iveri.

*Le MSS. a Courcy.

---

autem quodam habiti ludi sunt, ubi pugnatores a Principibus feminis conspici poterant. Nomen porro loci erat, Campus sanctæ Catharinæ. Froissartius ludos illos equestres pluribus describit: memoratus vero codex ludorum horumce tabulam depictam exhibet, quam hic exhibemus, cum ludorum enarratione, qualis ea in Manuscripto legitur.

LUDI EQUESTRES POST INGRESSUM ISABELLÆ REGINÆ LUTETIAM.

» *Froissartius, MS. in Bibliotheca Colbertina, numero*
» *17. initio cap. 2. libr. 4.*

» DIE Martis 22. Augusti anno 1389. cum Rex in ædibus sancti Pauli regiis esset, hora tertia ad Campum sanctæ Catharinæ itum est ad ludorum equestrium spectaculum.
» Regina & principes feminæ in tabulatis considebant.
» Jam vobis ordine numeraturus sum Equites illos, qui in campo erant, qui que vocitabantur EQUITES » REGIS SOLIS AUREI. Etsi porro diebus illis dictum hoc ad Regem proprie pertinebat, exiit Rex in campum, & in ludo equestri cum aliis pugnavit, ut sibi armorum gloriam & laudem compararet. Erant porro Equites numero triginta, nempe:

» Dux Bituricensis.	ejus.
» Dux Burgundiæ.	D. Philippus de Bario.
» Dux Borbonii.	D. de Rupeforti Brito.
» Comes Marchiæ.	D. de Resio.
» D. Jacobus Borbonius frater ejus.	D. de Bellomanerio.
	D. Barbantionius, Arduennensis dictus.
» D. Gulielmus Namurcensis.	Harlus Flandrensis.
» D. Olivarius Clissonius Constabularius Franciæ.	D. de Tursiaco Normannus.
	D. Joannes de Barris.
» D. Joannes de Vienna.	D. de Nantogilete.
» D. Jacobus de Vienna, Spagniaci Toparcha.	D. de Rupe-Fucaldi.
	D. de Garenseriis.
» D. Guido de Tremolia.	D. Joannes de Harpedana.
» D. Guillelmus frater	Baro Iverinus.

Tome III.   O

" Mre Guillaume Marciel. Mre Charles de Hangiers.
" Mre Regnault de Roye. & Mre Guillaume de Lingnai.
" Mre Geffroy * de Carny.

*L'Imprimé a *de Carin*, & le suivant *de Changiet*.

Il n'y a ici que 29 Chevaliers : quelques-uns croient que Jacqueme de Vienne & le Seigneur d'Espagny, sont deux : d'autres disent, que le Roi qui joûta, doit être joint aux vingt-neuf, ce qui est plus vrai-semblable.

" Tous ces Chevaliers estoient & parez de leurs targes du Roi du Soleil, &
" furent à 3 heures en la place de Ste Katerine ; & là estoient la Reyne & toutes
" les Dames, & monterent aux eschaffaux ordonnez pour elles.

" Après vint le Roi pour jouster : lequel mestier il faisoit moult voulentiers.
" Si commencerent les joustes & les esbatemens grans & rudes. Car grant foi-
" son de S^{grs} y avoit de tous pays. Messire Guillaume de Haynau Conte d'Ostre-
" vant, jousta moult bien, & aussi firent les Chevaliers, qui avec lui venus
" estoient. Le Sire de Goumegnies, Messire Jean d'Andregnies, le Sire de
" Chautain, Messire Ancel de Trassegnies, & Messire Chuquart de Herenies,
" tous le firent bien à la louange des Dames. Aussi jousta moult bien le Duc d'Ir-
" lande, qui se tenoit en France de lez le Roy : & aussi jousta moult bien un
" Chevalier Alemand, nommé Messire Servais de Mirande, le Sire de Coucy
" s'y porta grandement bien.

" Et ot le pris de ceux de dehors par l'assentement & jugement des Dames
" & des Hyraulx, le Roy de France, & de ceux de dedans, le Harle de Flandres,
" frere bastard à la Ducesse de Bar.

" Et pour ce que les Chevaliers se plaignirent de la grande pouldre qu'il avoit
" fait, & disoient aucuns, que leurs fais en avoient esté perdus ; le Roy or-
" donna qu'on y pourveut : si furent pris plus de 200 porteurs d'eau, qui ar-
" rouserent le Merquedy.

" Ce jour arriva à Paris le Comte de St Pol, qui venoit d'Angleterre en haste,
" pour être à celle feste.

" Ledit jour Merquedy 30 Escuyers estoient sus le mesme champ : & la vin-
" rent les Dames, comme le Mardy, & on jousta jusqu'à la nuit. Et fut donné
" le prix ung Escuyer de Hainaut, nommé Jean Floren, venu en la compagnie

" D. Gullielmus Marcielus. niaco.
" D. Reginaldus de Roia. D. Carolus de Hangeriis.
" D. Geoffridus de Car- D. Gullielmus de Lignaco.

Hîc viginti novem tantum Equites numerantur. Quidam putant illud. *D. Jacobus de Vienna Spagniaci Toparcha*, duos Equites exprimere; alii putant Regem qui in equestri ludo pugnavit 29. Equitibus præmitti, & cum illis numerari debere, id quod libentius crediderim.

" Hi omnes Equites erant clipeis armati *Regis Solis*
" insignia ferentes ; horaque tertia in campo sanctæ
" Catharinæ comparuere, ubi Regina erat cum prin-
" cipibus feminis, quæ in tabulata sibi parata cons-
" cenderunt.

" Rex postea venit in equestri ludo pugnaturus, id
" quod ille libentissime faciebat. Tunc ludicræ illæ
" equestres pugnæ cœperunt, grandes certe & asperæ.
" Multi enim Equites aderant ex vicinis quoque re-
" gionibus, Gullielmus de Hannonia Comes Austre-
" vatensis strenue pugnavit, etiamque alii Equites,
" qui cum illo venerant. D. de Gumegniis ; item alii
" viri nobiles Joannes de Andregniis, Chaltanius
" Ansellus de Trassegniis, & Chucardus de Hereniis.

" Hi omnes strenue pugnarunt, & Principum femina-
" rum laudes meruere. Fortiter pugnavit etiam Dux
" Hiberniæ, qui tunc in Francia erat, & cum Rege
" versabatur. Eques etiam quidam Germanus nomine
" Servasius de Miranda cum laude certavit. Cuciacen-
" sis quoque Toparcha inter primos emicuit. Præ-
" mium autem inter eos, qui extra erant, Rex Ca-
" rolus retulit, Principum feminarum & Regis Fran-
" ciæ preconum judicio. Ex iis qui intus erant præ-
" mium consequutus est Harlus Flandriæ frater no-
" thus Ducissæ Barii. Quia vero Equites conquereba-
" tur quod ex nimio pulvere pugnæ laus sibi abrepta
" fuisset, præcepit Rex hoc incommodum amoveri.
" Tunc emissi sunt aquarii bajuli plusquam ducenti,
" qui die Mercurii campum irrigarunt.

" Hoc die Lutetiam advenit Comes sancti Pauli,
" qui celeriter ex Anglia profectus erat, ut huic ce-
" lebritati interesset.

" Hoc ipso Mercurii die triginta Scutiferi in eum-
" dem campum prodiere. Nobiliores item feminæ
" spectandi causa adfuere, ut Martis die præcedenti.
" Ludicra vero pugna ad usque noctem protracta
" fuit. Præmium autem obtinuit Scutifer Hannonien-
" sis, cui nomen Joannes de Floreno, qui cum Co-

JOUTES A L'ENTRÉE DE LA REINE JSABEAU DE BAVIERE A PARIS.

» du Conte d'Oſtrevent. Et de ceux de dedans l'ot un Eſcuyer du Duc de Bour-
» gogne, nommé Dan Jean de Pokeres.

» Le Jeudy jouſterent Chevaliers & Eſcuyers juſqu'à la nuit, & eut le pris
» pour ceulx de dehors, Mre Charles des Armoies ; & de ceux de dedans, un
» Eſcuyer de la Reyne, nommé Koulz.

» Le Vendredy après diſné 2 Chevaliers monterent aux chevaux armez de
» toutes pieces pour la jouſte, les lances en leurs mains ; l'un Meſſire Regnault
» de Roye, l'autre, Meſſire Bouchicaut le Joenne, & là jouſterent fortement.
» Et tantôt vindrent autres Chevaliers, Mre Regnault de Trie, Meſſire Guillau-
» me de Namur, Mre Charles des Armoies, le Sire de Garenſies, le Sire de Nan-
» touillet, l'Ardenois d'Oſtrevent & autres, & jouſterent l'eſpace de deux heu-
» res devant le Roy & les Dames, & après s'en retournerent en leurs hôtels.

Le tableau ſuivant tiré d'après le Manuſcrit de Froiſſart, repreſente une joûte. Il y a quatre tenans de chaque côté. Le premier, qui eſt à la droite du Lecteur, a des fleurs-de-lis ſur la houſſe ; ce qui fait croire, que c'eſt quelque Prince de la maiſon de France. Il a ſur ſon caſque un bouquet de plumes. Le ſecond du même côté a ſur le caſque deux ailes jointes. Le troiſiéme un hibou. Le qua- triéme, un por, qui a preſque la forme d'un coquemar. De l'autre côté le pre- mier a auſſi ſur le caſque un bouquet de plumes ; le ſecond un bonnet en la forme ordinaire de ce tems-là ; le troiſiéme, un pelican, qui ſe perce la poi- trine ; le quatriéme, quelque choſe, qui a la forme d'une lanterne. Chacun des champions a une eſpece de manteau rejetté tout à fait ſur le derriere ; les chevaux ont la tête armée de fer. Parmi ces Cavaliers on voit quelques petits garçons, pour ramaſſer peut-être ce qui pourroit tomber à quelqu'un des com- battans. Le Roi & la Reine, avec pluſieurs Seigneurs & Dames ſont les ſpecta- teurs du combat, renfermez dans une eſpece de clôture, qui n'eſt pas bien élevée, & dont le devant eſt chargé de croix fleuronnées.

Le Roi fit encore d'autres fêtes & rejouiſſances. Il étoit liberal juſqu'à l'excès ; On diſoit de lui : *Où ſon pere donnoit cent écus, il en donne mille.* Ceux de la Cham- bre des Comptes en étoient très-mécontens. Ils prirent réſolution de ne plus gar- der d'or monnoié ; mais de mettre tout en lingots, comme faiſoit Charles le Sage ; afin que quand on viendroit demander des ſommes de la part du Roi,

Prodiga- lité de Charles VI.

» mite Auſtravatenſi venerat. Ex iis vero qui intus erant
» præmio donatus eſt Scutifer Burgundiæ Ducis no-
» mine D. Joannes de Pokeris.

» Die Jovis pugnatum venerunt Equites & Scuti-
» feri, qui ad uſque noctem pugnam protraxerunt,
» & præmium obtinuit ex iis qui extra erant D. Caro-
» lus de Armoiis, ex iis vero, qui intus erant, Re-
» ginæ Scutifer, cui nomen Kulſus.

» Die Veneris poſt prandium duo Equites equos aſ-
» cenderunt, omni armorum genere tecti : ut luciam
» inſtructi ludicram pugnam committerent. Alter erat
» D. Reginaldus de Roia ; alter vero D. Bucicaldus
» junior. Ii vero fortiter pugnarunt. Tum venerunt
» Equites alii D. Reginaldus de Tria, D. Gullielmus
» Namurcenſis, D. Carolus de Armoiis, D. de Ga-
» renſiis, D. de Nantogileto, Arduenenſis Auſtrava-
» ti, aliique qui per horas duas ante Regem & Prin-
» cipes feminas manus conſeruere, poſteaque domum
» ſe receperunt.

Tabula ſequens ex Froiſſartii manuſcripto educta ludicram pugnam exhibet. Quatuor Equites utrinque decertant. Primus qui ad dexteram ſpectantis eſt, in equi ſtrato flores lilii exhibet, unde fortaſſis arguatur Principem eſſe quemdam ex regia familia ; in galea

autem jubæ loco, ceu ſertum quoddam ex plumis fac- tum geſtat. Secundus eodem in latere in ſuprema ga- lea duas pennas junctas habet ; tertius Bubonem ; quartus ſcyphum. In altero latere primus in ſumma galea geſtat ceu ſertum plumarum ; ſecundus pileum, qui ævo iſto formæ vulgaris erat ; tertius, Pelicanum qui ſibi pectus roſtro perforat ; quartus quidpiam igno- tum, quod laternam fere exprimit. Equites ſinguli pugnantes pallium geſtant in poſteriores partes rejec- tum. Equorum capita ferro tecta ſunt. Inter equites pueruli quidam hinc & inde viſuntur, fortaſſis ut ſi quid decideret, equitanti collectum redderent. Rex & Regina cum multis proceribus & Principibus femi- nis ſpectatores ludi equeſtris ſunt, in clauſo loco ſedentes, cujus pars anterior cruces exhibet floribus terminatas.

Alias quoque Rex ſumtuoſas celebritates peregit : pecunias enim ſine ulla parſimonia profundebat. De illo certe ferebatur, *Ubi pater ipſius centena ſcuta impen- debat, hæc millena profundit.* Hæc porro illibenter fe- rentes ii, qui Cameræ Computorum præerant, decre- verunt nullam ultra monetam ſignatam penes ſe habe- re ; ſed auri maſſas tantum, ut ſolebat Carolus V. ut cum pecuniæ ſummæ juſſu regio expeterentur, nul-

Juvenal des Urſins.

ils n'eussent point de monnoie à compter. Mais cela ne servit de rien ; la dissipation fut toujours la même, à la charge du pauvre peuple foulé & opprimé.

La Reine Isabeau sa femme faisoit aussi de son côté beaucoup de dépense. C'est elle qui introduisit dans la Cour de France le luxe dans les habits, & les riches coeffures. Brantôme dans son Histoire de la Reine Marguerite, premiere femme d'Henri IV, parle de la Reine Isabeau en ces termes : *On donne le los à la Reyne Isabelle de Baviere, femme du Roi Charles sixiéme, d'avoir apporté en France les pompes & les gorgiasetez, pour bien habiller superbement & gorgiasement les Dames.* On me dira peut-être que Brantôme étoit d'un tems trop éloigné de celui dont nous parlons, pour être exactement informé de ce qui se passoit à la Cour de Charles VI. Mais il avoit appris cela & beaucoup d'autres choses de sa grandmere, qui avoit été longtems auprès d'Anne de Beaujeu, fille de Louis XI. & arriere-petite-fille d'Isabeau de Baviere, qui n'ignoroit pas sans doute ce qui se passoit sous cette Reine de France, dont elle pouvoit avoir vû plusieurs domestiques.

PL. XXV.

La figure que nous donnons ici, est une preuve de ce que nous venons de dire. Elle est copiée d'après un dessein, que M. de Gagnieres avoit fait tirer d'un tableau fait de son tems. Sa coeffure est des plus superbes, & se termine en haut en une couronne de forme singuliere. Son collier, sa robe & son manteau, sont chargez d'une infinité de pierreries. Cette robe & ce manteau qui feroient une longue queue trainante, sont relevez par deux Demoiselles suivantes. Ses souliers sont extrêmement pointus. Nous n'avons point encore vû de Reine si parée que celle-ci.

En ce tems-ci le Pape Urbain VI. étant mort, les Cardinaux de Rome en élurent promtement un autre, qui fut appellé Boniface IX. & ainsi le schisme continua comme auparavant.

Voiage du Roi en Languedoc.

Après beaucoup de fêtes & rejouïssances, le Roi eut envie d'aller visiter son Royaume jusqu'aux Provinces les plus éloignées. Il alla d'abord à Dijon, ce qui fit plaisir à son oncle le Duc de Bourgogne, plaisir qui ne fut pas de longue durée. Il se rendit ensuite à Avignon, où il fut reçû avec un grand accueil du Pape Clement VII. dont le parti auroit été bien foible, si le Roi de France ne l'avoit soutenu. Sur le point d'aller faire la visite du Languedoc, il fit dire à ses oncles de Berri & de Bourgogne, de se retirer chacun dans ses Terres ; ce qui

la sibi numeranda moneta suppeteret. At nihil hinc parsimoniæ accessit, dissipatum semper ærarium fuit; idque cum summo populi dispendio, qui vectigalibus & tributis opprimebatur.

Isabella Regina uxor Regis Caroli, & ipsa profusis sumtibus, luxum & preciosarum vestium usum in aulam regiam Francorum induxit, capitisque tegmina exquisita. Brantomius in historia Margaritæ Reginæ primæ Henrici IV. uxoris, sic de Isabella verba facit : *Fertur Isabella Bavarica Regina, uxor Caroli VI. Regis, pompam & luxum in Franciam, ac superbas & preciosas mulierum nobilium vestes induxisse.* Forte dicatur Brantomium, qui diu post illa tempora vixit, non potuisse accurate discere ea quæ regnante Carolo VI. in regia aula gerebantur. At Brantomius hæc & alia multa acceperat, ut & ipse testificatur, ab avia sua, quæ diu vixerat cum Anna de Bello-joco Ludovici XI. filia, quæ Anna ignorare non poterat ea, quæ sub proavia sua Franciæ Regina gerebantur, cujus illa domesticos & familiares multos vidisse potuerat.

Depicta tabula, quam hic proferimus, dictis fidem facere potest ; exsumta autem fuit ex alia, quam Gagnerius ex depicta tabula Isabellæ tempore facta, delineari curaverat : capitis tegmen sumtuosum, corona singularis formæ superne terminatur. Torques ejus, vestis interior & pallium, innumeris gemmis & lapillis decorantur. Vestis autem interior & pallium, quæ longo tractu diffluerent, a duabus nobilibus pedissequis relevantur. Calcei oblongi & acutissimi sunt. Nullam hactenus Reginam cum tam superbo cultu prodeuntem vidimus in tabulis nostris.

Hoc circiter tempus, defuncto Urbano VII. Cardinales quamprimum alterum Pontificem delegerunt, qui Bonifacius IX. appellatus fuit ; sicque schisma continuatum fuit, resque eodem in statu mansere.

Post tot celebritates & ludos voluit Rex Carolus regnum suum invisere, & vel remotissimas provincias peragrare, statimque Divionem se contulit : id quod patruo suo Burgundiæ Duci admodum placuit ; sed non diuturnum gaudium fuit. Inde Avenionem venit, ubi magnifice exceptus fuit a Clemente VII. Papa, cujus partes admodum attenuatæ fuissent, nisi Rex Francorum ipsum fulciisset. Septimaniam invisurus patruis suis Ducibus Biturigum & Burgundiæ indici præcepit, ut ad suas se terras reciperent, id quod

LA REINE ISABEAU DE BAUIERE.

leur déplut extrêmement. Il avoit déja ôté le gouvernement de cette Province à son oncle de Berri. Dès que le Roi y fut entré, il entendit des plaintes de tous côtez contre ses deux oncles le Duc d'Anjou & le Duc de Berri, qui par des extorsions continuelles & inouies, avoient ruiné la Province. Il se divertit quelque tems à Montpellier avec les Dames & Demoiselles de la ville, qui étoient *frisques*, dit Froissart, c'est-à-dire, agréables & amusantes. Trois jeunes Seigneurs & Chevaliers qui étoient avec le Roi, encouragez par ces Dames, prirent résolution d'assigner un champ auprès de Calais, pour y *faire armes* contre tous venans pendant l'espace de 30 jours. Les plus sages du Conseil du Roi n'étoient pas d'avis qu'on le leur permît : mais il le leur accorda enfin, & donna ses Lettres Patentes pour cela. Ces trois Seigneurs étoient Boucicaut, Regnaut de Roye, & Saint Pi.

De-là il s'en alla à Besiers, où il reçut de si grandes plaintes contre Betisach, trésorier du Duc de Berri, qui avoit pillé & ruiné les pauvres & les riches, que par son ordre il fut mis en prison. On le fit comparoître en jugement, & il se trouva coupable, non seulement d'avoir opprimé le peuple, mais aussi d'avoir commis d'autres crimes énormes ; en sorte qu'il fut condamné à être brulé tout vif, & executé en place publique. Le Roi se rendit enfin à Toulouse, où il resta quelque tems avec le Comte de Foix, qui lui fit hommage de son Comté. Après quoi le Roi s'en retourna à Montpellier, & il fit une gageure de cinq mille livres avec le Duc de Touraine son frere, à qui des deux seroit plutôt arrivé à Paris. Le Duc de Touraine y arriva avant le Roi, & gagna les cinq mille livres.

Le *fait d'armes* des trois jeunes Seigneurs François, Regnaut de Roye, Jean le Maingre dit Boucicaut, & Saint Pi, donna un spectacle fort singulier à toute l'Europe. Ils venoient de prendre des engagemens pour cela à Montpellier, lorsque le Roi faisoit son voiage de Languedoc. Ces trois Seigneurs assignerent un champ auprès de Calais, pour y joûter pendant trente jours contre tous venans, *fust de glaive de paix ou de guerre*. Cette espece de défi regardoit principalement les Anglois. Ils y vinrent en grand nombre ; il en vint aussi des autres payis voisins. Les trois Chevaliers François s'acquitterent si bien de ces joûtes, la plupart contre des Anglois, que cela fit grand honneur à la Chevalerie de

1390.

ipsis supra modum displicuit. Jam istam provinciam patruo suo Biturigum Duci abstulerat. Vix in illam ingressus Rex, querimonias multas undique perlatas audivit contra patruos suos Duces Andium & Biturigum, quos rumor erat violentis extorsionibus totam Septimaniam exhausisse & oppressisse. Recreandi animi causa aliquanto tempore in Monte-pessulano subsedit, nobiliores feminas, virginesque frequentans, quæ narrante Froissartio illecebris plenæ & lepidæ erant. Tres vero juniores Equites nobilesque qui Regem comitabantur, animos facientibus illis feminis, decrevere campum assignare prope Caletum ; ubi per triginta dies ipsi contra quoscumque venientes cujusvis nationis concertarent : omnes enim ad hujusmodi pugnam provocandi erant. Quotquot in consilio Regis sapientiores erant, non permittendum illud esse censebant. Verum Rex id concessit, & literis suis daram licentiam confirmavit Hi tres Equites erant Bucicaldus, Reginaldus de Roia & Sanctus-Pius.

Inde vero Rex Carolus Biterras petit, ubi querimoniæ grandes allatæ sunt contra Betisachum Bituricensis Ducis Quæstorem, qui inopum & divitum bona diripuerat & expilaverat. Tantæ autem querelæ fuerunt, ut jubente Rege, Betisachus in carcerem trusus fuerit. In judicium ille vocatur, nec modo de oblato antea crimine, deque oppressione populi, sed etiam de sceleribus aliis enormibus convictus fuit ; ita ut ex lata sententia, vivus in platea publica combustus fuerit. Tolosam tandem Rex venit, ubi aliquantotempore cum Comite Fuxensi moratus est, qui ipsi de Comitatu suo *hominium* præstitit. Deinde Carolus in Montem-pessulanum rediit, ubi cum fratre Turonum Duce sponsionem fecit hoc pacto, quod uter amborum Lutetiam primus adventaret, quinque millia librarum ab altero acciperet. Dux autem Turonum qui prior Lutetiam se contulit, librarum quinque millia lucratus est.

Pugna illa publica trium Francorum Equitum, Reginaldi de Roia, Joannis Mangrii cognomento Bucicaldi, & Sancti-Pii singularissimum spectaculum toti Europæ dedit. Jam in Monte-pessulano ad eam rem sese obstrinxerant, ut dictum est, cum Rex per Septimaniam iter haberet. Hi vero Equites campum assignarunt prope Caletum, ut per triginta continuos dies pugnarent contra accedentes quoslibet, *seu gladio pacis, seu gladio belli*. Hæc ad pugnam provocatio Anglos maxime spectabat : magnoque illi numero venerunt. Ex vicinis quoque regionibus alii se campum contulere. Tres porro Franci Equites ita strenue pugnarunt, frequentius autem contra Anglos,

Froissart.

CHARLES VI. dit LE BIEN-AIMÉ.

France. Ils furent presque toujours victorieux ; leur politesse & leur generosité à l'égard de ceux sur lesquels ils avoient eu l'avantage, furent aussi applaudies que leurs victoires. On disoit que le Roi Charles inconnu & déguisé, se trouva à ces joûtes, tant il désiroit de voir comment s'y comporteroient ses braves.

Expedition du Duc de Bourbon en Afrique.

Les Gennois, dont la République étoit alors riche & puissante, étant fort incommodez des courses des Barbares de l'Afrique, & jugeant que le moien de les contenir, étoit de porter la guerre dans leur païs, vinrent demander au Roi de France des troupes conduites par un Prince du sang. Le Roi fit lever un corps d'armée pour aller à cette expedition. Le Duc de Bourbon s'offrit pour en être le Chef. Le Comte d'Erbi fils du Duc de Lancastre, avec plusieurs Seigneurs Anglois, se mit aussi de la partie. Les Gennois fournirent pour l'embarquement trois cens vaisseaux, & cent autres pour les provisions. L'armée ainsi embarquée eut à soutenir une grande tempête, qui écarta les navires ; mais qui fit peu de dommage. Ils abordèrent près de Carthage, ville alors bien munie ; & y mirent le siege. Les assiegez se défendirent bien. Il y eut un combat devant la ville, où les Mahometans furent défaits & mis en fuite. La maladie s'étant mise dans l'armée Chretienne, on jugea à propos de lever le siege. Avant le départ des troupes, les Gennois eurent l'adresse de faire un traité secret avec le Roi de Tunis, qui tournoit à leur avantage.

Le Roi & la Reine étant à saint Germain en Laye, dans le tems que le Conseil étoit assemblé pour établir de nouveaux impôts sur le peuple déja trop foulé, un tonerre & une tempête effroiable s'éleva, qui cassa toutes les vitres & les fenêtres du château, déracina les plus grands arbres de la forêt, la foudre tomba sur quatre Officiers du Roi, leur consuma tous les os & le dedans du corps, en sorte qu'il ne leur resta que la peau noire comme du charbon. Cela mit l'effroi dans la Cour. La Reine, qui étoit enceinte, vint supplier le Roi de ne plus penser à mettre de nouveaux impôts, persuadée que le ciel ne grondoit si violemment sur leurs têtes, que parce qu'il prenoit l'interêt des pauvres. Le Roi apparemment effraié comme les autres, ne voulut plus qu'on parlât de nouvelles impositions.

Nous avons vû dans le Tome précedent, que pendant la prison du Roi Jean,

---

Froissart. Juvenal.

ut id in Francorum equitum honorem cederet : fere semper enim victores fuere. Cum tanta vero gratia & generositate se gesserunt erga illos quos superaverant, ut majorem inde laudem, quam ex victoria reportaverint. Narrabatur autem Carolum his equestribus pugnis, sed occultum & mutata veste interfuisse : videre nempe gestiebat, qua fortitudine strenui sui Equites hasce pugnas committerent.

Genuenses, quorum Respublica tunc potentia & opibus valebat, cum ab Africanis Barbarorum incursionibus, molestiam & incommoda multa subirent ; hanc illos coercendi rationem optimam esse putarunt, si bellum in regionem ipsorum inferretur ; veneruntque rogatum Francorum Regem, exercitum sibi mitteret, duce quodam Principe ex regia familia. Rex vero exercitum cogi jussit ad hanc suscipiendam expeditionem, cujus se ducem obtulit Borbonius. Comes Erbiensis Ducis Lancastriæ filius, & alii primores Angli ad bellum istud sunt profecti. Ad trajectum maris Genuenses trecentas apparavere naves, centumque alias ad commeatum. Cum naves conscendisset exercitus, magna exceptus fuit tempestate, quæ naves disjecit ; sed non multum damni intulit. Prope Carthaginem classis appulit, quæ urbs tunc admodum munita erat. Exscensu facto illam obsederunt. Præsidiarii autem Barbari obsidentium impetum fortiter propulsarunt. Ante urbem autem pugna commissa fuit, in qua Muhammedani profligati fugatique sunt ; sed cum morbi Christianum exercitum invasissent, obsidionem solvere ducibus visum est. Antequam vero exercitus proficisceretur, caute Genuenses & secreto cum Tunetano Rege pacta inierunt in res suas opportuna.

Cum Rex & Regina Francorum apud sanctum Germanum in Laia versarentur, quo tempore, coacto consilio, deliberabatur de vectigalibus tributisque novis a populo jam oppresso exigendis, coorta subito tempestas cum fragore magno & tonitru, castelli vitreas fenestras perrumpit : in vicina silva celsissimæ arbores cum radicibus evelluntur, jactu fulminis quatuor Regis Ministrorum ossa, intestina & carnes omnes absumuntur, sola pelle carbonum instar nigra remanente. Regiam hinc aulam invasit terror. Regina tunc gravida Regem adit rogatum nova imponere vectigalia ne cogitaret ultra, putans ideo cælum cum tanto strepitu, tantaque violentia tonare, quod inopum oppressorum causam susciperet. Rex tam insigni, ut credere est, fragore perterritus, vetuit ne ultra de novis exigendis pecuniis ageretur.

Tomo præcedenti vidimus, dum Joannes Rex in

il s'étoit formé dans le Roiaume un grand nombre de compagnies de pillards de differentes nations, qui s'étans saisis de châteaux & de forteresses, désoloient le Roiaume : ces compagnies furent ou détruites, ou dissipées, ou écartées par la sagesse du Roi Charles V. Il en restoit encore quelques-unes dans le Limosin & dans l'Auvergne. Un nommé Gefroi Tête-Noire avoit longtems tenu le château du Mont-Vantadour en Limosin, & rançonnoit le païs des environs à trente lieuës à la ronde. Etant venu à mourir, il laissa son château à Alain Roux & à Pierre Roux Bretons, ses neveux, qui continuerent d'exiger des sommes, que les campagnes voisines paioient pour s'exempter du pillage. Le Duc de Berri fit bien des efforts pour prendre ce château, qui lui appartenoit, & ne put jamais s'en rendre le maître. Enfin la Noblesse d'Auvergne se mit aux champs sous la conduite de deux gentilshommes, nommez Guillaume le Bouteiller, & Jean Bonne-Lance, qui vinrent mettre le siege devant le Mont-Vantadour. Les deux freres Bretons se voiant assiegez, s'aviserent d'un indigne stratagême : ils firent dire aux deux chefs des assiegeans, que s'ils venoient eux-mêmes leur apporter dix mille francs, ils leur remettroient le château. La petitesse de la somme fit soupçonner aux deux chefs, qu'il y avoit-là quelque fraude ; ils furent encore avertis d'ailleurs de s'en bien donner de garde. En effet, le dessein des deux freres Bretons étoit de se saisir des dix mille francs, & en même tems des deux chefs des assiegeans. Le Bouteiller & Bonne-Lance firent semblant d'accepter la condition, mirent des gens en embuscade près de la porte du château, & vinrent à l'heure marquée, portant les dix mille francs.

Brigands détruits.

Les deux freres Bretons ouvrent la porte, les chefs entrent, & des gens qui les suivoient se saisirent adroitement de cette porte. Le Bouteiller s'appercevant que la fraude n'étoit que trop veritable, appella ses gens, qui étoient en embuscade. Ils y accoururent : on se saisit du château & d'Alain & Pierre Roux freres, qui furent envoiez à Paris, & décapitez au Halles ; leurs corps écartelez, & les quartiers mis aux principales portes de Paris.

Il y avoit encore dans le Limosin & dans l'Auvergne d'autres chefs de Brigands, qui tenoient des châteaux & des forteresses : on composa avec eux, & moiennant une grosse somme d'argent, qu'on leur distribua, ils remirent les châteaux, & se retirerent. Un d'entre eux, nommé Aimerigot Marcel, fa-

pugna captus in Anglia detineretur, multas prædonum, ex variis nationibus coactorum, manus in Francoru regno coaluisse, quæ cum munitiones, castella & oppida variis in provinciis occupassent, agros circum desolabantur. Illæ vero cohortes, vel deletæ, vel dissipatæ, vel alio missæ fuerunt a Carolo V. Rege. Quædam tamen adhuc superabant apud Lemovicas & Arvernos. Geoffridus autem a Capite nigro dictus, diu apud Lemovicos castellum tenuerat, cui nomen Mons-Ventadurius, & ab agris circum ad triginta usque leucas stipendia & imperatas pecuniæ exigebat Fato autem functurus Alano & Petro cognatis suis Britonibus, qui Rufi appellabantur, castellum reliquit. Hi pro more solito ex vicinis agris pecunias exigere non desistebant. Dux Biturigum ad castellum pertinebat, ipsum expugnare tentavit ; sed frustra cessere conatus. Tandem Arvernorum nobiles simul coacti, turmam ducentibus Gullielmo Buticulario & Joanne Bona-lancea castellum obsessum venerunt. Rufi vero fratres Britones, obsessos se videntes, rem indignam machinati sunt. Ducibus obsidentium edici curant, si veniant ipsi in castellum, & decem mille Francos afferant, se hoc precio castellum ipsis tradituros esse. Fraudis suspicionem ducibus intulit tam modica expetita pecuniæ summa : aliunde etiam submoniti sunt sibi ut caverent. Et vere fratrum Britonum ea mens, id propositum erat, ut & decem mille Francos & obsidentium duces una caperent ac detinerent. Buticularius porro & Bona-lancea se conditionem accipere simularunt ; ex suis numerum quemdam prope castelli portam ad insidias collocarunt, & ad constitutam sibi horam, decem mille libras ferentes venerunt. Fratres Britones portam aperiunt ; intrant duces, & quidam ex suis sequentes portam solerter occupant & tenent. Buticularius porro advertens vere fraudem esse sibi paratam, suos qui in insidiis latebant evocat. Hi celeriter accurrunt : castellum occupatur, Alanus & Petrus Rufi fratres apprehenduntur, & Lutetiam sub custodia mittuntur ; ubi ambo in foro venalium capite truncati sunt ; corpora membratim cæsa, & membra ad præcipuas urbis portas apposita fuere.

Apud Lemovicas & Arvernos alii supererant prædonum duces, qui castella & munita loca occupabant. Cum iis porro inita pacta fuere, & numerata singulis pecuniæ summa quadam, castella ipsi dediderunt, & alio se receperunt. Illorum autem quidam insignis prædo, cui nomen Amerigotus Mar-

Idem.

meux brigand, après le traité fait, se repentit d'avoir rendu sa forteresse. Il se joignit à un bon nombre de pillards de sa sequelle, & alla se saisir de la Roche de Vandais dans le Limosin, la fortifia & recommença ses pilleries. La nouvelle en vint à la Cour. Le Roi donna ordre au Vicomte de Meaux d'assembler des troupes, & d'aller faire le siege de la Roche de Vandais. Il s'y rendit, & assiegea la place. Marcel se défendit fort bien ; mais voiant qu'à la longue le Fort ne pouvoit manquer de tomber entre les mains du Vicomte, il dépêcha un valet pour aller en Angleterre à la Cour du Roi Richard, où il étoit fort connu, pour obtenir des Lettres de ce Prince au Roi de France, où il le priât de faire lever le siege de la Roche de Vandais. Les Lettres furent obtenues, & l'on n'en tint aucun compte en France. Aimerigot Marcel n'aiant rien avancé de ce côté-là, ne se découragea point. Il sortit lui-même de la Place, pour aller ramasser des compagnies de pillards, & faire lever le siege. Il laissa en partant à Guiot du Sel le gouvernement de la forteresse. Guiot du Sel étant sorti imprudemment avec plusieurs des siens, tomba dans une embuscade, où il fut pris avec ses gens. On les amene d'abord devant la forteresse, menaçant de leur couper la tête, si ceux de dedans ne se rendoient promtement. Les assiegez effraiez rendirent la forteresse. A cette nouvelle Aimerigot Marcel alla se refugier chez un Gentilhomme d'Auvergne son cousin germain nommé Tournemine, qui craignant de se faire une mauvaise affaire s'il le retenoit chez lui, où s'il le laissoit aller, le livra aux gens du Roi. Il fut amené à Paris & executé aux Halles comme les deux freres Bretons.

1391. Le Roi donna au Duc de Touraine son frere le Duché d'Orleans, qui étoit venu à la Couronne & y avoit été uni depuis la mort de Philippe Duc d'Orleans. Les Orleannois qui se trouvoient mieux d'être immédiatement soumis au Roi, y voulurent mettre opposition ; mais on n'eut nul égard à leurs rémontrances. Le Duc de Touraine prit alors le nom de Duc d'Orleans, & acquit peu de tems après le Comté de Blois. Le Roi étant fort mécontent du Duc de Bretagne sur plusieurs chefs dont on l'avoit accusé, on moienna une entrevûe, le Roi se rendit à Tours, le Duc y vint aussi bien accompagné ; on disputa longtems sur plusieurs articles, dont le Duc ne vouloit pas convenir. Mais

---

cellus, cum & ipse pacta conditione castellum suum reddidisset, pœnitens facti, sibi notorum aliam prædatorum manum collegit, &Rupem-Vandesii apud Lemovicas occupavit, ipsam propugnaculis cinxit, & agros circum denuo devastare cœpit. Res ad aulam regiam defertur : præcipit Rex Vicecomiti Meldensi, ut collecta pugnatorum manu Rupem-Vandesii obsessum se conferat. Venit ille, Rupem obsidet. Marcellus initio oppugnatores strenue propulsat ; sed cum videret præsidium tandem & castellum in Vicecomitis potestatem deventura esse, famulum emisit in Angliam ad Ricardum Regem profecturum, qui literas postularet ad Regem Francorum directas, queis rogaretur Carolus Rex, obsidionem Rupis-Vandesii solvi juberet. Impetratæ literæ fuerunt, & earum nulla apud Regem Carolum ratio fuit. Cum cerneret Amerigotus nihil hinc sperandum esse, non animo concidit ; sed furtim egressus, prædonum manus circumquaque colligere parabat, ut illarum ope Rupem ab obsidione liberaret. Cum autem profectus est, Vidonem de Sale in castello reliquit, qui sui vice præsidio imperaret. Vido autem, cum plurimis se comitantibus, ex castello imprudenter egressus, in paratas sibi insidias delapsus & cum suis captus est, statimque ante castellum adductis Vidone & aliis qui cum illo comprehensi fuerant, minabantur obsidentes se illos capite truncaturos esse, nisi statim castellum deditionem facerent. Qua re perterriti præsidiarii, castellum subito reddidere. Hoc comperto Amerigotus Marcellus ad nobilem quemdam Arvernum confugit, cognatum suum Turnaminium nomine. Hic metuens ne si penes se Marcellum retineret, vel si liberum ire sineret, infaustum sibi quidpiam pararet, ipsum Regis satellitibus tradidit. Adductus Lutetiam Marcellus, perinde atque Britones fratres, in foro venalium capite truncatus fuit.

Duci Turoniæ fratri Rex Aurelianensem Ducatum dedit, qui Ducatus post mortem Philippi Aurelianensis Ducis dominio regio adjunctus fuerat. Aurelianenses vero, qui sub Regis dominio esse gaudebant, pro viribus obstitere, ne Dux sibi daretur, sed nulla habita querelarum ratione, res ut statuta fuerat peracta est. Dux ergo Turoniæ tunc Dux Aurelianensis appellari cœpit, ac deinde Blesensem Comitatum acquisivit. Dux Britanniæ de multis accusatus, in Regis offensam incurrerat. Ut congressus & colloquium haberetur statutum fuit. Rex in Turonum urbem se contulit, illò etiam Dux Britanniæ multis comitantibus venit. Diu plurimumque de multis disputatum est, nolente Duce propositis adstipulari:

par

par l'entremife du Duc d'Orleans & des Oncles du Roi tout fut pacifié du moins en apparence. Le Duc fut bien reçû du Roi, & l'on fe retira de part & d'autre.

Gafton Phœbus Comte de Foix étant mort fubitement, Yvain fon bâtard voulut s'emparer du Comté, & le Roi y avoit donné fon confentement. Mais le Vicomte de Caftelbon à qui la fucceffion appartenoit de droit, fut enfin mis en poffeffion. 1391.

L'Angleterre étoit alors en grand mouvement: la diffenfion qui s'étoit mife entre les Princes fembloit pronoftiquer la révolution qui arriva depuis. Le Roi Richard fouhaitant de faire la paix avec le Roi de France, lui envoia des Ambaffadeurs, qui l'y trouverent tout difpofé. Il ne fut plus queftion que d'affigner un lieu d'affemblée pour traiter, mais le Duc de Glocestre qui ne vouloit point de paix y apporta quelque retardement. Cette affemblée fut enfin indiquée à Amiens. Le Roi de France & toute fa Cour s'y rendit. Le Roi Richard fe mit en chemin pour y venir. Mais étant arrivé à Douvre avec fes Oncles & fon Confeil, pour déliberer s'il devoit paffer en France, il fut réfolu qu'il demeureroit en Angleterre, & qu'on envoiroit certain nombre de Princes & de Seigneurs pour traiter de la paix entre les deux Couronnes. Les propofitions que la Cour de France fit furent, que le Roi de France laifferoit au Roi d'Angleterre tout ce qu'il tenoit en Aquitaine, en y ajoutant tout ce qu'il falloit pour faire neuf Evêchez complets, qui lui demeureroient en entier. Mais que toutes les fortifications & les murs de Calais feroient abbatus: & que moiennant cela la France paieroit dans l'efpace de trois ans les quatorze cent mille francs promis au Traité de Bretigni pour la rançon du Roi Jean. La feule propofition de ruiner les fortifications de Calais révoltoit les Anglois: & les François fe tenant toujours fermes, l'on ne put rien conclure pour la paix, & l'on fe contenta de faire tréve pour un an. 1392. Treve avec l'Angleterre.

Une grande affaire qui furvint après, eut de fâcheufes fuites. Pierre de Craon, qui avoit eu les bonnes graces du Roi & du Duc d'Orleans, fut difgracié & chaffé de la Cour: & regardant le Connétable de Cliffon comme l'auteur de fon malheur, il fe retira auprès du Duc de Bretagne, qui haïffoit Clif- Le Connétable de Cliffon affaffiné.

---

verum, intervenientibus Aurelienfi Duce, Regifque patruis, res fecundum fpeciem faltem compofitæ fuere. Dux a Rege benigne exceptus fuit, & poftea utrinque difceffum eft.

Gaftone Phœbo Comite Fuxenfi defuncto, Yvo filius ejus nothus, Comitatum occupare voluit, idque confentiente Rege aggrediebatur ille. At Vicecomes de Caftello-bono, ad quem fucceffio illa de jure pertinebat, Comitatum illum tandem obtinuit.

Anglia tota motibus tunc agitabatur: diffenfio inter Principes fuborta, aliquid finiftri portendere, & quæ poftea acciderunt fubindicare videbatur: Rex Ricardus qui pacem facere cum Rege Francorum cupiebat, Oratores ipfi mifit, qui illum etiam paci ftudere deprehenderunt. Affignandus locus erat quo convenirent ex utraque parte ii qui de pace tractaturi erant. Verum Dux Gloceftriæ, qui a pacis ftudio alienus erat, aliquas interpofuit moras. Ambianum tandem urbs ad pacem tractandam indicta fuit. Illò fe contulit Rex Francorum cum aulicis fuis. Ricardus quoque Rex ut illò veniret profectus eft; fed ubi Dubrim pervenit cum patruis & confilio fuo, ut ibi deliberaretur an in Franciam trajecturus effet, necne, ftatutum tandem fuit, Rege in Anglia remanente, mittendos effe Principes & proceres, qui de pace inter Franciæ & Angliæ Reges agerent. Hæc porro ab iis qui rem Franciæam gerebant, pro concilianda pace propofita fuere; ut Rex Francorum Regi Angliæ ea omnia dimitteret, quæ ipfe in Aquitania poffidebat, adderetque etiam ea quæ neceffaria erant, ad Epifcopatus novem integros perficiendos; ut omnia munimenta, mœnia & propugnacula Caleti folo æquarentur, qua admiffa conditione, Rex Francorum quater & decies centena millia librarum, quæ pro Joannis Regis redemptione in Bretiniacenfi pactione ftatuta fuerant, intra trium annorum fpatium folveret. Ne auditu quidem Angli ferre poterant, illam munimentorum, propugnaculorumque Caleti deftructionem. Cumque Franci in propofito fuo firmiter ftarent, nulla pacis conciliandæ ratio inveniri potuit. Quapropter induciæ, tantum ad anni fpatium pactæ fuerant.

Ex fufcepto paulopoft ingenti facinore, mirum quot, quantaque mala poftea fuborta fuerint. Petrus de Craumon, qui magnam pridem gratiam apud Regem & Ducem Aurelienfem inierat, in offenfam tandem Regis incurrit, exque regia pulfus eft. Cum autem Conftabularium Cliffonium infortunii fui auctorem putaret, ad Britanniæ Ducem confugit, cui Cliffonius perofus admodum erat. Ambo delibe- Eidem.

son à mort. Ils concerterent ensemble de s'en défaires: Craon résolut d'aller lui-même l'assassiner. Il se rendit sécretement à Paris, pour y épier l'occasion de faire son coup. Il arriva dans le tems que le Roi fit aux Princes & aux Seigneurs de sa Cour à l'Hôtel de S. Paul une grande fête, & leur donna un grand repas qui dura jusques bien avant dans la nuit. Craon, qui savoit par où le Connétable devoit revenir chez lui, l'attendit à un carrefour bien accompagné de gens armez. Le Connétable revenant fort avant dans la nuit à cheval, tomba dans l'embuscade, il fut d'abord investi, saisi & percé de coups, & se défendoit toujours de son mieux. Son cheval blessé étant tombé sous lui, il se trouva par bonheur près de la porte d'un Boulanger, qui étoit entre-ouverte ; il se foura dedans & fut ainsi garenti d'une mort certaine, quoique blessé en plusieurs endroits. Les gens du Connétable, au nombre de huit, qui étoient sans armes, & qui avoient été écartez par la troupe de Pierre de Craon, se rassemblerent & entrerent chez le Boulanger, où ils trouverent leur Maître tout en sang. Ils en porterent d'abord la nouvelle au Roi, qui partit sur le champ avec ses Gardes & se rendit avec quelques Medecins chez le Boulanger. Les Medecins aiant visité ses plaies, dirent qu'il n'y en avoit aucune qui fût mortelle, & qu'ils le tireroient bien-tôt d'affaires. Le Roi fit courir après Pierre de Craon, qui n'avoit pas caché son nom en faisant l'assassinat, mais il s'étoit sauvé & s'en retourna en Bretagne. Trois de ses complices furent pris & envoiez d'abord au supplice. Craon fut ajourné & ne comparoissant point, il fut banni du Roiaume & ses biens confisquez. L'Amiral se rendit à un château, où il faisoit sa résidence ; mais il n'y étoit plus. Il en chassa la femme de Craon & enleva les meubles qui valoient quarante mille écus.

Le Roi qui s'interessoit vivement à cette affaire, & qui savoit que Craon s'étoit retiré en Bretagne, envoia sommer le Duc de le lui remettre. Le Duc répondit de maniere, qu'on vit bien qu'il n'en vouloit rien faire. Cependant le Roi fit raser l'Hôtel de Pierre de Craon, qui fut converti en un cimetiere : ses biens confisquez furent donnez au Duc d'Orleans. Le Roi perseverant dans son indignation contre le Duc de Bretagne, résolut d'aller faire lui-même la guerre dans son païs. Les Ducs de Berri & de Bourgogne qui n'aimoient pas le Connétable, & qui portoient envie à son crédit auprès du Roi, à ses honneurs &

rarunt quo pacto Clissonium de medio tollerent. Cratumuius ipsius confodiendi operam in se suscepit. Clam vero Lutetiam se contulit, ut occasionem opportunumque tempus observaret, illius interficiendi. Accidit autem ut tunc temporis Rex Carolus celebritatem magnam, cui Principes & primores adfuere, instruerit in ædibus regiis sancti Pauli, ibique convivium grande apparari jusserit, quod ad multam noctem protractum fuit. Cratumnius vero, qui non ignorabat, qua via Constabularius rediturus esset, in quadrivio cum armatis viris illum exspectavit. Constabularius, cum eques intempesta nocte rediret, in insidias incurrit, statimque armatis cingitur viris, trahitur, gladiis impetitur, vulneribusque confoditur. Ipse tamen pro virili adoriens se propulsabat. Cum vero tandem confossus equus lapsus esset, forte fortuna accidit, ut juxta fores pistoris, quæ apertæ tunc erant, decideret Clissonius, seseque in illam intromittens, a certissima morte ereptus fuerit, multis saucius vulneribus. Tum vero Constabularii famuli, qui ipsum inermes comitabantur, quique a Cratumnii caterva pulsi, disjectique fuerant, una convenerunt, & in pistoris domum ingressi, Constabularium vulneribus confossum repererunt. Rem illi statim Regi nunciatum veniunt, qui cum stipatoribus suis & medicis quibusdam pistoris domum se contulit. Medici vulneribus perspectis, lethale nullum esse dixerunt, & cito sanitati restituendum esse polliciti sunt. Armatos Rex misit, qui Cratumnium insequerentur & caperent ; is enim dum huic patrandæ cædi operam daret, nomen suum non occultaverat. Verum ille fuga sibi consuluit, & in Britanniam pervenit. Tres sceleris conscii capti, confestim ad extremum supplicium missi sunt. Cratumnio dies dicitur : cumque se sistere nec auderet, nec cogitaret quidem, exsilio damnatur, bonaque ejus fisco addicuntur. Maris Præfectus castellum quoddam Cratumnii petiit, in quo sedes habere solebat ; illoque tunc absente, uxorem ipsius expulit, abstulitque totam suppellectilem, cujus precium quadraginta millium scutorum erat.

Rex cui negotium istud admodum cordi erat, gnarus Cratumnium in Britanniam se recepisse, Duci Britanniæ denunciat, ut homicidam sibi tradat. Dux ita respondet, ut rem nunquam se facturum esse subindicet. Rex interim Cratumnii ædes solo æquari jubet, quæ in cœmeterium versæ sunt. Bona autem illius Duci Aurelianensi data fuere. Rex vero contra Britanniæ Ducem indignatus, bellum ipsi inferre decrevit. Duces Biturigum & Burgundiæ Constabulario infensi, qui ejus apud Regem gratiam, honores, divitias,

CHARLES VI. dit LE BIEN-AIMÉ.

à ses richesses, dissimuloient pourtant, & n'osoient pas détourner le Roi de son dessein de porter la guerre en Bretagne, quoique sécretement ils fissent tout ce qu'ils pouvoient pour l'empêcher. Il partit donc avec l'armée & s'en alla au Mans : quoique selon Froissart il n'eût pas une santé bien ferme ; la grande envie qu'il avoit de punir le Duc de Bretagne lui faisoit supporter toutes ces fatigues, & le grand chaud qu'il faisoit en ce tems-là. Etant parti du Mans, un homme mal vêtu & déchaussé, qui sortit de la Forêt voisine, vint saisir les resnes de son cheval en lui disant, qu'il s'en retournât & qu'il étoit trahi. Cela lui troubla les sens & la raison ; & ce qui acheva de le mettre hors de lui-même, c'est qu'un Page laissa tomber sa lance, qui avoit un fer brillant, sur la tête d'un autre Page. Alors le Roi Charles tira son épée, se mit à frapper à droit & à gauche en criant, *avant, avant sur ces traîtres.* Voiant venir à lui le Duc d'Orleans, il courut après lui pour le tuer, ne le connoissant pas, & le Prince s'enfuit à toute bride. On prit enfin le Roi, on le dépouilla & on le fit porter au Mans & de là à Creil sur Oise. Il y en eût qui soupçonnerent qu'il avoit été empoisonné. On contremanda tous ceux qui étoient partis pour aller faire la guerre en Bretagne, & cette expedition fut rompue.

<small>Accident qui trouble le sens au Roi Charles.</small>

Les trois Etats du Roiaume vinrent à Paris pour délibérer à qui on donneroit le gouvernement du Roiaume pendant la maladie du Roi. Ils furent plus de quinze jours à conferer là-dessus, & jugeant que le Duc d'Orleans étoit encore trop jeune, ils le défererent aux Ducs de Berri & de Bourgogne. Ces Princes firent d'abord saisir quelques Favoris du Roi & les mirent en prison. Le Duc de Bourgogne en vouloit terriblement au Connétable de Clisson, sur tout à cause de ses richesses qui montoient à quinze cent mille francs, sans y comprendre ses fonds de terre, ni deux cent mille francs qu'il avoit donné à sa fille quand il la maria à Jean de Blois ; c'étoit une somme prodigieuse en ces tems-là. Ce Prince aiant parlé très-rudement à Clisson, il sentit bien qu'il n'y faisoit pas bon pour lui, & s'enfuit avec ses gens à Mont-le-heri, & delà pour plus grande sûreté il se retira en Bretagne dans un de ses châteaux. On l'envoia sommer de comparoître ; on le fit ajourner plusieurs fois, mais inutile-

<small>Le Connétable de Clisson s'enfuit.</small>

---

non æquo animo ferebant, dissimulabant tamen, neque Regem avertere audebant a bello in Britanniam inferendo, etsi clam nihil non agebant, ut ab hoc consilio deterrerent. Profectus ergo cum exercitu Rex, Cenomanum venit : etsi non tam prospera valetudine fruebatur, inquit Froissartius, Ducem Britanniæ ulciscendi cupido, ut labores & æstum illa tempestatem grandem facile libenterque perferret efficiebat. Cum Cenomano profectus esset, iterque ageret, vir quidam laceris vestibus, nudisque pedibus, ex vicina silva egressus, Regem adiit, equi ejus habenas apprehendit ; edicitque ipsi, ut retrocedat, domumque revertatur, instare namque proditionem. Tunc animo perculsus, perturbatusque Carolus, jam mentis compos non erat : eodem tempore accidit ut regii pueri lancea micante ferro in caput alterius pueri regii decideret ; hoc casu in dementiam actus Rex, stricto gladio, obvios quosque circumquaque ferire cœpit, exclamans : *Age, age, in proditores irrumpe.* Cumque videret se adeuntem Aurelianensem Ducem, ad illum accurit interfecturus, ipsum quippe non noverat. Ille vero effusis habenis aufugit. Comprehenditur tandem Carolus, vestibus exuitur, ac Cenomanum deportatur, indeque Credilium ad Isaram. Non defuere qui venenum ipsi propinatum fuisse suspicati sunt. Quotquot autem ad Britannicum bellum con-tendebant, retrocedere jussi sunt, sicque in Britanniam suscepta expeditio nulla fuit.

Tres regni Ordines Lutetiam venerunt, ut deliberaretur quibusnam, Rege in tanta infirmitate versante, regimen & rerum administratio committeretur. In ea re tractanda plus quam quindecim dies insumti sunt. Cum autem juniorem putarent Aurelianensem Ducem, quam ut tanta negotia gerere posset, regni gubernacula Ducibus Biturigum & Burgundiæ detulerunt. Hi statim quosdam, qui apud Regem gratia multum valebant, in carcerem trudi curarunt. Clissonio autem Constabulario admodum infensus erat Dux Burgundiæ, ob divitias maxime, quæ ad decies-quinquies centena millia Francorum pertingebant, non connumeratis prædiis & agris, nec computata simul ducentorum millium Francorum summa, quam filiæ suæ in dotem dederat, quando a Joanne Blesensi in uxorem ducta fuit. Hic tantus pecuniæ cumulus prodigii similis erat illis temporibus. Cumque is ipse Burgundiæ Dux aspere admodum verbis Clissonium excepisset, sentiens ipse non tuto se posse in regia consistere, cum suis & familia tota ad Montem-Leherium se recepit, indeque ad securitatem majorem in Britanniam confugit, & in uno castellorum suorum sedes posuit. Dies illi dicitur, ut compareat sæpe provocatur : at incassum jussa cesserunt. Demum

<small>*Froissart.*</small>

ment. Enfin on le jugea par contumace, il fut banni du Roiaume de France, condamné à païer cent mille marcs d'argent, pour les extorsions qu'il avoit faites, & à perdre à perpetuité sa charge de Connétable.

Le Roi revint enfin en son bon sens par l'habileté de son Medecin : & la trève de trois ans entre la France & l'Angleterre étant expirée, on la renouvella depuis la S. Michel de l'an 1392. jusqu'à la S. Jean de l'an 1394. Peu après arriva cet accident étrange qui pensa faire tomber le Roi en démence. On célebroit des nôces à la Cour, en l'Hôtel de la Reine Blanche, Froissart dit que ce fut à l'Hôtel de S. Paul. Un de la troupe pour donner un divertissement avoit fait faire six habits de toile couverte de lin & d'étoupe, qui faisoient paroître ceux qui les portoient velus comme des Sauvages. Le Roi en prit un; Le Duc d'Orleans mit le feu à l'un de ces habits, mais par bonheur le Roi ne se trouva pas dans la troupe. Juvenal des Ursins dit, qu'une femme veuve *affeubla* le Roi de son manteau, & qu'il fut ainsi garenti : ce feu gagna de l'un à l'autre en sorte que quatre de ces Seigneurs périrent, l'un desquels fut Yvain bâtard du Comte de Foix.

Autre accident.

Juvenal des Ursins, qui dit que ceci se passa à l'Hôtel de la Reine Blanche près de S. Marceau, ajoute que *pour l'énormité du cas*, il fut ordonné que l'Hôtel de la Reine Blanche seroit abbatu & démoli.

Clisson aiant été dégradé de la charge de Connétable, on l'offrit au Sire de Couci, qui la refusa, & on la donna à Philippe d'Artois. Le Duc de Bretagne croïant avoir trouvé une occasion favorable pour opprimer & faire périr Olivier de Clisson, qu'il haïssoit à mort, prit les armes contre lui. Clisson, bien accompagné de gens armez, & soutenu sous main par le Duc d'Orleans, qui lui envoïoit du secours, se défendoit très-bien, & avoit le plus souvent le dessus. Le Duc vouloit faire marcher les Seigneurs Bretons contre lui : ceux-ci s'en excusoient en disant, que ne s'agissant que d'une querelle particuliere entre lui & Olivier de Clisson, ils s'entremettroient volontiers pour faire la paix entre eux deux; mais qu'ils ne prendroient pas les armes contre leur compatriote. Le Duc voiant que cette guerre tournoit mal pour lui, prit enfin ce parti. Il vouloit d'abord que Clisson vint le trouver à Vannes pour traiter avec lui; mais il

que de illo ut contumacia judicatur, mulctatur exsilio ex regno Franciæ, centum mille besses argenti solvere jubetur ob extortas a diversis pecunias, & a Constabularii officio & gradu in perpetuum excluditur.

Froissart. Juvenal.

Rex tandem ex medici, ut aiebant, peritia sensum usumque rationis recuperavit. Cum vero triennales induciæ Franciam inter & Angliam effluxissent, prorogantur illæ a festo S. Michaelis anni 1392. ad festum sancti Joannis anni 1394. Haud multum postea accidit infaustus ille eventus, quo Rex in extremam fere dementiam actus est. Nuptiæ in regia celebrabantur, & quidem in ædibus Blanchæ Reginæ. Froissartius vero ait id actum fuisse in ædibus regiis sancti Pauli. Ex convivis autem quispiam, recreandi animi causa, sex ex tela communi vestes apparari curaverat, lino & stuppa coopertas; ita ut qui iis vestiebantur, feros silvestresque homines hirsutos referrent. Rex hujusmodi indui veste voluit. Dux vero Aurelianensis uni vestium ignem admovit, quæ statim flammam concepit. Feliciter autem accidit, Regem procul ab aliis ita vestitis tunc fuisse. Juvenalis porro de Ursinis ait, mulierem quamdam viduam Regem pallio suo contexisse, sicque salvum illum evasisse. Flamma vero ab alio ad alium pervasit, ita ut ex proceribus quatuor incendio perirent, ex quorum numero fuit Yvo Fuxensis Comitis nothus filius.

Juvenalis de Ursinis qui narrat gestam rem fuisse in ædibus Reginæ Blanchæ, addit, ob eventus *enormitatem*, ædes Reginæ Blanchæ solo æquari jussum fuisse.

Postquam Clissonius ex Constabularii officio & gradu dejectus fuerat, oblatum id muneris fuit Cuciacensi Toparchæ, quo abnuente, Philippo Attefio Constabularii munus defertur. Dux vero Britanniæ occasionem se nactum putans opprimendi ac de medio tollendi Clissonii, quem summo prosequebatur odio, contra illum armatus movit. Hic autem pugnatorum manu instructus, & auxiliis Ducis Aurelianensis, qui clam illum fovebat, roboratus, oppugnantem se Ducem strenue propulsabat, sæpeque cum aggredientium se dispendio. Dux vero Britonum primores ad se convocare studebat, ut illorum ope Clissonium debellaret. Hi respondebant, cum de peculiari inter contribules rixa tunc ageretur, se libenter ad rem inter ambos componendam daturos operam esse, neque unquam contra illum arma sumturos esse. Ubi vidit autem Dux non ad votum suum procedere, alio convertit animum, & Clissonium sibi devincire tentavit, statimque cupiebat ut Clissonius Venetiam se convenirent, ut de pace concilianda agereturt. Clis-

CHARLES VI. dit LE BIEN-AIME'.

n'avoir garde de s'y fier y aiant déja été pris une fois. Pour l'engager d'y venir sûrement, il lui donna enfin son fils en ôtage. Clisson y vint alors, & en usant genereusement il amena le fils du Duc avec lui. Cette paix se fit en 1395. Le même Clisson s'étoit aussi réconcilié avec le Duc de Berri en 1393.

Les Rois de France & d'Angleterre souhaitoient fort la paix, & convinrent ensemble qu'on s'assembleroit de part & d'autre à Lelinghen pour conferer sur les prétentions de chaque parti, qui avoient empêché ci-devant de rien conclure. Les Ducs de Berri & de Bourgogne y assisterent pour le Roi de France leur neveu, avec plein pouvoir ; & les Ducs de Lancastre & de Glochestre y vinrent pour le Roi d'Angleterre leur neveu, y exercer la même fonction. Le Roi Charles pour être plus près des négociations se rendit à Abbeville. Après bien des propositions faites, les traitans trouverent tant de difficultez à conclure une bonne paix, qu'ils furent obligez de se contenter d'une tréve pour quatre ans. Le Roi Charles qui jusqu'alors avoit eu un assez bon intervalle, retomba en frenesie, & demeura longtems en cet état. Dans ses frenesies il voioit plus volontiers Valentine Duchesse d'Orleans qu'aucun autre. Quelques-uns soupçonnoient qu'elle l'avoit ensorcellé, disant qu'elle venoit de Milan, & que les Lombards étoient adonnez aux sortileges. Mais c'étoient des bruits mal fondez, dit Juvenal des Ursins. Le Roi après qu'il fut revenu de cet accident, fit un pélerinage à S. Denis & au Mont S. Michel pour obtenir de Dieu une santé parfaite.

1393.

Autre treve avec l'Angleterre.

Leon Roi d'Armenie refugié en France mourut en ce tems-ci, & fut enterré aux Célestins. Les Juifs qui en consideration des sommes qu'ils fournissoient au Roi étoient maintenus en France, malgré les cris du peuple que ces malheureux accabloient par leurs usures, furent enfin chassez du Roiaume à la priere de la Reine ; quelques-uns aimerent mieux se faire Chrétiens que de quitter leurs biens.

Philippe Comte d'Eu, Connétable de France, souhaitant d'aller faire preuve de sa valeur, obtint du Roi qu'il iroit au secours du Roi d'Hongrie contre les Turcs. Quand il fut arrivé en Hongrie, ce Roi l'emploia à faire la guerre aux Paterins de Boheme. Ces peuples ne tinrent point contre les troupes Françoises & furent d'abord domtez.

---

sonius suopte praeterito periculo cautior, non fidebat toganti, quia pridem sibi res male cesserat. Dux tandem ut tuto & absque metu veniret, filium suum obsidem ipsi misit. Tum Clissonius generose cum Duce agens, ipsi filium adduxit, & de pacis conditionibus ambo tandem consenserunt anno 1395. Jam vero Clissonius Ducem Biturigum sibi conciliaverat anno 1393.

Reges Franciae & Angliae pacem mutuam peroptabant, amboque consensere, ut Lelinghenii conventus & concilium haberetur, ut quae paci ante obfuerant, ex utraque parte proposita dirimerentur, si quidem fieri posset. Ex parte Regis Francorum illò missi sunt cum plena potestate ipsius patrui Dux Biturigum & Dux Burgundiae. Duces vero Lancastriae & Glocestriae Regis Angliae patrui, eadem potestate fulti, illò concesserunt. Rex vero Carolus, ut conventui proximus esset, in Abbatis-villam se contulit. Postquam plurima utrinque proposita fuere, tot tantaeque sese obtulere faciendae pacis difficultates, ut inducias tantum quatuor annorum facere ambae partes cogerentur. Rex vero Carolus qui hactenus à solito morboliber fuerat, in phrenesin incidit, diuque illo in statu perseveravit. Phrenesi porro detentus Valentinam Aurelianensis Ducis uxorem libentius, quam alium quemlibet, videbat. Nonnulli suspicabantur illam fascinatione quadam Regem affecisse : dicebant quippe illam Mediolani ortam esse, & Langobardos esse sortibus deditos. Verum hi rumores vulgi erant nullo fundamento nixi, inquit Juvenalis de Ursinis. Rex ubi convaluit, ad sanctum Dionysium, & ad Montem sancti Michaelis, pietatis causa peregrinatus est, ut a Deo perfectam valetudinem impetraret.

Leo Rex Armeniae, qui in Franciam confugerat, hoc tempore mortuus, in Ecclesia Caelestinorum Parisiensium sepelitur. Judaei, qui summas pecuniae Regi identidem subministrantes, in Francia retinebantur, nihil obstantibus populi clamoribus, quem miseri illi usuris & foenoribus opprimebant, ex regno tandem, rogante Regina, pulsi sunt. Ex illis quidam Christianam amplecti religionem maluerunt, quam facultates deserere suas.

Philippus Artesius Comes Augi, Franciae Constabularius, cum animi fortitudinisque suae argumenta dare cuperet, ab Rege impetravit ut liceret sibi Regi Hungariae auxiliarium ire contra Turcas. Ubi in Hungariam pervenit, Rex illum contra Paterinos Boemiae misit, qui contra Francorum turmas diu pugnare non valuerunt ; sed intra breve tempus domiti sunt.

Juvenal. Le Mo'nt de S. Denis.

Idem.

La plus grande affaire de ce tems-là étoit le Schisme qui déchiroit l'Eglise. Il y avoit toujours deux Papes, l'un à Rome & l'autre à Avignon : cela causoit de la division, des disputes & des guerres. Les gens bien intentionnez souhaitoient qu'on trouvât moien de faire cesser un si grand scandale. L'Université de Paris, alors la plus célebre de toute la Chrétienté, s'interessoit vivement pour cela. Elle obligea Nicolas de Clemangis, d'achever un Traité qu'il avoit commencé, où il étoit parlé de toutes les voies qu'on pouvoit prendre pour moienner l'union de l'Eglise. Ce Traité étoit adressé au Roi, & malgré les intrigues des Emissaires de Clement VII. pour empêcher qu'il ne parvint jusqu'à sa Majesté, il lui fut enfin presenté par l'Université. Dans ce Mémoire, que nous avons tout entier, on ne ménageoit point ceux qui par des interêts particuliers s'opposoient au bien public de l'Eglise. On proposoit trois moiens de procurer la réunion des partis. Le premier étoit la cession & la rénonciation absolue des deux qui se disputoient la Papauté ; de celui de Rome & de celui d'Avignon. Le second moien étoit que les deux convinssent ensemble *d'un choix de personnes notables, qui reglassent l'affaire par maniere de compromis, & qui jugeassent définitivement de leur different.* Le troisiéme & le dernier moien étoit, d'assembler un Concile. Ce Mémoire fut d'abord bien reçû du Roi : mais par l'intrigue du Cardinal de Lune, tout cela n'eut aucun effet.

Cependant l'Université eut permission du Roi d'envoier ce Mémoire à Clement, qui le reçût très-mal, & ne voulut pas le donner à lire aux Cardinaux. Mais comme ils avoient eux-mêmes reçû un paquet où il étoit contenu, ils le lurent, & dirent franchement au Pape qu'ils étoient du même avis que l'Université. Ce qui le toucha si vivement qu'il en mourut de déplaisir trois jours après. D'autres disent qu'il mourut d'apoplexie. Il laissa de grands trésors dans ses coffres.

Le Roi écrivit deux fois aux Cardinaux d'Avignon pour les prier de surseoir l'élection. Les Cardinaux se doutant bien de ce que les lettres contenoient, avant que de les lire se presserent de faire un Pape, & nommerent le Cardinal Pierre de Lune, qui prit le nom de Benoît XIII. Il écrivit au Roi qu'il avoit été forcé d'accepter le Pontificat, & feignit d'avoir un grand desir de procurer l'union de

---

Le Moine de S. Denis.

Quod maximum tunc in orbe Christiano agitabatur negotium, schisma illud erat, quo Ecclesia Dei discerpebatur. Duo Summi Pontifices erant, alius Romæ, alius Avenione. Hinc dissensiones, disputationes, bella. Qui rei Christianæ bono & commodis studebant, hoc tantum offendiculum de medio tolli peroptabant. Universitas Parisiensis, quæ tum apud Christianos omnium celeberrima erat, id negotii maxime curabat ; illudque egit apud Nicolaum Clemengium, ut quod jamdiu cœperat opusculum perficeret, ubi de viis omnibus agebatur, queis poterat Ecclesia sub unum reduci caput. Hoc opusculum Regi nuncupabatur. Etiamsi vero nihil non egerint Clementis emissarii, ut ne ad usque Regem id operis perveniret, tandem ab ipsa Universitate oblatum illi fuit. In hoc opusculo, quod integrum ad nostra usque tempora pervenit, non parcebatur iis qui suis unice commodis studentes, Ecclesiæ totius utilitati adversabantur. Tres vero modi proponebantur, queis poterant adversæ partes in unum confluere. Primus modus erat cessio seu renunciatio amborum, Romani nempe Pontificis & Avenionensis, qui se Summos Pontifices dicebant. Secundus modus erat ut ambo quasdam uno consensu personas deligerent, quæ ex compromisso omnia statuerent, deque tanto negotio ultimum proferrent judicium. Tertius & ultimus erat, ut concilium congregaretur. Hoc opusculum statim a Rege libenter exceptum fuit : verum per occulta Cardinalis Lunensis artificia, nihil inde operis consequutum est.

Interea vero Universitas, Rege permittente, hoc opusculum Clementi misit, qui indigne illud excepit, nec Cardinalibus legendum tradere voluit. Sed quia ipsi quoque literarum fasciculum acceperant, in quo opusculum inclusum erat, ipsum legerunt, & Summo Pontifici dixere, se in eamdem cum Universitate sententiam convenire, id quod Clementem tanto affecit dolore, ut post triduum obierit. Quidam vero narrant ipsum apoplexia percussum interiisse. In arcis vero suis ingentem pecuniæ summam reliquisse fertur.

Rex Avenionensibus Cardinalibus bis scripsit, rogans a novo deligendo Pontifice supersederent. Cardinales vero suspicati, idipsum, quod diximus in regiis literis contineri, antequam illas legerent, celerius ad Papam deligendum convenere, nominaveruntque Cardinalem Petrum de Luna, qui Benedicti XIII. nomine appellari voluit, scatimque Regi literas misit, se ad tale acceptandum munus vi compulsum esse dictitans, magnumque desiderium simulabat procu-

l'Eglise. Le Roi fit faire une assemblée des Prélats de son Roiaume, l'on où examina les trois moiens proposez pour l'exstinction du Schisme, le Concile, le compromis, ou la cession: & l'on jugea que ce dernier étoit le plus court & le plus aisé de tous.

Les Ducs d'Orleans, de Berri, & de Bourgogne, avec les députez de l'Université allerent à Avignon pour porter Benoît à faire cette cession; il fit tout ce qu'il put au monde pour éluder les poursuites qu'on faisoit pour l'engager à cette démarche. Tous les Cardinaux hors un furent pour la cession. Benoît qui ne s'étonnoit de rien, emploioit mille détours, pour éviter cette voie d'accommodement qui lui déplaisoit tant. Il proposoit d'autres moiens, tantôt une conference avec ses competiteurs, tantôt la voie d'arbitrage, & cela uniquement pour amuser, n'aiant aucun dessein de se démettre. Les Cardinaux de sa Cour blâmerent son procedé, & les Princes partirent enfin d'Avignon sans lui dire adieu. Le Roi voiant qu'on n'avançoit rien par cette voie, de l'avis de l'Université, envoia des Ambassadeurs à tous les Princes Chrétiens qu'il prioit de s'unir à lui pour l'extinction du Schisme, & pour réunir tous les Chrétiens sous un même chef. [1395.]

La Reine d'Angleterre étant morte, le Roi Richard fit demander à Charles Roi de France Isabelle sa fille en mariage. Elle lui fut accordée, & l'on fit en même tems une tréve entre les deux Couronnes pour vingt-huit ans. Les Gennois se voiant sur le point de tomber sous la domination de Jean Galeazzo Vicomte & depuis Duc de Milan, vinrent supplier le Roi d'accepter leur Seigneurie, ce qu'il fit volontiers. Au même tems fatigué des remedes qu'on lui faisoit perpetuellement, il chassa de sa Cour Renaud Freron son principal Medecin. Son mal le reprit alors si violemment qu'il ne se connoissoit pas lui-même, ni sa femme ni ses enfans. Il avoit de tems en tems de bons intervalles, où il parloit & raisonnoit: on le faisoit alors paroître & donner audience. Les Ambassades envoiées aux Princes Chrétiens pour travailler conjointement avec eux à l'exstinction du Schisme, eurent un succès favorable, quoique le Roi de Boheme, corrompu par Benoît, traversât la négociation. [Autre treve avec l'Angleterre.]

Les Sultans des Turcs augmentoient toujours leur Empire aux dépens des [1396. Guerre en Hongrie.]

---

randæ Ecclesiæ unionis, & exstinguendi schismatis. Rex autem regni sui Episcopos congregari curavit, inque tanto cœtu allati, excussique sunt tres illi exstinguendi schismatis modi, concilium nempe, compromissum & cessio, judicatumque fuit hunc postremum modum esse cæteris breviorem, facilioremque.

Duces Aureliani, Biturigum & Burgundiæ, cum Oratoribus Universitatis Parisiensis, Avenionem se contulerunt, ut Benedictum Papam ad hanc faciendam cessionem inducerent. Nullas ille non machinas adhibuit, ut urgentium se ad cedendum deponendumque Pontificatum conatus eluderet. Cardinales, uno excepto, omnes cessioni adstipulabantur. Benedictus vero impavidus mille circuitionibus utebatur, ut ab hac cessionis via declinaret, quam tantopere horrebat. Alios ille concordiæ modos proponebat, modo colloquium cum competitoribus, modo arbitrorum convenientium suffragium, nec alio ille animo proponebat, quam ut traheret moras, neque enim munus Pontificis ulla ratione deponere volebat. Cardinales Avenionenses Benedicti artificia summè improbabant. Principes vero tandem, nec Pontifici vale dicentes, Avenione profecti sunt. Rex Carolus hac via nihil perfici posse cernens, de Universitatis consilio, Oratores misit ad Principes Christianos omnes, quos rogabat operam suam darent exstinguendo schismati, ut sub uno capite Christiani jungerentur omnes.

Cum Regina Angliæ fato functa esset, Ricardus Rex à Carolo Francorum Rege filiam suam Isabellam in sponsam petiit, & optatum impetravit. Eodemque tempore induciæ factæ sunt inter ambos Reges ad viginti & octo annorum spatium. Genuenses vero, imminente sibi periculo, ne sub potestatem caderent Joannis Galeatii Vicecomitis, posteaque Ducis Mediolanensis, Regem Carolum supplicatum venerunt, uti se sub dominio suo reciperet: id quod ille libentissime admisit. Eodemque tempore cum pharmaca sibi assidue oblata admodum fastidiret, ex regia expulit Reginaldum Freronium inter Medicos suos præcipuum; tuncque ab assueto morbo corripitur cum tanta violentia, ut nec se ipsum, nec uxorem, nec filios agnosceret. Identidem tamen per aliquod temporis spatium à morbo respirabat, ita ut posset colloqui, & rebus propositis apposite respondere, tuncque ad colloquium admittebantur ii qui negotiorum causa venirent. Qui ad Principes Christianos missi fuerant Oratores, ut conjunctim cum illis Rex Carolus exstirpando schismati advigilaret, cum prospero exitu rem aggressi sunt, quamvis Rex Bohemiæ a Benedicto corruptus, negotium interpellare conatus sit.

Turcarum Sultani imperii sui fines perpetuo prorogabant, e vicino positos Christianos subjugando. Cum

[Iidem.]

[Froissart. Journal. Le Moine de S. Denis.]

Chrétiens leurs voisins. Le Roi d'Hongrie craignant quelque invasion de Bajazet Sultan des Turcs, qui portoit la terreur par tout, envoia des Ambassadeurs en France pour demander secours au Roi. Le Roi reçût fort bien l'Ambassade, il fut résolu dans son Conseil qu'on lui envoiroit un puissant secours. Le Duc de Bourgogne présenta Jean son fils Comte de Nevers, pour être chef de la troupe, ce que le Roi trouva bon. Le Connétable fut aussi de la bande avec plusieurs autres Princes & Seigneurs de la premiere qualité. Plusieurs Seigneurs étrangers se joignirent à eux, le tout faisoit un bon corps d'armée qui prit le chemin de la Hongrie. Malgré les efforts de Jean Galeazzo, Gennes se rangea sous l'obéissance du Roi, à condition qu'il lui donneroit secours quand le Duc de Milan ou quelque autre lui feroit la guerre.

Isabelle fille du Roi Charles mariée au Roi d'Angleterre.

Isabelle fille du Roi Charles, & femme de Richard Roi d'Angleterre qui l'avoit épousée par Procureur, partit de Paris. On ne pouvoit rien ajouter à la magnificence & à la richesse de l'attirail de cette jeune Reine. L'or, l'argent, les perles & les pierres les plus précieuses brilloient sur tout ce qui étoit à son usage. Le Roi Charles la suivit de près, & se rendit au lieu de l'entrevûe entre Guines & Ardres, où devoit aussi venir le Roi Richard, qui avoit passé à Calais. Les deux Rois s'embrasserent cordialement, & se témoignerent beaucoup d'amitié. Richard étoit bien aise de se concilier le Roi Charles; parce que soupçonnant que les Ducs de Lancastre & de Glocestre, sur tout ce dernier, n'étoient point dans ses interêts, il vouloit se fortifier d'un autre côté. Après la tréve signée, le Roi Richard remit sans aucune difficulté Brest au Duc de Bretagne & Cherbourg au Roi de Navarre. Ce fut une des causes de sa perte. Le Duc de Glocestre son oncle, le Comte d'Arondel & plusieurs autres Seigneurs conspirerent de le détrôner, ce qui n'étoit pas nouveau en Angleterre. Nous verrons les tristes suites de cette affaire.

Le corps d'armée de France qui marchoit vers la Hongrie, commandé par le Comte de Nevers y arriva heureusement. Le Roi Sigismond reçût ce secours avec grand joie, & comme il avoit beaucoup d'experience, sur tout pour ce qui regardoit la guerre contre les Turcs, il leur donna de bons conseils qu'ils ne suivirent pas. Contre son avis ils allerent assieger Nicopoli: mais les Turcs venant contre eux, ils furent obligez de lever le siege & vinrent donner bataille

---

Rex Hungariæ metueret ne Bajazetus tunc Turcarum Sultanus regnum suum invaderet: ille namque terrore nominis sui omnia complebat, oratores ad Regem Francorum auxilia petitum misit. Oratores Rex perhumaniter excepit, coactoque concilio statutum fuit ut magnâ militum manus illò mitteretur. Dux vero Burgundiæ Joannem filium in exercitus ducem obtulit, cui Rex assensit. Constabularius quoque hanc suscepit expeditionem cum multis aliis Principibus & Francorum primoribus, Sic coactus sat numerosus exercitus fuit, qui versus Hungariam movit. Obsistente licet Joanne Galeatio, Genua sese in potestatem Regis Francorum tradidit, illa conditione, ut sive Dux Mediolanensis, sive alius quislibet fines ejus aliquando invaderet, opem ipsi Rex ferret.

Idem. Isabella Regis Caroli filia, uxorque Ricardi Angliæ Regis, quam hic jam per Procuratorem duxerat, Lutetia profecta est. Nihil addi posse videbatur magnificentiæ ac divitiis ad apparatum & cultum junioris Reginæ adhibitis. Aurum, argentum, margaritæ & preciosissimæ gemmæ micabant in omnibus rebus ad ejus usum deputatis. Rex Carolus etiam profectus est, atque in assignatum locum venit, quo venturus erat Rex Ricardus qui Caletum trajecerat. Ambo Reges mutuis amplexibus amicitiæ sinceræ conspicua signa dederunt. Ricardus vero Regem Carolum sibi devincire studebat, cum suspicaretur enim Duces Lancastriæ & Glocestriæ, huncque postremum præcipue, sibi, occulte licet, infestos esse, aliunde sibi amicos & opitulatores parare studebat. Postquam induciæ scripto consignatæ fuerunt, Rex Ricardus haud difficulter Brestum Duci Britanniæ & Cæsaris-burgum Regi Navarræ restitui jussit: quæ urbium restitutio inter infortunii illius causas numeratur. Dux Glocestriæ patruus ejus, Comes Arundellius, aliique plurimi proceres Angli, ipsum de solio regio decutere postea machinati sunt. Hæc res in Anglia insolens non erat: quæ hinc tristia consequuta sint paulo post videbitur.

Exercitus Francorum, qui duce Nivernensi Comite versus Hungariam contendebat, illò tandem pervenit. Rex Sigismundus hoc tantum auxilium cum gaudio suscepit, & quia rerum experientia pollebat, circa ea maxime quæ ad bellum contra Turcas spectabant, monita Francis dedit & consilia, quæ ipsi sequi neglexerunt. Abnuente namque illo Nicopolin obsessum se contulere: verum imminente Turcarum exercitu, obsidionem solvere coacti sunt, & contra

CHARLES VI. dit LE BIEN-AIMÉ.

à Bajazet, ils mirent d'abord en déroute son avantgarde, & firent des prodiges de valeur. Mais l'arriere garde de Bajazet les aiant investis, ils furent bien étonnez. Une grande partie d'entre eux se défendit pourtant encore jusqu'à la derniere extrêmité, & fit un grand carnage de Turcs. Froissart dit qu'il périt dans le combat trente Turcs contre un Chrétien. A la fin tout ce qui restoit de François fut ou tué ou pris. Bajazet irrité de cette horrible boucherie de Turcs, qu'il avoit été voir de ses propres yeux, fit tuer tous les François hors les plus grands Seigneurs qu'il reconnut à leurs habits superbes & dont il esperoit tirer une grosse rançon. Jean Comte de Nevers fut aussi sur le point d'être tué, mais un Turc *Nigromancien* & devin prédit, qu'il feroit périr plus de Chrétiens que tous les Turcs ensemble, & cela lui sauva la vie.

Défaite des François par les Turcs.

Il fut établi en cette même année qu'on donneroit aux criminels condamnez à mort un Confesseur: ce qui leur avoit toujours été refusé auparavant. On assigna aux Cordeliers un fond pour exercer cette œuvre de miséricorde.

Charles II. Roi de Navarre envoia au Roi de France son cousin l'Evêque de Pampelune, pour le prier de lui faire restituer les terres qu'il devoit avoir en Normandie & en d'autres Provinces de France. L'Evêque fut très-bien reçû. Mais il y eut partage de voix dans le Conseil. Les uns disoient, que par les maux horribles & infinis que son pere avoit fait au Roiaume de France, il avoit justement perdu pour lui & pour ses successeurs tous les biens qu'il y avoit. Les autres furent d'avis qu'on lui rendît, non pas les villes & places que son pere avoit en Normandie, par le moien desquelles il avoit pensé perdre le Roiaume: mais l'équivalent en d'autres Provinces. Ce conseil fut suivi: on érigea en sa faveur Nemours en Duché, qui lui fut donné, & on lui donna dans le Gastinois & dans la Champagne des Terres & des Seigneuries, jusqu'à dix mille livres tournois de rente, & à Pierre de Navarre son frere le Comté de Mortaing. Le Roi de Navarre en fut content. D'autres mettent cette affaire en 1404. mais cela se peut concilier en disant, qu'elle ne fut tout à fait terminée qu'alors. Elle demandoit en effet bien des discussions.

Au mois de Juillet le Roi eut une attaque de son mal si violente, qu'au pre-

1397.

Bajazetum pugnam commiserunt, statimque cum incredibili fortitudine pugnantes, primam Turcarum aciem profligarunt; sed cum postrema acies ipsos a tergo clausisset, stupefacti admodum sunt: magna tamen pars ipsorum ad extremum usque halitum hostem propulsarunt, ingentemque Turcarum fecere stragem. Ait vero Froissartius triginta Turcas vice Christiani unius in hac pugna periisse. Tandem quidquid Francorum superterat, aut cæsum aut captum fuit. Bajazetus tanta suorum cæde ipsis oculis conspecta, Francos omnes interfici jussit, primoribus exceptis qui ex vestium cultu agniti deprehensique sunt, ex horum quippe redemtionis precio, ingens pecuniæ summa obventura putabatur. Joanni Nivernensi Comiti jam gladius imminebat, occidenduque erat, inquit Juvenalis. Verum Turca quidam, necromantis & fatidicus prædixit ejus opera plures perituros esse Christianos, quam Turcarum manu: cujus vaticinii gratia ab ingruente morte ereptus est.

Hoc ipso anno decretum fuit, ut sceleribus obnoxiis & ad mortem damnatis, Sacerdos committeretur, qui peccatorum confessionem exciperet; id quod ipsis antea semper negatum fuerat. Ad eam vero rem summa quædam annua Franciscanis deputata fuit, qui ad hoc misericordiæ munus exercendum delecti fuere.

Carolus II. Rex Navarræ, ad Regem Francorum cognatum suum misit Episcopum Pompelonensem, qui rogaret sibi ea castra & oppida in Normannia & in aliis provinciis restitui, quæ pater suus jure tenuerat. Benigne quidem exceptus fuit Episcopus: at in consilio regio divisa suffragia fuerunt, Dicebant alii ex innumeris & horrendis malis, quæ Carolus Malus Regis hodierni pater, regno Francorum intulerat, & sibi & successoribus suis jure amisisse illum bona omnia quæ in Francia habebat. Aliorum autem hæc sententia fuit, non reddenda quidem esse illa castra & oppida, quæ pater ejus in Normannia tenuerat, eo quod illorum ope & occasione tanta Francis intulisset damna; sed in aliis provinciis paria ipsi esse concedenda. Hanc vero mitiorem opinionem sequutus est Rex. In Regis Navarræ gratiam Nemursum Ducatûs dignitatem obtinuit, ipsique datum fuit, atque in Vastinio & in Campania terræ illi atque ditiones concessæ fuerunt, quarum reditus ad decem mille libras Turonenses pertingebant, & Petro Navarræo fratri Comitatus Moritanicus datus est: hæc vero Regi Navarræ placuere. Hanc rem quidam referunt ad annum 1404. at hæ sententiæ conciliari possunt dicendo, rem anno tantum 1404. terminatam fuisse. Res enim hujusmodi nonnisi post multas perquisitiones terminari poterat.

Mense Julio Rex Carolus a solito morbo cum tan-

Le Moine de S.Denis.

mier répi qu'il eut, il dit qu'il souhaitoit de mourir. Il revint en santé peu de jours après, & il remplaça les Officiers de la Couronne tuez en la bataille de Nicopoli, ou morts en cette expedition. En la place du Comte d'Eu, le Comte de Sancerre fut fait Connétable de France, & la charge de Maréchal de France, que Sancerre avoit, fut donnée à Jean le Maingre dit Boucicaut. Jâques de Bourbon Sire de Preaux fut fait grand Bouteiller de France, en la place du Sire de Couci, & Hutin d'Aumont fut choisi Garde de l'Oriflamme, au lieu de Guillaume des Bordes. Le Roi Charles fit faire à S. Denis de magnifiques obseques aux principaux Seigneurs morts en cette expedition.

Executions en Angleterre.

Le Roi Richard aiant découvert une conspiration du Duc de Glocestre son oncle, & des Comtes d'Arondel & de Warvik pour le détrôner, les fit saisir promtement, les fit mettre à la Tour de Londres & les obligea de comparoître en Parlement, où ils furent condamnez à mort. Par respect pour le Sang Roial le Duc de Glocestre fut amené à Calais où il fut étranglé. Le Comte d'Arondel eut la tête tranchée en place publique. Les deux freres du Duc de Glocestre, Ducs de Lancastre & d'Yorch penserent aux moiens de tirer vengeance de ces executions.

Vencesas Empereur vient en France.

Vencesas Roi des Romains & de Bohême vint à Rheims voir son cousin le Roi Charles. La Cour alla audevant de lui, & le reçut avec une magnificence qui surprit ce Prince. On prépara depuis un grand festin pour lui, & l'on envoia le matin les Ducs de Berri & de Bourbon, qui furent fort surpris de le trouver yvre & dormant pour cuver son vin. Ce Prince dont les inclinations étoient fort basses, passoit une partie de sa vie à yvrogner comme les plus vils artisans. Le Roi sentant qu'il étoit menacé d'un accès de son mal, laissa le Duc d'Orleans pour entretenir le Roi de Boheme, qui promit d'assembler le Clergé de ses Etats pour le porter à travailler à la réunion de l'Eglise ; c'étoit la grande affaire qui occupoit alors la France.

On y travailloit sérieusement, les Ambassadeurs d'Espagne & de Navarre qui étoient alors à Paris demandoient la cession, c'est-à-dire, que les deux competiteurs se démissent du Pontificat. Benoît, toujours inébranlable sur

---

ta violentia correptus est, ut cum paulum respirasset dixerit, se nihil nisi mortem cupere. Paucis postea diebus a morbo recreatus, eorum vice, qui vel in Nicopolitana pugna cæsi fuerant, vel in illa expeditione obierant, alios creavit qui præcipua regni officia occuparent : vice Philippi Artesii Comitis Augensis, Comes Sancerræ Constabularius Franciæ creatus est, & Marescalli Franciæ munus quod Sancerrensis habebat, Joanni Mangrio Bucicaldo datum est. Jacobus Borbonius D. de Pratellis, magnus Franciæ Buticularius creatus est, vice Cuciacensis Toparchæ : & Hutinus de Altomonte, in custodem Oriflammæ delectus fuit in vicem Gullielmi de Bordis. Rex vero Carolus in honorem procerum, qui in illa expeditione obierant, magnificas exsequias in Ecclesia sancti Dionysii celebrari jussit.

Froissart.

Rex Angliæ Ricardus cum conspirationem grandem adversum se structam deprehendisset, Ducem Glocestriensem patruum suum, Comites item Arundellianum & Warvicensem, qui ut ipsum Ricardum ex solio regio dejicerent machinati fuerant, in Londinensem turrim detrudi jussit, atque ante Senatum Anglicanum causam dicturos adduci voluit, ubi ad mortem damnati sunt. Ex debita Sanguini regio reverentia Dux Glocestriæ Caletum ductus est, ubi laqueo strangulatus fuit. Comes Arundellianus in platea pubica capite truncatus est. Ambo Ducis Glocestriensis fratres, nempe Duces Lancastriensis & Eboracensis, de ulciscenda fratris & aliorum nece deinceps consilia ceperunt.

Vencesaus Rex Romanorum & Bohemiæ in Franciam venit, cognatum Carolum Regem invisurus. Aula regia obviam illi venit, & cum tanta magnificentia illum excepit, ut ipse Vencesaus obstupesceret. Magnum deinceps pro illo apparatum fuit convivium, & matutinis horis missi sunt Duces Bituricensis & Borbonius, qui illum invitarent : hi admodum stupuere, cum illum ebrium repererunt & dormientem, ut vini fumos sopiret. Hic quippe Princeps demissioris animi, in temulentia vitam transigebat, ut opificum vilissimi. Rex vero cum persentisceret se intra breve tempus a solito morbo impetendum fore, Ducem Aurelianensem reliquit, ut cum Bohemiæ Rege colloqueretur ; qui pollicitus est se in ditione sua Episcopos & Ecclesiasticos collecturum esse, ut eos ad Ecclesiam sub uno capite reducendam operam ponere cohortaretur. Illud erat tunc maximum in Francia tota negotium, quo omnes pene ordines distinebantur.

Huic maxime rei tunc dabatur opera. Oratores Hispaniæ & Navarræ, qui tunc Lutetiæ erant, cessionem petebant ; id est, ut ambo competitores Pontificatum deponerent. Benedictus qui firmiter obsistebat,

CHARLES VI. dit LE BIEN-AIMÉ.

cet article, cherchoit des détours, ou de nouveaux moiens de se maintenir. Mais comme on étoit las de son manege, & qu'on vouloit mettre fin à cette scandaleuse affaire, on proposa au Roi de soustraire l'Eglise de France de l'obéissance dûe au Pape, & d'ordonner qu'elle seroit gouvernée par les ordinaires pendant tout le tems de cette *soustraction*. Cela fut fait, & on le fit signifier au Pape Benoît. Malgré tout cela il tint toujours ferme, ensorte qu'il fallut venir aux extrêmitez. Les Cardinaux l'abandonnerent, & le peuple l'assiegea dans son Palais. Le Maréchal de Boucicaut vint continuer le siege. Mais il eut ordre depuis de se retirer.

1398.

Le Comte de Périgord aiant assemblé des troupes, & prenant prétexte qu'il étoit du parti des Anglois, se mit à piller & désoler les payis sujets au Roi de France. On y envoia le Maréchal de Boucicaut accompagné de bonnes troupes, qui assiegea le Comte à Montignac, le força de se rendre, & après avoir pris plusieurs autres places, il amena le Comte à Paris. Il comparut en Parlement, où on lui ôta son Comté, qui fut donné au Duc d'Orleans. Il ne paroît pas que les Anglois s'interessassent pour lui.

Il y avoit toujours de grands mouvemens en Angleterre. Le Roi Richard étoit haï du peuple à cause de ses exactions, des grands Seigneurs & de la Noblesse, parce qu'il avoit fait mourir son oncle le Duc de Glocestre & le Comte d'Arondel. Ce Roi pour se faire des créatures établit de nouvelles dignitez, & en pourvut ceux qu'il vouloit attirer à son parti. Il assembla un Parlement où Henri Comte d'Erbi fils du Duc de Lancastre se prit de paroles avec le Comte Maréchal: ils s'accuserent l'un l'autre de trahison, & s'offrirent de prouver leur accusation par un duel. On accepta le défi. Ils vinrent au tems marqué sur le champ. Mais le Roi empêcha le duel, & bannit l'un & l'autre du Roiaume. Le Comte d'Erbi passa en France & vint à la Cour, où il fut reçu avec de grandes démonstrations d'amitié, défraié aux dépens du Roi, logeant toujours en son Palais, ce qui déplut extrêmement au Roi Richard, qui regardant le Comte comme son ennemi, réunit à sa couronne le Duché de Lancastre, vacant par la mort du Duc de Lancastre son oncle pere du Comte d'Erbi ; ce qui irrita encore plus ce Prince contre le Roi son cousin.

Brouilleries en Angleterre.

---

artificiis mille & circuitionibus utens, in gradu semper suo stare conabatur : sed cum jam fastidio omnibus essent ejus machinamenta, cunctique vellent tam ingratum negotium, quod offendiculo plurimis erat, finem habere, Regi propositum fuit, ut Ecclesiam Gallicanam ex obedientia Summo Pontifici debita subtraheret, juberetque regi illam ab Ecclesiasticis Franciæ ordinibus, donec illa *subtractio* perseveraret. Annuente autem Rege *subtractio* illa Benedicto Papæ denunciata fuit. Nihilominus tamen Benedictus in pervicacia perstitit ; ita ut ad extrema omnia confugere necessarium fuerit. Cardinales ipsum deseruere, populusque Benedictum in Palatio suo clausum obsedit. Bucicaldus etiam Marescallus obsidionem firmaturus venit ; sed postea revocatus fuit.

Petragoticensis Comes, coacta pugnatorum manu, & se Anglicas sequi partes prætexens, vicinos agros Francorum Regi subditos devastare cœpit. Eò missus est cum copiis Bucicaldus Marescallus, qui Comitem in Mantiniaco castro versantem obsedit, & ad deditionem compulit. Cumque alia plurima oppida & castra cepisset, Comitem duxit Lutetiam. In Curia autem Senatûs Parisiensis causam dixit, Comitatuque suo privatus est, qui datus fuit Duci Aurelianensi. Non videntur autem Angli ejus causam vel defensio-

nem suscepisse.

Motibus semper Anglia agitabatur. Ricardus Rex odiosus populo erat, ob nimia imposita vectigalia : in offensam quoque procerum & nobilium incurrerat, quia patruum suum Glocestrium Ducem & Arundelianum Comitem supplicio tradiderat. Ut primores multos ad partes suas alliceret, nova creavit officia & dignitates, iisque illas impertiit, quos sibi devincire studebat. Senatûs autem Curiam convocavit, ubi Henricus Erbiensis Comes & Marescallus Comes verbis litigarunt, & alter alterum proditionis accusavit, atque duello uterque se accusationem suam probaturum esse dixit. Accepta conditio fuit, & uterque in campum assignato die venit : sed Rex duellum prohibuit, & utrumque ex regno exsulare jussit. Comes Erbiensis in Franciam trajecit, in regiamque venit, ubi cum magna affectûs amicitiæque significatione exceptus fuit, regiis semper sumtibus in regiis ædibus versans, quæ res Ricardo Regi summopere displicuit, qui cum Erbiensem Comitem infensum sibi & inimicum esse putaret, Lancastrio Duce patruo suo Erbiensis patre mortuo, Lancastriensem Ducatum regno suo adjunxit, quæ res Erbiensem contra cognatum suum Regem ad iram magis incendit.

Froissart.

Tome III.

Q ij

1399.

Dans l'Octave de Pâques suivante, le Roi Charles après avoir reçu la Confirmation tomba en démence, & eut sept fois de suite le même accident ; il envoia le Maréchal de Boucicaut avec des troupes au secours de l'Empereur de Constantinople. Ce chef arriva heureusement au Port de Pera, qui appartenoit alors aux Gennois, & remit en bon état la ville Imperiale qui étoit bloquée & presque affamée par Bajazet.

En ce même tems la Seine aiant débordé plus qu'elle n'avoit jamais fait, gâta toute les sémences des campagnes qu'elle inonda. Ce fleau fut suivi d'une espece de peste qui affligea la Bourgogne, la Champagne, la Brie, & les environs de Paris. Le nombre des morts fut fort grand. On défendit les cérémonies des convois. Le Roi se retira dans la Normandie. Mais la contagion vint ensuite dans cette Province, & passa successivement dans les autres pendant l'espace de trois ans.

Jean IV. Duc de Bretagne surnommé le vaillant, mourut l'an 1399. le 1. Novembre. Le Pére Lobineau croit que ses jours furent abregez par le poison, ou par quelque malefice, il dit que c'étoit l'opinon constante de ce tems-là.

Cette année fut signalée par bien des révolutions & des malheurs qui arriverent dans l'Europe. Tandis que Benoît étoit assiegé dans son Palais, Boniface son competiteur fut chassé de Rome par le peuple. Louis d'Anjou Roi de Sicile fut dépouillé de son Roiaume par ses sujets, Venceslas Empereur fut déposé par les Electeurs à cause de son yvrognerie & de son peu d'habilité pour soutenir la dignité de l'Empire. Le Roi d'Espagne aiant été défait à plate couture par le Roi de Portugal, fut obligé d'implorer le secours du Roi de France.

Le Roi Richard apprenant qu'une partie de l'Irlande s'étoit revoltée, marcha avec une armée pour la réduire, laissant le Duc d'Yorck & quelques autres Seigneurs pour gouverner l'Angleterre en son absence. Le Comte d'Erbi qui ne s'endormoit pas, après avoir fait un traité d'alliance & d'amitié avec le Duc d'Orleans, passa en Angleterre, où il avoit un très-puissant parti, & où il étoit fort souhaité. A son arrivée plusieurs leverent le masque & se déclarerent pour lui. Le peuple en foule le demandoit pour Roi en la place de Richard. Le Duc d'York Regent du Roiaume voulut mettre l'affaire en négociation, mais le

---

Juvenal.
Le Moine de
S. Denis.

Intra Octavam Paschatis sequentis Rex Carolus cum Confirmationem accepisset, in dementiam incidit, septiesque una serie eumdem morbi soliti casum expertus est. Bucicaldum Marescallum cum copiis misit in opem Imperatori Constantinopolitano. Hic vero dux feliciter ad portum Perensem, qui tunc Genuensium erat, appulit, Constantinopolimque tunc a Bajazeti copiis cinctam, quæ jam cum inopia rerum conflictabatur, liberavit, in melioremque conditionem reduxit.

Iidem.

Eodem tempore exundans Sequana plus, quam antea unquam fecerat, vicinos campos operuit, & segetes omnes labefactavit. Hoc damnum pestilentia quædam subsequuta est, quæ Burgundiam, Campaniam, Briam & vicinos Lutetiæ agros invasit. Ingens fuit mortuorum numerus, ita ut funerum cerimoniæ prohiberentur. Rex in Normanniam secessit : verum lues in hanc quoque provinciam pervenit, & per trium annorum spatium cæterasquoque provincias pervasit.

Hist. de
Bretagne.
Lobineau.

Joannes IV. Dux Britanniæ, fortis cognominatus, obiit. Putat Lobinæus noster acceleratam mortem ejus veneno, aut quodam maleficio fuisse, & hanc narrat illo tempore fuisse universorum opinionem.

Hic annus vicissitudinibus & infortuniis plurimis insignitus fuit, quæ in Europa contigerunt. Dum Benedictus Papa in Palatio suo obsideretur, Bonifacius competitor ejus Roma a populo pulsus fuit. Ludovicus Andegavensis Rex Siciliæ a subditis suis regno spoliatus est. Venceslaus imperator ab Electoribus depositus fuit ob temulentiam & ignaviam in sustinenda imperii dignitate. Rex Hispaniæ a Rege Lusitaniæ victus & profligatus, ad Regis Francorum auxilium implorandum coactus est.

Rex Ricardus cum didicisset Hiberniæ partem ab se defecisse, cum exercitu movit, ut illam in ordinem redigeret, Angliæque regnum Eboracensi Duci aliisque primoribus gubernandum reliquit. Comes autem Erbiensis, qui non dormitabat, postquam fœdus inierat cum Duce Aurelianensi, in Angliam trajecit, ubi admodum desiderabatur. Ubi illo advenit, multi, qui præ metu rebellandi animum obtegebant, posita larva, ipsius partes sunt amplexi. Populus confertim ipsum in Ricardi locum Regem expetebat. Dux Eboracensis, qui regnum administrabat, cum Ebiensi Comite, Lancastrii Ducis cognomen assumente, colloquia miscuit, ut res componeret. Hic vero Ebo-

CHARLES VI. dit LE BIEN-AIMÉ.

Comte d'Erbi, qui se disoit alors Duc de Lancastre, l'amusa par de belles paroles. Londres & les autres villes se déclarerent pour lui, & vouloient le faire regner en la place de Richard. A ces nouvelles l'infortuné Roi pacifia les affaires d'Irlande : & marcha avec une armée de trente mille hommes sans compter les Archers & les gens de pied. Mais douze mille de ses gens le quitterent tout à la fois. Les autres défiloient petit à petit ; de sorte qu'il se vit presque abandonné des soldats & des Nobles. Le Comte de Salisburi lui conseilla de s'enfuir en France ; c'étoit en effet l'unique ressource qui lui restoit. Il négligea de suivre ce conseil, & fut trahi & livré à Henri, qui le donna à garder aux Comtes de Glocestre & d'Arondel ; ceux-ci se saisirent volontiers de Richard qui avoit fait mourir leurs peres. Ils l'enfermerent dans la Tour de Londres, où il demeura jusqu'au mois de Janvier suivant, fort mal-traité de ses gardes. Le Duc de Lancastre l'alla voir dans sa prison pour l'obliger à lui ceder l'Anneau Roial & la Couronne. Par foiblesse ou par timidité, il fit ce qu'il souhaitoit. Henri fit assembler le Parlement & se fit déclarer Roi en la place de Richard : il fut oingt & couronné à la maniere de ce payis-là. Le Roi de France lui envoia des Ambassadeurs pour traiter en faveur de Richard son beau-fils ; Henri leur fit un magnifique accueil, les regala pendant quatre jours, & ne répondit rien sur le sujet de l'Ambassade. Un parti qui s'éleva contre lui pour le Roi Richard, fut d'abord opprimé & mis à néant. Peu de tems après à la requête du peuple de Londres, il fit tuer Richard dans sa prison. Henri envoia des Ambassadeurs en France pour demander à être reconnu Roi d'Angleterre. Cela lui fut refusé. L'on convint pourtant d'une tréve entre les deux Couronnes.

Richard Roi d'Angleterre pris & tué en prison.

Au commencement de l'an 1400. un Ecuier d'Aragon nommé Michel d'Oris vint à Paris, & envoia défier un Chevalier d'Angleterre, sans en nommer aucun ; mais celui qui voudroit accepter le défi, de se battre contre lui à coups d'épée, de hache & de dague, & cela *pour exaucer son nom*, & pour l'honneur de sa Dame. Rien de plus commun en ces tems-là que ces sortes de duels ; mais l'Aragonois plus ardent que les autres prit un gros tronçon de greve, l'attacha à sa jambe, & dit dans son cartel de défi, qu'il ne l'ôtera pas qu'il n'ait eu cette satisfaction & qu'il n'ait donné cette preuve de sa valeur. Le défi fut apporté à Calais : un Chevalier

---

racensem verborum obsequio & arte elusit. Londinum & aliæ urbes ad ejus partes deflexerunt, ipsumque Ricardi loco Regem proclamari cupiebant. His compertis infelix Ricardus, in Hibernia res composuit, movitque cum exercitu triginta millium pugnatorum, non annumeratis sagittariis & peditibus : sed duodecim mille suorum simul exercitum deseruerunt ; alii sensim & unus post alium abscedebant, ita ut pene desertus ab omnibus fuerit, in adversam partem transeuntibus pugnatoribus & nobilibus. Tunc suadere conatus est illi Comes Salisberiensis, ut in Francorum regiam se conferret : & hoc certe unicum ipsi perfugium supererat : at hoc consilium ille neglexit, proditusque demum fuit, & in Henrici manus deductus, qui ipsum Comitibus Glocestriensi & Arundelliano custodiendum tradidit. Hi libenter Ricardum apprehenderunt, qui ipsorum parentes occidi jusserat, in Londinensem autem turrem illum truserunt, ubi ad usque Januarium mensem male a custodibus exceptus mansit. Dux Lancastrius ipsum in carcere conclusum invisit, expetiturus ab eo ut sibi annulum regium & coronam daret. Seu ex animi imbecillitate, seu ex metu Ricardus Henrico annuit, & hæc ipsi tradidit. Henricus Senatum congregari jussit, seque Regem promulgari curavit in Ricardi vicem ; sicque unctus ille atque coronatus fuit, ut in more erat apud Anglos. Rex autem Francorum Oratores Henrico misit, qui apud illum Ricardi generis sui rem agerent. Henricus Oratores magnifice excepit, per quatriduum convivantes detinuit, ac ne verbum quidem circa rem propositam fecit. Insurrexere tamen quidam contra Henricum Ricardi causam propugnantes : sed quamprimum oppressi, dissipatique sunt. Paulo post autem efflagitante Londinensi populo Henricus Ricardum in carcere occidi curavit. Henricus in regiam Francorum Oratores misit, qui postularent ut ipse Rex Anglorum agnosceretur. Id negatum ipsi fuit : tamenque induciæ inter ambos Reges pactæ fuerunt.

Ineunte anno 1400. Scutifer Aragonensis, nomine Michael Orius Lutetiam venit, misitque provocatum Anglum equitem, nullumque nominatim protulit ; sed eum qui vellet provocabat ad pugnandum gladio, securi & pugione, idque in honorem pugnantis & Dominæ amasiæ suæ. Nihil frequentius illo ævo erat, quam hujusmodi duella. At Aragonensis Eques ardentior cæteris, grande silicis fragmen cruri alligavit, & in rescripto Anglum provocare dicebat, se non fragmen illud depositurum esse, donec id sibi concessum fuisset, & fortitudinis suæ argumenta dedisset. Rescriptum illud Caletum affertur, & An-

Monstrelet.

Anglois nommé Jean de Prendregrest accepta le défi ; mais il fit beaucoup de changemens au cartel, sur les armes, sur le lieu du combat, & sur d'autres choses, que l'Aragonnois ne voulut pas accepter. Cela fut cause que l'affaire tira en longueur, & cependant l'Ecuier Aragonnois alloit dans Paris avec son tronçon de greve à la jambe, qui lui faisoit beaucoup de mal & de *penance*, dit l'Historien. Aujourd'hui on ne balanceroit pas un moment sur la place que mériteroit un tel galant ; mais alors on l'admiroit, on lui portoit compassion, & l'Historien Monstrelet a regardé cette affaire comme si sérieuse, qu'elle occupe neuf grandes pages in folio au commencement de son Histoire. La conclusion fut, que le Chevalier Anglois demanda à l'Aragonnois avant que d'entrer en lice, qu'il le remboursât des frais qu'il avoit faits pour cette affaire, qui dura près de quatre ans. Cela rompit tout : l'Aragonnois quitta l'entreprise, jetta son tronçon de greve, & s'en retourna dans son payis.

Après la destitution de Venceslas, les Electeurs firent Empereur Henri Duc de Brunsvick, lequel aiant été assassiné par le Comte de Valdex, ils élurent Robert Duc de Baviere. Manuel Empereur de Constantinople vint cette même année à Paris demander du secours contre les Turcs : il fut reçu magnifiquement, & logé au Louvre. Le Roi lui promit un puissant secours. Les Seigneurs de la Boheme s'étant venus plaindre au Roi de France de la déposition de Venceslas, le Duc d'Orleans partit avec des troupes pour aller le rétablir, mais aiant appris en chemin que son parti étoit ruiné, il s'en retourna sur ses pas. Cette même année le Roi eut un accident de son mal, qui dura peu de tems.

1401. Charles Dauphin de France mourut au mois de Janvier de l'an 1401. & Gaston de Grailli Captal de Buch étant venu le mois suivant à Paris avec son fils aîné, sur la promesse qu'il fit de ne plus suivre le parti d'Angleterre le Roi lui remit le Comté de Foix. La Reine Isabelle fille du Roi Charles, veuve de Richard fut renvoiée avec honneur en France par le Roi d'Angleterre. Il lui fit rendre tout ce qu'elle avoit apporté, qui étoit d'un prix inestimable. Mais le Roi Henri ne lui assigna aucun revenu pour son douaire : ce qui déplût si fort à la Cour de France, que plusieurs vouloient qu'on lui déclarât la guerre.

---

glus quidam eques, cui nomen Joannes de Prendregresto, Orium provocantem excepit, & se pugnaturum esse dixit, sed in rescripto multa commutavit, circa armorum genera, circa locum pugnæ, & circa alia quædam, quæ mutationes ab Aragonensi rejectæ sunt, quo factum ut diuturniores moræ essent. Interea vero Scutifer Aragonius per urbem Lutetiam incedebat, fragmen illud silicis grande cruri alligatum gestans, quo admodum, nec sine dolore gravabatur, inquit historiæ Scriptor. Hodie qua in domo locandus esset amasius talis statim uno animo omnium ore diceretur. At tunc apud omnes in admiratione Orius erat, omnes ille ad commiserationem movebat, & historiæ Scriptor Monstreletus rem tam seriam esse putavit, ut ea initio historiæ suæ novem *in-folio* paginas plenas occupet. Hic vero finis fuit tam ridiculi negotii. Eques Anglus antequam singularis pugna iniretur, ab Aragonensi Scutifero petiit, ut sibi sumtus hoc in negotio, quod ad annos quatuor protractum est, effusos restitueret. Hæc petitio omnia disturbavit; Aragonensis scutifer a cœpto destitit, silicis fragmen abjecit, & in patriam reversus est.

Juvenal.

Postquam Venceslaus ab Imperiali solio detrusus fuerat, Electores Henricum Brunsvicensem Ducem, Imperatorem crearunt. Cum autem hic a Valdecensi Comite peremtus fuisset, in ejus locum delectus fuit Robertus Bavariæ Dux. Manuel Imperator Constantinopolitanus, hoc ipso anno Lutetiam venit, suppetias postulatum ab Rege Francorum contra Turcas. Magnifice autem exceptus fuit, atque in Lupareis ædibus sedem habuit. Cumque Bohemiæ primores eodem tempore conquestum venissent, quod Venceslaus ab Imperiali solio dejectus fuisset, Dux Aurelianensis cum manu militum valida profectus est, ut illum in sedem suam restitueret ; sed cum peragrando comperisset Venceslai partes omnino decisas, delectasque esse, re infecta reversus est. Hoc eodem anno Rex in solitum morbum delapsus, haud diu postea convaluit.

Carolus Franciæ Delphinus mense Januario anni 1401. obiit. Gasto autem Gralliacensis Capitalis Boiorum mense sequenti Lutetiam venit cum primogenito suo ; & cum pollicitus fuisset se non ultra Anglicanas partes sequuturum esse, Rex Carolus ipsi Fuxensem Comitatum restituit. Isabella Regina Regis Caroli filia, Ricardi defuncti uxor, honorifice in Franciam remissa fuit ab Rege Angliæ, qui ipsi omnia, quæ attulerat restitui jussit, ingentis certe precii supellectilem : sed nullam ipsi assignavit dotem, quod aulæ Franciæ admodum displicuit, ita ut multi suadere conati sint, ut bellum Henrico Regi indiceretur.

Le Roi étoit souvent hors d'état de gouverner par lui-même, & les Ducs d'Orleans & de Bourgogne, tâchoient à l'envi l'un de l'autre de s'emparer du ministere. Le premier gagna l'amitié du Duc de Gueldres, qui avoit alors la réputation d'un grand homme de guerre, ils s'entrevirent à Mouson. Le Duc d'Orleans le mena à Paris, & le presenta au Roi dans le tems qu'il se portoit mieux. Ils s'entrepromirent une assistance mutuelle. Le Duc de Gueldres s'obligea sous certaines conditions d'envoier au Roi quand il lui plairoit huit cens lances, dont le Duc d'Orleans devoit disposer. Les Ducs de Berri & de Bourgogne conçûrent une grande jalousie de ce que cette affaire s'étoit faite sans leur participation. Ils firent aussi venir des gens de guerre à Paris. Tout paroissoit disposé à une guerre civile, qui auroit eu de fâcheuses suites. La division alla jusqu'à faire cesser entre eux les civilitez qu'ils se rendoient auparavant : elle éclata aussi dans les conseils, où leurs opinions parurent aussi opposées que leurs interêts l'étoient.

Dissension des Ducs d'Orleans & de Bourgogne.

Pendant l'espace d'un mois les Ducs d'Orleans & de Bourgogne ramassoient des troupes chacun de son côté ; mais les Ducs de Berri & de Bourbon, qui prévoioient les funestes suites de cette dissension firent tant auprès des deux Princes qu'ils s'entr'embrasserent enfin & licentierent leurs troupes. Mais la division ne fut qu'un peu assoupie par cette réconciliation : elle recommença bientôt à l'occasion de Benoît XIII. L'Eglise de France s'étoit soustraite de son obéissance. Mais il avoit encore ses partisans. Le Duc d'Orleans le soutenoit hautement. Les Ducs de Berri & de Bourgogne au contraire étoient pour la soustraction, l'Université de Paris la défendoit vivement ; celle de Toulouse se mit du côté de Benoît, de sorte qu'il sembloit que son parti s'alloit rétablir.

1401.

Le Duc de Bourgogne partit de Paris au mois d'Avril pour aller à Arras marier son second fils Antoine avec la fille du Comte de S. Pol : le Duc d'Orleans profitant de son absence fit tant auprès du Roi, qu'il lui remit tout le gouvernement. Il commença par un emprunt sur tout le Roiaume, dont les Prélats mêmes n'étoient pas exemts. Cela révolta tout le monde, déja prévenu que ce Prince ne cherchoit qu'à s'enrichir à ses dépens. Un autre Edit qu'il fit publier pour la levée d'une imposition sur tout le Roiaume, mit le comble au mécontentement general. L'Edit portoit que l'impôt s'étoit fait

---

Rex Carolus superveniente identidem morbo rem per se administrare non valebat, Ducesque Aurelianensis & Burgundiæ competitores certatim sibi ministerium attrahere tentabant. Dux Aurelianensis Gueldriensem Ducem, qui tum in bellicis rebus conspicuus habebatur, sibi devinxit, ipsumque Mosomagi convenit, & Lutetiam adduxit, Regique tunc valetudine bona fruenti obtulit. Tunc illi opem sibi mutuo polliciti sunt. Dux Gueldriensis, pactis quibusdam conditionibus Regi promisit, missurum se, cum ipse juberet, octingentas lanceas, queis Dux Aurelianensis ad libitum uti posset. Hinc Ducibus Biturigum & Burgundiæ æmulatio nata est, quod res hujusmodi, se inconsultis peracta fuisset. Quapropter & ipsi quoque armatorum manus Lutetiam evocarunt, omnia bellum civile portendere videbantur, cujus infelix futurus exitus erat. Eo usque autem processit dissensio, uta solitis salutationibus abstinerent. In consiliis maxime regiis hæc discordia emicuit, ubi tantum opinionibus, quantum conatibus & propositis contrarii erant.

Per integrum mensem Duces Aureliani & Burgundiæ seorsim copias colligebant ; Duces autem Biturigum & Borbonii, quantum ex tanta discordia damni futurum esset prospicientes, delinitos verbis pugnaces Principes eo deduxerunt, ut sese mutuo amplecterentur, & coactas armatorum copias missas facerent. At per hanc reconciliationem sopita tantum fuit dissensio : redintegrata quippe est occasione Benedicti XIII. Gallicana Ecclesia sese ab ejus potestate *subtraxerat*. Erant tamen adhuc qui Benedicti partibus hærerent. Dux Aurelianensis aperte ipsi favebat : e converso Duces Biturigum & Burgundiæ *subtractionem* tuebantur, ipsamque fortiter defendebat Universitas Parisiensis. Tolosana vero Universitas pro Benedicto stabat ; ita ut videretur fore, ut ille Papa denuo caput erigeret.

Cum Dux Burgundiæ mense Aprili Atrebatum profectus esset, ut secundum filium Antonium cum filia Comitis Sancti Pauli connubio jungeret ; æmulo absente, Dux Aurelianensis occasionem captans, apud Regem id impetravit, ut universa regni administratio sibi committeretur. Statim autem mutuam pecuniam a toto regno expetiit, ne exceptis quidem Episcopis : quæ res omnium commovit animos : putabatur enim Aurelianensis ex publica pecunia aurum sibi coacervare. Edictum vero aliud promulgari jussit, quo jubebantur singuli per regnum vectigal novum solvere. Hinc porro querimoniæ publicæ cumulus accessit. In edicto autem ferebatur vectigal as-

du consentement des Ducs de Berri & de Bourgogne, & ces deux Princes attestoient qu'ils n'en avoient jamais rien sçû ni ouï dire.

Combat de sept Chevaliers Anglois contre autant de François.

Ce fut apparemment pour détourner un peu la haine publique, que le Duc d'Orleans fit publier un défi de sept Chevaliers François, contre autant d'Anglois, le champ de bataille fut assigné auprès de Bourdeaux. Le cartel est envoié au Roi d'Angleterre, & le défi fut accepté par sept Seigneurs Anglois de la plus haute réputation. Le combat se fit à outrance. Les Anglois firent merveilles ; mais enfin un des leurs aiant été tué sur la place, les six autres, qui étoient tous fort blessez, furent obligez de se rendre aux François, qui les traiterent avec toute l'humanité & la generosité possible, & les renvoierent chez eux chargez de presens.

Au commencement de Juin le Duc de Bourgogne averti que le Roi se portoit bien, vint à la Cour. Le Duc d'Orleans craignant avec raison qu'il ne vint pour le débusquer du ministere, abolit tous les nouveaux impôts pour faire cesser les murmures. Le Roi qui après sa convalescence avoit entendu les plaintes contre ce nouveau gouvernement, de l'avis de son Conseil le donna au Duc de Bourgogne. Ce Prince voiant que les nouveaux impôts étoient une voie sûre pour s'attirer la haine du public, imagina une voie moins odieuse, à ce qu'il croioit, pour faire des levées d'argent. Il fit faire un Edit qui ordonnoit une recherche des Contrats usuraires, avec amande sur tous les usuriers. Cette Ordonnance s'executa pendant un tems, jusqu'à ce qu'on s'apperçût que de toute cette levée il n'en entroit rien dans les coffres du Roi. Le murmure augmentant tous les jours le Roi supprima cet Edit.

Une nouvelle qui vint cette même année allarma toute la Cour de France. Jeanne de Navarre, veuve du feu Duc de Bretagne, se marioit avec le Roi d'Angleterre, ce qui déplaisoit fort tant aux Bretons qu'au Roi & à tous les Princes François. Le Duc de Bourgogne, oncle de la Dame, se rendit en Bretagne pour empêcher, s'il pouvoit, ce mariage, ni aiant nul moien de l'en dissuader, il composa avec elle à ces conditions, que toutes les villes & les places de l'obéïssance du Duc seroient mises sous la garde du Roi, qui auroit aussi la tutele de ses quatre fils, Jean, Artus, Gilles & Richard. Au mois d'Octobre suivant, le Roi tomba en démence à son ordinaire.

Iidem.

sentientibus Bituricum & Burgundiæ Ducibus impositum fuisse : verum hi affirmabant se hanc rem nunquam vel scivisse, vel audivisse.

Ut publicum odium aliquantum averteret, putatur Aurelianensis Dux tunc pugnam publicavisse septem Francorum Equitum contra totidem Anglos. Campus assignatus fuit prope Burdegalam, Rescriptum quo ad pugnam Angli septem provocabantur, ad Regem Angliæ missum fuit, septemque primores Angli fortitudinis fama conspicui, ad pugnam sese obtulerunt. Cruenta autem secundum pactionem pugna fuit : Angli fortissime decertarunt : at cum ex illis unus peremtus cecidisset, & sex alii admodum saucii essent, Francis manus dare coacti sunt. Franci vero ab se victos cum comitate omni humanitateque exceperunt, ac muneribus onustos in patriam remiserunt.

Iidem.

Ineunte Junio mense, Dux Burgundiæ cum comperisset Regem bene valere, ad Regiam se contulit. Dux vero Aureliauensis timens ne se ex ministerio decussurus accederet, id quod a verisimili non abhortebat, nova omnia imposita vectigalia sustulit, ut querimoniarum finem faceret. Rex vero qui postquam convaluerat, audivit quantæ contra novum hoc ministerium querelæ, quanti rumores spargerentur, annuente consilio suo, Duci Burgundiæ rerum administrationem contulit. Hic autem alieno periculo cautior, vidensque viam certissimam esse ad publicum odium, si nova imponerentur vectigalia, aliam se colligendæ pecuniæ viam minus odiosam excogitavisse putavit, cum novum edictum protulit, quo mandabatur, ut exquirerentur omnia fœneratoria pacta, & mulcta pecuniaria a fœneratoribus exigeretur. Rem ad certum temporis spatium exsequuti sunt administti ; sed cum deprehensum fuisset nihil inde in regium ærarium inferendum esse, cum etiam multi ea de re obmurmurarent, de medio sublatum edictum fuit.

Cum hoc anno in Regia Francica nunciatum fuisset, Joannam Navarræam, defuncti Joannis Britaniæ Ducis uxorem, Regi Angliæ nupturam esse, id Regis, omniumque Principum animos valde commovit ; res etiam Britonibus admodum displicebat. Dux autem Burgundiæ Joannæ avunculus in Britanniam se contulit, ut ne hoc perficeretur matrimonium, si posset, impediret. Cum vero nollet ipsa à cœpto desistere, his cum illa conditionibus pactus est, ut urbes omnes & castella ad Ducem Britanniæ pertinentia sub Regis custodia essent, & sub ejus tutela quatuor ipsius filii, Joannes, Arturus, Ægidius & Ricardus. Mense Octobri sequenti in solitum morbum Rex Carolus incidit.

Vers

CHARLES VI. dit LE BIEN-AIMÉ.

Vers la Toussaint on reçût à Paris la nouvelle de la défaite de Bajazet & de la ruine de l'Empire Othoman par Tamerlan Empereur des Tartares, qui délivra de captivité tous les esclaves Chrétiens, & rétablit l'Empire de Constantinople. L'Empereur Manuel qui étoit alors à la Cour de France prit congé du Roi, qui le chargea de magnifiques presens lui & tous ceux de sa suite, lui assigna une pension de quatorze mille écus, jusqu'à ce qu'il auroit rétabli ses affaires, & lui donna deux cens hommes d'armes pour le reconduire, commandez par le Sire de Châteaumorant.

Des Corsaires Anglois, malgré la tréve firent une descente dans l'Isle de Ré. On croïoit que c'étoit par le consentement secret du Roi d'Angleterre qu'ils faisoient ces actes d'hostilité : ils continuerent depuis le mois de Septembre jusqu'au mois de Juillet suivant. La Cour ne se mettant guére en peine d'y donner ordre, un Ecuier du Comte de Guines nommé Imbert de Fretun, qui avoit jusqu'alors très-bien défendu les côtes de Picardie, monta en mer & alla contre eux, & se trouvant investi d'un grand nombre de vaisseaux Anglois, il se défendit trois jours durant avec une valeur extraordinaire, & voïant le vent favorable il pensa à faire retraite & se seroit sauvé ; mais une violente tempête le brisa contre un rocher, où il périt avec tous ceux de sa suite. Les François qui regardoient Henri Roi d'Angleterre comme un tyran & un usurpateur, ne respiroient que la vengeance, & souhaitoient la fin de la tréve, pour le détruire & le détrôner, ce qui auroit été fort difficile. Le Duc d'Orleans qui avoit une mortelle haine contre ce Prince, le fit défier à un combat de cent contre cent. Le Roi d'Angleterre rejetta ce cartel avec mépris.

Le Connétable de Sancerre étant mort, le Roi nomma en sa place Charles d'Albret. Ce choix ne fut pas approuvé. C'étoit un homme de fort petite taille, boiteux, qui n'avoit ni l'âge ni l'experience necessaires pour bien remplir la plus grande charge de l'Etat. Le jour que le Roi reçût son serment de fidelité, la Reine accoucha d'un fils qui fut appellé Charles. Ce fut Charles VII. du nom, qui succeda à son pere.

1403.

Au commencement de cette année, la nouvelle vint en France que le Maréchal de Boucicaut après avoir mis le bon ordre dans Gennes, & y avoir bâti

---

Circa festum omnium Sanctorum Lutetiæ nunciata fuit Bajazeti clades, funditusque penè eversum fuisse dictum est Imperium Othomanicum, opera & fortitudine Tamerlani Tartarorum Imperatoris, qui Christianos omnes à captivitate liberaverat, & Imperium restituerat Constantinopolitanum. Manuel autem Imperator, qui tunc in Regia Francorum erat, Constantinopolim rediturus Regi vale dixit, qui & ipsum & suos muneribus cumulavit, ac Manueli annuam quatuordecim mille scutorum pensionem constituit, donec ille Imperii sui statum instaurasset, ducentosque armatos viros qui Imperatorem comitarentur emisit, duce Castromorantensi Toparcha.

Angli quidam Piratæ, induciis nihil curantes, in Ream insulam exscensum fecerunt ; credebaturque hostiles hujusmodi incursus, clam annuente Angliæ Rege factos esse : sicque illi à Septembri mense ad Julium anni sequentis incursionibus molesti fuerunt. Cum autem Regia Francorum id negotii parum curaret, Scutifer quidam ex Guinensi Comitatu, cui nomen Imbertus de Fretuno, qui hactenus Picardiæ oras probè defenderat, navem conscendit, & contra Anglos perrexit. Is cum à navibus Anglicis bene multis cinctus fuisset, fortissimè trium dierum spatio pugnavit, cumque secundum ventum vidisset, receptare habere tentavit, & verè salvus evasisset : sed exorta tempestate validâ, ipsius navem ad rupem allisit, periitque ipse cum suis omnibus. Franci Henricum Angliæ Regem ut Tyrannum habebant qui coronam usurpasset, illumque ulcisci cupiebant, & induciarum finem peroptabant, ut ipsum aggrederentur, & ex solio regio dejicerent, id quod admodum difficile fuisset. Dux Aurelianensis qui Henricum summè oderat, ipsum ad pugnam provocavit cum centenis utrinque pugnatoribus : at Rex Angliæ rescriptum provocantis cum contemtu rejecit.

Constabulario de Sancerra defuncto, Rex in ejus locum Constabularium creavit Carolum de Leporeto. Res multis displicuit : erat enim brevissimæ staturæ vir & claudus, qui nec ætatem, nec satis experientiæ habebat ut maximum omnium regni Francorum munerum probè exsequeretur. Quo die ille sacramentum fidei Regi præstitit, Regina filium peperit, qui Carolus appellatus fuit. Hic posteà Carolus VII. Rex Francorum exstitit.

Hoc ineunte anno in Franciam perlata sunt ea, quæ Bucicaldo Marescallo contigerant, postquam Genuam urbem rectè composuerat, arcemque ibi construxerat,

Tome III. R

une Citadelle, avoit équipé une flote, & avoit fait descente en Chypre, où il prit la ville de Famagouste : qu'il avoit fait ensuite avec succès des courses contre les Turcs & les Sarazins, brulé une partie d'une ville appellée l'Escandelour, pillé une flote de Marchands Vénitiens : mais qu'aiant enfin rencontré l'armée navale de Venise, il en fut investi, qu'il y eut là beaucoup de François & de Genois tuez : que tout le reste avec Châteaumorant avoit été fait prisonnier, & que Boucicaut s'étoit sauvé avec peine dans un esquif.

Le Pape Benoît qui avoit vû ci-devant les choses tourner un peu en sa faveurr, vit encore le Roi d'Espagne disposé à remettre ses Etats sous son obéïssance. Cependant il étoit toujours assiegé dans son Palais d'Avignon. Il pensa à s'évader de cette espece de prison : la chose étoit fort difficile, tant les passages étoient bien gardez. Il s'aventura pourtant & sortit déguisé lui quatriéme, portant sur soi le Corps de Notre-Seigneur. Il se rendit à Château-Renard, d'où il écrivit une Lettre au Roi. Les Cardinaux le vinrent joindre & se réconcilierent avec lui. Il revint ensuite en Avignon, prit des Gardes & leva des troupes. Il pardonna au peuple d'Avignon, & mit garnison à son Palais. Il députa deux Cardinaux au Roi pour le prier de lever la *soustraction*. Toutes les Universitez du Roiaume y consentirent unanimement, hors celle de Paris, où il y eut du pour & du contre. La France fut enfin remise sous son obéïssance. La Normandie y résista seule, & ne put d'abord être persuadée de le reconnoître, mais elle le reconnut enfin comme les autres.

Sorciers punis.

Il y avoit à Paris grand nombre de gens qui faisoient métier de sorcellerie, & invoquoient les diables : sur quoi il y eut une scene qui mérite d'être rapportée. »En ce tems, dit Juvenal des Ursins, un Prêtre nommé Yves Gilemme, Damoiselle Marie de Blansy, Perrin Hemery Serrurier, & Guillaume Floret Clerc, faisoient certaines invocations de diables, & disoit le Prestre qu'il en avoit trois à son commandement, & se vantoient qu'ils guariroient le Roy. Il fut déliberé qu'on les essayeroit, & leur souffriroit-on faire leurs invocations. Ils demanderent qu'on leur baillast douze hommes enchaisnez de fer. Et ainsi fut fait. Ils firent un parc, & dirent ausdits douze hommes qu'ils n'eussent aucune peur : & firent ce qu'ils voulurent ; mais rien ne firent. Puis furent interrogez pourquoy ils n'avoient rien fait. Ils respondirent que lesdits

classem apparavit, & in Cyprum insulam exscensum fecit, ubi Famagustam cepit, exindeque contra Turcas & Saracenos incursiones prospere fecisse dicebatur: partem urbis quae Scandeloria vocabatur, incendisse, Mercatorum Venetorum classem diripuisse ; sed postea in classem Venetam incidisse, a qua circumventum & circumquaque cinctum, multos Francorum & Genuensium amisisse, reliquosque omnes cum Castri-Morantii Toparcha captos fuisse, Bucicaldum vero in scapha vix aufugere potuisse.

Iidem.

Benedictus Papa, qui res suas paulo meliore fortuna procedere pridem viderat, jam Regem Hispaniae ad suas transire partes paratum esse cernebat, Et tamen ille semper in Palatio suo Avenionensi obsidebatur. Ex hujusmodi se carcere eripere cogitabat : sed res admodum difficilis esse videbatur, ita nempe aditus omnes observabantur. Aleam tamen tentavit, & cum tribus aliis egressus est, corpus D. N. Jesu-Christi secum gestans, & ad castrum Vulpinum venit, ubi literas Regi scripsit. Cardinales istuc venerunt, ac cum illo reconciliati sunt: deindeque Avenionem se contulit, custodes corporis sui posuit, copiasque collegit, Avenionensibus pepercit, & in Palatio suo praesidiarios posuit. Duos Cardinales Regi misit deprecatum ut *subtractionem* tolleret. Omnes regni Universitates tollendam eam senserunt, una excepta Parisina, in qua etiam opinionum diversitates fuerunt. Francia tandem ad ejus obedientiam rediit, una obsistente Normannia, quae non statim potuit reduci, sed postea alios subsequuta est.

Multi tunc Lutetiae sortilegi erant, qui daemonum opera, ut ipsi putabant, utebantur. Qua de re tunc scena fuit Lutetiae, quae hic recenseri meretur. »Presbyter nomine Gilemmus, inquit Juvenalis de Ursinis, Da Maria de Blansiaco, Petrus Emericus ferrarius faber, & Gullielmus Floretus Clericus, invocationibus daemonum quibusdam utebantur, dicebatque Presbyter se tres daemonas imperio suo parentes habere, illique sortilegi jactabundi dicebant, se posse Regem ad bonam valetudinem reducere. Re autem deliberata visum est hanc esse tentandam viam, & permittendum esse ut illi invocationibus suis ad eam rem uterentur. Postularunt illi ut darentur sibi duodecim viri catenis ferreis vincti, id quod factum fuit. Tunc septum fecerunt, & duodecim viris edixerunt ne metu corriperentur; at nihil perficere potuerunt. Postea interrogati sunt cur nihil ex apparatu tanto boni eveniisset? Respon-

CHARLES VI. dit LE BIEN-AIMÉ.

«douze hommes s'eſtoient ſignez & garnis du ſigne de la croix, & pour ce
»point ſeul avoient failly; laquelle choſe n'eſtoit que tromperie, qui fut reve-
»lée par ledit Clerc au Prevoſt de Paris, lequel les fit prendre. Et finalement
»le vingt-quatriéme jour de Mars furent publiquement preſchez, & les puni-
»tions faites ſelon le cas; c'eſt aſſavoir ards & bruſlez.

Les Anglois couroient perpetuellement ſur nos côtes, & faiſoient des deſ-
centes pour piller villes, bourgs & villages. Ils vinrent vers S. Mahé, & prirent un navire richement chargé. Olivier de Cliſſon encouragea les Bretons &
les porta à armer contre eux; ils le firent, & équipperent une petite flote chargée
de gens armez bien réſolus. Ils rencontrerent les vaiſſeaux des Corſaires Anglois & les attaquerent, le combat fut rude, mais enfin les Anglois furent défaits. Il y en eut 500. de tuez & autant de pris avec leurs vaiſſeaux. Les Bretons joieux de leur victoire, firent un nouvel appareil pour porter la guerre juſqu'en Angleterre. La conjoncture étoit favorable. Thomas de Perſy, qui avoit
ci-devant conſpiré contre le Roi Richard, prit depuis les armes pour faire la
guerre à Henri, qui marcha contre lui avec des troupes; Thomas & ſes gens
furent défaits & lui pris. Henri l'envoia au ſupplice: il lui fit, dit-on, arracher
les entrailles avant qu'on lui coupât la tête. Nous verrons bien-tôt à quoi aboutit cette nouvelle entrepriſe des Bretons.

Valeran de Luxembourg Comte de S. Paul eut la témerité d'envoier défier
Henri Roi d'Angleterre, ſe plaignant qu'il dépouilloit ſa fille, mariée au Comte
de Rethel fils du Duc de Bourgogne, d'un grand revenu qui avoit été aſſigné
en dot dans l'Angleterre à la Comteſſe ſa femme ſœur du Roi Richard. Il arma en effet & fit une flote de trente vaiſſeaux, avec laquelle il aborda à l'Iſle de
Thenet * près de la côte d'Angleterre. Mais les Anglois s'étant aſſemblez pour
fondre ſur lui, il remonta vîte ſur ſes vaiſſeaux avec les François, & eut un ſi
bon vent qu'il aborda heureuſement ſur les côtes de France. Pour le punir de
ſa trop grande hardieſſe, le Roi Henri fit ravager & déſoler par ceux de Calais
ſa Comté de S. Paul, d'où ils rapporterent un grand butin.

* Monſ-
trelet dit
qu'il ſe
rendit en
l'iſle de
Wicht.

Les Finances du Roi ſe trouvant totalement épuiſées, les trois Ducs de Berri, de Bourgogne & d'Orleans impoſerent une taille génerale, qui fut levée
dans tout le Roiaume avec une rigueur extrême; quelques-uns l'ont fait mon-

1404.

»derunt illi, duodecim viros ſe ſigno crucis muniviſſe,
» & ea ſolum de cauſa ſe nihil perficere potuiſſe. Illud
» vero mera fallacia erat, ut etiam per ſupra dictum
» Clericum Præpoſito Pariſienſi declaratum fuit. Præ-
» poſitus vero ipſos apprehendi juſſit, demumque vige-
» ſima quarta menſis Martii poſt monita multa publi-
» ce facta, ad ſupplicium miſſi, & ultricibus flam-
» mis traditi ſunt.

Angli perpetuo oras Francorum infeſtas habebant,
excenſuſque facientes, urbes, caſtra, vicos diripiebant. Verſus ſanctum Matthæum venerunt, & navem
precioſis onuſtam mercibus ceperunt. Olivarius vero
Cliſſonius Britonas hortatus eſt, ut claſſem contra illos appararent. Id utique fecerunt illi, modicamque
claſſem armatis iiſque ſtrenuis viris onuſtam emiſe-
runt. Hi piratarum Anglorum naves attigerunt: acerrima pugna fuit, tandemque Angli devicti ſunt,
quingenti cæſi fuere, & totidem capti cum navibus.
Britones hac victoria læti novam apparavere claſſem,
ut in Angliam ipſam bellum inferrent. Opportuna
ſeſe occaſio offerebat: Thomas de Perſiaco, qui pridem contra Ricardum Regem conſpiraverat, arma
deinceps arripuit ut Henricum bello impeteret, qui
contra illum cum exercitu movit. Thomas cum ſuis

victus, ipſeque captus fuit. Henricus vero Thomam
ad ſupplicium miſit, primo, ut narrabatur, inteſtina
ipſi avelli juſſit, ac deinde truncatus capite Thomas
fuit. Modo videbimus quem exitum habuerit nova illa Britonum expeditio.

Valeranus de Luxemburgo Comes Sancti Pauli eo
temeritatis proceſſit, ut Henrico Angliæ Regi bellum
indicere ipſumque provocare auſus ſit, queſtus quod
filiam ſuam Comitis Retelienſis Ducis Burgundiæ filii uxorem, proventu magno privaſſet, qui in dotem
in Anglia aſſignatus fuerat uxori ſuæ Comitiſſæ, quæ
ſoror erat Ricardi Angliæ Regis. Claſſem utique apparavit triginta navium, quâcum ad Thanetum In-
ſulam appulit prope oram Anglicanam : ſed cum Angli magno numero coacti fuiſſent, ut illum adorirent-
tur, cito naves conſcendit, ac proſpero flante vento
ad oram Franciam feliciter appulit. Henricus autem ut illum temeraria aggreſſum ulciſceretur, per
Caletenſes præſidiarios Comitatum ſancti Pauli devaſ-
tari juſſit, qui prædam inde grandem retulerunt.

Cum ærarium regium penitus exhauſtum eſſet,
tres Duces Bituricenſis, Burgundiæ & Aurelianenſis,
tributum generale impoſuerunt, quod per totum regnum inclementius exactum fuit, ſummam totam

Iidem.

Iidem.

CHARLES VI. dit LE BIEN-AIMÉ.

*Le Moine de saint Denis dit dix-sept millions.

ter jusqu'à * dix-huit cens mille livres, somme extraordinaire en ces tems-là. Les Ducs jugerent à propos de l'enfermer dans une des Tours du Palais, & de n'en rien tirer que du consentement des trois Etats ; mais le Duc d'Orleans en fit enlever les deux tiers.

Un grand mal contagieux se répandit dans tout le Roiaume, peu de gens en furent exemts : mais la mortalité ne fut pas si grande qu'en plusieurs autres semblables maladies. Philippe Duc de Bourgogne en fut attaqué & mourut à Hal. Ce Prince avoit de très-bonnes qualitez, plus soigneux du bien public que les deux autres, qui se mêloient du gouvernement ; mais il avoit de grands défauts, il ne paioit jamais ses créanciers, aussi mourut-il si endetté, que sa veuve abandonna aux mêmes créanciers tous ses meubles, qui étoient d'un prix presque infini.

Nous avons déja vû ci-devant, comment le Roi dédommagea Charles II. Roi de Navarre fils de Charles le Mauvais, de plusieurs villes & places qu'on avoit ôtées à son pere. Il vint encore demander au Roi des dédommagemens pour le Comté de Champagne qu'il croioit lui appartenir. Le Roi fort content de ce Prince, qui lui témoignoit beaucoup de soumission & un grand attachement à sa personne Roiale, satisfit à sa demande, & lui donna beaucoup de terres pour cela. Le Navarrois mit encore entre les mains du Roi la ville & châtellenie de Cherbourg, moiennant une grosse somme d'argent, qui lui fut donnée.

Les Anglois continuoient toujours à faire des courses sur les côtes, où ils ravageoient les campagnes & enlevoient les bestiaux. On avoit résolu à la Cour de faire le siege de Calais : & comme cela ne se pouvoit sans une puissante flote pour empêcher les Anglois d'y apporter du secours ; on envoia le Sire de Savoisi en Espagne. Le Roi d'Espagne le reçût fort bien ; Savoisi le pria de la part du Roi de France d'équiper une flote, dont il vouloit se servir contre les Anglois. Le Roi d'Espagne differa de faire réponse à l'année d'après. Savoisi revint. On le soupçonna d'avoir mal fait sa commission, & d'être porté d'inclination pour les Anglois, parce qu'il avoit épousé une femme Angloise. Il offrit de s'en purger contre qui le voudroit soutenir, & jetta son gage de bataille que personne n'osa relever.

Glindon Prince de Galles aiant pris les armes contre le Roi d'Angleterre, il

---

inde eductam ad decies & octies centena millia libratum pertigisse quidam enarrant : quæ certe summa istis temporibus ingens habebatur. Duces autem a re fore existimarunt, ut ea in una turrium palatii includeretur, & nihil ex illa educeretur, nisi ex trium regni Ordinum consensu : verum Dux Aurelianensis duas inde tertias partes sibi abstulit.

*Idem.

Lues magna regnum totum invasit, pauci ab illa sunt exemti ; at non tot hominibus mortem intulit, quot aliæ multæ similes populares ægritudines. Philippus Dux Burgundiæ hoc morbo interiit Hallæ ; qui Princeps magis publico bono studebat, quam alii qui regni negotia administrabant : sed vitiis admixtæ virtutes erant ; nunquam ille debita solvebat, & alienum æs tam grande conflavit, ut uxor ipsius creditoribus mobilia omnia bona, quæ infiniti precii erant, tradere compulsa sit.

*Idem.

Jam antea diximus Carolum Francorum Regem Carolo II. Regi Navarræ filio Caroli Mali Regis, multas dedisse terras & agros, in vicem earum urbium & castrorum, quæ Carolo Malo vi ablata fuerant. Is vero Regem iterum adiit, Campaniæ Comitatum petiturus, quem ad se pertinere putabat. Rex vero cum hunc Principem sibi addictissimum & dicto audientem amaret, petitioni ejus annuit, multasque terras & prædia prioribus addidit. Navarræus autem Cæsaris-burgum etiam Regi concessit pro pecuniæ summa grandi, quæ numerata ipsi fuit.

Cum pergerent Angli oras Francorum maritimas impetere, agros devastare, greges pecorum abducere, in consilio regio Caletum obsidere visum fuit, cumque id fieri nequiret, nisi magna classis Anglos ab aditu Caletum arceret, missus est in Hispaniam Savosiacensis Toparcha ; Rex Hispaniæ illum perhumaniter excepit. Savosiacensis Regis Francorum nomine illum rogavit classem appararet, qua ipse contra Anglos uti posset. Rex autem Hispaniæ rem ad annum sequentem distulit. Reversus vero Savosiacensis, in suspicionem venit quod male rem gessisset, quia Anglis studeret, uxor enim ejus Angla erat. Ipse vero se pugna singulari contra accusatores causam suam defensurum esse dixit, pignusque certaminis jecit, quod nemo colligere ausus est.

Glindo Princeps Gallensis contra Regem Anglorum

demanda secours au Roi Charles, qui y envoia une armée sous la conduite du Comte de la Marche. Mais celui-ci usa de si grands retardemens, que ce Prince fut accablé avant que le Comte fut arrivé sur les lieux, ensorte qu'il fut obligé de se retirer sans rien faire. Les Bretons furent encore plus malheureux mais par leur faute. Aiant équippé une flote pour courir sur les côtes d'Angleterre, commandée par les Sires de Châteaubriant, de la Jaille & de Guillaume du Châtel, & aiant eu l'imprudence de se séparer en deux, une partie de la flote, dont les chefs étoient la Jaille & du Châtel, alla contre l'avis de du Châtel faire une descente, où les Bretons qui se battirent longtems furent enfin défaits & tous tuez ou pris. Du Châtel fit-là des prodiges de valeur. Il tua un grand nombre d'Anglois, & tomba enfin percé de coups. Les Anglois l'emporterent & le penserent soigneusement admirant la vertu dans leur ennemi; mais il expira au premier appareil. Tannegui du Châtel à la nouvelle de la mort de son frere résolut d'en tirer vengeance, il équippa une petite flote, se rendit sur la côte d'Angleterre, entra sans résistance dans un port & saccagea une ville, où il mit le feu, pilla & désola toute la côte, & y fit un butin inestimable. Il eut le bonheur d'éviter la flote que le Roi Henri envoioit contre lui. Les Anglois de leur côté firent une entreprise sur la Rochelle, qui ne réussit pas. Ils firent aussi bien des ravages.

Courses des Bretons.

On faisoit toujours des prieres publiques pour la santé du Roi. Il arriva un jour que dans une procession de l'Université, les gens du Seigneur de Savoisi Chambellan du Roi entrerent dans l'Eglise de Sainte Catherine, où ils firent de grandes violences, jusqu'au pied des autels. Ils se retirerent & Savoisi prit hautement leur défense. Mais voiant depuis que l'affaire devenoit sérieuse, & que l'Université vouloit avoir raison de cette injure, il se raddoucit, & vint prier ses parties de ne pas poursuivre. Il ne pût rien obtenir. L'affaire fut jugée en Parlement, où Savoisi fut jugé, & condamné à bâtir une Chapelle de cent livres de rente, au lieu que l'Université marqueroit : on ordonna aussi que sa maison, des plus belles de Paris, seroit rasée jusqu'aux fondemens, & que la place en resteroit toujours vuide. Le Roi demanda qu'on laissât cette maison sur pied; mais tout ce qu'il pût obtenir fut qu'on ne toucheroit point à ses galleries, qui étoient bâties sur les murailles de la ville. Après cela

arma sumsit, auxiliumque a Rege Francorum postulavit, qui exercitum illo misit, duce Marchiæ Comite. Verum hic tantas interposuit moras, ut profligatum Glindonem & obrutum invenerit : quapropter receptui canere compulsus est. Britones quoque infelicius rem gessere; sed culpa temeritateque sua. Cum classem apparavissent ut Anglicanas oras devastarent, ducibus viris nobilibus de Castro-Briandi, de Jallia, & Guillelmo de Castello, pars classis istius, ducentibus Jalliensi, & Guillelmo de Castello, hoc tamen postremo repugnante, exscensum fecit. Britones qui fortiter pugnarunt, victi tandem, omnesque cæsi, vel capti fuerunt. Gullielmus autem de Castello opinione majori strenuitate decertavit, Anglos suapte manu plurimos occidit, tandemque multis saucius vulneribus cecidit. Angli vel in hoste virtutem mirantes, Gullielmum abstulerunt, ut ejus vulnera curarent : illeque dum primum saucio manus admoverentur fato functus est. Tanaquillus de Castello ubi comperit cecidisse fratrem, ut illum ulcisceretur, classem & ipse modicam apparavit, ad Anglicanam oram appulit, in portum quemdam, obsistente nemine, intravit, oppidum expilavit & incendit, oram totam desolatus est, prædamque retulit ingentem, & a classe, quam adversus eum misit Henricus Rex feliciter declinavit. Angli quoque Rupellam ex improviso capere tentarunt, sed incassum, in oris postea Francicis prædas egerunt.

Preces semper publicæ pro Regis Caroli valetudine emittebantur. Quodam vero die, dum Universitas vicatim procedendo pro ea re supplicationem emitteret, D. Savosiacensis Cambellani regii famuli in Ecclesiam sanctæ Catharinæ ingressi, ad aras usque multa violenter exercuerunt. Postquam vero secesserant, Savosiacensis famulorum causam aperte propugnabat. Ubi vero postea vidit rem serio tractari, & Universitatem illatæ sibi injuriæ ultionem postulare, animo demissior effectus, Universitatem precatum venit, ut ne ulterius hac in re procederet : verum nihil impetravit; in Curia Senatus hac de re judicatum est. Sententia in Savosiacensem profertur, qua ipse Capellam construere cogitur, cui libras centum annui reditus assignaret : decerniturut ædes ejus, inter Parisinarum pulcherrimas annumeratas solo æquetur; ita ut locus in quo structæ fuerant in posterum vacuus semper maneret. Petiit Rex ut ædibus saltem istis parceretur : verum nihil aliud impetrare potuit, quam ut porticus ejus supra muros urbis structæ, integræ ma-

Iidem.

trois des domestiques de Savoisi des plus coupables, furent fouetez par les carrefours de Paris & bannis du Roiaume. L'Université de Paris la plus célèbre de l'Europe, étoit fort respectable, & se savoit bien prévaloir du grand crédit qu'elle s'étoit acquis.

Les Anglois aiant manqué la Rochelle, allerent faire des courses en Bretagne, & firent des efforts pour se saisir de la ville de Guerrande. Le Maréchal de Rieux marcha contre eux, & trouva-là des payisans armez en résolution de se bien battre contre les Anglois. Il y eut un grand combat fort disputé de part & d'autre. Sur ces entrefaites le jeune Duc de Bretagne étant arrivé avec des troupes fraîches, les Anglois ne pûrent plus tenir, & furent tous tuez ou pris. Le Comte de Beaumont, qui les commandoit, fut tué d'un coup de hache par Tannegui du Châtel.

Guerre contre les Anglois en Gascogne.

La guerre se faisoit de même dans la Gascogne. Les Anglois fatiguoient par des courses continuelles les payis sujets à la France. Les Gascons, qui tenoient le parti des François, demanderent secours au Sire d'Albret Connétable, plus interessé que tout autre à les défendre, aiant de grands biens en ce payis-là, sujets aux ravages des Anglois autant que les autres. Il s'y rendit, & fit d'abord une tentative sur Bourdeaux, qui ne réussit pas. Il assiegea le fort château de Corbesin, qui mettoit à contribution toutes les campagnes des environs de la domination des Rois de France. Le château se rendit enfin par capitulation, & le Connétable prit ensuite sans peine treize autres châteaux, & mit ainsi à couvert les sujets du Roi de France, que ces garnisons ruinoient en empêchant la culture des terres.

Les Anglois avec des Gascons de leur parti tenoient plusieurs forteresses dans le Limosin, d'où ils désoloient les campagnes. Le Comte de Clermont fils du Duc de Bourbon, jeune Prince de grande esperance, entreprit de les aller chasser de leurs retraites. Ils l'envoierent défier, & lui marquerent le lieu & le jour. Il ne manqua pas de s'y rendre : mais pas un d'eux n'y comparut. Il attaqua leurs forteresses l'une après l'autre, & les prit toutes jusqu'au nombre de trente-quatre. Il délivra ainsi le payis de ces Pillards, qui le ravageoient incessamment.

La Cour de France fut en fête par les mariages de Louis Dauphin de France avec la fille de Jean Duc de Bourgogne, & de Michelle de France avec Phi-

---

nerent. Post hæc vero tres Savoisacensis famuli per quadrivia urbis virgis cæsi, extra regnum exsulare jussi sunt. Universitas certe Parisiensis, omnium per Europam celeberrima, veneratione digna erat, & quam fama sibi pepererat dignitatem, audacter inclementerque nonnunquam tuebatur.

Idem.

Angli cum frustra tentassent Rupellam ex improviso capere, in Britannia Armorica incursiones fecerunt, & Guerandam oppidum occupare conati sunt. Rursus Marescallus contra illos movit, in armatosque rusticos incidit, qui contra Anglos pugnare gestiebant. Fortiter utrinque pugnatum est : interea vero Dux Britanniæ junior cum nova pugnatorum manu supervenit ; tunc Angli omnes vel cæsi vel capti sunt. Comes Belli-montis Anglorum Dux a Tanaquillo de Castello securi percussus cecidit.

Juvenal. le Moine de S. Denis.

In Vasconia quoque bellum gerebatur. Angli perpetuis incursionibus Francorum agros desolabantur. Vascones autem qui pro Francis stabant, D. de Leporeto Constabularium in auxilium evocarunt. Hujus maxime omnium intererat Anglos depellere, qui terras multas in ista regione haberet, Anglorum incursionibus patentes. Eo se ipse contulit, statimque Burdegalam occupare tentavit, sed irrito conatu. Exinde Corbesinium munitissimum castellum obsedit, unde Angli ex vicinis agris Francorum Regi subditis indictas pecunias exigebant. Præsidiarii tandem castellum obsidenti pactis conditionibus dediderunt. Tredecim alia castella Constabularius cepit, quo facto ut subditi Francorum depulsa prædonum molestia tutius agerent, agrosque antea desertos impune colerent.

Apud Lemovicas quoque Angli & Vascones, qui pro illis stabant, castella plurima occupabant, agrosque circum desolabantur. Comes vero Claromontanus Ducis Borbonii filius, magnæ spei juvenis, illos ex latibulis suis eliminare tentavit. Ipsi autem prædones audacter Principem illum ad pugnam provocarunt, indicto die atque loco. Venit ille ; sed ex prædonibus nullus comparuit. Castella porro eorum alterum post alterum expugnavit, numero triginta quatuor, sicque regionem totam a prædonibus liberam reddidit.

In aula regia celebritas magna fuit, cum Delphinus Ludovicus connubio junctus est cum Joannis Burgundiæ Ducis filia, & Michaeliæ Regis Caroli filia

CHARLES VI. dit LE BIEN-AIMÉ.

lippe fils aîné du même Duc. La mort de Boniface Pape résident à Rome, ne changea point le dessein que Benoît avoit de s'aboucher avec le Pape de Rome, pour traiter ensemble sur les affaires presentes. Aiant appris qu'on avoit élû un nouveau Pape sous le nom d'Innocent VII. il eut encore dessein d'aller trouver celui-ci & de conferer avec lui sur le même sujet. Il lui envoia des Légats pour lui demander une entrevüe, se mit ensuite en mer, & arriva à Gennes. On étoit si accoutumé aux ruses de Benoît, qu'on doutoit avec raison de la sincerité de ses démarches. Il publioit qu'il avoit proposé à son competiteur une renonciation au Pontificat. Innocent nioit qu'on lui eût parlé de cela de la part de Benoît. On fut persuadé que ni l'un ni l'autre n'étoit disposé à cette rénonciation, qu'on jugeoit nécessaire pour la réunion & la paix de l'Eglise.

1405.

La division regnoit toujours dans la Cour de France. La Reine & le Duc d'Orleans de concert ensemble gouvernoient l'Etat pendant les maladies du Roi. Le peuple foulé & accablé de subsides murmuroit hautement: & se plaignoit qu'ils suçoient ainsi jusqu'au sang des pauvres pour se divertir; que la Reine envoioit des sommes considerables en Allemagne; qu'ils passoient leur vie dans les délices & la bonne chere, tandis que la Maison du Roi & du Dauphin, étoient dans un état fort chetif; que la vie qu'ils menoient étoit le scandale de la France, & un sujet de risée aux nations Etrangeres. Un Augustin nommé Jâques le Grand prêcha publiquement en presence de la Reine contre ce desordre, & contre la dissolution de sa Cour. La Reine s'en formalisa, & ses Officiers ménacerent le Prédicateur. Ils s'en plaignirent au Roi, qui loin de s'en fâcher, voulut l'entendre prêcher. Il parla devant lui avec la même force contre les déreglemens & la convoitise insatiable du Duc d'Orleans, qu'il désigna assez clairement sans le nommer. Le Roi touché de ce discours, résolut d'y mettre ordre : mais la maladie qui le reprit le neuviéme de Juin & dura jusques vers la fin de Juillet, l'empêcha d'executer ce qu'il avoit projetté.

Division en la Cour de France.

Le Duc d'Orleans qui avoit plus d'autorité que tous les autres Princes, voulut prendre pour lui le gouvernement de la Normandie, à dessein de se saisir du revenu de cette Province. Cela augmenta les murmures des Grands & des petits, que sa trop grande avidité ne lui avoit déja que trop attirez. Il trouva

cum Philippo ejusdem Ducis primogenito nuptiæ factæ sunt. Defuncto Bonifacio VII. Papa Romano, Benedictus Avenionensis sententiam non mutavit ; & ad Romanum Papam, quem adire & alloqui decreverat, pergere non destitit, ut cum eo de præsentibus negotiis differeret. Cum comperisset autem electum fuisse novum Pontificem Innocentii VII. nomine, hunc quoque convenire decrevit. Legatos autem ipsi misit, ut de congressus loco statueretur, posteaque conscensa nave Genuam petiit. Jam nota sic erant Benedicti artificia, ut vix crederet quisquam illum sincere res hasce tractare. Palam autem enunciari curavit se competitori suo hanc conditionem obtulisse, ut ambo Pontificatum deponerent. Negabat vero Innocentius rem sibi unquam Benedicti nomine propositam fuisse : verum omnibus omnino persuasum fuit neutrum Pontificatûs deponendi desiderio teneri ; quæ tamen Pontificatûs demissio tunc necessaria putabatur esse, ut Ecclesia uni Capiti jungeretur.

Regia quoque Francorum dissensionibus agitabatur. Regina & Dux Aurelianensis, una juncti, rem Francicam, Carolo cum ægritudine conflictante, administrabant ; populus vectigalibus & subsidiis oppressus alta voce querebatur, quod illi ad sanguinem usque inopes exsugerent, ut vitam in deliciis agerent, quod Regina grandes pecuniæ summas in Germaniam mitteret, quod dum ambo ipsi voluptatibus & conviviis operam navarent, regia domus ac Delphinus in vili statu versaretur, quod hujusmodi vita &toti Francorum nationi offendiculo esset, & vicinis extraneisque in derisum verteretur. Augustinianus quidam nomine Jacobus Grandis publice concionatus est, Regina præsente, & contra vitam hujuscemodi acerrime invectus, in Reginæ offensam incurrit, cujus famuli in concionantem intentavere minas, ipsique apud Regem ea de re conquesti sunt. Rex concionantem audire voluit, nedum talem concionem indigne ferret. Augustinianus autem cum eadem acrimonia contra Ducis Aurelianensis inordinatam vitam, ejusque colligendæ pecuniæ insatiabilem cupiditatem multa protulit, Ducemque ipsum non nominavit quidem, sed aperte subindicavit. His permotus Rex hæc emendare vitia meditabatur ; sed solito correptus morbo die nona Junii, & illo ad usque finem Julii sæviente, rem propositam exsequi non valuit.

Dux Aurelianensis, qui plus valebat auctoritate quam cæteri Principes omnes, Normanniæ sibi regimen assumere voluit, eo animo ut provinciæ illius proventus omnes sibi adsciseret. Hinc statim querelæ exortæ sunt omnium cujusvis ordinis & status, quos ejus nimia aviditas jam concitaverat. In ista etiam pro-

Idem.

Idem.

de grandes difficultez dans la Province même, les Gouverneurs des places, à qui il envoia ordre de les lui remettre, le refuferent tout à plat. Ceux de Rouen aufquels il commanda de porter leurs armes au château, ne furent pas plus fouples à lui obéir. De forte que voiant qu'il y trouveroit trop de réfiftance; il demanda ce gouvernement au Roi. Il le lui accorda, mais à condition que les provifions n'en feroient expediées qu'après qu'il en auroit parlé à fon Confeil. Il l'affembla & les fuffrages y furent partagez. Il y en eut qui parlerent vivement contre la Reine & le Duc d'Orleans, qui de concert enfemble gouvernoient tout quand le Roi étoit malade, fans prendre confeil de fes oncles ni des autres Princes, & accabloient les peuples d'impôts & de fubfides, qu'ils tournoient à leur profit, tandis que les Finances du Roi alloient très-mal, & que les enfans du Roi n'avoient pas dequoi fe foutenir avec dignité. Le Dauphin à qui le Roi demanda fi cela étoit vrai, lui avoua que rien n'étoit plus certain, quoiqu'il n'eut ofé le dire de peur de déplaire à fa mere. Sur cela le Roi affembla de nouveau fon Confeil, & manda tous les Princes de fon fang; les Rois de Sicile & de Navarre, les Ducs d'Orleans, de Berri & de Bourbon.

Le Duc de Bourgogne fe trouvant abfent, le Roi le pria d'y venir: il s'y rendit accompagné de fix mille hommes d'armes. La Reine & le Duc d'Orleans voiant venir leur mortel ennemi fi bien armé, prirent l'épouvante & fe retirerent à Melun. La Reine laiffa ordre au Duc de Baviere fon frere de lui amener le Dauphin & fes freres, & même les enfans du Duc de de Bourgogne, & tout cela fi fecretement que les autres Princes n'en fçuffent rien. Il n'y manqua pas; mais la nouvelle en étant venue au Duc de Bourgogne, il courut après & les ramena à Paris. Un Prince venir ainfi à la Cour à main armée, cela paroiffoit fort hardi. Voilà pourquoi le Duc pour fa juftification fit parler au Confeil un Orateur nommé Jean de Nielle. Le Duc d'Orleans indigné de l'affront que lui avoit fait le Duc de Bourgogne, ramaffoit des gens de guerre de tous côtez. Le Roi donna au Duc de Berri la garde du Dauphin & de la ville de Paris. Tout fembloit menacer une cruelle guerre civile: les deux parties publierent des Manifeftes pour défendre leur prétendu bon droit. Le Duc de Bourbon, l'Univerfité & le Roi de Sicile, qui étoit à Melun, s'intereffoient pour la paix. Cependant

---

vincia difficultates magnas expertus eft. Gubernatores urbium & caftrorum, quos juffit hæc fibi tradere; id negarunt. Rothomagenfes queis mandavit, ut arma fua in caftellum adferrent, non magis dicto audientes fuerunt. Ut vidit autem ad obfiftendum fibi paratos omnes, hujus provinciæ regimen ab Rege petiit. Poftulatum conceffit Rex, fed illa conditione, ut refcriptum hac de re nullum daretur, donec illud in confilio fuo difcuffum fuiffet. Confilium ergo fuum collegit, ubi fuffragia diverfa fuere. Quidam contra Reginam & Ducem Aurelianenfem acriter verba fecerunt, qui conjunctim, cum Rex ægritudine detineretur, regnum adminiftrabant, nec Regis patruis, neque aliis Principibus in confilium evocatis: qui populos vectigalibus opprimebant, fummafque inde provenientes fibi divertebant, dum ærarium regium exhauftum manebat, nec Regis filiis ea fubminiftrabantur, quæ neceffaria erant ad vitam cum dignitate agendam. Tum Rex a Delphino fcifcitatur, verane dicerentur? Refpondet Delphinus, nihil effe verius, fed non aufum fe fuiffe hæc proferre, ne in matris offenfam incurreret. Tunc Rex denuo confilium congregari, & omnes regiæ ftirpis Principes advocari juffit, Reges nempe Siciliæ & Navarræ, Ducefque Aureliani, Biturigum & Borbonii.

Cum abfens tunc effet Dux Burgundiæ, rogavit illum Rex Lutetiam veniret. Venit ille cum fex millibus armatorum. Regina & Dux Aurelianenfis, ubi compererunt inimicum fibi Principem cum tot armatis viris accedere, perterriti, Melodunum fe contulere. Duci Bavariæ fratri mandavit Regina ut Delphinum & fratres ejus, necnon Ducis Burgundiæ filios clam Melodunum adduceret; ita ut res aliis Principibus ignota effet. Juffa fororis ille exfequi cœpit; fed re competta Dux Burgundiæ feftinanter accurrit, illofque Lutetiam reduxit. Quod Princeps ille tot pugnatoribus ftipatus in regiam veniffet aulam, fummæ audaciæ videbatur effe. Quapropter Dux Burgundiæ in fui purgationem, Oratorem quemdam nomine Joannem de Nigella in concilio loqui curavit. Dux vero Aurelianenfis non ferens injuriam a Duce Burgundiæ fibi illatam, armatos undique colligebat. Rex porro Duci Biturricenfi Delphini & Lutetiæ urbis curam & cuftodiam commifit. Omnia civile bellum portendere videbantur. Ambæ contendentium partes refcripta publica emifere fui defendendi caufa. Dux autem Borbonius, Univerfitas & Rex Siciliæ qui Meloduni tunc erat pro pace concilianda operam

le

CHARLES VI. dit LE BIEN-AIMÉ.

le Duc d'Orléans accompagné de beaucoup de troupes s'avança vers Paris. Il y avoit à craindre que les deux parties n'en vinssent aux extrêmitez. Mais le Roi de Navarre & le Duc de Bourbon négocierent un accommodement, qui fut conclu à Vincennes, suivant lequel les deux Princes s'embrasserent sans préjudice de leur ancienne haine.

En ce même tems l'Angleterre étoit en trouble, & la France profitant de l'occasion eut quelques bons succès. La ville de Mortagne qui n'est pas bien loin de la Rochelle, étoit une des meilleures places qu'occupoient alors les Anglois. Le Sire de S. Pons ramassa des gens pour l'assieger, ceux de dedans se défendirent d'abord en braves: mais voiant enfin que la ville alloit être prise, ils vuiderent la place, se mirent sur mer & se retirerent ailleurs. La ville fut pillée par les François qui y mirent garnison. Le Sire de Savoisi voulant se signaler par quelque exploit, équippa deux vaisseaux, se joignit à trois navires Espagnols & alla sur les côtes d'Angleterre, où il prit dix-neuf barques de pêcheurs, & vingt-six navires chargez de marchandises; il prit aussi une bonne ville malgré la résistance des habitans, & y mit le feu. Il fit une descente dans une Isle, où après un rude combat, où il eut le dessus, il pilla & brula cinq villes. Il fit avec le même succès une descente dans l'Isle de Wicht, & revint chargé de dépouilles à Harfleur.

D'un autre côté le Maréchal de Rieux mena sur une flote un puissant secours au Prince de Galles, qui faisoit la guerre au Roi d'Angleterre. Les François joints aux Gallois prirent plusieurs places. Vers le même tems Bernard Comte d'Armagnac joint au Comte de Clermont faisoit de grands progrès en Gascogne, il y prit dix-huit places, dont plusieurs étoient fort considerables. Le Connétable d'Albret vint ensuite le joindre, & ils prirent ensemble plusieurs autres villes & châteaux. Juvenal des Ursins dit que le Comte d'Armagnac prit dans cette expedition soixante places, les unes par force, les autres par composition.

Les Anglois occupez dans leur Isle par des guerres civiles, eurent encore le malheur cette année d'avoir une si grande disette de bled, qu'elle fut suivie de la famine. Le Duc de Pembrock vint à Paris avec un passe-port, qu'il eut grand peine d'obtenir. Il demanda une tréve, & la permission d'acheter du blé en

Guerre contre les Anglois.

---

navabant. Interea vero Dux Aurelianensis cum valida pugnatorum manu versus Lutetiam movit, metuendumque erat ne ambo Principes armis concertarent. At Rex Navarrae & Dux Borbonius intervenientes rem composuerunt, hac pactione, ut ambo Principes sese mutuo amplecterentur, quod & factum est sine ulla pristini odii laesione.

Eodem tempore cum Anglia turbis agitaretur, Franci occasionem nacti, quasdam expeditiones prospere susceperunt. Moritannia oppidum non procul Rupella, inter munitissima Anglorum castra & oppida censebatur. Pontius vero Topartha armatorum collecta manu Moritaniam obsedit. Praesidiarii initio fortiter hostem propulsarunt; sed cum viderent expugnandum tandem oppidum fore, clam abscedentes in naves consenderunt, & alio se contulerunt. Oppidum a Francis direptum fuit, & postea praesidio munitum est. Savoisius autem cum famam sibi parere vellet, duas apparavit naves, & cum tribus aliis Hispanicis navibus junctus, ad oras se Anglicanas contulit, ubi novemdecim piscatorum scaphas cepit, & viginti sex naves onerarias mercibus onustas, urbem etiam expugnavit, frustra obsistentibus oppidanis, illamque in-

cendit, posteaque in quamdam insulam excensum fecit, ubi post commissam pugnam victor quinque oppida cepit & incendit, cum pari felicitate in insula Vecti excensum fecit, & manubiis onustus reversus est.

Interea vero Reusius Marescallus classe validam pugnatorum manum in auxilium adduxit Principi Gallensi, qui contra Regem Angliae bellum gerebat. Franci Gallensibus juncti, multa castra & oppida ceperunt. Idem circiter tempus Bernardus Comes Armeniacensis, cum Claromontano Comite junctus, bellum in Vasconia prospere gerebat, octodecim castra & oppida cepit, quorum pleraque magni erant momenti. Constabularius vero de Leporeto, Armeniacensi postea junctus est, ambeque simul alias urbes & castella ceperunt. Narrat Juvenalis de Ursinis Armeniacensem in hac expeditione sexaginta urbes, vel oppida vel castra, aut expugnavisse, aut ad deditionem compulisse.

Angli bellis civilibus afflicti, hoc anno tantam frumenti penuriam experti sunt ut hinc fames sequuta sit. Pembrocensis Dux, nec facile impetrata ad eam rem facultate, Lutetiam venit, inducias petiturus, & frumenti in Francia emendi licentiam. Duces Bitu-

Idem.

Idem.

France ; les Ducs de Berri & d'Orleans y donnoient les mains, mais le Duc de Bourgogne empêcha qu'il n'obtînt sa demande.

1406.

L'Université de Paris s'étoit déclarée contre Benoît, qui agissant de mauvaise foi à son ordinaire, emploioit tous les moiens imaginables pour soutenir le schisme, dans le tems même qu'il feignoit d'être porté à la rénonciation, & à sacrifier ses propres interets à la réunion de l'Eglise. Jean Petit parlant pour l'Université concluoit qu'il falloit en venir à la soustraction d'obéissance. L'Avocat General parla contre la Lettre de l'Université de Toulouse, qui soutenoit qu'on ne devoit pas se soustraire, & dit qu'il étoit absolument nécessaire d'en venir-là. Cette Lettre fut condamnée, & la soustraction passa ; mais elle fut différée à un autre tems.

Cette année on envoia des armées en divers endroits. L'une marcha vers la Lorraine pour faire la guerre au Duc, qui venoit de faire un grand dégât sur les terres de France. Mais voiant que l'armée de France grossissoit tous les jours, il envoia des Ambassadeurs pour demander la paix, qui lui fut accordée à condition qu'il répareroit un château qu'il avoit pris & ruiné, & qu'il fonderoit des Chapelles pour l'ame de ceux qui avoient été injustement mis à mort. L'autre armée ou corps de troupes envoié en Picardie pour défendre la Province & le Boulonnois contre les courses des Anglois de la garnison de Calais, s'en acquita assez bien. Les Anglois firent pourtant quelques courses, & attaquerent un poste avancé & fortifié nommé Bavelinghem, d'où les François découvroient de fort loin les partis Anglois qui alloient faire des courses dans les terres voisines. Ils l'assiegerent en forme, firent tous les efforts imaginables. Mais les François se défendirent si bien qu'ils furent obligez de lever le siége.

En Guienne les Comtes d'Alençon, de Clermont & le Connétable mirent le siége devant Brantôme, place occupée par les Anglois. Pierre le Bearnois & Archambaud de Raussac assemblerent des troupes pour faire lever le siege. Il y eut un combat qui fut assez longtems disputé ; mais enfin les Anglois & Gascons furent défaits, & la place se rendit.

Cependant le Comte de Northumbelland, qui faisoit la guerre à Henri Roi d'Angleterre étant venu demander secours à la Cour de France, il fut bien reçû & secouru de quelque somme d'argent. Il partit ensuite, muni de quelques Let-

---

Iidem.

rigum & Aureliani id ipsi concedendum esse putabant; sed Dux Burgundiæ, ut ne id impetraret, effecit.

Universitas Parisiensis contra Benedictum sententiam dixerat, qui subdole pro more suo agens, nihil non tentabat ut schisma & dissensionem in Ecclesia foveret, dum simularet se ad Pontificatum deponendum & Ecclesiæ restituendam unitatem paratum esse. Joannes Parvus pro Universitate verba faciens, dicebat subtrahendam Benedicto esse obedientiam. Advocatus autem Generalis contra Universitatis Tholosanæ literas oravit, queis suadere conabatur illa non admittendam esse *subtractionem*. Ipse vero contra, omnino necessariam illam esse pugnabat. Literæ Universitatis Tholosanæ damnatæ sunt, & subtractio admissa, sed aliud in tempus dilata fuit.

Iidem.

Hoc anno varias in partes missi exercitus fuere. Qui versus Lotharingiam missus est, bellum Duci Lotharingiæ illaturus erat, qui terras & agros Francorum devastaverat. Hic cum videret exercitum Francorum in dies augeri, Oratores misit qui pacem peterent, quam impetravit illa conditione, ut ipse castellum aliquod a se captum & dirutum instauraret, utque Capellas fundaret pro animabus eorum, quos injuste interfecerat. Alius exercitus in Picardiam missus est, ut eam provinciam & Bononiensem tractum defenderet ab incursionibus Anglorum, qui Calcti sedes habebant. Angli tamen aliquot incursibus infestos vicinos agros fecere, & locum quemdam munitum adorti sunt, unde Franci procul poterant Anglos qui ad devastandos vicinos agros exirent conspicere. Angli ipsum obsederunt, & totis viribus expugnare nisi sunt. At Franci eorum impetum tam strenue propulsarunt, ut illi obsidionem solvere cogerentur.

In Aquitania Comites Alenconiensis & Claromontanus cum Constabulario Brantomium obsederunt, quod oppidum tum Angli tenebant. Petrus vero Benearnensis & Arcimbaldus de Rauffaco copias collegerunt ut Francos depellerent. Commissa pugna fuit, tandemque Angli & Vascones post diuturnum conflictum profligati sunt, & oppidum deditionem fecit.

Interea cum Comes Northumbriæ, qui tunc bellum contra Henricum Angliæ Regem gerebat, in regiam Francicam opem postulatum venisset, perhumaniter exceptus fuit, & pecuniæ summa ab Rege donatus est. Exinde vero profectus, cum Regis Caroli

CHARLES VI. dit LE BIEN-AIMÉ.

tres de recommandation du Roi Charles pour l'Ecosse, où il se rendit, & se joignit à Jâques Douglas: ils entrerent ensemble en Angleterre. Le Roi Henri assembla une armée, alla contre eux & leur donna bataille, il fut défait avec grande perte de ses gens, dont plusieurs furent tuez & les autres resterent prisonniers, du nombre desquels fut Jean de Lancastre son fils.

Les Ducs d'Orleans & de Bourgogne voulant se signaler en cette guerre contre les Anglois, allerent se mettre chacun à la tête d'une armée. Le Duc d'Orleans alla en Guienne: assiegea Bourg, où ses troupes se débanderent. Il étoit méprisé de ses gens de guerre: d'ailleurs la saison étoit trop mauvaise & l'entreprise faite à contre-tems. Le Duc de Bourgogne qui alla assieger Calais ne réussit pas mieux. Il fit une dépense prodigieuse pour faire une ville de bois munie de tours, qui devoit avoir huit cent pas de circonference. Il employa à cela deux mois, & pendant ce tems-là les Anglois munirent si bien Calais en toute maniere, que le Duc fut obligé de lever le siége. Il revint à la Cour, & imputa ce mauvais succès au Duc d'Orleans & au Roi de Sicile, qui avoient empêché, disoit-il, qu'il ne tirât l'argent nécessaire pour un si grand dessein.

On pressoit toujours les deux prétendus Papes de faire la cession & la rénonciation nécessaire: on souhaitoit qu'ils s'abouchassent ensemble. Le lieu indiqué fut Savone, Benoît disoit qu'il vouloit bien s'y rendre. Gregoire refusa ce lieu, & tergiversoit toujours, ne voulant pas faire la cession. Benoît au contraire disoit toujours qu'il acceptoit Savone pour l'entrevûe, & qu'il admettoit la voie de la cession. Mais comme on avoit lieu de ne point se fier à lui, on demandoit qu'il donnât ses sentimens par écrit. Il le refusa & vouloit qu'on l'en crût sur sa parole, ce qu'on ne pouvoit prudemment faire. On souhaitoit que l'un & l'autre déclarassent les Cardinaux des deux partis libres de faire l'élection d'un Pape, Gregoire n'étoit traitable, ni sur le lieu de l'entrevûe, ni sur la cession. L'un & l'autre Pape donnoit beaucoup d'exercice au Roi Charles & à tous ceux qui souhaitoient de voir la sainte Eglise réunie sous un seul chef.

1407.

En ce même tems deux Ecoliers grands scelerats, furent pris par le Prevôt de Paris, qui leur fit donner la question: ils confesserent leurs crimes, & malgré la Requête de l'Université qui revendiquoit ces criminels, il les fit pendre.

---

literis ad Scotos, quibus Comitem illis commendabat, in Scotiam trajecit, & cum Jacobo Duglasio junctus est. Ambo autem in Angliam moverunt. Rex Angliæ exercitum collegit, & in occursum illorum venit: pugna committitur, & Angli profligantur, multosque suorum amittunt, sive cæsos, sive captos. Ex captivorum numero fuit Joannes Lancastrius, Regis Angliæ filius.

Duces Aureliani & Burgundiæ, æmulatione quadam ducti, cum in hoc contra Anglos bello famam sibi parere vellent, singuli cum exercitu suo moverunt. Dux Aurelianensis in Aquitaniam profectus, Burgum obsedit; sed cum despectui haberetur, & anni tempestas ad talem suscipiendam expeditionem opportuna non esset, a suis desertus est. Non meliori exitu Dux Burgundiæ Caletum obsedit. Urbem ipse ligneam turribus munitam incredibili sumtu construi curavit, cujus ambitus octingentorum passuum futurus erat. Hoc in opere excitando menses duos insumti fuere. Interea vero Angli Caletum ita omni munitionum genere instruxerunt, ut Dux obsidionem solvere coactus sit. In legiam autem reversus infausti exitus causam in Ducem Aurelianensem & in Regem Siciliæ conjiciebat; ipsi enim, aiebat, impedimento fuerant quominus ipse summas ad tantam expeditionem necessarias colligeret.

A duobus Pontificibus exigebatur, ut *cessionem* admitterent & Pontificatum deponerent. Desiderabatur autem ut ambo convenirent & colloquerentur. Ad eam rem locus colloquii indicatur Savona urbs. Dicebat Benedictus se eo loci libenter venturum. Gregorius vero Savonam detrectabat & tergiversabatur, quod cessionem facere nollet. Benedictus contra, se & cessionem facturum, & Savonam libenter venturum esse dictitabat; sed cum dictis ipsius fides non haberetur ab eo exigebatur, ut eorum quæ ipse pollicebatur rescriptum daret. Negabat ille, & dictis suis habendam esse fidem contendebat. Id vero prudenter fecisset nemo. Desiderabatur autem ut ambo Pontifices, Cardinalibus licentiam concederent ad novum eligendum Pontificem. Gregorius semper & congressûs locum & cessionem pervicaciter rejiciebat. Uterque vero Papa & Caroli VI. Regis, & eorum qui Ecclesiæ pacem & unitatem videre peroptabant, patientiam exercebat.

Eodem tempore duo ex discipulis Universitatis, facinorosi juvenes, a Præposito Parisiensi capti & tormentis traditi, multorum scelerum se conscios esse fassi sunt, atque obsistente licet ipsisque repetente Universitate, ad supplicium missi, suspendio pe-

Iidem.

Iidem.

Tome III.

CHARLES VI. dit LE BIEN-AIMÉ.

Cela paſſoit en ce tems-là pour un attentat. L'Evêque de Paris excommunia le Prevôt, & l'Univerſité le pourſuivit ſi vivement, qu'il fut obligé de dépendre les deux Ecoliers, de les rendre à l'Evêque & à l'Univerſité, de demander pardon & de ſe défaire de ſa charge.

La Reine accoucha d'un fils, qui ne vêcut qu'autant de tems qu'il en fallut pour lui donner le Bâteme, où il fut appellé Philippe. Elle fut fort affligée de la mort précipitée de cet enfant. Le Duc d'Orleans la voioit aſſidument pour la conſoler, & comme il continuoit à lui rendre ces bons offices, une fois qu'il s'en retournoit la nuit qui précede le jour de S. Clement, il fut attaqué dans la rue Barbete près de la porte de même nom, par dix-huit aſſaſſins dont le chef étoit Raoul d'Ocquetonville, qui d'un coup de hache lui coupa le bras & d'un autre lui fendit la tête; il tomba mort ſur la place: un de ſes gens, qui ſe jetta ſur lui pour le relever, fut percé de mille coups. C'étoit le Duc de Bourgogne qui avoit fait faire ce coup; mais il fit ſemblant d'en être affligé comme les autres, il prit le deuil & aſſiſta aux funerailles. Le ſoupçon tomba ſur un Gentilhomme nommé Robert de Canni, qui haïſſoit le Duc à mort, parce qu'il voioit ſa femme. On étoit ſur le point de lui mettre la main ſur le collet, & de le pourſuivre en juſtice. Alors le Duc de Bourgogne s'en déclara l'auteur, ce qui lui attira l'indignation de tous les Princes, qui lui firent refuſer l'entrée du Parlement. Craignant pour ſa perſonne, il ſe retira en Flandres avec menaces. Il étoit trop puiſſant pour qu'on le traitât en criminel, comme il le méritoit. On lui députa ſucceſſivement le Comte de S. Pol, le Duc de Berri, & le Roi de Sicile pour le porter à venir à Paris. Il refuſa de s'y rendre à moins qu'on n'ôtât la garde miſe aux portes.

Ainſi finit le Duc d'Orleans, Prince orné de pluſieurs beaux talens. Il avoit une éloquence & une facilité de parler ſur le champ, qui n'avoit point d'égale; les manieres les plus agréables & les plus gagnantes; il avoit auſſi de grands défauts, ſa débauche à l'égard des femmes n'avoit point de meſure; dépenſier à l'excès, il avoit mis des impôts exceſſifs, qui le rendoient odieux au peuple. On diſoit que l'âge commençoit à remedier aux défauts, où le grand feu de la jeuneſſe l'avoit engagé.

Louis Duc d'Orleans maſſacré par ordre du Duc de Bourgogne.

Le Moine de S. Denis. Juvenal. Monſtrelet.

rierunt. Ea res illo tempore quaſi grande facinus & ſine auctoritate ſuſceptum habebatur. Epiſcopus porro Pariſienſis, Præpoſitum a Chriſtiana ſocietate removit, illumque Univerſitas tam vehementer infectata eſt, ut coactus ſit Præpoſitus diſcipulos illos ex patibulo detractos Epiſcopo & Univerſitati reſtituere, veniam petere, & Præpoſiti officium deponere.

Tunc Regina filium peperit, qui ſtatim atque undis ſacris ablutus fuit, ubi Philippus appellatus eſt, e vivis exceſſit. Regina vero præmaturam filii mortem acerbe lugebat, Duxque Aurelianenſis aſſidue illam inviſit, ut ſolaretur, cumque in hoc officio pergeret, & aliquando domum rediret, nocte diem ſancti Clementis præcedente, in vico Barbeta dicto prope portam ejuſdem nominis, ab octodecim ſicariis invaditur, quorum Dux erat Radulphus de Ocquetum-villa, qui ſecuri brachium ipſi præcidit, ac caput ipſi diffidit. Cum autem ex famulis ipſius quiſpiam accurriſſet, mortuum Dominum ſublaturus, mille vulneribus confoſſus eſt. Id vero Ducis Burgundiæ juſſu patratum fuerat; ſed ille dolorem ſimulavit, funeri cum aliis pullatus interfuit. In ſuſpicionem patrati ſceleris venit vir quiſpiam nobilis, cui nomen Robertus de Canniaco, qui Aurelianenſem Ducem ideo oderat, quod ipſe uxorem ſuam inviſeret. Jam de illo apprehendendo & Judicum manibus tradendo cogitabatur. Tunc porro Dux Burgundiæ ſeſe auctorem cædis declaravit, id quod Principum omnium in illum iram commovit, qui ipſum ab ingreſſu in Senatum excludi curaverunt. Sibi timens ille, in Flandriam, poſtquam minas intentaverat, ſe recepit. Potentia nimis valebat, neque illum eadem, qua ſicarios & ſceleratos, pœna plectere licebat. Miſſique ſunt ad illum primo Comes Sancti Pauli, ſecundo Dux Bituricenſis, tertio Rex Siciliæ, qui ipſi Lutetiam ut ſe conferret ſuaderent. Ille vero ſe venturum eſſe negavit, niſi ex portis civitatis cuſtodiæ tollerentur.

Ita periit Dux Aurelianenſis, Princeps egregiis naturæ dotibus inſtructus; is facundia tanta pollebat, ut vix ſimilem reperiſſes; urbanitatem autem comitatemque tantam præ ſe ferebat, ut multorum animos ſibi devinciret. Haſce tamen dotes vitia non pauca obſcurabant. Mulieroſitas ejus modum nullum admittebat; ita prodigus erat, ut pecunias paſſim effunderet, hincque factum ut vectigalibus impoſitis nimiis populorum odium in ſe concitaret. Dicebatur autem ipſum, jam ætate paulo maturiorem, a priſtina licentia gradum referre cœpiſſe, in quam illum primæva juventus injecerat.

CHARLES VI. dit LE BIEN-AIMÉ.

L'hyver suivant fut si rude, que de mémoire d'homme on n'en avoit vû de semblable. Il y eut peu de pluies; mais depuis la S. Martin jusqu'à la fin de Janvier, il gela de tous les vents, la gelée pénetra jusqu'à la racine des vignes & des arbres fruitiers, bien des pauvres gens saisis de froid moururent, les troupeaux & les oiseaux des champs périrent de même, les puits gelerent jusqu'au fond, les chariots alloient sur les rivieres comme sur les grands chemins. D'un autre côté la mer agitée par les tempêtes rejetta une infinité de poissons sur les côtes : toute la côte de Bretagne en fut tellement couverte que la pourriture & la puanteur obligea les païsans d'abandonner leurs maisons & de se retirer bien avant dans le païs. Le dégel qui vint après fit encore plus de maux, les torrens entraînerent des maisons, des fermes & des troupeaux entiers. La Seine emporta plusieurs ponts de Paris & brisa la plûpart des moulins.

La Duchesse d'Orleans qui étoit alors au château de Blois, à la nouvelle de la mort de son mari fut accablée de douleur. Elle vint à Paris avec ses enfans, se jetta aux pieds du Roi, & lui demanda justice de cet assassinat, le pria de lui laisser la garde de ses enfans, & de leur confirmer la possession de tous les biens de leur pere. Le Roi lui accorda tout ce qu'elle demandoit, & tâcha de la consoler le mieux qu'il pût. La Dame apprenant que le Duc de Bourgogne devoit venir à Paris, se retira & s'en retourna à Blois. Le Duc ne manqua pas de venir, mais accompagné de huit cens Gentilshommes tous armez. La Reine & les Princes lui firent bon visage; ils tâcherent de gagner sur lui qu'il ne s'avoueroit pas l'auteur de la mort du Duc d'Orleans; mais en vain. Il demanda audiance, & fit parler pour lui un Orateur Cordelier nommé Jean Petit, qui eut la hardiesse d'accuser le Duc d'Orleans de crime de lese Majesté divine & humaine; d'avoir causé par magie la maladie du Roi, débauché par art diabolique toutes les femmes, d'avoir conspiré contre la personne du Roi par le poison & par le feu; d'avoir entretenu correspondance avec ses ennemis, pour usurper sa couronne, & sollicité le Pape de le déposer; d'avoir voulu enlever la Reine & le Dauphin hors de France & empoisonner le Dauphin avec une pomme, d'avoir pillé le Roiaume & dissipé les Finances. Il l'accusa encore de plusieurs autres crimes.

La harangue du Cordelier scandalisa plus qu'elle ne persuada les personnes

---

Tam aspera sequuta hiems fuit, ut nemo talem se vidisse recordaretur. Modicæ pluviæ fuere ; sed a die festo sancti Martini ad usque finem Januarii, quovis prævalente vento gelu tantum invaluit, ut ad radices usque vinearum & fructiferarum arborum penetraret : pauperes multi ex frigore perierunt, greges & aves pari modo sublati sunt. In puteis gelu ad usque limum infimum pertigit. Carri flumina trajiciebant ut regias vias. Tunc etiam commotum mare & tempestatibus agitatum, ingentem piscium molem in oras rejecit. Britanniæ Armoricæ littus tanta piscium congerie opertum fuit, ut putredo & fœtor rusticos ab interiora regionis confugere, relictis domibus, coegerit. Cum vero gelu solutum fuit, majora consequuta sunt damna : torrentes admodum inflati, domos, horrea, greges integros abripuere ; Sequana pontes aliquot Parisinos sustulit, & molendinorum maximam partem confregit.

Aurelianensis Ducissa, quæ tum in Blesensi castello degebat, comperta conjugis nece, vix tanti infortunii dolorem ferre potuit. Lutetiam vero se contulit, & ad pedes Regis provoluta, ejus justitiam imploravit, ut sibi filiorum suorum cura relinqueretur expetiit, & ut bona patri concessa filiis cederent postulavit. Hæc omnia Rex concessit, & viduam ut potuit, consolari conatus est. Cum comperisset autem illa Ducem Burgundiæ Lutetiam esse venturum, Blesas statim reversa est. Venit certe Dux Burgundiæ, sed octingentis armatis nobilibus stipatus. Regina & Principes ipsum placido vultu exceptum rogabant ; ne se ipse cædis auctorem fateretur ; sed incassum. Dicendæ causæ facultatem ipse petiit, Oratoremque induxit Franciscanum quemdam Joannem Parvum, qui audaciter Ducem Aurelianensem læsæ-majestatis accusavit, aliaque crimina protulit, quod per magicam artem Regem in morbum conjecerit, quod arte diabolica omnes pene mulieres vitiarit, quod contra Regis vitam veneno & igne usus conspiraverit, quod ad coronam ejus usurpandam cum inimicis ipsius pacta inierit, Papamque ad illum deponendum induxerit, quod Reginam & Delphinum extra regnum Francorum transferre machinatus fuerit, quodque Delphinum veneno pomo, de medio tollere voluerit, quod Regnum Francorum expilaverit, & ærarium regium dissipaverit.

Franciscani oratio cordatis viris magis offensioni

sensées. Il n'y eut que les partisans du Duc de Bourgogne qui l'applaudirent. La Reine fort mécontente de tout ceci sortit secretement de Paris avec le Dauphin, & se retira à Melun, fit réparer & fortifier la ville, la munit & la fit bien garder. Elle étoit même sur le point de faire de grandes levées de troupes. Mais le Roi étant revenu en santé l'alla voir à Melun, & la détourna de ce dessein. Charles de retour à Paris, soit par crainte, soit par quelque autre motif, reçût les excuses du Duc de Bourgogne, & lui donna des lettres d'abolition; il déposa même à sa priere Clignet de Brabant de sa charge d'Amiral, & la donna à Charles de Châtillon Seigneur de Dampierre.

L'Université qui voioit par les allures de Benoît, qu'il ne souhaitoit rien moins que la réunion de l'Eglise & la fin du schisme, sollicita si puissamment le Roi de publier la soustraction d'obéissance aux deux Papes prétendans, qu'elle l'obtint enfin, & la soustraction fut reçûë. Benoît que rien n'ébranla jamais, envoia des Bulles d'excommunication pleines de menaces, qui furent apportées au Conseil du Roi. La lecture qu'on en fit, remplit d'indignation toute

Affaires du schisme. l'assemblée, & d'un consentement unanime elles furent lacerées. On ne s'en tint pas-là, ses plus zelez partisans furent saisis & mis en prison, savoir l'Evêque de Gap, l'Abbé de S. Denis, le Doien de S. Germain de l'Auxerrois, Conseiller au Parlement. L'Evêque de S. Flour, créature de Benoît, fut revoqué de l'Ambassade d'Espagne, & qui plus est le Roi envoia ordre au Maréchal de Boucicaut d'arrêter Benoît lui-même: il fit aussi publier des Lettres de neutralité, c'est-à-dire, de soustraction d'obéissance à l'un & à l'autre des prétendans: ces lettres furent envoiées à tous les Princes Chrétiens. Il fallut regler tout ce qui regardoit le gouvernement de l'Eglise de France, tandis que la vacance dureroit, où l'on ne recevroit aucune expedition de Rome. Cela fut fait par un acte où l'on specifioit tout en détail, & un grand nombre de causes furent renvoiées à l'Ordinaire.

On fit ensuite le procès à Sancio Lupi, & à un *chevaucheur* de l'écurie de Benoît, comme aiant sçû le contenu des Bulles d'excommunication, & la teneur des Lettres qu'ils avoient eu l'insolence de presenter à sa Majesté. Il fut ordonné qu'on leur mettroit à la tête des mitres de papier, & que revêtus de dalmatiques de toile noire ornées des armoiries de Pierre de Lune, & de placards, ils seroient

fuit, quam illis ea persuasit. Ii tamen qui Duci Burgundiæ studebant, cum plausu illam exceperunt. Regina hæc ægerrime ferens clam Lutetia exiit cum Delphino, ac Melodunum se recepit, mœnia urbis restauravit, & propugnaculis cinxit, ac præsidio munivit, & copiam pugnatorum magnam colligere parabat; sed cum Rex convaluisset, Melodunum venit, illamque ab hoc proposito avocavit. Reversus Lutetiam Carolus, sive metu, sive alia movente causa, Ducis excusationes excepit, ipsique literas *absolutorias* dedit, quin etiam ejus rogatu Præfecti maris, munus a Cligneto de Brabantia abstulit, deditque Carolo de Castellione, Damperensi Toparchæ.

Iidem. Universitas quæ ex Benedicti gestis perspectum habebat, ipsum nihil minus curare, quam Ecclesiæ unitatem & schismatis extinctionem, tam assidue apud Regem egit, ut *subtractio* ab obedientia utrique Pontifici reddenda publicaretur, ut id tandem impetraverit. Subtractio igitur publicata acceptaque fuit. Benedictus vero qui semper imperterritus mansit, *Bullas* excommunicationis *comminatorias* misit, quæ ad consilium regium allatæ, lectæ fuerunt, omniumque indignationem moverunt: unoque omnium consensu laceratæ literæ sunt. Neque id satis fuisse visum est: namque ii qui Benedicto magis studebant in carcerem trusi sunt, nempe Episcopus Vapincensis, Abbas S. Dionysii, Decanus S. Germani Antissiodorensis in Curia à consiliis. Episcopus vero S. Flori, qui in Hispaniam Orator missus fuerat, revocatus fuit. Quodque gravius erat, mandavit Rex Bucicaldo Marescallo, ut Benedictum apprehenderet. Literas etiamnumque Pontificem rejicientes publicari jussit, queis confirmabatur illa *subtractio* ab obedientia utrique competitori præstanda: quæ literæ ad Christianos omnes Principes missæ fuere, statuendum postea fuit quidquid ad Ecclesiæ Gallicanæ regimen pertinebat, dum Sedes vacaret, nullaque Romana expeditio admitteretur. Hoc per rescriptum significatum fuit, in quo minutatim omnia recensebantur, multæque tunc causæ ad jurisdictionem ordinariam missæ fuere.

Tunc in judicium vocati sunt Sancius Lupus, & Equiso Benedicti Papæ: utpote qui *Bullæ excommunicationis* & literarum quas detulerant dicta & verba probe nossent, & Regi impudenter dedissent. Mandatumque fuit, ut papyreæ mitræ capitibus ipsorum imponerentur, utque dalmaticis nigris indui cum insignibus Benedicti Papæ, plaustris queis lutum ex ur-

CHARLES VI. dit LE BIEN-AIMÉ.

mis dans un des tombereaux qui servoient à emporter les boues des rues de Paris. Après quoi ils furent condamnez le premier à une prison perpetuelle, & le second à trois ans de prison seulement. Les autres hommes de marque partisans de Benoît qui avoient été emprisonnez, furent relâchez au bout de trois mois.

Les deux prétendans voiant qu'on agissoit si vivement contre eux, prirent la fuite pour chercher quelque lieu de sûreté. Gregoire s'enfuit à Sienne, & Benoît informé de l'ordre qu'on avoit donné de l'arrêter, se refugia d'abord à Perpignan. Il s'appelloit Pierre de Lune, & on prit de là occasion de dire de lui: *Non orietur in diebus ejus justitia & abundantia pacis, donec auferatur Luna.* Et alors les deux Colleges des Cardinaux qui étoient auprès des deux competiteurs se réunirent, & délibererent ensemble du lieu où ils devoient se rendre pour tenir un Concile & élire un Pape.

Le cinquième de Juillet le Duc de Bourgogne partit de Paris pour aller secourir son beau-frere Jean de Baviere Evêque de Liege, que les Liegeois avoient chassé de son Diocese, & avoient mis en sa place un jeune Seigneur du payis fils du Sire de Peruves, qui fut confirmé par le Pape Benoît. Le Duc se rendit d'abord à Arras. La Reine qui n'aimoit pas ce Duc, profitant de son absence, partit de Melun, où elle s'étoit retirée comme nous avons dit, accompagnée des Ducs de Berri, de Bourbon & des autres Princes & Seigneurs, & se rendit à Paris: elle y fit venir la Duchesse d'Orleans. La Reine avec le Dauphin son fils Duc de Guienne, prit, par ordre du Roi, dont elle montra les Lettres, le gouvernement du Roiaume, tandis que le Roi seroit malade. De concert avec la Reine, la Duchesse d'Orleans, qui étoit arrivée de Blois, vint avec le Duc son fils demander justice, & prier qu'on marquât un jour pour justifier le Duc défunt des calomnies dont le Duc de Bourgogne avoit noirci sa mémoire. La Reine assigna pour cela l'onzième Septembre. La Duchesse choisit pour plaider la cause de son mari, Jean de Villete Abbé de S. Denis, homme disert & éloquent pour ces tems-là. L'Orateur s'étendit beaucoup sur les violences du Duc de Bourgogne, sur la noirceur de l'homicide commis en la personne du Duc d'Orleans auquel il devoit se regarder comme inferieur. Il purgea ensuite le

---

be educi solebat, imponerentur, posteaque prior perpetuo carceri mancipatus est, alter triennalem in carcere detentionem subire coactus est. Viri autem alii insignes, qui quod Benedicti partibus addicti nimium essent, in carcerem trusi fuerant, post trium mensium spatium ex carcere educti fuerunt.

Duo autem illi competitores Pontifices cum cernerent tam vehementer secum agi, fugam fecerunt, ut in tuto sese loco reciperent. Gregorius Senas se recepit. Benedictus vero cum comperisset sui apprehendendi jussa data fuisse, statim Perpinianum confugit. Cum porro ille nomine proprio Luna vocaretur tunc vulgi se ferebatur hoc dictum: *Non orietur in diebus ejus justitia & abundantia pacis donec auferatur Luna.* Cardinales vero utriusque partis qui apud ambos competitores sedem habere solebant, una convenere, deliberauntque quem in locum sibi conveniendum esset, ut concilium celebrarent, novumque Papam deligerent.

Quinto Julii die Dux Burgundiæ Luteria profectus est, ut Episcopo Leodiensi Joanni Bavarico uxoris fratri opem ferret, quem Leodienses ex diœcesi sua expulerant, in ejusque locum juvenem quemdam nobilem regionis suæ, filium Peruviensis Toparchæ invexerant, qui confirmatus fuit a Benedicto Papa. Dux autem Burgundiæ statim Atrebatum petiit. Regina vero quæ ipsi infensa erat, postquam ille abscesserat, Meloduno, quo se illa receperat, ut diximus, profecta, comitantibus Ducibus Bituricensi & Borbonio aliisque Principibus ac primoribus Lutetiam venit, quo etiam Aurelianensem Ducissam evocavit. Regina & Delphinus filius Dux Aquitaniæ, jubente Rege, cujus illa literas exhibuit, Regni administrationem susceperunt, tenendam quanto tempore Rex morbo solito laboraret. Consentiente Regina Aurelianensi Ducissa, quæ Blesis advenerat, cum Duce filio suo justitiam Reginæ implorarura venit, rogavitque diem dici, qua defunctus Dux purgari posset a calumniis, queis Dux Burgundiæ ejus memoriam labefactaverat. Regina vero ad eam rem, undecimam Septembris diem assignavit. Delegit autem Ducissa Oratorem, qui conjugis sui causam defenderet, Joannem de Villeta, Abbatem sancti Dionysii, eloquentem virum & illa ætate disertum habitum. Orator Ducis Burgundiæ violentiam pluribus persequutus est, necnon perpetrati homicidii horrorem, quo Dux Aurelianensis, qui dignitate superior ipso erat, de medio sublatus fuerat. Deindeque Ducem Aurelianensem

défunt de tous les crimes que l'Orateur du Duc lui avoit calomnieusement imposez. Après que l'Abbé eut fini, l'Avocat de la Duchesse parla, & demanda en son nom, que le Duc de Bourgogne fût mis en prison, qu'il demandât pardon au Duc & à la Duchesse, que ses maisons fussent rasées, qu'il fut condamné à un million d'aumônes, exilé pour vingt ans outre-mer, & condamné à tous les frais & dépens.

Jean Duc de Bourgogne déclaré ennemi de l'Etat.

Le Roi & tous les Princes assemblez conclurent qu'il falloit le déclarer ennemi du Roi & de l'Etat, & assembler des troupes de tous les côtez pour lui courir sus. On mit des corps de garde aux portes ; cela fit murmurer la Bourgeoisie. Cependant on établit un bon ordre dans Paris, afin que tout se passât sans tumulte, & que la soldatesque n'y fit point de désordre. Il n'en fut pas de même des gens de guerre qui étoient à la campagne : ceux-ci pilloient de tous côtez, publians que n'étant pas paiez, il falloit qu'ils prissent où ils trouvoient dequoi subsister. La Reine fut obligée de mander les plus riches Bourgeois, & les pria de l'assister de quelque somme en emprunt pour paier la solde : chacun s'en excusa, & quelques-uns même parlerent un peu haut sur cet amas de gens de guerre. La Reine quoiqu'indignée ne fit pas semblant d'y prendre garde, elle réserva à une autre fois à punir les Parisiens, & fit alors le projet avec son Conseil d'éloigner le Roi de Paris.

Cependant le Duc de Bourgogne & le Comte de Hainaut faisoient avec succès la guerre aux Liegeois, qui avoient assiegé Maëstric; la ville étoit déja aux abbois. Le Duc fit inutilement parler d'un accommodement, il y envoia le Sire de Montjoie, qui le trahit & persuada aux Liegeois d'aller attaquer l'armée du Duc & du Comte. Le Sire de Peruves dont le fils avoit été élu Evêque en la place de Jean de Bàviere, marcha avec l'armée des Liegeois de beaucoup superieure à celle des ennemis. La bataille se donna, les Liegeois furent défaits, & il en demeura vingt-quatre mille sur la place. Peruves & le prétendant Evêque son fils furent du nombre des morts. La ville de Liege fut obligée de se rendre à discrétion, les vainqueurs firent executer les plus coupables. Montjoie s'enfuit en Alsace.

A la nouvelle de cette victoire, la Reine, les Rois de Navarre & de Sicile,

---

purgavit a calumniis omnibus, quæ Ducis Burgundiæ Orator ipsi imposuerat. Postquam peroraverat Abbas, Advocatus Duciſſæ Aurelianenſis, ipſius nomine postulavit ut Dux Burgundiæ in carcerem truderetur, veniamque peteret a Duce & Duciſſa, utque ædes ejus ſolo æquarentur, ipſeque decies centena millia librarum pauperibus erogare cogeretur, exſilio mulctaretur annorum viginti, quos in ultramarinis terris transfigeret, impenſasque omnes ſolvere cogeretur.

Iidem.

Rex & Principes omnes una coacti, re ſecum deliberata, ſtatuerunt, Regis Regnique hostem promulgandum eſſe Ducem Burgundiæ, ac cogendum undique exercitum, ut bellum ipſi inferretur. Custodiæ ad portas ponuntur, nec ſine Pariſinorum querimonia; intereaque intra urbem recto ſervando ordini advigilatur, ut ſine tumultu & tranquillè omnia eſſent, utque militum cohortes nullam civibus inferrent moleſtiam. Secus in iis pugnatorum cohortibus & turmis accidit, qui extra urbem & in agro erant ; hi namque agros circum diripiebant, dicentes ſtipendia ſibi nulla numerari ; nec ſe poſſe alio modo victum parare, quam obvia quæque rapiendo. Cum ærarium exhauſtum eſſet, Regina eos ex civibus qui opulentiores erant advocari juſſit, & ut ſibi pecuniæ ſummam ad ſtipendia militum commodarent, precata eſt. Quiſque vero civium ſe a mutuo danda pecunia alienum exhibuit. Nonnulli etiam de tanta collecta pugnatorum manu palam querebantur. Etſi animo commota & indignata Regina eſſet, iram tamen compreſſit, ulciſcendi animum aliud in tempus reſervavit, intereaque habito cum ſuis conſilio, Regem alio transferre meditabatur.

Dux vero Burgundiæ & Comes Hannonienſis contra Leodienſes bellum proſpere gerebant. Hi Trajectum ſuperius, urbem ad Moſam, obſederant, quæ jam ad extremas redacta anguſtias erat. Dux rem componere ſtudebat, & virum nobilem Monsjovienſem miſit, qui de pace ageret. Hic vero Ducem prodidit, & Leodienſibus auctor fuit, ut Ducis Comitiſque exercitum invaderent. Peruvius autem, cujus filius in locum Joannis Bavarici Epiſcopus Leodienſiselectus fuerat, cum Leodienſi exercitu movit, longe numeroſiore quam hoſtium exercitus eſſet. Commiſſa pugna fuit, victi profligatique ſunt Leodienſes, ex quibus viginti quatuor millia ceciderunt. Peruvius & filius ejus Epiſcopus inter cæſos reperti ſunt. Leodienſes ſeſe ad victorum arbitrium dedere compulſi ſunt, qui tumultus auctores ſupplicio affecere. Mons-Jovienſis in Alſatiam fugit.

Hujus victoriæ fama Lutetiam perlata Regiam Francicam exterruit : Regina, Reges Navarræ & Siciliæ,

les

CHARLES VI. dit LE BIEN-AIMÉ.

les Ducs de Berri & de Bourbon, & les autres Princes & Seigneurs furent fort étonnez, ils craignoient & non sans raison que le Duc de Bourgogne ne vînt contre eux triomphant & les armes à la main. Ils tinrent conseil ensemble & résolurent d'emmener le Roi à Tours, pour empêcher que leur ennemi ne se rendît le maître & de sa personne Roiale & du gouvernement du Roiaume. La Duchesse d'Orleans, qui étoit alors à Blois, accablée de douleur, tant de la perte de son mari, que du mauvais train que les affaires prenoient, mourut le quatriéme de Décembre.

Le Roi quitte Paris pour se retirer à Tours.

Le Duc de Bourgogne qui étoit en chemin pour venir à Paris, fut très-surpris d'apprendre que le Roi n'y étoit plus. Il envoia à la Cour le Comte de Hainaut son beau-frere, qui se chargea de quelques propositions à faire au Duc d'Orleans pour sa réconciliation, dont il se rendit le médiateur. Le Comte trouva assez de disposition du côté des Princes; mais ils vouloient exiger que le Duc demandât pardon au Duc d'Orleans, & qu'il s'abstînt pendant plusieurs années de venir à la Cour. Le Duc de Bourgogne rejetta ces conditions, & maltraita d'abord le Seigneur de Montagu Grand-Maître envoié pour négocier cette réconciliation, mais il s'humanisa enfin, & ils convinrent ensemble des conditions qu'il devoit proposer. Après cela le Duc entra dans Paris avec un grand nombre de Gensdarmes, qui malgré les ordres qu'il avoit donnez, pillerent dans la ville & ravagerent les campagnes jusques dans les Provinces voisines. Les Parisiens jugeant que c'étoit l'absence du Roi qui étoit la cause de ces desordres, envoierent prier sa Majesté de revenir dans leur ville. Il s'arrêta à Chartres, où le Duc de Bourgogne se rendit aussi. Là se fit cet accommodement, le Duc de Bourgogne fit au Roi & au Duc d'Orleans les satisfactions dont on étoit convenu, & pour rendre la chose plus stable, le mariage fut arrêté entre le Comte de Vertus frere du Duc d'Orleans & la fille du Duc de Bourgogne.

1409.

Le Duc de Bourgogne vient à Paris.

Les Cardinaux assemblez à Pise pour l'élection d'un Pape, citerent dans plusieurs des premieres Sessions, les deux prétendans qui n'eurent garde d'y comparoître: après plusieurs citations, ils furent jugez contumaces, & déclarez incapables de tout office & benefice. Ils élurent enfin Pierre Philareti, de l'Ordre des Freres Mineurs, dit de Candie, parce qu'il en étoit natif, sous le nom d'Alexandre V.

Après que le Duc de Bourgogne eut licentié ses troupes, celles qu'il avoit

---

Duces Biturigum & Borbonii aliique Principes, nec sine causa metuebant, ne Dux Burgundiæ triumphans & armatus contra se moveret. Inito autem consilio decretum fuit ut Rex Turonum duceretur, ne communis hostis Regem rerumque omnium administrationem invaderet. Aurelianensis Ducissa, quæ tunc Blesis erat, tum de conjugis morte, tum de infausto rerum negotiorumque exitu dolore oppressa, Blesis interiit die quarta Decembris.

Idem.

Dux vero Burgundiæ, qui tunc Lutetiam properabat, comperta Regis profectione stupefactus est, misitque Hannoniensem Comitem uxoris fratrem, qui ad aulam regiam proficisceretur, & cum Duce Aurelianensi aliquot reconciliationis vias tentaret. Non abnuebant Dux Aurelianensis & Principes; sed exigebant ut Dux Burgundiæ a Duce Aurelianensi veniam peteret, & aliquot annis a regia aula abesset. Hasce conditiones Dux Burgundiæ respuit, & Montacutium *Magnum Franciæ Magistrum* ad hujusmodi reconciliationem missum, asperè verbis insectatus est: verumtamen temperantior deinde factus, de conditionibus cum Montacutio convenit. Sub hæc

Dux Lutetiam ingreditur cum armatorum manu valida, qui Principis jussis non parentes, in urbe prædas egerunt, agrosque devastarunt ad usque vicinas regiones. Rati Parisini Regis absentiam in causa esse, quod tanta rerum perturbatio, tanta pernicies se invasisset, Regem rogatum miserunt, in urbem suam rediret. Rex vero Carolus Carnuti commoratus est, quo etiam venit Burgundiæ Dux. Ibi autem ille cum Rege & cum Duce Aurelianensi secundum statas conditiones reconciliatus est; atque ut inita pacta firmiora evaderent, sponsalia contrahuntur Vertusiensis Comitis, qui Ducis Aurelianensis frater erat, & filiæ Burgundiæ Ducis.

Cardinales Pisis congregati ad deligendum Papam, in primis sessionibus ambos competitores citarunt, qui in conspectum Concilii venire renuerunt. Postquam illis sæpius dies dicta fuerat, sententia fertur, qua ipsi contumaces & omni officio, beneficioque depulsi judicantur; demumque eligitur Petrus Philaretus Franciscanus, Cretensis dictus, quoniam ex Creta oriundus erat, qui Alexandri V. nomen assumsit.

Idem.

Cum Dux Burgundiæ copias suas missas fecisset,

Idem.

Tome III. T

tirées de la Savoie, se mirent à ravager en s'en retournant, les terres du Duc de Bourbon, sous la conduite d'un certain Amé de Viri, qui agissoit de concert avec le Comte de Savoie. Le Duc de Bourbon pour écarter la troupe de pillards, assembla une armée. Il marcha vers la Savoie, mit en fuite Amé de Viri. Le Comte de Savoie se voiant hors de défense, interposa la médiation du Duc de Bourgogne, qui du consentement des deux parties fit la paix. Une des conditions fut que le Comte livreroit au Duc de Bourbon, Amé de Viri. Ce malheureux implora la clemence du Prince, qui après lui avoir fait la réprimande, lui donna genereusement la vie & la liberté.

Vers ce tems-ci les nouvelles vinrent à la Cour que les Gennois, qui s'étoient mis sous la domination du Roi de France, s'étoient révoltez. La faction des Gibellins aiant prévalu, le Marquis de Montferrat s'empara de Gennes, tous les François qui s'y trouverent furent massacrez. Le Maréchal de Boucicaut qui commandoit pour le Roi en ce payis-là, fondit sur le Montferrat, où il mit tout à feu & à sang. Les Gennois se plaignirent au Roi de la tyrannie du Maréchal, & le Pape nouvellement élû, leur ordonna de demeurer fideles à la France.

L'affaire de Jean de Montagu, qui fut executé au mois d'Octobre de cette année 1409. est rapportée fort differemment par divers Auteurs. Les uns disent qu'il fut executé, injustement opprimé par ordre du Duc de Bourgogne, dont la violence & la cruauté n'a que trop paru en d'autres rencontres ; d'autres prétendent qu'il avoit pillé outre mesure les Finances du Roi, ce qui paroissoit évidemment, par les magnifiques châteaux qu'il bâtissoit, entre autres celui de Marcoussi, où il fonda un Monastere des Célestins ; par les terres qu'il achetoit, & par ses autres dépenses. Ceux qui vouloient le perdre y ajoutoient beaucoup d'autres crimes, dont la plûpart n'avoient guere d'apparence. Né d'une condition assez médiocre, il étoit entré fort jeune au service du Roi Charles V. qui le prit en affection, le fit son Secretaire, & lui donna ensuite la Surintendance des Finances ; il parvint enfin à la charge de Grand-Maître de la Maison de France. Il avoit la confiance & l'amitié du Roi Charles VI. Il fit des alliances fort illustres, ses sœurs épouserent de grands Seigneurs ; il maria sa fille au Connétable d'Albret ; de ses deux freres l'un fut Archevêque de Sens,

Idem.

qui ex Sabaudia auxiliares ipsi venerant, in reditu terras & agros Ducis Borbonii depopulati sunt, duce quodam Amedeo de Viriaco, cui hæc agenti assentiebatur Comes Sabaudiæ. Dux vero Borbonius, ut prædones abigeret, exercitum colligit, versusque Sabaudiam movet, Amedeum de Viriaco profligat. Comes vero Sabaudiæ se ad depellendum hostem imparem videns, ad Ducem Burgundiæ confugit, qui ex ambarum partium consensu pacem fecit, cujus una conditio fuit, ut Comes Amedeum de Viriaco Duci traderet. Infelix ille Ducis clementiam implorat, qui objurgatum illum generose liberum dimittit.

Hoc circiter tempus Regiæ Francorum nunciatum est, Genuenses, qui sese Regi Francorum sponte subdiderant, rebellavisse. Cum Gibellinorum factio prævaluisset, Montis-Ferrati Marchio, Genuam invasit. Franci omnes qui tum Genuæ erant, peremti sunt. Bucicaldus Marescallus qui tunc pro Rege istic imperabat, in Montis-Ferrati tractum ingressus, omnia ferro & igni depopulatus est. Genuenses apud Regem Francorum de Bucicaldi tyranide conquesti sunt. Summus autem Pontifex recens creatus, Genuensibus mandavit, uti Regi Francorum subditi & fideles permanerent.

Joannes de Monte-acuto causa, & supplicium de illo sumtum mense Octobri anni 1409. varie a variis Scriptoribus referuntur. Alii narrant illum injuste oppressum periisse, jussu Burgundiæ Ducis, cujus violentia & inhumanitas, in diversis occasionibus satis superque comprobata fuit. Alii dicunt ipsum ex ærario regio innumeras sibi abstulisse pecunias : id quod liquidum videbatur esse ex magnificis ædibus & castellis quæ struxit ille, præsertimque ex Marcossiano, ubi Cælestinorum Monasterium fundavit ; ex terris & agris quos emerat ; ex impensis quas profundebat. Qui illius perniciem moliebantur, alia adjiciebant crimina, quorum pleraque verisimilitudine carebant. In statu mediocri natus, juvenis adhuc in Caroli V. famulatum ingressus fuerat, cujus sibi benevolentiam conciliavit. Rex illum sibi primo a secretis Scribam assumsit, posteaque supremum ærarii Præfectum nominavit, tandemque ad tantam pervenit dignitatem, ut magnus regiarum ædium Magister crearetur. Tunc porro in Regis Caroli VI. amicitiam sese prorsus insinuavit. Cum multis autem proceribus atque Principum affinitate junctus est. Sorores ipsius cum primoribus junctæ connubio sunt : filiam ipsius uxorem duxit Constabularius de Leporeto : ex fratribus ipsius alter Archiepiscopus Senonen-

l'autre Evêque de Paris. Cela ne pouvoit manquer de lui attirer bien des envieux. Il avoit aussi de grands amis même des Princes ; mais le Roi de Navarre & le Duc de Bourgogne, sur tout ce dernier, le haïssoient à mort; comme il étoit en grande faveur auprès du Roi, ils prirent le tems de sa maladie pour perdre ce Ministre. Ils le firent saisir par Pierre des Essars, qui le mena au petit Châtelet, où il le mit dans une prison sale : il appella au Parlement, mais on le fit juger par des Commissaires. Il fut mis à la question, où on lui fit avouer tout ce qu'on voulut : il fut enfin condamné à avoir la tête tranchée aux Halles. On remarqua que la Sentence ne lui fut point lûe avant l'execution, & l'on disoit que c'étoit parce qu'il avoit déclaré, qu'il n'avoit confessé les crimes dont on le chargeoit que par la violence des tourmens, si grands, qu'il en avoit les mains toutes disloquées & le bas ventre rompu. Après qu'on lui eût coupé la tête, on pendit son corps au plus haut gibet de Montfaucon. Sa mémoire fut bien-tôt après rétablie : plusieurs Seigneurs s'interessérent pour lui ; & les Célestins de Marcoussi n'épargnerent ni soins ni dépense, tant pour ses funerailles, que pour la réhabilitation de l'honneur du défunt & de sa famille ; on avoua qu'ils n'avoient pû pousser plus loin leur reconnoissance.

Après cette execution les Princes tâcherent de réformer l'Etat, firent rendre compte aux Financiers, revoquerent plusieurs dons que le Roi avoit faits, & déposerent une partie des Officiers de la Chambre des Comptes. Pour se concilier l'amitié des Parisiens, ils rétablirent leurs privileges, leur permirent de s'armer dans l'occasion, & leur donnerent la faculté de tenir des Fiefs comme les Nobles.

Le premier jour de Décembre le Roi étant revenu en santé & en son bon sens, fut très-faché d'apprendre la mort de Montagu. Après cela de l'avis des Princes il fit une grande assemblée des Seigneurs du Roiaume pour regler les principales affaires de l'Etat. Il fut parlé d'abord d'une guerre dont les Anglois sembloient ménacer la France. Le Roi confirma ce qu'il avoit déja établi trois ans auparavant, que quand la maladie l'empêcheroit de prendre connoissance des affaires, la Reine gouverneroit en son nom ; & que si quelque incommodité l'empêchoit d'y vaquer, le Dauphin Duc de Guienne

Jean de Montagu executé à Paris.

sis, alter Episcopus Parisiensis creatus est. Vix fieri potest ut non tam prospera fortuna multorum invidiam concitaret ; & tamen ille proceres multos etiamque Principes inter amicos numerabat; sed Rex Navarræ & Dux Burgundiæ, hic præsertim, illum summo odio prosequebantur. Cum porro apud Regem gratia multum valeret, tempus observarunt, quo Rex morbo detentus jaceret, ut hunc Ministrum de medio tollerent. Ipsum vero Petri de Essartiis opera apprehendi jusserunt, qui illum in parvum Castelletum adduxit, & in sordidissimum carcerem trusit. Ad Curiam Senatus Mons-acutius provocavit ; sed ut per deputatos ad eam viros de illa causa judicaretur statutum fuit. Tormentis postea applicatur, tam atrocibus, ut omnia quæ tortores vellent fateri coactus sit. Demum sententia fertur ut in foro venalium capite truncaretur. Observatum autem fuit sententiam contra ipsum prolatam non lectam ipsi fuisse antequam supplicium subiret, rumorque erat rem ideo sic gestam fuisse, quod ipse declaravisset se nonnisi vi tormentorum coactum sibi imposita crimina vera esse declaravisse, quæ tormenta tanta fuerunt, ut luxatæ manus ipsius, & abdomen ruptum esset. Postquam truncatum caput ipsius fuerat, corpus ejus in altissimo omnium Montefalconiensi patibulo suspensum fuit : verum memoria illius haud multo postea in honorem restituta fuit. Multi proceres illius causam & defensionem susceperunt, & Marcossiani Cælestini nec curis suis nec sumtibus pepercerunt, tum ut funus magnifice celebrarent, tum ut honorem & ipsi & familiæ ipsius restitui curarent; fassique sunt omnes non potuisse majora grati animi signa proferri.

Hoc peracto Principes, Regni statum instaurare curarunt; ab ærarii administratoribus rationes expetierunt, dona plurima ab Rege facta revocarunt; Computorum Cameræ Ministris multos deposuerunt; utque Parisinorum sibi amicitiam conciliarent, privilegia sua ipsis restituerunt, licentiam dederunt arma sumendi, si quando id occasio postularet, facultatemque ipsis dedere ut feudos seu beneficiaria prædia tenerent, id quod Nobilibus tantum concedebatur.

Prima die Decembris Rex Carolus, recuperata valetudine & rationis usu, non sine moerore edidicit Montacutium supplicio periisse. Postea vero, suadentibus Principibus, concilium magnum convocavit Regni procerum, ut de præcipuis negotiis agereturn, statimque in medium allatum fuit, Anglos in Franciam bello impetituros esse comminari. Rex vero illa, quæ ante triennium jam statuerat, confirmavit, ut nempe quando morbo detentus ipse, res & negotia tractare non valeret, Regina suo nomine omnia administraret; si Regina ægritudinis causa id non posset, Delphinus Dux Aquitaniæ administrationi te-

Juvenal. Le Moine de S. Denis.

Iidem.

prendroit le gouvernement. Le Duc de Berri proposa d'élire quelqu'un des Princes pour gouverner le Duc de Guienne, qui étoit encore fort jeune : & le Roi lui aiant demandé lequel des Princes il croioit le plus propre à cela, il nomma le Duc de Bourgogne dont il fit l'éloge, & s'offrit pourtant de se trouver au Conseil du Prince s'il lui plaisoit. Il fut pris au mot pour le premier point proposé. Le Duc de Bourgogne fut choisi pour gouverner le Dauphin; mais le Duc de Berri ne fut jamais appellé au Conseil du Dauphin, ce qui l'indisposa beaucoup contre le Duc de Bourgogne, qui lui avoit joué ce tour : ce fut-là le commencement de la division entre eux, qui éclata bien-tôt & se termina en une guerre civile.

1410. Tandis que ces choses se passoient en France, le Roi reçût nouvelle vers le tems de Pâque, que Tannegui du Châtel qui commandoit vers Rome pour le Roi de Sicile, avec un corps de troupes de Bretons, d'Angevins & de Romains, avoit défait Ladislas usurpateur de la Couronne de Sicile, & qu'il s'étoit emparé d'une grande partie de la ville de Rome & du château S. Ange.

Ceux de Harfleur, qui faisoient des courses sur mer, remporterent en ce tems un avantage assez considerable sur les Anglois. Le Roi d'Angleterre envoioit à Bourdeaux un renfort de troupes & d'hommes d'armes commandez par le Sénéchal de la même ville; ils le battirent, & le firent prisonnier avec quatre cens hommes, & revinrent chargez de butin. Le Duc de Bourgogne fit vers la même tems une entreprise sur Calais, qui ne réussit pas mieux que la premiere.

Le Duc de Berri fort mécontent de la Cour, comme nous venons de voir, se joignit avec le Duc de Bourbon, qui n'approuvoit pas plus que lui les allures du Duc de Bourgogne. Ils partirent ensemble de Paris & se rendirent à Gien, où par les avis secrets du Duc de Berri, se trouverent aussi les Ducs d'Orleans & de Bretagne, & les Comtes d'Alençon, de Clermont & d'Armagnac. Ils tinrent conseil ensemble. Le Duc de Berri representa le malheureux état où se trouvoit alors le Roiaume, les desordres où étoit la Cour, où la justice étoit foulée aux pieds, où l'on faisoit périr les innocens, tandis qu'on protegeoit un amas méprisable de gens, qui gâtoient tout. Sa conclusion fut, que leur naissance ne leur permettant pas de voir tout cela d'un œil tranquille, il étoit à propos qu'ils réunissent leurs forces pour aller remedier à ce grand mal.

Le Duc de Berri & ceux de son parti prennent les armes.

rum operam daret. Dux autem Bituricensis, ex Principibus quemdam deligendum esse dicebat, qui Ducis Aquitaniæ adhuc junioris curam haberet ; sciscitante autem Rege, quemnam ex primoribus ad eam rem aptiorem existimaret, ille Ducem Burgundiæ nominavit, quem laudibus extulit, seque tamen ad Principis consilia evocatum venturum esse, si id Principi placeret. Ipsi vero statim assensum est, quantum ad primam rem propositam; cura namque Delphini Duci Burgundiæ commissa fuit ; sed Dux Bituricensis nunquam ad Delphini consilium evocatus fuit, id quod illum a Duce Burgundiæ abalienavit, cujus opera hanc se repulsam ferre putabat. Hoc dissensionis initium fuit, quod haud diu postea in bellum civile erupit.

Dum hæc in Francia gererentur, nunciatum Regi fuit Paschatis circiter tempore, Tanaquillum de Castello, qui pro Rege Siciliæ circa Romam manui militum imperabat, Britonum, Andegavensium, Romanorum; Ladislaum qui coronam Siciliæ usurpaverat profligavisse, atque partem magnam urbis Romæ, castellumque sancti Angeli cepisse.

Ibidem. Hoc ipso tempore Harflevienses marinis expeditionibus dediti, aliquid damni Anglis intulere. Rex Angliæ Burdegalam manum pugnatorum & militum mittebat duce Burdegalensi Seneschallo. Aggressi autem illum vicerunt, & cum quadringentis Anglis captum secum duxerunt manubiis onusti. Dux autem Burgundiæ eodem tempore Caletum occupare denuo tentavit ; sed non meliore quam pridem exitu.

Dux autem Bituricensis Regiæ Francorum infensus, ut modo narrabamus, sibi Ducem Borbonii ascivit, cui Ducis Burgundiæ gesta non minus quam Bituricensi Duci displicebant. Ambo igitur Lutetia profecti, Giennum venerunt. Quo etiam clam a Duce Bituricensi evocati, venerunt Duces Aureliani & Britanniæ, Comitesque Alenconius, Claromontanus & Armeniacensis. Simul vero consilium inierunt. Dux Bituricensis cœtum alloquens, quam infelici in statu regnum tunc versaretur exposuit, quam confuse & perturbatæ res essent in aula regia ; ubi justitia pessumdabatur, innoxii & inculpati de medio tollebantur, vilisque turba hominum qui omnia labefactabant, protegebatur : ex regio ortus genere non licere tranquille hæc omnia respicere ; sed expedire ut conjunctis viribus omnes ad hæc eliminanda mala in Regiam se conferrent.

CHARLES VI. dit LE BIEN-AIMÉ.

Tous ceux qui étoient présens l'applaudirent, & chacun d'eux s'obligea de fournir certain nombre d'archers & d'hommes. Ils publièrent un manifeste, où ils tâchoient d'établir leur bon droit. Le dessein fut pris d'aller droit à Paris, & d'agir là de concert pour le bien de l'Etat. Le Duc de Bourgogne voulut aussi faire des levées de gens de guerre de son côté. Il falloit de l'argent ; les Finances se trouverent épuisées, ou pour mieux dire, pillées. Le Duc manda alors les principaux Bourgeois des villes de France, leur exposa les besoins de l'Etat, & proposa un impôt sur chaque ville ; mais il y trouva tant de difficulté de leur côté, que de peur de se rendre odieux, il n'en parla plus.

Le Pape Alexandre V. après dix mois huit jours de Pontificat, mourut âgé de près de quatre-vingts ans. Les Cardinaux s'assemblerent & élurent peu de jours après Balthasar Cossa Neapolitain, qui fut appellé Jean XXIII.

Vers le commencement de Juin, on vit au païs de Hainaut un sanglant combat entre des oiseaux, les Cigognes jointes aux Herons & aux Pies, donnerent bataille aux Corneilles, aux Corbeaux, & aux Geais. La mêlée commença avec un croassement & un bruit épouvantable ; ils se battirent longtems avec le bec & les ongles, mais enfin les premiers eurent l'avantage, les autres prirent la fuite. Les morts qui tomboient sur terre auroient bien rempli deux charretes. On regarda cela comme un présage d'une guerre future.

Les Princes armoient en France des deux côtez ; le Duc de Berri avoit pour lui les Gascons, les Bretons, les Normans & les Orleannois : le Comte de Richemont vint aussi d'Angleterre le joindre avec un corps de troupes Angloises. Le Duc de Bourgogne outre les levées qu'il fit en France, appella à son secours les Flamans, les Lorrains, les Brabançons & les Allemans. Chacun des deux partis publioit que c'étoit pour le bien public qu'il prenoit les armes. Le Roi écrivit au Duc de Berri, lui ordonnant de venir en Cour, & de désarmer. Mais regardant cet ordre comme émané du Duc de Bourgogne son ennemi mortel, il n'eut garde d'obéir. Cependant ces troupes de l'un & de l'autre parti pilloient & ravageoient les Provinces du Roiaume. Le Roi à la persuasion du Duc de Bourgogne, fit publier à son de trompe, qu'il permettoit aux païsans de prendre les armes ; & de tuer même les Princes, s'ils attentoient ou sur leurs biens, ou sur leurs vies. Mais tout cela ne servit qu'à irri-

Guerre civile en France.

Cum universorum plausu hæc excepta fuerunt, & Principum singuli certum sagittariorum armatorumque numerum se adducturos esse polliciti sunt ; rescriptumque publicum emiserunt, quo se jure ac merito talem suscipere causam comprobare studebant. Lutetiam autem statim eundum esse statuerunt, ut conjunctis animis ad hæc eliminanda daretur opera. Ex altera vero parte Dux quoque Burgundiæ armatorum copias & ipse colligere parabat. Ad eam rem pecunia opus erat ; regium ærarium exhaustum, seu, ut verius dicatur, direptum fuerat. Tunc vero Dux præcipuos urbium cives evocavit, quanta in præsenti rerum statu pecuniæ necessitas esset exposuit, singulisque urbibus vectigal imponendum esse suadere conabatur : verum illi hac in re tantas objicere difficultates, ut Dux Burgundiæ ne sibi odium universorum conciliaret, a cœpto desistere coactus sit.

Alexander V. Papa postquam Pontificatum tenuerat mensibus decem ac diebus octo, fere octogenarius defunctus est. Congregati vero Cardinales paucis postea diebus elegerunt Balthasarem Cossam Neapolitanum, qui Joannes XXIII. nominatus fuit.

Ineunte circiter Junio, in Hannonia visa fuit acris & cruenta avium pugna : Ciconiæ, Ardeæ & Picæ, prœlium commiserunt contra Cornices, Corvos & Graculos. Inita pugna est cum crocitu & strepitu horrendo. Diuque concertarunt aves rostris & unguibus. Tandemque Ciconiæ & sociæ victoriam retulerunt ; aliæ vero fugam fecerunt. Mortuæ aves quæ in terram cecidere, plaustra duo onerare potuissent. Hæc vero pugna ut futuri belli omen habita est.

Principes Franci utrinque copias armatosque colligebant. Pro Bituricensi Duce stabant Vascones, Britones, Normanni, Aurelianenses ; Comes etiam Ricamontius ex Anglia venit cum Anglorum manu. Dux autem Burgundiæ præter Francorum agmina, Flandros etiam evocavit, Lotharingos, Brabantinos & Germanos. Utraque pars se pro publico bono arma assumere profitebatur. Rex literas misit ad Bituricensem Ducem, queis mandabat ei ut in Regiam veniret, & arma poneret ; sed cum jussionem talem ex Burgundiæ Duce deterrimo hoste suo manasse certum haberet, mandanti obsequi ne cogitavit quidem. Interea vero utriusque partis exercitus Regni provincias devastabant. Rex, suadente Burgundiæ Duce, tuba canente proclamari jussit, se rusticis dare licentiam ut etiam Principes occiderent, si vel bona, vel vitam sibi auferre vellent ; sed nihil aliud hinc par-

Le Moine de S. Denis. Juvenal.

Iidem.

ter les gens de guerre, qui continuerent toujours leurs ravages. Le Duc de Bourgogne vouloit mettre un Gouverneur à Paris en la place du Duc de Berri; mais les Parisiens n'en voulurent pas d'autre. On envoia parler d'accommodement à ce même Duc de Berri; il differa d'y répondre, & vint ensuite avec les Princes & l'armée à Chartres, & il envoia au Roi sa réponse, qui ne consistoit qu'en complimens, & ne satisfaisoit en rien à ce que le Roi demandoit.

Le Duc de Bourgogne fit entrer dans Paris huit mille hommes, qu'il fit loger chez les Bourgeois. Il fit lever une grosse taxe sur les mêmes Bourgeois. Le Prevôt des Essarts qui en fut chargé en retint pour soi la meilleure partie. Le Duc de Brabant vint loger dans S. Denis avec six mille hommes, qui pillerent & ravagerent la ville & la campagne. La Reine voulut s'entremettre pour la paix; mais elle n'avança rien: l'Université qui voulut s'en mêler, n'y réussit pas mieux. Le Duc de Berri vint enfin se camper à Bicêtre, & ne voulut entendre parler de paix, que lorsque les approches de l'hiver, & la disette des vivres, le contraignirent de traiter. Les principaux articles de la paix, étoient que les Ducs de Berri & de Bourgogne, & tous les Princes hors le Comte de Mortaing frere du Roi de Navarre, s'éloigneroient de la Cour & de Paris, & ne reviendroient point auprès du Roi s'ils n'étoient mandez par des Lettres Patentes scellées de son seau. Que lesdits Ducs de Berri & de Bourgogne conviendroient entre eux de deux Seigneurs pour avoir soin en leur absence de l'éducation du Dauphin Duc de Guienne. Que le Prevôt de Paris seroit déposé de sa charge & de toute administration.

Paix de peu de durée.

1411. Cette paix ne fut pas de longue durée. Le Duc de Bourbon, le Comte d'Alençon, & le Connétable faisoient de nouvelles levées, le Duc d'Orleans & le Comte d'Armagnac étoient de ce parti. Le Duc de Bourgogne s'en plaignit hautement & demanda permission d'armer, & il arma en effet, sans attendre cette permission. Le Roi se vit aussi peu avancé qu'avant le Traité précedent. Il envoia ordre aux Princes de l'un & de l'autre parti de mettre bas les armes; mais ils n'en voulurent rien faire. Le Duc d'Orleans écrivit au Roi, au Duc de Guienne & à l'Université pour justifier sa prise d'armes; & renou-

tum est, quam quod in iram concitati milites, agros & villas desolari pertexerint. Dux Burgundiæ alium Lutetiæ Rectorem constituere voluit, submoto Duce Bituricensi, qui hoc instructus erat officio: verum id Parisini noluerunt. De pace postea cum eodem Bituricensi Duce actum. Ille vero aliud in tempus propositis respondere distulit, posteaque cum Principibus & exercitu Carnutum venit, tuncque Regi literas queis propositis respondebat, misit, obsequii plenas quidem, sed quæ nullo modo Regis placitis facerent satis.

Dux Burgundiæ octo millia armatorum Lutetiam induxit, qui in Parisinorum ædibus habitarent. Vectigal grande iisdem Parisinis civibus imposuit, exigendi curam habuit Præpositus de Essartiis, qui maximam collectæ summæ partem sibi divertit. Dux vero Brabantiæ in sancti Dionysii oppidum ingressus est cum sex millibus armatorum, qui & oppidum & vicinos agros diripuerunt. Isabella Regina, quæ pacem peroptabat, dissidentes partes conciliare studuit, sed cum nullo operæ precio; nec meliori exitu Universitas idipsum tentavit. Dux Bituricensis Vincestriam cum exercitu venit, ibique castra posuit; propositamque sibi pacem ne auditu quidem ferre voluit, donec appetente hieme,

annonaque deficiente, ad pactiones tandem venire coactus fuit. Hæ vero præcipuæ pacis conditiones fuere; ut Duces Biturigum & Burgundiæ, omnesque Principes, uno excepto Moritaniensi Comite, procul a Regia & Lutetia degerent; nec nisi evocati per literas sigillo regio munitas, ad Regem accedere possent; ut iidem Duces Biturigum & Burgundiæ mutuo consilio & consensu duos ex primoribus viros deligerent, qui ipsis Ducibus absentibus Delphini Ducis Aquitaniæ educationi advigilarent, ut Præpositus Parisiensis ab hoc munere, & ab omni administratione removeretur.

At non diuturna pax illa fuit: Dux namque Borbonius, Comes Alenconius & Constabularius novas armatorum manus colligebant. Dux vero Aurelianensis & Armeniaci Comes illorum partibus hærebant. Hac de re palam conquestus est Dux Burgundiæ, & armatos colligendi licentiam postulavit: nec exspectata licentia, manus militum convocavit. Rex ubi vidit eadem omnino conditione res esse, qua ante initam pacem fuerant, utriusque partis Principes arma ponere jussit. At illi dicto audientes non fuere. Dux Aurelianensis Regi scripsit, Ducique Aquitaniæ atque etiam Universitati, ut se jure arma

vellant la premiere querelle, il envoia au Duc de Bourgogne un cartel de défi fort injurieux. Le Duc de Bourgogne lui en envoia un autre, où il encherissoit sur les injures du premier.

La Reine & le Duc de Berri s'entremirent pour la paix, & porterent le Roi à leur envoier pour cela plusieurs Seigneurs; mais ils ne gagnerent rien. Ce fut à ce qu'on crut par la connivence du Duc de Berri, qui perdit alors l'affection des Parisiens. Ils demanderent pour Gouverneur de Paris en sa place, le Comte de S. Pol qui leur fut accordé. Ce nouveau Gouverneur s'y prit fort mal dès le commencement de son administration. Il partagea son emploi avec trois fils du Boucher du Roi nommez le Gois, & fit un corps de cinq cent bouchers ou écorcheurs, qui firent mille insolences, ce qui déplut extrêmement aux gens de qualité & aux bons Bourgeois. Le Duc de Berri ainsi dépossedé de sa charge, leva de nouveau l'étendard & se remit du parti du Duc d'Orleans.

Ce Prince avec ses troupes vint piller & saccager la Picardie, & s'avançant vers Paris, il se saisit de Mont-le-heri, & ruina les terres des environs, ensorte que les payisans quittant le labourage prirent les armes, & se mirent à piller sur les deux partis. Le Duc de Guienne tint sur cela un grand conseil, où il fut résolu d'appeller au secours le Duc de Bourgogne. On expedia au nom du Roi des Lettres, où on le prioit de venir au plutôt. Cependant les Bouchers de Paris sous la conduite des le Gois & des Saint-Yons faisoient toujours des insolences. Ils obligerent le Conseil de leur abandonner les personnes & les biens de ceux du parti d'Orleans. On se saisit du temporel de l'Archevêque de Sens & de l'Evêque de Paris freres du Sire de Montagu executé ci-devant, & le Gouvernement de Guienne fut ôté au Duc de Berri, & donné au Sire de Saint George.

Le Duc de Bourgogne partit de Flandres & prit le chemin de Paris: sur sa route il assiegea la ville de Ham, qui fut saccagée & presque brûlée. Pour renforcer encore son armée, il demanda secours au Roi d'Angleterre, qui lui envoia le Comte d'Arondel avec quelques troupes, ce qui déplut extrêmement à presque tout le Roiaume. Le Duc d'Orleans qui avoit une très-puissante armée s'avança jusqu'à Montdidier, & s'approcha de l'armée du Duc de Bourgogne,

Le Duc d'Orleans marche avec une armée contre le Duc de Bourgogne.

cepisse probaret; pristinum Ducis Burgundiæ facinus repetens, illumque conviciis & maledictis onerans, ad pugnam provocabat, cui Dux Burgundiæ respondit; maledicta maledictis atrocioribus refellens.

Regina & Dux Bituricensis ad pacem confirmandam intervenerunt, & Regi suaserunt ut ex proceribus quosdam illis ea de causa mitteret: at illi re infecta discesserunt. Opinio multorum fuit rem, connivente Duce Bituricensi, hunc exitum habuisse; quæ causa fuit cur Parisini, missa fiducia & affectu quo illi antea hærebant, in ejus locum Comitem Sancti Pauli urbis Rectorem peterent, idque impetrarunt. Hic novus Rector infausta & indigna administrationis initia posuit. Cum tribus enim lanii regii filiis qui Goisii vocabantur, officii sui munia partitus est, agmenque collegit quingentorum laniorum, eorumque qui bestiarum pelles detrahebant, qui petulanter indigna assidue perpetrantes, in nobilium & honorabiliorum civium offensam incurrerunt. Dux porro Bituricensis hoc se destitutum officio cernens, denuo vexillum erexit, & ad partes Aurelianensis Ducis transiit.

Hic vero Princeps cum exercitu suo in Picardiam movit, agrosque ejus devastavit, inde versus Lutetiam veniens Montem-leherium cepit, & circumquaque prædas egit, ita ut villici aratris relictis arma sumerent, & de utraque parte prædas agere tentarent. Tunc Dux Aquitaniæ ad grande concilium multos evocavit, ubi statutum fuit ut Dux Burgundiæ in opem evocaretur, Regisque nomine literæ mittuntur, queis rogabatur quam celerrime veniret. Interea Lanii Parisini, ducibus Goisiis & Sanct-Yonibus, cum solita petulantia sese gerebant. A consilio regio extorserunt, ut sibi licentia daretur invadendi & personas, & bona eorum, qui Ducis Aurelianensis partes sequerentur. Proventus porro Archiepiscopi Senonensis, & Episcopi Parisiensis, qui fratres erant Montacutii pridem supplicio affecti, ipsis Præsulibus erepti fuerunt. Aquitaniæ autem administratio, quam tenebat Dux Bituricensis, San-Georgiano Toparchæ data fuit.

Dux Burgundiæ ex Flandria profectus, Lutetiam versus movit. Iter agens Hamum obsedit oppidum, quod direptum ac postea flammis traditum fuit. Ut exercitum suum augeret, ab Rege Angliæ copias auxiliares postulavit; qui ipsi Arundellianum Comitem cum Anglorum manu misit: illud vero omnibus pene regni Ordinibus displicuit. Dux porro Aurelianensis numerosissimo instructus exercitu, ad usque Montemdesiderii progressus est, & propter Burgundiæ Ducis

Iidem.

composée de Picards & de Flamans, deux nations qui se haïssoient mortellement. A l'approche des Orleannois, les Picards abandonnerent le Duc de Bourgogne; les Flamans se retirerent aussi, & le Duc fut obligé lui-même de faire retraite avec eux. Il eut été aisé au Duc d'Orleans de tailler en pieces cette armée dans sa fuite; mais comme il ne pensoit qu'à se rendre maître de Paris, il laissa échapper cette occasion.

Le Duc d'Orleans passa l'Oise & marcha vers S. Denis pour y mettre le siége. A ces nouvelles le Duc de Guienne envoia le Prince d'Orange avec ses troupes pour défendre la ville. Dès le lendemain il fut investi par le Duc d'Orleans. Le Prince se défendit vaillamment, mais il fut si vivement attaqué, qu'il fut enfin obligé de capituler. Cela étonna fort les Parisiens, qui furent encore bien plus surpris quand ils apprirent que les Orleannois s'étoient aussi saisis de S. Clou & de son pont. Delà les Bretons & les Gascons vinrent piller & ravager toute la campagne jusqu'à la Chapelle.

Prend S. Denis.

Cependant le Duc de Bourgogne arriva à Pontoise, d'où il vint à Paris avec ses troupes Angloises, qui dès le lendemain défirent trois cens Bretons logez à Montmartre & à la Chapelle; mais non pas sans peine & sans perte. Le Duc d'Orleans fit alors rassembler toute son armée à Saint Denis, d'où il envoia six mille hommes pour prendre Montmorenci; c'étoit alors une ville; elle fut prise, tout y fut passé au fil de l'épée; les femmes, les enfans & les vieillards n'y furent pas épargnez. Ces mêmes troupes ravagerent toute la vallée. Le Comte d'Armagnac qui étoit alors à Saint Denis, se saisit du trésor de la Reine qui y étoit gardé; ce qui fit que les Religieux apprehenderent qu'il ne se saisît aussi de celui de l'Eglise, & prirent des mesures pour l'empêcher.

Depuis ce tems-là le parti du Duc d'Orleans déclina toujours, & tomba enfin dans le mépris; ses troupes furent battues en plusieurs endroits; la plus considerable perte fut celle de Saint Clou, qui avoit une puissante garnison d'Orleanois. Ils furent attaquez par un corps de Picards, de Bourguignons, d'Anglois & de Parisiens. Les assiegez se défendirent vaillamment; mais ils furent enfin forcez, & comme ils résisterent jusqu'au dernier soupir, ils perdirent-là neuf cens Gentilshommes. Cet échec épouvanta l'armée Orleanoise.

exercitum venit: hic exercitus Picardis & Flandris constabat, quæ nationes mutuo sese odio prosequebantur. Accedente Aurelianensium exercitu, Picardi Burgundiæ Ducem deseruere. Flandri quoque sua repetere cœperunt, Duxque Burgundiæ cum illis receptui canere compulsus est. Tunc penes Ducem Aurelianensem erat totum illum exercitum fugæ sese dantem profligare ac cædere; sed cum hoc unum sibi in proposito esset ut Lutetiam occuparet, oblatam occasionem non attripuit.

Iidem.

Deinde Dux Aurelianensis, trajecta Isara, versus sanctum Dionysium movit, ut hoc oppidum obsideret. Hoc comperto Dux Aquitaniæ Arausicanum Principem cum copiis suis misit, qui oppidum defenderet. Insequenti die oppidum ab Aurelianensibus cinctum, oppugnatumque fuit. Princeps autem Arausicanus obsidentium impetum fortiter propulsabat: at illis strenue insistentibus ac decertantibus, deditionem pacta conditione facere compulsus est. Hinc Parisinos timor invasit, sed adauctus terror fuit, ubi nunciatum illis est Aurelianenses Sanctum Chlodoveum & pontem occupavisse. Inde vero profecti Britones & Vascones, agros circum devastarunt, & usque ad Capellam prædas egerunt.

Iidem.

Interea Dux Burgundiæ Pontisaram pervenit. Inde vero cum Anglorum manu Lutetiam se contulit. Postero autem die Angli trecentos Britones, qui in Monte Martyrum & in Capella sedes posuerant, non sine cæde suorum profligarunt. Dux autem Aurelianensis totum exercitum suum ad sanctum Dionysium cogi curavit, sexque millia armatorum misit, quæ Montem Maurentiacum, tunc autem oppidum erat, invaderent. Captum oppidum fuit, omnesque oppidani, ne exceptis quidem mulieribus, parvulis & senibus, gladio cæsi sunt: iidem ipsi vallem totam sunt depopulati. Comes autem Armeniacensis, qui tunc in sancti Dionysii oppido versabatur, Reginæ gazam, quæ ibidem servabatur, abripuit. Metuentes autem Monachi, ne thesaurum etiam Ecclesiæ subriperet, illum in tuto collocarunt.

Ab hoc autem tempore Aurelianensis Ducis partes in pejus declinare cœperunt, tandemque despectui sunt habitæ. Ejus copiæ sæpe victæ, fugatæque sunt. Maxima autem omnium jactura Aurelianensium illa fuit, quæ ad sanctum Chlodoveum accidit: ibi namque ipsorum validissimum numerosissimumque præsidium erat, quod invasere Picardi, Burgundiones, Angli & Parisini densissimo agmine. Cruenta pugna fuit; aliquanto tempore Aurelianenses hostium impetum fortissime propulsarunt: sed expugnati tandem fuerunt, & quia ad extremum usque halitum pugnavere, nongentos amisere nobiles viros. Clades isthæc

CHARLES VI. dit LE BIEN-AIMÉ.

Le Duc se retira de Saint Denis en grand désordre. Le Duc de Bourgogne & ses gens prirent en peu de tems les places des environs que les Orleanois occupoient ; la ville & le château de Couci, Estampes & plusieurs autres se rendirent ; les provinces entieres abandonnerent ce parti.

Le Duc de Guienne se mit alors en campagne, & fit quelques petits exploits : cependant le Comte de la Marche qui étoit de cette armée, fut enlevé avec quatre cens hommes par un parti des Orleanois, & amené avec toute sa troupe à Orleans, ce qui sauva la vie à un grand nombre d'Orleanois prisonniers à Paris, qu'on n'osa faire mourir crainte de represailles.

Le troisiéme de Janvier Louis Roi de Sicile vint à Paris avec une grande suite d'Arbalêtriers & de Gendarmes. Peu de tems après le Roi revint en santé. A la persuasion du Duc de Bourgogne, il destitua le Connétable d'Albret, & mit en sa place le Comte de Saint Paul. La charge de Grand-Maître des Arbalêtriers fut ôtée à Jean d'Hangest, & donnée au Sire de Rambures. Le Sire de Rieux, Maréchal de France, de grand mérite, fut destitué de sa charge, qu'il ne pouvoit plus exercer à cause de son grand âge. Elle fut donnée à Louis de Longni favori du Roi de Sicile. Les troupes du Roi prenoient plusieurs villes presque sans résistance. Poitiers ouvrit les portes, Niort & un grand nombre d'autres villes se rendirent & abandonnerent le parti du Duc d'Orleans : qui voiant que ses affaires tournoient mal, envoia demander du secours au Roi d'Angleterre. Le Roi qui se portoit alors assez bien, averti du dessein de ces Princes mécontens, qui vouloient appeller ces étrangers dans son Roiaume, dit en plein conseil, qu'il vouloit aller lui-même leur faire la guerre, & commencer par le Duc de Berri, qui passoit pour le Chef du parti.

1412.

Il alla prendre l'Oriflamme à Saint Denis, & en donna la garde au Sire Hutin d'Aumont. Un coup de pied de cheval que le Roi reçut, & dont il fut blessé, ne l'empêcha pas de poursuivre son entreprise. Il marcha vers le Berri avec son armée : y étant arrivé, il prit quelques places, Fontenai, Dun-le-Roi & d'autres. Il assiegea enfin la ville de Bourges. Elle étoit très-bien munie de vivres & de gens de guerre, qui se défendirent vaillamment. On dressa des batteries qui jouerent quelque tems d'un côté, & furent ensuite transpor-

Le Roi va assieger Bourges.

---

in exercitum Aurelianensem terrorem intulit. Dux receptui canens ex sancto Dionysio discessit, nec sine magna ordinum perturbatione. Dux Burgundiæ cum suis intra breve temporis spatium oppida & castra quæ Aurelianenses circum occupaverant, recepit. Cuciacense oppidum & castellum, plurimaque alia, & provinciæ integræ ad ejus accessere partes.

Tunc Dux Aquitaniæ armis & copiis instructus, ad bellum gerendum exiit, & aliquot loca cepit. Inter hæc autem Comes Marchiæ qui hasce partes sequebatur, ab Aurelianensi quadam pugnatorum manu cum quadringentis viris captus fuit, & omnes cum Comite Aurelianum adducti sunt : id quod feliciter accidit ut ne morte plecterentur Aurelianenses multi, qui Lutetiæ captivi erant ; ne suis enim paria rependerentur, istos necitradere non ausi sunt.

Tertio Januarii die Rex Siciliæ Lutetiam venit cum magna sagittariorum & militum manu : paulo-post Rex convaluit. Suadente autem Burgundiæ Duce, abrogato Constabulario Leporetæo, in ejus locum substitutus est Comes Sancti-Pauli. Magni Sagittariorum Magistri munus, summoto Joanne de Hangesto, Domino de Ramburellis datum fuit. Riesius Marescallus, virtute & fortitudine clarus, quod præ senio Marescalli munus exercere non ultra valeret, abrogatus fuit, in ejusque locum substitutus est Ludovicus de Logniaco, qui apud Regem Siciliæ multum gratiâ valebat. Regiæ pugnatorum copiæ, nullo pene obsistente, urbes occupabant : Pictavorum urbs portas aperuit : Niortum, aliaque multa oppida deditionem fecere, & ab Aurelianensis Ducis partibus abscessere. Is porro cum videret jam inclinatas res suas, ab Angliæ Rege auxilia petiit. Rex qui tum satis commoda valetudine fruebatur, ubi didicit Principes illos, præsenti rerum administrationi infensos, exterorum auxilia advocare, in consilio suo dixit velle se adversus illos in bellum procedere, ac primo aggressurum esse Bituricensem Ducem, qui cæterorum Princeps habebatur.

Ad sanctum Dionysium se contulit, & ibi Oriflammam vexillum assumsit, cujus custodiam commisit Hutino de Alto-monte. Etsi equini pedis ictu Rex tunc saucius erat, hanc nihilominus expeditionem suscipere voluit. In Bituricas ergo cum exercitu movit, ubi aliquot oppida cepit, Fontanetum, Regiodunum & alia : tandemque Bituricas urbem obsedit. Munitissima illa tunc erat annona & præsidiariis, qui fortissime obsidentium impetum propulsarunt. Tormenta bellica apparantur, quæ muros ab altera parte quaterent, quæque ad alteram postea translata sunt,

Ibidem.

tées à un autre. Le siege tira en longueur, la disette & le défaut de fourages incommodoient fort l'armée. Cependant plusieurs s'entremirent pour faire la paix. Le Comte de Savoie petit fils par sa mere du Duc de Berri, envoia des Ambassadeurs pour cela. L'Archevêque de Bourges vint de la part du Duc faire des excuses au Roi. La mortalité qui s'étoit mise dans l'armée, jointe à la nouvelle qu'un corps d'Anglois venoit au secours des Princes, hâta la conclusion de la paix, dans laquelle furent compris tous les Princes confederez. Les principaux articles étoient que le Duc remettroit la ville de Bourges au Roi; que les Princes renonceroient à toutes confederations, & quant à ce que les Princes demandoient que leurs Terres & Seigneuries leur fussent rendues, le Duc de Bourgogne se chargea d'obtenir cela du Roi. Il y fut aussi établi que la paix faite à Chartres entre le Duc de Bourgogne & le Duc d'Orleans seroit rétablie & maintenue.

La paix se fait.

Tandis que ces conferences se tenoient, les Anglois prirent terre en Normandie, commandez par le Duc de Lancastre fils du Roi, qui menoit un puissant corps de quinze cens hommes d'armes, trois mille archers & deux mille autres pietons. Ils se rendirent d'abord au Comté d'Alençon, & reprirent les places du Comte, que le Roi de Sicile commandant pour le Roi avoit prises sur lui. Ils les rendirent au Comte d'Alençon, & pour le vanger de la levée d'armes que le Roi de Sicile avoit faite contre lui, ils vinrent dans l'Anjou qui lui appartenoit, & firent le degât dans toute la province. Aiant eu nouvelle de la paix qui venoit de se faire, & voiant qu'ils seroient obligez de s'en retourner en Angleterre, ils firent dire au Duc d'Orleans, que s'il ne les paioit de ce qui leur étoit dû, ils entreroient dans son Duché d'Orleans, où ils feroient pis qu'en guerre ouverte. Le Duc d'Orleans fit proposer à la ville de Paris de payer une partie des frais pour mettre ces Etrangers hors du Roiaume. A son refus il fut obligé de se charger de toute la dette, & de donner aux Anglois le Comte d'Angoulême son frere pour ôtage.

En ce tems-ci mourut Henri IV. Roi d'Angleterre, qu'on disoit être lepreux selon Juvenal des Ursins & le Moine de Saint Denis. Il laissa quatre fils, Henri V. qui lui succeda, le Duc de Clarence, le Duc de Bethfort & le Duc de Glocestre.

Diuturna fuit obsidio; jamque annonæ & pabuli penuria multum incommodi regio exercitui pariebant. Interea multi conciliandæ paci operam navabant. Comes Sabaudiæ a matre nepos Ducis Bituricensis Oratores ad rem componendam misit. Archiepiscopus quoque Bituricensis a Duce missus est, qui se apud Regem excusaret. Lues quæ in exercitum grassabatur, famaque tunc perlata quod Angli Principibus auxiliatum venirent, hæc, inquam, ad pacem celerius faciendam incitamenta fuere, quæ fœderatos omnes complexa est. Hæ porro conditiones ejus præcipuæ fuere, ut Dux Bituricensis Bituricas urbem Regi dederet; ut Principes fœdera omnia rumperent. Quod vero petebant Principes, ut Rex sibi terras & ditiones suas restitueret, id se impetraturum a Rege Dux Burgundiæ pollicitus est. Statutum item fuit ut pax Duces inter Burgundiæ & Aurelianensem facta, restitueretur.

Idem.

Dum hi cœtus, hæc colloquia haberentur, Angli, duce Lancastrio Regis Angliæ filio, in Normanniam exscensum fecere. Lancastrius porro suppetias ducebat maximas quingentorum millium equitum, qui Viri armorum tunc vocabantur, trium millium sagittariorum, & duûm millium aliorum peditum; statimque in Alenconiensem Comitatum venerunt, & castra oppidaque recuperarunt, quæ Rex Siciliæ qui pro Rege Francorum tunc imperabat, Comiti Alenconiensi abstulerat, utque illum ulciscerentur, in Andegavensem tractum quiad Regem Siciliæ pertinebat, Lancastrius venit & agros devastavit. Cum vero pacem factam audissent Angli, & sibi in Angliam redeundum esse conspicerent, Aurelianensi Duci edici curarunt, nisi debitas ipse summas pecuniæ sibi numeraret, in Aurelianensem regionem se ingressuros esse & pejora facturos, quam in aperto bello & in hostili terra. Dux Aurelianensis Lutetiæ civitati proponi jussit, ut partem saltem pecuniæ debitæ solveret, quo exteri illi ex Regni finibus emitti possent. Negante vero civitate coactus est ille totum in se suscipere debitum, & fratrem suum Engolismensem Comitem Anglis obsidem dare.

Hoc tempore obiit Henricus IV. Rex Angliæ qui leprosus esse ferebatur, ut narrant Juvenalis & Monachus Sandionysianus. Quatuor filios reliquit, Henricum V. qui patri succeßit, Ducesque Clarenciæ, Bethfordi & Glocestriæ.

CHARLES VI. dit LE BIEN-AIMÉ.

Le Roi revint par Auxerre, & étant tombé malade, on le mena à Melun, & de-là à Paris. Quand il fut revenu en santé, la nouvelle vint à la Cour que le Duc de Clarence avec un corps d'Anglois étoit descendu en Guienne, qu'il couroit la province, & traitoit plus humainement qu'à l'ordinaire les gens du payis, & que par ce moien il avoit gagné plusieurs Seigneurs. Le Roi fit une assemblée de Notables, où l'on manda les Deputez des villes & des provinces. On leur représenta le grand bien qu'apporteroit la paix & la réunion des Princes que Sa Majesté venoit de conclure, & d'un autre côté le besoin d'argent où étoit l'état pour soutenir la guerre, que ses finances étoient épuisées, & qu'il falloit de necessité que les villes & les Provinces contribuassent aux pressans besoins de l'Etat. La réponse presque unanime des deputez fut que les villes & les campagnes étoient elles-mêmes épuisées & ruinées, & hors d'état de soûtenir de nouvelles impositions. Mais qu'une ressource prompte se trouveroit dans les Financiers, qui avoient détourné à leur profit la meilleure partie de l'argent levé. Un Docteur nommé Gentien, député de l'Université, parla à peu près comme les autres. Mais ceux qui l'avoient choisi trouvant qu'il avoit exposé trop foiblement les malversations des Collecteurs, ils élurent un Docteur Carme plus hardi, qui parla plus fortement contre ces harpies qui devoroient la substance des pauvres, les nommant par leurs noms. Il invectiva contre ceux qui présidoient aux monnoies, & qui s'enrichissoient à ce metier outre mesure; il n'épargna pas même le Chancelier qu'il accusa de concussion dans le sceau. Il conclut enfin à la destitution des Financiers, à la confiscation de tous leurs biens, & à ce qu'on fit leur procès, à la revocation des dons, à un emprunt sur les riches, au retranchement des Officiers des Finances & de la Chambre des Comptes.

L'Université d'une part & le peuple de l'autre insistant beaucoup à ce que ces conclusions fussent suivies, on destitua les Financiers. Le Roi ne voulut pas qu'on touchât au Chancelier. Pierre des Essarts Prevôt de Paris fut déposé, & le borgne de la Heuse mis en sa place. On nomma des Commissaires pour la réformation des abus; mais ils negligerent tellement d'executer leur commission, que les choses demeurerent comme elles étoient auparavant. Pierre des Essarts, qui étoit dans la disgrace du Duc de Bourgogne, aiant été destitué de la Pre-

1413.

Les Financiers recherchez.

In reditu Rex Antissiodoro transiit, & cum incidisset in morbum, Melodunum est adductus, indeque Lutetiam. Post instauratam valetudinem, in Regia nunciatum fuit Ducem Clarentiæ cum manu Anglorum militum in Aquitaniam excensum fecisse, per provinciam illam excurrere & humanius quam solebant alii cum populis agere, comitatemque sua procerum multos sibi devinxisse. Rex vero Notabilium virorum cœtum colligi jussit, venerunt que legati urbium & provinciarum. Queis primo repræsentatur quanta bona pax & Principum conciliata concordia allatura esset. Ex altera vero parte quanta pecuniæ necessitas esset ad belli sumtus; quam exhaustum esset ærarium regium omninoque opus esse ut urbes & provinciæ, negotiis ita urgentibus, summas pecuniarum pendant. Quasi ore uno omnes responderunt: regiones & agros exhaustos omnino esse, nec posse nova solvere vectigalia, sed apud rei ærariæ administratores promtissimum reperiri posse subsidium, qui maximam tributæ pecuniæ partem in rem familiarem suam converterant. Doctor quidam nomine Gentianus, ab *Universitate* Orator missus, eadem fere ipsa dixit; sed qui miserant ipsum, non sat acriter firmiterque Collectorum rapacitatem insectatum

esse rati, alium delegere Doctorem Carmelitam audaciorem. In raptores hujusmodi asperrime invectus ille est, qui inopum bona, populi fortunas devorabant, illosque nominatim compellavit. Deinde orationem convertit in eos, qui monetæ cudendæ Præfecti, in hoc officio divitias sibi accumulabant: ne Cancellario quidem pepercit, quem in sigilli usu pecunias nimias extorquere dixit. Perorativ autem concludens, destituendos rei ærariæ administratores, omniaque bona ipsorum fisco addicenda esse, cogendosque esse ut causam suam dicerent; revocanda dona, ab opulentis mutuo expetendas pecunias, administratorum ærarii & Cameræ Computorum numerum esse minuendum.

Hinc Universitate, inde populo instantibus urgentibusque, ut conclusiones illæ admitterentur, rei ærariæ administratores destituti sunt: Cancellarium tamen destitui Rex noluit. Petrus de Essartiis Præpositi Parisiensis munere privatus est, quod munus collatum fuit cocliti de Heusia. Commissi sunt alii qui abusus corruptelamque emendarent; sed adeo oscitanter hoc munere functi sunt, ut res semper in eadem conditione manerent. Petrus de Essartiis cui admodum infensus erat Dux Burgundiæ, cum a Pari-

Idem.

vôté de Paris, entra fort avant dans les bonnes graces du Duc de Guienne, qui lui donna ordre de se saisir de la Bastille, ce qu'il fit. Il y eut une emeute dans la ville : les Bouchers, le Gois, Chaumont & Caboche, exciterent le peuple pour aller reprendre la Bastille. Caboche étoit un écorcheur ; & de son nom les séditieux furent appellez *Cabochiens*. Ils allerent donc assieger la Bastille, aiant à leur tête un Chirurgien nommé Jean de Troie, & ils se mettoient en train de la forcer. Le Duc de Bourgogne s'entremit pour les détourner de cette violence.

Violences des Cabochiens.

Ils se contenterent de laisser une partie des leurs pour bloquer la Bastille, & s'en allerent avec Jean de Troie à l'Hôtel du Dauphin Duc de Guienne. La nouvelle lui en aiant été portée, il étoit sur le point de s'armer avec toute sa maison, ses Chevaliers & ses Ecuiers. Sur ces entrefaites la troupe des seditieux arrive : Le Dauphin fut effrayé de voir ce grand nombre de gens qui venoient chez lui comme des furieux. Il leur demanda d'un ton radouci ce qu'ils souhaitoient. Jean de Troie lui répondit pour tous les autres, qu'ils venoient pour le prier de leur mettre entre les mains certaines gens qui corrompoient ses mœurs & sa jeunesse. Le Chancelier du Dauphin leur demanda qui étoient donc ces gens-là, & Jean de Troie lui donna un Memoire qui contenoit la liste des Seigneurs & Gentilshommes dont il parloit ; à la tête desquels le Chancelier se trouva lui-même. Après cela ils enfoncerent les portes, se saisirent du Duc de Bar, du Chancelier du Dauphin, de son Chambellan, & de plusieurs autres : ils massacrerent encore sous divers prétextes, quelques gens qu'ils rencontrerent, menerent leurs prisonniers au Louvre, & ajournerent les absens à cri public. Ils firent encore d'autres violences, & voulurent engager l'Université à prendre leur parti, ce qu'elle n'avoit garde de faire. Ils prirent ensuite des chaperons blancs pour se distinguer.

Le Comte de Vertus craignant cette insolente populace, s'enfuit de Paris déguisé : le Dauphin qui ne pouvoit sortir de la ville, implora le secours des Ducs d'Orleans, de Bretagne & d'autres Princes. Les mutins gardoient les portes de la Ville, & tenoient le Roi & le Dauphin en leur puissance. Ils lierent amitié & societé avec les Gantois, & chercherent à se liguer avec les autres villes de France. Ils obligerent aussi le Roi qui alloit à Nôtre-Dame à

-siensi Præpositura destitutus fuisset, Ducis Aquitaniæ gratiam sibi conciliavit, qui mandavit ut castellum *Bastiliam* occuparet, atque teneret : quo peracto, seditio per urbem coorta est. Lanii, Goisii, Calvomontius & Cabocius populum concitarunt ut Bastiliam recuperatum iret. Cabocius autem pellio erat, cujus nomine deinceps seditiosi Cabocii appellati fuere. Hi itaque Bastiliam obsessum venerunt, ducem habentes Chirurgum quemdam nomine Joannem de Trecis, & castellum expugnare tentabant. Dux Burgundiæ illos a tanta vehementia revocare studuit. Illi vero oppugnandi quidem finem fecerunt : sed partem suorum reliquere, qui Bastiliam cingerent, & aditus observarent, ac duce Joanne Trecensi ad ædes Delphini Aquitaniæ Ducis se contulerunt. Quod cum Delphino nunciatum fuisset, jam ille arma sumere suosque armare equites, scutiferos, aliosque parabat. Interea vero advenit seditiosorum agmen. Exterritus Delphinus fuit, tantam cernens turbam, quæ ceu furore percita ædes suas invadere cœperat. Tum vero leni mollique voce sciscitatur quid vellent, quid peterent. Joannes vero Trecensis pro aliis omnibus loquutus dixit, venisse se rogatum sibi quosdam traderet, qui mores juventutemque ipsius corrumperent. Tum rogat Cancellarius Delphini, quinam tandem illi essent. Joannes vero Trecensis rescriptum illi tradidit indicem, in quo recensebantur primores nobilesque viri, de quibus ille sermonem habebat, quorum primus erat ipse legens Cancellarius. Post hæc autem fores perfregerunt, Barensem Ducem apprehenderunt, necnon Cancellarium atque Cambellanum Delphini, aliosque plurimos : quosdam etiam sibi obvios occiderunt, causas prætendentes. Quos apprehenderant in Luparam duxerunt, & clamore publico absentibus diem dixerunt. Alia quoque non minore violentia perpetrarunt. Universitati vero suadere volebant, ut gesta sua confirmaret, quod illa certe nunquam factura erat. Deinde ad notam distinctionemque suotum caputia alba sumsere.

Comes porro Vertusii a tam petulanti infimæ plebis turba sibi timens, ementita teclus veste Lutetia aufugit. Delphinus vero cui non licebat ex urbe egredi, Ducum Aureliani & Britanniæ, aliorumque Principum opem imploravit. Seditiosi portas urbis custodientes, sic Regem & Delphinum imperio suo parentes detinebant. Cum Gandavensibus autem pacta & societatem inierunt, aliasque Regni urbes pari vinculo sibi adjungere tentaverunt. Regi tunc ad Ca-

prendre le chaperon ; les Seigneurs de sa suite furent aussi forcez de le porter, comme les autres. Frere Eustache de Pavilli Carme, étoit comme leur Orateur, qui justifioit leur conduite dans l'occasion. Ces mutins prirent encore plusieurs Officiers de la Maison du Roi, Louis de Baviere frere de la Reine fut aussi du nombre. Plusieurs Dames & Demoiselles de la Reine & des autres Princesses furent enlevées, & mises sous sûre garde. La Reine en fut malade à la mort.

Le Duc de Bourgogne étoit fort soupçonné de faire agir ces seditieux qui forcerent le Roi de pourvoir aux charges de ceux qu'ils tenoient en prison. Pendant ce tumulte le Prevôt des Marchands & les Echevins ne laisserent pas de construire le grand Pont de bois, qui fut appellé le Pont Nôtre-Dame.

Ces malheureux massacrerent Jâque de la Riviere, lui couperent la tête & le trainerent au gibet. Ils tuerent de même Jean du Mesnil, Ecuier-Tranchant du Duc de Guienne, & obligerent le Chancelier de France de se demettre de sa Charge, & de donner les Sceaux à Eustache de Laittre son gendre. On ne finit point à décrire les violences de ces scelerats. Sous prétexte de la guerre contre les Anglois en Guienne, ils taxerent les Bourgeois, firent des gros emprunts, que les Chefs de la sedition tournerent à leur profit. Ils prirent aussi les biens des Eglises : tout ce que la fureur leur suggeroit, ils le mettoient en execution.

Dans le même tems lorsque le Pape & les Cardinaux alloient tenir un Concile, le Roi Ladislas surprit la ville de Rome, & mit tout en trouble. La Cour Romaine prit la fuite, crainte de tomber entre ses mains. Le Pape fut obligé de differer le Concile general qui se devoit tenir, & de l'indiquer à Constance pour le mois de Novembre suivant.

Les seditieux de Paris faisoient tous les jours quelque coup d'éclat. Ils firent faire le procès par Commissaires à Pierre des Essarts, ci-devant Prevôt de Paris, malgré les efforts du Duc de Guienne, par les ordres duquel il avoit agi ci-devant. Ils lui imposerent plusieurs crimes. Les Auteurs du tems avouent qu'il y en avoit quelques-uns dont il ne pouvoit se laver. Il fut condamné à avoir la tête tranchée. Il affronta la mort avec une fermeté qui fut admirée de tout le

thedralem Ecclesiam eunti, caputium album nec repugnare audenti imposuerunt, aulicosque proceres, ut hoc insigne sibi sumerent, coegerunt. Eustachius de Pavilliaco Carmelita quasi Orator inconditæ turbæ erat, qui facta eorum defenderet, sicubi sese daret occasio. Neque gestis contenti turbulenti homines plurimos alios ex familia regia comprehenderunt, ex quorum numero fuit Ludovicus Bavaricus Reginæ frater. Plurimæ quoque ex famulatu Reginæ, & aliarum Principum, nobiles feminæ captæ sunt, & sub custodia positæ : quæ res tantum Reginæ dolorem intulit, ut ægra decumbens, de vita periclitata sit.

Ingens suspicio erat Burgundiæ Ducem seditiosos clam fovere & concitare, qui metu occupatum Regem compulere, ut officia eorum, quos illi captivos detinebant, aliis conferret. Inter hos ce tumultus Præpositus Mercatorum & Parisini ædiles pontem ligneum struxere, qui pons Dominæ nostræ vocatus fuit.

Seditiosi vero populares illi Jacobum de Riparia trucidarunt, caput ipsius abscidere, & pertractum corpus in patibulo suspenderunt : Joannem quoque de Mausionili interfecerunt, qui scutifer scissor Delphini erat, & Cancellarium Franciæ eo adegerunt, ut Officium suum deponeret, ac sigillâ daret Eustachio de Lastro genero suo. Nullus finis esset, si ea describerentur omnia quæ scelerati illi designavere. Obten-

dentes autem bellum quod tunc in Aquitania contra Anglos gerebatur, vectigalia civibus indixerunt, pecuniam grandem mutuo acceperunt, quæ omnia coraserunt seditiosorum duces, & in rem suam diverterunt. Bona quoque Ecclesiarum invasere. Quidquid furiosis in mentem veniebat, id opere complebatur.

Eodem tempore, quando Pontifex Summus & Cardinales Concilium celebraturi erant, Ladislaus Rex Romam ex improviso cepit, omnia miscuit & confusione replevit. Curia Romana tota, ne in manus illius incideret, sibi fuga consuluit. Summus vero Pontifex quod celebrandum erat Concilium generale aliud in tempus distulit, edixitque ut Constantiam omnes Novembri mense sequenti se conferrent, ut Ecclesiæ paci prospiceretur.

Parisina seditiosa turba nullam non diem facinore quopiam memorabilem reddebat. Per commissos ab se Judices Petri de Essartiis antehac Præpositi Parisiensis causam agitari curarunt, etsi Dux Aquitaniæ Delphinus, quo jubente ille multa fecerat, pro virili contra niteretur. Multa ipsi obtulere crimina, quorum aliqua depellere ipse vel negare non poterat, narrantibus istius ævi Scriptoribus. Capite autem damnatus, cum constantia animique firmitate tanta mortem adiit, ut omnibus admirationi fuerit. Capite er-

Juvenal. Le Moine de S. Denis.

monde. Son corps fut pendu au gibet de Montfaucon, où il avoit fait pendre celui de Jean de Montagu.

Il n'y avoit presque point de jour qui ne fût signalé par quelque trait d'insolence de ces mutins. Le neuviéme Juillet entre onze heures & minuit, Helion de Jaqueville, Gouverneur de Paris, entra hardiment avec une grande troupe dans l'hôtel du Dauphin, Duc de Guienne, & trouvant ce Prince qui dansoit & tenoit le bal, il lui fit une reprimande. Il s'en prit à George de la Trimouille comme l'auteur de ce divertissement. Ceux de sa troupe lui coururent sus, & l'auroient infailliblement tué, si le Duc de Bourgogne qui s'y trouva ne l'avoit sauvé. Le Duc de Guienne fut si indigné de cette insulte, qu'il tira sa dague, & donna à Jaqueville trois coups qui l'auroient tué si la cuirasse qu'il portoit sous sa casaque, ne l'avoit garenti.

Pour remedier à tant de désordres, le Roi de l'avis de son Conseil travailla à la réunion des Princes pour se fortifier par-là contre les séditieux. Par son ordre il y eut à Verneuil une conference sur les affaires presentes. Cependant les bons Bourgeois de Paris souffroient impatiemment les violences de ces canailles, & en murmuroient hautement. Ce que voiant les Commissaires nommez par ces furieux pour faire le procès aux prisonniers, ils délivrerent de prison les Dames & Demoiselles, & auroient aussi délivré les Ducs de Bar, de Baviere & les autres, si Jean de Troye ne l'avoit empêché.

Le Roi pour se délivrer de la captivité où il se trouvoit lui-même avec la Reine & le Dauphin, moienna une entrevûë à Pontoise entre les Ducs de Berri & de Bourgogne. On fit-là un Traité de paix qui eut d'abord quelques difficultez de la part du Duc de Bourgogne, mais qui passa enfin malgré les efforts des séditieux, & fut reçû unanimement par le Parlement, l'Université, & les bons Bourgeois de Paris, qui prirent les armes pour marcher contre les séditieux, sous les ordres du Dauphin. Le Duc de Bourgogne, qui voioit cette paix de mauvais œil, vouloit persuader aux Bourgeois de mettre bas les armes, leur promettant de rendre le calme à la ville par son crédit : mais ils n'en voulurent rien faire. Le Dauphin marcha donc par la ville, accompagné du Parlement, de l'Université & de la bourgeoisie armée, ce que voiant Caboche, Guillaume Barraut & les autres Chefs, ils abandonnerent l'Hôtel de Ville, &

Le Duc de Bourgogne soutient les séditieux.

---

go truncatus est, corpusque illius in Montefalconiensi patibulo suspensum fuit, quo loco ipse corpus Joannis Montacutii suspendi curaverat.

Iidem.

Nulla fere dies erat, ut diximus, quin aliquo caterva tali gesto insigniretur. Nono die Junii inter undecimam horam & mediam noctem Helias de Jacobivilla Rector Parisinæ civitatis cum armatorum agmine in ædes Delphini Ducis Aquitaniæ audaciter intravit : cumque Principem salientem chorosque ducentem reperisset, objurgavit ipsum, inque Georgium de Tremollia quasi chorearum auctorem conversus est, jamque turba sequens hunc invadere parabat, ipsumque haud dubie occidisset, nisi Dux Burgundiæ qui tunc aderat, facinorosos cohibuisset. Dux porro Aquitaniæ ob tantam petulantiam usque adeo indignatus est, ut arrepto pugione suo ter Jacobovillæum confœderatum tentaret, & occidisset, nisi lorica sub veste latens impedimento fuisset.

Iidem.

Ut tot occurreretur malis Rex, habito cum suis consilio, Principes, quos pristina jurgia sejunxerant, novo pactionum vinculo ad firmam pacem revocare studuit, ut horum fultus opera seditiosos comprimeret. Ipso jubente colloquium Vernolii ea de re habitum fuit. Interea vero honorabiliores Parisini cives violentæ vilissimæ plebis gesta ægre ferebant, altaque voce conquerebantur. Qua re comperta, ii qui a seditiosis, ut de captivorum causa judicarent, commissi fuerant, nobilibus feminis in custodia derentis exeundi libertatem dedere, liberosque etiam dimississent Duces Bari & Bavariæ, nisi obstitisset Joannes Trecensis.

Rex Carolus ut ab illa tandem captivitate, qua ipse cum Regina & Delphino detinebatur, sese expediret, congressum & colloquium inter Duces Biturigum & Burgundiæ haberi curavit. Ibi pacta inita sunt, non sine quadam controversia ex parte Ducis Burgundiæ ; sed ea tamen admissa fuere, obstrepente licet, & ea solvi conante seditiosorum turba : ab uno consensu confirmata fuere a Curia Senatus, ab Universitate & a Parisinis civibus iis qui æqui bonique studio tenebantur, quique arma sumsere, ut Delphino duce contra seditiosos moverent. Dux porro Burgundiæ, qui huic hujusmodi, cui tamen ipse manus dederat, non æquo animo ferebat, civibus auctor erat ut arma ponerent, pollicitus se auctoritate & opera sua facturum ut omnia in civitate tranquilla forent. Delphinus ergo per urbem progressus est, comitantibus Curia Senatus & Universitate, sequentibus civibus armatis. Hæc ubi videre Cabocius, Guillelmus Baraltius, aliique seditiosorum duces, Basili-

Iidem.

s'enfuirent de Paris. Le Dauphin alla délivrer les prisonniers, il changea les Echevins, destitua ceux qu'il avoit mis en charge forcé par les séditieux, & remit ceux qu'ils l'avoient obligé d'ôter, hors Arnaud de Corbie qui s'excusa de reprendre la charge de Chancelier de France, qui fut donnée de son consentement à Henri de Marle Premier Président. Jean de Troye le plus insolent de tous les Cabochiens, eut la tête tranchée.

Tout ceci déplaisoit fort au Duc de Bourgogne, qui voioit plusieurs de ses créatures & des gens de sa sequelle dégradez. Juvenal des Ursins dit que voulant se rendre maître de la personne du Roi, & l'emmener avec lui, il lui persuada d'aller prendre l'air à Vincennes; qu'ils y allerent ensemble, mais que lui, Juvenal, s'étant douté du dessein du Duc, il étoit allé bien accompagné, avoit ramené le Roi à Paris, & qu'alors le Duc voiant son coup manqué, prit le parti de se retirer en Flandres. Peu de jours après arriverent à Paris le Roi de Sicile, les Ducs d'Orleans & de Bourbon, & les Comtes de Vertus & d'Alençon, qui furent reçus avec joie & magnificence.

Le Roi rétablit son Conseil, & tint son lit de Justice, pour révoquer tout ce qu'on avoit extorqué de lui, rétablit les Officiers des Finances & autres, & cassa tous ceux qui étoient de la faction du Duc de Bourgogne. Ce Prince étoit si odieux à la Cour, que le Roi de Sicile lui renvoya sa fille auparavant fiancée à son fils, qu'il maria avec la fille du Duc de Bretagne. Les Chefs de la sédition furent bannis du Roiaume, & le Roi déclara par des Lettres Patentes, que les crimes dont on avoit chargé les Princes, étoient de pures calomnies.

Pendant tous ces troubles, la guerre se faisoit quoiqu'assez foiblement contre les Anglois, qui aiant dessein de se rendre maîtres de Dieppe, rencontrerent des vaisseaux de Normans, qui gardoient la côte. Il y eut là un combat où les Normans avoient d'abord du pire, & auroient infailliblement été défaits, si d'autres vaisseaux n'étoient venus les secourir; mais avec ce renfort, ils battirent la flote Angloise, dont le General fut tué. Les Anglois ruinerent depuis le Treport, saccagerent la Ville & l'Abbayie, & ravagerent la campagne.

Le Duc de Bourbon qui commandoit en Guienne, alla assieger Soubise. La place étoit forte & bien munie : l'artillerie étant arrivée, la ville fut battuë, & l'on donna un assaut general. On ne vit jamais pareille résistance. Le combat fut des plus sanglants : il y périt beaucoup de François, mais enfin la place fut prise de force, & abandonnée au pillage, hors les Eglises ausquelles le Duc défendit de toucher. Afin que Soubize ne pût plus servir de retraite aux ennemis, il en fit raser les fortifications & les murs, & combler les fossez. La nouvelle en fut portée à Paris & à la Cour, & y causa une grande joie.

Le Duc de Bourgogne, qui comme nous avons vû, s'étoit retiré quand il vit qu'on destituoit les gens de sa sequelle des charges qu'ils occupoient, assembla une grande armée dans le dessein de venir à Paris, & de se mettre à la tête des affaires. Il écrivit aux Bourgeois de Paris, & aux bonnes villes du Roiaume, disant qu'il étoit appellé par le Dauphin Duc de Guienne, dont il avoit les lettres, qui se plaignoit qu'il étoit detenu comme en captivité au château du Louvre. Quelques-uns crurent qu'effectivement il étoit d'intelligence avec le Duc de Guienne : mais toutes les démarches qu'il fit pour empêcher que le Duc de Bourgogne n'entrât dans Paris, persuadoient le contraire. Le Roi lui envoia defense, sur peine de crime de leze-majesté d'approcher, & défense aux villes de sa route de lui ouvrir les portes. Malgré tout cela il fut reçu à Noion, à Soissons & à Compiegne. Senlis lui refusa l'entrée, & il vint à Dammartin. Saint Denis lui ferma aussi les portes, mais par la trahison de quelques-uns de dedans, ses gens passerent par-dessus les murs, & entrerent dans la ville. Il vint après devant Paris : mais il trouva la ville si bien munie & si bien gardée par les soins du Comte d'Armagnac, qu'il fut obligé de se retirer. Tandis que le Duc faisoit son possible pour entrer dans Paris, le Roi ci-devant malade revint en santé, & fit une Declaration contre le Duc de Bourgogne & ses adherans, dans laquelle il étoit accusé de tous les malheurs du tems, & traité comme ennemi de l'Etat.

1414.

On fit avec l'Angleterre une treve pour un an, à commencer du jour de la Purification de la Vierge, & vers le même tems il survint une maladie populaire qui retarda le voiage du Roi & la guerre qu'il vouloit aller faire au Duc de Bourgogne. Cette maladie fut causée par un vent de bise, qui regna pendant les mois de Fevrier & de Mars. C'étoit un rhume & un enrouement qui

Iidem.

bisiam obsedit : oppidum propugnaculis cinctum munitumque erat. Ubi autem tormenta bellica advenerunt, quæ ad muros quatiendos & diruendos admota fuere, cum impetu magno oppugnatur oppidum : nunquam tanta in præsidiariis propulsantibus fortitudo visa est. Cruenta pugna fuit, multique tunc periere Franci, tandemque illi oppidum expugnavere, quod pugnatoribus diripiendum traditur, exceptis Ecclesiis, quæ jussu Borbonii intactæ servatæ sunt. Ut ne vero oppidum istud hosti perfugium deinceps esset, Dux Borbonius mœnia & propugnacula solo æquari, fossasque terra impleri jussit. Hæc porro Lutetiam & in aulam regiam perlata, cum gaudio excepta fuere.

Dux Burgundiæ qui, ut diximus, ubi vidit factionis suæ viros ab officiis removeri, receptui cecinerat, grandem collegit exercitum, illo animo ut Lutetiam moveret, & Regni administrationem invaderet. Parisinis civibus, aliisque nobilioribus civitatibus literas misit, queis se a Delphino Aquitaniæ Duce, cujus literas proferre poterat, evocari dicebat, querente quod quasi captivus detineretur in Luparæis ædibus. Quidam credidêre Aquitaniæ Ducem vere cum Burgundiæ Duce consensisse; sed cum nihil ille non moverit ut impediret quominus Dux Burgundiæ Lutetiam ingrederetur, hinc certe omnis adversa suspicio tolli videbatur. Rex vero literas ipsi misit, queis læsæ Majestatis crimen intentabat, si Lutetiam iter susciperet, & urbibus vetabat, quæ iter carpenti occurrerent, ne portas ipsi aperirent. His nihil officientibus Noviomi exceptus fuit, itemque Augustæ Suessionum & Compendii, Silvanecti cives ipsum ab ingressu cohibuerunt. Inde ad Domnum-Martinum venit. Sancti Dionysii oppidum portas ipsi clausit; sed quorumdam qui intra oppidum erant proditione exercitus ejus per muros in oppidum se immisit; inde ante Lutetiam movit : verum Armeniacensis Comitis cura & providentia adeo munita pugnatoribus urbs erat, ut Burgundio receptui canere coactus sit.

Cum Anglia pactæ induciæ fuerunt ad annum unum incipientem a Purificatione B. M. Virginis; eodemque tempore Galliam invasit popularis morbus, qui Regis expeditioni & bello quod Duci Burgundiæ inferre parabat, moras attulit. Ab Australi vento qui mensibus Februario & Martio flare non desiit, invectus est. Eratque rheuma & raucitas, quæ guttur saississoit

Iid.

CHARLES VI. dit LE BIEN-AIMÉ.

saisissoit à la gorge & à l'estomac, accompagné d'une violente douleur de tête, & d'une débilité de membres qui ôtoient l'appetit. Comme ce mal qui fut presque général enflammoit le gosier & empêchoit de parler, les cours de Justice cesserent pendant un tems. Cette maladie qu'on appelloit la Coqueluche emporta bien des gens, & sur-tout des vieillards.

Après cela le Roi se prépara à faire la guerre au Duc de Bourgogne; il fit convoquer le ban & arriere-ban. Il marcha d'abord avec son armée pour prendre les places dont le Duc de Bourgogne s'étoit saisi en venant à Paris. Ceux de Compiegne lui refuserent l'entrée : il fut obligé d'en faire le siege. La place se défendit quelque tems, & se rendit enfin : elle eut bien de la peine à se garentir du pillage. Pendant ce siege le Roi avoit fait sommer Enguerrand de Bournonville, qui étoit dans Soissons pour le Duc de Bourgogne, de rendre la place. Il rejetta insolemment la proposition. Le Roi vint assieger la ville, qui se défendit bien pendant un tems; le bâtard de Bourbon y fut tué, ce qui fut consideré comme une grande perte. Enfin la ville fut emportée d'assaut, & exposée à la fureur du soldat, qui y commit toute sorte de désordres. Enguerrand de Bournonville qui fut pris, eut la tête tranchée : on punit aussi quelques Bourgeois. Jean de Menon fut executé, & l'on menoit avec lui son pere pour le faire mourir après lui : mais le fils à qui on alloit couper la tête, s'écria que son pere étoit innocent, & que c'étoit lui qui l'avoit surpris & engagé dans ce mauvais parti ; ce qui fit qu'on donna la vie au pere.

Le Roi Charles fait la guerre au Duc de Bourgogne.

Le Comte de Nevers frere du Duc de Bourgogne vint trouver le Roi, & lui faire ses soumissions pour sauver son bien. Le Roi voulut bien lui rendre ses bonnes graces, sous certaines conditions. Les Flamans envoierent assurer le Roi de leur obéissance : ils ne voulurent jamais entrer dans cette guerre, malgré toutes les sollicitations du Duc leur Prince. La Comtesse de Hainaut vint aussi trouver le Roi pour lui demander la paix. Le Duc de Bourgogne aiant assemblé quelques troupes de Bourguignons, Picards & Savoiards, le Duc de Bourbon & le Comte d'Armagnac furent envoiez contre eux, & ils auroient pû les défaire, s'ils n'avoient trop tardé pour attendre d'autres troupes qui venoient les joindre. Pour réparer leur faute, ils donnerent vivement sur l'arriere-garde, qui fut mise en déroute : il y eut peu de gens tuez, mais cinq

---

occupabat & stomachum, comitante dolore capitis, ingentique membrorum debilitate, quæ omnia cibi appetitionem extinguebant. Cum porro morbus ille, qui omnes pene una invasit, guttur inflammaret, & loquenti officeret, fora judicialia per quoddam temporis spatium clausa fuere. Hæc ægritudo, quæ *Coquelutis* appellabatur, multis vitam abstulit præcipueque senioribus.

Sub hæc Rex ut cum apparatu maximo Burgundiæ Ducem bello impeteret, regni Nobilitatem totam, ut moris erat, convocavit, movitque cum exercitu suo, ut urbes illas quas Dux, cum Lutetiam venit, occupaverat, expugnaret. Compendienses ipsi portas clausere, quos ut in ordinem redigeret, oppidum obsedit. Aliquandiu oppidani obstiterunt, posteaque deditionem fecere, vixque impetrarunt ut ne domus diriperentur. Dum Compendium Rex obsideret, Ingiltramo Burmunvillæo, qui Augustam Suessionum urbem pro Duce Burgundiæ custodiebat, denuntiari jussit ut urbem dederet. Petulanter ille denuncianti respondit. Rex urbem obsessum venit. Obsidentium conatum & impetum aliquanto tempore strenue propulsans præsidiarii, nothusque Borbonius interfectus est, qui ob fortitudinis famam magnum sui desiderium reliquit. Urbs tandem vi expugnatur, militum-

que furorem omnimodum experitur. Ingilramnus Burnunvillæus captus, capite truncatur : nonnulli quoque cives plexi sunt. Joannes autem de Menonio capite plectendus ducebatur, & post illum pater ipsius ut idem subiret supplicium. Exclamavit filius patrem suum innoxium esse, seque illum circumvenisse, ut ad Burgundiæ Ducis partes deduceret, quo factum ut pater liber illæsusque dimitteretur.

Comes Nivernensis Ducis Burgundiæ frater Regem adiit, ipsique nulla non obsequii signa dedit, ut bona sibi sua servarentur. Rex illum certis conditionibus in gratiam suam recepit. Flandri quoque obsequentiæ suæ argumenta Regi conspicua dederunt. Nunquam enim sese huic immiscere bello voluerunt, quantumcumque instaret urgeretque Burgundiæ Dux, cui tunc parebant. Hannoniæ quoque Comitissa pacem petitura Regem convenit. Dux porro Burgundiæ, coactis quibusdam copiis Burgundionum, Picardorum, Sabaudorum sese ad bellum apparavit. Adversus illum mittuntur Dux Borbonius & Comes Armeniacensis, qui statim illum profligare poterant, nisi moras nimias, aliam pugnatorum manum exspectantes, adhibuissent. Ut amissæ occasionis errorem aliquatenus reparent, postremam ejus aciem fortiter invaserunt, quæ in fugam versa est. Pauci cæsi, sed

Iidem.

cens resterent prisonniers. Le Duc voiant que ses affaires tournoient mal, envoia le Duc de Brabant & la Comtesse de Hainaut pour faire sa paix. Le Roi leur parla fort fierement, & il n'y eut rien de conclu.

Siege d'Arras; usage des Arquebuses. Comme il avoit été resolu de confisquer les biens du Duc de Bourgogne, & de les réunir à la Couronne, le Roi voulut commencer par le Comté d'Artois. Le Duc de Bourbon alla assieger Bapaume, qui se rendit : cependant le Duc de Bourgogne se saisit d'Arras, & y mit bonne garnison. On y met le siége, on commence les attaques. La garnison se défend vigoureusement : ils se servoient de petits canons de fer, dont ils tiroient par des trous faits dans les murs de la ville. Ce fut-là, dit-on, le commencement des Arquebuses & des armes à feu. Il y eût bien des gens tuez dans ces attaques; cependant le siege continuoit toujours, & dans ce tems-là le Roi tomba malade. Alors la Comtesse de Hainaut fit si bien qu'elle gagna le Duc de Guienne, & le disposa à faire la paix qui fut concluë, publiée & declarée par des Lettres Patentes du Roi, qui donnoit abolition du passé, hors à certain nombre de partisans du Duc, à qui il étoit défendu d'approcher de la Cour sans Lettres Parentes du Roi.

Les Ambassadeurs d'Angleterre vinrent demander au Roi sa fille Catherine pour leur Roi. On les reçut magnifiquement ; on leur donna le plaisir d'un Tournoi. Il y eut encore un combat de vingt Chevaliers Portugais contre autant de François. Ces Portugais vinrent à Paris donner cet essai de leur Chevalerie ; mais au jugement même des Anglois, ils eurent toujours du dessous, & s'en retournerent chez eux peu satisfaits de leur rodomontade.

Le Concile de Constance se tenoit en ce tems-ci. Le Pape Jean XXIII. qui s'y trouva, fit cession de la Papauté ; mais s'étant depuis repenti de sa démarche, il s'enfuit & reprit sa qualité de Pape. Le Concile ne laissa pas de continuer, & agit fortement contre lui.

1415. Aux premiers mois de l'année suivante on negotia avec l'Angleterre pour la paix & pour le mariage du Roi Henri avec la Princesse Catherine fille du Roi. Henri étoit fort porté à la paix ; mais les Anglois vouloient la guerre à toute force. La grande dissension qui étoit entre les Princes François, les troubles

---

quingenti capti fuerunt. Dux autem Burgundiæ se non prospera uti fortuna cernens, Ducem Brabantiæ & Comitissam Hannoniæ misit, qui pacem sibi conciliarent. Rex aspere illos excepit, ipsique re infecta discessere.

Iidem. Cum in Consilio regio statutum fuisset, ut Ducis Burgundiæ bona, regionesque *fisco* addicerentur, Regiæque ditioni jungerentur, ab Artesiæ Comitatu Rex incipere voluit. Dux Borbonius Bapalmam obsedit, quæ statim deditionem fecit. Dux autem Burgundiæ Atrebatum occupavit, munitissimoque præsidio munivit. Obsidetur urbs, & oppugnatur : præsidiarii obsidentium impetum strenue propulsant. Tubis porro ferreis utebantur, & per murorum foramina cum pulvere pyrio ignitos globulos emittebant ; quod genus armorum hac prima vice memorari narrant. Multi ex oppugnatoribus cecidere, sicque perseverabat obsidio. Intereaque Rex in morbum solitum incidit. Tum Comitissa Hannoniæ occasionem nacta, Delphinum Aquitaniæ Ducem adit, allicit, & ad pacem Duci Burgundiæ concedendam adducit. Pax ergo impetratur, publicatur, literisque regiis asscritur, queis omnium pridem gestorum memoria obliterabatur, exceptis tamen quibusdam qui in Ducis Burgundiæ partes sese conjecerant. Dux autem Burgundiæ a regia aula arcebatur, nec licebat ipsi Lutetiam venire, nisi literis regiis, regioque sigillo munitis, hancque facultatem concedentibus impetrasset.

Oratores Angli in Regiam venere, postulatum Catharinam Regis Caroli filiam Regi suo uxorem. Magnifice illi excepti fuere, ac ludicræ equestri pugnæ interfuere. Aliud quoque spectaculum illis exhibitum fuit : viginti namque Lusitani Equites, contra totidem Francos pugnaturi ex Lusitania Lutetiam venerant, ut fortitudinis suæ argumenta conspicua præberent. At illi, Anglorum etiam judicio, inferiores semper fuere, infaustumque sibi pugnæ exitum ægre ferentes, in patriam sunt reversi.

Constantiense Concilium hoc tempore celebrabatur. Joannes XXIII. Papa qui tunc aderat, Pontificatum deposuit. Verum postea facti pœnitens aufugit, & Pontificis nomen dignitatemque resumsit. Concilium vero ad ulteriora progressum, Joannis audaciam fortiter impugnavit.

Primis anni sequentis mensibus, cum Anglis de pace actum est, deque Catharinæ Regis Caroli filiæ connubio cum Henrico Angliæ Rege. Henricus paci admodum studebat : verum Angli bellum contra Francos moveri peroptabant. Dissentio inter Francos Prin-

CHARLES VI. dit LE BIEN-AIMÉ.

qui agitoient le Roiaume, & l'imbecillité du Roi leur presentoient une occasion favorable, & sembloient leur promettre un heureux succès. Le Roi Henri fut obligé de prendre ce parti : les propositions qu'il fit au Roi pour la paix, étoient une veritable déclaration de guerre : il ne demandoit pas moins que la Couronne de France. Il fit de prodigieuses levées de troupes, & avec une grande flotte il vint descendre en Normandie, & fit le siege d'Harfleur. Quelques-uns blâmerent le Connétable de ce qu'il n'avoit fait aucune diligence pour empêcher que les Anglois ne fissent une descente en France, supposant que cela étoit fort aisé, en leur opposant les milices des côtes. A cette nouvelle le Roi manda les Princes & les Grands-Seigneurs avec leurs gendarmes & leurs troupes. Les trésors du Roi se trouvant épuisez, on fit des levées de deniers promtes & extraordinaires, qui furent fort à la charge du peuple. Le Roi alla prendre l'Oriflamme à Saint Denis, & se mit en état de marcher contre l'ennemi.

Henri V. Roi d'Angleterre porte la guerre en France, assiege & prend Harfleur.

Cependant la garnison d'Harfleur se défendoit vigoureusement, & s'il y avoit eû quelque ordre dans la Cour & dans les troupes de France, on auroit pû aisément les secourir. Les Anglois à qui il importoit beaucoup de faire diligence & de prendre bien-tôt la place, donnerent un assaut general, que les assiegez soûtinrent vaillamment pendant trois heures ; mais à la fin les Anglois emporterent la place. La garnison demeura prisonniere, & fut traitée fort humainement. La ville fut pillée par les soldats, à qui le Roi Henri défendit le sang & le carnage. Il fit transporter les plus riches des habitans en Angleterre, pour y être gardez jusqu'à ce qu'ils auroient paié rançon.

Le Roi Charles vint à Rouen où il assembla l'armée, des plus belles & des plus nombreuses qu'on eût encore vû. Le Duc de Bourgogne vouloit aussi être de la partie avec un bon corps de troupes de Bourguignons, de Savoiards & de Lorrains : mais le Roi fut conseillé de ne point l'y admettre, de peur que n'étant pas d'accord avec les autres Princes, cela ne fît du désordre dans l'armée. Le Duc de Bretagne qui fut invité d'être de la partie, ne voulut point s'y trouver, à moins que son cousin le Duc de Bourgogne n'en fût aussi.

Le Roi d'Angleterre traversa la Normandie, & vint à Gournai en Beauvoisis. Son armée souffroit beaucoup de la faim. Il y avoit des troupes Françoises qui

cipes perpetua, turbæ ac tumultus qui Regnum agitabant ; Regis Caroli imbecillitas infirmitasque opportunam dabant occasionem, & faustum exitum polliceri videbantur. Bellum ergo suscipere quasi coactus Henricus, pro facienda pace conditiones obtulit, quæ vere bellum indicerent : non minus enim petebat, quam Francorum Regnum & Coronam. Innumeram pene pugnatorum manum collegit, & cum magna classe in Normanniam appulit, exscensuque facto, Harflevium obsedit. Constabulario quidam vitio verterunt, quod nullam adhibuisset diligentiam, ut exscensui Anglorum obsisteret, id facile fuisse putantes, si collecta in oris Normanniæ ex populi sui bus militia, Anglos ab exscensu coercuisset. Re comperta Carolus Rex, Principes procerésque Regni cum copiis suis advocavit ; cumque ærarium regium exhaustum esset, vectigalia magna confestim a populis exiguntur, quæ ipsis multum oneri fuere. Rex ad sancti Dionysii Ecclesiam, Oriflammam assumtum venit, seseque apparavit.

Interea vero præsidiarii Harfleviani Anglos fortissime propulsabant, & si qua provida fuisset in Regia & in exercitu Francorum rerum administratio, obsessis auxilia facile conferri potuissent. Angli, quorum multum intererat, quam celerrime possent, oppidum expugnare, tem uno tempore simul aggrediuntur, & oppidum undique magno numero oppugnant. Præsidiarii vero per tres horas strenue præliantur ; sed Angli tamen oppidum ceperunt. Præsidiarii omnes capti sunt, & ab Anglis perhumaniter habiti. Oppidum diripitur : præcepitque Rex Henricus ut a cæde & sanguine abstineretur. Ex civibus vero opulentiores in Angliam transferri jussit, ut ibi sub custodia essent, donec redemtionis suæ precium solvissent.

Iidem.

Carolus vero Rex Rothomagum venit, exercitumque collegit, quo selectiorem vel numerosiorem vix quispiam viderat. Optabat autem Dux Burgundiæ in exercitum istum se conferre cum magna Burgundionum, Sabaudorum, & Lotharingorum manu. At in consilio regio visum est non admittendum illum esse, ne cum ipse rixis assuetus cum cæteris Principibus altercaretur, inde tumultus & perturbatio in exercitu oriretur : Britanniæ Dux ut in opem accederet invitatus est ; sed non venturum se dixit, nisi cognato suo Burgundiæ Duci simul veniendi licentia concederetur.

Rex Angliæ Normanniam trajecit, & Gornacum in Bellovacensi tractu venit. Exercitus ejus fame admodum laborabat. Francorum vero turmæ quædam

Iidem.

Tome III.   X ij

cotoyoient les Anglois, & qui les chargeoient aux défilez & aux passages des rivieres. Si l'on s'étoit contenté de cette maniere de les combattre, & qu'on se fût uniquement appliqué à les charger continuellement en queue, à leur couper les vivres, & à leur empêcher de passer la Somme, sans en venir à une bataille, selon la maxime de Charles V. les choses auroient infailliblement tourné à l'avantage de la France ; mais ceux qui les cotoyoient se retirerent enfin, & les laisserent aller à leur gré. Les Anglois après avoir passé quatre jours à Gournai, prirent la route de la Somme ; & trouvant le pont de bois rompu, ils le refirent, en coupant des arbres des forêts voisines. Ce qui est surprenant, est qu'ils passerent cette riviere où ils devoient perir, & firent ce pont sans que personne s'y opposât, & allerent se camper à Azincourt.

L'armée Françoise s'étant avancée vers Azincourt, le Roi Henri qui se vit contraint de donner bataille à nombre si inégal, car les François étoient au moins trois contre un, craignant d'être accablé, envoia faire des propositions de paix aux Chefs de l'armée Françoise : il s'offroit de reparer tous les dommages que son armée avoit faits depuis sa descente en France : mais ses propositions étant rejettées, il fallut en venir à une bataille. Le Roi Henri disposa fort bien ses troupes, qui redoubloient leur courage, voiant qu'il falloit ou perir ou vaincre. Il mit d'un côté ses Archers dans un bois, & sa Cavalerie d'un autre côté. Le reste de l'armée devoit faire front à l'ennemi, & se trouvoit en un lieu fort avantageux.

L'armée de France étoit dans une disposition qui sembloit préfager une funeste issuë. Les Princes & les Grands-Seigneurs vouloient tous être à la tête, personne n'avoit autorité pour les mettre chacun en la place qui lui convenoit. Ils occuperent donc les premiers rangs : ces rangs étoient trop serrez, en sorte que les combatans n'avoient pas la liberté d'agir. Voici le recit de cette bataille, tel que l'a donné Juvenal des Ursins. » Le 25. d'Octobre nos gens » s'approcherent des Anglois, & en leur chemin trouverent terres labourables » molles, pour la pluye qu'il avoit fait icelle semaine, pourquoy ils ne pouvoient » pas bien aller avant. Et quand ils cuiderent trouver quatre cens hommes de » cheval qu'ils avoient ordonnez le jour de devant pour rompre la bataille des » Anglois, ils n'en trouverent pas quarante. Mais quand se vint à l'approche,

Bataille d'Azincourt où les François sont défaits.

---

erant, quæ latera ipsorum observantes velitabantur, atque in angustis locis, inque fluminum transitu cum illis confligebant. Si in hoc concertandi genere Franci perseverassent, si assidue velitando alas & posteriora identidem impetiissent, commeatus arcendo, & ne Somonam trajicerent prospiciendo, sed sine pugna aperto in campo commissa, ut solebat Carolus V. Rex, res haud dubie Francis prospere cessissent: verum illi qui cum Anglis sæpe latera observantes aliquandiu advigilarunt, abscessere tandem, & liberos hostes reliquerunt. Angli cum per quatriduum Gornaci mansissent, versus Somonam iter habuerunt, & cum pontem ligneum fractum reperissent, excisis ad vicinas silvas arboribus, pontem novum fecerunt ; quodque mirum certe videatur, pontem fecere, flumen trajecerunt, nemine prorsus illis obsistente, qui in hujusmodi conatu perire debuissent. Deinde vero Azincurtii castrametati sunt.

idem.

Cum exercitus Francorum Azincurtium movisset, Rex Henricus qui cum exercitu tam numero impari pugnam committere cogebatur ; Franci quippe tres contra Anglum unum concertabant, ne tanto obrueretur numero metuens, exercitus Francorum ducibus pacis conditiones obtulit, omniaque damna quæ exercitus suus ab exscensu fecerat reparaturum se pollicebatur : sed omnibus repudiatis conditionibus, ad pugnam venire opus fuit. Henricus vero Rex exercitus sui ordines recte composuit. Angli videntes aut vincere, aut mori oportere, majore sese animo ad certamen apparuerunt. Rex autem Henricus ab uno latere sagittarios in silva constituit, ab altero equitatum. Acies autem a fronte hostem respiciens, in tuto & aditu difficili loco constituta, Francos expectabat.

Exercitus autem Francorum, vel ex situ & ordine aliquid sinistrum portendere videbatur. Principes & proceres primum ordinem omnes occupare volebant, nemoque erat, qui ea auctoritate valeret, ut cuique ordinem suum assignaret ; in primis ergo ordinibus Principes & Optimates omnes constituti sunt. Ordines porro illi densiores erant, quam ut liberum pugnantibus spatium esset. En pugnæ illius historiam, qualis a Juvenali de Ursinis descripta fuit. » Vigesima quinta » Octobris, nostri ad Anglos pugnatum accessere ; » eundo autem in aratos agros incidere, tunc mol-» liores ex pluvia, quæ per hebdomadam deciderat: » quapropter vix gradum figere poterant, & quadrin-» gentos equites se reperturos exspectantes, qui die » præcedenti jussi fuerant in Anglorum aciem irrum-» pere, vix quadraginta repererunt. Cum porro ad

CHARLES VI. dit LE BIEN-AIMÉ. 165

» oncques les Archers & Arbalestriers de nos gens ne tirerent flesche ne vire. Ce
» fut après huit heures du matin. Et avoient nos gens le soleil en l'œil, lesquels
» pour mieux endurer & passer le trait des Anglois, se baisserent & enclinerent
» les têtes vers terre. Quand les Anglois les virent en tel état, ils s'approche-
» rent d'eux tellement que nos gens ne le sceurent oncques, jusques à tant qu'ils
» frapperent sur eux de bonnes haches. Et les archers qui estoient encore en
» embusche, les assaillirent de trait par derriere. De plus les gens à cheval
» que les Anglois avoient mis au bois dessusdit, saillirent dehors en flote, &
» vinrent par derriere sur la seconde bataille de nos gens qui étoient près des
» premiers de deux lances. Et firent iceux Anglois un si grand & si merveilleux
» cri, qu'ils épouvanterent nos gens, tellement que tous nos gens d'icelle se-
» conde bataille s'enfuirent. Et tous ceux qui estoient en la premiere bataille,
» furent déconfits & tous morts ou pris. Et eut victoire en icelle journée le Roi
» d'Angleterre : laquelle besogne fut la plus honteuse qui oncques advint au
» Roiaume de France.

Un gros de l'avant-garde qui fut si mal menée s'étant détaché en assez bon ordre pour se retirer, le Roi d'Angleterre crut qu'il s'alloit joindre au reste de l'armée pour revenir contre les Anglois ; craignant donc une seconde attaque, il ordonna qu'on tuât tous les prisonniers. Ce carnage dura jusqu'à ce qu'il vit que tous prenoient la fuite. Il fit alors cesser la tuerie.

Il périt en cette malheureuse journée plus de quatre mille hommes des meilleures troupes ; d'autres en mettent jusqu'à six mille, quelques-uns les font monter jusqu'à dix mille, du nombre desquels étoient plusieurs Princes & Grands Seigneurs ; le Duc de Bar, son frere Robert de Bar, & le Comte de Marle leur neveu, le Duc de Brabant & le Comte de Nevers freres du Duc de Bourgogne, le Duc d'Alençon, le Connétable d'Albret, le Maréchal de Boucicaut qui mourut de ses blessures, l'Amiral de Dampierre, le Maitre des Arbalêtriers, le Sire de Bacqueville, porte Oriflamme, Guichard Dauphin, ci-devant Grand-Maître de France, l'Archevêque de Sens qui se battit comme un lion, le Comte de Laonois son neveu, l'un frere & l'autre fils de Jean de Montaigu, & un très-grand nombre de Seigneurs & de Chevaliers. De cet Archevêque de Sens tué à la bataille, Juvenal des Ursins dit qu'il fut peu plaint,

» pugnam capessendam ventum est, sagittarii & ba-
» listarii nostri, nec sagittam, nec jaculum emise-
» runt, cœpitque pugna post octavam horam matu-
» tinam. Nostri vero ob oculos fulgentem solem cons-
» piciebant, cumque sagittarii Angli sagittas suas emit-
» terent, corpus & caput inclinarunt, ut telorum ictus
» devitarent; quod videntes Angli, nostros, & a solis
» radiis, & a telorum imbre declinantes invaserunt, ita
» ut nostri non adverterent ipsos, donec se securibus
» impeti senserunt. Sagittarii autem qui adhuc in in-
» sidiis latebant, a tergo illos sagittis impetierunt.
» Equites quoque ad supra memoratam silvam locati,
» simul egressi sunt confertim, & secundam nostram
» aciem a tergo sunt adorti, qui nostri a prima acie,
» non plusquam duarum lancearum spatio distabant.
» Hi vero Angli tantum & tam vocalem clamorem
» emiserunt, ut nostros terrore replevirent; ita ut qui
» secundam illam aciem constituebant, in fugam versi
» sint. Qui vero in prima acie erant victi, cæsique om-
» nes vel capti fuere, Rexque Angliæ victoriam retu-
» lit ; fuitque clades isthæc omnium turpissima, quæ
» Francis unquam acciderant.

Ex prima autem acie quæ tam aspere excepta fuit, cum pars, aliquo servato pugnantium ordine reces-sisset, putavit Rex Angliæ illam cum reliquo Franco-rum exercitu junctam, ad pugnam esse reversuram. Metuens igitur ne secundo sibi pugnandum esset, Francos omnes qui capti fuerant occidi præcepit; multi itaque interemti sunt. At ubi vidit Henricus omnes fugam facere, Anglos a cæde abstinere jus-sit.

In hac infelicissima pugna plusquam quater mille viri ex selectioribus periere ; alii sexies mille nume-rant, nonnulli decies mille, ex quorum numero erant plerique Principes & proceres, Dux Barensis, frater ejus Robertus Barensis, ipsorumque cognatus Thomas de Marla, Dux Brabantiæ & Comes Niver-nensis, Ducis Burgundiæ fratres, Dux Alenconius, Constabularius de Leporeto, Bucicaltius Marescal-lus, qui ex acceptis vulneribus interiit, Præfectus maris Dampetræus, Magister Balistariorum, Bacque-villæus Oriflammam gestans, Guicardus Delphinus antehac Magnus Franciæ Magister, Archiepiscopus Se-nonensis, qui leonis instar pugnavit, Comes Laudu-nensis, quorum prior frater, alter filius Joannis Monta-cutii erat, aliique magno numero proceres & equites. De Archiepiscopo Senonensi in pugna cæso, dicit Ju-venalis de Ursinis ipsum non magnum sui desiderium

Idem.

X iij

parce que ce n'étoit pas son office. Il y avoit pourtant bien d'autres Prélats qui alloient à la guerre, & il y en eut encore depuis pendant quelque tems. Les Anglois se saisirent des Princes & des principaux Seigneurs pour en tirer rançon. Les prisonniers furent les Ducs d'Orleans & de Bourbon, les Comtes de Vandôme & de Richemont, & quatorze cens tant Chevaliers, qu'Ecuiers.

Il sembloit qu'un si grand échec devoit réunir contre l'ennemi commun ceux qui étoient auparavant divisez; mais tout au contraire le feu de la discorde s'alluma plus fort que jamais, & fit plus de mal que le fer des Anglois. Le Roi Henri aiant repassé en Angleterre, on devoit profiter de son absence pour aller reprendre Harfleur; mais le Roi qui étoit à Rouen prit le chemin de Paris, & le Duc de Guienne mit les troupes en quartier d'hiver. Le Roi de retour à Paris fit le Comte d'Armagnac Connétable de France. Le Duc de Bourgogne voulant profiter des malheurs du Roiaume, étoit toujours aux aguets pour s'emparer du gouvernement. Pendant ce tems-là le Duc de Guienne Dauphin vint à mourir, & fut peu regretté, aiant, disoit-on, peu de bonnes & beaucoup de mauvaises qualitez. Par sa mort Jean Duc de Touraine son frere devint Dauphin. Le Duc de Bourgogne qui avoit assemblé des troupes remuoit toujours à son ordinaire; ses gens étoient souvent aux prises avec les troupes du Roi. Il demeura long-tems à Lagni, en sorte que ses ennemis l'appelloient par dérision *Jean de Lagni*. A la fin n'aiant plus d'esperance de voir le Roi, il se retira en Flandres.

Mort du Dauphin Louis. 1416.

En ce tems-ci se traitoient au Concile de Constance les affaires de Jerôme de Prague & de Jean Hus, qui furent brûlez tout vifs. La doctrine de Jean Wiclef y fut condamnée. Les Cardinaux qui procedoient à l'élection d'un Pape, après avoir déposé Jean XXIII. & déclaré contumace Benoît XIII. élurent Othon Colonne, qui fut appellé Martin V.

Le premier jour de Mars l'Empereur Sigismond vint à Paris, où il fut reçu avec toute la magnificence possible. Il venoit pour moienner, s'il se pouvoit, la paix entre la France & l'Angleterre. Il se rendit aussi à Londres pour cela; mais il n'avança rien, & laissa toutes choses au même état. On trouva fort mauvais qu'il eût créé un Chevalier à Paris: mais ces choses qui n'arrivent qu'une fois, & qui se font, pour ainsi dire, furtivement, ne tirent point à consequence.

---

reliquisse, *quia hoc officium suum non erat.* Et tamen alii adhuc Episcopi tunc erant, qui ad bellum procederent, qui mos etiam aliquanto post tempore invaluisse deprehenditur. Angli Principes plurimos atque primores ceperunt, ut redemptionis precium exigerent. Hi fuere Duces Aurelianensis & Borbonius, Comites Vindocinensis & Ricomontius, ac mille quadringenti seu equites, seu scutiferi.

Juvenal, Monstrelet, Le Fevre de S. Remi.

Tanta clades videbatur dissensiones quæ inter Francos tunc erant sublatura esse, ut omnes contra communem hostem animum & operam unam conferrent. At contra discordiæ ignis vehementius, quam antea exarsit. Cum Rex Henricus in Angliam trajecisset, ejus absentia stimulos addere debuisset ut Harefluvium recuperaretur: verum Rex qui Rhotomagi erat, Lutetiam iter arripuit, & Dux Aquitaniæ militares copias in hibernis constituit. Rex Lutetiam redux Comitem Armeniacensem Constabularium Franciæ creavit. Dux porro Burgundiæ in tam infelici rerum statu, se Regni posse administrationem invadere sperans, aditus omnes observabat. Illo tempore obiit Delphinus Dux Aquitaniæ, nec luctum attulit, quod virtutibus paucis, aiebant, multis vitiis polleret. Quo defuncto frater ejus Joannes Turonensis Dux, Delphinus fuit. Dux Burgundiæ collecta pugnatorum manu, nova semper moliebatur pro more suo. Qui partes ipsius sectabantur cum regiis copiis sæpe manus conserebant. Diu porro Latiniaci commoratus est, quo factum ut ii qui ipsi infensi erant, *Joannem Latiniacensem* ipsum deridendo appellarent. Demum ut vidit nullam sibi superesse spem ut in Regis conspectum venire posset, in Flandriam se recepit.

Interea in Constantiensi concilio agitabantur res Jeronymi Pragensis & Joannis Hussii, qui vivi flammis traditi sunt. Joannis Wiclefii doctrina damnata fuit. Cardinales qui deligendo Papæ operam dabant, postquam Joannem XXIII. deposuissent, & Benedictum XIII. contumacem declarassent, Othonem Columnam elegerunt, qui vocatus fuit Martinus V.

Primo die Martii mensis Sigismundus Imperator Lutetiam venit, ubi cum magnificentia ingenti exceptus fuit. Ea porro de causa venit ut pacem Angliam inter & Franciam conciliaret. Londinum quoque eadem de causa se contulit; sed incassum hæc contulit: eadem quippe rerum conditio postea mansit. Lutetiæ Equitem creavit, id quod certe multis displicuit: verum res hujusmodi quæ semel tantum & furtim designantur, in usum & consuetudinem nunquam transeunt.

CHARLES VI. dit LE BIEN-AIMÉ.

Le Conseil du Roi aiant jugé à propos d'équiper une grande flotte pour combattre celle du Roi d'Angleterre à son passage, on arma plusieurs navires, & l'on en fit venir de Gennes. Les Commandans de la flote furent le Bâtard de Bourbon & le Sire de Braquemont. Le Roi d'Angletere en fit promptement préparer une autre dont il donna le commandement au Duc de Clarence. Les deux flotes se rencontrerent. Le combat fut rude & long; mais enfin la flote Françoise fut défaite, le fils du Sire de Braquemont fut submergé avec plusieurs autres, & le bâtard de Bourbon fut fait prisonnier, & mené en Angleterre.

Flotte de France défaite par les Anglois.

Il sembloit que la fortune eût tourné le dos aux François. En ce même tems le Duc d'Excester qui commandoit pour le Roi d'Angleterre à Harfleur, s'étant mis aux champs avec trois mille combattans Anglois pour aller faire des courses du côté de Rouen, plusieurs détachemens des garnisons Françoises voisines s'assemblerent jusqu'au même nombre de trois mille hommes. Les deux troupes se rencontrerent: les Anglois furent mis en déroute, & laissèrent huit cens des leurs ou morts, ou prisonniers. Le Duc d'Excester se refugia dans un jardin environné de fortes hayes, d'où s'étant échappé, il se retiroit vers Harfleur. Les François coururent après & les atteignirent. Alors les Anglois voiant qu'il falloit ou vaincre ou mourir, ou être pris, se battirent en désesperez, tuerent, ou prirent douze cens François, & mirent le reste en fuite.

Le Duc de Bourgogne remuoit tout pour se rendre le maître du Roiaume: il tâchoit de s'appuier du Roi d'Angleterre qu'il alla voir; & avec qui il entretenoit correspondance. La conjoncture étoit favorable: il étoit lié avec Guillaume Comte de Hainaut, dont la fille avoit épousé le Dauphin Jean. Ils comploterent tous trois ensemble que le Comte de Hainaut iroit à Paris pour disposer les choses en faveur du Bourguignon; mais la mort du Dauphin qui arriva en ce tems-là rompit toutes leurs mesures. On crut qu'il avoit été empoisonné par la faction contraire, & l'on soupçonna le Duc d'Anjou Roi de Sicile, d'avoir ainsi ôté la vie aux deux derniers Dauphins, pour faire tomber le Roiaume à leur frere Charles Comte de Ponthieu, qui avoit épousé sa fille Marie d'Anjou, & qui devint Dauphin après la mort de son frere.

Sur quelque soupçon ou jalousie que le Roi conçut de la Reine Isabeau, il fit saisir un nommé Louis Bourdon qui sortoit d'avec elle; & le fit mettre dans

---

In consilio regio e re visum fuit ut classis magna appararetur, ad Angliæ Regis classem repellendam, cum ille in Franciam trajiceret. Multæ naves apparantur, Genua quoque plurimæ accersuntur. Duces classis fuere Nothus Borbonius & Bracamontius. Rex autem Angliæ quamprimum aliam colligi classem jussit, cujus ducem constituit Clarentiæ Ducem. Ambæ classes in conspectum venerunt; atrox, diuturnaque pugna fuit, tandemque classis Francica devicta fuit. Bracamontii filius cum plurimis aliis submersus fuit, Nothusque Borbonius captus & in Angliam adductus fuit.

Videbatur fortuna terga Francis vertisse. Hoc ipso tempore Excestriensis Dux, qui pro Angliæ Rege Harflevii imperabat, egressus est cum tribus millibus Anglorum, ut incursiones versus Rhotomagum faceret, & prædas ageret. Tunc ex vicinis par numerus Francorum collectus est, amboque agmina in conspectum venerunt. Angli a Francis victi, fugatique sunt, & octingentos suorum vel cæsos vel captos amiserunt. Dux Excestriensis in hortum confugit sepibus clausum: inde vero elapsus, versus Harflevium fugit. Franci fugientes Anglos insequuntur & attingunt. Tum hi videntes, aut vincendum, aut moriendum, aut in hostium manus cadendum esse, fortissime pugnarunt, mille ducentos Francos vel interfecerunt vel ceperunt, aliosque in fugam verterunt.

Dux Burgundiæ nihil non moliebatur ut Regnum in potestatem suam redigeret. Regis Angliæ quem invisit, opem sibi conciliare & cum ipso consuetudinem habere studebat. Opportuna sese offerebat occasio: cum Guillelmo Hannoniæ Comite junctus erat, cujus filia Delphino Joanni nupserat. Hi tres ergo simul habito consilio statuerunt, ut Comes Hannoniensis Lutetiam veniret, & omnia in Burgundiæ Ducis gratiam componeret. At Delphini obitus, qui tunc accidit, consilia ipsorum omnia pessumdedit. Creditum fuit ipsum a contraria factione veneno fuisse sublatum. Suspicio autem cadebat in Ducem Andium Siciliæ Regem, quem ambos Delphinos, qui obierant veneni haustu de medio sustulisse putabatur, ut Francorum Regnum devolvi curaret in Carolum Pontivi Comitem, qui Mariam Andegavensem filiam suam duxerat, quique tunc defuncto fratre Delphinus esse cœpit.

Tunc temporis aliqua permotus zelotypia Rex Carolus, Ludovicum quemdam Burdonium, qui ex cubiculo Isabellæ Reginæ egrediebatur, compre-

Le Frere de S. Remi.

un sac, sur lequel étoit écrit: *Laissez passer la Justice du Roi*. Le sac avec ce malheureux fut jetté dans la Seine. Peu de jours après la Reine fut envoiée à Tours en fort petite compagnie, avec ordre d'y demeurer.

1417.
Situation déplorable de la France.

Il n'y eut jamais de situation plus déplorable que celle où se trouvoit alors la France. Deux partis s'y faisoient impitoiablement la guerre; ils faisoient des courses les uns sur les autres, prenoient & pilloient des châteaux & des villes, tandis que l'ennemi commun rentroit en France avec une puissante armée. A Rouen des partisans du Duc de Bourgogne massacrerent le Bailli, son Lieutenant & jusqu'à dix autres personnes; ceux qui craignoient pour leurs vies se retirerent au château. Le Dauphin fut obligé d'y aller avec trois mille hommes d'armes. Il fit supplicier trois des principaux meurtriers, & pardonna aux autres.

Le Duc de Bourgogne qui vouloit absolument s'emparer du Gouvernement du Roiaume, envoioit des Ambassadeurs aux villes de France pour les attirer à son parti. Il en gagna en effet plusieurs, & leva une grande armée avec laquelle il prit la route de Paris. Il vint à Amiens, où on lui ouvrit les portes; plusieurs autres villes suivirent l'exemple de celle-ci; il en prit quelques-unes par force, se vint présenter devant Paris. Il ne trouva aucune disposition à être reçû dans la ville, où ses partisans n'étoient pas les plus forts; il se rendit maître de Montleheri, d'Estampes & de Chartres. Il vint de-là à Tours, à la priere de la Reine fort impatiente de se voir là comme prisonniere & gardée à vûe. Il la tira des mains de ceux qui la gardoient, & l'amena à Chartres, d'où elle écrivit aux villes qui étoient du parti du Duc de Bourgogne, prenant la qualité de Gouvernante du Roiaume de France, & les exhortant de perseverer dans le parti de son bon ami le Duc, malgré toutes les autres lettres qu'elles avoient reçûës, ou recevroient contraires à celle-ci. Le Duc jugea à propos de faire une seconde tentative pour entrer dans Paris: mais voiant la chose impossible, il congedia une partie de ses troupes, & s'en alla avec la Reine à Troie, où il passa une partie de l'hiver.

Parmi tous ces troubles le Roi d'Angleterre qui avoit fait descente en Normandie, y prenoit à son aise les villes & les châteaux, n'y aiant nulle armée de France qui l'arrêtât. Il assiégea Caën, où il trouva grande résistance, & y perdit

Juvenal-Monstrelet. Le Fevre de S. Remi.

hendi & includi jussit in sacco, cui suprascriptum erat, *Justitiæ Regis transeunti dare locum*. Saccus autem cum misero illo in Sequanam conjectus est. Regina vero paucis postea diebus in Turonum urbem nec cum magno comitatu missa fuit, ut illic ex jussu regio sedes haberet.

Vix uspiam ita miserabilis rerum facies & conditio visa fuerat, ut ea in qua tunc Francia versabatur. Duæ factiones sibi mutuo inexpiabile bellum inferebant, incursionibus agros utrinque desolabantur, castra & urbes invadebant, ac diripiebant. Quo tempore communis hostis in Franciam denuo cum potentissimo exercitu intrabat. Rothomagi quidam Burgundiæ factionis homines Ballivium occiderunt, ejusque Vicarium, decemque viros alios. Ii qui sibi timebant in Castellum aufugerunt. Delphinus ut tantum scelus ulcisceretur, cum tribus armatorum millibus Rhotomagum venit: ex præcipuis cædium auctoribus tres supplicio addixit, cæteris pepercit.

Iidem.

Burgundiæ Dux invadendæ regiæ administrationis cupidissimus, Oratores misit ad Franciæ urbes, ut illas sibi deviciret. Multas ad partes suas allexit, exercitumque magnum collegit, ac versus Lutetiam movit, Ambianumque venit, ubi a civibus exceptus est.

Hujus exemplum urbes aliæ plurimæ sequutæ sunt, nonnullasque ille vi cepit, & ante Lutetiam cum exercitu pervenit: sed cum factio ejus in urbe non prævaleret, nullaque spes esset posse se illa potiri, Montem-leherium occupavit, posteaque Stampas & Carnutum. Inde vero in Turonum urbem se contulit, rogatu Reginæ, quæ se quasi in carcere, & sub custodum oculis servatam videns, id ægre admodum ferebat. Ipsam Dux e custodum manibus ereptam Carnutum adduxit. Ibi Regina ad urbes illas literas misit, quæ Burgundicæ factionis erant, penes se Regni administrationem esse dictitans, monensque singulas, ut Ducis Burgundiæ amici sui partibus hærere perseverarent, nihil obstantibus aliis literis quæ his contrariæ essent, quasque ipsæ vel percepissent, vel perceptuæ essent. Dux autem secundo Lutetiam ingredi tentavit; sed ubi vidit frustra cedere conatum, maxima dimissa exercitus parte, Trecas cum Regina venit, ubi partem hiemis transegit.

In tanta rerum perturbatione Rex Angliæ, qui in Normanniam exscensum fecerat, urbes & castra nemine obsistente, nec exercitu Francorum ullo comparente, expugnabat. Cadomum obsedit; obsessi fortiter hostem propulsabant: multique Angli in oppugnatio-

beaucoup

beaucoup de monde dans les assauts qu'il donna ; mais il l'emporta enfin, & il y eut plus de cinq cens hommes tuez de ceux de dedans. Le Duc de Gloceftre frere du Roi assiegea Cherbourg la plus forte place de la Normandie. Le siege dura dix mois, & la ville ne put tomber en la puissance des Anglois, que par la trahison du Commandant qui toucha une somme d'argent pour rendre la place, & s'en alla à Rouen où il se trouva depuis quand la ville fut prise par le Roi d'Angleterre, qui lui fit trancher la tête. Il ne fut guere regretté d'aucun des partis.

Environ la fête de la Chandeleur le Roi Charles alla assiéger Senlis, & fit battre la place pendant quelques jours. Les assiegez capitulerent, & promirent de se rendre, s'ils n'étoient secourus au terme du dix-neuf Avril suivant. Le Comte de Charolois amassa promtement une armée, & vint au secours de la place : comme son armée étoit plus forte que celle du Roi, & marchoit en bon ordre, le Connétable ne jugea point à propos que le Roi en personne risquât une bataille. Il fit donc lever le siege, & ramena le Roi à Paris. Le Pape envoia deux Cardinaux pour faire la paix entre le Roi & le Duc de Bourgogne. Le Roi & le Dauphin trouvoient les conditions proposées raisonnables ; mais le Connétable, le Chancelier & quelques autres qui craignoient, & non peut-être sans raison, le Duc de Bourgogne, empêcherent que la paix ne fût concluë.

1418.

La scene qui suivit ces négociations est des plus tragiques. Les Parisiens étoient fort mécontens de ce que la paix avoit été rompuë : mais ils n'osoient s'en plaindre ni murmurer, parce qu'ils étoient observez de près. Sept ou huit plus hardis que les autres allerent secretement à Pontoise conferer avec le Seigneur de l'Isle-Adam, zelé partisan du Duc de Bourgogne, & convinrent avec lui qu'il ramasseroit le plus de gens armez qu'il pourroit, qu'il se rendroit la nuit du vingt-neuf de Mai à la porte S. Germain des Prez, & qu'ils feroient en sorte qu'il la trouveroit ouverte, & entreroit avec ses gens dans la ville. Il y vint au tems marqué avec huit cens hommes armez, & se rendit avec sa troupe au Châtelet où il trouva douze cens Parisiens armez, qui se joignirent à lui, & ameuterent en allant par les ruës la populace de Paris. Ils se rendirent à l'Hôtel du

---

nibus periere ; sed tandem expugnata urbs fuit, & plusquam quingenti Franci cæsi sunt. Dux Gloceftrix Regis frater Caroburgum obsedit, munitissimum Normanniæ totius oppidum. Obsidio ad menses decem protracta fuit, nec nisi Gubernatoris proditione, oppidum in Anglorum manus cadere potuit, qui pro pecuniæ summa ipsum hosti tradidit, ac postea Rhotomagum venit, ubi postquam ab Anglis capta urbs fuit, jussu Regis Henrici capite truncatus fuit. Nec magnum apud alterutram partium sui desiderium reliquit.

Circa festum Purificationis Rex Carolus Silvanectum obsessum venit, & per aliquot dies oppidum oppugnat. Præsidiarii tandem his conditionibus paciscuntur, ut si ante diem 19. Aprilis, exercitus ad auxilium ferendum non accedat, ipsi deditionem facturi sint. Comes vero Catolesius celeriter exercitum collegit, & ad opem ferendam movit. Cum porro exercitus ejus numerosior regio esset, ac cum recto ordine procederet, non expedire putavit Constabularius ut, Rege præsente, pugnæ sors tentaretur. Obsidionem ergo solvit, ac Regem Lutetiam reduxit. Summus vero Pontifex Cardinales duos misit, qui pacem facerent Regem inter & Ducem Burgundiæ.

Rex atque Delphinus propositas conditiones æquas & admittendas esse censebant, at Constabularius, Cancellarius & alii quidam, qui a Duce Burgundiæ sibi timebant, nec fortassis injuria, ne pax inter ambas partes conciliaretur effecerunt.

Post hæc de agenda pace colloquia, ea consequuta sunt, quæ describere horret animus. Indignabantur Parisini quod Cardinales paci studentes, re infecta discessissent. Sed conqueri & expostulare non audebant, quod motibus coercendis advigilaretur. Septem tamen vel octo ex audacioribus secreto Pontisaram se contulerunt, cum Topartha Insulæ Adami, qui Burgundiæ Ducis partibus hærebat, colloquuturi. Inter ipsos autem convenit ut Insuladamius quantas posset armatorum copias colligeret, & vigesima nona Maii noctu ad portam sancti Germani a Pratis veniret, se curaturos ille pollicentes, ut accedenti portæ paterent, & ille in urbem intrare posset. Venit Insuladamius ad condictam horam cum quingentis armatis viris, & cum turma tota ad Castelletum se contulit, ubi mille ducentos armatos Parisinos invenit, qui sese illi adjunxerunt, ac per vicos incedendo infimam plebem commoverunt, ita ut seditiosorum numerus passim augeretur. Hinc ad Regis ædes venerunt,

Iidem.

Roi qui leur accorda tout ce qu'ils voulurent. Ils le firent monter à cheval pour aller avec eux par la ville. Quelques-uns allerent à l'Hôtel du Connétable, qui averti de cette émeute s'étoit sauvé déguisé dans la maison d'un pauvre homme. Ils allerent se saisir du Chancelier. Au bruit de leur marche Tannegui du Chastel Prevôt de Paris, alla à l'Hôtel du Dauphin, enveloppa le Prince dans un linceul, & l'emporta à la Bastille de Saint Antoine, où plusieurs autres personnes notables se refugierent. Tannegui fit partir secretement le Dauphin, qui s'en alla par Corbeil & Melun du côté de Montargis. Le même Tannegui voulut aussi se saisir de la personne du Roi, & s'en alla bien armé, & bien accompagné à l'Hôtel de Saint Paul : mais les Parisiens l'avoient transporté au Louvre, où il étoit bien gardé. Alors Tannegui, le Maréchal de Rieux & le Sire de Barbazan se refugierent, non sans perte de leurs gens, à la Bastille, où ils laisserent bonne garnison, & se retirerent à Meaux.

Violences des séditieux Parisiens du parti du Duc de Bourgogne.

Cependant la troupe du Seigneur de l'Isle-Adam grossissoit tous les jours, tant des Parisiens qui se joignoient aux premiers, que des troupes du Duc de Bourgogne, qui venoient le joindre de différens endroits. Les Parisiens se saisissoient toujours de ceux qui étoient au Conseil du Roi & auprès de sa personne ; Evêques, Seigneurs & autres, pilloient leurs biens, massacroient ceux qui avoient été partisans du Connétable, qu'ils appelloient les Armagnacs. Ils firent publier à son de trompe de par le Roi, que quiconque sauroit où étoit caché quelqu'un du parti d'Armagnac, & ne viendroit pas le déclarer au Prevôt de Paris, qui étoit alors le Seigneur de l'Isle-Adam, seroit puni de la perte de ses biens & de sa vie. Alors ce pauvre homme qui tenoit le Connétable caché en sa maison, le dénonça au Prevôt, qui alla le saisir, & le mit au Palais sous sûre garde. Tous les autres qui avoient été pris étoient gardez au Palais, ou au Louvre, ou au Châtelet. Ceux qui étoient dans la Bastille capitulerent avec le Prevôt, & se retirerent vie & bagues sauves.

Massacre horrible dans Paris.

Quelques jours après la populace de Paris s'ameuta en plus grand nombre que jamais, & craignant que les prisonniers ne fussent enfin délivrez, ils s'en allerent comme des furieux massacrer tous ceux qu'on avoit arrêtez, sans distinction de qualité, & malgré le Prevôt de Paris, ils tuerent tout indifferem-

a quo quidquid libuit impetravere, Regem vero Carolum equum conscendere cduavere, ut secum per urbem incederet. Nonnulli ad Constabularii ædes accurrerunt, qui de seditione submonitus, insolita indutus veste, in pauperis cujusdam domo sese abdiderat. Hinc vero progressi, Cancellarium comprehenderunt. His rumore nuncio compertis Tanaquillus de Castello Præpositus Parisiensis, ad Delphini ædes properans, ipsum linteo inclusum ad Bastiliam sancti Antonii exportavit, quo etiam confugere multi insignes viri. Tanaquillus vero Delphinum ex Bastilia secreto exire curavit, qui Corbolio & Meloduno transiens, versus Montem Argisium se contulit. Idem vero Tanaquillus Regem ipsum comprehendere & secum ducere voluit, & ad ædes regias sancti Pauli armatorum manu stipatus se contulit. At Parisini illum ad ædes Luparæas transtulerant, ubi armatis custodibus cingebatur. Tum porro Tanaquillus, Marescallus Rheusius & Barbasanus, non sine suorum jactura ad Bastiliam confugerunt, quam illi præsidio probe munitam relinquentes, Meldas se contulerunt.

Interea vero Insuladamii agmen in dies augebatur; Parisini quippe semper numero crescebant, & Burgundica agmina variis ex locis confluebant in urbem. Parisini semper eos comprehendere pergebant, qui Regi a consiliis erant, aut inter aulicos computabantur, Episcopos, primores & alios, ipsorumque bona diripere non cessabant, immaniterque trucidabant eos, qui a Constabularii partibus stetissent, quos Armeniacos vocabant. Quasi ex regio jussu tuba promulgari curavere, ut quisquis notum habens ubi lateret quispiam ex Armeniacensi factione, id non revelaret Præposito Parisiensi, qui tunc Insuladamius ipse erat, is & bonis & vita ipsa mulctaretur. Tunc porro pauper ille in cujus domo Constabularius latebat, id Præposito indicavit, qui comprehensum illum in Palatium adduxit, & sub arcta custodia posuit. Alii vero qui capti fuerant, omnes vel in Palatio custodiebantur, vel in Lupara, vel in Castelleto. Qui in Bastilia præsidiarii erant, pactis cum Præposito conditionibus, sese salvi & tuti alio receperunt.

Aliquot postea diebus plebs Parisina majore quam antehac numero confluxit, metuensque ne ii qui in carcere detinebantur tandem salvi evaderent, furore concitante properarunt interfectum eos omnes qui capti fuerant, nulla habita conditionis ratione, & obnitente licet Præposito Parisiensi, omnes indiscriminatim trucidavere, nec carceris custodibus, nec

ment, les Geoliers & ceux qui étoient en prison pour dettes comme les autres. Le nombre des morts monta à trois mille, dont les principaux étoient le Connétable d'Armagnac, le Chancelier Henri de Marle, les Evêques de Coutance, de Baieux, d'Evreux, de Senlis & de Saintes, l'Abbé de Saint Corneille de Compiegne, le Comte de Grandpré, & plusieurs autres gens de marque. Les corps du Connétable & du Chancelier furent mis tous nuds dans la place du Palais, où ils resterent trois jours, & furent traînez par la canaille; après quoi on les alla tous enterrer dans une fosse au Marché aux Pourceaux. Le Prevôt l'Isle-Adam & les autres Seigneurs laissoient faire cette populace, qui continua plusieurs jours tuant & pillant tous les Armagnacs. Qui avoit un ennemi n'avoit qu'à dire que c'étoit un Armagnac, & il étoit tué d'abord. Un Bourgeois riche dont on vouloit piller la maison, étoit appellé Armagnac, & expedié sur le champ.

Après ces tristes spectacles le Duc de Bourgogne vint à Paris le 14. Juillet, menant avec lui la Reine. Ils allerent ensemble à l'Hôtel de S. Pol, où étoit alors le Roi, qui les reçut avec joie. Peu de jours après on tint plusieurs Conseils, où furent nommez les principaux Officiers de la Couronne pour remplacer les précedens. On invita le Dauphin de venir joindre le Roi & la Reine; mais il n'en voulut rien faire. On lui conseilla de faire la guerre au Duc de Bourgogne, & de prendre la qualité de Regent du Roiaume. Ce parti du Dauphin surprit la ville de Compiegne, qui fut pillée. De-là les Dauphinois firent le dégât sur les terres du Duc de Bourgogne, & sur les campagnes des villes qui tenoient son parti.

Quelques jours après le menu peuple s'assembla de nouveau, sous la conduite du Bourreau de la ville. Ils allerent ensemble visiter les prisons, où ils tuerent plus de trois cens prisonniers, qui y avoient été mis depuis le dernier massacre. De-là ils se rendirent à la Bastille, demandant sept prisonniers qui y étoient, pour les traiter comme les autres, & menaçant d'abbatre la place, si on les leur refusoit; & en effet ils commençoient à démolir les murs. Le Duc de Bourgogne y accourut, & fit tant par ses prieres, qu'ils cesserent, en leur promettant de faire mener ces prisonniers au Châtelet. Dans le tems qu'on les

Autre massacre.

---

iis qui creditæ pecuniæ causa detinebantur, pepercere. Cæsorum autem numerus ad tria millia pertigit. Eorum qui sic peremti sunt præcipui erant Constabularius Armeniacensis, Cancellarius Henricus de Marla, Episcopi Constantiensis, Baiocensis, Ebroicensis, Silvanectensis, Santonensis, Abbas sancti Cornelii Compendiensis, Comes Grandipratensis, multique alii primores viri. Corpora Constabularii & Cancellarii nuda exposita fuere in platea Palatii, ubi per tres mansere dies, & a vilissima plebe hinc & inde raptata sunt. Postea vero in forum Porcorum comportata in quadam fossa tumulata fuerunt. Insuladamius cæterique proceres talia designantem inconditam turbam quieti spectabant: quæ plebs furoris percita stimulis, incœpto plurimis diebus perstitit, & Armeniacos omnes trucidare, ipsorumque bona diripere perrexit. Si quis inimicum haberet, illumque Armeniaci nomine compellaret, statim is a turba interimebatur. Civis dives, cujus domum expilare scelerati peroptabant, Armeniacus appellabatur, & subito confossus cadebat.

Post tam tristia spectacula Dux Burgundiæ Lutetiam venit decimo quarto Julii, secum Reginam ducens, amboque in ædes regias sancti Pauli se con-

tulere, ubi tunc Rex erat, qui cum gaudio ambos excepit. Paucis postea diebus sæpius concilium initum est, ibique præcipui Regni Ministri nominati sunt, qui præcedentium loca tenerent. Delphinus invitatur, ut Regem Reginamque adeat. Id vero negavit Delphinus. De suorum autem consilio contra Burgundiæ Ducem bellum suscepit, & *Regentis* in Francia nomen sibi attribuit. Quia partibus Delphini stabant, Compendium ceperunt, ac diripuere. Hinc Delphinenses in Burgundiæ Ducis ditione agros depopulati sunt, etiamque prædas egerunt in agris urbium quæ pro Burgundo stabant.

Paucis post hæc diebus, infima plebs denuo convenit, duce urbis carnifice, unaque omnes in carceres urbis se contulere, ubi plusquam trecentos occidere viros, qui post ultimum cædem eo adducti fuerant, indeque ad *Bastiliam* venerunt, captivos septem qui ibi detinebantur expetentes, quos trucidare ut & alios peroptabant, minis additis, se Bastiliam solo æquaturos esse, nisi optatis suis fieret satis. Et vere jam Bastiliam demoliri incipiebant. Accurrit Dux Burgundiæ, atque emollitis verbis id impetravit ut a cœpto desisterent, pollicitus curaturum se ut captivi illi in Castelletum ducerentur; sed illos,

Iidem.

y amenoit, cette populace les massacra inhumainement. Alors le Duc voiant qu'il ne seroit jamais le maître de cette populace, fit défense sur peine de la vie de plus tuer ni piller, & commanda à cette troupe d'aller assieger Mont-leheri : ils sortirent au nombre de six mille pour aller investir la place, & à peine y étoient-ils arrivez, que le Duc de Bourgogne fit prendre le Boureau, Chef de la sédition, avec quelques autres de la troupe, & leur fit couper la tête. Ceux qui étoient devant Mont-leheri avertis de cette éxecution, s'en revinrent à Paris, pour en tirer vengeance ; mais trouvant les portes fermées, ils retournerent au siége, d'où ils furent rappellez peu de temps après.

La Cour, & le Duc de Bourgogne qui gouvernoit tout, faisoient leur possible pour gagner le Dauphin. Ils lui envoierent Marie d'Anjou sa femme, esperant que cela le rameneroit, & le porteroit à la paix : mais il persista dans le parti qu'il avoit pris, & se rendit maître de la ville de Tours.

1419.
Le Roi d'Angleterre assiege & prend Rouen.

Le Roi d'Angleterre, qui à la faveur de cette guerre civile, s'étoit rendu sans beaucoup de peine maître de presque toute la Normandie, vint enfin assieger Rouen. Les assiegez se défendirent vigoureusement, & firent de frequentes sorties. Le siége tira en longueur. La disette se mit dans la ville. Les habitans, dont on ne sauroit trop louer le courage, voulurent mettre hors de leurs murs vingt mille bouches inutiles : mais les Anglois les repousserent à coups de fleches, en sorte qu'ils furent obligez de les recevoir dans leur enceinte. Ils firent savoir au Roi Charles le triste état où ils se trouvoient, & lui demanderent un promt secours. Leurs Envoiez le trouverent à Beauvais avec la Reine & le Duc de Bourgogne. Ils avoient ramassé bon nombre de Gendarmes pour aller faire lever le siege : mais tout consideré, ils ne se trouverent pas assez forts pour aller tenter le sort d'une bataille. Ils venoient de faire un pour-parler de paix avec le Roi Henri : mais les conditions qu'il offrit étoient si déraisonnables, qu'on ne pouvoit les admettre ; d'ailleurs les Anglois ne vouloient point faire de Traité que le Dauphin ne le signât.

Ceux de Rouen se voiant hors d'esperance de secours, voulurent capituler. Le Roi d'Angleterre ne vouloit les recevoir qu'à discretion : on parlementa encore, & les Rouanois voiant que le Roi tenoit ferme, prirent un parti désesperé ; ils étayerent une partie des murs de leur ville pour les faire tomber tout

Iidem.

dum ducerentur, furens turma peremit. Sensit Dux tam petulantem turbam nec regi, nec cohiberi posse; Mandatumque publicum dedit, ne quis sub capitis pœna aliquem interficeret, vel bonis spoliaret, jussitque turbam obsessum ire Montem-Leherium. Tunc egressi sunt populares sex mille numero, ut oppidum cingerent & obsiderent, quo vixdum pervenerant cum Burgundiæ Dux Carnificem seditionis ducem apprehendi jussit cum aliis quibusdam sociis, qui omnes ad ejus mandatum capite plexi sunt. Qua re comperta ii, qui ante Montem-Leherium erant, Lutetiam redierunt, ut sociis ulciscerentur. Sed cum clausas invenissent portas, ad obsidionem reversi sunt, indeque paulo postea revocati fuere.

Regia tota Curia, & Dux Burgundiæ qui omnia tunc administrabat, nihil non agebant ut Delphinum ad suas partes allicerent. Ad ipsum vero miserunt Mariam Andegavensem ipsius uxorem, ut demulceret conjugem & ad pacem faciendam alliceret : at ille in pristina sententia perstitit, Turonumque urbem occupavit.

Rex Angliæ qui belli civilis ope fere totam Normanniam, nec cum magna suorum clade, jam occupaverat, Rothomagum tandem obsessum venit. Obsessi fortiter conatus ejus repulerunt, sæpeque eruperunt in hostem. Diuturna fuit obsidio, famesque urbem occupavit. Rothomagenses, quorum animi constantia vix satis laudari possit, viginti mille senes, feminas, infantes, qui bello inutiles erant, extra muros emittere voluerunt. Verum Angli sagittis ipsos depellebant ; ita ut intra mœnia illos recipere coacti sint. Tunc Regi Francorum Carolo quibus in angustiis essent, indicari curarunt, celerem opem postulantes. Qui missi fuerant, Regem Bellovaci invenere cum Regina & Burgundiæ Duce. Jam vero illi grandem armatorum numerum collegerant, ut Anglos ab obsidione removerent : verum omnibus accurate perpensis, non sat numerosum exercitum esse putarunt ut belli fortuna tentaretur. Nuper cum Henrico Rege de pacis conditionibus tractaverant : at ex quas proponebat Henricus tales erant, ut vix vel audiri ferri possent : alioquin vero Angli pacta inire nolebant nisi consentiente ac subscribente Delphino.

Rothomagenses, omni depulsa spe, pro deditione pacisci voluere. Rex autem Henricus, nonnisi ad arbitrium suum deditios accipere dignabatur. Res agitata denuo fuit. Rothomagenses vero videntes Henricum nihil a prisca sententia remittere, rem desperatam sunt aggressi ; partem murorum urbis suffoderunt, lignaque supposuerunt, quæ sustinerent,

Iidem.

d'un coup en mettant le feu au bois qui étayoit, & en même tems à tous les quartiers de leur ville : après quoi ils devoient sortir la nuit par la brêche, hommes, femmes & petits enfans, & donner sur les Anglois pour vaincre ou perir les armes à la main. Le Roi Henri averti de cette résolution desesperée, leur fit dire qu'il traiteroit avec eux à des conditions plus supportables. Les conditions proposées furent, qu'ils lui donneroient trois cent quarante mille écus, qu'ils lui livreroient trois hommes qu'il nomma, qu'ils lui jureroient foi & obéïssance, moiennant quoi ils seroient maintenus dans leurs biens & privileges comme ses bons sujets. Tout cela fut executé ; le Roi fit mourir un des trois hommes, & mit les autres à rançon.

Le Roi d'Angleterre envoia ensuite des Ambassadeurs au Roi de France, pour lui proposer une entrevûë, où ils traiteroient ensemble pour faire une paix stable & solide. Ils se rendirent auprès de Meulan, où le Roi d'Angleterre fit à son ordinaire des propositions qu'on ne pouvoit admettre. Le Dauphin qui craignoit cette paix, fit proposer un accommodement au Duc de Bourgogne qui gouvernoit tout à la Cour, & qui ne souhaittoit rien tant que cette paix. Il se rendit au lieu marqué près de Melun, où les deux Princes jurerent entre les mains du Légat du Pape, paix & amitié. Selon les apparences cela se faisoit avec beaucoup de cordialité, mais la suite fit juger que ces témoignages n'étoient peut-être pas sinceres.

Cette paix ne plût point au Roi Henri. Il jugea qu'il ne viendroit pas si aisément à bout des deux joints ensemble, que de chacun des deux divisez. Cependant pour avancer ses conquêtes, il fit attaquer une nuit la ville de Pontoise, alors place très-forte, qui fut soudainement prise par escalade ; ce qui fit bien de la peine à la Cour de France, & causa de la terreur dans Paris, qui se voioit serré de près par ses anciens ennemis. Les Anglois prirent aussi la ville de Gisors, & le Château-gaillard, une des meilleures forteresses de la Normandie.

Le meurtre de Jean Duc de Bourgogne qui arriva en ce tems-ci, est rapporté assez diversement par differens auteurs, quoiqu'ils conviennent tous pour le fonds de l'histoire. Jean le Févre de Saint Remi, Auteur de ce tems, qui dit clairement que le Dauphin fut l'auteur de sa mort, prétend qu'au sentiment

ut apposito igne muri confestim caderent, & omnes urbis partes eodem tempore admotis ignibus conflagrarent. Postea vero per eam partem, qua dejecti muri erant, noctu armati omnes egressuri erant, viri, mulieres & parvuli, ut in Anglos irrumperent, aut superaturi aut morituri. Henricus vero Rex ur audivit in desperationem tantam actos esse Rothomagenses, edici illis jussit jam velle se mitioribus conditionibus cum illis pacisci : hæ vero conditiones fuerunt ut Rothomagenses sibi trecenta & quadraginta millia scutorum numerarent, ut tres ipsi viros, quos nomine suo significavit, in manus suas traderent, ut sibi fidem & obedientiam, adhibito sacramento, pollicerentur ; quibus admissis, sua sibi bona & privilegia ut bonis subditis servarentur. Hæc porro omnia secundum pactiones perfecta fuere. Ex tribus vero sibi traditis viris, Henricus unum occidi jussit, reliquos duos cum pro redemtione precium solvissent, liberos dimisit.

Rex Angliæ postea Oratores ad Regem Francorum misit, ut colloquium & congressum proponeret, ubi una tractaretur, & pax firma solidaque fieret. Prope Mellentum autem convenerunt ; sed Rex Angliæ pro more suo conditiones obtulit, quæ nullo pacto poterant admitti. Delphinus vero qui pacem hujusmodi timebat, Duci Burgundiæ, qui in Regia aula omnia administrabat, ineunda pacta proponi curavit. Hic vero qui nihil magis optabat, quam ut pacem cum Delphino haberet, in assignatum locum se contulit prope Melodunum, ubi ambo Principes in manu Legati Summi Pontificis pacem & amicitiam sacramento confirmarunt. Omnino videbatur rem sincero corde & amice tractari ; sed ex rerum eventu dubitatum fuit an vera sinceraque fuerint hæc tam insignia acta & testimonia.

Iidem

Pax isthæc Regi Anglorum non placuit. Existimabat quippe se non tam facile duos una junctos superaturum, quam singulos separatim. Verum ut ulterius urbes acquirendo progrederetur, nocte quadam Pontisaram oppugnari jussit, quæ tunc urbs munitissima erat, & tamen scalis admotis statim expugnata fuit : quæ res aulæ Franciæ magno dolori fuit, & Parisinis terrorem incussit, qui veterem hostem sibi vicinum videbant. Angli etiam Gisortium ceperunt, & Castrum-Gaillardum inter munitissima Normanniæ computatum.

Iidem,

Joannis Burgundiæ Ducis cædes, quæ hoc anno accidit, varie a diversis Scriptoribus narratur, etsi de facta re omnes consentiant. Joannes Faber de S. Remigio ejusdem temporis Scriptor aperte dicit Delphinum necis illius auctorem fuisse, ac plurimorum

de plusieurs il avoit deja dessein de le faire tuer à la premiere entrevuë lorsqu'il fit sa paix avec lui ; mais que le Duc se trouva alors si bien accompagné, qu'il n'osa pas executer son dessein, & qu'à cette fois-ci le Dauphin vint avec dix mille hommes. Il le fit inviter de venir à Montereau Faut-Yonne, où ils confereroient ensemble sur les affaires presentes. Le Duc eut peine à se résoudre à y venir soupçonnant qu'il n'y eût quelque dessein contre sa vie : il y avoit même de ses gens qui l'en dissuadoient, mais la plûpart le solliciterent d'y aller, croiant qu'il n'y avoit rien à craindre pour lui. Il s'y rendit donc. Le Dauphin l'attendoit au pont de Montereau, où il y avoit des barrieres qui fermoient à clef. Quand il fut arrivé auprès du Dauphin, comme il le saluoit un genou en terre, Tannegui du Chastel lui porta un grand coup de hache, Olivier Layet lui donna un second coup, & le Vicomte de Narbonne l'acheva d'un coup de dague, & tua aussi le Sire de Noailles frere du Comte de Foix.

<small>Jean Duc de Bourgogne tué à Montereau Faut-Yonne.</small>

Juvenal des Ursins raconte la chose fort differemment. Il dit que le Dauphin s'entretenant avec le Duc sur les moiens de remedier aux mauvaises affaires presentes, le Duc de Bourgogne lui dit qu'ils devoient aller eux deux en conferer avec le Roi son pere ; que le Dauphin lui répondit, que ce qu'ils feroient eux deux seroit au gré de son pere. *Il y eût aucunes autres paroles*, poursuit-il. *Puis s'approcha ledit Nouailles d'icelui Duc, qui rougissoit, & lequel dit*, Monseigneur, quiconque le veuille voir, vous viendrez à present à vôtre pere, *en lui cuidant mettre la main gauche sur lui, & de l'autre tira son espée comme à moitié : mais lors Messire Tannegui prit Mgr le Dauphin entre ses bras, & le mit hors de l'huis de l'entrée du parc. Puis il y en eust qui frapperent sur le Duc de Bourgogne, & sur ledit Seigneur de Nouailles, qui allerent tous deux de vie à trepassement.* Juvenal qui apporte fort au long différens sentimens sur cette mort, dit ensuite, que ni le Dauphin ni Tannegui n'eurent aucune part à ce meurtre, & que le Dauphin en fut même fort marri. Je serois fort porté à croire que l'action fût faite contre le gré du Dauphin, par des gens qui haïssoient le Duc Jean. Car quoique ce Prince ait été des plus violens & des plus pernicieux à l'Etat que la France ait jamais eû, ç'auroit été une action bien indigne au Dauphin, qui lui avoit juré foi & amitié, de lui donner un rendez-vous pour le faire massacrer, & nous ne voions dans son histoire

---

opinionem fuisse, Delphinum jam in primo congressu, quando pacem cum illo pepigit, in animo habuisse ut nex illi a suis inferretur, sed Ducem tunc tanta armatorum manu cinctum fuisse, ut non auderet Delphinus meditatum facinus exsequi. Hac vero secunda vice venisse Delphinum cum decem millibus pugnatorum ; ipsumque evocari jussisse Monasteriolum ad Icaunam, ubi de rebus præsentibus colloquerentur. Ducem vero tetrum aliquid suspicantem vix potuisse persuaderi ut illò se conferret, avertentibus illum a profectione aliquot ex suis, qui insidias suspicabantur. Maxima vero pars adstantium, inquit Faber, suadebant instantes, ut illo pergeret, nihil metuendum esse rati. Illo itaque se contulit. Delphinus vero exspectabat illum ad Pontem Monasterioli, ubi cancelli erant, qui clavibus obserabantur. Quando prope Delphinum advenit, cum flexo genu salutem ipsi diceret, Tanaquillus de Castello securi vehementer ipsum percussit. Olivarius vero Layerus secundo ictu illum impetiit, Vicecomes vero Narbonensis pugione illum confodiens, e vivis sustulit, etiamque Dominum de Noalliis Comitis Fuxensis fratrem interemit.

<small>Ijdem.</small>

Juvenalis de Ursinis rem alio prorsus modo describit, aitque cum Delphinus Ducem alloqueretur, & de modo infelicem rerum statum componendi dissereret : Respondit Dux, ambos oportere Regem adire, & cum illo hisce de rebus agere ; reposuit Delphinus, omnia quæ ambo tractarent ac perficerent Patri placitura esse. *Quædam præterea dicta fuere*, inquit, *deindeque Noallius Ducem adiit, qui erubescens dixit Delphino : Domine, ut cuivis volenti nunc videre licebit, ad patrem venies, sinistra manu Delphinum conatus apprehendere, dextera vero gladium stringere cæpit. Tum Tanaquillus Delphinum brachiis assumtum extra ostium cancellorum posuit. Aliique Ducem Burgundiæ & Noallium armis impetiere, & e vivis abstulere.* Juvenalis, qui circa necem istam varias variorum sententias pluribus describit, adjicit, neque Delphinum neque Tanaquillum hujus mortis consortes participesve fuisse : imo Delphinum de nece Ducis luxisse. Libenter crederem necem invito Delphino patratam, ab iis qui Joannem Ducem oderant. Quamvis enim Joannes inter violentissimos Principes & regno Francorum perniciosissimos censeri mereatur, res certe indigna fuisset, si Delphinus fidem amicitiamque Duci cum sacramento pollicitus, locum illi assignavisset ut de medio tolleret, nihilque in historia ipsius deprehendimus, quod

rien qui approche d'une pareille perfidie. Cependant il est difficile de croire que cette mort ait été machinée à son insçû. Tannegui du Chastel, homme d'une hardiesse étonnante, pourroit bien avoir comploté avec lui ce meurtre d'un Prince qu'il haïssoit à mort, & non sans raison.

Quoiqu'il en soit, le Dauphin passa pour l'auteur du meurtre, & fut à raison de cela exclu de la Couronne par son pere, comme nous allons voir. Il partit de Montereau, & se rendit à Bourges, ramassant des gens de tous côtez. De-là il se rendit en Anjou, où le Duc de Bretagne le vint joindre, & lui accorda une partie de la Noblesse de son Duché pour augmenter ses troupes. Il reçut encore un renfort d'Ecossois qu'il envoia sur la Loire, & puis s'en alla en Poitou, en Auvergne & en Languedoc pour y faire des levées de gens de guerre.

Philippe Comte de Charollois à la nouvelle de l'assassinat de son pere, en fut si affligé & si indigné en même tems, que pour en tirer vengeance, il travailla à s'accommoder avec le Roi d'Angleterre, & en même tems à faire la paix entre les deux Rois: paix dont les conditions excluoient le Dauphin de la Couronne de France, & l'excluoient lui-même & ses descendans à perpetuité de ses droits sur le Roiaume, en cas que la branche régnante vînt à manquer, & qu'il se trouvât le plus proche des mâles. Ce Prince depuis surnommé le Bon, sacrifiant ainsi ses propres interêts à la vengeance, n'eut pas grand peine à porter le Roi Henri à faire un Traité qui lui étoit si avantageux. Il trouva la même facilité à la Cour de France. Le Roi étoit imbecille ; la Reine oubliant tous les sentimens d'une mere à l'égard de son fils, consentit aisément à faire tomber la Couronne à sa fille en la mariant au Roi d'Angleterre. Le Traité se fit à Troye en Champagne, où se celebra aussi le mariage d'Henri avec Catherine de France. Les Lettres Patentes y furent expediées: le Roi y donne le Roiaume de France à son fils Henri, ainsi l'appelle-t'il. Entre autres raisons de nullité qu'on observe dans ces lettres, celle-ci fait voir le peu de jugement de ceux qui les ont fabriquées, le Roi y marque assez clairement, & en termes exprès l'imbecillité d'esprit où il étoit quand il les a données.

1410.

Charles VI. déclare Henri V. Roi d'Angleterre son successeur à la Couronne de France.

Les deux Rois joignans leurs forces ensemble, allerent assieger Sens occupé par les Dauphinois ; la ville tint fort peu de tems. Vers le commencement de Juin ils assiegerent Montereau-Faut-Yonne. La garnison se défendit vigoureu-

parem perfidiam præ se ferat. Attamen vix creditur necem illam ipso inscio patratam fuisse. Tanaquillus de Castello, vir audacissimus, cum Delphino insidias hujusmodi struxisse potuit, ut Joannem de medio tolleret, quem summo odio nec sine causa prosequebatur.

Ut ut res est, Carolus Delphinus auctor cædis habitus est, eaque de causa a corona regnoque Francorum a patre exclusus fuit, ut mox narrabitur. Monasteriolo profectus Delphinus Biturigam venit, copias undique colligens. Inde vero ad Andegavensem tractum se contulit, quo convenit illum Dux Britanniæ, qui partem ipsi Armoricorum nobilium concessit, ut copias suas augeret ; Scotorum etiam agmen accepit, quos ad Ligeris oras misit. Indeque ad Pictavos Arvernos, posteaque in Septimaniam perrexit, armatos undique colligens.

Philippus Carolesius Comes, comperta patris nece, tanto dolore simul & indignatione correptus est, ut ulciscendi patris causa cum Anglorum Rege pactiones inire, & inter ambos Reges pacem conciliare studuerit ; cujus pacis conditiones ; Delphinum a Francorum Regno & Corona excludebant ; imo ipsum Philippum & filios nepotesque ipsius in perpetuum a jure occupandi Regni, si quando regia linea deficeret, & ipse inter masculos propinquior esset. Hic vero Princeps, qui postea Bonus cognominatus fuit, ex vindictæ cupiditate propria jura missa faciens Henricum Regem eo facile deduxit, ut tam opportuna sibi pacta iniret. Parem vero facilitatem in Aula Francica expertus est. Rex mente imbecillus erat, Regina, misso omni erga filium affectu, coronam filiæ Catharinæ deferri, quæ Henrico Angliæ Regi connubio jungebatur, libens comprobavit. Hæc pacta Trecis in Campania edita fuere, ubi etiam nuptiæ Henricum inter & Catharinam celebratæ sunt. Literas ibi regias publicas emisit Rex Carolus, ubi regnum Franciæ dat Henrico filio, sic nempe vocat. Inter alia quæ literas hasce nullam vim habere, nullo jure niti, commonstrant, hoc certe quam patum judicio valerent ii, qui ipsas edidere, probat : Rex qua mentis imbecillitate esset, cum illas edidit, clare commemorat.

Ambo Reges, junctis simul copiis, Agendicum obsessum venerunt, quam urbem tunc tenebant Delphinenses, qui nec diu postea deditionem fecere. Ineunte Junio Monasteriolum ad Icaunam obsederunt ; præsidium fortiter hostium impetum & conatum aliquanto tempore repressit ; sed expugnatum

Idem.

sement, & la place fut emportée d'assaut le jour de Saint Jean-Baptiste. Les Dauphinois se retirerent dans le Château, mais plusieurs resterent prisonniers des Anglois. Le Roi d'Angleterre envoia dire au Commandant du Château que s'il ne le rendoit, il feroit pendre tous ces prisonniers. Sur son refus il les fit exécuter. Le Commandant ne tint que huit jours après, & rendit le château, à condition que la garnison se retireroit vies & bagues sauves. Ce Commandant fut fort blâmé d'avoir laissé périr ses compagnons pour si peu de tems qu'il avoit à tenir après la prise de la ville. Pendant ce tems le Dauphin qui étoit en Languedoc se rendit maître de Nîmes, & de plusieurs autres villes de cette province, qu'occupoit alors le Prince d'Orange partisan du Duc de Bourgogne. Après quoi il s'en retourna à Bourges, où il assembla beaucoup de troupes pour s'opposer à ces deux puissans ennemis, le Roi d'Angleterre & le Duc de Bourgogne.

Siége & prise de Melun. Ces deux Princes allerent ensuite assieger Melun. La place étoit bien munie, & avoit bonne garnison de Dauphinois commandez par le Seigneur de Barbasan, qui firent tout ce qu'on pouvoit attendre des plus braves gens. Pendant ce siege qui fut long, la contagion se mit dans l'armée du Roi d'Angleterre, & emporta beaucoup de ses gens. Le Prince d'Orange se retira avec ses troupes; plusieurs autres firent de même; de sorte que l'armée étant considerablement diminuée, le Duc de Bourgogne fit venir de nouvelles troupes pour la renforcer. La garnison qui souffroit beaucoup de la famine, fut enfin obligée de capituler. Les deux Rois avec les Reines revinrent à Paris, & au jour de Noël suivant, ils tinrent leur Cour séparement : le Roi de France à l'Hôtel de Saint Paul, & le Roi d'Angleterre au Louvre. Les bons François eurent alors le déplaisir de voir l'état de leur Roi, qui avoit une fort petite Cour, peu d'Officiers, en un équipage très médiocre, au même tems que le Roi d'Angleterre avoit un train des plus riches & des plus magnifiques, grand nombre d'Officiers tous superbement vêtus.

Il commença alors de regner, destitua les Officiers établis par le Roi & le feu Duc de Bourgogne, & donna les principaux emplois à des Anglois. Le Comte de Kent fut fait Commandant de Melun, le Comte d'Hostidonne, Capitaine du Bois de Vincennes, le Duc d'Excestre, Commandant de Paris.

oppidum fuit die S. Joannis Baptistæ. Delphinenses in castellum se receperunt, sed eorum plurimi ab Anglis capti sunt. Rex Angliæ castelli Præfecto edici jussit, se nisi castellum ipse dederet, Delphinenses captivos suspendio perire jussurum. Abnuente autem illo captivos ille omnes suspendi curavit. Præfectus vero castelli per octo tantum dies obsidentium impetum propulsavit, posteaque deditionem fecit, illa conditione, ut cum præsidiariis salvus & incolumis abiret. In multorum autem vituperationem ille castelli Præfectus incurrit, quod cum tam paucos postea dies castellum defensurus esset, socios suos perire siverit. Interea Delphinus, qui in Septimania erat, Nemausum cepit, aliaque plurima istius provinciæ oppida, quæ ante occupabat Princeps Arausicanus Regis Anglorum partibus addictus. Sub hæc Biturigas reversus est, ubi copias multas collegit, ut contra duos potentissimos hostes bellum instrueret, Regem nempe Angliæ & Ducem Burgundiæ.

Idem. Hi autem ambo Principes Melodunum postea obsessum venerunt. Munitissimum oppidum erat, & fortissimo præsidio instructum, duce Barbasano. Hi ea omnia præstitere, quæ a strenuissimis viris exspectari poterant. Diuturna obsidio fuit, & lues exercitum Regis Angliæ invasit. Multis in dies grassante lue pereuntibus, Princeps Arausicanus cum copiis suis abscessit, aliique multi similiter receptui cecinere, quo factum ut exercitus admodum minueretur; ideoque novas pugnatorum manus Dux Burgundiæ evocaret, ut exercitus numero cresceret. Præsidiarii vero fame oppressi oppidum tandem certis conditionibus dedere coacti sunt. Ambo Reges & Reginæ Lutetiam venerunt, in dieque Natali Domini aulas suas regias separatim habuere, Rex Francorum in ædibus Sancti Pauli, Rex Anglorum in Lupara. Tunc Franci illi queis cordi erat Regis sui splendor & honor, haud libenter viderunt Regem Carolum tenuissima clientela stipatum, dum Rex Angliæ aulam exhibebat sumtuosissimam, numerosam aulicorum famulorumque turbam, preciosis fulgentem vestibus.

Tunc cœpit Henricus regnare ; Ministros ab Rege Carolo & a Joanne Burgundo constitutos abrogavit, Anglisque præcipua ministeria contulit. Cantii Comes Meloduni Præfectus constitutus est ; Comes Hostidonensis nemoris Vincennensis Rector nominatur, Dux Excestriensis Lutetiæ Gubernator instituitur. Henricus

Henri

CHARLES VI. dit LE BIEN-AIMÉ.

Henri avoit dessein de passer en Angleterre, & avant que de partir de Paris, il fit appeller le Dauphin à la Table de Marbre, & avec toutes les solemnitez, il le fit déclarer incapable de succeder à la Couronne, & bannir à perpetuité du Roiaume. Après cela il se rendit à Rouen, & se mit en chemin pour se rendre à Calais, d'où il passa en Angleterre avec la Reine sa femme qu'il fit couronner à Londres. Il fit là une grosse levée de gens de guerre, & tira beaucoup d'or & d'argent des contributions de ses sujets, pour revenir faire la guerre en France.

Le Dauphin avoit une quantité considerable de troupes sur la Loire & dans l'Anjou, commandées par le Comte de Boukan Ecossois, par le Sire de la Fayette & plusieurs autres Seigneurs. Le Duc de Clarence voulut aller les combattre, partit avec la fleur de sa Chevalerie, & un nombre considerable de troupes. Ses gens furent arrêtez à une riviere qui étoit très-difficile à passer. Après qu'une bonne partie de ses troupes eût atteint l'autre rivage, sans attendre que le reste fut passé, le Duc s'avança vers Baugé où étoient les Dauphinois. Le combat fut rude & longtems disputé : mais enfin les Dauphinois remporterent la victoire. Il y eut du côté des Anglois deux ou trois mille morts, & deux cens prisonniers. Entre les morts furent le Duc de Clarence, le Duc de Kent, le Seigneur de Ros Maréchal d'Angleterre, & beaucoup de Chevaliers ; du nombre des prisonniers furent les Comtes de Somerset, d'Hantinton & du Perche. Les François y perdirent près de mille hommes. Le Duc de Clarence frere du Roi d'Angleterre, fut fort regretté, non seulement des Anglois, mais aussi des François & des Dauphinois même ; on disoit qu'il n'y avoit point de Prince, qui ajoutât à une grande valeur une aussi grande politesse que la sienne.

1421.

Bataille de Baugé, où les Anglois sont vaincus.

Dans le tems que le Roi d'Angleterre repassoit à Calais avec une grande armée, le Dauphin alla assieger Chartres. A ces nouvelles le Roi Henri invita le Duc de Bourgogne de venir le joindre avec ses troupes, pour aller combattre leur ennemi commun. Ils allerent ensemble à grandes journées : mais le Dauphin ne jugeant pas à propos de risquer une bataille, leva le siége, & se retira vers Orleans. Quelque tems après le Duc de Bourgogne eut un avantage sur les Dauphinois à Mons en Vimeux auprès du passage de Blanche-Tache sur la Somme. Ceux-ci voiant les Bourguignons beaucoup plus forts

---

cum in Angliam trajicere cogitaret, antequam proficisceretur Delphinum ante Tabulam marmoream provocari jussit, atque solenniter illum ad succedendum patri inhabilem declarari, & a regno perpetuo exsulare. Postea Rothomagum venit, & Caletum iter arripuit, indeque transmisit in Angliam cum Regina uxore, quam Londini coronari jussit. Ibi multas armatorum copias collegit, & vectigalia subsidiaque multa imposuit, pecuniamque grandem exegit, ut bellum gesturus in Franciam remigraret.

Delphinus armatorum manum validam tenebat ad Ligerim & apud Andes, ducibus Buxanio Comite Scoto, plurimisque aliis proceribus. Dux porro Clarentiæ cum illo Delphinensium exercitu pugnaturus movit cum selectis equitibus & magno pugnatorum numero. At hi omnes ad fluvium pervenerunt trajectu difficilem. Postquam magna pars Anglorum alteram ripam attigerat, Dux non exspectatis cæteris, Baugium venit, ubi Delphinenses tunc erant. Cruenta & diuturna pugna fuit. At Delphinenses tandem victoriam retulerunt. Angli bis, terve mille certando ceciderunt, & ducenti capti sunt ; in mortuorum numero fuere Dux Clarentiæ, Dux Cantiæ, Rossius Marescallus Angliæ, Equitesque plurimi. Inter captivos fuere Comites Somersetiæ, Hantintonii, & Pertici. Franci suorum fere mille amiserunt. Ducem Clarentiæ Regis Angliæ fratrem multi luctu prosequuti sunt, non Angli modo, sed etiam Franci & Delphinenses. Fama quippe tunc erat nullum esse Principem qui cum tanta fortitudine tantam morum elegantiam & urbanitatem admisceret.

Quo tempore Rex Angliæ cum exercitu mare trajiciebat, Caletum appulsurus, Delphinus Carnutum obsedit. Qua re comperta Rex Angliæ, Burgundiæ Ducem cum copiis suis advocat, ut ambo contra communem hostem pugnaturi moveant. Magnis ambo itineribus proficiscuntur : at Delphinus pugnæ fortunam tentare nolens, obsidionem solvit, & versus Aurelianum movit. Non multo postea Dux Burgundiæ sat prospere pugnavit ad Montes-in-Vinomago prope trajectum Somonæ ad Blancam-tacam Cum viderent enim Delphinenses longe numerosiores esse,

Iidem.

178 CHARLES VI. dit LE BIEN-AIMÉ.

en nombre qu'eux, voulurent passer la riviere : mais la marée qui monta les empêchant de passer, ils se mirent en bataille, & se deffendirent en braves : Poton de Saintrailles y fit merveilles à son ordinaire ; mais enfin accablez par la multitude ils prirent la fuite. Il y eût sept cens hommes tuez des deux côtez.

1422.

La ville de Meaux qui étoit si voisine de Paris, fut la premiere assiegée après le retour du Roi d'Angleterre. Il y avoit bonne garnison, commandée par le Bâtard de Vauru, & son frere Pierron de Lupi. Les assiegez se défendirent très-bien, & firent plusieurs sorties sur les Anglois. Après cinq mois de siége la garnison abandonna la ville, & se retira dans le marché, qui tient un grand espace, & est de plus difficile accès. Le Roi d'Angleterre fit attaquer fortement ce marché, & prit de force une petite Isle, où il fit dresser ses machines, & battit tant les murs qu'il les abbatit : après quoi il fit donner plusieurs assauts, que les assiegez soûtinrent avec beaucoup de valeur. La place étoit réduite en un état, qu'elle auroit pû être emportée de force : mais Henri ne vouloit pas que la ville fût pillée, pour en tirer tout le profit. Pendant ce siege le Sire d'Offemont voulut entrer dans la ville où il étoit fort souhaité, mais il fut pris & mené au Roi d'Angleterre, qui l'obligea de lui rendre quelques petites places qu'il tenoit, & le fit jurer qu'il ne porteroit plus les armes contre lui. La garnison fut enfin obligée de se rendre à discretion. Le Roi fit couper la tête au Bâtard de Vauru & à son frere, & fit pendre leur corps à un arbre, exigea des habitans tout ce qu'ils avoient vaillant, & leur fit encore racheter leurs maisons, ce qui lui produisit une grosse somme. Après la prise de Meaux un grand nombre de villes & de forteresses se rendirent au Roi d'Angleterre. Il n'en resta que fort peu au Dauphin au-deçà de la Seine.

Meaux pris après un long siége.

Au commencement du mois d'Août de l'an 1322. le Comte d'Aumale & le Vicomte de Narbonne assemblerent un corps de troupes au Maine, & entrerent en Normandie. Le Baron de Coulonges & le brave Ambroise de Loré, qui conduisoient l'avant-garde s'étant avancez, virent un corps de cinq cens Anglois à cheval qui se retiroient en bon ordre ; ils firent avertir le Comte d'Aumale d'avancer, & ils chargerent ces Anglois, & les mirent en déroute. Tous furent ou tuez ou pris.

---

quam suas, Burgundionum copias, fluvium trajicere conati sunt ; sed cum ascendens maris æstus fluvium auxisset, compositis ordinibus ad pugnam se compararunt, acriterque decertarunt. Poto de Santraliis strenue pro more suo pugnavit, tandemque Delphinenses pugnatorum multitudine pene obruti fugam fecerunt. Ex utraque vero parte septingenti circiter cecidere.

Iidem.

Meldas urbem Lutetiæ viciniorem redux Angliæ Rex primam obsedit. In illa numerosum erat præsidium duce Notho Valruensi, cui aderat frater suus Petrus Lupæus. Obsessi fortiter pugnarunt, & sæpius in Anglos eruperunt. Postquam obsidio per quinque menses protracta fuerat, præsidiarii, urbe relicta, in forum seu *Mercatum*, ut vocant, amplissimi spatii locum se receperunt, qui accessu difficilis erat. Rex Angliæ Mercatum fortiter oppugnari jussit, & parvam insulam vi cepit. In hac insula machinas apparârunt Angli & muros concussere donec prorsus dejicerentur. Deinde oppugnant sæpe Angli urbem. Præsidiarii vero hostem strenue propulsant, sed eo demum redacti sunt, ut ab Anglis expugnari urbs haud dubie potuisset. At nolebat Henricus urbem a militibus diripi, ut hinc sibi major pecuniæ summa obveniret.

Obsidionis tempore Offemontius Toparcha in urbem ingredi tentavit, ubi admodum desiderabatur ; sed captus & ad Angliæ Regem adductus fuit, qui ab eo exegit ut aliquot castella quæ tenebat sibi traderet, & sacramento dato polliceretur se non ulterius arma contra se gesturum esse. Præsidiarii tandem sese in Henrico ad ipsius arbitrium, ac sine ulla conditione dedere coacti sunt, qui Valruensem nothum & fratrem ipsius capite truncatos in arbore suspendi jussit, atque a Meldensibus civibus exegit, ut omnia sibi bona sua traderent & domos etiam redimerent. Hinc summam corripit ingentem. Post captas Meldas, multæ urbes & castra sese Regi Angliæ dedidere, paucaque ultra Sequanam residua fuere, quæ Delphino parerent.

Initio mensis Augusti anno 1322. Comes Albamalæ & Vicecomes Narbonensis in Cenomanensi agro manum militum collegerunt, & in Normanniam intrarunt. Colongius autem Baro, & strenuus ille Ambrosius de Lora, qui primam aciem ducebant, cum ulterius progrederentur, agmen Anglorum quingentorum equitum viderunt, qui recto servato ordine receptum habebant. Tum Albamalæum monere curavere, ut celerius procederet, & in Anglos irruperet, qui profligati, omnes vel cæsi, vel capti sunt.

CHARLES VI. dit LE BIEN-AIMÉ.

Vers le même tems le Dauphin assembla environ vingt-mille hommes, & alla prendre la Charité sur Loire, où il mit grosse garnison, & fit ensuite assiéger Cône sur la même riviere. La garnison se défendit quelque tems, & fut enfin contrainte de capituler, & promit de rendre la place le 16. d'Août suivant, si elle n'étoit secourue. Le Duc de Bourgogne ramassa des gens de tous côtez, & envoia demander secours au Roi d'Angleterre, qui lui fit réponse, qu'il iroit lui-même à son secours avec une armée. Mais la maladie qui commença à le prendre ne lui permettant pas d'y aller, il y envoia le Duc de Bethfort avec un grand corps de troupes. Le Dauphin ne jugeant pas à propos de risquer une bataille, leva le siege.

Le Roi Henri vint ensuite à Paris, où il fit exactement observer la Justice. Il avoit soin sur-tout d'empêcher que les Grands n'opprimassent les petits. Le peuple étoit fort content de sa domination. Il ne survécut pas long-tems à la prise de Meaux. Il tomba malade, & mourut au Château de Vincennes après avoir recommandé son fils, qui étoit en fort bas âge, au Duc de Bethfort son frere, à qui il laissa le gouvernement du Roiaume. Il l'exhorta à ne point faire de paix, quelque issuë que la guerre pût avoir, que la Normandie ne demeurât à son fils. Il mourut le 28. Août, ou le dernier jour du mois selon d'autres. Son corps fut apporté en Angleterre, où on lui fit des obseques magnifiques. Le Roi Charles VI. à qui les frequentes maladies avoient fort affoibli & la tête & le corps, le suivit de bien près. Il mourut le 21. Octobre de la même année 1422. Le Duc de Bethfort le fit enterrer fort honorablement à Saint Denis.

Mort d'Henri Roi d'Angleterre.

Mort de Charles VI. Roi de France.

Eodem tempore Delphinus exercitum viginti circiter millium pugnatorum collegit, Charitatem ad Ligerim occupavit, & valido præsidio munivit. Hinc Conium obsedit ad ejusdem fluminis oram situm. Præsidiarii aliquanto tempore hostium conatus propulsarunt, tandemque pro deditione pactainire coacti sunt, hac nempe conditione, ut oppidum sextodecimo Augusti die dederent, nisi auxilia sibi valida mitterentur. Dux Burgundiæ copias undique collegit, & ab Rege Angliæ auxilia petiit. Respondit ille non missurum, sed venturum se cum exercitu opem laturum ; sed cum jam ægritudine laboraret, nec posset ipse illam expeditionem suscipere, Ducem Bethfordiensem misit, cum Anglorum manu grandi. Delphinus vero cum nollet pugnæ fortunam tentare, obsidionem solvit.

Rex Angliæ postea Lutetiam venit, ubi æqui boni-que servandi curam maximam habuit. Huic rei maxime advigilabat, ut ne a potentioribus tenuiores opprimerentur. Sic rem administranti applaudebat populus. Non diu post captas Meldas vixit : in morbumque incidit, ac Vincennis obiit, postquam filium suum adhuc tenerum, fratri suo Bethfordiensi Duci commendaverat, cui etiam Regni regimen tradidit ; hortatusquoque illum est, ut ne pacem faceret, qualiscumque tandem belli exitus esset, nisi Normannia filio suo cederet. Corpus ejus in Angliam translatum est, ubi magnificentissimæ ipsi exsequiæ celebratæ sunt, Rex Carolus VI. etiam frequentius repetito morbo, & corpore & mente admodum debilitatus & fractus, paulo post Henricum mortuus est 21. Octobris ejusdem anni 1422. Dux Bethfordiensis illum honorifice in Ecclesia S. Dionysii sepeliri cutavit.

Tome III.

Z ij

MONUMENS DU REGNE
DE CHARLES VI. dit LE BIEN-AIMÉ.

Pl. XXVI.
1.

2.

3.

Quoique ce Regne ait été fort long, on trouve peu de Monumens où ce Roi soit representé en peinture ou en sculpture. La grande maladie qui le prit l'an douziéme de son Regne, & ne le quitta que par intervalles, & les malheurs qui accablerent le Roiaume pendant ce tems-là, firent apparemment qu'on ne pensa guere à tirer son portrait. Il est representé en [2] relief de marbre blanc sur son tombeau de marbre noir dans la Chapelle de Nôtre-Dame qui est à main droite dans l'Eglise de Saint Denis. Ses vêtemens & sa couronne n'ont rien que d'ordinaire. La Reine Isabeau de Baviere sa femme [2] est representée de même à son côté. Elle porte sur son voile une couronne entremêlée de fleurs de lis & de petites croix. Elle mourut le 30. Septembre, l'an 1435. treize ans après la mort de son mari. Leur premier fils le Dauphin Charles est gravé sur sa tombe [3] de cuivre dans la même Chapelle auprès du marche-pied de l'Autel, comme on le voit dans la même Planche. Il nâquit le 25. Septembre de l'an 1386. & mourut le 28. Decembre jour des Innocens de la même année. Il est pourtant representé ici comme un assez grand jeune-homme : mais cela se remarque si ordinairement dans ces siécles, qu'on ne s'y arrête plus. Il tient de ses deux mains une couronne royale, qu'il auroit un jour portée sur la tête, si une mort prématurée ne l'avoit enlevé.

Pl. XXVII.

1.

Louis Duc d'Orléans, Pair de France, Comte de Valois, d'Ast, de Blois, de Dunois, de Beaumont sur Oise, d'Angoulême, de Périgord, de Dreux, de Soissons, de Vertus & de Portien, Sire de Couci & de Château-Thierri, frere de Charles VI. fut assassiné par ordre de Jean Duc de Bourgogne, près de la porte Barbette le 23. Novembre de l'an 1407. C'étoit [1] un fort beau Prince. Il paroît aussi tel dans le portrait que nous en donnons, tiré de son tombeau, où il est representé en relief au milieu de la Chapelle d'Orléans dans l'Eglise des Celestins de Paris. La couronne qu'il porte est ornée de fleurons.

MONUMENTA REGNI CAROLI VI.

qui cognominatur BENE-AMATUS.

Etsi diuturnum hoc Regnum fuit, pauca occurrunt Monumenta ubi Carolus VI. aut depictus, aut insculptus compareat. Morbus ille tantus, qui ipsum invasit anno duodecimo Regni sui, nec nisi per intervalla reliquit : infortunia etiam, quæ Regnum per totum illud temporis spatium pene obruerunt, in causa fuisse videntur, quod raro depictus fuerit. Sculptus autem exhibetur in albo marmore supra sepulcrum ex nigro marmore structum in Capella B. M. Virginis, quæ ad dexteram est ingredientibus in Ecclesiam Sancti Dionysii. Ejus vestis & corona ab assuetis nihil differunt. Isabella Bavarica Regina uxor ejus eodem modo ad latus ejus jacet. Supra velum coronam gestat liliis & parvis crucibus alternatim positis ornatam. Obiit porro illa 30. Septembris anno 1435. annis tredecim exactis post obitum viri sui. Primogenitus ipsorum filius Carolus Delphinus, incisus conspicitur in tabula sepulcrali ænea in eadem Capella prope suppedaneum aræ, qualis in tabula nostra exhibetur. Natus autem est 25. Septembris anno 1386. obiitque 28. Decembris in die Sanctorum Innocentium ejusdem anni. Et tamen hic quasi adolescens repræsentatur. At mos ille ita in sæculis istis invaluerat, ut toties obvia res spectatores vix jam detineat. Ambabus manibus coronam regiam tenet ; quam aliquando capite gestaturus erat, nisi immatura mors illum subripuisset.

Ludovicus Dux Aurelianensis, Par Franciæ, Comes Valesius, Astensis, Blesensis, Dunensis, Bellimontis ad Isaram, Engolismensis, Pettragoricensis, Drocensis, Suessionensis, Vertusii & Portiani, Toparcha Cuciaci, & Castri-Theodorici, frater Caroli VI. Regis, jubente Joanne Burgundiæ Duce trucidatus est prope portam Barbetam 23. Novembris anno 1407. Erat eleganti forma Princeps, talisque videtur esse in Tabula nostra, cujus imago ex sepulcro ejus educta est, ubi prominente figura exhibetur in medio Capellæ Aurelianensis, quæ est in Ecclesia Cælestinorum Parisiensium. Corona ejus floribus, non liliis ornatur.

Louis Duc d'Orleans.

Valentine de Milan.

Louis I. Duc d'Anjou Roi Naples.

Louis II. Duc d'Anjou, Roi de Naples

DE CHARLES VI. dit LE BIEN-AIME'.

Valentine fille de Jean Galeazzo Visconti Duc de Milan, épousa Louis Duc d'Orleans au mois de Septembre de l'an 1389. Elle mourut le 4. Decembre de l'an 1408. Elle est enterrée aux Celestins auprès de son mari, & representée en relief ² en la forme que nous donnons ici. Elle porte une couronne ornée de raions.

2.

Louis de France Duc d'Anjou, second fils du Roi Jean II. fut déclaré Roi de Naples, de Sicile, de Jerusalem, & de la Pouille. Il partit de France avec une armée, chargé d'or & de richesses pour se rendre au Roiaume de Naples. Son entreprise aiant fort mal réussi, il mourut de chagrin & de maladie au Roiaume de Naples en Septembre de l'an 1384. il est ici ³ representé en buste, tiré des hommages du Comté de Clermont, qui est à la Chambre des Comptes de Paris, fol. 37. tel qu'il se trouve dans les portefeuilles de M. de Gagnieres. Il est revêtu de son blâson, la couleur & les armes sont de France au lambel de gueules de trois pendans.

3.

Louis II. fils du précedent Roi de Naples, de Sicile, de Jerusalem, &c. mourut à Angers le 29. Avril 1417. ⁴ Il est tiré du portefeuille de M. de Gagnieres, pris d'un pastel original, où il est peint en robe de chambre, dont le fonds est d'or.

4.

Jean de France Duc de Berri, troisiéme fils du Roi Jean, né en 1340. épousa en premieres nôces en 1360. Jeanne d'Armagnac, & en secondes nôces en 1389. Jeanne Comtesse d'Auvergne & de Boulogne. Il mourut le 15. Juin 1416. & ne laissa point d'enfans de sa seconde femme. Son premier ¹ portrait en buste est tiré d'un pastel original, & fait de son tems. Son habit & son bonnet sont assez singuliers, & sur-tout une espece de baudrier qui descend de la droite à la gauche. Le même est representé ² dans une paire d'heures faites pour son usage, où on le voit debout, tel que nous le donnons ici. Le buste qui vient après est tiré des hommages ³ du Comté de Clermont en Beauvoisis, qui est à la Chambre des Comptes de Paris. Il y est revêtu de son blâson, de France à la bordure engrellée de gueules.

PL. XXVIII. double.

1.

2.

3.

Le voici en famille & en devotion, tiré d'un grand tableau en broderie d'or & d'argent, qui est dans l'Eglise Cathédrale de Chartres, donné à cette Eglise par le même Duc de Berri, & par Jeanne d'Armagnac sa premiere

---

Valentina filia Joannis Galearii Vice-comitis Ducis Mediolanensis, nupsit Ludovico Duci Aurelianensi mense Septembri anni 1389. Obiitque quarta Decembris anni 1408. Sepulta autem est in Ecclesia Cælestinorum prope virum suum & in anaglypho prominens exhibetur, ut hic illam proferimus. Coronam gestat quibusdam ceu radiis ornatam.

Ludovicus Franciscus Dux Andium, secundus filius Regis Joannis II. Rex Neapolis, Siciliæ, Jerosolymæ & Apuliæ declaratus fuit. Ex Francia cum exercitu profectus est, auro & argento onustus ut Neapolitanum regnum peteret. Cum tantæ expeditionis exitus infaustus omnino fuisset, ex mœrore & morbo interiit in Neapolitano regno mense Septembri anno 1384. Hic ejus protome repræsentatur educta ex libro *Hominiorum* Comitatus Claromontani, quæ est in Camera Computorum Lutetiæ, fol. 37. ut in D. Gagnerii codicibus habetur. Insignibus vestitur suis, color & stemmata Francica sunt cum tænia rubra, & tribus pendentibus fasciis ejusdem coloris.

Ludovicus II. ejus filius, Rex Neapolis, Siciliæ, Jerosolymæ, &c. obiit Andegavi 29. Aprilis 1417. eductusque est à D. Gagnerio ex pictura quadam isto tempore facta, ubi veste domestica & cubiculari induitur, cujus fundus aureus est.

Joannes Franciscus Dux Bituricensis Joannis Regis tertius filius, natus anno 1340. uxorem primo duxit anno 1360. Joannam Armeniacensem, & secundam anno 1389. Joannam Arverniæ & Bononiæ Comitissam. Obiit decima-quinta Junii anno 1416. exque secunda uxore, nullam reliquit prolem. Prima ejus imago protome est ex pictura illius ævi eruta. Vestis & pileus singularis sunt formæ, præcipue vero quidam ceu balteus, qui a dextera ad sinistram descendit. Idem vero Princeps depingitur libro precum ad usum ipsius depicto, ubi stans exhibetur, ut illum hic proferimus. Protome sequens eruta est ex Manuscripto codice *hominiorum* Comitatus Claromontani in Bellovacensi agro, qui est in Camera Computorum Lutetiæ. Insignibus porro suis induitur, quæ insignia Franciæ sunt cum ora rubra denticulata.

En Bituricensem Ducem cum familia sua orationi incumbentem. Eductus est ex tabula magna depicta, auro & argento intertexta, quæ est in Ecclesia Cathedrali Carnotensi, & ab eodem Bituricensi Duce Joannaque Armeniacensi prima ejus uxore eidem Ecclesiæ

Z iij

femme. Le Duc & ses deux fils derriere lui sont tous trois à genoux. Trois Saints à leur côté semblent être là pour les proteger ; tous trois ont le cercle lumineux, marque de sainteté. Le premier qui est un vieillard, & que je ne connois pas, tient la main sur l'épaule droite du Duc. Le second qui est encore un vieillard porte une Couronne Roiale, & une chappe comme l'Evêque qui suit. Ce n'est pas certainement saint Louis qui se voit de l'autre côté avec la Duchesse ; il tient sa main droite sur l'épaule du fils aîné du Duc qui est à genoux derriere son pere. Le troisiéme est Saint Louis Evêque de Toulouse, fils de Charles le Boiteux Roi de Naples, & du sang Roial de France, comme il paroit par sa chappe chargée des armes de France, & par son habit de Cordelier, qu'on voit ici comme en ses autres images : il tient aussi sa main droite sur l'épaule droite du second fils du Duc. L'aîné du Duc de Berri est Charles de Berri Comte de Montpensier, qui épousa Marie de Sully, & mourut avant l'an 1383. Le cadet est Jean de Berri, qui fut aussi Comte de Montpensier, & se maria avec Catherine de France, fille puisnée du Roi Charles V. L'un & l'autre mourut du vivant du pere & sans lignée.

5. A l'autre côté du même tableau 5 Jeanne d'Armagnac, femme de Jean Duc de Berri, est à genoux devant un petit oratoire, & a derriere elle ses deux filles aussi à genoux. On voit ici auprès des Princesses deux Saints, qu'on reconnoît au nimbe ou au cercle lumineux. Le premier est un grand beau jeune homme à longue chevelure, qui a une couronne sur la tête. Il tient de la main droite un livre contre sa poitrine, & met la main gauche sur l'épaule gauche de la Duchesse de Berri. Je croirois volontiers que le Peintre n'a ici pris garde ni à la droite ni à la gauche. Le second est Saint Louis qu'on reconnoît à son manteau Roial chargé de fleurs de lis, à sa couronne & à son sceptre. Il tient la main gauche sur l'épaule gauche de la fille aînée qui est à genoux auprès de sa mere. Il semble en même tems couvrir du même bras la plus jeune, pour marquer qu'il est patron de l'une & de l'autre Princesse, qui descendoient de lui. L'aînée des Princesses Bonne de Berri, fut mariée en 1376. avec Amé VII. du nom, Comte de Savoie, & en secondes nôces en 1393. avec Bernard VII. Comte d'Armagnac, depuis Connétable de France. L'autre Princesse sa sœur Marie de Berri fut mariée premierement en 1386. avec Louis de Châtillon, Comte de

dono oblata fuit. Dux & ambo ejus filii pone ipsum positi genibus flexis sunt. A latere ipsorum tres Sancti stant, qui familiam protegere videntur : qui tres nimbo exornantur, quod erat sanctitatis signum. Primus qui senex, quemque me nosse fateor, manum dextro Ducis humero imponit. Secundus, & ipse senex, regiam coronam capite gestat, & cappa induitur, ut Episcopus sequens. Hic non est sanctus Ludovicus Rex, qui in altero latere cum Ducissa visitur ; dexteram vero imponit iste humero primogeniti Ducis Bituricensis filii, qui pone patrem genibus flexis est. Tertius est sanctus Ludovicus Episcopus Tolosanus filius Caroli Claudi Neapolitani Regis ex sanguine regio Franciæ, ut ex cappa ejus liquet, insignibus Francicis ornata, & ex interiori veste Franciscana, quæ & hic & in aliis ejus imaginibus comparet. Ipse quoque manum dexteram imponit humero dextero secundi filii Ducis Bituricensis. Primogenitus Ducis est Carolus Bituricensis Comes Montis - Penfetii, qui Mariam Sulliacensem duxit uxorem, & mortuus est ante annum 1383. Secundus est Joannes Bituricensis, qui etiam fuit Comes Montis-Penserii, uxoremque duxit Catharinam filiam Regis Caroli V. Ambo autem hi Ducis Bituricensis filii, ante patrem & sine prole mortui sunt.

In altero ejusdem picturæ latere visitur Joanna Armeniacensis uxor Joannis Ducis Bituricensis, quæ genibus flexis est ante oratorium ; poneque illam sunt duæ ipsius filiæ, & illæ quoque flexis genibus. Prope illas duo Sancti sunt, qui a nimbo tales esse dignoscuntur. Prior est grandis staturæ, juvenis, formosus, oblonga cæsarie, qui coronam capite gestat. Manu dextera librum tenet pectori nixum, manumque sinistram imponit humero sinistro uxoris Ducis Bituricensis. Libenter crederem pictorem hic nec dexteram nec sinistram curavisse. Secundus est sanctus Ludovicus, quem internoscere facile est a pallio regio liliis ornato, a corona & a sceptro. Hic manum sinistram imponit humero sinistro filiæ primogenitæ, quæ genibus flexis prope matrem est : eodemque brachio videtur regere juniorem filiam, ut significet se utriusque patronum esse ; ambæ quippe ab se progenitæ fuerant. Primogenita autem Bona Bituricensis nupsit anno 1376. Amedeo VII. Sabaudiæ Comiti, & secundò nupsit anno 1393. Bernardo VII. Armeniacensi Comiti, qui postea Franciæ Constabularius fuit. Soror ejus Maria Bituricensis nupsit primò Ludovico Castellionæo Comiti Blesensi anno 1386. se-

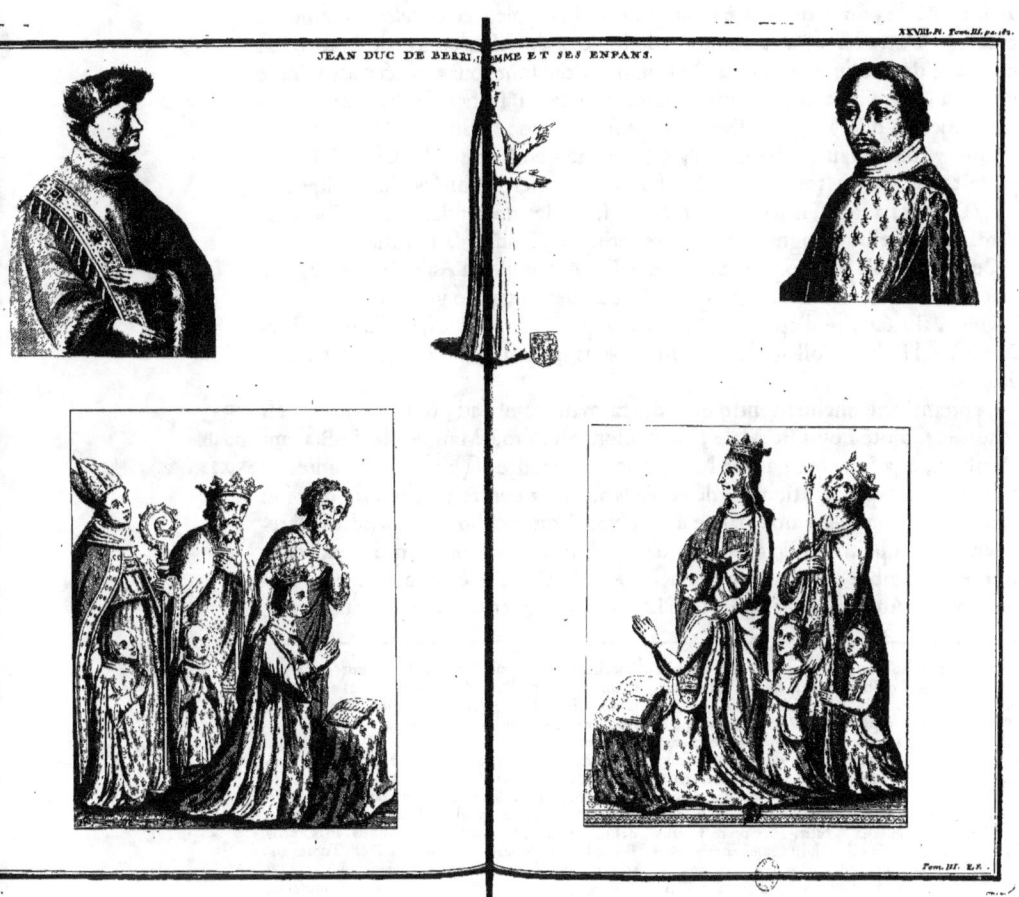

DE CHARLES VI. dit LE BIEN-AIME'.

Dunois, & en secondes nôces en 1392. avec Philippe d'Artois, Comte d'Eu, Pair & Connétable de France, & troisiémement en 1400. avec Jean I. du nom Duc de Bourbon.

Après les deux premiers freres de Charles V. Louis d'Anjou & Jean de Berri, venons au troisiéme Philippe Duc de Bourgogne, dit le Hardi. Il épousa Marguerite de Flandres, fille de Louis, dit de Male, Comte de Flandres, dont elle fut l'heritiere, & apporta cet héritage à la maison de Bourgogne, qui par des mariages & des successions pareilles forma un des plus puissans Etats de la Chrétienté, au grand malheur de la France. Nous avons peu de Monumens de Philippe le Hardi & de Jean Sans peur son fils. Mais le magnifique tombeau de Louis de Male, dont on m'a envoié le dessein, supplée en quelque maniere à ce défaut. Outre les figures de Louis de Male, de Marguerite de Brabant sa femme & de sa fille Marguerite de Flandres, qui sont tous trois étendus sur le tombeau, il y a tout autour vingt-quatre Princes ou Princesses. Les trois derniers Ducs de Bourgogne, Jean Sans peur, Philippe le Bon & Charles le Temeraire y sont: mais ce dernier n'y est qualifié que Comte de Charolois, ce qui fait voir que ce tombeau a été fait aux dernieres années de Philippe le Bon. Tous les autres Princes ou Princesses sont des descendans de Philippe le Hardi, Duc de Bourgogne, & de Marguerite de Flandres sa femme.

Ce dessein m'a été communiqué par D. Ambroise d'Audeux, Religieux Benedictin de Franche-Comté, qui s'est toujours interessé vivement pour cet Ouvrage. Il a été tiré d'après ce tombeau, qui est dans la Chapelle de Nôtre-Dame de l'Eglise Collegiale de l'Isle. Nous l'allons representer ici en trois Planches.

La premiere Planche montre une des faces du tombeau, & le dessus où est étendu le Comte Louis de Male, aiant à son côté droit Marguerite de Brabant sa femme, & à son côté gauche Marguerite de Flandres sa fille. Le Comte est armé de toutes pieces, tient ses deux pieds appuyez contre un lion. Il porte son épée à la ceinture, & a une dague à son bras droit. Le lion de Flandres est representé sur sa poitrine. Derriere sa tête s'éleve une colonne qui soutient le heaume ou timbre couronné sur lequel s'éleve le cimier; c'est la tête d'un lion dans un vol. Au côté droit du Comte Louis est Marguerite de Brabant sa femme

PL. double XXIX.

cundò autem anno 1392. Philippo Artesio Comiti Augensi, Pari & Constabulario Franciæ, tertiò demum anno 1400. Joanni I. Duci Borbonio.

Post priores illos duos Caroli V. fratres, Ludovicum nempe Andegavensem, & Joannem Bituricensem, jam ad tertium veniamus, Philippum nempe Burgundiæ Ducem, cognomento Audacem. Hic uxorem duxit Margaritam Ludovici de Mala Flandrensis Comitis filiam, quæ patri successit, & hanc hereditatem familiæ Burgundiæ attulit. Hæc porro familia affinitatibus & successionibus hujusmodi usque adeò aucta est, ut Dux Burgundiæ cum potentioribus Europæ Principibus conferri potuerit, in magnam Francorum Regni perniciem. Pauca nobis adsunt Monumenta Philippi Audacis, & Joannis Intrepidi filii ejus; sed hanc compensare penuriam videtur magnificum Ludovici de Mala sepulcrum, cujus mihi delineatæ tabulæ missæ fuerunt. Præter schemata Ludovici de Mala & Margaritæ Brabantiæ uxoris ejus, necnon Margaritæ Flandrensis ipsorum filiæ, qui tres supra sepulcrum supini jacent. In circuitu sunt viginti quatuor Principes utriusque sexus. Tres vero postremi sunt Joannes ille Intrepidus, Philippus Bonus, & Carolus Temerarius dictus. At hic ultimus Carolesius Comes appellatur, unde liquet hoc sepulcrum a Philippo Bono & postremis ipsius annis excitatum fuisse. Omnes porro alii Principes a Philippo Audace & a Margarita Flandrensi uxore illius progeniti sunt.

Hæ delineatæ tabulæ missæ mihi fuerunt a D. Ambrosio Aldusio Monacho Benedictino in Burgundiæ Comitatu, qui nullum non movit lapidem ut nostris faveret studiis. Hæ tabulæ ad fidem illius sepulcri delineatæ fuerunt, quod visitur Insulis in Capella Beatæ Mariæ Collegialis Ecclesiæ S. Petri. Totum autem in tribus sequentibus tabulis exhibemus.

Prima tabula sepulcri faciem unam repræsentat cum superna parte, ubi supinus visitur Ludovicus de Mala Comes Flandrensis, ad cujus latus dextrum supina quoque extenditur Margarita Brabantia uxor ejus, & ad sinistrum Margarita Flandrensis ejus filia. Comes a capite ad calcem armatus, pedes ambos leone nixos effert. Gladius ejus ex zona pendet, & pugionem in brachio dextro gestat. Leo Flandrensium Comitum insigne in pectore ipsius exprimitur. Pone caput ejus exsurgit columna, quæ cassidem sustinet coronatam supra quam juba erigitur, ubi caput leonis intra alas ponitur. Ad dextrum latus Ludovici est

étenduë, qui a un chien à ses pieds. Derriere sa tête est un Ange à genoux qui tient un écusson où sont les armes de Brabant, au champ de sable & au lion d'or parti de Flandres, qui porte d'or au lion de sable. Les lions sont ici tournez dans un autre sens qu'à l'ordinaire, & même qu'à l'écusson de sa fille Marguerite de Flandres, femme de Philippe le Hardi Duc de Bourgogne, qui est étenduë à l'autre côté de son pere. Elle a à ses pieds un chien comme sa mere. Vers la tête un Ange tient son écusson, qui porte de Bourgogne moderne soutenu par Bourgogne ancien, parti de Flandres.

Aux angles des quatre faces de dessous sont les quatre Evangelistes. Dans la face que nous presente la Planche, on voit à un des angles S. Jean l'Evangeliste, qui tient un calice, & à l'autre S. Luc. Sur cette face sont six Princesses & un Prince. La Princesse qui est auprès de S. Jean l'Evangeliste, est [1] Marguerite de Bourgogne, fille de Jean Sans peur Duc de Bourgogne qui fut mariée à Louis Dauphin de France Duc de Guienne, lequel étant mort jeune, elle épousa Artus de Bretagne Comte de Richemont, qui fut Connétable de France. [2] Celle qui suit après, est Marie de Bourgogne sa sœur, fille du Duc Jean, mariée en 1406. à Adolfe IV. du nom Duc de Cleves. Le Prince [3] qui suit est Jean Duc de Cleves, fils d'Adolfe IV. & de Marie de Bourgogne. On voit ensuite Isabelle [4] de Bourgogne fille du même Duc Jean, qui épousa en 1406. Olivier de Chatillon de Blois, dit de Bretagne, Comte de Pentiévre, & mourut sans enfans. Celle qui suit est Catherine [5] de Bourgogne, fille du même Duc Jean, qui fut accordée à Philippe d'Orleans Comte de Vertus, quand les Ducs d'Orleans & de Bourgogne se reconcilierent après le meurtre de Louis Duc d'Orleans, fait par ordre du Duc de Bourgogne; mais l'inimitié continuant toujours, le mariage ne se fit pas. Elle fut fiancée l'an 1410. à Louis Duc d'Anjou III. du nom, Roi de Sicile, qui sans l'épouser la renvoia à son pere. Elle fut promise depuis à Henri fils aîné d'Henri IV. Roi d'Angleterre, & retenuë par son pere; elle mourut enfin sans alliance. Après elle vient Anne [6] sa sœur, mariée après la mort de son pere au Duc de Bethfort Regent de France. La derniere de ce rang est Agnes [7] de Bourgogne, fille du même Jean Sans peur, qui épousa Charles I. du nom, Duc de Bourbon. Elle mourut fort âgée, & étoit encore en vie lorsque ce monument fut fait.

Margarita Brabantiæ uxor ejus supina, ad cujus pedes canis est. Pone caput illius Angelus visitur genuflexus, qui scutum tenet insignibus Brabantiæ ornatum, quorum campus niger leonem aureum habet: his junguntur Flandrensia insignia, quæ in campo aureo leonem nigrum efferunt. Leones hic alio situ positi sunt, quam in vulgatis insignibus, & quam in scuto filiæ ipsius compareant, Margaritæ nempe Flandrensis uxoris Philippi Audacis Burgundiæ Ducis, quæ ad aliud patris latus & ipsa supina jacet. Canem quoque ut mater sua ad pedes habet. Ad caput ipsius Angelus scutum tenet, quod insignia Burgundiæ recentis exhibet, suppositis Burgundiæ priscæ insignibus, adjunctisque Flandrensibus.

Ad quatuor angulos quatuor inferiorum laterum stant quatuor Evangelistæ. Hic ad alterum angulum visitur sanctus Joannes Evangelista, calicem tenens; ad alterum vero S. Lucas. In hac vero facie sex Principes feminæ sunt, unusque vir. Quæ prope S. Joannem Evangelistam visitur Margarita est, filia Joannis Intrepidi Burgundiæ Ducis, quæ primo nupsit Ludovico Franciæ Delphino & Aquitaniæ Duci : quo juvene defuncto, nupsit Arturo Britannico Ricamontio Comiti, qui Constabularius Franciæ fuit. Quæ sequitur est Maria Burgundica ejus soror, filia ejusdem Joannis, quæ connubio juncta est cum Adolpho IV. Clivienfi Duce. Postea visitur Joannes Cliviensis filius Adolphi IV. & Mariæ Burgundicæ. Post hosce conspicitur Isabella Burgundica ejusdem Ducis Joannis filia, quæ nupsit anno 1406. Olivario Castellionæo Blesensi Britannico dicto, Comiti Pentevriensi : & sine prole mortua est. Quæ sequitur est Catharina Burgundica ejusdem Joannis Ducis filia, quæ desponsata fuit Ludovico Aurelianensi Comiti Vertusio, quando Duces Aureliani & Burgundiæ reconciliationis signa dederunt, post patratam, jubente Joanne Burgundiæ Duce, Aurelianensis Ducis cædem. At perseverante inimicitia, connubium illud peractum non est. Desponsata iterum fuit Catharina anno 1410. Ludovico Andegavensi III. Regi Siciliæ qui illam non duxit, sed patri remisit. Demum sponsione data ab Henrico filio Henrici IV. Angliæ Regis ducenda uxor fuit; sed patre ipsam apud se retinente, demum innupta obiit. Post illam visitur Anna soror ipsius, quæ post patris mortem a Bethfordiensi Duce Franciæ Regenti ducta est. Ultima in hoc latere est Agnes Burgundica filia ejusdem Joannis Intrepidi, quæ ducta fuit uxor a Carolo hujusce nominis primo Borbonii Duce Hæc ætate provecta diem clausit extremum, & adhuc in vivis erat cum hoc monumentum excitabatur.

La

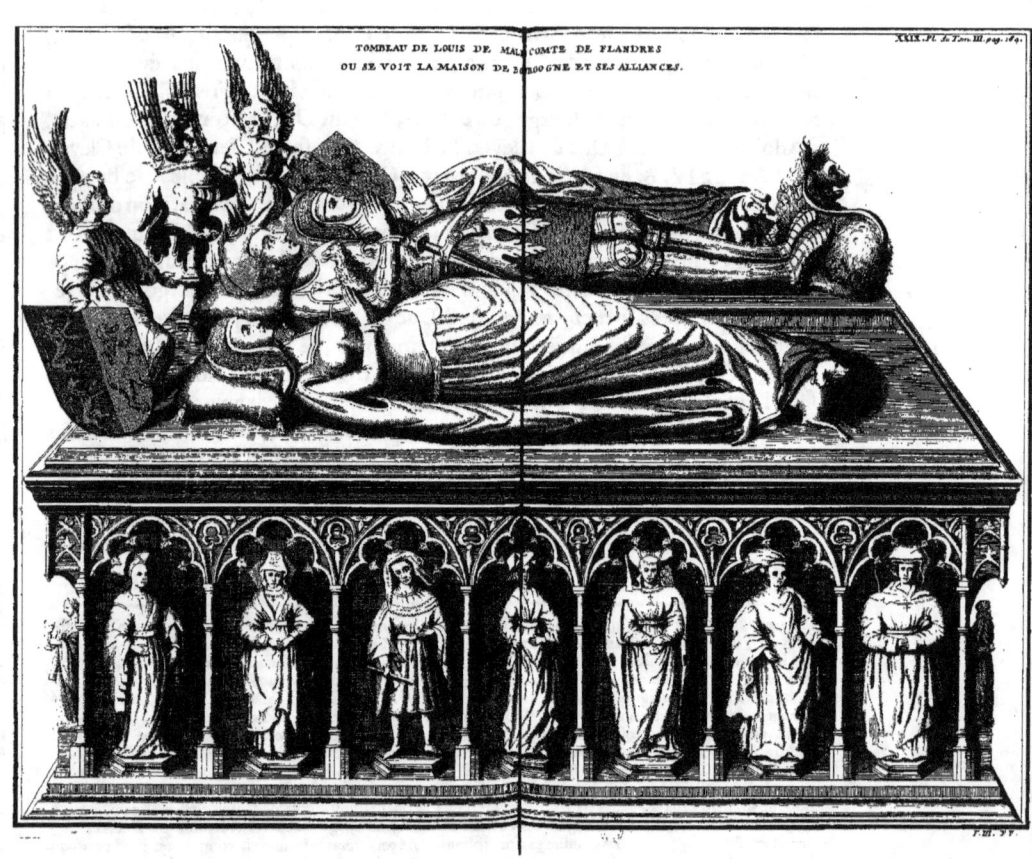

DE CHARLES VI. dit LE BIEN-AIMÉ. 185

La Planche suivante contient les deux plus petits côtez du tombeau de Louis de Male. Dans le premier il y a cinq Princes. Celui qui commence la bande est Jean de Bourgogne, Duc de Lothier, de Brabant, de Limbourg, Comte de Hainaut, de Hollande & de Zelande. Il étoit fils d'Antoine de Bourgogne qui suit, & de Jeanne de Luxembourg. Il porte trois croix sur la poitrine. Antoine de Bourgogne qui vient après étoit fils de Philippe le Hardi Duc de Bourgogne & de Marguerite de Flandres. Il fut Duc de Brabant, de Luxembourg, & de Limbourg, Marquis du Saint Empire, & Comte de Rethel. Son frere qui tient le milieu de la bande est Jean dit Sans peur, Duc de Bourgogne, Comte de Flandres, d'Artois, & du Comté de Bourgogne, fils aîné de Philippe le Hardi Duc de Bourgogne, & de Marguerite de Flandres. Auprès de lui est Philippe dit le Bon, fils de Jean Sans peur & de Marguerite de Baviere. Philippe étoit Duc de Bourgogne, de Brabant, de Lothier, de Luxembourg & de Limbourg, Comte de Flandres, d'Artois, de Bourgogne-Comté, de Hainaut, de Hollande, de Zelande, &c. Il avoit réuni tous ces Etats lorsqu'il fit dresser ce monument. Il avoit créé l'Ordre de la Toison d'or en 1430. & il en porte ici la marque & l'habit. Charles Comte de Charolois qui suit, étoit fils de Philippe le Bon, & d'Isabelle de Portugal. Il succéda à tous les Etats de son pere, mort en 1467. Il porte comme lui la toison d'or, & l'habit de cet Ordre.

PL. XXX.
1.
2.
3.
4.
5.

La bande suivante qui est aussi un des petits côtez du tombeau, représente Marie de Bourgogne, Duchesse de Savoie, deux de ses fils & deux de ses filles. Le premier qui commence la bande est Philippe de Savoie, Comte de Geneve, un des fils d'Amé VIII. Duc de Savoie & de Marie de Bourgogne. Il porte un chapeau de la forme de ceux d'aujourd'hui. Celle qui suit est Marguerite de Savoie fille d'Amé VIII. Duc de Savoie, & de Marie de Bourgogne. Elle épousa en 1431. Louis d'Anjou III. du nom Roi de Naples, de Sicile, de Jérusalem, &c. lequel étant mort en 1434. elle épousa Louis de Baviere, Comte Palatin du Rhin, & après sa mort elle eut pour troisiéme mari le Comte de Wirtemberg. Dans le memoire que l'on m'a envoié on la qualifie Reine de Sicile. L'image qui occupe le milieu de la bande est de Marie de Bourgogne fille de Philippe le Hardi Duc de Bourgogne, & de Marguerite de Flandres. Elle fût mariée l'an 1401. à Amé VIII. du nom Duc de Savoie, &

1.
2.
3.

Tabula sequens minores duas sepulcri Ludovici Malæi facies exhibet. In prima quinque Principes repræsentantur. Seriem incipit Joannes Burgundicus Dux Lotherii, seu Lotharingiæ inferioris, Brabantiæ, Limburgi, Comes Hannoniæ, Hollandiæ & Zelandiæ. Hic filius erat Antonii Burgundici sequentis & Joannæ Luxemburgensis: tres in pectore cruces gestat. Antonius Burgundicus qui sequitur, filius erat Philippi Audacis Burgundiæ Ducis, & Margaritæ Flandrensis. Fuit ille Dux Brabantiæ, Luxemburgi & Limburgi, Marchio sacri Imperii & Comes Rethelensis. Frater ejus qui medium tenet est Joannes Intrepidus dictus, Dux Burgundiæ, Comes Flandriæ, Artesiæ & Comitatus Burgundiæ, primogenitus Philippi Audacis Ducis Burgundiæ & Margaritæ Flandrensis. Juxta illum est Philippus Bonus filius Joannis Burgundici & Margaritæ Bavaricæ. Philippus hic erat Dux Burgundiæ, Brabantiæ, Lotherii, Luxemburgi & Limburgi, Comes Flandriæ, Artesiæ, Burgundiæ Comitatus, Hannoniæ, Hollandiæ, Zelandiæ, &c. has omnes ille ditiones tenebat, quando Mausoleum hujusmodi excitavit. Jam Ordinem Velleris aurei constituerat anno 1430. cujus hic insigne & vestem gestat.

Carolus Carolesii Comes qui sequitur, filius erat Philippi Boni & Isabellæ Lusitaniæ Regis filiæ. Patri successit, & ditiones ejus omnes accepit anno 1467. Gestat autem ut pater Vellus aureum & Ordinis istius vestem.

In linea & serie sequenti, quæ altera minor sepulcri facies est, exhibetur Maria Burgundica Sabaudiæ *Ducissa*, duoque filii totidemque filiæ ipsius. Qui seriem incipit est Philippus Sabaudicus Comes Genevæ, filius Amedei VIII. Sabaudiæ Ducis & Mariæ Burgundicæ. Petasum vero gestat hodiernis similem. Quæ sequitur est Margarita Sabaudica, filia Amedei VIII. Sabaudiæ Ducis & Mariæ Burgundicæ. Hæc anno 1431. nupsit Ludovico Andegavensi III. Regi Neapolis, Siciliæ, Jerosolymæ, &c. quo ad annum 1434. defuncto, connubio juncta est cum Ludovico Bavarico Comite Palatino Rheni: post cujus obitum tertium conjugem accepit Comitem Wirtembergensem. In tabula mihi transmissa Siciliæ Regina inscribitur. Quæ mediam seriem occupat est Maria Burgundica filia Philippi Audacis Burgundiæ Ducis, & Margaritæ Flandrensis, quæ nupta est anno 1401. Amedeo VIII. Sabaudiæ Duci, & obiit anno 1428.

Tome III.   A a

mourut l'an 1428. Celle qui suit est Marie [4] de Savoie fille d'Amé VIII. Duc de Savoie, & de Marie de Bourgogne dont nous venons de parler. Elle fut mariée au Duc de Milan. Le dernier de la bande est Louis [5] Duc de Savoie, fils d'Amé VIII. Duc de Savoie & de Marie de Bourgogne, fille de Philippe le Hardi Duc de Bourgogne. Ce Louis fut pere de Charlotte de Savoie, femme de Louis XI. Roi de France.

Dans l'espace vuide de cette Planche, j'ai fait metttre le portrait de Philippe [1] le Hardi Duc de Bourgogne, peint avec sa femme Marguerite de Flandres, tel qu'il m'a été envoié par le même D. Ambroise d'Audeux, tiré d'après l'original, où il n'y a que le simple trait comme ici. Philippe est debout, la tête nuë, l'épée au côté. Il tient d'une main je ne sai quelle sorte d'instrument, & de l'autre main il tient une espece de ligature d'où pend son écusson de Bourgogne moderne écartelé de Bourgogne ancien. Marguerite de Flandres tournée vers son mari, soutient d'une main cet écusson, duquel pend celui de Flandres en lozange, à l'ordinaire des écussons des Dames & Demoiselles. Elle porte une couronne surhaussée de petits globes, ou de perles.

Au dessous de Philippe & de Marguerite nous mettons Jean [2] Duc de Bourgogne leur fils, tiré d'un porte-feuille de M. de Gagnieres, qui l'avoit fait tirer d'un portrait original peint au naturel. L'inscription latine qui est au bas du portrait a ce sens. *Jean de Valois, dit Sans peur, Duc de Bourgogne, fils de Philippe, fut le vingt-septieme Comte de Flandres. Il succeda à son pere l'an 1405. mourut l'an 1419. la quinzieme année après qu'il eut succedé à son pere & la quarante-huitieme de son âge. Il étoit né l'an 1371. L'Original est au Cabinet de M. le Président Van-Etten.* Il y a je ne sai quoi dans sa physionomie, qui marque un homme qui roule dans sa tête quelque chose de pernicieux.

PL. XXXI.

La Planche suivante represente l'autre plus long côté du Tombeau de Louis de Male Comte de Flandres, où l'on voit sept Princes ou Princesses, tous descendans de Philippe le Hardi & de Marguerite de Flandres. La premiere est Jaque ou Jaqueline [1] de Baviere, fille de Guillaume de Baviere Comte de Hollande, & de Marguerite de Bourgogne. Jaqueline épousa Jean fils de Charles VI. Duc de Touraine & Dauphin de Viennois, lequel étant mort fort jeune, elle eut successivement plusieurs autres maris. Celle qui vient après, est sa mere Marguerite [2] de Bourgogne, fille de Philippe le Hardi Duc de

Quæ sequitur est Maria Sabaudica, filia Amedei VIII. Ducis Sabaudiæ & Mariæ Burgundicæ, de qua jam supra dictum est : nupsit autem illa Duci Mediolanensi. Qui in hac serie postremus visitur est Ludovicus Sabaudiæ Dux, filius Amedei VIII. Sabaudiæ Ducis, & Mariæ Burgundicæ filiæ Philippi Audacis Burgundiæ Ducis. Hic Ludovicus pater fuit Carolæ Sabaudicæ uxoris Ludovici XI. Franciæ Regis.

In vacua hujusce tabulæ parte apponi curavi imaginem Philippi Audacis Burgundiæ Ducis cum uxore sua Margarita Flandrensi, quæ transmissa mihi fuit a supra memorato viro Ambrosio Audusio, delineata ex autographo, ubi extremæ tantum figurarum lineæ exarantur. Philippus stat nudo capite, gladium ad latus appensum gestans, manu nescio quod instrumentum tenens; altera vero manu ligamen aliquod, ex quo pendet scutum, Burgundiæ recentis insignibus notatum, addito Burgundiæ priscæ stemmate. Margarita Flandrensis conjugem respiciens, scutum illud manu sustentat, ex quo pendet insigne Flandrensium Comitum thombi forma, ut mos est nobilibus mulieribus atque puellis. Margarita coronam gestat, cui superponuntur globuli, sive uniones.

Sub Philippo & Margarita, delineata exprimitur imago Joannis Burgundiæ Ducis, ipsorum filii, ex codice D. Gagnerii educta, qui illam exceperat ex tabula depicta, ad vivam & naturalem imaginem expressa. Inscriptio Latina ad imam tabulæ partem posita, sic habet : *Joannes Valesius Philippi filius Intrepidus XXVII. Comes Flandriæ, anno Domini inauguratus 1405. Obiit 1419. Imperii 15. ætatis 48. Natus anno 1371. Autographum ex Museo Domini Præsidis Van-Etten.* In ejus vultu observatur nescio quid hominis tetra in mente versantis.

Tabula sequens alteram majorem faciem exhibet sepulcri Ludovici Malæi Comitis Flandrensis, ubi septem Principes tum viri, tum feminæ observantur, ex progenie omnes Philippi Audacis Burgundici & Margaritæ Flandrensis. Prima est Jacoba Bavatica, filia Guillelmi Bavatici Comitis Hollandiæ, & Margaritæ Burgundicæ. Jacoba duxit Joannem Turonicum Ducem & Delphinum Viennensem, filium Caroli VI. Francorum Regis, qui cum juvenis admodum obiisset, aliquot illa postea conjuges alium alio excipiente habuit. Quæ postea sequitur, est Margarita Burgundica mater ejus, filia Philippi Audacis Burgun-

DE CHARLES VI. dit LE BIEN-AIMÉ.

Bourgogne, & de Marguerite de Flandres, mariée à Guillaume de Baviere IV. du nom, Comte de Hainaut, d'Hollande & de Zelande. Aprés celle-ci vient sa sœur Catherine 3 de Bourgogne fille de Philippe le Hardi Duc de Bourgogne & de Marguerite de Flandres, qui fut mariée à Leopold III. Duc d'Autriche, & mourut sans enfans. Aprés celle-ci vient Jean 4 Comte d'Etampes fils de Philippe de Bourgogne Comte de Nevers, & petit-fils de Philippe le Hardi, & de Marguerite de Flandres. Auprés de Jean est son frere ainé, Charles 5 Comte de Nevers qui mourut sans posterité. Le suivant est leur pere Philippe 6 Comte de Nevers, fils de Philippe Duc de Bourgogne, dit le Hardi, & de Marguerite de Flandres. Ce Philippe Comte de Nevers, épousa en premieres noces Isabel de Couci, de laquelle il eut quelques enfans qui moururent en bas âge, & en secondes noces Bonne d'Artois, mere de Charles & de Jean dont nous venons de voir la figure. Le dernier de cette bande est Philippe 7 Duc de Lothier, de Brabant, & de Limbourg, Comte de Liney & de S. Pol; ainsi porte l'inscription. Il étoit fils d'Antoine de Bourgogne Duc de Brabant, de Lothier, de Limbourg &c. & de Jeanne de Luxembourg. Antoine de Bourgogne étoit second fils de Philippe le Hardi & de Marguerite de Flandres.

3.
4.
5.
6.
7.

Dans ces figures on remarque bien de differends bonnets, chapeaux, couvrechefs, coeffures de femmes, qui varioient beaucoup dans les mêmes tems. Nous mettons au dessous de cette derniere bande, pour remplir l'espace, les Princes de la maison d'Artois, & quelques autres.

Jean d'Artois 1, fils de ce Robert d'Artois qui fit tant de maux à la France, loin de suivre l'exemple de son pere, demeura toujours fort attaché aux Rois Jean, Charles V. & Charles VI. Il fut fait Chevalier au sacre du Roi Jean, qui lui donna le Comté d'Eu en 1350. Il fut prisonnier à la bataille de Poitiers, eut la conduite de l'arriere-garde de l'armée à la bataille de Rosebec, & mourut le 6. Avril de l'an 1386. Il est ici representé tel qu'il se trouve dans le Livre des Hommages du Comté de Clermont en Beauvoisis, qui est à la Chambre des Comptes de Paris. Il est revêtu de son blason : les trois châteaux qui doivent être dans chacun des pendans du Lambel n'y sont pas; mais ils se voient sur la figure du même Jean d'Artois 2 qui suit, tirée de son tombeau,

1.
2.

---

diæ Ducis & Margaritæ Flandrensis. Margarita vero Philippi Burgundici filia connubio juncta est Guillelmo Bavarico hujus nominis quarto, Comiti Hannoniæ, Hollandiæ & Zelandiæ. Postillam comparet soror ejus Catharina Burgundica filia Philippi Audacis Burgundiæ Ducis,& Margaritæ Flandrensis, quæ ducta est a Leopoldo III. Austriæ Duce, & sine prole obiit. Illam sequitur Joannes Stampensis Comes filius Philippi Burgundici Comitis Nivernensis, nepósque Philippi Audacis & Margaritæ Flandrensis. Prope Joannem est frater ejus major Carolus Nivernensis Comes, qui sine liberis obiit. Qui sequitur est ipsorum pater Philippus Comes Nivernensis, filius Philippi Audacis Burgundiæ Ducis & Margaritæ Flandrensis. Hic Philippus Comes Nivernensis primo duxit Isabellam Cuciacam, ex qua liberos aliquot suscepit, qui infantes obierunt. Secundo autem duxit Bonam Artesiam matrem Caroli & Joannis, quorum schemata modo vidimus. Postremus ejusdem seriei est Philippus Dux Lotherii seu Lotharingiæ inferioris, Brabantiæ, Limburgi, Linei & sancti Pauli, sic inscriptio legitur. Filius autem erat Antonii Burgundici Ducis Brabantiæ, Lotherii, Limburgi, &c. & Joannæ Luxemburgensis. Antonius vero Burgundicus secundus filius erat Philippi Audacis & Margaritæ Flandrensis.

In his schematibus magna varietas observatur in pileis, petasis, capitis tegminibus, calanticis, quæ eodem ipso tempore diversa admodum erant. Ad implendam tabulam istis supposuimus Artesios Principes, nonnullosque alios.

Joannes Artesius filius Roberti illius Artesii, qui Francorum Regno tot damna intulit, non vestigiis patris institit; sed obsequiis suis Reges Joannem Carolum V. & Carolum VI. sibi devinxit, ipsisque semper hæsit. Eques vero creatus fuit cum Joannes regiam unctionem accepit, qui anno 1350. Comitatum Augensem ipsi dedit. In Pictavensi pugna captus fuit, postremam aciem duxit in pugna Rosebeccensi, & mortuus est 6. Aprilis anno 1386. Hic porro exhibetur qualis visitur in libro *Hominiorum* Comitatus Claromontani in Bellovacensi agro, qui est in Camera Computorum Lutetiæ. Insignibus ille suis vestitur, sed tria castella quæ in fasciis ex tænia pendentibus esse deberent, non comparent; sed habentur in schemate quod eductum est ex sepulcro ejus in choro Ec-

Tome III.   Aa ij

188   MONUMENS DU REGNE

qui est dans le chœur de l'Eglise de saint Laurent, au château d'Eu.

3. Isabelle de Melun ³ sa femme, fille de Jean Comte de Tancarville, Grand Chambellan de France, & d'Isabelle d'Antoing, fut mariée à Pierre Comte de Dreux ; & ce premier mari étant mort, elle épousa en secondes nôces Jean d'Artois Comte d'Eu. Elle mourut l'an 1389.

4. Philippe ⁴ d'Artois Comte d'Eu, fils de Jean d'Artois & d'Isabelle de Melun, mérita par ses grands services d'être fait Connétable de France. Il se trouva dans plusieurs guerres, & mourut en Turquie en 1397. Sa figure est tirée de l'Eglise de saint Laurent d'Eu.

5. Philippe d'Artois ⁵ fils du Connétable mourut jeune, & fut enterré dans l'Eglise de l'Abbayie de Nôtre-Dame d'Eu, d'où sa figure est tirée. Dans un portefeuille de M. de Gagnieres sa mort est marquée au vingt-trois Decembre mille trois cent quatre-vingt-treize ; d'autres mettent mille trois cent quatre-vingt-dix-sept. L'une & l'autre date est tirée de la même épitaphe. On pourra voir sur les lieux lequel des deux a bien lû.

6. Jean Roi de Chypre ⁶ & Charlote de Bourbon se voient ensuite à genoux, tirez des vitres de la chapelle de Vendôme, qui est dans l'Eglise Cathédrale de Chartres. Jean II. Roi de Chypre épousa en 1409. Charlote de Bourbon, fille de Jean de Bourbon Comte de la Marche & de Vendôme, de laquelle il eut Jean III. du nom, Roi de Chypre. Le mari & la femme sont couronnez de même.

PL. XXXII.
1. Dans la Planche suivante on voit d'abord l'infortuné Richard ¹ Roi d'Angleterre, qui fut détrôné & tué dans la prison au commencement de l'an 1400. Il est tiré de l'ancien Froissart manuscrit de la Bibliotheque du Roi. Revêtu d'une longue robe qui traîne à terre, il porte un bonnet dont la forme étoit fort usitée en ces tems-là, & sur le bonnet une couronne ornée de fleurons. Il tient un sceptre de la main droite, & porte une éscarcele attachée à la ceinture, mode déja fort ancienne alors, & qui a duré bien du tems depuis. Ce qu'il y a de singulier ici, c'est ce gand de la main droite qui tombe à terre, & qui déja arrivé au-dessous de ses genoux. C'est assurément le gand de l'oiseau, que les Rois, les Princes & les Grands-Seigneurs portoient par honneur, comme marque d'une qualité fort relevée. Charles VI. contemporain de Richard & son beau-pere, dans le tems que les Princes étoient assemblez dans son palais,

clesiæ sancti Laurentii, quæ est in Castello Augensi.

Isabella Melodunensis ejus uxor, filia Joannis Comitis Tancarvillæi Magni Franciæ Cambellani, & Isabellæ de Antoniaco, primo ducta fuit a Petro Comite Drocensi, quo priore conjuge defuncto, nupsit illa Joanni Artesio Comiti Augæ. Obiit anno 1389.

Philippus Artesius Comes Augensis filius Joannis Artesii & Isabellæ Melodunensis, tam egregiam operam in re bellica dedit, ut Franciæ Constabularius crearetur. In multis claruit bellis, mortuusque est in Turcarum regione anno 1397. Schema ejus eductum est ex Ecclesia sancti Laurentii Augensis.

Philippus Artesius Constabularii filius, juvenis obiit, sepultusque est in Ecclesia Abbatiæ Beatæ Mariæ Augensis, exque sepulcro ejus schema ipsius eductum est. In codice D. Gagnerii mors ejus consignatur in vigesimam tertiam Decembris anni millesimi trecentesimi nonagesimi tertii, alii mortem ipsius referunt ad annum millesimum trecentesimum nonagesimum septimum. Utrique autem ex eodem epitaphio anni notam eduxere. In ipso loco videri poterit uter illorum melius legerit.

Joannes Rex Cypri & Carola Borbonia postea sequuntur genuflexi ex vitreis fenestris Capellæ Vindocinensis, quæ est in Cathedrali Carnotensi Ecclesia, educti. Joannes II. Rex Cypri anno 1409. Carolam Borboniam duxit uxorem, filiam Joannis Borbonii, Comitis Marchiæ & Vindocini, ex qua filium suscepit Joannem Regem Cypri, hujus nominis tertium. Ambo conjuges corona simili exornantur.

In tabula sequenti statim visitur infelix ille Ricardus Rex Angliæ, qui ex solio dejectus interfectusque est in carcere ineunte anno 1400. Eductus est ex veteri codice MS. Froissartii, qui est in Bibliotheca Regia. Oblonga & diffluente veste indutus, tegmen capitis gestat, cujus forma in usu frequenti erat illo tempore : cui tegmini corona imposita est floribus ornata. Dextera manu sceptrum tenet, & ad zonam appensum marsupium habet, qui mos etiam tunc antiquissimus ad usque nostra fere tempora pervenit. Quod hic singulare observatur, chirotheca dexteræ manus, quæ in terram cadit jam infra genua advenit ; erat que certissime chirotheca, qua sustinebatur avis, quas aves Reges & proceres, quasi nobilissimi generis insigne gestare, honori sibi esse ducebant, Carolusquippe VI. Rex Francorum Ricardi socer, cum Principes

ROIS ET PRINCES.

DE CHARLES VI. dit LE BIEN-AIMÉ.

pour traiter de la guerre de Flandres, alla les joindre, *l'Eprevier sur le poing*, dit l'Historien.

Auprès du Roi Richard est Charles II. Roi de Navarre Prince genereux, noble, bien-faisant, d'autant plus estimable, qu'étant fils de Charles le Mauvais, il prit des routes tout à fait contraires à celles que l'exemple de son pere lui pouvoit suggerer. Il est ainsi peint à la vitre de la quatriéme arcade de la droite en entrant de l'Eglise de Nôtre-Dame d'Evreux, avec cette inscription, *Karolus IIs. Rex Navarræ me donavit.*

Après vient Leon de Lusignan Roi d'Armenie, qui fut chassé de son Roiaume par les Turcs, & vint se réfugier en France, où le Roi lui établit une grosse pension. Il mourut à Paris le 29. Novembre l'an 1393. Sa figure est ainsi representée en marbre blanc sur son tombeau de marbre noir, à côté du grand Autel des Celestins de Paris.

On voit sur la même Planche Jean V. du nom Duc de Bretagne surnommé le Vaillant; d'autres l'appellent Jean IV. Il mourut le 1. Novembre 1399. M. de Gagnieres l'a fait dessiner sur son tombeau, qui est au milieu du chœur de l'Eglise Cathédrale de Nantes. Dom Lobineau l'a aussi mis dans son histoire de Bretagne: mais comme il y a mis le tombeau entier, le Duc Jean V. n'y est representé que de profil. Il est couché sur son dos & les mains jointes. M. de Gagnieres l'a voulu faire paroître en Prince & en Guerrier. Le casque qu'on voit à ses pieds a des cornes, & un lion entre les cornes Il n'y a pas d'apparence qu'il se soit jamais servi d'un casque pareil avec des cornes. Il y a eu pourtant des nations qui portoient anciennement des cornes à leur tête dans les combats, comme on peut voir dans Herodote, lorsqu'il parle des nations qui composoient la grande armée de Xerxes. Après lui nous mettons son fils Jean V. ou selon d'autres Jean VI. Duc de Bretagne, tel qu'on le voit sur le portail de l'Eglise de saint Yves, ruë saint Jâques. Jeanne de France sa femme est auprès de son mari. Elle étoit fille de Charles VI. Sa statuë se voit au même portail de saint Yves, telle que nous la donnons ici.

Nous avons déja vû plusieurs fois Louis II. Duc de Bourbon sous le Regne de Charles V. où il donna souvent des preuves de sa valeur & de son habileté, & il eut aussi grand part aux affaires de l'Etat: mais comme il n'a pas

in ædibus regiis coacti de bello Flandrico agerent, illos adiit accipitrem manu gestans, inquit historiæ Scriptor.

Prope Ricardum est Carolus II. Rex Navarræ, Princeps generosus, moribus nobilissimis, benignus, eo magis laudibus celebrandus, quo, cum Caroli re & cognomento Mali filius esset, contrariam paternæ viam sectatus sit, nedum parentis vestigia sequeretur. Sic porro depingitur in vitrea fenestra, quæ est in arcu quarto ad dexteram introeuntibus in Ecclesiam Beatæ Mariæ Ebroicensis, cum hac inscriptione: *Karolus II. Rex Navarræ me donavit.*

Sequitur postea Leo Lusinianensis Rex Armeniæ, qui ex Regno suo a Turcis pulsus est, atque in Franciam confugit, ubi Rex proventum ipsi annuum grandem assignavit. Lutetiæ mortuus est 29. Novembris anno 1393. Schema ejus sic in marmore albo expressum est supra tumulum ex nigro marmore concinnatum a latere aræ majoris Cælestinorum Parisiensium.

In eadem tabula visitur Joannes V. Dux Britanniæ cognomento Strenuus; alii Joannem IV. numerant. Mortuus autem est primo die Novembris anno 1399. D. Gagnerius illum tumulo suo impositum, qui est in medio chori Cathedralis Namuetensis, delineari curavit. D. Lobinæus etiam noster ipsum in historia Britanniæ Armoricæ repræsentavit; sed quia sepulcrum totum delineari jussit, oblique tantum in tabula ipsius visitur, supinus extensus, junctisque manibus. Verum Gagnerius ut Principem & bellatorem conspici voluit. Galea illa quæ ad pedes ejus visitur, cornua habet, & inter cornua leonem. Verisimile tamen est ipsum nunquam simili galea cornuta usum fuisse. Fuere tamen olim nationes quædam, quæ galeis cornua vibrantibus uterentur in præliis, ut videre est apud Herodotum, ubi de Nationibus illis agit, queis constabat numerosissimus ille Xersis Persarum Regis exercitus. Post illum proferimus filium ejus Joannem V. vel ut alii volunt VI. Britanniæ Ducem, qualis ille conspicitur ad portam Ecclesiæ sancti Yvonis in vico Jacobæo Lutetiæ. Joanna uxor ejus juxta illum hîc visitur filia Caroli VI. Regis. Statua ejus in eadem sancti Yvonis porta habetur, qualis hîc conspicitur.

Jam sæpe vidimus Ludovicum II. Borbonii Ducem in historia Caroli V. depictum. Quo regnante, multa fortitudinis solertiæque suæ signa dedit, & ad rerum administrationem evocatus sæpe fuit; sed quia

moins fleuri sous le Regne de Charles VI. nous le mettons encore ici d'une maniere non ordinaire, tel qu'il se trouve dans le livre des Hommages du Comté de Clermont en Beauvoisis, à la Chambre des Comptes de Paris. On l'y voit [1] à cheval, armé de toutes pieces, avec l'écu à trois fleurs de lis, traversé du bâton de Bourbon. Il tient de la main droite une pique, à laquelle est attachée sa banniere où est l'écu de l'ordre de Chevalerie qu'il avoit établi, & qui s'appelloit l'Ordre de l'Ecu, ou l'Ordre de Bourbon. Son cheval est extraordinairement caparassonné; le caparasson est couvert des fleurs de lis de France, avec le bâton de Bourbon, qui est aussi sur la housse que le vent fait floter. Derriere lui est son Ecuier à cheval, qui tient de ses deux mains le timbre des armoiries du Duc, sur lequel timbre s'éleve un cimier, qui est une queuë de Pân. L'Ecuier est le Sire de Beaujeu, qui a son écu attaché à l'épaule. Il porte d'argent semé de chaussetrapes de sable au lion rampant de même, au bâton de gueules brochant sur le tout.

On voit aussi dans le même livre des Hommages du Comté de Clermont, ce même [2] Duc de Bourbon, Grand Chambellan de France, couvert d'un long manteau semé de France avec le bâton à l'ordinaire. Il tient sur son poing gauche couvert d'un gand un épervier. Son chapeau est presque de la forme de ceux d'aujourd'hui, orné d'une plume. Ses souliers noirs sont extraordinairement longs & pointus.

Nous le voyons ensuite avec sa femme [3] Anne Dauphine d'Auvergne, tels qu'ils sont representez dans une Chapelle de l'Eglise de Souvigni que le même Duc avoit fait bâtir. La tête du Duc est ornée d'une espece de guirlande, & la Duchesse porte une couronne.

Louis de Bourbon [4] leur fils, que nous donnons ensuite, mourut à l'âge de seize ans & demi le 12. Septembre de l'an 1404. Il est ainsi gravé sur sa tombe dans la chapelle de saint Thomas d'Aquin dans l'Eglise des Dominiquains de la ruë S. Jaques de Paris. Il est revêtu de son blason; & le bâton qui traverse est chargé de Dauphins: c'étoient les armes de sa mere.

PL. XXXIV. Jean de [1] de Bourbon I. du nom Comte de la Marche & de Vendôme, Lieutenant General pour le Roi en Limosin, commence la Planche suivante. Il mourut le 11. Juin 1393. Il est ainsi representé en relief de marbre blanc

regnante Carolo VI. non minus claruit, hîc etiam illum nec vulgari modo repræsentamus, ut depictus occurrit in libro *Hominiorum* Comitatus Claromontani, qui servatur in Camera Computorum Lutetiæ. Eques Borbonius ibi conspicitur, a capite ad calcem armatus cum scuto tribus insignito liliis, Borbonio baculo trajectis. Manu dextera hastam tenet, in cujus suprema parte vexillum est, scutum exhibens ejus, quem ipse instituerat Ordinis, cui nomen Ordo Scuti, vel Ordo Borbonii. Equus singulari stragulo operitur, stragulumque liliis opertum est, baculo Borbonio insignitis, qui baculus in posteriori quoque stragulo, ex venti vehementia fluctuante observatur. Pone illum scutifer ejus eques conspicitur, qui insignium Borboniorum culmen utraque manu tenet, cui ceu juba imminet pavonis cauda. Scutifer ille est Belli-joci Toparcha, qui scutum suum humero nixum habet: hujus insignia hæc sunt: in campo argenteo, nigris muricibus consperso, leo niger repens, cum baculo rubro omnia supergrediente.

In eodem libro *Hominiorum* Comitatus Claromontani, Dux idem Borbonius, Magnus Franciæ Cambellanus, visitur longo opertus pallio liliis Franciscis consperso, & supergrediente Borbonio baculo. Manu dextera in chirotheca posita accipitrem sustinet. Petasus ipsius ad hodiernam petasorum formam accedit, plumaque exornatur. Calcei ejus nigri admodum longi acutique sunt.

Eundem postea conspicimus, uxoremque ejus Annam Arvernorum Delphinam, quales ambo exhibentur in Capella quadam Ecclesiæ Silviniacensis, quam hîc ipse Dux excitaverat. Ducis caput serto quodam exornatur, uxorque ejus coronam gestat.

Ludovicus Borbonius ipsorum filius, quem postea proferimus, annos natus sexdecim cum dimidio obiit duodecima die Septembris 1404. Sic in tabula sepulcrali insculptus visitur in Capella sancti Thomæ Aquinatis in Ecclesia Dominicanorum vici Jacobæi Lutetiæ. Insignibus vestitur suis, baculusque supergrediens Delphinis onustus est, quæ matris insignia erant.

Joannes Borbonius, hujus nominis primus, Comes Marchiæ & Vindocini, Præfectus Regius in Lemovicino tractu, primus in tabula sequenti conspicitur. Obiit undecimo Junii die anno 1393. Sic insculptus repræsentatur in albo marmore in sepul-

LOUIS DUC DE BOURBON SA FEMME ET SON FILS.

DE CHARLES VI. dit LE BIEN-AIMÉ.

sur son tombeau dans la chapelle de S. Jean de l'Eglise Collegiale de S. George de Vendôme. Catherine Comtesse de Vendôme sa femme, qu'il épousa en 1364. mourut le 1. Avril de l'an 1412. Elle est de même en relief de marbre blanc, à côté de son mari.

On les voit aussi tous deux dans l'Eglise Cathedrale de Chartres, aux vitres de la chapelle de Vendôme, où ils sont à genoux, tels qu'on les montre ici, avec les armes du Comte de la Marche, qui sont semez de France, à la bande de gueules, chargée de trois lionceaux d'argent ; & de la Comtesse de Vendôme, qui sont de la Marche, parti de Vendôme, d'argent au chef de gueules, au lion d'azur brochant sur le tout.

Louis de Bourbon qui vient après, étoit fils de Jean I. du nom, Comte de la Marche, & de Catherine Comtesse de Vendôme, & fonda la chapelle de Vendôme dans l'Eglise Cathedrale de Chartres. Sa statuë de pierre s'y voit posée contre la muraille, & aussi celle de Blanche de Rouci sa premiere femme. Ce Louis de Bourbon commence la branche de Vendôme.

Jeanne de Vendôme qui suit, Dame de Damfront, fille de Bouchard Comte de Vendôme, & d'Alix de Bretagne mourut l'an 1395. le 29. Novembre. Elle est gravée sur sa tombe au milieu du chœur de l'Eglise des Mathurins à Paris.

Charles Seigneur de Montmorenci, d'Escouan, &c. Maréchal de France, mourut en 1381. Il est en relief dans l'Eglise de l'Abbayie du Val, representé en marbre blanc sur son tombeau de marbre noir, tel que nous le donnons ici. Auprès de lui est Perronelle de Villiers sa troisiéme femme, qui lui survécut, & se remaria à Guillaume d'Harcourt, après la mort duquel elle vêcut encore quelques années, & fut enterrée auprès de son premier mari.

Tristan de Roie Chevalier, Sire de Busenes, mourut en Espagne au mois de Decembre le jour de la Conception de Nôtre-Dame l'an 1386. Il est ainsi gravé sur sa tombe qui est à l'Abbayie de Long-pont. Sa femme Beatrix Vidamesse de Chaalons mourut le 18. Decembre, l'an 1388. Elle est gravée sur sa tombe auprès de son mari, dans le cloître de l'Abbaye de Long-pont. Son habit est tout chargé d'écussons tous au même blâson.

La Planche suivante nous montre d'abord Louis de Sancerre Maréchal &

---

cro suo in Capella sancti Joannis Ecclesiæ Collegialis sancti Georgii Vindocinensis. Catharina Vindocinensis uxor ejus, quam duxit anno 1364. obiit die primo Aprilis anno 1412. In marmore sculpta visitur, juxta conjugem suum posita.

Ambo autem depicti habentur in Ecclesia Cathedrali Carnotensi in vitreis fenestris Capellæ Vindocinensis, ubi genuflexi conspiciuntur, quales hic proferimus, cum insignibus Comitis Marchiæ, quorum campus liliis Francicis conspersus est cum tænia rubra tribus argenteis leunculis onusta : & insignibus etiam Comitissæ Vindocinensis, quæ Marchiæ insignibus Vindocinensia jungit : horum vero campus argenteus est, supernaque pars rubra, cum leone cæruleo omnia supergrediente.

Qui sequitur Ludovicus Borbonius, filius erat Joannis I. Marchiæ Comitis, & Catharinæ Vindocinensis Comitissæ, & Capellam Vindocinensem in Ecclesia Cathedrali Carnotensi fundavit. Statua ejus lapidea juxta murum stans conspicitur, cum statua quoque Blanchæ Ruciacensis primæ ejus uxoris, Hic Ludovicus Borbonius Vindocinensem progeniem orditur.

Joanna Vindocinensis, Damfrontis Domina, filia Burcardi Comitis Vindocinensis & Adelaïdis Britannicæ, obiit anno 1395. 29. Novembris. In sepulcrali tabula insculpta conspicitur in medio chori Ecclesiæ Mathurinorum Parisiensium.

Carolus Toparcha Montis-Morenciaci, Escuini, &c. Marescallus Franciæ, obiit anno 1381. In marmore albo sculptus prominet in sepulcro suo, quod habetur in Ecclesia Abbatiæ Vallensis, qualis hic repræsentatur. Juxta illum jacet Petronilla de Villariis tertia uxor ejus, quæ superstes ipsi fuit, denuoque nupsit Gullielmo Harcurtiano, quo defuncto, illa per aliquot annos superfuit, & defuncta juxta priorem conjugem sepulta est.

Tristanus de Roïa Eques, Busenarum Toparcha, in Hispania mortuus est mense Decembri in die Conceptionis Beatæ Mariæ Virginis anno 1386. sicque in sepulcrali tabula delineatus exhibetur in Abbatia Longi-Pontis. Uxor ejus Beatrix, Vicedomina Catalaunensis, obiit 18. Decembris anno 1388. & in tabula sepulcrali sua prope virum delineata conspicitur in claustro Abbatiæ Longi-Pontis. Vestis ejus scutis ornatur, quæ singula iisdem notantur insignibus.

Tabula sequens primo exhibet Ludovicum de Sancerra Marescallum & postea Constabularium Fran-

puis Connétable de France, qui mourut le 6. Février l'an 1402. Il est en relief de marbre blanc sur son tombeau à Saint Denis, dans la chapelle où est le Roi Charles V.

2. Simon Comte de Rouci & de Braine, mourut le 18. Février de l'an 1392. Il est representé en marbre blanc sur son tombeau de marbre noir dans une

3. chapelle de l'Abbayie de saint Yved de Braine. Marie de Châtillon sa femme mourut le 11. Avril l'an 1396. & est en relief de marbre blanc auprès de son mari, dans leur chapelle de saint Yved de Braine. Son habit est peint de bleu, ses petites manches de rouge, & son manteau semé des armes de son mari & des siennes.

4. Simon de Rouci, Comte de Pontarcy, fils de Simon Comte de Rouci & de Braine, & de Marie de Châtillon mourut l'an 1402. le Dimanche après la saint Jean-Baptiste. Il est gravé sur sa tombe avec Hugue de Rouci son neveu, fils d'Hugue son frere, qui est aussi dans l'Eglise de saint Yved de Braine.

5. Blanche de Couci femme d'Hugue Comte de Rouci & de Braine mourut le 25. Octobre l'an 1395. Elle est representée en marbre blanc peint en couleur auprès de son mari sur un tombeau de marbre noir dans leur chapelle en l'Abbayie de saint Yved de Braine. Son corset est rouge semé d'aiglettes d'or, son surcot blanc, & sa jupe blâsonnée des armes de son mari & des siennes. Je n'ai point trouvé le mari dans mes portefeuilles.

6. Hugues de Rouci fils puîné d'Hugue Comte de Rouci & de Braine, & de Blanche de Couci, mourut le 18. Août l'an 1412. Il est gravé sur sa tombe dans la chapelle des Seigneurs de Braine, dans l'Eglise de l'Abbayie de saint Yved de Braine. Sa cotte d'armes est chargée de son blâson, c'est un lion qui a sur l'épaule l'écusson de Dreux, parceque sa bisaieule étoit Jeanne de Dreux, Comtesse de Braine, femme de Jean Comte de Rouci.

PL. XXXVI.
1. Celui qui commence la Planche suivante est Jean Comte de Rouci & de Braine tué en 1415. à la bataille d'Azincourt le 25. Octobre. Il est representé en marbre blanc sur son tombeau, à S. Yved de Braine à main droite du chœur.
2. Le suivant est Charles de Saluces, fils aîné de Thomas Marquis de Saluces & de Marguerite de Rouci Braine. Charles mourut jeune le 8. Septembre 1406.

ciæ, qui mortuus est die sexto Februarii, anno 1402. Sculptus autem in marmore albo prominet in ea Capella Ecclesiæ sancti Dionysii, in qua jacet Carolus V. Rex.

Simon Comes Ruciacensis & Brennacensis obiit 18. Februarii anno 1392. In marmore albo prominet supra tumulum ex marmore nigro concinnatum in Capella sancti Evodii Brennacensis. Maria de Castellione uxor ejus obiit 11. Aprilis anno 1396. In marmore albo prominens exhibetur juxta virum suum in ipsorum Capella sancti Evodii Brennacensis. Vestis ejus cæruleo colore depicta est, manicæ rubræ sunt, & pallium insignibus viri, & suis conspersum est.

Simon Ruciacensis, Toparcha Pontarciacensis, filius Simonis Comitis Ruciacensis & Brennacensis, & Mariæ Castellionensis obiit anno 1402. Dominica post festum sancti Joannis Baptistæ. In tabula sepulcrali delineatur cum Hugone Ruciacensi fratris sui Hugonis filio, qui etiam in Ecclesia sancti Evodii Brennacensis jacet.

Blancha Cuciacensis uxor Hugonis Comitis Ruciacensis & Brennacensis obiit 24. Octobris anno 1395. In marmore albo coloribus depicta prominens repræsentatur juxta virum suum supra sepulcrum suum ex marmore nigro adornatum in Capella sua, quæ est in Abbatia sancti Evodii Brennacensis, tunica rubra est aquilis aureis consperfa, superior vestis alba, inferiorque insignibus viri & suis ornatur. Conjugem suum non inveni in codicibus meis.

Hugo Ruciacensis minor filius Hugonis Ruciacensis & Brennacensis Comitis & Blanchæ Cuciacensis, obiit 18. Augusti anno 1412. In tabula sepulcrali scalpro delineatus visitur in Capella Toparcharum Brennacensium in Ecclesia Abbatiæ sancti Evodii Brennacensis. Lorica ipsius insignibus suis ornatur, nempe leone, in cujus humero visitur Drocense scutum, quia proavia ejus Joanna Drocensis erat, Comitissa Brennacensis, uxor Joannis Comitis Ruciacensis.

In tabula sequenti primus occurrit Joannes Comes Ruciacensis & Brennacensis, qui in Azincurtia pugna cecidit anno 1415. vigesima quinta Octobris. In marmore albo insculptus prominet in sepulcro suo in choro Ecclesiæ sancti Evodii Brennacensis, ad dexteram. Qui sequitur est Carolus Salutianus, primogenitus Thomæ Marchionis Salutiæ & Margaritæ Ruciaco-Brennacensis. Carolus junior obiit 8. Septembris anno

XXXV Pl. du Tome III.
pa. 192.

SEIGNEURS ET DAMES.

Tom. III. MM.

DE CHARLES VI. dit LE BIEN-AIMÉ, &c. 193

Il est gravé sur sa tombe dans la Chapelle des Seigneurs de Braine en l'Abbayie de S. Yved. Ceux qui suivent, sont

Jean de Montagu [3], Seigneur de Montagu en Laye & de Marcoussi près de Montlehery, Chevalier, Conseiller & Chambellan du Roi, Grand-Maître de France, Vidame de Laonnois, Surintendant des Finances. Le Duc de Bourgogne lui fit couper la tête aux Halles de Paris le 17. d'Octobre 1409. Son corps fut attaché au gibet de Montfaucon : on l'ôta ensuite de la potence, & il fut enterré avec honneur aux Celestins de Marcoussi, qu'il avoit fondez. Il fut ainsi représenté en pierre de relief colorée du tems de la fondation sur un pilier du côté de la porte de la Chapelle du Château de Marcoussi. Il a un collier de feuilles de coudre d'or entrelassées.   3.

Jaqueline de la Grange [4], femme de Jean de Montagu, est ainsi représentée en pierre de relief & peinte sur un pilier à la porte de la Chapelle du Château de Marcoussi. Charles [5] de Montagu, Seigneur de Marcoussi, Vidame de Laonnois, Chambellan du Duc de Guienne, fils de Jean de Montagu, épousa Catherine d'Albret, fille puînée de Charles Sire d'Albret, Connétable de France, & fut tué à la bataille d'Azincourt. Il ne laissa point d'enfant.   4. 5.

Girard des Bruyeres [6] Notaire, Secretaire & Garde des Joiaux du Roi, mourut l'an 1418. le 3. Octobre. Il est gravé sur sa tombe auprès des marches du grand-Autel en l'Eglise des Bernardins de Paris. Catherine sa [7] femme est représentée auprès de son mari.   6. 7.

Hemon Raguier [8] Trésorier des Guerres du Roi, & Conseiller de la Reine, étoit représenté en relief contre la muraille à gauche de l'ancienne Eglise des Blancs-Manteaux, & encore sur son tombeau avec sa femme Gillette de la [9] Fontaine, d'où ils ont été transportez tous deux dans le souterrain de la nouvelle Eglise.   8. 9.

Yvon de Kaeraubars, [10] Ecuyer de l'Evêché de Leon en Bretagne, Huissier d'armes du Roi, mourut le dernier Decembre l'an 1283. Tiré des portefeuilles de M. de Gagnieres.   10.

1406. atque in sepulcrali tabula delineatus visitur in Capella Toparcharum Brennacensium, quæ est in Abbatia sancti Evodii Brennacensis. Qui sequuntur, hi sunt,

Joannes Montacutius D. Montis-acuti in Laia & Marcutiæ prope Montem-Leherium, Eques, a Consiliis, & Cambellanus Regis, Magnus Franciæ Magister, Vicedominus Laudunensis, & rei ærariæ Præfectus. Dux Burgundiæ ipsum capite truncari jussit in foro venalium Lutetiæ 17. Octobris anno 1409. Corpus in Montefalconiensi patibulo suspensum fuit. Inde postea eductum in Ecclesia Cælestinorum Marcutiensium honorifice sepultum fuit, quorum Monasterium ipse fundaverat. Fundationis vero tempore sic in lapide prominens, coloribus depictus, adornatus fuit, & ad pilam positus versus portam Capellæ Castelli Marcutiani, sertum collo gestat, ex aureis foliis coryli complicatis.

Jacoba de Grangia, uxor Joannis Montacutii, sic repræsentatur in lapide sculpta & depicta in pila posita ad portam Capellæ Castelli Marcutiani, Carolus Montacutius Marcutiæ Toparcha, Vicedominus Laudunensis, Cambellanus Ducis Aquitaniæ, filius Joannis Montacutii uxorem duxit Catharinam de Leporeto, filiam minorem Caroli de Leporeto Constabularii Franciæ, & occisus fuit in Azincurtia pugna, nec prolem reliquit.

Girardus de Brueriis Notarius, a secretis, & Custos cimeliorum regiorum obiit anno 1418. die tertia Octobris. In tabula sua sepulcrali delineatur prope gradus aræ majoris in Ecclesia Bernardinorum Parisiensium. Catharina uxor ejus propter virum suum delincata conspicitur.

Hemundus Raguerius, Regii pro gerendo bello ærarii Custos, & Reginæ a consiliis, pridem in statua sua lapidea visebatur in veteri Ecclesia Alborum Mantellorum ad lævam, etiamque in tabula sepulcrali cum uxore sua Ægidia de Fonte. Inde vero translati sunt in subterraneam novam Ecclesiam.

Yvo de Kaeraubarsio, Scutifer Episcopatus Leonæ in Britannia Armorica, Ostiarius armorum Regius, obiit ultimo die Decembris anno 1383. Ex codicibus D. de Gagneriis eductus est.

Tome III.   B b

CHARLES VII. dit LE VICTORIEUX,
Roi de France.

1422. APRE'S la mort de Charles VI. le petit Henri, fils d'Henri V. Roi d'Angleterre, & de Catherine de France, qui n'avoit qu'un an & quelques mois, fut proclamé dans Paris Roi de France & d'Angleterre. Le peuple cria : *Vive le Roi*, & *Noel*. C'étoit le cri ordinaire en ce tems-là : mais la plus saine partie & les bons François voioient à contrecœur le Roiaume passer ainsi en main étrangere, & la Nation assujettie aux Anglois ses anciens ennemis, avec lesquels elle ne pût jamais bien sympathiser. Peu de jours après qu'il eût été déclaré Roi, on frappa de la Monnoie à son nom, & aux armes de France & d'Angleterre.

Le Dauphin qui étoit auprès du Pui en Velai, quand il apprit la mort de son pere, prit d'abord la qualité de Roi de France dans son sceau & dans les Actes publics, & fut reconnu pour tel par ses troupes, & dans tous les payis qui étoient alors sous sa domination. Il avoit deux puissans ennemis, les Anglois & le Duc de Bourgogne. Les premiers qui tenoient alors plus de la moitié du Roiaume, recevoient de puissans secours de l'Angleterre, & par dérision, ils appelloient Charles *le petit Roi de Bourges*. La partie n'étoit point égale. A considerer la disparité des forces, il sembloit qu'il devoit être bien-tôt accablé ; cependant il avoit de son côté plusieurs vaillans Capitaines, le bâtard d'Orleans, Tannegui du Châtel, le Maréchal de la Fayete, la Hire, Poton de Saintrailles, Ambroise de Lore, & un grand nombre d'autres, qui le servirent toujours avec beaucoup de fidelité.

La guerre continuoit entre les deux partis. Il y avoit souvent des prises de Châteaux, des rencontres & des combats en differens endroits du Roiaume, où tantôt les uns & tantôt les autres avoient du pire. Jean du Bellai, qui alloit avec deux cens chevaux dans le Maine, fut défait par une troupe d'archers An-

---

CAROLUS VII. VICTOR dictus,
Rex Francorum.

Jean Chartier. DEFUNCTO Carolo VI. Henricus puellus tener, Henrici V. & Catharinæ Delphini sororis filius, anno uno & aliquot mensibus natus, Lutetiæ Parisiorum Rex Franciæ & Angliæ proclamatur solito more, acclamante & fausta dicente populo : verum pars maxima, iique omnes queis cordi erat patriæ honor decusque Francici nominis, illibenter, nec sine mœrore videbant alienum genus regiam Francicam occupare, Anglosque dominatum obtinere, gentem jam à priscis temporibus sibi inimicam, adeoque moribus & agendi ritu absimilem, ut ingratum omnino consortium vix ferre possent. Paucis vero postea diebus moneta cuditur, nomine Henrici VI. inscripta, & insignibus Franciæ & Angliæ una conjunctis notata.

Delphinus porro, qui tum prope Anicium in Velauniis degebat, audito patris obitu, Regis Francorum nomen assumsit in sigillo suo, inque actis publicis, utque talis promulgatus fuit in armatorum copiis omnibus, quæ sibi dicto audientes erant, in omnibus item regionibus & locis, quæ sibi parebant. Imminebant sibi duo potentissimi hostes, Rex Anglorum & Dux Burgundiæ. Angli tunc plusquam dimidiam Regni partem occupabant, & pugnatorum prævalidas manus quotidie ex Anglia adventantes excipiebant : quapropter Carolum Regem deridentes, ipsum Regulum Biturigum appellabant, & certe ille tot tantisque viribus impar admodum erat : ita ut videretur ipsum tanta belli mole brevi obrutum iri. Partibus tamen suis hærebant viri strenuissimi & Duces spectatæ virtutis ac fortitudinis, nempe Nothus Aurelianensis, Tanaquillus de Castello, Marescallus de Fayeta, Hiræus, Poto de Santralliis, Ambrosius Loræus, multique alii, qui pari semper fide & fortitudine Anglos hostesque ipsius omnes propulsarunt.

Bellum utrinque continuo gerebatur, castellorum oppidorumque expugnationibus, concursationibus, prælis, in variis remotisque regni partibus, ubi modo his, modo aliis fortuna favebat. Joannes Bellæus, cum in Cenomanensi tractu ducentos equites duceret, ab Anglis sagittariis, qui in sepibus tuti agebant,

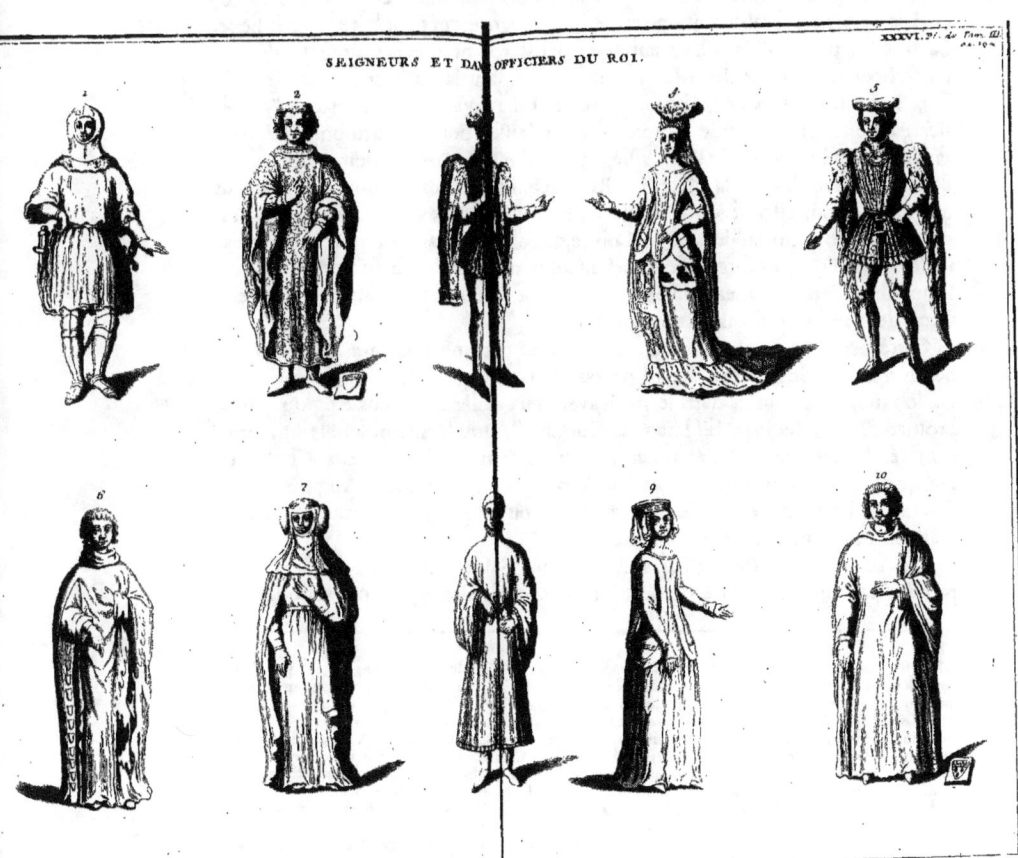

glois, qui se tenoient dans une haie. Le Duc de Bourgogne défit aussi à Saint Riquier un corps de François du parti du Roi Charles: mais ils eurent peu de jours après leur revanche à Blanchetaque sur la Somme, où après un rude combat les Bourguignons furent vaincus, & presque tous tuez ou pris. Le Sire de Fontaines allant à cheval avec sa troupe dans le Maine rencontra un corps d'Anglois, qui après une longue résistance furent mis en déroute. Ils perdirent environ cent cinquante hommes tuez ou pris.

Les François eurent un échec bien plus considérable l'année suivante, quand les Comtes de Salisberi & de Suffolk & le Maréchal du Duc de Bourgogne vinrent assieger Crevant. Alors le Sire d'Ervelle, Connétable d'Ecosse, & le Maréchal de Severac assemblerent une armée, & s'avancerent pour faire lever le siege. La ville fut prise. D'Ervelle en eut avis: mais croiant que la tour & le donjon tenoient encore, il continua sa marche. Cependant la ville & la tour étoient déja entre les mains des Anglois, & quand il arriva devant la place, l'armée des Anglois s'étoit retirée, après y avoir laissé bonne garnison. D'Ervelle, sans attendre les ordres du Roi, assiegea la ville, & envoia demander au Roi des canons pour battre la place. Le Roi sachant que les Anglois se mettoient en marche pour aller secourir la place, lui envoia un renfort de troupes. L'armée Angloise commandée par le Comte de Salisberi étant arrivée, il y eut bataille où les François furent défaits. Le Connétable d'Ecosse fut pris avec plusieurs Chevaliers & Ecuiers, le Sire de Fontaines mourut sur la place. Il y eut environ deux mille François ou tuez ou pris.

1423.

Combat où les François sont battus.

Cette perte fut en quelque maniere reparée par une autre que firent les ennemis vers le même tems dans l'Anjou. Un Capitaine nommé le Sire de la Poule faisoit des courses dans le pays avec deux mille cinq-cens Anglois. Ambroise de Loré, & Jean d'Harcourt Comte d'Aumale assemblerent un corps considérable, & vinrent l'attaquer. Le combat fut rude. Les deux Chefs des François conduisirent l'affaire fort habilement; en sorte que les Anglois furent défaits, & hors une centaine tous resterent ou morts ou prisonniers. Peu de François furent tuez dans ce combat.

Les Anglois défaits en une rencontre.

Les Anglois aiant assiégé par mer le Mont Saint Michel, à dessein de le prendre par famine, le Sire de Beaufort Amiral de Bretagne vint avec quelques

---

fusus, fugatus fuit. Dux quoque Burgundiæ prope sancti Ricarii oppidum, manum Francorum Carolinorum, profligavit. At fortunæ vicissitudinem experti deinde sunt Burgundiones ad Blancam-taccam juxta Somonam, ubi a Francis victi, & ad unum pene omnes vel cæsi vel capti sunt. Fontanensis item Toparcha, dum per Cenomanenses agros cum turma equitum incederet, in Anglorum cuneum incidit, quibuscum diu acriterque pugnavit; sed profligati tandem Angli, centum quinquaginta ex suis vel cæsos vel captos amiserunt.

Idem. Berii Rol d'armes.

Majus anno sequenti Francis illatum damnum fuit, cum Comites Sarisberiensis & Suffolcius cum Marescallo Ducis Burgundiæ Crevantum obsederunt. Tunc Ervellæus Scotiæ Constabularius, & Marescallus de Severaco, exercitu collecto, ut obsidionem solverent moverunt. Captum oppidum fuit, resque Ervellæo nunciatur; sed cum putaret arcem nondum esse captam, pervenit in opem, & tamen oppidum simul cum arce ab Anglis occupabatur; & cum Ervellæus eo perrexit Anglorum exercitus, postquam præsidium reliquerat in oppido, alio se contulerat. Tum ille, non exspectato Regis jussu, oppidum obsedit.

Rex autem Carolus gnarus Anglos, ut præsidiariis opem ferrent illo contendere, pugnatorum manum ipsi in auxilium misit. Cumque Sarisberiensis Comes cum Anglorum exercitu ante oppidum pervenisset, pugna commissa fuit. Franci vero profligati fuere. Scotiæ Constabularius & equites scutiferique multi capti sunt, &bis mille circiter Franci vel cæsi sunt, vel in hostium manus inciderunt.

Jactura hujusmodi eodem ferme tempore in Andegavensi tractu reparata fuit. Cum enim Puleus dux Anglorum bis mille quingentorum, regionem infestam haberet, Ambrosius Loræus, & Joannes de Harcurtio Comes Albæ-Malæ, quantas potuere copias collegerunt, & in Anglos irruperunt, non minore industria, quam fortitudine, ita ut Angli pene omnes cæsi vel capti fuerint, & ex tanto numero vix centum elapsi sint: ex Francis vero paucissimi ceciderunt.

Jean Chartier.

Eodem tempore Angli, ut Montem sancti Michaelis in periculo maris occuparent, navibus aditus omnes observabant, ut annona deficiente, ad deditionem præsidiarii fame compellerentur. Tum Bellofortius Britanniæ Armoricæ Navarchus, cum navibus

vaisseaux les attaquer : il les défit, en tua, & prit une partie, & les obligea de lever le siége. Ils avoient bâti un château ou une bastille à Ardevon, à une lieuë du Mont Saint Michel, d'où ils faisoient des courses dans les payis des environs. Le Sire de Coulonces les surprit un jour qu'ils étoient sortis en course, leur coupa le chemin de la bastille, où ils ne pûrent se retirer, & en tua ou prit deux cens.

1424. Naissance de Louis XI.

Le 4. Juillet de cette année 1423. nâquit à Bourges le Dauphin Louis, qui fut depuis Roi après son pere. Il fut tenu sur les fonts par le Duc d'Alençon, & bâtisé par Guillaume de Champeaux Evêque de Lân. L'hyver suivant Jean de Toulongeon Maréchal de Bourgogne vint pour se saisir du château de la Bussiere dans le Beaujollois : mais trompé par ceux qui il avoit traité, il trouva là Humbert de Groslee Baillif de Lion, & Louis de Culant Amiral de France, accompagnez de cinq ou six cens hommes d'armes, qui le défirent. Il fut fait prisonnier & depuis échangé contre le Sire d'Ervelle Connétable d'Ecosse.

Vers ce même tems le Comte de Douglas qui aborda à la Rochelle amena au Roi Charles quatre ou cinq mille Ecossois. Le Roi le reçût avec grand plaisir & lui donna le Duché de Touraine. Mais la joie de ce renfort ne fut pas de longue durée. Le Duc de Bethfort étant venu assiéger Ivri, la place se défendit pendant trois ou quatre mois, & les François capitulerent enfin, & convinrent que s'ils n'étoient pas secourus dans un tems marqué, ils rendroient la ville & le château. Ils en donnerent avis au Roi, qui fit partir une bonne armée commandée par le Duc d'Alençon, Douglas Duc de Touraine, le Comte de Boukam Connétable, le Maréchal de la Fayette, le Comte d'Aumale & le Vicomte de Narbonne, qui se rendirent auprès de Dreux, où ils apprirent qu'Ivri s'étoit rendu aux Anglois. N'y aiant plus rien à faire de ce côté, ils allerent à Verneuil, & prirent la ville par adresse, & la tour où étoit une garnison Angloise leur fut rendue. Après quoi ils tinrent conseil. Les François qui connoissoient mieux le terrain, & qui avoient plus d'experience, étoient d'avis de bien munir Verneuil & de ne point hazarder une bataille ; mais le Comte de Douglas, le Connétable & les autres Ecossois étoient d'une opinion contraire. Leur avis prévalut, & l'on marcha contre les ennemis.

Berri Roi d'armes.

Anglos adortus, partem illorum cepit, cæterosque ab obsidione removit. Angli porro in Ardevone castro, a monte sancti Michaelis una leuca distante, arcem construxerant, unde vicinos agros incursionibus devastabant, prædas agebant : verum quadam die Coloncæus dux illis vicinas terras desolantibus, reditum intercepit, ac ducentos vel occidit vel captivos abduxit.

Quarta die Julii istius anni 1423. Biturigæ natus est Ludovicus Delphinus, qui post patrem regnavit. In Baptismali fonte ab Alenconiensi Duce gestatus est, dum a Gullielmo de Campellis Episcopo Laudunensi aqua Baptismatis tingeretur. Hieme sequente Joannes Tulongonius Burgundiæ Marescallus, movit ut castellum Busseriæ in Baujoliensi agro invaderet ; sed deceptus ab iis, quibuscum rem tractaverat, incidit in Humbertum de Groslea Ballivium Lugdunensem, & Ludovicum de Culantio, Franciæ Navarchum, quibuscum aderant selecti equites sexcenti, qui ipsum profligavere, & captivum abduxere, deindeque commutatus fuit cum Ervellæo Scotiæ Constabulario.

Jean Charlier. Berri.

Idem circiter tempus Duglasius Comes Rupellam appulit cum quatuor vel quinque millibus armatis Scotis, quos ad Regem Carolum in opem adduxit. Cum lætitia ingenti exceptus, etiam Turoniæ Ducatu donatus fuit ; sed auxilii tanti gaudium non diuturnum fuit. Bethfordiensis Dux Ivriacum obsederat. Præsidiarii vero per tres quatuorve menses hostem fortiter propulsarunt ; in angustias demum redacti, hac conditione cum Anglis pepigerunt, ut oppidum & arcem dederent, nisi intra certum assignatumque temporis spatium, auxilium sibi afferretur. Rem illi Carolo Regi nunciavere, qui mox exercitum movere jussit, ductoribus Alenconio Duce, Duglasio Turoniæ Duce, Constabulario Comite Buxamio, Marescallo de Fayeta, Albæ-Malæ Comite & Vicecomite Narbonensi. Hi cum prope Drocum advenissent, edidicerunt Ivriacenses præsidiarios deditionem fecisse, cumque non ultra eadem via progrediendum esset, Vernolium moverunt, oppidumque astu ceperunt, arcemque postea præsidiarii Angli Francis dedidere. Sub hæc inter exercitus principes habitum consilium fuit. Franci rerum omnium peritiores dicebant firmo præsidio muniendum Vernolium, nec prælii fortunam esse tentandam. At Duglasius, Constabularius, aliique duces Scoti, committendam esse pugnam contendebant ; quæ demum sententia prævaluit, exercitusque contra Anglos movit.

CHARLES VII. dit LE VICTORIEUX.

Berri rapporte cette action différemment : « Si ordonnerent leurs batailles, » dit-il, les François & les Anglois d'une part & d'autre. Et là-dessus mar- » cha à pied promtement, mais indiscretement le Vicomte de Narbonne » avec toute sa bataille : bien que ledit Duc de Touraine avec tous les Chefs de » guerre de la Compagnée eussent conclu & déliberé de ne point aller com- » battre les Anglois : mais de les attendre de pied coy en la place où les Fran- » çois estoient près de la ville. Or quand ledit Duc de Touraine vid que ce » Vicomte de Narbonne marchoit ainsi, il en fut fort courroucé ; néantmoins » il fit par nécessité suivre & marcher ses batailles, ainsi qu'avoit fait ledit Vi- » comte : mais avant qu'ils s'assemblassent en veuë des Anglois, ils perdirent » haleine, place & ordonnance. » La bataille se donna auprès de Verneuil : d'un côté les François qui attaquerent les Archers Anglois les défirent : mais les Lanciers Lombards qui étoient à l'autre aîle s'étant jettez sur le bagage, au lieu d'attaquer les Archers Anglois qui leur étoient opposez, ceux-ci profiterent de cet avantage, & mirent les François en déroute. Là furent tuez Duglas Duc de Touraine & son fils, le Comte de Boukam Connétable, le Vicomte de Narbonne, dont le corps fut pendu à une potence, parce qu'il avoit eû part au meurtre de Jean Duc de Bourgogne, plusieurs autres Seigneurs, & trois ou quatre mille hommes, sans compter les prisonniers dont les principaux fu- rent le Duc d'Alençon & le Maréchal de la Fayette. La garnison de Verneuil rendit la place & se retira où elle voulut. Après cette victoire un Capitaine An- glois nommé Jean Fastol, prit le château de Tetanuyie dans le Maine.

Bataille de Ver- neuil où les Fran- çois fu- rent vain- cus.

Une perte si considérable affoiblit de beaucoup le parti du Roi Charles. Le Comte de Salisberi se mit en marche pour aller assieger le Mans. Un Capitaine François nommé Pierre le Porc dressa une embuscade aux avant-coureurs An- glois, en tua un grand nombre, & fit beaucoup de prisonniers. Cela n'empê- cha point que le Comte de Salisberi ne continuât son entreprise ; il prit sans aucune opposition le Mans, Sainte Susanne, Mayenne & la Ferté-Bernard, qui se défendit long-tems. Il obligeoit les Commandans de ces Places, qui se rendoient, de lui donner des sommes d'argent.

Au milieu de ces disgraces le Roi eut le plaisir de recevoir à son service Ar- tus de Bretagne, Duc de Richemont, qui n'aimoit point du tout les Anglois.

1425.

Biturix autem præco rem diverso prorsus modo narrat. « Franci, inquit, & Angli acies instruxerunt suas, » statimque Vicecomes Narbonensis temere & incon- » sideraté cum cuneo suo movit, etsi a Duglasio Tu- » roniæ Duce, cæterisque ducibus deliberatum sta- » tutumque fuerat, non capessendam esse pugnam ; » sed juxta oppidum instructa acie exspectandos An- » glos esse. Ubi vidit autem Duglasius Dux Turoniæ » Vicecomitem Narbonensem sic præcipitem ire, » rem indigne tulit, tamenque instructa acie movere » coactus est ; sed antequam in Anglorum conspec- » tum Franci venissent ex festinatione anhelitum vix » ducere poterant, ordinesque suos turbaverant. » Commissa demum pugna fuit prope Vernolium. Ex una vero parte Franci sagitarios Anglos sibi oppositos profligarunt. Langobardi autem lancearii, qui etiam Anglos sagitarios contra se instructos aggressuri erant, illis dimissis, ad sarcinas diripiendas se conculere ; tum Angli illi contra Francos conversi, illorum exer- citum fuderunt. In hac pugna ceciderunt Duglasius Dux Turoniæ & filius ipsius, Bukamius Comes Cons- tabularius Franciæ, Vicecomes Narbonensis, cujus corpus ab Anglis patibulo suspensum est, quod ille neci Joannis Burgundiæ Ducis operam dedisse putare- tur ; multi quoque alii proceres cæsi sunt ; mortuorum vero numerus ad tria quatuorve millia pertigit. Cap- ti quoque multi fuere inter quos annumerabantur Dux Alenconius & Marescallus de Fayeta. Præsidia- rii vero Franci Vernolium Anglis reddidere, illa conditione, ut quo vellent receptum haberent. Post Anglorum victoriam Tribunus Anglus Joannes Fas- tolus Tetanuiam castellum in Cenomanensi tractu cepit.

Clades isthæc Caroli Regis partes admodum attri- vit. Comes Sarisberiensis movit ut Cenomanum ob- sideret. Dum pergeret autem quidam Tribunus Fran- cus iis qui exercitum præcedebant Anglis insidias stru- xit, multos occidit, pluresque captivos abduxit, nec minori tamen celeritate Sarisberiensis Comes in cœpto perstitit, ac nemine obsistente Cenomanum ex- pugnavit, ut & Sanctam-Susannam, Meduanam & Fir- mitatem Bernardi ; quod postremum oppidum diu op- pugnantibus obstitit. A singulis vero oppidis quæ ex- pugnabantur Sarisberiensis Comes pecuniæ summas exigebat.

Jean Char- tier. Berri.

Inter hæc infortunia Rex Carolus illud solatii accepit, quod Arturus Britannicus, Dux Ricomontius, qui Anglos summe oderat, ad partes suas accederet. Re-

Bb iij

Il vint s'offrir au Roi, qui lui fit tout l'honneur possible, & lui donna l'Office de Connétable, vacant par la mort du Comte de Boukam.

Le nouveau Connétable eut bien-tôt une occasion pour se signaler; & si elle ne réussit pas, ce ne fut pas sa faute. Les Anglois avoient fortifié une ville de Normandie sur les frontieres de Bretagne, nommée Saint James de Beuvron, où ils mirent grosse garnison. Le Connétable ramassa des troupes dans le Maine, en Normandie & en Bretagne, & fit une armée de vingt mille hommes avec laquelle il assiégea la place. Les assiegez firent de grandes sorties; on se battit vigoureusement de part & d'autre. Le Connétable aiant fait donner un assaut, qui dura pendant trois ou quatre heures, les Anglois prirent ce tems pour sortir sur un côté plus foible du camp, situé vers un lac. Ils pousserent vivement les François, en tuerent plusieurs & en firent noier un plus grand nombre, en sorte qu'il en périt là environ quatre cens. Cette sortie fit cesser l'assaut, & la nuit suivante l'armée se débanda : chacun se retira de son côté, & abandonna les bonbardes, vivres & artillerie, sans qu'on pût savoir d'où venoit ce désarroi. Quelques-uns disoient que cette retraite précipitée venoit de ce que ces troupes ramassées, & sur-tout les Bretons n'avoient jamais vû la guerre. Le Connétable fort mortifié fut obligé de lever le piquet, & de se retirer tout doucement.

Entreprise du Connétable Richemont manquée.

Dans le tems que les affaires du Roi Charles tournoient si mal, une querelle survenuë entre le Duc de Glocestre & le Duc de Bourgogne, fut cause d'une diversion favorable, sans laquelle son parti auroit peut-être été accablé. En voici le sujet. Jaqueline Comtesse de Hainaut avoit épousé le Duc de Brabant, frere du Duc de Bourgogne. Avant que le mariage fut consommé, elle se maria avec le Duc de Glocestre, qui voulut se saisir des terres de sa nouvelle épouse. Le Duc de Brabant soûtenu du Duc de Bourgogne s'y opposa. Le Duc de Bethfort, qui prévoioit les mauvaises suites de cette dissension, voulut mettre les parties d'accord; mais il ne pût y réussir.

Il y eut grande guerre entre les Ducs de Glocestre & de Bourgogne en Hainaut & en Hollande, & plusieurs combats où les Bourguignons furent souvent victorieux. Un nommé Filvatre aiant passé la mer avec trois ou quatre mille

Jean Chartier.

gi autem sese obtulit pro illo pugnaturum. Rex illum perhumaniter & gaudio perfusus excepit, & Constabularii munus, quod pridem tenuerat Buxamius in pugna Vernoliensi cæsus, ipsi contulit.

Novus porro Constabularius occasionem cito nactus est fortitudinis industriæque suæ demonstrandæ; si vero res non ex voto cecidit, non ipsius culpa fuit. Angli oppidum Normanniæ ad confinia Britanniæ propugnaculis cinxerant; oppido nomen erat S. Jacobus de Beverone, ibique validissimum præsidium reliquerant. Constabularius exercitum collegit in Cenomanensi tractu, in Normannia & in Britannia Armorica, & viginti mille pugnatores in unum coactos ad obsidendum oppidum adhibuit. Præsidiarii Angli sæpe in obsidentes se eruperunt, & acriter utrinque pugnatum est. Constabularius vero urbem undique una vice oppugnari jussit; ad ter, quatuorve horas oppugnatio protracta fuit. Interea porro Angli in partem castrorum debiliorem eruperunt : quæ propter lacum posita erat, & Francos adorti, multos occiderunt, alios in lacum compulerunt, ubi multi submersi sunt, ita ut quadringenti circiter in illa eruptione perierunt. Tunc ab expugnatione cessatum fuit, & sequenti nocte exercitus totus dilapsus est, singulique ad sua se receperunt. Tormenta bellica & commeatus in castris relicta sunt, nec sciri potuit unde tanta perturbatio, tantusque pavor ortus fuerit. Quidam dicebant inde ortam fugam, quod gentes illæ uudequaque collectæ, maximeque Britones, nullum bellicæ rei experimentum haberent. Constabularius vero tam infaustum exitum ægre ferens, receptui canere, & alio properare compulsus est.

Dum Francorum expeditiones tam improspere cederent, resque Caroli Regis pessum ire viderentur, suborta rixa Duces inter Burgundiæ & Glocestriæ, hostium vires diduxit, partemque alio avertit, qua non interveniente discordia, Caroli partes mox obruturum iri videbantur. En dissidii causam. Jacoba Hannoniæ Comitissa Duci Brabantiæ, fratri Ducis Burgundiæ nupserat; sed antequam matrimonium consummaretur, cum Duce Glocestriæ connubio juncta est, qui statim uxoris ditionem occupare voluit. Dux porro Brabantiæ, Burgundiæ Ducis auxilio nixus, Glocestriæ Ducis conatibus obstitit. Bethfordiensis porro Dux prospiciens quanta sibi ex hujusmodi dissensione damna impenderent, pacem inter ambos conciliare studuit; sed irrito conatu.

Grande bellum excitatur Duces inter Burgundiæ & Glocestriæ in Hannonia & in Hollandia, multæ commissæ pugnæ sunt, in queis Burgundiones victores sæpe fuere. Quidam nomine Filvater, trajecto mari cum tribus quatuorve millibus Anglis, Ca-

Jean Chartier.

Jean Chartier.

Anglois, vint descendre à Calais, & se rendit dans le Hainaut pour s'en emparer. Le Duc de Bourgogne assembla ses gens, & le vint attaquer. Les Anglois furent enfin défaits; il en demeura plus de quinze cens sur la place, un grand nombre fut fait prisonnier, & Filvatre repassa avec une fort petite troupe en Angleterre. Il y eut d'autres combats en Hollande que nous nous dispenserons de rapporter ici.

La guerre continuoit toujours en France: mais ce n'étoient que de petits combats, des prises de places peu considérables. Le Connétable de Richemont prit Galerande dans l'Anjou. Il n'avoit pas peu à faire à la Cour, d'où il tâchoit d'écarter certains favoris, qui s'étant emparez de l'esprit du Roi, gâtoient ses affaires. Louvet Président de Provence s'y étoit acquis une si grande autorité, que rien ne s'y faisoit que par ses ordres. Le Connétable entreprit ce Louvet, & malgré toute la résistance qu'il y trouva de la part du Roi, il le força de le chasser de sa cour. Tannegui du Chastel à qui il en vouloit aussi, parce qu'il le regardoit comme auteur du meurtre de Jean Duc de Bourgogne, prit genereusement le parti de se retirer de la Cour, de peur d'y exciter du trouble. Après cela un nommé Gyac s'introduisit auprès du Roi, & gagna son affection. Il gouvernoit les finances, dont il détournoit une bonne partie à son profit. Le Connétable le fit enlever de nuit, on le transporta ailleurs, où par son ordre on lui fit son procès; il fut condamné & executé. Quelques-uns disent qu'il fut noyé, malgré les offres qu'il faisoit au Connétable de lui donner cent mille écus, s'il vouloit lui sauver la vie.

1426.

Le Roi aiant appris les causes de cette éxecution fut content du Connétable, ou fit semblant de l'être: car il le craignoit. Un autre favori du Roi, nommé le Camus de Beaulieu, qui succeda à Gyac n'eut pas un meilleur sort, il fut tué à Poitiers par les gens du Connétable, qui consentit enfin que le Sire de la Trimouille prît sa place. C'étoit le foible de Charles VII. d'avoir toujours auprès de lui quelque favori. La Trimouille acquit une grande autorité, mais cela ne dura pas long-tems, comme nous verrons. Tout ceci s'est passé dans l'espace de quelques années: mais l'Historien Jean Chartier n'a pas voulu en interrompre la suite. Ce fut en ce tems-ci que le Connétable prit Pont-Orson sur les Anglois.

letam venit, indeque in Hannoniam se contulit, ut illam occuparet. Dux autem Burgundiæ, collectis copiis, ipsum adortus est; pugna fuit commissa; utrinque pugnatur, & Angli demum vincuntur; ex ipsis plusquam mille quingenti cecidere, multique capti sunt, & Filvater cum exiguo suorum numero in Angliam reversus est. Aliæ eadem de causa in Hollandia commissæ pugnæ sunt, quas hîc recensere nostri non est instituti.

Bellum assidue in Francia gerebatur; sed quasi velitationes tantum erant, expugnationesque castrorum, oppidorumque non tanti momenti. Constabularius vero Galerandam in Andegavensi tractu cepit. In aula porro Regia multum ipsi negotii facessebant ii, qui cum Regis gratiam captassent, auctoritate apud illum plurimum valebant, & regia negotia pessumdabant. Lupetus Gallo-Provinciæ Præses tantam sibi potentiam arrogaverat, ut ejus jussu parerent omnes. Constabularius porro Lupetum aggressus est, & nequicquam reluctante Rege, eo compulit ipsum, ut Lupetum a Regia eliminaret. Tanaquillus etiam de Castello perosus erat Constabulario, quod illum putaret auctorem necis Joannis Burgundiæ Ducis. At ille constanti & generoso præditus animo vir, ne sui causa in regia aula jurgia concitarentur, sponte sua ab regia discessit. Sub hæc quispiam Giacus nomine Regis gratiam invasit, & cum rem ærariam administraret, partem ejus in arcas suas derivabat. Constabularius illum noctu comprehendi, & alio transferri jussit, ubi causam dicere coactus, capitis damnatus & supplicio affectus est: quidam dicunt in aquis submersum illum fuisse, quamvis centum millia scutorum Constabulario offerret, si se a supplicio eximeret.

Comperta Rex illati supplicii causa, Constabularii gestum probavit, aut se probare simulavit; ipsum quippe metuebat. Alius quoque, qui se in Regis gratiam insinuaverat, nomine Camusius, (seu Simus) de Bello-joco, dum Giaci locum occuparet, non meliorem exitum sortitus, in Pictavorum urbe a Constabularii gente trucidatus est: tandemque Constabularius ut vir genere insignior Tremollius hunc locum occuparet, consensit. Ea quippe indole erat Carolus VII. ut gratiosum sibi semper penes se habere vellet. Tremollius magnam sibi peperit auctoritatem; sed non diuturna gratia fuit, ut infra narrabitur. Hæc per annos aliquot gesta fuere, sed Joannes Cartericus Historicus hæc omnia una serie recensenda esse existimavit. Hoc anno Constabularius Pontem-Ursionis oppidum, quod Angli tenebant, occupavit.

1427.
Les Anglois battus devant Montargis.

Les Comtes de Warvic & de Suffolk assemblerent une armée considérable d'Anglois, Bourguignons & autres alliez, & allerent mettre le siege devant la ville & château de Montargis. Les assiegez se défendirent vigoureusement l'espace de plus de trois mois. La ville étoit serrée de près, & commençoit à manquer de vivres, de sorte qu'elle ne pouvoit tenir long-tems. Le Connétable y envoia pour la secourir le bâtard d'Orleans Comte de Dunois, les Sires de Graville, de Gaucourt, la Hire & plusieurs autres accompagnez d'un bon corps de Gendarmes. Arrivez devant le camp des Anglois, ils attaquerent en plein jour leurs rettranchemens & leurs fortifications. Le Combat fut sanglant & long-tems disputé; mais enfin les Anglois furent défaits avec perte de beaucoup de leurs gens. Ils abandonnerent aux François leur camp, leurs munitions & leurs machines de guerre. La place fut ravitaillée & bien munie, & les Chefs s'en retournerent victorieux avec leurs troupes.

Il y avoit toujours des petites guerres & des combats, des entreprises qui tournoient à l'avantage tantôt des uns, tantôt des autres. Ambroise de Lore avec cent cinquante François tomba sur un corps de plus de deux cens Anglois, en tua environ cent cinquante, & prit leur Chef prisonnier. Les Sires de Rais & de Beaumanoir prirent la forteresse du Lude. Les Anglois prirent aussi quelque petite place. Une entreprise faite par quelques-uns des principaux Chefs des troupes Françoises pour surprendre la ville du Mans, manqua faute de diligence. Ils perdirent-là beaucoup de leurs gens, & furent obligez de se retirer.

1428.
Pont-Orson pris par les Anglois.

La ville de Pont-Orson, qui avoit été prise & bien munie par le Connétable de Richemont, ne demeura guere en la puissance des François. Le Comte de Warvik & le Sire de Talbot vinrent l'assieger avec une armée d'Anglois. La résistance fut grande, & le siege qui dura long-tems auroit apparemment été plus long sans une entreprise que firent trois des principaux & des plus braves Capitaines de la garnison. Les Anglois faisoient conduire par les greves un convoi de vivres pour leur armée; la ville n'étant point investie de ce côté, ces trois Capitaines sortirent pour aller attaquer la garde du convoi & s'en saisir. Après un combat disputé quelque tems, ils furent défaits & tuez tous trois, & beaucoup de leurs gens avec eux: ce qui resta de la troupe s'enfuit à la ville, qui se rendit par composition.

Jean Chartier.

Comes Warvicensis & Suffolxius, numeroso collecto exercitu Anglorum, Burgundionum & sociorum, Montem-Argisium oppidum & castellum obsessum venerunt. Præsidiarii & oppidani perplusquam trium mensium spatium hostem fortissime propulsarunt; sed cum annona deficeret, nec possent jam diutius obsessi contra famem & hostes pugnare, Constabularius illo misit Nothum Aurelianensem Comitem Dunensem, nobiles viros de Galcurtio & de Gravilla, Hiræum, aliosque plurimos cum magna militum manu. Cum hi ante castra Anglorum pervenissent, interdiu propugnacula eorum sunt adorti, acriter pugnatum utrinque: tandem vero Angli, amissis suorum multis, profligati sunt. Castra vero sua Francis diripienda reliquere cum commeatu toto & tormentis bellicis. In oppidum inducta est annona copiosa cum numeroso & valido præsidio, quibus peractis duces cum suis victores sunt reversi.

Semper autem variis in locis bella gerebantur, & leviores committebantur pugnæ, modo his, modo aliis superantibus. Ambrosius Loræus cum centum quinquaginta Francis, manum Anglorum plusquam ducentorum invasit, & ducem captivum abduxit. Viri proceres de Resio & de Bello-Manerio Lugdum castrum ceperunt. Angli etiam aliquot castra oppidulave expugnavere. Cum quidam primores Franci Cenomanum ex improviso capere tentavissent; nec sat celeri opera essent usi, multos ex suis amiserunt, & re infecta receptui canere compulsi sunt.

Pontis-Urtionis oppidum, quod a Constabulario Franciæ captum fuerat, non diu mansit in Francorum potestate, etsi illud firmo præsidio munitum fuerat. Comes Warvicensis & Talbotius illud cum exercitu Anglorum obsessum venerunt. Fortiter Anglis obsistere præsidiarii, obsidioque ad multum temporis spatium extracta fuit, atque diuturnior, ut verisimile est, fuisset, nisi tres præsidiariorum duces, ipsique strenui & audaces, rem interturbassent. Cum enim Angli per littus maris arenosum annonam & commeatum in castra advehi fua curarent: oppidumque ex illa parte castris & propugnaculis Anglorum cinctum non esset, tres illi duces egressi sunt, ut commeatus ductores depellerent, & commeatum in urbem adducerent. Postquam aliquamdiu utrinque pugnatum fuit, tres duces devicti & cæsi sunt cum multis suorum: residui vero fuga elapsi in oppidum receptum habuerunt, exindeque præsidiarii pactis conditionibus deditionem fecere.

Jean Chartier.

Vers

CHARLES VII. dit LE VICTORIEUX.

Vers ce tems-ci Talbot prit par escalade la ville de Laval dans le Maine, & fit prisonnier André de Laval Seigneur de Loignac & tous ses gens. Il exigea pour leur rançon vingt-cinq mille écus d'or.

En la même année 1428. le 12. Octobre le Comte de Salisberi qui avoit reçû un renfort de troupes d'Angleterre, après avoir pris quelques petites places autour d'Orleans; vint mettre le siége devant cette ville; siége qui décida, pour ainsi dire, du succés de cette guerre. Les Anglois bâtirent plusieurs bastilles autour de la ville, pour empêcher que rien n'y pût entrer ni en sortir. Jamais place ne fut mieux défenduë que celle-ci. Le Bâtard d'Orleans y commandoit, & avoit pour adjoints le Maréchal de Boussac & la Hire. Malgré les bastilles les gens de cheval pouvoient entrer aisément dans la ville.

Orleans assiegé par les Anglois.

Les Anglois qui faisoient le siége n'avoient d'autres vivres que ceux qui leur venoient de Paris : il falloit un grand nombre de gens de guerre pour conduire ces convois. Sur l'avis qu'on en amenoit un considerable, le Duc de Bourbon se mit à la tête d'une armée, aiant en sa compagnie le Sire Stuard Connétable d'Ecosse, le Sire d'Orval frere du Sire d'Albret & la Hire. Ils rencontrerent le convoi près de Janville en Beausse. Les Anglois voiant ce corps d'armée qui alloit fondre sur eux, mirent pied à terre, & s'enfermerent dans leurs charettes qu'ils rangerent à mode de rempart, & se défendirent très-bien. Le Connétable d'Ecosse & le Sire d'Orval mirent pied à terre pour combattre contre eux avec leur troupe ; mais ils furent tuez, & plus de deux cens des leurs mis sur le carreau. Le Duc de Bourbon jugea alors à propos de se retirer avec sa troupe. Ce combat fut appellé la journée des Harans, parce que la plûpart de ces charettes étoient chargées de harans pour le Carême de l'an 1429.

1429.

Journée des Harans.

Pendant ce siége un jour que le Comte de Salisberi regardoit par une fenêtre de la bastille du pont d'Orleans, un coup de canon qui donna sur le bord de la fenêtre lui envoia des éclats de pierre sur la tête. Il en fut si grievement blessé, qu'il en mourut trois jours après. Malgré cette perte le siége continua toujours de même. La disette fut si grande dans la ville, qu'il fallut penser à capituler. On envoia Poton de Saintrailles au Duc de Bourgogne lui offrir qu'on

---

Hoc circiter tempus Talbotius Lavallium urbem in Cenomanensi tractu cepit, & captivum abduxit Andream Lavallium Topatcham cum tota familia sua, ac pro redemptione omnium viginti quinque mille scuta aurea exegit.

Eodem anno 1428. 12. Octobris, Comes Sarisbetiensis, qui ex Anglia novas pugnatorum copias acceperat, postquam circa Aurelianum aliquot castra & oppidula ceperat, ipsam urbem obsessum venit: cujus obsidionis exitus, quis belli finis foret, præsignificavit. Angli plurima circum urbem lignea castella excitarunt, ut Francos qui in urbe erant ab egressu, cæteros ab aditu arcerent. Nunquam ab obsessis quibuslibet cum majori fortitudine hostium impetus exceptus fuit, quam tunc ab Aurelianensibus præsidiariis, duce Notho Aurelianensi, cui adjuncti erant Bussacius Marescallus & Hiræus. Frustra obnitentibus Anglis qui in castellis ligneis erant, Equites Franci, nec cum magno periculo, in urbem ingredi poterant.

Angli vero urbem obsidebant, nonnisi ex urbe Lutetia commeatum & annonam percipere poterant, magnaque pugnatorum manu opus erat, ut hæc tuto ducerentur. Cum vero compertum esset ingentem Anglorum commeatum versus Aurelianum iter carpere, Dux Borbonius cum exercitu movit, comitantibus Stuardo Scotiæ Constabulario, Aureæ vallis Toparcha, Leporetæi fratre, & Hiræo. In commeatum autem illum inciderunt prope Janivillam in Belsia. Angli conspecto hostium exercitu ex equis exsilientes, carros circum posuere, & propugnaculi more concinnarunt, ut invadentem se hostem propulsarent. Tunc Constabularius Scotiæ & Aurivallius ex equis & ipsi desilientes cum suis, carrorum propugnaculum perrumpere nituntur : sed ambo Duces & cum illis ducenti Franci Anglorum telis confixi ceciderunt. Qua re conspecta Dux Borbonius & sui receptui cecinere. Quia vero in commeatu Halecium seu harengorum ingens copia erat ad annonam Quadragesimalem anni 1429. Hic conflictus Harengorum pugna deinceps vocitatus fuit.

Le même.

Quadam vero die dum Comes Sarisberiensis observandi causa per fenestram castelli ad Aurelianensem pontem siti respiceret, globus a tormento bellico emissus oram fenestræ fregit, fragmentaque lapidis quædam in caput Comitis involarunt, quo ictu ille vehementer saucius post triduum interiit. Nihilominus obsidio continuabatur, tantaque erat in urbe annonæ caritas, ut jam omnino de pacto deditionis cogitandum esset. Tunc mittitur Puto de Santralliis ad Burgundiæ Ducem, qui urbem ipsi tradendam of-

remettroit la ville en sa puissance. Le Duc y donnoit les mains, si le Duc de Bethfort y eût voulu consentir. Mais il rejetta bien loin cette proposition, & répondit, qu'*il seroit bien marri d'avoir battu les buissons, & que d'autres eussent les oisillons*. Poton s'en retourna sans rien faire.

Histoire de Jeanne la Pucelle. La ville se trouva ainsi réduite à la derniere extremité : il fallut un coup du ciel, pour la délivrer, & garentir le Roi Charles d'une prochaine ruine. On lui presenta une jeune fille d'auprès de Vaucouleur, nommée Jeanne d'Arc qui n'avoit qu'environ vingt ans, & qui se disoit envoiée de Dieu pour faire lever le siége d'Orleans, aller faire couronner le Roi Charles à Rheims, & chasser les Anglois. On la fit examiner par des Clercs, qui jugerent qu'il y avoit quelque chose de divin dans cette fille.

Le Roi lui donna des troupes commandées par le Sire de Rais & Ambroise de Lore. Ils la conduisirent à Blois, où ils trouverent le Bâtard d'Orleans, la Hire & d'autres Capitaines. Ils partirent de-là tous ensemble avec la Pucelle, menans avec eux plusieurs charretées de bled, & quantité de bestiaux. A leur arrivée à Orleans les Anglois abandonnerent une bastille qui pouvoit leur empêcher le passage, de sorte qu'ils entrerent sans trouver aucune résistance. La Pucelle fit plusieurs sorties où les François eurent toujours l'avantage. Elle en fit une de l'autre côté de la riviere dans la Sologne, accompagnée des meilleurs Capitaines François, mit les Anglois en fuite, prit leur bastille où il y avoit quatre cens Anglois, qui furent tous tuez ou pris ; leurs meilleurs Capitaines y périrent. La Pucelle & sa troupe fut obligée de coucher au-delà de la riviere, les ponts étant rompus, & n'y aiant point de bâteaux prêts pour passer de l'autre côté.

Levée du siége d'Orleans. Les Anglois voiant leurs gens défaits à l'autre côté de la riviere, leur bastille prise, & le passage ouvert pour amener des vivres à Orleans, leverent promtement le siége. Talbot, le Comte de Suffolk & les autres se retirerent avec quelque désordre. Les Orleanois les chargerent en queue, & les obligerent d'abandonner la plus grande partie de leur charroi, de l'artillerie & des provisions, & les Anglois se rendirent à Meun sur Loire, qui tenoit encore pour eux. Le Duc d'Alençon prisonnier des Anglois obtint sa liberté moien-

---

Le même. ret ; assentiebat ille, si tamen id Bethfordiensi Duci placeret. At Bethfordiensis Dux rem propositam procul rejecit, ac dixit se modeste admodum laturum esse, si cum ipso sepes diu verberasset, alter aviculas exciperet. Sic Poto de Santrralliis re infecta discessit.

Jam ad extrema deducta urbs erat, cælestique auxilio opus fuit, ut a deditione facienda eriperetur, utque Rex Carolus, cujus partes jam labantes, infaustum exitum portendere videbantur, feliciorem in statum restitueretur. Puella ergo ipsi adducitur prope Vallem-Coloris nata, cui nomen Joanna de Arcu, quæque vix annum vigesimum attigerat. Hæc porro se a Deo missam dicebat, ut Aureliani obsidionem solveret, utque Regem unctionem & coronam accepturum Rhemos duceret, Anglosque depelleret. A Clericis autem & Theologis interrogata & examinata puella fuit, qui uno ore dixere aliquid divinum in hac puella deprehendi.

Rex illi copias tradidit, ducibus Resio & Ambrosio Loræo, qui illam Blesas duxerunt. In ista autem urbe tunc erant Nothus Aurelianensis, Hiræus & alii conspicui Tribuni. Inde simul omnes cum Puella profecti sunt, carros frumenti plenos secum ducentes, & pecorum greges. Cum jam prope Aurelianum

illi devenissent, Angli castellum ligneum reliquere, cujus ope arcere illos ab ingressu poterant, sicque illi, obsistente nemine, cum commeatu in urbem intromissi sunt. Puella sæpius cum Francis erupit in Anglos, qui semper illa duce a Francis profligati fuere. Semel autem trajecto flumine Puella in Soloniam venit cum selectis Francorum ducibus, Anglos fugavit, ipsorumque castellum ligneum cepit, ubi erant quadringenti Angli, qui omnes vel cæsi, vel capti sunt, ipsorumque duces periere. Puella vero cum suis ad oram illam fluminis pernoctare coacta fuit, cum pontes omnes rupti essent, neque cymbæ suppeterent ad trajiciendum.

Angli cum suos, ad alteram fluminis oram positos, pene deletos cernerent, captum ligneum castellum, adirumque liberum ad commeatus in urbem deferendos, obsidionem subito solverunt. Talbotius & Suffolkius Comes cum aliis commigrarunt, nec rectis servatis ordinibus. Tunc Aurelianenses abscedentes Anglos a tergo sunt adorti, qui instantibus Francis coacti sunt maximam partem commeatus sui, tormentorum bellicorum & annonæ deserere, & Magduntum ad Ligerim oppidum, quod suis adhuc partibus hærebat, se receperunt. Dux Alenconius, qui captus

nant une grosse rançon, qui tout compté, alla jusqu'à deux cens mille écus. Les Anglois tiroient ainsi des sommes excessives des villes & des Seigneurs qui tomboient en leur puissance.

Le Roi Charles sollicité par Jeanne la Pucelle assembla une grande armée, & fit assiéger la ville de Gergeau, où il y avoit grosse garnison Angloise commandée par le Comte de Suffolk. La ville fut emportée d'assaut, & le Comte de Suffolk avec les Anglois qui restoient en vie fut fait prisonnier. L'armée marcha ensuite vers Meun, se saisit du pont, & alla prendre Beaugenci, qui tint peu de tems. Le Connétable Artus vint alors joindre l'armée avec un corps de mille à douze cens combattans. On eut avis que Talbot avoit ramassé quatre ou cinq mille Anglois, & s'en venoit à Meun sur Loire ; que la garnison Angloise avoit abandonné Meun pour les aller joindre, & qu'elle alloit vers Janville. L'armée marcha contre lui ; Jeanne la Pucelle fut de la partie. La bataille se donna à Patay dans la Beausse. Les Anglois furent défaits : il en demeura deux ou trois mille sur la place. Talbot & plusieurs autres Chefs furent faits prisonniers. Janville que les Anglois tenoient, fut pris après la bataille. *Bataille de Patay.*

La Pucelle pressoit toujours le Roi d'assembler une grande armée pour aller se faire sacrer à Rheims. La chose paroissoit fort difficile, les Anglois étant les maîtres de toute la Champagne. Elle insistoit & exhortoit le Prince à cette entreprise. Cette Heroïne alloit toujours armée en Cavalier, parloit aussi savamment de la guerre qu'aucun Capitaine, encourageoit mieux que personne les troupes, quand la peur les saisissoit. Le Roi fit assembler des Gendarmes de tous côtez. Un mécontentement du Connétable de Richemont apporta alors quelque trouble. Il voioit à contre-cœur que le Sire de la Trimouille s'étoit tellement emparé de l'esprit du Roi, qu'il ne faisoit rien qu'à la persuasion de ce favori. Cela lui déplaisoit si fort, qu'il se retira de l'armée du Roi avec douze cens hommes, & quelques autres Seigneurs qui s'en allerent aussi. *Progrès de Charles VII.*

Malgré cela par les soins de la Pucelle l'armée se mit en marche, & tira vers Auxerre. Elle disoit qu'il falloit assieger cette ville qui vouloit demeurer neutre, ce qu'elle ne pût obtenir ; mais après que le Roi eût continué quel-

---

ab Anglis fuerat, magno pro redemptione sua soluto precio, libertatem obtinuit : ad ducenta quippe scutorum millia, numerata summa pertigit. Sic Angli ingentes pecuniæ summas exigebant, tum ab urbibus & oppidis quæ expugnabantur ab illis, tum a proceribus, si qui in ipsorum manus inciderent.

Rex Carolus instante, urgenteque Joanna Puella, magnum collegit exercitum, & Gargogilum obsedit, ubi numerosum erat Anglorum præsidium, duce Suffolkio Comite. Oppidum vi expugnatur, Angli multi cecidere, & qui superstites erant cum Suffolxio capti sunt. Hinc exercitus Magdunum movit, pontemque occupavit, & Balgentiacum obsessum venit, quod paucis postea diebus captum fuit. Tunc Constabularius in exercitum se contulit cum pugnatoribus circiter mille ducentis. Nunciatum vero fuit Talbotium quatuor vel quinque millia Anglorum collegisse, ac versus Magdunum ad Ligerim iter habete, præsidiarios Anglos Magduno exiisse, & Talbotii agmen junxisse, omnesque simul versus Janivillam iter habere, Exercitus vero Francorum cum Joanna Puella contra Anglos movit. Commissa vero pugna fuit Patavii in Belsia. Angli profligati devictique sunt, eorum ad duo triave millia cæsa fuere. Talbotius & alii plurimi Anglorum Tribuni capti fuere. Janivilla, quam Angli ex improviso ceperant, post commissam pugnam capta, in Francorum potestatem rediit.

Puella vero solicite urgebat, suadebatque Regi ut quam maximum posset exercitum colligeret, Rhemosque se conferret, ut unctione sacra & regia liniretur. Res admodum difficilis tunc videbatur esse, quod Angli Campaniam totam tunc occuparent, Instabat tamen illa & hortabatur, ut expeditionem talem sine mora Rex Carolus susciperet. Heroïna isthæc armata semper & eques discurrebat, de re bellica tam accurate loquebatur, quam quivis ex peritioribus Ducibus atque Tribunis. Sicubi pugnatores pavor invaderet, animos faciebat, apparabatque ad ardua quæque suscipienda. Rex autem ex quavis parte milites & pugnatores convocari jussit ; sed Constabularius tunc in Regia turbas dabat. Indigne ferebat namque quod Trimollius eo usque in Regis animum & gratiam insinuasset, ut ad placitum semper illius omnia disponeret ; resque adeo ipsi displicuit, ut cum mille ducentis armatis ab exercitu regio discederet. Quidam vero alii proceres cum illo demigrarunt.

Nihilominus tamen, instigante Puella, exercitus profectus versus Antissiodorum movit. Volebat illa, ut urbs isthæc, quæ nulli partium hærere se dicebat, obsideretur : verum id impetrare nequivit. Cum vero

Son Sacre à Rheims. que tems sa marche, elle insista tellement qu'on assiegea Troie en Champagne. La ville se rendit, & Châlon vint apporter les clefs au Roi avant son arrivée. Rheims se mit aussi sous son obéïssance. Il s'y fit sacrer avec les céremonies ordinaires, & selon l'usage de ces tems-là il fut fait Chevalier par le Duc d'Alençon.

De-là il marcha vers Laôn, qui se rendit à lui; les autres villes, Soissons, Château-Thierri, Provins, Creci, lui ouvrirent les portes. Le Duc de Bethfort sorti de Paris s'avança vers le Roi avec une armée; mais ne voulant pas risquer une bataille, il s'en retourna à Paris. Il sortit une autre fois de Paris avec son armée, & alla se camper auprès de Dammartin en un lieu fort avantageux, où le Roi ne jugea pas à propos de l'attaquer. Il y eût-là bien des escarmouches entre les François, où plusieurs de part & d'autre furent ou tuez, ou pris. Par ces mouvemens des Anglois il paroissoit qu'ils craignoient de venir aux mains avec les François. Les villes de Compiegne, Senlis, Beauvais, & Saint-Denis se mirent aussi en l'obéïssance du Roi. La Pucelle voulut alors donner un assaut à Paris, & le donna en effet: mais elle fut blessée dans l'attaque; après quoi elle alla faire present de ses armes à l'Eglise de S. Denis, où l'on voit encore aujourd'hui son épée & son portrait. Lagni se rendit aussi au Roi.

Prise de plusieurs places par les François.

Les Anglois & les Bourguignons s'assemblerent en grand nombre pour aller assieger Saint-Denis. Les François qui tenoient la place pour le Roi, étant avertis de leur venuë, se retirerent à Senlis, & les Anglois pillerent Saint-Denis, & emporterent les armes* de la Pucelle. Ils voulurent aussi reprendre Lagni, mais ils y trouverent si grande résistance, qu'ils furent obligez de se retirer. Les François furent plus heureux à leur entreprise sur Laval, qui avoit été pris par Talbot. Ils n'étoient que deux cens cinquante, & la ville étoit gardée par près de cinq cens Anglois. Elle fut pourtant prise: plusieurs Anglois furent tuez ou pris.

*On montre pourtant son épée à S. Denis.

Il y eut encore plusieurs petites rencontres où les Anglois furent toujours battus, tant la chance avoit tourné. Les François firent vers la fin de cette année une entreprise sur Rouen, qui ne réussit pas; mais la Hire prit par escalade Château-Gaillard forte place, & délivra le Sire de Barbasan qui y étoit prison-

---

Rex & exercitus aliquantum ulterius processissent, venit illa denuo; instat ut Trecæ urbs Campaniæ obsideatur, & cum tanta solicitudine obsecrat, ut optatarum assequatur. Urbs illa obsessa statim deditionem fecit. Catalaunenses Regi appropinquanti obviam venere, claves urbis suæ deferentes. Rhemenses quoque Regi sese dediderunt. In isthac autem urbe promore & cum solita celebritate inunctus sacratusque Rex fuit, atque ut in usu tunc erat, Eques Carolus factus conclamatusque fuit ab Alenconio Duce.

Le même.

Inde autem versus Laudunum movit, quæ urbs statim deditionem fecit. Aliæ quoque urbes & oppida: Augusta Suessionum, Castrum-Theodorici, Provinum, Creciacum, portas ipsi aperuere. Dux Bethfordiensis Lutetia cum exercitu in occursum Regis movit; sed cum nollet prœlii fortunam tentare, Lutetiam retrocessit. Altera autem vice Lutetia cum exercitu exiit, & prope Domnum-Martinum in tutissimo loco castra posuit, Rexque noluit ipsum in tam difficili loco considentem invadere. Ibi plurimæ inter Francos & Anglos velitationes, leviaque certamina fuere, ubi modo hi, modo alii, plurimos amiserunt, aut cæsos aut captos. Ex modo & situ castrorum, & ex motibus Anglorum existimabatur illos manus conserere, & justo prœlio decernere nolle. Aliæ urbes & oppida, Compendium, Silvanectum, Bellovacum & oppidum Sancti Dionysii sese Regi Carolo dedidere. Puella vero Lutetiam expugnare tentavit; sed in oppugnatione vulnere confossa est, & saucia recessit: posteaque in Ecclesiam sancti Dionysii venit, ubi arma sua obtulit; hodieque gladius ejus, & Tabella depicta Puellam repræsentans ibidem visitur. Latiniacum etiam sese Regi dedidit.

Angli & Burgundiones magno numero coacti, sancti Dionysii oppidum obsessum venerunt. Franci vero præsidiarii de illorum adventu submoniti, Silvanectum recesserunt. Angli sanctum Dionysium expilarunt, & arma Puellæ abstulere secum; posteaque Latiniacum occupare tentant, sed tantam se propulsantium Francorum fortitudinem experti sunt, ut re infecta discederent. Feliciori exitu Franci Lavallium aggressi sunt, quod oppidum a Talbotio captum fuerat. Erant porro adorientes Franci ducenti quinquaginta tantum: præsidiarii autem Angli quingenti oppidum tenebant, & tamen a tam modica Francorum manu oppidum captum fuit. Multi Anglorum ceciderunt, nec minore numero capti sunt.

Multa quoque alia leviora prœlia commissa fuere, ubi Angli semper devicti, & fugati sunt: usque adeo mutata armorum sors & fortuna fuerat. Hoc vertente anno Franci Rothomagum ex improviso capere tentarunt, sed irrito conatu. Verum Hiræus Castrum-Galliardum munitissimum locum cepit, & Barbasanum, qui ibidem captivus detinebatur, liberavit.

CHARLES VII. dit LE VICTORIEUX.

nier. Le Roi joieux de sa délivrance, l'envoia commander en Champagne.

La Pucelle qui avoit pris Monstier-Saint-Jean, & s'étoit avancée vers le Berri, s'en revint bien acccompagnée à Lagni sur Marne, où aiant appris que trois ou quatre cens Anglois traversoient l'Isle de France, elle sortit bien accompagnée de plusieurs Chevaliers & du Capitaine Barrée, & fondit sur ces Anglois, qui furent tous tuez ou pris. Vers ce même tems les Comtes d'Hontinton & d'Arondel, & Jean de Luxembourg avec un grand nombre d'Anglois & de Bourguignons vinrent mettre le siége devant Compiegne, & attaquerent puissamment la place. La Pucelle vint au secours, & entra dans la ville. Elle fit plusieurs sorties contre les Anglois & les Bourguignons. Elle en fit enfin une où elle fut malheureusement prise par ces derniers. Jean de Luxembourg qui commandoit les Bourguignons, la vendit aux Anglois, qui la regardant comme la principale cause de leurs malheurs & de leurs pertes, la menerent à Rouen, où ils l'accuserent de magie, d'apostasie, d'heresie, de dissolution dans ses mœurs, tous faits faux, comme l'attestoient ceux qui l'avoient vûë de près, & avoient observé sa conduite. Ils la firent ensuite brûler publiquement à Rouen l'an 1431. Depuis ce tems-là sa memoire fut rétablie solennellement dans une assemblée d'Evêques.

Quelques-uns ont dit qu'elle s'étoit échappée des mains des Anglois, qu'une autre avoit été brûlée en sa place, & que depuis ce tems-là elle s'étoit mariée, & avoit eû des enfans. Ils apportent même des certificats & des attestations qui en font foi : mais l'histoire de la prise & de l'execution qui s'ensuivit est si averée & attestée par tant d'historiens du tems, qu'il semble qu'on n'en puisse douter ; d'ailleurs l'acte public que nous avons de sa justification, signé par plusieurs Evêques à l'occasion des crimes que les Anglois lui imposerent, fait voir que c'étoit l'opinion generale de ce tems-là. S'il y a donc quelque verité dans les actes contraires qu'on produit, il faudra dire que c'étoit quelque fille qui ressembloit à Jeanne d'Arc, que ses freres ou par erreur ou par interêt l'auront reconnue, & que celle-là, & non la veritable Jeanne la Pucelle, se sera mariée à un homme de qualité, & en aura eû des enfans.

Les Anglois après avoir été quelque tems devant Compiegne furent obligez de

1430.

La Pucelle prise par les Anglois, & brûlée.

Qua re comperta Rex lætus admodum, Barbasanum in Campaniam misit, ut ibi Francis pugnatoribus imperaret.

Puella quæ Monasterium S. Joannis, oppidum sic vocatum ceperat,& versus Bituricas moverat,inde regressa Latiniacum ad Matronam venit, cumque ibidem comperisset trecentos, quadringentosve Anglos per Insulam Francicam iter habere, cum equitibus multis & Barreo duce movit, Anglosque illos adorta est, qui vel cæsi, vel capti omnes sunt. Idem circiter tempus Comites Hontintonis & Arundelli cum Joanne Luxemburgensi & copiis multis Anglorum & Burgundionum Compendium obsessum venerunt, oppidumque validissime oppugnarunt. Puella vero Joanna illò advolavit, atque in oppidum ingressa est. Sæpe autem erupit contra Anglos & Burgundiones: infeliciter autem accidit ut demum a Burgundionibus caperetur. Joannes vero Luxemburgensis Burgundionum Dux ipsam Anglis vendidit,qui illam ut infortuniorum jacturarumque suarum causam habentes, Rothomagum adduxerunt, & de magia, apostasia, hæresi, deque corruptis moribus ipsam accusarunt, quæ falsa esse crimina attestantur quotquot ejus vitam, mores & acta accurate observaverant, ipsamque postea Rothomagi incendio publice perire curavere anno 1431. Ab illo tempore memoria ejus in cœtu solenni Episcoporum restituta fuit.

Sub hæc quidam dixere ipsam ex Anglorum manibus elapsam fuisse, aliamque in locum ejus incendio periisse, posteaque Joannam Puellam connubio junctam filios suscepisse, testimoniaque & rescripta afferunt rem quasi certam & indubitatam confirmantia; sed historia ejus, quomodo scilicet capta & combusta fuerit, tot Scriptorum ejusdem ævi testimoniis asseritur, ut nullo modo dubitari posse videatur rem eo quo jam narravimus modo peractam fuisse. Et aliunde acta illa publica, queis Joanna ab oblatis Anglorum nequitia criminibus purgatur, & Episcoporum subscriptionibus munita ad nos usque devenerunt, illam tunc omnium fuisse opinionem confirmant. Si quid ergo veritatis insit in iis actis quæ contraria affirmant, dicendum erit aliam fuisse puellam, Joannæ isti similem vultu & statura ; fratresque ejus sive errore ductos, sive quæstûs causa, illam ut sororem suam excepisse, atque istam, non aliam priorem Joannam cum viro nobili connubio junctam fuisse, ac filios suscepisse.

Angli postquam Compendium obsederant, obsidio-

Marcel.

Siege de Compiegne levé. lever le siege avec perte de beaucoup de leurs gens ; ce qui arriva en cette maniere. Le Comte de Vendôme & le Maréchal de Boussac ramasserent quinze cens hommes, & vinrent donner sur un quartier des assiegeans Anglois & Bourguignons, qui étoient bien retranchez : ils forcerent leurs retranchemens, & les pousserent si vivement, qu'après avoir perdu beaucoup de leurs gens tuez ou pris, ils furent obligez de repasser l'Oise sur un pont qu'ils avoient fait. Au même tems, & d'un autre côté la garnison fit une sortie sur quatre cens Picards qui furent presque tous tuez. Les assiegeans qui étoient du côté de la forêt, furent aussi défaits. La nuit suivante, les Anglois & les Bourguignons délogerent & laisserent dans leur camp toute leur artillerie, leur bagage & leurs vivres dont les assiegez profiterent.

Le Roi Charles qui étoit en traité de paix avec le Duc de Bourgogne, voulut lui livrer cette place, & envoia ordre à Guillaume de Flavi, qui en étoit Gouverneur, de la lui remettre : mais celui-ci refusa de le faire. On remarqua depuis que cette désobéïssance fut fort utile au Roiaume de France : car si les Bourguignons & les Anglois eussent été maîtres de Compiegne, ils auroient été à portée de se rendre maîtres d'autres villes, que celle-ci mettoit à couvert.

En cette même année Philippe Duc de Bourgogne établit l'Ordre de la Toison d'or.

La ville de Melun se remit en l'obéïssance du Roi, & envoia demander du secours pour prendre le château où s'étoit retirée la garnison Angloise. Avec ce secours le château fut pris dans peu de jours. Après la prise de Melun le château de Provins, Moret & plusieurs autres villes & forteresses, ou se rendirent, **Les Anglois défaits en Champagne.** ou furent prises sur les Anglois. Ils firent une perte considérable en Champagne, où s'étant unis avec les Bourguignons jusqu'au nombre de sept à huit mille ils se mirent aux champs pour faire quelque siege, ou pour chercher quelque avanture. Le Seigneur de Barbasan, qui se trouva alors à Châlons ramassa du monde de tous les environs, & forma un corps de trois mille hommes, & malgré la disparité du nombre, il alla les attaquer. On se battit long-tems, & enfin les François furent superieurs. Les Anglois & les Bourguignons laisserent sur la place un grand nombre de morts, & cinq ou six cens prisonniers. Les François n'y perdirent que quatre-vingts hommes.

nem solvere coacti sunt, multosque suorum amisere. Res hoc modo gesta fuisse narratur. Comes Vindocinensis & Bussacus Marescallus mille quingentos armatos viros collegere, & partem aliquam castrorum Anglorum & Burgundionum, quæ tamen propugnaculis probe munita erant, invaserunt : propugnacula autem vi & impetu transilierunt : atque ita strenue hostes sunt aggressi, ut per pontem quem ipsi fecerant, Isaram Angli trajicere coacti sint. Eodem tempore præsidiarii Compendienses in alteram castrorum partem eruperunt, ubi erant Picardi quadringenti, qui pene omnes interfecti sunt. Illi quoque hostes qui versus Silvam Compendium cingebant, profligati sunt. Nocte vero sequenti Angli & Burgundiones desertis castris suis, tormenta bellica, commeatum totum & annonam reliquere, quæ omnia in præsidiariorum bonum & commodum cessere.

Rex Carolus qui tunc cum Burgundiæ Duce de pace agebat, Compendium urbem ipsi obtulit, & Guillelmo Flaviacensi, qui tum Præfectus in oppido erat, mandavit ut oppidum Duci traderet. Renuit Guillelmus, neque tradidit, posteaque animadversum fuit hanc Flaviacensis pertinaciam Regno admodum utilem fuisse : nam si Compendium in manibus Burgundionum & Anglorum mansisset, potuissent alia quoque oppida invadere, quæ Compendii beneficio aditu difficilia & tuta manserunt.

Hoc anno Philippus Burgundiæ Dux celeberrimum Velleris aurei Ordinem equestrem constituit.

Juan Chartier. Melodunum oppidum sese in Regis Caroli potestatem restituit, & ab illo opem postulavit ad castellum expugnandum, quo se receperant Angli præsidiarii. Advenientibus vero copiis regiis, castellum dierum paucorum spatio captum est. Post captum vero Melodunum, Provinense castellum, Moretum, aliaque oppida, vel sese dediderunt, vel ex Angloru manibus erepta sunt. Non modica Angli clade sunt affecti in Campania, ubi cum Burgundionibus juncti ad numerum usque septem, octove millium pugnatorum, moverunt, ut vel aliquod oppidum obsiderent, vel obvios quosque Francos invaderent. Re comperta Barbasanus, qui tunc Catalauni erat undique armatos viros collegit, manumque trium mille pugnatorum in agros emisit. Etsi vero impar & viribus & pugnantium numero esset, hostem adiit. Diuturna pugna fuit ; tandemque Franci vicerunt : Angli & Burgundiones multos ex suis cæsos reliquerunt, ac quingenti sexcentive a Francis capti sunt, qui octoginta tantum ex suis amiserunt.

CHARLES VII. dit LE VICTORIEUX.

L'an 1431. Henri VI. Roi d'Angleterre vint descendre en France, & se rendit à Paris où il fut couronné dans l'Eglise de Nôtre-Dame. On lui mit sur la tête la Couronne de France, pendant que d'autres de ses gens tenoient entre leurs mains celle d'Angleterre. En ce même tems le Prince d'Orange qui tenoit le parti du Duc de Bourgogne s'étant mis en campagne pour se rendre maître de quelques places dans le Dauphiné, le Sire de Gaucourt alors Gouverneur de cette province, & Rodrigue de Villandres Capitaine Espagnol, qui étoit au service du Roi Charles, unirent leurs forces pour aller le combattre. Ils attaquerent son armée, & la mirent en déroute, s'enrichirent du pillage, & firent un grand nombre de prisonniers. Le Prince pour ne pas tomber entre les mains des ennemis passa sur son cheval le Rhône à la nage.

1431. Henri VI. Roi d'Angleterre couronné Roi de France.

Le Maréchal de Boussac & Poton de Saintrailles étant sortis de Beauvais pour charger le Comte d'Arondel de plus de la moitié plus fort en nombre qu'eux, furent défaits. Poton demeura prisonnier, & le Maréchal se retira avec perte. Poton de Saintrailles fut échangé pour Talbot qui avoit été pris à la bataille de Patay.

Vers ce même tems René d'Anjou, Duc de Bar, & le Sire de Barbasan assiegerent Vaudemont. Le Maréchal de Bourgogne & le Comte de Vaudemont assemblerent un grand nombre d'Anglois & de Bourguignons pour faire lever le siége. Il y eut un grand combat où le Sire de Barbasan fut tué, & le Duc de Bar, prisonnier. Le nombre des morts fut assez grand. La victoire demeura aux Anglois. Ce combat fut appellé la journée des Barons.

Barbasan tué.

Ces pertes furent bien réparées par les bons succés suivans. Les Anglois aiant assiégé Saint Celerin, envoierent un gros détachement pour attaquer Ambroise de Lore fameux Capitaine François. Le combat fut fort rude & dura long-tems. Ambroise de Lore fut d'abord blessé & pris, mais ayant été délivré par ses gens, les Anglois furent enfin vaincus, & perdirent cinq ou six cens hommes. A cette nouvelle les autres Anglois qui continuoient le siege de Saint Celerin se retirerent en si grande confusion, qu'un Lieutenant d'Ambroise de Lore étant tombé sur eux en tua un grand nombre & pilla leur camp où ils avoient tout laissé, vivres, munitions & artillerie.

Ce bon succés fut suivi d'un autre qui fit beaucoup de plaisir au Roi Charles

---

Le même. Anno 1431. Henricus VI. Rex Angliæ in Franciam excensum fecit, & Lutetiam venit, ubi in Ecclesia Cathedrali Beatæ Mariæ coronatus fuit. Corona Francica capiti ejus imposita fuit, dum alii ex suis coronam Anglicam manibus tenerent. Eodem tempore Princeps Arausicanus, qui pro Burgundiæ Duce stabat, movit, ut quædam oppida & castra in Delphinatu occuparet. Galcurcius autem tunc istius provinciæ Rector, & Rodericus Villandrasius Hispanus, qui pro Rege Carolo militabat, junctis copiis, cum illo pugnaturi profecti sunt, ejusque exercitum adorti in fugam verterunt, prædas magnas egerunt, & captivos multos abduxere. Princeps porro ille ut ne in manum hostium caderet, Rhodanum equo natante vectus trajecit.

Jan Chartier Berri. Bussacus Marescallus & Poto de Santralliis Bellovaco egressi, ut Comitem Arundellianum duplo numerosiorem Anglorum manum ducentem adorirentur, profligati sunt. Poto captus fuit, & Marescallus multis suorum amissis receptui cecinit. Poto autem de Santralliis cum Talbotio Anglorum duce commutatus fuit, qui in pugna Pataviensi captus fuerat.

Idem circiter tempus Renatus Andegavensis Dux Barensis, cum Barbasano junctus Valdemontium obsedit: Marescallus autem Burgundiæ & Valdemontius Comes Anglos & Burgundiones magno numero collegerunt. Pugna committitur, fortiter utrinque decertatur, tandemque Barbasanus confossus occumbit, & Dux Barensis captivus abducitur. Victoria penes Anglos fuit: exque Francis multi ceciderunt. Hæc *Baronum pugna* appellata fuit.

Les mêmes. Hæc jactura abunde reparata fuit per sequentes feliciores eventus. Angli cum sancti Celerini oppidum obsedissent, magnam suorum manum miserunt, qui Ambrosium Loræum adorirentur, virum inter Francorum fortiores clarissimum. Acerrima pugna fuit: Ambrosius Loræus statim vulnere saucius captus fuit, sed a suis ereptus est. Angli tandem victi quingentos sexcentosve ex suis'amiserunt, Re comperta cæteri Angli, qui sancti Celerini obsidionem continuabant, cum tanta perturbatione castra sua deseruere, ut qui sub Ambrosio Loræo cuidam manui militum imperabat, superveniens multos occiderit, castraque ipsorum diripuerit, ubi omnia sua reliquerant, annonam nempe, commeatum & bellica tormenta.

Tam prosperi eventus lætitia perfusus Rex Carolus,

Chartres surpris par les François. Le Comte de Dunois surprit Chartres. Il étoit d'intelligence avec quelques-uns de la ville, qui firent ouvrir les portes pour faire entrer dans la ville des charettes chargées de vivres. Les François y entrerent avec des charettes. Il y eut des gens qui voulurent faire résistance : plusieurs furent tuez, & entre autres l'Evêque de la ville, nommé Jean de Fitigni Bourguignon. La ville fut ainsi prise. Florent d'Illiers se porta fort vaillamment dans cette entreprise.

Pendant que ces choses se passoient le Duc de Bethfort mit le siege devant Lagni, & avoit fait bâtir un pont sur la Marne. Il retrancha son camp tout autour, & continua le siege pendant cinq ou six mois. Ceux de dedans se defendoient vaillamment ; mais les vivres leur manquoient. Le Roi Charles assembla une armée pour secourir la place sous la conduite du Bâtard d'Orleans, du **Les Anglois obligez de lever le siege de Lagni.** Maréchal de Rets, de Rodrigue de Villandres & du Sire de Gaucourt. Cette armée passa la Seine à Melun, & vint se mettre en bataille devant l'armée retranchée du Duc de Bethfort. Il y eut plusieurs escarmouches où il perit bien des gens de part & d'autre. Les Chefs des François voulurent faire entrer un grand convoi de vivres dans la place, & pour cet effet la garnison fit une sortie sur les Anglois du côté de la riviere : alors un corps de François attaqua au même quartier les Anglois qui furent tous tuez ou pris. Le Duc de Bethfort fit un mouvement pour secourir ses gens, & empêcher que les vivres n'entrassent. Il y eût-là un grand combat, & bien des gens tuez de part & d'autre ; cependant les vivres passerent, & le Sire de Gaucourt entra dans la place avec un bon nombre de troupes pour la défendre.

Le Bâtard d'Orleans & les autres Chefs avec l'armée allerent au-dessus de Lagni jetter un pont sur la Marne près de la Ferté-sous-Jouarre. A cette nouvelle le Duc de Bethfort, craignant qu'ils n'allassent faire quelque entreprise sur Paris, leva le siege à la hâte, & laissa dans son camp son artillerie, ses munitions & grande quantité de vivres.

Montargis surpris par les Anglois. François de Surienne, Capitaine Aragonois qui étoit au service du Roi d'Angleterre surprit le Château de Montargis où il avoit quelques intelligences, & se rendit maître de la ville. Elle fut reprise quelque tems après par les François, qui la reperdirent bien-tôt par leur négligence, dit Berri. Cette perte

majori gaudio afficitur, ubi arte captum Carnotum fuisse edidicit, quod hac ratione gestum fuit. Comes Dunensis cum quibusdam qui intra urbem degebant, consentiens, eamdemque operam navans, id effecit, ut carris re cibaria onustis excipiendis portæ aperirentur. Franci vero non pauci cum carris intromissi sunt. Ex oppidanis & præsidiariis multi Francos sunt adorti ut depellerent ; sed ex iis multi peremti sunt ex quorum numero fuit Episcopus urbis Joannes Fitiniacensis Burgundio. Urbs sic capta fuit. Florentius de Illeriis rei fortiter gestæ laudem tulit.

Jean Charlier. Dum hæc gererentur, Dux Betfordiensis Latiniacum obsidione cinxit, & in Matrona fluvio pontem construi curavit. Castra sua circum munivit & propugnaculis cinxit, sicque obsidio ad quinquesexve menses protracta est. Præsidiatii Anglos strenue depellebant. At res cibaria deficiebat. Tunc Rex Carolus exercitum collegit, ut hostem ab obsidione removeret, Ducesque delegit, Nothum Aurelianensem, Retium Marescallum, Rodericum Villandrasium & Galcurtium. His ducibus exercitus Meloduni Sequanam trajecit, & progressus ante castra Betfordiensis Ducis, propugnaculis cincta, venit. Multæ velitationes leviaque certamina fuere, in quejis multi ex utraque parte ceciderunt. Francorum duces commeatum grandem & annonam in urbem immittere tentavere, utque res prospere cederet, præsidiarii in Anglos versus fluvium eruperunt, ex eodemque latere Franci qui in exercitu erant hostem sunt aggressi. Angli vero qui in isto castrorum latere pugnabant, omnes pene cæsi vel capti sunt. Tum Betfordiensis Dux movit ut suis ferret opem & commeatum annonamque ab ingressu in oppidum arceret. Hinc acerrime pugnatur, & ex utraque parte multi cecidere. Inter hæc vero commeatus & annona in oppidum intromittuntur, & Galcurtius cum manu militum ingreditur, ut præsidium augeat.

Tunc Nothus Aurelianensis, aliique duces cum exercitu adverso flumine progressi, ad usque oppidum cui nomen Firmitas-sub-joaro, pontem ad fluvii transitum struxere : qua re comperta Betfordiensis Dux, metuens ne Lutetiam invasuri moverent, ita festinanter obsidionem solvit, ut in castris suis tormenta bellica, munimenta omnia, & rem cibariam grandem relinqueret.

Berri. Franciscus de Surienna dux Aragonensis, qui tunc pro Anglorum Rege militabat, castellum Montis-Argisii ex improviso scalis admotis cepit, secum consentientibus quibusdam qui in ipso castello erant, & postea oppidum ipsum cepit. Quodam autem elapso tempore spatio Franci oppidum recuperarunt, nec diu postea ex negligentia nimia denuo amiserunt, ut narrat Biturix historiæ Scriptor, quæ res Francis fit

CHARLES VII. dit LE VICTORIEUX.

fit beaucoup de déplaisir à toute la Nation. On s'en prenoit au Sire de la Trimouille qui gouvernoit tout à la Cour, & ce fut une des principales causes de sa disgrace.

Il y eut en la même année un grand nombre de rencontres ou de petits combats où les François furent presque toujours victorieux, même à beaucoup plus petit nombre. Ambroise de Loré qui se signaloit souvent par sa valeur & par son adresse, fit un grand butin sur ceux qui alloient à la foire de Caen, & plus de trois mille prisonniers. Il fit aussi un grand nombre d'expeditions semblables. Il n'est guere de Capitaine François de ces tems-là plus celebre que lui.

Une dissension qui arriva l'annéé suivante auroit pû être fort pernicieuse à la France, si elle avoit duré. Le Duc d'Alençon fit saisir l'Evêque de Nantes, Chancelier de Bretagne pour une somme que lui devoit le Duc de Bretagne du mariage de sa mere, sœur du même Duc; qui indigné de l'insulte alla assieger le Duc d'Alençon dans le Château de Pouancey, où il étoit avec sa mere & sa femme & assez petite compagnie de gens de guerre. Le Duc surpris de se voir assiegé, se déroba promtement lui septiéme, & laissa dans le château les deux Dames. Ambroise de Loré y fit entrer quelques troupes. Le Duc commença le siege, & appella son frere le Comte de Richemont Connétable, qui amena du monde. Le Duc d'Alençon ramassoit aussi des gens de son côté: mais le Comte de Richemont menagea un accommodement qui se fit au grand bonheur de la France.

1432.

Le Comte d'Arondel Anglois de grande réputation, se mit en campagne pour prendre des places sur les François. Il prit d'abord Bonmolins par composition. Il alla ensuite mettre le siege devant Orte, qui se rendit de même. Sainte-Susanne qu'il assiegea ensuite lui coûta un peu plus à prendre par l'adresse d'Ambroise de Loré, qui mit une fois son camp en désordre: mais il vint enfin à bout de cette entreprise. Il assembla après un plus grand nombre de troupes pour aller assieger le château de Saint Celerin qui se défendit bien, & qui fut enfin obligé de se rendre. Il alla ensuite assieger Sillé-le-Guillaume dans le Maine. L'armée Angloise étoit nombreuse, & le Commandant François fut obligé de

Progrès du Comte d'Arondel.

---

omnibus admodum displicuit. Tam male gestæ rei culpa in Tremollium qui tunc in aula Regia omnia moderabatur, conjecta fuit; hincque maximè, tantum illud, quod posteà narrabitur, infortunium nec opinantem ipsum invasit.

Hoc ipso anno multa levia certamina fuere, ubi Francis, etiam numero inferioribus, sæpius fortuna favit. Ambrosius Loræus, qui & arte & fortitudine bellica inter bellatores præcipuos censebatur, prædas egit ingentes, illos adortus, qui ad nundinas Cadomenses properabant, & plusquam tria captivorum millia abduxit. Multas ille similes expeditiones auspicato suscepit. Vix quemquam invenias in historia temporis istius celebriorem.

Dissensio anno sequenti suborta, multum fortasse damni Francicis rebus importatura erat, nisi sopita fuisset. Dux Alenconius Episcopum Namnetensem, Britanniæ Armoricæ Cancellarium, comprehendi curavit, pro pecuniæ summa matris suæ connubium spectante, a Britanniæ Duce sibi debita; mater quippe ipsius, Ducis Britanniæ soror erat. Quam rem indigne ferens Britanniæ Dux, in Povenceo castello Alenconium obsidit; nam ibi tunc ille degebat cum matre & uxore sua, paucisque armatis viris. Dux vero Alenconius ex improviso se obsessum cernens, cum sex aliis viris fuitim dilapsus est, matre uxoreque in castello relicta. Ambrosius vero Loræus armatorum manum in castellum immisit. Locum obsidet Dux Britanniæ & Constabularium Franciæ fratrem suum in opem evocat; qui cum manu militum ipsum adiit. Dux etiam Alenconius pugnatores undique colligebat. At Constabularius pactis conditionibus pacem inter ambos conciliavit, id quod feliciter in rei Franciæ bonum peractum fuit.

Comes Arundellianus, dux inter Anglos clarissimus, ut castra & oppida quæ Francis parebant expugnaret, cum exercitu movit, breviquè Bonum-Molendinum castrum pactis conditionibus cepit. Deinde Ortam obsedit, quæ similiter deditionem fecit. Sanctæ Susannæ oppidum postea obsidione cinxit, atque industriâ & arte Ambrosii Loræi diuturnior obsidio fuit. Ille namque castra Arundelliana semel adortus, magnam in Anglorum ordinibus perturbationem attulit. Tandem castrum ad deditionem faciendam compulsum est. Sub hæc autem Arundellius novas copias exercitui suo adjunxit, ut sancti Celerini castellum obsideret. Præsidiarii vero obsidentes se viriliter propulsarunt, tandemque castrum dedere coacti sunt. Movit inde Arundellius, & Silleum-Guillelmum castrum apud Cenomanos obsedit. Numerosus erat Anglorum exercitus; & qui Præfectus Francorum in castro erat ad deditionem pacta venire com-

Le même.

Tome III. Dd

capituler, & promit de se rendre, s'il n'étoit secouru dans six semaines. Le Duc d'Alençon, Charles d'Anjou, & le Connétable de Richemont ramasserent un grand nombre de troupes pour aller faire lever le siége : mais les Anglois, qu'on accusa de n'avoir pas bien observé les termes de la capitulation, se retrancherent si bien, qu'on ne jugea pas à propos de les attaquer dans leur camp, & la place se rendit.

Le Comte d'Arondel prit encore quelques petites places dans le Maine & dans l'Anjou, & s'en retourna en Normandie, où les Anglois avoient pris la ville de Louviers.

Peu de tems après la Hire & Poton de Saintrailles partirent de Beauvais, allerent se saisir de Gerberoi, & se mirent à fortifier la place. Le Comte d'Arondel vint avec beaucoup de troupes pour les empêcher de continuer leur manœuvre. La Hire & Poton voiant qu'ils ne pouvoient faire longue résistance dans une place qui n'étoit ni en état de défense, ni munie de vivres, aimerent mieux sortir pour combattre les Anglois, qui étoient plus de trois contre un, que de se laisser assieger. Le choc fut des plus rudes ; le Comte fit des prodiges de valeur, mais il fut enfin défait avec toute sa troupe. Il y eut grand nombre d'Anglois tuez & beaucoup de prisonniers entre lesquels étoit le Comte d'Arondel qui mourut de ses blessures. On a déja vû ci-devant & on le voit encore ici que la superiorité que les Anglois avoient auparavant sur les troupes Françoises, les François l'avoient reprise sur eux, & qu'ils les battoient souvent quoiqu'inférieurs en nombre. Berri dans son histoire met cette action en 1435.

Il est défait & tué.

Il y eut l'an 1433. une scene à la Cour, qui y apporta bien du changement. Le Roi Charles avoit ce foible de se laisser gouverner par des favoris, qui souvent abusoient de leur crédit. Le Connétable de Richemont, homme haut à la main, en avoit déja écarté quatre ; le Président Louvet & Tannegui du Châtel, qui furent éloignez de la Cour ; Giac qui fut exécuté pour ses malversations, & le Camus de Beaulieu, tué à Poitiers, à qui succéda du consentement du Connétable le Sire de la Trimouille. Celui-ci gouvernoit absolument le Roi, & lui faisoit faire bien des choses qui déplaisoient aux Princes

1433.

La Trimouille enlevé d'auprès du Roi.

pulsus est, illaque conditio fuit, ut si intra sex hebdomadas auxilium sibi non accederet, deditionem ipse faceret. Dux Alenconius, Carolus Andegavensis & Ricomontius Constabularius, copias undique collegerunt ut obsidionem amoverent. Verum Angli, qui quod pactas conditiones non servaverint accusati sunt, castra sua firmis propugnaculis cinxerunt ; ita ut Francorum exercitus, cum nonnisi magno periculo ipsos adoriri posset, abscesserit ; castrumque Anglis traditum fuit.

Alia quoque oppidula & castra Comes Arundellianus cepit in tractibus Cenomanorum & Andegavensium, posteaque in Normanniam reversus est, ubi Angli Luparias ceperant.

Le même.

Modico elapso tempore Hiræus & Poto de Santralliis Bellovaco profecti, Gerboredum occupatum venerunt, oppidumque munire & propugnaculis cingere cœperunt. Comes vero Arundellianus cum grandi copiatum manu celeriter accessit, ut a cœpto ipsos cohiberet. Hiræus autem & Poto videntes non posse se diu hostem propulsare in oppido, nec propugnaculis, nec re cibaria instructo, maluere ad pugnandum exire, etsi tam impar numerus erat ut singuli Franci tres saltem Anglos adversos haberent, quam obsidionem ferre. Acerrima pugna fuit, diuque incerto marte decertatum est. Arundellius tanto animo, tantaque fortitudine pugnavit, ut vix uspiam certator similis visus fuerit ; sed Angli tandem devicti sunt, eorum multi cæsi, nec pauciores capti fuere, ex quorum numero fuit Arundellianus Comes, qui non multo postea ex vulneribus interiit. Jam supra vidimus id quod hìc etiam observatur, quod nempe ut Angli olim etsi numero impares, Francos profligabant ; ita Franci nunc se multo numerosiores Anglos sæpe funderent vincerentque. Biturix historiæ Scriptor hanc rem gestam in annum 1435. consignat.

Anno 1433. in aulam Regiam res singulari modo gesta magnam intulit mutationem. Ea indole erat Rex Carolus, ut gratiosum sibi quempiam semper penes se haberet, cujus nutu omnia exsequebatur, etiamque ea sæpe quæ non expedirent. Ricomontius vero Constabularius jam quatuor hujuscemodi ex regio consortio abegerat ; Lupetum Præsidem & Tanaguilum de Castello qui ab aula regia eliminati sunt ; Giacum qui direptæ pecuniæ causa supplicio affectus est ; Simum de Belloloco, qui in Pictavorum urbe occisus est. Huic autem assentiente Constabulario successit vir nobilis Tremollius. Hic vero Regis animum prorsus occupaverat, & ad ea disponenda agendaque impellebat, quæ Principibus proceribusque au-

CHARLES VII. dit LE VICTORIEUX.

& aux Seigneurs de la Cour. On attribuoit à sa négligence la prise & reprise de Montargis par les Anglois. Le Connétable résolut de le chasser & de le faire enlever comme les autres. On disoit même que la Reine étoit du complot, & son frere Charles d'Anjou fut aussi de la partie. Le Roi étant à Chinon, les Sires de Bueil, de Chaumont & de Cotivi se chargerent de l'enlever, & comme il fit quelque résistance, il fut blessé d'un coup d'épée dans le ventre. Ceux qui le saisirent l'enfermerent dans le château de Montresor.

Cet enlevement fit grand bruit à la Cour; le Roi tout étonné ne savoit ce que cela vouloit dire: mais les auteurs de l'enlevement vinrent le trouver, avouerent qu'ils avoient fait le coup, mais que c'étoit pour son bien, & pour celui du Roiaume. Charles d'Anjou tourna si bien l'esprit du Roi, qu'il approuva publiquement cette action, & le même Charles beau-frere du Roi, prit sur lui une plus grande autorité que n'avoit eu la Trimouille. Les auteurs de l'enlevement eurent aussi du crédit; mais cela ne dura gueres. La Trimouille ne put sortir de prison, qu'en donnant une bonne somme d'argent à du Beuil, qui étoit pourtant neveu de sa femme.

En cette même année le menu peuple de la Basse Normandie fort mécontent de la domination Angloise, se révolta. Les païsans des villages que les Anglois avoient fait armer pour défendre le païs, s'ameuterent & firent un corps de soixante mille hommes. Ils mirent à leur tête quelques Chevaliers, & allerent assieger Caen. Les Anglois qui gardoient la ville, dresserent une embuscade à cette populace peu aguerrie, en tuerent plusieurs, & dès-lors presque toute la troupe se dissipa; il en resta quelques-uns sous les armes que le Duc d'Alençon voulut soutenir; mais tous firent enfin leur paix avec les Anglois.

Revolte de la Basse Normandie contre les Anglois.

Peu de tems après les Anglois aiant fait armer les Communes du païs de Caux, elles mirent sur pied plus de vingt mille hommes, à la tête desquels étoit un nommé Carnier. Ils ne savoient au commencement s'ils se joindroient aux François ou aux Anglois. Il arriva quelque tems après, que le Maréchal de Rochefort & d'autres Seigneurs François surprirent par escalade la ville de Dieppe. Alors toute la troupe de Carnier se joignit à eux, & ils prirent ensemble

---

licis admodum displicerent. Ipsius oscitantiæ & incuriæ adscribebatur illa ab Anglis facta Montis-Argisii invasio. Constabularius ergo, ut illum etiam e latere regio depelleret meditatus est. Regina quoque eidem peragendæ rei operam dabat, ut ferebatur; Carolusque similiter Andegavensis huic advigilabat negotio, Viri proceres de Buculio, de Calvomonte, & de Cotiviaco, id in se susceperunt, ut illum alio transferrent; cum vero reluctaretur ille, ictu gladii in ventre vulneratur, transferturque in Montis-Thesauri castellum, ubi sub custodia asservatur.

Tremollio sic ablato, nec ultra comparente, rumor in aula regia coortus est. Rex stupefactus quid illud esset ignorabat; verum ii qui Tremollium abduxerant, Regem Carolum adierunt, se rei auctores esse confessi sunt; sed illud se suscepisse quasi rem & Regi & toti Regno utilissimam. Carolus autem Andegavensis Regis gener, ejus animum ita demulsit, ut rem gestam ipse publice probaret. Ipse vero Carolus Regis gener sese magis, quam Tremollius ante fecerat, in Regis animum & gratiam insinuavit, & majori sub hæc auctoritate valuit. Qui Tremollium abduxerant, & ipsi quoque Regis gratiam adepti sunt, at non ad diuturnum tempus. Tremollius ex carcere educi, & libertatem nancisci non alio modo potuit, quam statam pecuniæ summam Buculio numerando, qui tamen Buculius uxoris Tremollii cognatus erat.

Hoc eodem anno in Normannia inferiori plebs, Anglorum dominatum ægre ferens, rebellionem fecit. Rustici autem quos Angli per vicos arma sumere jusserant, ut patriam defenderent, eadem arma contra ipsos Anglos converterunt, sibi equites quosdam duces constituerunt, & 60000 numero Cadomum obsessum venerunt. Angli vero præsidiarii imperitæ & imbelli plebi insidias struxerunt, multosque occiderunt. Exindeque totus fere exercitus ille dissipatus est. Residui quidam superfuere armati, quos Alenconiensis Dux protegere & contra Anglos adhibere voluit; sed omnes tandem cum Anglis pacem fecere.

Jean Chartier. Berri.

Paulopost Angli cum in Caletensi agro populos arma sumere jussissent, plusquam viginti mille viri armati congregati sunt, duce quodam Carnerio. Hi quidem initio nesciebant utri partium Anglicæ an Franciæ sese dedituri essent. Contigit autem paulo postea, ut Rupefortius Marescallus, aliique proceres Franci Dieppam scalis admotis caperent. Tunc vero totus exercitus Carnerio duce Francis adjunctus est, simulque ceperunt Harflevium,

Tome III.   Dd ij

Harfleur, Fescamp, Monstiervilliers, Tancarville & Lislebonne; en sorte qu'il ne restoit plus aux Anglois dans le payis de Caux que Caudebec & Arques. Berri marque la prise de Dieppe en 1435. & dit que ce fut le Maréchal de Rieux qui surprit cette ville en la maniere que nous rapporterons plus bas. On mit dans les places prises des garnisons qui pillerent les campagnes, & faisoient bien du desordre. Les Anglois reprirent depuis quelques-unes de ces places. Dans la Basse-Normandie un Capitaine Anglois nommé Venables fut battu deux fois par les troupes du Sire de Loheac, & perdit dans les deux rencontres près de cinq cens de ses gens. Les Chefs des Anglois lui firent couper la tête.

1434.
L'année d'après Corbeil ville & château fut réduit sous l'obéissance du Roi. Le Capitaine qui tenoit la place pour les Anglois la remit aux François pour une somme d'argent. La Hire & Poton de Saintrailles firent une course dans cette partie de la Picardie qui obéissoit au Duc de Bourgogne, emmenerent une grande quantité de bestiaux, & firent beaucoup de prisonniers de divers états. Jaques de Luxembourg vint pour leur faire lâcher prise; mais ils mirent tout leur butin en lieu de sûreté. Au même tems un Ecossois vendit argent comptant aux gens du Roi le château du Bois de Vincennes, où les Anglois tenoient garnison.

1435.
Prise & reprise de S. Denys.
Les troupes du Bâtard d'Orleans Comte de Dunois prirent ensuite Saint Denys. On y mit grosse garnison commandée par le Maréchal de Rochefort, qui venoit faire des courses jusqu'à Paris, ce qui incommodoit tellement les Anglois & les Parisiens, qu'ils ramasserent des troupes pour venir reprendre la ville. La garnison se défendit longtems. Tandis que les Anglois étoient occupez à ce siege, les François surprirent Meulan, & défirent un corps d'Anglois qui venoit trop tard pour secourir la place. La garnison de Saint Denys fut enfin obligée de capituler: la condition fut que s'ils n'étoient secourus dans trois semaines, ils rendroient la ville. Ils la rendirent en effet, & les Anglois la demantelerent. En ce même tems les habitans de Pontoise saisirent les Anglois qui gardoient leur ville, & la mirent sous l'obéissance du Roi; ils demanderent pour leur Gouverneur le Seigneur de l'Isle-Adam qui leur fut accordé. Il se tourna alors au service du Roi. Les Anglois furent fort consternez de la prise de cette place.

Fisci-Campum, Monasterium Villare, Tancredi-villam, & Insulam-bonam; ita ut in Caletensi tractu Anglis solum superessent Calidobecum & Arca, Biturix Historiæ Scriptor captam fuisse Dieppam dicit anno 1435. a Marescallo Ruesio, non autem a Rupefortio, illo scilicet modo, quo infra narrabitur. In captis porro oppidis præsidiarii positi sunt, qui agros devastabant, & omnia circum diripiebant. Sed Angli postea aliquot ex hisce oppidis ceperunt. In Normannia inferiori quidam Anglorum dux, Venablius nomine, bis a Loheacio duce profligatus est, & fere quingentos ex suis in hisce duabus pugnis amisit. Alii vero Anglorum duces ipsum capite truncari jussere.

Anno sequenti Corbolium oppidum atque castellum in Regis Caroli potestatem redactum fuit: qui oppido pro Anglis præerat, ipsum Francis pro pecuniæ summa remisit. Hiræus & Poto de Santralliis incursionem fecerunt in illam Picardiæ partem, quæ Duci Burgundiæ parebat. Pecorum autem ingentem copiam abduxerunt, multosque diversæ conditionis viros ceperunt. Jacobus Luxemburgicus venit ut capta repeteret; sed illi in tutum locum omnia deduxere. Eodem tempore Scotus quidam pro numerata pecuniæ summa castellum Vincennarum Regiis Ministris vendidit, in quo castello præsidium tenebant Angli.

Nothi Aurelianensis copiæ sancti Dionysii oppidum postea ceperunt, ibique numerosum positum præsidium fuit, duce Marescallo Rupefortio, qui terras quotidie ad usque Lutetiam devastabat: quæ res tantum incommodi pariebat Anglis & Parisinis, ut illi simul collectis copiis oppidum obsessum venirent. Præsidiarii diuturna defensione obsidentes se propulsarunt. Dum Angli in hac obsidione persisterent, Franci Mellentum ex improviso ceperunt, & Anglorum manum, quæ auxiliatura suis tardius veniebat, profligaverunt. Præsidiarii S. Dionysii tandem pro deditione oppidi pacisci coacti sunt, illa conditione, ut si intra trium hebdomadarum spatium auxilium nullum accederet, oppidum ipsi redderent; quo transacto tempore ipsum dedidere. Angli vero oppidi muros solo æquavere. Eodem tempore Pontisatenses cives præsidiarios Anglos comprehenderunt, & sese cum urbe sua Regi Francorum dediderunt, a quo Præfectum postularunt Insulæ-Adami Topachram, qui ipsis concessus fuit. Tuncque iste primum ad Regis Caroli partes transiit: qua amissa urbe consternati admodum Angli fuere.

Jean Chartier.

CHARLES VII. dit LE VICTORIEUX.

Ces guerres continuelles ne laissoient pas de fatiguer les deux partis, & même les François, quoiqu'ils eussent l'avantage. Les campagnes étoient ruinées : la difficulté de trouver des vivres augmentant tous les jours, on traita enfin de la paix entre Charles VII. Roi de France d'un côté, & Henri VI. Roi d'Angleterre, & Philippe Duc de Bourgogne de l'autre. Le lieu marqué pour les assemblées fut la ville d'Arras. Le Pape y envoia le Cardinal de Sainte-Croix, accompagné de plusieurs autres Evêques & Abbez. De la part du Roi de France vinrent le Duc de Bourbon, le Comte de Richemont Connétable, l'Archevêque de Rheims & un grand nombre de Seigneurs ou personnages de distinction. Les Ducs de Bretagne, d'Alençon & de Bar y envoierent aussi leurs Ambassadeurs. De la part du Roi d'Angleterre s'y trouverent le Cardinal de Vincestre, l'Archevêque d'Yorc & plusieurs autres Prélats ; les Comtes d'Hontinton & de Suffolc & grand nombre d'autres Seigneurs. Pour le Duc de Bourgogne, les Evêques de Liege, de Cambrai & d'Arras, le Chancelier de Bourgogne, le Duc de Gueldres, plusieurs Comtes, Seigneurs & autres. Les Flamans, Brabançons, Hollandois y envoierent aussi leurs Députez.

Traité d'Arras.

Le Cardinal Legat exhorta les Princes à la paix. On commença à traiter avec les Anglois : mais les propositions qu'ils firent, & desquelles ils ne vouloient rien relâcher, étoient si déraisonnables, qu'on fut obligé de rompre avec eux. Le Roi Charles leur offroit la Normandie & la Guienne, à condition qu'ils lui en feroient hommage. Mais à leur grand malheur, ils ne voulurent pas même en écouter la proposition. Et l'on traita avec le Duc de Bourgogne auquel on fut obligé d'accorder bien des choses, qui n'auroient point passé dans un tems moins fâcheux. Voici les principaux articles de cette paix d'Arras.

Le Roi se déclaroit innocent de la mort du Duc Jean de Bourgogne, & promettoit qu'il poursuivroit ceux qui avoient fait le meurtre, & ne donneroit jamais retraite à pas un d'eux ; qu'il fonderoit quelque Chapelle & un Monastere de Chartreux pour le repos de son ame ; que pour les joiaux & autres choses qui avoient été enlevées à sa mort, il donneroit cinquante mille écus.

Paix faite avec le Duc de Bourgogne.

Il laissoit au Duc de Bourgogne quelques villes de Bourgogne qu'il possedoit ci-devant, & aussi quelques droits ; les uns à perpetuité, les autres pour sa

---

Jus Char. us Berri. Baffletus. Perpetua isthæc bella oneri molestiæque erant ambabus bellantium partibus, etiamque Francos etsi prospero ut plurimam exitu rem gerebant. Ingens vastitas in agris erat, rei cibariæ penuria crescebat in dies. De pace denique actum fuit Regem inter Franciæ Carolum VII. ex una parte & Henricum VI. Angliæ Regem, Philippumque Ducem Burgundiæ, ex altera. Ad congressum autem indictus locus fuit, Atrebatum urbs. Summus Pontifex illò misit Cardinalem de Sanctâ Cruce, quem comitabantur plurimi alii Episcopi & Abbates. Ex parte Regis Francorum venere Dux Borbonius, Comes Ricomontius Constabularius, Archiepiscopus Rhemensis, multique primores ac viri insignes. Duces quoque Britanniæ, Alenconii & Bari suos illuc Oratores miserunt. Ex parte Regis Angliæ Cardinalis Vincestriensis, Archiepiscopus Eboracensis & plurimi alii Episcopi, Comites Hontintoniensis & Suffolcii, plurimique alii primores. Pro Burgundiæ Duce Episcopi Leodiensis, Cameracensis, Atrebatensis, Burgundiæ Cancellarius, Dux Gueldriensis, plerique Comites, proceres, & alii. Flandri quoque, Brabantiones & Hollandi Oratores suos illo miserunt.

Cardinalis Legatus Principes ad pacem hortatus est, cœptumque fuit de pace cum Anglis agere ; sed conditiones ab illis oblatæ, a quibus nihil demere volebant ; a recta ratione usque adeo deflectebant vix ut tolerari possent ; ita ut cum illis de pace agere cessatum sit. Rex vero Carolus ipsis Normanniam Aquitaniamque offerebat, illa conditione, ut de his sibi provinciis Rex Angliæ hominium præstaret ; sed ex infausta sibi ipsis pertinacia, ne audito quidem haberi voluerunt. Tunc cum Duce Burgundiæ tantum de pace actum est, cui multa concessa fuere, quæ in meliore rerum & temporum statu ne postulata quidem fuissent. En præcipuas pacis istius conditiones.

Rex se necis Joannis Burgundiæ Ducis nullo modo consortem vel conscium fuisse declarabat, pollicebaturque se insequuturum eos qui ipsum interfecissent, neminemque illorum apud se receptum habere passurum ; seque, in animæ ipsius Ducis requiem, Capellam & Carthusianorum Monasterium esse fundaturum. Pro cimeliis aliisque preciosis rebus, quæ Duci mortuo ablatæ fuerant, quinquaginta millia scutorum se numeraturum esse.

Duci Burgundiæ aliquot urbes concedebat, quas antea possederat in Burgundia, etiamque jura aliquot ; alia videlicet in perpetuum : alia vero per vitam suam

Dd iij

vie seulement. Il lui laissoit aussi à perpétuité les villes de Peronne, Montdidier & Roie; quant aux villes de la Somme, S. Quentin, Corbie, Amiens, Abbeville & le Comté de Ponthieu, le Roi lui cédoit tout cela; mais à condition qu'après la mort de Philippe il le pourroit racheter pour quatre cens mille écus payables en deux termes.

P L. XXXVII. Après la conclusion de cette paix, elle fut publiée à son de trompe dans la ville de Rheims, à la grande joie de tout le peuple. Cette publication de paix se trouve dans le Manuscrit de Monstrelet de la Bibliotheque de M. Colbert, telle que nous la representons ici, tirée des portefeuilles de M. de Gaignieres, qui a mis au bas de l'image la description de cette proclamation de paix copiée d'après la Chronique manuscrite de Jean Chartier de la Bibliotheque du Roi, fort differente pour le style de celle que Denis Godefroi a fait imprimer, où l'on a corrigé bien des choses pour faire parler l'Auteur comme on parle aujourd'hui. La voici comme elle est dans l'original.

» *Comment la Paix fut criée à Rheims.*

» LE 2. Octobre 1435. Messire Jehan de Cheveri Chevalier & Tristan l'Er-
» mite Escuyer & Prevost des Mareschaux vindrent à Rains apporter les lettres de
» la paix faite à Arras entre le Roi de France & Mgr le Duc de Bourgogne, &
» allerent tout droit à l'Eglise Nôtre-Dame. Et alloit tout le peuple au-devant
» d'eux pour ouyr les joyeuses nouvelles: & combien qu'ils n'eussent point in-
» tention de les faire publier pour la journée. Neantmoins à la requeste des ha-
» bitans, ils se retrairent au Palais. Et là fut publiée ladite paix à voix de cri &
» trompette, & furent leües les lettres des appointemens, après lesquelles fut
» de chascun crié *Noel*. Et le lendemain derechief par tous les carrefours fut
» publiée, afin que nul sur grosse peine n'allast au contraire. Et fut commandé
» sur toutes les Paroisses sur peine d'excommuniament qu'aucun ne fist besogne
» ledit jour, ce que on fait le Dimence : A quoi obbeit le peuple très-vou-
» lentiers. Et avec ce furent faits feus en chascune ruë, & tables drechées en vins
» & viandes à tous venans. Et dura la feste & solemnité par l'espace de huit
» jours, pour la grant joie que chascun avoit de la paix.

tantum. In perpetuum etiam ipsi concedebat Peronam, Montem-Desiderii & Roiam. Quod spectat autem ad caeteras in ora Somonae sitas urbes, Sanctum Quintinum, Corbeiam, Ambianum, Abbatis-villam & Comitatum Pontivi : hæc etiam Rex Carolus concedebat; sed illa conditione, ut post defunctum Philippum posset illa redimere quadringentorum mille scutorum precio : quæ tota summa duobus præfinitis temporum terminis numeraretur.

Monstrelet. Post rem peractam pax præeunte tubæ clangore promulgata fuit Rhemis, præ gaudio exsultante populo. Hæc vero pacis promulgatio depicta visitur in Codice manuscripto Monstreleti, qui habetur in Bibliotheca Colbertina, qualis hic repræsentatur, ex codicibus D. de Gagneriis educta, qui in imo tabulæ depictæ margine, promulgatæ pacis istius descriptionem posuit, exsumtam ex Chronico manuscripto Joannis Carterii, quod est in Bibliotheca regia, quodque in multis differt ab illo typis dato opera Dionysii Godefridi, ubi multa emendantur, ut exhibeatur Joannes Carterius hodierno idiomate loquens. En illam ipsam descriptionem, ut in autographo erat.

» *Quomodo pax Rhemis promulgata fuit.*

» SEcunda Octobris anni 1435. D. Joannes de Che-
» verio Eques & Tristanus Eremita Scutifer & Præpo-
» situs Marescallorum, Rhemos venerunt, literas fe-
» rentes pacis Atrebati factæ, Regem inter Franciæ &
» D. Ducem Burgundiæ; atque in Ecclesiam B. Mariæ
» recta venerunt; populusque totus obviam ipsis ve-
» niebat, ut læta nunciantes audiret. Etiamsi vero
» non in animo haberent hæc eo ipso die nunciare;
» attamen optante rogantque populo in Palatium
» venere : illicque præeunte clangore tubæ publicata
» pax fuit, & literæ conditiones pacis ferentes lectæ
» sunt. Postea vero acclamavit populus, *Natalis*. In-
» sequente die iterum per quadrivia omnia publicata
» pax fuit, ut ne quis aliqua in re lectis contradi-
» ceret vel contra jussa faceret; indicta pœna delin-
» quentibus ; in omnibusque Parochiis sub excom-
» municationis pœna vetitum fuit, ne quis il-
» lo die operaretur, ut die Dominica observatur,
» cui jussu populus libentissime paruit. In singulis
» vero vicis mensæ apparatæ sunt, coctis carnibus &
» vinis onustæ, omnibusque patentes. Celebritas illa
» per octo dies protracta fuit. Tanta nimirum erat
» apud omnes de facta pace lætitia.

CHARLES VII. dit LE VICTORIEUX. 215

On voit dans l'estampe deux hommes à cheval, dont l'un sonne de la trompette de laquelle pend une piece d'étoffe quarrée, où sont trois fleurs de lis. Les spectateurs sont presque tous en habit court, portant une escarcelle à l'ordinaire. Leurs bonnets sont de differente forme; il y en a en pain de sucre comme celui des femmes que nous voions si souvent, d'autres sont à longue queue. On laisse le reste à remarquer au Lecteur.

En cette même année vers la fin de Septembre mourut Isabeau de Baviere, mere du Roi, qui fut enterrée à Saint Denis à peu de frais. L'Historien dit que les Anglois ne lui avoient pas tenu leur promesse de lui fournir abondamment tout ce qui lui seroit necessaire pour se soûtenir dans son état de Reine, qu'elle manquoit du necessaire. Plusieurs croient que la douleur de se voir ainsi abandonnée abregea ses jours; à quoi ne contribuerent pas peu aussi les bruits que les Anglois répandoient, que Charles son fils, qu'ils appelloient le Dauphin, n'étoit pas legitime.

En ce tems-ci fut prise la ville de Dieppe, la plus importante place que les Anglois eussent au païs de Caux. * Le Maréchal de Rais & Charles des Marets partirent la nuit du port du Havre, & se rendirent devant Dieppe deux heures avant le jour. Ils mirent pied à terre, & entrerent si doucement dans la ville, que sans tumulte & sans beaucoup de tuerie, ils s'en emparerent, & y trouverent beaucoup de richesses. Cette perte déplût fort aux Anglois: c'étoit leur meilleure retraite, & le lieu où ils s'embarquoient ordinairement pour passer en Angleterre.

Prise de Dieppe.

* *Quelques exemplaires ont le Maréchal de Rieux; mais c'est une faute.*

Le Connétable avoit fait remettre au Duc de Bourgogne plusieurs villes & forteresses, comme il étoit porté au traité d'Arras. Des garnisons de ces places plusieurs se joignirent à d'autres gens de guerre dans la Champagne, où ils firent des maux incroiables. Ils dépouilloient tous ceux qu'ils trouvoient, hommes, femmes & petits enfans, rançonnoient les villages & désoloient les campagnes. Le Connétable prit d'entre eux quatre cens hommes d'armes, & six cens Archers qu'il envoia à Dieppe pour défendre la ville. Ceux qui resterent continuerent leurs pilleries. On les appelloit les *Ecorcheurs*.

Le Connétable & le Comte de Dunois étant partis de Pontoise pour se rendre à Saint Denis, accompagnez de quatre ou cinq cens hommes, les Anglois

In depicta tabula duo viri equites visuntur, quorum alter tuba elangit, ex qua tuba pendet quadratus pannus tribus liliis insignitus. Spectatores pene omnes curtam gestant vestem, & marsupium habent ad zonam pro more istius ævi. Pilei variæ sunt figuræ: alii in conum superne terminantur, qui capitis ornatus ad mulieres maxime pertinebat, ut sæpe vidimus; alii longas emittunt caudas: cætera observabit curiosus Lector.

Eodem anno circa finem Septembris obiit Isabella Bavarica Regis mater, sepultaque fuit in Ecclesia sancti Dionysii parcissimo sumtu. Ait historiæ Scriptor Anglos promissis non stetisse: pollicitos namque se omnia illi suppeditaturos esse, quæ ad Reginæ dignitatem sustinendam necessaria essent, ne ad vitam quidem necessaria ipsi subministravisse. Putavere multi illam, cum se prorsus neglectam ac desertam videret, ex dolore præmatura morte interiisse. Aderat & alia mœroris causa; Angli namque rumores spargebant, dictitabantque Carolum Regem filium ejus, quem ipsi Delphinum vocabant, non legitimum, nec filium Regis Caroli VI. esse.

Hoc tempore capta fuit Dieppa, urbs omnium quas Angli in Caletensi tractu tenebant, clarissima, & Anglis commodissima. Marescallus Resius & Carolus Des-Maresius noctu & ex navibus ex *Havra*, seu Portu Gratiæ profecti sunt, & ante Dieppam advenere binis horis antequam illucesceret dies; exscensuque facto cum tanta arte & industria in urbem sunt ingressi, ut sine tumultu, & paucissimis interfectis, urbem occuparint, ubi manubias opulentissimas invenere. Hanc jacturam ægerrime tulerunt Angli; erat enim Dieppa locus, ut ipsi putabant, sibi tutissimus, ibique ut plurimum naves conscendebant, cum in Angliam transmittere vellent.

Constabularius Franciæ Burgundiæ Duci urbes, castra, oppidaque multa tradi curavit, ut in Atrebatensi conventu statutum fuerat. Præsidiarii autem istarum urbium & oppidorum multi isthinc egressi, cumque aliis armatis viris conjuncti, in Campaniam infinita intulere damna: obvios quosque spoliabant, viros, mulieres, infantes; a vicis singulis pecuniæ summas exigebant, & agros desolabantur. Constabularius autem ex illis quadringentos armatos viros cepit, sexcentosque sagittarios, quos Dieppam misit, ut urbem illam defenderent. Qui vero superarant in istis locis prædas ut antea agere perrexerunt, vocabanturque *Pelliones*.

Cum porro Constabularius & Comes Dunensis Pontisara profecti essent cum quadringentis quingentisve

Jean Chartier.

sortirent de Paris au nombre de sept à huit cens pour les aller attaquer, commandez par Thomas de Beaumont & Thomas Druic. Ils les rencontrerent à un petit pont, au lieu qu'on appelle aujourd'hui la Briche. Il y eut un rude combat tant à pied qu'à cheval : les Anglois furent enfin défaits, & laisserent trois ou quatre cens des leurs sur la place, sans compter les prisonniers, du nombre desquels fut Thomas de Beaumont.

Les Anglois battus.

Après cette défaite des Anglois, le Connétable pensa à réduire Paris en l'obeïssance du Roi. Les bons Bourgeois & le peuple las de la domination Angloise, souhaitoient beaucoup de se remettre sous leur Prince naturel. D'ailleurs les troupes du Roi occupant toutes les places autour de Paris, Corbeil, Lagni, Pontoise, Meulan, le Bois de Vincennes, Saint Denis & Poissi; il ne pouvoit plus entrer de vivres dans la ville. Le Connétable & le Comte de Dunois qui étoient d'intelligence avec plusieurs des principaux Bourgeois comploterent avec eux qu'ils se rendroient de grand matin bien accompagnez à la porte Saint Jaques, pour favoriser leur entrée dans la ville. Ils partirent donc de Pontoise, vinrent par Poissi, & firent un grand tour pour se rendre auprès des Chartreux avant le point du jour. Dès le grand matin le peuple s'attroupa & commença de donner sur les Anglois. Des gens du Connétable les uns monterent sur les murailles de la ville : quelques-uns y entrerent par la Seine en bâteau.

Reduction de Paris en l'obeïssance du Roi.

Les Bourgeois rompirent la porte S. Jâques, par où entrerent le Connétable, le Comte de Dunois & le reste de leur troupe. On donna sur les Anglois de tous côtez, & l'on en tua un grand nombre. Plusieurs d'entre eux qui vouloient se rendre à la porte Saint Denis trouverent les chaînes tendues. Le Sire de Wilbi leur Commandant, l'Evêque de Therouenne, le Prevôt de Paris, & les autres qui purent échapper, se retirerent à la Bastille de Saint Antoine, que le Connétable fit investir. Les Anglois & ceux de leur parti qui s'y trouverent, rendirent la place par composition, & eurent la liberté d'aller où ils voudroient. Ils sortirent non par la ville de peur d'être assommez, mais par les champs, & passerent devant la porte de Saint Denis. Alors le peuple qui voioit passer l'Evêque de Therouenne se mit à crier *au renard, au renard*.

---

numero armatis viris, Angli circiter septingenti aut octingenti Lutetia egressi sunt, ducibus Thoma de Bellomonte & Thoma Druico, ut cum Francis pugnarent. Ipsis autem occurrerunt Franci ad ponticulum in loco, cui nomen hodie Briccia. Acerrima pugna fuit equitum peditumque; demum Angli victi trecentos quadringentosve ex suis cæsos & prostratos reliquere, non annumeratis iis qui capti sunt, ex quorum numero fuit Thomas de Bellomonte.

Lemême. Post hanc Anglorum stragem de reducenda in Regis Caroli potestatem Lutetia Constabularius cogitavit. Honorabiliores cives & populus, Anglorum dominatum ægre ferentes, sese Regi suo dedere peroptabant. Alioquin vero cum Regii Franci omnia circum Lutetiam castra & oppida occuparent, Corbolium, Latiniacum, Pontisaram, Mellentum, Nemus Vincennarum, sanctum Dionysium & Pissiacum; non poterat annona resque cibaria in urbem ingredi. Constabularius vero & Comes Dunensis quibuscum consentiebant multi ex præcipuis civibus, cum illis hoc modo stipulantur, ut scilicet summo mane ad portam sancti Jacobi cum armatis viris se comitantibus accederent, quo possent in urbem tuto ingredi. Pontisara igitur profecti sunt Pissiaco transeuntes, & obliquam carpentes viam prope Carthusianos ante diluculum pervenerunt. Primo diluculo congregatus populus Anglos armis impetere cœpit. Ex Constabularii autem militibus alii muros urbis conscenderunt, quidam per Sequanam vehentibus cymbis sunt ingressi.

Cives autem nonnulli portam sancti Jacobi confregerunt, qua ingressi sunt Constabularius & Comes Dunensis cum reliquis suorum. In Anglos ubique irruptum est, & quam plurimi sunt occisi. Quidam illorum qui ad sancti Dionysii portam contendebant atensiscatenis cohibiti sunt. Wilbius Anglorum Præfectus, Episcopus Teruanensis, Præpositus Parisinus, & qui elabi potuerunt, in Castellum sancti Antonii receptum habuere, quod statim Constabularii jussu ab pugnatoribus Francis cinctum fuit. Angli & quicumque ipsorum partibus hærentes, illo se receperant, pactis conditionibus castellum dediderunt, libertatem nacti ut quo vellent commigrarent. Egressi porro sunt, non per urbem, ut ne a populo trucidarentur, sed per campos, & ante portam sancti Dionysii transierunt. Tunc populus qui Episcopum Teruanensem transeuntem conspiciebat acclamationibus illum excepit, & vulpem appellando derisit.

Cette

CHARLES VII. dit LE VICTORIEUX.

Cette heureuse réduction de la Capitale du Roiaume porta le Connétable à faire mettre le siege devant la ville & le château de Creil. Il en laissa la conduite au Comte de Dunois, qui fut-là pendant quinze jours ; mais voiant la ville trop bien munie de gens de guerre, d'artillerie & de vivres, il abandonna le siege. Saint Germain en Laye fut livré aux gens du Roi, moiennant une somme d'argent qu'on donna au Capitaine.

En la même année 1436. le Dimanche 24. Juin jour de Saint Jean, Marguerite fille de Jaques Roi d'Ecosse entra en belle & noble compagnie dans la ville de Tours comme Dauphine. Elle étoit montée sur une haquenée richement couverte, & venoit pour épouser le Dauphin. Sa haquenée est blanche dans l'estampe que nous donnons, tirée du Manuscrit de Monstrelet de la Bibliotheque de Mr. Colbert. Nous avons dit plusieurs fois que le cheval blanc étoit une marque de souveraineté. Deux autres chevaux que nous voions ici sont d'autre couleur. Celle qui la suit de plus près, dit Jean Chartier, est Madame de la Roche l'aînée, montée sur une autre haquenée : plusieurs autres Dames la suivoient à cheval, après quoi venoient deux chariots chargez de Dames & de Demoiselles. Les Sires de Maillé & de Gamaches viennent au devant d'elles à pied & prennent la haquenée de la Dauphine par le frein.

Jusqu'ici tout ce qui est representé sur la planche est rapporté de même par l'Historien. Les deux chariots chargez de Dames & de Demoiselles, qui suivoient les Dames montées sur des chevaux, n'ont pû y entrer. Ces Dames portent toutes des coeffures pointuës, dont la mode dura près de deux cens ans. Les Seigneurs qui viennent au devant de la Dauphine en portent à peu-près de même, aussi bien qu'un jeune Seigneur qui est à cheval à la suite de la Dauphine. Les Sires de Maillé & de Gamaches menerent la Dauphine jusqu'au château, où elle mit pied à terre. Alors le Comte de Vendôme & un Comte d'Ecosse la prirent & la menerent à la salle où étoient la Reine de France, la Reine de Sicile, la Princesse Radegonde fille du Roi, Madame de Vendôme & plusieurs autres. La Reine de Sicile & la Princesse Radegonde allerent au devant d'elle jusqu'à l'entrée de la salle, & la menerent à la Reine qui s'avança de quatre ou cinq pas & la baisa. Le Dauphin Louis qui étoit

PL. xxxviii.
Mariage du Dauphin.

Post captam Lutetiam Constabularius Credolium oppidum atque castellum obsessum venit, obsidionisque curam Comiti Dunensi commisit. Hic vero per dies quindecim oppugnationem continuavit; sed cum videret oppidum præsidiariis, tormentis bellicis, & annona probe munitum esse, obsidionem solvit. Sancti Germani in Laia oppidum Regis Caroli genti tunc deditum fuit, postquam loci Rectori summa quædam pecuniæ, ut hoc præstaret officium, numerata fuerat.

Eodem anno 1436. Dominica die, quæ vigesima quarta Junii erat, Margarita filia Jacobi Scotiæ Regis cum nobili & ornatissimo comitatu in Turonum urbem ingressa est, quasi jam Delphina, utpote Delphino nuptura, vecta asturcone preciosissima operto stragula. Asturco autem candidus est in tabula quam proferimus, educta ex codice manuscripto Monstreleti, qui asservatur in Bibliotheca Colbertina. Jam sæpe diximus equum album insigne esse supremi dominii. Duo alii equi, quos hic conspicimus, diversi sunt coloris. Quæ Delphinam proxime sequitur, inquit Joannes Carterius, est Domina de Rupe, illa quæ ætate major erat, quæ & ipsa asturcone vehitur. Aliæ plurimæ insigniores feminæ illam equis vectæ sequebantur; posteaque duo currus insignioribus feminis &

puellis onusti agmen claudebant. Viri nobiles de Malliaco & de Gamachio pedites Delphinæ obviam veniunt, habenasque asturconis cui insidebat, apprehendunt.

Hactenus omnia quæ in tabula conspiciuntur, ab historiæ Scriptore similiter enarrantur. Duo autem currus nobilioribus feminis & puellis onusti, in tabula, deficiente spatio, locum habere non potuerunt. Insignes illæ feminæ ornatum capitis habent in conum desinens, cujus usus per annos fere ducentos invaluit. Viri item nobiles, qui Delphinæ obviam veniunt, illis ferme similes pileos gestant; ut etiam quidam ex primoribus junior qui in Delphinæ comitatu eques observatur. Domini autem Malliacensis & Gamachius Delphinam ad usque castellum duxere, ubi illa ex equo descendit. Tunc Comes Vindocinensis, aliusque Comes Scotus, urbane apprehensam illam duxerunt in aulam, in qua tunc erant Regina Franciæ, & Regina Siciliæ, Radegundis Regis filia, Vindocinensis Domina, plurimæque aliæ ex primoribus feminis. Regina Siciliæ & Radegundis obviam Delphinæ processerunt ad ingressum usque aulæ, ipsamque ad Reginam Franciæ duxerunt, quæ quatuor vel quinque progressa passibus, Delphinam adiit & osculata est. Ludovicus Delphinus qui tunc in alio cubiculo

Tome III.   E e

dans une autre Chambre entra alors & baisa sa future épouse. Le lendemain le mariage fut fait en presence du Roi Charles, par Renaud de Chartres Archevêque de Rheims, Chancelier de France.

Le Duc de Bar René d'Anjou Roi de Sicile, prisonnier du Duc de Bourgogne, qui avoit été pris lorsque Barbasan fut tué, fut enfin délivré de prison moienant rançon. Il donna des ôtages, & maria son fils avec la fille du Duc de Bourbon, niece du Duc de Bourgogne. Ce fut pendant sa prison que son frere Louis III. Roi de Sicile mourut, & René prit alors le nom de Roi de Sicile, Duc d'Anjou & Comte du Maine.

1437.

Pontoise surpris par les Anglois.

Le jour de Carême-prenant 1437. les eaux étant glacées & la terre couverte de neige, les Anglois habillez de blanc pour n'être pas apperçus, surprirent la ville de Pontoise par escalade. On blâma le Gouverneur de sa négligence, & les François furent fort fâchez de la perte d'une place, qui leur coûta depuis beaucoup à reprendre.

En ce tems-ci le Roi Charles fit un voiage en Languedoc. Il alla par Lion & par le Dauphiné, & se rendit à Montpellier, où il passa les Fêtes de Pâques. Il s'en revint par l'Auvergne & par le Bourbonnois, où aiant appris que Rodrigue de Villandras Capitaine Espagnol, qui étoit à son service, & qui avoit une plus grosse compagnie que les Capitaines François, pilloit & désoloit les campagnes, & faisoit des maux infinis, il résolut d'y mettre ordre. Il fut encore plus surpris quand on vint lui dire, qu'il avoit détroussé ses Fourriers & autres Officiers du Roi, qui alloient au-devant de lui pour préparer son logis à Hérisson. Charles marcha alors avec sa troupe contre ce pillard qui s'enfuit avec ses gens dans la Bresse, & s'y tint sur quelques terres qui appartenoient au Duc de Bourbon.

Le Roi crut alors que le Duc de Bourbon protegeoit Villandras, & lui en témoigna son mécontentement: mais le Duc envoia assûrer le Roi, qu'il n'avoit garde de proteger un tel personnage, & qu'il lui en donneroit telles preuves qu'il plairoit à Sa Majesté. Ils concerterent ensemble que le Duc obligeroit le Bâtard de Bourbon & Jâques de Chabannes de se retirer avec leurs gens de la compagnie de Villandras où ils étoient, & qu'ils viendroient servir le Roi ; ce

---

Jean Chartier.

erat, in aulam ingressus, futuram sponsam est osculatus. Die sequenti praesente Carolo Rege, peractum connubium fuit a Reginaldo Carnotensi, Archiepiscopo Rhemensi, Franciae Cancellario.

Renatus Andegavensis Rex Siciliae, Dux Barensis, qui captus fuerat in pugna illa, in qua Barbasanus occisus fuit : ex carcere tandem liber exiit ; pactione pecuniae pro qua obsides dedit ; filiumque suum connubio junxit cum filia Borbonii Ducis, quae Ducis Burgundiae sororis filia erat. Dum autem in carcere positus Renatus esset, frater ejus Ludovicus III. Rex Siciliae obiit, ipseque succedens Renatus, dictus postea fuit Rex Siciliae, Dux Andegavensis & Comes Cenomanensis.

Le même.

Die Martis Quadragesimam praecedente anno 1437. cum aquae omnes congelatae essent & terra nive operiretur, Angli albis induti vestibus, ut ne internosci possent, ex improviso Pontisaram urbem scalis admotis ceperunt. Hinc vituperationem grandem incuriae urbis Praefectus subiit. Franci autem aegerrime tulerunt, quod tali modo urbs capta fuisset, ad quam postea recuperandam mirum quanto labore & sudore opus fuerit.

Berri.

Hoc circiter tempus Rex Carolus in Septimaniam iter suscepit. Lugduno autem transivit ac per Delphinatum, & in Montem-pessulanum urbem se contulit, ubi Paschatis festa transegit : deindeque per Arvernos & per Borbonium tractum reversus est, ubi postquam comperit Rodericum Villandrasium Hispanum ducem, qui sub signis suis militabat, & numerosiori cohorti imperabat, quam Franci Tribuni, agros devastare, praedas agere & infinita damna importare, illum coercere decrevit. At majore commotus indignatione fuit ubi nunciatum illi est, Rodericum ministros suos qui praevii domicilium Regi apparaturi, iter carpebant, & Herissonii hoc ipsi officium praestituri erant, exspoliavisse. Carolus autem Rex cum toto agmine suo contra praedonem illum movit, qui in Bressiam aufugit, & in agris quibusdam ad Borbonium Ducem pertinentibus substitit.

Tunc suspicatus Rex fuit Rodericum a Duce Borbonio protegi, nec indignationem inde subortam tacuit. At Dux per aliquos ex suis Regi affirmari curavit, se nihil cum praedone tali commercii habuisse unquam, & se ad rem Majestati Regiae comprobandam paratum esse. Ideo inter ambos convenit, ut Dux Nothum Borbonium, & Rex Jacobum de Cabannis juberent a Roderici Villandrasii cohorte discedere, in qua tunc illi erant, & ad regios cuneos

ARRIVÉE DE LA DAUPHINE.

CHARLES VII. dit LE VICTORIEUX.

qui fut fait, & Villandras fut banni du Roiaume. Il se rendit depuis en Gascogne, & servit fort utilement le Roi contre les Anglois; ce qui le remit dans les bonnes graces du Prince.

Le Roi passa la Loire, & fit assiéger Châteaulandon par le Connétable & par le Comte de la Marche qui commandoient son avantgarde. La ville fut prise par assaut, la garnison prisonniere, & l'on fit pendre une partie des François qui servoient le Roi d'Angleterre contre leur patrie. Ils allerent assiéger ensuite Charny où la garnison se rendit d'abord, la vie sauve. Nemours ne fit guères plus de résistance : & la garnison qui selon le Traité pouvoit se retirer par tout où elle voudroit, hors à Montereau-Faut-Yonne, se rendit en cette ville, contre les termes de la capitulation.

Le Roi Charles prend plusieurs places.

Le Roi fit peu de jours après mettre le siége devant Montereau-Faut-Yonne, Place forte, bien munie de vivres & de gens de guerre, qui firent une longue résistance. On emploia une grosse artillerie, *bombardes, canons & engins volans*, on fit une grande bastille à la maniere de ces tems. Le siége dura six semaines, après quoi on donna un assaut general où le Roi se trouva en personne. Les assiégez se défendirent très-bien ; mais la ville fut emportée de force ; plusieurs de la garnison qui s'enfuioient dans le Château furent pris, & l'on pendit tous les François qui étoient au service du Roi d'Angleterre. On dressa toute cette grande artillerie contre le Château. Ceux de dedans craignant d'être emportez de force, demanderent composition. On n'étoit gueres porté à les recevoir autrement qu'à discretion : mais le Dauphin Louis intercedâ pour eux, & obtint du Roi, qu'ils auroient permission de sortir *leurs biens & leurs corps saufs*.

Le Roi qui depuis l'an 1418. n'étoit point entré à Paris, y voulut faire solennellement son entrée publique. Il partit de Saint Denis le huitiéme, ou selon d'autres, le douziéme jour de Novembre, accompagné du Dauphin, du Connétable, & de quantité de Princes & de Seigneurs. Le Prevôt des Marchands, les Echevins & un très-grand nombre de Bourgeois vinrent au-devant de lui jusqu'à la Chapelle. Le Prevôt des Marchands présenta au Roi les clefs de la ville, qu'il donna en garde au Connétable. Les Echevins éleverent sur la tête du Roi un grand dais qu'ils porterent toujours depuis jusqu'à la fin de la cérémonie.

Entrée du Roi Charles dans Paris.

---

redire, quod ita factum est. Villandrasius vero ex Regno exsulare jussus est. Sub hæc autem ille in Vasconiam se contulit, & contra Anglos bellum fortiter gessit, qua re in Regis animo offensi gratiam restitutus fuit.

Buri.

Rex Carolus Ligerim trajecit, & castrum Nantonis obsideri jussit a Comite Marchiæ, qui primam exercitus sui aciem regebat. Oppidum vi expugnatum fuit : præsidiarii omnes capti sunt, & pars Francorum, qui pro Angliæ Rege contra patriam suam militabant, patibulo suspensi periere. Deinde Carniacum obsessum exercitus venit, ubi statim præsidiarii deditionem fecere, illa conditione ut salvi abirent. Nemus oppidum perinde captum est : ex pacta autem conditione præsidiarii quo vellent se conferre poterant, uno excepto Monasteriolo-ad-Icaunam ; at illi contra quam polliciti erant in isthuc oppidum se contulere.

Paucis postea diebus ex jussu regio Monasteriolum ad-Icaunam obsessum fuit, munitissimum oppidum annona instructum & præsidiariis, qui diu & fortiter Francos propulsarunt. Tormenta bellica multa & varii generis hic adhibita fuere. Castellum magnum ligneum structum fuit secundum ævi istius usum. Ad senas hebdomadas protracta obsidio fuit : deinde-

que, præsente Rege, oppidum vi magna expugnatur. Fortiter pugnavere præsidiarii, sed illi urbe tandem capta ad arcem confugiebant, plurimique capti sunt, & Franci quique pro Anglis militantes in patibulum missi suspendio perierunt. Hinc tormenta omnia bellica supra memorata contra arcem adhibita fuere. Præsidiarii vero metuentes ne vi caperentur deditionis pacta inire postulabant. Rex & sui nonnisi ad arbitrium suum deditionis admittere volebant : verum Delphinus pro illis intercedens ab Rege impetravit ut liberi abire possent, *salvis bonis corporibusque suis*.

Rex qui ab anno 1418. Lutetiam ingressus non fuerat, cum magna celebritate in urbem suam regiam intrare voluit. Ex oppido autem S. Dionysii profectus est octavo, vel ut alii narrant, duodecimo die Novembris, anno 1437. comitantibus Delphino, Constabulario, multisque aliis Principibus & proceribus. Præpositus Mercatorum Ædiles, ingensque Parisinorum numerus obviam Regi venerunt ad usque Capellam. Præpositus vero Mercatorum claves urbis Regi obtulit, quas ipse Constabulario custodiendas tradidit. Ædiles autem supra Regis caput umbellam magnam erexerunt, quam ipsi sustentavere ad usque celebritatis

Monstrelet, Buri.

Il y eut dans la ville quantité de spectacles aux endroits où le Roi devoit passer. Tout cela est décrit amplement dans le Cérémonial François, dans l'histoire écrite par Berri Roi d'armes, & dans Monstrelet.

PL. XXXIX. Le Manuscrit de cet Auteur qui est à la Bibliotheque de M. Colbert, montre en peinture cette entrée que nous donnons ici d'après les portefeuilles de M. de Gagnieres. Le Roi y est représenté auprès de la porte de Saint Denis, monté sur un cheval blanc tout nud, par la raison que nous disions ci-devant. Cela passoit alors pour une marque de souveraineté. La machine en forme de cercle, que le Roi tient, & qui est attachée au mords de la bride, se voit encore en d'autres images que nous donnerons plus bas. Outre le cheval que le Roi monte, un Ecuier en tient un autre par la bride, caparaçonné presque jusqu'à terre, & dont le caparaçon est tout chargé de fleurs de lis. Les quatres Echevins tiennent toujours le dais élevé sur la tête du Roi Charles.

La ville & le château de Montargis qui avoient été surpris pour les Anglois par François de Surienne l'Aragonois, le Château d'Orville pris par un Chef Anglois; & le Château de Chevreuse surpris par un Chevalier François nommé Broulart, du parti du Roi d'Angleterre : ces trois Places, dis-je, furent remises au Roi Charles. On composa secretement avec ces trois Chefs, & ils les rendirent pour l'argent comptant. Broulart se tourna alors du parti du Roi de France, & lui remit avec Chevreuse la ville & le château de Dreux, qu'il gardoit pour les Anglois. Il toucha pour tout cela une grosse somme.

1438. Siege de Calais levé. Tandis que ces choses se passoient en France, le Duc de Bourgogne alla assieger Calais avec une grande armée de Flamans. Il attaqua la place munie d'une grande quantité d'artillerie. Il y avoit trois *bombardes* d'une grosseur extraordinaire, dont l'une se traînoit à cinquante, l'autre à trente, l'autre à vingt-six chevaux. Le siége dura plus de deux mois. Les Flamans s'ennuiant sans doute d'une si longue résistance, délogerent subitement en grand désordre, laissant dans leur camp l'artillerie & le bagage. Le Duc se trouvant ainsi abandonné, eut à soutenir une sortie des Anglois qui s'apperçûrent de la retraite précipitée des Flamans. Il les repoussa vaillamment, & se retira en son païs. Le Duc de Bourgogne ne fut pas plus heureux au Siege de Crotoi, qu'il fit investir peu de tems après.

---

tantæ finem. In urbe qua transiturus Rex erat spectacula multa fuere : quæ omnia minutatim descripta habentur in Cerimoniali Francorum & in historia a Biturige *armorum* Rege scripta, itemque apud Monstreletum.

Hujus vero Scriptoris Codex Manuscriptus, qui in Colbertina Bibliotheca habetur, regium istum ingressum in tabula depicta repræsentat, qualem nos ex codicibus Gagnerianis excepimus. Rex ibidem exhibetur propter S. Dionysii Parisiensem portam equo albo nudo vectus, ea quam supra diximus de causa. Id signum tunc erat supremi dominii. Circularis vero illa machina, quam habenarum loco Rex tenet, quæque freno equi hæret, in aliis etiam imaginibus infra proferendis observatur. Præter equum illum cui Rex insidet, regius Minister alium equum habenis apprehensis tenet, stragulo ad terram usque pertingente opertum, quod stragulum totum lilii floribus opertum est. Quatuor illi Ædiles umbellam capiti Regis imminentem semper tenent.

Jean Chartier. Berri. Hoc eodem anno Montis-Argisii oppidum & castellum, quod ex improviso captum fuerat pro Anglis, duce Francisco de Surienna Aragonensi, castellum quoque Aurivillæ a duce Anglo expugnatum ; Caprosium item castellum ab Equite Franco Brulartio qui pro Angliæ Rege stabat captum : hæc inquam omnia pactione pecuniæ Francis reddita sunt. Brulartius ad partes Francorum transiit, ac Drocas etiam oppidum & castellum, quæ pro Anglis custodiebat, grandi accepta pecuniæ summa Regi Carolo vendidit.

Dum hæc apud Francos gerebantur, Dux Burgundiæ, collecto Flandrorum exercitu, Caletum obsedit. Tormenta bellica quatiendis muris grandi numero adhibuit. Inter hæc vero tres erant *bombardæ*, ut vocabant, miræ magnitudinis, quarum alia quinquaginta, alia triginta, tertia viginti sex junctis equis trahebatur. Plusquam duorum mensium obsidio fuit, demumque Flandri tantæ diuturnitatis tædio fracti, subito & nullo servato ordine dilapsi, ad sua se receperunt, relicto in castris illo tanto machinarum & tormentorum apparatu commeatuque toto. Qua re comperta Anglii in Burgundiæ Ducem eruperunt. Ille vero oppugnantium se impetum fortiter propulsavit, posteaque receptui cecinit. Nec meliori exitu postea Corocotinum obsedit : etenim hanc quoque obsidionem soluto compulsus fuit.

CHARLES VII. dit LE VICTORIEUX.

Une grande famine affligea Paris cette année, où le bled étoit extraordinairement cher. Les Anglois & les François même qui couroient la campagne, empêchoient les moissons. A la famine se joignit une maladie epidemique, qui emportoit les gens subitement & sans remede. Cinquante mille personnes périrent en fort peu de tems. Une si grande quantité de loups couroit autour de Paris, qu'on n'osoit aller à la campagne que bien accompagné. Il en vint plusieurs fois jusques dans la ville, qui étranglerent & mangerent plusieurs personnes, de sorte qu'on craignoit fort d'aller la nuit dans des ruës écartées. Ces loups étranglerent à la campagne soixante ou quatre-vingt personnes. On établit des gens pour les chasser & les prendre. On donnoit à ceux qui apportoient un loup mort vingt sous Parisis, sans compter ce que le peuple y ajoûtoit pour chaque prise.

Revolte de ceux de Bruges.

Vers le même tems le Duc de Bourgogne étant entré à Bruges avec quatre ou cinq cens combattans, la Bourgeoisie ferma les portes au reste de la troupe qui le suivoit, & chargea le Duc & ses gens, en tua plusieurs, & fit couper la tête à quelques-uns qui furent pris. Le Duc fut obligé de faire rompre une autre porte de la ville pour se retirer à la hâte. Là furent tuez plusieurs de ses gens, & entre autres le Sire de l'Isle-Adam. Le tumulte étant appaisé, les Bourgeois crainte de porter la peine d'un si grand attentat, tâcherent d'appaiser le Duc, & s'estimerent fort heureux d'en être quittes en lui donnant deux cens mille pieces d'or. Ils firent encore de grands presens à la Duchesse & à plusieurs Grands-Seigneurs, pour obtenir le pardon d'un si grand outrage fait à leur Prince.

1439. Prise de Meaux.

La guerre contre les Anglois continuoit toujours quoique foiblement. Le Comte de Richemont Connétable de France assiegea Meaux, battit rudement la ville, & la prit par assaut au bout de quinze jours. Il y eut-là beaucoup d'Anglois tuez ou pris ; les autres se retirerent dans le Marché. Cinq jours après le Comte d'Orsec, le Sire de Talbot & d'autres Chefs Anglois vinrent avec un corps de troupes considerable. Il y eut plusieurs escarmouches entre eux & les François, qui étoient dans la ville avec le Connétable. Ces Anglois trouverent moien de jetter des gens frais dans le Marché, & se retirerent. Le siege ne laissa pas de

---

a Char[...]

Lutetiam tunc temporis dira fames invasit : caro precio frumentum venibat. Cum enim Angli & Franci perpetuis incursionibus agros infestos haberent, hinc messes cohibebantur. Famem subsequuta est epidemicus morbus, qui subito, nullumque in pharmacis locum, ægros exstinguebat. Quinquaginta mille homines feminæve, brevissimo tempore sunt absumti. Ad hæc vero tanta luporum copia per agros discurrebat, ut nonnisi cum comitatu extra urbem quis incedere tentaret. Sæpe etiam intra urbem lupi sunt ingressi, compluresque occiderunt homines ut devorarent. Hincque factum ut vix auderet quispiam noctu ad remotiores vicos pergere. In agris vero sexaginta vel octoginta homines a lupis devorati sunt. Tunc deputati quidam fuere, qui lupos insequerentur & trucidarent. Quisquis lupum mortuum deferret, viginti solidis Parisiensibus donabatur, non annumeratis iis quæ sponte populus luporum interfectoribus offerebat.

Ercle.

Idem circiter tempus cum Burgundiæ Dux, comitantibus se quadringentis quingentisve armatis viris Brugas esset ingressus, una congregatus populus portas urbis aliis qui Ducem sequebantur clausit, ac Ducem suosque adortus, multos interfecit, & quibus-dam, qui capti fuerant, capita præcidi curavit. Dux ut saluti suæ consuleret, portam quamdam urbis abrumpi jussit, ac præcipiti cursu recessit : ibi tamen ex suis multi ceciderunt, interque alios Insulæ-Adami Toparcha. Tumultu autem cessante Brugenses cives tanti facinoris ultionem metuentes, Ducem placare conati sunt, & se non infeliciter elapsos fuisse putarunt, cum in tam temeratii ausus pœnam ducenta aureorum millia numerare jussi sunt. Ducissæ etiam & proceribus multis munera grandia obtulerunt, ut tanti sceleris veniam impetrarent.

Jean Chartier.

Bellum semper contra Anglos gerebatur, etsi non cum tanta, quanta pridem, vi ac vehementia. Comes Ricomontius Constabularius Franciæ Meldas obsedit, urbem vehementissime oppugnavit, ac post quintum-decimum obsidionis diem vi cepit, ibique Angli multi cæsi vel capti sunt. Residui vero Angli in Mercatum se receperunt. Sub hæc quinque elapsis diebus Comes Orsacius, Talbotius aliique duces Anglorum cum pugnatorum manu valida venerunt. Multa leviora certamina fuere Anglos inter & Francos qui in urbe cum Constabulario erant. Angli tamen præsidiarios novos arte quadam in Mercatum immiserunt, posteaque receptum habuere. Obsidio

CHARLES VII. dit LE VICTORIEUX.

continuer toujours, & au bout de quinze jours la garnison rendit la Place par composition.

Ce fut en ce tems-ci que le Roi convoqua à Bourges le Clergé de France, & dans cette assemblée fut établie la Pragmatique-Sanction en vingt-trois articles. Le Roi la fit enregistrer au Parlement de Paris. Cet enregistrement se fit le 13. Juillet 1439.

Vers le mois de Septembre de la même année, le Roi envoia le Connétable en Normandie avec une grande armée pour faire la guerre aux Anglois, qui occupoient encore la plus grande partie de cette Province. Le Connétable marcha droit à Avranches; d'un autre côté le Duc d'Alençon & le Maréchal de Loheac l'allerent joindre avec leurs troupes. Ils assiégerent la ville & la battirent furieusement pendant près d'un mois. Le Comte d'Orsec avec les Sires de Talbot & de Scalés assemblerent une grande armée pour venir secourir la place. Les Anglois se camperent auprès de notre armée: une partie de l'armée Angloise trouva moien d'entrer dans la ville, fit une furieuse sortie sur les François, & gagna quelques pieces de leur artillerie. Le Connétable voiant la prise de cette place trop difficile, leva le siége & se retira vers Pontorson.

Pendant que le Connétable étoit devant Avranches, le Sire de Bueil prit par escalade la ville & le château de Sainte-Susanne dans le Maine. Un Anglois qui trahit ses compatriotes lui donna moien d'executer son dessein; plusieurs Anglois de la garnison furent tuez ou pris.

En cette année se fit le mariage de Catherine de France seconde fille du Roi Charles VII. avec Charles Comte de Charolois, fils de Philippe le Bon Duc de Bourgogne. Le Roi l'envoia bien accompagnée au Duc de Bourgogne. Ce départ est marqué dans la Planche suivante tirée d'un vieux Manuscrit. La Princesse à cheval sort de Paris, accompagnée de plusieurs Seigneurs & Dames. Il n'y a rien dans cette Planche qui n'ait été souvent remarqué plus haut. La Princesse mourut l'an 1446. sans lignée, & encore fort jeune.

PL. XL.

Une grande division qui se mit dans la Cour de France, interrompit pour un tems les victoires du Roi Charles. La cause ou le pretexte en fut que le Roi se laissoit absolument gouverner par quelqu'un de son Conseil. Selon Jean Char-

---

tamen ut ante continuata fuit, ac post quindecim elapsos dies, Præsidiarii Angli Mercatum pactis conditionibus dediderunt.

Hoc circiter tempus Rex totum Galliæ Clerum Bituricis congregavit: atque in illo cœtu Pragmatica Sanctio, quæ viginti tribus articulis constat, constituta admissaque fuit. Illam Rex in Curiæ Senatus Parisini libris consignari jussit. Consignatio autem illa facta fuit decima-tertia Julii anni 1439.

Circa mensem Septembrem hujusce anni Rex Carolus Constabularium cum exercitu grandi misit in Normanniam, ut ibi contra Anglos, qui maximam istius provinciæ partem tunc occupabant, bellum gereret. Constabularius versus Abrincas movit: ex altera vero parte Dux Alenconius & Loheacius Marescallus cum copiis suis venerunt, & Constabulario adjuncti sunt. Una autem urbem obsederunt, & per mensem fere integrum vehementissime oppugnarunt. Comes porro Orsacius cum Talbotio & Scalensi ducibus Anglorum exercitum magnum congregarunt, ut in Abrincarum auxilium pergerent. Castrametati vero sunt Angli propter exercitum nostrum, parsque exercitûs illorum arte in urbem ingressa est, & cum impetu magno in obsidentes erumpens, ex tormentis bellicis Francorum aliquot cepit. Constabularius

videns non sine magno periculo posse obsidionem continuari, movit inde, & versus Pontem-Ursionis receptum habuit.

Dum Constabularius Abrincas obsidebat, vir nobilis Buculius Sanctæ-Susannæ oppidum & castrum in Cenomanensi tractu, scalis admotis cepit. Anglus quispiam, qui contribules suos prodidit, magno ipsi hac in re adjumento fuit: istic Angli multi præsidiarii occisi, aliique capti sunt.

Hoc ipso anno juncta connubio fuit Cathatina secunda filia Regis Francorum Caroli VII. cum Carolo Carolesii Comite, filio Philippi Boni Burgundiæ Ducis. Rex illam nobili comitatu stipatam ad Ducem Burgundiæ misit. Hæc profectio conspicitur in tabula sequenti ex veteri codice educta. Catharina eques Lutetia egreditur, comitantibus proceribus multis, nobilibusque feminis. Nihil porro novi in hac depicta tabula observatur, quæ occurrunt omnia in superioribus tabulis annotata fuere. Obiit Catharina anno 1446. nulla relicta prole, cum admodum juvenis adhuc esset.

Dissensio magna in Regia Francorum coorta, Regis Caroli victorias interpellavit. Hujus sive causa, sive obtentus, & occasio fuit, querela illa, quod Rex arbitratu quorumdam, qui a consiliis ipsi erant,

DEPART DE CATHERINE FILLE DE CHARLES VII.
QUI VA EPOUSER LE COMTE DE CHAROLOIS.

DEPART DE CATHERINE FILLE DE CHARLES VII.
QUI VA EPOUSER LE COMTE DE CHAROLOIS.

CHARLES VII. dit LE VICTORIEUX.

tier il paroît que ce fut le Dauphin Louis âgé d'environ dix-sept ans, qui fut le principal auteur de la rebellion. Il s'évada de la Cour, & se retira à Niort, d'où il manda le Duc d'Alençon qui le vint joindre. Alors il déclara au Comte de Perdriac de la Marche, que son pere lui avoit donné pour Gouverneur, qu'il ne vouloit plus être soumis à ses ordres, & qu'il croioit que quand il agiroit par lui-même, les affaires du Roiaume en iroient mieux.

1440. Revolte du Dauphin & des Princes contre le Roi.

Le Comte de la Marche se retira auprès du Roi, & lui rendit compte de ce qui se passoit. De la faction du Dauphin étoient les Ducs d'Alençon & de Bourbon, Antoine de Chabannes, Jean de la Roche Sénéchal de Poitou, Pierre d'Amboise Sire de Chaumont & plusieurs autres. Leur dessein étoit, dit Monstrelet, de procurer au Dauphin le gouvernement du Roiaume, & de mettre le Roi Charles comme en tutelle: le Sire de la Trimouille se mit aussi de la partie avec plusieurs autres. Ils tâcherent d'abord de se rendre maîtres de plusieurs places: tout tendoit à une rebellion manifeste.

Le Roi leva alors une puissante armée, & marcha du côté de Poitiers. Le Duc d'Alençon & sa troupe voulurent se rendre maîtres de S. Maixant, & entrerent même dans la ville & dans le château par la trahison de quelqu'un de dedans. Mais plusieurs Bourgeois armez se saisirent d'une porte & se défendirent vaillamment en attendant le secours du Roi. L'Abbé & les Religieux prirent aussi les armes, & repousserent à coups de pierre ceux qui vouloient entrer dans l'Abbayie. Le Roi étant arrivé, tous ces rebelles s'enfuirent à Niort. Après quoi le Roi Charles récompensa largement ses fidelles sujets, l'Abbé & les Religieux & ceux des habitans qui avoient pris les armes pour son service, & marcha vers Niort dont les Princes s'étoient saisis, & où ils s'étoient retirez. A la nouvelle de sa venuë, ils abandonnerent la ville qui se rendit au Roi, & se retirerent dans le Bourbonnois. Là ils se joignirent au Duc de Bourbon, & s'en allerent tous à Saint Pourcin. Le Roi étoit toujours à leurs trousses, & alors le Comte d'Eu & plusieurs autres Seigneurs moienerent un accommodement. Le Dauphin & les Princes vinrent implorer la clemence du Roi, qui les reçut en sa grace, & retint le Dauphin auprès de lui. Cette rebellion fut appellée *la Praguerie*.

A la faveur de ces troubles les Anglois assiegerent Harfleur, qui soûtint le siége

---

omnia faceret. Ex narratione vero Joannis Carterii, Ludovicus Delphinus, tunc 17. circiter annos natus, rebellionis auctor præcipuus fuisse videtur. Ex regia, inquit ille, furtim discessit, Niortumque venit, indeque Alenconium Ducem advocavit, qui & ipse Niortum se contulit. Tum Delphinus Comiti de Perdriaco & de Marchia quem ipsi pater educatorem dederat edixit, se non ultra velle ejus nutu regi, ejusque imperio parere, putaretque se Regni negotia meliore exitu processura esse, quando ipse nutu suo omnia ageret.

Comes vero Marchia ad Regem Carolum se recepit, ipsique ea omnia quæ tum movebantur nunciavit. A Delphini partibus stabant Duces Alenconius & Borbonius, Antonius de Cabannis, Joannes de Rupe Senescallus Pictavorum, Petrus de Ambacia Toparcha Calvi-Montis, plurimique alii. Hoc autem consilio & animo hæc agebantur, inquit Monstreletus, ut regni administratio tota Delphino committeretur, & Rex Carolus quasi in tutela custodiretur. Tremollius quoque has sequutus partes est ut & alii quamplurimi: statimque illi uno animo urbes & castra multa occupare nisi sunt, omnia certe manifestam rebellionem portendebant.

Tunc Rex Carolus exercitum grandem collegit, ac versus Pictavorum urbem movit. Dux Alenconius cum suis S. Maxentii oppidum occupare tentavit, etiamque cujuspiam proditione in oppidum & in arcem sunt ingressi. Verum oppidani plurimi armati unam ex portis occupavere & fortiter obstitere iis qui illa occupare conabantur, auxilium exspectantes regium. Abbas item & Monachi arma sumsere & lapidibus depellebant eos qui Abbatiam capere nitebantur. Adveniente autem Rege, rebelles omnes Niortum aufugerunt, in quod oppidum supra memorati Principes se receperant; sed audito Regis adventu, Niortum relinquentes ad Borbonium tractum se receperunt. Rex vero oppidanos sancti Maxentii, Abbatem quoque & Monachos, ob sibi servatam fidem, amplis muneribus donavit. Oppidani Niortenses Regi sese dedidere. Principes autem cum Duce Borbonio juncti, ad sancti Porciani oppidum se contulerunt. Rex porro semper cum exercitu insequebatur illos. Demum Comes Augæ & plurimi alii proceres rem componere & pacem facere studuerunt. Delphinus & Principes Regis clementiam imploratum venerunt. Rex illos benigne excepit, & in gratiam suam restituit, Delphinum penes se manere voluit. Rebellio autem isthæc *Pragaria* appellata fuit.

Jean Chartier.

Hac aulæ Franciæ perturbatione utentes Angli Harflevium obsederunt. Præsidiarii fortiter obstitere

l'espace de trois mois, & fut enfin obligé de se rendre à composition malgré les efforts que fit le Comte de Dunois pour y jetter du secours. Après la prise d'Harfleur les Anglois fortifierent la montagne & la Roche qu'on appelle Graville en la Basse-Normandie, sur le bord de la mer. Les François avoient plusieurs fois entrepris de la fortifier; mais ils en avoient été empêchez par les Anglois.

Au mois de Juin de cette année 1440. Philippe Duc de Bourgogne dit le Bon à juste titre, fit un acte de generosité qui lui attira les éloges de toute la Chrétienté. L'inimitié des Maisons d'Orleans & de Bourgogne étoient connuës de tout le monde : le Duc d'Orleans, dont le pere avoit été tué par l'ordre de Jean Duc de Bourgogne, avoit été fait prisonnier à la bataille d'Azincourt, & n'ayant pas moien de paier la grosse rançon de quatre cens mille écus que le Roi d'Angleterre exigeoit de lui; il étoit à Londres privé de sa liberté depuis vingt-cinq ans, le bon Duc paia en ce tems-ci cette rançon. Le Duc d'Orleans repassa la mer, & se rendit à Saint Omer où les deux Ducs lierent ensemble une étroite amitié, qui fut confirmée par le mariage du Duc d'Orleans avec Marguerite de Cleves, niéce du Duc Philippe le Bon.

Berri Roi d'armes dans son histoire donne à entendre que le Duc de Bourgogne ne paia pas toute la rançon du Duc d'Orleans. Le Roi, dit-il, lui donna *huit vingt mille livres pour aider à paier sa rançon, & aussi il lui ordonna tous les ans dix mille francs pour lui aider à soutenir son état.*

Vers le même tems fut executé à Nantes le Sire de Rais Maréchal de France, saisi par ordre du Duc de Bretagne. Il fut accusé & convaincu de plusieurs crimes horribles, de sorcellerie, d'avoir tué plusieurs petits enfans après en avoir abusé, de sentimens extraordinaires contre la foi. Il fut condamné à être pendu & brûlé, & donna, disoit-on, avant que de mourir beaucoup de marques de repentance.

La guerre contre les Anglois continuoit toujours avec succès. Poton de Saintrailles accompagné de près de mille Lances & de neuf mille Archers, alla fortifier la ville de Louviers, & y laissa bonne garnison pour empêcher la communication des Anglois de Mante & de Vernon avec ceux de Rouen. Au même tems le Sire de Breze, mit le siege devant Conches, qui se rendit, & servit depuis à brider les garnisons Angloises du voisinage.

Monstrelet. Berri.

per trium mensium spatium, demumque pacta conditione oppidum dedere coacti sunt, cum co auxilium mittere Comes Dunensis frustra tentavisset. Angli post Harflevium captum montem & rupem quibus Gravilla nomen in inferiore Normannia ad littus maris sitam, propugnaculis cinxerunt; id quod jam Franci sæpe facere tentaverant; sed ab Anglis fuerant præpediti.

Mense Junio hujus anni 1440. Philippus Dux Burgundiæ, Bonus jure cognominatus, rem præstitit generosam, qua sibi Christianorum omnium laudem conciliavit. Quanta familias inter Aurelianensem & Burgundicam inimicitia esset, nemini non notum erat. Dux Aurelianensis; cujus pater jussu Joannis Burgundiæ Ducis interfectus fuerat, in Azincurtia pugna captus, cum nullo modo solvere posset summam quater centies millium scutorum, quam ab se exigebat Rex Angliæ ut libertatem obtineret, Londini versabatur captivus ab annis viginti quinque. Dux autem ille Bonus hoc anno summam illam numeravit Angliæ Regi. Dux porro Aurelianensis trajecto mari ad Sanctum Audomarum venit, ubi ambo Duces veræ sese amicitiæ vinculo junxere, quæ etiam confirmata fuit ex connubio Ducis Aurelianensis cum Margarita Cliviensi, filia sororis Philippi Boni Ducis.

Biturix *Rex Armorum*, historiæ Scriptor indicat non totam summam pro redemptione Aurelianensis Ducis numeravisse Philippum Bonum. Ait enim : *Rex Ci Aurelianensi centum sexaginta mille libras dedit, ut hinc ad redemptionis suæ precium solvendum juvaretur : etiamque illi decem mille libras annuas assignavit, ut facilius posset in quotidianis expensis dignitatem suam tueri.*

Jean tiii.

Idem circiter tempus apud Namnetas extremo supplicio affectus est Resius Franciæ Marescallus, jussu Britanniæ Ducis comprehensus, de horrendis multis sceleribus accusatus, atque convictus, quod nempe veneficia exerceret, quodque puellos necaret, postquam illis abominabili modo abusus fuerat, quodque de religione male sentiret. Lato judicio damnatus, suspensus, posteaque combustus fuit, & ante mortem magna, ut narrabatur, pœnitentiæ signa dedit.

Bellum contra Anglos felici semper exitu gerebatur. Poto de Santrallius mille pene lanceas secum habens & novem mille sagittarios, Luparias se contulit: oppidumque propugnaculis cinxit, validoque præsidio munivit, quo impediretur ne Angli qui Meduntæ & Vernonii erant cum Rothomagensibus Anglis coire & conjunctim agere possent. Eodemque tempore Brezæus Conchum obsedit, & ad deditionem compulit. Exinde vero præsidia Anglorum a tam frequentibus incursionibus abstinere coacta sunt.

Le

L'Eglise

CHARLES VII. dit LE VICTORIEUX.

L'Eglise étoit alors en trouble. Le Pape Eugene IV. s'étant brouillé avec le Concile de Basle, convoqua un autre Concile à Ferrare, & se retira. Les Prélats du Concile de Basle le déposerent alors, & élurent Amedée Duc de Savoie, sous le nom de Felix V. ce qui augmenta les brouilleries. Cependant les Rois de France, d'Angleterre, d'Ecosse, & la meilleure partie de la Chretienté demeurerent attachez à Eugene.

Les Anglois & les Gascons de Bourdeaux accompagnez du Captal de Buch, mirent le siége devant Tartas ville forte en ces tems-là, & qui se défendit long-tems. A la fin le Sire d'Albret fit un traité avec les assiegeans, que la ville lui seroit remise, & qu'elle demeureroit neutre sans courir sur les Anglois, & seroit pourtant en l'obéissance du Roi Charles.

1441.

L'an 1441. la veille de Pâques, Isabelle de Portugal Duchesse de Bourgogne vint trouver le Roi qui étoit alors à Lân, & qui la reçut magnifiquement. Elle venoit pour faire plusieurs demandes au Roi de la part du Duc de Bourgogne son mari. De l'avis de son Conseil il lui accorda quelques choses ; mais il lui refusa la plûpart de ses demandes comme préjudiciables au bien de son Etat. Après quelque séjour la Duchesse prit congé du Roi pour s'en retourner au Quenoi où étoit le Duc de Bourgogne son mari. Une peinture tirée du Manuscrit de Monstrelet de la Bibliotheque de M. Colbert, nous represente la Duchesse prenant congé du Roi. Ce qu'il y a ici de singulier, c'est que cette Princesse qui prend congé, est à genoux devant le Roi qui est assis, & ne paroît pas même vouloir se lever pour dire adieu à la Duchesse de Bourgogne, fille du Roi de Portugal, & femme d'un des plus puissans Princes de l'Europe.

PL. XLI.

Quoiqu'on eût ci-devant donné la chasse à ces brigands, qu'on appelloit les Ecorcheurs, il y avoit encore dans le Roiaume un grand nombre de pillards qui désoloient les campagnes, & ruinoient le pauvre peuple. Le Roi se rendit à Troie en Champagne pour tâcher de remedier au mal. Il fit prendre & executer plusieurs Chefs de ces pillards, l'un desquels fut un Bâtard de Bourbon. Et pour prevenir ces désordres, il fut ordonné que les gens de guerre se tiendroient dans les villes, & qu'on leveroit des tailles sur les particuliers pour les faire subsister.

Les Anglois de la garnison de Mante vinrent au mois de Février faire une

---

Le même.

Ecclesia tunc temporis turbis exagitabatur : Eugenius Papa IV. cum Basiliensi Concilio non concordans aliud Concilium Ferræriam convocavit, & a Basiliensibus disjunctus est. Basilienses autem Episcopi Eugenium de gradu & Pontificatu dejecerunt, & Amedeum Sabaudiæ Ducem delegerunt, qui Felix V. appellatus fuit ; id quod dissidia auxit. At Reges Franciæ, Angliæ, Scotiæ, & maxima pars Christianorum Eugenio hæsit.

Le même.

Angli & Vascones Burdigalenses cum Capitali Boiorum conjuncti, Tartasium munitissimum oppidum obsederunt ; longa fuit obsidio, præsidiariis sese strenue defendentibus ; tandemque Leporetæus Toparcha, pacta cum obsidentibus iniit, & hac conditione soluta obsidio fuit, ut oppidum neutri parti faveret, nec incursiones in Anglos faceret, sed tamen Regi Carolo semper obsequeretur.

Anno 1441. in vigilia Paschatis Isabella Regis Lusitaniæ filia, Burgundiæ *Ducissa* Regem adiit, qui tunc Lauduni erat, quique illam magnifice excepit. Multa ab Rege pro Duce Burgundiæ conjuge expetitura venit. Coacto consilio suo Rex ex postulatis ipsi quædam concessit ; sed multo plura negavit, quod illa in Regni sui damnum cederent. Post exactos ibidem dies aliquot, ab Rege dimissa, abscessit, & Quercetum, ubi conjux ejus erat, venit. Tabula depicta in codice quodam manuscripto Bibliothecæ Colbertinæ Isabellam Regi vale dicentem exhibet ; quodque admodum singulare videatur, hæc Princeps femina, quæ ab Rege dimittenda vale dicit ipsi, ante Regem sedentem genibus flexis est, nec videtur Rex assurgere velle, ut Burgundiæ Ducissæ vale dicat Regis Lusitaniæ filiæ, & uxori unius ex potentissimis Europæ Principibus.

Etsi jam pulsi & magna ex parte dissipati fuerant prædones illi, qui Laniones appellabantur, multi alii per Regnum erant qui prædas agebant, agros desolabantur, ac rusticos plebeiosque in extremam miseriam deducebant. Rex vero Trecas Campanienses se contulit, ut tanto malo medicam manum admoveret si posset. Ex prædonum ducibus plerosque apprehendi curavit & supplicio affici jussit, ex quorum numero fuit Nothus quispiam Borbonius. Utque tanto occurreretur damno, præceptum fuit, ut milites bellatoresque omnes in urbibus consisterent, utque a singulis vectigalia solverentur, ut ipsis ad vitam necessaria suppeditarentur.

Jean Chartier.

Præsidiarii Angli, qui Meduntæ erant, mense

Le même.

course vers Paris jusqu'à la porte Saint Jâques, enlevant ce qu'ils trouvoient, & emmenant des prisonniers. L'entreprise étoit trop hardie. On courut après eux ; on les atteignit, ils furent tous tuez ou pris, & l'on recouvra tout ce qu'ils avoient enlevé.

Creil pris. On avoit ci-devant entrepris le siége de la ville & du château de Creil, qui ne réussit pas. Le Roi fit assieger la place au mois de Mai, & s'y trouva en personne. Les assiegez firent une belle défense ; il y eut des assauts, & l'on se battit long-tems main à main. Les Anglois rendirent enfin la place par composition, & à condition qu'ils se retireroient avec leurs biens meubles. Les François prirent encore sur eux Beau-mesnil & Beaumont-le-Roger.

Vers le même tems les Anglois des garnisons de la province du Maine s'étant assemblez coururent la campagne, & prirent & pillerent la petite ville & le Monastere de Saint Denys en Anjou. Les François avec les Communes du payis s'assemblerent, fondirent sur eux, & les mirent en déroute. Il y en eut plusieurs de tuez & de pris, & ils y perdirent presque tous leurs chevaux. Des François il n'y eut que quatre ou cinq hommes tuez.

Siege & prise de Pontoise. Au mois de Juillet de la même année le Roi alla assiéger Pontoise, place très-forte, & importante à cause du voisinage de Paris. Le Roi demeura-là pendant tout le siége qui dura long-tems, & s'il alloit & venoit aux environs, c'étoit sans s'éloigner du camp. Dès le commencement du siége les Anglois firent une balade en François, où parlant avec beaucoup de confiance, ils témoignoient un grand mépris pour les François. Ceux-ci leur répondirent sur le même ton. Les assiegez se défendirent en braves, & la garnison fut plusieurs fois ravitaillée & augmentée en nombre d'hommes par Talbot, & par le Duc d'Yorc, qui présenterent bataille au Roi : mais il ne fut pas conseillé de la donner : son armée étant retranchée devant la place, il n'étoit pas à propos de quitter les travaux déja faits pour aller combattre l'ennemi. Au bout de trois mois de siége la ville fut emportée par un assaut general, & pendant que les François étoient occupez à ce siege, Jean Floquet Normand de nation surprit

---

Le même. Februarii incursionem fecere in agros Parisinos, & ad usque portam S. Jacobi, quæ occurrebant auferentes, captivosque abducentes. Eratque certe audax, imo temerarium facinus. Post illos itaque curritur, comprehensique omnes Angli vel cæduntur, vel captivi abducuntur. Quidquid vero abstulerant recuperatum fuit.

Credilium oppidum & castellum jam pridem obsessum fuerat a Francis, qui postea re infecta discesserant. Rex vero Carolus mense Maio istius anni oppidum obsedit, & obsidioni præsens fuit. Præsidiarii Angli obsidentibus fortiter obstiterunt : oppugnatum sæpe oppidum fuit, ita ut Franci & Angli, ceu in campo sæpe cominus pugnarent. Demum Angli oppidum & castrum dediderunt, pacta conditione, ut ipsi liberi abirent cum suppellectili sua. Franci etiam Bellum-mansionile, & Bellum-montem-Rogerii ceperunt, Anglisque abstulerunt.

Eodem circiter tempore, Angli ex præsidiis Cenomanensis tractus collecti, in agros incursiones fecerunt, ceperuntque oppidulum & Monasterium sancti Dionysii in Andegavensi tractu. Franci vero cum regionis incolis unà coacti convenerunt, Anglos invaserunt profligaruntque. Ex illis multi occisi, multi etiam capti sunt, omnesque ibi fere equos suos amiserunt. Ex Francis vero nonnisi quatuor vel quinque ceciderunt.

Le m. Mense Julio anni ejusdem Rex Pontisaram obsessum venit, munitissimam urbem, & , quod in Lutetiæ vicinia esset, Francis admodum expetendam. Rex Carolus obsidioni præsens erat ; quæ admodum diuturna fuit ; etsi quandoque huc & illuc properabat, non procul tamen a castris unquam, In obsidionis principio Angli oden Francico vulgari idiomate ediderunt, qua cum confidentia loquentes Francos admodum despicere profitebantur. Franci autem alteram oden ediderunt, qua Anglos maledictis incessebant. Præsidiarii hostem fortissime propulsarunt, queis sæpe novi præsidiarii immissi & adjuncti sunt cum re cibaria competenti, curante Talboto & Eboracensi Duce, qui etiam Regem ad pugnandum provocarunt : verum Rex de consilio suorum pugnam committere noluit. Cum enim exercitus in castris isset urbem cingentibus, & multæ contra urbem machinæ paratæ muros impeterent, non consentaneum rationi erat hæc omnia relinquere ad concertandum cum Anglis, Postquam per tres menses obsidio protracta fuerat, Francis omnibus simul cum impetu muros aggredientibus, expugnata tandem urbs fuit. Dum vero Franci obsidioni isti operam darent Joan-

ISABEL DE PORTUGAL DUCHESSE DE BOURGOGNE PREND CONGÉ DU ROI CHARLES VII.

la ville d'Evreux; des Anglois qui la gardoient plusieurs furent tuez ou pris. Les autres s'enfuirent à Vernon: d'autres Anglois surprirent en ce tems-ci une forteresse nommée Cornille ou Cornillon, & délivrerent tous les prisonniers Anglois qui y étoient gardez.

Les Anglois tenoient encore beaucoup de places en Gascogne, & faisoient souvent des entreprises pour étendre leurs limites. Le Roi voulant porter la guerre en ce païs-là se rendit à Toulouse, & forma une des plus grandes armées qu'il eût encore mis sur pied. Il alla d'abord assiéger Tartas, qui ne fit point de résistance. Le Sire de Conac qui tenoit la place, promit avec serment au Roi, qu'il seroit bon François. Les Anglois rendirent au Roi les ôtages donnez par le Sire d'Albret, lorsqu'il fut assiégé dans cette ville, & qu'il fit avec eux le traité dont nous avons parlé ci-dessus. De-là le Roi alla assiéger Saint Sever où il y avoit grosse garnison Angloise. Au troisiéme jour on donna à la ville un assaut general; la ville fut prise de force, il y eut beaucoup d'Anglois tuez, & quantité de prisonniers entre lesquels étoit le Senechal de Guienne.

1442.
Le Roi Charles fait la guerre en Gascogne.

On mit ensuite le siége devant la ville d'Acqs, mal-aisée à prendre par sa situation & par ses fortifications, bien munie de gens de guerre. Le siége dura six semaines. Ceux de dedans se défendirent en braves. On donna enfin un assaut general où le Dauphin Louis se signala: on prit ce jour-là un boulevart, & l'on se disposoit à recommencer l'assaut le lendemain; mais les assiegez demanderent à capituler. Les conditions furent que les Commandans rendroient aussi les châteaux de Bedols & de Servez, que les gens de guerre resteroient prisonniers, moiennant quoi la ville fut conservée dans ses privileges.

Une si grande quantité de troupes qui vivoient sur le païs, ne pouvoient manquer d'être à charge aux peuples. Les Bearnois s'assemblerent au nombre de quatre mille, & vinrent donner sur les François; mais ils furent d'abord mis en fuite, & perdirent sept cens des leurs. Le Roi se rendit de-là à Agen, d'où il envoia sommer Tonneins & Marmande de se rendre, ce qui fut fait sans aucune résistance: Milhaut & Mauvoisin se soumirent de même. On assiegea la Reole forte place, où il y avoit bonne garnison Angloise. La ville

---

nes Floquetus patria Normannus, imparatos Anglos invadens, Ebroicas cepit. Ex præsidiariis vero multi vel cæsi vel capti sunt: cæteri autem Vernonium aufugerunt. Hoc ipso tempore Angli castrum quoddam nomine Cornilium vel Cornilionem raptim invaserunt, omnesque Anglos, qui ibidem captivi detinebantur, in libertatem restituerunt.

Angli multa adhuc castra & oppida in Vasconia occupabant, utque fines suos ulterius proferrent, plurima tentabant. Rex autem cum in regionem illam bellum inferre vellet, Tolosam venit, & tantum collegit exercitum, quantum vix unquam duxerat. Primo Tartasium obsedit, quod oppidum statim Regi sese dedidit. Conacius vero qui præsidiariis præerat, sacramento adhibito pollicitus est se deinceps Francorum partibus addictum fore. Angli obsides à Leporetæo Toparcha datos Regi Carolo reddiderunt, quos scilicet ille tradiderat, cum pacta illa iniit, quæ jam memorata fuere. Inde Rex Carolus sancti Severi oppidum obsessum se contulit, ubi numerosum erat Anglorum præsidium. Tertio obsidionis die vi undique oppugnatum fuit oppidum, captumque est; multi Angli cæsi, nec pauciores capti sunt, ex quorum numero fuit Aquitaniæ Senescallus.

Sub hæc Carolus Aquas Tarbellicas obsedit, quod oppidum tum ex situ, tum ex structis undique propugnaculis aditu arduum, & difficile captu erat: ad hæc autem numeroso præsidio munitum. Obsidio per sex hebdomadas exercitum distinuit. Præsidiarii vero Francorum impetum strenue propulsarunt; demum vi undique muri oppugnantur. Ludovicus Delphinus fortissime decertavit, illoque die ex propugnaculis unum captum fuit: ac die sequenti pari vi & fortitudine continuanda oppugnatio erat: verum præsidiarii pro deditione pacisci postulavere. Hæ vero conditiones fuere, ut Præfecti cum oppido etiam Bedolium & Servezium castella dederent, ut armati viri & præsidiarii captivi manerent, & oppidum privilegia sua omnia servaret.

Tantus porro exercitus, qui annonam sibi ex præda & agrorum devastatione comparabat, nonnisi cum ingenti plebis detrimento ali poterat. Bearnani igitur quatuor mille numero collecti Francos sunt adorti; sed statim in fugam versi septingentos ex suis amisere. Rex Aginnum se contulit, indeque Marmandæ & Tonantii oppidanis denunciari jussit ut sese dederent, id quod sine ulla cunctatione factum est. Horum exemplum sequuta sunt Millialdum & Malevicinum oppida. Hinc ad Regulæ obsidionem ventum est, quod oppidum munitissimum numeroso Anglorum

fut prise par assaut au troisième jour. Le château tint plus long-tems, mais enfin la garnison Angloise capitula, & sortit le bâton blanc à la main.

Pendant ce siége de la Reole les Anglois de Bayonne surprirent la ville d'Acqs qui venoit d'être prise après un si long siége, & le château se rendit trois jours après. Le Roi s'en alla à Montauban, & puis à Toulouse, où il pacifia quelques affaires des Comtes de Comminge & d'Armagnac. De Toulouse le Roi vint à Poitiers d'où il envoia le Dauphin Louis pour commander dans le pays qui est entre la Seine & la Somme.

1442. Les Anglois assiegent Dieppe & sont battus.

Le Sire de Talbot le plus brave & le plus experimenté des Capitaines Anglois vint environ la Toussaint de l'an 1442. mettre le siége devant Dieppe, & fit bâtir à la montagne voisine une grande bastille de bois, où il mit, selon Jean Chartier, deux cens canons. La place étant dépourvuë de gens de guerre, le Comte de Dunois y alla accompagné d'environ mille Gendarmes, & y fit entrer du monde pour la défendre. Il y eût pendant ce long siege des attaques fréquentes, où les François se défendoient vaillamment. Au mois de Mars suivant le Roi Charles y envoia un nouveau renfort de troupes, qui entra dans la ville.

Pour obliger les Anglois à lever le siége, Louis Dauphin, qui étoit parti du Poitou, vint sur la Somme où il ramassa beaucoup de Gendarmes, & se rendit devant Dieppe avant la mi-Août. Après avoir reconnu les retranchemens des Anglois, & sur-tout la grande bastille dont nous venons de parler, il la fit attaquer. Le combat fut rude & sanglant: les François furent d'abord repoussez, & perdirent bien de leurs gens, mais le Dauphin les encourageant toujours, ils revinrent à l'attaque & emporterent cette bastille où il y eut trois cens Anglois tuez. Ils laisserent-là une quantité extraordinaire d'artillerie, qui fut amenée dans Dieppe. Le Dauphin Louis se fit beaucoup d'honneur en cette occasion: la bastille aiant été emportée d'assaut, Dieppe fut absolument délivrée du siege.

PL. XLII.

L'attaque de cette bastille se voit ici représentée. Elle a été tirée par M. de Gagnieres d'un Manuscrit de la Bibliotheque du Roi. La bastille avoit une enceinte de hautes planches fort épaisses: on n'avoit rien oublié pour la solidité de la structure. Dans cette enceinte on remarque plusieurs redans pour la dé-

præsidio defendebatur. Oppidum tertio obsidionis die vi expugnatum fuit. Castellum vero diutius obsidentium impetum propulsavit. Tandem Angli illa conditione castellum dediderunt, ut singuli baculo albo nixi quo vellent abirent.

Dum Regula obsideretur Angli Baionenses Aquas Tarbellicas ex improviso ceperunt, quæ post tam diuturnam obsidionem nuperrime captæ fuerant. Arx vero seu castellum post triduum deditionem fecit. Rex in Montem-Albanum, indeque Tolosam se contulit, ubi aliquot negotia inter Comites Convenarum & Armeniacensem composuit. Tolosa Rex in Pictavorum urbem venit, indeque Delphinum Ludovicum misit, ut imperaret in regione tota inter Sequanam & Somonam sita.

Jean Chartier.

Talbotius Anglorum omnium ducum fortissimus, & in re bellica peritissimus, circa festum omnium Sanctorum anni 1442. Dieppam obsessum venit, & castellum grande ligneum in vicino monte strui curavit, ubi narrante Joanne Carterio, ducenta pyria tormenta posuit. Cum autem pauci in urbe bellatores viri essent, Comes Dunensis cum armatis mille viris venit, & pugnatorum manum in urbem immisit. Diuturna obsidio fuit, frequenterque oppugnati sunt præsidiarii Franci, qui strenue hostem propulsarunt. Mense Martio sequenti Rex Carolus novam militum manum misit, quæ in urbem ingressa est.

Ut porro Angli ab obsidione removerentur, Ludovicus Delphinus ex Pictavis profectus ad Somonam venit, & milites copiasque multas collegit, indeque prope Dieppam se contulit ante medium Augustum mensem. Cum porro Anglorum propugnacula exploravisset, maximeque castellum illud grande ligneum supra memoratum, ipsum impeti jussit; aspera & cruenta pugna fuit. Franci statim depulsi sunt, multosque suorum amiserunt: verum Delphino ipsis animos faciente & hortante, strenue denuo concertarunt, castellumque expugnavere, ubi trecenti Angli occisi sunt, tormentorumque bellicorum vim magnam ibidem reliquerunt, quæ omnia Dieppam deducta fuere. Grandem sibi Delphinus laudem hic peperit. Expugnato ligneo castello, obsidio ab Anglis soluta fuit.

Castelli istius lignei oppugnatio hic repræsentatur, qualis a D. Gagnerio ex manuscripto quodam regio educta fuit. Castellum tabulis ligneis densissimis cinctum erat. Nihil omissum fuerat quod ad structuræ firmitatem conferre posset. In hac circumposita lignea structura anguli plurimi observantur ad defensionem.

CHARLES VII. dit LE VICTORIEUX. 229

sense. Le dedans est plein de grandes tentes & d'Anglois qui sont fort en mouvement pour repousser les François qui les attaquent par plusieurs endroits & montent par des échelles. Ceux qui sont au haut de l'échelle se battent de main à main contre les Anglois. Les soldats François sont vêtus partie de bleu, partie de rouge, & portent la marque de la Croix blanche, au lieu que les Anglois ont celle de la Croix rouge. Les échelles sont appuyées sur des machines, dont je ne comprens pas bien l'usage.

Le Dauphin paroît à la tête d'une troupe tenant l'écu de France écartelé de Dauphiné, & une pique de la droite. Les Archers François tirent sans cesse. La banniere Angloise est arborée dans la Bastille, portant de France écartelée d'Angleterre, & la banniere des François qui est au pied de la muraille de bois, porte de France écartelé du Dauphiné. Un Soldat met le feu à deux canons montez sur quelques pieces de bois : ces canons sont entourez de grosses barres de fer pour mieux résister à l'effort de la poudre. Auprès de ces canons est une troupe de gens armez, dont les deux premiers portent l'un un grand bouclier de bois quarré long, & l'autre un plus grand tissu d'osier.

Le Dauphin Louis entra dans la ville, & fit pendre tous les François qui avoient été pris au service des Anglois, & aussi quelques Anglois, qui lui avoient dit des injures pendant l'attaque ; les autres demeurerent prisonniers. Il établit Charles Desmarets Gouverneur de la place, & dédommagea les habitans de Dieppe des pertes qu'ils avoient faites pendant le siege.

Au mois d'Octobre suivant le Roi étant à Saumur eut nouvelle qu'après la mort de la Comtesse de Comminge, le Comte d'Armagnac s'étoit saisi des places du Comté de Comminge, où étoient les sauve-gardes du Roi : qu'il traitoit avec les Anglois, & vouloit marier sa fille avec le Roi d'Angleterre : qu'il avoit retiré ses troupes du service du Roi, & s'en servoit pour ravager les terres de son obéissance. Le Roi le fit sommer de lui remettre les places du Comminge, de mettre fin à tout commerce avec les Anglois, & de retirer ses troupes du Rouergue. Sur le refus qu'il fit de lui obéir, il envoia le Dauphin Louis avec de bonnes troupes pour ramener ce rebelle à son devoir. Il se rendit en Rouer-

---

Castellum intus conspectum plenum visitur tentoriis & Anglis in motu magno versantibus, ut Francos propulsent, qui plurimis in locis ipsos aggrediuntur, & scalis admotis ascendunt. Qui in summas scalas pervenerunt cum Anglis manu concertant. Franci milites partim rubris, partim cæruleis vestibus teguntur, & crucem albam insigne gestant ; Angli vero rubram. Scalæ machinis quibusdam fulciuntur, quarum usum non ita probe calleo.

Delphinus in turma quadam princeps & prior observatur scutum tenens, in quo insignia Franciæ insignibus Delphinatus conjuncta observantur. Sagittarii Franci sagittas perpetuo emittunt. Anglicum vexillum in suprema castelli parte erigitur, insignia regia Franciæ cum insignibus Angliæ juncta exhibens. Et vexillum Francorum ad imam muri lignei partem positum, insignia habet regia Franciæ cum Delphinatus insignibus conjuncta. Miles quidam duobus tormentis pyriis ignem admovet : quæ tormenta lignei trabibus fulciuntur, tormentorumque tubi densis ferreis vectibus circumdantur ad firmitatem, utque incensi pulveris pyrii vim ferre possint. Propter tormenta illa bellica armatorum manus visitur. Duo autem illorum primum occupantes ordinem scuta tenent magna ; alter videtur scutum ligneum quadratum ; alter vero majus scutum, ex viminibus contextum hosti opponere.

Ludovicus Delphinus in urbem ingressus est, Francosque omnes qui capti fuerant, & pro Anglis militabant, suspendio vitam finire jussit, etiamque Anglos nonnullos, qui maledicta in se protulerant dum oppugnarentur : cæteros vero captivos detinuit. Desmaresium autem urbis Præfectum constituit, & damna quæ Dieppenses cives obsidionis tempore pertulerant, oblatis donis compensavit.

Octobri mense sequenti Regi Carolo, Salmurii cum esset, nunciatum est, post obitum Comitissæ Convenarum, Comitem Armeniacensem castra & oppida Convenarum occupavisse, ubi tamen custodes Regii erant, ipsumque cum Anglis rem agere, velleque filiam suam Regi Anglorum nuptui dare, copias suas ex regiis exercitibus revocasse, iisque uti ad devastandos regiæ Franciæ ditionis agros. Rex vero denunciari illi præcepit, ut Convenarum castra & oppida sibi restitueret, cum Anglis rem agere & commercium habere cessaret, & ex Rhutenorum tractu copias suas evocaret. Illo jussa spernente, Rex Ludovicum Delphinum misit cum pugnatorum manu valida, ut rebellem virum in ordinem redigeret. Ludovicus autem in Rhutenensem provinciam se contulit,

Berri.

Ff iij

gue, & obligea Salafar Capitaine Efpagnol, qui étoit ci-devant au fervice du Roi, mais qui l'avoit quitté avec fa compagnie, pour fe donner à Armagnac, de lui remettre cette même compagnie, à laquelle il donna un Capitaine affectionné au Roi Charles, & congedia Salafar tout feul. Il fe rendit de-là à Touloufe, & marcha vers l'Ifle-Jourdain où étoit le Comte d'Armagnac, qui ne fe jugeant pas en état de lui réfifter, vint au-devant de lui pour implorer fa clemence. Le Dauphin le fit faifir, & l'envoia à Lavaur où on le mit fous fûre garde avec fon fils puîné & fes deux filles. Le Dauphin fe faifit après du Comté d'Armagnac, où il mit un Gouverneur, & revint auprès du Roi fon pere.

1444. Treve avec l'Angleterre.

Après une guerre fi longue & fi meurtriere, il étoit tems qu'on refpirât un peu de part & d'autre. Le premier jour de Juin de l'an 1444. les Rois de France & d'Angleterre firent une treve pour vingt-deux mois, qui devoit commencer le premier de Juin de cette année, & finir le 22. Avril 1446. Le Roi de Sicile pria alors le Roi Charles de le fecourir pour réduire la ville de Mets, & d'autres places qu'il difoit lui appartenir. D'un autre côté le Duc d'Autriche demandoit du fecours contre les Suiffes qui s'étoient fouftraits de fa domination.

Expedition de Louis Dauphin en Alface.

Le Roi envoia le Dauphin Louis en Alface avec une armée confiderable pour faire la guerre aux Suiffes. Cette armée étoit compofée de François joints à huit mille Anglois que le Roi Henri avoit envoiez pour groffir la troupe. Louis alla d'abord affieger Montbelliard, qu'il prit par compofition, & y laiffa bonne garnifon. Il vint enfuite du côté de Bafle, & tira vers les Suiffes. Ils marcherent contre lui au nombre de fix mille. Le combat qui fut rude & fanglant, dura trois ou quatre heures. Les Suiffes ne pouvant plus foutenir l'effort de ces troupes aguerries, fe retirerent dans un clos de vignes auprès d'une Abbayie, où ils fe défendirent encore affez long-tems, & laifferent ce jour quatre mille des leurs fur la place. Le Dauphin s'approcha enfuite de Bafle où fe tenoit alors le Concile, qui lui députa quatre Cardinaux, autant d'Evêques, & beaucoup d'autres perfonnes notables. Ils lui offrirent de lui donner entrée dans la ville, pourvû qu'il y vînt en petite compagnie. Il refta encore quelque tems dans la haute Alface, où fes gens faifoient des courfes & un butin confiderable ; mais ils recevoient auffi quelquefois des échecs qui diminuoient la troupe. Le Prince

& Salafaro Hifpano duci, qui pridem pro Rege Francorum militabat, & illo relicto cum cohorte fua ad Armeniacenfem Comitem defecerat, edixit, ut cohortem illam fibi reftitueret, cui ipfe Tribunum præfecit Caroli Regis partibus hærentem ; Salafarum vero folum dimifit. Hinc Delphinus Tolofam venit, & verfus Infulam-Jordanis movit, ubi tunc erat Comes Armeniacenfis, qui fe viribus longe imparem fentiens, obviam ipfi venit ut ejus clementiam imploraret. Delphinus ipfum comprehendi & Vaurum mitti juffit, ubi fub tuta cuftodia pofitus eft cum filio fuo minore filiabufque duabus. Delphinus poftea Armeniacenfem Comitatum occupavit, ubi Præfectum pofuit, & ad patrem reverfus eft.

Jean Chartier. Matthieu de Coucy.

Poft adeo diuturnum cruentumque bellum, tempus erat ut aliquantum utrinque refpiraretur. Primo itaque Junii die anni 1444, Reges Franciæ & Angliæ pro viginti duorum menfium fpatio inducias fecerunt, quarum initium fuit primo die Junii iftius anni 1444. Finis vero futurus erat die 22. Aprilis anni 1446. Tunc porro Renatus Siciliæ Rex Carolum Regem rogavit fuppetias fibi ferret ut Metenfem urbem, aliaque oppida & caftra, quæ ad fe pertinere dicebat, in ordinem redigeret. Ex altera vero parte Dux Auftriæ opem poftulabat contra Helvetios, qui fe ex ipfius dominio atque ditione fubmoverant.

Rex vero Carolus Delphinum mifit in Alfatiam cum numerofo exercitu, ut contra Helvetios bellum gereret. Qui exercitus Francorum turmis & cohortibus, & octo mille Anglis, quos Rex Henricus miferat, conftabat. Statim vero Delphinus Montem-Belligardum obfedit, & pacta conditione cepit, validoque præfidio munivit : inde Bafileam verfus movit, & ad Helvetios fe contulit. Hi ftatim fex mille numero contra illum profecti funt. Acris & cruenta pugna fuit trium circiter vel quatuor horarum fpatio : deindeque cum non poffent Helvetii tot cohortes bello affuetas depellere, fefe in vinearum fepta receperunt prope Abbatiam quamdam, ibique nec modico tempore hoftem propulfavere, illaque die quatuor millia cæforum in folo ftrata reliquerunt. Delphinus poftea prope Bafileam acceffit, ubi tunc Concilium celebrabatur. Cœtus autem Antiftitum ad ipfum quatuor Cardinales, totidem Epifcopos, multofque alios infignes viros mifit, qui ipfi facultatem obtulere ipfam in urbem intrandi, cum modico tamen comitatu. Aliquanto tempore Ludovicus in fuperiori Alfatia manfit, ubi exercitus fui cohortes incurfiones faciebant, prædafque magnas agebant ; fed aliquando etiam cædebantur, & hinc exercitus in dies mi-

se retira enfin avec son armée, repassa par Montbeliard, & revint joindre son pere.

Tandis que le Dauphin étoit occupé à cette expedition, le Roi Charles assembla des troupes considérables pour aller reduire la ville de Mets. Les Auteurs ne conviennent pas de la cause pour laquelle il leur fit la guerre. La plûpart disent qu'il l'assiégea pour la remettre sous l'obeïssance de René Roi de Sicile, & Duc de Lorraine. Matthieu de Couci qui rapporte la chose plus au long, assure que le Roi Charles prétendoit qu'elle étoit sujette aux Rois de France, mais que pendant les troubles & les grandes guerres qui avoient long-tems désolé la France, les habitans s'étoient soustraits de leur domination ; en sorte que quand l'Empereur vouloit les soumettre à son empire, ils lui répondoient, qu'ils étoient & avoient été de tout tems sujets au Roi de France, & que quand le Roi de France vouloit les réduire à leur devoir, ils lui soûtenoient qu'ils appartenoient à l'Empire. Le Roi marcha donc contre eux avec une armée, prit toutes les places & forteresses qu'ils tenoient autour de leur ville, où il mit le siége. Son armée fut long-tems occupée à ce siege : les habitans entrerent enfin en composition ; & convinrent qu'ils donneroient au Roi pour les frais du siége deux cens mille écus.

Siege de Mets.

1445.

En la même année le Roi Charles fit l'accommodement entre René Roi de Sicile & le Duc de Bourgogne. René avoit été prisonnier du Duc, & avoit recouvré sa liberté à certaines conditions, comme nous avons dit ci-devant. Ils étoient sur cela en different. Pour terminer cette affaire le Duc de Bourgogne envoia la Duchesse sa femme bien accompagnée, & le Roi les mit d'accord. La Dauphine Marguerite d'Ecosse mourut cette année, & ne laissa point d'enfans.

Une des meilleures actions que fit le Roi Charles, ce fut le bon ordre qu'il établit dans la Milice Françoise, qui vivoit auparavant sans discipline, & ne subsistoit le plus souvent que de pillage : elle étoit fort mêlée de gens qui ne servoient à autre chose qu'à ruiner les campagnes. Ceci est rapporté diversement par differens Auteurs, ce qui peut venir de ce que les premieres Ordonnances furent changées. Voici comme en parle un Auteur du tems. Il fut résolu qu'on retiendroit quinze cens hommes d'armes, autant de Coustilliers,

Ordre établi dans la Milice.

---

nuebatur. Ludovicus tandem cum exercitu receptui cecinit, per Belligardum-montem transivit, atque ad patrem reversus est.

Dum expeditionem hujusmodi Delphinus faciebat, Rex Carolus copias multas collegit, ut Metas urbem in ordinem redigeret. Non una est Scriptorum circa hujusce belli causam sententia. Maxima pars dicunt ipsum Metas obsedisse, ut sub potestatem Renati Siciliæ Regis & Lotharingiæ Ducis redigeret. Matthæus vero Cuciacensis qui rem pluribus narrat, ait Regem Carolum contendisse urbem istam ad Reges Francorum pertinere ; sed cum diuturno admodum tempore Francia motibus & bellis agitata fuisset, Metenses se ab eorum dominatu submovisse ; ita ut cum Imperator illos imperio suo subjicere vellet, responderent se Regis Francorum subditos & esse & semper fuisse, & cum Rex Francorum illos in ordinem redigere vellet, dicerent se ad Imperium pertinere. Rex igitur cum exercitu contra illos movit, omniaque castra & oppida quæ ipsi circa urbem suam occupabant, cepit, urbemque ipsam obsedit. Diuturna fuit obsidio : cives tandem cum Rege pacti sunt, illa conditione, ut ipsi Regi pro sumtibus obsidionis ducenta scutorum millia numerarent.

Eodem anno Rex Carolus lites Regem inter Siciliæ Renatum & Ducem Burgundiæ denuo subortas composuit. Renatus Ducis Burgundiæ captivus & sub custodia detentus fuerat, libertatemque demum nactus fuerat, uti supra diximus. Ea vero de re nova dissensio nata fuerat. Dux Burgundiæ uxorem suam cum proceribus multis misit ; & Carolus Rex litem prorsus diremit. Hoc ipso anno sine prole obiit Margarita Scotorum Regis filia, Ludovici Delphini uxor.

Matthieu de Couci.

Inter laudabiliora Regis Caroli gesta hoc censeri potest, quod Francicæ militiæ ita prospexerit, ut cum recto deinceps ordine omnia procederent. Antehac enim nulla pene disciplina militaris servabatur, militesque ex præda ut plurimum victum parabant. Inter milites autem alii inferioris ordinis, nonnisi ad agros devastandos utiles erant. Hæc porro varie narrantur a diversis Scriptoribus : quæ varietas inde fortasse nasci potuit, quod primæ hac de re factæ constitutiones, mutatæ postea fuerint. Hac de re quidam istius temporis Scriptor talia fatur : decretum fuit, ut mille quingenti Milites retinerentur, totidemque Cultellarii & tres

Hist. chronologique du Roi Charles, p. 427.

& trois mille Archers, qui avoient leurs Capitaines, & devoient être logez & nourris dans des villes. On leur assigna une quantité de vivres que les peuples leur devoient fournir. Cette Ordonnance fut depuis changée. Il fut établi qu'il seroit payé à chaque homme d'armes qui avoit un page, *un gros valet*, deux Archers & un Coustillier, trente francs par mois. Et pour pouvoir suffire à cette dépense, on mit une taille qui fut appellée *la taille des Gendarmes*. Après qu'on eut choisi ces Gendarmes sur toutes les troupes, on donna congé à tous les autres avec ordre de se retirer chez eux, & avec pleine remission des crimes qu'ils pourroient avoir commis par le passé.

1446. Les Gennois fatiguez des changemens qui arrivoient souvent dans leur Gouvernement, résolurent de se donner au Roi de France, & lui envoierent des Ambassadeurs pour le prier d'accepter l'offre qu'ils lui faisoient de leur Seigneurie. Le Roi leur envoia l'Archevêque de Rheims, & quelques autres pour en prendre possession. En ce tems-là Janus de Campo-Fregoso prit quelques places au nom du Roi de France, & s'empara de Gennes, l'en fit déclarer Duc, & quand les gens du Roi vinrent pour en prendre possession, il leur dit qu'il vouloit garder pour lui ce qu'il avoit conquis à la pointe de l'épée.

1446.
1447.
L'an 1446. la treve fut renouvellée entre la France & l'Angleterre, depuis le premier d'Avril jusqu'au même jour de l'année suivante. Elle fut encore prolongée après ce terme, dans l'esperance qu'on pourroit venir à une bonne paix : & ce second terme étant expiré, on prolongea encore cette treve pour deux ans.

Le nouveau schisme qui s'étoit introduit, faisoit déja un grand bruit dans la Chretienté, & le Roi Charles s'interessoit beaucoup pour la paix de l'Eglise. Il envoia des Ambassadeurs à Eugene IV. & à Felix V. dans le dessein de faire reconnoître le premier & de procurer à l'autre une dignité honorable dans l'Eglise, à condition que toutes censures seroient levées de part & d'autre. Cependant le Pape Eugene vint à mourir, & les Cardinaux élurent Nicolas V.
1448. Le Roi sollicita vivement Amé de Savoie ou Felix V. de se demettre sous des conditions honorables, & les Ambassadeurs d'Angleterre s'étant joints aux siens, Felix se démit enfin, & rendit ainsi la paix à l'Eglise.

mille Sagittarii qui duces suos habérent, quique in urbibus & oppidis habitarent, & alimenta acciperent: ac quanta ipsis a populo cibaria subministranda essent assignatum fuit. Hæc porro constitutio deinde mutata est, statutumque fuit ut militibus seu *viris armorum* singulis, quorum quisque habebat puellum honorarium, famulum, sagittarios duos, & Cultellarium unum, triginta libræ ad singulos menses numerarentur. Et ut hæc suppeditari possent, vectigal impositum fuit, cui nomen erat *vectigal militum*. Postquam autem hi milites inter alios omnes delecti fuere, dimissi sunt alii, queis jussum est patriam repetere: hique liberi declarati sunt ab omni pristinorum facinorum scelerumve perquisitione.

Genuenses cum mutationes illas perpetuas, quæ in Republica sua contingebant, ægerrime ferrent, Regi Francorum sese dedere decreverunt, ad eamque rem Oratores ipsi miserunt rogantes oblatum sibi in Genuenses dominatum admitteret. Rex Genuam misit Archiepiscopum Rhemensem & quosdam alios qui suo nomine dominatus hujusmodi possessionem acciperent. Inter hæc autem Janus de Campo-Fregoso aliquot castra Regis Francorum nomine cepit, ipsamque Genuam occupavit, acsibi Ducis nomen attribui curavit. Et cum ii, qui a Francorum Rege mittebantur, possessionem accepturi venerunt : dixit ille, in proposito sibi esse illa servare sibi, quæ vi armorum ipse acquisisset.

Anno 1446. induciæ renovatæ sunt inter Franciam & Angliam a prima die Aprilis ad usque eamdem diem anni sequentis ; quo etiam transacto tempore, protractæ denuo induciæ sunt, nec sine spe, induciarum tempore posse etiam pacem certam conciliari, & hoc quoque decurso temporis spatio, induciæ adhuc ad annos duos statutæ fuere.

Novum schisma paulo ante inductum, ut diximus, rumorem magnum inter Christianos excitabat, Rexque Carolus qui Ecclesiæ paci admodum studebat, Oratores misit Eugenio IV. & Felici V. eo animo ut priorem confirmaret, alteri vero dignitatem procuraret ; qua posset cum honore inter Christianos versari, illa conditione ut censuræ omnes utrinque prolatæ, nullæ declararentur. Interea Eugenius IV. defunctus est, & in ejus locum Cardinales Nicolaum V. delegerunt. Rex vero Carolus apud Amedeum Sabaudiæ Ducem, qui Nicolaus V. Pontifex vocabatur, solicite id egit, ut Pontificatum, honorabilibus positis conditionibus, abdicaret, cumque Anglici Oratores cum Francis eadem de causa juncti fuissent, Felix tandem Pontificatum deposuit, atque ita Ecclesiæ pax reddita fuit.

L'institution

CHARLES VII. dit LE VICTORIEUX.

L'inſtitution des Francs-Archers fut faite en cette année 1448. Il fut ordonné qu'en chaque parroiſſe il y auroit un archer choiſi ſur tous les hommes de la parroiſſe : que ces archers ſeroient tous munis de ſalade, dague, épée, arc, trouſſe & brigandine. Ils devoient s'exercer à tirer de l'arc aux jours de fêtes. On leur donnoit quatre francs par mois. Ils devoient être exempts de toutes tailles & impots, & toujours prêts à marcher pour le ſervice de l'Etat.

Francs Archers.

Cette même année la veille de l'Annonciation de Notre-Dame, les Anglois violerent la trêve qui devoit durer juſqu'à l'année ſuivante, & ruinerent leurs affaires en France. François de Surienne, dit l'Aragonnois, qui étoit au ſervice du Roi d'Angleterre, ſe mit à la tête de pluſieurs Anglois, qui ſurprirent la ville de Fougeres en Bretagne, aux confins de la Normandie, tuerent pluſieurs des habitans, firent des priſonniers, pillerent les Egliſes, violerent femmes & filles, & firent des courſes en Bretagne comme en guerre ouverte. Ils remporterent de-là un grand butin, qui montoit à ſeize cens mille écus, ce qui paroit incroiable. Le Duc de Bretagne ſollicita le Roi d'en tirer vengeance, & ſe prépara lui-même à ſe mettre en campagne pour leur faire la guerre.

Treve violée par les Anglois.

On envoia des Ambaſſadeurs en Angleterre & au Duc de Sommerſet pour demander réparation des dommages. Ils deſavouerent Surienne; mais pour le reſte ils uſerent de beaucoup de remiſes. Il ſembloit qu'ils n'avoient nulle envie de donner ſatisfaction. Le Duc de Bretagne impatient de tant de délais, fit ſurprendre le Pont de l'Arche ſur les Anglois, après quoi la guerre recommença tout de bon. Gerberoi en Beauvoiſis, que les Anglois tenoient, fut emporté par eſcalade : ils perdirent encore Conches. En Gaſcogne un Gentilhomme nommé Verdin, prit ſur les Anglois Coignac & Saint Maigrin. On renouvella avec eux les Conferences pour la paix, mais cela n'aboutit à rien. La guerre fut déclarée aux Anglois : le Roi d'Ecoſſe qui ſe plaignoit auſſi qu'ils avoient violé la treve, dans laquelle il étoit compris, reprit les armes contre eux.

1449.

Un Meunier de Verneuil, que les Anglois avoient maltraité, livra cette ville aux François, qui aſſiegerent une groſſe tour, où les Anglois s'étoient retirez. Le Roi Charles déclara alors le Comte de Dunois Lieutenant General de ſes

Guerre en Normandie.

Inſtitutio Francorum ſeu liberorum ſagittariorum hoc anno 1448. peracta eſt. Præceptum ſcilicet fuit, ut in qualibet parochia Sagittarius unus eſſet, inter viros omnes ejuſdem parochiæ delectus; ut ſagittarii illi omnes muniti eſſent galea levi, pugione, gladio, arcu, pharetra & thorace, ut feſtis diebus in arcuum & ſagittarum tractatione ſeſe exercerent. Iis aſſignabantur ad menſes ſingulos Franci quatuor. Erant porro illi ab omnibus vectigalibus, tributis, ſubſidiis ferendis liberi & exempti, ſemperque parati eſſe debebant ut ad bellum vocati ſtatim proficiſcerentur.

Hoc ipſo anno in vigilia Annunciationis Beatæ Mariæ, inducias quæ ad annum uſque ſequentem ex pacta conditione protrahendæ erant, Angli violarunt; ſicque res ſuas in Franciæ Regno peſſum dederunt. Franciſcus de Surienna Aragonenſis dictus, qui pro Rege Angliæ militabat, aſſumtis ſecum pluriimis Fugetiam Britanniæ Armoricæ oppidum in confinio Normanniæ ſitum ex improviſo cepit. Angli ex oppidanis multos interfecerunt, alios captivos abduxerunt, Eccleſias expilarunt, mulieres & puellas violavere, & per Britanniam, ac ſi in terra hoſtili fuiſſent, incurſiones fecerunt, prædaſque ingentes egerunt ; ita ut, narrante hiſtoriæ Scriptore, manubiarum precium ad mille ſexcenta millia ſcutorum pertingeret, quod incredibile videatur eſſe. Dux porro Britanniæ apud Regem Carolum inſtitit, ut tam indignum facinus ulciſceretur, ipſeque ad bellum Anglis inferendum ſeſe totis viribus apparavit.

Oratores autem in Angliam & ad Sommerſetium miſſi ſunt, qui ut damna ſarcirentur expeterent. Illi vero Suriennam injuſſu ſuo hæc perpetraſſe teſtificati ſunt; quod reliquum autem erat, ut nempe illata damna ſarcirentur, non curavere ; ſed procraſtinatione incuriaque magna ſunt uſi. Dux porro Britanniæ cunctationem tantam non ferens, Pontem-Arcus oppidum, quod occupabant Angli, ex improviſo occupari juſſit; tuncque bellum aperte reſumtum fuit. Gerberedum in Bellovacenſi agro, quod oppidum Angli occupabant, ſcalis admotis captum eſt. Angli Conchas etiam amiſere. Vir nobilis in Vaſconia Verdinus nomine, Conacum & ſanctum Macrinum Anglis abſtulit. De pace tamen reſtituenda cum Anglis agitur; verum re infecta diſceditur, bellumque ipſis denunciatur. Rex Scotiæ item, qui de fractis induciis & ipſe querebatur, arma contra illos ſumſit, bellumque ipſis indixit.

Molendinarius Vernolienſis, quicum Angli aſpere egerant, Vernolium Francis arte tradidit, qui turrim magnam ſive arcem, in quam Angli ſe receperant, obſederunt. Tunc Rex Carolus Comitem Dunenſem exercituum ſuorum Præfectum generalem declaravit.

Le même.

Tome III.   G g

armées. Les Comtes d'Eu & de Saint Paul prirent de force le château de Nogent, & le brulerent, parce que la garde en étoit difficile. Ils allerent ensuite joindre le Comte de Dunois, & tous ensemble attaquerent si vigoureusement Pontaudemer, qu'il fut pris d'assaut malgré la grande résistance des Anglois.

Conquêtes des François en Normandie.

En ce même tems le Comte de Douglas Ecossois faisoit avec succès la guerre aux Anglois en Ecosse. Cette diversion fut favorable aux François, qui prirent la grosse Tour de Verneuil, & depuis Saint James de Beuvron: Lisieux se rendit sans attendre qu'on en formât le siége. Le Comte de Dunois alla ensuite assieger Mante. Les habitans craignant d'être pillez si la ville étoit prise d'assaut, prirent les armes, se saisirent d'une porte & d'une tour, & y introduisirent les François. La garnison Angloise voiant qu'elle ne pouvoit éviter d'être forcée, capitula à des conditions assez avantageuses & se retira.

Les conquêtes des François en Normandie alloient toujours avec rapidité. Le château de Loigni fut pris: on somma Vernon de se rendre, & après une légere résistance, les habitans forcerent la garnison Angloise de capituler. Le Roi donna le domaine de cette ville au Comte de Dunois qui l'avoit prise. Un grand nombre de châteaux & places tomberent alors sous la domination des François; les châteaux de Dangu & d'Harcourt, la ville & château de Gournai, la Roche-Guion, Neuf-Chastel, Nicourt, Chambray, Essay, l'Abbayie de Fécamp. D'un autre côté le Duc de Bretagne étant entré avec une armée considerable dans la basse Normandie, prit plusieurs bonnes villes; Coutance, Saint Lo, Carentan, & un grand nombre de châteaux.

En ce même tems, le Duc d'Alençon prit par intelligence la ville capitale de son Duché; & le Comte de Foix Lieutenant General pour le Roi en Guienne & aux Monts Pyrenées, prit sur les Anglois la ville de Mauleon. La guerre prenoit ainsi le train de bien-tôt finir par la prise de tout ce qui restoit aux Anglois en Guienne & en Normandie. Toucque, Hiemes & Argentans tomberent en la puissance du Roi Charles; Fresnay & Gisors les suivirent de bien près.

Après que les environs de Rouen eurent été nettoiez de garnisons Angloi-

Comites Augæ & sancti Pauli castellum Novigenti vi ceperunt incenderuntque, quia difficile servari, defendique poterat. Ambo autem postea Dunensem Comitem junctum venere, & simul cum tanta vi & impetu Pontem Audemari oppugnavere, ut strenue licet Francos Angli propulsarent, oppidum captum fuerit.

Eodem tempore Comes Duglasius in Scotia bellum cum Anglis gerebat, quod bellum Angli ut sustinerent copias diducere suas coacti sunt, indeque Franci facilius castella & urbes, Anglicis munitas præsidiis, expugnarent. Magna turris seu arx Vernoliensis capta fuit, exindeque S. Jacobus de Beveronio in Francorum manus cecidit. Lexovium sese ipsis dedidit, non exspectata obsidione. Comes Dunensis postea Meduntam obsedit. Oppidani vero metuentes ne si vi expugnarentur, bona amitterent omnia, armis sumtis ex portis unam atque turrim occuparunt, & Francos intromisere. Tum præsidiarii Angli videntes se mox cæsum iri, pactis conditionibus iisque honestis, alio commigrarunt.

Le même. Sic mira celeritate Franci urbes, castra & oppida Normanniæ in potestatem redigebant suam. Logniacense castellum captum est. Vernonii oppidanis denunciatum fuit, uti sese dederent; ii Anglos præsidiarios postquam aliquantulum decertassent, uti deditionem facerent compulerunt. Rex porro Vernonii dominium Comiti Dunensi dedit, qui ipsum ceperat. Quam plurima tunc castra & oppida in Francorum manus devenere, Dangutum, Harcurtium, Gornacum oppidum & castellum, Rupes-Vidonis, Novum-Castellum, Nicurtium, Cambraium, Essaium, Fiscaniensis Abbaria. Ex alia vero parte Dux Britanniæ in Normanniam inferiorem cum numeroso exercitu ingressus, urbes plurimas cepit, Constantia castra, Carentonium, sanctum Laudum, & quam plurima castella.

Eodem tempore Dux Alenconius, Ducatus sui urbem præcipuam Alenconium, civibus quibusdam secum consentientibus, arte cepit. Comes vero Fuxensis, Regius Præfectus in Aquitania & Pyreneis montibus, Malum-Leonem oppidum Anglis abstulit. Ea cito finem habiturum esse bellum prospiciebatur, cum omnia quæ Angli in Aquitania & in Normannia tenebant raptim in Francorum potestatem cederent. Tolca, Oximum, Argentamagum Carolo Regi sese dediderunt. Horum exemplum secuta sunt Fresinaoum & Gisortium.

Postquam autem illa oppida & castra, quæ circa Rothomagum erant, Anglorum præsidiis vacua fuere,

CHARLES VII. dit LE VICTORIEUX.

ses, le Roi pensa à faire le siége de cette grande ville. Il délibera sur cela avec le Comte de Dunois & les autres Chefs de son armée, & envoia des Herauts pour sommer les habitans de se remettre sous l'obéïssance du Roi. Mais les Anglois qui se douterent bien que les Herauts venoient pour cela, ne les laisserent point approcher. La ville fut investie par les François, qui eurent à soutenir au commencement des furieuses sorties des Anglois. La plûpart des habitans souhaitoient fort de se rendre au Roi pour éviter le pillage de leur ville. Il y en eut de plus hardis que les autres, qui trouverent moïen de se saisir de deux fortes tours, & d'un pan de muraille, & firent avertir le Comte de Dunois, qu'ils pourroient donner par là entrée aux troupes Françoises. Le Comte y envoïa des gens pour monter par escalade à la faveur des deux tours. Il y en monta en effet plusieurs qui entrerent dans la ville : mais à ces nouvelles Talbot vint avec une bonne troupe d'Anglois, les poussa vivement ; ils se défendirent en braves : mais accablez par le nombre, ils furent obligez de ceder. Ceux qui purent repasser sur les murs se sauverent ; les autres furent tuez ou pris. Le nombre des morts alla à cinquante ou soixante. Les Anglois reprirent les deux tours que les Bourgeois avoient occupées. Après quoi ils massacrerent inhumainement tous les François qu'ils avoient pris, ce qui déplût fort à la Bourgeoisie.

Prise de Rouen.

La ville manquoit absolument de vivres ; les Bourgeois & les habitans s'assemblerent en armes avec l'Archevêque, & résolurent de traiter avec le Roi. En sortant de là ils trouverent le Duc de Sommerset, & lui dirent qu'il falloit nécessairement se rendre. Le Duc voiant les Bourgeois & toute la populace armée, fit semblant de s'addoucir & de condescendre à leurs volontez. Mais dès qu'il fut sorti de là, il fit saisir par les Anglois le Palais, le Château, les portes & d'autres postes. Les Bourgeois se jetterent alors sur les Anglois qu'ils purent trouver, & tuerent ceux qu'ils rencontrerent. Ils se rendirent maîtres d'une partie des murs, des tours, & de plusieurs portes. Les Anglois se tinrent dans les postes qu'ils avoient occupez. Le Comte de Dunois fit attaquer le fort de Sainte Catherine, qui se rendit dans le tems que le Roi arrivoit. Les habitans apporterent les clefs, & les troupes Françoises entrerent dans la ville.

Le Duc de Sommerset voiant qu'il ne pouvoit tenir longtems contre l'armée du Roi des plus grandes & des plus belles qu'on eût encore vû, vint parlemen-

---

jam de ista sibi subigenda urbe Rex cogitavit ; qua de re cum Comite Dunensi, cumque aliis exercitus Francorum ducibus deliberatum est. Tunc Carolus præcones Rothomagum misit, qui civibus denunciarent, uti sese sub Regis sui potestatem reducerent. Verum Angli, qui præcones ea de causa missos fuisse suspicabantur, illos ne propius accederent abegerunt. Urbem Franci cinxere, Anglosque sæpe in se magna vi & impetu erumpentes, strenue repulerunt. Maxima pars civium sese Regi dedere peroptabant, ut ne si urbs vi caperetur, bona sua omnia diriperentur. Quidam vero cæteris audaciores, turres duas & muti partem occupavere, Comitemque Dunensem submonuere, posse se per hanc muti partem Francos in urbem intromittere. Comes pugnatorum manum misit, qui scalis admotis inter duas illas turres conscenderent. Non pauci sic in urbem intravere. At re comperta Talbotius cum Anglis multis venit, & Francos ingressos vi magna adortus est. Hi strenue pugnavere ; sed hostium numero obruti cedere compulsi sunt ; quidam muros denuo conscendentes dilapsi sunt ; alii vel cæsi, vel capti fuere : cæsorum numerus ad quinquaginta vel sexaginta pertigit. Angli duas illas cepere turres ; quas cives antehac occupaverant ; posteaque Francos illos omnes, quos in urbe ceperant, immaniter trucidarunt : id quod Rothomagensibus civibus summe displicuit.

Cum porro annona in urbe prorsus deficeret, cives & infima plebs una coacti cum Archiepiscopo armati convenerunt, & de urbe Regi dedenda una consenserunt. Hinc egressi in Sommersetium Ducem inciderunt, edixeruntque illi de urbis deditione tractandum necessario esse. Dux cives & plebem totam armatos cernens, se illorum votis cedere simulavit. Verum inde profectus, ab Anglis occupari curavit Palatium, castellum, portas, aliaque loca. Tunc cives & plebs in Anglos irruerunt, obvios quosque occiderunt, partem murorum, turrium & portarum occupavere. Angli vero ea quæ invaserunt loca servare tentaverunt. Comes Dunensis Sanctæ Catharinæ arcem oppugnari jussit, quæ eo ipso tempore quo Rex adventabat, deditionem fecit. Cives urbis claves attulerunt, & Francorum copiæ in urbem sunt ingressæ.

Dux vero Sommersetius, ut vidit non posse Anglos diu occupata loca tueri contra tantum exercitum, quantum vix uspiam visum fuerit, de conditionibus

Le même.

ter, & s'offroit de rendre tout ce qu'il tenoit aux mêmes conditions que le Roi avoit accordées aux Bourgeois. Cela lui fut refusé, & il se défendit encore quelque tems; mais il fut bien-tôt obligé de venir accepter les conditions qu'on lui avoit proposées; savoir, que le Duc & les autres Anglois se retireroient où bon leur sembleroit avec tous leurs effets; hors les prisonniers & la grosse artillerie qu'ils laisseroient: qu'ils paieroient au Roi dans un an la somme de cinquante mille écus, & à ceux qui avoient fait le Traité six mille écus: qu'ils paieroient aussi aux Hosteliers, Bourgeois & Marchands tout ce qu'ils leur devoient. Le Duc de Sommerset & Talbot promirent aussi de livrer au Roi ou à son ordre, Arques, Caudebec, Tancarville, l'Islebonne, Honfleur & Montiervilliers. Sommerset donna pour ôtages Talbot & cinq ou six autres Seigneurs Anglois. Il fit effectivement remettre toutes ces places au Roi hors Honfleur, que Maître Courson Commandant de la place ne voulut jamais rendre: ce qui fut cause que Talbot demeura en ôtage entre les mains du Roi.

Entrée du Roi Charles dans Rouen.
PL. XLIII.

Le Roi fit ensuite son entrée publique dans la ville de Rouen, des plus magnifiques qu'on eût encore vû. Elle est amplement décrite dans le cérémonial François, & dans les Historiens, Jean Chartier, Berri Roi d'armes, & Monstrelet. Un Manuscrit de ce dernier represente cette entrée en peinture, telle qu'on la voit dans la Planche qui suit. Le Roi partit de Sainte Catherine accompagné du Roi de Sicile, & d'un grand nombre de Princes & de Seigneurs. Six cens Archers tous superbement habillez marchoient devant. Après eux venoient les Herauts du Roi & des autres Princes, & puis les Trompetes. Le Chancelier Juvenal des Ursins venoit ensuite, & devant le Roi marchoit Saintaraille Grand Ecuier.

Cela ne se peut distinguer sur la planche, où cette arrivée du Roi d'un côté & des Messieurs de ville avec le Clergé de l'autre, empêche qu'on ne voie cet ordre de la marche du Roi & de ses gens. L'Archevêque de Rouen, & les Evêques de Lizieux, de Baieux & de Coutances, furent presentez au Roi par le Comte de Dunois: on les voit dans l'estampe, en camail & le bonnet sur la tête qui se retirent après avoir fait la reverence à sa Majesté. Les Magistrats de la ville étoient venus ensuite. Un d'entre eux presente les clefs au Roi attachées à une baguette. Le Roi prit les clefs, dit l'Historien, & les remit au Sénéchal

---

deditionis agere cœpit, & quæ occupabat omnia se dediturum offerebat, si eadem ipsa quæ civibus Rothomagensibus sibi concederentur. Id ipsi negatum fuit, & aliquandiu Francis loca ab se occupata impetentibus obstitit. At brevi ad oblatas sibi accedere conditiones coactus est: illæ autem erant, ut Dux cum Anglis quo vellet se reciperet cum suppellectili, captivos tamen Francos dimitteret necnon tormenta bellica; ut Regi intra anni unius spatium quinquaginta millium scutorum summam numeraret, iisque qui pacta inierant, sex scutorum millia solveret, ut cauponibus, civibus & mercatoribus debitas summas Angli numerarent. Dux Sommersetus & Talbotius Regi etiam polliciti sunt se reddituros ei, vel suis, Arcas, Calidobeccum, Tancarvillam, Insulam-Bonam, Honflorium & Monasterium-Villaris. Sommersetus autem in obsides Regi dedit Talbotium & quinque sexve alios proceres Anglos. Omnia vero oppida illa Regi dedi curavit, uno excepto Honflorio; nam ejus Præfectus Cursonius noluit sibi concreditum oppidum dedere: quæ causa fuit ut Talbotius obses penes Regem maneret.

Jean Chartier. Berri. Monstrelet.

Rex Carolus postea publice & cum celebritate magna Rothomagum ingressus est: quæ res pluribus enarratur in Ceremoniali Francico, & apud Historicos Joannem Carterium, Biturigem *Armorum Regem* & Monstreletum, cujus codex quispiam hunc ingressum depictum exhibet, qualem hîc proferimus. Rex ex sancta Catharina profectus est cum Siciliæ Rege, & magna Principum procerumque clientela. Sexcenti Sagittarii splendidis omnes ornati vestibus Regem præcedebant, quos sequebantur Precones Regis aliorumque Principum, posteaque Tibicines. Cancellarius Juvenalis de Ursinis post istos veniebat, & ante Regem erat Santrallius Magnus Scutifer.

Hæc porro omnia in tabula dispici & distinguini possunt: ubi Rex hinc adveniens; indeque civiles Magistratus cum Episcopis & Clericis, impedimento sunt quominus Regis & suorum ordo & incessus clare percipiantur. Archiepiscopus Rothomagensis & Episcopi Lexoviensis, Baiocensis & Constantiensis a Comite Dunensi ad Regem deducti fuerunt. Hi porro in tabula visuntur, ubi revertentes exhibentur postquam Regi obsequii & reverentiæ signa dederant. Magistratus urbis post illos venerunt, quorum unus urbis claves virgæ alligatas Regi offert. Rex vero claves accepit, inquit Historiæ Scriptor, ipsasque dedit Senescallo Pictavorum, quem tunc Rothomagi Præ-

CHARLES VII. dit LE VICTORIEUX.

de Poitou, qu'il inſtitua alors Capitaine de Rouen. Le Roi eſt monté ſur un courſier caparaçonné : porte un chapeau orné de fleurs-de-lis, & eſt couvert de ſa cuiraſſe. Il n'eſt pas encore ſous un dais, comme à ſon entrée à Paris : le dais ſoutenu par quatre Bourgeois ne fut élevé ſur ſa tête qu'à la porte de la ville. On voit auſſi le Clergé qui vient en Proceſſion au-devant du Roi avec la croix. La ville de Rouen fut en réjouïſſance pendant quelques jours. Les habitans demanderent pluſieurs graces au Roi, qui leur furent toutes accordées.

Le 21. Novembre ſuivant Château-Gaillard place preſqu'imprenable ſe rendit à compoſition, cent à ſix-vingts Anglois en ſortirent vie & bague ſauves, avec permiſſion de ſe retirer où bon leur ſembleroit. Le Duc de Bretagne qui avoit aſſiégé Fougeres, après un ſiége d'un mois ou environ, voiant une bréche raiſonnable, étoit ſur le point de donner l'aſſaut : les Anglois qui manquoient de vivres, craignant d'être pris d'aſſaut, capitulerent à cette condition, qu'ils s'en iroient *leurs chevaux & leurs harnois ſaufs, chacun portant un petit fardelet devant ſoi ſeulement*. Leur commandant François de Surienne Aragonois, quitta le ſervice du Roi d'Angleterre. C'étoit pourtant lui qui avoit cauſé la rupture de la treve en ſurprenant la ville de Fougeres, mais cette infraction du traité tourna tellement à l'avantage de la France, qu'on pouvoit aſſûrer, qu'en voulant lui nuire il lui avoit rendu un ſervice ſignalé.

Le Duc d'Alençon qui avoit repris ſa ville capitale, alla mettre le ſiége devant Belleſme, dont les Anglois s'étoient rendus les maîtres. Il ſe tint quelque tems devant la place, les Anglois firent quelques ſorties & ſe défendirent bien au commencement. Mais craignant d'être pris par force, ils capitulerent à condition que s'ils n'étoient pas ſecourus de là juſqu'au vingtiéme jour de Décembre, ils rendroient la ville & le château. Les Anglois des places voiſines s'aſſemblerent pour venir ſecourir leurs compatriotes. Mais aiant appris que le Duc d'Alençon s'étoit bien retranché devant Belleſme avec un bon corps de troupes, ils ſe retirerent & Belleſme fut rendu.

Au même tems plus de deux cens Anglois de la garniſon de Vire ſortirent pour aller en courſe : ils furent rencontrez par quelques gens du Connétable de Richemont, commandez par Geoffroi de Couvren, & Joachim Rouhaut.

Progrès des François en Normandie.

---

fectum conſtituit. Rex equo vehitur ſtragula tecto, petaſum geſtat lilii floribus ornatum. Pectus ejus lorica tectum eſt. Nondum ſub umbella incedit, ut in ſuo Lutetiam ingreſſu : umbella enim à quatuor Rothomagenſibus civibus erecta fuit in urbis portâ. Clerus etiam viſitur qui obviam Regi cruce præeunte venit. Rothomagi per aliquot dies lætitia magna fuit. Cives ab Rege Carolo privilegia multa petiere, quæ ipſis omnia conceſſa ſunt.

Vigeſimo primo Novembris die Caſtrum-Galliardum inexpugnabile pene caſtellum pactis conditionibus Francis deditum fuit. Angli centum vel centum viginti inde ſunt egreſſi, ſalvis vita & ſupellectili, cum licentia quo vellent eundi. Dux Britanniæ qui Fugeriam obſederat ; poſtquam uno circiter menſe in obſidione perſtiterat, cum partem muri dejectam videret, oppidum vi oppugnare tentaturus erat. Angli vero rei cibariæ penuria preſſi, ne vi caperentur metuentes, oppidum dedidere illâ conditione, *ut cum equis & ſtratis equorum abirent, & unuſquiſque ſarcinulam tantum ante ſe geſtaret*. Dux illorum Franciſcus de Surienna Aragonenſis tunc pro Rege Angliæ militare ceſſavit. Is ipſe tamen erat qui inducias violaverat, cum Fugerias oppidum ex improviſo cepit : verum hæc pactarum conditionum infractio tanta rei Franciæ bona intulit, ut vere dici poſſet illum damna ipſi inferre volentem, beneficium ingens intuliſſe.

Dux Alenconius, qui urbem ditionis ſuæ præcipuam Alenconium ceperat, Belleſmum obſeſſum venit, quod oppidum ab Anglis captum fuerat. Ante muros ejus aliquanto tempore ſubſtitit. Angli aliquando in illum eruperunt, & initio fortiter pugnavere, at metuentes ne vi expugnarentur, hac pepigere cum obſidentibus conditione, ut niſi auxilium ipſis ferretur ab illâ die ad uſque vigeſimum ſequentem Decembris diem, oppidum & caſtellum dederent. Angli vero, qui in viciniis oppidis præſidiarii erant, una convenere, ut contribulibus ſuis ferrent opem ; ſed cum didiciſſent Alenconium Ducem firmis propugnaculis caſtra ſua cinxiſſe & numeroſam pugnatorum manum ſecum habere ; receptui cecinerunt, & Belleſmum deditum fuit.

Eodem tempore Angli pluſquam ducenti Viræ præſidiarii egreſſi ut incurſiones facerent, inciderunt in quamdam militum manum ad Conſtabularium Ricomontium pertinentem, cui præerant Geoffridus Coverenius, & Joachimus Ruhaltius : acriter utrinque

Matthieu de Coucy.

Le combat fut rude : mais enfin les Anglois furent défaits & presque tous tuez ou pris.

Le Roi après son entrée à Rouen, envoia le Comte de Dunois mettre le siege devant Harfleur. La ville fut investie le huitiéme Décembre. Les assiegeans eurent beaucoup à souffrir des gélées & des glaces. Le froid fut plus grand qu'on n'avoit vû de longtems. On dressa des batteries, & l'on poussa les mines jusqu'aux murs de la ville. Le Roi alla lui-même voir les travaux & exposa beaucoup sa personne. Le Commandant Anglois craignant d'être pris par assaut demanda à capituler, les conditions furent, que les Anglois sortiroient leurs bagues sauves, & se retireroient par mer ou par terre où ils voudroient.

1450.

Le Roi étant allé à Jumieges, il y trouva la belle Agnés, qui vint lui dire, que quelques-uns de ses gens vouloient le livrer aux Anglois. Le Roi n'en fit que rire. Ici l'historien Jean Chartier fait ses efforts pour justifier la belle Agnés, prétendant que sa familiarité avec le Roi n'est jamais allée jusqu'au crime. Mais, comme il ajoute là même, le monde étoit si malin en ces tems-là, que personne n'en vouloit rien croire, & qu'on la regardoit comme concubine. Il avouë pourtant à la fin qu'elle eut quelque commerce avec d'autres, & qu'elle en eut même une fille. Monstrelet qui dit à peu près les mêmes choses que Jean Chartier, ajoute, qu'elle disoit que sa fille étoit du fait du Roi Charles, pour procurer à cette enfant un état plus honorable. Mais qu'elle n'avoit d'autre commerce avec le Roi, que celui de la conversation. Elle étoit belle, agréable & bien-disante; & le Roi, disoient-ils, s'amusoit en sa compagnie, & ne passa jamais plus avant.

Histoire de la belle Agnés.

Mais le monde malin n'en vouloit rien croire. Sa fille qu'on appelloit Charlote de France passa toujours pour fille naturelle de Charles VII. Il eut encore deux autres filles de la belle Agnés. Le Dauphin Louis voioit à contrecœur le grand crédit que sa beauté lui donnoit auprès du Roi Charles. Il savoit d'ailleurs qu'elle travailloit à indisposer le pere contre le fils. Gaguin dit qu'il s'emporta un jour jusqu'à lui donner un soufflet. Matthieu ajoute, que ce mécontentement fut une des causes pourquoi il se retira de la Cour, à quoi ne contribua pas peu aussi Antoine de Chabannes Comte de Dammartin.

Monstrelet. Jean Chartier.

pugnatur; tandemque Angli omnes vel ceciderunt, vel captivi abducti sunt.

Postquam Rothomagum ingressus Rex fuerat, Comitem Dunensem misit, qui Harflevium obsideret. Oppidum cinxit exercitus octavo Decembris die. In hac obsidione Franci a gelu & glacie extrema passi sunt: asperrima quippe hiems fuit, & qualis a multo tempore visa non fuerat. Tormenta bellica apparata sunt & cuniculi ad usque muros urbis deducti. Rex operam suorum & admotas machinas nec sine sui periculo invisit. Demumque Præfectus Anglus ne tandem oppidum vi expugnaretur, pacta pro deditione inire postulavit, hac vero conditione res composita fuit, ut Angli cum suppellectili sua liberi exirent, ac seu marino seu terrestri itinere quo vellent se conferrent.

Jean Chartier. Monstrelet.

Idem circiter tempus Rex Gemmeticum venit, ibique formosam illam Agnetem repetiit, quæ Carolo nunciavit, quosdam ex suis esse qui ipsum Anglis prodere vellent. Tale monitum Rex non sine risu excepit. Hic chronici Scriptor Joannes Carterius, nihil non agit ut Agnetis causam defendat; contenditque illam cum Rege familiariter vixisse, sed rem nunquam ultra pudicitiæ metas processisse. Addit tamen ex malignis istius ævi rumoribus eo rem deductam fuisse, ut nemo crederet intactam Agnetem fuisse; sed passim ab omnibus quasi concubinam Regis habitam illam fuisse. Fatetur tamen ipse formosam Agnetem carnalem consuetudinem cum aliis habuisse, filiamque suscepisse. Monstreletus vero qui cum Joanne Carterio hac in re pene consentit, addit dixisse Agnetem, quod illa, quam susceperat, filia Regis Caroli esset, ut natæ suæ majorem & dignitatem & statum compararet; sed nullam aliam cum Rege consuetudinem habuisse, quam colloquii familiaritatem. Erat enim, inquit, formosa, jucunda, facundia pollens, Rexque cum illa libentissime versabatur, nec in tali familiaritate ulterius unquam progressus est.

Hæc illi : sed omnium opinio fuit, ita nempe ad pejora sentiendum vulgus inclinat, filiam ejus quæ Carola Francica appellabatur, Carolum Regem habere patrem, ipsumque præter illam filias duas ex formosa illa Agnete suscepisse. Indigne ferebat Ludovicus Delphinus Agnetem, formæ suæ gratia, tanta apud patrem auctoritate valere; nec ignorabat illam patris animum ab se avertere. Ait Gaguinus illum aliquando ira incensum, manu faciem Agnetis percussisse. Addit Matthæus, historiæ Scriptor, hujus vitandæ molestiæ causa Delphinum a regia discessisse, cujus secessus occasio altera fuit Antonius de Cabannis Comes Domni-Martini Delphino infensus.

On rapporte qu'Agnés fit pénitence de ses péchez avant sa mort, causée par l'affliction qu'elle eut des mauvais bruits qu'on faisoit courir d'elle. D'autres disent qu'elle fut empoisonnée, & comme on croioit par ordre de la Reine, Jaques Cœur fut aussi accusé de cet empoisonnement.

Le bonheur acompagnoit les armes de France par tout. Le Comte de Foix aiant assemblé une armée, envoia le Sire de Lautrec son frere & le bâtard de Foix assieger le château de Guischen à quatre lieuës de Baionne. Quand les Anglois le sûrent, ils s'assemblerent au nombre de quatre mille hommes pour faire lever le siege, commandez par le Connétable de Navarre & par le Maire de Baionne. Ils monterent sur des vaisseaux, & à la faveur de la marée ils allerent descendre auprès du château. A cette nouvelle les chefs des troupes Françoises firent marcher leurs gens le plus secretement qu'ils purent, allerent donner sur ces Anglois, & les attaquerent si vivement, qu'ils les mirent en déroute. Il y eut douze cens Anglois tuez ou pris. Le Maire de Baionne, qui voulut se sauver par un autre côté, fut aussi prisonnier. Le lendemain le château fut pris. Quinze ou seize places entre Auch & Baionne se rendirent aussi au Comte de Foix.

Après la prise d'Harfleur, le Roi fit assieger Honfleur, qui fut pris par composition. Fresnay-le-Vicomte fut emporté de même. Vers le Carême les Anglois de Cherbourg aiant reçû d'Angleterre un renfort de trois mille hommes conduits par Thomas Kyriel, allerent assieger Valogne, qui se défendit vaillamment : mais n'y aiant aucune esperance de secours, les assiegez rendirent la place.

Thomas Kyriel après cet exploit tenoit la campagne avec six mille hommes. Le Roi envoia le Comte de Clermont & plusieurs autres Seigneurs avec des troupes pour observer ce corps d'armée. Le Comte s'étant approché, & voiant qu'il n'étoit pas à beaucoup près assez fort pour livrer combat aux Anglois, appella à son secours le Connétable, qui y vint avec des troupes, & leur donna combat à Fourmigni. Les François n'étoient pas plus de trois mille, & il y en avoit bien six mille du côté des Anglois. Malgré cette disparité ils furent défaits à plate couture, & laisserent 3774. des leurs sur la place, & douze à quatorze cens prisonniers.

Bataille de Fourmigni où les Anglois sont défaits.

Narratur Aguetem ante mortem peccatorum pœnitentiam egisse, ipsamque ex mœstitia malæ undique sparsæ de se existimationis interiisse. Alii vero dicunt, ipsam veneno sublatam fuisse, jussu, ut putabatur Reginæ Francorum. Jacobus etiam Corius oblati formosæ Agneti veneni accusatus fuit.

Bellum contra Anglos ubique locorum feliciter gerebatur. Comes Fuxensis collectum exercitum misit, ducibus Lautrecio fratre, & Notho Fuxensi, obsessum castellum, cui nomen Guischenium, leucis quatuor Baiona distantem. Re comperta Angli, quatuor mille numero coacti sunt, ducibus Constabulario Navarræ & Majore Baionensi; ut Francos ab obsidione removerent. Naves autem conscenderunt, & favente maris æstu prope Guischenium exscensum fecerunt. Hæc ubi didicere Francorum duces, clam moverunt : ex improviso Anglos illos adorti sunt, atque ita fortiter pugnaverunt, ut illos profligarent. Ex Anglis mille ducenti vel cæsi vel capti sunt. Major Baionensis, qui altera via dilabi conabatur, captus etiam fuit. Die sequenti castellum in Francorum manum venit. Sub hæc autem quindecim sexdecimve seu castra seu oppida Comiti Fuxensi sese dedidere.

Post captum Harflevium Rex Honflorium obsideri jussit quod oppidum brevi deditionem fecit, parique modo Fraxinum-Vicecomitis captum est. Circa Quadragesimam Angli Caroburgenses, accepta trium millium Anglorum manu, duce Thoma Kyrielo Valloniam obsessum venerunt. Franci præsidiarii fortiter hostem propulsavere; sed cum nulla spes esset auxilii recipiendi, deditionem tandem fecerunt.

Vallonia capta Thomas Kyrielus, cum sex millibus Anglorum in vicinis locis castrametabatur. Rex vero Carolus Claromontanum Comitem cum proceribus aliis illo misit, qui Anglorum motus observarent. Cum porro Comes propius accessisset, videretque se cum tam numerosa Anglorum manu confligere non posse, Constabularium in opem advocavit, qui cum copiis suis illum convenit. Tunc Forminiaci commissa pugna fuit. Franci non plusquam tres mille numero erant. Angli vero ad sex millia hominum pertingebant. Acris pugna fuit : etsi numero tam superiores Angli profligati sunt, exque suis ter mille septingentos septuaginta quatuor in campo cæsos reliquerunt, ex reliquis plusquam mille ducenti capti fuere.

Jean Chartier. Monstrelet.

Après cette victoire les François mirent le siege devant Vire, qui se rendit d'abord. Le Duc de Bretagne alla avec le Connétable assieger Avranches, qui fit quelque défense & se rendit enfin à composition. Il prit aussi Tombelaine forte place auprès du Mont Saint Michel. Par ordre du Roi l'armée de France assiegea Baieux. La garnison Angloise se défendit bien pendant un tems. Mais enfin les chefs des Anglois voiant que la ville alloit être prise d'assaut, se rendirent par composition. Selon la capitulation ils devoient tous sortir à pied le bâton blanc à la main ; mais les Gentilshommes François leur firent donner genereusement une bonne partie de leurs chevaux, & même des charretes pour transporter leurs familles. Le Comte de Dunois traita aussi fort gratieusement le Commandant & les Officiers Anglois.

Les villes & forteresses tomboient ainsi l'une après l'autre sous la domination Françoise. Le Connétable prit de son côté Briquebec, Vallogne & S. Sauveur-le-Vicomte. Après quoi il alla assieger Caen. Le Comte de Dunois vint investir la ville d'un autre côté. Ces deux corps réunis faisoient une grande armée.

Prise de Caen. Le Roi se rendit enfin lui-même à ce mémorable siege. On attaqua d'abord les postes avancez, que les Anglois défendirent très-bien. Les François firent ensuite jouer les mines, qui mirent à bas une partie des murs, ensorte que tout étoit disposé pour un assaut general. Alors le Duc de Sommerset qui étoit dans la ville capitula, promit de rendre la ville au Roi avec le château & le Donjon, s'il n'étoit secouru devant le premier jour de Juillet suivant, à condition qu'on lui fourniroit des vaisseaux pour passer en Angleterre & non ailleurs, & cela aux dépens des Anglois. Le secours n'étant point venu, la ville & le château avec le Donjon furent livrez au Roi. Le Roi Charles fit ici solennellement son entrée publique comme il avoit fait à Rouen. Cette entrée se trouve peinte dans l'histoire manuscrite de Monstrelet de la Bibliotheque de M. Colbert, & la peinture étant tout à fait conforme à la description qu'en fait cet Auteur, nous mettrons ici cette description en propres termes.

Entrée du Roi Charles dans Caen.
PL.
XLIV.

»Le 6. jour de Juillet se partit le Roy de France de l'Abbayie de Dardenne
»pour entrer en sa ville de Caen : & estoient en sa compagnie tous les Sei-
»gneurs qui avoient esté au siege, excepté son Lieutenant & le Seigneur de
»Jalongnes, qui ja estoient dans la ville : lesquels estoient tous grandement &

Jean Charrier.

Post victoriam illam Franci Viram obsederunt, quæ statim deditionem fecit. Dux autem Britanniæ cum Constabulario Abrincas obsedit, quæ urbs aliquamdiu Francos propulsavit, posteaque pactis conditionibus sese dedidit. Tumbellanam quoque Dux cepit munitissimum castrum prope Montem-Sancti-Michaelis. Jussu postea Regis exercitus Francorum Baiocas obsedit. Præsidiarii Angli strenue per aliquod temporis spatium pugnarunt ; tandemque Anglorum duces, cum proximum esse viderent ut urbs vi expugnaretur, pacto inito illam dediderunt. Secundum pacti conditionem pedites egressuri Angli erant, baculum album manu tenentes ; sed proceres virique nobiles Franci, magnam equorum suorum partem ipsis dari jusserunt, etiamque carros, ut familias suas transvehere possent. Comes etiam Dunensis ducem & tribunos Anglorum perhumaniter excepit.

Urbes, castra, oppidaque confertim in manus & potestatem Francorum cadebant. Constabularius cepit Briquebecum, Vallaniam & Sanctum Salvatorem Vicecomitis ; posteaque Cadomum obsedit. Comes vero Dunensis ex altera parte urbem cinxit. Hæ duæ militum manus numerosum exercitum constituebant. Ipse tandem Rex Carolus memorandam obsidionem præsentia sua ornari voluit. Remotiora primum propugnacula adorti sunt Franci. Angli vero fortissime pugnaverunt. Hinc cuniculi ad muros dejiciendos adhibiti sunt, parsque murorum delapsa est ; ita ut mox expugnanda urbs videretur esse. Tunc Sommersetius Dux, qui in urbe erat, pactis conditionibus pollicitus est se urbem cum castello & arce Regi redditurum esse, nisi ab illa die ad usque primam diem mensis Julii sequentis auxilium sibi mitteretur ; si vero nullum accederet, naves sibi subministrarentur ut in Angliam & non alio, transiret, idque Anglorum sumtibus faciendum erat. Cumque auxilium non venisset, urbs, castellum & arx Regi dedita fuere. Rex vero Carolus Cadomum ut antea Rothomagum solenniter intravit ; qui ingressus depictus comparet in codice Monstreleti Bibliothecæ Colbertinæ. Pictura vero cum descriptione a Monstreleto facta prorsus concordat, ideoque illam descriptionem hic ad verbum apponimus.

»Sexto Julii die Rex ex Abbatia Ardennæ profectus
»est, ut in urbem suam Cadomum intraret, comitanti-
»bus proceribus qui obsidioni interfuerant, exceptis
»Præfecto urbis quem ipse constituerat, & D. de Jal-
»lonio ; hi enim ambo in urbe erant. Omnes Regis

richement

ENTRÉE DE CHARLES VII DANS ROUEN.

» richement habillez. Et ainsi vint jusques prés de ladicte ville : deux cens Ar-
» chers devant lui avec ses Herauts & Trompetes, & derriere luy avoit cent
» lances. Là vindrent au-devant de luy hors de la ville le Comte de Dunois,
» qui amena les Bourgeois de ladicte ville en grand multitude de gens : lesquels
» aprés qu'ils eurent faicte la reverence au Roy, luy presenterent les clefs, & il
» les receut tres-benignement. Aprés ce vindrent les gens d'Eglise revestus à
» processions, ainsi qu'il est de coustume en tel cas de faire. Puis entra en ladicte
» ville, & y avoit quatre Gentilshommes, portans un ciel sur luy : & estoient
» toutes les rues par où il passoit tendues & couvertes à ciel grandement : es-
» quelles rues avoit grand foison de peuple criant *Noel* : & ainsi chevaucha le
» Roy jusques devant la grand Eglise S. Pierre, & descendit à la porte pour aller
» faire son oraison : laquelle faicte il s'en alla loger en la maison d'un Bourgeois
» de la ville, en laquelle il demoura certaine espace de temps, son Lieutenant
» & son Conseil avecques luy pour mettre Officiers, police & gouvernement en
» ladicte ville.

Matthieu de Couci dit que selon la capitulation, le Duc de Sommerset devoit paier pour les frais du siege trois cens mille écus d'or, & qu'il laissa des
ôtages jusqu'à ce que le paiement seroit fait.

On mit ensuite le siege devant Falaise : les assiegez sortirent d'abord contre
les François qui venoient investir la place; mais ils furent repoussez avec perte :
le Roi s'y trouva aussi en personne. Cette ville quoique forte & bien munie tint
peu de jours, & se rendit à composition : les conditions furent, que si la place
n'étoit secouruë depuis ce jour dixiéme Juillet jusqu'au 21. du même mois,
elle seroit renduë au Roi, & que la garnison se retireroit où elle voudroit, que
le Roi donneroit la liberté à Talbot, pourvû qu'il lui tint ses promesses. Le secours n'étant point venu, Falaise fut rendu selon la convention. Domfront suivit son exemple.

Il ne restoit plus après cela que Cherbourg, la plus forte place de la Normandie, qui fut assiegé par le Connétable. La ville fut battuë par une grosse artillerie. On eut aussi l'addresse de placer une batterie du côté de la mer : malgré
la marée qui la couvroit deux fois le jour, par un merveilleux artifice des Ca-

---

» clientes splendidis, preciosisque vestibus erant or-
» nati, atque ita processit Rex donec prope urbem
» veniret. Ducenti Sagittarii præibant, quos seque-
» bantur centum viri lanceis instructi. Cum jam pro-
» pe urbem Rex esset, obviam illi venit Comes Du-
» nensis secum ducens urbis cives, & magnam populi
» frequentiam : qui cives postquam Regem cum re-
» verentia salutaverant, claves urbis ipsi obtulerunt.
» Rex vero perhumaniter illos excepit. Postea Eccle-
» siastici accesserunt, & *processionis* ritu veniebant, ut
» solent in hujusmodi casibus. Deinde in urbem in-
» gressus est Rex : quatuor viri nobiles umbellam su-
» per caput ipsius gestabant : omnesque vici, qua Rex
» transiturus erat, aulæis ornati erant hinc & inde, &
» superne etiam aulæis tecti. In vicis omnibus ingens
» erat frequentia populi clamantis *Natale*. Sicque Rex
» eques ad portam Ecclesiæ majoris sancti Petri per-
» venit, ubi ex equo descendit, ut preces funderet.
» Postea vero in domum civis cujuspiam venit habi-
» tatum, ubi aliquantum temporis mansit cum Præ-
» fecto urbis iisque qui a consiliis ipsi erant, ut quæ
» ad urbanos ministros, & ad urbis gubernationem per-
» tinebant, disponeret.

Matthæus vero Cuciacensis dicit in pactione pro
urbe dedenda hanc conditionem fuisse, ut Sommersetius Dux pro sumtibus in obsidione ab Rege factis,
trecenta scutorum aureorum millia solveret, Ducemque obsides reliquisse, donec illa summa numeraretur.

Post hæc vero obsidione cincta Fallesia fuit. Præsi- *Jean Chart-*
diarii Angli statim contra Francos obsidentes erupe- *tier.*
perunt; sed cum amissione multorum repulsi sunt.
Oppidum autem, etsi propugnaculis & præsidiariis probe munitum, post dies paucos obsidionis ad pacta deditionis venit. Hæ vero conditiones fuerunt, ut si
auxilium oppido non ferretur ab illa die decima Julii
ad usque vigesimam primam ejusdem mensis, deden-
dum illud Regi foret, ut præsidiarii Angli quo vellent
abirent, ut Rex Talbotio libertatem daret, dummodo
ille staret promissis. Cum porro auxilium ad assignatum diem non venisset, Fallesia Regi dedita fuit.
Damfrons oppidum, Fallesiæ exemplum sequutum est.

Nihil ultra expugnandum supererat, nisi Caroburgum munitissimum totius Normanniæ oppidum, quod
obsessum a Constabulario fuit. Quamplurimis pyriis
tormentis mœnia verberata fuere, Miro autem machinas regentium artificio factum est, ut tormenta
multa pyria ad litus maris, qua oppidum respicit,
ponerentur ; ita ut exundante maris æstu, qui tormenta & pyrium pulverem bis singulis diebus op-

CHARLES VII. dit LE VICTORIEUX.

Prise de Cherbourg, & reduction de la Normandie.

nonniers, elle jouoit dès que l'eau s'étoit retirée : ce qui accélera la prise de la place, qui se rendit enfin par composition. Un des articles de la capitulation fut que les Anglois se retireroient en Angleterre. Ainsi toute cette grande & belle province de la Normandie fut en peu de tems réduite sous l'obéissance du Roi Charles environ trente ans après qu'elle eut été prise par Henri V. Roi d'Angleterre.

Il ne restoit plus que la Guienne à reprendre sur les Anglois. Le Roi sans perdre tems se rendit à Tours. Il tint-là une grande assemblée de Princes & de grands Seigneurs, où il fut délibéré sur la conquête des villes & forteresses de Guienne, qui étoient encore entre les mains des Anglois. Le Roi envoia d'abord assieger Bergerac, qui se rendit bien-tôt. Jonsac, Montferrant, Sainte-Foi & Chalais furent de même emportez dans peu de jours. Le Sire d'Orval fils du

Guerre en Guienne, & reduction de cette province.

Comte d'Albret, aiant ramassé un corps considerable de troupes, se rendit dans le Bourdelois où il faisoit la guerre pour le Roi de France. Les Anglois sortirent de la ville joints aux Bourdelois, ce qui faisoit en tout huit à neuf mille hommes, pour aller attaquer la troupe du Sire d'Orval. Quoique fort inferieur en nombre, il combattit vaillamment, & défit ce grand corps de troupes, qui prirent la fuite vers Bourdeaux, & laisserent dix-huit cent des leurs, Anglois ou Bourdelois sur la place. En cette année François I. Duc de Bretagne étant mort, Pierre son fils qui lui succeda, alla rendre hommage au Roi de son Duché.

1451.

L'année d'après le Comte de Dunois alla par ordre du Roi assieger le château de Montguion, qui se rendit bien-tôt par composition. De-là il marcha vers Blaye, & investit la ville. Comme elle pouvoit être secouruë par les navires de Bourdeaux, on fit venir des vaisseaux pour s'opposer à eux. Ils en rencontrerent cinq devant la ville, qui après un rude combat furent mis en fuite. La ville fut si bien battuë par une grosse artillerie, qu'on fit en plusieurs endroits de grandes bréches, & elle fut prise en un assaut general, après quoi la garnison du château capitula. La ville & château de Bourg se rendit de même. Un grand nombre d'autres places furent prises avec encore plus de facilité, Acqs, Rious, Castillon en Périgord, Libourne. Fronsac, qui passoit pour le plus fort château de la Guienne, ne se défendit que quinze jours.

Le même.

riebat, statim atque æstus recesserat, tormenta illa globos suos emitterent : quæ res ut oppidum citius caperetur in causa fuit. Nam ad deditionis pacta præsidiarii Angli venerunt, quorum una conditio fuit ut Angli sese in insulam suam reciperent : sicque magna illa & pulcra Normanniæ provincia brevi in potestatem Regis Caroli venit, triginta circiter annis, postquam ab Henrico V. Angliæ Rege capta fuerat.

Una supererat Aquitania Anglis auferenda. Rex vero quam celerime potuit Turonum urbem venit, congregatoque cœtu magno procerum & Principum deliberatum fuit de urbibus & castris Aquitaniæ, quæ adhuc ab Anglis occupabantur. Misit vero Rex confestim obsessum Bergeracum oppidum, quod paulo post deditionem fecit. Jonsacum, Mons-Ferrandus, Sancta-Fides, Calesium oppida intra paucos dies capta fuerunt. Orvallius autem Comitis Leporetæi filius, multis collectis copiis, in Burdegalensem agrum venit, ubi pro Francorum Rege bellum gerebat. Angli Burdegalensibus juncti ex urbe egressi sunt numero octo cum novem millium pugnatorum, ut Orvallium cum agmine suo adorirentur. Etsi autem numero armatorum longe impar Orvallius esset, fortissime ille pugnavit, & numerosum agmen Anglorum Burdegalensiumque devicit, qui fugientes Burdegalam se receperunt ; ac mille octingentos ex suis in campo cæsos reliquere.

Hoc anno cum Francisco I. Dux Britanniæ obiisset, Petrus filius ejus ipsi successit, & Ducatus sui Regi Carolo *hominium* præstitit.

Jean Chartier.

Anno sequenti Comes Dunensis jussu Regis Montem-Guidonis castellum obsedit, quod paulo post deditione captum est. Inde vero Blaviam versus movit, urbemque cinxit ; sed cum navium Burdegalensium opera posset illa auxilium mutuari, accersitæ naves fuere quæ illas depellerent. Hi porro quinque Burdegalensibus navibus occurrerunt, quæ post commissum acre prælium fugere coactæ sunt. Urbs autem bellicis tormentis sic verberata fuit, ut plurimis in locis quassati muri deciderent, sicque magna vi expugnata Blaia capitur ; posteaque qui in castello erant præsidiarii deditionem fecerunt. Ad deditionem quoque redactum est Burgi oppidum & castellum.

Longe facilius capta sunt oppida alia, Aquæ-Tarbellitanæ, Reonsium, Castellio in Petragoricensi agro, Liburnia. Fronsacum vero quod munitissimum omnium in Aquitania castrum haberetur, per quindecim solum dies obsidionem sustinuit.

Les Bourdelois conjointement avec les Anglois, voiant que les armées de France s'approchoient de leur ville demanderent à parlementer, & convinrent avec les chefs des François, que si dans un tems marqué il ne venoit point d'Angleterre une armée, qui fût en état de combattre celle de France, ils se rendroient. Cette armée ne venant point malgré les sommations qu'ils en avoient faites au Roi d'Angleterre, la ville se rendit.

Il ne restoit plus que Baionne à prendre, que le Roi fit assieger par les Comtes de Foix & de Dunois. Dès le commencement du siege les Anglois abandonnerent les fauxbourgs, qui étoient pourtant bien fortifiez. Les François se saisirent promtement, & poursuivirent les Anglois de si près, que s'ils avoient été en plus grand nombre, ils seroient entrez avec eux dans la ville. Les assiegez se défendirent quelque tems: mais voiant que les assiegeans avançoient tous les jours, & craignant leur artillerie, ils demanderent à capituler. Les conditions furent, que le Gouverneur & les gens de guerre resteroient prisonniers, & que les habitans paieroient quarante mille écus d'or.

Jean Chartier dit que le lendemain, les Anglois étant encore dans Baionne, une croix blanche apparut au ciel; plusieurs personnes la virent, ou crurent la voir. La croix blanche étoit la marque des François, & la croix rouge celle des Anglois. On crut que le ciel se déclaroit pour les François, à qui cette année fut très-favorable.

Tandis que le Roi de France étoit occupé à conquerir la Guienne, une grande guerre commença en Flandres entre le Duc Philippe & les Gantois. Ces peuples toujours enclins à la rebellion, étoient en débat avec le Duc pour le maintien de leurs privileges. La Gabelle du sel qu'il voulut mettre en leur pays, mit le comble à leur mécontentement. Ils prirent les armes; allerent surprendre la forteresse de Gaure à trois lieuës de Gand, & assiegerent Oudenarde. Le Duc de Bourgogne assembla une grande armée, dont une partie alla charger les Gantois qui assiegeoient Oudenarde, les défit & en tua près de trois mille. Il y eut encore plusieurs petits combats & escarmouches où les Gantois eurent toujours du pire.

Ils eurent enfin recours au Roi comme à leur souverain Seigneur. Il s'entremit pour faire leur paix avec le Duc, & après quelques démarches de part &

Guerre des Gantois contre leur Duc.

1452.

Burdegalenses conjunctim cum Anglis, cum viderent exercitus Francorum ad urbem suam propius accedere, pacta inire postularunt, & cum Francorum ducibus hanc conditionem posuerunt, ut nisi ad constitutum tempus classis Anglica & exercitus, qui cum Francis pugnare posset, accederet, ipsi sese dedituri essent. Exercitu vero hujusmodi non veniente, etsi illi apud Angliæ Regem multum institerant, ut opem mitteret, urbs Francis tradita fuit.

Una supererat Baiona capienda, quam urbem Rex obsideri jussit a Comitibus Fuxensi & Dunensi. In ipso obsidionis initio Angli suburbia vacua dimisere, quæ tamen cincta propugnaculis erant. Franci vero statim illa occupavere, Anglosque in urbem fugientes insequuti tam celeriter sunt, ut si majore numero fuissent, cum illis in urbem ipsam intraturi forent. Præsidiarii per aliquod tempus Francos propulsavere, sed cum viderent illos in dies propius accedere, & tormentorum vim maximam adhibere, pacta cum obsidentibus inire postularunt. Hæ vero conditiones fuere, ut Præfectus & præsidiarii captivi manerent, civesque quadraginta millia scutorum aureorum solverent.

Narrat Joannes Carterius, die sequenti cum Angli Baionæ adhuc essent, crucem albam in cælo apparuisse, multosque ipsam vidisse, vel fortassis se videre credidisse. Crux alba, insigne Francorum; rubra vero crux insigne Anglorum erat. Putabatur autem cælum Francis se favere significavisse, quos hoc anno tot victoriis donaverat.

Dum Carolus Aquitaniam sibi subigeret, bellum grande in Flandria ortum est inter Philippum Ducem & Gandavenses. Hi namque populi, ad rebellionem semper proni, cum Duce suo contendebant circa privilegia sua sibi servanda: sed cum ille in salem vectigal statuere vellet, in iram magis concitati, ad arma accurrerunt & Gauram arcem tribus Gandavo leucis distantem cepere, posteaque Aldenardam obsessum venerunt. Tunc Dux Burgundiæ magnum collegit exercitum, cujus pars Gandavenses Aldenardam obsidentes adorta est, illosque profligavit, & ad tria fere millia occidit.

Alia quoque leviora certamina fuere ubi Gandavenses semper depulsi sunt. Tandem vero ad Regem Carolum, ut supremum dominum suum, confugerunt. Intervenit Rex ut pacem inter illos & Ducem conciliaret,

Matthieu de Cousi.

d'autre, la paix se fit; mais elle ne dura guère. Les Gantois ne vuidant point les forteresses qu'ils devoient rendre selon la convention, le Duc les assiegea, les prit, & fit pendre tous ceux qui y étoient en garnison. Usant enfin de stratagême, il attira un jour une bonne partie des Gantois hors de leur ville, & les fit charger: ils se défendirent vaillamment; mais ils furent enfin défaits avec perte de près de dix-huit mille hommes ou tuez ou noiez: après quoi ils vinrent s'humilier & subirent les loix qu'il voulut leur imposer.

1453.

L'an 1452. fut arrêté prisonnier par ordre du Roi Jâques Cœur son Argentier, c'est-à-dire son Surintendant des Finances, fameux dans l'histoire par ses prodigieuses richesses, acquises par le grand négoce qu'il entretenoit par lui & par ses facteurs dans presque toutes les parties du monde alors connu. Il avoit pour cela un genie superieur. Il fut accusé d'avoir détourné à son profit une partie des Finances du Roi; d'avoir fait empoisonner la belle Agnés; d'avoir eu quelque commerce illicite avec les Mahometans & avec le Soudan. Appellé en jugement, il se purgea pleinement de tous ces crimes: mais violemment poursuivi par ses ennemis & ses envieux, il fut condamné à mort. Le Roi lui fit grace de la vie à la priere du Pape, car bien des gens s'interessoient pour lui. Il en fut quitte pour cent mille écus d'or qu'il paia au Roi, pour les dommages faits à plusieurs particuliers trois cent mille écus d'or, le surplus de ses biens fut confisqué au Roi. Sa mémoire fut pleinement justifiée & rétablie l'an 1463. par Louis XI. Ce Prince eut pour Conseiller & Maître d'Hôtel le fils de Jâques, Geoffroi Cœur qu'il honora du titre de Chevalier.

1452. Jâques Cœur arrêté. Son histoire.

Voilà ce qu'on dit communément de Jâques Cœur & de sa disgrace. Mais comme c'est un des hommes les plus extraordinaires en son genre dont on ait peut-être jamais entendu parler, le Lecteur ne sera pas fâché de voir ici son histoire plus en détail. Jâques Cœur étoit fils de Pierre Cœur, un des principaux habitans de Bourges: bien élevé par son pere, il se façonna tellement, qu'il devint un des plus habiles hommes de son siécle pour les grandes affaires, & fut nommé par le Roi Charles son *Argentier*; c'étoit comme Surintendant des Finances. Il avoit plusieurs Clercs ou Commis sous lui dans les Roiaumes

---

& colloquiis utrinque habitis, pax demum facta est; sed non diuturna fuit. Cum Gandavenses castella quæ ex pacta conditione reddere debebant, retinerent tamen, Dux castella illa obsedit, ac cepit, præsidiariosque omnes ibi repertos suspendio vitam finire jussit. Strategemate tandem Dux usus, maximam Gandavensium partem extra urbem prodire curavit, posteaque adoriri jussit. Strenue illi pugnavere, tandemque profligati sunt, & ad octodecim fere millia suorum amiserunt, quorum pars occisi, pars aquis submersi sunt. Tunc porro illi demissis animis veniam precatum venere, & Ducis sui legibus & voluntati se submisere.

Matthieu de Cousi.

Anno 1452. Jacobus Corius rei ærariæ Franciæ Præfectus jussu Regis comprehensus & in carcerem trusus est. Est autem hic vir in historia celebris ob ingentes divitias, quas ex negotio commercioque, & sua & institorum suorum opera collegerat ex omnibus fere orbis cogniti partibus, ad quam rem ille arte & ingenio mirabili præditus erat. Accusatus autem fuit, quod rei ærariæ partem in arcas suas derivasset; quod formosam illam Agnetem veneno sustulisset; quod aliquid illiciti commercii cum Mahummedanis & cum Sultano habuisset. In judicio autem vocatus, de his omnibus sibi oblatis criminibus sese

purgavit; sed ab inimicis suis ejus perniciem molientibus, vehementerque instantibus impetratum fuit ut capitis damnaretur. Verum Rex Carolus, Summo Pontifice intercedente, vitam ipsi donavit: multi namque pro illo stabant. A supplicio itaque exemtus, centum millia aureorum scutorum Regi solvere jussus est, atque ad damna sarcienda quæ multis intulisse dicebatur, trecenta millia scutorum numerare coactus fuit. Reliqua ipsius bona Regio fisco adscripta fuere. At ejus fama & memoria instaurata prorsus restitutaque fuit anno 1463. a Ludovico XI. qui a consiliis habuit Geoffridum Corium filium istius Jacobi, ædium Regiarum Magistrum, quem etiam Equitem creavit.

Hæc vulgo dicuntur de Jacobo Corio, deque infortunio ejus: verum quia vix fortasse quispiam in hoc genere ipsi par reperiatur, non ingratum Lectori fore speramus, si ejus historiam pluribus enarremus. Jacobus Corius filius erat Petri Corii, qui inter præcipuos Bituricarum cives censebatur. A patre suo probe educatus, favente indole, illo pervenit, ut in negotiorum tractatione inter peritissimos sui ævi annumeratus, & ab Rege Carolo *Argentarius* Regius constitutus sit; nempe rei ærariæ Præfectus. Negociationum curatores multos sibi allegarat, instituteratque in regnis & statibus omnibus Christianorum, etiam-

Des desseins de C. III. 855.

CHARLES VII. dit LE VICTORIEUX.

Chrétiens & parmi les Nations Infideles. Il entretenoit sur mer à ses dépens plusieurs grands vaisseaux, qui commerçoient dans le Levant & dans tous les ports de la Méditerranée. Il faisoit venir de ces payis des draps d'or & de soie de toutes façons & couleurs, des fourrures, des martres & de toute sorte de parures, qu'on n'auroit pû avoir sans lui ni pour or ni pour argent. Il gagnoit plus lui seul que ne faisoient ensemble tous les autres Négotians du Roiaume. Trois cens Facteurs tant sur mer que sur terre faisoient son négoce : si bon maître que chacun tâchoit d'entrer à son service.

Par ces moiens il accumula tant d'or & d'argent, que plusieurs disoient qu'il avoit trouvé la pierre Philosophale, & que des pieces de monnoie qui couroient, & qu'on appelloit des *Jâques-Cœurs*, étoient des productions de ce grand art. Il servit très-bien le Roi tant de son bon conseil que de ses finances, & fut une des principales causes de la conquête de la Normandie en 1449. Il encouragea le Roi à cette expedition, & lui avança les sommes nécessaires pour cette entreprise. Le Roi eut pendant longtems grande confiance en lui, & le chargeoit volontiers des affaires les plus importantes. Il l'ennoblit lui & ses enfans ; fit un de ses fils Archevêque de Bourges, l'autre Ecuier tranchant du Roi, l'autre son Echanson. Jâques Cœur eût de grandes Terres & Seigneuries ; il bâtit de belles maisons à Bourges, à Marseille, à Montpellier. Ces grandes richesses qu'il avoit ramassées, il les répandoit liberalement, & prêtoit aux grands Seigneurs de grosses sommes sans gages ni interêts.

Il n'étoit pas possible qu'une fortune si riante n'attirât à Jâques Cœur des ennemis. L'envie arma contre lui bien des gens, qui disoient hautement qu'il ne pouvoit avoir accumulé tant de richesses, qu'en détournant à son profit les Finances du Roi. A ceux-ci se joignirent lâchement ces Seigneurs à qui il avoit prêté de grosses sommes : ils crurent avoir trouvé un moien facile d'acquitter leurs dettes : c'étoit de débusquer & de perdre celui qui leur avoit confié son argent si liberalement. Ils userent de beaucoup d'artifice pour porter le Roi à se défier de Jâques Cœur, & lui persuaderent adroitement, qu'il étoit d'intelligence avec le Dauphin, dont le Roi étoit mécontent, qu'il l'aidoit de

---

que apud nationes infideles ; navesque magnas suis sumtibus sibi comparaverat, quarum ope in Oriente & in omnibus Mediterranei maris portubus commercia exercebat. Ex regionibus porro illis pannos aureos sericosque cujusvis generis & coloris advehi curabat, pelles duplicandis vestibus, *Martium* pelles cujusvis speciei, cæteraque ad ornatum spectantia, quæ nonnisi ejus opera poterant acquiri. Plures ipse solus sibi comparabat divitias & facultates, quam omnes simul mercatores. Trecenti institores ubicumque terrarum vel marium ejus negotia & commercia exercebant. Tam commodus autem & facilis erat iis, qui sub illo ejusque nutu res hujusmodi tractabant, ut omnes ministeria hujuscemodi ambirent.

His ille modis & rationibus tantum auri & argenti accumulavit, ut plurimi dicerent ipsum *Philosopheus lapidem* invenisse, & monetas quasdam, quæ usus publici erant, quæque *Jacobi-Corii* appellabantur, ex hujusmodi insigni arte profectas esse. Regi utilissimus erat tam consilio suo, quam re pecuniaria, quam ipsi subministrabat. Ipsi vero maxime debebatur Normanniæ acquisitio, quæ anno 1449. facta est. Jacobus Corius Regi animos fecit ut expeditionem illam susciperet, necessariamque ad eam rem pecuniam suppeditavit. Per diuturnum temporis spatium Rex Jacobo Corio maxime fidebat : illiusque operam ad maxima quæque negotia adhibebat libentissime. Illum familiamque ipsius totam nobilem declaravit : ex filiis ejus alium Bituricensem Archiepiscopum nominavit, alium scindendi obsonii Regii Magistrum, alium Regium Pincernam. Jacobus Corius terras, prædia dominiaque multa acquisivit, magnificas excitavit ædes Bituricis, Massiliæ & in Monte-pessulano. Divitias illas & facultates ingentes, quas sibi comparaverat, largissime profundebat, proceribusque Francis grandes pecuniæ summas commodabat sine pignore vel fœnore aliquo.

Non poterant tam splendida fortunæ dona contra Jacobum Corium invidiam & odium multorum non movere. Invidia, inquam, adversus illum multos armavit, qui perniciem ipsius machinati sunt. Hi obviis quibusque & publice dicebant non potuisse sine rei ærariæ dispendio magno tot tantasque divitias accumulari. His indigno sese animo adjunxere ii proceres, queis Jacobus Corius grandes pecuniæ summas mutuo dederat : putaverant namque se facillimum invenisse modum debita solvendi, si videlicet illum de gradu dejicerent ac perderent, qui sibi ita largiter & generose pecunias suas mutuo dederat. Cum artificio grandi Regi Carolo suasere ut Jacobum Corium suspectum haberet : utpote qui Ludovicum Delphinum, cujus Rex tunc gesta improbabat, & consilio & pecu-

son conseil & de sa bourse. Ils firent si bien que Jâques Cœur perdit entierement les bonnes graces du Roi.

Un de ses principaux accusateurs étoit Antoine de Chabannes : c'étoit lui qui menoit l'intrigue. L'an 1452. les ennemis de Jâques Cœur l'accuserent en forme, 1°. D'avoir volé les trésors du Roi. 2°. D'avoir renvoié au Soudan de Babylone, (c'est-à-dire d'Egypte) un Chrétien qui s'étoit sauvé de ses mains ; crainte que le Soudan n'arrêtât ses galeres & ses vaisseaux. 3°. D'avoir empoisonné la belle Agnés. 4°. D'avoir envoié des armes au Soudan d'Egypte. Jâques Cœur fut saisi & mis en prison. Il se purgeoit fort bien de ces accusations ; mais ses accusateurs & ses parties firent si bien, que le jugement de l'affaire fut commis à quelques-uns d'entre eux, qui esperoient de profiter de la confiscation de ses biens ; un desquels fut Antoine de Chabannes, le plus ardent & le plus interessé des ennemis de l'accusé. Les opinions ne pouvoient manquer d'aller à mort, & à la confiscation de ses biens. Mais le Roi en consideration des services qu'il lui avoit rendus & à la recommandation du Pape, se contenta de le bannir du Roiaume & de confisquer tous ses biens.

Jâques Cœur trouva une ressource dans ses Commis ausquels il avoit procuré des biens & des charges. Soixante d'entre eux se cottiserent, & lui firent une somme de soixante mille écus. Avec cet argent il se retira en l'Isle de Chypre, y rétablit son négoce, & ramassa bien-tôt de grandes richesses. Il s'y remaria avec une Dame nommée Theodora, dont il eut deux filles. Il laissa à chacune des filles cent cinquante mille écus. L'aînée fut depuis richement mariée à Famagouste, & l'autre à un personnage de consideration de la même Isle. Jâques Cœur y bâtit un Hôpital pour les Pélerins, & fonda à Famagouste un Couvent de Carmes, où il fut enterré avec magnificence. Un si promt rétablissement de fortune, prouvoit plus que suffisamment, que les grandes richesses qu'il avoit ci-devant ramassées, ne venoient que de son négoce, qui le remit depuis sur pied en si peu de tems.

Le Roi Louis XI. persuadé de l'innocence de Jâques Cœur, dans ses Lettres Patentes données à Paris au mois d'Août de l'an 1463. en faveur de Geoffroi

---

Matthieu de Couci.

nia sua juvaret; multisque adhibitis machinationibus id demum effecerunt ut Jacobus Corius a Regis gratia prorsus excideret.

Inter præcipuos accusatores eminebat Antonius de Cabannis, machinatorum hujusmodi princeps. Anno autem 1452. Jacobi Corii inimici hæc ipsi crimina palam obtulere : 1°. Quod ex Regia gaza plurima sibi distraxisset. 2°. Quod Babyloniæ (id est Ægypti) Sultano, Christianum remisisset, qui e manibus ipsius elapsus fuerat, metuens nempe ne Sultanus onerarias naves suas comprehenderet ac retineret. 3°. Quod formosam illam Agnetem veneno sustulisset. 4°. Quod Sultano Ægypti arma misisset. Jacobus Corius captus in carceremque trusus est. De hisce porro criminibus facile sese purgabat Corius : verum accusatores inimicique illius artificio variisque technis suis id effecerunt, ut rei judicium quibusdam ex suis committe-

Lettres de Louis XI.

retur, qui ex bonorum ipsius proscriptione non sperenda sibi lucra obventura sperabant, ex quorum numero erat Antonius Cabannæus Comes Domni-Martini, ardentissimus omnium Jacobi Corii inimicorum, qui se plura sperabat ex spoliis ejus nacturum esse. Cum hoc pacto compositum & affectum tribunal esset ; nonnisi capitalis sententia exire potuit, qua Corius & vita & bonis privaretur. Verum Rex, tum quia multa sibi officia Jacobus Corius præstiterat, tum quia Summus Pontifex pro illo intercedebat, Jacobum Corium ex regno exsulare jussit, & bona illius fisco addixit.

Jacobus Corius apud suos institores, queis officia & ministeria contulerat, suppetias reperit. Ex iis sexaginta conjunctis animis suamque singuli summam conferentes, sexaginta scutorum millia ipsi obtulere. Tali instructus subsidio in Cyprum insulam se recepit, priscam negociationem, & interceptum commercium restituit, brevique ingentes divitias apparuit, uxorem ibi duxit nobilem feminam nomine Theodoram, ex qua filias duas suscepit. Unicuique vero filiarum centum quinquaginta millia scutorum reliquit. Major filia Famagustæ opulentissimo viro nupsit ; minor vero alteri inter præcipuos insulæ annumerato, connubio juncta fuit. Jacobus Corius in Cypro insula nosocomium peregrinis construxit, & Famagustæ Carmelitarum Monasterium fundavit, ubi postea cum vitam clausisset, magnifice sepultus fuit. Tam celeriter restitutæ Jacobi Corii divitiæ, plusquam satis comprobabant divitias illas pridem collectas, ex negociatione & commercio partas fuisse, quandoquidem fortunis omnibus eversus, eadem via tam cito pristinum in statum reductus fuit.

Ludovicus vero XI. Rex, innoxium omnino Jacobum Corium fuisse certum habens, in publicis literis quas mense Augusto anni 1463. dedit in gratiam Geoffridi Corii, Jacobi hujusce filii, Geoffrido resti-

CHARLES VII. dit le VICTORIEUX.

Cœur, fils de Jâques, restitue à ce fils les Terres & Seigneuries de S. Fargeau, de Lanau, de la Coudre, de la Perreuze, de Champignolles, de Merilles, de Villeneuve-lez-Genez, de S. Morice, de la Frenoye, de Fontenelles, de Melle-Roy, & la Baronnie de Toussi ; ces Seigneuries, dis-je, dont Antoine de Chabannes Comte de Dammartin s'étoit emparé par une indigne fraude énoncée en détail dans ces mêmes Lettres. Il y rétablit la mémoire de Jâques Cœur, & le déclara injustement accusé par ceux qui vouloient profiter de sa dépouille. Le Comte de Dammartin fut mis en prison au commencement du Régne de Louis XI ; mais s'étant échappé, le Roi qui avoit besoin de ce Chef, le remit en sa grace, & il rentra alors dans les terres, qui avoient été renduës à Geoffroi Cœur.

Le Roi se mit ensuite en marche & se rendit en Forêt, dans le dessein d'aller faire la guerre au Duc de Savoye, qui tandis que le Roi étoit occupé à conquerir sur les Anglois la Normandie & la Guienne, avoit pillé & ravagé les terres de France. Mais le Cardinal d'Estouville s'entremit pour faire la paix, & porta le Duc à offrir réparation des dommages qu'il avoit fait dans les Provinces voisines. Le Roi se contenta de cette satisfaction, & ne passa pas plus avant.

Les Bourdelois étoient peu contens de la domination Françoise. Dans le tems que l'Aquitaine avoit appartenu aux Anglois, Bordeaux la capitale de la Guienne, étoit le siege des Princes & des Seigneurs Anglois. Les flotes d'Angleterre y venoient aborder : tout cela apportoit beaucoup d'argent à la ville ; & dès qu'elle fut réduite sous la domination Françoise tous ces avantages cesserent : ce qui leur déplaisoit beaucoup. Ils cabalerent en secret pour rappeller les Anglois, & les introduire dans leur ville. Ils solliciterent aussi le Roi d'Angleterre de faire passer des troupes dans leur païs. Il y envoia quatre ou cinq mille Anglois conduits par Talbot, qui fit descente dans le Médoc & se rendit maître de quelques petites places.

Revolte des Bourdelois.

Il y avoit alors dans le païs peu de troupes Françoises. Talbot fut introduit dans Bourdeaux, & se trouva maître de la ville avant que les François qui y étoient eussent pû s'assembler pour se défendre, ensorte qu'ils furent tous faits prisonniers. A ces nouvelles le Roi donna ordre au Maréchal de Jalogne de ramasser des gens de guerre pour renforcer les garnisons autour de Bourdeaux, en

tuit terras & ditiones Sancti-Fargelli, Lanavii, Coryleti-Petrosæ, Campinolii, Merilliæ, Villæ-novæ, Geneziorum, Sancti Mauritii, Fraxineti, Fontanellæ, Melli-Regii & Tussiacensis *Baronia*, quæ omnia Antonius Cabannæus Comes Domni-Martini indigna fraude invaserat, ut in iisdem literis fusius enunciatur, ubi etiam Jacobi Corii memoriam restituit Ludovicus, ipsumque injustè accusatum declarat ab iis qui bona ipsius invadere peroptabant. Comes autem Domni-Martini initio Regni Ludovici XI. in carcerem trusus est ; sed cum inde elapsus esset, Rex qui Ducem hujusmodi in bello sibi necessarium fore putabat, in gratiam ipsum suam admisit, tuncque ille terras & prædia quæ Geoffrido Corio restituta fuerant, denuò occupavit.

Rex postea movit & in Forensem tractum se contulit, ut Duci Sabaudiæ bellum inferret, qui dum Carolus Normanniam & Aquitaniam Anglis auferret, Francorum agros devastaverat. At interveniens Cardinalis de Stotavilla, pacem inter ambos Principes conciliavit, Duciquè Sabaudiæ auctor fuit, ut illata in vicinas provincias damna se reparaturum polliceretur. Rex verò cum hac in re sibi factum fuisset satis, receptum habuit.

Burdegalenses se Francorum Regi subditos esse non libenter ferebant : quo tempore enim Aquitania Angliæ Regi obsequebatur, Burdegala urbs Aquitaniæ præcipua, sedes erat Principum & procerum Anglorum. Illo appellabant Angliæ classes ; quæ res ut pecuniæ in urbe passim expenderentur, efficiebat : quæ omnia post redactam in Francorum potestatem Burdegalam omnino sublata esse, nec sine mœrore videbant. Cum Anglis verò id clam agebant ut cum copiis ad se redirent, se ad illos recipiendos esse paratos profitentes : Regem quoque Angliæ solicitè rogarunt sibi classem Anglorum validamque manum militum mitteret. Ille verò quatuor vel quinque millia Anglorum misit, qui duce Talbotio in Medulanum tractum appulere, & aliquot castra cepere.

Tunc in regione illa paucissimæ Franciæ copiæ erant. Talbotius Burdegalam inductus est, & urbem occupaverat antequam præsidiarii Franci colligi possent ; qui capti omnes fuere. Re compertâ Carolus Rex Marescallum Jalloniæ jussit copias colligere, ut præsidia circum Burdegalam numero augerentur, do-

Le même.

attendant qu'on assemblât une armée pour chasser les Anglois & reprendre la ville. Cependant Talbot se rendit maître de plusieurs places, & entre autres de la ville & château de Castillon en Périgord. Il reçut un nouveau renfort de quatre mille Anglois, & alla assieger la ville & château de Fronsac.

1453. Le Roi partit de Tours, se rendit à Lusignan & de-là à S. Jean d'Angeli. Il fit ensuite mettre le siege devant Chalais petite ville, qui fut prise d'assaut. Une partie de la garnison au nombre de huit cens hommes se retira dans une Tour. Ils se rendirent à discretion, & eurent tous la tête tranchée comme traîtres. Les François allerent mettre le siege devant Castillon en Périgord, & com-

Talbot défait & tué. mencerent à battre la place. Talbot vint au secours avec ce qu'il put assembler de gens. Il arriva auprès du camp des François, qu'il trouva preparez à le bien recevoir. Il y eut un des plus rudes combats qu'on eût encore vûs. Les Anglois repoussez revenoient toujours à la charge. Enfin des troupes fraîches Bretonnes qui vinrent sur ces Anglois harrassez d'un si long combat, les mirent en déroute : la plûpart des fuiards au nombre de près de cinq mille se retirerent dans Castillon. Talbot & son fils avec un grand nombre d'autres demeurerent morts sur la place. Ceux qui s'étoient retirez dans Castillon, gagnerent les champs pour se sauver les uns par terre, les autres par eau ; de ceux-ci plusieurs furent noiez. On envoia des gens contre ceux qui se sauvoient par terre : un grand nombre furent tuez dans les champs, les autres regagnerent Bourdeaux. Après cette déroute on battit Castillon, qui se rendit à discretion. On reprit sans beaucoup de peine Libourne, Châteauneuf de Medoc, Cadillac, S. Macaire, Langon, & autres places, & pour resserrer davantage Bourdeaux, on fit une Bastille à Lormont.

Les Anglois avoient une flote sur la Garonne pour défendre Bourdeaux. Le Roi en fit aussi assembler une de vaisseaux venus de Bretagne, de Poitou, d'Espagne, d'Hollande, de Zelande & de Flandres. La ville fut investie ; il y avoit une puissante garnison de trois mille Anglois & beaucoup plus de Gascons. On fut plus de deux mois & demi devant la place, qui manquoit de vivres. La disette augmentant tous les jours, les Bourdelois furent obligez de venir à composition, qui fut alors plus favorable aux assiegeans, parce que la maladie s'étoit

---

nec exercitus congregaretur, qui Anglos pelleret & Burdegalam recuperaret. Interea vero Talbotius oppida plurima cepit, interque alia Castellionem oppidum & castellum in Petragoricensi tractu. Novam vero quatuor millium Anglorum manum accepit, & Fronsacum oppidum & castellum obsessum venit.

Le même. Rex vero Carolus ex Turonum urbe profectus Lusinianum, indeque in sanctum Joannem Angeriacensem se contulit. Calesium oppidulum obsideri jussit, quod vi expugnatum fuit : præsidiarii octingenti numero sese in turrim receperunt, & ad Regis arbitrium sese dedere coacti sunt, omnesque quasi proditores capite truncati fuere. Franci vero Castellionem in Petragoricensi agro obsessum se contulere, & tormentis mœnia verberare cœperunt. Talbotius tunc coactis omnibus quas potuit copiis, ut obsessis ferret auxilium venit, & ad castra Francorum movit, qui ad hostem propulsandum parati erant. Acrior nusquam pugna visa fuit ; Angli repulsi semper pugnam redintegrabant. Demum cum nova Britonum militum manus in opem Francis advenisset, ea Anglos tam diuturno certamine jam defatigatos profligavit. Fugientium pars maxima quinque millium fere virorum Castellionem se receperunt. Talbotius & filius ejus cum grandi Anglorum numero cæsi in loco pugnæ reperti sunt. Qui vero Castellionem aufugerant, per campos dilapsi, alii terrestri via, alii cymbis conscensis fugam fecere : eorum qui cymbas conscenderant pars in aquis submersa fuit. Post illos vero qui terrestri itinere fugiebant, pugnatorum manus missa fuit, pars in campis cæsa fuit, pars Burdegalam se recepit. Post illam Anglorum cladem, Castellionæum oppidum tormentis bellicis impetitum fuit. Præsidiarii autem ad arbitrium victoris deditionem fecerunt. Deinde sine magno labore hæc oppida capta fuere, Castellum novum in Medullano tractu, Cadillacum, sancti Macarii castrum, Alingonis portus, aliaque oppida & castra, utque Burdegala undique cincta esset, Lormontii castellum structum fuit.

Le m[ême]. Angli in Garumna fluvio classem habebant, quæ hac ex parte Burdegalæ aditum defenderet. Rex quoque Carolus naves congregari jussit ex Britannia adductas, ex Pictavorum littore, item Hispania, item Hollandia, Zelandia & Flandria. Burdegala obsessa fuit. Numerosissimum præsidium erat, trium millium Anglorum, Vasconum autem longe plurium. Plusquam duobus cum dimidio mensibus perstitum in obsidione fuit, resque cibaria demum in urbe deficiebat, cumque in dies penuria accresceret, Burdegalenses ad deditionis tandem conditiones venire compulsi sunt, quæ tunc obsidentibus opportunior fuit ; lues
mise

CHARLES VII. dit LE VICTORIEUX. 249

mise dans l'armée du Roi. On laissa aux Anglois la liberté de se retirer ou à Calais ou en Angleterre. Le Roi pardonna aux Bourdelois ; il n'y en eut que vingt auteurs de la révolte qui furent bannis du payis. Le Roi laissa dans Bourdeaux & aux environs un plus grand nombre de troupes qu'auparavant. Et pour brider les habitans de cette ville sujets à la révolte, il y fit bâtir deux châteaux, dont l'un s'appelle le château Trompete, & l'autre le château du Ha.

Le Comte d'Armagnac, qui tranchoit du Souverain dans son payis, avoit dépossédé l'Archevêque d'Auch, élu légitimement & confirmé par les Bulles du Pape, & mis en sa place un autre Archevêque à son choix, & l'avoit ainsi installé contre toutes les loix divines & humaines. Sur les plaintes que le Roi reçut de cet attentat, il envoia une armée commandée par le Comte de Clermont & le Maréchal de Loheac, qui prirent Lectoure & toutes ses autres places sans presque aucune résistance. Le Comte d'Armagnac fut obligé de se retirer dans les terres d'Aragon.

1454.
1455.

La prise de Constantinople par les Turcs en 1453. & les autres conquêtes de Mahomet II. avoient mis la terreur dans le monde Chrétien. Plusieurs Princes penserent à faire une Croisade pour aller porter la guerre en Orient. Philippe le Bon Duc de Bourgogne prit l'affaire plus à cœur que tous les autres. Il fit de grands préparatifs, & se rendit en Alemagne pour soliciter d'autres Princes de se joindre à lui. Mais quand il fallut venir à l'execution, tout alla en fumée.

En ce tems l'Angleterre étoit en trouble. Le Duc d'Yorc, soutenu d'un puissant parti dans tout le Roiaume, avoit fait emprisonner les Ducs de Sommerset & de Glocestre qui gouvernoient le Roi Henri. Ce Prince les aiant fait sortir de prison, ils reprirent le gouvernement comme auparavant. Ce fut à leur instigation que le Roi Henri envoia ordre à tous les grands Seigneurs de son Roiaume de se rendre à Londres. Le Duc d'Yorc se mit en chemin pour y venir ; mais avec une bonne armée. Le Roi s'avança aussi avec des troupes pour aller à sa rencontre. Il se donna-là une bataille, où l'armée du Roi fut mise en déroute, le Duc de Sommerset fut tué, le Roi Henri pris & amené à Londres, & le Duc d'Yorc s'empara du gouvernement. La Reine Marguerite, qui étoit Françoise, courageuse & remuante fut, disoit-on, en

Troubles en Angleterre.

---

enim exercitum Regium invadere cœperat. Anglis liberum fuit vel Caletum, vel in Angliam se recipere. Rex Burdegalensibus pepercit ; viginti tantum, qui rebellionis auctores fuerant, exsulare coacti sunt. Majus Rex præsidium quam antea Burdegalæ & in circumpositis locis reliquit. Utque Burdegalenses rebellandi cupidos validius coerceret, duo castella construi jussit, quorum alterum castellum Tubæ, alterum castellum de Ha appellatur.

Comes Armeniacensis qui supremi dominii auctoritatem usurpaverat, suopte motu Archiepiscopum Auscitanum deposuit legitime delectum, & Summi Pontificis *bullis* confirmatum, & alium in ejus locum Archiepiscopum constituit ; ac contra leges omnes divinas humanasque in illam sedem induxit. Cum de tam audaci facinore quidam apud Regem conquesti essent, misit ille exercitum ducibus Comite Claromontano & Loheacio Marescallo, qui Lectoram ceperunt, cæteraque pene omnia illius oppida & castra, nullo pene obsistente, occupavere. Comes vero Armeniacensis in Regis Aragoniæ terras se recipere coactus est.

Cum a Turcis Constantinopolis capta fuisset anno 1453. & alia multa Mahometes II. cepisset, hinc terror orbem Christianum invasit. Multi vero Principes crucem accipere, ut bellum in Orientem inferrent, cogitavere. Philippus autem Bonus Burgundiæ Dux ad eam rem capessendam omnium ardentissimus erat. Ad illam vero expeditionem sese apparavit, atque in Germaniam se contulit, ut alios ageret Principes ad hoc bellum secum suscipiendum. Verum quando res executioni mandanda fuit, omnia in nihilum abiere.

Hoc tempore Anglia turbis maximis agitabatur. Dux Eboracensis, cujus partibus multi per totum Angliæ Regnum hærebant, Sommersetium & Glocestrium Duces, qui Henrico VI. regnante omnia administrabant, in carcerem trudi curavit. Cum autem Rex illos ex carcere eduxisset, Regnum ut antea administrare perrexerunt. Instigantibus illis, Henricus Rex jussit omnes proceres Londinum se conferre. Dux Eboracensis etiam ipse venit ; sed cum numeroso exercitu. Tunc Rex movit ut cum illo concertaret. Pugna commissa fuit ; exercitus regius funditur, cæditur Sommersetius Dux & Rex Henricus captus Londinum ducitur : tuncque Dux Eboracensis Regni administrationem assumit. Margarita Regina quæ generis Francici erat, audacis animi fœmina, causam fuisse turbatum narrant An-

Jean Chastelier.

Tome III. Ii

partie la cause de ces troubles, qui tournerent enfin mal pour le Roi son mari. Mais les mauvais succès des troupes Angloises en France, & la perte que les Anglois firent de la Normandie & de la Guienne, y contribua plus que tout.

1456.
Le Dauphin se retire auprès du Duc de Bourgogne.

Le Dauphin Louis, qui s'étoit retiré dans le Dauphiné, faisoit en ce pays-là des exactions insupportables, & sur tout sur les Ecclesiastiques ; le Roi envoia le Comte de Dammartin avec des troupes pour se saisir de sa personne. Le Dauphin en fut averti, & par le conseil du Sire de Montauban, & de Jean de l'Escun bâtard d'Armagnac, il se rendit par la Franche-Comté auprès du Duc de Bourgogne, qui le reçut très-bien & lui donna trois mille florins par mois pour son entretien.

1457.

Il y eut peu après un grand démêlé entre le Duc de Bourgogne, & le Comte de Charolois son fils. Le Dauphin s'entremit, dit Monstrelet, pour faire la paix, & les accorda ensemble. D'autres disent que le Dauphin lui-même avoit été cause de la dissension.

Procès fait au Duc d'Alençon.

Le Roi Charles fit alors saisir le Duc d'Alençon, accusé d'avoir sollicité les Anglois de venir faire une descente en France. On lui fit son procès : les preuves de son intelligence avec les Anglois étoient certaines, ses propres lettres en faisoient foi. Il les sollicitoit fortement de venir faire descente en Normandie & en Guienne ; & voiant que les grandes divisions qui étoient alors entre le Duc d'Yorc & le Roi les empêchoient d'envoier des troupes en France, il les exhortoit de s'accorder entre eux *de par Dieu, ou de par le Diable*. Par beaucoup de traits semblables, il marquoit qu'il n'avoit rien négligé pour introduire des armées Angloises dans le Roiaume. Il confessa tout, & fut condamné à mort par la Cour des Pairs & par le Conseil du Roi, qui y étoit en personne. Selon l'Arrêt ses biens devoient être confisquez. Mais le Roi déclara qu'il les tiendroit sous sa garde pour les rendre à sa femme & à ses enfans, & commua la peine de mort portée par l'Arrêt, en une prison perpetuelle.

1458.

1459.

Le 20. Août 1457. le Sire de Brezé & plusieurs autres Seigneurs avec un corps de troupes d'environ quatre mille hommes partirent d'Honfleur sur une flote, & se rendirent sur les côtes d'Angleterre. Ils y firent descente & prirent la ville de Sanduich malgré la résistance des Anglois, ils la pillerent, & s'en retournerent chargez de butin ; les Anglois les poursuivirent jusqu'à leurs vais-

Matthieu de Coussi. Jean Chartier.

gli, quæ tandem in perniciem Regis viri sui versæ sunt. Verum postremæ clades Anglorum in Francia, & amissæ ab illis Normannia simul & Aquitania, tantorum motuum præcipuæ causæ fuerunt, ut quidam narrant.

Ludovicus Delphinus, qui Regia aula relicta in Delphinatum se receperat, in illo tractu tributa & vectigalia vix toleranda exigebat, maximeque ab Ecclesiasticis. Tunc Rex Domni-Martini Comitem cum copiis illo misit, qui Delphinum caperet, sibique adduceret. Re comperta Delphinus, suadentibus Montalbano, & Joanne de Lescuno Nocho Armeniacensi, per Burgundiæ Comitatum apud Burgundiæ Ducem se recepit, qui ipsum benigne excepit, ipsique tres mille florenos aureos ad menses singulos assignavit. Paulo postea gravis suborta rixa est inter Ducem Burgundiæ & Carolesium Comitem filium ipsius. Delphinus vero, inquit Monstreletus, pacem inter ambos conciliare conatus, rem tandem totam composuit. Narrant alii Delphinum ipsum dissensionis causam fuisse.

Jean Chartier.

Rex autem Carolus tunc temporis Alenconium Ducem comprehendi curavit, qui accusabatur quod Anglos concitasset, ut in Franciam exscensum facturi venirent. Res Judicibus examinanda committitur.

Certissime probabatur ipsum cum Anglis conspiravisse, cujus rei nondubium testimonium asserebant ejus literæ, queis urgebat illos ut in Normanniam & in Aquitaniam bellaturi venirent ; cumque videret dissensionem, quæ tunc vigebat inter Ducem Eboracensem & Angliæ Regem, impedimento esse quominus copias in Franciam Angli mitterent ; hortabatur eos ut *vel per Deum*, *vel per Diabolum*, res suas componerent. His & similibus dictis significabat se nihil retro reliquisse, ut Anglicos exercitus in Regnum induceret. Omnia ille confessus est, capiteque damnatur a Curia Parium, & a consilio Regis, qui tum præsens erat. Ex lata sententia bona ejus fisco addicenda erant : sed declaravit Rex se illa servaturum custodiuturumque esse, ut ipsius uxori filiisque ea restitueret : pœnamque mortis in perpetuum carcerem commutavit.

Anno 1457. vigesimo Augusti die, Brezæus multique alii ex primoribus, cum pugnatorum manu quatuor millium circiter virorum, Honflorii conscensis navibus ad Anglicanas oras se contulerunt : exscensuque facto, Sanduicum oppidum frustra obsistentibus Anglis ceperunt, magnas ibi prædas egerunt, & manubiis onusti ad naves pedem retulere, ad consensum usque insequentibus & pugnantibus

CHARLES VII. dit LE VICTORIEUX.

seaux ; mais ils se défendirent si bien, qu'ils remonterent sur mer avec peu de perte.

L'an 1448. le 23. Avril, Philippe le Bon Duc de Bourgogne fit son entrée à Gand. Les Gantois l'avoient souvent fait prier tant par le Dauphin Louis que par d'autres d'y venir, & d'y entrer en cérémonie ; mais il differa de s'y rendre jusqu'à ce jour-là. Il n'y amena ni le Dauphin, ni le Comte de Charolois, ni le Sire de Croi son Chambellan : & cela pour des raisons que l'historien ne dit pas. Le Duc s'y rendit accompagné du Comte d'Estampes, du Sire de Ravestein & d'environ trois cens Chevaliers. Les Bourgeois vinrent au devant de lui, les Ecclesiastiques marchoient à la tête ; puis venoient les gens de Justice, suivis des artisans. Après ceux-ci marchoient les Chevaliers & Ecuiers. Le *Conseiller* de la ville lui parla au nom de tous, & le supplia humblement d'oublier les injures que lui avoient fait ci-devant les Gantois, qui étoient si repentans de leurs fautes, qu'ils étoient tous prêts de mourir à son service. Le Duc les reçut avec des grandes démonstrations d'affection. C'est ce qui est representé dans la Planche suivante tirée de Monstrelet Manuscrit de la Bibliotheque de Monsieur Colbert.

PL. XLV.

Au mois d'Août 1459. mourut Pierre II. Duc de Bretagne. Son oncle Artus Connétable de France lui succeda, & ne tint le Duché que jusqu'au mois de Janvier suivant, où il mourut. François II. fils de Richard Comte d'Estampes & frere d'Artus lui succeda. Ce François II. fut pere d'Anne de Bretagne, qui épousa Charles VIII. Roi de France & depuis Louis XII. & réunit la Bretagne à la Couronne.

1460.

1461.

L'an 1461. vers le commencement de Juillet le Roi Charles, qui étoit alors à Meun sur Yeure en Berri, fut averti par un Capitaine, qui avoit sa confiance, qu'on vouloit l'empoisonner. Cela le frappa tellement, que ne sachant plus à qui se fier, il s'abstint de boire & de manger pendant sept ou huit jours. Les Medecins le pressoient toujours de prendre quelque nourriture. Il se rendit enfin & voulut manger ; mais il n'étoit plus tems, les conduits étant si reserrez, que la nature ne pouvoit plus prendre des alimens. Se sentant proche de sa fin, il reçut les derniers Sacremens, & mourut le 22. Juillet. Son corps fut apporté à S. Denis, où il fut enterré solennellement.

1461. Mort du Roi Charles VII.

Anglis ; sed tam strenue ipsos Franci propulsarunt, ut paucis suorum amissis in naves suas se receperint.

Anno 1458. vigesimo tertio die Aprilis, Philippus Bonus Burgundiæ Dux Gandavum est ingressus. Gandavenses illum sæpe per Delphinum, perque alios rogari curaverant ut veniret, solenniterque in urbem suam ingrederetur : verum ad illum usque diem Dux distulerat. Non Delphinum secum duxit, nec Carolesium Comitem filium, nec Croviacensem Toparcham Cambellanum suum ; qua vero de causa hosce prætermiserit historiæ Scriptores non referunt ; sed venit cum Stampensi Comite, & cum Ravestenio, trecentisque circiter equitibus. Cives Gandavenses obviam Duci venerunt : præibant Ecclesiastici ; hos sequebantur Jurisperiti, qui judicia exercebant, deindeque artifices. Agmen claudebant equites & scutiferi. Urbis *Consiliarius* pro civitate tota Ducem alloquutus est, ac demissioribus verbis precatus illum est, ut illatas sibi à Gandavensibus injurias ex memoria deleret ; quos jam factorum ita pœnitebat, de vitam pro ipso profundere parati essent. Illos Dux cum affectu & benignitate grandi excepit. Illud vero in tabula sequenti exprimitur, eductaex codice Monstreleti, qui in Bibliotheca Colbertina asservatur.

Mense Augusto anni 1459. obiit Petrus II. Dux Britanniæ Armoricæ. Ipsi vero successit patruus ejus Arturus Constabularius Franciæ, & Ducatum tenuit ad usque mensem Januarium sequentem solummodo. Ipsi defuncto successit Franciscus II. filius Ricardi Comitis Stampensis & fratris Arturi. Hic vero Franciscus pater fuit Annæ Britannicæ, quæ nupsit Carolo VIII. Francorum Regi, deindeque Ludovico XII. ejus successori ; indeque Britannia Armorica ad Regem Francorum devoluta est.

Anno 1461. ineunte circiter Julio, Rex Carolus, qui tum Magduni ad Averam in Biturigibus erat, a Tribuno quodam, cui multum fidebat, monitus est, quod venenum sibi propinandum esset. Hoc perculsus monitu Carolus, nemini jam fidere ausus, a cibo & potu per septem octove dies abstinuit. Instabant Medici, ut cibi aliquid sumeret urgebant. Cessit ille tandem & comedere voluit ; sed incassum id tentavit, cum jam ductus ita obstructi essent, ut natura alimenta nulla capere valeret. Cum vitæ finem jam instare videret, extrema sumsit Sacramenta, mortuusque est vigesimo secundo die Julii mensis. Corpus ejus in Sancti Dionysii Ecclesiam allatum solenniter sepultum fuit.

Jean Chartier.

Le même.

Tome III.   I i ij

Charles VII. fut un des meilleurs Princes que la France ait eu ; doux, affable, bien-faisant, liberal ; ces qualitez attirerent à son parti bien des braves gens, qui lui demeurerent toujours fort attachez, & l'aiderent à chasser les Anglois hors du Roiaume, après que le prodige de Jeanne la Pucelle eut fait tourner la chance. Il aimoit à prendre conseil dans les affaires importantes, & suivoit toujours le meilleur parti. Son grand défaut étoit de se trop livrer à ses Favoris. Cependant quand on les enlevoit d'auprès de lui avec violence, qu'on les mettoit en prison, & qu'on les livroit même à la Justice pour les envoier au supplice s'ils le méritoient ; il entendoit raison & confessoit son tort, quoiqu'on eut agi contre ses inclinations & sans son ordre. Ainsi furent chassez d'auprès de lui, le Président Louvet, Tannegui du Châtel, Gyac, envoié au supplice ; le Camus de Beaulieu, qui fut tué, la Trimouille qui fut blessé, mis en prison & puis rançonné. Il ne sût rien de tout cela que quand le coup fut fait, & il l'approuva ou fit semblant de l'approuver en dissimulant son mécontentement ; patience si extraordinaire en un Souverain, que difficilement en trouveroit-on des exemples.

Carolus VII. inter optimos Francorum Principes censeri meretur. Mitis erat, affabilis, largus : queis virtutibus multos sibi devinxit viros fortes, qui semper ejus partibus hæserunt, & ad Anglos ex Francorum finibus depellendos adjumento ipsi fuere, postquam ex Joannæ Puellæ prodigio, Anglis res secus cedere cœperunt. In rebus magni momenti consilio peritorum utebatur, & tutiora semper amplectebatur. Illud tamen vitii in illo observabatur, ut gratiosus sibi penes se semper haberet, ex quorum nutu pendere videbatur ; sed cum illi vi a Regia abducebantur a proceribus, in carcerem trudebantur, judicio sistebantur, ut ad supplicium ducerentur, si id casus exigeret, ille rem probabat, seque deceptum fatebatur, etsi res injussu suo, nec se annuente peracta erat. Sic a latere ipsius depulsi sunt Lupetus Præses, Tanaquillus de Castello, Gyacus qui ad supplicium ductus est, Simus de Bello-loco, qui occisus ; Tremollius, qui saucius in carcerem trusus, pro libertate impetranda pecuniam numerare coactus est. Nihil certe eorum nisi re peracta scivit, & tamen probavit, vel se probare simulavit, indignationem suam reprimens ; cujus patientiæ exemplum in Rege alio vix uspiam reperias.

ENTRÉE DE PHILIPPE LE BON DUC DE BOURGOGNE DANS GAND.

AUTRES MONUMENS
DU REGNE DE CHARLES VII.

LA Planche qui fuit nous reprefente le Roi Charles dans fon Trône & un Dominicain à genoux devant lui, qui lui offre un Livre de fa façon. Des Courtifans qu'on voit ici en petit nombre, les uns font en robe longue & les autres ont un habit fi jufte au corps, que depuis la ceinture en bas on voit toute la forme du corps humain. L'un d'eux tient un oifeau fur la main droite, marque d'une grande qualité en ces tems-là. Un autre porte une plume à fon bonnet. Cette peinture eft tirée d'un Manufcrit de la Bibliotheque de M. Colbert. **P L. XLVI.**

Le portrait [1] du Roi Charles VII. qui commence la Planche fuivante eft tiré d'un Tableau original, qui appartenoit autrefois à M. de Gagnieres, & qui eft aujourd'hui de M. Moreau de Mautour. Ce Tableau a été certainement fait d'après le naturel. Son chapeau approche affez de la forme de ceux d'aujourd'hui; mais fes ornemens en zigzag, ont je ne fai quoi de defagréable. Le Roi n'a point ici de cheveux. Il n'en a gueres dans l'image [2] fuivante, où il eft reprefenté debout, avec fes éperons, & l'épée au côté. Les traits de fon vifage reffemblent au portrait précedent, fon chapeau eft d'une forme differente, & orné de fleurs-de-lis. L'efpece de cafaque qu'il porte eft verte dans la peinture originale, qui eft au commencement d'une paire d'Heures faite pour Etienne Chevalier, Tréforier general de France fous ce Prince, dit M. de Gagnieres. **P L. XLVII. 1. 2.**

La troifiéme [3] figure eft ainfi reprefentée dans le Monftrelet Manufcrit de M. Colbert fol. XI. chap. I. où il dit que Charles Dauphin apprit la mort de fon pere décedé le 22. d'Octobre 1422. lorfqu'il étoit au château d'Efpailli en Velai, appartenant à l'Evêque du Pui. Il s'habilla de noir le premier jour, & le lendemain il affifta à la Meffe vêtu d'une robe de vermeil. *Où il y avoit prefens,* dit Monftrelet, *plufieurs Officiers de l'armée, vestus de leurs blafons : & fut crié vive le Roi ; & puis fut fait l'Office de l'Eglife.* Sa robe eft noire doublée d'hermines, fon bonnet eft auffi noir. Il paroît ici plus vieux qu'il n'étoit alors, n'aiant guere plus de vingt ans. **3.**

ALIA MONUMENTA REGNI CAROLI VII.

TABULA fequens Carolum Regem in folio fedentem exhibet, & Dominicanum genuflexum, qui ipfi librum offert ab fe editum. Ex aulicis vero, qui hic pauci numero comparent, alii oblongis amiciuntur veftibus, alii tam ftricto veftitu teguntur, ut a zona inferne, tota humani corporis forma confpiciatur. Ex illis unus avem manu geftat; quod tum temporis egregiæ nobilitatis erat infigne; alterius pileus pluma exornatur. Hæc imago defumta fuit ex codice Manufcripto Bibliothecæ Colbertinæ.

Caroli VII. imago quæ in tabula fequenti prima vifitur, ex depicta illius ævo ad vivum tabula excepta fuit ; quæ olim ad Dominum de Gagneriis pertinuit, hodieque apud V. Cl. Morellum de Malturio habetur. Petafus ejus ad hodiernorum petaforum formam accedit ; fed ornamenta illius circumplexis & in angulos reflexis lineis adornata, ingratum nefcio quid præ fe ferunt. Hic Rex fine coma ulla confpicitur. In fequenti vero imagine modicum capillitium habet, ubi ftans repræfentatur, cum calcaribus & gladio ad zonam appenfo. Vultus forma præcedenti fimilis eft; petafus diverfam præ fe fert figuram, & liliis ornatur. Quod geftat ipfe fagulum viride eft in tabella depicta initio diurnarum Horarum, ad ufum Stephani Caballerii, Franciæ Thefaurarii Generalis fub Carolo VII. inquit Gagnerius.

Tertium fchema fic habetur in Monftreleti Codice MS. Bibliothecæ Colbertinæ, fol. XI. cap. I. ubi narrat ille Carolum Delphinum patris mortem, qui 22ª Octobris anno 1422. decefferat comperiffe in caftello Spalliacenfi in Velaunis, quod caftellum ad Epifcopum Anicienfem pertinebat. Primo autem die nigris indutus veftibus comparuit : infequenti vero die Miffæ folemniis interfuit, rubro veftitus indumento, *aderantque,* ait Monftreletus, *multi exercitus Tribuni, infignibus fuis induti, conclamatumque fuit,* Vivat Rex, *pofteaque divinum officium peractum eft.* Veftis nigra eft affutis muris Pontici pellibus, pileus quoque atri coloris eft. Hic autem fenior depingitur, quam tunc temporis effet, non multo plus enim quam viginti annorum erat.

4. « Le voici à cheval tel qu'il étoit lorsqu'il alla assieger Tartas l'an 1442. tiré du même Manuscrit de M. Colbert, fol. 273. chap. 271. Il tient le bâton de commandement. Sa toque est rouge dans l'original, à lignes dorées. Son habit raié d'or & de rouge, sa botte toute dorée. Il paroît ici fort jeune, quoiqu'il eût alors quarante ans. 5. ⁵ On le voit ensuite, tel qu'il est à S. Denis sur son tombeau dans la Chapelle de Nôtre-Dame.

Marie d'Anjou Reine de France femme de Charles VII. étoit fille de Louis II. Duc d'Anjou Roi de Naples ; sœur du Roi René, que nous avons mis sur la 6. même Planche. Elle épousa le Roi Charles en 1422. & mourut en 1463. ⁶ On donne ici son portrait, tiré sur l'original peint de son tems, ci-devant de M. de Gagnieres, & presentement de M. Moreau de Mautour. Sa coeffure étoit en usage dans ce tems-là ; mais ordinairement plus haute & plus pointue qu'on ne 7. la voit ici. ⁷ L'autre figure de la même Reine est tirée de son tombeau, qui est à la Chapelle de Nôtre-Dame de l'Eglise S. Denis, où on la voit auprès du Roi son mari.

René dit le Bon, étoit Roi de Jérusalem, des deux Siciles, Duc d'Anjou, Comte de Provence ; ce sont les titres qu'il se donne lui-même dans un Tableau où est son portrait peint de sa propre main, qu'on voit aux Carmes d'Aix en Provence dans une Chapelle. Sur ce portrait original on fit une estampe à Aix en 1711. 8. où il est representé en taille-douce, ⁸ & c'est sur cette estampe que j'ai tiré fort exactement la figure que je donne ici. Autour du portrait original, il y a cette inscription : RENATUS REX IHERUSALEM UTRIUSQUE SICILIÆ DUX ANDEGAVÆ PROVINCIARUM COMES &c. Au-dessous de cette inscription, on en a gravé une autre de forme differente en ces termes : *Hæc effigies ad vivum propria ipsiusmet Regis manu depicta exstat in sacello Carmelitarum Aquensium.* Après que le Graveur a fait offre de son estampe à M.ᵍʳ le Bret premier Président & Intendant de Provence, il ajoûte cette inscription tout au bas de la Planche : *Ex imagine ad vivum expressa, & ab ipso Rege, in testimonium amoris, Renato de Materon, Oratori suo dono data, nunc etiam in Museo Josephi de Materon D. de Salignac pronepotis sedulo & amanter asservata.*

Il dit ici, ou il semble dire que son estampe est tirée du portrait que ce Roi donna à René de Materon son Ambassadeur, & que ce même portrait est gardé

En illum equitem, qualis erat cum Tartassium obsessum ivit anno 1442. ex eodem Colbertino codice eductum, fol. 273. cap. 271. Imperantis baculum tenet. Pileus ejus in manuscripti tabula ruber est. Vestis ex auro & rubro colore delineata, ocreæ deauratæ. Hic porro admodum juvenis repræsentatur, etsi tunc quadraginta esset annorum. Postea visitur qualis habetur in sepulcro suo in Ecclesia Sancti Dionysii, in Capella Beatæ Mariæ.

Maria Andegavensis Francorum Regina, uxor Caroli VII. filia erat Ludovici II. Andium Ducis, Regis Neapolis, sororque Renati Regis, quam in eadem tabula exhibemus. Regi autem Carolo nupsit anno 1422. obiitque anno 1463. Ejus hîc imago profertur, qualis habetur in tabula ipsius ævo depicta, quæ pridem D. de Ganeriis fuit, nunc vero penes D. Morellum de Malturio asservatur. Capitis cultus illo ævo in usu erat ; sed ut plurimum longe sublimior & acutior. Altera ejusdem Reginæ figura, educta fuit ex ejus sepulcro, quod habetur in Capella Beatæ Mariæ Ecclesiæ sancti Dionysii, ubi prope Regem virum suum locatur.

Renatus Bonus dictus, Rex Jerosolymæ & utriusque Siciliæ, Dux Andegavensis & Provinciarum Comes, his se titulis exornat in tabella depicta ejus imaginem repræsentante, quæ in Capella quadam Ecclesiæ Carmelitarum Aquensium visitur. Ad istius nativæ imaginis fidem in ære insculpta eadem fuit Aquis Sextiis anno 1711. Ex hac vero tabula ejus imaginem qualem conspicis accurate exprimi curavi. Circum depictam vero imaginem hæc inscriptio legitur : RENATUS REX IHERUSALEM, UTRIUSQUE SICILIÆ, DUX ANDEGAVÆ, PROVINCIARUM COMES, &c. Sub hac inscriptione alia diversæque formæ exarata fuit, his verbis : *Hæc effigies ad vivum propria ipsiusmet Regis manu depicta, exstat in Sacello Carmelitarum Aquensium.* Infra vero postquam Sculptor in ære tabellam suam obtulit ill.ᵐᵒ Domino le Bret Primo Præsidi & Præfecto Gallo-provinciæ, hanc inscriptionem in ima parte insculptæ tabulæ adjicit : *Ex imagine ad vivum expressa & ab ipso Rege in testimonium amoris Renato de Materon oratori suo dono data, nunc etiam in Museo Josephi de Materon D. de Salignac pronepotis sedulo & amanter asservata.*

Hic vel dicit, vel dicere videtur tabulam suam insculptam exceptam fuisse ex imagine, quam ipse Rex dedit Renato de Materon oratori suo, & eamdem ipsam imaginem preciose asservari in Musæo

Un Dominiquain presente un Livre au Roi Charles VII.

DE CHARLES VII. dit LE VICTORIEUX.

précieusement dans le Cabinet de M. René de Materon Seigneur de Salignac, un des descendans de René de Materon; & il a dit plus haut, que ce même portrait fait de la main du Roi René lui-même, est gardé dans une Chapelle des Carmes d'Aix. Peut-être veut-il dire que son estampe ressemble à l'un & à l'autre des portraits. Il se peut aussi faire que ce même portrait aura été donné aux Carmes par le Seigneur de Salignac.

Le Roi René, selon quelques Historiens, étoit un des plus excellens Peintres de son tems : Brantôme dit aussi dans son éloge de la Reine Catherine de Medicis, que le Roi René étoit un excellent Peintre, c'étoit encore la voix commune de ce tems-là; effectivement ce Tableau, autant qu'on peut juger par l'estampe, paroît être fait de main de Maître. Il étoit déja grison quand il le fit. Il porte le Collier de l'Ordre de S. Michel, institué par Louis XI. sous le regne duquel il mourut l'an 1480. âgé de 72. ans. Son écusson qui est au-dessous à sur le tout les armes d'Aragon. Il se disoit Roi d'Aragon à raison d'Iolande d'Aragon sa mere. On n'y voit pas celles de Lorraine, quoiqu'il ait prit aussi le titre de Duc de Lorraine. Sa devise est au-dessous, D'ARDENT DESIR: & plus bas celle de son Ordre LOS, qu'on trouve ailleurs plus étenduë : LOS EN CROISSANT. Nous parlerons plus bas de cet Ordre de Chevalerie.

La figure suivante du 9 même est tirée de son tombeau, qu'on voit dans le Chœur de l'Eglise de S. Maurice d'Angers. Isabelle 10 Duchesse de Lorraine & de Bar, sa premiere femme, se voit représentée auprès de son mari sur son tombeau dans la même Eglise. Elle l'épousa le 24. Octobre 1420. & mourut le 22. Fevrier 1472. 11 La même se voit sur les vitres des Cordeliers d'Angers, priant Dieu à genoux avec ses armes à la maniere des Dames, chargées de celles des Roiaumes, Duchez, Comtez, dont son mari prenoit les titres. Après la mort d'Isabeau de Lorraine arrivée en 1452. au mois de Fevrier, le Roi René épousa en secondes nôces en la même année au mois de Septembre, Jeanne de Laval, qui survêcut longtems à son mari, & mourut l'an 1498. 12 Elle est aussi representée aux vitres des Cordeliers d'Angers. Dans son écusson avec les armes de tous les Etats de son mari, on voit aussi celles de Laval. Ce qu'on remarque dans l'une & l'autre Reine, c'est que leur chevelure flote jusques beaucoup au-dessous de la ceinture.

9.
10.

11.

12.

Renati de Materon D. de Salignac, abnepotis illius Renati de Materon; & supra dixit eam ipsam imaginem manu ipsius Renati Regis depictam in Capella quadam Carmelitarum Aquensium servari. Fortassis vero significare voluit tabulam suam insculptam utrique imagini esse similem; vel forte dicatur eamdem ipsam imaginem Carmelitis a Saliniacensi Domino datam fuisse.

Renatus Rex, narrantibus quibusdam Historiæ Scriptoribus, inter eximios sui ævi pictores eminebat. Ait vero Brantomius cum de Catharina Medicea Regina agit, Renatum Regem eximium fuisse pictorem, uti suo ævo omnium ore ferebatur. Et vere imago isthæc quantum tamen potest ex tabula depicta judicari, ex manu periti pictoris prodiisse videtur. Jam canescebat cum hanc depinxit imaginem. Ordinis sancti Michaelis torquem gestat; qui Ordo institutus fuit a Ludovico XI. quo regnante obiit Renatus anno 1480. ætatis 72. Scutum ejus, quod sub imagine habetur, Aragoniæ insignia insignibus Renati superposita habet; se namque Regem Aragoniæ dicebat, quia Yolandæ Aragonicæ filius erat. Lotharingiæ autem insignia non hîc comparent, etsi se aliquando Lotharingiæ Ducem dixerit. Symbolicum ejus dictum infra scribitur, nempe *Ardenti Desiderio*, & inferius *Laus*, quæ inscriptio alibi tota fertur LAUS CRESCENDO. Mox de hoc Equitum ordine verba facturi sumus.

Schema sequens ejusdem eductum fuit ex sepulcro ejus, quod habetur in choro Ecclesiæ sancti Mauricii Andegavensis. Isabella Lotharingiæ & Bari Ducissa prima uxor ejus prope virum suum conspicitur sepulcro suo superposita in eadem Ecclesia. Renato nupsit illa 24. Octobris anno 1420. obiitque 22. Februarii anni 1472. Eadem ipsa visitur in vitreis fenestris Franciscanorum Andegavensium, ubi genuflexa, & preces fundens exhibetur, adjunctis insignibus suis femineo more terminatis; insignibus nempe Regnorum, Ducatuum, Comitatuum, quæ sibi vir suus adscribebat. Post Isabellæ mortem, quæ contigit anno 1472. mense Februario, Renatus Rex eodem anno secundam duxit uxorem mense Septembri Joannam de Lavallio, quæ diu post mortem viri sui vixit, mortuaque est anno 1498. Ipsa quoque in vitreis fenestris Franciscanorum repræsentatur. In ejus autem scuto cum insignibus viri sui, Lavallii quoque insignia visuntur. In utraque Regina observatur passos capillos longe infra zonam descendere.

Le Roi René inſtitua comme nous venons de dire l'Ordre du Croiſſant, j'ai trouvé dans les porte-feuilles de M. de Gagnieres une aſſemblée de cet Ordre repreſentée avec cette inſcription. *Chapitre tenu par René Duc d'Anjou Roi de Sicile, inſtituteur de l'Ordre du Croiſſant,* où ſont les Chevaliers de l'Ordre, avec le portrait de Jean Coſſa Comte de Troie, Chevalier de cet Ordre repreſenté en buſte. L'inſtitution de l'Ordre du Croiſſant a été trouvée à la Bibliotheque de S. Victor de Paris par Marcel, qui s'en ſert dans ſon Hiſtoire de France, & il l'a donnée dans ſes preuves. C'eſt d'après lui que nous la mettons ici.

INSTITUTION DE L'ORDRE DU CROISSANT.

"AU nom du Pere & du Fils & du S. Eſprit, ung Dieu en trois perſonnes, " ſeul & omnipotent, avecques l'aide de ſa tres-benoiſte & glorieuſe mere la " Vierge Marie : aujourd'huy unziefme jour du mois d'Aouſt, l'an mil quatre " cens quarante-huit, tenant en Sainte Egliſe le ſiege Apoſtolique Nicolas Pape " Quint, a eſté encommencé & mis ſus un Ordre pour perpetuellement & à ja- " mais durer au plaiſir de Dieu par Chevaliers & Eſcuiers, qui ſeront & pour- " ront eſtre juſques au nombre de cinquante : lequel Ordre ſera appellé & nom- " mé *l'Ordre du Croiſſant*, pour ce que leſdits Chevaliers & Eſcuyers porteront " deſſous le bras dextre un Croiſſant de armes camaillé, ſur lequel ſera eſcritte de " lettres bleues, LOS EN CROISSANT : & ſera fait par la façon & ma- " niere que cy-devant eſt figuré & pourtrait. Duquel Ordre eſt prins pour " Chef, Patron, Conduiſeur & Défenſeur, Monſeigneur Saint Maurice Che- " valier & tres-glorieux Martyr : de laquelle fraternelle union, & Compagnie " deſſuſdite, les poins de la Reigle à garder & obſerver s'enſuivent ici après par " articles.

" Premierement, nul ne pourra eſtre reçu ne porter ledit Ordre, ſinon qu'il " ſoit Duc, Prince, Marquis, Comte, Vicomte, ou iſſu d'ancienne Chevale- " rie, & Gentilhomme de ſes quatre lignes, &c. *Tous les articles ſuivans ſont compris dans le ſerment cy-après.*

" Afin que ce preſent Ordre dure & ſoit entretenu & maintenu bien & due- " ment a toujours mais, perpetuellement au plaiſir du Dieu le Tout-puiſſant, à

Renatus Rex Creſcentis Lunæ Ordinem Equitum inſtituit. In Manuſcriptis Gagnerianis, cœtum Ordinis unâ coactum reperi cum hac inſcriptione : *Capitularis cœtus congregatus a Renato Duce Andegavenſi Rege Siciliâ, Inſtitutore Ordinis Creſcentis Lunæ.* Ubi Equites Ordinis, ſimulque imago Joannis Coſſæ Troiæ Comitis, iſtius Ordinis Equitis, cujus protome repræſentatur. Inſtitutio Ordinis Creſcentis Lunæ a Marcello reperta fuit in Bibliotheca Sancti Victoris Pariſienſis, qui illam inter inſtrumenta ad veritatem hiſtoriæ probandam allata edidit, indeque nos illam excepimus.

"INSTITUTIO ORDINIS CRESCENTIS

LUNÆ.

" IN nomine Patris & Filii & Spiritus Sancti, unius " Dei in tribus perſonis, ſolius & omnipotentis, ad- " juvante ter benedicta & glorioſa Matre Virgine Ma- " ria. Hoc die, undecimo menſis Auguſti, anno mil- " leſimo quadringenteſimo quadrageſimo octavo, Ni- " colao Papa Quinto in Sancta Eccleſia ſedem Apoſ- " tolicam occupante, inceptus inſtitutuſque fuit Or- " do in perpetuum per Dei placitum duraturus, Equitum & Scutiferorum, qui uſque ad quinquaginta " numero eſſe poterunt, qui Ordo appellabitur, *Ordo Creſcentis Lunæ* : quoniam iidem Equites & Scu- " tiferi ſub brachio dextro inſigne geſtabunt creſcen- " tem Lunam, in qua cæruleis literis ſcriptum erit, " LOS EN CROISSANT, id eſt, *Laus creſcendo*, eo- " dem modo quo ſupra deſcriptum delineatumque " fuit. Cujus Ordinis dux, patronus, ductor & pro- " pugnator eligitur, D. S. Mauricius Eques & glo- " rioſiſſimus Martyr cujus fraternæ unionis, & ſupradicti Sodalitii Regulæ capita ſervanda articulis diſtincta ſequuntur.

Primo, nullus recipi poterit, vel Ordinis inſigne geſtare, niſi ſit Dux, vel Princeps, vel Marchio vel Comes aut Vicecomes, vel niſi ab antiquo ex Equitibus ortus ſit, & gradibus quatuor, & niſi nobilis ex &c. *Reliqui articuli in ſacramento infra adferendo comprehenduntur.*

" Ut hic Ordo in optimo ſtatu & conditione in " perpetuum perſeveraret, ſecundum placitum & vo- " luntatem omnipotentis Dei, & ad veræ & Catholicæ " l'extenſion

DE CHARLES VII. dit LE VICTORIEUX.

» l'extension de la vraye foy Catholique, eſtat de noſtre Mere Sainte Egliſe,
» proſperité & felicité de la choſe publique, le Roy de Jeruſalem & de Sicile,
» Duc d'Anjou, de Bar & de Lorraine, Comte de Provence, de Forcalquier &
» de Piedmont, Frere & Inventeur de cedit Ordre, non voullant ſoi dire &
» appeller chief d'icelui, ne en attribuer à ſoy la gloire & louange ; mais icelle
» donner au benoiſt & glorieux Archimartir Monſeigneur S. Maurice, Chief &
» Patron dudit Ordre : comme par pluſieurs fois l'a dit & remonſtré, en conti-
» nuant toujours en ce ſon propos de ſa grace, douceur, humanité & courtoi-
» ſie, a voulu eſtre comme le maindre des autres oudit Ordre, ſans aucune-
» ment y avoir ne demander autre préminence, & s'en dire & nommer ſeule-
» ment Manutenteur ou Entreteneur ſobs la protection dudit Sainct : & s'eſt
» obligé à icelui Ordre entretenir & maintenir ſa vie durant & à faire continuer
» les gaiges des Officiers dudit Ordre, avec les frais, miſes & autres quelconques
» deſpenſes pour ce neceſſaires & convenables.

» Et paraillement de ſon commandement & ordonnance ſe y eſt obligé Mon-
» ſeigneur le Duc de Calabre ſon fils unique, & ſeul heritier avec tous leurs
» hoirs & ſucceſſeurs. Et oultre a promis mondit Seigneur de y faire obliger
» Monſeigneur Nicolas ſon aiſné fils, luy venu a ſon aaige & tous autres ſes
» fils legitimes, qu'il pourront avoir chacun pour ſoy, ou cas que la Seigneurie
» & Duché d'Anjou lui viendroit : & ainſi ſubſequaument tous les autres Sei-
» gneurs & Ducs d'Anjou de hoir en hoir, comme toutes ces choſes peuvent
» plus à plain apparoir par note & inſtruction publique paſſé par deux Notaires
» Apoſtoliques & Imperiaulx donné le xxIII. jour de Septembre mil quatre
» cent cinquante & ung, & meſmement par les Lettres Patentes deſdits Sei-
» gneurs, leſquelles Lettres ſont au Tréſor avecques les autres & Chartres tou-
» chant ledit Ordre.

LES SERMENS DE L'ORDRE DU CROISSANT EN BREF.

» La Meſſe ouir ou pour Dieu tout donner,
» Dire de Noſtre-Dame, ou manger droit le jour.
» Que pour le Souverain ou Maiſtre ne s'armer,

» fidei propagationem, ſanctæque matris noſtræ Ec-
» cleſiæ : ad rei etiam publicæ proſperitatem felici-
» tatemque, Rex Jeroſolymæ & Siciliæ, Dux An-
» dium, Bari & Lotharingiæ, Comes Provinciæ, Fo-
» ri-Calcaſii & Pedemontii, frater & inventor præ-
» dicti Ordinis ; cum nolit ſe hujus Ordinis caput ap-
» pellari, nec velit ſibi eam gloriam & laudem ad-
» ſcribere ; ſed cupiat illam attribuere benedicto &
» glorioſo Archimartyri D. ſancto Mauritio, Principi
» & Patrono ejuſdem Ordinis, uti ſæpe dixit & pro-
» feſſus eſt ; in hoc ſemper propoſito & voluntate per-
» ſeverans, gratia ſua, humanitate, urbanitateque
» uſus, in hoc Ordine ſe omnium minimum haberi vo-
» luit ; neque ullam expetit, vel poſtulat prærogativam;
» ſeque tantum hujuſce Ordinis tutorem & ſubminiſ-
» tratorem dici voluit ſub patrocinio ſupradicti Sanc-
» ti ; ſeſeque ad id obſtrinxit, ut per totam vitam
» ſuam hunc Ordinem ſuſtineat, ſtipendia Miniſtro-
» rum Ordinis ſolvi curet, alias quaſlibet expenſas &
» ſumtus ſuppeditet.

» Ipſiuſque juſſu filius ejus unicus & heres D. Dux
» Calabriæ hæc omnia ſe ſoluturum impleturumque
» eſſe ſpopondit, curaturumque ut filii, nepoteſque
» ſui idipſum oneris ſuſcipiant, pollicituſque eſt

» idem Calabriæ Dux ſe primogenitum filium ſuum
» Nicolaum ad paria promittenda inducturum, quan-
» do ad legitimam ætatem pervenerit, necnon & alios
» filios quos fortaſſe ſuſcepturus eſt, ſi forte illis ali-
» quando Andium Ducatus dominiumque cedat, cu-
» raturumque ut a nepotibus abnepotibuſque ſingulis
» Andium Ducibus paria præſtentur ; ut pluribus
» enunciatum videri poteſt in publico inſtrumento a
» duobus Notariis Apoſtolicis & Imperialibus edito
» xxiii. die Septembris anno milleſimo quadringen-
» teſimo quinquageſimo primo, & in literis publicis
» eorumdem Principum, quæ cum aliis literis eun-
» dem Ordinem ſpectantibus in theſauro aſſervan-
» tur.

SACRAMENTA ORDINIS CRESCENTIS LUNÆ,
paucis enunciata.

» Miſſam audire, vel pauperibus ad Dei gratiam
» ſtipem largiter erogare.
» Officium Beatæ Mariæ Virginis recitare, aut ſe-
» ſe jejunio exercere.
» Nonniſi pro Magiſtro & ſupremo Domino arma
» ſumere.

» Aimer les Freres, ou garder son honneur,
» Feste & Dimanche doit le Croissant porter
» Obeïr sans contredit toujours au Senateur.

CHEVALIERS DU CROISSANT DE LA PREMIERE PROMOTION.

Raymon d'Agolt, Seigr de Sault.
Gilles de Mailley Seigneur de Bresżé.
M. Guillaume de la Jumeliere Seigneur de Martigue.
Francisco Sfortia Duc de Milan.
M. Jacques Antoine Marcel de Venise.
Jehan de la Haye Seigneur de Passavant.
Pierre de Champagne Seigneur de Champagne.
Girard de Haraucour Seneschal de Bar & de Lorraine.
M. Jehan Amenart Seigneur de Chauze.
M. Bertrand de Beauvau Seigneur de Pagne, Senateur en l'an M CCC LII.
Messire Saladin d'Anglure, Vicomte d'Estauges & Seigneur de Nogent.
Jean Duc de Calabre & de Lorraine, aisné fils dudit Roy de Sicile, Senateur en l'an mil CCCC LIII.
Thierry de Lenoncourt, Bailly de Vitry, Seigneur de Lenoncourt.
M. Jehan du Bellay Seigneur du Bellay.
Antoine de Clerembault, Seigneur du Plessis Clerembault.
Jehan Seigneur de Fenestrange, de Bar & de Lorraine.
Jean de Nassauve & de Sarbruch.
M. Jehan Sire de Bellerville, de Montagu.
Jehan de Beauveau Seneschal d'Anjou.
Philippe de Lenoncourt Escuyer d'Escurie du Roy de Sicile & Seigneur de Gondrecourt.
Pierre de Monlhon & de Ribiers, grand Escuyer d'Escurie du Roy de Sicile.
Jehan Cossa Comte de Troye, Seigneur de Grimault, Senateur de l'an mil CCCC.......
René Roy de Jerusalem & de Sicile, Duc d'Anjou, de Bar, Comte de Provence, Senateur en l'an mil CCCC XLIX.

» Fratres amare, & honorem servare suum.
» Diebus Festis & Dominicis crescentem Lunam
» gestare.
» Senatori semper obsequi & obedire.

EQUITES CRESCENTIS LUNÆ, qui primo creati sunt.

Raimundus Agoltius D. de Saltu.
Ægidius de Malliaco D. de Breszæo.
D. Gullielmus de Jumelleria D. Maritimorum.
Franciscus Sfortia Dux Mediolanensis.
D. Jacobus Antonius Marcellus Venetus.
Joannes de Haga D. de Passavantio.
Petrus de Campania D. Campaniæ.
Gerardus de Haraldi-Curte Seneschallus Bari & Lotharingiæ.
D. Joannes Amenartius D. de Cauzæo.
D. Bertrandus de Beauveau D. de Pagno Senator anno MCCCCLII.
D. Saladinus de Angledura Vicecomes Stalgæ & D. Novigenti.
Joannes Dux Calabriæ & Lotharingiæ primogenitus filius Renati supra memorati Siciliæ Regis, qui Senator fuit anno MCCCCLIII.
Theodericus de Lenuncurte, Ballivius Vitriacensis, Toparcha de Lenuncurte.
D. Joannes de Bellaio, Toparcha Bellaii.
Antonius de Clarembaldo D. Plesseii-Clarembaldi.
Joannes de Fenestrangio (seu Vinstringio)... Bari & Lotharingiæ.
Joannes D. Nassavii & Sarraburgi.
D. Joannes Toparcha de Bellervilla & de Monteacuto.
Joannes de Beauveau Seneschallus Andium.
Philippus de Lenuncurte Regis Siciliæ Stabuli Magister & Toparcha de Gundrecurte.
Petrus de Monlhonio & de Riberiis, Magnus Stabuli Regis Siciliæ Magister.
Joannes Cossa Comes Troiæ Dominus de Grimaltio Senator anno MCCCCLI.
Renatus Rex Jerosolymæ & Siciliæ, Dux Andium & Bari, Comes Provinciæ, Senator anno MCCCCXLIX.

DE CHARLES VII. dit LE VICTORIEUX.

M. Belion de Glandeves, Seigneur de Faulcon.
Loys de Clermont, Seigneur de Clermont.
M. Tanguy du Chastel, Senechal de Provence.
M. Guy de Laval Seigneur de Lore, premier Senateur en l'an mil, CCCC XLVIII.
M. Loys de Bournant, Seigneur de Couldray.
Pierre de Glandeves Seigneur de Chasteau-neuf.
M. Foulques d'Agolt, Seigneur de Mison.
M. Jehan du Plessis, Seigneur de Pinnay.
Messire Guichard de Montberon, Seigneur de Mortagne.

La Planche qui suit, & qui represente [1] une assemblée du même Ordre, est tirée des porte-feuilles de M. de Gaignieres. Il n'a pas marqué où il l'avoit prise ; mais on peut bien se fier à lui : il n'étoit pas homme à la forger de sa tête. Tous les Chevaliers sont assis au nombre de vingt-cinq. Celui qui étoit Senateur cette année, a un siege beaucoup plus élevé que les autres, où l'on montoit par trois marches. Tous les Chevaliers sont vestus de rouge, & ont un chapeau noir de la forme des chapeaux d'aujourd'hui. Ce chapeau est bordé de blanc ou d'argent. Auprès de la grille, il y a quatre hommes debout : ce sont apparemment des bas Officiers, & un qui garde la porte. PL. XLVIII. I.

On voit sur la même Planche [2] Jean Cossa Comte de Troie & Seigneur de Grimault, mentionné dans la liste précédente, qui fut Senateur de l'Ordre du Croissant en l'année qui est marquée dans le Manuscrit, mais dont les derniers nombres ont sauté par accident ; c'est nécessairement l'an 1451. l'on marque ici les Senateurs de six années, ceux de 1448. 1449. 1450. 1452. 1453. y sont marquez ; c'est donc 1451. qui a sauté. L'Office de Senateur ou de Maître de l'Ordre étoit annuel comme nous venons de voir. Le Roi René Fondateur de l'Ordre, n'étoit Senateur qu'à son tour & comme les autres. 2.

Jean Cossa porte l'habit de l'Ordre, qui est rouge dans l'original. Il a sous son aisselle droite le Croissant & l'Inscription par-dessus LOS EN CROISSANT, tous les autres Chevaliers assis dans l'assemblée l'ont de même. Au bas de son buste se voit une inscription en caracteres inconnus ou en chiffres. C'est apparemment lui-même qui l'a fait mettre pour exercer ceux qui voudroient décou-

---

D. Belio de Glanateva, Toparcha Falconis.
Ludovicus de Claromonte, Toparcha de Claromonte.
Tanaquillus de Castello Senescallus Provinciæ.
D. Guido de Lavallio Toparcha Loræ, qui primus Senator fuit anno MCCCCXLVIII.
D. Ludovicus de Burnantio Toparcha Coryleti.
Petrus de Glannateva Toparcha de Castello-novo.
D. Fulco Agoltius Toparcha de Mijone.
D. Joannes de Plesseio, Toparcha Pinnæi.
D. Guicardus de Monte-Berone, Toparcha Moritanniæ.

Tabula sequens, quæ ejusdem Ordinis coactum cœtum conspiciendum præbet, ex Manuscriptis Codicibus D. de Gagneriis educta fuit. Non annotavit ille undenam illam exceperit ; neque tamen minor ipsi habenda fides est : neque enim rem hujusmodi ille ex arbitrio suo fingere ausus esset. Hi Equites viginti quinque numero sedent. Is qui hoc anno Senator erat, longe eminentiorem cæteris sedem habet, in quam gradibus tribus ascendebatur. Equites omnes sunt rubro colore vestiti ; petasumque nigrum capite gestant, hodiernis petasis forma similem : qui petasi oram habent albam seu argenteam. Propter cratem quatuor viri stantes visuntur ; hi, ut videtur, inferioris Ordinis Ministri sunt, quorum unus ostium custodit.

In eadem tabula visitur Joannes Cossa Comes Troiæ in Regno Neapolitano, & Toparcha Grimaltii, qui in præcedenti catalogo memoratur, ac crescentis Lunæ Senator fuit illo, qui in Codice memoratur, anno; sed cujus postremi numeri exciderunt ; estque necessario annus ille, qui excidit 1451. Hic quippe sex annorum Senatores notantur : clare autem exprimuntur Senatores annorum 1448. 1449. 1450. 1452. 1453. Ergo annus ille qui excidit est 1451. Senatoris sive Magistri Ordinis officium annuum erat, ut modo vidimus. Renatus Rex Ordinis Fundator, nonnisi vice sua Senator annuus erat, ut & alii.

Joannes Cossa hic Ordinis veste induitur, qui in depicta tabula ruber est. Sub axilla dextera crescentem Lunam gestat cum hac inscriptione, LOS EN CROISSANT ; id est, *Laus crescendo* : alii omnes Equites in cœtu sedentes hoc insigne habent. In parte infima protomes ignotis characteribus inscriptio habetur. Ipse vero Cossa illam adscribi curavit, ut vi-

Tome III.   K k ij

vrir ou deviner ce qu'il vouloit dire. Je ne me plais guere en cette sorte d'exercice, & je renvoie cette découverte aux plus curieux Lecteurs. Jean Cossa eut depuis grand crédit auprès du Roi René. Lorsque ce Prince vint voir Louis XI. à Lion pour des affaires, ce fut Jean Cossa qui porta la parole. Il étoit alors Seneschal de Provence l'an 1476. c'étoit un homme de bien & de bonne Maison, dit Philippe de Commines, l. 5. c. 2.

PL. XLIX. 1. Le premier [1] de la Planche suivante est Charles III. Roi de Navarre dit le Noble, Prince aussi estimable & aimable par ses belles qualitez, que son pere Charles II. dit le Mauvais avoit été odieux par ses meurtres, ses empoisonnemens, & par tous les autres crimes que la passion lui suggeroit. Charles le Noble mourut l'an 1425. âgé de soixante quatre ans. Il est ainsi représenté dans l'Eglise de N. Dame d'Evreux à la vitre de la troisiéme arcade à droite, & au bas on lit cette inscription KAROLUS TERTIUS REX NAVARRÆ. Son habit est chargé de son blason souvent repeté, écartelé au premier & quatriéme de gueules aux chaînes d'or posées en orle, en croix & en sautoir, qui est Navarre; & au second & troisiéme d'azur aux fleurs-de-lis d'or sans nombre, au bâton componé d'argent & de gueules, qui est Evreux.

2. Le portrait suivant [2] est original & tiré d'un Tableau fait dans le tems même. Il appartient à la famille de Messieurs de Baenst, dit M. de Gagnieres. Il représente Philippe le Bon Duc de Bourgogne, de Brabant, de Lothier, de Luxembourg, de Limbourg, Comte de Flandres, d'Artois, de Bourgogne, Palatin de Haynaut, Comte d'Hollande, de Zelande, Namur, Charolois, Marquis du S. Empire, Seigneur de Frise, de Salins & de Malines. Tous ces titres sont donnez au Duc Philippe, au bas de l'image suivante, dans le Manuscrit de M. de Gagnieres d'où elle est tirée. Philippe naquit en 1396. & mourut le 15. Juin 1467. Il a le collier & l'habit de l'Ordre de la Toison d'Or; il n'est ici

3. qu'en buste; mais on le voit [3] debout dans l'image suivante où il est avec l'habit du même Ordre, qui est rouge doublé de blanc. Il institua cet Ordre le 10. Janvier 1429. le même jour qu'il épousa Isabel de Portugal sa troisiéme fem-

4. me, que nous [4] donnons ici comme elle est gravée sur une lame de cuivre posée contre le mur à gauche dans le Chapitre de la Chartreuse de Montregnault

---

dentium ingenia exerceret; sed cum non libenter exercitio tali dem operam, ad Lectorem harumce rerum studiosum illam mittolegendam. Joannes Cossa deinde apud Renatum Regem plurimum auctoritate valuit. Cum Renatus Lugdunum Ludovici XI. visendi & negotia quædam tractandi gratia venit, Joannes Cossa verba fecit, & apud Regem Ludovicum hac de re disseruit. Tunc autem Gallo Provinciæ Seneschallus erat anno nempe 1476. Vir probus & genere clarus erat, inquit Philippus Cominæus, Libro 5. cap. 2.

In sequenti Tabula primus est Carolus III. Rex Navarræ, cognomento Nobilis, Princeps qui omnimoda virtute tantum sibi amoris existimationisque apud omnes conciliaverat, quantum sibi odii pepererat pater ipsius Carolus II. cognomento Malus, qui homicidiis, ferro aut veneno factis, aliisque scelerbus famam honoremque suum pessumdedit. Carolus Nobilis obiit anno 1425. sexaginta quatuor annos natus. Sic vero depictus conspicitur in vitrea fenestra, quæ est in arcu tertio ad dexteram introeuntibus in Ecclesiam Beatæ Mariæ Ebroicensis. Sub imagine autem hæc inscriptio legitur: KAROLUS TERTIUS REX NAVARRÆ. Vestis ejus insignia præ se fert sæpe repetita. In primo & quarto scutulo campus ruber catenas aureas continet ad oram, atque in modum crucis & decussis concinnatas, quæ sunt Navarræ insignia; in secundo autem & tertio scutulo, in cæruleo campo lilia aurea sparsa, cum baculo, argenteo & cæruleo colore alternatim depicto, quod est Ebroicense stemma.

Schema sequens ad vivam imaginem depictum fuit in Tabula, quæ nunc ad nobiles viros Baenstios pertinet, inquit D. Gagnerius, repræsentatque Philippum Bonum Ducem Burgundiæ, Brabantiæ, Lotharingiæ inferioris, Luxemburgi, Limburgi, Comitem Flandriæ, Artesiæ, Burgundiæ, Palatinum Hannoniæ, Comitem Hollandiæ, Zelandiæ, Namurci, Carolesii, Marchionem Sancti Imperii, Dominum Frisiæ, Salinarum & Machliniæ. Hisce omnibus titulis insignitur hic Princeps in Codice Gagnerii ad imaginem sequentem ubi Dux stans depingitur. Philippus Bonus natus anno 1396. decima-quinta Junii anni 1467. obiit. Hic torquem & vestem gestat Velleris Aurei, ejusque tantum protome comparet: sed totus & stans repræsentatur in imagine sequenti, ubi cum veste ejusdem Ordinis visitur, quæ rubra est cum assuto albo panno, Ordinem porro Velleris Aurei instituit 10. Januarii anno 1429. quo die Isabellam Lusitanicam tertiam uxorem duxit: quam hic proferimus, qualis illa visitur in lamina ærea muro apposita ad lævam in Capitulo Carthusiæ Montis-Reginaldi prope

ORDRE DU CROISSANT
FONDÉ PAR RENÉ ROI DE SICILE.

CHARLES ROI DE NAVARRE. PHILIPPE LE BON
DUC DE BOURGOGNE ET SA FEMME.

DE CHARLES VII. dit LE VICTORIEUX.

près de Noyon, où elle fit une fondation le 3. Juillet 1448.

La Planche qui suit, nous montre plusieurs Princes & Princesses de la branche de Bourbon. 1 Jean I. du nom Duc de Bourbon, Comte de Clermont & d'Auvergne &c. grand Chambrier de France, est à la tête des autres, il fut fait prisonnier à la bataille d'Azincourt, & mourut en Angleterre en 1433. Sa figure a été tirée par M. de Gagnieres d'un ancien Armorial d'Auvergne. Son bonnet ou chapeau est de forme singuliere, sa veste & ses longues manches, qui traînent presque jusqu'à terre, ont les couleurs & les armes de Bourbon. Sa culote jointe aux bas tout d'une piece est rouge, ses souliers qui se terminent en une longue pointe sont noirs.

Marie de Berri 2 sa femme qui suit, est tirée du même Armorial. Elle étoit fille de Jean de France Duc de Berri frere du Roi Charles V. Elle fut mariée en premieres nôces à Louis de Châtillon Comte de Dunois, & après sa mort à Philippe d'Artois Comte d'Eu Connétable de France. En troisiémes nôces elle épousa Jean I. Duc de Bourbon. Elle est tirée du même Armorial d'Auvergne, sa couronne est d'une forme non ordinaire, son habit est tel qu'un coup d'œil doit suppléer à une description. Elle porte sur sa juppe de Bourbon parti de Berri.

Charles I. du nom, qui suit, Duc de Bourbon, Comte d'Auvergne, de Clermont, &c. Pair & grand Chambrier de France, fils de Jean I. Duc de Bourbon & de Marie de Berri, est representé tel que nous le donnons ici dans le même Armorial d'Auvergne. Son bonnet est fort extraordinaire, sa robe longue traîne à terre. Un chapellet passé à son cou descend jusqu'au dessous de sa ceinture.

La figure 4 du même qui suit, est tirée d'un porte-feuille de M. de Gagnieres, qui n'a pas marqué d'où il l'a tiré. Mais on peut bien s'en rapporter à lui. Il porte un chapeau fort approchant de ceux d'aujourd'hui, qui paroît bordé d'or. Il est orné d'un plumet. Sous sa longue robe il a une espece de pourpoint char-âgé de fleurs-de-lis. On n'y voit point le bâton de Bourbon. Sa culote qui tient aux bas est si juste, qu'on y voit toute la forme des jambes & des cuisses.

Agnés 5 de Bourgogne sa femme, est aussi tirée des porte-feuilles de M. de Gagnieres, comme la plûpart des autres figures que nous donnons dans cet ouvrage. Elle mourut fort âgée l'an 1476. Son habit n'a rien que d'ordinaire.

PL.
L.
1.

2.

3.

4.

5.

Noviomum, ubi illa ad fundationem quamdam aliquid contulit anno 1448.

Tabula sequens ex Borbonia stirpe Principes complures exhibet, Joannem statim I. Borbonii Ducem, Comitem Clari-montis, Arverniæ, &c. Magnum Franciæ Camerarium. Hic in pugna Aziacurtia captus fuit, & in Anglia obiit anno 1433. Ejus schema a Domino Gagnerio eductum fuit ex veteri Arvernorum stemmatum & insignium libro. Pileus ejus seu petasus singularis est figuræ. Vestis & manicæ ad terram pene usque defluentes, &. colorem & insignia Borbonia referunt. Femorale cum tibialibus junctum exque uno panno, rubrum est. Calcei in longum acumen desinentes nigri sunt.

Maria Bituricensis ejus uxor, quæ sequitur, ex eodem libro insignium educta, filia erat Joannis Ducis Bituricensis fratris Regis Caroli V. Primo nupserat illa Ludovico de Castellione Comiti Dunensi, & post illius obitum Philippo Artesio Comiti Augensi Constabulario Franciæ: tertio autem connubio juncta fuit Joanni I. Duci Borbonio. Ex eodem autem libro insignium Arvernorum educta est. Corona ejus non vulgaris est formæ: vestis oculis Lectoris dispicienda re-linquitur. In veste autem sua, insignia gestat, Borbonia cum Bituricensibus conjuncta.

Qui sequitur Carolus I. Dux Borbonii, Comes Arverniæ, Clari-montis, &c. Par & Magnus Franciæ Camerarius, filius Joannis I. Borbonii Ducis & Mariæ Bituricensis, in memorato supra Arverniæ insignium libro eadem forma repræsentatur, qua hic profertur. Pileus ejus admodum singularis est. Oblonga vestis ad terram usque diffluit. Rosarium, ut vocant, a collo suspensum infra zonam descendit. Ejusdem schema sequens ex codice eductum est D. Gagnerii, qui unde mutuatus sit non dicit; sed ipsi omnino fides habenda est. Petasum gestat hodiernis omnino similem, cujus ora auro intexta videtur, & pluma exornatur. Sub longa illa veste, strictiori & breviori indumento tegitur, liliis conspersâ, ubi tamen Borbonicus baculus non comparet. Femorale quod tibialibus jungitur, tam strictum est, ut tota femorum & crurum forma compareat.

Agnes Burgundica ejus uxor & ipsa ex manuscriptis Gagnerianis educta est, ut & maxima pars schematum, quæ proferuntur in hoc opere. Obiit autem illa in extrema senectute anno 1476. Vestis ejus a

K k iij

Elle est couronnée comme le sont fort souvent les autres Princesses. On remarque une grande variété dans leurs Couronnes.

6. Le mari & la 6 femme sont ensuite representez, comme on les voit sur leurs Tombeaux dans l'Eglise du Prieuré de Souvigni, en la Chapelle neuve bâtie par le même Charles premier du nom Duc de Bourbon.

7. Jaques de Bourbon second 7 du nom, Comte de la Marche, de Castres &c. fut grand Chambrier de France. Il épousa en premieres nôces Beatrix de Navarre; Beatrix étant morte, il se maria avec Jeanne II. du nom Reine de Naples & de Sicile. Il fut déclaré Roi & prit les armes d'Hongrie, d'Anjou, de Sicile & de Jerusalem, écartelé de Bourbon la Marche. Il eut ensuite de grands démêlez avec sa femme, & fut obligé de s'en retourner en France. Il se fit depuis Cordelier à Besançon, où il mourut l'an 1438. Il est representé avec la Reine Jeanne sa femme dans l'Eglise Cathedrale de Chartres, aux vitres de la Chapelle de Vendôme: ils sont tous deux à genoux tels que nous les donnons ici.

8. Un autre Jaques de Bourbon 8 se voit peint sur les vitres du chœur des Celestins de Marcoussi, à la troisiéme vitre au-dessus des chaires des Religieux. Il y est appellé Comte de la Marche; mais la figure de sa femme qui est à la vitre suivante, & qui y est appellée Jeanne de Montaigu Comtesse de la Marche, fait voir que c'est Jaques de Bourbon Baron de Thury; M. de Gagnieres le dit Baron de Bury. Il est ici à genoux revêtu de son blason de Bourbon la Marche à la bande de gueules, chargées de trois lionceaux d'argent. Jeanne de Montagu sa femme est revêtue du blason de la Marche, écartelé de Montagu, d'argent à la croix d'azur cantonnée de quatre aigles de gueules. Elle étoit fille de ce Jean de Montagu grand Chambrier de France, executé en 1409. mais dont l'honneur fut rétabli depuis.

Ce Jaques de Bourbon Baron de Thuri, étoit fils d'un autre Jaques de Bourbon, Seigneur d'Argies, de Preaux, de Dangu & de Thury; & celui-ci étoit fils de Jaques de Bourbon I. du nom, Comte de la Marche, Connétable de France. Ce Jaques de Bourbon dont nous parlons, fut d'abord Ecclesiastique, Trésorier de la Sainte Chapelle, & depuis Doien de S. Martin de Tours & Archidiacre de Sens. Il quitta ces benefices & se maria avec Jeanne de Montagu,

---

vulgari usu non differt. Corona autem ornatur, ut & aliæ passim Principes feminæ. In hisce porro coronis varietas magna observatur.

Uterque conjux postea repræsentatur, ut ambo visuntur in Ecclesia Prioratus Silviniacensis in Capella nova quam ipse Carolus I. Dux Borbonius fundaverat.

Jacobus Borbonius hoc nomine secundus Comes Marchiæ, Castri, &c. Magnus Franciæ Camerarius fuit. Uxorem primo duxit Beatricem Navarræam: qua defuncta, connubio junctus est cum Joanna Regina Neapolis & Siciliæ, Rexque promulgatus est, & insignia sumsit Hungariæ, Andegavensia, Siciliæ & Jerosolymæ, adjuncta Borbonicis Marchiæ. Cum uxore postea gravis discordia suborta est; ita ut in Franciam regredi compulsus sit. In Franciscanorum postea Ordinem ingressus Vesontione, ibi mortuus est anno 1438. Conspicitur autem cum Joanna Regina uxore in Ecclesia Cathedrali Carnotensi in vitris fenestris Capellæ Vindocinensis, ubi ambo genibus flexis sunt, ut hic repræsentantur.

Alius Jacobus Borbonius depictus visitur in vitriis fenestris Chori Cælestinorum Marcocianorum, in tertia videlicet fenestra supra chori cathedras. Ibi vero Comes Marchiæ appellatur; sed ex schemate uxoris illius quæ in vitrea fenestra sequenti visitur, quæque ibi Joanna de Monte-acuto Marchiæ Comitissa appellatur, arguitur hunc esse Jacobum Borbonium Baronem Thuriacensem, (Buriacensem dicit Gagnerius.) Hic genibus flexis visitur insignibus suis vestitus, nempe Borbonii Marchiæ cum tænia rubra tribus leunculis argenteis onusta. Joanna de Monte-acuto ejus uxor, insignibus Marchiæ obtegitur, adjuncta cum Montis-acuti insignibus referentibus in campo rubro crucem cæruleam, quatuor aquilas rubras intra angulos habentem. Erat autem Joanna filia Joannis illius Montacutii Magni Franciæ Camerarii, qui supplicio affectus est anno 1409. sed cujus honor postea restitutus fuit.

Jacobus autem ille Borbonius Thuriacensis Baro, filius erat Jacobi Borbonii, Toparcha Argiarum, Pratellorum, Danguti & Thuriaci; hic vero filius erat Jacobi Borbonii, hoc nomine primi Comitis Marchiæ, Constabularii Franciæ. Ille vero Jacobus Borbonius, de quo nunc agimus, Ecclesiasticus primo fuerat, Sanctæ Capellæ Thesaurarius, posteaque Decanus S. Martini Turonensis, & dehinc Archidiaconus Senonensis: posteaque missis Ecclesiasticis beneficiis, Joannam Montacutiam duxit uxorem: qua defuncta,

DE CHARLES VII. dit LE VICTORIEUX.

après sa mort, il prit l'habit des Celestins & depuis celui des Cordeliers, & fut tué malheureusement.

Celui qui commence la Planche suivante est François I. du nom Duc de Bretagne né en 1414. & mort en 1450. [1] Il est tiré d'une paire d'Heures, qui avoit appartenu à Isabelle Stuart sa seconde femme. Le même Prince [2] se trouve encore peint d'une autre maniere dans les porte-feuilles de M. de Gagnieres : son habit est des plus simples, son bonnet singulier, les manches de son pourpoint fort enflées, ses souliers noirs, longs & pointus. M. de Gagnieres ne dit pas d'où il a tiré cette figure. Celui [3] qu'on voit ensuite à genoux est ainsi representé aux vitres de la Chapelle de Notre-Dame de bon Secours, à gauche du chœur de l'Eglise des Cordeliers de Nantes. *Son habit est de drap d'or*, dit M. de Gagnieres, *& son manteau Ducal d'écarlate rouge, doublé d'hermines. Il porte sur le mantelet l'Ordre du Porc-Epic en or, qu'il avoit fondé.* Il est revêtu de son blason.

Auprès de lui on voit sur les mêmes vitres des Cordeliers de Nantes, Isabel Stuart sa seconde femme, fille puisnée de Jâques Stuart I. de ce nom Roi d'Ecosse, qu'il épousa en 1441. [4] *Son manteau*, dit M. de Gagnieres, *est rouge, bordé d'or & de pierreries, son corset bleu, & son surcot d'hermines. Sa juppe partie d'hermines, qui sont les armes de son mari, & des siennes, qui sont d'or au lion de gueules, enfermé dans un double tres-chœur, fleurdelisé de même, qui est Ecosse. Sa couronne est ornée de fleurs-de-lis.* La [5] figure suivante de la même, est ainsi peinte dans une paire d'Heures, qui étoit à son usage. Elle est revêtue de son blason, & a l'écusson à ses pieds.

Le grand Ecuier du Duc de Bretagne [6] se trouve ainsi peint dans les porte-feuilles de M. de Gagnieres, qui ne dit pas d'où il l'a tiré. Il tient l'épée du Duc de la main gauche par le milieu de la lame : & porte aussi son épée au côté. Outre le bonnet qu'il a sur la tête, il en tient un de la main droite orné d'une plume. Ses souliers sont d'une longueur extraordinaire, & fort pointus.

Pierre de Bretagne Seigneur de Guinguamp, [7] de Châteaubriant, Comte de Benon, fils de Jean VI. Duc de Bretagne, & frere de François I. du nom, lui

PL.
LI.
1.
2.

3.

4.

5.

6.

7.

---

in Cælestinorum Ordinem se contulit, dehinc Franciscanorum vestem assumsit, demumque misere interfectus fuit.

Is qui in sequenti tabula primus comparet, est Franciscus hujus nominis primus Dux Britanniæ, natus anno 1414. & mortuus anno 1450. Ejus imago excepta fuit ex Horis diurnis, quæ Isabellæ Stuartiæ ejus secundæ uxori usui fuerant. Idem ipse Princeps alio modo depictus habetur in Manuscriptis Codicibus D. de Gagneriis. Vestis ejus admodum simplex est : pileus vero singularis, manicæ pectoralis tunicæ supra modum inflatæ sunt, calcei nigri, oblongi & acuti sunt. Non dicit Gagnerius undenam hoc schema exceperit : at certum est accurationis magnæ virum non illud ex imaginatione sua confinxisse. Idem ipse qui postea genuflexus visitur, ita depictus exhibetur in vitreis fenestris Capellæ Beatæ Mariæ de Bono Auxilio, ad lævam Chori Ecclesiæ Cordaligatorum Namnetensium. *Vestis ejus*, inquit D. Gagnerius, *ex panno aureo concinnata est, & pallium ejus Ducale coccinei coloris, cui assuta sunt muris Pontici pelles. In palliolo Ordinis Hystricis, quem ipse fundaverat, notam gestat.* Insignibus autem suis vestitur.

Juxta illum in eisdem vitreis fenestris Cordaligatorum Namnetensium visitur Isabella Stuartia secunda ejus uxor, filia minor Jacobi Stuartii hujus nominis primi Scotiæ Regis, quam duxit anno 1441. *Pallium ejus rubrum est*, inquit Gagnerius, *in ora auro & lapidibus ornatum, pectoralis vestis caerulea, & superpositus pannus ex muris Pontici pellibus. Inferior vestis insignia viri sui efferunt, quæ sunt muris Pontici pelles, & sua quoque, nempe, in campo aureo, leo visitur ruber, inclusus in duplici limbo hinc & inde floribus lilii ornato ejusdem coloris qua sunt Regni Scotici insignia. Ejus corona floribus lilii ornatur.* Schema sequens ejusdem Isabellæ Scotiæ, sic depictum habetur in Horis diurnis ipsius usui deputatis : estque illa suis vestita insignibus, & scutum iisdem notatum ad pedes habet.

Magnus Ducis Britanniæ Scutifer depictus occurrit in manuscriptis codicibus Gagnerii, qui non dicit undenam illum exsumserit. Gladium Ducis manu sinistra per mediam laminam tenet, & suum ipse gladium in latere adjunctum habet. Præter pileum quem capite gestat, alium quoque pileum manu dextera tenet pluma ornatum. Ejus calcei supra modum longi sunt & acutissimi.

Petrus Britannicus Dominus Quincampii & Castelli Briantii, Comes Benonii, filius Joannis VI. Britanniæ Ducis & frater Francisci hujus nominis primi,

succeda en son Duché de Bretagne l'an 1450. Il mourut l'an 1457. & fut enterré au milieu du chœur de l'Eglise de Notre-Dame de Nantes, où il est ainsi representé en relief de marbre blanc. Il a une espece de couronne, & est revêtu d'un grand manteau qui a son chaperon. Il porte à la ceinture une escarcelle.

8. Il est encore representé en peinture sur les vitres de la même Eglise, revêtu de son blason de même que sa femme, qu'on voit peinte sur ces mêmes vitres.

9. Son nom est Françoise d'Amboise mariée avec Pierre de Bretagne en 1431. Sa juppe est chargée de son blason parti au premier d'hermines au lambel de trois pendans d'azur, chaque pendant chargé de trois fleurs-de-lis d'or; au second pallé d'or & de gueules, qui est Amboise, surmonté de Thouars, qui est d'or semé de fleurs-de-lis d'azur, au canton de gueules.

10. Celui qui suit est le fameux Artus Comte de Richemont, frere de Jean VI. Duc de Bretagne & oncle de François I. & de Pierre II. dont nous venons de parler. Son portrait est original. M. de Gagnieres ne dit pas d'où il l'a pris, peut-être l'avoit-il chez lui. Cet Artus fut Connétable de France sous le Roi Charles VII. & fit toujours avec grand succès la guerre aux Anglois. Ses deux neveux François I. Duc de Bretagne, & Pierre II. étant morts sans enfans, il succeda à ce dernier, au Duché de Bretagne en 1457. & mourut sans enfans légitimes l'année d'après.

11. Après lui vient Marguerite de Bourgogne sa premiere femme, fille de Jean dit sans peur, Duc de Bourgogne. Elle épousa premierement Louis Dauphin de France, qui mourut jeune, & fut mariée à Artus Comte de Richemont. Sa coeffure a quelque chose de singulier. Sa juppe est blasonnée de Bretagne au lambel à trois pendans chargez chacun de trois lionceaux, parti écartelé, au premier & quatriéme de Bourgogne moderne; au second & troisiéme de Bourgogne ancien, & sur le tout de Flandres. Elle mourut à Paris dans l'Hôtel du Porc-Epic le 2 Fevrier l'an 1441.

PL. LII. 1. Marguerite d'Orleans Comtesse de Vertus en Champagne, fille de Louis de France Duc d'Orleans, née l'an 1406. fut mariée environ l'an 1424. à Richard de Bretagne Comte d'Estampes, fils de Jean V. Duc de Bretagne: &

---

post defunctum fratrem Dux Britanniæ fuit anno 1450. fatoque functus est anno 1457. sepultusque fuit in medio chori Ecclesiæ Beatæ Mariæ Namnetensis, ubi sic repræsentatur, prominente figura ex marmore albo. Coronæ speciem quamdam gestat, amictus grandi pallio, quod caputio instructum est, & ad zonam appensum marsupium habet. In vitreis quoque fenestris ejusdem Ecclesiæ depictus habetur, insignibus suis vestitus, & uxor quoque ejus in iisdem vitreis fenestris repræsentatur. Ejus nomen est Francisca de Ambasia, quæ Petro Britannico nupsit anno 1431. Vestis ejus inferior insignibus ipsius notatur, primo muris Pontici pelles visuntur, quod est Ducum Britanniæ stemma, cum limbo & tribus pendentibus tæniis cæruleis, quæque vero tænia tribus liliis aureis onusta est; huic adjungitur campus palis aureis & rubris opertus, quæ sunt Ambaciæ insignia. His superponitur Duracii scutum, cujus campus est aureus, ubi sparsa lilia visuntur cærulea cum quadrato angulari rubro.

Qui sequitur autem est præclarus ille Arturus sive Artus Comes Ricomontius Joannis VI. Britanniæ Ducis frater, Francisci I. & Petri II. patruus, quos omnes jam memoravimus. Ejus imago ad vivum expressa suo tempore fuit. Non dicit vero Gagnerius undenam exsumserit: at forte tabulam ipsam depictam penes se habebat. Hic vero Arturus Constabularius Franciæ sub Rege Carolo VII. fuit, & cum felici fere semper exitu cum Anglis pugnavit. Cum autem fratris ipsius filii Franciscus I. Dux Britanniæ & Petrus II. sine liberis mortui essent, huic postremo ille successit, Duxque Britanniæ fuit anno 1457. & anno sequenti sine liberis mortuus est.

Post Arturum sequitur Margarita Burgundica uxor ejus prima, Joannis cognomento Intrepidi Burgundiæ Ducis filia. Ipsa vero nupserat antea Ludovico Franciæ Delphino: quo defuncto nupsit Arturo Comiti Ricomontis. Cultus capitis ejus singulare quidpiam præ se fert. Vestis inferior insignibus ornatur Britanniæ cum limbo tribus pendentibus tæniis instructo, singulæque tæniæ tres leunculos efferunt. His insignibus alia adjunguntur insignia quatuor scutulis distincta: in primo & quarto insignia sunt Burgundiæ recentioris; in secundo & tertio insignia Burgundiæ veteris, quibus superponuntur Flandriæ insignia. Defuncta est autem illa Lutetiæ in ædibus Hystricis die secunda Februarii anno 1441.

Margarita Aurelianensis Comitissa Virtudi in Campania, filia Ludovici Ducis Aurelianensis, filii Caroli V. Regis, nata est anno 1406. connubioque juncta fuit anno 1424. Ricardo Britannico Comiti Stampensi, filio Joannis V. Britanniæ Ducis, mor-

mourut

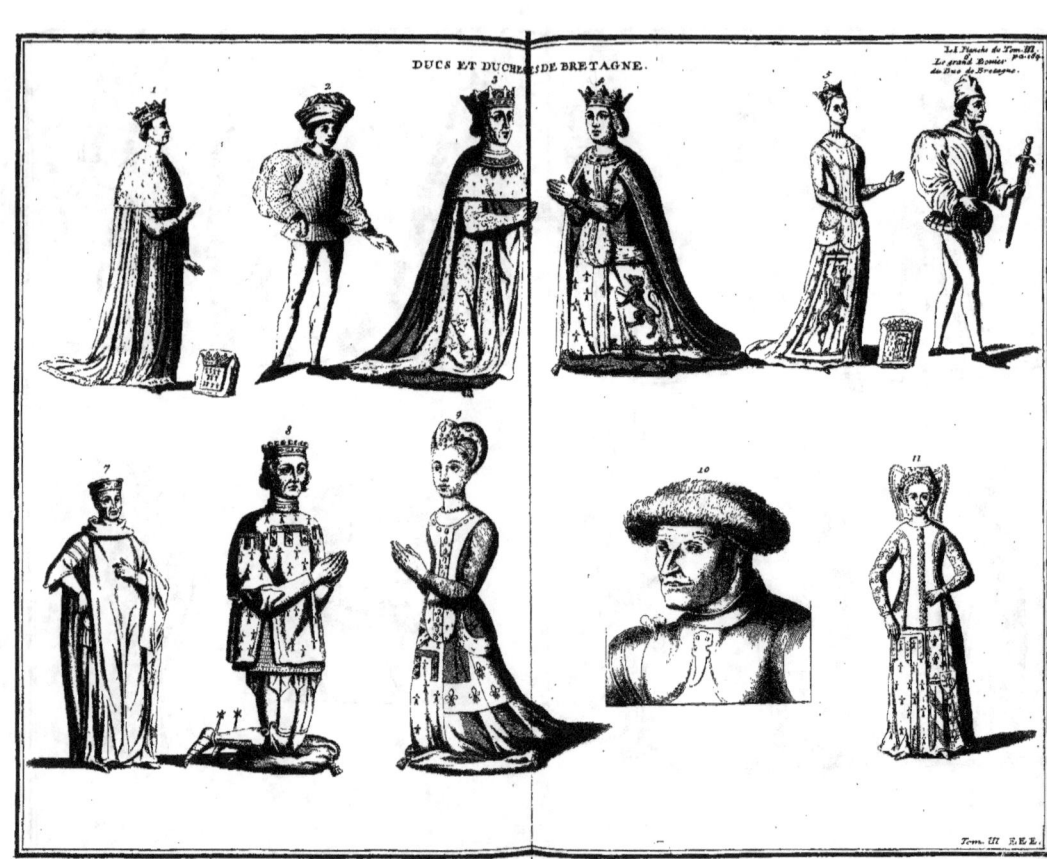

PRINCES ET PRINCESSES.

1. Marguerite d'Orléans.
2. Robert V. Comte de Dreux.

3. Robert de Dreux.
4. Guillemette de Segrie.

mourut en 1466. Son portrait est tiré *d'une paire d'Heures* faite pour cette Princesse, où sont les armes de Bretagne parti d'Orléans. Sa juppe extrêmement large est rouge à fleurs d'or.

Robert V. Comte de Dreux, qui suit, devoit être mis dans le siécle precedent; mais il nous est venu trop tard. Il est enterré dans l'Eglise Collegiale de S. Etienne de Dreux, entre le pulpitre & le maître Autel. Autour de sa figure il y a une épitaphe, où l'on ne peut lire que ces mots : *Seigneur Robert Comte de Dreux qui trepassa l'an M. CCC. XXIX.* Dans le dessein qu'on m'a envoié, il y a autour de sa figure quelques écussons, où l'on ne connoît presque rien. Son écu est à l'ordinaire échiqueté d'or & d'azur à la bordure de gueules.

Robert de Dreux Chevalier Seigneur de Beaussart, Baron d'Esneval, servit le Roi Charles VII. contre les Anglois & fut fait Capitaine de Rouen. Il mourut le 18. Juin 1478. Il est gravé sur sa tombe dans la Chapelle du Rosaire aux Jacobins de Rouen : Il est revêtu de son blason de Dreux, comme ci-devant. Outre l'épée qu'il porte au côté gauche, il a au côté droit la dague qu'on appelloit la Miséricorde. Ses deux gantelets sont à ses pieds. Guillemette de Segrie sa femme qui suit, est enterrée auprès de son mari, elle mourut en 1490. On la voit gravée sur sa tombe telle que nous la donnons ici.

Voici trois de nos grands guerriers, & qui contribuerent le plus sous Charles VII. à chasser du Roiaume les Anglois, qui y avoient fait tant de maux. Le premier est le Comte de Dunois connu sous le nom du bâtard d'Orléans, dont tous nos Historiens font si honorable mention, & dont nous avons parlé souvent ci-devant. Le portrait que j'en donne ici est tiré sur l'original en huile, que M. de Gagnieres avoit dans son Cabinet.

Les deux autres, qui vont à cheval sont le brave Etienne de Vignoles dit la Hire, & Poton de Saintrailles qui ne lui cédoit point en valeur, & fut depuis Maréchal de France. Ils vont porter la guerre dans les pays du Duc de Bourgogne. Ils sont montez & armez comme on alloit en ces tems-là. Le casque de la Hire est fort different pour la forme de celui de Poton. Les éperons sont d'une longueur extraordinaire, les deux combattans sont copiez d'après une Miniature, qui est dans l'ancien Monstrelet Manuscrit de la Bibliotheque

---

tuaque est anno 1466. Imago ejus excepta fuit ex Horis diurnis ad usum hujusce Principis feminæ concinnatis, ubi insignia Britannica cum Aurelianensibus insignibus conjuncta habentur. Ejus inferior vestis amplissima, rubra est, floribus aureis ornata.

Robertus V. Comes Drocensis, qui sequitur, in superiori sæculo locum habere debuit; sed tardius nobis allatum fuit. Sepultus ille jacet in Ecclesia Collegiali Sancti Stephani Drocensis inter pulpitum & aram præcipuam. Circa corporis illius schema, sepulcralis inscriptio habetur, cujus hæc solum verba legi possunt : *Dominus Robertus Comes Drocensis qui obiit anno 1329.* In delineata tabella mihi transmissa, circa corpus ejus aliquot scuta visuntur insignibus olim ornata, in queis nihil jam pene perspici potest. Scutum ejus Drocensium Principum est, tessellatum auro & cæruleo colore cum limbo rubro.

Robertus Drocensis Eques, Dominus Bellisartii, Baro Esnevallis, pro Rege Carolo VII. contra Anglos militevit, & Rothomagi Præfectus creatus fuit. Obiit autem die decimo-octavo Junii, anno 1478. In sepulcrali lapidea tabula insculptus visitur in Capella Rosarii Ecclesiæ Dominicanorum Rothomagensium. Insignibus vestitus Drocensibus supra memoratis. Præter gladium, quem in sinistro latere gestat, pugionem, quem *Misericordiam* vocabant, in latere dextero habet ; chirothecæ ejus militares ad pedes ipsius sternuntur. Guillelma de Segria uxor ejus quæ sequitur, juxta conjugem suum sepulta est ; mortuaque est anno 1490. In sepulcrali tabula sua repræsentatur, qualis hic profertur.

En tres ex clarissimis bellatoribus, quorum maxime fortitudine & opera, Carolo VII. regnante, Angli qui tot mala intulerant, profligati & ex Regno pulsi sunt. Primus est Comes Dunensis, ut plurimum Nothus Aurelianensis vocatus, qui tantopere celebratur ab historiæ Scriptoribus, & quem frequentissime supra memoravimus. Ejus nativa imago quam hic profero, excepta fuit ex tabula depicta ipso vivente facta, quam D. Gagnerius inter cimelia sua servabat.

Duo autem illi equites, qui iter carpentes exhibentur, sunt strenuus ille Stephanus de Vincolis cognomento Hiræus, & Poto de Santraliis, qui fortitudine non inferior erat, quique postea Marescallus Franciæ fuit. In Ducis Burgundiæ agros bellum illaturi procedunt. Illo modo equitant & armati visuntur, quo istius ævi usus ferebat. Galea Hiræi longe diversa est a galea Potonis. Calcaria ipsorum miræ sunt longitudinis. Ambo autem schemata excepta fuere e codice manuscripto Monstreleti, qui est in

de M. Colbert, aujourd'hui de M. le Comte de Seignelai. Cette figure des deux champions se doit rapporter à la course qu'ils firent en 1434. sur cette partie de la Picardie, que tenoit alors le Duc de Bourgogne, d'où ils remporterent un grand butin.

Pl.
LIV.
1.

Celui qui commence la Planche suivante est Pierre d'Orgemont Chevalier, Seigneur de Chantilli, Conseiller[1] & Chambellan du Roi, fils de Pierre d'Orgemont Seigneur de Chantilli, Chambellan du Roi, Maître des Requêtes, qui fut tué à la bataille d'Azincourt en 1415. & de Jaqueline Pagnel. Le fils dont nous parlons ici mourut sans enfans, & fut enterré aux Cordeliers de Senlis. Il porte au premier & quatriéme d'Orgemont, d'azur aux trois épis d'orge d'or ; écartelé d'or aux deux fasces d'azur, aux neuf merletes de gueules, posées quatre, deux & trois. Il est armé & porte au côté gauche une grande épée, & au côté droit un poignard. Le casque est des plus extraordinaires, à la hauteur des yeux il y a une fente pour voir : & pour couvrir la bouche il y a une avance qui est comme une grosse poire percée de petit trous pour respirer plus facilement. Je n'avois encore rien vû de semblable.

2.

Cette figure est tirée d'une *paire d'Heures*, dont le frontispice represente Pierre d'Orgemont à genoux avec sa femme, que l'on voit dans la même Planche. C'est Marie de Roye[2] fille de Matthieu Seigneur de Roye & de Marguerite de Guisteles. Pierre d'Orgemont épousa Marie de Roye le 12. Novembre 1422. Elle portoit parti d'Orgemont, & au second de Roye, qui est de gueules à la bande d'or soutenu de Guisteles, qui est de gueules au chevron d'or. La coeffure de Marie de Roye est aussi singuliere que le casque de son mari.

3.

Celui qui suit est Jean de Brie Seigneur de Serrant,[3] Maître d'Hôtel du Roi, Bailli de Senlis. Il est ainsi représenté en relief contre le mur de la Chapelle de Serrant dans l'Abbayie de S. George près d'Angers. Il est armé, & porte sur ses armes un lion rampant, repeté sur ses bras. Isabeau de Maillé sa[4] femme est représentée auprès de son mari dans la Chappelle de Serrant, dans l'Abbayie de S. George. Elle porte cette grande coeffure en pointe qui a duré près de deux cens ans, & qui a été en usage jusque vers la fin du quinziéme siécle.

4.

Bibliotheca Colbertina, quæ hodie ad D. Comitem Selliniacensem pertinet. Hoc porro schema duûm strenuorum Equitum, referatur oportet ad incursionem illam, quam anno 1434. fecerunt in Picardiæ partem illam, quæ tunc Duci Burgundiæ parebat, ex qua grandem prædam abduxerunt.

Qui in tabula sequenti primus conspicitur, est Petrus Hordeomontius, Eques, Toparcha Cantilliaci, Cambellanus Regis, ipsique a consiliis, qui filius erat Petri Hordeomontii, Toparchæ Cantilliaci, Regi a consiliis, & ipsius Cambellani, libellorum supplicum Magistri, qui in Azincurtia pugna cæsus fuit anno 1415. & Jacobæ Pagnellæ. Filius autem, de quo hic agitur, sine prole mortuus est, sepultusque fuit in Ecclesia Cordaligatorum Silvanectensium. In primo & quarto scutulo Hordeomontis insignia habet, nempe in campo cæruleo tres spicas hordeaceas aureas, quibus adjuncta sunt hæc insignia, nempe in campo aureo duæ fasciæ cæruleæ visuntur, cum novem merulis rubris, quæ hoc ordine ponuntur, primo quatuor, secundo duæ, tertio tres. Armatus ille in latere dextro gladium oblongum gestat, in sinistro autem pugionem. Galea omnium singularissima est: quæ pars galeæ oculos tegit, fissuram habet, per quam conspici poterat. Quæ vero pars os contegit ceu inflata ad pyri magni amplitudinem pertingit: ibique parva foramina multa sunt ad respirandum opportuna. Fateor me nihil unquam simile vidisse.

Hoc schema ex Horis diurnis exsumtum est, quarum initio Petrus Hordeomontius genibus flexis cum uxore sua depingitur, quam etiam hic repræsentamus. Erat illa Maria de Roia, filia Matthei Toparchæ de Roia, & Margaritæ de Guistellis. Petrus Orgemontius Mariam de Roia duxit secundo die Novembris, anno 1422. Insignia gestat Hordeomontii, queis adjuncta sunt Roiæ insignia, nempe in campo rubro tænia aurea, subjunctaque sunt Guistellorum insignia, quæ rubrum campum habent cum angulari canterio aureo. Cultum illa capitis gestat ita singularem, ut singularis est conjugis sui galea.

Qui sequitur est Joannes de Bria Toparcha Serrantii, Regiarum ædium Magister & Ballivius Silvanectensis. Sic autem in anaglypho exhibetur in Capella Serrantiorum Abbatiæ sancti Georgii prope Andegavum. Armatus conspicitur insignibusque suis tegitur, quæ etiam in brachiis suis repetuntur; efferuntque leonem repentem. Isabella de Malliaco uxor ejus, prope virum suum exhibetur in Capella Serrantiorum Abbatiæ sancti Georgii. Cultum capitis gestat in conum desinentem, qui usui fuit ad ducentos ferme annos ad finem usque decimi-quinti sæculi, ut sæpe diximus.

CAPITAINES.

1
Jean Comte de Dunois.

3
Poton de Saintrailles

2
La Hire.

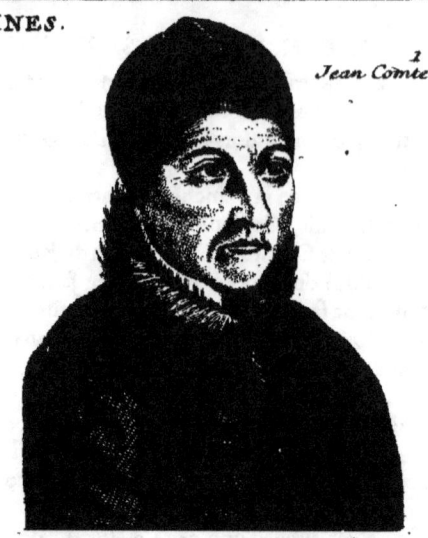

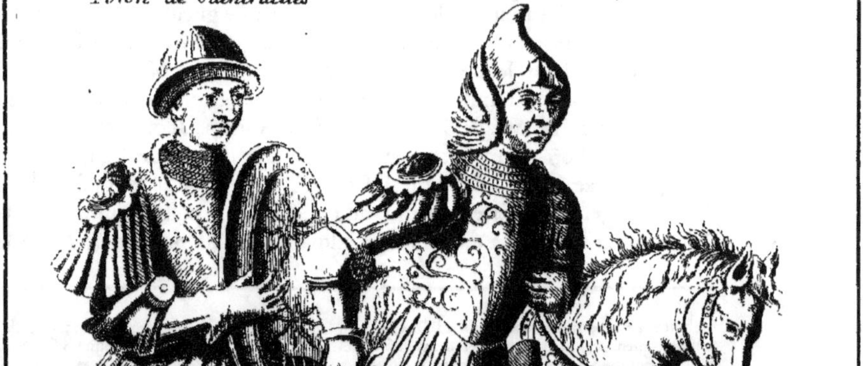

DE CHARLES VII. dit LE VICTORIEUX.

Denis de Chailly, Chevalier Seigneur de Chailly & de la Motte de Nangis en Brie, Conseiller & Chambellan du Roi & Bailli de Meaux, est ainsi gravé sur son tombeau dans la même Eglise de Notre-Dame de Melun. Il est revêtu de son blason de Vair. Il mourut l'an 1450. Denise Pisdoie sa femme est gravée auprès de lui dans la même Eglise. Elle mourut le 6. Mars 1432. sa coeffure en pain de sucre est couverte d'un linge qui pend de deux côtez. Sa juppe est chargée des armes de Chailli parti de Pisdoie à deux lions rampans.

Louis de Beauvau Seigneur de Champigni & de la Roche-sur-Yon, Chambellan du Roi de Sicile, & grand Sénéchal d'Anjou & de Provence, fils aîné de Pierre Seigneur de Beauvau & de Jeanne de Craon, mourut l'an 1462. & ne laissa qu'une fille Isabeau de Beauvau, femme de Jean de Bourbon Comte de Vendôme. Louis de Beauvau est représenté à genoux aux vitres derriere le grand Autel des Cordeliers d'Angers. Sa cuirasse est chargée de ses armes d'argent à quatre lions de gueules couronnez d'or, écartelé, losangé d'or & de gueules, qui est de Craon. Le casque & les gantelets de Louis de Beauvau sont à ses pieds.

Marguerite de Chamblay femme de Louis de Beauvau, étoit fille de Ferry Seigneur de Chamblay en Lorraine. Elle est représentée à genoux aux vitres derriere le grand Autel des Cordeliers d'Angers. Sa juppe est mi-partie des armes de son mari & des siennes, qui sont de sable à la croix d'argent, cantonnée de quatre fleurs-de-lis d'or.

Françoise de Brezé, seconde femme de Bertrand de Beauvau, Dame de Précigni mourut l'an 1460. Elle est gravée à côté du tombeau de son mari. Sa juppe est chargée des armes de Beauvau & des siennes.

Etienne Chevalier, qui suit, étoit Conseiller du Roi, Maître des Comptes & Trésorier de France. Il mourut le 4. Septembre 1474. Nous le donnons tel qu'on le voit gravé sur sa tombe dans l'Eglise de Notre-Dame de Melun. Catherine Budé sa femme est aussi gravée auprès de son mari dans la même Eglise. Elle mourut l'an 1452. Il n'y a rien de remarquable dans son habit que sa coeffure, qui est un peu extraordinaire.

Dionysius de Calliaco Eques Dˢ Calliaci & Motæ-Nangii in Bria, Regi a consiliis & Cambellanus fuit, Balliviusque Meldarum. Sic insculptus visitur in sepulcro suo in Ecclesia Beatæ Mariæ Melodunensis. Insignibus suis vestitur ex Vario concinnatis, mortusque est anno 1450. Dionysia Pisdoia uxor ejus juxta illum sculpta conspicitur in eadem Ecclesia, obiitque sexto Martii die, anno 1432. Coma capitis ejus in conum desinens, linteo operitur utrinque defluente. Inferior vestis ejus Calliacensibus insignibus operitur, quibus adjuncta sunt Pisdoiæ insignia duos leones repentes exhibentia.

Ludovicus de Beauvau Toparcha Campiniaci & Rupis-ad-Yonem, Cambellanus Regis Siciliæ & Magnus Senescallus Andium & Gallo-provinciæ, primogenitus filius Petri D. de Beauvau, & Joannæ de Cratamno, obiit anno 1462. & filiam unicam reliquit Isabellam de Beauvau, quæ fuit uxor Joannis Borbonii Comitis Vindocinensis. Ludovicus de Beauvau genuflexus conspicitur in vitreis fenestris pone majorem aram Cordaligatorum Andegavensium. Lorica ejus insignia refert, nempe in campo argenteo leones quatuor visuntur rubri, auro coronati. His adjunguntur insignia Cratumni, rhombis aureis & rubris tessellata. Galea & chirothecæ militares Ludovici de Beauvau ad pedes ejus jacent.

Margarita de Camblæo, uxor Ludovici de Beauvau, filia erat Ferrii, seu Federici Toparchæ Camblæi in Lotharingia. Genuflexa autem depingitur in vitreis fenestris pone majorem aram Cordaligatorum Andegavensium. Inferior vestis ejus insignibus viri sui insignia sua adjuncta habet, quorum campus niger est cum cruce argentea, quæ in quatuor angulis quatuor lilii flores aureos exhibet.

Francisca de Brezæo secunda uxor Bertrandi de Beauvau Domina Preciniaci, mortua est anno 1460. Ejus schema insculptum juxta virum suum est. Inferior ejus vestis insignia viri suis adjuncta habet.

Stephanus Caballarius, qui sequitur, Regi a consiliis erat, Magister Computorum & *Thesaurarius* Franciæ. Mortuus autem est quarto die Septembris anno 1474. Illum hic proferimus, ut in tumulo suo insculptus & delineatus habetur in Ecclesia Beatæ Mariæ Melodunensis. Catharina Budæa uxor ejus & ipsa prope virum suum insculpta visitur in eadem Ecclesia. Obiit autem anno 1452. Nihil nisi vulgare in vestibus ejus deprehenditur, sed capitis cultus aliquid singulare præ se fert.

Le Manuscrit de Gilles le Bonnier, dit Berri, Heraut d'armes sous le Roi Charles VII. & depuis fait Roi d'armes par le même, nous apprend bien des choses, dont j'ai jugé à propos de faire part au public. Ce Manuscrit est à la Bibliotheque de M. Colbert, aujourd'hui de M. le Comte de Seignelai. Il contient plusieurs peintures, où l'on voit le Roi & des Princes assis; mais le plus grand nombre de ces petits Tableaux represente des Princes, des grands Officiers de la Couronne & des Seigneurs à cheval, en l'équipage qu'ils devoient y être, ou qu'ils s'y mettoient eux-mêmes selon leur fantaisie. On y remarque une grande varieté. Il met sur chacun les cris de guerre, & souvent les timbres qu'ils devoient mettre sur leurs armes. Après cela il met les Armoiries d'une grande partie de la Noblesse de France, distribuées par Provinces. On y trouve souvent des écussons en blanc, & de la place vuide pour en mettre d'autres, ce qui fait voir, qu'il n'a pas eu assez de tems pour finir son ouvrage, qui devoit comprendre non seulement les armes de la Noblesse de France, mais aussi celles des payis voisins, comme il le marque dans sa déclaration que nous donnons ci-après.

C'est ce même Berri dont nous avons une Histoire Chronologique de France, depuis l'an 1402. jusqu'en 1456. imprimée par Denis Godefroi, avec les autres Histoires de Charles VII. l'an 1661. Il y est appellé Gilles le Bouvier, mais dans le Manuscrit de M. Colbert il y a le Bonnier bien écrit. C'est cette même Histoire dont nous nous sommes souvent servis dans la vie de Charles VII.

Manuscrit de Monseigneur Colbert cotté 1867.

Sous la premiere image qui represente Berry offrant son livre au Roi Charles VII. on lit la déclaration suivante, qui nous apprend le nom & les qualitez de l'Auteur, & en même tems le dessein de l'ouvrage. La voici,

* ou le Bouvier.

» Je Gilles * le Bonnier, dit Berry, premier Herault de tres-hault, tres-ex-
» cellent, tres-puissant Prince & tres-Chrestien le Roi Charles septiesme de son
» nom, par la grace Dieu Roy de France; par lui nommé & créé Herault en
» l'an mille quatre cens & vingt; & depuis coronné & créé par icellui Prince en
» son Chastel de Mehun le jour de la haulte feste de Noël a Roy d'armes du

Codex manuscriptus Ægidii Bonnerii, cognomento Biturigis, Regii Præconis sub Rege Carolo VII. qui postea *Rex Armorum* creatus fuit ab eodem Principe, multa docet quæ publici juris facienda esse visum est mihi. Hic codex habetur in Bibliotheca Colbertina, quæ hodie ad D. Comitem Sellinniacensem pertinet. In eo continentur picturæ multæ, queis Rex & Principes quidam sedentes repræsentantur; sed maxima depictarum tabellarum pars, Principes, Regiæ Ministros & proceres exhibet, quo ritu vel equitare debebant, vel ipsi equis ad libitum suum stratis insidebant. Magna autem hic varietas observatur. Ad singulos ille Principes, bellicos, queis illi utebantur, clamores adscribit, necnon apices qui insignibus galeatis superponebantur. Postea vero insignia Nobilium Francorum bene multa suis depingit coloribus, & per provincias distributa exhibet. Sæpe autem & multis in locis insignibus vacua scuta deprehenduntur, spatiaque alba, ut si qua nova accederent insignia, ibi reponerentur. Unde liquidum est ipsi tempus defuisse, vel ademtam vitam fuisse, antequam opus suum absolveret. Nam ut ipse in prologo suo mox proferendo dicit, in hoc libro non modo insignia Nobilium Francorum appositurus erat; sed etiam vicinarum nationum.

Hic ipse Biturix est, cujus historiam chronologicam Francicam habemus ab anno 1402. ad annum 1456. cum aliis historiis Caroli VII. quæ typis datæ sunt anno 1661. opera Dionysii Godefridi. Ibi autem vocatur ille Ægidius Bouverius; sed in manuscripto Colbertino clare legitur Ægidius Bonnerius. Illa sæpe historia nos usi sumus cum Caroli VII. vitam & gesta describeremus.

Codex Manuscriptus Colbertinus, 1867. hæc habet.

Sub imagine prima, quæ Biturigem exhibet, librum suum Regi Carolo VII. offerentem, sequentes literæ sequuntur, queis Scriptor & nomen suum & officia quæ gerebat edocet, atque operis hujusce scopum indicat. En illas.

» Ego Ægidius Bonnerius, cognomine Biturix,
» primus Preco Celsissimi, Excellentissimi & Poten-
» tissimi Principis, Christianissimique Regis Caroli
» hoc nomine VII. qui ab illo Preco creatus nomina-
» tusque fui anno millesimo quadringentesimo vige-
» simo, deindeque ab eodem Principe in castello suo
» Magdunensi in die magnæ festivitatis Natalis Do-
» mini coronatus & creatus ab illo fui in *Regem Armo-*

» pays & marche de Berry ; honneur & reverence avecque toute humble obeif-
» fance. Plaife favoir a tous Seigneurs, Chevaliers & Efcuiers, que pource que tous
» Roys d'armes font tenus de favoir au vray le blafon des nobles armes que iceulx
» Seigneurs & Nobles gens portent ; je me fuis appliqué & applique a mon po-
» voir de favoir & mettre par efcript & en painture leurs dittes armes en ce pre-
» fent livre, pource que par les grans guerres & divifions qui ont été moult lon-
» guement en ce Royaume, plufieurs jeunes nobles hommes fe font abfentez
» & mis hors de leur Hoftel, & s'en font allez les ungs en eftrange pays, les au-
» tres en la guerre. Et cependant les maifons & Eglifes ou povoient eftre pain-
» tes leurfdictes armes, par le long temps que la guerre a duré font du tout
» tumbées & defollées. Par quoy les deffufdits ne favent de prefent quelles ar-
» mes ils portent. Et auffi par icelles guerres & divifions ont été perdus & por-
» tez les Livres, qui anciennement avoient efté faits par les Roys d'armes, hors
» de ce Royaume. Pourquoi ay entreprins au plaifir de Dieu de moy tranfpor-
» ter es lieux ou je * faray les Nobles par tout cedit Royaume, & mettre leurs   *fauray.
» armes en cedit livre, & auffi leurs noms, affinque a toufjours mais en foit
» trouvé memoire. Et aprés mon deceps fera mis icellui livre es mains de mes
» heritiers, ou a Saint Anthoine le Petit à Paris en la main & garde des Reli-
» gieux de feans, affin que lefdits Nobles le treuvent s'ils en ont affaire : & pa-
» reillement ceulx dont lefdites armes font oudit livre paintes, Et pource que
» ledit Royaume de France & long & de grand eftendue, je ne puis bonnement
» faire la vifitation de fes Nobles fans l'aide d'iceulx, fupplie & requier qui leur
» plaife a moy aider de ce qui leur plaira felon leur poffibilité, en pourfuivant
» & allans fur les lieux ou ils demeurent. Car autrement je ne pourroye bon-
» nement accomplir ne faire de la diligence que j'ay entrepris de faire pour
» avoir & mettre en * fedit livre les armes defdits Nobles. Et ainfi feront co-   * cedit.
» gneuz les Nobles hommes de tous ce Royaulme en ce livre & des le temps
» qu'il fut fait & devant, & en fera perpetuel memoire. Et * ce lefdites armes   * fe.
» ne font mifes felon les degrez des Seigneurs ou Nobles qui les portent, ne def-
» plaire a nul. Car je m'en rapporte a ung chafcun de defbatre fon fait ; car je
» n'en vueil avoir amour ne ayne, car la charge me feroit trop grande. Mais

---

» *rum* in tractu Bituricenfi, honor & reverentia, cum
» omni obfequio. Notum fit, quæfo, omnibus Pri-
» moribus, Equitibus & Scutiferis, quod, quia *Re-*
» *ges Armorum* tenentur infignia Procerum & Nobi-
» lium probe callere ; hoc ego ftudium amplexus fum
» & pro virili mea profequor, ut fciam, & fcripto
» tradam, atque in hoc libro meo ipforum infignia
» depingam. Quoniam ingruentibus acerrimis bellis
» & diffenfionibus, quæ in hoc regno per diuturnum
» tempus perfeverarunt, ex nobilibus juvenes multi,
» ex ædibus fuis profecti, alii in peregrinas regiones
» fefe tranftulerunt, alii bello fefe addixerunt. Inte-
» reaque ædes illæ, feu etiam Ecclefiæ in queis de-
» pictærant hujufmodi infignia, bello in longiffimum
» tempus portracto, vel delapfæ, vel labefactatæ fue-
» re ; ita ut illi fæpe nefciant quæ infignia ad fe per-
» tineant. Imo inter hujufmodi bella & rixas libri an-
» tchac *a Regibus Armorum* hac de re facti, amifli &
» extra regnum Francorum tranflati funt : quaprop-
» ter decrevi, Deo juvante, me in ea loca transferre,
» ubi nobiles viros degere compertum habuero per hoc
» totum Franciæ Regnum, eorumque infignia, fimul-
» que nomina in hoc libro meo exarare, ut in pofte-
» rum illorum memoria maneat in perpetuum. Poft

» obitum vero meum hic liber in manibus heredum
» meorum manebit ; vel apud Sanctum Antonium
» Parvum Parifienfem deponetur in manus & cufto-
» diam Religioforum ibi manentium, ut nobiles viri
» illum iftic reperiant, fi opus ipfo habeant, iique om-
» nes quotum infignia hic depicta habentur, & quia
» cum prædictum Franciæ Regnum peramplum fit,
» & longe lateque extenfum, non poffum omnes no-
» biles viros adire, nifi ipfi in partem fumtuum ve-
» niant, rogo & oro mihi fecundum facultates fuas
» opem ferant, dum per patriam fuam & loca ipfi
» degunt iter agam ; alioquin autem non poffem cum
» ea, quam in propofito habeo, diligentia, illa loca
» adire, ut nobilium infignia omnia hoc in libro com-
» plectar. Hac vero ratione nobiles illi qui per totum
» Regnum funt, hujufce libri indicio cogniti erunt ;
» tam ii qui nunc funt, quam ii qui ante fuerunt :
» eritque memoria eorum perpetua. Si vero eadem in-
» fignia hic non ponantur fecundum nobilitatis fin-
» gulorum gradum, id nemini ingratum effe debet.
» Per me enim licet ut quifque de fuo jure & gradu
» contendat ; nolo enim mihi vel amorem vel odium
» quorumcumque conciliare ; onus quippe gravius
» quam ferre poffem fufciperem ; fed ut contentio-

MONUMENS DU REGNE

„ pour hoſter les debbats, je les ay miſes en ce livre ainſi qu'elles m'ont eſté
„ baillées & fait a fait que je les ay trouvées. Et le premier Chapitre eſt du Roy
„ noſtre ſouverain Seigneur, & d'aucuns des prochains de ſon ſang & des prin-
„ cipaulx Chiefs de guerre de ſon Royaulme & des armes des Nobles de la
„ Royaulté d'armes des François qui contient depuis la riviere de Loire, com-
„ pris la Cité d'Orleans juſqu'à la riviere d'Ayne, compris la Cité de Soiſſons,
„ & en ſont les Contez de Chartres, du Perche, de Dreux, de Montfort,
*Puiſaie.   „ de Valois, de Dampmartin, & les pays de Beauſſe, Gaſtinois, * Pyroie,
„ Urepoix, France, Brye, Veuquecin le François, la Cité de Senlis juſ-
„ ques a la riviere d'Ayne & d'Oyſe. Le ſecond Chapitre eſt des Nobles Sei-
„ gneurs Barons & autres de la Royaulté d'armes de Berry & d'Auvergne, de-
„ puis ſaint Martin'de * Cande, ou tumbe Vienne en Loire, juſques à la riviere
„ du Roſne, & au long de la mer juſques a Narbonne & tout le Languedog
„ juſques a la riviere de la Garonne. Le tiers Chappitre contient les Royaultez
„ d'armes de Ponthieu, Artoys, Corbyas & Vermandoys. Le quatrieme Chap-
„ pitre contient la Duchié d'armes de Normandie, qui contient lad. Duchié
„ ſeulement. Le cinquieme Chappitre eſt la Duchié d'Anjou qui contient le
„ Maine, le pays de Vendomoys. Le ſixieme Chappitre contient & eſt la
„ Royaulté d'armes de Champaigne, la Duchié de Bar, la Duchié & Conté de
„ Bourgoigne, Nivernoys, Beaujoloys, Savoye, Daulphiné & Provence, &
* Piemont   „ tout le pays juſques au Roſne & juſques en * Pimont ; c'eſt aſſavoir l'entrée
„ de la Lombardie. Le ſeptieme Chapitre eſt la Royaulté d'armes de Guyenne,
„ qui contient depuis la rive de Loire juſques au pays de Biſſcaye, qui eſt l'en-
„ trée du Royaume d'Eſpaigne, & de la mer de Bordeaulx juſques a Thoulo-
„ ze. Le huitieme Chappitre eſt la Royaulté d'armes de Bretaigne qui contient
„ toute ladite Duchié. Le neuvieme Chappitre contient les haultes & baſſes
„ Almaignes. Le dixieme Chappitre contient les Eſpaignes. Le onzieme Chap-
„ pitre contient la Royaulté d'Eſcoſſe. Le douzieme Chappitre contient le
„ Royaulme de Sicille & toutes les Ytallis depuis la pointe de Calabre juſ-
„ ques aux montagnes de Savoye, d'Alemaigne, du Daulphiné & de Provence.
„ Le treizieme Chappitre contient tout le Royaulme d'Angleterre, & les pays
„ de Galles, de Cornouaille & de Nort. Et pour ce tres-Nobles Seigneurs,
„ vueillez avoir ledit Roy d'armes pour recommandé. Car l'ouvrage eſt de grant

„ nem omnem tollam, profiteor me inſignia illa de-
„ ſcripſiſſe cum primum illa mihi indicata fuere, &
„ ſine delectu illa ut veniebant poſuiſſe. Primum ca-
„ put ad Regem pertinet ſupremum Dominum noſ-
„ trum, & ad quoſdam Regii Sanguinis Principes,
„ præcipuoſque in Regno ſuo belli duces, necnon
„ inſignia Regni-armorum nobilium virorum Regni
„ Francici, a Ligeri flumine, Aurelianum urbem
„ complectendo, ad uſque Axonam, in quo ſpatio
„ continentur Sueſſionum urbs, Comitatus Carno-
„ tenus, Perticenſis, Drocenſis, Montis-fortis, Va-
„ leſii, Domni-Martini, tractuſque Belſiæ, Vaſtinii,
„ Puſæenſis, Hurepenſis, Franciæ, Briæ, Veliocaſ-
„ ſium Francicorum, Silvanectum uſque ad Axonam
„ & Iſaram fluvios. Secundum caput eſt Nobilium
„ & Baronum Regni-armorum Biturigum & Arverno-
„ rum a Sancto Martino de Canda, ubi Vigenna in-
„ fluit in Ligerim, uſque ad Rhodanum flumen, & ad
„ littus Maris (Mediterranei) uſque Narbonam &
„ Septimaniam, ad Garumnam uſque fluvium. Ter-
„ tium caput continet Regna-armorum Pontivi, Ar-
„ teſiæ, Corbeiæ & Veromanduorum. Quartum ca-
„ put continet Ducatum armorum Normanniæ tantum-

„ modo. Quintum caput complectitur Andium Duca-
„ tum, qui continet Vindocinenſem & Cenomanen-
„ ſem tractum. Sextum caput continet Regnum armo-
„ rum Campaniæ, Ducatum Bari, Ducatum & Co-
„ mitatum Burgundiæ, tractus Nivernenſem & Bel-
„ lojovienſem, Sabaudiam, Delphinatum & Provin-
„ ciam, omneſque regiones uſque ad Rhodanum &
„ Pedemontium ; id eſt Langobardiæ ingreſſum. Sep-
„ timum caput agit de Regno armorum Aquitaniæ,
„ complectiturque a Ligeri oris uſque ad Cantabriam,
„ quæ eſt in ingreſſu Regni Hiſpaniæ, & a mari Bur-
„ degalenſi ad uſque Toloſam. Octavum caput com-
„ plectitur Regnum armorum Britanniæ, totum vide-
„ licet Ducatum iſtum. Nonum caput continet ſu-
„ periorem inferioremque Germaniam. Decimum
„ vero caput Hiſpanias. Undecimum caput, Regnum
„ Scotiæ. Duodecimum caput Regnum Siciliæ & to-
„ tam Italiam ab extrema nempe Calabria ad uſque
„ montes Sabaudiæ, Germaniæ, Delphinatus & Pro-
„ vinciæ. Decimum-tertium caput complectitur to-
„ tum Regnum Angliæ, regioneſque Walliæ, Cor-
„ nubiæ & Septentrionalem tractum. Ideoque, Nobi-
„ liſſimi Domini mei, Regem armorum commendatum

DE CHARLES VII. dit LE VICTORIEUX.

»coust & de grant peine & travail, come il appert. Et se nomme ledit livre,
»Le Regiſtre des *Nobleſſe & auſſi y ſont eſcripts les tymbres & les criz deſdits
»Nobles afin que a toujours en ſoit memoire.

Je mets ici de ſuite tous les cris qui ſont dans le livre. Au-deſſus de l'image du Roi, qui eſt la ſeconde, eſt écrit MONTIOYE, c'eſt ſon cri. Et à la page ſuivante.

»Ce ſont les timbres & les cris du Roy de France & des Princes & Seigneurs
»de ſon ſanc & des Nobles de la Royaulté d'armes des François.

»Le timbre du Roy eſt une double fleur-de-lis ſur ſon heaulme : & crie,
»NOSTRE-DAME, MONJOYE, S. DENIS, AU TRES-CHRESTIEN
»ROY.

»Les Princes de ſon ſanc portent leur timbre la fleur double, houpée de cha-
»cun d'eux de la couleur qu'ils portent en leur deviſe, comme elle eſt cy-deſ-
»ſous peinte, & crient tous *Monjoye*, ceulx qui ſont deſcendus de la fleur-de-lis.

»Montmorencis crie, *Dieu aide au premier Chretien*, & ſur ſon timbre un Paon
»qui fait la Roe.

»Les tenans a leur nature, & de leurs couleurs.

Après la dixiéme image qui eſt de Jean de Bueil Comte de Sancerre ; on lit.

»Ce ſont les timbres des Seigneurs & Nobles de la Royaulté de Berry.

»Le Comte de Sancerre ſon timbre eſt la teſte d'un Roy a grant cheveulx
»& a grant barbe, & crie, *Paſſavant*.

»Le Seigneur de Chauvegny, ſon timbre la teſte d'un *chine. Et crie, *Chevaliers pleuvent*.   *Chien.

»Le timbre de Lignieres eſt la teſte d'une Royne eſchevelée, & crie *   *en blanc

»Le timbre de ſainte Severe eſt une gerbe d'or, & crie, *Broſe*.

»Le timbre de Prie eſt un *Eſgle, & crie, *caus d'oyſeaulx*.   *Aigle.

»Le Sire de Cullant ſon timbre un demi lion d'or, & crie, *Noſtre-Dame au
»pigne d'or*.

»Ceulx de Vauldenay crient, *Au bruit*.

»Ceulx de la Chartre crient, *A l'atrait des bons Chevaliers*.

»Ceux de Bar crient, *Au feu au feu*.

»Ceulx de Jard crient, *Rocheſouard*.

» habeatis obſecro ; liquidum namque eſt opus iſtud,
» ſumtus magnos, multumque laboris & ſudoris exi-
» gere. Libri autem titulus eſt *Recenſio Nobilium* ; in
» eoque deſcribuntur etiam apices inſignium & bel-
» lici clamores Nobilium, ut eorum ſemper memoria
» celebretur.

Hic una ſerie deſcribo bellicos illos clamores, qui in hoc libro deſcribuntur. Supra Regis imaginem, quæ ſecunda eſt ſcribitur MONT-JOIE, *mons gaudii* : hic bellicus Regis clamor erat. *Et pagina ſequenti.*

» Hi ſunt apices & clamores bellici Regis Fran-
» corum, & Principum procerumque, qui ex San-
» guine Regio orti ſunt, necnon Nobilium Regni
» armorum Franciæ.

» Apex Regis eſt duplex flos lilii in caſſide poſitus,
» clamatque ille in bello, DOMINA NOSTRA, MONS-
» GAUDII, Sᵗ DIONYSIUS CHRISTIANISSIMO
» REGI.

» Sanguinis Regii Principes apicem geſtant florem
» lilii duplicem cum minuta faſcia ut infra depingi-
» tur : omneſque qui ex flore lilii originem ducunt,
» *Mons - gaudii* in bello clamant.

» Monmorenciacenſes in bello clamant. *Deus ad-
» juvet primum Chriſtianum*, & in apice Pavovem ha-
» bent expanſa cauda.

Poſt decimam imaginem quæ eſt Joannis Bucu-lienſis Comitis Sancerræ legitur :

» Hi ſunt apices procerum & nobilium regiorum
» Bituricenſium.

» Comitis Sancerræ (ſeu Sacri-Cereris) apex eſt
» caput Regis magna coma & barba inſtructi, & cla-
» mat : *Ultra procede*.

» Calviniacenſis Toparcha apicem habet caput ca-
» nis & clamat : *Equites ut imber irruant*.

» Apex Lignariorum Toparchæ eſt caput Reginæ
» paſſis capillis, clamatque *

» Apex Sanctæ Severæ, eſt manipulus aureus, cla-
» matque *Broſa*.

» Apex Pyriæ eſt Aquila, & clamat, *Cantus avium*.

» Cullentii Toparchæ apex eſt dimidius leo aureus,
» clamatque, *Domina noſtra ad . . . . aureum*.

» Valdenenſes clamant, *ad ſtrepitum*.

» Carcerii clamant, *Ad provocationem proborum
» Equitum*,

» Barenſes clamant, *Ad ignem curre, curre*,

» Jardenſes clamant, *Rupes-Cavardi*.

Après la douzième image qui est du Baron de Courtenay.

» Vervin crie, *Couffi a a la Marveille*. Jeuly crie, *Auget*.

» Bolongne crie, *Bolongnebelle*.

» Cramailles crie, *Auget*.

» Le Sire de la Tournelle crie, *la Tournelle*, & tous ceux qui portent les cinq » tournelles.

» Le Sire de Saucourt porte d'argent fretté de gueules, & tous ceulx de Picar-» die, qui portent fretté crient, *Saulcourt*, & tous ceux de Picardie qui portent le » rouge crient, *Hengeth*.

» Ceux qui portent les maillets, crient *Mailly*.

» Aufemon crie *Clermont*.

» Gaucourt crie *Clermont*.

» Vuavini crie, *Mains que le pas*.

» Le Sire de Mouy crie, *Saucourt* & tous ceux de Picardie qui portent fretté.

» Le Conte de S. Pol crie, * *Le figuen* & fur fon heaulme une ferpent qui fe » boigne en un boing qui eft de fa couleur.

*baigne en un bain.

» Le Sire de Crequi crie, *Crequi au crequier*.

Après le quatorzième, qui eft Bernard d'Armagnac Comte de la Marche.

Ce font les timbres & cris des Barons & Nobles d'Auvergne & du Bourbon-nois.

» Le Sire de Tournon crie, *Au plus Drux*, & fur fon timbre la tefte d'un lion » d'or, qui engueulle le heaulme.

Avant la figure du Duc de Normandie à cheval.

» Le Duc de Normandie crie, *Dieu aide au vaillant Duc*.

Avant la figure de Vendôme & celle de Laval.

» Laval crie, *Dieu aide au premier Chrétien*.

» Craon crie, *Cleriau*.

» Vendofme crie, *Saint-George*, & fur fon timbre une liaffe de plumes de » Paon.

Après la figure de Philippe Duc de Bourgogne qui eft la 21.

» Le Duc de Bourgogne crie, *Chaftillon au noble Duc*, & fur fon timbre un oi-» feau qui s'appelle le Duc.

Avant la figure de Louis de Sancerre, Comte de Blois, Marefchal & depuis

---

Poft duodecimam imaginem, quæ eft Baronis de Curtenaco.

» Verbinius clamat, *Cuciacum ad rem mirabilem*, » Juliacum clamat, *Auget*.

» Bononia clamat : *Bononia pulcra*.

» Cramallius clamat, *Auget*.

» Toparcha Turriculæ clamat, ad *Turriculam*, & » fic omnes qui infignia quinque Turricularum ha-» bent.

» Toparcha de Salcurtio infigne habet argenteum, » rubro colore cancellatum ; omnefque Picardiæ no-» biles, qui cancellatum infigne geftant, clamant, » *Salcurtium* ; nobiles vero Picardiæ, qui rubrum co-» lorem geftant, clamant, *Hengeth*.

» Qui Mallios geftant, clamant *Malliacum*.

« Audemontium clamat, *Clarus-mons*.

» Wavinius clamat ... ...

» Moiaci Toparcha, *Salcurtium* clamat, ut & om-» nes Picardiæ nobiles, qui cancellatum infigne gef-» tante.

» Toparcha Crequiacenfis clamat, *Crequiacum ad* » *Crequarium*, five ad cerafum filveftrem.

Poft decimam-quartam imaginem, quæ eft Bernardi de Armeniaco Comitis Marchiæ.

» Hi funt apices & clamores bellici Baronum & » Nobilium Arvernorum & Borbonienfis tractus.

» Toparcha Turnonii clamat ... & apicem habet » caput lconis aurei, galeam deglutientis.

Ante Ducis Notmanniæ Equitis imaginem.

» Dux Normanniæ clamat, *Deus adjuvet fortiffimum* » *Ducem*.

Ante imagines Vindocinenfis & Lavallii.

» Lavallium clamat: *Deus adjuvet primum Chriftianum*.

» Cratumnum clamat, *Clerian*.

» Vindocinum clamat, *Sanctus Georgius*, & fupra » apicem habet fafciculum plumarum pavonis.

Poft figuram Philippi Burgundiæ Ducis, quæ eft vigefima prima.

» Dux Burgundiæ clamat : *Caftellio nobili Duci*, & » fupra apicem habet avem quæ *Dux* appellatur.

Antefiguram Ludovici de Sancerra Comitis Blefen-fis, qui fuit Matefcallus & poftea Conftabularius

Connetable

DE CHARLES VII. dit LE VICTORIEUX.

Connétable de France, qui porte le blason des Comtes de Champagne.

» Champagne crie, *Passavan, au noble Conte*, a sur son timbre la teste d'ung
» ancien Roi, a une grande barbe chauve.

Après la figure 24, qui écartele de France & de Guienne.

» Guienne crie, *Saint-George au puissant Duc*, & sur son timbre ung Liepart
» d'or.

» Armegnac crie, *Armegnac*, & sur son timbre ung Lambrequin d'armines & ung
» lyon de gueules dessus.

» Labrait (Albret) crie *Saint-George*, & sur son timbre la teste d'ung mouton.

» Foix crie, *Foix & Biarne*, & sur son timbre la teste d'une vache.

» Le Sire de Saintraille crie, *Saintraille*, & sur son timbre la tête d'un More. PL. LV. 1.

A la tête du manuscrit on voit une peinture [1] où est représenté Berri un genou à terre, offrant son Livre à Charles VII. qui le reçoit. Ce n'étoit apparemment qu'une copie au net de celui-ci. Car Berri dit ci-devant dans sa déclaration, que ce Livre doit passer après sa mort à ses héritiers, ou être apporté aux Religieux de S. Antoine pour y être gardé, afin que les Seigneurs & Nobles qui voudroient s'instruire sur le blason pussent venir le consulter. Le Roi porte un bonnet, qui n'est qu'une bande d'étoffe, dont une partie pend jusqu'au milieu de la cuisse. De l'autre côté sont plusieurs Seigneurs de la Cour, qui portent tous des chapeaux noirs hors un qui a un bonnet blanc. Un d'eux tient un oiseau sur la main. Tous ont des souliers noirs, longs & fort pointus.

Le second tableau [2] nous montre le Roi Charles VII. assis tenant de la main droite son sceptre terminé en haut d'une fleur-de-lis & de la gauche la main de Justice. Sa couronne est d'une forme assez singuliere. A son côté droit est assis le Dauphin Louis, qui tient de sa main droite un bâton : il porte aussi une espece de couronne. Sur sa tête on voit plusieurs Dauphins alternativement avec des fleurs-de-lis. A la gauche du Roi est assis son autre fils Charles Duc de Berri qui porte aussi une espece de couronne & tient un bâton à la main. Au-dessous du Roi & de ses fils au côté droit, on voit le Connétable de Richemont assis, qui tient l'épée de Connétable nue. Au-dessous de lui est son écusson de Bretagne, à la brisure du lambel de gueules à trois pendans. A l'autre côté est

---

Franciæ, quique insignia Comitum Campaniæ gestat.

» Campania clamat, *Ultra procede ad nobilem Comi-*
» *tem*, & supra apicem habet caput antiqui Regis
» Calvi, longa barba instructi.

Post vigesimam quartam imaginem, quæ Franciæ & Aquitaniæ insignia conjuncta habet.

» Aquitania clamat, *S. Georgius ad potentem Du-*
» *cem*, & supra apicem habet leopardum aureum.

» Armeniacum clamat *Armeniacum*, & supra api-
» cem habet laciniam ex muris Pontici pellibus, cui
» superponitur leo ruber.

» Leporetum clamat *Sanctus Georgius*, & supra api-
» cem habet vervecis caput.

» Fuxensis clamat, *Fuxum & Benearnia*, & supra
» apicem habet caput Vaccæ.

» Nobilis vir Santrallius clamat *Santrallius*, & su-
» pra apicem habet Nigritæ caput.

INITIO Codicis Manuscripti habetur imago, ubi Biturix Preco & Rex armorum genuflexo librum suum offert Regi Carolo VII. apographum videlicet hujusce, de quo agitur, libri. Dixit enim antehac Biturix in literis suis, hunc librum post mortem suam vel ab hæredibus habendum servandumque esse, vel esse deferendum ad Religiosos Sancti Antonii Parvi, qui illum custodiant, ut proceres nobilesque qui vellent insignium gentilitiorum notitiam acquirere, ad hujusmodi disciplinam se conferre possent. Rex capitis tegmen gestat, pannum videlicet cujus pars ad medium usque femur defluit. In altero tabellæ latere visuntur multi Regiæ aulæ primores, qui omnes petasos nigros gestant, uno excepto, qui pileo albo caput tegit. Alter pugno avem sustinet, omnesque calceos nigros oblongos habent in acumen desinentes.

Secundum schema Regem Carolum exhibet, manu dextera sceptrum tenentem flore lilii superne terminatum: sinistra vero, manum justitiæ. Corona ejus singularis est formæ. Ad dexteram illius sedet Ludovicus Delphinus, qui dextera baculum tenet, quamdam ceu coronam gestat & ipse. Supra caput plurimi visuntur Delphini, alternatim cum lilii floribus positi. Ad sinistram Regis sedet Carolus Dux Bituricensis alter filius ejus, qui & ipse quamdam ceu coronam capite gestat, & baculum manu tenet. Infra Regem ambosque illius filios, ad dexteram sedet Constabularius Franciæ Ricomontius, qui evaginatum Constabularii gladium tenet. Sub illo scutum visitur insignibus Britanniæ ornatum cum limbo rubro, a quo pendent tres tæniolæ. Ad sinistram sedet Guillielmus Ju-

Tome III.

Guillaume Juvenal des Ursins Chancelier, qui a son bonnet sur la tête. Son écu est, bandé d'argent & de gueules de six pieces, au chef d'argent chargé d'une rose de gueules, soûtenu d'or.

P L.
L V I.
1.
Le premier de la planche suivante est Charles Duc d'Orleans, fils de Charles Duc d'Orleans tué près de la porte Barbete l'an 1407. & de Valentine de Milan. Ce Charles [1] dont nous parlons fut pris à la bataille d'Azincourt, & demeura prisonnier en Angleterre pendant vingt-cinq ans, & ne fut délivré que par la générosité de Philippe le Bon Duc de Bourgogne, le voici assis sur un trône. Il porte une espece de couronne, & tient dans sa main gauche deux gands blancs pliez, & ce qui est assez singulier sa main droite est dans un gand noir. Je ne sçai ce que cela signifie. Cette figure dans l'original est entourée de plusieurs écus d'Orleans. Au-dessus de sa tête est le cri de guerre *Monjoye*.

2.
Celui qui suit est Jean d'Orleans [2] son frere, monté sur un cheval caparaçonné à la maniere de ces tems-là. Il porte un chapeau noir orné d'un plumet. Son cheval a un autre plumet sur la tête. Le caparaçon du cheval est semé de fleurs-de-lis au lambel d'Orleans à trois pendans, & chaque pendant à un croissant d'azur. Ici le croissant n'est que sur un des pendans, mais c'est un oubli du Peintre. Ce Jean fut l'aieul de François I. Le cri est marqué sur sa tête *Monjoye*.

3.
Le suivant est le Connétable de Richemont [3] monté sur un cheval caparaçonné à peu près comme le précedent. Il porte un plumet sur son chapeau, il y en a encore un autre sur la tête du cheval. Cela est si ordinaire ici qu'il n'en sera plus parlé: le caparaçon est semé de Bretagne au lambel de gueules à trois pendans chacun chargé de trois lionceaux d'or. Ce blason est repeté sur son écu. Les éperons de tous ces Cavaliers sont fort longs.

4.
Le Comte de Dunois, dit le Batard d'Orleans, [4] qui vient après, en même équipage que les autres. Il porte l'écu d'Orleans avec le baton mis en barre. Je ne sai si c'est à dessein & pour lui faire honneur qu'on a chargé tout le caparaçon de roses. Les visages de tous ces Seigneurs & Princes ne sont faits qu'au hazard, & ne ressemblent point. Berri n'étoit pas peut-être en état de faire la dépense de les bien tirer.

---

venellus de Ursinis Cancellarius, qui pileum capite gestat. Scutum ejus his notatur insignibus, sex tæniæ argenteæ & rubræ alternatim positæ sunt. Caput scuti argenteum est rosa rubra onustum, auro subnixum.

In tabula sequenti primus est Carolus Dux Aurelianensis, filius Caroli Aurelianensis Ducis, qui peremtus fuit prope portam Barbetam anno 1407. & Valentinæ Mediolanensis. Hic vero Carolus de quo nunc agitur, in Azincurtia pugna captus fuit, & in Anglia captivus mansit per annos viginti quinque, demumque liberalitate generositateque Philippi Boni Burgundiæ Ducis libertatem recuperavit. Hic in solio sedens conspicitur, coronam capite gestans, & manu sinistra chirothecas albas tenet plicatas, quodque singulare videatur, manus dextera chirotheca nigra tegitur: quo quid significetur me ignorare fateor. Hæc imago in autographo multis Aurelianensibus scutis circumdatur. Supra caput ejus clamor ipsius bellicus describitur, *Mons-gaudii*.

Qui sequitur, est Joannes Aurelianensis frater ejus, equo vectus, qui secundum illius ævi morem stragulo tegitur. Petasum gestat nigrum pluma ornatum; plumam quoque erectam capite gestat equus. Stratum equi liliis conspersum est cum limbo Aurelianensi, ex quo tres pendent tæniolæ, quæque vero tæniola crescenti luna cærulea notatur. Hic in una tantum pendentium tæniolarum crescens luna visitur; sed hæc pictoris oscitantia fuit. Hic Joannes avus fuit Francisci I. Francorum Regis. Bellicus clamor capiti ejus superpositus est, *Mons-gaudii*.

Postea visitur Constabularius Ricomontius equo insidens, cujus stragulum superiori omnino simile est. Plumâ petasus ejus & alterâ plumâ caput equi ornatur: quæ res in his schematibus ita frequens est, ut non ultra commemoranda esse putetur. Stragulum insignibus Britanniæ Armoricæ conspersum est, cum limbo rubro, a quo pendent tres tæniolæ, quarum singulæ tres leunculos aureos habent. Hæc insignia in scuto ipsius repetuntur. Calcaria omnium horumce Equitum admodum longa sunt.

Comes Dunensis, sive Nothus Aurelianensis, qui postea comparet, eodem cultu equo vectus est, quo superiores. Scutum gestat Aurelianensibus insignibus notatum cum transverso baculo. Nescio utrum de industria, & ut ipsi exhiberetur honor, totum stragulum rosis conspersum fuit. In hisce tabellis vultus procerum & principum ex mera pictoris imaginatione, non autem secundum nativam imaginem, expressi sunt. Bituricx Præco fortassis sumtus suppeditare non poterat, ut illi accuratius depingerentur.

1
Berri présente son Livre au Roi.

2
Le Roi sur son Trône.

DE CHARLES VII. dit LE VICTORIEUX.

André de Laval Seigneur de Loheac se voit ensuite au même équipage. Il fut Maréchal & Amiral de France sous Charles VII. Il porte de Montmorenci-Laval, au lambel à trois pendans chargé d'hermines. 5.

Le brave Poton de Saintrailles, qui se distingua si fort dans la guerre contre les Anglois, & fut fait Maréchal de France paroît ici monté comme les autres, & porte son écu d'argent à la croix de gueules au premier & quatriéme quartier; & de gueules au lion d'argent rampant, au second & troisiéme. 6.

L'image suivante nous montre Charles Duc de Berri second fils du Roi Charles VII. assis sous un grand dais portant une couronne. Tout le fond du tableau est d'azur chargé de fleurs-de-lis d'or à la bordure engreslée de gueules, qui est Berri. Le cri de guerre sur l'image est, *Monjoye saint Denis*. 7.

Le premier de la planche suivante est Jean de Bueil Comte de Sancerre, qui fut fait Amiral de France en 1450. Dans le manuscrit de M. Colbert, on lit d'une main recente, *Jean du Bueil Comte de Sancerre Mareschal de France* ; mais il ne fut jamais Maréchal de France. Son écu se blasonne ainsi, d'azur au croissant d'argent accompagné de six croisettes de même au premier & quatriéme, de gueules à la croix ancrée d'argent au second & troisiéme. Sur le tout du Dauphiné d'Auvergne au premier & quatriéme, & de Sancerre au second & troisiéme. Il étoit fils de Jean de Bueil & de Marguerite Dauphine d'Auvergne. PL. LVII. 1.

Je ne sai pourquoi le Roi d'armes Berri, auroit placé ici Philippe d'Artois, Connétable de France sous le Roi Charles VI. & qui étoit mort l'an 1397. cependant on a mis ici dans le Manuscrit, *Philippe d'Artois Connétable* ; mais comme cette écriture est d'une main plus recente, nous ne sommes point obligez d'ajouter foi à une telle inscription. Ce sera sans doute Charles d'Artois Comte d'Eu, qui servit utilement l'Etat sous Charles VII. & sous Louis XI. & qui mourut l'an 1472. Son cheval est deux fois chargé des armes de France avec la brisure d'Artois. Sur la tête de Charles est écrit dans l'original le cri de guerre *Montjoye*. 2.

Celui qui vient après est appelé dans le Manuscrit, le *Baron de Courtenai*. Ses armes repetées sur le caparaçon & sur la housse de son cheval, prouvent que c'est un Courrenai, c'est apparemment Jean de Courtenai IV. du nom, Sei- 3.

Andreas de Lavallio Loheaci Toparcha postea eodem cultu conspicitur. Marescallus porro Franciæ, & Maris Præfectus fuit sub Carolo VII. Insignia Montmaurenciaci & Lavallii gestat cum limbo, ex quo pendent tres tæniolæ muris Pontici pellibus onustæ.

Strenuus ille Poto de Santrailliis, qui in diuturno contra Anglos bello tantopere claruit, & Marescallus Franciæ creatus est, hic comparet equo vectus ut alii, & scutum gestat his ornatum insignibus: in campo argenteo crux rubra visitur in primo & quarto scutulo; in secundo autem & tertio scutulo campus ruber est, cum leone argenteo repente.

Imago sequens Carolum exhibet Bituricensem Ducem minorem filium Caroli VII. sub umbella magna sedentem, coronaque insignitum. Tota tabula cæruleo colore depicta est, conspersa liliis aureis cum ora denticulata rubra, quæ sunt Bituricensium Ducum insignia. Clamor bellicus in suprema tabulæ parte positus, est *Mons-gaudii*, *sanctus Dionysius*.

Qui primum locum in tabula sequenti occupat, est Joannes Buculius Comes Sancerræ, qui Præfectus maris creatus fuit anno 1450. In manuscripto Colbertino hæc recenti manu scripta leguntur: *Joannes Buculius Comes Sancerræ, Marescallus Franciæ*: at Joannes hic nunquam Marescallus Franciæ fuit. Scuti ejus insignia sic explicanda sunt: in campo cæruleo crescens luna argentea cum sex parvis crucibus argenteis, in primo & quarto scutulo, & campus ruber cum cruce ancorata argentea, in secundo & tertio scutulo, quibus imponuntur insignia Delphinatus Arverniæ in primo & quarto scutulo, & insignia Sancerræ in secundo & tertio. Hic filius erat Joannis Buculii & Margaritæ Delphinæ Arvernorum.

Vix credere possim Biturigem *Armorum Regem* hic posuisse Philippum Artesium, qui sub Carolo VI. Rege Constabularius Franciæ fuit, mortuusque est anno 1397. Et tamen in hoc, quo de agimus, Codice scriptum legitur, *Philippus Artesius Constabularius*: sed cum inscriptio isthæc recentiore manu exarata fuerit, ipsi fidem habere non tenemur. Erit hic haud dubie Carolus Artesius Comes Augensis, qui sub Carolo VII. & sub Ludovico XI. strenue bella gessit, obiitque anno 1472. Equus ipsius bis insignibus Franciæ notatur cum Artesiorum stemmate junctis. In depicta tabella habetur inscriptio, quæ clamorem bellicum exprimit, *Mons-gaudii*.

Is qui postea sequitur, in Codice manuscripto appellatur *Baro de Cortenæo*. Insignia ejus in equi stragulo sæpius repetita, illum ex Cortenæis unum esse probant; estque, ut videtur, Joannes de Cortenæo

gneur de Champinelles, de S. Briçon &c. qui vivoit du tems de Charles VII. & mourut sous le regne de Louis XI.

4. Charles I. du nom Duc de Bourbon, se voit ensuite assis sur une chaise de forme particuliere. Il tient ses gands de la main gauche, & porte une espece de couronne ou diadême. Il mourut l'an 1456. Au dessus de ce petit tableau on lit, *Montjoye Saint-Denis*.

5. Bernard d'Armagnac qui suit étoit Comte de la Marche, fils de Bernard d'Armagnac Connétable de France, massacré à Paris l'an 1418. & de Bonne de Berri. Son cheval n'est pas caparaçonné comme ceux de devant. Au fond du tableau sont ses armes : au premier & quatriéme d'argent, (d'autres disent d'or) au lion de gueules; au second & troisiéme de gueules au léopard lionné d'or, écartelé de Bourbon-la-Marche.

6. Charles de France fils de Charles VII. & frere de Louis XI. a été vû ci-devant Duc de Berri ; le voici Duc de Normandie, Duché qu'il ne garda pas long-tems. Cette image aura été inserée ici quelques années après que le livre fut fait. Berri fit cet ouvrage du tems de Charles VII. & Louis XI n'y est representé que comme Dauphin, & Charles son frere ne fut déclaré Duc de Normandie que l'an 1465. sous le regne de Louis XI. Le caparaçon de son cheval est de gueules chargé de deux léopards d'or, ce sont les armes des Ducs de Normandie. Le cri de guerre au-dessus de sa tête est écrit ainsi, *A Rouul au vaillant Duc*.

7. Après lui vient Philippe le Bon Duc de Bourgogne dans un petit tableau dont le fonds est le blason de Bourgogne ancien, ce que nous avons déja vû ailleurs dans la derniere race de Bourgogne. Son cri mis au-dessus est : *Châtillon au noble Duc*.

8. Louis Duc d'Anjou, Roi de Naples, de Sicile & de Jerusalem troisiéme du nom, étoit un si brave Prince, qu'il semble qu'on devoit le voir plûtôt ici à cheval & en équipage de guerrier qu'assis sur une chaise en robe longue. Il tient ses gands à la main, & porte une espece de couronne. Dans le fond de ce petit tableau, qui est d'azur, on ne voit que des fleurs-de-lis sans la brisure d'Anjou. Louis mourut à Cosence en Calabre l'an 1434. âgé de 31. ans. Il étoit frere de Marie d'Anjou Reine de France. Le cri de ce Prince est, *Montjoye Saint-Denis*.

hoc nomine quartus Toparcha Campinellorum Sancti Brictionis, &c. qui Caroli VII. tempore in vivis erat, mortuusque est regnante Ludovico XI.

Carolus hujus nominis primus Dux Borbonius sedens postea visitur in cathedra singularis formæ. Manu sinistra ambas chirothecas tenet, & quamdam ceu coronam vel diadema capite gestat. Mortuus est autem anno 1456. Supra tabulam hanc depictam legitur *Mons-gaudii, Sanctus Dionysius*.

Bernardus Armeniacensis, qui sequitur, Comes erat Marchiæ, filiusque Bernardi Armeniacensis Constabularii Franciæ, qui trucidatus Lutetiæ fuit anno 1418. & Bonæ Bituricensis. Equus ejus stragulo opertus non est, ut superiores equi. Insignia ejus in tabula delineantur. In primo & quarto scutulo campus argenteus (aureum alii dicunt) cum leone rubro ; in secundo autem & tertio campus ruber cum leopardo-leone aureo ; queis adjunguntur insignia Borbonii Marchiæ.

Carolus filius Caroli VII. & frater Ludovici XI. jam antea Dux Bituricensis comparuit. En illum Normanniæ Ducem, quem Ducatum non diu ille tenuit. Hæc porro depicta tabula hic inserta fuerit aliquot annis postquam hic liber exaratus fuit. Biturix enim hunc edidit librum, Carolo VII. regnante, &

Ludovicus XI. hic quasi adhuc Delphinus depingitur. Carolus vero frater ejus Dux Normanniæ declaratus fuit anno tantum 1465. regnante Ludovico XI. Stragulum equi rubrum est, duobus leopardis aureis onustum : hæc insignia sunt Normanniæ Ducum. Clamor bellicus supra caput ejus descriptus hujusmodi est, *Rolloni strenuissimo Duci*.

Post illum occurrit Philippus Bonus Burgundiæ Dux in tabella, in qua depinguntur insignia Burgundiæ vetera, id quod jam alibi advertimus in hac secunda Burgundica stirpe. Clamor bellicus ejus supra scriptus est, *Castellio nobili Duci*.

Ludovicus Dux Andium, Rex Neapolis, Siciliæ & Jerosolymæ hujus nominis tertius, adeo strenuus Princeps erat, ut videretur potius comparere debuisse armatus & eques, quam cum oblonga veste in cathedra sedens. Ecce tamen illum sedentem, chirothecas manu tenentem, & quamdam ceu coronam gestantem. In tabellæ autem fundo qui cæruleus est, nonnisi flores lilii visuntur sine nota Aurelianensi. Ludovicus Cosentiæ in Calabria mortuus est anno 1334. triginta & unum annos natus. Frater autem erat Mariæ Francorum Reginæ. Clamor bellicus hujusce Principis erat, *Mons-gaudii, Sanctus Dionysius*.

Charles d'Anjou I. du nom, Comte 9 du Maine étoit frere de Louis dont 9.
nous venons de parler. Il fut fait Gouverneur de Paris, & depuis Lieutenant General & Gouverneur de Languedoc & de Guienne. Il mourut l'an 1462. Son
cheval est couvert des armes de France sans brisure. Son cri est *Montjoye Saint-
Denis.*

Celui qui commence la planche suivante est Jean de Bourbon II. du nom, Pl.
1 Comte de Vendôme, Seigneur d'Epernon &c. Il se signala à la guerre sous LVIII.
les Rois Charles VII. & Louis XI. Son cri de guerre est *Montjoye.* 1.

Gilles de Laval Seigneur de Rais 2 Maréchal de France qui vient ensuite est 2.
remarquable par sa triste fin. S'étant adonné à des prestiges & à des vices contre nature, il fut condamné & executé à Nantes l'an 1440. Il porte de Laval
sur son écu & sur le caparaçon de son cheval.

Voici un autrefois Philippe le Bon 3 Duc de Bourgogne assis sur une chaise 3.
& tenant ses gans. Le fond du tableau, qui étoit blasonné ci-devant de Bourgogne ancien, est ici chargé de Bourgogne moderne, & le cri n'est pas le
même que dans l'autre image ; c'est *Montjoie Saint Denis.*

Celui qui vient après est ainsi marqué dans l'inscription du manuscrit : *Louis
de Sancerre Comte de Blois, Marechal & depuis Connétable de France.* Mais j'ai peine
à croire que le Roi d'armes Berri ait voulu mettre ici ce Connétable mort
l'an 1402. je croirois plûtôt que c'est 4 Jean de Beuil Comte de Sancerre, que 4.
nous avons vû ci-devant portant de Sancerre dans son écusson. Il n'est pas nouveau de voir deux fois le même Seigneur dans ce Manuscrit. Il est ici representé combattant l'épée nuë à la main qu'il tient élevée comme pour frapper
l'ennemi. Il porte sur son armure le blason de Sancerre, qui se voit aussi sur le
caparaçon de son cheval. Ce sont les armes de Sancerre & aussi des Comtes de
Champagne. Le cri qui est au-dessus est celui de Champagne, *Passavant.* L'inscription qui dit que c'est le Connétable de Sancerre paroît avoir été mise dans
un tems fort posterieur.

Nous avons vû Charles frere de Louis XI. représenté comme Duc de Berri,
& depuis comme Duc de Normandie. Le voici Duc de Guienne 5. Il ne fut 5.
reconnu tel que l'an 1469. ainsi cette peinture ne peut avoir été faite pour le

---

Carolus Andegavensis hujus nominis primus Comes Cenomanensis, Ludovici de quo modo loque-
bamur frater erat, Lutetiæque Præfectus creatus fuit,
ac deinde Septimaniæ & Aquitaniæ Rector constitutus est. Mortuus autem est anno 1462. Equus ejus in
stragulo suo insignia Franciæ habet, sine ulla Andegavensium nota. Clamor ipsius bellicus erat, *Mons-
gaudii, Sanctus Dionysius*

Qui in tabula sequenti primus comparet, est Joannes Borbonius hujus nominis secundus Comes Vindocinensis, Sparnonis Dominus, &c. qui in bellicis rebus claruit, regnantibus Carolo VII. & Ludovico XI.
Ejus bellicus clamor est *Mons-gaudii.*

Ægidius Lavallius Resii Toparcha, Marescallus
Franciæ, qui postea sequitur, ab infelicissimo vitæ
exitu notus est. Cum enim præstigiis & maleficia sec-
taretur, ac vitiis contra naturam sese fœdaret, apud
Namnetes damnatus, extremo supplicio periit anno
1440. Lavallii insignia gestat in scuto suo, & in equi
stragulo.

En iterum Philippum Bonum Burgundiæ Ducem
in solio sedentem & chirothecas manu tenentem. Tabella ejus antea Burgundiæ veteris insignia efferre-
bat, hæc vero Burgundiæ recentis insignia repræsentat. Clamor bellicus non est idem qui in illa superiore tabula ; nam sic enunciatur, *Mons-gaudii, Sanctus Dionysius.*

Is qui postea sequitur, in manuscripti tabula sic
inscriptus habetur, *Ludovicus de Sancerra Comes Blesensis, Marescallus & postea Constabularius Franciæ.* At
vix credam *Regem Armorum* Biturigem hic illum Constabularium posuisse, qui anno 1402. mortuus est:
libentius existimem esse Joannem Buculium Comitem Sancerræ, quem supra vidimus Sancerræ insignia in scuto suo gestantem. Non nova res est in hoc
Manuscripto eumdem procerem bis depictum videre. Hic vero repræsentatur stricto gladio pugnans, ac
si hostem invaderet. Super arma sua insignia Sancerræ gestat, quæ etiam in stragulo equi observantur.
Illa vero Sancerræ insignia eadem sunt quæ Campaniæ Comitum. Bellicus clamor qui supræscriptus habetur ad Campaniam & ipse pertinet : *Procede ultra.*
Inscriptio autem qua dicitur illum esse Sancerræ Constabularium, longe posteriori tempore, ut liquet,
exarata fuit.

Jam vidimus Carolum Ludovici XI. fratrem ut Ducem Bituricensem exhibitum, ac deinde, ut Normanniæ Ducem. En illum tertio Aquitaniæ Ducem.
Dux autem Aquitaniæ constitutus est anno 1469.
unde sequitur hanc picturam non ante istum annum

plûtôt qu'en cette année. Le fond du tableau est blasonné de gueules au lé
pard d'or. Ce sont les armes des Ducs de Guienne : le cri est, *Saint George*
puissant Duc.

Sous le Chevalier qui suit il y a deux notes ou inscriptions de différen
mains. L'une dit ; *le Comte d'Armagnac* ; l'autre *Charles Sire d'Albret Connétable*
France sous Charles VI. La premiere inscription est absolument fausse ; ce ne f
jamais un Armagnac. Les armes repetées sur le caparaçon & sur la housse
cheval, sont, écartelé de France au premier & quatriéme, & de gueules
second & troisiéme : c'est Albret. Les deux quartiers de France furent donn
par le Roi Charles VI. à Charles Sire d'Albret, comme dit Froissart, tome 4. c
9. Le Roi qui étoit alors à Toulouse *donna à son cousin germain Messire Charles de L*
breth (c'est Albret) *pour cause d'augmentation, deux quartiers des armes des fleurs*
lis de France. Car au devant les Seigneurs de Labreth portoient, & ont porté toujo
en armoiries, de gueules tout plain, sans nulle brisure. Le Connétable étoit fils
Marguerite de Bourbon, sœur de la Reine Jeanne de Bourbon mere
Charles VI. Il est donc certain que c'est un d'Albret : mais la question est
c'est le Connétable d'Albret, qui fut tué à la bataille d'Azincourt en 141

6. Berri ne met dans son livre que les Seigneurs qui ont servi l'Etat sous le R
Charles VII. & les deux inscriptions rapportées ci-dessus sont de nulle autorit
comme faites dans des tems fort posterieurs. La premiere est évidemme
fausse ; la seconde qui ne s'éloigne pas tant de la verité que l'autre, a mis i
le pere pour le fils. C'est selon toutes les apparences Charles II. Sire d'Albre
fils du Connétable qui servit durant tout le Regne de Charles VII. & qui mo
rut sous Louis XI. en 1471.

7. Le Comte de Foix qui suit 7 & qui termine la Planche, porte sur son écu
d'or à trois pals de gueules ; c'est Foix : écartelé d'or, à deux vaches de gueu
les, c'est Bearn. Celui-ci est ce Gaston Comte de Foix, qui fut fait Pair d
France par Charles VII.

P L. Celui qui commence la Planche suivante est Pierre II. du nom Duc de Bre
L I X. tagne 1, qui succéda en la Duché de Bretagne à son frere François I. du nom
1. en 1450. & mourut en 1457. Son cri de guerre est ici marqué, *Malo au ric*
Duc. Après ce Duc de Bretagne vient celui qui lui succeda en ce Duché Art

adornari potuisse. Tabellæ autem fundus cæruleus est, cum Leopardo aureo, quæ sunt insignia Ducum Aquitanniæ. Bellicus clamor est, *Sanctus Georgius, potenti Duci.*

Sub Equite sequenti duæ sunt inscriptiones diversa manu. Altera sic habet, *Comes Armeniacensis*; altera vero sic, *Carolus D. Leporeti Constabularius Franciæ sub Carolo VI.* Prior inscriptio omnino falsa est. Hic certissime non est ex Armeniacensium genere. Insigne in stragulo equi pluries repetita sunt, Franciæ in primo & quarto scutulo, & campus ruber Leporeti in secundo & tertio. Duo enim scutula Franciæ insignia ferentia Carolo Leporetæo a Rege Carolo Sexto concessa sunt, ut narrat Froissartius, tomo 4. c. 9. Rex enim qui tunc Tolosæ erat *Consobrino suo*, inquit, *Carolo Leporetæo ad majorem dignitatem duo scutula insignium Regiorum, florumque lilii Francicorum concessit. Antea enim Leporeti Toparcha, semper extulerant rubrum campum, nihilque præterea.* Constabularius porro filius erat Margaritæ Borboniæ sororis Joannæ Borboniæ, quæ mater erat Caroli V. Certum itaque est hunc ex Leporetæis aliquem esse. Quæritur autem utrum hic ille Constabularius sit qui in pugna Azincurtia cecidit anno 1415. Biturix Scriptor illos tantum proceres in libro suo depingit, qui sub Rege Carolo VII. in bello meruere. Duæ autem illæ sup allatæ inscriptiones nullius sunt auctoritatis, utpo quæ longe posteriori tempore exaratæ fuerunt. Prin omnino falsa comprobatur ; secunda vero quæ a veritate non tantum abscedit, hic patrem pro fil posuit. Est enim hic, ut prorsus liquidum videtu Carolus II. Leporeti Toparcha, filius Constabularii qui per totum Caroli VII. regnum in bello meruit & regnante Ludovico XI. fato functus est anno 1471.

Comes Fuxensis, qui sequitur & tabulam terminat in scuto suo hæc insignia gestat, in campo aure tres palos rubros, hæc Fuxensia sunt, queis Bearniæ insignia adjunguntur ; scilicet in campo aure duæ vaccæ rubræ. Hic porro Gasto ille est Comes Fu xensis qui a Carolo VII. Par Franciæ creatus fuit.

Is qui in tabula sequenti primus conspicitur, est Petrus hujus nominis secundus Dux Britanniæ, qu fratri suo Francisco I. Duci Britanniæ successit, post quam obierat ille anno 1450. ipseque Petrus mor tuus est anno 1457. Bellicus clamor ejus hic describitur, *Maclovius diviti Duci.* Post hunc Britanniæ Ducem sequitur is qui ipsi successit. Arturus Britan

DE CHARLES VII. dit LE VICTORIEUX.

de Bretagne son oncle, Comte de Richemont, Connétable de France. Cette figure paroît avoir été faite avant qu'il succedât à son neveu ; car ses armes ont ici la brisure du lambel à trois pendans, qui n'auroient pas été mises, s'il avoit été Duc de Bretagne. Je remarque que ces trois pendans sont ici chargez d'une fleur de lis, au lieu que dans l'autre ils sont chargez chacun de trois lionceaux.

Le dernier des Chevaliers mis par Berri dans son livre est le Dauphin de France, depuis le Roi Louis XI. Il est representé combattant le casque en tête, dont le cimier est une double fleur de lis ; la visiere baissée, l'épée nuë à la main, & en posture de Guerrier. Il est couvert des armes de France écartellé de Dauphiné, repeté deux fois sur son cheval.

LEs trois Peintures qui suivent sont tirées d'un Manuscrit de M. d'Aigrefeuille Président en la Cour des Comptes de Montpellier. Ce manuscrit contient un Ouvrage intitulé, *Les douze Perils d'Enfer*. L'original en fut presenté à la Reine par un de ses Chapelains, dont je n'ai point trouvé le nom. Ce Chapelain étoit Precepteur du fils du Roi Charles VII. Charles de France, qui fut premierement Duc de Berri, ensuite Duc de Normandie, & en dernier lieu de Guienne. La Reine étoit Marie d'Anjou, fille de Louis II. Roi de Sicile & de Jérusalem. Ce Chapelain se servit des Memoires d'un autre pour mettre cet Ouvrage au jour. Tout cela se prouve par les termes du Prologue, où le Chapelain parle ainsi, page 2. & 3.

» Et si j'ai tardé, ma très redoubtée & Souveraine Dame, à la translation
» de cette presente Euvre contenant douze perils conduisans les pecheurs en
» enfer, lesquels communement encourt l'omme négligent & remis en pros-
» perité corporelle, purgier sa conscience de contagion de peché par peni-
» tence en l'article de la mort ; vostre singuliere benignité & très religieuse
» devotion veuille le pardonner à moy vostre très-humble & très-obeïssant
» serviteur indigne Chappelain : car continuellement j'ay esté & suis occupé
» en l'instruction & service de mon très redoubté Seigneur Monseigneur Char-
» les de France vostre fils sur tous autres de son âge en don de nature & de grace
» excellemment doté : & à l'occasion du chemin que mondit Seigneur a sou-

---

nicus ejus patruus Comes Ricomontius, Constabularius Franciæ. Hoc vero schema factum fuisse videtur antequam ipse fratris filio succederet : nam insignia ejus limbum habent tribus pendentibus ex limbo tæniolis, quæ nota congeneres Ducis Britanniæ ab ipso Duce distinguit, quem limbum ipse non positurus erat, si Dux Britanniæ fuisset. Observo autem tres illas pendentes tæniolas hic flore lilii ornari, at in alio quod vidimus schemate singulæ tæniolæ tribus leunculis onustæ sunt.

Equitum postremus a Biturige Precone in libro suo positus est Franciæ Delphinus, qui postea fuit Ludovicus XI. Rex. Depingitur vero pugnans tectus galea, cujus summa figura est flos lilii duplex. Demissum conspicilium est, evaginato gladio bellatoris more in hostem irruens repræsentatur. Insignibus Franciæ tectus est, quibus adjuncta sunt insignia Delphinatus : quæ insignia in equi stragulo bis repetuntur.

TRes Tabulæ depictæ sequentes eductæ sunt ex Codice manuscripto Domini de Agrifolio in Curia Computorum Monspeliensi Præside. Hic vero codex opus continet cui titulus, *Duodecim Inferni pericula*, cujus autographum oblatum fuit Mariæ Reginæ ab aliquo ex Capellanis suis, cujus nomen nondum reperi. Hic vero Capellanus Præceptor fuit Caroli minoris filii Regis Caroli VII. qui Carolus filius, primo Dux Bituricensis fuit, secundo Dux Normanniæ, demumque Dux Aquitaniæ. Regina autem erat Maria Andegavensis filia Ludovici II. Regis Siciliæ & Jerosolymæ. Hic vero Capellanus, scrinio, studio & opera alterius usus est, ut hoc opus emitteret. Hæc vero omnia probantur ex prologi dictis, ubi Capellanus iste sic loquitur :

» Etsi tamdiu distuli, suprema Domina mea, &
» tardius hoc opus transtuli, in quo duodecim peri-
» cula expromuntur quibus peccatores ducuntur in
» infernum ; in quæ pericula incidunt socordes,
» & qui præsenti felicitate detenti, conscientiam
» purgare suam ad horam usque mortis differunt ;
» si, inquam, tam sero hoc munus præstiti ; parcat,
» quæso o Regina, benignitas, pietasque tua indi-
» gno servo & Capellano ; perpetuam enim a me re-
» quiri operam institutio Domini mei Regii Principis
» Caroli filii tui, qui præ cæteris ætatis suæ pueris na-
» turæ & gratiæ dotibus instructus est, præterea-
» que, cum ille sæpe me comite itinera suscipiat ;

» vent fait, j'ay esté contrainct moy divertir d'estude, & plusieurs fois entre-
» laissier l'Euvre encommencée. Et avecques ce j'ay congneu que l'invention de
» l'acteur de cette Euvre procede d'un bel & cler entendement à saincte inten-
» tion & zelle de charité tendant au salut des ames, &c.

Et pages 5. & 6. » Grace de Dieu, ma très-souveraine Dame, vous a donné
» naistre de Couronne très excellente, & en mariage estre honorée & décorée
» de la plus noble & digne de dessous le ciel. Ce consideré la divine bonté en
» ce monde tout honneur & préeminence temporelle vous a conferé que
» Dame de très hault estat & noble desir peut appeter & glorieusement avoir.
» Reste la perfection & consummation de vostre felicité desirer d'un grant &
» ardent affection, & avec force d'esperit continuel labeur militer pour ver-
» tueusement acquerir la couronne de gloire éternelle. Laquelle la Vierge Ma-
» rie, dont vous portez le glorieux nom, mere du Roy des Roys, Royne du
» ciel par sa saincte intercession vous veuille impetrer, & de l'orrible prison
» infernal préserver. Amen.

Il est donc certain que cette Reine de France est Marie d'Anjou femme de
Charles VII. mere de Louis XI. & de Charles Duc de Berri dont ce Chapelain
étoit Précepteur. Et comme Charles né à la fin de l'an 1446. étoit déja assez
grand puisqu'il faisoit souvent des voiages en la compagnie de son Precepteur,
en lui donnant dix ou douze ans, il s'ensuivra que ceci s'est passé vers l'an
1458. sur la fin du Regne de Charles VII.

PL. LX. 1.
A la tête du livre avant le Prologue est une miniature fort belle pour le
tems, où la Reine est representée assise, la couronne sur la tête & le sceptre à
la main [1] avec ses Dames debout à ses côtez. Le Chapelain lui presente son
livre à genoux. Ce n'est point l'exemplaire de M. d'Aigrefeuille qui a sa premiere couverture faite de deux tablettes de bois, & couverte d'un velours violet extremement usé, au lieu que celui que le Chapelain presente est couvert de
rouge. La Reine a une coëffe noire sur laquelle est sa couronne à fleurs de lis.
Toutes les autres Dames qui sont debout auprès d'elle ont aussi la coeffe noire.
Plusieurs hommes qui sont derriere le Chapelain ont la tête couverte de leurs
bonnets. Deux tiennent un instrument que je ne connois pas. Le dernier tient
un vase qui ressemble à un calice.

Après le Prologue à la tête de l'Ouvrage est une miniature où est representé

» hinc frequentius ab incepto opere abstrahor. Ad
» hæc vero, Scriptor hic cujus me interpretem consti-
» tui, ingenio & inventione multum valet, anima-
» rumque ad rectam salutis viam deducendarum sum-
» mo studio tenetur, &c.

Et pag. 5. & 6. » Per Dei gratiam, ô suprema Do-
» mina mea Regina, ex Regia præclaraque stirpe na-
» ta, tanto Regi connubio juncta fuisti, ut nihil su-
» blimius, præclarius nihil in orbe possit excogitari.
» Restat ut tantæ felicitatis perfectionem faustumque
» exitum desideres, studioque multo & labore atque
» totis ingenii viribus illo contendas ut virtute tua
» æternæ gloriæ coronam assequaris, quod utinam
» Beatæ Mariæ Virginis patrocinio, cujus glorioso
» nomine appellaris, tibi contingat, & ab horrendo
» inferni carcere liberetis. Amen.

Certum itaque est hanc Reginam esse Mariam Andegavensem uxorem Caroli VII. & matrem Ludovici XI. & Caroli Ducis Bituricensis, cujus hic Capellanus Præceptor & Institutor erat. Cum autem
hic Carolus natus sub finem anni 1446. jam puellus
grandior esset, qui posset, institutore suo comite, itinera sæpe suscipere; si illum decem duodecimve annorum fuisse supponamus, inde sequetur hæc conti-
gisse circiter annum 1458. postremis videlicet regni
Caroli VII. annis.

Initio libri ante prologum tabella depicta habetur,
ipsaque, ut ætas illa ferebat, elegans, ubi Regina
sedens conspicitur, coronam capite gestans, & sceptrum manu tenens, stantibus ad ejus latera nobilibus feminis. Capellanus flexis genibus librum ipsi
offert. Non exemplar illud, quod nunc penes D. de
Agrifolio exstat, cujus operculum ligneis duabus tabulis constans, serico villoso panno violaceo admodum detrito opertum est. Hic vero liber, quem Capellanus offert, rubro panno operitur. Regina nigrum
capitis tegmen gestat, cui imponitur corona liliis
ornata. Aliæ quoque omnes nobiles feminæ, a Reginæ lateribus stantes, nigro tegmine caput opertum
habent. Viri plurimi pone Capellanum stantes, pileos capite gestant. Duo ex illis instrumenta quædam
mihi ignota tenent, qui postremus est, vas præ manibus habet calici simile.

Post prologum initio libri depicta tabula habetur,

apparemment

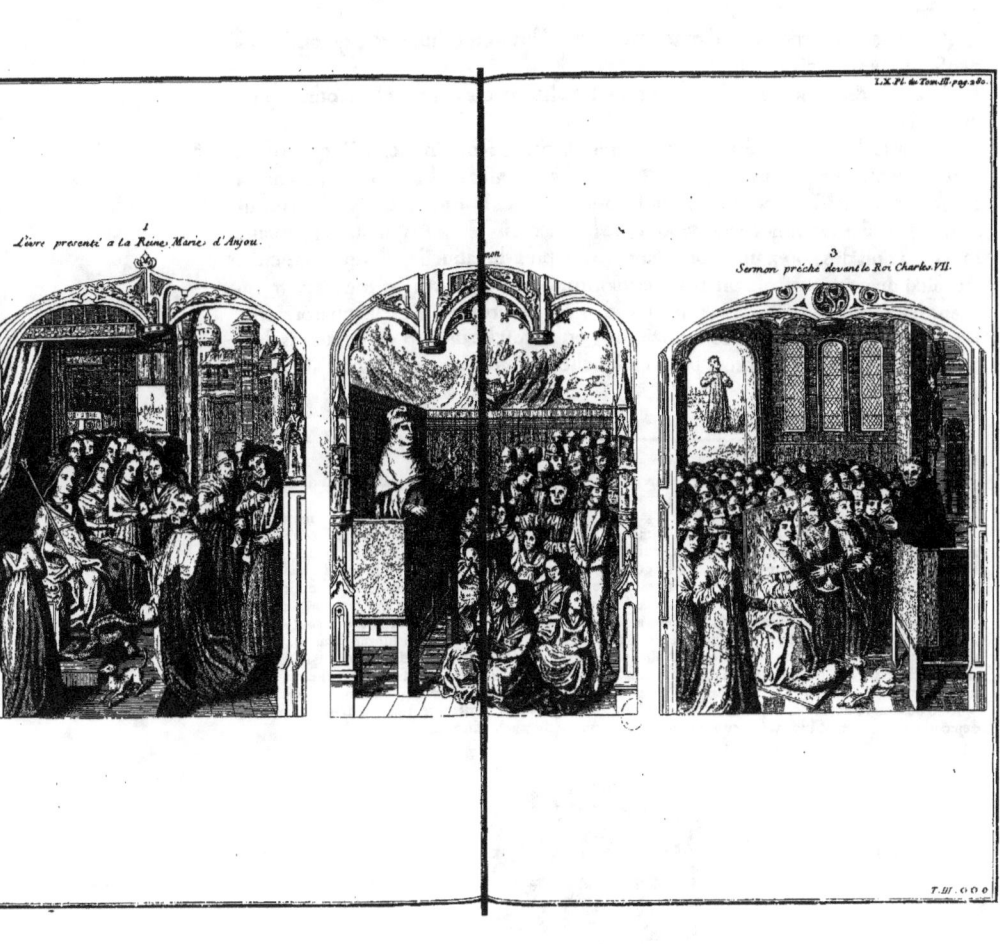

apparemment le Chapelain lui-même qui prêche au peuple. Au haut du tableau la gueule du dragon qui jette des flammes represente l'enfer marqué toujours par la gueule du dragon dans les peintures des siécles passez. Le Prédicateur parle apparemment des douze périls de l'enfer, qui sont le sujet de ce livre. Les femmes qui sont ici séparées des hommes, ont presque toutes le voile noir, & témoignent beaucoup de devotion, sur-tout une qui a la face presque cachée sous son voile. Les hommes plus éloignez du Prédicateur que les femmes sont tous debout, le bonnet en tête. Il y a assez de goût dans cette peinture.

Avant le huitiéme peril d'enfer est un emblême en miniature, qu'on se dispense de mettre ici.

Avant le dixiéme peril d'enfer un Prelat assis paroît faire un discours à une assemblée.

Avant le douziéme péril d'enfer est représenté le Roi Charles VII. qui assiste à un sermon fait par un Augustin. Le Roi y est assis en habit roial, aiant la couronne sur la tête, & tenant son sceptre de la main droite. Il n'y a dans l'auditoire que des hommes tous debout, le bonnet en tête. Au haut de l'image on voit à l'un des côtez une porte ouverte, auprès de laquelle est un monticule. Au pied de ce monticule on voit des flammes qui s'élevent : ce sont apparemment les flammes de l'enfer, qui sont le sujet du sermon. Dès le quatorziéme siecle, & encore plus dans le quinziéme, on faisoit beaucoup de peintures dans les Livres & dans les Heures, parmi lesquelles il s'en trouve qui sont d'assez bon goût.

---

qua repræsentatur hic ipse, ut credere est, Capellanus qui populum alloquitur. In suprema tabula os draconis flammas evomentis infernum significat; infernum namque hisce postremis sæculis hianti draconis ore indicabatur. De duodecim inferni periculis, quod est hujusce libri argumentum, concionator disserere videtur. Mulieres quæ hic a viris separantur, fere omnes nigro velo obtectum caput habent, & se pio affectu moveri testificari videntur, illa vero maxime quæ demisso velo vultum obtegit. Viri qui a Concionatore remotiores sunt, stant omnes pileum capite gestantes. Non ineleganter hæc pictura concinnata fuit.

Ante octavum inferni periculum, emblema minio depictum visitur, quod hic proferendum non putavi.

Ante decimum inferni periculum, Antistes sedens populum alloquitur.

Ante duodecimum inferni periculum repræsentatur Rex Carolus VII. qui sedens interest concioni ab Augustiniano habitæ. Rex sedet veste ornatus Regia, coronam capite gestans, & sceptrum dextera tenens exhibetur. Hic nonnisi viri concioni adsunt, qui omnes pileati stant. In superiore tabulæ parte porta magna aperta conspicitur, anteque illum collis observatur; ad cujus pedem emittuntur flammæ, ex inferis, ut putatur, emissæ, de quibus agit Concionator. Quarto-decimo jam sæculo, multoque magis quintodecimo, in libris inque Horis diurnis multa depingebantur; interque illa quædam occurrunt, non ineleganter adornata.

LOUIS XI. Roi de France.

1461.

LOUIS Dauphin de France étoit dans le Brabant quand il apprit la mort de son pere. Il se disposa promtement à partir pour aller prendre possession de son Roiaume. Le Duc de Bourgogne & le Comte de Charolois son fils l'accompagnerent à grand cortege, avec quatre mille chevaux. Il se rendit d'abord à Rheims, où il se fit sacrer & couronner par les mains de l'Archevêque. Les Pairs Ecclesiastiques s'y trouverent en personne. Le Duc de Bourgogne y fit sa fonction de Doien des Pairs : le Duc de Bourbon y étoit pour le Duc de Normandie ; le Comte d'Angoulême pour le Duc de Guienne ; le Comte d'Eu pour le Comte de Toulouse ; le Comte de Nevers pour le Comte de Flandres ; le Comte de Vendôme pour le Comte de Champagne. Le Duc de Bourgogne lui rendit ensuite hommage de ses terres qui relevoient de la France.

Sacre de Louis XI.

Après la cérémonie le Roi tira son épée, & la présenta au Duc de Bourgogne, le priant de le faire Chevalier de sa main. Après qu'il eût été fait Chevalier à la maniere de ces tems-là, il donna lui-même l'honneur de la Chevalerie à cent dix-sept Seigneurs de la troupe. Du sacre on alla au festin roial, où les douze Pairs furent assis à ses deux côtez. A l'issue du dîner le Duc de Bourgogne se mit à genoux, & pria le Roi de pardonner à tous ceux qui l'avoient offensé durant le regne de son pere. Il répondit : *Il y en a sept ausquels je ne sçaurois pardonner.*

Il vint ensuite à Paris, où il fut reçu avec toute la magnificence possible. Les Parisiens épuiserent leur industrie à faire selon le goût du tems mille representatons que l'auteur de la Chronique de Louis XI. a eu soin de décrire. Entre autres choses on y voioit la bastille faite devant Dieppe, que Louis alors Dauphin avoit prise sur les Anglois en 1443. avec beaucoup de valeur & de conduite, & que l'on voit representée sous le Regne précedent.

Son entrée à Paris.

D'abord après son arrivée, il changea ses principaux Officiers, en sorte que la Maison du Roi fut toute nouvelle ; changement qui lui attira bien des ennemis,

---

LUDOVICUS XI. REX FRANCORUM.

Olivier de la Marche. Matthieu.

LUDOVICUS Delphinus in Brabantia erat quando patris obitum comperit : statimque ad Regni sui occupandi aditum sese apparavit. Dux autem Burgundiæ, Comesque Carolesii cum amplissimo comitatu & equitibus quater millibus una pertexere. Primum Remos ventum est, ubi Ludovicus Archiepiscopi Remensis manu unctus coronatusque fuit. Ecclesiastici Pares istuc se contulere omnes. Dux Burgundiæ inter Pares Laicos primas pro more tenuit; Dux Borbonius Ducis Normanniæ partes occupavit, Engolisinensis Comes pro Aquitaniæ Duce adfuit : Augæ Comes pro Comite Tolosano, Comes Nivernensis pro Comite Flandrensi, Comes Vindocinensis pro Comite Campaniæ. Dux porro Burgundiæ postea obsequium sive *hominium* Regi præstitit pro ditionis suæ partibus illis, quæ Francorum Regis imperio parebant.

Les mêmes.

Post peractam ceremoniam Rex evaginatum gladium Duci Burgundiæ obtulit, rogans se Equitem pro istius ævi more crearet. Postquam Eques factus Ludovicus fuit, ipse centum septemdecim ex genere ingenioribus Equites constituit. Hinc itur ad convivium ubi duodecim Franciæ Pares a lateribus Regis sederunt. Post prandium Dux Burgundiæ flexis genibus ab Rege postulavit, ut iis qui ipsius animum vivente patre offenderant, parceret. Respondet Ludovicus : *Septem sunt quels parcere non possum.*

Lutetiam deinde Parisiorum se contulit, ubi cum quanta fas fuit magnificentia a Parisinis exceptus est, qui nullam non artem adhibuere, ut singularibus spectaculis, quantum ætas illa ferebat, novi Regis gratiam aucuparentur, quæ spectacula singulatim recenset auctor Chronici Ludovici XI. Inter alia autem visebatur castellum illud ligneum ab Anglis ante Dieppam structum, quod Ludovicus adhuc Delphinus cum grandi sagacitate ac fortitudine anno 1443. expugnaverat ; quod castellum una cum expugnatione, depictum descriptumque videsis in historia Regni Caroli VII. supra.

Chronique de Louis XI.

Vixdum in Regiam suam pervenerat, cum omnes pene Ministros depulit, novosque induxit ; ita ut alia prorsus ædium Regiarum facies videretur : qua præpropera mutatione, inimicorum sibi agmen attraxit, & tot hominum sibi odia concitavit, ut extremam

Matthieu.

& qui pensa ruiner ses affaires. Il s'en repentit bien depuis, après qu'il en eût éprouvé les fâcheuses conséquences ; ce qui fit qu'il changea de conduite, & qu'étant au lit de la mort, il recommanda à son fils de ne point tomber dans la même faute. Louis se plaisoit sur-tout à élever à des charges considérables & à employer à des affaires importantes des gens de bas lieu, disant que ceux-là étoient plus souples que les autres.

Le Duc de Bourgogne & le Comte son fils prirent congé du Roi, qui partit aussi pour Amboise où étoit sa mere, & lui assigna un douaire sur le Comté de Saintonge & la ville de la Rochelle ; mais elle n'en jouit pas long-tems, & passa bien-tôt en l'autre vie. De-là il se rendit à Tours, & au Plessis-les-Tours, dont le séjour lui plaisoit beaucoup. Le Comte de Charolois vint-là le voir. Malgré l'antipathie qu'il avoit pour ce Prince, qui de son côté ne l'aimoit guere, déja exercé dans l'art de dissimuler, il lui montra une grande affection & le fit son Lieutenant General en Normandie, avec trente-six mille livres d'appointement, qui ne furent guere bien payées ; ce qui fut une cause de mécontentement. Charles se lia ensuite avec le Duc de Bretagne, contre lequel le Roi tramoit déja quelque chose.

A l'instante requête du Pape Pie II. qui demandoit l'abolition de la Pragmatique-Sanction, quoiqu'avant que d'être Pape il eut travaillé lui-même à la faire étant au Concile de Basle. Louis y consentit enfin. La Ballue qui pouvoit beaucoup sur l'esprit du Roi, le portoit d'abord à la soûtenir & à ne point ceder aux instances de Rome. Mais le Pape pour le gagner lui ayant fait promettre le chapeau de Cardinal, *il accommoda sa tête à ce chapeau*, dit Matthieu, & tourna le Roi de ce côté. Louis abolit donc la Pragmatique-Sanction par une Declaration qu'il donna au mois de Novembre 1461. Mais le Parlement & l'Université lui firent de si fortes remontrances pour maintenir cette Pragmatique, qu'il laissa là cette affaire, & cette déclaration n'eut aucun effet.

Louis s'étoit déja fait des ennemis ; il en augmenta considérablement le nombre quand il destitua de leurs charges ceux qui avoient le mieux servi son pere dans les guerres contre les Anglois. Le Comte de Dunois, les Sires de Loheac,

---

se sibi perniciem machinatum esse postea deprehenderit; quapropter post aliquod elapsum temporis (spatium suopte periculo cautior factus , damna inde parta sarcire conatus est , & ex destitutis plurimos pristinum in gradum restituit , moriturusque filium monuit , ut a tali errato abstineret. Ea certe indole & inclinatione voluntatis erat Ludovicus , ut viles plebeiosque homines ad praecipua aulae Regiae munia libenter eveheret ; tales enim , inquiebat , magis dicto audientes erunt.

Dux Burgundiae filiusque ejus Comes Carolesii Regi vale dixerunt , ipseque Rex profectus Ambasiam se contulit , ubi tum versabatur mater ejus Regina Maria Andegavensis , cui dotem ille & reditum assignavit in Santonensem Comitatum & in Rupellam urbem , cujus illa reditus non diuturnum usum-fructum tulit : brevi namque postea diem clausit extremum. Inde vero Ludovicus in Turonum urbem se contulit , posteaque in Plesseium prope Turonas , quo ipse in loco libentissime versabatur. Istuc etiam venit Comes Carolesius Regem invisurus. Etsi illa erat indole Ludovicus ut Carolesium & Carolesii similes multum aversaretur , etsi Carolesius quoque par pari referebat , attamen Rex in dissimulandi arte jam exercitatus , illum cum grandi affectûs animi significatione excepit , atque illum Normanniae Provinciae Praefectum generalem constituit , assignavitque ipsi annuum triginta sex mille librarum stipendium ; quae tamen summa non accuratè numerata fuit , indeque infenso erga Ludovicum animo Carolesius esse coepit , posteaque ille cum Britanniae Duce societatem iniit , in quem jam tetra machinabatur Ludovicus.

Optante & majorem in modum expetente Pio II. Summo Pontifice , ut Pragmatica-Sanctio aboleretur , etsi ipse , cum nondum Papa esset , in Concilio Basiliensi ad illam constituendam dederat operam , Balluensis , qui apud Regem gratia multum valebat , statim illi suadebat ut contra Romana molimina propugnaret. At ut illum ad partes suas traheret Pontifex , Cardinalis ipsi petasum offerri curavit. *Ut tali petaso caput suum obtegeret* , inquit Matthaeus , Regis animum illo induxit. Pragmaticam ergo Sanctionem Ludovicus de medio sustulit : illaque de re edictum promulgavit anno 1461. mense Septembri : verum Senatus Curia & Universitas Parisiensis , monitis ita frequentibus & assiduis apud Regem institere , ut totum ille negotium missum faceret , & res in pristino statu maneret.

Inimicos jam sibi pepererat Ludovicus: ipsorum vero numerum adauxit , cum ex gradibus officiisque pristinis illos dejecit , qui regnante patre suo , cum majore fortitudine Anglos expugnaverant , Comitem

LOUIS XI.

Louis casse les vieux Officiers pour en mettre d'autres.

de Beuil , de Chaumont & plusieurs autres qui s'étoient signalez dans le Regne precedent par les grands services qu'ils avoient rendus à l'Etat. Il sembloit qu'il se plaisoit à défaire ce que son pere avoit établi. Il ôta les sceaux à Juvenal des Ursins, & les donna à Pierre de Morvilliers. Il donna la liberté au Duc d'Alençon, qui par une grace speciale avoit été enfermé dans le château de Loches après avoir été condamné à mort pour avoir trahi l'Etat. Il donna à son frere en appanage le Berri, à la charge de reversion s'il mouroit sans enfans. Les mécontens ne manquerent pas de lui inspirer qu'il étoit mal partagé ; en sorte qu'il se retira depuis en Bretagne. Le Comte de Dammartin fut saisi ; on lui fit son procès ; il fut mis à la bastille, d'où il eut l'adresse de se sauver.

Tous ces mouvemens & changemens faits dès qu'il fut monté sur le Trône allarmerent bien des gens : chacun se mettoit en garde & craignoit pour sa personne. Il s'attira ainsi bien des ennemis. Tannegui du Chastel, fils de celui qui tua Jean Duc de Bourgogne, dépité de ce qu'on ne le remboursoit point de l'avance qu'il avoit faite des frais de la sepulture de Charles VII. se retira chez François Duc de Bretagne.

1461. & 1462.

Il met de grands impôts.

Dès le commencement de son Regne Louis mit sur le peuple de grands impôts, qu'il faisoit lever à la derniere rigueur. Il y eut sur cela une sédition à Rheims, où quelques-uns de ses Officiers furent tuez. Il envoia dans cette ville des gens de guerre vêtus en Marchands & Laboureurs. Les séditieux furent traitez sans misericorde ; cent des plus mutins de la ville furent pendus. Il pensoit à remplir ses coffres pour éxecuter ses desseins, & sur-tout pour racheter les villes de la Somme. Cela faisoit murmurer le peuple, & les Princes & Grands Seigneurs mécontens, tiroient de-là un nouveau prétexte pour tramer contre lui une conspiration qui éclata bien-tôt après. Averti des menées du Duc de Bretagne, qui de concert avec le Comte de Charolois cabaloit contre lui, il se rendit à son Duché, sous prétexte d'aller faire ses dévotions à Saint Sauveur de Rhedon ; mais dans le dessein de découvrir ses allures & ses forces.

En la même année, selon Monstrelet, il eut quelque démêlé avec le Duc de Bourgogne, sur ce qu'il vouloit faire publier dans les païs du Duc qui relevoient de la Couronne de France, une défense de donner secours en quelque

---

nempe Dunensem, Loheacium, Buculium, Calvomontium & alios, qui in propulsandis Regni Francorum hostibus maxime claruerant. Videbatur autem id Ludovico maxime cordi esse, ut illa subverteret quæ pater suus constituerat, sigilla regia à Joanne Juvenali de Ursinis repetiit, & Petro Morvillerio dedit : Alenconium Ducem, qui proditionis causa capite damnatus erat, ex Regis Caroli gratia clementiaque in castello Lucensi carceri perpetuo mancipatus fuerat, libertate donavit. Fratri suo Carolo Bituricensem Ducatum in patrimonii partem dedit, ea lege, ut si ille sine liberis obiret, assignata portio ad coronam regiam reverteretur. Tum illi qui in Ludovicum jam exasperati erant, Bituricensi Duci suggessere, minorem sibi quam oporteret, assignatam partem fuisse : qua re permotus ille postea in Britanniam se recepit. Comes Domni-Martini captus, & in castellum sancti Antonii conjectus fuit ; jamque coram Judicibus causam dicere cogebatur : verum ille arte quadam dilapsus ex carcere incolumis evasit.

Mutationes hujusmodi, motusque tam frequentes, ineunte Ludovici regno concitati, multos exterruere. Nemo non sibi cavebat ; singuli paria metuebant, sicque inimicorum agmen adauxit Ludovicus. Tanaquillus de Castello, illius Tanaquilli, qui Joannem Burgundiæ Ducem occidit, filius, ægerrime ferens quod pecunia, quam ad exsequias Caroli VII. celebrandas insumserat, sibi non restitueretur, ad Franciscum Britanniæ Ducem se recepit.

Le même

Initio regni sui Ludovicus vectigalia ingentia populis imposuit, quæ acerbe & inclementius exigebantur. Hinc popularis seditio Remis coorta est, exque Ministris regiis quidam peremti fuerunt. Ludovicus vero armatorum manum illo misit, qui sub Mercatorum & rusticorum veste in urbem intravere. Cum seditiosis sine ulla commiseratione actum fuit ; ex pervicacioribus centum suspendio perierunt. Pecunias undique corradebat Ludovicus ut proposita sua exsequeretur, maximeque ut urbes ad Somonam sitas redimeret. Hinc rumores ac querelæ ingentes. Hinc occasionem captantes Principes proceresque Ludovico jam infensi, conspirationem conflavere, quæ haud diu postea in bellum apertum erupit. Cum didicisset autem ille Britanniæ Ducem cum Carolesio Comite quædam adversum se machinari, obtendens se ad Sanctum Salvatorem Rhedonensem pio affectu motum peregrinationem suscipere, in Britanniam se contulit ut Ducis consilia, motus, atque vires observaret.

Monstrelet

Eodem anno, narrante Monstreleto, altercationis aliquid habuit cum Burgundiæ Duce, quod ipse Ludovicus in iis regionibus ad Ducem Burgundiæ pertinentibus, quæ sub Francorum Regum imperio essent, edictum publicare vellet, quo prohiberentur omnes

LOUIS XI.

maniere que ce pût être à Edouard alors Roi d'Angleterre, & sur ce qu'il prétendoit lever la gabelle du sel dans le Duché de Bourgogne. Le Sire de Chimai envoié par le Duc pour traiter avec le Roi de cette affaire, eut difficilement audience, & lui parla fort hardiment. Il ne paroît pas que cette affaire ait eu de suite.

Louis se rendit ensuite à Bourdeaux, où il fit le mariage de sa sœur Magdedelaine avec Gaston Comte de Foix, dont il se concilia l'affection. Jean Roi d'Aragon étoit pour lors en guerre contre Henri Roi de Castille, & se trouvant en necessité d'argent & d'hommes, il engagea au Roi Louis les Comtez de Roussillon & de Cerdagne pour trois cens mille écus, & reçut de lui un secours de deux mille cinq cens chevaux conduits par le Comte de Foix, qui s'entremit pour faire la paix entre les deux Princes, & les engagea à remettre la décision de leurs differends au Roi de France. Il étoit alors à Baionne, & demanda une entrevûe avec les deux Rois, la croyant nécessaire pour procurer la paix. Le lieu assigné fut Andaye. Il tâcha de les accommoder, & fit un Traité qui fut lû, & ne plut à aucune des deux parties. Les choses resterent au même état qu'auparavant.

va à Andaye.

De retour de ce long voiage, le Roi pensa à retirer des mains du Duc de Bourgogne les quatre villes de la Somme, Abbeville, Amiens, Corbie & Saint Quentin avec le Ponthieu. Il falloit compter pour cela au Duc la somme de quatre cent mille vieux écus d'or de soixante quatre au marc. Louis les trouva & les tira de plusieurs bourses. Le Duc n'étoit gueres porté à faire cette restitution; mais les Seigneurs de Croui pere & fils, gagnez par le Roi, menagerent si bien l'esprit du Duc, que l'affaire fut conclue, au grand déplaisir du Comte de Charolois, qui ne vouloit point ouïr parler de cette restitution. Ce surcroît de mécontentement le porta à fortifier le parti qui grossissoit tous les jours contre le Roi Louis. Ce Prince après avoir recouvré ses villes, alla visiter quelques places d'Artois & de Flandres. Il se rendit à Arras, & ne fut gueres content de la reception qu'on lui fit en cette ville. Delà il se rendit à Tournai, où trois mille hommes vinrent au-devant de lui, tous marquez d'une fleur de

rachette les villes de la Somme.

1463.

---

cujusvis conditionis auxilium ullum præstare Eduardo Angliæ Regi, quodque vellet salinum vectigal in Burgundiæ Ducatu exigere. Chimæus inter Toparcha ad illam rem tractandam a Duce Burgundiæ missus, vix ad congressum admitti potuit, & tandem audacter Regem alloquutus est. Quorsum autem abierit istud negotii ignoratur.

Ludovicus postea Burdegalam concessit, ubi Magdalenam sororem suam connubio junxit cum Gastone Comite Fuxensi, cujus sibi affectum amicitiamque conciliavit. Joannes Rex Aragoniæ tunc bellum gerebat contra Henricum Castellæ Regem. Cumque & pecunia & armatorum viribus opus haberet, pignori dedit Ludovico Regi Comitatus Ruscinonis & Ceritaniæ, acceptaque ab eo trecenta scutorum millia, auxiliumque bis mille quingentorum equitum, duce Comite Fuxensi. Hic vero pacem inter ambos Reges facere nisus est, suasitque illis ut dissidii conciliatorem admitterent Ludovicum Regem. Ille vero tunc Baionæ erat, & cum ambobus Regibus colloquia miscere peroptavit, hujusmodi congressum necessarium esse putantes ad pacem conciliandam. Andaya porro locus ad conventum assignatus fuit, ibi rem componere Ludovicus studuit, conditionesque pacis descripsit, quæ lectæ sunt, ac neutri dissidentium placuerunt, resque in eodem quo prius statu mansere.

Redux ex tam longo itinere Ludovicus, urbes ad Somonam sitas, quas Dux Burgundiæ tenebat recuperare decrevit: erant illæ Abbatis-villa, Ambianum, Corbeia & S. Quintini oppidum. Ad hæc recipienda numeranda erant quater centena millia scutorum aureorum, talium nempe ut sexaginta quatuor bessis unius pondo essent. Hanc pecuniæ summam Ludovicus corrasit, & a plurimis mutuo accepit. Dux Burgundiæ ad illas restituendas urbes non ita propensus erat; sed Croviacensis Toparchæ pater atque filius, quos ad suas partes allexerat Rex Ludovicus, ita dextere rem apud Ducem egerunt, ut ille tandem manus daret; quæ res Comiti Carolesio supra modum displicuit. Ille namque restitutionem hujusmodi ne auditu quidem ferre poterat. Hinc infensior Ludovico conjurationem contra illum initam magis fovere studuit, accedentibus quotidie aliis, qui Ludovici odio permoti, ad conspirantium partes accedebant. Rex vero postquam urbes suas illas receperat, urbes alias & oppida quædam Flandriæ & Artesiæ invisit: Atrebatumque concessit, neque ita libenter a civibus exceptus est, & pertæsus discessit. Inde Tornacum venit, ubi ter mille homines florem lilii in veste intextam ferentes, in occursum ipsius venerunt. Isthæc

Le même

lis en broderie. Cette ville qui avoit toujours été Françoise d'inclination, lui fit tout le bon accueil imaginable.

Vers le commencement du Carême il se rendit à l'Isle. Le Duc Philippe l'y vint joindre pour conferer avec lui sur le dessein qu'il avoit d'entrer dans la croisade publiée par le Pape Calixte III. & continuée par Pie II. pour aller faire la guerre aux Turcs. Louis fit tout ce qu'il put pour l'en dissuader, il lui representa son grand âge, peu propre à soûtenir les fatigues d'une guerre en un païs si éloigné : & voiant qu'il ne gagnoit rien sur lui, il obtint enfin qu'il differeroit encore cette entreprise jusqu'à l'année suivante, lui promettant qu'alors il lui donneroit dix mille hommes armez & payez pour quatre mois. Ce dessein alla ainsi en fumée.

Revenu de Flandres Louis trouva à Saint Clou le Duc de Savoie son beau-pere, qui se plaignoit amerement de son plus jeune fils Philippe : ce Prince plus alerte que son aîné avoit gagné le cœur des Seigneurs de Savoie, & sembloit vouloir exclure son aîné de la sucession. Le Roi commanda alors à ce jeune Prince de venir le trouver. Il vint en diligence, & fut envoié prisonnier à Loches.

Affaire de Breta-gne.

Il avoit à cœur de réduire le Duc de Bretagne qu'il regardoit comme son ennemi. Il lui envoia Morvillier son Chancelier lui dire, que s'il continuoit à s'appeller Duc de Bretagne *par la grace de Dieu*, à faire battre monnoie d'or, & que s'il l'empêchoit de lever des tailles & de conferer des benefices dans ses Etats, il lui déclaroit la guerre. Le Duc fut d'autant plus étonné d'une telle ambassade, qu'il voioit une armée du Roi sur ses frontieres. Il répondit que l'affaire étoit de si grande importance, qu'il falloit assembler les Etats de Bretagne pour la résoudre, & demanda trois mois pour cela. Cependant il fit ses préparatifs pour se défendre, donna avis au Comte de Charollois son ami de l'état où il se trouvoit, envoia Romillé son Vicechancelier pour traiter avec lui. Ce Romillé fit plusieurs voiages en Flandres pour conferer avec le Comte. Le Roi averti de tout ceci, fit partir le bâtard de Rubempré pour aller prendre ou tuer Romillé. Le Bâtard partit, s'embarqua déguisé en Marchand, & alla aborder en Hollande où le Comte étoit. Il fut découvert : le Comte le fit saisir, & publia par

Matthieu.

enim urbs semper Francis addicta fuerat, Regemque magnificentissime excepit.

Ineunte Quadragesima Rex Insulas se contulit. Dux vero Philippus illum convenit, ut cum ipso consilio propositoque suo ageret, quo se ad Crucem accipiendam apparabat, ut ad bellum Turcis inferendum proficisceretur, Callixtus enim Tertius crucem & expeditionem illam suscipiendam publicaverat, successorque ejus Pius Secundus idipsum confirmabat. Ludovicus omnia commemoravit illi, quæ ipsum poterant a proposito dimovere, ætatem maxime provectam, quæ violenta belli exercitia ferre non posset in regione tam procul dissita ; cumque cerneret se nihil proficere, id tandem ab illo impetravit ut expeditionem illam in annum sequentem mitteret, pollicitus se tunc decem millia armatorum hominum ipsi daturum esse, numerato ad quatuor menses stipendio, sicque propositum totum in nihilum abiit.

Le même.

Ex Flandria redux Ludovicus, in Sancti Chlodovei castro Sabaudiæ Ducem socerum suum invenit, qui de filio suo minore Philippo admodum conquerebatur. Hic audacior, & ad alliciendum majore fratre suo aptior, Sabaudiæ procerum animos ad se pertraxerat, ita ut fratrem suum a successione excludere velle videretur. Rex jussit juniorem Principem se

convenire, quem comprehensum in castellum Lunense in custodia ponendum misit.

In animo tunc versabat Ludovicus quo pacto Ducem Britanniæ, quem sibi infensum putabat, in ordinem redigeret, Morvillerium porro Cancellarium suum misit, nunciatum ipsi, si pergeret *se Dei gratia Ducem Britanniæ dicere*, monetam auream cudere, Regemque impedire ne in Britannia vectigalia exigeret, ac beneficia conferret, se illi bellum denunciare. Dux nuncium videns hæc afferentem stupefactus admodum est, quod præterea videret exercitum regium in confinibus suis versantem. Respondit autem tantum esse negotium ut opus esset Britanniæ ordines ea de causa congregare, ac trimestre spatium ad eam rem deliberandam petiit : interea ad bellum sese apparavit, & quo in statu res essent Carolesio Comiti amico suo nunciavit : misit vero Romillæum Vicecancellarium suum, qui cum Comite de re præsenti ageret. Romillæus sæpe in Flandriam se contulit, ut cum Comite colloquia misceret. Hoc comperto Rex Nothum de Ramberti-Prato misit, qui Romillæum, ubicumque tandem esset, aut caperet aut occideret. Nothus profectus est atque in navem conscendit, mercatoris assumpta veste, inque Hollandiam appulit ubi Comes Carolesius erat. Deprehensus Nothus

Philippus de Comines Alistatus

tout que Rubempré étoit venu pour le prendre ou le tuer lui-même. Olivier de la Marche premier Maître d'Hôtel du Duc de Bourgogne, eut soin de répandre cela de tous côtez.

A cette nouvelle le Roi fort choqué tant de l'emprisonnement de Rubempré, que des mauvais bruits qu'on faisoit courir de lui, envoia au Duc de Bourgogne en ambassade le Comte d'Eu, le Chancelier de Morvillier & l'Archevêque de Narbonne. Morvillier qui portoit la parole, le fit avec tant de hauteur & de violence, qu'il sembloit être plûtôt venu pour aigrir les choses, que pour pacifier le differend. Le Duc lui répondit modestement à son ordinaire ; mais le Comte bien moins patient dit à l'Archevêque de Narbonne, que le Roi lui avoit bien fait laver la tête par son Chancelier, mais qu'avant que l'an fût passé il s'en repentiroit.

Peu de tems après vint à l'Isle le Duc de Bourbon, qui étoit, pour ainsi dire, l'ame de ce parti : la cause de sa venue étoit pour porter le Duc Philippe son oncle à agréer que le Comte de Charolois levât une armée, qui devoit s'unir à tous les Princes de France, pour remontrer au Roi, que le désordre étoit si grand dans son Roiaume, qu'il devoit nécessairement y remedier, & pour l'y contraindre, s'il ne vouloit pas changer de conduite ; il se revêtoit ainsi du prétexte du bien public, & ne lui marquoit pas le veritable dessein des conjurez, qui disoient tous de même que c'étoit pour le bien public qu'ils prenoient les armes ; c'est de-là que vint le nom de la guerre *du bien public*. Le Duc qui ne croiant pas qu'on en dût venir aux voies de fait, permit au Comte son fils de lever des troupes. Le Comte de Saint Paul vint se joindre à lui, & il leva un corps de troupes considérable.

Le Roi étoit alors à Tours, & quoiqu'il eut des espions par tout, il ne savoit pas que l'orage devoit d'abord venir du côté de Flandres. Il assembla son Conseil, & proposa la guerre qui alloit être déclarée. Le Duc d'Orleans y parla en faveur des Princes du Sang d'une maniere qui déplut fort au Roi ; offensé de ce discours, il le rebuta avec tant d'aigreur, que le bon Prince avancé en âge, en mourut de déplaisir deux jours après. L'intention des Princes liguez étoit de mettre à leur tête Charles de France Duc de Berri, qui à la fa-

1464.

Guerre du bien public.

1465.

captusque fuit, jubente Carolesio Comite, qui publicari & ubique spargi jussit missum Nothum fuisse ut se Comitem vel caperet vel occideret. Olivarius autem de Marchia primus Magister-domûs Ducis Burgundiæ, huncrumorem circumquaque divulgari curavit.

Re comperta Ludovicus exasperatus tum quod Nothus de Ramberti-Prato in carcerem trusus, tum quod rumor ille de se sparsus fuisset, ad Burgundiæ Ducem nuncios misit Comitem Augensem, Cancellarium Morvillerium & Archiepiscopum Narbonensem. Morvillerius qui verba facere jussus erat, ita tanta violentia & audacia loquutus est, ut ad rem exulcerandam potiusquam componendam venisse videretur. Dux modeste pro more suo respondit : Comes vero Carolesius impatiens Archiepiscopo Narbonensi dixit, Regem se per Cancellarium suum objurgari curavisse ; sed futurum esse ut ante elapsum annum facti ipsum poeniteret.

Modico sub hæc elapso tempore Insulas venit Dux Borbonius, qui conspirantium contra Ludovicum ceu caput erat, Philippo Duci avunculo suo suasurus ut Carolesii Comiti filio suo permitteret exercitum cogere, qui cum cæteris omnibus Franciæ Principibus jungeretur, ut una omnes Regem monerent, in regno omnia perturbata esse, & tantum ubique instare malum, ut necessarium prorsus esset manum ipsi medicam admovere ; utque ipsum ad id suscipiendum cogerent, nisi sponte ipse ad tam salubre consilium se conferret. Sic ille boni publici speciem prætendebat, neque verum aperiebat conjuratorum consilium, qui omnes se boni publici desiderio motos ad arma currere dicebant. Inde vero *boni publici* nomen bellum istud sortitum est. Dux vero Burgundiæ, cum non putaret pugnandi causa copias ita cogi, Comiti filio concessit ut armatorum manum cogeret. Comes Sancti Pauli Carolesium convenit, & sic numerosissimum agmen collectum fuit.

Rex tunc in Turonum urbe erat ; quamvis autem exploratores ubique sparsos haberet, nesciebat tamen belli tempestatem ex Flandria magis imminere. Consilium autem suum collegit, bellumque mox suscipiendum proposuit. Dux porro Aurelianensis, in gratiam Principum Regii Sanguinis multa dixit, quæ Regi summe displicuere ; quamobrem Ducem ille tam aspere repulit, ut jam senio pene confectus, ex mœrore post biduum interierit. Conjuratorum Principum id propositum erat ut Carolum Regis fratrem sibi Ducem statuerent. Ille vero opitulantibus Tana-

veur de Tannegui du Châtel, & de quelques autres, se déroba de Poitiers, & se rendit en Bretagne.

Louis pour détourner l'orage qui le menaçoit, se doutant bien que le Duc de Bourbon étoit de la partie des conjurez, tâcha de le gagner & de le ramener à son parti. Le Duc ne lui dissimula point ses intentions. Il le pria de l'excuser s'il ne venoit point à la Cour, & lui marqua qu'il ne faisoit rien que pour l'utilité publique. Il étoit en effet, comme nous avons dit, le chef de la conjuration, & il commença alors les actes d'hostilité, se saisit des deniers du Roi levez dans le Bourbonnois, & mit en prison ses Officiers, Juvenal des Ursins, Pierre Doriole, & le Seigneur de Crussol.

Louis n'esperant point de ramener les Princes liguez, avertit les principaux Seigneurs de son Roiaume, le Clergé, les Magistrats & les villes de ne se laisser point aller aux faux prétextes des ennemis de l'Etat. Jugeant bien que les Princes liguez ne manqueroient point de mettre dans leur parti Edouard Roi d'Angleterre, il lui écrivit pour le sonder & le détourner de s'engager avec eux; mais les engagemens étoient déja pris: Edouard envoia au Duc de Bourgogne les lettres du Roi Louis, & lui promit qu'il l'assisteroit dans l'occasion.

Antoine de Chabannes Comte de Dammartin avoit été mis, comme nous avons dit, à la bastille par ordre du Roi qui vouloit lui faire faire son procès; mais il trouva moien de s'échapper, & s'enfuit vers le Berri & le Bourbonnois. Il trouva moien de s'emparer des places de Saint Fargeau & de Saint Maurice, qu'il avoit obtenues dans le Regne précedent sur la dépouille de Jâques Cœur, comme on a vû dans l'histoire du Regne précedent, & se saisit aussi de Geoffroi Cœur fils de Jâques, à dessein sans doute d'en tirer une grosse rançon. Ce Seigneur brave de sa personne, passoit pour un grand pillard, & fort avide du bien d'autrui. Il fit depuis sa paix avec le Roi Louis qui l'emploia dans des expeditions de consequence. Les gens du Roi allerent assieger Saint Maurice, qui se rendit par composition.

Le Roi fit aussi une autre tentative, & se rendit à Angers pour détacher Charles son frere du parti des confederez, qui vouloient le mettre à leur tête. C'étoit un si bon Prince qu'il se seroit laissé gagner; mais il étoit entre les mains

---

quillo de Castello aliisque ex Pictavorum urbe clam discessit, & in Britanniam Armoricam se contulit.

Ludovicus ut ingruentem belli molem ab se dimoveret, cum suspicaretur Borbonium Ducem conjuratorum partibus hærere, nihil non egit, ut illum ad partes suas alliceret. Dux autem quid in animo versaret non dissimulavit: se excusatum haberi rogavit, si ad aulam Regiam non veniret, professusque est se nihil nisi publicæ utilitatis causa agere. Et vere ille, uti diximus, conjurationis caput & princeps erat; tuncque hostilem in modum agere cepit; exactam in Borbonio tractu regiam pecuniam intercepit; Ministros Regios Juvenalem de Ursinis, Petrum Doriolum & Crussolium Toparcham comprehensos in carcerem trusit.

Cum non ultra speraret Rex posse se confœderatos Principes ad partes suas attrahere, Proceres Regni sui, Episcopos, Ecclesiasticos, Magistratus urbium, & urbes ipsas monuit, ut ne inimicorum Regni, bonum publicum obtendentium, hortatui parerent; cumque non dubitaret fœderatos Eduardum quoque Angliæ Regem ad factionem suam pertraxisse, literas ad illum misit, ut animum ejus exploraret, simulque eum à tali fœdere, si posset, abduceret: sed jam confectum negotium erat. Eduardus vero Ludovici literas ad Burgundiæ Ducem misit, pollicens se auxilia missurum, sicubi casus exigeret.

Antonius de Cabannis Comes Domni-Martini in castellum seu Bastiliam Sancti Antonii, trusus fuerat, jubente Rege, ut diximus, cui animus erat ipsum ad causam capitis coram Judicibus dicendam adigere: at ille arte quapiam ex carcere dilapsus, ad Bituricas & Borbonium tractum aufugit, Sancti Fargelli & Sancti Mauritii castra denuo occupavit, quæ sub Carolo VII. postquam Jacobus Corius damnatus, & in exsilium amandatus, atque bonis spoliatus fuerat, ipse impetraverat, ut ex loco diximus. Etiamque ille Goffridum Corium Jacobi filium captivum abduxit, & quidem, ut certum videtur, ut ab illo redemtionis precium grande extorqueret. Erat quippe Cabannius in bello quidem strenuus, sed rapax & alieni appetens: tamenque ille demum Ludovici gratiam adeptus ad expeditiones bellicas adhibitus fuit. Intereaque Regii Sanctum Mauritium obsederunt, & ad deditionem compulerunt.

Aliud tentavit Rex, atque ea de causa Andegavum venit, ut nempe Carolum fratrem ex fœderatorum partibus abduceret, qui illum sibi ducem constituere volebant. Tam ingenuus bonusque Princeps ille erat, ut facile ipsum pellicere potuisset: verum ille

du

du Breton, & si bien observé, qu'il n'y eut pas moien de rien conclure avec lui.

Il fut averti à Angers que le Comte de Charolois levoit des troupes, que le Duc de Bretagne armoit ses sujets, & que le Duc de Bourbon lui avoit déclaré la guerre en se saisissant de ses gens, de ses villes & de ses finances. Il commanda au Comte de Nevers & au Maréchal Joachim Rouaut de garder la Picardie, & laissa sur la frontiere de Bretagne René Roi de Sicile. Il n'ignoroit pas que les Princes liguez avoient des intelligences dans Paris, & se repentit de s'en être éloigné. Il fit dire aux Parisiens par son Chancelier, qu'il les prioit de ne pas prêter l'oreille à ses ennemis, qu'il aimoit sa ville capitale plus que toutes les autres, & qu'il y alloit envoier la Reine sa femme pour y faire ses couches. Cependant il marcha lui-même vers le Bourbonnois pour réduire le Duc de Bourbon. Il alla droit à Bourges qui lui refusa les portes, & se rendit dans le Bourbonnois, ne sachant pas, que l'orage tomboit déja d'un autre côté.

Le Comte de Charolois, qui joignoit à ses autres titres celui de Lieutenant General du Duc de Berri, se mit en marche avec quatorze cens hommes d'armes & huit ou neuf mille archers, tira vers Noion, & prit le château de Nesle. Ses gens prirent aussi Roie & Montdidier. Le Maréchal Joachim Rouaut le côtoioit toujours, sans le harceler pourtant, parce qu'il avoit fort peu de monde ; & quand le Comte approcha de Paris, le Maréchal se jetta dedans. Les gens du Comte pendant leur route ne prenoient rien qu'en paiant. Le Prince qui ne marchoit, disoit-il, que pour le bien public, se crût obligé de justifier ses intentions par sa conduite. Il faisoit crier par tout liberté, & abolition de tailles. *Il en fit bruler à Lagni les Rôles, déclara que tout seroit franc, & fit distribuer le Sel au prix du Marchand.* Il se rendit à S. Denis où il croioit trouver les autres Princes ses confederez. Il y eut quelques escarmouches jusqu'aux portes de Paris. Après cela il passa la Seine & alla loger au pont de S. Cloud.

Le Roi voiant que presque tous les Princes se tournoient contre lui, & se trouvant sur les terres du Duc de Bourbon se mit à prendre ses places, il alla à

---

penes Ducem Britanniæ etat, & cum tanta cura observabatur, ut nihil cum illo conficere vel pacisci Ludovicus potuerit.

Cum Andegavi Rex esset, comperit Carolesium Comitem copias colligere, Ducem Britanniæ subditos suos ad arma vocare, Ducemque Borbonium hostiliter agere cœpisse, Ministros suos comprehendisse, urbes & pecunias suas capere. Tunc jussit Comitem Nivernensem & Marescallum Joachimum Rualtium Picardiam custodire; Renatum vero Siciliæ Regem in confinio Britanniæ observandi causa reliquit. Non ignorabat porro fœderatos principes ex composito cum non paucis Lutetiæ Parisiorum versantibus agere: pœnituitque illum quod tam procul ab urbe migrasset. Parisinos autem per Cancellarium suum moneri jussit, ut ne aurem præberent Principis sui hostibus ; se urbem imperii sui sedem plusquam cæteras omnes adamare ; seque quamprimum Reginam prægnantem missurum, ut in isthac urbe pareret. Ipseque in Borbonicum tractum movit, ut Borbonii Ducem in ordinem redigeret. Bituricas vero se contulit ; sed Bituricenses portas ipsi occluserunt. Tum ille in Borbonienses agros venit, nondum sciens majorem belli tempestatem in alia Regni sui parte imminere.

Comes enim Carolesius, qui præter cæteros quos usurpabat honoris titulos, sese Prætorem generalem Ducis Bituricensis dictitabat, movit tandem cum mille quadringentis armorum viris, ut tunc vocabant, & octo novemve mille sagittariis, versusque Noviomum iter capessivit, ac Nigellæ castellum cepit: ipsius vero milites Roiam & Montem-desiderii occupavere. Marescallus porro Rualtius alas ejus semper observabat, neque tamen lacessebat, quod paucissimos secum armatos haberet. Ubi vero Comes Lutetiam propius accessit, tum Marescallus in urbem est ingressus. In exercitu autem Comitis, dum iter ageretur, nihil ad usum & victum, nisi soluto pretio sumebatur. Carolesius enim, qui nonnisi pro publico bono se arma sumsisse dicebat, hac se ratione dicta sua comprobare putabat. Ubique libertatem ille, ubique de medio tollenda vectigalia esse proclamari curat. Vectigalium libros Latiniaci flammis tradi, & salem mercatorum precio vendi jussit. Ad Sancti Dionysii autem oppidum se contulit, ubi cæteros confederatos principes se reperturum sperabat. Interea velitationes aliquot ad usque Lutetiæ portas commissæ fuere. Sub hæc porro Comes trajecto Sequana ad sancti Chlodovei pontem substitit.

Inter hæc vero Ludovicus Rex cum cerneret omnes fere Principes adversum se uno animo conspirare & ad arma currere; cumque in Borbonico tractu cum exercitu suo versaretur, castra & oppida expu-

S. Pourcin pour se préparer au siége de Rion, où le Duc s'étoit retiré. Il eut été d'abord accablé, sans le secours qui vint de la Bourgogne, & un autre plus considerable qu'amenerent le Duc de Nemours, le Comte d'Armagnac & le Sire d'Albret. Malgré tout cela le Roi leur donnoit encore bien des affaires, ensorte qu'ils furent enfin obligez de traiter avec lui. La Duchesse de Bourbon sœur du Roi vint parlementer pour son mari, le Traité se fit. Le Duc de Bourbon fit sa paix avec le Roi, & le Duc de Nemours lui promit de tenir son parti, promesses qu'ils ne tinrent ni l'un ni l'autre. La nouvelle de cet accord du Roi avec ces Princes fut apportée à Paris, où l'on fit une Procession generale en actions de graces.

Le Roi aiant eu nouvelle que le Comte de Charolois approchoit de Paris, quitta tout & vint à grandes journées avec son armée pour se jetter dans sa ville capitale, craignant que si les Princes liguez s'en emparoient, les autres villes ne suivissent son exemple. Il tint conseil avec les Chefs de son armée, & fut d'avis de se rendre à Paris en évitant la rencontre des Bourguignons & sans hazarder une bataille ; c'étoit le meilleur parti qu'il avoit à prendre. Brezé Sénéchal de Normandie, qui conduisoit l'avantgarde, ne suivit pas ses ordres, & fut lui-même tué dans le combat. Le Comte de Charolois mit son camp à Longjumeau. Le Comte de S. Paul avec l'avantgarde s'avança jusqu'à Mont-le-heri. Les armées en vinrent aux mains. La droite de l'armée du Comte mit en fuite la gauche de celle du Roi, & la droite de celle-ci renversa la gauche du Comte. L'avantage & la perte se trouva égale des deux côtez.

Bataille de Montleheri.

Louis fit ici preuve de son habileté, & de son courage : sans lui toute son armée étoit mise en déroute. Le Comte du Maine, qui s'enfuit avec huit cens hommes d'armes, fut en partie cause du desavantage qu'eurent à l'un des côtez les troupes du Roi. Quelques-uns l'accuserent de trahison : Comines le justifie ; mais sur cet article seulement. Le Comte de Charolois s'étant trop avancé, pensa être pris & fut blessé : mais il fut secouru par ses gens. Selon la Cronique de Jean de Troie, pendant la bataille il sortit de Paris plus de trente mille hommes, qui donnerent sur les Bourguignons, défirent

---

gnare cepit. Ad sanctum vero Portianum venit, ibique ad obsidionem Rioni oppidi sese apparabat, quo se receperat Dux Borbonius ; proximumque erat ut Dux attereretur, nisi auxilia quædam ex Burgundia accepisset, majoresque etiam copiæ supervenissent, quas adducebant Dux Nemoresius, Comes Armeniaci atque Leporeti Dynastes. Vixque tamen poterant hi omnes una juncti exercitus regii impetum excipere ; ita ut demum de pace impetranda agere compulsi fuerint. Uxor Borbonii Ducis, quæ Regis soror erat, fratrem adiit pro conjuge pacem rogatura, quam & impetravit. Dux Borbonius cum Rege pacta iniit. Dux quoque Nemoresius ad Regias se transiturum partes pollicitus est ; sed neuter promissis stetit. Hac comperta pacis inter Regem & Principes conciliatione, Lutetiæ processio generalis indicta fuit in gratiarum actionem.

Les mêmes.

Inter hæc Ludovico nunciatur Carolesium Comitem jam prope Lutetiam adventasse. Tum ille missis aliis omnibus, quam celerrime potest carpit iter, metuens ne si Regia urbs a fœderatis occuparetur, cæteræ quoque urbes ejus exemplo ad conjuratorum partes transirent. Consilium autem habuit cum proceribus & tribunis. Deliberatum autem statutumque fuit, Lutetiam petendam quam primum esse, & a Burgundionibus declinandum, neque pugnæ fortunam esse tentandam : quæ certe salubrior erat sententia. At Brezæus Normanniæ Seneschallus, qui primam aciem ducebat, Regis jussui non obsequutus est, ipseque in pugna cecidit. Comes Carolesius ad Longum-Gemellum castra posuit : Comes vero Sancti Pauli cum prima acie ad usque Montem-Leherium pertigit. Demum utrinque pugnatum est ; dextera ala Carolesii sinistram alam regiam fudit, dexteraque ala regia sinistram Carolesianam profligavit, ita ut par utrinque prœlii exitus fuerit.

B. atibus Continu.

In hac vero pugna Ludovicus, quidquid a sagace & fortissimo Principe exspectandum erat præstitit : nairant Scriptores, nisi Rex agmina sua confirmavisset, fore ut exercitus totus regius in fugam verteretur. Comes Cenomanensis qui cum octingentis armatis viris fugam capessivit, in causa fuisse putatur quod ex regiis alis altera profligata fuerit. Quidam ignaviæ, alii proditionis illum accusavere ; sed hoc crimen depellit Cominæus, nec ab altero purgat. Comes Carolesius cum audacius in hostem erupisset, fere captus fuit ; sed ope suorum, saucius tamen evasit. In chronico Joannis Trecensis fertur Parisinos, dum pugna committeretur triginta mille, numero exivisse, & in Burgundiones quos offenderunt irrupisse, ipsos fudisse,

ceux qu'ils rencontrerent, en prirent quantité & firent un grand butin, qui monta, dit-il, à plus de deux cens mille écus d'or.

Le Roi ne voulant point risquer une seconde bataille, ne songeoit qu'à gagner Paris, il se retira à Corbeil : & ainsi le Comte demeura maître du champ de bataille : ce qui lui enfla tellement le cœur, que depuis ce tems-là il n'écouta plus le conseil de personne. Il attribuoit à sa conduite cette prétenduë victoire, & la présomption qu'il montra depuis en toute occasion fut enfin, selon Philippe de Comines, la cause de sa perte. Cependant Olivier de la Marche, Officier du Duc de Bourgogne qui se trouva à cette bataille, marque assez clairement que l'avantage fut presque égal de part & d'autre. Le Roi se rendit de Corbeil à Paris, où il fut reçû avec joie : il rassura les Parisiens, en leur faisant esperer que les ennemis seroient bien-tôt chassez du Roiaume.

Il envoia l'Evêque de Paris au Comte de Charolois, pour lui demander à quel dessein il étoit entré avec une armée dans son Roiaume, & lui dire que sous prétexte du bien public il entreprenoit une guerre, qui mettroit tout l'Etat en feu. Le Comte répondit qu'il étoit venu de concert avec les autres Princes, pour le bien public, & pour délivrer la France d'une dure servitude.

Le lendemain le Comte alla loger à Mont-le-heri, il entra dans cette petite ville, & n'attaqua point le château qui étoit en défense. Il se rendit de là à Etampes, où il attendit l'armée confederée. Elle arriva peu de tems après conduite par Charles de France frere du Roi, Duc de Berri, le Duc de Bretagne, les Comtes de Dunois & de Dampmartin, le Maréchal de Loheac, les Sires de Beuil, de Chaumont & d'Amboise. Les six derniers qui servirent si bien l'Etat sous Charles VII. avoient été, comme on a dit ci-devant, destituez de leurs charges par le Roi Louis, qui reconnut bien sa faute depuis, comme il le marqua en plusieurs occasions. Il mit alors une partie de ses troupes autour de Paris, & s'en alla en Normandie pour y assembler un plus grand nombre de gens.

L'armée des Confederez étant ainsi jointe, on délibera sur le parti qu'il y avoit à prendre. Les sentimens furent partagez. Charles Duc de Berri, bon Prince, qui ne croioit pas qu'on dût pousser les choses si loin, informé du sang répandu à Mont-le-heri, dit qu'il voudroit bien être à recommencer, & qu'il

---

multosque cepisse, & manubias ingentes, quarum precium ad ducenta millia scutorum pervenere, retulisse narrat.

Rex vero qui secundæ pugnæ periculum facere nolebat, quo pacto Lutetiam intraret cogitans, Corbolium se recepit, sicque Carolesius Comes pugnæ campum & locum solus obtinuit : qua re inflatus, tam altos assumsit spiritus, ut nullius postea consilium vel audire sustinuerit. Sibi & sagacitati suæ adscripsit partam, ut putabat ipse, victoriam. Illaque de sua virtute altius infixa opinio, quam ubique postea præ se tulit, ipsum tandem in extremam perniciem deduxit, inquit Philippus Comineus. Tamenque Olivarius de Marchia, qui in hac pugna pro Burgundionibus stabat, pari fermè belli fortuna utrinque certatum fuisse narrat. Corbolio autem Rex Ludovicus Lutetiam se contulit, ubi cum gaudio summo exceptus fuit. Parisinorum autem animos confirmavit, spemque fecit brevi fore ut hostes omnes extra Regni limites pellerentur.

Ad Carolesium vero misit Episcopum Parisiensem, qui rogaret ipsum qua de causa cum exercitu in Regnum suum intraret, & cur boni publici obtentu tantum belli incendium in Franciam immitteret. Respondit Comes se cum cæteris Principibus vere pro bono publico bellum suscepisse, ut Franciam ab immani servitute cum illis junctus erueret.

Die sequenti Carolesius ad Montem-Leheriam venit, in oppidumque intravit. Castellum autem præsidio munitum, non oppugnandum esse duxit. Inde vero Stampas se contulit, ubi fœderatorum exercitum exspectavit, qui paulo postea advenit ducibus Carolo Bituricensi Regis fratre, Duce Britanniæ, Comitibus Dunensi & Domni-Martini, Loheacio Marescallo, Buculio, Calvomontio & Ambasiano. Sex vero postremi, qui regnante Carolo VII. in bello contra Anglos claruerant, a Ludovico filio ipsius muneribus officiisque suis destituti fuerant, qua in re se summoperè peccavisse testificatus Ludovicus est. Tunc porro copiarum suarum partem circum Lutetiam collocavit, posteaque in Normanniam se contulit, ut majorem pugnatorum manum colligeret.

Fœderatorum exercitus sic in unum conductus est, deliberatumque fuit quid facto opus esset, Principes in varias abiere sententias. Carolus Dux Bituricensis, mitis bonusque Princeps, qui nunquam putaverat dissidium ad extrema deducendum fore, cum audisset quam cruenta fuerat commissa ad Montem-Leherium pugna, dixit in optatis sibi esse ut res adhuc integra esset; sibique ingratum omnino esse, quod

étoit bien fâché d'être reputé le Chef & la cause de tant de malheurs ; il témoigna beaucoup de disposition à se reconcilier avec le Roi son frere. L'historien dit, que le Comte de Charolois voiant le Duc de Berri dans ces dispositions, pensa d'abord à se lier d'amitié avec Edouard Roi d'Angleterre ci-devant son ennemi, qu'il accepta l'ordre de la Jartiere qu'Edouard lui offroit, & demanda depuis sa sœur en mariage, qui lui fut accordée. La résolution fut prise entre les Princes de s'avancer vers Paris.

<small>Grande armée des confederez.</small> Les Conféderez sous la conduite du Comte de Dunois jetterent un pont sur la Seine ; Jean Duc de Calabre les vint joindre avec une fort belle troupe de gendarmes & de pietons, parmi lesquels étoient cinq cent Suisses, les premiers qu'on eut encore vûs en France, & ces Suisses, dit Philippe de Comines, donnerent de la réputation à leurs compatriotes, tant ils se porterent vaillamment, & furent cause qu'on en fit venir depuis un grand nombre au service de la France. Le tout ensemble faisoit une prodigieuse armée, où il y avoit selon Comines, environ cent mille chevaux. Ils passerent la Seine, & allerent prendre des logemens à Charenton, à Conflans, à S. Maur des Fossez. Le camp fut enfermé d'un grand nombre de chariots. Une partie fut envoiée à Saint Denis.

Il y eut d'abord quelques escarmouches entre les troupes de ces Conféderez, & celles qui gardoient la ville. Puis on vint à parlementer. L'Evêque de Paris sortit avec plusieurs autres, pour aller traiter avec les Princes : ils furent presque d'accord à des conditions qui auroient fort déplu au Roi, & qui lui auroient été préjudiciables. Il y avoit à Paris des gens qui souhaitoient, qu'on donnât entrée aux Princes. Mais sur ces entrefaites, le Roi arriva avec un grand corps de bonnes troupes, & entra dans la ville, où il ne fut plus parlé de Conference. Il ne pardonna jamais à l'Evêque de Paris les démarches qu'il venoit de faire : & pour gagner les Parisiens, il rétablit leurs privileges, & abolit les impositions faites depuis le regne du Roi Charles son pere. L'armée des Conféderez fut encore renforcée d'un grand nombre de gens de guerre, qu'amenerent le Duc de Nemours, le Comte d'Armagnac, & le Sire d'Albret. Mais on les fit tenir loin du camp, de peur que ce surcroit de troupes n'y apportât la famine.

On remarqua que l'armée des Princes, qui étoit venue pour affamer Paris,

---

ipse caput & causa tanti mali haberetur : seque paratum & pronum exhibuit ad reconciliandam cum Rege fratre amicitiam. Carolesius vero Comes, ut narrat historiæ Scriptor, ubi vidit Bituricensem Ducem talia cogitare atque moliri, in animum induxit ut societatem & amicitiam iniret cum Eduardo Angliæ Rege, antehac inimico suo, oblatumque sibi Perisceledis seu Garteriauum ordinem postea suscepit, deincepsque connubium cum sorore ipsius Regis expetiit, quod & impetravit. Inter Principes vero statutum fuit ut prope Lutetiam exercitus castra poneret.

<small>Ex eisdem.</small> Fœderati porro duce Dunensi Comite pontem ad Sequanam struxerunt. Joannes vero Calabriæ Dux cum selecta manu equitum peditumque venit, inter quos erant quingenti Helvetii, qui tunc primum in Francia visi fuere. Hi porro Helvetii gestorum fortitudine genti suæ famam pepererunt, & in causa fuere, quod multa postea Helvetiorum agmina amplo stipendio indicto in Franciam evocata sint. Omnes illæ Principum copiæ ingentem exercitum constituebant. Narrat vero Cominæus equorum numerum ad centies mille circiter pertigisse. Sequanam porro trajecere omnes, & castra posuerunt alii ad Charentonem, alii ad Confluentem, alii ad S. Maurum de fossis. Castra autem illa plaustris & curribus cincta fuere : pars ad S. Dionysii oppidum venit.

Aliquot statim velitationes fuere inter fœderatorum turmas & Parisinos præsidiarios. Deinde ad colloquia ventum est. Episcopus Parisinus & alii plurimi egressi sunt, ut cum Principibus de concilianda pace agerent. Inter ambas partes jam pene convenerat iis conditionibus, quæ Regi nec gratæ, nec opportunæ fuissent ; nec deerant Lutetiæ qui cuperent, ut Principes in civitatem inducerentur. Inter hæc autem Ludovicus Rex advenit cum grandi manu delectorum militum, in urbemque ingressus est. Tunc colloquiorum nulla ulterius mentio fuit. Rex vero nunquam Episcopo Parisiensi pepercit, quod ille talem aggressus esset : utque Parisinos sibi devinciret, privilegia sua ipsis restituit, & vectigalia omnia post Caroli VII. mortem imposita de medio sustulit. Fœderatorum autem exercitus magno copiarum numero auctus est, quas adduxere Dux Nemoris, Armeniacensis Comes & Leporeti Toparcha. Verum illi procul a castris sedes habere jussi sunt, ut ne tanta copiarum accessio famem in exercitum induceret. Observatum porro fuit exercitum Principum, qui ideo

fut presque affamée elle-même, tandis qu'il y avoit dans la ville grande abondance de vivres.

Il y eut quelques petits combats entre les gens des deux partis, on se canonna pendant quelque tems, & puis l'on vint à traiter de la paix. Le Roi & le Comte de Charolois s'entrevirent. Il ne fut alors plus question du bien public. Le Comte de Charolois demandoit les villes de la Somme, que le Roi Louis avoit rachetées; & pour le Duc de Berri la Normandie en appanage au lieu du Berri. Le Roi accordoit tout hors la Normandie, qu'il ne pouvoit se resoudre de démembrer de sa couronne. Il offrit au Comte de Saint Pol la charge de Connétable, & le mit par-là dans ses interêts. Ce premier abouchement avec le Comte de Charolois mit la jalousie & la défiance entre les Princes de la ligue. Ils tinrent depuis leurs conférences à part; ce qui déplût fort au Comte de Charolois. Ce fut peut-être un tour d'adresse du Roi Louis, pour mettre la division entre les Confédérez.

Tandis que ces conférences se tenoient, la Comtesse de Charolois Isabeau de Bourbon vint à mourir. Cela changea un peu la face des affaires : le Comte de Charolois fit proposer au Roi, qu'il lui donnât sa fille Anne en mariage avec les Comtez de Brie & de Champagne pour dot. La situation où se trouvoit alors Louis & le grand desir qu'il avoit d'écarter ces Princes liguez, fit qu'il accepta cette proposition, quoique dans le fond de son cœur, il fut bien résolu de ne jamais faire un démembrement si desavantageux à la France.

Ces conférences se tenoient dans des tems de treves qui ne duroient qu'un ou deux jours : ce qui faisoit que les deux partis étoient perpetuellement en défiance, & se tenoient sur leurs gardes. Un Page vint crier sur le minuit dans le camp des Princes que tout Paris se mettoit aux champs pour venir attaquer l'armée. Cela mit l'alarme dans le camp. Les Princes prirent les armes, & disposerent leurs troupes en ordre de bataille. On envoia des gens à la découverte, qui approchant d'un champ rempli de chardons, crurent que c'étoient autant de piquiers qui marchoient contre eux, & vinrent en donner nouvelle au camp. Toute l'armée demeura en bataille jusqu'au matin suivant : & l'on rit beaucoup de la méprise de ces avantcoureurs.

Tandis que ces conférences se tenoient, Louis Sorbier Lieutenant du Maré-

---

venerat ut in urbem Lutetiam famem induceret, fame afflictam fuisse, dum urbs rerum copia abundaret.

Aliæ autem leviores pugnæ commissæ sunt inter ambarum partium pugnatores, qui sese tormentis quoque bellicis impetierunt, demumque ad pacta & pacis conditiones ventum est. Rex & Comes Carolesius in conspectum venerunt, & de pace facienda actum fuit. Non ultra de bono publico quæstio erat. Comes Carolesius urbes ad Somonam sitas petebat, quas Rex Ludovicus soluto pretio redemerat, & pro Bituricensi Duce Normanniam exigebat, quam Rex nullo pacto concedere, neque provinciam tantam ex regno distrahere volebat. Comiti autem Sancti-Pauli Constabulari munus obtulit, illumque sic ad suas partes allexit. Hoc vero primum cum Carolesio solo colloquium, cæterorum Principum invidiam concitavit, qui Carolesio non ultra fidentes, seorsim inter se deliberarunt, & colloquia miscuerunt : quod Carolesio summe displicuit. Idque fortassis ex Ludovici artificio factum est, cujus hæc præcipua cura erat, ut inter fœderatos discordiam concitaret.

Dum hæc colloquia miscerentur, Carolesii Comitis uxor Isabella Borbonia moritur. Hinc nova rerum facies inducta est. Comes Carolesius Regi proponi curavit, ut filiam suam Annam sibi connubio jungeret, & in dotem ipsi Briam Campaniamque daret. Ejusmodi tunc rerum conditio erat, & tanto fœderatos Principes dirimendi studio tenebatur Ludovicus, ut rem hujusmodi se admittere simularet, etiamsi ex animo suo proposito provincias hujuscemodi ex Regno suo distrahi nunquam permissurus esset.

Hæc porro colloquia induciarum tempore misceri solebant, quæ induciæ ad unum alterumve diem tantum dabantur. Tum maxime inter ambas partes custodiæ diligenter servabantur, alteraque alterius incursiones metuente, serio utrinque advigilabatur. Inter hæc ephebus quidam nobilis in castris Principum media nocte clamavit, Parisinos omnes armatos egredi, ut exercitum Principum invaderent. Hæc vox in castris trepidationem incussit : Principes arma sumsere, & quasi ad pugnam capessendam acies instructa fuit. Exploratores autem mittuntur, qui cum in agrum quemdam carduis plenum incidissent, tot hastatos viros se videre putarunt, quot cardui erecti per noctis caliginem conspiciebantur. Hi castra subito repetentes, Ephebi dicta confirmant ; totusque exercitus instructa acie ad matutinum usque mansit. Hinc errore comperto risus magnus est consequutus.

Dum de pace facienda tractaretur, Ludovicus Sorberius sub Marescallo Rualtio militiæ Præfectus, Pon-

chal de Rouault livra Pontoise aux Bretons, à condition que ceux de la compagnie du même Maréchal, auroient la liberté de s'en aller s'ils vouloient, Sorbier partit ensuite bien accompagné dans le dessein de surprendre Meulan, portant l'enseigne du Maréchal de Rouault. Mais ceux qui gardoient Meulan pour le Roi se mirent à crier au traître, & firent une décharge sur Sorbier, qui se retira bien vîte.

Louis n'auroit jamais consenti à céder la Normandie à son frere, mais pendant que ces conférences se tenoient, le Duc de Bourbon par ses menées fut introduit dans le château & puis dans la ville de Roüen, il porta la Bourgeoisie & le peuple à recevoir le Prince Charles pour son Duc, il n'y en eut que trois qui ne voulurent pas y consentir, ni prêter le serment de fidelité au nouveau Prince; ces trois étoient le grand Sénéchal de Normandie, le Bailli de Roüen & un nommé Picard.

Traité de Conflans. Le Roi qui n'avoit en vûë que de séparer & d'écarter le grand nombre de Princes, voiant que la Normandie s'étoit ainsi donnée à son frere, consentit enfin à tout. Le Traité se fit à Conflans. Il céda au Comte de Charolois les places de la Somme & du Ponthieu, rachetables pour deux cent mille écus, mais seulement après la mort du Comte de Charolois, il avoit déja compté quatre cent mille écus au Duc de Bourgogne. Il céda la Normandie à son frere qui lui fit hommage : au Duc de Bretagne quelques places qu'il tenoit en la basse Normandie : il accorda au Duc de Bourbon la même pension qu'il avoit sous Charles VII. & donna l'épée de Connétable au Comte de S. Pol. Cet habile politique crut qu'il falloit tout sacrifier pour séparer ce grand corps de mécontens, bien résolu de les réduire après s'il pouvoit l'un après l'autre, & de reprendre ce que la force l'avoit obligé de céder.

Il parut bien alors que le *bien public* que les Princes liguez avoient recherché avec tant d'instance, n'étoit que le prétexte de cette grande levée de boucliers Il n'en fut parlé qu'après que chaque Prince en particulier eut fait son Traité. La convocation des Etats fut résoluë ; mais avant que d'en venir-là, on choisit douze personnes de chacun des Etats, qui avec le Comte de Dunois devoient

Comines. Mais bien.

tisaram Britonibus prodidit, illa conditione, ut iis qui in Marescalli turma militabant facultas daretur quo vellent se recipiendi. Sorberius vero postea militibus stipatus proficiscitur, ut Mellentum arte invadat & occupet, vexillum Marescalli Rualtii gestans & erigens fallendi animo. At præsidiarii Mellentini Sorberium proditorem magna voce clamantes, telis & missilibus ipsum impetiere, illeque subito receptui cecinit.

Nunquam Ludovicus Normanniam fratri concessurus erat : sed dum colloquia suprà-dicta haberentur, Dux Borbonius in arcem Rothomagensem, indeque in ipsam urbem ingressus est. Hortatu autem suo cives & plebem eo induxit, ut Carolum Regis fratrem in Ducem suum reciperent. Tres tantum ipsi obsequi noluerunt, nec sacramentum fidei novo Principi præstitere. Hi erant Magnus Normanniæ Senescallus, Ballivius Rothomagensis, & alius nomine Picardus.

Rex qui tunc hoc unum animo versabat, quo pacto tot coactos una Principes separaret, & a finibus suis arceret, ubi vidit Normanniam provinciam sese fratri suo dedidisse, postulatis tandem omnibus manus dedit : pacifique conditiones ad Confluentem pactæ fuere. Carolesio Comiti urbes & oppida ad Somonam & in Pontivo sitas concessit, ea lege ut ducentorum millium scutorum precio redimere illas posset post Carolesii mortem scilicet ; non antea, etsi ille jam pro ipsis urbibus quadringenta scutorum millia Burgundiæ Duci numeraverat. Normanniam fratri suo dedit, qui ipsi tunc pro illa provincia *hominium* præstitit; Duci Britanniæ Armoricæ aliquot urbes & oppida, quæ in Normannia inferiori tenebat, concessit, Borbonio eamdem annuam pecuniæ summam, quam regnante patre suo Carolo VII. obtinuerat, se soluturum pollicitus est. Constabularii gladio S. Pauli Comitem accinxit. Sic ille temporis conditioni sese attemperans solerter omnia requisita concessit, ut tot una coactos Principes ad sua remitteret, ac sejunctos postea seorsim aggrederetur, & quæ coactus largissime dederat, sensim recuperaret.

Tunc clarius enituit illam boni publici causam, quam fœderati Principes obtenderant, nonnisi ementitam fuisse speciem, ad tantam suscipiendam expeditionem. De bono namque publico tunc tantum agi cœptum est, cum Principes singuli ea quæ optabant impetrassent, decretumque fuit ut omnes Regni Ordines convocarentur: sed quia urgentibus quibusdam negotiis præsens remedium requirebatur, nec nisi per diuturnas moras poterant omnes Regni Ordines una coire, ex singulis Ordinibus duodecim viri delecti fuere, qui una cum Comite Dunensi de juris justitiæ-

Les mêm

conferer fur le maintien de la justice & la réformation de l'Etat. Le Traité signé fut publié par tout. Telle fut la fin de cette grande guerre du bien public.

On fut surpris de l'abondance de vivres qui étoit alors dans Paris, dit le Chroniqueur. Il y avoit plus de trois mois que cette grande armée de Princes liguez étoit autour de la ville. Et dès que la paix fut publiée, » plusieurs Mar- » chans de Paris y portoient grand foison de vivres aux champs devant Saint » Antoine, lesquels vivres y furent incontinent bien recueillis par lesdits de » l'ost, qui y vindrent de toutes parts, & achetoient ce que on leur faisoit par » especial pain & vin : car ils étoient affamez. Les Calabriens & Suisses avoient » telle rage de faim aux dens ; qu'ils prenoient les fromages sans peler & mor- » doient a mesmes : & puis buvoient de grands & merveilleux traits (de vin) » en beaux pots de terre. Et Dieu sçait en quels nopces ils estoient ; mais ils ne » leur estoient pas franches pource qu'ils payerent bien leur escot.

» Les Bourguignons, Bretons, Calabriens, Bourbonnois, Picars & autres, » que on estimoit a bien cent mille chevaux, après l'appointement fait, & ceux » de Paris, qui estoient trois fois plus, furent tous fournis & nourris des biens » de ladite ville par moult grand espace de temps, & sans riens encherir. Et » après leur partement y fut encores beaucoup meilleur marché que devant n'a- » voit esté.

Peu de tems après les gens du Comte de Charolois allerent sommer la ville de Beauvais de se rendre à leur Prince. L'Evêque & les Magistrats envoierent cette sommation au Roi, qui se plaignit au Comte de ce que contre le Traité fait, signé & publié, on continuoit ainsi ces actes d'hostilité. Le Comte répondit que ce n'étoit point par son ordre qu'on faisoit de telles sommations, & ajoûta, *que le Diable puisse emporter ceux qui l'ont faite.* Ainsi tout fut appaisé.

Les Princes & autres Confédérez se retirerent chacun chez soi : & le Roi tâcha de régagner les Seigneurs qu'il avoit mécontentez & dégradez de leurs charges, il en regagna en effet plusieurs, qui le servirent depuis fidelement. Le Duc de Bourbon se tourna aussi de son côté & l'aidoit de ses conseils. Ce Prince étoit prudent & sage : le Roi fut d'autant plus content de l'avoir attiré à lui, qu'il étoit ci-devant comme l'ame du parti des Confédérez pour le bien public. Il ôta la charge de premier Président au Sieur de Nanterre, & la donna à Jean

---

que exercitio deque *reformatione Status* agerent, Pactæ conditiones subscriptionibus munitæ fuere, & ubique publicatæ. Hic vero finis fuit belli pro bono publico suscepti.

Tunc nec sine stupore deprehensum fuit, inquit Chronici Scriptor, quanta Lutetiæ esset annonæ & cibariorum copia. A plusquam trimestri temporis spatio ingens ille fœderatorum exercitus circum urbem versabatur. » Statim vero atque publicata pax fuit, Mer- » catores Parisini in campum ante S. Antonii Ecclesiam » ingentem cibariorum copiam venum attulere. Illo » statim confluxere fœderati, fame pene consumti, om- » nia, nec precium curantes, emebant, maximeque » panem & vinum. Calabri autem & Helvetii tanta » famis rabie ducebantur, ut in caseos, ne demta » quidem crassa superficie, dentes infigerent, & largos » vini scyphos ebiberent : & proh Superi ! in quanta » tunc illi celebritate versabantur ! etsi cara erat an- » nona.

» Burgundiones, Britones, Calabri, Borbonienses, » Picardi & alii, qui equos ad centum mille secum du- » xisse ferebantur, & Parisini qui ter plures erant, post » factam pacem tantam rerum ubertatem nacti sunt, » ut nec magno precio rebus omnibus abundarent,

» idque per multum temporis spatium. Et post fœde- » ratorum discessum, omnia etiam viliore quam an- » tea precio prostabant.

Paulo postea Carolesii Comitis turmæ Bellovacenses adiere, indixeruntque ipsis ut urbem suam Principi suo dederent. Episcopus vero & Magistratus rem Ludovico Regi nunciari curarunt, qui apud Comitem conquestus est, quod contra fidem publicatarum pactionum hostilia designarentur. Respondit Comes injussu suo hæc facta fuisse, addiditque : Male pereant qui talia ausi sunt ; sicque res composita fuit.

Principes procereque fœderati ad sua sese loca singuli receperunt. Rex vero primores illos quos a gradu & munere suo dimoverat, insensosque sibi fecerat, ad se pellicere studuit, plurimosque revera ad partes suas traxit, quibus postea fidem servantibus, ad negotia & bella feliciter usus est. Ducem etiam Borbonium sibi devinxit, cujus deinde consiliis est usus ; prudens enim sapiensque vir habebatur. Rexque eo libentius illum ad suas deductum partes videbat, quod antehac fœderatorum pro bono publico Principum, ceu caput haberetur. Primi in Parisiensi Senatu Præsidis munus a Nanterrensi abstulit, dedit-

Dauvet premier Président de Toulouse; il ôta aussi les Sceaux à Morvilliers, & les rendit à Jean Juvenal des Ursins. Il s'en alla ensuite à Orleans.

Les Ducs de Normandie & de Bretagne se rendirent ensemble à Rouen, où la division se mit entr'eux sur le partage du butin, dont le Duc de Bretagne vouloit disposer, on se plaignoit qu'il agissoit en maître, l'antipathie entre les Bretons & les Normans s'y mêlant aussi, fomenta beaucoup la discorde. Sur cela un bruit s'étant répandu que le Duc de Bretagne vouloit emmener avec lui en son payis celui de Normandie, les Rouannois allerent prendre leur Prince qui étoit au Mont Sainte Catherine avec le Duc de Bretagne, le monterent à cheval & le menerent à la grande Eglise, où ils lui jurerent foi & obéissance. Le Duc de Bretagne, craignant pour sa personne, se retira en la basse Normandie, où il avoit quelques villes.

Sur l'avis de cette dissension, le Roi vint promtement en Normandie, se saisit de plusieurs places, & s'avança vers la basse Normandie où étoit arrivé le Duc de Bretagne. Il eut quelque pourparler avec le Duc, & il le tourna si bien qu'il l'obligea de remettre Cân & les autres villes qu'il tenoit dans la basse Normandie au Sire de Lescun comme en main tierce. Le Roi revint du côté de Rouen, & le Duc de Bourbon, qui avoit fait tourner Rouen & la Normandie en faveur de Charles frere du Roi, gagné par cet habile Prince, se mit de la partie avec lui, pour remettre cette province sous son obéissance, & prit Louviers. Après cela le Roi assiegea & prit le Pont-de-l'Arche & d'autres places. Le Duc Charles voiant qu'il ne pouvoit se soutenir dans son nouveau Duché, prit la fuite. Il vouloit d'abord gagner la Flandre; mais s'étant réconcilié avec le Duc de Bretagne, il se retira chez lui. Il demeura-là fort pauvre, à petit train & abandonné de tous les Chevaliers, qui tenoient son parti. Ils s'étoient donnez au Roi Louis à de bien meilleures conditions & à de plus gros appointemens qu'ils n'en avoient sous le feu Roi son pere. Louis reprit à son service le Comte de Dammartin, ci-devant enfermé dans la Bastille, & lui fit de grands avantages pour l'attacher à ses interêts.

Le Comte de Charolois leurré de l'esperance d'épouser Anne fille du Roi, qui lui devoit apporter en dot la Champagne & la Brie, envoia sommer le Roi

Les mêmes. que Joanni Dauveto primo Tolosani Senatus Præsidi. Sigilla quoque Regia, excluso Morvillerio, Joanni Juvenello de Ursinis restituit.

Duces Normanniæ & Britanniæ Rothomagum simul petierunt, ubi statim dissidia inter illos suborta sunt circa prædæ distributionem, quam sibi Britannus arrogabat: querelæ etiam emittebantur, quod ipse Britannus omnia moderari vellet: his commixta ea quæ Normannos inter & Britonas erat mutum repugnantia, discordia augebatur. Ad hæc autem rumor ubique sparsus est, velle Ducem Britanniæ Carolum Principem in Britanniam secum abducere. Tunc Rhotomagenses Ducem suum, qui tum in monte Sanctæ Chatharinæ cum Duce Britanniæ erat, adierunt, ipsumque equo impositum & ad majorem Ecclesiam adductum, fidei sacramento præstito Ducem suum agnovere. Tunc Britanniæ Dux sibi metuens, in Normanniam inferiorem, ubi aliquot obtinebat urbes, se contulit.

Les mêmes. Hac audita dissensione Rex Ludovicus statim in Normanniam se confert, ubi multa castra & oppida occupavit. Inde movit ad Normanniam inferiorem, quo jam pervenerat Dux Britanniæ, quem alloquutus ille, cum tanta industria rem egit, ut suaderet ipsi eas quas in Normannia inferiore obtinebat urbes, in manibus Lescunii optimatis deponere quasi apud sequestrum: id quod etiam factum est. Rex postea versus Rhotomagum venit. Dux autem Borbouius, qui Rhotomagum & Normanniam ad partes Caroli deduxerat, a Ludovico pellectus, cum ipso ad illam in Regias partes reducendam dedit operam, & Lupariam cepit. Rex vero Pontem-Arcûs obsedit & cepit, aliaque oppida occupavit. Dux Carolus videns se non ultra posse in nova ditione consistere, fugam fecit, statimque in Flandriam se recipere cogitabat; sed reconciliata cum Britanniæ Duce gratia apud illum confugit, ibique in magna rerum inopia mansit, & cum parva admodum clientela. Equites enim omnes qui ejus antea partes sectabantur, Regi Ludovico sese dediderunt, a quo meliores impetravere conditiones, ac majora stipendia, quam regnante Carolo VII. habuerant. Ludovicus vero Comitem Domni-Martini, quem pridem in castello Sancti Antonii conclusum, vinctumque tenuerat, pristinum in gradum reduxit; utque sibi devinciret, amplis muneribus donavit.

Matthias Olivier in la Marcia. Comes Carolesius inani spe allectus, Annam Regis filiam uxorem se ducturum putabat, itemque Campaniam & Briam dotis nomine, misitque nuncios,

de

de tenir sa promesse. Ses Envoiez la trouverent fiancée à Pierre de Bourbon Sire de Beaujeu, & le Roi leur répondit qu'il avoit trouvé à marier sa fille à meilleur marché, & que la Champagne & la Brie étoient de trop belles pieces pour les détacher de la couronne. Il parloit alors avec confiance, se voiant délivré d'un grand péril. Car si les Confederez *pour le bien public* avoient pû entrer dans Paris, il étoit résolu de se retirer ou à Milan, ou chez les Suisses.

Dans le tems qu'on se réjouissoit de ces heureux succès, la Reine arriva à Paris avec le Duc Amé son frere & Bonne de Savoie sa sœur, mariée à Jean Galeazzo Duc de Milan, & y fut reçûë avec toute la joie & la magnificence possible. Amé obtint la liberté pour Philippe son frere, que le Roi tenoit en prison, & qui se tourna depuis pour Charles Duc de Bourgogne.

Les Liégeois qui haïssoient à mort la maison de Bourgogne, & qui avoient chassé leur Evêque neveu du Duc Philippe & frere du Duc de Bourbon, sollicitez par le Roi Louis, avoient déclaré la guerre au Duc de Bourgogne & au Comte de Charolois, après qu'il fut parti pour l'expedition du bien public. Ils se mirent à ravager les terres du Duc, où ils exerçoient toute sorte d'inhumanitez. Le Duc en l'absence de son fils assembla une grande armée & marcha contre eux. Les Liégeois se voiant hors d'état de résister à une si grande puissance vinrent s'humilier, & firent leur paix aux conditions que le Duc voulut. La ville de Dinant située au payis de Liége & unie avec les Liégeois, n'avoit pas moins de haine contre les Bourguignons & contre les peuples des payis de leur domination, & en particulier contre ceux de Bouvines leurs voisins, ausquels ils faisoient mille insultes. Le Duc marcha contre eux, & vint assieger leur ville. Ils traiterent avec lui, lui donnerent une bonne somme d'argent. Il exigea d'eux qu'ils se separeroient des Liégeois. Ils furent depuis si fâchez de cette séparation, qu'ils firent mourir les quatre Bourgeois, qui avoient fait le Traité, & recommencerent leurs actes d'hostilité dans le Comté de Namur. Le Duc y revint mettre le siege, dont il laissa la conduite au Comte de Charolois & au Connétable de S. Paul, qui se mêloit dans cette guerre sans l'aveu du Roi. Les assiegez firent une sortie, où ils furent fort mal-menez. La ville fut

1466.

qui ab Rege promissam rem exigerent. Illi vero Regiam puellam Petro Borbonio Belli-joci Dynastæ jam desponsatam repererunt : responditque Rex petentibus, se tolerabiliori conditione filiam suam desponddisse, additque Campaniam atque Briam pulchriores esse provincias, quam ut possent a Corona Francica disjungi. Tunc porro audacius fidentiusque agebat, a magno ingentique periculo exemtus. Nam si Principes illi, (specie boni publici fœderati, Lutetiam ingredi potuissent, vel Mediolanum vel apud Helvetios se recipere decreverat.

Dum de fausto tam ingrati negotii exitu lætitia omnes replerentur, Regina Lutetiam advenit cum Amedeo Duce fratre suo, & Bona Sabaudiæ Joannis Galeatii Mediolanensis Ducis uxore : at cum omni gaudii significatione & magnificentia excepta fuit. Amedeus fratri suo Philippo, quem Rex in carcere detinebat, libertatem impetravit : qui Philippus postea ad partes Caroli Burgundiæ Ducis se contulit.

Comines, *Russreles-* *Meibëm* Leodienses qui adversus Burgundicos Principes summo odio tenebantur, quique Episcopum suum, sororis Burgundiæ Ducis filium & fratrem Ducis Borbonii eliminaverant, instigante Ludovico Rege, Burgundiæ Duci & Comiti Carolesio bellum indixerant, postquam hic ad bellum pro bono publico profectus fuerat. Terras illi & agros Ducis depopulati sunt ; nihil non immanitatis exercentes. Dux absente filio, grandem exercitum collegit, & contra illos movit. Leodienses se viribus impares esse conspicientes, ad illum supplices venerunt, & quas ille voluit pacis conditiones admisere. Dinantium urbs in Leodiensi agro sita, & cum Leodiensibus societate juncta, non minore, quam Leodienses, Burgundicos Principes odio prosequebatur, neenon populos Burgundicæ ditionis, maximeque Boviniacenses vicinos suos, quos incursionibus perpetuis vexabant. Dux autem contra illos movit, urbemque obsedit. Dinantii pacis conditiones ipsi obtulerunt, & numerata grandi pecuniæ summa, postquam polliciti sunt se nunquam postea cum Leodiensibus societate junctos fore, ab obsidione liberati sunt. At postea illam a Leodiensibus separationem tam ægre tulerunt, ut cives illos quatuor, qui talia cum Duce pepigerant, trucidarent. Tuncque hostilia in Namurcensi Comitatu patrare perrexerunt. Dux vero urbem iterum obsedit, & obsidionis curam dedit Carolesio filio & Constabulario Sancti Pauli ; qui Constabularius, nec jubente, nec consentiente Rege in hoc sese bellum immiscuerat. Obsessi autem in hostem eruperunt, sed infausto exitu. Urbs

bien-tôt prife & rafée. Les prifonniers au nombre de huit cens, à la requête de ceux de Bouvines, furent jettez dans la riviere.

Vers la fin de l'Eté de cette année, la maladie fe mit dans Paris & emporta en peu de tems quarante mille perfonnes. A peine pouvoit-on fuffire à enterrer les morts. L'hyver qui vint fit cesser la contagion, de laquelle mourut Maître *Arnoul Aftrologien* du Roi. Ce Prince fe mêloit d'Aftrologie Judiciaire plus que tous les Rois précédens.

Les Liégeois qui s'étoient mis en campagne pour venir au fecours de Dinant, n'arriverent que le lendemain de fa prife. Le Comte de Charolois fe difpofa à leur donner bataille. Le Duc fon pere trop vieux & caffé pour ces fortes d'expeditions, fe retira. Les plus fages d'entre les Liégeois, porterent leurs compatriotes à renouveller la paix faite l'année précedente. Ils s'accorderent avec le Comte moiennant une fomme d'argent & trois cens ôtages. Après quoi le Duc Philippe paffa en l'autre vie, & fut enterré folennellement à Bruxelles. Charles fon fils qui lui fucceda, donna avis de fa mort au Roi Louis. Philippe étoit un très-bon Prince, brave, heureux dans fes expeditions; mais trop adonné aux femmes. Il n'eft guere de Prince, qui ait laiffé un auffi grand nombre de bâtards que lui.

1467.
Mort de Philippe le Bon.

Le Roi voiant que Paris étoit bien moins peuplé qu'à l'ordinaire, tant par la mortalité que par la guerre, fit déclarer & fignifier à fon de trompe, qu'il permettoit à toute forte de gens de quelque payis qu'ils fuffent de venir s'habituer à Paris, ville, fauxbourgs & banlieuë, les déclarant abfous de tous crimes, *meurtres, furts, larcins & piperies*, refervé crime de leze-Majefté: *& auffi pour refider illec en armes pour fervir le Roi contre toutes perfonnes*. Quelque tems après dans la même année, il ordonna que tous ceux qui étoient en âge de porter les armes depuis 16. jufqu'à 60. ans, fortiffent de la ville & fe miffent en bataille. Il s'y trouva foixante à quatre-vingt mille ames, & l'on difoit, qu'il en reftoit bien autant dans la ville qui avoient l'âge marqué.

Cependant le Roi voulant profiter de l'occafion de la guerre du Duc de Bourgogne contre les Liégeois, qu'il fomentoit de tout fon pouvoir, leur en-

---

Chronique de Louis XI.

brevi capta & folo æquata fuit. Captivi autem Dinantii octingenti numero, rogatu Boviniacenfium in fluvium demerfi funt.

Vertente jam æftate morbus quidam Lutetiam invafit, ac breviffimo tempore plufquam quadraginta mille homines fublati funt. Vix poterant vivi tot mortuorum funera perfolvere. Hiems vero fubfequens luem illam fedavit, qua fublatus fuit Magifter Arnoldus Regis Aftrologus. Ludovicus enim aftrologiam quam *judiciariam* vocant magis fectatus eft, quam quifpiam ex fuperioribus Regibus.

Comines.

Leodienfes qui cum exercitu moverant opitulatum Dinantiis, die excidium urbis infequente advenerunt. Comes Carolefius aciem inftruxit ad concertandam. Dux vero pater ejus fenio confectus, qui tales expeditiones fufcipere non valebat, receptum habuit. Qui prudentia plus valebant apud Leodienfes, contribulibus fuis auctores fuerunt, ut pacem anno proximo factam tenoverent. Pacta cum Carolefio inita fuere: Leodienfes pecuniæ fummam numerarunt, dederuntque obfides trecentos. Deinde vero Philippus Dux Burgundiæ diem claufit extremum, & Bruxellis cum celebritate magna fepultus fuit. Carolus filius ejus & fucceffor, ipfius obitum Ludovico Regi nunciari curavit. Erat Philippus Princeps bonus, Bonique cognomen jure fortitus eft, fortis in bello, atque ut plurimum in expeditionibus fuis fortunatus; fed ultra modum mulierofus. Pauci in hiftoria occurrunt Principes, qui tantum fpuriorum numerum reliquerint.

Cronique de Louis XI.

Ludovicus vero cernens longe minus populofam Lutetiam effe, quam pridem fuerat priftina; enim mortalitas & bellum, multos fuftulerant; decretum emifit, ac præeunte clangenteque tuba edictum promulgari juffit, quo facultas dabatur omnibus, cujufvis generis, conditionis, regionifque effent, habitandi & fedes ponendi Lutetiæ feu in urbe, feu in fuburbiis, feu in agro vicino: quos liberos & folutos declarabat omni culpa, homicidio, furto, latrocinio, fraude, uno excepto *lefæ Majeftatis crimine*, ut iftic arma geftarent, & ad bellum pro Rege contra hoftes ejus prodirent. Eodemque anno juffit omnes qui Lutetiæ erant a decimo fexto ætatis anno ad fexagefimum exire in agrum & pugnantium more in agmina inftrui: ad fexaginta autem five octoginta millia numerus pertigit, dicebaturque plures competentis & indictæ ætatis in urbe manfiffe, quam exiiffe.

Com'nti. Mat'h.th.

Interea Ludovicus occafionem captavit belli, quod Burgundiæ Dux gerebat contra Leodienfes, quos ipfe Ludovicus concitabat, & identidem auxiliis fovebat,

voiant du secours de tems en tems, porta enfin la guerre dans la Bretagne, où il se rendit avec une grande armée, & ravagea plus de trente lieues de païs. Le Duc de Bretagne a recours au Bourguignon, mais le Roi a tant de soin de couper le passage à ses Envoiez qu'il faut nécessairement, qu'ils aillent en Angleterre, & se rendent de là à Calais pour venir joindre le Duc de Bourgogne, qui insiste auprès du Roi, & le prie de laisser son ami en paix. Le Roi s'offre de son côté de lui abandonner les Liégeois, s'il veut lui abandonner le Duc de Bretagne. Le Bourguignon pria Edouard Roi d'Angleterre de faire une descente en France. Mais les troubles qui agitoient alors son Roiaume, ne lui permettoient pas de porter la guerre ailleurs.

Louis fait la guerre au Duc de Bretagne.

Cependant les Liégeois prirent les armes: le Duc marcha contre eux, & alla assieger Saint-Tron, qui avoit une garnison de trois mille hommes. On délibera dans l'armée du Duc si on feroit mourir les trois cens ôtages qu'ils avoient donnez. Le Sire de Contay opina qu'il falloit les massacrer, & insista fort là-dessus. Un de la troupe dit à l'oreille à Philippe de Commines, qui étoit alors au service du Duc, qu'il gageroit bien que ce conseiller de meurtre ne passeroit pas l'année; ce qui ne manqua pas d'arriver. Le Seigneur d'Imbercourt qui opina le dernier sauva la vie à ces malheureux. Trois jours après que le siège eut été formé, l'armée des Liégeois arriva au nombre de trente mille hommes. Ils se camperent en un lieu avantageux, où ils étoient à couvert d'un côté par des marais & de l'autre par un village fortifié. On les alla attaquer, ils eurent d'abord un avantage considerable sur les Archers des Bourguignons, mais ils furent enfin défaits à plate couture, & perdirent neuf mille hommes: la nuit qui arriva, sauva la vie à un plus grand nombre.

Guerre de Liege.

Après cette victoire, Saint-Tron se rendit, Tongres suivit son exemple & le Duc s'avança vers Liége. Les habitans étoient divisez. Les uns vouloient se rendre à discretion, à la réserve du feu & du pillage; les autres vouloient se défendre. Mais enfin le premier parti prévalut. Ils se rendirent & donnerent au Duc entrée dans leur ville. Il y disposa tout à sa volonté, fit abbatre une partie des murs de la ville, & fit mourir quelques-uns des principaux moteurs de la guerre.

---

tandemque in Britanniam movit cum grandi exercitu, in illaque provincia plusquam triginta leucarum spatium devastavit. Dux Britanniæ a Burgundione auxilia expetit: at Ludovicus cum tanto studio vias observari curat, ut necesse sit illius nuncios in Angliam, indeque Caletum trajicere, ut Carolum convenire possint. Hic apud Regem insistit, rogatque, amicum sibi Principem bello impetere desinat. Rex hanc conditionem Burgundioni offert: Sine me Britonem impetere, & sinam te Leodienses impugnare. Burgundio autem Eduardum Angliæ Regem rogavit, in Franciam exscensum faceret: sed quia turbis atque tumultu tunc Anglia agitabatur, non poterat Eduardus bellum alio inferre.

Dum hæc gererentur Leodienses arma sumsere; Dux vero contra illos movit, & Sanctum Trudonem obsedit, ubi trium millium virorum præsidium erat. In Ducis exercitu deliberatum fuit occidendine essent trecenti illi obsides a Leodiensibus dati. Contayus necandos esse illos opinabatur, urgebatque ut res perficeretur. Tunc ex cœtu aliquis Philippo Comineo, qui illo tempore penes Ducem Burgundiæ erat, ad aurem dixit, posito pignore, contendam eum qui tam sanguinarium consilium dat, intra hunc annum e vi-

lumines.

vis auferendum esse, & revera ille eodem anno vitam clausit. Imbercurtius vero, qui post alios sententiam dixit, vitam infelicibus servavit. Triduo elapso postquam oppidum obsidione cinctum fuerat, exercitus Leodiensium triginta millium virorum advenit, qui in aditu difficili loco castra posuere, ab una parte paludibus cincti, ab altera vico, qui propugnaculis instructus erat. Illos Burgundionum exercitus est adortus, statimque Leodienses Burgundiones sagittarios vi magna repulerunt; sed tandem illi profligati fuere, noviesmille ceciderunt, noxque superveniens ne major clades esset effecit.

Post illam victoriam Dux Sanctum Trudonem oppidum deditione facta cepit. Tungri etiam manus dederunt. Dux vero Leodium versus movit. Inter Leodienses dissensio erat. Alii volebant ad victoris arbitrium deditionem facere, ea solum conditione ut ne urbs diriperetur, vel igne crematretur; alii propulsandum hostem esse contendebant. Priorum autem opinionem sequuta civitas est. Deditionem igitur Leodienses fecerunt, Ducique portas aperuere, qui omnia ad arbitrium suum disposuit, partem mœniorum urbis dirui jussit, & aliquot ex præcipuis belli auctoribus capite mulctari præcepit.

Tome III.

Cette victoire mit l'effroi dans les villes de Flandres disposées à la révolte. Les Gantois qui depuis la mort du Duc Philippe, s'étoient remis malgré le Duc Charles dans leurs privileges, que Philippe le Bon leur avoit ôtez, avoient traité avec mépris leur nouveau Duc, & ne respiroient que la rebellion. Ils furent si épouvantez de la défaite des Liégeois & de la prise de Liége, qu'ils vinrent lui remettre leurs privileges, & se rendre à sa merci, & lui donnerent une grosse somme d'argent. Les autres villes firent de même.

Le Roi Louis après la prise de Liége, voiant que le train des affaires changeoit de face, ne désista pas pourtant d'agir auprès du Duc de Bourgogne pour le porter à abandonner la cause de son frere & du Duc de Bretagne: ce qu'il ne put jamais gagner sur lui. Cependant les troupes du Roi prirent Chantocé & Ancenis, ce qui porta le Prince Charles & le Duc de Bretagne à solliciter plus vivement le Duc de Bourgogne de venir promtement à leur secours. Il se mit d'abord aux champs avec un grand corps d'armée & alla à Peronne. Le Cardinal de la Balluë vint le trouver de la part du Roi, & lui fit quelques propositions. Le voiant inflexible, il lui dit que les Princes qui étoient en Bretagne pourroient bien s'accorder sans lui.

Etats tenus à Tours.

En ce même tems se tenoient les trois Etats assemblez à Tours, où il fut décidé qu'on donneroit au Prince Charles frere du Roi douze mille livres de rente en terres avec le titre de Duché & soixante mille livres de pension annuelle. On offrit la paix au Duc de Bretagne à condition qu'il rendroit au Roi les places qu'il tenoit dans la basse-Normandie. Les deux Princes qui voioient une grande armée à leurs portes accepterent ces conditions: & le Roi envoia au Duc de Bourgogne un Heraut qui lui apportoit les lettres de Charles son frere & du Duc de Bretagne, qui marquoient qu'ils avoient fait leur traité aux conditions marquées. Le Duc fort surpris de la nouvelle, crut d'abord que c'étoient des lettres fabriquées par le Roi Louis, & fut sur le point de faire un mauvais parti à ce Heraut. Mais il reçut la même nouvelle de tant d'endroits, qu'il ne put plus en douter.

Le Roi se flattoit qu'après ce traité fait, il porteroit aisément le Duc à mettre les armes bas, il lui envoia messages sur messages, lui fit present de six vingt

---

Hæc Ducis victoria in Flandriæ urbes terrorem intulit, quæ jam capita exerebant. Gandavenses statim post Philippi Boni obitum, privilegia sua, quæ sibi Philippus abstulerat, repetierant, reluctante licet Carolo Duce, quem non sine despectu repulerant, ac rebellionem meditabantur. At Leodiensium clade perterriti, cum ipsum Leodium captum esse edidicissent supplices ad Ducem venerunt, ac privilegia sua in manus ejus deponentes veniam precati sunt, quam nonnisi numerata summa pecuniæ grandi impetrarunt, & eorum exemplo cæteræ civitates idipsum fecerunt.

Les mêmes.

Ludovicus Rex post captum Leodium, mutatam rerum faciem videns, non destitit tamen id apud Burgundionem agere, ut fratris sui & Ducis Britanniæ causam & defensionem non ultra susciperet; id quod tamen ab illo impetrare nunquam potuit. Inter hæc vero regius exercitus Cantoceum & Ancenisium cepit: quapropter Carolus Regis frater & Dux Britanniæ vehementius Burgundionem concitarunt ut sibi ferret opem. Statim ille numeroso collecto exercitu, Peronam venit. Cardinalis autem Balluensis ab Rege missus illum convenit, ipsique aliquot rei componendæ modos proposuit; cumque ille nihil prorsus admittere vellet, reponit Cardinalis. Principes qui in Britannia erant, ipso fortassis inconsulto, pacem facturos esse.

Eodem ipso tempore tres Regni Ordines in Turonum urbe collecti, de negotiis præsentibus agebant, statutumque fuit ut Principi Carolo Regis fratri, terræ & agri darentur cum Ducatûs titulo, unde ipse duodecim mille libras annuas exciperet, præteraque annuus reditus septuaginta mille librarum assignatus ipsi fuit. Duci vero Britanniæ pax offerebatur, dummodo ille, quas in Normannia inferiori occupabat urbes Regi restitueret. Ambo autem Principes qui grandem exercitum in confinio suo videbant, oblatis sibi conditionibus manus dederunt. Rex vero præconem ad Burgundionem misit, qui literas Caroli fratris sui & Ducis Britanniæ ferebat, significantes se memoratis supra conditionibus, cum Rege pacem fecisse. Statim putavit Carolus literas illas a Ludovico Rege fraudulenter factas, & suppositias esse, & præconem malo afficere & plectere parabat. Verum tot ex locis idipsum nunciatum fuit, ut non ultra dubii sibi quidquam maneret.

Chroniqu après Mathstreici.

Sperabat Ludovicus, postquam res, consentientibus Principibus, ita composita fuerat se facile Burgundiæ Duci suasurum esse ut arma poneret: nunciosque frequentes misit, ac centum viginti sex mille nummos

Commines.

mille écus d'or pour la dépense faite à lever l'armée, la moitié de la somme lui fut d'abord payiée. Il lui fit demander une entrevuë, où il esperoit d'avoir l'art & l'addresse de le gagner & de le faire venir à son sentiment. Le Duc qui se méfioit du Roi, & qui savoit qu'il sollicitoit toujours les Liégeois de prendre les armes contre lui, eut bien de la peine à consentir à cette entrevuë: mais il y donna enfin les mains. Le Roi se rendit à Peronne peu accompagné, aiant des lettres de sûreté de la main du Bourguignon. Il y vint sans gardes esperant de le gagner plus aisément par cette marque de confiance; en sa compagnie étoient le Duc de Bourbon, le Cardinal son frere & le Connétable de S. Paul, le Cardinal de la Ballue & quelques autres. Le Duc alla au-devant de lui & le logea fort honorablement dans Peronne.

1468.

Peu de tems après arriverent l'Evêque de Geneve, le Comte de Bresse, le Comte de Romont, le Maréchal de Bourgogne & le Seigneur de Lavau, Poncet de la Riviere, & d'Urfé, tous ennemis du Roi Louis. Cela l'effraia, & il pria le Duc de le loger dans le château, ce qu'il fit en lui promettant toute sûreté.

Au même tems la nouvelle vint que les Liégeois avoient pris les armes, assiégé & pris Tongres, où étoient l'Evêque & le Seigneur d'Imbercourt, qu'ils avoient massacré plusieurs Chanoines. Les Messagers certifioient avoir vû dans la ville les Ambassadeurs du Roi dont ils disoient les noms, qui étoient venus-là pour porter ce peuple à prendre les armes en lui promettant secours. Le Duc entra en furie, fit fermer les portes de la ville & du château où il mit des archers pour garder le Roi, qui se voiant enfermé dans un lieu où un Comte de Vermandois avoit autrefois détenu prisonnier le Roi Charles le Simple, fit de tristes réfléxions là-dessus, & passa quelques mauvaises nuits dans un si fâcheux gîte. Dans cette situation il n'oublia pas ses tours d'addresse ordinaires; il fit distribuer des sommes aux Ministres du Prince, pour se les rendre favorables.

Le Roi Louis enfermé au Château de Peronne.

Le Duc étoit si animé que s'il se fut trouvé-là quelqu'un qui l'eût porté à la violence, il auroit fait un mauvais parti à son prisonnier. Mais Philippe de Comines qui tenoit compagnie au Roi, & quelques autres qui étoient presens tâ-

---

aureos dedit ipsi, ut sumtum, quem ad tantum colligendum exercitum effuderat, ipsi restitueret, dimidiamque summae partem statim numeravit. Colloquia autem cum Duce expetiit, impetrareque studuit: putabat enim se arte & industria illum ad sententiam suam esse pellecturum. Regis dictis non fidebat Burgundio, gnarus illum Leodienses ad bellum sibi inferendum assidue concitare: quapropter vix eo adduci potuit ut tale colloquium admitteret; sed cessit tandem rogantí. Rex igitur, acceptis ipsa Ducis manu exaratis literis, fidem & securitatem pollicentibus, cum tenuissimo comitatu, nec militibus stipatus Ducem adiit, sperans se hoc majoris fiduciae signo Ducem allecturum, & ad sententiam suam deducturum esse. Cum Rege erant Dux Borbonius, fraterque ejus Cardinalis, Constabularius Comes Sancti Pauli, Cardinalis Balluensis, &quidam alii, qui in occursum Regis venit, & honorifice exceptum Peronae, honeste in domicilio locavit.

Brevi elapso tempore advenere Peronam Episcopus Genevensis, Comes Bressiae, Comes Romontii, Marescallus Burgundiae, Lavallius Toparcha, Pontius de Riparia, & Urfaeus, qui omnes inimici & infensi Regi Ludovico erant. Hac re perterritus Ludovicus Ducem rogavit se in Peronense castellum induceret, illic habitaturum. Illo autem deductus à Burgundione fuit, qui fidem & securitatem ipsi denuo pollicitus est.

Inter haec vero advenere quidam, qui nunciabant Leodienses arma sumsisse, Tungros obsedisse cepisseque, ubi tunc erant Episcopus Leodiensis & Imbercurtius; ex Canonicis plurimos trucidasse; affirmabantque illi se Leodi legatos Regis Ludovici vidisse, quorum etiam nomina proferebant, quique illo venerant ut populum ad arma arripienda concitarent, & auxilia pollicebantur. Tunc Dux Burgundiae in furorem actus, urbis & castelli portas occludi jussit, sagittariosque custodes deputavit, qui Regem observarent. Ludovicus se eodem in loco inclusum cernens, ubi olim Herveus Comes Viromanduensis Carolum Simplicem Regem captivum detinuerat, tristia multa in animo versavit; & in tam ingrato habitaculo insomnes quasdam noctes transegit. In hac rerum conditione, pristinae astutiae non immemor, Ducis Ministris pecuniae summas distribui curavit, ut sibi faverent.

Dux certe tanta correptus ira, tanta indignatione plenus erat, ut si quis tunc illi violentum quodpiam consilium suggessisset, Rex Ludovicus tunc captivus de capite periclitatus esset. Verum Philippus Cominaeus, qui Regi assidue aderat, & alii quidam Burgundionis animum mitigare conati sunt: sic per triduum

Le même.

cherent de l'adoucir. Le pauvre Prince passa-là trois jours dans de furieuses transes.

Le Duc assembla son conseil, où il y eut grande diversité d'opinions. Les uns vouloient qu'on lui gardât la sûreté promise, pourvû qu'il se déclarât ennemi des Liégeois ; les autres disoient, qu'étant offensé comme il étoit, on avoit à craindre que si on lui donnoit la liberté, il ne s'en servit pour s'en venger ; d'autres opinoient qu'il falloit faire venir Charles frere du Roi & les autres Princes pour déliberer ensemble sur ce qu'il y auroit à faire. Il fut enfin résolu que le Duc presenteroit au Roi un Traité à signer, par lequel il s'obligeroit par serment à maintenir la paix faite à Conflans, à condition pourtant que Charles son frere renonçant à la Normandie auroit pour son partage la Champagne & la Brie. Il alla donc lui faire ces propositions, & lui demanda aussi s'il ne vouloit pas venir en personne lui aider à domter les Liégeois. Il consentit à tout & signa le Traité.

Olivier de la Marche rapporte plus en détail cette entrevûe. » Le Roi, dit-il, » n'étoit pas bien assuré de ses besognes, & si-tost qu'il vit entrer le Duc en sa » chambre, il ne pût celer sa peur, & dit au Duc, mon frere, ne suis-je pas » seur en vostre maison & en vostre payis. Et le Duc lui respond, ouy Mon- » sieur, & si seur, que si je voyois venir un trait d'arbalestre sur vous, je me » mettrois au-devant pour vous garentir. Et le Roy lui dit, je vous remercie » de vostre bon vouloir, & veux aller où je vous ay promis ; mais je vous prie » que la paix soit dès maintenant jurée entre nous. L'on fit apporter le bras de » Saint Leu : & jura le Roy de France la paix entre lui & le Duc de Bourgogne ; » qui jura aussi ladite paix.

Le lendemain ils partirent ensemble pour se rendre au payis de Liége. Le Roi n'avoit avec lui que sa garde Ecossoise, & trois cens hommes d'armes qu'il fit venir, pour servir au siége. L'avantgarde qui arriva plûtôt que le Roi & le Duc, eut beaucoup à souffrir, tant des boües & des pluies continuelles qu'ils supporterent toute la nuit sans logis ni couvert, que d'une sortie que firent les Liégeois, où il y eut bien des gens tuez. Le Roi & le Duc arriverent enfin & prirent logement auprès de la ville. Les Liégeois donnerent cette nuit une alarme, où le Roi fit preuve de sa valeur & de sa conduite. Ils firent la nuit suivante une si furieuse sortie sur le quartier où étoient le Roi & le Duc, que l'un

---

inclusus Ludovicus, quam anxius, quanto moerore correptus fuerit facile est augurari.

Dux tandem cum suis consilium habuit, ibique magna fuit opinionum diversitas : alii censebant fidem ac securitatem ipsi servandam esse, dummodo sese Leodiensium hostem declararet ; alii dicebant periculum fore, ne si ita offensus ac laesus dimitteretur, injuriam ille postea ulcisci conaretur. Alii vero opinabantur advocandum esse Carolum Regis fratrem, caeterosque foederatos Principes, ut cum illis de tanta re deliberaretur, denumque statutum fuit, ut Regi pactio subscribenda offerretur, qua sacramento dato polliceretur, se pacem ad Confluentem factam servaturum esse, illa tamen conditione ut frater ipsius Carolus Normanniae vice, Campaniam & Briam in partem suam acciperet. Ab Rege etiam Dux expetiit num vellet secum ad Leodienses subigendos proficisci. Omnia libenter admisit Ludovicus, & pactioni subscripsit.

Olivarius de Marchia rem pluribus enarrat, » Rex, » inquit, in incerto versabatur : ac cum primum vi- » dit Ducem in cubiculum suum intrantem, metum » suum occultare non potuit : Frater mi : inquit, an » securus versor in domo & in regione tua, cui Dux » respondit : Etiam, Domine, atque ita securus, ut » si sagittam viderem in te immissam, accurrerem ut » illam exciperem & te servarem. Reponit Ludovicus : » De tanto affectu gratias ago tibi, & quo pollicitus » sum tecum ire cupio ; sed rogo, jam pacem facia- » mus. Adferri jubetur brachium Sancti Lupi ; & sa- » cramento Rex adhibito, pacem cum Duce fecit : » Dux quoque pari sacramento usus est.

Postridie ejus diei ambo profecti sunt in Leodiensem tractum. Rex non numerosam secum armatorum manum duxit : aderant enim tantum custodes corporis sui Scoti & trecenti viri armorum, ut vocabant: Prima acies quae Regem & Ducem antevertit, multum laboris subiit : nam continuis imbribus madefacti milites, per totam noctem lutulentum iter emensi sunt : cumque prope urbem devenissent illi, eruptione facta Leodienses ex Burgundionibus multos occiderunt. Rex postea cum Burgundiae Duce adventavit, amboque proxime urbem sedes posuerunt. Insecuti vero nocte Leodienses in eam castrorum partem, in qua Rex & Burgundiae Dux sedes posuerant, vehementissimam irruptionem fecere ; ita ut uterque

LOUIS XI.

& l'autre y coururent un grand danger. Le Duc qui vouloit donner le lendemain un assaut general à la ville, fit dire au Roi, qu'il n'étoit pas nécessaire qu'il exposât sa personne, & qu'il pouvoit se retirer à Namur. Mais le Roi répondit qu'il vouloit se trouver à l'assaut avec les autres, & se montra fort éloigné d'une telle retraite. Le lendemain la ville qui étoit toute démantelée, fut attaquée de tous côtez. Les Liégeois ne firent presque point de résistance. Le peuple s'enfuit vers les Ardennes : ceux qui demeurerent dans la ville se refugierent dans les Eglises, ou se cacherent dans les maisons.

Quelques jours après la prise de Liége, le Roi fit dire & dit lui-même au Duc de Bourgogne, que s'il avoit encore à faire de lui, il ne l'épargnât point, & que s'il n'avoit plus besoin de son assistance ; il étoit à propos qu'il s'en retournât à Paris, pour faire enregistrer en la Cour du Parlement le Traité fait entre eux, qui sans cela seroit de nulle valeur. Le Duc y consentit, & comme ils se séparoient, le Roi lui demanda : *Si mon frere n'est pas content de ce partage, que faut-il que je fasse. S'il n'est pas content,* répondit le Duc, *& que vous le contentiez d'ailleurs, je m'en rapporte à vous deux.* Parole dont le Roi se servit utilement depuis. Il s'en retourna donc chez lui. Le Duc fit mettre le feu à la ville, après avoir fait jetter dans la riviere tout le pauvre peuple qui se trouva caché dans les maisons. Le feu consuma tout hors les Eglises & les maisons des Chanoines. Charles alla ensuite désoler tout le païs autour de Franchimont.

Cette prise du Roi arrêté & tenu en prison, pour s'être inconsiderement mis entre les mains d'un Prince auquel il suscitoit ouvertement des ennemis ; cette prise, dis-je, lui attira bien des railleries : le renard a été pris dans ses finesses, disoient apparemment les Parisiens. On s'en divertissoit publiquement, sur tout après qu'il se fut tiré de ce mauvais pas. Pour se laver de ce reproche il disoit, que le Traité passé à Peronne lui étoit aussi avantageux que s'il avoit été fait à Paris. Voulant mettre fin à tous ces discours, il s'avisa d'un fort plaisant expedient : il donna ordre qu'on lui apportât à Amboise tous les oiseaux, qui avoient appris à parler, dans les maisons des Parisiens, pour savoir si parmi les mots & les dictons qu'on leur avoit appris, il n'y en avoit pas quelques-uns qui le regardassent. L'ordre fut donné à Henri Perdriel, dit la Chronique, de

---

multum sit periclitatus. Dux qui in sequenti die urbem undique expugnare parabat, Regi nunciatum misit, non expedire ipse Rex expugnationis tantæ periculum subiret ; sed rogabat Namurcum se reciperet : respondit Rex se periculum cum aliis subire, neque ab illo receptum habere velle. Illucescente die urbs undique oppugnata fuit, nec diu oppugnantes propulsati sunt a Leodiensibus. Populus in Arduennam silvam aufugit ; qui in urbe mansere vel in Ecclesiis se receperunt, vel in ipsis domibus latibula quæsiere.

le même. Post aliquot elapsos dies Ludovicus & suorum opera & suo ipse ore a Burgundione petiit, an se suisque auxiliis adhuc opus haberet ; si haberet opus, paratum se ad omnia esse ; sin minus, expedire certe ut ipse Lutetiam repeteret, ut in Curiæ Senatus libro pactio inter ambos inita perscriberetur, alioquin vim nullam habituram esse pactionem. Assensit Dux petitioni, & cum ambo sibi mutuo valedicerent, dicit Rex Duci : Si Frater meus hac non sit sorte contentus, quid faciendum mihi est ? Si contentus non sit, inquit Dux, & si tu alio modo ipsi facias satis, per me licebit. Quo Ducis dicto Ludovicus postea opportune usus est ; tuncque ad sua est reversus. Dux vero postquam residuum populum, qui in domibus abditus, captus fuerat, in fluvium conjici jusserat, urbem incendit : omnia consumsit ignis, exceptis Ecclesiis & Canonicorum ædibus. Carolus vero postea agros omnes circa Francum-montem desolatus est.

Chronique De Rege capto & in carcere detento, quod sese imprudenter in manus Principis conjecisset, cujus eodem tempore inimicos ad bellum ipsi inferendum urgeret, multa tunc jocose & cavillando dicta sunt. Vulpes in astutia sua capta est : dicebant tunc, ut credere est, Parisini ; plurimaque similia dictitabantur, quando maxime Rex elapsus fuit. Ut ab se hanc contumeliam dimoveret, dicebat Ludovicus, pactionem Peronæ initam, perinde sibi commodam, utilemque esse, ac si illam Lutetiæ iniuisset. Ut autem illa jocosa dicta sedaret ac comprimeret, rem fecit omnino festivam. Ambasiæ cum esset, jussit afferri sibi aves omnes quæ humanas proferre voces doceri solebant, eas scilicet quæ in Parisinorum domibus essent, ut probaret num inter illa dicta, quæ proferre aves istæ didicerant, quædam se spectarent. Jussus est, inquit chronici Scriptor, Henricus Perdrelius in Parisina ur-

LOUIS XI.

» prendre « en ladite ville de Paris, toutes les pies, jays & chouettes, estans en
» caiges ou aultrement, & estans privées, pour toutes les porter devers le Roy,
» & estoit escrit & enregistré le lieu ou avoient esté prins lesdits oiseaux : & aussi
» tout ce qu'ils sçavoient dire, comme, *larron*, *paillart*, *fils de putain*, *va de-*
» *hors va*, *Perrette donne-moi à boire*, & plusieurs autres beaulx mots, que
» iceux oiseaux sçavoient bien dire. Cependant dans tout ce que la Chronique fait dire à ces oiseaux, il n'y a pas un seul mot qui regarde Peronne, ni la prise du Roi Louis. Parmi les oiseaux dont il est parlé ici, on ne voit point encore de perroquets.

Ce fut vers ce tems-ci que Charles de Melun Sire de Nantouillet, qui avoit été Lieutenant General pour le Roi dans tout le Roiaume & depuis Grand Maître de France, fut executé par ordre du Roi. Ce qui surprit d'autant plus, qu'il n'y avoit point d'homme qui fut entré si avant que lui en familiarité avec le Roi, qui le faisoit quelquefois coucher avec lui dans son lit. Au premier coup que le bourreau donna la tête ne sauta point, & Nantouillet se relevant protesta devant le peuple qu'il mouroit innocent, *& quand il eut dit cela*, selon la chronique, *il fut décapité*. On ne sait pas bien quelle fut la cause de son supplice. La Chronique de Louis XI. qu'on appelle je ne sai pourquoi, la Chronique scandaleuse, dit qu'il le fit mourir parce qu'il avoit laissé échapper de prison le Seigneur de la Vau, qu'il lui avoit ordonné de bien garder sur peine de la vie, & ajoute qu'il y en eut deux autres executez pour le même sujet.

1469.

Le Roi s'en alla à Tours bien résolu de mettre à profit la derniere parole du Duc, & de faire accepter à Charles son frere au lieu de la Champagne & la Brie, le Duché de Guienne avec la Rochelle. Ce jeune Prince étoit puissamment sollicité par le Duc de Bourgogne de s'en tenir au Traité fait à Peronne. Le Cardinal de la Ballue, quoique Ministre du Roi Louis, duquel il avoit eu jusqu'alors la confiance, se mit aussi de la partie, & écrivit à Charles pour le porter à tenir ferme, & à demander le partage établi au Traité de Peronne, il étoit secondé par l'Evêque de Verdun, qui s'interessoit vivement pour cela. Louis qui avoit cette affaire fort à cœur, sachant que son frere se gouvernoit en tout par les conseils du Seigneur de l'Escun, depuis Comte de Comminges, eut l'addresse de le mettre dans ses interêts, & il persuada à Charles d'accepter

Matthieu.

be capere omnes Picas, Gracculos, Monedulas, sive in caveis, sive secus tenerentur & educarentur, ut illas ad Regem afferret, ac scripto consignatum erat qua in domo singulæ repertæ fuissent, & quid singulæ dicerent; verbi gratia, *Latro*, *scortator*, *fili meretricis*, *exi foras*, *exi*, *Petronilla potum da mihi*, & plurima dicta hujusmodi, quæ aves illæ proferre didicerant. Inter illa vero dicta, quæ chronici Scriptor ab avibus prolata esse dicit, ne unum quidem est, quod vel Peronam vel captum Regem indicet. Inter aves illas hic memoratas nulla psittaci mentio est.

Hoc circiter tempus Carolus de Meloduno D. Nantogileti, qui pro Rege Præfectus in toto Regno fuerat, & postea Magnus Magister Regiæ Franciæ, Regis jussu ad supplicium mittitur, id quod in stuporem omnes conjecit. Nemo enim ad tantam ab Rege admissus fuerat familiaritatem, qui etiam illum in lecto suo secum jacere haud infrequenter jusserat. Primo ictu Carnifex caput non abscidit : tuncque surgens Carolus populo contestatur se innoxium supplicio affici, posteaque, inquit Chronicon, capite truncatus est. Neque plane scitur qua de causa ille plexus fuerit. Chronicon Ludovici XI. quod nescio quare *scandalosum* vocetur, narrat ideo supplicio affectum, quod Dominum de Valle, quem arctè custodiri Rex indicta pœna mortis edixerat, ex carcere elabi sivisset : additque duos etiam alios eadem de causa ad supplicium missos fuisse.

Rex in Turonum urbem se contulit, illa mente & animo, ut ea quæ Burgundiæ Dux postremo dixerat, in suam vertere utilitatem conaretur, & fratrem suum Carolum eo induceret ut Aquitaniæ Ducatum Campaniæ & Briæ anteferret. Dux autem Burgundiæ vehementissimè instabat apud Carolum Principem, ut pactioni Peronæ initæ staret. Cardinalis vero Balluensis, etsi Minister erat Ludovici Regis: qui ipsi hactenus omnino fiderat, ad Burgundionis partes transiens, Carolo scripsit Regis fratri, cohortatusque illum est ut Peronensem pactionem firmam teneret, neque ab illa deflecteret. Episcopus item Virdunensis, cui res cordi erat, Principi Carolo eadem monita dabat. Ludovicus, qui alio totis viribus contendebat; gnarus fratrem suum Lescunii, qui postea Convenarum Comes fuit, consilio omnia agere, illum arte & industria ad suas partes deduxit, Caroloque Lescunius suasit ut Aquitaniam & Rupellam in sortem suam acciperet,

Matthieu. Cominet

la

la Guienne & la Rochelle, qui selon lui étoient de beaucoup préférables à la Champagne & à la Brie: l'affaire fut ainsi conclue, au grand déplaisir du Duc de Bourgogne.

Le Roi averti des menées du Cardinal de la Ballue & de l'Evêque de Verdun pour le traverser dans son dessein, les fit emprisonner tous les deux. Le Cardinal demeura enfermé dans une cage de fer, dit Matthieu, d'où il ne sortit que vers la fin de ce Regne, malgré les efforts que le Pape fit pour obtenir sa délivrance. Les deux freres s'entrevirent depuis, & demeurerent ensemble un tems considerable avec toutes les démonstrations possibles d'amitié.

Dans le dessein de s'attacher tous les Princes & les grands Seigneurs du Roiaume; le premier d'Août 1469. il institua à Amboise l'Ordre de S. Michel. L'assemblée fut fort nombreuse. Il tâcha aussi d'y attirer les Ducs de Bourgogne & de Bretagne, mais ils ne voulurent pas y assister. Le Roi se fit Grand Maître & General de cet Ordre, & voulut aussi que ses plus proches en fussent honorez. Il donna le premier Collier à son frere, & le second à Jean II. Duc de Bourbon & d'Auvergne. Les autres furent Louis de Luxembourg Comte de S. Paul Connétable de France, André de Laval Seigneur de Loheac Maréchal de France, Jean Comte de Sancerre Seigneur de Bueil, Louis de Beaumont Seigneur de la Forest & du Plessis, Louis d'Estouteville Seigneur de Torcy, Louis de Laval Seigneur de Chastillon, Louis bâtard de Bourbon Comte de Roussillon Amiral de France, Antoine de Chabannes Comte de Dammartin, Grand Maître d'Hôtel de France, Jean bâtard d'Armagnac, Comte de Comminges, Maréchal de France, Gouverneur du Dauphiné; George de la Trimouille Seigneur de Craon, Gilbert de Chabannes Seigneur de Curton, Sénéchal de Guienne; Charles Seigneur de Cursol Sénéchal de Poitou, Tannegui du Châtel. Le Roi se réserva de parfaire le nombre de trente-six Chevaliers au premier Chapitre.

Le lieu de cet Ordre étoit l'Eglise du Mont S. Michel, tant parce que ce lieu n'avoit jamais été aux ennemis de la couronne de France, que parce que Charles VII. quand il entra dans Orleans avec Jeanne la Pucelle, étant sur le pont, vit ou crut voir cet Archange combattant pour lui. L'habit de l'Ordre étoit un

Etablissement de l'Ordre de S. Michel.

---

quæ fors Campaniæ & Briæ longe præstaret, sicque confectum negotium fuit: quæ res Burgundiæ Duci summo mœrori fuit.

Rex vero cum comperisset, quanta adversus se consiliumque suum machinati essent Cardinalis Balluensis & Episcopus Virdunensis, ambos in carcerem conjici jussit. Cardinalis autem, si sit Matthæo fides, in cavea ferrea inclusus mansit, unde non nisi versus finem Regni Ludovici XI. egressus est, frustra reclamante Summo Pontifice, & ut libertas ipsi daretur, nihil non agente. Fratres autem ambo postea convenere, simulque colloquia miscuere, ac per aliquod temporis spatium una vixere cum magna amicitiæ fraternæ significatione.

Ludovicus autem, ut Principes sibi & proceres Regni devinciret, die primo Augusti mensis Ordinem sancti Michaelis Ambasiæ instituit. Ibi magna fuit Principum, Procerum & Nobilium frequentia. Evocavit etiam Rex Duces Burgundiæ & Britanniæ, qui illo se conferre noluerunt. Rex seipsum Magnum-Magistrum & Generalem istius Ordinis constituit, voluitque etiam cognatos ac suos genere propinquiores istius Ordinis honorem accipere. Primum Ordinis torquem dedit fratri suo, secundum Joanni II. Borbonii & Arverniæ Duci: cæteri autem fuere Ludovicus Luxemburgensis Constabularius Franciæ, Andræas Lavallius Loheacius Marescallus Franciæ, Joannes Comes Sancerrensis Buculius, Ludovicus de Bello-monte Toparcha de Foresta & de Plesseio, Ludovicus de Stotavilla Toparcha Torciacensis, Ludovicus de Lavallio de Castellione, Ludovicus Borbonius nothus Comes Ruscinonis, Præfectus maris in Francia; Antonius de Cabannis Comes Domni-Martini, Magnus Magister domus in Francia; Joannes nothus Armeniacensis Comes Convenarum, Marescallus Franciæ, Delphinatus Præfectus, Georgius de Tremollia Cratumni Toparcha, Gilbertus de Cabannis, Curtonii Dominus, Senescallus Aquitaniæ; Carolus Cursolii Dominus, Senescallus Pictaviensis provinciæ, Tanaquillus de Castello. Rex porro triginta sex Equitum numerum complere volens, cæteros creandos ad proximum Capitulum remisit.

Locus huic Ordini deputatus erat Ecclesia Montis Sancti Michaelis, tum quia locus iste nunquam ab inimicis Franciæ Coronæ captus fuerat, tum quia Carolus VII. quando Aurelianum cum Joanna Puella intravit, in ponte cum esset, vidit aut se videre putavit hunc Archangelum pro se pugnantem. Hujusce

Luthicus.

Le même.

manteau de damas blanc long jusqu'à terre, bordé & brodé richement à coquilles d'or, fourré d'hermine, avec des chaperons de velours cramoisi ; le chaperon du Chef de l'Ordre étoit d'écarlate brune. La marque étoit au Collier d'or, au milieu duquel on voioit une image de S. Michel sur un roc, sans émail ni pierreries. Ce Collier devoit être porté chaque jour, sur peine de faire dire une Messe, & donner en aumône sept sous six deniers. A la guerre, en voiage & dans la maison, il suffisoit de porter l'image de S. Michel attachée à une chaînette d'or.

Les Officiers étoient un Chancelier, qui avoit la garde du Seau de l'Ordre, & le droit de porter la parole, de faire des propositions, de s'informer de la conduite des Chevaliers, de leur faire la correction, & de recueillir les voix aux élections, & les preuves de Noblesse de ceux qui demandoient à être reçus. Un Trésorier pour garder les Reliques, joiaux, &c. Un Heraut Roi d'armes, qui devoit être appellé le Mont S. Michel. Tout ce qui regarde cet Ordre est spécifié plus au long dans les Statuts.

PL. LXI. La Planche suivante représente tous les Chevaliers de l'Ordre assemblez. Le Roi seul est assis & parle à l'assemblée. Les Chevaliers sont debout à ses côtez. Ce tableau est tiré d'une Miniature, qui est à la tête du livre des Statuts de cet Ordre, faits pour le Roi Louis XI. Tous les Chevaliers portent l'habit & le Collier de l'Ordre, & ont le manteau blanc, qui descend jusqu'à terre. Ils n'ont point de chaperon, leurs bonnets sont les uns bleus, les autres rouges. Il voulut conférer le même Ordre au Duc de Bretagne, qui le refusa & prit celui de la Toison d'or. Le Duc de Bourgogne qui le refusa aussi, avoit pris celui de la Jartiere.

1470. Quoique le Roi eut toujours sur le cœur l'affront qu'il avoit reçu à Peronne, comme il n'osoit rien risquer, il n'auroit pas si-tôt entrepris la guerre contre le Duc de Bourgogne. Mais le Connétable de S. Paul, craignant que s'il n'y avoit point de guerre, le Roi, qui étoit fort remuant, n'entreprît quelque chose contre lui, ou ne diminuât ses appointemens, qui étoient fort grands, l'exhortoit sans cesse à prendre les armes contre le Duc, lui faisant espérer qu'il réduiroit bien-tôt une bonne partie de ses villes sous son

---

Ordinis vestis erat Pallium ex Damasceno serico album, ad terram usque defluens, in cujus oris intexta erant conchilia aurea, assutis muris Pontici pellibus, cujus caputium erat ex serico villoso cramesino: caputium vero Præfecti Ordinis, coccinei erat coloris obscuri. Insigne Ordinis, Torques aureus, in cujus medio visebatur imago sancti Michaelis in rupe stantis, sine ullo encausto vel lapillis. Torques ille quotidie gestari debebat, indicta pœna iis qui non gestarent ut Missam illa die celebrari curarent, & pauperibus in stipem darent septem solidos & sex denarios. In bello autem, in itinere, aut domi constitutis, satis erat gestare imaginem sancti Michaelis catenulæ aureæ annexam.

Ministri porro Ordinis erant Cancellarius, qui sigillum Ordinis custodiebat, ipsiusque munus erat verba facere, si opus esset, quæ expedire videbantur proponere, Equitum gesta explorare, ipsos objurgare, si casus exigeret, in electionibus voces colligere ; nobilitatem explorare eorum, qui in Ordinem admitti rogabant. Thesaurarius, qui reliquias custodiret, cimelia, &c. Preco Rex armorum, cui nomen futurum erat, Mons sancti Michaelis. Cætera quæ ad hunc spectant Ordinem fusius in statutis enunciantur.

Tabula sequens Equites omnes Ordinis unà collectos repræsentat. Rex solus sedet, ac cœtum alloquitur. Equites a lateribus ejus stant. Tabula autem isthæc educta est ex pictura quæ visitur in fronte libri, in quo descripta sunt statuta hujusce Ordinis ; qui liber pro Ludovico XI. adornatus fuit. Equites omnes vestem & torquem Ordinis gestant, albumque pallium ad terram usque defluens. Caputium non habent : pilei alii cærulei, alii rubri sunt. Eumdem Ordinem Duci Britanniæ conferre Ludovicus voluit, qui accipere noluit, & Ordinem Velleris aurei cepit. Dux Burgundiæ qui etiam recusavit, Ordinem Periscelidis accepit.

Etiamsi Rex injuriam Peronæ acceptam præ oculis semper haberet, illamque ulcisci cuperet ; attamen quod timidus esset, nondum ad bellum contra Burgundiæ Ducem suscipiendum paratus erat. Verum Constabularius Sancti Pauli, metuens ne si bellum nullum esset, Rex qui semper nova moliebatur, se Constabularium in aliquo impeteret, neve stipendia sua, quæ magna utique erant, minuere tentaret, illum semper hortabatur ut contra Burgundionem arma sumeret, spemque faciebat, se magnam urbium ipsius partem sub Regiam potestatem redac-

CHAPITRE DE L'ORDRE DE SAINT MICHEL.

obéissance. D'autres se joignoient à lui pour inciter le Prince à cette entreprise. Il s'y détermina enfin.

Il assembla les trois Etats à Tours: l'assemblée fut grande & solennelle. Le motif general étoit les besoins de l'Etat: mais la véritable cause, qui l'y déterminoit, c'étoit pour assigner à son frere un appanage, & pour porter les Etats à lui donner du secours pour recouvrer les villes de la Somme. Ces Etats furent tenus avec grande solennité. Le Roi y étoit assis sur un Trône, revêtu d'une longue robe de damas blanc, brochée & boutonnée de fin or, fourrée de martres. Son chapeau noir étoit orné d'une plume d'or de Chypre.

Assemblée des trois Etats.

A ses côtez étoient le Cardinal de Sainte Susanne, & René d'Anjou Roi de Sicile, derriere lequel étoient quelques Princes & Seigneurs. Il y avoit deux parquets; l'un pour les Princes du Sang, le Connétable, le Chancelier & les Prélats, qui y étoient en grand nombre; l'autre plus grand pour les Députez des Etats. Entre le Trône du Roi & le parquet des Princes, il y avoit deux bancs qui regardoient le Roi, en l'un desquels étoient les Pairs de France, & en l'autre les Officiers de la couronne. On donna en appanage à Charles frere du Roi la Guienne, en transferant le Parlement de Bourdeaux à Poitiers. Les Etats representerent au Roi que pour le bien du Roiaume il falloit rétablir la Pragmatique Sanction. Mais il ne jugea point à propos de toucher cette matiere.

Le Comte d'Eu de concert avec le Roi y comparut & se plaignit que le Duc de Bourgogne s'étoit saisi de S. Valeri & d'autres terres qui lui appartenoient, & qu'il vouloit le contraindre de lui faire hommage. L'affaire aiant été examinée; il fut conclu que le Duc de Bourgogne seroit ajourné pour venir rendre raison de sa conduite. On envoia au Duc de Bourgogne un Huissier pour lui signifier cette Sentence. Il en fut indigné, & fit arrêter l'Huissier, qu'il lâcha quelques jours après. Il leva un grand nombre de gens. Puis voiant que la chose tiroit en longueur, il congédia ses troupes & s'en alla en Hollande. Pendant ce tems-là, on sollicitoit Abbeville, Amiens & S. Quentin de se remettre sous l'obéissance du Roi. Le Bourguignon fut averti par le Duc de Bourbon qu'il auroit bien-tôt une guerre à soutenir tant en Picardie qu'en Bourgogne. En effet peu de tems après par l'intrigue du Connétable, S. Quentin & Amiens se remirent

---

mêmes. turum esse. Alii quoque cum Constabulario stimulos Regi addebant, qui tandem cessit hortantibus, & bellum hoc suscipere decrevit.

Tres igitur Regni Ordines in Turonum urbem collegit. Magna celebrisque frequentia fuit. Causa convocandi generalis erat, ut Regni negotiis urgentibus provideretur: sed ea quæ Ludovicum moverunt ad Ordines convocandos, hæc erant, ut fratri suo regium patrimonium assignaret, utque a tribus Ordinibus auxilia experterentur, quo possent urbes ad Somonam sitæ recuperari. Cum grandi solennitate res acta fuit. Rex in solio sedebat longa veste indutus ex Damasceno serico albo intertexta auro & globulis ornata aureis, assutis Martium pellibus. Petasus ejus niger pluma aurea Cypria ornatus erat.

A lateribus ejus erant Cardinalis Sanctæ Susannæ & Renatus Dux Andium Rex Siciliæ; pone hunc erant quidam Principes & primores. Duo distincta assignataque loca hic visebantur; alius deputatus Principibus Regii generis, Cancellario, Constabulario & Episcopis, qui magno numero aderant; alius major legatis trium Ordinum. Inter Regium solium & locum Principibus assignatum, duo scamma erant oblonga in conspectu Regis posita, in quorum priore erant Franciæ Pares; in altero autem Coronæ Regiæ Ministri.

Patrimonium regium Carolo Regis fratri assignatum fuit, nempe Aquitania; ita ut Senatus Curia Burdegalensis in Pictavorum urbem translata fuerit. Regni Ordines Ludovico repræsentant, e re fore ut Pragmatica-Sanctio restitueretur & in usum revocaretur; sed eam rem ille non censuit esse movendam.

Comes Augensis, instigante Ludovico Rege, in medio cœtu comparuit, conquestusque est, quod Dux Burgundiæ Sanctum Valaricum aliasque terras occupavisset ad se vere pertinentes, quodque ab se *hominium* exigeret, Re excussa examinataque decretum fuit ut Duci Burgundiæ dies diceretur, quo rationem redditurus compareret. Accensus mittitur prolatam sententiam Duci allaturus. Indignatus ille, Accensum comprehendi jussit, & post dies aliquot dimisit. Tunc multas ipse copias collegit: posteaque adversarios cunctari, moramque trahere cernens, copias dimisit, atque in Hollandiam se contulit. Interea apud cives Abbatis-villæ, Ambiani & Sancti Quintini id agebatur, ut sese illi cum urbibus suis sub potestatem Regiam transferant. Dux autem Burgundiæ a Borbonio Duce submonitus fuit, bellum sibi imminere & in Picardia & in Burgundia. Et vere paulo postea, occultis Constabularii artibus Sancti Quintini urbs & Ambianum Regi sese dediderunt. Idipsum

Les mêmes.

Guerre contre le Duc de Bourgogne.

en l'obéissance du Roi : Abbeville auroit fait de même, si Desquerdes un des meilleurs Chefs du Duc n'y avoit mis ordre.

Le Duc qui étoit fort près de là & peu accompagné, fut effraié de ce changement subit : il envoia prier le Connétable ci-devant son ami, & qui avoit la meilleure partie de ses terres dans ses Etats, de ne le point ainsi pousser à outrance. Le Connétable lui découvrit alors tout le mystere, & le complot qui étoit entre le Duc de Guienne & lui, dans lequel entroit aussi le Duc de Bretagne ; c'étoit de l'obliger à donner sa fille unique en mariage au Duc de Guienne, qui l'avoit souvent demandée & n'avoit pû l'obtenir. C'étoit la principale cause de cette guerre, dont le Roi lui-même qui ne l'avoit entreprise qu'à contre-cœur, ne savoit pas le véritable motif, & s'il l'avoit sçu, il n'auroit eu garde de prendre les armes pour une fin, qui lui déplaisoit encore plus qu'à son ennemi. Le Duc de Bourgogne conçut une grande haine contre le Connétable, ramassa des troupes, & alla assieger Pequigny. Ce lieu fut pris par l'imprudence de la garnison, qui aïant fait une sortie contre les Bourguignons, fut repoussée & suivie de si près qu'ils entrerent pêle-mêle avec eux dans la place.

Il y avoit alors à Amiens un corps considerable de troupes de quatorze cens hommes d'armes & quatre mille archers. Et le Roi qui étoit à Beauvais assembla une grande armée, où étoit le Duc de Guienne son frere, le Duc de Calabre, & les Nobles du Roiaume par maniere d'arriereban. Le Connétable voulut sortir pour aller combattre le Duc de Bourgogne, & demanda au Roi un secours de troupes pour cela. Il eut défense de rien entreprendre.

Guerre en Bourgogne.

Au même tems que le Roi étoit ici à la tête d'une armée, celle qu'il avoit envoiée pour faire la guerre en Bourgogne, défit les troupes du Duc, & les mit en déroute, le nombre des morts ne fut pas grand ; mais il y eut beaucoup de prisonniers. L'armée du Roi prit quelques places, & en assiegea d'autres. La nouvelle en vint au Duc de Bourgogne, qui en fut effraié, & répandit dans son camp, que les siens avoient eu l'avantage. Il écrivit au Roi une lettre conçuë en des termes fort humbles, où il lui apprenoit le complot du Connétable & des autres, qui le portoient à entreprendre cette guerre. Louis s'en doutoit déja

---

factora erat Abbatis-villa, nisi Cordæus, qui tunc inter præstantissimos Burgundionis duces numerabatur, obstitisset.

Les mêmes.

Dux autem Burgundiæ, qui non procul cum paucis pugnatoribus erat, tam subita mutatione exterritus, Constabularium olim amicum suum, qui maximam terrarum suarum partem in ditione Burgundiæ Ducum inclusam habebat, rogatum misit ut ne secum tam vehementer ageret. Tunc Constabularius arcanum ei totum aperuit, & rem quæ tum clam inter Ducem Aquitaniæ & Constabularium tractabatur, annuente etiam Britanniæ Duce declaravit, ut scilicet Dux Burgundiæ eo adigeretur ut filiam suam Duci Aquitaniæ nuptui daret, quam ipse Dux Aquitaniæ Carolus a patre sæpe expetierat, neque optatum assequi potuerat. Hæc præcipua erat belli causa, quam ignorabat ipse Rex, qui bellum invitus pene susceperat ; nam si quo animo bellum Constabularius suaderet scivisset, nunquam arma sumsisset pro re assequenda, sibi magis quam hosti suo ingrata. Deinde vero ingenti Dux Burgundiæ Constabularium odio prosequutus est, exercitumque collegit, ac Pequiniacum obsedit, quod castum præsidiariorum imprudentia captum est; egressi namque, in Burgundios irruperunt, qui fugatos illos tam ardenter insequuti sunt, ut confertim cum illis in castrum ingrederentur.

Tunc Ambiani erat manus pugnatorum valida, mille quingentorum nempe militum eorum, qui viri armorum nuncupabantur & quatuor mille sagittariorum ; Rexque qui Bellovaci erat, magnum collegit exercitum, in quo erant Dux Aquitaniæ Regis frater, Dux Calabriæ & Nobiles Regni ad bellum pro more evocati. Constabularius vero manus conserere cum Burgundionibus gestiebat; sed ab Rege jussus est a prælio abstinere.

Les mêmes.

Interea dum Rex cum exercitu tanto istis in locis versaretur, alius ejus exercitus, quem ad bellum in Burgundia gerendum miserat, Ducis copias profligavit. Non magnus fuit cæsorum numerus ; sed multi in prælio capti fuere. Exercitus vero Regius plurima castra & oppida cepit, aliaque obsedit. Qua re comperta Dux Burgundionum perterritus, interim in castris suis rumorem spargi curavit, quasi copiæ suæ in prælio superiores in Burgundia fuissent. Regi autem literas scripsit demissiore stylo concinnatas, queis ipsi aperiebat, qua mente quove animo Constabularius & alii, ipsum ad tale bellum suscipiendum commoverent. Ludovicus vero jam in ejus rei suspicionem venerat : Burgundioni autem literas misit, queis signi-

& lui fit entendre, qu'il étoit porté à faire une treve. Elle se fit pour un an au grand déplaisir du Connétable, qui depuis ce tems-là fut ennemi juré du Bourguignon.

Treve pour un an.

Les Ducs de Bourgogne n'avoient point de troupes reglées en tems de paix : ce qui fut la cause que Charles se trouva avec fort peu de gendarmes lorsqu'il fut attaqué par le Roi. Charles assembla donc ses Etats & leur representa qu'il seroit à propos qu'il y eut toujours dans le pays huit cens lances entretenus. Quoique avec bien de la peine, les Etats lui accorderent six vingt mille écus. Ce n'étoit pas sans raison qu'ils craignoient de consentir à de nouveaux impôts : car il voulut après cela augmenter à diverses fois ces troupes de reserve, ensorte qu'au lieu de six vingt mille écus, on en leva à la fin cinq cent mille. En cette année 1470. naquit Charles Dauphin de France, qui regna après son pere.

Tandis que ceci se passoit en France, l'Angleterre par la dissension des maisons d'Yorc & de Lancastre étoit devenuë comme un théatre perpétuel de révolutions. Edouard Roi d'Angleterre avec l'aide du Comte de Warvic étoit monté sur le trône & tenoit en prison Henri VI. qu'il avoit depossedé. Ce Comte de Warvic fort puissant en Angleterre, se donnoit des airs de maître & favorisoit le Roi de France, il se brouilla avec le Roi Edouard, & s'étant mis à la tête d'un parti, il se saisit de lui. Edouard lui échapa, ramassa du monde & le chassa de l'Angleterre : il en partit menant avec lui la Reine Marguerite femme d'Henri VI. & la Comtesse de Warvic sa femme, & vint aborder en Normandie, où le Roi le reçut très-bien, lui fournit une grosse somme d'argent, & lui donna une flote pour le ramener en Angleterre, sous la conduite du bâtard de Bourbon. Le Comte aborda en Angleterre, où les gens de son parti le vinrent joindre en si grand nombre, que le Roi Edouard fut obligé de monter sur un vaisseau pour s'enfuir auprès du Duc de Bourgogne, qui avoit épousé sa sœur.

Troubles de l'Angleterre.

Le Comte de Warvic tira le Roi Henri VI. de la prison, où il l'avoit mis luimême, & le remit sur le Trône. Le Duc de Bourgogne donna à Edouard un secours considerable d'argent & de vaisseaux : moiennant quoi il repassa en Angleterre, où les gens de son parti l'étant venus joindre, il donna bataille au Comte de Warvic, qui fut tué dans le combat & ses gens furent défaits. Le

---

ficabat se ad inducias faciendas paratum esse. Induciæ igitur ad annum unum factæ sunt ; quæ res ingrata admodum Constabulario fuit : ab hinc vero inimicitia ingens fuit Burgundionem inter & Constabularium.

Burgundiæ Duces antehac pacis tempore militares copias nullas habebant, quæ causa fuit, ut Carolus paucos secum viros armorum, ut vocabant, haberet, cum ab Rege Ludovico impetitus bello fuit. Tunc itaque Carolus ditionis suæ Ordines convocavit, exposuitque, e re fore ut octingenti armorum viri in regionibus suis semper parati & in promptu essent. Non sine metu & suspicione majoris futuri oneris Ordines annuam centum viginti mille scutorum summam concesserunt. Nec sine causa invitos illos hæc nova vectigalia concessisse comprobatum fuit. Nam identidem ille postea hanc militum manum augere voluit, & revera auxit ; ita ut illa centum viginti scutorum millia ad quingenta demum millia pervenerint. Hoc eodem anno 1470. natus est Carolus Franciæ Delphinus, qui post patrem regnavit.

Dum hæc in Francia gererentur, Anglia ex prisca illa Eboracenses inter & Lancastrienses Principes dissensione ceu theatrum quoddam vicissitudinum & mutationum facta fuerat. Eduardus Rex Angliæ sovente & opitulante Warvicensi Comite in solium Regium conscenderat, & quem ex solio dejecerat Henricum VI. in carcere tenebat. Comes Warvicensis in Anglia potentissimus erat, & ceu omnium moderator sese gerens, Regi Francorum favebat. Hinc rixæ subortæ sunt inter illum & Eduardum Regem. Warvicensis autem collectis factionis suæ pugnatoribus, Eduardum cepit. Elapsus deinde Eduardus factionis & ipse suæ viros armavit, & Warvicensem Comitem ex Anglia eliminavit. In Normanniam autem Warvicensis appulit, Margaritam Reginam Henrici conjugem, uxoremque secum ducens. Rex Ludovicus illum libentissime excepit, grandem pecuniæ summam ipsi dedit, classemque apparavit duce Borbonio notho, in quam conscensu Warvicensis Comes & in Angliam appulit. Warvicensem factionis suæ viri tanto numero convenerunt, ut Eduardus fugam facere compulsus sit, Conscensa autem navi, ad Burgundiæ Ducem, qui ipsius sororem duxerat, confugit.

Comes porro Warvicensis Henricum VI. quem ipse in carcerem conjecerat, eduxit, & in solium regium restituit. Dux vero Burgundiæ Eduardo summam pecuniæ contulit, navesque suppeditavit, queis vectus in Angliam factionis suæ pugnatores collegit. Cum Warvicensi Comite pugnam commisit qui in prælio cæsus est, exercitusque ejus profligatus fuit. Dux

Qq iij

Duc de Gloceſtre frere d'Edouard fit tuer le Roi Henri VI. qui étoit preſque hébeté, & Edouard fut rétabli ſur le Trône.

1471. Le Pape Sixte IV. ſucceſſeur de Paul II. après ſon élection au Pontificat envoia aux Princes Chrétiens pour les exhorter à ſe réunir contre les Turcs. Le Cardinal Beſſarion député pour faire cette Ambaſſade au Roi de France & au Duc de Bourgogne, commença par le Duc, & de là il vint au Roi, qui indigné de ce qu'il avoit commencé par ſon vaſſal, lui prit la barbe, lui recita ce vers d'un Grammairien.

Barbara Græca genus retinent quod habere ſolebant.

& le renvoia ſans autre réponſe. Cette hiſtoire qui ſe trouve dans differens Auteurs eſt rapportée aſſez diverſement.

Le Duc de Guienne inſiſtoit toujours à demander au Duc de Bourgogne ſa fille en mariage, le Duc de Bretagne le preſſoit auſſi de ſon côté, & le Conneſtable vouloit avoir l'honneur de terminer cette affaire. Le Duc pour les leurrer fit quelque promeſſe de bouche. Recherché de tous les côtez pour cette fille, qui étoit le meilleur parti de la Chrétienté, il promettoit tantôt à l'un tantôt à l'autre, à Nicolas Duc de Calabre & de Lorraine, à Philibert Duc de Savoie, à Maximilien Duc d'Autriche, & n'avoit nulle envie de la marier à pas un d'eux tant qu'il vivroit. Cependant le Roi prenoit tantôt une place de ſon frere, tantôt une autre, & débauchoit ſes meilleurs ſerviteurs. Il craignoit comme le dernier des malheurs ce mariage de l'héritiere de Bourgogne, & faiſoit ſon poſſible pour l'empêcher.

Les Ducs de Guienne, & de Bretagne, qui regardoient ce futur mariage comme une choſe ſûre, & qui voioient le Roi ſi attentif à ſe ſaiſir des places de Guienne, ſollicitoient vivement le Duc de Bourgogne de prendre les armes contre le Roi, lui promettant qu'ils l'attaqueroient auſſi de leur côté. Mais ils le prioient auſſi de ne pas faire venir le Roi d'Angleterre à ſon ſecours; car s'agiſſant, diſoient-ils, du bien commun du Roiaume, il ne falloit point y appeller ſes plus grands ennemis, d'autant plus qu'eux trois unis enſemble étoient aſſez forts pour ranger le Roi à la raiſon. Malgré leurs remontrances le Duc

---

vero Gloceſtrienſis Eduardi frater Henricum VI. Regem, qui jam pene hebes ac ſtolidus erat occidi curavit, & Eduardus in ſolium regium denuo conſcendit.

Sixtus IV. Papa ſucceſſor Pauli II. poſtquam Summus Pontifex electus fuit, ad Principes Chriſtianos Legatos miſit, qui cohortarentur illos, ut junctis viribus & copiis contra Turcas arma ſumerent. Beſſario autem Cardinalis, qui hac de re ad Regem Francorum & ad Ducem Burgundiæ miſſus eſt, a Duce Burgundiæ cœpit, & poſtea Regem convenit, qui indignatus, quod ſibi ſubdito Principe cœpiſſet Beſſario, barba ejus correpta hunc veteris Grammatici verſum recitavit:

Barbara Græca genus retinent, quod habere ſolebant.

& ſine alio reſponſo miſit. Hæc hiſtoria, quæ apud Scriptores plurimos occurrit, ſat diverſe narratur.

Cominæus. Matthieu.

Dux Aquitaniæ urgebat ſemper, & Ducis Burgundiæ filiam nuptui ſibi dari a patre poſtulabat: inſtabat quoque idipſum expetens Dux Britanniæ; ſed Conſtabularius hujus conficiendi negotii ſibi honorem reſervabat. Dux ut inani ſpe lactaret ipſos, aliquid promiſſi ore tenus tantum emiſit. A plurimis vero Principibus Maria in uxorem expetebatur, cujus doti par nulla in orbe Chriſtiano erat. Dux vero Carolus modo huic, modo alteri filiam pollicebatur, Nicolao Calabriæ Duci, Philiberto Duci Sabaudiæ, Maximiliano Auſtriæ Duci, neminique tamen ipſam connubio jungere, dum ipſe viveret, cogitabat. Interea Rex Ludovicus modo iſtud modo aliud oppidum in fratris ditione occupabat, clientesque ejus miniſtros ejus alliciebat, & ad partes trahebat ſuas: tamquam extremum infortunium metuebat ne frater ſuus Mariam Burgundicam duceret uxorem, nihilque non agebat, ut hoc averteret.

Duces Aquitaniæ & Britanniæ, qui matrimonium hujuſmodi ut rem certam habebant, & Regem videbant ſemper inhiantem, & oppida Aquitaniæ ſenſim occupantem, inſtabant apud Burgundiæ Ducem ut arma moveret contra Regem, ſe ex ſua parte irrupturos pollicentes; ſed rogabant etiam ut ne Regem Angliæ in opem evocaret: nam cum, ut ipſi dictitabant, de communi Regni bono ageretur, non advocandi in auxilium erant perpetui Regni hoſtes, cum alioquin ipſi tres Principes junctis viribus Regem poſſent in ordinem redigere. Eorum monita nihil curans

LOUIS XI.

demandoit secours aux Anglois. Mais le Roi Edouard qui croioit que le mariage de l'héritiere de Bourgogne avec le Duc de Guienne alloit se faire, n'avoit garde de donner du secours au pere de cette Princesse. Il craignoit que si ce mariage se faisoit, le Roiaume de France & tous les Etats de Bourgogne ne se trouvassent un jour réunis sous un même Prince, ce qui auroit mis le Roiaume d'Angleterre dans un grand péril. Il auroit alors plus volontiers prêté secours au Roi de France, qu'au Duc son beau-frere.

Le Roi Louis n'étoit pas moins alerte sur cette affaire: pour détourner son frere de cette alliance de Bourgogne, il lui persuada de rechercher l'Infante de Castille. Le Roi y envoia le Cardinal d'Albi, & le Comte de Torci. Le Duc de Guienne donna sa procuration au Comte de Bologne & au Sire de Malicorne. Henri IV. Roi de Castille reçut avec plaisir cette Ambassade & accorda fort volontiers sa fille au frere du Roi de France. Le mariage fut conclu & arrêté. Ce mariage rompoit toutes les mesures du Connétable, il fit tous ses efforts pour persuader au Duc de Guienne, que Marie de Bourgogne lui convenoit mieux. Le Duc de Bretagne insistoit aussi de son côté pour renouer la premiere négociation: le Duc de Guienne se laissa bien-tôt gagner, & continua de rechercher cette Princesse.

Traité de mariage du Duc de Guienne.

Le Duc de Bourgogne qui trompoit ainsi toute l'Europe, pressé par ses confederez se mit enfin en campagne avec une puissante armée, & marcha vers Peronne, Montdidier & Roye. Le Roi pour détourner l'orage qui le menaçoit, lui envoia plusieurs fois le Seigneur de Craon & Pierre Doriole Chancelier de France. Il avoit jusqu'alors refusé de lui rendre Amiens & S. Quentin, mais pour avoir la paix il lui offrit ces deux places. Le Duc y donna les mains. La paix se fit donc à ces conditions, que le Roi rendroit au Duc ces deux villes, & lui abandonneroit le Comte de Nevers & le Connétable pour les traiter comme il voudroit, & réunir à ses Etats leurs terres s'il pouvoit les prendre; & que le Duc abandonneroit aussi au Roi les Ducs de Guienne & de Bretagne, pour les traiter eux & leurs Etats, comme il jugeroit à propos.

Cette paix étoit conclue & signée par les Députez du Roi & par le Duc de Bourgogne, il falloit que le Roi la ratifiât, & il differoit de jour en jour. Ces

---

Burgundio, ab Anglis auxilium postulavit. Verum Rex Eduardus, qui putabat connubium Mariæ Burgundicæ cum Aquitaniæ Duce mox faciendum esse, patri ipsius auxilia conferre nunquam in animum induxisset. Metuebat enim ne si hoc matrimonium perficeretur aliquando regnum Franciæ cum omnibus Duci Burgundiæ subditis regionibus unà jungerentur, unde magnum Anglorum Regno periculum immineret: quapropter Regi Francorum potius tunc auxilia contulisset, quam Duci Burgundiæ, etsi uxoris ipsius frater ille erat.

Ludovicus Rex, qui istud negotii non minus curabat, ut fratrem suum a tali affinitate prorsus averteret, suasit ipsi ut Castellæ Regis filiam in uxorem expeteret. Rex in Hispaniam misit Cardinalem Albigensem Comitemque Torciacensem. Dux autem Aquitaniæ procurationem ad concludendum dedit Comiti Bononiæ, & Malicornio. Henricus IV. Rex Castellæ Oratores hosce libentissime excepit, filiamque suam Regis Francorum fratri despondit, connubiumque pactum fuit. Cum autem id omnia Constabularii consilia interturbaret, nihil non egit ille ut Aquitaniæ Duci suaderet, magis sibi competere Mariam Burgundicam. Instabat quoque Dux Britanniæ ad pristinum consilium & propositum revocare illum studens. Urgentibus cessit Dux Aquitaniæ & ad Mariam impetrandam denuo studia convertit, cujus ducendæ spe lactabat illum pater Carolus.

Dux Burgundiæ qui toti fere Europæ verba dabat, instantibus fœderatis, cum numeroso tandem exercitu versus Peronam, Montem-desiderii & Roiam movit. Rex ut tantam belli molem ab se removeret, sæpe Croiumnum Toparcham, & Petrum Doriolum Franciæ Cancellarium ad illum misit. Hactenus Duci Ambianum & sancti Quintini urbem restituere noluerat; sed jam pacis faciendæ causa ambas ipsi obtulit urbes, Dux offerenti manus dedit. Pax itaque facta est hisce conditionibus, ut Rex urbes ambas Duci daret, Comitemque Nivernensem ac Constabularium infestos Duci, quo vellet ipse modo tractandos, Rex desereret, possetque Dux castra & terras illorum suæ jungere ditioni, si tamen capere posset: ipse Dux etiam Ducum Aquitaniæ & Britanniæ causam missam faceret, ipsos Regi permittens, ut pro arbitrio suo cum ipsis ageret.

Paci hujusmodi subscripsere Regis Oratores & Dux Burgundiæ; restabat ut Ludovicus ipse factam pacem subscriptione sua muniret: at ille semper moras tra-

Comines. Matthieu.

LOUIS XI.

deux Princes se vouloient tromper l'un l'autre, pas un d'eux n'avoit dessein de garder les conditions marquées. Le Duc vouloit ravoir ses deux villes ; mais sans aucun dessein formé d'abandonner les Ducs de Guienne & de Bretagne.

1471. Le Roi n'avoit garde de rendre Amiens & S. Quentin ; il vouloit seulement leurrer le Duc de l'espérance de ravoir ces deux places ; & gagner du tems en l'empêchant par là de faire des actes d'hostilité.

Mort du Duc de Guienne.

Les choses étoient en ces termes, lorsqu'un accident survenu, changea toute la face des affaires. Ce fut la mort du Duc de Guienne. Le bruit commun étoit que le Roi l'avoit fait empoisonner par l'Abbé de S. Jean d'Angeli, ce qui se passa, disoit-on, en cette maniere. Ce Prince étant un jour à S. Sever avec la Dame de Montforeau qu'il aimoit, l'Abbé de S. Jean d'Angeli, un des favoris du Duc, presenta à la Dame une belle pêche empoisonnée, elle la partagea en deux, en donna la moitié au Duc, qui la mangea, & mit l'autre moitié dans du vin, & la mangea ensuite. Elle en mourut peu de jours après. Le Duc qui étoit d'un temperament plus fort, résista longtems à la force du venin, & ne mourut que six mois après, le 12. de Mai de l'an 1472. Les Historiens semblent convenir presque tous que le Roi fut le premier auteur d'une action si detestable. Je n'en ai trouvé pas un qui l'en excuse, & Comines semble dire que les gens du Roi n'en disconvenoient point. Les gens du Duc de Bourgogne, dit-il, *disoient paroles vilaines & incroiables du Roy : & ceux du Roy ne s'y feignoient de gueres.*

Le Duc de Bourgogne fait la guerre au Roi.

Après cette mort le Roi qui étoit de ce côté-là avec des troupes se saisit de la Guienne, & ne voulut plus signer ni ratifier le Traité fait avec le Duc de Bourgogne, ce qui irrita ce Prince. Mais il devint furieux quand il apprit la mort du Duc de Guienne. Il alla assieger Nesle petite place & foible : ceux de dedans tuerent, dans le tems qu'on parlementoit, un Heraut qui venoit les sommer de se rendre, & deux autres hommes. La ville fut emportée d'assaut, & tous ceux que l'on prit ou furent pendus, ou eurent les poings coupez. Roie se rendit sans résistance : les Bourguignons y firent un butin qui montoit à plus de cent mille écus.

Avec la même fureur le Duc alla assieger Beauvais. La ville avoit peu de

---

hebat. Sic ambo Principes sese mutuo fallere satagebant. Neuter pactas conditiones servare in animo habebat. Dux gestiebat ambas urbes recipere, sine ulla Ducis Aquitaniæ & Britanniæ deserendi voluntate. Rex Ambianum & sanctum Quintinum dedere ne cogitabat quidem, sed Ducem vana spe lactabat ambas urbes recuperandi, tempusque ducebat ut impediret quominus ille hostilia exerceret.

Les mêmes.

Hoc in statu negotia versabantur, cum casus superveniens rerum omnino faciem commutavit ; mors videlicet Aquitaniæ Ducis. Fama erat Regem ipsum, Abbatis sancti Joannis Angeriacensis opera, oblato veneno, fratrem de medio sustulisse : id quod hac ratione factum fuisse narratur. Cum aliquando Carolus Dux in S. Severi oppido versaretur, præsente Domina de Monte-Sorelli, quam ille adamabat, Abbas S. Joannis Angeriacensis, qui apud Ducem gratia valebat, persicum malum veneno infectum & pulcrum Dominæ de Monte-sorelli obtulit : hæc dimidiam ejus partem Duci dedit, qui illam comedit. Domina vero ipsa dimidiam suam partem in vinum immersit, & postea edit. Illa paucis post diebus interiit. Dux vero qui firmiore erat corporis habitu, diutius vim veneni tulit, & post exactos sex menses obiit die duodecima Maii anni 1472. Omnes ferme illius temporis historiæ Scriptores hac in re consentiræ videntur, Regem nempe tam horrendi sceleris primum fuisse auctorem. Nondum vel in unum incidi, qui ab illo culpam dimoveret. Cominæus vero dicere videtur ne Regios quidem Ministros ab hac opinione alienos fuisse. Burgundiones, inquit, *hac de re nefaria & incredibilia de Rege proferebant, & Regii non se multum ab hac opinione alienos ostendebant.*

Carolo defuncto Rex qui militaribus instructus copiis in illis oris versabatur, Aquitaniam occupavit, neque ultra pactionibus cum Burgundiæ Duce initis subscribere voluit : qua de re indignatus Dux fuit : sed in furorem actus est cum Ducis Aquitaniæ mortem didicit. Nigellam obsedit exiguum oppidum, neque ita munitum. Oppidani præconem, qui uti sese redderent denunciatum veniebat, necnon duos alios occiderunt. Oppugnatur urbs & capitur ; qui comprehensi sunt omnes vel suspendio perierunt, vel abscissis manibus abiere. Roia deditionem fecit, Burgundiones manubias inde retulere, quæ ad precium plusquam centum millium scutorum pertingebant.

Eodem correptus furore Dux Bellovacum obsedit, in qua urbe pauci præsidiarii erant. Obsidio autem gens

gens de guerre pour fa défenfe, mais le fiége fut fi mal conduit, que cette armée la plus grande que le Duc eut jamais levée, laiffa libre le côté par où le fecours pouvoit venir; ce fecours y vint en effet. Le Duc fit donner un furieux affaut qui fut bien foutenu de ceux de dedans. Les femmes de la ville conduites par Jeanne Hachete, s'y portèrent auffi vaillamment que les hommes, repouffant les ennemis à coup de pierres, & leur jettant du plomb fondu & de la raifine bouillante.

Le lendemain le Capitaine Salazar fit une fortie fur les Bourguignons effraiez de la perte qu'ils avoient faite au jour précédent, il mit le feu à leur camp, tua tout ce qu'il rencontra, gagna deux bombardes, deux ferpentines & un gros canon, qu'on nommoit l'un des douze Pairs, que le Roi avoit perdu à la bataille de Mont-le-heri. Le Duc perdit là beaucoup de monde, & leva le fiége.

Il marcha enfuite vers la Normandie, où le Duc de Bretagne devoit venir le joindre; mais la mort du Duc de Guienne l'avoit empêché de quitter fon payis. Le Duc de Bourgogne alla prendre Eu & S. Valeri, porta le feu dans tout le payis de Caux jufqu'aux portes de Dieppe, & vint devant Rouen. Les gens du payis donnant fur fes fourrageurs en tuoient une bonne partie; la faim fe mit dans fon armée, & l'hyver approchant il fe retira. A peine eut-il le dos tourné que les gens du Roi reprirent Eu & S. Valeri, & firent fept à huit cens prifonniers.

Le Duc d'Alençon, qui après avoir été condamné à mort du tems de Charles VII. fut mis par grace en prifon perpetuelle, & depuis délivré de prifon par le Roi Louis, s'étoit mis du parti des mécontens. Le Roi indigné de cette ingratitude, le fit faifir par le Prevôt Triftan, & il fut mis dans une Tour du Louvre. On lui fit depuis fon procès, & il fut de nouveau condamné à avoir la tête coupée, & remis en prifon, où il demeura jufqu'à la fin de l'an 1475. que le Roi lui donna la liberté.

Tandis que la France étoit en guerre, l'Efpagne, fur tout l'Aragon, la Navarre & la Catalogne, n'étoient pas moins agitées de troubles. Le Roi René, qui prétendoit que la couronne d'Aragon lui appartenoit par fa mere, foutenu

1470.

---

tam inconfulto facta eft, ut ea pars, qua auxilium fperabatur, vacua & aditu libera maneret: & vere auxiliares copiæ in urbem funt ingreffæ. Dux oppugnari vehementer urbem juffit; fed hoftium impetum egregie propulfavere præfidiarii. Mulieres quoque urbanæ, duce Joanna Hacheta, perinde fortiter pugnavere atque viri, lapidibus hoftem impetentes, plumbum fufum & ardentem refinamque ebullientem immittentes.

Poftridie ex ducibus unus Salazatius nomine in Burgundiones erupit, trepidos & perterritos ob fuperioris diei ftragem, caftra illorum incendit, obvios quofque trucidavit, *bombardas*, ut vocabant, duas, duafque ferpentinas cepit; & tormentum bellicum, quod unum ex duodecim Paribus effe dicebatur; quodque captum a Burgundionibus fuerat in pugna, quam ad Montem-leherium contra Regem commiferant. Dux Burgundiæ cum multos fuorum amififfet, obfidionem folvit.

Deinde verfus Normanniam movit, quo venturus etiam Dux Britanniæ erat, ut copias fuas cum Burgundionibus jungeret. Verum comperta ille Ducis Aquitaniæ morte, ex regione fua non movit. Dux vero Burgundiæ Augam & fanctum Valaricum cepit, totum Caletenfem tractum ad ufque Dieppæ portas igni ferroque vaftavit, poftque ante Rhotomagum venit. At Normanni & ruftici in pabulatores irrumpebant, magnamque illorum partem peremerunt; hinc fames in exercitu ejus confequuta eft, & appetente jam hieme Dux receptui cecinit. Vixdum ille terga dederat, cum regiæ copiæ Augam & fanctum Valaricum recuperarunt, ac feptingentos octingentofve Burgundiones captivos abduxerunt.

Alenconius Dux qui Caroli VII. tempore capitis damnatus, exque Regis gratia atque clementia in carcerem perpetuum conjectus fuerat, deindeque a Ludovico XI. ex carcere ereptus, liber evaferat, fefe deinde Principibus contra Regem bella moventibus junxit. Tam ingratum non ferens animum Ludovicus, a Præpofito Triftano illum apprehendi & in Luparæam turrim trudi juffit. Deinde caufam dicere juffus, capitis denuo damnatus fuit, & in carcerem poftea conjectus eft, ibique manfit ad annum 1475. Tunc enim Rex illum liberum emifit.

Matthieu. Chronique.

Dum Francia bellis agitabatur, non minori bellico tumultu commovebatur Hifpania, maximeque Aragonia. Renatus Rex, qui Aragoniæ coronam ad fe materno jure pertinere contendebat, favente & opitulan-

Matthieu

par le Roi Louis, y avoit envoié une armée sous la conduite de Jean Duc de Calabre son fils, brave Prince, qui battit plusieurs fois les Aragonnois & les Catalans, prit la ville de Gironne, & mourut enfin à Barcelonne l'an 1470. Depuis ce tems-là les habitans de Perpignan s'étant révoltez, contraignirent les François de se retirer dans le château. Le Roi y envoia des troupes pour assieger la ville. Le Prince Ferdinand vint pour la secourir. Les François furent obligez de lever le siége. Mais le Roi Louis qui n'en vouloit pas avoir le démenti, y fit mettre le siége une seconde fois : les habitans se défendirent jusqu'à la derniere extremité; ils mangerent jusqu'aux chevaux, chiens, chats, rats, & même jusqu'à la chair humaine, & ne se rendirent qu'après huit mois de siége ; ainsi le Comté de Roussillon fut réduit tout entier sous l'obéissance du Roi. Selon la Chronique de Jean de Troie, cette derniere prise de Perpignan n'arriva que l'an 1475. *& s'en allerent ceux de dedans qui s'en voulurent aller eux & leurs biens saufs, fort que l'artillerie qui dedans étoit, laquelle estoit moult belle & de grand valeur.*

Perpignan pris.

Jean Comte d'Armagnac, qui avoit tenu le parti des Bourguignons & entretenu commerce avec le Roi d'Angleterre, éprouva aussi l'indignation du Roi Louis qui l'avoit toujours eu pour suspect. Il envoia l'an 1469. le Comte de Dammartin avec douze ou treize cens lances & dix ou douze mille francs archers pour se saisir de ses Etats & de sa personne même s'il pouvoit. Dammartin prit la ville de Rhodés, & marcha contre le Comte d'Armagnac, qui ne se voiant pas assez fort pour lui résister, se retira hors du Roiaume & se refugia à Fontarabie. Dammartin prit alors la ville de Lectoure. Depuis ce tems-là le Parlement de Paris décreta contre lui un ajournement personnel. Il n'avoit garde d'y comparoître, & il fut condamné à avoir la tête tranchée.

Guerre en Armagnac.

Lorsque Charles frere du Roi fut établi Duc de Guienne, il s'accommoda avec lui, & fut remis dans ses Etats, ce qui déplût extrêmement au Roi Louis. Après la mort du Duc de Guienne, le Roi envoia le Sire de Beaujeu, l'Archevêque d'Albi & plusieurs autres Capitaines avec un bon corps de troupes qui marcherent contre Armagnac, & assiegerent Lectoure. Le siége dura environ six semaines. Le Comte craignant l'issue, offrit au Sire de Beaujeu, qu'il lui remettroit Lectoure, & qu'il iroit lui-même jurer foi & obéissance à sa Majesté,

---

te Rege Ludovico, exercitum illo miserat duce Joanne Calabriæ Duce filio suo, strenuissimo Principe, qui non semel Aragonios & Catalaunos fregit, Gerundam cepit, obiitque tandem Barcinone anno 1470. Ab illo autem tempore, cum Perpiniani cives rebellassent, Francos in arcem confugere compulerunt. Rex Ludovicus copias misit, quæ urbem obsiderent. Ferdinandus Princeps ad urbi opem ferendam venit, & Franci obsidionem solvere coacti sunt : verum Ludovicus ne incassum rem suscepisse videretur, urbem secundo obsidione cingi jussit. Perpinienses ad extremum usque terminum obsidionem sustinuere, ita ut equos, canes, feles, mures, etiamque carnem humanam comederent ; demumque post octo menses a posita obsidione deditionem fecerunt, sicque totus Ruscinonensis Comitatus sub Regis Francorum potestatem redactus est. Secundum Joannis Trecensis chronicon hac postrema vice captum Perpinianum fuit anno tantum 1475. *Et abierunt*, inquit, *ii queis alio discedere libuit, salva vita, salvis facultatibus, tamenque tormenta bellica relinquere compulsi sunt, quæ & numerosa & magni precii erant.*

Le même.

Joannes Comes Armeniacensis, qui pro Burgundionibus steterat, & cum Rege Angliæ consuetudinem habuerat, in Regis Ludovici indignationem incurrit, qui illum semper suspectum habuerat. Anno autem 1469. Comitem Domni-Martini miserat, cum mille ducentis trecentisve lanceis, & decem duodecimve mille sagittariis, ut ditionem totam Comitis Armeniacensis, ipsumque Comitem, si posset, caperet. Domnus-Martinus Rhutenorum urbem cepit, & contra Armeniacensem movit, qui se viribus imparem sentiens extra Regnum aufugit & Fontarabiam se recepit. Tuncque Domnus-Martinus Lectoram urbem cepit. Ab illo autem tempore Curia Senatus Parisini diem dixit illi. Armeniacensis comparere non ausus, capitis damnatus fuit.

Cum porro Carolus Regis Ludovici frater, Dux Aquitaniæ constitutus est, cum illo res suas Comes Armeniacensis composuit, & pristinam ditionem suam recepit ; id quod Ludovico Regi summe displicuit. Mortuo Aquitaniæ Duce, Rex misit Belli-joci Toparcham, multosque alios Tribunos cum valida pugnatorum manu, qui contra Armeniacensem moverunt, & Lectoram obsederet. Obsidio ad hebdomadas sex extracta fuit. Tunc metuens Comes infaustum exitum cum Bellijocio pacta inire conatur ; se Lectoram ipsi traditurum esse promittens, Regemque aditurum, ac

pourvû qu'on lui donnât sûreté pour sa personne. Le Sire de Beaujeu refusa d'abord ces conditions, mais il les accepta enfin. Armagnac lui remit Lectoure, & se disposoit à aller trouver le Roi. Mais se ravisant depuis & craignant avec raison que ce Prince ne lui fît un mauvais parti ; il fit surprendre la ville de Lectoure par le cadet d'Albret, qui fit prisonniers le Sire de Beaujeu & plusieurs autres Seigneurs & Gentilshommes. Le Roi envoia de nouvelles troupes, qui assiegerent Lectoure. Le siege dura trois mois, & le Cardinal d'Albi fit enfin un Traité avec le Comte, qui moiennant sûreté comme la première fois lui remit Lectoure. Il fait ouvrir les portes. Les troupes du Roi entrent : à cette entrée il y eut un grand tumulte, après quoi aucune des conditions ne fut gardée. Le Comte d'Armagnac fut massacré dans sa maison, la ville pillée, & puis brûlée & rasée ; la Comtesse d'Armagnac mise en prison, où elle avorta peu de jours après. Charles d'Armagnac frere du Comte fut amené à Paris, & mis à la Bastille où il demeura quatorze ans. Le cadet d'Albret fut aussi pris & amené à Poitiers, où par ordre du Roi on lui fit son procès. Il fut condamé à avoir la tête tranchée & fut executé dans la même ville.

Cependant le Roi se tenoit vers la Guienne qu'il avoit remise sous sa domination. Il travailloit efficacement à gagner & attirer à son parti, les principaux Officiers qui avoient été au service de son frere Duc de Guienne, & sur tout le Sire de Lescun qui le gouvernoit en son vivant. Il lui donna le Comté de Comminge, plusieurs gouvernemens considerables & de gros appointemens, qui lui furent exactement paiez jusqu'à la mort du Roi : il gagna aussi ses autres Officiers, en leur faisant de grands avantages, qui durerent autant que sa vie. Par l'entremise du même Sire de Lescun, il fit encore la paix avec le Duc de Bretagne à qui il assigna une grosse pension, à condition qu'il renonceroit à son alliance avec les Anglois & le Duc de Bourgogne. Après cela le Roi tira vers la Picardie, où il fit treve pour un an avec le Duc de Bourgogne.

1473.

Ce Prince qui avoit acquis le Duché de Gueldre & le Comté de Ferrete, s'étoit mis en tête de se faire déclarer Roi par l'Empereur. Il l'alla voir à Treves, & fut là un mois avec lui, aiant un train fort magnifique. Il croioit si surement, qu'il seroit couronné Roi de la Gaule Belgique, qu'il avoit déja fait faire une couronne, un sceptre & les autres ornemens Roiaux. Il offroit sa fille en

sacramentum ipsi fidei & obsequentiæ præstiturum, dum sibi securitas incolumitasque assereretur. Hasce conditiones statim repulit Bellijocius, tandemque illas admisit, & Armeniacensis Lectoram ipsi tradidit, seseque apparabat ad Regem adeundum : verum re secum maturius deliberata, cum nec injuria metueret, ne Rex secum asperius ageret, cum juniore Leporetæo id egit, ut Lectoram ipse ex improviso caperet ; quod etiam fecit, ac Bellijocium cepit cum plurimis aliis proceribus nobilibusque. Tunc Rex numerosiorem exercitum misit, qui Lectoram obsedit : ad tres menses obsidio protracta fuit : demumque Cardinalis Albigensis pacta cum Comite iniit, eadem qua prius securitate data. Lectoram Comes reddidit, portasque aperuit. Regii milites intrant : in ingressu ingens oritur tumultus : posteaque nulla ex pactis conditionibus servata fuit. Comes Armeniacensis in ædibus suis trucidatus est, urbs direpta, incensa, posteaque solo æquata fuit. Armeniacensis Comitissa in carcerem conjecta, paucis elapsis diebus abortum passa est : frater Comitis Lutetiam adductus in Sancti Antonii castellum inclusus fuit, ubi perannos quatuordecim mansit. Leporetæus item junior captus est, & in Pictavorum urbem adductus, causamque dicere coactus, ex Judicum sententia capite truncatus fuit.

Interea Rex versus Aquitaniam degebat, quam in potestatem suam redegerat. Eo animum & operam intendebat, ut Ministros fratris sui sibi devinciret, maximeque Lescunium, qui Carolum Principem ad arbitrium regebat. Ipsi vero Convenarum Comitatum dedit, Præfecturasque multas & stipendia largissima, quæ ad mortem usque Regis accurate ipsi numerata fuere. Alios quoque Ministros allexit, & muneribus sibi devinxit, ac pensionibus quas per totam vitam suam solvi curavit. Lescunii opera pacem cum Duce Britanniæ fecit : cui etiam pensionem amplissimam assignavit, illa conditione ut nullam postea cum Anglis & Burgundiæ Duce societatem haberet. Posteaque Rex versus Picardiam movit, ubi inducias ad annum fecit cum Duce Burgundiæ.

Le même.

Hic vero Princeps qui Ducatum Gueldriensem & Ferretæ Comitatum nuper acquisierat, in animum induxerat, uti se Regem ab Imperatore declarari curaret. Illum vero Treviris versantem convenit ; ac per unum mensem cum ipso mansit : magnifico cinctus comitatu ac clientela grandi, se Regem Galliæ Belgicæ ex Imperatoris decreto brevi coronandum ita adeo firmiter credebat, ut jam sceptrum, coronam aliaque regia ornamenta apparata secum haberet. Filiam suam

mariage à Maximilien fils de l'Empereur: mais sans aucune envie de la lui donner après qu'il auroit obtenu sa demande. L'Empereur partit secretement, & laissa le Duc, qui se rendit au Comté de Ferrete, qu'il tenoit par engagement. Ses gens firent de grands ravages dans la campagne. Il alla passer les Fêtes de Noël à Brisac, & se rendit ensuite à Dijon.

Jean de Troie Auteur de la Chronique de Louis XI. dit qu'en ce tems Charles Duc de Bourgogne voulut faire empoisonner le Roi Louis, qu'il se servit pour cela d'un nommé Hardi, à qui il devoit donner cinquante mille écus en récompense. Hardi fut pris & par Arrêt du Parlement, il fut écartelé : sa tête mise au bout d'une pique, ses quatre membres portez aux quatre principales villes frontieres pour y être expolez, son corps brûlé, ses maisons rasées ; en la place de celle où il étoit né, on mit une inscription où le cas étoit exposé.

On fit en ce tems-ci une autre montre de la Bourgeoisie de Paris armée, qui se trouva au nombre de quatre-vingt ou cent mille hommes, tous revêtus d'une livrée. Ils furent mis en bataille devant les Ambassadeurs du Roi d'Aragon.

Le Roi Louis & le Duc Charles haïssoient à mort le Connétable, qu'ils regardoient comme le principal auteur des dernieres guerres. Ils cherchoient le moien de s'en défaire. Pendant cette année de treve, les gens du Roi traitoient avec le Sire d'Imbercourt pour le faire périr. Les deux Princes firent un Traité, où ils promettoient, que le premier d'entre eux, qui pourroit le prendre, le feroit mourir dans la huitaine après la prise.

Le Connétable averti de tout ce qui se brassoit contre lui, demanda au Roi une entrevûë, & l'obtint, quoiqu'avec des conditions, qui paroissoient injurieuses à son maître. L'entrevûë se fit sur une chaussée munie de fortes barrieres des deux côtez sur une petite riviere. Le Connétable y vint armé & accompagné de trois cens hommes d'armes, & y attendit le Roi, qui vint après lui avec le Comte de Dammartin Grand Maître d'Hôtel de France, & six cens hommes d'armes. Le Connétable s'excusant de ce qu'il étoit venu armé, dit que c'étoit par la crainte du Comte de Dammartin son ennemi capital. Il se récon-

---

Maximiliano Imperatoris filio in uxorem offerebat, sed eo animo, ut postquam optatum impetravisset, nullam promissi rationem habiturus esset. Imperator autem Duce Burgundiæ derelicto, clam discessit, Dux vero in Comitatum Ferretæ venit, quem pignore posito tenebat. Pugnatores, qui cum ipso erant, agros circumquaque devastarunt. Natalis porro Domini festa Brisaci transegit, posteaque Divionem se contulit.

Cronique de Louis XI. Joannes Trecensis auctor Chronici Ludovici XI. narrat hoc tempore Carolum Burgundiæ Ducem, Ludovicum Regem veneno de medio tollere conatum esse, Ad hoc facinus, inquit, viro usus est, cui nomen Hardius; ipsique in facinoris mercedem quinquaginta millia scutorum daturus erat. Hardius deprehensus captusque fuit : atque ex Curiæ Senatus decreto, quatuor in partes discerptus est; caput ejus summæ hastæ infixum est: membra ejus quatuor in præcipuis quatuor urbibus ad extrema Regni sitis exposita sunt : truncum corpus exustum, domus ejus numero plures solo æquatæ sunt : in ea autem in qua natus ipse fuerat inscriptio posita fuit, qua tota sceleris ratio narrabatur.

Les mêmes. Hoc etiam tempore civium Parisinorum arma gestantium census factus est, qui ad octoginta centumve millia hominum numerati sunt, omnesque uno indumenti genere tecti comparuere. Instructa autem acie quasi ad pugnam ordinati sunt in conspectu Oratorum Regis Aragoniæ.

Ludovicus Rex & Carolus Burgundiæ Dux, Constabularium de sancto Paulo summe oderant, quem superiorum bellorum auctorem & fomitem fuisse putabant ; ejus ambo necem moliebantur. Inter induciarum anno Regii Ministri cum Imbercurtio consilia miscuerunt, ut illum de medio tollerent. Ambo demum Principes pactum inierunt, quo sibi mutuo polliebantur, si in alterutrius manus incideret, se illum intra octo dierum spatium occisuraturos.

Re comperta Constabularius, ab Rege postulavit ut sibi in conspectum ipsius venire liceret; optatum ille impetravit, iisque conditionibus, queis Domini sui Regis honor lædi videbatur. In conspectum autem ambo venerunt ad aggerem claustro undique munitum supra quemdam fluvium. Constabularius armatus venit cum trecentis armorum viris : Regemque expectavit, qui post illum in assignatum locum se contulit cum Comite Domni-Martini Magno domus Regiæ Franciæ Magistro & sexcentis armorum viris. Constabularius ut ab se culpam dimoveret, quod armatus & cum armatis viris Regem Dominum suum alloquuturus venisset, Regi dixit se cum tali apparatu eo loci se contulisse, quod Domnum-Martinum sibi infensum hostemque suum metueret. Reconcilia-

cilia en apparence : mais cela ne fit qu'augmenter la haine que le Roi avoit pour lui.

En ce même tems le Roi étant à Creil fit un Edit touchant les gendarmes de son Roiaume, & déclara que chaque lance n'auroit que six chevaux, trois pour lui, pour son page & pour son coustillier, deux pour ses deux archers, & un pour son valet; qu'ils n'auroient plus de paniers pour porter leur harnois, & ne séjourneroient qu'un jour en chaque village. Il défendoit aussi aux Marchands de vendre aux gens de guerre ou de leur prêter des draps de soie ou du camelot, sur peine de perdre leur marchandise vendue : il leur défendit aussi de vendre aux gens de guerre des draps de laine plus haut que trente-deux sols parisis l'aune.

Pendant la treve le Duc de Bourgogne alla lui-même se mettre en possession du Duché de Gueldre que le Duc Arnoul lui avoit donné en desheritant son indigne fils Adolphe, qui l'avoit tenu longtems en prison. Après avoir ainsi augmenté ses Etats, il prolongea la treve avec le Roi : & se mêla dans la querelle des deux prétendans à l'Archevêché de Cologne, esperant de pescher en eau trouble, & se flattant que pendant ce débat il prendroit quelques places qui lui demeureroient après que l'affaire auroit été terminée. Il mit le siége devant Nuis, où il se morfondit longtems. L'Empereur Frédéric & d'autres Princes d'Allemagne assemblerent enfin une armée de beaucoup plus puissante que celle du Duc, qui cependant s'obstinoit à continuer ce siége où son armée se ruinoit. Rien ne pouvoit le resoudre à quitter son entreprise, croiant qu'il y alloit de son honneur. Les Anglois qui venoient à son secours avec une puissante armée, le sollicitoient en vain de venir pour se joindre à eux après leur débarquement.

1474.

Siege de Nuis.

Sans cet entêtement du Duc, & s'il avoit d'abord joint sa grande armée à celle des Anglois, des plus nombreuses qui eussent débarqué en France, le Roi auroit eu bien de la peine à soutenir tant d'ennemis : car outre ceux-là, il en avoit un encore plus formidable, c'étoit le Duc de Bretagne, non par ses forces, mais par les intelligences qu'il avoit dans le Roiaume avec plusieurs Seigneurs & Princes mécontens. Il pouvoit faire, dit Comines, plus de mal en un mois que les Anglois & Bourguignons n'en feroient en six. Quoique le Duc de Bretagne eut fait sa paix avec Louis; cette paix n'étoit pas si stable, que le Duc ne fut prêt de se tourner contre le Roi, quand il y trouveroit son compte.

Tout ce grand appareil n'eut aucun effet; tant par la mauvaise conduite du Duc de Bourgogne, que par l'addresse & les intrigues du Roi Louis. Il lui suscita d'abord René Duc de Lorraine, qui entra à main armée dans le Luxembourg & y prit une place appellée Pierre-Fort. Louis après avoir fait la paix entre les Suisses & les villes de Basle & de Strasbourg, porta les Cantons à faire la guerre en Bourgogne. Il fit encore la paix entre les Suisses & Sigismond Duc d'Autriche, & lui persuada de reprendre le Comté de Ferrete, qu'il avoit engagé au Duc de Bourgogne pour cent mille florins. Sigismond surprit une nuit Hengenbac que le Bourguignon avoit établi Gouverneur de ce Comté, & lui fit couper la tête à cause de ses violences.

Le Duc Charles fort irrité de la mort d'Hengenbac executé comme nous venons de dire, commanda au Maréchal de Bourgogne de se rendre au Comté de Ferrete avec des troupes, pour en tirer vengeance. Le Maréchal se mit en campagne, se rendit auprès de Montbeliard, & fit sommer le Gouverneur de lui rendre la place, le menaçant que s'il ne la lui remettoit, le Duc son maître feroit un mauvais parti au Prince de Virtemberg, qu'il avoit fait prendre auprès de Luxembourg. Le gouverneur répond, que ce Prince n'étoit pas prisonnier de bonne guerre, & qu'il garderoit cette place pour ses freres, sans s'étonner des menaces qu'on lui faisoit. Le Maréchal alla ravager le Comté de Ferrete. Ceux de Basle & les autres Cantons des Suisses leverent des gens pour donner la chasse à ces Bourguignons. Ils déclarerent la guerre au Duc de Bourgogne, & allerent assieger Hericourt, qui appartenoit au Maréchal de Bourgogne. Le Maréchal vint avec dix mille hommes; mais il fut battu par les Suisses & obligé de se retirer avec perte de plus de deux mille hommes. Etienne Hengenbach frere de celui qui avoit été décapité rendit la place par composition, & à condition que les assiegez auroient la vie sauve: mais plusieurs de ceux-ci furent conduits à Basle, & brulez tout vifs, covaincus *de Sodomie; forcement de femmes, & pour avoir profané les Eglises, foulé aux pieds le saint Sacrement,*

Guerre contre les Suisses.

Les mêmes.

quit Comineus, unius mensis spatio, quam Angli & Burgundiones per sex integros menses. Etsi namque Dux Britanniæ pacem fecerat cum Ludovico Rege, non ita firma erat pax illa, metuendumque erat ne Dux & arma & consilia sua illo converteret, si quid inde lucri sibi obventurum speraret.

Tantus autem ille belli apparatus in nihilum abiit, tum ex inconsiderata Ducis Burgundiæ agendi ratione, tum etiam ex arte & industria Ludovici Regis. Renatum enim ille Lotharingiæ Ducem in Burgundionem concitavit. In Luxemburgi tractum Renatus manu pugnatorum instructus ingressus est, & munitionem Petram-Fortem appellatam expugnavit. Ludovicus etiam postquam pacem conciliaverat Basileam Argentinamque urbem inter & Helvetios: hosce postremos ad bellum in Burgundiam inferendum concitavit & induxit. Pacem etiam fecit inter Helvetios & Sigismundum Austriæ Ducem, suasitque ipsi Sigismundo ut Ferretæ Comitatum quem Duci Burgundiæ, accepto centum millium florenorum pignore tradiderat, resumeret. Sigismundus vero noctu & ex improviso cepit Hengenbacum, quem Præfectum Comitatus istius Dux Burgundiæ constituerat; ipsique ob ea quæ violenter gesserat, caput præcidi jussit.

Les mêmes.

Dux Carolus, audita Hengenbachi nece, ita succensus, Marescallo Burgundiæ mandavit, ut ejusciscendæ necis causa Ferretæ Comitatum invaderet, Marescallus vero cum numerosa manu movit, & prope Montem Belligardi se contulit, atque oppidi Præfecto denunciari jussit, nisi sibi castrum dederet, Ducem Burgundiæ malo affecturum esse Principem Virtembergium, quem prope Luxemburgum apprehendi curaverat. Respondit Præfectus, Principem Virtembergium non jure belli captum fuisse, seque Fratribus ipsius Principis oppidum servaturum, nec minis unquam ab hoc officio avocandum esse. Marescallus vero Ferretæ Comitatum devastare cœpit. Basileenses porro, aliique Helvetiorum pagi, collectis pugnatoribus, ad Burgundiones depellendos sese pararunt, bellumque Duci Burgundiæ indixere, & Hericurtium oppidum Marescalli Burgundiæ obsederunt. Ille vero opem laturus venit cum decies mille armatis viris; sed ab Helvetiis pulsus & duobus suorum millibus amissis, receptui canere coactus est. Stephanus de Hengenbacho frater illius, qui capite plexus fuerat, oppidum dedit, illa conditione, ut præsidiariis vita concederetur. At ex illis complures Basileam adducti sunt, incendioque periere convicti sceleorum, sodomiæ, violatarum mulierum, profanatarum Ecclesiarum, pedibus calcati sanctissimi Sa-

brûlé, assassiné, &c. Les Suisses prirent encore Blammont & quelques autres places, & les Bourguignons brûlerent autour de Montbeliard quarante villages.

Les Allemans & les Suisses se plaignirent de ce que le Roi Louis qui les sollicitoit sans cesse à faire la guerre au Duc de Bourgogne, demeuroit les bras croisez, & les regardoit faire. Il n'y avoit que la treve, qui l'empêchoit d'agir, & comme elle expira bien-tôt après, il se mit aussi en campagne, comme nous allons voir.

Au mois de Janvier un Franc-Archer qui étoit fort travaillé de la pierre, convaincu de plusieurs crimes, fut condamné à être pendu. Les Médecins & Chirurgiens demanderent ce criminel pour inciser son corps vivant, & mieux connoître par là les causes de ce mal, dont bien des gens étoient alors fort tourmentez. Cela leur fut accordé. Ils firent leurs incisions & acquirent par là bien des connoissances. Après cela ils recousurent les plaies, dont l'Archer fut guéri dans quinze jours. Il fut absous de ses crimes, & on lui donna même quelque argent. C'est je crois la premiere fois que nos Historiens parlent de ces sortes d'operations.

Le Roi Louis fort devot à Charlemagne, ordonna qu'on célebreroit sa Fête le 28. Janvier. Elle se célebre encore aujourd'hui en bien des Eglises.

La treve étant expirée, le Roi prit Mondidier, Roye & Corbie, & tenta inutilement de prendre Arras. La garnison fit une sortie sur les gens du Roi, qui la repousserent vivement ; mais la ville ne fut pas prise. A cette sortie fut pris le frere du Connétable Jâques de S. Paul, qui étoit au service du Duc de Bourgogne. Le même Connétable reçut en ce tems-là ordre du Roi d'assieger Avêne en Hainaut. Il s'en acquita fort négligemment, & leva le siège au bout de deux ou trois jours. Il perdit en ce tems-là sa femme, sœur de la Reine, ce qui dérangea beaucoup ses affaires, car la Reine en consideration de sa sœur, le maintenoit toujours auprès du Roi. Le Comte de Roussi son fils gouverneur de Bourgogne fut aussi pris vers le même tems. Les affaires tournoient mal pour lui. Malgré tout cela, il tâchoit toujours de tromper en même tems & le Roi & le Bourguignon, qui continuoit le siége de Nuis à la face d'une armée d'Ale-

1475.

---

cramenti, incendiorum, homicidiorum &c. Helvetii vero Album-montem etiam ceperunt, aliaque castra. Burgundiones quoque circa Montem Belligardi, quadraginta vicos incendio tradiderunt.

Germani atque Helvetii de Ludovico Rege admodum conquerebantur, qui cum illos sollicite & perpetuo urgeret ad bellum Duci Burgundiæ inferendum, otiosus illos pericula subeuntes & decertantes spectabat. At illum pacta induciæ ne bella moveret cohiberet. Brevi autem postea induciarum tempus exiit, & tunc ille arma sumsit, ut mox videbitur.

Mense Januario anni 1475. Sagittarius quispiam qui calculo admodum laborabat, multis sceleribus obnoxius deprehensus, ex Judicium sententia suspendio periturus erat. Medici porro & Chirurgi illum viventem tradi sibi postularunt, ut incisiones in corpore ejus facerent, & morbi naturam accuratius nosse possent, quo morbo tunc temporis multi cruciabantur. Id illi facile impetrarunt. Incisionibus autem factis mali naturam & modos melius intellexerunt, inflictasque plagas postea consuerunt ; post quindecim vero dies Sagittarius ille convaluit & a patratis sceleribus absolutus, quadam etiam pecuniæ summa donatus est. Hac prima vice, ni fallor, apud Scriptores historiæ nostræ talium operationum mentio occurrit.

Rex Ludovicus pio affectu erga Carolum Magnum commotus, ejus festum celebrari jussit 28. Januarii. Qui festus dies hactenus in Ecclesiis multis celebrari solet.

Cum induciarum tempus desiisset Rex Montem-Desiderii, Roiam & Corbeiam cepit, etiamque Attrebatum occupare tentavit. Præsidiarii in Francos eruperunt ; sed cum cæde & jactura suorum repulsi sunt ; urbs tamen capta non fuit. In illa eruptione captivus abductus fuit Jacobus de S. Paulo, Constabularii frater, qui pro Burgundiæ Duce militabat. Idem vero Constabularius ab Rege jussus est Avenuam in Hannonia obsidere. Rem ille oscitanter admodum egit, ac post duos tresve dies obsidionem solvit. Tunc autem uxorem suam, Reginæ Francorum sororem, amisit, qua re Constabularii conditio pejor evasit ; nam sororis opera Regina ne Rex in Constabularium sæviret, aliquantum impedire poterat. Comes etiam Russiacensis Constabularii filius, in Burgundia Præfectus, hoc tempore captus fuit. Hæc omnia sinistrum quidpiam portendere videbantur. Attamen ille semper fallere conabatur, & Regem & Ducem Burgundiæ, qui in obsidione Novesii jamdiu detinebatur, præsente Ger-

Cominæs Matthieu.

mans beaucoup plus grande que la sienne. La place étoit réduite à l'extrêmité, après le siége de près d'une année.

Cependant il fut obligé de lever le piquet, vivement pressé par le Roi d'Angleterre, qui venoit à son secours avec une grande armée, & qui comptoit de la joindre à celle du Duc après son débarquement. D'un autre côté apprenant que le Roi se saisissoit tous les jours de ses places de Picardie, il vit que sa presence y étoit nécessaire pour empêcher qu'il n'y fit de plus grands progrès. Il fit donc sa paix avec l'Empereur. Nuis fut mis entre les mains du Légat, pour en faire ce que le S. Siége ordonneroit.

Descente du Roi Edouard en France. Le Roi Edouard avec sa grande armée arriva enfin & envoia déclarer la guerre à Louis, le sommant de lui rendre le Roiaume de France. Le Roi tira à part le Heraut envoié par Edouard, lui fit beaucoup de caresses & de presens & lui dit d'avertir le Roi son Maître, que le Bourguignon, qui l'avoit fait venir à son secours, avoit ruiné son armée à un long siége, & étoit hors d'état de tenir la campagne ; qu'il ne l'avoit fait venir que pour faire sa condition meilleure avec le Roi de France, & qu'après qu'il auroit bien fait ses affaires, il le laisseroit-là, que le Connétable qui lui promettoit de lui donner entrée dans les places qu'il occupoit, ne disoit cela que pour le tromper lui & le Duc de Bourgogne : que la saison étant déja fort avancée, il seroit obligé de passer un hiver à se morfondre sans rien faire, au lieu que s'il vouloit traiter dès à present avec lui, il lui feroit des avantages dont il seroit content.

La Chronique de Louis XI. dit qu'il fit present au Roi Edouard du plus beau coursier, qu'il eut en son écurie, & qu'il lui envoia depuis un âne, un loup & un sanglier. Cela étoit apparemment accompagné de quelque apologue ou fable, qui regardoit les affaires presentes. Louis avoit alors plus de cent mille hommes sur pied : mais comme il y avoit encore dans le Roiaume un grand nombre de mécontens prêts à lever l'étendard contre lui si l'occasion s'en presentoit, la prudence vouloit, qu'il renvoiât Edouard dans son Isle autrement que par la force des armes. Il mande alors au Connétable de le venir joindre, pour l'aider à défendre son Etat, lui promettant de bien récompenser ses services. Le Connétable qui n'avoit garde de s'y fier, lui répondit en des termes

---

manorum exercitu, Burgundionum copiis numero longe superiore. Oppidum jam ad extrema deductum erat, postquam obsidio ad annum pene unum extracta fuerat.

Et tamen ille re infectâ isthinc proficisci compulsus est, instante Rege Angliæ, qui cum grandi exercitu ad opem ipsi ferendam fretum trajiciebat, quique in exscensu Ducis exercitum cum suo jungere parabat. Aliunde etiam compertum habebat Ludovicum Regem quotidie Picardiæ urbes & oppida expugnare, expediréque sibi videbat ut illo se conferret, ut Regi obsisteret : quapropter cum Imperatore pacem fecit. Novesium in manu Legati Pontificis depositum fuit, ut secundum Summi Pontificis placitum illo disponeret.

Eduardus tandem cum exercitu suo Caletum appulit, & Ludovicum Regem ad bellum provocatum misit, ac denunciatum ut sibi Regnum Francorum restitueret, Rex præconem ab Eduardo missum seorsim duxit, verbis placidis ac muneribus delinivit, dixitque ei ut submoneret Dominum suum Regem, quo pacto Burgundio qui ipsum ad opem evocaverat, exercitum suum pene totum attrivisset in tam diuturna obsidione, & jam armatus vix prodire posset. Qui Burgundio ideo ipsum evocaverat, ut meliore conditione cum Rege Francorum pacisceretur : qua re ex voto peractâ, Eduardum dimissurus erat. Comitem vero Sancti Pauli dicebat non alia de causa, polliceri se in oppida & urbes quas occupabat Anglos recepturum esse, quam ut Eduardum & Burgundionem deciperet : cum autem jam hiems appeteret, eo redactum iri Eduardum ut in otio hiberna transigeret : sin vero jam secum pacisci vellet, eas se oblaturum esse conditiones, quæ haud dubie Eduardo essent placituræ.

In Chronico Ludovici XI. dicitur illum Eduardo misisse elegantem veredum, & sub hæcetiam, asinum, lupum & aprum ; hæc porro missa fuere, ut omnino videtur, cum quodam apologo seu fabula ad præsentem rerum conditionem spectante. Ludovicus vero tunc plus quam centum millia pugnatores paratos habebat ; sed quia multi adhuc in Regno, sibi animo infensi & movendi occasionem captantes erant ; id prudentia exigebat ut Eduardum alio quam pugnandi & belli fortunam tentandi modo in insulam suam remeare provideret. Tunc jubet Constabularium convenire, ut unà secum propulsandis Regni sui hostibus advigilet, munera pollicens, si strenue rem gerat. Constabularius neque abs re sibi timens, demissioribus verbis, respondet venturum se, si sacramento

fort

fort humbles, qu'il viendroit pourvû qu'il lui jurât fur la Croix de S. Laud, qu'il ne lui feroit ni ne permettroit qu'on lui fît aucun mal. L'opinion commune étoit, que qui juroit fur la Croix de S. Laud, & fe parjuroit, étoit fûr de mourir avant la fin de l'année. Le Roi lui fît dire qu'il avoit juré de ne jamais faire un tel ferment; mais qu'il étoit prêt de jurer en toute autre maniere. Le Connétable qui favoit qu'il avoit autrefois juré fur cette Croix, ne voulut point fe fier à tout autre ferment.

Edouard vit bien-tôt qu'une bonne partie de ce que le Heraut lui avoit rapporté étoit vrai. Le Duc de Bourgogne vint le trouver à Calais en fort petite compagnie, laiffant fon armée toute délabrée dans le Barrois & dans la Lorraine : & à quelque tems de là les Anglois s'étant prefentez devant S. Quentin, le Connétable fit jouer l'artillerie fur eux, & il y en eut plufieurs de tuez.

Les difpofitions étant favorables, le Roi envoia à Edouard un Heraut qui lui reprefenta les mêmes chofes, & lui demanda un faufconduit pour les Ambaffadeurs qui devoient traiter avec lui. L'Anglois reçut fort bien le Heraut, donna le faufconduit & nomma des Ambaffadeurs pour traiter de la paix, ou d'une treve entre les deux Rois. La treve fut conclue à Pequigni pour neuf ans. Outre la fomme de 72000. écus que le Roi Louis donna d'abord à Edouard; on arrêta le mariage du Dauphin Charles avec la fille du même Roi. Pour l'entretien de la future époufe Louis devoit donner ou le Duché de Guienne, ou cinquante mille écus tous les ans, & il s'arrêta au dernier membre de l'alternative.

Treve faite entre Louis XI. & Edouard IV.

Ce Traité fut fait malgré les oppofitions du Duc de Bourgogne. Le Roi Louis fit prefent à Edouard de trois cens chariots de vin le plus exquis: il fit dreffer des tables dans Amiens, où l'on donnoit largement à manger & à boire à tous les Anglois qui s'y prefentoient. Les deux Rois s'entrevirent : Edouard en s'approchant du Roi Louis, *ôta fa barrote, & s'agenouilla comme à demi pied de terre ; le Roi lui fit auffi grande reverence*, dit Comines. Après quoi ils fignerent le Traité & s'entrejurerent foi & amitié. Edouard repartit avec fon armée pour l'Angleterre.

Le Roi fit auffi une treve pour neuf ans avec le Bourguignon. Les deux Princes s'accorderent enfemble de perdre le Connétable de S. Paul. Il en eut le vent,

---

supra crucem Sancti Laudi dato fefe obftringeret ut ne fibi quidpiam mali inferret vel inferri fineret. Ea autem erat vulgaris opinio, eum qui fupra crucem Sancti Laudi juraret ac pejeraret, ante ejufdem anni exitum haud dubie moriturum effe. Renunciavit ipfi Rex fe juramento facto teneri, ut tali facramento nunquam uteretur; fed aliud quodvis facramentum fe adhibiturum effe offerebat. At Conftabularius cum fciret Regem aliquando fupra crucem iftam facramentum emififfe, alii facramento fidere noluit.

Haud multum poftea vidit Eduardus maximam partem eorum, quæ a Ludovico dicta preco retulerat, veram effe. Dux Burgundiæ ipfum Caletum convenit, paucis ftipatus militibus. Exercitum namque fuum attritum & imminutum in Barenfi tractu & in Lotharingia reliquerat, & modico deinde elapfo tempore, cum Angli verfus Sancti Quintini urbem acceffiffent, Conftabularius tormentis ipfos bellicis impeti juffit, illorumque plurimi cæfi funt.

Cum Ludovico res pro voto cedere viderentur, mifit ille Eduardo preconem, qui eadem fere ipfa, quæ fupra diceret, & fecuritatis refcriptum peteret, ut poffent ipfi Oratores mitti ad tractandam pacem. Eduardus preconem perhumaniter excepit, refcriptum dedit, & Oratores ipfe quoque nominavit,

qui vel de pace vel de induciis agerent. Pactæ autem funt Pequiniaci induciæ ad annos novem. Præter fummam feptuaginta duorum millium fcutorum, quam ftatim Eduardo Ludovicus numeravit; ftatutum fuit Delphini Caroli connubium cum filia Eduardi Regis, Futuræ autem fponfæ affignabat Ludovicus aut Aquitaniæ Ducatum, aut annuam quinquaginta millium fcutorum fummam, quam poftremam partem Ludovicus admifit & afferuit.

Sic inita pactio fuit, nequicquam repugnante Burgundiæ Duce. Rex autem Ludovicus Eduardo Regi trecentos carros exquifiti vini obtulit. Menfas vero Ambiani apparari juffit, omni cibariorum genere onuftas, ubi Angli omnes, quotquot obvii erant vel accedebant, cibo & potu largiter ingurgitabantur. Ambo etiam Reges in mutuum confpectum venerunt. Eduardus ad Ludovicum accedens, ad terram pene genua flexit, inquit Cominæus, Rex quoque ipfum cum reverentia adiit, poftque initæ pactioni ambo fubfcripfere, & facramento adhibito fidem & amicitiam fibi mutuo polliciti funt. Eduardus vero in Angliam iter fufcepit.

Les mêmes.

Etiam cum Burgundiæ Duce Ludovicus inducias pepigit ad novem annos, unaque confenferunt ambo extremam perniciem effe Conftabulario inferen-

Les mêmes.

& fut longtems en déliberation sur le parti qu'il avoit à prendre. Il écrivit au Roi pour justifier sa conduite: il tâchoit de lui persuader que tout ce qu'il avoit fait contre le Duc de Bourgogne & contre le Roi Edouard lui avoit attiré la haine de ces deux Princes, qui n'avoient rien omis pour le noircir auprès de son Roi, auquel il avoit toujours été fidele, quoique ses ennemis pussent dire. Louis le connoissoit trop pour y être pris. Il lui fit réponse sur le même ton, en feignant qu'il étoit persuadé de sa droiture & de ses bonnes intentions. Il ajoûtoit, dit un Historien, qu'il se trouvoit alors fort embarrassé dans de grandes affaires, & que pour les démêler il auroit besoin de sa tête. Puis se tournant vers Havard député du Roi Edouard, qui étoit present lorsqu'il dictoit cette lettre: *je n'entens point que nous eussions le corps, mais bien la tête*, lui dit-il. Son Messager ne comprit pas ce que cela vouloit dire. Mais le Connétable vit bien que le Roi avoit juré sa perte.

Il pensa d'abord à s'enfuir en Alemagne avec son argent & ce qu'il avoit de plus précieux; ç'eût été le meilleur parti pour lui. Il se détermina enfin à se refugier dans les Etats du Duc de Bourgogne, qui faisoit alors la guerre au Duc de Lorraine. Il se retira à Mons. Le Roi averti de sa fuite, fit d'abord saisir la ville de S. Quentin, occupée & mal défendue par les gens du Connétable; & envoia sommer le Duc de Bourgogne qui assiegeoit Nanci de le lui remettre, comme ils en étoient convenus. Le Duc qui n'avoit nulle envie de le livrer au Roi, tergiversa longtems: il le fit saisir & transferer à Peronne. Enfin pressé vivement par le Roi, il donna ordre qu'on le livrât à ses gens, qui le menerent à Paris. Trois heures après que ses gens l'eurent livré, ils reçurent défense de le faire; mais le contre-ordre vint trop tard. Il fut mis à la Bastille. On lui fit promtement son procès; il fut convaincu de beaucoup de perfidies & de trahisons, & condamné à avoir la tête coupée. La Sentence fut executée en Greve le 19. Décembre 1475. Cette execution est décrite fort au long par la Chronique de Louis XI.

Le Connétable de S. Pol est executé.

Le Duc de Bourgogne prit Nanci & conquit toute la Lorraine. Le Roi lui remit S. Quentin, Ham, Bouchain, & toute la dépouille du Connétable qui

Le Duc Charles prend la Lorraine.

---

dam. Ea ille de re submonitus fuit, diuque deliberans, quid consilii capturus esset cogitabat: literas Regi scripsit, queis sese suaque gesta purgaret, ipsique suadere conabatur ea quæ ipse contra Burgundiæ Ducem & contra Regem Eduardum fecerat, ambos Principes contra se exasperavisse, & sui odio ductos illos nihil non egisse ut Regi suo perosum ipsum redderent, se tamen ipsi addictum & fidelem fuisse, etsi contraria inimici sui affirmabant. Notior erat Ludovico Constabularius, quam ut hisce verbis vel caperetur vel deliniretur; responditque illi, eadem simulandi arte usus, sibi probitatem ipsius, & sinceram agendi rationem cognitam esse: addebatque, ut ait quidam historiæ Scriptor, se tunc negotiis ingentibus implicatum esse, atque ad illa expedienda sibi ipsius Constabularii capite opus esse. Deinde Rex ad Havardum Eduardi Regis nuncium se convertens, qui præsens erat dum hanc Rex dictaret epistolam: Non corpus ejus, inquit, me optare dico, sed caput. Nuncius autem Constabularii id non intellexit. At his auditis Constabularius sibi perniciem moliri Regem non dubitavit.

Les mêmes.

Statim autem fugam in Germaniam meditabatur, cum auro & cimeliis suis preciosioribus, & hæc cautio tutior fuisset; tandemque in terras ditionis Burgundiæ Ducis se recepit, qui tunc Lotharingiæ Duci bellum inferebat. Montes autem in Hannonia Constabularius venit. Cum fugam illum fecisse Rex comperisset, sancti Quintini urbem occupari jussit, quam tenebant pro Constabulario milites quidam, qui invadentibus se vix obstitere. Tunc Rex a Duce Burgundiæ, qui Nanceium obsidebat, postulavit, uti sibi Constabularium traderet, prout ipse pollicitus erat. Dux vero qui illum Regi dedere nolebat, diu distulit, moramque traxit, ac denique illum Peronam transferri jussit. Demum Rege vehementissime instante, jussit Dux Constabularium missis ab Rege hominibus tradi, qui illum Lutetiam adduxere. Elapsis tribus horis postquam ille traditus fuerat, literæ Ducis advenere, queis vetabat ille suis ne Constabularium traderent, sed tardius accessere nuncii. Constabularius igitur in castellum portæ Sancti Antonii trusus est: causamque coram Judicibus dicere compulsus cum oblata perfidiæ & proditionis crimina depellere non posset; damnatus est, in platea, quæ Gravia dicitur, capite plexus est decima-nona Decembris anno 1475. Hæc historia fusissime describitur in chronico Ludovici XI.

Dux Burgundiæ Nanceium totamque Lotharingiam cepit. Rex vero ipsi, ut pollicitus erat, sanctum Quin-

LOUIS XI.

lui avoit été promise. Le Duc mettoit toute sa confiance au Comte de Campobasse du Roiaume de Naples : c'étoit un traître qui venoit d'offrir au Roi de tuer le Duc, ou de le livrer entre ses mains, s'il vouloit lui faire un parti avantageux. Louis eut horreur d'une telle perfidie & en fit donner avis au Duc, qui n'y ajouta point de foi à son grand malheur.

1476.

Après avoir conquis la Lorraine il marcha contre les Suisses, qui craignant d'être accablez par un si puissant ennemi, lui firent toutes les offres imaginables pour avoir la paix. Guidé par son malheur il rejetta toutes ces propositions, prit quelques petites places & assiegea Granson, qui résista quelques jours, & se rendit à discretion. Le Duc fit tout tuer, ou selon d'autres il en fit pendre quatre-vingt, noier deux cens & mit les autres à rançon. Les Suisses qui s'étoient assemblez pour secourir Granson, donnerent sur son avantgarde, qui fit volte-face pour joindre l'armée qui étoit éloignée. Ceux qui venoient après ces premiers prirent cela pour une fuite. La terreur se mit dans toute l'armée qui alla en déroute sans presque aucune résistance.

Est défait par les Suisses.

Les Suisses reprirent Granson, dépendirent ceux de leur nation que le Duc avoit fait pendre, & pendirent avec les mêmes cordes autant de Bourguignons. Ils furent maîtres du champ de bataille & de tout le bagage. Le butin monta à plus de trois millions en or & argent, en pierreries & autres choses de prix. Les victorieux qui vivoient ci-devant dans une extrême simplicité, connoissoient si peu le prix de ces choses, qu'ils donnoient l'or pour du cuivre & l'argent pour de l'étain. Ils mettoient en pieces les pavillons de drap d'or pour en habiller leurs femmes & leurs enfans. Le gros diamant du Duc, qui étoit d'un prix inestimable fut donné pour un florin à un Prêtre, qui le vendit trois livres. Il tomba depuis entre les mains d'un Genevois de Lion qui le vendit onze mille florins ; enfin le Pape Jules II. l'acheta vingt mille. Les autres pierreries furent données à fort vil prix.

Le Roi Louis n'avoit garde d'oublier de châtier Jaques d'Armagnac Duc de Nemours, qui s'étoit joint aux Princes liguez pour le bien public, avoit plusieurs

---

tinum, Hamum, Buchanium, & quidquid ad Constabularium pertinuerat, tradidit. Dux vero Burgundiæ admodum fidebat Comiti Campobassio Neapolitani Regni procere. Hic autem proditor erat, qui Regi Ludovico promiserat se Ducem vel interfecturum, vel in manus ipsius traditurum esse, si tamen se mercede tanto officio debita donare vellet. Ludovicus tantæ perfidiæ horrore ductus, Ducem ea de re submonuit, qui in perniciem suam dictis Regis fidem non habuit.

Cum Lotharingiam sibi Dux Burgundiæ subegisset, contra Helvetios movit, qui a tam potente adversario se mox obruendos esse metuentes, quæ offerri poterant omnia Duci obtulere ut pacem sibi conciliarent. Ille vero, invida fortuna suadente, oblata omnia rejecit, aliquot castra cepit, & Gransonium obsedit : quod oppidum postquam Burgundionibus aliquantum obstiterat, deditionem ad Ducis arbitrium fecit. Dux omnes internecione delevit : vel ut alii narrant, octoginta suspendio perire, ducentos in aquis demergi jussit, aliosque captivos abduxit, donec redemtionis precium solverent. Helvetii, qui una convenerant ut Gransonio ferrent opem, in primam Ducis aciem irruperunt, quæ cum a reliquo exercitu procul esset, ut suis jungeretur retro conversa est. Qui post primam aciem sequebantur, conversionem illam

esse fugam arbitrati sunt : hinc totum exercitum terror invasit, omnesque fere sine pugna, fugam fecere.

Helvetii Gransonium recuperarunt ; illos ex suis qui suspensi fuerant, ex patibulo demiserunt, atque iisdem funiculis totidem Burgundiones suspenderunt. Pugnæ locum obtinuere cum commeatu & sarcinis. Manubiarum precium ad plusquam tricies centena millia librarum pertingere existimatum est, aurum spectando, argentum, gemmas & cætera quæque preciosa. Helvetii victores, qui tenuissimo sumtu famem propulsabant, rerum preciosarum adeo rudes erant, ut aurum pro ære, argentum pro stanno darent ; tentoriorum pannos auro intertextos discerpebant, et ex iis vestes uxoribus & filiis pararent. Magnus ille Ducis Caroli adamas, qui immensi precii esse putabatur, floreno uno væniit, & a Presbytero, qui emerat, trium librarum precio venditus fuit. Quidam Genevensis Lugduni habitans, undecies mille florenorum precio ipsum emit, & postea Julius II. Papa pro illo acquirendo viginti florenorum millia numeravit. Cæteræ quoque gemmæ vilissimo precio venditæ sunt.

Matthieu.

Non is erat Ludovicus Rex, qui injurias sibi a Jacobo Armeniacensi Nemoresii Duce illatas oblivisci posset. Is enim sese fœderatis *pro bono publico* Princi-

Tome III.

S s ij

fois violé ses Traitez, & qui selon Matthieu avoit conspiré avec le Connétable de se saisir de la personne du Roi & du Dauphin. Il envoia le Sire de Beaujeu avec des troupes l'assieger au château de Carlat en Auvergne. Le Duc se rendit au Sire de Beaujeu, sur l'assurance que le Roi lui pardonneroit le passé. Le Roi ne se croiant pas obligé au traité fait par le Sire de Beaujeu, le fit mettre en prison à Vienne, d'où il fut transferé au château de Pierre-Encise, & de là à la Bastille de S. Antoine, où il fut un an entier. On lui fit son procès devant le Sire de Beaujeu commis par le Roi. Il fut condamné à avoir la tête tranchée, & fut executé aux Halles le 4. Août 1477.

Le 13. de Juin de l'an 1476. le Sire de Brezé Sénéchal de Normandie, qui avoit épousé Charlotte fille naturelle de Charles VII. & d'Agnés Sorel, surprit sa femme en adultere avec un nommé la Vergne son Ecuier, & massacra l'un & l'autre.

La défaite de Granson fit grand bruit & en même tems grand deshonneur au Duc. Ses alliez l'abandonnerent, le Duc de Milan, le Roi René de Sicile, la Duchesse de Savoie sœur du Roi Louis, se tournerent tous vers le Roi de France, laissant-là le Bourguignon.

Le Roi René s'étoit ci-devant tourné du côté du Duc de Bourgogne, & après avoir perdu ses trois fils, il avoit promis au même Duc ses droits sur le Roiaume de Naples & le Comté de Provence, dont Charles se disposoit déja à se mettre en possession. Mais René voiant que les affaires du Bourguignon tournoient si mal, vint trouver le Roi à Lion accompagné de Jean Cossa Sénéchal de Provence qui porta la parole, & avoüa franchement au Roi Louis, que son maître par ressentiment de ce qu'il retenoit ses châteaux de Bar & d'Angers, & de ce qu'il le traversoit dans toutes ses affaires, s'étoit jetté du côté du Duc de Bourgogne, & lui avoit fait cession de ses droits, bien résolu pourtant de tout remettre au Roi, s'il vouloit bien lui faire justice. L'air de sincerité qui paroissoit dans ce discours plût au Roi. Il reçut le bon Roi René avec toutes les démonstrations possibles d'amitié, & lui fit satisfaction sur tout. En sorte que charmé de ses manieres, il l'assura, disent quelques-uns, qu'il ajouteroit la Provence à sa couronne, ce qui ne fut fait qu'après sa mort. Le Duc Charles eut le chagrin de voir que tous les Princes l'abandonnoient pour suivre le parti du Roi Louis.

Chronique,

Comines Matthieu.

pibus junxerat, pactiones cum Rege initas non semel violaverat, atque, ut narrat Matthæus, cum Constabulario conspiraverat, ut Regem & Delphinum comprehenderet. Misit ergo Rex Bellijocium cum manu pugnatorum valida, obsessum illum in castello Cartilatensi in Arvernia. Dux autem sese Bellijocio dedidit illa conditione, ut Rex sibi præteritas injurias condonaret. Rex vero pacta se inscio à Belli-jocio inita nulla habens, ipsum Viennæ in carcerem trudi jussit. Postea in castellum Petræ-incisæ, indeque in castellum portæ sancti Antonii Parisinæ translatus ille est, ubi per annum integrum mansit, demumque causam dicere jussus est coram Belli-jocio ad eam rem ab Rege deputato, & damnatus tandem capite truncatus est in foro venalium Parisino, die quarto Augusti anno 1477.

Decima tertia Junii anno 1476. Brezæus Normanniæ Senescallus qui Carolam spuriam filiam Caroli VII. & Agnetis Sorellæ duxerat, illam in adulterio deprehensam cum Vernio quodam Scutifero suo, unà cum adultero interemit.

Gransoniana clades famâ undique perlata est, ac Duci Burgundiæ magno dedecori fuit. Fœderati omnes ab illo defecerunt, Dux Mediolanensis, Renatus, Siciliæ Rex, Ducissa Sabaudiæ soror Ludovici Regis ad partes ejusdem Ludovici, Burgundione relicto, confugerunt.

Renatus Rex antehac ab Rege defecerat ut ad partes Burgundionis transiret. Posteaque cum tres filios suos amisisset, Duci pollicitus erat jura sua in Regnum Neapolitanum & Gallo-Provinciam, quam jam occupare tentabat Carolus; sed cum videret Renatus rem Caroli pessum ire, Lugdunum ubi tunc Ludovicus erat, se contulit, comitante se Joanne Cossa Gallo-Provinciæ Senescallo, qui Oratoris vice functus, sine fuco & fallaciis fassus est Renatum indigne ferentem quod Ludovicus castella sua Barense & Andegavense occuparet, quodque in cæteris infestus semper sibi esset, ad Burgundiæ Ducem deflexisse, ipsique jura sua omnia concessisse; sed eadem repetendi & Ludovico Regi concedendi animo accedere, si ille secum ut æquitatis ratio postulabat ageret. Placuit Ludovico sincera illa conquerendi ratio; Renatum ille cum grandi amicitiæ significatione excepit, querelarum causas omnes sustulit. Delinitus ergo Ludovici blanditiis Renatus, pollicitus ipsi est, ut quidam narrant, se Gallo-provinciæ Francico Regno adjecturum esse; quæ tamen attributio nonnisi post Renati obitum peracta fuit. Burgundiæ Dux itaque non sine mœrore vidit, universos, se deserto, ad Lu-

Lui-même l'envoia prier, & en des termes fort humbles contre son ordinaire, de maintenir toujours la treve, ce qu'il lui accorda volontiers.

Cet infortuné Prince s'obstinant contre sa mauvaise fortune ramassa ses gens débandez, & voulut encore une fois tenter le sort d'une bataille. Il alla assieger Morat. Les Suisses assistez d'une grosse cavalerie Alemande & du Duc de Lorraine, à qui le Roi avoit fourni des troupes, vinrent une seconde fois lui donner bataille : l'armée du Duc fit peu de défense, & fut mise en déroute, comme la premiere fois, avec cette difference qu'à la premiere il y eut fort peu de gens tuez du côté du Duc : parce que les Suisses n'aiant presque point de cavalerie, ils ne purent longtems poursuivre ; ils l'avoient fort nombreuse au second combat, où elle tomba sur les fuyards & en fit une grande boucherie. Le nombre des morts monta, disoit-on, jusqu'à près de dix-huit mille. Les Suisses reprirent toutes les places dont le Bourguignon s'étoit saisi.

Seconde défaite.

Le Duc desesperé de cette défaite, déchargea sa colere sur la Duchesse de Savoie sœur du Roi Louis. Elle étoit son alliée, & jusqu'à ce tems-là avoit favorisé le Duc contre le Roi son frere. Mais se doutant qu'elle se tourneroit du côté du Roi, il la fit arrêter & conduire au château de Rouvre auprès de Dijon. Elle trouva moien de s'évader avec un de ses fils, & s'en alla voir son frere à Tours, avec lequel elle se raccommoda. Le Duc comme forcené ne pouvant soutenir ces deux défaites tomba dans une si grande mélancolie, que sa santé en fut fort alterée. Il se retira dans la Bourgogne, où il fut dans l'inaction pendant six semaines.

Au mois d'Octobre de cette année, selon la Chronique de Louis XI. un nommé Jean Bon du païs de Galles, à la sollicitation du Duc de Bourgogne, conspira d'empoisonner le petit Dauphin. Il fut découvert, & condamné à avoir la tête tranchée. Le Prevôt, sans doute par ordre du Roi, lui laissa l'option ou d'être executé, ou d'avoir les yeux crevez. Il choisit le dernier, & le Roi lui continua sa pension.

Alfonse Roi de Portugal vint en France demander secours au Roi contre Ferdinand & Isabelle. Louis le reçut magnifiquement, & lui representa, que dans l'état present de ses affaires, obligé de tenir toujours une armée sur pied pour

---

dovicum Regem deflectere : ipseque Carolus Regem, qui tum Lugduni erat, verbis contra morem suum demissis atque modestis rogari curavit inducias semper servaret, id quod Rex libenter concessit ipsi.

Le même.

Infelix ille Princeps, priscis pertinaciter hærens, cum dispersos suos collegisset, prælii denuo fortunam tentare decrevit, & Moratum obsidione cinxit. Helvetii porro numerosum equitatum Germanicum nacti, juncto etiam Renato, cui Ludovicus Rex manumarmatorum miserat, secundo movere, ut manus cum Burgundionibus consererent. Exercitus porro Ducis non diu hostium impetum tulit ; profligati Burgundiones sunt ut altera vice fuerant, sed cum majori clade. In prima nempe vice Helvetii equitatu fere destituti, non diu Burgundiones insequi potuere ; sed in hac posteriore pugna cum equitatu valerent, fugacem turbam insequuti, magnam fecere stragem. Cæsorum numerus, ut ferebatur, ad octodecim fere millia pertigit. Helvetii porro castra omnia & oppida, quæ Burgundiones occupaverant, recepere.

Les mêmes.

In desperationem post tantam cladem actus Burgundio, in Sabaudiæ Ducissam Ludovici Regis sororem iram suam effudit. Affinis illa Duci erat, & ad istud usque tempus illius partes sectata fuerat contra fratrem Regem ; sed cum suspicaretur ipsam jam fratri manus daturam esse, apprehendi Principem feminam jussit, & in castellum Roboræ prope Divionem adduci. Verum elapsa illa cum filiorum uno, fratrem Regem adiit, in Turonum urbe versantem, quicum res suas composuit. Dux lymphato similis, binarum cladium infortunium non sustinens, in tantam incidit mœstitiam, ut læsa tandem valetudine in Burgundiam veneric, ubi per sex hebdomadas in otio mansit.

Mense Octobri hujusce anni, narrante Chronico Ludovici XI. quidam Gallensis Joannes Bonus nomine, instigante Burgundiæ Duce, Delphinum puerum veneno tollere conabatur ; sed deprehensus, capite damnatus est. Præpositus jubente sine dubio Ludovico Rege, optionem dedit ei ut vel caput sibi abscinderetur, vel oculi suffoderentur. Postremum ille supplicium delegit, Rexque illi tamen, annuam, qua prius gaudebat, pensionem solvi curavit.

Chronique.

Aldefonsus Lusitaniæ Rex in Franciam venit postulatum ab Rege auxilium contra Ferdinandum & Isabellam. Magnifice autem ille ab Rege Ludovico exceptus fuit, qui ipsi opem petenti dixit, se in præsenti rerum conditione cum semper sibi paratum exer-

La même.

obſerver les démarches du Duc de Bourgogne, il ne pouvoit pas envoier une autre armée en Eſpagne. Alfonſe dans le deſſein d'établir une paix ferme entre ces deux Princes, alla joindre le Duc de Bourgogne, qui étoit alors en Lorraine. Il vit bien-tôt, qu'il n'avanceroit rien, & s'en retourna en ſon Roiaume.

Le Duc René profitant de l'occaſion ſe rendit en Lorraine avec quelques troupes, prit pluſieurs places, & aſſiegea Nanci, qui ſe rendit en peu de jours. Deux jours après cette priſe le Duc de Bourgogne arriva devant la place & l'aſſiegea de nouveau. Le Duc René ne ſe ſentant pas aſſez fort pour tenir la campagne contre lui, ſe retira, & alla ramaſſer des troupes d'Alemans & de Suiſſes pour faire lever le ſiége. Le traître Campobaſſe qui commandoit à ce ſiége, ne penſoit qu'à perdre ſon maître, à le tuer, ou à le livrer à ſes ennemis. La grande haine qu'il lui portoit venoit, diſoit-on, de ce qu'une fois le Duc en colere lui avoit donné un ſoufflet. Il avoit grand ſoin d'empêcher qu'on ne l'abordât pour lui découvrir ſes menées.

La famine étoit déja dans la ville: les habitans étoient réduits à manger les chevaux, les chiens & les chats. Le Duc René tâcha d'y faire entrer des ſacs de farine eſcortez d'une compagnie de gendarmes. Une partie paſſa, l'autre fut priſe. Tous ceux qui furent pris furent pendus par ordre du Duc de Bourgogne. Entre ceux-ci un Gentilhomme Provençal nommé Ciffron, dit qu'il ſouhaitoit avant que de mourir de déclarer au Duc quelque choſe qu'il lui importoit beaucoup de ſavoir. Il étoit informé de la trahiſon de Campobaſſe, qu'il vouloit lui reveler. Mais Campobaſſe, qui s'en doutoit, tourna ſi bien le Duc, qu'il fut envoié à la potence ſans être entendu. Le Duc René à qui le Roi Louis fournit bien de l'argent pour lever des gens de guerre Alemans & Suiſſes, vint avec une armée conſiderable, & ſe campa à Saint Nicolas à deux lieuës de Nanci.

Campobaſſe voiant qu'il ne pouvoit executer ſon premier projet qui étoit de livrer le Duc aux ennemis, ou de le tuer, ſe retira de ſon camp avec environ 160. hommes d'armes, pour aller ſe joindre au Duc de Lorraine, & aux Alemans. Il laiſſa dans le camp des Bourguignons douze ou quatorze hommes,

---

Comines.
Bl aliibien.

citum eſſe oportetet, qui Ducis Burgundiæ conatus obſervaret, non poſſe exercitum alium in Hiſpaniam mittere. Aldefonſus vero ut pacem inter ambos Principes conciliaret, Ducem Burgundiæ, qui tunc in Lotharingia erat, convenit. Continuo autem vidit ſe nihil impetraturum eſſe, quapropter in Regnum ſuum remigravit.

Occaſione arrepta Renatus Dux in Lotharingiam cum armatorum manu venit, aliquot oppida cepit, & Nanceium obſedit: quæ urbs paucis poſtea diebus deditionem fecit. Biduo elapſo poſt captam urbem Dux Burgundiæ cum exercitu advenit, ut ipſam denuo obſideret. Renatus vero Dux impar viribus, cum nollet pauciori armatorum numero inſtructus cum Burgundione congredi, receptum habuit, profectuſque eſt ut Germanorum & Helvetiorum copias colligeret, poſteaque ut ab obſidione Carolum dimoveret regrederetur. Campobaſſus proditor, qui in hac obſidione omnia moderabatur, nihil aliud meditabatur, quam quo pacto Dominum ſuum perderet; illumque aut occideret, aut traderet inimicis: odium porro illud tantum conceperat in Ducem, quod aliquando iratus alapa illum percuſſiſſet. Id vero maxime curabat, ut ne quis Ducem Burgundiæ adiret, qui machinamenta ſua detegere illi poſſet.

Jam fames urbem invaſerat: præſidiarii cives & populus carnibus equorum canum & felium veſcebantur. Renatus farinæ ſaccos, comitante militum turma in urbem immittere tentavit. Pars altera intravit; altera vero intercepta in Burgundionum manus incidit. Qui capti ſunt omnes juſſu Burgundiæ Ducis ſuſpendio periere. Inter hos autem vir quidam nobilis erat Gallo-provincialis nomine Ciffro, qui antequam ſuſpenderetur, rogavit ſibi liceret Ducem Burgundiæ alloqui, quædam dicturo, quæ competiſſe Ducem intereſſet. Campobaſſi enim proditionem noverat ille, quam Duci revelare peroptabat. At Campobaſſus hæc dicturum Ciffronem eſſe ſuſpicatus, id apud Ducem egit, ut inauditus Ciffro ad patibulum mitteretur. Dux vero Renatus, cui Ludovicus Rex grandes pecuniæ ſummas dederat, ut Germanorum & Helvetiorum copias colligeret, cum numeroſo exercitu venit, & ad ſanctum Nicolaum caſtra poſuit, qui locus duabus leucis Nanceio diſtat.

Campobaſſus videns non poſſe ſe optatum aſſequi, nec vel Ducem inimicis prodere, vel interimere, ex caſtris ejus ſeceſſit cum viris armorum circiter centum ſexaginta, ut ſeſe Duci Lotharingiæ & Germanis adjungeret. In caſtris autem Burgundionum duodecim quatuordecimve homines reliquit, qui Carolum Du-

qui avoient ordre de tuer le Duc Charles en cas qu'il voulut prendre la fuite. Sa trahison étoit si connue, que s'étant approché des Alemans pour se joindre à leur troupe, il lui firent dire qu'il se retirât & qu'ils ne vouloient point de traître avec eux. Il se retira & alla se retrancher auprès de là.

Le Duc de Bourgogne voiant l'ennemi si près de son camp, tint conseil pour déliberer sur le parti qu'il avoit à prendre. Les plus sages étoient d'avis qu'il se retirât au Pont à Mousson pour lever de nouvelles troupes, l'assurant que les Alemans se retireroient après qu'ils auroient ravitaillé Nanci, & qu'après leur retraite, il pourroit revenir dans la belle saison faire le siége avec une puissante armée. Le Duc s'obstina à continuer le siége, & à attendre l'armée ennemie, quoiqu'il n'eut dans tout son camp qu'environ quatre mille hommes, dont à peine y en avoit il douze cens en état de combattre. René vint l'attaquer la veille des Rois; sa petite armée fut d'abord défaite. Le Duc fut tué sur le champ, par les gens du traître Campobasse. On eut assez de peine à trouver son corps parmi les morts : on le reconnut enfin, & le Duc René le fit enterrer honorablement à Nanci. *Derniere défaite & mort du Duc de Bourgogne. 1477.*

Le Roi Louis, qui avoit établi des postes dans son Roiaume, fut bien-tôt averti de la défaite & puis de la mort du Duc de Bourgogne. Il ne pût dissimuler sa joie. Il pensa à se saisir des Etats du Duc, & mit tout en œuvre pour cela. Il se rendit d'abord le maître d'Abbeville, Ham, Bouchain, S. Quentin & Peronne, quelques autres villes tomberent ensuite entre ses mains. Il envoia à Gand Maître Olivier son Barbier, qui se faisoit fort de persuader à cette grande ville de se mettre sous l'obéissance du Roi. Olivier ne réussit point à Gand; mais il trouva moien de faire entrer les gendarmes du Roi dans Tournai. *Le Roi se saisit de plusieurs villes du Duc de Bourgogne.*

Bien des gens sollicitoient Louis de porter la guerre en Italie, lui faisant esperer que dans la conjoncture presente il pourroit se rendre maître de grands Etats & du Roiaume de Naples. Mais il étoit trop bien instruit, que dans la situation des affaires ce seroit chercher sa ruine que d'envoier & d'entretenir des armées dans un payis éloigné. Les Gennois envoierent au même tems lui dire qu'ils se donnoient à lui: *Et moi*, leur répondit il, *je vous donne au diable*. Il se souvenoit du tour que les Gennois avoient joué à son pere, lorsqu'après

---

cem occiderent, si fugam capessere vellet. Proditionis numine ita notus erat, ut cum ad Germanos accederet, quo cum illis adjungeretur, juberent illi homines alio migrare, nolle se dicentes proditorem secum habere. Recessit igitur & haud procul castra posuit.

Burgundiæ Dux tam vicinum cernens hostem, cum suis consilium habuit, ut quid facto opus esset deliberaretur. Qui rerum peritiores erant, dixere Mussipontum secedendum esse, ut novas colligerentur copias: Germanos quippe recessuros esse, postquam Nanceium annonam immisissent; semotisque illis & adveniente commodiore tempestate, obsideri urbem denuo posse cum numeroso exercitu. Adversa concitante fortuna Dux pertinaciter in obsidione persistere voluit, & hostium exercitum expectare. Quamvis in exercitu suo vix quater mille viri essent, ex quibus mille ducenti tantum pugnare valebant. Renatus ergo in vigilia Epiphaniæ adortus illum est, statimque in fugam versus fuit tam exiguus exercitus. Dux Burgundiæ peremtus est. Corpus ejus vix inter cæsos dignosci potuit; deprehensumque & agnitum tandem fuit, Renatusque Dux ipsum Nanceii honorifice sepeliri curavit.

Ludovicus Rex, qui cursores per totum Regnum constituerat, primo clade, posteaque necem Ducis Burgundiæ edidicit, neque gaudium comprimere suum potuit. Statim ditiones urbesque ipsius invadere studuit, nihilque non egit ut quot quantasque urbes posset caperet. Primo Abbatis-villam cepit, Hamum, Buchanium; urbs sancti Quintini & Peronæ sub potestatem ejus redactæ sunt. Gandavum vero misit Olivarium tonsorem suum, qui pollicebatur se Gandavensibus suasurum, ut sese Regi Francorum dederent. Gandavi nihil perficere potuit Olivarius, sed Tornacum Regis copias induxit.

Multi Regi Ludovico auctores erant, ut in Italiam bellum inferret, spemque faciebant illum in præsenti rerum Italicarum conditione multas posse sibi regiones, imo etiam Regnum Neapolitanum acquirere. At ille, ut rerum peritissimus erat, probe noverat, si in remotam regionem exercitus mitteret, ac foveret, id sibi & Regno suo perniciem inducturum esse : quapropter tale consilium rejecit. Eodem tempore Genuenses Regi nuncium miserunt, qui diceret illi civitatem suam sese Regi dedere velle. Et ego, respondit Ludovicus, diabolo vos dedam. Non immemor erat eorum quæ Genuenses gesserant, cum patri sese suo dedidere; Ma-

s'être donnez à lui, ils chasserent les Magistrats qu'il leur avoit envoiez.

Marie de Bourgogne fille du Duc & son unique heritiere, envoia des Ambassadeurs au Roi, dont les principaux étoient le Chancelier Hugonet & le Sire d'Imbercourt, pour lui demander sa protection, & lui proposer le mariage de cette Princesse avec le Dauphin Charles. Le Roi ne répondit rien sur le dernier article; mais il tâcha de gagner les Ambassadeurs & de les attirer à son parti: ils ne paroissoient pas éloignez de se mettre du côté du Roi, supposé que le mariage se fît. Il extorqua d'eux qu'ils donneroient des lettres de décharge au Seigneur Desquerdes, que d'autres appellent de Cordes, qui s'entendoit avec lui, par lesquelles ils consentoient qu'il lui remît la Cité d'Arras: ce qu'il fît d'abord. Le Roi mit bonne garnison dans la cité, prit aussi Hesdin, Therouenne, Montreuil & Boulogne, & se rendit encore maître de la ville d'Arras, alors séparée de la cité.

Ce qui se passa à cette prise mérite d'être rappotté ici. Ceux de la ville se voiant puissamment attaquez demanderent un Passeport au nombre de 22. ou 23. pour aller à Boulogne trouver le Roi; mais quand ils furent sortis, ils prirent le chemin de Flandres. »Ceux dudit Arras, dit Louis XI. dans une Lettre à M. de Bressiure, »étoient assemblez bien 22. ou 23. pour aller en Ambas-»sade devers Mademoiselle de Bourgogne, ils ont été pris & les instructions »qu'ils portoient, & ont eu les testes tranchées, car ils m'avoient fait une fois »le serment. Il y en avoit un entre les autres, Maistre Oudard de Bussy, à qui »j'avois donné une Seigneurie en Parlement, & afin qu'on connut bien sa teste, »je l'ay fait atourner d'un beau chaperon fourré, & est sur le marché d'Hesdin, »là où il préside. Le Roi arriva sur cette execution & empêcha qu'on n'achevât. Arras se rendit par composition. Le Roi voiant ce grand panchant de ceux de la ville pour la Maison de Bourgogne, en fit sortir la plûpart des habitans, & y mit des François en leur place.

Ce qui resta d'anciens habitans dans la ville donna bien-tôt des marques éclatantes de son aversion pour la domination Françoise: car le Roi aiant envoié le Cardinal de Bourbon, le Chancelier d'Oriole & Desquerdes gouverneur de la ville, pour recevoir le serment de fidelité, ils furent assaillis au Monastere de S. Vast d'Arras, où ils dînoient, d'une populace furieuse, qui crioit,

Comines.
Matthieu.

gistratus enim quos ille in eam urbem miserat, eliminavere.

Maria Ducis Burgundiæ Caroli unica filia & heres, Oratores ad Regem misit: horum præcipui erant Hugonetus Cancellarius & Imbercurtius, qui Regis patrocinium implorarent, & connubium Caroli Delphini cum Maria Burgundica proponerent. Ad rem ultimo propositam nihil Ludovicus respondit; sed Oratores allicere & ad partes suas trahere conatus est, neque illi abnuebant, ac Regis partes sequuturi videbantur, dummodo propositum connubium perficeretur. Ab illis autem literas extorsit, quibus declarabant Cordæum, qui Regi studebat, & Atrebatensem civitatem ipsi traditurus erat, se consentientibus id fecisse. Nec mora civitatem ille tradidit Regi, qui valido illam præsidio munivit: cepitque etiam Hedenum & Bononiam, itemque Atrebatensem urbem occupavit, quæ a civitate tunc separata erat.

Les mêmes.

Quod accidit cum Rex Atrebatum occupavit hic enarrate operæ precium fuerit. Cum cives urbem fortiter impeti viderent, viginti duo aut viginti tres ex illis rogaverunt, sibi rescriptum securitatis dari, ut Regem Bononiæ versantem adire tuto possent. At semel egressi versus Flandriam iter capessierunt. Atrebatenses, inquit Ludovicus Rex in epistola quadam ad Dominum de Bressura: »Ad viginti duos vel viginti »tres congregati ut Burgundicam Principem Legati »adirent, capti sunt, cum rescriptis ad illam missis, »& capite truncati fuerunt, quia mihi sacramentum »fidei præstiterant. Inter illos unus erat Magister Au-»dardus de Bussiaco, cui in Curia Senatus digni-»tatis gradum contuleram. Utque caput ejus inter-»nosci posset, duplicato & eleganti caputio caput »ejus obtegi curavi: sicque ille præsidet Hedeni in »foro venalium. Dum autem damnati illi capite plecterentur, adveniens Rex a cæde cessari jussit, residuique servati sunt. Atrebatum certis conditionibus se dediderat. Videns autem Rex quam Burgundicæ familiæ studerent Atrebatenses, maximam civium partem solum vertere jussit, eorumque loco Francos induxit.

Qui in urbe superarant Atrebatenses veteres haud diu postea signa dederunt quam abhorrerent a Francico dominatu. Cum enim misisset Rex Cardinalem Borbonium, Doriolum Cancellarium & Cordæum urbis Præfectum, qui sacramenta fidei ab Atrebatensibus acciperent, furibunda plebs prandentes illos in Monasterio sancti Vedasti invasit, *Occide, perime,* tue,

LOUIS XI.

tue, tue. Mais plusieurs d'entre eux furent tuez, des maisons pillées, & la ville fut condamnée à soixante mille écus d'amende.

Bien des gens ont blâmé le Roi Louis, & plusieurs le blâment encore aujourd'hui de n'avoir pas fait le mariage de son fils avec la Princesse Marie, par lequel il réunissoit tous ces grands Etats de Bourgogne avec la couronne de France. Les Historiens qui sont venus depuis, entrent dans les vûës des premiers, & prétendent que Louis manqua beaucoup en laissant passer cette occasion d'élever la France à un si haut degré de puissance. Mais outre que le Dauphin Charles étoit encore trop jeune pour épouser la Princesse, déja nubile depuis quelques années; réunir à la France toutes ces Provinces, c'étoit s'attirer une guerre perpetuelle avec l'Angleterre qui regardoit cette réunion comme le plus grand malheur qui pouvoit lui arriver, & avec l'Allemagne qui confrontoit la plûpart de ces Provinces, & qui n'auroit pas souffert volontiers cet accroissement de forces sur une seule tête couronnée. De plus le Duc de Bretagne, & plusieurs autres Princes & Seigneurs du Roiaume, qui vivoient dans une espece d'independance, & qui levoient souvent l'étendard contre le Roi, craignant d'être accablez, n'auroient pas manqué de se liguer avec les Princes Etrangers, & de susciter dans la France même une guerre plus dangereuse que celle des frontieres. Ajoutez à cela la difficulté qu'il y auroit eu de contenir tant de nouveaux peuples sous le joug de la domination Françoise.

Ce furent apparemment ces raisons qui porterent ce grand Politique à tâcher de réduire seulement sous sa puissance les payis qui relevoient de sa couronne, & à destiner les autres à des Princes Alemans dont il vouloit se concilier ainsi l'amitié. Car son dessein étoit, dit Comines, de détruire absolument la Maison de Bourgogne.

La Princesse étoit entre les mains des Gantois, qui après la mort de leur Duc usurperent toute l'autorité, tuerent la plûpart de leurs Magistrats & plusieurs personnes des plus considerables de la ville. Ils députerent des Ambassadeurs au Roi, qui venoient, disoient-ils, de la part de la Princesse & des trois Etats: ils prioient le Roi de ne pas porter la guerre dans les Etats du Duc, & ajoutoient des choses qui n'étoient pas conformes à ce que le Chancelier Hugonet

---

clamans. Verum ex illis plurimi cæsi sunt, domus direptæ, urbique indicta mulcta fuit sexaginta millia scutorum.

Plurimi olim & non pauci hodieque id Ludovico Regi vituperio vertunt, quod connubium Caroli Delphini cum Maria Burgundica non admiserit: quo pacto amplissimas illas Burgundicæ familiæ subditas regiones Regno Francorum adjunxisset: qui postea venere historiæ Scriptores priscorum vestigiis hærentes, abs re Ludovicum aiunt, hanc Regni Francici in tantam potentiam evehendi occasionem prætermisisse. At præterquam quod Carolus junior erat, quam ut Mariæ Principi jam ab aliquot annis nuptias appetenti, connubio jungeretur, si tot regiones provinciæque cum Francorum Regno conjunctæ fuissent, hinc bellum perpetuum cum Anglis consequuturum erat, qui conjunctionem illarum quasi extremum sibi illatum infortunium habebant. Germani etiam in quorum confinio sita erat regionum illarum pars maxima, non libenter vi sissent tantam in uno sibi finitimo Rege accumulatam potentiam. Dux Britanniæ item & plurimi alii Principes & primores Regni, qui fere sui juris ac potestatis erant, ac sæpe vexillum contra Regem erigebant, ne gradu dejicerentur metuentes, cum extraneis Principibus fœdere juncti, bellum in ipsa Francia excitavissent, longe periculosius illo, quod in Regni finibus illatum esset. Ad hæc considerandum etiam cum quanta difficultate tot novi populi sub jugo Franciæ dominationis contineri potuissent.

His permotus, ut verisimile est, Princeps ille politica instructus scientia, eas solum provincias sibi subigere tentavit, quæ Regem Francorum ut supremum Dominum agnoscebant; alias autem Burgundicæ ditionis regiones, Germanis Principibus destinabat, quorum sibi amicitiam conciliaret. Nam ea mente, illo animo erat, inquit Comineus, ut Burgundicam domum penitus abolere studeret.

Comines.

Maria autem Princeps a Gandavensibus detinebatur, qui post Ducis sui necem totam sibi auctoritatem usurpaverant, Magistratuum partem maximam & optimates plurimos trucidaverant. Oratores porro ad Regem miserunt, qui se a Principe Maria & a tribus Ordinibus deputatos dictitabant, Regemque rogabant, ut ne in defuncti Ducis regiones inferret, aliaque addebant, quæ nullo mo lo consonabant cum iis quæ Cancellarius Hugonetus & Imbercuttius, a Ma-

Tome III.

& le Sire d'Imbercourt lui étoient venus dire de la part de la Princesse, qui y étoit signée elle-même.

Le Roi leur montra ces Lettres & les laissa entre leurs mains. Dès qu'ils furent retournez à Gand, ils firent le procès au Chancelier & à d'Imbercourt, & les firent condamner à avoir la tête tranchée sur un échaffaut dressé au Marché. La Princesse qui alloit perdre ses deux meilleurs serviteurs, vint à ce Marché au tems qu'on alloit faire l'execution. Elle étoit toute échevelée, fondant en larmes, & prioit humblement la populace de donner la vie à ses deux serviteurs, une partie du peuple mûë par les prieres de la Princesse, vouloit qu'on leur fît grace, mais le plus grand nombre de ces furieux l'emporta & ils furent executez. Après cela ils chasserent les Bourguignons de leur ville, & écarterent les anciens serviteurs de leur Duc.

Violence des Gantois.

Ils tirerent de prison Adolphe Duc de Gueldres, dont il a été parlé ci-devant, leverent une armée composée de gens de Gand, de Bruges & d'Ypre, & la donnerent à conduire à ce Prince pour aller brûler les fauxbourgs de Tournai. Ils y allerent en effet & y mirent le feu; mais il s'y trouva trois ou quatre cens hommes d'armes, qui firent une sortie sur eux, les mirent en fuite, & tuerent le Duc de Gueldres: ce qui fit grand plaisir à la Princesse. Car ces furieux vouloient l'obliger par force à l'épouser. Le Roi tenoit en ce payis-là une puissante armée commandée par le bâtard de Bourbon. Les Flamans avoient toujours du pire dans les rencontres. Un grand convoi d'argent qu'ils amenoient à Douai, escorté par une nombreuse cavalerie fut attaqué & pris par deux cens lances Françoises, & toute cette cavalerie fut mise en déroute.

Défaite des Flamans.

Tandis que le Roi étoit occupé à réduire sous sa puissance les villes de Picardie, d'Artois & de Flandres, son armée conduite par le Seigneur de Crân travailloit à lui soumettre la Bourgogne. Il avoit gagné le Prince d'Orange ennemi du feu Duc de Bourgogne; qui lui aida bien à se rendre maître du Duché & de la plus grande partie de la Franche-Comté. Le Roi avoit promis de lui donner de beaux Etats, & de lui faire remettre toutes les places de la Comté, qui avoient appartenu à son grand pere. Quand ces places furent prises il envoia ordre au Seigneur de Crân de les rendre au Prince: quoique les ordres du Roi fussent sin-

Guerre en Bourgogne.

Le même.

ria Burgundica missi, Regi dixerant, cujus literas illius manu subscriptas attulerant.

Literas illas Ludovicus Gandavensium Oratoribus ostendit, ipsasque in manibus eorum deposuit. Hi Gandavum reversi, Cancellarium & Imbercurtium in jus vocarunt; qui capite damnati, in tabulatum ad forum venalium structum ascendere jussi sunt, ut ibi capite plecterentur. Maria vero Princeps, quæ fidissimos sibi famulos amissura erat, cum jam illi ad supplicium ducerentur, in forum venalium venit passis capillis, perfusa lacrimis, obnixe plebem supplicans, ut ne famulos suos obtruncaret. Pars populi, ejus cedendum precibus & vitam ambobus illis servandam censebant; verum alii majore numero ardentiores scelere & furore, susceptam rem exsequuti sunt, sicque illi miseri periere. Posteaque a Gandavensibus Burgundiones omnes ex urbe pulsi, priscique Ducis Burgundiæ Ministri famulique disjecti sunt.

Le même.

Sub hæc Gandavenses Adolphum Gueldriæ Ducem, de quo jam supra mentio fuit, ex carcere eduxerunt, exercitumque collegerunt Gandavi, Brugis & Hypræ, cujus ducem constituerunt ipsum Adolphum & Tornaci suburbia incensum profecti sunt, reveraque ignem injecerunt; sed eo loci trecenti quadringentive armorum viri erant, qui in Flandros illos erupere, totum agmen profligarunt, ducemque Gueldriæ interfecerunt, id quod Mariæ Burgundicæ Principi pergratum accidit; nam Gandavensibus furibundis is animus erat, ut cogerent illam ad nuptias cum Adolpho contrahendas. Numerosum Rex exercitum in regiones istas miserat duce Borbonio notho. Flandri vero semper cum Francis infausto marte pugnabant. Grandis pecuniæ commeatus, quem Duacum mittebant cum numerosa præsidiariorum equitum manu, a ducentis Francorum lanceis captus, & equitatus ille profligatus est.

Dum Rex Ludovicus urbes Picardiæ, Artesiæ & Flandriæ in potestatem redigere suam conabatur, ejus exercitus, duce Cratumno Toparcha, Burgundiam ipsi subigere tentabat. Ludovicus Arausicanum Principem, defuncti Ducis Burgundiæ inimicum, ad partes suas allexerat, cujus opera & industria Burgundiæ Ducatum & magnam Comitatus partem acquisivit. Pollicitus Rex fuerat, se ipsi ditionem collaturum amplam, redditurumque castra omnia & oppida, quæ avus ipsius in Burgundiæ Comitatu possederat. Cum autem illa castra oppidaque capta fuerant, præcepit Rex Cratumnio ut oppida ipsi & castra illa restitueret. Etsi Rex sincero tum animo hæc mandabat,

ceres, le Seigneur de Crân refusa de les remettre au Prince. Louis fut alors fort embarrassé, car quoiqu'il voulût tenir parole au Prince, il craignoit aussi de mécontenter le Sire de Crân. Nous verrons bien-tôt la suite de cette affaire.

Les Anglois ne voioient pas sans peine que le Roi Louis se saisît ainsi peu à peu des Etats du Duc de Bourgogne. Le Parlement de Londres pressoit le Roi Edouard d'envoier du secours à la Princesse Marie : elle le sollicitoit aussi fort souvent. Edouard se contentoit d'envoier lui faire des remontrances, & le pressoit de faire sa paix ou du moins treve avec elle. Mais Louis avoit soin d'empêcher qu'il ne se mêlât des affaires de la Bourgogne autrement que par des remontrances, en lui paiant exactement les cinquante mille écus promis, & gagnant tous ses Ministres par les grands presens qu'il leur faisoit. Il le leurroit encore de l'esperance qu'il marieroit le Dauphin son fils avec la fille d'Edouard, comme il l'avoit promis au Traité de Pequigni. Tous les Ambassadeurs qui venoient d'Angleterre s'en retournoient chargez de grands presens, & ne pouvoient se lasser de louer sa liberalité. Il les mettoit ainsi dans ses interêts, & ils étoient comme obligez de le favoriser dans ses entreprises. On peut dire qu'il étoit maître dans l'art de gagner les Ministres des Cours Etrangeres, comme aussi dans celui de séparer les Princes liguez contre lui.

La Princesse Marie étoit fort recherchée ; c'étoit le meilleur parti de la Chrétienté. Le Duc de Cleves qui souhaitoit fort qu'elle épousât son fils, se tenoit auprès d'elle, & n'oublioit rien pour la porter à prendre ce parti. L'Empereur la demandoit aussi pour son fils Maximilien Duc d'Autriche. Elle auroit fort souhaité de s'allier à la Maison de France ; le Dauphin qui n'avoit que neuf ans, étant de beaucoup trop jeune pour elle, qui en avoit 22. elle auroit volontiers épousé Charles Comte d'Angoulême qui fut depuis pere de François I. Mais le Roi ne vouloit point que ce mariage se fît. Il voioit par son experience que bien loin que ce fût un avantage pour son Roiaume que ces grands Etats tombassent entre les mains d'un Prince du Sang Roial ; il y avoit beaucoup plus à craindre de ces Princes revêtus d'une si grande puissance, que des étrangers, parce que ceux-là avoient des grands partis, & aussi des Etats dans le Roiaume, & la liaison du sang les retenoit peu dans l'union avec le Roi, quand l'interêt les portoit à lui faire la guerre. La Princesse se détermina enfin pour Maximi-

Marie de Bourgogne épouse Maximilien.

Cratumnius illa Arausicano Principi reddere noluit. Tum incertus Rex animo, quid consilii caperet nesciebat. Licet enim vellet promissis stare, & Arausicano Principi facere satis: ne Cratumnium etiam offenderet metuebat. Quid hinc sequutum sit mox videbitur.

Non tranquillo Angli animo videbant, Ludovicum Regem sic sensim urbes provinciasque defuncti Burgundiæ Ducis invadere & occupare. Curia Senatus Londinensis Eduardum Regem sollicite urgebat ut Mariæ Principi auxilia mitteret : id illa quoque frequenter Eduardum rogabat. Eduardus vero id unum curabat sæpe monita Ludovico dare, & verbis urgere, ut vel pacem vel saltem inducias cum illa faceret. At id unum curæ erat Ludovico, nempe Eduardum eo deducere, ut nonnisi monitis sese rebus Burgundicis immisceret ; quod ut assequeretur, quinquaginta scutorum millia annua promissa accurate ipsi numerare non desistebat, Ministrosque ipsius amplis muneribus ad partes suas trahebat. Ad hæc lactabat Eduardum spe futuri filiæ ipsius cum Carolo Delphino connubii, ut in Pequiniacensi pactione pollicitus erat. Oratores autem Angli omnes muneribus onusti revertebantur Ludovici Regis liberalitatem prædicantes, & sic ejus consilio qui se tot tantisque affecerat donis, favere vel inviti cogebantur. Vereque dicatur illum ea in arte doctorem fuisse, ut peritus etiam artifex fuit insepanrandis Principibus adversum se fœderatis.

Le même.

Maria Burgundica a multis expatebatur, dotis suæ causa, cui nulla par in orbe Christiano erat. Dux Clivensis, illam filio suo uxorem obtinere cogitans, nihil non agebat ut optatum assequeretur, peneque illam assidue versabatur. Imperator illam Maximiliano filio Austriæ Duci postulabat. Maria vero Regii Francici generis affinitatem ambiebat : verum Carolus Delphinus novennis, junior erat, quam ut Mariam, tunc viginti duos annos emensam, ducere posse videretur. Libenter illa manum dedisset Carolo Engolismensi Comiti, qui postea Francisci I. pater fuit. At Rex Ludovicus a matrimonio hujuscemodi longe alienus erat. Expertus quippe noverat metuendum magis esse a Regii sanguinis Principe tanta ditione, torque viribus instructo, quam ab extraneo. Nam qui regii generis erant in Francia ditionem, amicos & socios Principes proceresque obtinebant, quibuscum facile consilia miscebant, nec continebat illos Regia cognatio ut ne contra Regem arma moverent, si quando id e re sua fore putarent. Maria vero demum Maxi-

lien, & le mariage se fit à Gand. Il vint de ce mariage avant la fin de l'année un fils, qui fut appellé Philippe.

1478. Le Prince d'Orange, mécontent de ce qu'on ne lui avoit pas tenu parole, soutenu des Suisses & des Alemans, fit revolter une partie de la Bourgogne, qui s'étoit ci-devant soumise au Roi de France. Le Seigneur de Crân, c'étoit George de la Trimouille, assiegea la ville de Dole: les assiegez firent une sortie sur lui, prirent une partie de son artillerie & lui tuerent du monde. Ce siege aiant mal-tourné, il eut depuis quelque avantage contre une troupe d'Alemans & de Bourguignons, & s'y porta vaillamment. Mais comme il étoit fort gros & pesant, le Roi jugea à propos de lui donner un successeur. Ce fut Charles d'Amboise Seigneur de Chaumont, qui eut ordre de gagner les Cantons Suisses.

Il négotia heureusement cette affaire: il assigna vingt mille livres de pension annuelle aux Cantons de Berne, Lucerne, Zuric & Fribourg, & en donna autant à plusieurs particuliers, qui s'interessoient pour faire le Traité. Les Cantons s'obligeoient de fournir au Roi six mille Suisses, qui devoient être continuellement à son service. Avec ces secours le Sire de Chaumont reprit toutes les places qui s'étoient revoltées. Beaune, Semur & quelques autres villes qui se revolterent depuis, furent bien-tôt remises dans le devoir par ce sage gouverneur. Besançon ville Imperiale fut maintenue en ses libertez, & ne fut obligée à d'autres devoirs qu'à ceux qu'elle rendoit ci-devant aux Ducs de Bourgogne. Le Prince d'Orange outré de ce que les places qu'il avoit fait revolter étoient ainsi retournées sous l'obéissance du Roi, voulut le faire empoisonner. Mais son dessein fut découvert. Cette Histoire est rapportée fort au long par Matthieu.

En cette même année un Cordelier se mit à prêcher à Paris contre les vices & les desordres qui regnoient en ce tems-là. Il eut une grande vogue, & par l'efficace de ses Sermons, un grand nombre de gens, & sur tout de femmes de mauvaise vie, se convertirent. Ne se contentant point de prêcher contre les vices du commun des gens; il n'épargnoit point la Cour, les Princes, le Gouvernement, les Ministres. Le Roi envoia Olivier le Dain pour y mettre ordre. La populace craignant qu'on ne fit quelque injure à ce Prédicateur, s'assembla

---

Comines.

miliano nupsit, & Gandavi nuptiæ celebratæ sunt; necdum elapso a nuptiis anno filium peperit, qui Philippus appellatus est.

Arausicanus Princeps, animo offensus & ab Rege alienatus, quod promissis non stetisset, partem Burgundiæ quæ nuper Regi sese dediderat, Helvetiorum & Germanorum ope fultus ad rebellionem induxit. Cratumnius vero, is erat Georgius de Trimollia, Dolam obsedit. Oppidani in Francos eruperunt, tormentorum bellicorum partem cepere, & ex obsidentibus non paucos interfecere. Cratumnius obsidionem solvere coactus, haud diu postea contra Germanos & Burgundiones feliciter fortiterque pugnavit; sed cum nimia obesus pinguedine esset, revocato illo Rex, Carolum Ambasiensem Calvi-montis Toparcham successorem misit, quem jussit cum Helvetiis pactiones bellicæ societatem inire.

Le même. Rem Calvomontius solerter feliciterque exsequutus est. Pagis Bernensi, Lucerino, Tigurino & Friburgensi annuum viginti mille librarum stipendium assignavit, paremque summam plurimis distribuit, qui pactioni ineundæ secum dabant operam. Helvetii sex millia suorum Regi subministrabant, qui illi semper ad ingruentia bella subsidio essent. Hac sultus ope Calvomontius, urbes & oppida omnia quæ rebellaverant recepit. Belna, Semurium, aliaque oppida, quæ jugum excusserant, a solerte Præfecto brevi in ordinem redacta sunt. Vesuntio urbs Imperialis in libertate & privilegiis suis mansit, nihilque aliud obsequii Regi exhibere coacta fuit, quam quod Burgundiæ Ducibus antea præstabat. Tum Arausicanus Princeps in furorem actus, quod oppida illa quæ ipse ad rebellionem impulerat, tam cito sub Francorum jugum redacta fuissent, Regem veneno de medio tollere tentavit. Atre deprehensa frustra cessit conatus. Res autem isthæc pluribus a Matthæo historiæ Scriptore narratur. *M.*

Hoc ipso anno Franciscanus quispiam Concionatoris officio functus, corruptos istius ævi mores & vitia vehementer exagitavit, ita ut confluente ad illum multitudine, plurimos ad meliorem frugem, maximeque mulieres revocaret. Neque satis habens plebeiorum gesta excutere & vituperare, Regiam quoque aulam carpebat, Principes, Ministros Regios, Reginque administrationem. Rex Olivarium Damum misit, qui talem Concionatorem coerceret. Plebs vero metuens ne Concionatori vis inferretur, ad Francis- *Ch.*

aux Cordeliers. Enfin ce Cordelier dont le nom étoit Antoine Fradin fut banni du Roiaume.

Quelque tems après un spectacle tout nouveau apprêta à rire à bien des gens. Un nommé Laurent Garnier de Provins fut pendu par Arrêt du Parlement, pour avoir tué un Collecteur des Tailles. Après que son corps eut demeuré un an & demi à la potence, son frere eut permission de le dépendre & de le faire enterrer. Il s'y rendit bien accompagné, fit mettre le corps dans une biere, qu'on porta par la ville de Paris, entourée de douze hommes vêtus de deuil, chargez des armes de Laurent Garnier. Devant la biere marchoient quatre Crieurs, dont l'un disoit tout haut: *Bonnes gens dites vos patenostres pour l'ame de feu Laurent Garnier, de son vivant demeurant à Provins, qu'on a nouvellement trouvé mort sous un chêne.* Après avoir promené ce corps par les rues de Paris, ils s'en allerent à la porte Saint Antoine, où ils le mirent sur un chariot, pour l'enterrer à Provins.

1479.

La guerre se continuoit vers la Picardie: le Duc Maximilien aiant assemblé une armée d'environ vingt mille Flamans & de quelque peu d'Alemans & d'Anglois alla assieger Terouenne. Desquerdes, que quelques-uns appellent des Cordes, qui commandoit pour le Roi en Picardie ramassa tout ce qu'il pût d'hommes d'armes, & huit mille Francs-Archers pour secourir la place. Maximilien leva le siege & vint à sa rencontre, la bataille se donna à Guinegaste. La cavalerie de Maximilien fut d'abord mise en déroute, & Desquerdes la poursuivit jusqu'à Aire, laissant l'armée qui étoit aux mains avec les Flamans. Cette infanterie Flamande voiant la cavalerie en fuite fut fort ébranlée. Mais les Francs-archers François s'étoient mis à piller le bagage des ennemis, les Comtes de Romont & de Nassau ranimerent l'infanterie Flamande, donnerent sur ces pillars & en tuerent un bon nombre. Maximilien perdit beaucoup plus de gens ou tuez ou pris que les François; il demeura pourtant maître du champ de bataille; mais il n'osa remettre le siege devant Terouenne. Le Roi Louis qui ne vouloit point qu'on hazardât de bataille, fut d'abord très fâché, & craignit que le succès n'eut été plus desavantageux qu'on ne lui avoit dit; mais quand il eut appris la verité du fait, il s'appaisa.

Bataille de Guinegaste.

---

canos convolavit. Tandem Concionator ille, cui nomen Antonius Fradinus, extra Regnum exsulare jussus est.

Nec multo postea spectaculum novum Parisinam civitatem & plebem ad risum concitavit. Quidam nomine Laurentius Garnerius, quod vectigalium exactorem interfecisset, a Curia Senatus damnatus suspendio vitam finierat, corpusque ejus per annum & dimidium in patibulo suspensum manserat. Demumque frater ipsius, corporis auferendi & sepeliendi facultatem impetravit. Multis autem stipatus contribulibus illo se contulit, sublatumque corpus in sandapilam demitti curavit, quam per totam urbem Lutetiam circumferri jussit, duodecim circumdatam viris pullatis, Laurentii Garnerii insignia gestantibus. Ante sandapilam incedebant quatuor præcones ferales, quorum unus clamabat: *Boni quique & pii homines, quotquot estis, precamini pro anima defuncti Laurentii Garnerii, qui dum viveret Provini sedes habebat, quique nuper defunctus sub quercu repertus est.* Postquam autem per vicos Parisinos sandapilam cum corpore circumtulerunt, ad Sancti Antonii portam venere, ubi cadaver in curru depositum fuit, ut Provinum deferretur sepeliendum.

Bellum semper in Picardia gerebatur. Maximilianus autem collecto exercitu viginti millium circiter virorum Flandrorum paucorumque Germanorum, Teruanam obsedit. Cordæus vero qui pro Rege in Picardia imperabat, armorum viros quotquot potuit, & octies mille sagittarios collegit, ut præsidiariis opem ferret. Soluta obsidione Maximilianus in occursum ipsi venit. Commissa pugna fuit Guinægastæ. Equitatus Maximiliani statim profligatus fuit, illumque Ariam usque insequutus est Cordæus, relicto exercitu residuo qui contra Flandros concertabat. Flandri vero pedites equitatus sui fugam conspicientes, incerti neque ita firmi consistebant; sed cum sagittarii Franci sese ad hostium sarcinas diripiendas convertissent, tunc Comites Romontius & Nassavius animos fecere Flandis, qui in prædones illos erumpentes multos interfecerunt. Maximilianus suorum longe plures vel captos, vel cæsos amisit, quam Franci, ipseque prælii locum obtinuit: neque tamen Teruanam denuo obsidere ausus est. Ludovicus Rex, cui pugnæ fortunam tentare nolebat, statim rem ægre tulit, timuitque ne majus illatum fuisset damnum, quam sibi narrabatur, sed postea ubi res accuratius edidicisset, sedatus est animo.

Cominei.

Après la bataille Maximilien & le Comte de Romont vinrent devant une petite place nommée Malaunoi, où commandoit le cadet Remonnet Capitaine, aiant avec lui environ cent cinquante arbaletriers Gascons, qui se défendirent vaillamment & furent la plûpart tuez ; les autres se jetterent dans les fossez. Le cadet Remonnet fut fait prisonnier, & trois jours après Maximilien le fit pendre. Le Roi Louis choqué de cette barbare execution, fit choisir cinquante des prisonniers, & fit marcher le Prevôt des Marêchaux accompagné de huit cens lances & six mille archers, pour les faire pendre, dix sur le lieu même où le cadet Remonnet avoit été pendu, dix devant Douai, dix devant Saint Omer, dix devant Arras & autant devant l'Isle. Après quoi le Prevôt & sa troupe firent de grands ravages dans la Flandre, prirent dix-sept places ou châteaux, porterent le fer & le feu dans les campagnes & emmenerent quantité de bestiaux.

Vers le même tems un nommé Coulon & d'autres Ecumeurs de mer de Normandie prirent quatre-vingts vaisseaux Flamans, chargez de seigle, qu'ils étoient allez chercher dans la Prusse pour ravitailler leurs places. Ils prirent aussi tout le haran, qu'ils avoient pêché cette année. On disoit que depuis cent ans les Flamans n'avoient fait une telle perte.

En ce tems-ci se fit un Traité entre le Roi Louis XI. & le Roi de Castille. Les Ambassadeurs de part & d'autre s'assemblerent pour cela à S. Jean de la Luz. Ceux de France étoient le Sire de l'Escut & l'Evêque de Lombés Abbé de Saint Denis ; ceux de Castille, Jean de Gamboa Capitaine de Fontarabie, & Jean de Médina Conseiller du Roi. Les anciens Traitez d'alliance entre les deux couronnes y furent confirmez, & pour quelque different qu'il y avoit sur le Roussillon, il fut resolu, que la ville de Perpignan seroit remise au Cardinal d'Espagne, & que les deux Rois nommeroient des arbitres pour décider dans cinq ans sur cette affaire. Louis déja avancé en âge pensoit aussi à faire sa paix avec Maximilien.

Il avoit une autre chose fort à cœur ; c'étoit d'établir une bonne police dans son Roiaume, de corriger les abus qui se commettoient dans l'exercice de la justice, de remedier à la longueur des procès, de faire mettre en François les

---

Chronique — Post pugnam illam Maximilianus & Romontius Comes ante Malam-nodam oppidulum venerunt, præsidio munitum. Præsidiariorum Præfectus erat Remonetus centum quinquaginta circiter sagittarios Vascones secum habens, qui fortissime pugnarunt, ac maxima pars cæsi sunt; alii vero sese in fossas conjecerunt. Remonetus autem captus est: ac post tres elapsos dies suspendio periit. Quam immanitatem tam indigne tulit Ludovicus, ut ex captivorum Burgundionum numero quinquaginta delegerit, miseritque Præpositum Marescallorum cum octingentis lanceis & sex mille sagittarios, qui jussu Regis quinquaginta illos suspendio necavit, decem nempe in ipso loco ubi Remonetus suspensus fuerat, decem ante Duacum, decem ante S. Audomarum, totidem ante Atrebatum, parem numerum ante Insulas. Præpositus postea cum agmine suo in Flandriam vastitatem intulit, septemdecim castra vel oppida cepit, igni ferroque agros depopulatus est, & multa pecora abduxit.

Le même. — Idem circiter tempus Colonus & Piratæ alii Normanni, octoginta Flandrorum naves cepere secale onustas, quod ex Prussia advehebant, ut oppida sua cibariis munirent. Halecium quoque copiam quam per totum annum Flandri collegerant, abduxere. Fama erat Flandros ab annis centum nullam tantam fecisse jacturam.

Hoc tempore inita pactio fuit Regem inter Ludovicum XI. & Ferdinandum Castellæ Regem. Oratores ex utraque parte convenerunt ad Sanctum Joannem Luisium. Oratores Franciæ erant D. de Scuto & Episcopus Lumbariensis, Abbas sancti Dionysii in Francia ; Oratores Castellæ, Joannes de Gambone, Præfectus Fontarabiæ, & Joannes de Medina Regi a Consiliis. Hic confirmatæ sunt veteres inter ambas coronas pactiones, & quia circum Comitatum Ruscinonensem aliqua suborta dissensio erat, statutum fuit, ut Perpinianum urbs Cardinali Hispaniæ consignaretur, & arbitri ab ambobus Regibus nominarentur, ut intra quinque annorum spatium hac de re deciderent. Ludovicus jam ad senium vergens, de pace etiam cum Maximiliano facienda cogitabat.

Res altera ipsi admodum cordi erat, ut optimis institutis ac legibus Regnum suum exornaret, corruptelæ, quæ in justitiæ exercitium irrepserat, manum medicam admoveret, causarum quæ ad Judices deferebantur longiorem tractationem, ex quæstus amore partam, cohiberet, descriptas latine consuetudines in Francicum idioma converti curaret, &

Coutumes, pour éviter ainsi *les pilleries des Avocats*. Il vouloit établir dans tout son Roiaume les mêmes Coutumes, les mêmes poids & mesures, & souhaitoit aussi fort de soulager le peuple, ci-devant opprimé par des taxes & des impôts extraordinaires. Mais la maladie qui survint l'empêcha de mettre tout cela en execution. *Si Dieu lui eut donné la grace*, dit Comines, *de vivre encore cinq ou six ans, sans être trop pressé de maladie, il eut fait beaucoup de bien à son Roiaume.*

Etant aux Forges près de Chinon il eut un accident d'apoplexie, qui lui fit perdre la connoissance & la parole. Revenu de cet accident, il fit sortir de prison le Cardinal de la Ballue, qui y avoit été enfermé quatorze ans. Il avoit fait une taxe extraordinaire pour entretenir toujours dix mille hommes de pied, deux mille cinq cens pionniers & quinze cens hommes d'armes. Tout cela devoit faire un camp à la maniere des anciens Romains. Il cassa les Francs-archers, & mit en leur place des Suisses & des Piquiers.

1480.
Maladie de Louis XI.

En ce tems-ci Charles Comte du Maine, à qui le Roi René venoit de donner la Provence avant que de mourir, tomba malade, & institua le Roi Louis son héritier en la Comté de Provence : il trépassa peu de tems après. Ainsi cette belle Province fut réunie à la couronne.

Louis de Bourbon Evêque de Liége étoit fort haï des Liégeois, qui le regardoient comme la cause de tous les malheurs qui leur étoient arrivez & de la désolation de leur ville, ci-devant réduite en cendres par le Duc de Bourgogne. Guillaume de la Mark surnommé le Sanglier des Ardennes & pensionnaire de la Maison de Bourgogne, d'intelligence avec eux, résolut de se défaire de l'Evêque pour faire élire son fils en sa place. Il ramassa une troupe de scélerats, leur mit à chacun pour marque une hure de sanglier sur la manche, & se mit avec eux à ravager les vignes des Liégeois. Ceux de la ville qui conjointement avec ce Sanglier des Ardennes conspiroient la perte de l'Evêque, l'avertirent des ravages que Guillaume de la Mark & ses gens faisoient dans les vignes de ses Diocesains. L'Evêque prend à la main part avec eux pour leur donner la chasse. Dès qu'ils furent arrivez sur les lieux, les Liégeois l'abandonnerent, les gens du Sanglier des Ardennes le massacrerent inhumainement, & exposerent son corps tout nud devant la grande Eglise de Liége. Un si

L'Evêque de Liége massacré.

---

causidicorum fræneret rapacitatem. In toto Regno suo easdem consuetudines, eadem pondera, easdemque mensuras constituere peroptabat, populumque antehac vectigalibus, tributis & exactionibus pene obrutum allevare, & in meliorem conditionem reducere meditabatur; sed superveniens morbus ne his omnibus operam daret cohibuit. *Si Deus ipsi vitam ad quinque sexve annos prorogasset*, inquit Comineus, *nec morbis gravibus oppressus fuisset, multa Regno suo intulisset bona.*

Cum in Ferrariis Fabricis esset prope Cainonem, in apoplexiam incidit, ita ut & rationis & loquelæ usum ad aliquod tempus amitteret ; in valetudinem autem restitutus Balluensem Cardinalem ex carcere, in quo per annos quatuordecim inclusus fuerat, liberum emitti jussit. Vectigal novum & grande indixerat, ut exercitum cogeret decies mille peditum, bis mille quingentorum fossorum, & mille quingentorum virûm, quos tunc armorum vocabant ; nam Francis sagittariis abrogatis, in ipsorum locum Helvetios & hastatos instituit. Hæc agmina in castris more veterum Romanorum stationem habitura erant.

Hoc tempore Carolus Comes Cenomanensis, cui paulo ante moriturus Renatus Rex Siciliæ Gallo-provinciam dederat, in morbum incidit, & Ludovicum Regem hæredem sibi in Provinciæ Comitatu instituit, pauloque postea vitam clausit; sicque pulcra illa Regio ad coronam Francicam accessit.

Ludovicus Borbonius Episcopus Leodiensis in Leodiensium odium incurrerat ; quod illum causam fuisse putarent & cladium & excidii urbis suæ, quæ a Duce Burgundicis flammis tradita & in cinerem redacta fuerat. Guillelmus vero de Marca, Aper Arduennarum cognominatus, qui stipendium a Principibus Burgundicis accipere solebat, cum Leodiensium multis consentiens, Episcopum de medio tollere decrevit, ut filium suum in ejus locum substitui curaret. Facinorosorum autem hominum turmam collegit, in singulorum manicis aprugni capitis imaginem insigne posuit, & cum ipsis Leodiensium vineas devastare cœpit. Leodienses qui cum Apro Arduennarum in Episcopum conspirabant, ipsi nunciatum venere quantam Aper ille in vineis Leodiensium vastitatem inferret. Episcopus in consiliis promtus cum illis proficiscitur, ut Aprum & suos dispellat ; sed cum illo pervenissent, Leodienses Episcopum deseruere, quem Apri turma immaniter peremit, corpusque ipsius nudum ante majorem Leodii Ecclesiam ex-

Matthieu.

grand crime ne demeura pas impuni, Maximilien fit peu de tems après couper la tête à Guillaume de la Mark.

1481. Le Roi Louis alla voir son camp au Pont de l'Arche, & s'en revint à Tours, où il eut un autre accident, qui lui ôta le sens & la parole. Ceux qui étoient presens le vouerent à S. Claude. Il revint à lui, & après qu'il se fut un peu fortifié, il se mit en chemin pour accomplir le vœu. Dans ce voiage il fit saisir & amener en France Philibert Duc de Savoie. Après qu'il eut fait ses devotions à S. Claude, il vint à Beaujeu en Beaujolois, où il apprit la nouvelle de la mort de Marie Duchesse d'Autriche, qui étant tombée de cheval, ne survêcut à cette chûte que peu de jours.

Après son retour Louis alla voir son fils Charles au château d'Amboise, où il l'avoit laissé dès sa naissance, sans le voir, ni souffrir que toute sorte de gens le vissent. Comme il étoit extrêmement soupçonneux, il craignoit qu'on ne le
1482. mit un jour à la tête de quelque parti contre lui, comme il s'étoit mis lui-même dans sa grande jeunesse à la tête des Princes & des Grands du Roiaume contre son pere. Il lui recommanda sur-tout de ne point changer les Officiers qu'il trouveroit établis, comme il avoit fait lui-même au commencement de son Regne, en destituant les vieux Officiers pour en mettre d'autres; changement qui avoit pensé ruiner ses affaires, ce qui devoit le porter à ne pas suivre son exemple. Il lui donna encore quelques autres bons avis. Il voulut que les remontrances qu'il lui fit en presence de ses plus confidens serviteurs, fussent publiées en forme d'Edit, & enregistrées aux Cours Souveraines, afin que son peuple connut, que si le Regne de son fils ne répondoit pas à ses esperances, il n'avoit pas tenu à lui, qu'il ne se mit sur les bonnes voies. L'acte est datté du 21. Septembre 1482. Il est rapporté au long par Matthieu, qui fait voir que Comines s'est trompé en le mettant en 1483.

Les Gantois après la mort de la Duchesse s'étoient saisis du Prince Philippe & de la Princesse Marguerite ses enfans, & disoient à Maximilien que la garde & la tutelle leur en appartenoit. Le Roi qui souhaitoit le mariage du Dauphin avec la Princesse Marguerite, persuadé que les Gantois qui gouvernoient tout, le favoriseroient, les fit solliciter par Des Cordes, qui trouva les dispositions favorables au dessein du Roi. Les Gantois dirent brusquement à Maximilien,

Comines.

Matthieu.

posuit. Tantum vero scelus non impunitum mansit. Maximilianus enim haud diu postea comprehensum Guillelmum de Marca capite plecti jussit.

Ludovicus castra sua invisit ad Pontem-Arcus posita, indeque in Turonum urbem concessit, ubi denuo apoplexia correptus, sensu voceque aliquantum tempore caruit. Qui aderant, ipsum Sancto Claudio commendarunt, & voto adstrinxere. Recreatus a morbo & confirmata valetudine, ad sanctum Claudium profectus est; & iter agendo Philibertum Sabaudiæ Ducem apprehendi & in Franciam adduci jussit. Postquam sancto Claudio vota solverat, Bellojovium venit in Bellojoviensi tractu, ubi Mariæ Burgundicæ Austriæ Ducissæ mortem edidicit, quæ ex equo delapsa, paucis postea diebus interiit.

Post reditum suum, Carolum filium in Ambasiæ castello versantem invisit, quem ab ortu ibi reliquerat, nec postea viderat, nec cuivis licebat illum invisere. Cum enim admodum suspiciosus esset, metuebat ne aliqui rebelles ipsum sibi Ducem constituerent, ut & ipse admodum juvenis, Principum & procerum dux contra patrem suum Carolum VII. constitutus fuerat. Ipsi vero hoc monitum ante omnia dedit, ut ne Ministros Regni & Regiæ mutaret, quod ipse initio Regni sui fecerat, cum Ministros veteres deturbavit, novosque adscivit, qua re in extremum perniciei periculum deductus est. Ne vero hac in re exemplum patris sequeretur hortatus est. Alia quoque ipsi monita dedit, voluitque ut ista quæ filio præsentibus iis, quibus magis fidebat, dixerat, Edicti more publicarentur, atque in Supremis Senatorum Curiis in acta publica referrentur, ut scirent populi, si filius suus non tam probe regnaret, quam sperabatur, id ideo evenire quod monitis suis non attendisset. Rescriptum datum fuit 28. Septembris anno 1482. totumque cusum exstat in historia Matthæi, qui probat errasse Comineum, cum hæc in annum 1483. consignavit.

Gandavenses post Mariæ Principis suæ obitum, Philippum & Margaritam infantes natos ipsius apprehenderant, & Maximiliano dicebant se illorum tutelam & curam suscipere, illamque vere ad se pertinere. Rex vero Ludovicus, qui Delphinum filium cum Margarita connubio jungi cupiebat, cum probe sciret Gandavenses qui tum omnia administrabant, secum consensuros esse, Cordæi ministerio id desiderare se ipsis insinuavit, quos ad eam rem pronos esse Cordæus comperit. Gandavenses porro audacter

qu'ils

qu'ils ne vouloient plus de guerre avec la France. Le Pape Sixte IV. envoia dans le même tems à ces deux Princes le Cardinal de Saint Pierre aux Liens, pour les exhorter à faire la paix, & à joindre leurs forces contre les Turcs ennemis communs des Chrétiens. Il fallut donc traiter : les Députez de part & d'autre s'assemblerent à Arras. Les François demandoient la reversion à la Couronne de toutes les provinces qui dépendoient de la France. On disputa long-tems sur cet article ; mais on convint enfin que le mariage du Dauphin avec la Princesse Marguerite se feroit, & qu'on lui donneroit pour dot la plûpart de ces provinces que les François avoient demandées. La condition fut beaucoup meilleure, que le Roi Louis n'avoit d'abord esperé. Les gens du Roi accorderent que le Prince d'Orange, le Comte de Joigni, Leonard de Chalon, Guillaume de la Baume Sieur d'Ilain, Claude de Toulongeon Sieur de la Bastie, & d'autres seroient compris dans la paix, & prendroient possession de leurs biens en Bourgogne, Dauphiné, & dans d'autres parties du Roiaume. Plusieurs familles repasserent de la Franchecomté dans le Roiaume de France ; les Seigneurs de la Maison de Chalon, Jean d'Andelot, Jàques de Coligni, qui fut pere de Gaspard de Coligni, Amiral de France, Gui de Rochefort & quelques autres.

Paix faite à Arras.

Louis vint ensuite à Tours, & se retira au Château du Plessis-les-Tours, qu'il fit bien fortifier. Devenu extrêmement soupçonneux, il fit bien garder le Château, empêchant que personne ne vînt le voir sans sa permission. Il n'étoit visité que de peu de gens choisis. Il vouloit qu'on crût au dehors qu'il se portoit bien, craignant que pendant sa longue maladie, quelqu'un ne s'emparât du Gouvernement. Accablé de langueurs comme il étoit, il fut plus jaloux de son autorité qu'il n'avoit jamais été : il sembloit, dit un Auteur, qu'il voulût embrasser & serrer ce qu'il falloit necessairement quitter. Pour faire croire qu'il se portoit bien, il envoioit dans toutes les parties de l'Europe pour acheter ce qu'il y avoit de plus rare & de plus singulier dans chaque païs.

La crainte de la mort est fort naturelle à l'homme : mais il est incroiable jusqu'à quel point elle dominoit dans ce Prince : tout ce que son imagination

---

Maximiliano dixerunt nolle se ulterius cum Francorum Rege armis concertare. Eodemque tempore Sixtus IV. utrique Principi Cardinalem sancti Petri ad vincula misit, qui ambos ad pacem faciendam cohortaretur, ut postea conjunctis copiis, contra Turcas Christianorum omnium hostes arma converterent. Ad pacta igitur ineunda ventum est. Oratores utriusque partis Atrebatum venere. Franci petebant, ut provinciæ illæ, quæ ex Francorum Regno pendebant, sub ejus dominationem reverterentur. Hac de re diu disceptatum est : tandemque sic res composita fuit, ut Delphinus Margaritam Maximiliani & Mariæ filiam duceret, cui in dotem daretur magna pars provinciarum, quas Franci postulaverant : quæ conditio longe melior fuit, quam Ludovicus speraverat. Regis autem Oratoribus consentientibus statutum fuit ut Princeps Arausicanus, Comes Juniacensis, Leonardus de Cabilone, Guillelmus de Balma Ilanii Toparcha, Claudius de Tulongone & alii conciliata pace fruerentur, & bona prædiaque sua repeterent in Burgundia, Delphinatu, in aliisque Regni provinciis. Multæ tunc familiæ ex Burgundiæ Comitatu in Francorum Regnum reversæ sunt, qui ex Cabilonensium genere erant, Joannes Andelorius, Jacobus de Coliniaco, qui pater fuit Gaspari de Coliniaco in Francia maris Præfecto, Guido de Ruperforti, & quidam alii.

Postea Ludovicus in Turonum urbem venit, & in Plesseium castellum prope urbem situm se recepit, illudque propugnaculis cinxit, jam suspectos fere omnes habens, castelli aditus accurate custodiri præcepit, ut ne quis injussu suo se adiret : paucos autem eosque selectos viros admittebat. Se bene valere palam publicari volebat, metuens ne quis morbo diutius perseverante, Regni administrationem invaderet. Tamdiu æger auctoritatem suam cautius tuebatur, quam unquam alias fecerat. Ut se bene valere crederetur, procul & in remotissimas Europæ partes viros mittebat, qui quod vel singularius vel preciosissimum in illis regionibus erat, emerent. Utque circumstantes persuasum haberent ipsum amplis gerendis negotiis perinde idoneum esse, atque cum optime valeret, literas sibi maximi momenti afferri jubebat quas legebat, vel se legere simulabat, cum inversas sæpe teneret, quod si quis animadverteret, monere nunquam ausus esset, ne pœnas daret.

Mortis metus homini cuilibet a natura insitus fuit. At vix credatur quantum in Ludovici animo imperium obtineret : quidquid sese menti vel imaginationi offerebat, quod arbitraretur aliquid momenti ad vitæ

Comines.

lui suggeroit, il le mettoit en pratique pour prolonger ses jours. » Il fit venir
» dit la Cronique, grand nombre de joueurs de bas & doux instrumens qu'il
» fit loger à Saint Cosme près Tours, où illec ils s'assemblerent jusqu'au nom-
» bre de six-vingts, entre lesquels y vint plusieurs Bergers du payis de Poitou,
» qui souvent jouerent devant le logis du Roi, mais ils ne le voioient point, afin
» qu'auxdits instrumens le Roi y print plaisir, & pour le garder de dormir. Et
» d'un autre costé y fit aussi venir un grand nombre de bigots, bigotes &
» gens de devotion, comme Hermites & saintes créatures, pour sans cesser prier
» à Dieu qu'il permit qu'il ne mourut point, & qu'il le laissât encore vivre. »
Il vouloit persuader qu'il étoit aussi en état que jamais de manier les plus grandes affaires, & se faisoit apporter des lettres d'Etat, & les lisoit, ou faisoit semblant de les lire, les tenant quelquefois à rebours. Ceux qui s'appercevoient de
sa méprise n'auroient osé l'en avertir, de peur de s'attirer sa disgrace.

Il fit venir François de Paule Fondateur des Minimes, fort renommé pour
sa sainteté. Il se mit à genoux devant lui, le priant d'obtenir de Dieu; qu'il
revînt en santé. Le saint homme lui répondit fort sagement, l'exhortant à se
soumettre aux ordres de la Providence, ce qui ne le satisfit gueres. Peu de tems
après arriverent les Ambassadeurs des Gantois qui gouvernoient tout dans le
payis de Maximilien, apportant le traité du mariage de Marguerite d'Autriche
sa fille avec le Dauphin de France. Le Roi Louis n'avoit d'abord demandé
pour la dot de la Princesse que l'Artois, ou la Franche-Comté : mais Messei-
gneurs les Gantois (ainsi les appelloit Louis) lui firent donner l'un & l'autre,
& y ajoûterent le Masconnois, le Charolois & l'Auxerrois, & s'ils avoient
pû, ils y auroient encore ajouté les Comtez de Hainaut & de Namur. Ils
vouloient ainsi diminuer la puissance de leur Prince pour être toujours les
maîtres.

1483.   Le Roi Edouard à qui le Roi Louis avoit souvent promis de marier le
Dauphin son fils avec sa fille, qu'il appelloit Madame la Dauphine, se voiant
ainsi trompé & bassoué de ses sujets, en eut un si cuisant déplaisir qu'il en
mourut. Son frere Richard Duc de Glocestre fit mourir ses deux fils, & s'empara de la Couronne d'Angleterre.

La maladie minoit & consumoit tous les jours le Prince, qui se recomman-

---

spatium producendum allaturum esse, id ille statim experiebatur. » Tibicines fidicinesque magno numero » evocavit, inquit Chronici Scriptor, » quos ad san-ctum Cosmam prope Turonum considere jussit, illo-que confluxere multi donec ad centum viginti nume-rum pertingerent, inter quos erant plurimi Pictavi Opiliones, qui sæpe pulsaturi ante Regias ædes se contulere, ut instrumentorum modulis, Regem, quem non videbant, delectarent, & ab illo somnum aver-terent. Accersiri jussit etiam quam plurimos tum viros tum mulieres pietatis speciem præ se ferentes, atque Eremitas, Religiososque homines, qui perpetuo Deum precarentur, ut ab se mortem averteret, seque inter vivos sineret.

Cominæi   Franciscum Paulanum Ordinis Minimorum Fun-datorem sanctitate celeberrimum advocavit, & ge-nibus flexis precatus illum est ut valetudinem sibi a Deo impetraret. Sapienter ille respondit, hortatus-que illum dixit, Providentiæ divinæ omnia commit-tenda esse, ejusque imperio subjici oportere : quæ res non admodum grata Ludovico fuit. Paulo post ad-venere Gandavensium Oratores; qui Gandavenses in tota Maximiliani ditione tunc imperium obtinebant, ferebantque Oratores illi pacta connubii Margaritæ filiæ ipsius Maximiliani cum Delphino Regis Ludo-vici filio; qui Ludovicus initio nonnisi Artesiam vel Burgundiæ Comitatum in dotem Principis puellæ pe-tierat : Verum Domini Gandavenses (ita enim com-pellabantur a Ludovico) utramque dedere, etiam-que addidere tractus Matisconensem, Carolesium & Antisiodorensem : ac si potuissent Comitatus quo-que Hannoniæ & Namurci additui erant. Sic illi, ut semper imperio potirentur, Principis sui potentiam minuere conabantur.

Eduardus Angliæ Rex, cui Ludovicus sæpe polli-citus erat, se Delphinum filium connubio juncturum cum filia ipsius, quam ipse Eduardus Dominam Del-phinam appellabat, se delusum & Anglorum contu-meliis exagitatum videns, tanto affectus mœrore est, ut in morbum delapsus fato functus sit. Ricardus ve-ro Dux Glocestriæ frater ejus, duos Eduardi filios enecavit, & Angliæ Regnum invasit.

Morbo interea quotidie absumebatur Ludovicus, qui Sanctorum omnium opem implorabat, ut sibi

LOUIS XI.

doit à tous les Saints pour obtenir la santé, faisoit venir des Reliques de tous côtez, & jusqu'à la sainte Ampoule de Rheims dont il vouloit se faire oindre une seconde fois. Il veut se recommander à Saint Eutrope : on lui compose une oraison pour ce Saint, où on lui faisoit demander la santé du corps & de l'ame. Ostez ce mot *de l'ame*, dit-il, pourquoi importuner le Saint en lui demandant tant de choses à la fois. Il faisoit faire des prieres publiques pour appaiser le vent de bise, qu'il croioit contraire à sa santé, & donnoit d'autres marques de foiblesse, qui faisoient la fable du genre humain.

Le Lundi 25. jour du mois d'Août il eut une rechûte de son mal, & l'on crut qu'il ne passeroit pas la journée. Le Medecin Jâques Cothier, auquel il donnoit dix mille écus par mois pendant le tems de sa maladie, & quelques autres l'avertirent que son heure approchoit, & qu'il falloit se disposer à la mort. Il répondit qu'il esperoit que Nôtre-Dame lui feroit la grace de vivre encore jusqu'au Samedi suivant. Il vêcut en effet jusqu'à ce jour, aiant toujours le sens & la parole libre, reçut tous ses Sacremens, & témoigna jusqu'au dernier soupir des sentimens fort chretiens. Il mourut le Samedi 30. Août âgé de soixante un ans, après en avoir regné vingt-deux.

Mort de Louis XI.

Le caractere de Louis XI. est des plus extraordinaires : on y remarque des traits qui semblent se contrarier ; de-là vient que ceux qui ont fait son portrait varient beaucoup entre eux. Tous conviennent que c'étoit un grand politique ; mais ils le caracterisent très-differemment pour le reste. Les uns le font un très-mauvais Prince, dont toute la finesse tournoit au malheur de ses plus proches, de ses Officiers & de ses sujets ; d'autres justifient presque toutes ses actions : il s'en trouve encore aujourd'hui qui le proposent comme le modele d'un grand Prince.

Caractere de Louis XI.

Après avoir écarté tous les préjugez, je conviens premierement avec eux, que c'étoit un très-habile politique, mais qui dementoit quelquefois ce caractere : infiniment plus adroit à se tirer d'un mauvais pas, que prudent pour ne s'y pas engager ; esprit fort remuant ; dès sa premiere jeunesse il se mit à la tête d'un parti contre son pere, & se retira depuis de sa Cour pour n'y plus

---

bona valetudo restitueretur : undique etiam Reliquias Sanctorum sibi comportari curavit, & sacram Ampullam Rhemensem, qua unguntur & inaugurantur Reges, & qua iterum inungi cupiebat. Cum sancti Eutropii auxilium sibi impetrare vellet, quidam precationis ipsi formam concinnarunt, qua salutem corporis & animæ postularet. Tollite, inquit ille, vocem illam, *& animæ*, ne tot petitionibus Sancto importuni simus. Preces etiam publicas indici mandabat, ut boreas ventus, sibi languenti, ut ipse putabat noxius, sedaretur, & alia demissi & formidolosi animi signa dabat, quæ omnia in risum & fabulam generis humani vertebantur.

Vigesima secunda mensis Augusti feria secunda, in graviorem lapsus est ægritudinem ; ita ut extremus ille foret vitæ dies putaretur. Jacobus autem Cotherius Medicus ejus, cui dum ægrotaret decem millium scutorum stipendium singulis mensibus numerabat, & quidam alii qui aderant, extremam vitæ horam instare dicebant illi, & ut jam sese ad exitum apparare monebant. Ille vero respondit, sperare se, Beatam Virginem ad usque Sabbatum proximum vitam sibi prorogaturam esse. Et revera ille ad usque diem illum vixit, ratione semper & voce libere utens, extremis vero sacramentis usus, & pium semper ac christianum exhibens affectum, die Sabbati mortuus est 30° die Augusti, annos natus 61. postquam 22. regnaverat.

Ludovici Undecimi indoles, animi dotes, rei gerendæ ratio singularissimæ sunt, & aliquando inter se pugnare videntur. Inde autem accidit ut ii, qui ejus genium vitam atque mores depinxere, diversam omnino illius imaginem proferant. Consentiunt omnes illum in publicæ rei gerendæ arte atque astutia cum primis numerandum esse ; sed in cæteris depingendis moribus ejus mirum quantum inter se differant. Alii illum quasi improbum virum & Principem repræsentant, cujus ars & calliditas in damnum vertebatur uxori, filio, cognatis, ministris subditisque. Alii omnia fere gesta ejus purgare nituntur, & sunt hodieque qui ut magni optimique Principis exemplar ipsum proponant.

Eliminata quavis præjudicata opinione, primum hac in re cum cæteris consentio, illum in arte politica inter præcipuos censendum esse ; sed aliquando ab hac animi dote deflexisse, longeque majori astutia valuisse, ut se a difficillimis negotiis & casibus expediret, quam prudentia, ut sese in illa conjiceret. Rerum semper novarum molitor, adolescens rebellium Principum & procerum sese contra patrem Carolum ducem constituit, posteaque ab aula Regia se subdu-

Tome III. V u ij

revenir. Après la mort de Charles VII. il destitua les meilleurs Officiers de la Couronne, & s'en fit autant d'ennemis. Toutes les démarches qu'il fit les trois premieres années de son Regne sembloient ne tendre qu'à en multiplier le nombre. Il irrita les Ducs de Bretagne, de Bourgogne & de Bourbon, exigeant des droits qui lui étoient peut-être dûs, mais qu'il ne falloit pas demander si-tôt, crainte d'augmenter le nombre des mécontens, qui leverent enfin l'étendard, & firent cette formidable ligue dont il pensa être accablé.

Ce fut alors qu'il donna des preuves de son adresse; il sépare d'abord ces Princes en accordant à chacun tout ce qu'il demandoit, rappelle tous les Officiers destituez, & leur fait de si grands avantages, qu'ils lui demeurerent toujours attachez depuis. Pour reprendre ensuite ce que les Princes liguez l'avoient forcé d'accorder, il gagne les uns comme le Duc de Bourbon, met la division parmi les autres, oblige son frere de se contenter d'un partage fort inferieur à celui qu'il avoit extorqué, resserre le Duc de Bretagne dans de plus étroites limites, dresse toutes ses machines contre le Duc de Bourgogne le plus puissant de tous, à qui il suscite tant d'ennemis de tous côtez qu'il le met hors d'état de lui nuire, tourne si bien le Roi Edouard, qui étoit descendu en France avec une grande armée pour secourir le Bourguignon, que gagné par ses presens & ses caresses, il s'en retourne en Angleterre sans tirer l'épée; & le Duc de Bourgogne aiant été défait & tué par les ennemis que Louis lui avoit suscitez, il s'empare d'une bonne partie de ses Etats. Je ne dis rien de l'affaire de Peronne, qui prouve encore ce que nous avons remarqué plus haut, que Louis étoit beaucoup plus habile à se tirer d'un mauvais pas, que prudent pour ne s'y pas engager.

Il étoit brave de sa personne, & joignoit la prudence à la valeur, comme il parut à Dieppe, en Alsace, en Gascogne & à Mont-le-heri. Mais dès qu'il fut monté sur le thrône, la reflexion le porta à suivre la maxime de Charles V. son bisaieul, le plus sage des Rois, de ne point hazarder de batailles dans son pays; mais de chercher d'autres moiens de ruiner plus surement les armées des ennemis. La bataille de Mont-le-heri où il se trouva, fut engagée contre son ordre.

On l'accuse d'avoir été cruel & vindicatif; mais quand on examine la chose

---

xit, non illo reversurus vivente patre. Post Caroli patris obitum præstantiores aulæ Regiæ & Regni Ministros dejecit, & sic sibi totidem inimicos paravit. Quæ per tres primos Regni sui annos designavit omnia ad hostes sibi comparandos tendere videbantur; Duces Britanniæ, Burgundiæ & Borbonii exasperavit, illa vehementius exigens, quæ sibi fortasse debebantur; sed quæ in illa rerum conditione petenda non erant, ut ne novos sibi accerseret hostes, qui tandem armis assumtis, formidandam illam belli societatem iniere, qua pene obrutus Ludovicus fuit.

Tunc ille quanta polleret astutia & calliditate comprobavit. Societate junctos Principes cuique petita concedendo separat: destitutos antea Ministros revocat & tot muneribus allicit, ut sibi fidi postea manserint. Deinde vero illa quæ ab se, in angustia constituto, fœderati Principes extorserant, arte repetere tentat; alios sibi devincit, ut Borbonium Ducem; inter alios dissensiones movet, fratrem Carolum ad partem accipiendam extortâ longe inferiorem adigit; Ducem Britanniæ in angustiores limites comprimit: in Burgundiæ Ducem, omnium potentissimum, nulla non artificia intentat, totque ipsi hostes undique suscitat, ut contra se Francorum Regem nihil ultra movere posset: Eduardum Angliæ Regem, qui cum grandi exercitu Burgundioni opem laturus in Franciam escensum fecerat, tot muneribus atque blanditiis delinit, ut sine bello in Angliam remeare ipsi suaserit: & cum postea Dux Burgundiæ ab hostibus, quos illi Ludovicus suscitaverat, victus & cæsus fuisset, partem non spernendam ditionis ejus Ludovicus invasit & occupavit. Hic vero rem Peronensem prætermisi, qua etiam asseritur id quod superius dixi, Ludovicum multo plus valuisse astutia ut sese a difficilibus negotiis expediret, quam prudentia, ut ne sese in illa conjiceret.

In bello strenuus Ludovicus fuit, & fortitudini prudentiam copulavit; ut ex gestis Dieppæ, in Alsatia, in Vasconia & ad Montem-leherium comprobatur. At ubi in solium regium evectus fuit, re secum deliberata, Caroli V. abavi sui Regum sapientissimi more, a pugnæ fortuna tentanda in regione sua semper abstinuit; sed alia ratione, & cum minore periculo hostium exercitus minuere & dissipare conatus est. Pugna quippe Montis-leherii, injussu ipsius suscepta fuit.

Ut immitis & vindictæ cupidus a multis insimulatur: at ubi res accuratius examinatur, in illos ut plu-

de près, on trouve que la plûpart de ceux dont il s'eſt vangé en les puniſſant, avoient bien merité d'être envoiez au ſupplice. Tels étoient le Connétable de S. Pol & le Duc de Nemours, qui ne furent executez qu'après avoir été convaincus de pluſieurs trahiſons. S'il y en a quelqu'un dont le crime ne fut pas ſi manifeſte, peut-être avoit-il des raiſons que les Hiſtoriens ne diſent pas. Quoi qu'il en ſoit, on ne peut le juſtifier de l'empoiſonnement de Charles ſon frere ; dont la plûpart des Hiſtoriens le diſent auteur. Aucune raiſon d'Etat ne peut excuſer une action ſi déteſtable.

Il étoit ſimple dans ſes habits, liberal & magnifique, ſouvent juſqu'à la prodigalité : ce qui fit qu'il chargea ſon peuple de tailles & d'impôts plus que n'avoient fait ſes Prédeceſſeurs ; & quelquefois pour enrichir des malheureux, comme Olivier le Daim, & autres gens de la plus baſſe condition.

Fort devot, & ſur-tout à la Sainte Vierge, il faiſoit ſouvent des pelerinages d'une Notre-Dame à l'autre ; de Notre-Dame de la Victoire à Notre-Dame d'Eſcoui ; de celle-là à Notre-Dame de Cleri, de Behuart, & à tant d'autres dedans & dehors le Roiaume, comme pour éprouver laquelle de ces Notre-Dames lui étoit plus favorable. Quelques-uns ont dit que c'étoit par hypocriſie, ce qui n'a nulle apparence ; car il étoit ſincerement devot à la Vierge, & même juſqu'à la ſuperſtition. Par ce même principe ſon bonnet étoit toujours chargé d'images de differente eſpece. Son ſerment ordinaire étoit *Paque-Dieu*.

Jamais Prince ne fut plus adonné à l'Aſtrologie judiciaire. Il avoit toujours des Aſtrologues auprès de lui, & envoioit querir tous ceux qu'on croioit exceller dans l'art de predire l'avenir. L'an 1466. dit la Chronique, *mourut Maiſtre Arnoul Aſtrologien du Roi, qui eſtoit homme de bien, ſage & plaiſant.* Il paroît qu'en ces tems-là cet art, ſi tel on doit l'appeller, n'étoit point deffendu. Charles V. ſi bon Chretien, conſultoit les Aſtrologues ; Charles VI. & Charles VII. ſuivirent ſon exemple.

Louis les ſurpaſſa tous en cela. Il en avoit ordinairement pluſieurs auprès de lui. Sa naiſſance avoit été prédite au Roi Charles VII. par Jean Marende de Bourg en Breſſe. Le même Aſtrologue prédit au Roi Charles que le Dauphin Louis ſe révolteroit contre lui, & que ſon regne futur ſeroit *émerveillable aux*

---

rimum vindictam exercuiſſe deprehenditur, qui ſupplicium extremum promeruerant. Hujuſmodi fuere Comes S. Pauli & Dux Nemoteſius, qui capite damnati ſunt, poſtquam proditionum plurimarum convicti fuerant. Si qui vero ſint quorum ſcelera non ita conſpicua fuerint, forſan ille ſic agendi cauſam a Scriptoribus non memoratam habuerit. Ut ut res eſt, purgari nunquam Ludovicus poterit a fratris ſui veneno ſublati nece, quam ipſi adſcribunt Scriptorum maxima pars. Tam immane ſcelus illud eſt, ut nulla poſſit componendæ reipublicæ ratione defendi.

Etſi in veſtibus ſimplex, liberalis tamen ac magnificus erat, ſæpeque ad nimiam uſque effuſionem. Indeque factum ut populos tributis & vectigalibus obrueret pluſquam deceſſores ſui, ac nonnunquam ut infimæ ſortis homines ditaret, Olivarium nempe Damum & alios ejuſdem farinæ homines.

Pium ſe ac religioſum ſemper exhibuit, maximeque erga Sanctam Virginem Mariam, peregrinationeſque pietatis cauſa ſuſcipiebat, a ſancta Maria de Victoria ad ſanctam Mariam Scuiſianam ; ab illa ad ſanctam Mariam Cleriacenſem, Behuartienſem, aliaſque multas tam in Regno Francorum, quam extra Regnum cultas, quaſi experturus quænam iſtarum magis ſibi faveret. Putavere quidam ipſum ſimulate hæc ſectatum eſſe : at veriſimilius eſt ipſum non ementite, ſed ſincere pium fuiſſe, & uſque ad ſuperſtitionem. Eadem vero de cauſa pileum piis atque variis imaginibus onuſtum ſemper geſtabat. Hac voce ceu ſacramento uti ſolebat, *Paſcha Dei*.

Nemo Principum aſtrologiæ, quam *judiciariam* vocant, ſtudioſior fuit. Aſtrologos ſemper penes ſe habuit, illoſque evocari curabat, quos fama erat in hujuſmodi arte præſtare. Anno 1466. ut narratur in Chronico, *obiit Magiſter Arnulphus Aſtrologus Regis, qui vir probus erat, ſapiens & facetus.* Ars iſthæc, ſi tamen ars ſit appellanda, temporibus illis non prohibita fuiſſe videtur. Carolus V. vere pius Rex, Aſtrologos conſulebat, ejuſque etiam exemplo Carolus VI. & Carolus VII.

At illos omnes longe ſuperabat Ludovicus. Complures ille ſimul Aſtrologos frequentabat. Ortus ejus Regi Carolo patri prænunciatus fuerat a Joanne Marendo Burgi in Breſſia oppidano : qui etiam Carolo prædixit fore Delphinum patri rebellem, Regnumque illius fore apud homines mirum atque ſtupendum.

hommes. Durant le tems que Louis fut en Flandres, il consultoit perpetuellement les Astrologues sur l'avenir : & ces imposteurs étoient toujours à ses oreilles. Manassès Juif de Valence, lui prédit tout jusqu'à la bataille de Montle-heri. Arnoul, *Astrologien du Roi*, dont nous venons de parler, étoit auprès de lui jusqu'en 1466. Jean Colleman qui vivoit au même tems qu'Arnoul, *apprit à Louis à connoître le grand Almanac ; & sur la grande conjonction de Saturne & de Mars, qui fut le huitième Avril à dix heures & environ dix-huit minutes de l'an 1464. il parla clairement des troubles de la Ligue pour le bien public :* ce qui fut confirmé par Pierre de Graville Normant. Mais alors on pouvoit sçavoir autrement que par les astres, que cette Ligue alloit éclater. Conrad Hermgarter Alleman, Astrologue fameux, quitta le Duc de Bourbon, pour venir auprès du Roi Louis, qui lui assigna de gros appointemens. Mais sur-tout il faisoit grande estime d'Angelo Catho Napolitain, qui prédit aux Ducs de Bourgogne & de Gueldres les malheurs qui leur devoient arriver. Il crut le pouvoir légitimement récompenser en lui donnant l'Archevêché de Vienne. Catho fut si mal reçu des Dauphinois, qu'il fut obligé de se retirer à Rome : mais il fut rétabli depuis. Ces gens prédisoient ordinairement des choses, qui selon toutes les apparences devoient arriver ; & enveloppoient tellement leurs prédictions, qu'il étoit difficile de les convaincre de faux.

Louis étoit d'un naturel si remuant & si ennemi du repos, que malgré les grandes affaires qu'il a toujours euës, & dont un autre auroit été accablé, malgré sa grande inclination pour la chasse, où il emploioit une partie de son tems, il entroit dans un détail prodigieux, & vouloit être instruit des plus petites choses. Informé qu'un nommé Husson avoit mal-versé dans une commission, il écrivit qu'on le lui envoiât bien garroté, *pour faire les préparatifs des nôces du galand avec une potence.* Ce même naturel l'entraînoit quelquefois à des actions basses & indignes de la Majesté Roiale. Pendant que les Bourguignons étoient devant Paris, un nommé Casin Cholet s'avisa de crier par les ruës que les Bourguignons étoient entrez dans la ville : ce qui causa une si grande terreur, que plusieurs femmes grosses avorterent. Cholet fut pris & condamné à être fouetté par les carrefours de Paris. Pendant l'execution, le Roi crioit

---

Quo tempore Ludovicus in Flandria degebat, Astrologos perpetuo consulebat circa ea quæ sibi eventura erant, qui deceptores ipsi semper quidpiam ad aurem insusurrabant. Manasses Judæus Valentinus omnia ipsi ad pugnam usque Montisleherii prædixit. Arnulphus Astrologus, de quo supra penes illum erat ad usque annum 1466. Joannes Collemanus, quem eodem, quo Arnulphum, tempore videbat Ludovicus, *docuit ipsum magnum Almanachum, & ex magna conjunctione Saturni cum Marte, quæ accidit die octavo Aprilis, hora decima & octodecim minutis anno 1464. de tumultibus, qui a fœderatis pro bono publico postea illati sunt clare loquutus est.* Idque confirmatum fuit ab alio Astrologo Petro de Gravilla Normanno ; sed illo tempore sine astrorum ope prospici poterat fœderatos brevi erupturos esse. Conradus Hermgarterus Germanus celebris Astrologus, deserto Duce Borbonio, apud Ludovicum se recepit, qui amplum ipsi annuum reditum constituit. Sed pluris etiam faciebat Angelum Cathum Neapolitanum, qui Ducibus Burgundiæ & Gueldriæ extrema infortunia prædixit. Huic se in mercedem legitime dare posse putavit Ludovicus Archiepiscopatum Viennensem. At Cathus a Delphinensibus asperrime exceptus, statim Romam se recipere coactus est ; sed postea Archiepiscopalem sedem occupavit. Hi vero Astrologi ut plurimum res prænunciabant, quæ ex præsenti rerum conditione eventuræ videbantur, vel prædictiones suas tam obscuris involvebant dictis, ut vix falsi unquam convinci possent.

Usque adeo remotus ab otio & a tranquilla vita erat Ludovicus, ut tametsi dum regnaret, ingentibus semper distentus erat negotiis, quorum mole alius obrutus fuisset, tametsi venatui frequentem & diuturnam dabat operam, rerum etiam minutissimarum notitiam & tractationem ambiret. Cum comperisset quemdam Hussonem nomine, cui levium rerum cura demandata fuerat, in iis gerendis perperam versatum fuisse, scripto jussit vinctum sibi transmitti hominem, ut ejus cum patibulo nuptiæ apparerent. Hac impulsus inclinatione voluntatis, ad vilia nonnunquam & Regia majestate indigna declinabat. Dum Burgundiones, castris ante Lutetiam positis, pro bono publico, ut aiebant, bellum gererent, quidam nomine Casinus Choletus per vicos urbis discurrens, exclamabat, infestos Burgundiones in urbem ingressos esse ; quæ res tantum in civitate terrorem incussit, ut plurimæ prægnantes mulieres abortum facerent. Comprehenditur Choletus, exque Judicum sententia per vicos flagris a Tortore cæditur. Rex vero post

après le bourreau : *Frappez bien ce paillard qui a mérité encore pis.*

On dit de lui qu'il mit les Rois hors de page, c'est-à-dire, qu'il se rendit si absolu, qu'il étoit bien le maître. Il réduisit tous les Princes & Seigneurs qui avoient des Etats dans le Roiaume, & qui mettoient tout en œuvre pour se maintenir dans une espece d'indépendance. Il les domta si bien, que dans les Regnes suivans depuis que Charles VIII. eut réduit le Duc de Bretagne, on n'entendit plus parler de ces guerres intestines que des Vassaux du Roi excitoient dans la France, liguez souvent avec des Princes étrangers. Il réunit à la Couronne beaucoup de Provinces : & s'il eût vécu encore quelques années, dit Comines, son dessein étoit de soulager le peuple fort opprimé pendant son regne.

Carnificem clamabat, *Feri, feri Scortatorem, qui graviorem pœnam promeruit.*

Fertur Ludovicus Reges ex ephebis eduxisse ; id est, Regiam potestatem ad supremum extulisse gradum ; ita ut omnes vel inviti imperio suo parerent. Principes omnes & primores, qui ditiones in Francorum Regno obtinebant, quique nullas non machinas adhibebant, ut a Regia sese potestate subducerent, ac libere dominarentur, ita in ordinem redegit, ut sub sequentibus Regibus, postquam Carolus VIII. Ducem Britanniæ repressit, nusquam visa fuerint intestina hujusmodi bella, quæ Principes & proceres Regi Domino parere detrectantes concitabant, evocatis sæpe in opem exteris Principibus. Multas vero provincias & tractus Ludovicus in Francorum Regum potestatem reduxit. Et si aliquot annos, inquit Cominæus, vitæ suæ addere potuisset, populum, tributis ac vectigalibus antehac pene obrutum, allevare, & feliciorem in statum reducere decreverat.

MONUMENS DU REGNE
DE LOUIS XI.

Pl. LXII.

1. LE portrait original de Louis XI. qui commence la Planche, fut tiré par M. de Gagnieres de l'Hôtel de Soiffons, où il étoit alors dans l'appartement de la Duchesse de Nemours. Il fut fait après qu'il eut fondé l'Ordre de Saint Michel, dont il porte la marque. ¹ Sa cafaque rouge est de velours: fa calote est aussi rouge & le bonnet qu'il porte par dessus, de même. Il tient de la main gauche un petit billet, & a la droite appuyiée sur une table. Ses pantoufles sont d'une forme singuliere, & laissent le dessus du pied découvert.

2. Le portrait suivant ² qui ne le represente qu'en buste, est tiré d'un tableau qui appartenoit à M. de Gagnieres. L'habit chargé de la marque de l'Ordre, la calote & le bonnet y sont les mêmes. Il paroît ici plus vieux que dans le tableau précedent.

Charlotte de Savoie qui suit, fut la seconde femme de Louis XI. Il avoit épousé en premieres nôces l'an 1436. Marguerite d'Ecosse, lorsqu'il n'étoit encore que Dauphin & fort jeune, comme nous avons vû sous le Regne précedent. Cette Princesse mourut peu de tems après sans lignée, & Louis épousa en 1457. Charlotte fille puînée de Louis Duc de Savoie, & d'Anne de Chypre. Elle mourut peu après son mari à Amboise le 1. Decembre 1483, âgée

3. de 38. ans. La voici ³ comme elle est representée sur une vitre derriere le grand Autel des Religieuses de l'*Ave Maria* à Paris. Elle est couronnée en Reine de France. Ses cheveux tressez ne descendent que jusqu'au cou. Sur son corset elle a un surcot à la maniere de ces tems-là. Sa juppe est chargée des armes de France, parti de Savoie, de gueules à la croix d'argent.

Nous nous servons de la place vuide pour mettre Philippe Premier dit le Hardi Duc de Bourgogne, qui commença la derniere race de Bourgogne. Son portrait nous est venu trop tard & n'a pu être mis en sa place. Il est tiré d'un tableau original peint sur bois qui se trouve presentement chez M. Moreau de

---

MONUMENTA REGNI
LUDOVICI XI.

QUÆ prima profertur imago Ludovici XI. ex ædibus Principum Suessionensium educta fuit, ubi tunc erat in aula Ducissæ Nemorensiæ. Depicta autem fuerat tabula ipsius Ludovici ævo, postquam Sancti Michaelis Ordinem, cujus hic notam & symbolum præ se fert, instituerat. Sagum ejus rubrum ex serico panno villoso concinnatum est. Pileolus quoque ruber, ut & superpositus pileus. Sinistra manu schedulam tenet, dexteramque mensæ superpositam habet. Caligæ ipsius formæ singularis, supernam pedis partem detectam exhibent. Imago sequens, quæ protomen tantum ejus exhibet, delineata fuit ex depicta tabula, quæ olim D. Gagnerii fuit. Sagum Ordinis sancti Michaelis symbolo ornatum. Pileolus & pileus, ejusdem in hac & in priore imagine formæ sunt. In hac vero senior videtur.

Carola Sabaudica sequens secunda uxor fuit Ludovici XI. qui primo duxerat anno 1436. cum adhuc Delphinus & junior esset, Margaritam Regis Scotiæ filiam, ut in Regni superioris Monumentis vidimus. Hæc vero paulo postea sine prole obiit. Duxitque Ludovicus anno 1457. Carolam Ludovici Sabaudiæ Ducis & Annæ Cypriæ filiam. Hæc vero paulo post conjugem obiit Ambasiæ 1. Decembris anno 1483. annos nata 38. En illam, ut exhibetur in vitreis fenestris pone aram majorem Ecclesiæ Parisiensis Monialium, quæ de *Ave Maria* appellantur. Coronam Reginarum Franciæ gestat. Coma decussatim implexa & reducta non infra collum defluit. Supernæ vesti id superponitur, quod olim *surcotium* vocabant, interna vestis insignibus Franciæ ornatur, adjunctis etiam Sabaudiæ insignibus, in quorum campo rubro crux argentea visitur.

In vacuo tabulæ spatio posuimus Philippum I Audacem cognominatum, Burgundiæ Ducem, qui postremam Burgundicam stirpem iniit. Ejus imago tardius accessit, quam ut possemus illam in loco suo proferre. Delineata autem fuit ad fidem Tabulæ ligneæ ævo Philippi depictæ, quæ nunc habetur penes D. Morellum de Mautour. Mortis autem ipsius tem-

Mautour.

PORTRAITS DE LOUIS XI ET DE LA REINE SA FEMME.

Philippe dit le Hardi Duc de Bourgogne.

DE LOUIS XI.

Mautour. Il fut fait au tems de sa mort, comme porte l'inscription qu'on voit en grosse lettre sur le même tableau : AUDACES MORS CÆCA NECAT : la mort est aveugle & enleve les plus hardis, ce qui fait allusion à son surnom de Hardi. Il mourut l'an 1404. âgé de 63. ans. La peinture [4] le represente en cet âge. Il porte un grand bonnet noir orné d'un rubis enchassé. Il a aussi un autre rubis sur la poitrine. Son habit est rouge doublé d'une peau veluë. Son collier chargé de pierreries est caché en partie par la peau veluë, qui déborde : ses manches sont aussi chargées de pierreries.

4.

Celui qui commence la planche suivante est Jean Duc de Calabre, fils du Roi René, Prince fort brave, & qui eut d'abord quelques bons succès au Roiaume de Naples contre Ferdinand ; mais qui fut obligé de quitter la partie depuis, & de s'en revenir en France. Il suivit le parti des Princes mécontens dans la guerre du bien public. Il fit depuis la guerre en Aragon, où il remporta plusieurs grands avantages, & prit la ville de Gironne : mais la mort qui survint interrompit le cours de ses victoires. Il mourut à Barcelonne l'an 1471. [1] Il est representé à genoux & priant Dieu dans la vitre qui est derriere l'autel de la Chapelle de S. Bonaventure dans l'Eglise des Cordeliers d'Angers. On le voit ici fort jeune dans un tems où le Roi René son pere ne prenoit pas encore les armes d'Aragon. Son écusson est chargé d'Hongrie, d'Anjou-Sicile & de Jerusalem, soutenu d'Anjou, de Bar & de Lorraine, au lambel de gueules à trois pendans : au bas de son écusson est representé le Croissant marque de l'Ordre fondé par le Roi René son pere, avec l'inscription LOS EN CROISSANT.

PL. LXIII.

1.

Sur les vitres de la même chapelle de S. Bonaventure à l'Eglise des Cordeliers d'Angers se voit Iolande d'Anjou, sœur de Jean Duc de Calabre, fille du Roi René, & femme de Ferri de Lorraine II. du nom, Comte de Vaudemont, qui succeda depuis aux Duchez de Lorraine & de Bar par la mort de Nicolas son neveu. Iolande après la mort de Charles d'Anjou son cousin germain, prit la qualité de Reine de Jerusalem & de Sicile, & chargea son écusson de tous les quartiers que nous voions dans celui de Jean d'Anjou Duc de Calabre son frere. On voit ici ce même écusson : La Princesse [2] est à genoux, ses manches fort étroites couvrent toute la main jusqu'aux doits. Sa couronne est ornée

2.

---

pore depicta prior tabula fuit, ut ex inscriptione ibidem posita magno charactere exarata argui videtur, AUDACES MORS CÆCA NECAT ; quod ad cognomen ejus refertur ; *Audax* enim dicebatur. Obiit autem anno 1404. annos sexaginta tres natus, quam circiter ætatem refert imago. Pileum magnum capite gestat, pyropo ornatum, aliumque pyropum in pectore prominentem habet. Vestis rubra est, cui assuitur pellis villosa. Torques ejus gemmis decoratus partim tegitur a villosa pelle. Manicæ quoque ipsius lapillis preciosis sunt onustæ.

Qui in sequenti tabula primus ponitur est Joannes Dux Calabriæ, Renati Regis filius, Princeps utique strenuissimus, qui in Regno Neapolitano contra Ferdinandum feliciter bellum gesserat ; sed postea rebus non prospera fortuna cadentibus, solum vertere & in Franciam redire compulsus est. Ibi vero fœderatorum pro bono publico Principum partes sequutus est, posteaque bellum in Aragonia gessit, ubi pluries victor, Gerundam etiam cepit ; sed victoriarum cursum mors intercepit. Obiit autem Barcinone anno 1471. Genuflexus conspicitur in vitrea fenestra pone aram Capellæ sancti Bonaventuræ in Ecclesia Franciscanorum Andegavensium. Hic porro junior depictus fuit, quo tempore pater ipsius Renatus Rex nondum insignia Regni Aragoniæ suis adjunxerat. Scutum ejus onustum est insignibus Hungariæ, Andium, Siciliæ & Jerosolymæ, subjunctis Andegavensibus, Barensibus & Lotharingicis, cum limbo rubro ac tribus pendentibus tæniis. In ima scuti parte Crescens Luna exhibetur, quæ insigne est Ordinis a Renato Rege Joannis patre fundati, cum inscriptione, LAUS CRESCENDO.

In vitrea ejusdem capellæ S. Bonaventuræ fenestra, visitur Iolanda Andegavensis, soror Joannis Calabriæ Ducis, Renati Regis filia ; uxorque Federici hujus nominis II. Valdemontii Comitis, qui postea defuncto Nicolao fratris filio Dux Lotharingiæ & Bari fuit. Iolanda defuncto Carolo Andegavensi cognato suo, sese Reginam Jerosolymæ & Siciliæ postea dixit, scutoque insignia omnia & singula apposuit, quæ in scuto Joannis Andegavensis Ducis Calabriæ, fratris ipsius, conspicimus : ut in scuto in tabula apposito observare possis. Iolanda hic flexis genibus precari videtur. Manicæ ejus strictiores pugnum ipsius ad usque digitos operiunt. Corona ejus globu-

Tome III. X x

de petits globes. Ses longs cheveux, qui lui flottent sur les épaules, descendent fort au dessous de la ceinture : ce que nous avons déja remarqué sur les deux femmes du Roi René, Planche XLVII. de ce Tome. L'habit d'Iolande n'a rien que nous n'ayions souvent vu ci-devant.

Sur les mêmes vîtres est sa sœur puînée Marguerite d'Anjou fille du Roi René, qui fut mariée en 1444. à Henri VI. Roi d'Angleterre. Elle se porta fort courageusement dans les disgraces du Roi son mari, qui fut détrôné, remis 3. sur le thrône & enfin tué. On voit ici ³ l'écusson d'Angleterre, parti de tous les quartiers du Roi René son pere. Il n'y a rien dans son habit qui n'ait été expliqué ci-devant.

Charles d'Artois Comte d'Eu, Seigneur de S. Valeri, fils de Philippe d'Artois Comte d'Eu Connétable, & de Marie de Berri, fut le dernier Prince de la Maison d'Artois, issu de Robert d'Artois frere de S. Louis. Il fut pris à la bataille d'Azincourt, & demeura prisonnier en Angleterre jusqu'en l'an 1438. Il 4. mourut sans enfans l'an 1472. le 25. Juillet. Il est ⁴ représenté en relief de marbre blanc *coloré*, dit M. de Gagnieres, sur son tombeau de marbre noir, à main droite dans le chœur de l'Eglise du Château d'Eu. On le voit ici armé revêtu de son blason d'Artois, mis sur le devant de son habit : ses armes sont repetées sur les deux manches ; il n'a que trois fleurs de lis, different en cela de la Maison de Bourgogne qui conserva les fleurs de lis sans nombre. Il a sur la tête une espece de couronne, & porte sa longue épée en arriere, du côté gauche, & son poignard du côté droit.

Jeanne de Saveuse qui vient après, est premiere femme de Charles d'Artois Comte d'Eu, Pair de France, Seigneur de S. Valeri, qui l'épousa en 1448. 5. Elle mourut fort peu de tems après : on ⁵ la voit représentée en marbre blanc auprès de son mari, sur un tombeau de marbre noir dans l'Eglise de S. Laurent du Château d'Eu. Elle porte une espece de couronne, & est revêtuë du blason de son mari, parti de Saveuse, de gueules à la bande d'or accompagnée de six billetes de même, trois en chef & trois en pointe ; ici il n'en paroît que deux en chef & deux en pointe, qui sont extraordinairement larges.

Helene de Melun seconde femme de Charles d'Artois, étoit fille de Jean

---

lis exornatur : longissima coma humeros obtegens longe infra zonam defluit, idipsum jam observavimus in schematibus ambarum Renati Regis conjugum Tabula XLVII. hujusce tomi, Iolandæ vestes nihil exhibent antehac non sæpe observatum.

In iisdem vitreis fenestris depicta visitur minor ipsius soror Margarita Andegavensis, filia Renati Regis, quæ anno 1444. Henrico VI. Angliæ Regi nupsit. Hæc in cunctis conjugis sui infortuniis virilem animum fortitudinemque magnam exhibuit. Henricus ex regio solio decussus, posteaque restitutus, cæsus tandem fuit. Hîc visuntur insignia Angliæ, adjunctis omnibus Renati Regis scutulis. In veste nihil nisi tritum & antehac sæpius observatum deprehenditur.

Carolus Artesius Comes Augæ, sancti Valarici Toparcha, Philippi Artesii Augæ Comitis, Franciæ Constabularii, & Mariæ Bituricensis filius, postremus Princeps fuit Regiæ Artesiæ familiæ, quæ ex Roberto Artesio S. Ludovici fratre originem duxit. In Azincurtia pugna captus fuit Carolus anno 1415. & in Anglia captivus mansit ad usque annum 1438. Sine liberis obiit anno 1472. 25. Julii. Schema ejus in marmore albo visitur prominente corpore & coloribus depicto, inquit Gagnerius, supra tumulum ex marmore nigro concinnatum ad dexteram Chori in Ecclesia Castelli Augensis. Hic armatus conspicitur cum insignibus suis, quæ ad Artesiam stirpem pertinent. Illa autem insignia in anteriore vestis parte posita, in ambabus manicis repetuntur. Tres tantum lilii flores insignia ejus præ se ferunt, qua in re a Burgundica postrema familia differt, quæ semper lilii flores sine assignato numero adhibuit. Aliquam ceu coronam capite gestat, & oblongum ad sinistrum latus retroversum gladium : pugionem autem ad sinistrum latus exhibet.

Joanna de Savofia, quæ sequitur, prima uxor fuit Caroli Artesii Comitis Augensis, Paris Franciæ, sancti Valarici Toparchæ, qui illam duxit anno 1448. Illa brevissimo post connubium elapso tempore defuncta est. Visitur autem in marmore albo insculpta juxta conjugem suum supra tumulum nigri marmoris in Ecclesia sancti Laurentii, quæ est in castello Augensi. Quamdam ceu coronam capite gestat, atque insignia viri sui in veste præfert, queis adjuncta sunt Savofiensia insignia hujusmodi. In campo rubro tænia aurea conspicitur cum sex schedis aureis, tribus superne & tribus inferne positis. Hic porro duæ tantum superne & totidem inferne ponuntur, quæ admodum latæ sunt.

Helena de Meloduno secunda uxor Caroli Artesii,

de Melun Seigneur d'Antoing & d'Espinoi, & de Jeanne d'Abbeville. Elle est figurée ᶜ en marbre blanc, sur un tombeau de marbre noir, au côté gauche du grand Autel de l'Abbayie de S. Antoine des Champs, d'où M. de Gagnieres l'a fait tirer telle que nous la donnons ici.

Charles Comte de Charolois, qui fut depuis Duc de Bourgogne, se voit ainsi peint avec sa seconde femme Isabel de Bourbon, à la tête d'un livre d'Heures faite de leur tems, d'où M. de Gagnieres les a fait dessiner. La peinture fut fait par Jaques Undelot en 1465. comme il est porté dans les Heures mêmes. Charles Comte de Charolois étoit fils de Philippe le Bon Duc de Bourgogne, & nâquit en 1433. Il succeda à son pere en 1467. Il fut surnommé le Hardi, & par d'autres *le Temeraire*. Ce fut effectivement sa temerité qui le fit perir; comme nous avons dit assez amplement ci-dessus. Il avoit épousé en premieres noces Catherine de France fille de Charles VII. laquelle étant morte sans lignée peu de tems après son mariage, il se maria en secondes noces en 1454. avec Isabelle de Bourbon, fille de Charles Premier du nom Duc de Bourbon. Il est ici ¹ representé à genoux, avec une robe noire bigarrée de blanc, fourrée d'une peau blanche, qui ressemble assez à une robe de chambre. Il porte à sa ceinture une grande escarcelle noire, & au côté droit un poignard.

Isabelle ² de Bourbon sa femme à genoux tient des Heures entre ses mains. Elle porte un de ces ornemens de tête, qui a presque la forme d'un pain de sucre, d'où descend une gaze si fine & si deliée, que quoiqu'elle lui couvre les yeux & la plus grande partie du visage, on n'en voit pas moins distinctement tous les traits. La robe d'Isabelle est si prodigieusement longue, que si elle étoit debout elle traineroit à terre de près d'une aune. Isabelle mourut en 1465. & laissa une fille nommée Marie, qui succeda à ces grands Etats de Bourgogne. Charles se remaria pour la troisieme fois en 1467. avec Marguerite d'Angleterre sœur du Roi Edouard quatriéme, qui survecut long-tems à son mari.

Le portrait ³ suivant du même Charles dernier Duc de Bourgogne, est tiré d'un tableau original, dont l'inscription est telle: *Karolus Valesius dictus pugnax, Philippi filius, Dux Burgundiæ, Brabantiæ, Comes Flandriæ. Anno Domini inauguratus 1467. obiit anno 1476. imperii nono, ætatis quadragesimo tertio absoluto, natus anno 1433. Autographum ex familia DD. de Taxis.* Charles de Valois surnommé le Bel-

PL. LXIV.

1.

2.

3.

filia erat Joannis de Meloduno, Antoniaci & Spinolii Topatchæ, & Joannæ de Abbatis-villa. Ejus schema in marmore albo, marmoreo tumulo nigro superponitur ad dexteram aræ majoris in Abbatia sancti Antonii de Campis. Ipsam D. Gagnerius delineari curavit, qualem hîc repræsentamus.

Carolus Comes Carolesii, qui postea Dux Burgundiæ fuit, sic depictus visitur cum secunda sua uxore Isabella Borbonia in frontispicio libri diurnas preces complectentis, & illo ævo exarati: indeque Gagnerius hoc schema delineari curavit. Concinnata autem fuit pictura illa a Jacobo Undelotio anno 1465. ut in ipso diurno libro scribitur. Carolus Comes Carolesii filius erat Philippi Boni Burgundiæ Ducis, natusque est anno 1433. Patri suo successit anno 1467. Pugnax ab aliis, & a quibusdam *Temerarius* cognominatur, & revera ille temeritate sua periit, ut pluribus supra narravimus. Primo dux erat ille Catharinam Regis Caroli VII. filiam, quæ paulo post connubium sine prole defuncta est. Secundam anno 1454. duxit uxorem Isabellam Borboniam Caroli I. Borbonii Ducis filiam. Hîc flexis genibus repræsentatur cum veste nigra, albo colore intermixta, assuta pelle alba, quæ vestis cubiculares, talaresque vestes refert. Ad zonam marsupium nigrum grande appensum gestat, & ad dexteram, pugionem.

Isabella Borbonia uxor Caroli genibus flexis, Horarum diurnarum librum manibus tenet. Ornatum vero capitis gestat miræ longitudinis in conum desinentem, ex cujus culmine tela defluit ita tenuis & pellucida, ut etsi oculos & maximam vultus ejus partem obtegat, non minus tamen distincte oris & oculorum forma conspiciatur. Isabellæ vestis tantæ longitudinis est, ut si staret illa, vestis extrema ad ulnæ fere longitudinem tertiam contingerent. Obiit Isabella anno 1465. filiamque reliquit nomine Mariam, quæ illius tantæ Burgundicæ ditionis heres fuit Carolus anno 1467. tertiam duxit uxorem Margaritam Eduardi IV. Angliæ Regis sororem, quæ diu post conjugis sui mortem superstes fuit.

Schema sequens Caroli postremi Burgundiæ Ducis ad fidem tabulæ depictæ, illius ævo concinnatæ delineata fuit: cujus tabulæ inscriptio hæc est: *Karolus Valesius, dictus Pugnax, Philippi filius, Dux Burgun-*

348 MONUMENS DU REGNE

liqueux, Duc de Bourgogne & de Brabant, Comte de Flandres, succeda à son pere l'an 1467. & mourut en 1476. neuf ans après, âgé de quarante-trois ans. Il étoit né l'an 1433. Cet original est de la Maison de Taxis. Il mourut au mois de Janvier de l'an 1476. selon le style de ce tems-là : mais selon la maniere de compter d'aujourd'hui, c'étoit le commencement de l'an 1477. Il porte le collier de l'Ordre de la Toison d'or institué par son pere.

4. Anne de Bourgogne 4 qui suit, devoit être mise dans le regne precedent. Elle étoit fille de Jean Duc de Bourgogne & de Marguerite de Baviere, fut mariée l'an 1423. avec Jean d'Angleterre Duc de Bethford Regent de France : & mourut à Paris sans lignée le 14. Novembre l'an 1432. Elle est representée en marbre blanc sur son tombeau de marbre noir dans le mur de l'Eglise des Celestins de Paris. Elle est couronnée : sa coeffure est assez singuliere.

PL. LXV. La planche suivante est fort curieuse. Elle montre un Parlement tenu par Charles Duc de Bourgogne, tiré d'un tableau original & fait dans le tems même, qui appartenoit autrefois à M. de Gagnieres, & qui est presentement au cabinet de M. le Marechal Duc d'Etrées, de la même grandeur qu'on le voit ici. L'assemblée est fort remarquable, & faite pour des affaires qu'on ne sait pas. Le Duc est assis sur un Thrône, où l'on monte par trois marches, & orné d'un dais. Son nom est écrit au dessus, *Carolus Dux Burgundiæ*. Il porte une couronne fermée par le haut, ce que nous n'avons pas encore vû dans ces bas siecles. Il tient d'une main un rouleau, & est couvert d'un long manteau au grand collier d'hermines : par l'ouverture du devant on voit sa cuirasse & tout son habit de guerre. A ses pieds est assis un Seigneur la tête nue, tenant son épée élevée en la même posture que nous avons vu ci-devant le Connétable de France assis devant le Roi. Les Ducs de Bourgogne de la race précedente avoient un Connétable ; mais ceux de cette derniere race, quoique beaucoup plus puissante, n'en avoient point ; c'est peut-être le Maréchal de Bourgogne, ou le grand Ecuyer. Je suis surpris de ne pas trouver ici son nom, quoiqu'on y mette les noms des plus bas Officiers. Au bas des degrez sont deux Massiers, qui tiennent leurs masses appuyées sur l'épaule.

Ceux qui tiennent seance, & comme il est à croire en qualité de Juges, sont assis sur un banc plus élevé. Du côté plus honorable on voit le Chancelier,

---

diæ, Brabantiæ, Comes Flandriæ. Anno Domini inauguratus 1467. Obiit anno 1476. Imperii nono, ætatis quadragesimo tertio absoluto, natus anno 1433. Autographum ex familia DD. de Taxis. Obiit mense Januario anni 1476. secundum veterem computandi morem; secundum hodiernum autem erat tunc principium anni 1477. Torquem Ordinis Velleris aurei gestat; qui Ordo a Philippo ipsius patre institutus fuerat.

Anna Burgundiæ quæ sequitur, in superiore Caroli VII. regno locum habere debuit. Erat enim filia Joannis Burgundiæ Ducis & Margaritæ Bavaricæ ; nupsitque anno 1423. Joanni Bethfordiensi Regis Angliæ fratri, Franciæ Regenti, & sine prole obiit Lutetiæ 14. Novembris 1432. In sepulcro suo repræsentatur supra tumulum suum marmoreum nigrum in muro Ecclesiæ Cælestinorum Parisiensium, coronam gestat & singularem ornatum.

Tabula sequens ad sui spectaculum evocat : Senatus enim frequentiam & curiam monstrat a Carolo Burgundiæ Duce coactam, ex tabula ipsius ævo depicta exceptam, quæ olim erat Domini de Gagneriis, hodieque inter cimelia D. Marescalli & Ducis d'Etrées visitur, eadem qua hic exhibetur forma & magnitudine. Spectatu dignus confessus est, ignoraturque quid negotii tractetur. Dux in solio sedet, in quod per tres gradus ascenditur: umbella solium tegitur & ornatur : nomen ejus supra scribitur, *Carolus Dux Burgundiæ*. Coronam gestat superne clausam, id quod in hisce posterioribus sæculis nondum observavimus. Rotulum altera manu tenet ; longoque pallio tegitur, cum collari muris pontici pellibus instructo. Inter apertas & semotas pallii anteriores oras, ejus lorica conspicitur, cæteraque arma Principis corpus obtegentia. Ad ejus pedes sedet aliquis ex primoribus nudo capite, erectum gladium manu tenens, qua forma supra vidimus Constabularium sedentem ante Regem. Duces Burgundiæ superioris stirpis Constabularium habebant : hi autem posterioris stirpis, etsi longe potentioris, nullum habuere. Hic forte fuerit Burgundiæ Marescallus, vel magnus Scutifer, Miror quod nomen ejus hic adscriptum non fuerit, cum tamen hic omnes vel infimi gradus Ministri, nomen adscriptum habeant. Post infimum gradum duo adstant *Massarii*, seu clavam gestantes, qui illam manu tenent & humero sustinent.

Qui adsunt, Judicum officio, ut credere est, functuri, in altiori scamno sedent. Ad latus, quod honore præstare videtur, comparent Cancellarius, tres

DE LOUIS XI.

trois Presidens, quatre Chevaliers, & huit Conseillers Ecclesiastiques; & dans le parquet, du même côté, quatre Procureurs Generaux assis, & trois Greffiers assis qui écrivent sur une table. De l'autre côté sont assis deux Seigneurs, six Maîtres des Requêtes, & douze Conseillers laïcs. Au parquet de leur côté on voit quatre Secretaires debout. Au banc qui termine le parquet, opposé au Duc, sont assis les bas Officiers : hors du parquet, du même côté, sont sept personnes qui semblent demander justice, & un Huissier.

Le côté qui paroît le plus honorable se trouve à la gauche du Duc. Peut-être a-t-on voulu le mettre à la droite des spectateurs, ce qui n'est pas sans exemple. A côté du thrône du Duc on voit d'abord cette inscription, *Chancelier chef du Conseil*. Ce Chancelier est nommé là même G. Hugonet, Guillaume Hugonet, qui fut fait Chancelier l'an 1471. & fut decapité par les Gantois l'an 1476. selon le vieux style, & 1477. selon le nouveau, peu de tems après la mort du Duc Charles.

Sur la tête des trois suivans on lit ce mot, *Presidens*. Ces Presidens au nombre de trois sont E. de Glunigny, I. Carondelet. Il se trouve un Jean Carondelet Conseiller de Philippe le Bon Duc de Bourgogne. Le troisième est J. Bouverie : ce dernier étoit Avocat Fiscal, comme marque l'inscription mise sur son habit à la Flamande, *Advocaet Viscael*. Ces quatre premiers & tous les suivans sont en robe longue avec un bonnet de même forme.

L'inscription porte ensuite 4. *Chevaliers*. Ces quatre Chevaliers ont tous la Toison d'or. Le premier est le sieur d'Aucy ; le second le sieur d'Hubetcourt : ce pourroit bien être ce Seigneur d'Hymbercourt que les Gantois firent decapiter en même tems que le Chancelier Hugonet. Il est toujours appellé Humbetcourt dans le recueil des Officiers des Ducs de Bourgogne imprimé depuis peu ; le troisième est le sieur de Lalaing. Plusieurs de la Maison de Lalain ont été au service des Ducs de Bourgogne. Le quatrième est M. A. de Meotte.

L'inscription des suivans est, *Huit Conseillers d'Eglise*. Leurs noms sont 1. A. de Poitiers : plusieurs de ce nom ont été Conseillers des Ducs de Bourgogne. 2. E. de Brimeu ; ceux de Brimeu se trouvent aussi quelquefois parmi leurs Officiers. 3. J. Vincent. Entre les Officiers de Philippe le Bon il y a un Jean Vincent Con-

---

Præsides, quatuor Equites, & octo Consiliarii Ecclesiastici, & in inferiore aula eodem in latere quatuor Procuratores Generales sedentes, & tres Scribæ item sedentes, qui in mensa scribunt. In altero latere sedent duo primores, sex libellorum supplicum Magistri, & duodecim a consiliis Laïci; in aula vero inferiori stant quatuor *Secretarii*. In scamno alio, quo aula inferior terminatur, & quod Duci Burgundiæ oppositum est, inferiores Ministri sedent. Extra septum autem septem cum viri tum mulieres, qui causas litesve suas referunt, & Ostiarius unus.

Quod honorabilius videtur esse latus ad sinistram Ducis est, forteque ad dexteram spectatorum positum fuerit; id quod exemplo confirmari posset. Ad latus solii Ducis statim visitur hæc inscriptio, *Cancellarius consilii caput*. Hic Cancellarius ibidem inscribitur G. Hugonetus, Guillelmus scilicet Hugonetus, qui anno 1471. Cancellarii munere donatus est, atque a Gandavensibus capite plexus fuit anno 1476. secundum veterem computandi morem, & 1477. secundum hodiernum.

Trium sequentium capitibus imminet hæc inscriptio, *Præsides*. Hi vero Præsides numero tres sunt. E. de Gluniniaco. J. Carondeletus: Joannes quidam Carondeletus occurrit alibi a Consiliis Philippo Bono Burgundiæ Duci. Tertius autem est J. Bouverie. Hic vero postremus erat Advocatus Fiscalis, ut inscriptio Flandrico more posita, & in veste ejus exarata docet, *Advocaet Viscael*. Hi quatuor primi & qui sequuntur omnes oblonga teguntur veste, omnesque pileum gestant similis formæ.

Inscriptio sequens sic habet, *Quatuor Equites*. Hi vero quatuor Equites Velleris aurei insigne singuli gestant. Primus est D. de Auciaco; secundus de Hubercurte, videturque esse ille D. de Humbetcurte, qui a Gandavensibus capite plexus est cum Cancellario Hugoneto. De Humbetcurte autem semper vocatur in collectione Ministrorum Ducum Burgundiæ, quæ nuper typis data fuit. Tertius est D. de Lalanio : complures istius nominis inter Ministros Ducum Burgundiæ occurrunt. Quartus est D.A. de Meotte.

Inscriptio sequens est, *Octo a consiliis Ecclesiastici*. Horum nomina sunt 1. A. de Pictavis, hujusce nominis plurimi a consiliis Ducum Burgundiæ fuere. 2. E. de Brimevo. Hujusce nominis etiam aliqui in eadem collectione occurrunt. 3. J. Vincentius. Inter Ministros Philippi Boni, quidam Joannes Vincentius a consiliis & libellorum supplicum Magister dicitur. 4. A. Ge-

seiller & Maître des Requêtes. 4. A. Geraert. 5. P. de Lalaing. 6. J. Rolin. On en trouve plusieurs de ce nom parmi ces mêmes Officiers. 7. Jean Vuri. 8. R. de la Chapelle.

A l'autre côté on voit d'abord deux Officiers, G. de Glunigni, nous en avons vu ci-devant un autre de ce nom ; & Ar. de Bourbon, qui n'est pas de la Maison royale de Bourbon, ni même bâtard ; mais un autre Bourbon. Un de même nom se trouve entre les Officiers de Philippe le Bon Duc de Bourgogne. Après viennent six Maîtres des Requêtes, dont voici les noms. 1. J. Jacquelin, qui se voit dans l'Etat des Officiers de Charles Duc de Bourgogne p. 260. *Maître Jean Jacquelin, Licentié en loix, Conseiller Maître des Requêtes de l'Hôtel du Duc, & Gouverneur de la Chancellerie, avoit 200. francs de gages en cette qualité.* 2. G. de Rochefort, duquel il est ainsi parlé au même livre p. 262. *Messire Guillaume de Rochefort Seigneur de Pluvost, Conseiller, Maître des Requêtes ordinaire de M. le Duc.* 3. L. de Pottos. *Maître Lienart de Pototz, Maître des Requêtes,* dit le même livre, p. 268. 4. T. de Pleine : il y a plusieurs *de Pleine* parmi les Officiers de Philippe le Bon. 5. Jean de Jali. 6. B. de Clunigni. Il y en a deux ci-devant appellez de Glunigni : selon toutes les apparences c'est le même nom confondu par la ressemblance du C & du G, & parce que la prononciation de l'un approche fort de l'autre. Parmi les Officiers des Ducs de Bourgogne on ne trouve ni Clugnini, ni Glugnini, mais on y trouve souvent Clugni : il pourroit y avoir faute ou dans ce tableau, ou dans le livre où se trouve souvent Clugni, n'y aiant nulle apparence que ce nom Clunigni ou Glunigni, qui se voit ici sur trois des principaux Officiers, ne se trouve pas une fois dans ce livre où sont marquez exactement tous les Officiers des quatre Ducs de Bourgogne.

Après viennent les 12. *Conseillers lais.* Le premier est H. d'Ameronge. 2. R. de Bera. 3. L. D. Bois. On en trouve plusieurs de ce nom parmi les Officiers des Ducs de Bourgogne. 4. H. de Lignara. 5. P. Wirlant. 6. H. de la Ferté. 7. P. D. Clervaux. 8. F. Reucens. 9. I. Lion. 10. P. D. Gorges. Il n'y en a là que dix, quoique l'inscription porte douze Conseillers lais, mais la place a manqué pour mettre les deux qui restoient.

Dans le parquet il y a sous le Chancelier trois Greffiers qui écrivent sur une table. Leur emploi est marqué sur le devant de la table, *Greffiers.* L'un est nom-

---

ratius. 5. Petrus de Lalanio. 6. J. Rolinus: complures hujus nominis occurrunt inter Ducum Burgundiæ Ministros. 7. Joannes Vurius. 8. Robertus de Capella.

In alio latere statim visuntur duo clientes vel Ministri Ducis, G. de Gluniniaco: alium jam hujusce nominis vidimus; & Ar. de Borbonio, qui non ex Regia Borbonia stirpe, nec vel nothus ejusdem erat; sed alterius ejusdem nominis familiæ, quo nomine unus inter Ministros Philippi Boni Burgundiæ Ducis occurrit. Sequuntur postea sex libellorum supplicum Magistri, quorum hæc sunt nomina. 1. J. Jacquelinus. In catalogo clientium & Ministrorum Caroli Burgundiæ Ducis, p. 260. legitur: *Magister Joannes Jacquelinus Licentiatus in Legibus, a consiliis libellorum supplicum Magister in ædibus Ducis, & Gubernator Cancellariæ, horumce officiorum gratiâ ducentas libras percipiebat.* 2. G. de Rupeforti cujus mentio talis habetur in eodem libro, p. 262. *Dominus Guillelmus de Rupeforti, Pluvostii Toparcha, a consiliis, libellorum supplicum Magister ordinarius D. Ducis.* 3. L. de Pottoso; *Magister Leonardus de Pottoso Libellorum Supplicum Magister.* Sic dicitur in eodem libro p. 268. 4. T. de Plana. Complures sunt hujus nominis inter Ministros Philippi Boni. 5. Joannes de Jaliaco. 6. B. de Cluniniaco. Duos jam vidimus de Gluniniaco: omninoque videtur idipsum nomen esse sic varians ob similitudinem literarum C & G, quæ pari fere modo hic pronunciantur. Inter Ministros Burgundiæ Ducum, nec Cluniniacum nec Gluniniacum occurrit ; sed Cluniacum sæpe memoratur; fortasseque mendum irrepserit aut in hanc tabulam, aut in librum illum. Verisimile quippe non est nomen quod hic tribus ex præcipuis Ministris Caroli Ducis tribuitur, ne semel quidem occurrere in libro illo ubi omnes quatuor Burgundiæ Ducum Ministri accuratissime recensentur.

Sequuntur postea *duodecim Laïci a Consiliis.* Primus est H. Amerungius. 2. R. de Bera. 3. L. D. Bois. Complures hujus nominis inter Ministros Ducum Burgundiæ memorantur. 4. H. de Lignara. 5. P. Wirlantius. 6. H. de Feritate. 7. P. D. Claravalle. 8. F. Reucensius. 9. J. Leo. 10. P. D. Gorgiis. Hic decem tantum occurrunt, etsi inscriptio duodecim a Consiliis Laïcos numerant. Verum locus in tabula depicta defuit, in quo duo postremi ponerentur.

In inferiori loco sub Cancellario tres Scribæ sunt, qui supra mensam scribunt. Officium illorum ante mensam descriptum visitur, *Scriba.* Primus nomina-

mé N. D. Ruter, celui du milieu N. D. Habout, le troisiéme J. D. Longeville.

Dans le même parquet, sous les Conseillers ecclesiastiques sont les *Procureurs Generaux* au nombre de quatre. 1. J. Caudet. 2. J. Daufray. 3. Thomas de la Pappoire. 4. R. Durret.

De l'autre côté, sous les Maîtres des Requêtes sont quatre Secretaires debout. Ils ne sont debout que parce qu'ils parlent, ce qu'on connoît à leurs gestes. Il y a auprès d'eux un banc couvert de quatre carreaux, pour s'y asseoir quand ils auront fini, ou quand on le leur ordonnera. Leurs noms sont 1. G. Batault. 2. D. Poulaert. 3. P. D. Poulin. 4. L. Coulin.

Au banc le plus reculé sont assis les bas Officiers, l'un desquels est nommé dans l'inscription *J. Lemeut, Receveur des Exploits*. De ces bas Officiers quelques-uns sont assis, & ont la face tournée vers le Duc & les autres Juges. D'autres leur tournent le dos, & parlent à des gens qui sont hors du parquet, & qui viennent pour faire juger leurs causes. Deux de ceux-ci consultent ensemble, & l'un tient un papier où est contenuë l'affaire en question. Un autre parle à un de ceux de dedans au sujet de sa cause qui doit être rapportée. Une femme couverte d'un voile noir, qui se termine en une longue pointe, parle à un de ces Officiers qui tient une verge. Un autre Officier qui est dans le parquet écrit actuellement ce que lui dit un homme qui vient faire juger sa cause. A l'extremité on voit un Huissier à verge assis, qui tient un papier. L'Inscription nous apprend & son nom & son office, *Huissier, Robert de Hesdin*.

Il paroit certain que ce Parlement est assemblé pour juger les affaires de particuliers. On ne sait en quelle ville: l'année n'y est pas marquée: mais comme ce Parlement s'est tenu depuis que Hugonet eut été élevé à la Charge de Chancelier, ce qui arriva l'an 1471. il se sera assemblé depuis ce tems-là jusques vers le milieu de 1475. où Charles s'engagea dans des guerres qui l'occuperent toujours depuis, & où il périt malheureusement, au commencement de l'an 1477.

François II. du nom Duc de Bretagne qui commence la Planche suivante, étoit fils de Richard Duc de Bretagne & de Marguerite d'Orleans. Il eut de grands démêlez avec Louis XI. comme nous avons vû, & mourut l'an 1488. Il est ainsi représenté à genoux sur les vitres de l'Eglise des Corde-

P L.
LXVI.
1.

tur N. D. Ruter qui in medio est. N. de Habutio; tertius N. de Longavilla.

In eadem inferiori aula sub iis Ecclesiasticis qui a Consiliis sunt, Procuratores Generales visuntur numero quatuor. 1. F. Caudetius. 2. J. Daufræus. 3. Thomas de Paporia. 4. R. Durretius.

In altero latere sub libellorum supplicum Magistris comparent quatuor Secretarii stantes. Stant autem illi, quia Senatum alloquuntur, ut ex illorum gestu deprehenditur. Nam prope est scamnum, quatuor pulvinis opertum; in quo illi sederent, vel post completam orationem, vel cum juberentur. Nomina illorum sunt; 1. G. Bataltius, 2. P. Pulartius. 3. P. de Pulino, 4. L. Culinus.

In remotiore scamno sedent inferioris gradus Ministri, quorum unus hanc habet inscriptionem: *J. Lemutius dicarum Exceptor*. Hi infimi gradus Ministri sunt; alii versus Ducem & Judices faciem convertunt; alii ipsis terga vertunt, & quosdam alloquuntur, qui negotiorum & dicarum causa Judices adeunt. Ex his autem duo simul consilia miscent, alterque chartam tenet, in qua descriptum est negotium quo de agitur. Alius quemdam eorum, qui intra septum sunt, alloquitur, de causa sua videlicet Judicibus referenda. Mulier quædam velo nigro operta, quod in longum acumen desinit, Ministrorum unum virgam tenentem alloquitur. Alius qui intra septum est, illa describit, quæ sibi refert homo quispiam, negotii sui causa ad Judices accedens. In extremo latere visitur Ostiarius sedens virga instructus & chartam tenens. Inscriptio & nomen & officium ejus docet: *Ostiarius Robertus de Hedeno*.

Certum videtur hanc Senatus frequentiam coactam ideo fuisse, ut de privatorum negotiis ageretur. Nescitur autem qua in urbe, neque annotatur annus: sed quia hic Senatus haud dubie coactus fuit postquam Hugonetus Cancellarii officio donatus est, quod contigit anno 1471. hic consessus in illud temporis spatium cadat oportet, quod intercedit inter annum 1471. & dimidium anni 1475. quo Carolus Burgundiæ gravissimis semper distentus bellis fuit, & infeliciter periit ineunte anno 1477.

Franciscus hujus nominis II. Dux Britanniæ, qui in sequenti tabula primus est, filius erat Ricardi Britanniæ Ducis, & Margavitæ Aurelianensis. Cum Ludovico XI. sæpe contendit, imo concertavit, ut supra vidimus, & mortuus est anno 1488. Ita genibus flexis visitur in vitreis fenestris Ecclesiæ Franciscanorum

liers de Nantes, couronné comme on le voit ici. Sa cotte d'armes est chargée de son blason.

2. Marguerite de Bretagne premiere femme de François II. fille de François I. Duc de Bretagne & d'Isabelle Stuart, est representée telle que nous la donnons ici sur les vitres des Cordeliers de Nantes. Elle eut un fils qui ne vêcut que fort peu de tems. Elle mourut l'an 1469.

3. François II. se voit encore sur son magnifique tombeau au milieu du chœur des Carmes de Nantes. Il porte une couronne à fleurs de lis de même forme que celle des Rois de France. Il est revêtu d'un grand manteau, & porte l'Ordre de la Toison d'or. Il refusa l'Ordre de S. Michel que lui offrit au tems de son institution le Roi Louis XI. Auprès de lui est enterrée & representée sa

4. seconde femme Marguerite fille de Gaston IV. du nom Comte de Foix & d'Eleonor de Navarre. Elle fut mariée l'an 1471. & mourut l'an 1487. Elle fut mere d'Anne Duchesse de Bretagne qui fut femme successivement de deux Rois de France, & réunit la Bretagne à la Couronne. Marguerite est ici couronnée comme son mari.

5. Jean II. du nom Vicomte de Rohan Comte de Porhoet, se maria en 1461. avec Marie de Bretagne fille de François I. Duc de Bretagne, & d'Isabel d'Ecosse. Il est representé aux vîtres des Cordeliers de Nantes. Sa cotte d'armes rouge ou de gueules est chargée de neuf macles d'or, posées trois, trois & trois. Marie

6. de Bretagne sa femme est representée sur les mêmes vîtres auprès de son mari. Son corset est bleu, son surcot est d'hermines. Sa juppe est chargée du blason de Rohan parti de Bretagne.

PL. LXVII.
Jean Juvenel des Ursins, sa femme & ses enfans tiennent toute la planche suivante. Trois de ses fils occuperent les principales dignitez dans l'Eglise & dans la Magistrature. Jean Juvenel des Ursins Chevalier Baron de Trainel, Conseiller du Roi, pourvu de charges considerables, fut toujours attaché au

1. Roi Charles VII. Il mourut l'an 1431. Il est representé en relief sur son tombeau à genoux, dans la Chapelle de saint Remi à Notre-Dame de Paris. M. de Gagnieres l'a fait dessiner debout, tel que nous le donnons ici. Il est revêtu de son blason bandé d'argent & de gueules de six pieces, au chef d'argent, chargé d'une rose de gueules.

Namnetensium, coronatus, ut hic conspicitur: thorax insignia ipsius præ se fert.

Margarita Britannica, prima uxor Francisci II. filia Francisci I. Britanniæ Ducis & Elizabethæ Stuariæ. In vitreis fenestris visitur Franciscanorum Namnetensium, ut illam hic proferimus. Filium ipsa peperit, qui brevissimo tempore vixit. Ipsa vero anno 1469. mortua est.

Franciscus etiam Secundus visitur in magnifico sepulcro suo in medio Chori Carmelitarum Fratrum Namnetensium. Coronam ille gestat liliis ornatam, Regiis Franciciæ coronis similem. Pallio grandi amicitur, Ordinisque Velleris aurei insigne gestat. Torquem sancti Michaelis obtulit ipsi Rex Ludovicus, cum Ordinem instituit; sed noluit Franciscus Equitum ejus numero adscribi. Juxta illum sepulta repræsentatur secunda ejus uxor Margarita filia Gastonis hujus nominis IV. Comitis Fuxensis, & Eleonoris Navarræ, quæ nupsit illi anno 1471. & mortua est anno 1487. materque fuit Annæ Britanniæ Ducissæ, quæ duorum Franciæ Regum uxor Britanniam coronæ Franciciæ junxit. Margarita hic coronam gestat viri sui coronæ similem.

Joannes II. Vicecomes Rohani Comes Porhoeti anno 1461. uxorem duxit Mariam filiam Francisci I. Britanniæ Ducis & Elizabetæ Scoticæ. Visitur autem in vitreis fenestris Franciscanorum Namnetensium. Vestis ejus rubra novem *maclis* aureis insignita: tres nempe Ordines sunt, singuli *maclas* tres habent. Maria Britannica uxor ejus in eisdem vitreis fenestris prope virum suum conspicitur. Tunicæ thorax cæruleus est, *surcotium* seu superpositus pannus ex muris Pontici pellibus concinnatus est. Tunica inferior Rohani insignia Britannicis adjuncta præ se fert.

Joannes Juvenellus de Ursinis, ejus uxor & filii totam sequentem tabulam occupant. Ex filiis ejus tres præcipua munia in Regno & in Magistratu obtinuere. Joannes Juvenellus de Ursinis Eques, Trainelli seu Trainellii Baro, Regi a consiliis, ad officia evectus insignia, Regi Carolo VII. semper hæsit, mortuusque est anno 1431. In sepulcro flexis genibus visitur in Capella sancti Remigii Ecclesiæ Cathedralis B. Mariæ Parisiensis. Gagnerius vero ipsum stantem delineari curavit, qualis in tabula nostra conspicitur. Insignibus illæ suis vestitur, quæ sunt tres transversæ tæniæ alternatim argenteæ & rubræ. Scuti caput argenteum est cum rosa rubra.

Guillaume

DE LOUIS XI.

Guillaume Juvenel des Ursins son fils qui suit, fut fait Chancelier de France en 1445. Il fut destitué en 1461. & rétabli en 1465. Il mourut le 23. Juin 1472. Nous [2] le donnons ici tel qu'il se trouve dans les portefeuilles de M. de Gagnieres. Il est représenté priant Dieu les mains jointes, aiant un livre ouvert devant lui. Il porte une escarcelle à sa ceinture à la maniere de ces tems-là. On le voit encore gravé sur sa tombe [3] dans une chapelle de Notre-Dame de Paris. Il a à ses pieds un mortier & une layette chargée de fleurs de lis, dans laquelle étoient apparemment les seaux du Roi.

Le tableau d'en bas nous montre Jean Juvenel des Ursins avec sa femme & ses enfans au nombre d'onze. Il est dessiné d'après une peinture de la même chapelle.

Ils y sont representez le pere & la mere, & onze fils ou filles rangez selon leur âge & leur naissance, avec des inscriptions au dessous de chacun qui indiquent leur nom & leur état. Le pere est [4] à genoux l'épée au côté, revêtu de son blason, aiant un livre ouvert devant lui d'un côté, & son casque de l'autre. Sa femme [5] est aussi à genoux derriere lui, vétue en Religieuse. L'inscription sous les deux est telle. » Ce sont les representations de Nobles personnes Messire Jehan Juvenel des Urssins Chevalier & Baron de Trainel, Conseiller du » Roy, & de Dame Michelle de Vitri sa femme, & de leurs enfans. Ursins dans ces inscriptions est toujours écrit par deux ss au milieu, Urssins.

Le premier des enfans est un Evêque [6] crossé, mitré & en chappe. Son inscription est, » Reverend pere en Dieu Messire Jean Juvenel des Urssins Docteur » en Loys & en Decret, en son temps Evesque & Comte de Beauvais, de- » puis Evesque & Duc de Laon, * Per de France, Conseiller du Roy. Il fut depuis Archevêque de Rheims par la resignation de Jaques son frere Archevêque de la même ville. Cette resignation fut confirmée à Rome. Ce Jaques comme le plus jeune des enfans, est ici le dernier de la bande.

Puis vient une Dame [7] vétue en Religieuse à peu près comme sa mere. On lit sous elle, » Jeanne Juvenel des Urssins, qui fut conjointe par mariage avec » noble homme Maistre * Nichola Brulart Conseiller du Roy.

Le suivant [8] est un homme d'épée revêtu de son blason : on lit au dessous :

Guillelmus Juvenellus de Ursinis filius ejus, qui Franciæ Cancellarius creatus fuit anno 1445. destitutus postea anno 1461. restitutus fuit anno 1465. obiitque 23. Junii anno 1472. Hic profertur qualis habetur in manuscriptis D. de Gagneriis, genibus flexis & precans, manibus junctis librum ante se apertum habens. Marsupium ad zonam gestat istius ævi more.; etiamque in tumulo suo insculptus visitur in quadam Capella B. Mariæ Parisiensis; ad pedes habet senatorium pileum & arculam lilii floribus ornatam, quæ arcula sigilla regia complecti putatur.

Quæ infra conspicitur oblonga tabella Joannem Juvenellum de Ursinis, uxorem ejus, & undecim filios exhibet; qui delineati omnes fuere ad fidem tabulæ depictæ, quæ in eadem Capella habetur.

Repræsentantur porro omnes, pater, mater & undecim filii aut filiæ, secundum ætatis & ortus sui ordinem cum inscriptionibus sub unoquoque, queis & nomen & status singulorum indicator. Pater genibus flexis est, gladio præcinctus & insignibus suis vestitus, ex altera parte librum ante se apertum habens, ex altera vero galeam. Uxor quoque ejus pone illum genibus flexis est, Monialium induta ritu. Sub ambobus legitur inscriptio hujusmodi. » Hic repræsentantur » nobiles D. Joannes Juvenellus de Ursinis Eques & » Baro de Trainello Regi a consiliis, & D. Michaela » de Vitriaco uxor ejus & filii eorum. Urssinis sic cum » duplici ss semper legitur in his inscriptionibus.

Filius primogenitus, Episcopus est, baculum tenens pastoralem, mitram gestans & cappa indutus. Inscriptio autem talis est. » Reverendus in Deo pater » Dominus Joannes Juvenellus de Ursinis, Doctor in » Legibus & in Decreto, suo tempore Episcopus & » Comes Bellovacensis, Par Franciæ, Regi a consi- » liis. Deinde vero Archiepiscopus Rhemensis fuit, resignante sibi Archiepiscopatum Jacobo fratre suo, ejusdem civitatis Archiepiscopo: quæ resignatio a Summo Pontifice confirmata est. Iste Jacobus omnium natu postremus est: ideo hic ultimus locatur.

Sequitur postea nobilis femina; quæ perinde atque mater sua, Monialium veste induitur. Hæc porro de illa leguntur: » Joanna Juvenella de Ursinis, quæ » connubio juncta fuit cum nobili viro Magistro Ni- » colao Brulartio, Regi a consiliis.

Post hanc visitur alius, gladium gestans insignibusque indutus suis. Inscriptio hujus sic habet: » Do-

» Messire Loys Juvenel des Urssins, Chevalier, Conseiller & Chambellan d
» Roy, & Bailly de Troyes.

Puis viennent deux Dames vêtues de même; la premiere a cette inscription

9. » Dame Jehanne Juvenel des Urssins, qui fu conjointe par mariage avecq
10. » Pierre de Chailli. La seconde : » Damoiselle 10 Eude Juvenel des Urssins q
» fut conjointe par mariage a Denis des Mares Escuyer, Seigneur de Doue.

11. Celui qui suit est 11 Denis Juvenel des Urssins Escuyer, Eschanson de Mo
seigneur Loys, Delphin de Viennois & Duc de Guienne.

12. La Religieuse qui suit 12 a cette inscription, » Seur Marie Juvenel des Urss
» Religieuse a Poissy.

Après vient le Chancelier que nous avons déja vu representé deux fois. Il
13. revêtu 13 de son blason, à genoux sur un oratoire, aiant un livre ouvert deva
lui, auprès duquel est un casque. L'inscription est : » Messire Guillaume Juver
» des Urssins, Seigneur & Baron de Trainel, en son tems Conseiller du Roy
» Bailly de Sens, depuis Chancelier de France.

14. Le suivant est 14 Pierre Juvenel des Urssins Escuyer.

15. Le penultiéme, Michel 15 Juvenel des Urssins Escuyer & Seigneur de
Chappelle en Brye.

Le dernier de tous étoit Archevêque de Rheims, & se voit ici crossé, mi
& en chappe. L'inscription est telle : » Tres Reverend Pere en Dieu Mess
16. » Jacques Juvenel 16 des Urssins, Archevesque & Duc de Reins, premier *
» de France, Conseiller du Roy, & President en la Chambre des Comptes.

PL. La planche qui vient ensuite avoit déja été gravée depuis peu d'années *d'ap*
LXVIII. *une miniature qui est dans le manuscrit original de P. le Baud, conservé par M.*
Piré-Rosnyvinen, comme il est porté sur la planche même, où l'on ajoûte l'e
plication suivante.

» Pierre le Baud Chanoine de la Madeleine de Vitré, Chantre de St Tugu
» de Laval, & Aumosnier de Gui XV. de Laval, depuis nommé à l'Eveché
» Rennes, presente sa premiere histoire de Bretagne à Jean de Châteaugir
» Seigneur de Derval, mari d'Helene de Laval, frere de Gillette & de Margu
» rite de Châteaugiron; la premiere, femme de Jean Raguenel, Baron de M
» lestroit, mere de Françoise Dame de Rieux, & de Jeanne femme de T.

» minus Ludovicus Juvenellus de Ursinis, Eques,
» Regi a consiliis & ipsius Cambellanus, Balliviusque Trecarum.

Quæ deinde sequuntur duæ nobiles feminæ pari sunt cultu & vestitu. Prioris inscriptio est : » Domina
» Joanna Juvenella de Ursinis, quæ connubio juncta
» fuit cum Petro de Calliaco. Secundæ inscriptio est,
» Domina Odina Juvenella de Ursinis, quæ uxor fuit
» Dionysii de Maresiis, Scutiferi, Doveæ Toparchæ.

Deinde Dionysius Juvenellus de Ursinis Scutifer:
» Pocillator Domini mei Ludovici Delphini Viennensis & Ducis Aquitaniæ.

Monialis sequens hac inscriptione signatur : » Soror Maria Juvenella de Ursinis Monialis Pissiacensis.

Postea sequitur Cancellarius, cujus schemata duo jam vidimus. Insignibus vestitus suis genibusque flexis in oratorio librum ante se apertum habet, & galeam juxta positam. Inscriptio est : » Dominus Guillelmus Juvenellus de Ursinis, Toparcha & Baro Trainelli, suo tempore Regi a consiliis, Ballivius Senonensis & postea Cancellarius Franciæ.

Occurrit deinde : » Petrus Juvenellus de Ursinis Scutifer.

Penultimus est : » Michael Juvenellus de Ursinis Scu-

» tifer & Dominus Capellæ in Bria.

Postremus omnium erat Archiepiscopus Rhemsis & hic cum pedo pastorali comparet, mitram
tans & cappam. Inscriptio est : » Reverendissimus
» Deo pater Dominus Jacobus Juvenellus de Ursin
» Archiepiscopus & Dux Rhemensis, Primus Par Fr
» ciæ, Regi a consiliis, & in Camera Computor
» Præses.

Tabula sequens a paucis annis in ære incisa &
publicum emissa fuit, *excepta ex depicta imagine,*
est in Manuscripto Codice autographo Petri le Baud,
servatur apud Dominum de Pire-Rosnyvinen, ut in
bula incisa scribitur, ubi etiam sequens explicaexaratur.

» Petrus le Baud Canonicus in Ecclesia Magdalo
Vitreiensis, Cantor sancti Tudgualis Lavalliensis
» Eleemosynarius Guidonis X V. de Lavallio,
» postea in Episcopum Rhedonensem cooptatus
» primam suam Britanniæ historiam offert Joanni
» Castro-Gironis, Dervallii Toparchæ, marito He
» næ Lavalliæ, fratri Ægidiæ & Margaritæ de Cast
» Gironis, quarum prior uxor fuit Joannis Raguer
» li, Baronis Mali-stricti, mater Franciscæ Domi
» Ruesii & Joannæ uxoris T. de Castello, Secun

Pierre le Baud Chanoine de la Madeleine de Vitré, Chantre de St Tugual de Laval, et Aumônier de Gui XV. de Laval, depuis nommé à l'Evêché de Rennes; presente sa premiere Histoire de Bretagne à Jean de Châteaugiron Seigneur de Derval, Mari d'Helene de Laval, frere de Gillette et de Marguerite de Châteaugiron; la premiere, femme de Jean Raguenel Baron de Malestroit, mere de Françoise Dame de Rieux, et de Jeanne, femme de T. du Chastel; la seconde, femme 1re. de Gui de Molac 2e. de Jean Blocet. Le dit Pierre le Baud fils de Messire P. le Baud Chevalier seigneur de St Ouen, et de Jeanne de Chasteaugiron fille naturelle de Patri oncle du dit Jean de Chasteaugiron; le quel Jean n'eut qu'un fils naturel, George de Derval, et mourut l'an 1482 du P.se D'après une M.yuature qui est dans le Manuscrit Original de P. le Baud conservé par M.r de Piré Rosmyvinen.

T. III. YYY

DE LOUIS XI.

" Chaſtel : la ſeconde, femme en premieres noces de Gui de Molac ; en ſe-
" condes noces de Jean Bloceti. Ledit Pierre le Baud fils de Meſſire P. le Baud
" Chevalier, Seigneur de St Ouen, & de Jeanne de Chaſteaugiron, fille natu-
" relle de Patri oncle dudit Jean de Chaſteaugiron; lequel Jean n'eut qu'un
" fils naturel, George de Derval, & mourut l'an 1482.

Pierre le Baud un genou à terre, preſente à Jean de Chaſteaugiron aſſis ſon livre de l'hiſtoire de Bretagne couvert d'hermines. Jean de Chaſteaugiron aſſis eſt en robe longue & porte un bonnet noir. Il paroît avoir à ſon cou les marques d'un Ordre que je ne diſtingue pas bien. Il y a auprès de lui cinq hommes & autant de Dames, qui portent cet ornement de tête de figure conique & fort long ; ornement qui avoit été en uſage pendant long-tems, & qui ne s'obſerve gueres après le regne de Louis XI.

Au bas de la planche & ſur les bords du marchepied de la chaiſe on voit ces mots SANS PLUS repetez pluſieurs fois ; c'eſt une deviſe, qui peut avoir pluſieurs ſens. Les deviſes étoient fort en regne en ces tems-là, ſur-tout parmi les gens de qualité : chacun s'en faiſoit à ſa maniere.

Antoine de Chabannes Comte de Dammartin qui commence la planche ſui- Pl. vante, ſervit utilement l'Etat dans les guerres contre les Anglois du tems de LXIX. Charles VII. Il avoit la reputation d'être avide du bien d'autrui, & de s'enri- 1. chir de pillage dans les guerres. Le Roi Louis XI. le fit mettre en priſon au commencement de ſon regne. Il s'échappa, & fut remis depuis en grace & commanda quelquefois des armées. Il mourut l'an 1488. On le voit ici tel qu'il eſt ſur ſon tombeau dans l'Egliſe de S. Pierre de Dammartin. Il a le col- lier de l'Ordre de S. Michel.

Bertrand de Beauvau Chevalier, Baron de Precigni, Sillé-Guillaume & Briançon, Conſeiller & Chambellan du Roi, Preſident de ſes Comptes, & Con- ſervateur de ſon Domaine, Conſeiller, Chambellan, & Grand-Maître d'Hôtel de René Duc d'Anjou Roi de Sicile & Capitaine du Château d'Angers, mou- rut le 30. Septembre 1474. Il eſt repreſenté en relief ſur ſon tombeau de cui- 2. vre au milieu du chœur des Auguſtins d'Angers, tel que nous le donnons ici. On le trouve ci-deſſus parmi les Chevaliers de l'Ordre du Croiſſant, fondé par le Roi René.

Jeanne de la Tour ſa premiere femme eſt gravée en cuivre à côté de ſon mari. 3.

" vero uxor fuit primo Guidonis de Molaco ; ſecun-
" do Joannis Bloceti. Is ipſe Petrus le Baud filius
" fuit D. Petri le Baud, Equitis, Domini ſancti Au-
" doeni, & Joannæ de Caſtro-Gironis, filiæ ſpuriæ
" Patrii avunculi ſupradicti Joannis de Caſtro-Giro-
" nis, qui Joannes filium unicum nothum habuit
" Georgium de Dervallio, & obiit anno 1482.

Petrus le Baud genuflectens librum (ſuum Britan- niæ hiſtoriam complectentem, muris Pontici pellibus opertum offert Joanni de Caſtro-Gironis, qui ſedens veſte talari induitur, pileumque nigrum capite geſ- tat. In collo habere videtur inſigne Ordinis militaris cujuſdam, quem vix internoſcere poſſis. Juxta illum comparent quinque viri, totidemque mulieres, orna- tum illum capitis geſtantes, oblongum & in conum deſinentem, qui in uſu fuerat, & poſt Ludovici XI. obitum vix ultra comparet.

In ima tabula & ad oram ſuppedanei cathedræ hæc leguntur verba *Sans plus* ; id eſt *non plus*, quæ pluries repetuntur. Eſt autem ſymbolicum dictum, quod diverſe poſſis interpretari. Illis utique tempo- ribus ſymbolica dicta hujuſmodi in uſu frequenti erant, maximeque apud proceres : quiſque arbitrio ſuo dictum ſibi ſymbolicum adoptabat.

Antonius de Cabannis Comes Domni-Martini, qui in tabula ſequenti primus comparet, in bello contra Anglos ſtrenue pugnavit regnante Carolo VII. Rumor autem erat illum aliena appetere bona, & prædæ ſibi parandæ in bellis advigilare. Ludovicus XI. ineunte regno ſuo illum in carcerem trudi juſſit. Furtim ille dilapſus eſt, & poſtea in Regis gratiam reductus, exercituum ejus aliquando dux fuit. Obiit porro an- no 1488. Hic delineatus adeſt, qualis in ſepulcro ſuo viſitur in Eccleſia ſancti Petri Domni - Martini. Tor- quem ille Ordinis ſancti Michaëlis geſtat.

Bertrandus de Beauvau, Eques, Baro de Preciniaco, Sille-Guillelmo & Brigantio, Regi a conſiliis & Cambellanus ejus, Præſes Computorum & Conſerva- tor Dominii Regii, a conſiliis item, Cambellanus & magnus Magiſter domus apud Renatum Andegaven- ſem Ducem & Regem Siciliæ, Caſtelli Angeriacenſis Præfectus, obiit 30. Septembris anno 1474. Promi- nente autem corporis figura repræſentatur in ſepulcro æneo in medio chori Auguſtinianorum Andegaven- ſium, illa quam hic proferimus forma. Occurrit vero ſupra memoratus inter Equites Ordinis Creſcentis Lunæ a Renato Rege fundati.

Joanna de Turre prima ejus uxor juxta virum ſuum

Tome III.   Yy ij

Sa juppe est blasonnée de Beauvau & de ses propres armes. Elle mourut l'an 1435.

Jaques de Villiers Seigneur Chastellain de l'Isle Adam, & Nogent sur Oise, Conseiller & Chambellan du Roi, Prevôt de Paris, mourut le 15. Avril l'an 1471. Il est représenté [4] tel qu'on le voit ici, dans l'Eglise de l'Abbaye du Val sur son tombeau de pierre, revêtu de son blason, d'or au chef d'azur, chargé d'un dextro-chere revêtu d'hermines. Jeanne de [5] Neelle sa femme est représentée sur son tombeau auprès de son mari. Elle mourut le 6 Decembre l'an 1465. Elle porte sur sa juppe le blason de son mari parti du sien, qui est de gueules semé de trefles d'or, aux deux bars addossez de même.

Gille de Fay Chevalier Seigneur de Richemont, de Farcourt & de Châteaurouge, Conseiller & Chambellan du Roi, mourut le 13. Juin l'an 1485. Il est représenté en relief sur son [6] tombeau de pierre dans le chœur de l'Eglise de Cauvigny en Beauvoisis. Ses armures ont été dorées : sa cotte d'armes est blanche, semée de fleurs de lis de sable. Ce sont ses armes.

Jeanne de Lanvin [7] sa femme mourut au mois d'Août en 1480. Elle est sculptée en relief auprès de son mari sur un tombeau de pierre, qui est dans le chœur de l'Eglise de Cauvigni en Beauvoisis. Sa figure est colorée, son corset est rouge, le surcot blanc, & sa juppe partie des armes de son mari & des siennes, qui sont d'or à trois fasces de gueules.

Louis de Laval Seigneur de Chastillon en Vendelais, Grand Maître des Eaux & Forêts de France, fut successivement Gouverneur de Dauphiné, de Gennes, de Paris, de Champagne & de Brie, & mourut en 1489. Il est [8] peint en miniature au premier feuillet d'un Traité des *Passages* faits outre mer par les François, composé en 1472. par ordre du même Louis de Laval. Ce manuscrit in-folio est à la Bibliotheque du Roi, cotté n° 10025. Louis de Laval a le collier de l'Ordre de S. Michel, & fut de la premiere creation.

Guillaume le May Capitaine de six-vingts Archers du Roi & de la ville de Paris, Gouverneur des sceaux du Roi, & Tailleur de la monnoie en la ville de Rouen, mourut le 22. Janvier 1480. Il est [9] gravé sur sa tombe à S. Pierre de Arcis, auprès de la porte du chœur. C'est apparemment la maniere dont les Archers alloient vêtus & armez ; mais ils avoient aussi un pavois espece de bouclier, qui ne paroît pas ici.

---

in ære incisa ac delineata conspicitur. Vestis ejus insignia de Beauvau, præ se fert cum suis conjuncta. Obiit autem anno 1454.

Jacobus de Villariis Dominus Castellanus Insulæ-Adami & Novigenti ad Isaram, Regi a consiliis & Cambellanus ejus, Præpositus Parisiensis, diem clausit anno 1471. Visitur autem, qua forma hic exhibetur, in Ecclesia Abbatiæ Vallis in sepulcro suo lapideo, insignibus vestitus suis ; nempe in campo aureo caput seu summa pars cærulea est, in qua brachium dextrum repræsentatur muris Pontici pellibus onustum. Joanna de Nigella ejus uxor in sepulcro suo juxta virum suum exhibetur. Obiit autem 6. Decembris anno 1465. Inferior ejus vestis insignia præfert viri sui, quibus adjunguntur sua, nempe in campo rubro trifoliis aureis conspersso duo barbi aurei, obversis dorsis.

Ægidius de Fayo Eques, Toparcha Ricomontis, Farecurtii & Castri-Rubri, a consiliis & Cambellanus regius mortuus est decima tertia Junii anno 1485. Schema ejus prominens in sepulcro suo lapideo comparet in choro Ecclesiæ Calviniacensis in Bellovacensi tractu, arma ejus deaurata fuere, thorax ejus albus est, conspersus nigris liliis. Hæc sunt insignia ipsius.

Joanna de Lanuino uxor ejus obiit mense Augusto anno 1480. Sculpta autem fuit prominente figura juxta virum in sepulcro lapideo, quod visitur in Choro Ecclesiæ Calviniacensis in Bellovacensi tractu Schema ejus coloribus tinctum est. Superior vestis, bra *Surcotium* dicta, est superpositus pannus albus. Inferior vestis insignia præ se fert viri sui, queis adjunguntur sua, nempe in campo aureo tres fasciæ rubræ.

Ludovicus Lavallius Toparcha Castellionis in Vindelensi, Magnus Magister Aquarum & Silvarum in Francia, Præfectus Regius fuit in Delphinatu, in Genuæ, postea Lutetiæ Parisiorum, demum in Campania & Bria, mortuusque est anno 1489. Minio depictus occurrit, ut hic conspicitur in frontispicio libri transmarinarum expeditionum a Francis susceptarum ; quod opus jussu ejusdem Ludovici Lavallii factum est. Hic vero codex in Bibliotheca Regia est, n° 10025, Ludovicus Lavallius torquem Ordinis S. Michaelis gestat, quem in prima ejus institutione suscepit.

Guillelmus Maius centum viginti sagittariorum Regis & urbis Parisiensis Præfectus, sigillorum Regi Gubernator, Scissor Monetæ in urbe Rothomagensi obiit 22. Januarii anno 1480. In lapide sepulcrali incisus delineatur in Ecclesia sancti Petri de Arcisi prope portam chori. Hoc, ut credere est, modo induti, armatique erant Sagittarii ; sed scuto etiam peculiaris formæ instructi erant, quod hic non comparet.

Fin du Troisième Volume.

TABLE DES MATIERES.

A

ACQs surpris par les Anglois après la retraite du Roi Charles VII. *Page* 228
Agnés fille de Jean Sans peur, Duc de Bourgogne, femme de Charles I. Duc de Bourbon, 184. sa figure, 260
Agnés de Chaleu, femme de Jean Bâtard de Bourbon. Son portrait dans l'entrevûë de la Reine Jeanne de Bourbon, & d'Isabelle de Valois sa mere, 68
Agnés Sorel, dite la belle Agnés : son histoire qui varie en quelques choses, 238. Auteurs qui la justifient, *là-même.*
Aimerigot Marcel Capitaine de Pillards, pris & executé, malgré les recommandations de Richard II. Roi d'Angleterre, 111, 112
Alais & Pierre Roux Capitaines de Pillards, pris dans leur finesse, & executez, 111
Alarme du camp des Liguez pour le bien public, fort plaisante, 193
D'Albret (Charles) fait Connétable de France, 129
Albret. Le cadet d'Albret, décapité dans Poitiers pour avoir pris les armes contre le Roi Louis XI. 315
Alençon (le Duc d') en dissension avec le Duc de Bretagne, se raccommode avec lui, 209. Le Duc d'Alençon convaincu d'avoir voulu rappeller en France les Anglois, condamné à avoir la tête tranchée, la peine est commuée en une prison perpetuelle, 250. Il se met du côté des mécontens ; est une seconde fois condamné, & par grace remis en prison, 313. & délivré enfin, *là-même.*
Alfonse Roi de Portugal, vient demander secours au Roi Louis, 316. va voir pour le même sujet le Duc de Bourgogne, & s'en retourne sans rien faire, 317
D'Amboise (Charles) Sire de Chaumont envoié en la place du Sire de Crân, reprend les villes que le Prince d'Orange avoit fait perdre, 332. prend des Suisses dans son armée, *là-même.*
Ambroise de Lore & le Comte d'Aumale défont deux mille cinq cens Anglois, 195
Ambroise de Lore, un des plus braves Capitaines François, bat souvent les Anglois, 178, 200, 207, 209
Amiens réduit sous l'obéïssance du Roi Louis XI. 307
L'Angleterre est en grand mouvement sous Richard II. 113. en trouble & guerre civile sous Henri VI. 249
Anglois défaits près de Bergerac, 45
Les Anglois assiegent Saint Malo ; le Roi Charles V. y envoie une grande armée, & ils sont obligez de lever le siege, 47
Les Anglois font descente en Flandres conduits par l'Evêque de Nordvic, pour subjuguer ce païs, 90. se retirent, 91
Les Anglois violant la treve font une descente en l'Isle de Ré, 129

Anglois font une descente en Bretagne, & sont défaits par le jeune Duc de Bourbon, 134. ont un mauvais succés en Gascogne contre le Connétable & contre le Comte de Clermont, 134
Les Anglois dans une grande disette viennent demander en France du bled à acheter, qui leur est refusé, 137
Les Anglois font des courses sur les côtes de France, sont défaits par les Bretons, 131. Ils font des courses en France, 132
Anglois défont la flotte de France, 167
Anglois à cheval au nombre de cinq cens, tous tuez ou pris par un corps de François, 178
Anglois battus sur mer par les Normans, 159. sacagent l'Abbayie & la ville du Tréport, 119
Les Anglois assiegent le Mont Saint Michel, & sont défaits par l'Amiral de Bretagne, 196
Anglois souvent battus par les François sous le Regne de Charles VII. 204
Les Anglois levent le siege de devant Compiegne, & sont défaits par les François, 206. défaits par Ambroise de Lore, 207
Les Anglois prennent Harfleur, 214. font une course jusqu'à Paris, & sont tous tuez ou pris, 215. 216. battus en Anjou, 216
Les Anglois après avoir violé la treve, perdent en peu de tems toute la Normandie, 240
Anne fille de Jean Sans peur, Duc de Bourgogne, femme du Duc de Bethfort : sa figure, 184. Autre figure de la même Princesse, 348
Anne Dauphine d'Auvergne, femme de Louis II. Duc de Bourbon, representée en la page 68. & une autre fois, 190
Antoine de Bourgogne, fils de Philippe le Hardi Duc de Bourgogne ; sa figure, 185
Archevêque de Sens, frere de Jean de Montagu, tué à la bataille d'Azincourt, 165. Noms des Princes & Seigneurs tuez à cette bataille, *là-même.*
Armagnac (le Comte de) fait Connétable de France, 166. pris, tué, & traîné à la sédition de Paris, 170, 171
Armagnacs. C'étoit le nom que les séditieux donnoient à ceux qui étoient partisans du Connétable d'Armagnac, & de Charles Dauphin, 170
D'Armagnac (Bernard) fils de Bernard d'Armagnac Connétable de France, 276
Jean Comte d'Armagnac attaqué par le Comte de Dammartin qui conduisoit l'armée du Roi Louis XI. se retire à Fontarabie, 314. attaqué plusieurs fois par l'armée du Roi Louis XI. est enfin tué dans Lectoure, 314, 315
Armée prodigieuse des Liguez pour le bien public, où il y avoit cent mille chevaux, 192
Arondel Comte Anglois prend plusieurs places, 209. est défait à Gerberoi par un petit nombre de François, 210

Y y iij

TABLE DES MATIERES.

Arquebuses & armes à feu ; leur commencement selon l'opinion de quelques Auteurs, 161
Arras. Traité d'Arras où Charles VII. fait la paix avec Philippe le Bon Duc de Bourgogne, 213
Arras pris, 328. Aversion de ses habitans pour la domination Françoise. Ils sont châtiez, 328, 329
Artus de Bretagne Duc de Richemont vient au service du Roi Charles VII. qui le fait Connétable de France, 197, 198. Artus assiege Saint James de Beuvron, & est obligé de lever le siege, 198
Artus Connétable prend sur les Anglois Pont-Orson, 199. prend Galerande sur les Anglois ; écarte de la Cour les favoris du Roi, le President Louvet, Tannegui du Chastel; fait executer Giac, & fait tuer le Camus de Beaulieu, *là-même*.
Artus Connétable se retire mécontent de la Cour de Charles VII. 203
Artus Connétable & le Comte de Dunois défont les Anglois à la Briche, 206
Artus Connétable assiege & prend Meaux, malgré les efforts que les Anglois font pour secourir la place, 221
Artus Connétable assiege Avranches, & est obligé de lever le siege, 222. assiege & prend Cherbourg, 242
Artus Connétable de France, & puis Duc de Bretagne : son portrait original, 264. representé à cheval, 274
Artus Connétable de France, devient Duc de Bretagne, 279
Attremen Chef des Gantois prend Dam, 96. se reconcilie avec Philippe Duc de Bourgogne, *là-même*.
Aubri de Montdidier Gentilhomme de la cour du Roi Charles V. tué par Macaire, 69. Son chien en poursuit la vengeance. *là-même*.
D'Aucy Chevalier séant au Parlement du Duc de Bourgogne, 349
Azincourt, où se donna la bataille funeste aux François : 165, 166

B

Baieux pris sur les Anglois. Les François traitent genereusement la garnison Angloise, 240
Baionne pris sur les Anglois, 243
La Ballue Cardinal mis dans une cage de fer, y demeure 14. ans, pour avoir agi contre les interêts du Roi Louis XI. 305
Barbasan brave Capitaine François, défait les Anglois en Champagne, 206. est tué dans un combat où René d'Anjou demeure prisonnier, 107
Bataille de Rosebeque, & grande défaite des Flamans, 82
Bataille de Verneuil où les François sont vaincus par les Anglois, 197
Bataille de Patay, où les Anglois sont défaits & Talbot pris, 203
Bataille de Guinegate, dont la victoire fut contestée, 333
G. Batault Secretaire aiant séance au Parlement de Charles Duc de Bourgogne, 351
Le Baud (Pierre) présente son livre de l'histoire de Bretagne à Jean de Châteaugiron au milieu d'une assemblée, 354, 355
Bearnois mis en fuite par les François dans la Gascogne, 227
Beatrix de Bourbon Reine de Boheme, representée deux fois, 66
Beatrix Vicomtesse de Châlon, femme de Tristan de Roie : sa figure, 191
Beaumanoir Seigneur Breton passe au service de Charles V. 6
Beauvau. Bertrand de Beauvau, Baron de Precigni, &c. sa figure, 355
Louis de Beauvau, Seigneur de Champigni, &c. sa figure, 267
Du Bellai (Jean) Capitaine François défait par les Archers Anglois, 194, 195
Benoît XIII. élû Pape en la place de Clement VII. continue le schisme, 118, 119. Les Ducs d'Orleans, de Berri & de Bourgogne vont à Avignon, pour le porter à la cession du Pontificat, mais inutilement, 119. Ses tours d'adresse pour se maintenir Pape, *là-même*.
Benoît XIII. assiegé dans son Palais, 123. ses démarches pour se maintenir dans la Papauté, 135
Benoît XIII. s'obstine à soutenir sa Papauté, 142. La France se soustrait de son obéissance. On envoie des ordres pour l'arrêter, *là-même*. Il prononce sentence d'excommunication. Les porteurs de ces Bulles sont punis, 142, 143. Il s'enfuit & son competiteur Gregoire de même, 143
R. de Bera Conseiller Lai séant au Parlement de Charles Duc de Bourgogne, 350
Berri Roi d'armes, dont le nom étoit Gilles de Bonnier, offre son livre à Charles VII. 273
Bessarion Cardinal, Deputé du Pape au Roi Louis XI. & au Duc de Bourgogne, voit le Duc de premier, maltraité par le Roi, 310
Bethfort (le Duc de) assiege Lagni, 208. obligé de lever le siege, *là-même*.
Betifach Tresorier du Duc de Berri, brulé tout vif pour ses crimes & pilleries, 109
De Beuil (Jean) Comte de Sancerre, Amiral de France. Son portrait tiré du livre de Berri Roi d'armes, 275, 277
Blanche de Bourbon, femme de Pierre le Cruel, Roi de Castille, empoisonnée par ordre de son mari, 7
Blanche de Rouci, femme de Louis de Bourbon, fils de Jean I. Comte de la Marche : sa figure, 191
Blanche de Couci, femme d'Hugues Comte de Rouci : sa figure, 192
Blondeau (Jean) traître puni de mort, 17
L. du Bois Conseiller Lai séant au Parlement de Charles Duc de Bourgogne, 350
Bon (Jean, Gallois) veut empoisonner le Dauphin. Il est puni, 325. On lui donne l'option de perdre ou la tête ou la vûë. Il choisit le dernier, *là-même*.
Bonne, fille de Charles V. morte jeune. Son portrait, 66
Bonne de Berri mariée à Amé VII. Comte de Savoie, 182. sa figure, *là-même*.
Bonne de Bourbon mariée à Amé VI. Comte de Savoie, 67
Bonnier (Gilles le) dit Berri Roi d'armes, 268. Son livre manuscrit qui represente les Princes & Seigneurs comme ils doivent être à cheval ; les timbres & cris de guerre, & les armoiries de la Noblesse, 268, & suiv.
Bordeille pris par les Anglois, 16
Des Bordes (Guillaume) pris devant Cherbourg, après avoir combattu vaillamment, 44
Bouchard Comte de Vendôme : son portrait avec celui de sa femme, 67
Boucicaut Maréchal de France & Bertrand du Guesclin surprennent Mante & Meulan, 2
Boucicaut Maréchal de France envoié au secours de l'Empereur de Constantinople, 124. ses exploits & ses fortunes, 129, 130
Boucliers de bois & boucliers d'osier au siege de Dieppe, 229
Bouxam Ecossois Connétable de France tué à la bataille de Verneuil, 197
Bouquingam Comte Anglois, part de l'Angleterre pour venir faire la guerre en France, 50
Bouquingam assiege Nantes, obligé de lever le

TABLE DES MATIERES.

le siege, il s'en retourne en Angleterre., 76
Ar. de Bourbon Officier séant au Parlement de Charles Duc de Bourgogne. Il n'étoit pas de la Maison Roiale de Bourbon, 350
Les Bourdelois & les Anglois capitulent avec le Roi Charles VII. 243
Les Bourdelois rappellent les Anglois pour se remettre sous leur domination ; introduisent Talbot & les Anglois dans leur ville, 247. sont obligez de se remettre sous l'obéïssance du Roi Charles, 248, 249
Les Ducs de Bourgogne & de Bourbon en dissension avec le Duc d'Anjou sur la Regence, pendant la minorité de Charles VI. 73
Bouverie (Jean) Président au Parlement du Duc de Bourgogne. Avocat Fiscal, 349
Le Duc de Bretagne prend plusieurs places de la Basse-Normandie sur les Anglois, 234. prend Fougeres, 237
Les Bretons défont les Anglois qui faisoient des courses sur nos côtes, 131
Bretons qui couroient sur les côtes d'Angleterre sont défaits, 133. vangez par Tannegui du Châtel, 133
Brezé fait une descente en Angleterre, & saccage la ville de Sanduich, 250
De Brie (Jean) Seigneur de Serrant : sa figure, 266
F. de Brimeu Conseiller d'Eglise séant au Parlement de Charles Duc de Bourgogne, 349
Bruges prend les armes contre le Duc de Bourgogne, & est remis sous son obéïssance, 121
Des Bruyeres (Girard) Notaire, Secretaire & Garde des joiaux du Roi : sa figure, 193

C

CABOCHIENS prennent leur nom de Caboche écorcheur, & commencent à remuer dans Paris, 151. leurs violences, 156. se saisissent du Roi & du Dauphin, là-même. Autres violences & meurtres des Cabochiens, 157
Le Camus de Beaulieu, favori de Charles VII. tué dans Poitiers par ordre du Connetable de Richemont, 199
Canons, leur forme du tems de Charles VII. Ils étoient bandez de fer, 229
Captal de Buch défait & pris par Bertrand du Guesclin après un grand combat, 3, 4
Captal de Buch fait prisonnier par Yvain de Galles, 27. Le Roi Charles V. refuse de l'échanger pour un autre. Il meurt à Paris, 43
De Cardaillac (Jean) Archevêque de Toulouse remet 60. villes, châteaux, ou forteresses sous l'obéïssance du Roi Charles V. 15
Le Cardinal d'Amiens se retire de la Cour après la mort de Charles V. & emporte de grands tresors, 73
Carnier avec les milices du payis de Caux se tourne pour la France contre les Anglois, 211
Carondelet (Jean) Président séant au Parlement de Charles dernier Duc de Bourgogne, 349
Casque extraordinaire, 266
Casques des François : leur forme à la bataille de Rosebeque, 84
Casque avec des cornes de Jean V. Duc de Bretagne, 189
Castelbon (le Vicomte de) succede à Gaston Phœbus Comte de Foix. 113
Catherine fille de Charles VI. accordée en mariage à Henri V. Roi d'Angleterre, 162
Catherine fille de Charles VII. mariée à Charles Comte de Charolois, 122
Catherine fille de Philippe le Hardi Duc de Bourgogne, mariée à Leopold III. Duc d'Autriche, 187

Catherine fille de Jean Duc de Bourgogne : sa figure, 184
Catherine de Vendôme, femme de Jean I. Comte de la Marche : sa figure, 191
Catherine Budé, femme d'Estienne Chevalier Conseiller du Roi : sa figure, 267
J. Caudet Procureur General au Parlement de Charles dernier Duc de Bourgogne, 351
Le Cerf pris, qui avoit sur son collier cette inscription : *Hoc me Cæsar donavit.* Cela a tout l'air d'une fable. 77
Chabannes. Antoine de Chabannes Comte de Dammartin : sa figure, 355
Chabannes. *Voyez* Dammartin.
Du Chassaut (Selvestre) : son portrait tiré de son tombeau, 67
De Chailli (Denis) Chambellan du Roi Charles VII. sa figure, 267
Chandos (Jean) Anglois fort vaillant, 14. est tué dans un combat, 18
Chapeau du Roi Charles VII. de la forme de ceux d'aujourd hui, 253
Charles V. dit le Sage & le Riche, à son avenement à la Couronne trouve le Royaume dans un état déplorable, 1. fait surprendre Mante & Meulan, 2. son Sacre à Rheims, *là-même*. Peintures de son Sacre, *là-même*, son Couronnement, 2, 3. donne l'Oriflamme à un Chevalier, 3. donne à Philippe son frere le Duché de Bourgogne, 4. reçoit l'hommage de Jean de Montfort Duc de Bretagne, 6. fait la paix avec Charles le Mauvais Roi de Navarre, *là-même* : soulage le peuple autant qu'il peut, 11. fait fortifier l'Abbayie de S. Germain des Prez, 13. son adresse à amuser Edouard Roi d'Angleterre, *là-même* : fait saisir le Ponthieu par ses gens, 13, 14. sa pieté, 14. prépare une grande flote pour porter la guerre en Angleterre, 16. abandonne ce dessein, ou le differe pour défendre son Roiaume, 17. assemble les Etats pour faire des levées d'argent, 22. rappelle Bertrand du Guesclin de l'Espagne, *là-même* : le fait Connétable, 24, 25. fait treve avec le Roi d'Angleterre, 31. fait fleurir les Lettres, 32. va à la Campagne accompagné de gens armez d'un côté, & de gens de lettres de l'autre, 33
Charles V. reçoit des livres, 31, *& suivantes* : sa sagesse dans l'administration des Finances, 35. appellé par plusieurs Auteurs Charles le Riche, 36. sa santé alterée par le poison que lui donna Charles le Mauvais, 36
Charles V. donne des Lettres Patentes sur la minorité des Rois, *là-même* : reçoit une flote qui désole l'Isle de Wigth, & fait descente en Angleterre, 37. fait prendre Ardres & quelques autres places, 38. reçoit magnifiquement l'Empereur Charles IV. & son fils Venceslas, 38. entre dans Paris, aiant l'Empereur d'un côté, & son fils Roi des Romains de l'autre, 39. Le Roi Charles V. a des intelligences par-tout, 45. fait prendre presque toutes les places de Normandie, qui appartenoient au Roi de Navarre, 47. veut unir la Bretagne à la Couronne, & ne réussit pas, 48. reçoit la prestation du serment de fidelité de Louis II. Duc de Bourbon, 49
Charles V. traite avec le Roi de Castille, pour porter une entiere désolation dans l'Isle de Wigth, Gersai, & Grenesai, 50
Charles V. sa mort, 51. son éloge, *là-même* : appellé Charles le Riche par plusieurs Auteurs, 51. Etat des richesses qu'il laissa, tiré de l'original fait de son tems, 52. *& les suivantes.*
Charles V. ses portraits, 65. *là-même* : son portrait fait l'an 1371. par Jean de Bruges, 66
Charles VI. sacré avant qu'il eût l'âge marqué par

TABLE DES MATIERES.

fon pere, 73, 74. Hiſtoire de ce Sacre, *là-même.*
Charles VI. va au Conſeil l'épervier ſur le poing, 80. part pour aller faire la guerre aux Flamans, 81. remporte la victoire, 84. revient à Paris, & trouve les Pariſiens en armes, qui viennent au devant de lui, 85, 86, 87. Il leur fait ôter leurs armes & les punit en differentes manieres, 88, 89. marche avec une armée prodigieuſe contre les Anglois & les Flamans, 91. prend Dam, 96 ſe marie avec Iſabeau de Baviere, *là-même.*
Charles VI. fait préparer une grande flote contre l'Angleterre, 99. en temporiſant, la ſaiſon paſſe, & tout ce deſſein va en fumée, 100
Charles VI. marche avec une armée contre le Duc de Gueldres, qui vient lui faire ſatisfaction, 103. Charles VI. âgé de vingt ans prend l'adminiſtration de ſon Roiaume, *là-même.*
Charles VI. prodigue juſqu'à l'excès, 107
Charles VI. fait un voiage en Languedoc, 108. viſite le Pape Clement VII. congedie ſes oncles de Berri & de Bourgogne, 108
Charles VI. veut mettre de nouveaux impôts; en eſt détourné par la tempête & la foudre, qui brûle quatre de ſes Officiers juſqu'aux os, & ne leur laiſſe que la peau. 110
Charles VI. va faire la guerre en Bretagne, 114. un accident lui trouble le ſens, & le fait tomber en demence, 115. revient de ſon mal, & retombe par un autre accident, 116. fait treve avec l'Angleterre, 117. s'intereſſe pour l'extinction du Schiſme, 119. autres accidens de ſon mal, 119. envoie un ſecours au Roi de Hongrie contre le Turc, 119, 120
Charles VI. va aſſieger Bourges, 153, 154. fait la paix, *là-même.* Il fait la guerre au Duc de Bourgogne: prend Compiegne & Soiſſons, 161. aſſiege Arras, & fait la paix, 162
Charles VI. va à Rouen, & leve une grande armée contre les Anglois, 163. Jaloux de la Reine Iſabeau il fait jetter Louis Bourdon, qui la voioit, dans la riviere, 167, 168. aſſiege Senlis, & leve le ſiege, 169
Charles VI. par le Traité de Troye declare Henri V. Roi de France, à l'excluſion du Dauphin, 175. ſon imbecillité, *là-même.*
Charles VI. & Henri V. aſſiegent & prennent Sens, 175, & Montereau-Faut-Yonne, 176. Ils aſſiegent après Melun, qui ſe deffendit long-tems, & fut enfin pris, 176
Charles VI. reduit en un fort petit état par Henri V. ſon beau-fils, *là-même:* meurt, 179. ſa figure, 180
Charles Dauphin premier fils de Charles VI. mort jeune; ſa figure, 180
Charles qui fut depuis le Roi Charles VII. devient Dauphin après la mort de ſon frere Jean, 167
Charles Dauphin emporté dans un drap par Tanneguy du Châtel à la Baſtille pendant la ſedition de Paris, ſe retire vers Montargis, 170
Charles Dauphin prend Compiegne, ſe declare Regent du Roiaume, & fait le dégât dans les terres du Duc de Bourgogne, 171. ſe rend maître de Tours, 172
Charles Dauphin & le Duc de Bourgogne s'entrejurent paix & amitié, 173
Charles Dauphin paſſe pour l'Auteur du meurtre de Jean Duc de Bourgogne, 175. leve des gens de guerre dans pluſieurs provinces du Royaume & reçoit un renfort de Bretons & d'Ecoſſois, 175. prend Nîmes & pluſieurs autres places du Languedoc, 176
Charles Dauphin aſſemble beaucoup de troupes; ſon armée gagne la bataille de Baugé ſur les Anglois, où le Duc de Clarence frere du Roi Henri eſt tué, 177
Charles Dauphin aſſiege Chartres, & leve le ſiege à l'arrivée du Roi d'Angleterre & du Duc de Bourgogne, 177. prend la Charité ſur Loire, & aſſiege Cône. Il eſt obligé de lever le ſiege, 179
Charles Dauphin après la mort de ſon pere ſe declare Roi de France dans le Velai, & dans tous les païs de ſa domination, 194
Charles VII. avoit toujours des favoris, 199
Charles VII. après la levée du ſiege d'Orleans, ſollicité par Jeanne la Pucelle, leve une grande armée, 103. prend Gergeau & Beaugenci, *là-même:* va ſe faire ſacrer à Rheims, & prend Troye en Champagne, 104. ſe fait ſacrer à Rheims, où il eſt fait Chevalier par le Duc d'Alençon, 204. prend un grand nombre de places, *là-même:* ſe laiſſe gouverner par La Trimouille, 210. qui eſt bleſſé & enlevé d'auprès de lui, 211
Charles VII. fait ſa paix avec le Duc de Bourgogne, 213. prend Châteaulandon, Charny, & Montereau-Faut-Yonne, 219. Il fait ſon entrée à Paris, 219, 220. reçoit la Pragmatique-Sanction, 222. dompte une faction qui s'étoit élevée contre lui, dont Louis Dauphin étoit le Chef, 223. reçoit Iſabelle de Portugal Ducheſſe de Bourgogne. Elle eſt à genoux, & lui aſſis ſur ſon thrône, 225
Charles VII. aſſiege Pontoiſe & prend cette ville, malgré l'armée du Duc York, 226, va faire la guerre en Gaſcogne, prend Tartas & S. Sever, Acqs, & d'autres places, 227, 228. aſſiege Mets & compoſe avec les habitans, qui lui donnent 200000. écus, 231
Charles VII. met ordre à la milice, *là-même.* inſtituë les Francs Archers, 233. après la treve violée fait la guerre en Normandie, 233, 234. aſſiege Rouen, & s'en rend le maître, 235, 236. fait ſon entrée magnifique dans Rouen, 236. va au ſiege de Harfleur, qui ſe rend, 238. va voir la belle Agnès, 238. prend Cân, & entre ſolennellement dans la ville, 240. reduit toute la Normandie ſous ſa puiſſance, & va faire la guerre en Guienne, 242
Charles VII. va faire la guerre au Duc de Savoie, qui lui donne ſatisfaction, 246
Charles VII. fait bâtir à Bourdeaux les Châteaux Trompete & du Ha, 249. envoie une armée contre le Comte d'Armagnac, qui s'enfuit en Aragon, 249
Charles VII. meurt à Meun ſur Yeure en Berri, 251. ſon éloge, 252. ſes portraits en peinture & au naturel, 253. ſon portrait à cheval, 254
Charles VII. peint ſur ſon thrône, aiant à droite Louis Dauphin ſon fils, & à gauche Charles Duc de Berri, & au deſſous le Connetable de Richemont, & le Chancellier Juvenel des Urſins, 273, 274
Charles VII. repreſenté aſſiſtant à un Sermon avec la Couronne & le Sceptre, 281
Charles IV. Empereur vient en France, 38. y eſt reçu magnifiquement, 39, *& les ſuivantes.*
Charles dit le Mauvais, Roi de Navarre ſe prépare à faire la guerre en France ſous Charles V. fait ſa paix avec lui, 6. Il avoit empoiſonné Charles V. 36. veut faire encore empoiſonner le même Prince qui lui déclare la guerre, & prend quelques-unes de ſes places, 44
Charles le Mauvais veut faire empoiſonner les Ducs de Berri & de Bourgogne, 94
Charles le Mauvais, Roi de Navarre, meurt d'une étrange maniere, 100, 101. ſon portrait, *là-même.* Il fut un mauvais fils d'un bon pere, & un mauvais pere d'un excellent fils, *là-même.*
Charles III. Roi de Navarre, fils de Charles le Mauvais, obtient reſtitution de l'équivalent de ce qu'on avoit ôté à ſon pere, 121
Charles III. Roi de Navarre reçoit beaucoup de terres, & remet Cherbourg entre les mains du

Roi,

TABLE DES MATIERES.

Roi, 131
Charles III. dit le Noble, Roi de Navarre: Sa figure, 260
Charles Dauphin naît : ce fut Charles VIII. 309
Charles Duc de Berri frere du Roi Louis XI. assis sous un dais, 275. representé Duc de Normandie à Cheval, 276
Charles frere de Louis XI. representé comme Duc de Guienne, 277, 278
Charles frere de Louis XI. se brouille avec le Duc de Bretagne, est obligé de s'enfuir de la Normandie, 296
Charles Duc de Guienne demande au Duc de Bourgogne sa fille en mariage, 310
Charles Duc de Guienne empoisonné meurt, 312
Charles Duc d'Orleans marche avec une armée contre Jean Duc de Bourgogne, 150. il est joint par le Duc de Berri, 151. perd l'occasion de défaire le Duc de Bourgogne, prend S. Denys, & pille Montmorenci : son parti décline, 152. appelle les Anglois à son secours, 153, 154
Charles Duc d'Orleans fait prisonnier à la bataille d'Azincourt, 166
Charles Duc d'Orleans prisonnier des Anglois depuis 25. ans, delivré de prison par les bienfaits du Duc de Bourgogne, 224. representé assis sur un thrône, 274
Charles Duc d'Orleans rebuté par le Roi Louis XI. meurt de déplaisir, 287
Charles d'Anjou beau-frere de Charles VII. s'empare de son esprit, & prend toute l'autorité, 211
Charles d'Anjou Comte du Maine à cheval, 277
Charles de Berri fils de Jean Duc de Berri representé, 282
Charles Comte de Nevers, fils de Philippe de Bourgogne : sa figure, 287
Charles Comte de Charolois, depuis Duc de Bourgogne, fils de Philippe le Bon : sa figure, 285. autre figure du même, 347
Charles Comte de Charolois épouse Catherine de France fille de Charles VII. 222. se met en campagne avec une armée, & vient jusqu'auprès de Paris, 289. donne bataille au Roi à Mont-leheri, 289, 290
Charles Duc de Bourgogne ajourné aux Etats de Tours, 307
Charles Duc de Bourgogne promet sa fille en mariage à plusieurs Princes à la fois, 310. prend Nêle, & fait tout tuer, 312. assiege Beauvais ; il est vigoureusement repoussé, & leve le siege, 313. prend Eu & S. Valeri, qui sont d'abord repris, là même.
Charles Duc de Bourgogne veut se faire declarer Roi de la Gaule Belgique, 315, 316. veut faire empoisonner le Roi Louis XI. 316
Charles Duc de Bourgogne se met en possession du Duché de Gueldres, & assiege Nuis ; 317. prend Nanci & toute la Lorraine, 322. trahi par le Comte de Campobasso, 323. donne bataille aux Suisses à Granson, & est défait, là même: perd encore la bataille de Morat, 325. assiege Nanci, 326. le Duc René lui donne bataille, où Charles est défait & tué, 326, 327
Charles Duc de Bourgogne : son portrait original, 347. son Parlement representé, 348
Charles I. du nom Duc de Bourbon : sa figure, 261. peint avec sa femme, 262. autre figure du même, 276
Charles d'Artois Comte d'Eu, tiré du Livre de Berri Roi d'armes, 275
Charles d'Artois Comte d'Eu, dernier Prince de la Maison d'Artois, 346
Charles de Duras veut faire empoisonner Louis d'Anjou, ruine par adresse son armée, & fait mourir la Reine Jeanne, 93
Charles de Duras tué en Hongrie, 97

Charles de Blois fait la guerre à Jean de Monfort pour la Bretagne, 5. tué à la bataille d'Avrai, 5. ses vertus: il est reconnu pour saint, 5, 6
Charles II. Sire d'Albret, fils du Connetable, 278
Charles de Salusses : sa figure, 192
Charlotte de Savoie seconde femme de Louis XI. sa figure, 344
Charlotte de Bourbon femme de Jean Roi de Chypre : sa figure, 188
Charlotte fille de Charles VII. & de la belle Agnès, surprise en adultere, tuée par le Sire de Brezé son mari, 324
Cherbourg pris sur les Anglois, 242
Cheval blanc, marque de souverainneté, 34, 39
Chevaliers du Roi au Soleil d'or, ainsi nommez à la joûte faite pour l'entrée de la Reine Isabeau dans Paris, 105
Clarence (le Duc de) fait la guerre en Guienne, 155. Clarence (le Duc de) tué à la bataille de Beaugé regretté des deux partis, 177
Le St Clari vainc le Sire de Courtenai, Anglois, qui se vantoit qu'il n'y avoit personne en France qui osât se battre contre lui, 97
Clemangis (Nicolas de) fait un Traité sur les moiens de faire cesser le Schisme, 118
Clement VII. Pape d'Avignon meurt, 118
P. de Clervaux Conseiller Lai seant au Parlement de Charles Duc de Bourgogne, 350
Clisson (Olivier de) passe au service du Roi Charles V. 6. pris devant Cherbourg, 44. est declaré Connetable, 73
Clisson Connetable pris en trahison par le Duc de Bretagne, qui veut le faire mourir ; est delivré, 102. De Clisson Connetable assassiné par Pierre de Craon, & fort blessé, 113, 114
Clisson Connetable : ses prodigieuses richesses, 115. il s'enfuit en Bretagne, 115, 116. il est banni du Roiaume & privé de sa Charge de Connetable, là même. Le Duc de Bretagne veut le faire mourir : ils s'accommodent enfin, là même & 117
De Clunigny Maître des Requêtes seant au Parlement de Charles Duc de Bourgogne, 350
Cocherel, où se donne un combat entre les François & les Navarrois aidez des Anglois, où les François sont vainqueurs, 4
Jaques Cœur accusé de malversation est condamné à mort, & le Roi lui fait grace de la vie : son histoire au long, page 244. & suivantes : sa memoire retablie, 246, 247
Combat au pont de Comines contre les Flamans, qui sont défaits, 81
Combat de sept Chevaliers François contre autant d'Anglois ; & la victoire des François, 128
Combat des Cicognes, des Herons & des Pies contre les Corneilles, les Corbeaux & les Geais, 149
Conches pris par le Sire de Brezé, 214
Concile de Constance, 162
Confesseurs donnez aux Criminels condamnez à mort, 122
Constantinople pris par les Turcs en 1453, 249
Coqueluche, maladie qui emporte bien des gens, 160, 161
Corbechon (Jean) Augustin, Chapelain du Roi, presente un Livre à Charles V. 34
Cossa (Jean) Comte de Troie, Chevalier de l'Ordre du Croissant, 259, 260
Couci. Le Sire de Couci aidé par le Roi Charles V. marche avec une armée pour recueillir la succession du Duché d'Autriche, & revient sans rien faire, 36, 37
L. Coulin Secretaire au Parlement du Duc de Bourgogne, 351
De Courtenai (Pierre) Anglois, se vante de ne trouver personne en France qui osât se battre contre lui ; il est vaincu & blessé par le Sr de Clari, 97

TABLE DES MATIERES.

Jean de Courtenai Seigneur de Champinelles, tiré du Livre de Berri Roi d'armes, 275, 276
Courtrai pillé & brûlé par les François sous le Roi Charles VI. 85
Le Seigneur de Crân la Trimouille, aidé du Prince d'Orenge prend la Bourgogne, & une partie de la Franche-Comté, 330. mécontente le Prince d'Orenge, qui lui fait perdre une partie de ce qu'il avoit gagné, 331, 332
Craon (Jean de) Archevêque de Rheims, sacre Charles V. 2
Craon (Pierre de) emploie à ses plaisirs l'argent reçû pour le Duc d'Anjou, 94. De Craon (Pierre de) suscité par Jean Duc de Bretagne, assassine le Connetable de Clisson, qui est fort blessé, 113, 114
Creil pris par les François, 226
Cris de guerre des Princes & des Seigneurs, 171. *& les suivantes.*
Croissant, *Voiez* Ordre du Croissant.
Croix blanches des François, Croix rouges des Anglois, 229

D

Dague qu'on appelloit Misericorde, que les Chevaliers portoient, 67
Dammartin, Antoine de Chabannes, mis en prison pour lui faire son procès, échappe de la Bastille. Grand pillard, mais bon Capitaine, 188
J. Dautray Procureur General au Parlement de Charles Duc de Bourgogne, 351
Denise Pisdoie femme de Denis de Chailli Chambellan du Roi : sa figure, 267
Destrier dans les anciens tems signifie un beau coursier, 74
Dieppe surpris par le Maréchal de Rieux, 215. perte considérable pour les Anglois, *là-méme.*
Dinant assiegé, pris, saccagé & rasé, 197. & ses habitans jettez dans la riviere, 198
Dissension entre les Ducs de Bourgogne & d'Orleans qui arment l'un contre l'autre, 127. on les accommode, *là-méme.*
Des Dormans (Jean) Chancellier, 33. representé assis au côté du Roi Charles V. 34
Douglas Comte Ecossois amene quatre ou cinq mille Ecossois au Roi Charles VII. 196. est défait & tué à la bataille de Verneuil, 197
Duel d'un Gentilhomme contre un chien, 68 & *suiv.*
Dunois, Comte de Dunois. *Voiez* le Bâtard d'Orleans,
R. Durret Procureur General séant au Parlement de Charles Duc de Bourgogne, 351

E

Ecorcheurs pillards & troupes congediées qui désoloient les campagnes, 215
Edouard Prince de Galles meurt, 37
Edouard Prince de Galles. *Voiez* Galles.
Edouard III. Roi d'Angleterre meurt, 37
Edouard IV. Roi d'Angleterre chassé de son trône, revient secouru par le Duc de Bourgogne; défait le Comte de Warvic qui est tué dans la bataille, & Edouard se rétablit, 309
Edouard IV. descend en France avec une armée. Louis XI. tâche de le porter à faire un Traité, 310. & y réüssit, 321. Il s'en retourne en Angleterre, *là-méme.*
Edouard IV. Roi d'Angleterre meurt de déplaisir, 338
Entrevûë de la Duchesse de Bourbon, & de la Reine Jeanne de Bourbon sa fille, tirée d'une peinture du tems, 19, 20, 21
Erbi. Le Comte d'Erbi Prince Anglois se retire en France où il demeure quelque tems, 123
Ervelle Connétable d'Ecosse assiege Crevant, est défait & pris par les Anglois, 195
Des Essars (Pierre) Chevalier. Son portrait, 68
Des Essars (Pierre) decapité par la faction des Cabochiens. Il affronte la mort avec constance, 157, 158
Etienne Chevalier Conseiller du Roi, Maître des Comptes : sa figure, 267
Evêques de Coutances, Baieux, Evreux, Senlis & Saintes, avec l'Abbé de saint Corneille de Compiegne, massacrez à la sédition de Paris l'an 1418. 171
Le Duc d'Excester défait par les François, revient sur eux, & les défait, 167.

F

Faction contre le Roi Charles VII. dont Louis Dauphin qui fut depuis Louis XI. étoit le Chef, est domtée, 223. est appellée *la Praguerie,* *là-méme.*
Fait d'armes, ou combat de trente jours de Regnaut de Roye, Jean le Maingre & Saint Pi contre tous venans, où ils remporterent le prix contre les Anglois & autres, 109, 110
Falaise pris sur les Anglois par les François, 241
Famine & mortalité en France, 221
De Fay (Gilles) Seigneur de Richemont : sa figure, 356
Felix élû Antipape cause des brouilleries dans la Chretienté, 225
Felix V. se demet du Pontificat, 232
De la Ferté Conseiller Laï séant au Parlement de Charles Duc de Bourgogne, 350
Festin au sacre de Charles V I. où les services de table sont portez à cheval, 74
De Fiennes (Robert Moreau) Connétable de France, va au siege de la Charité sur Loire, 5. se démet de la Charge de Connetable, & indique Bertrand du Guesclin comme le plus propre à lui succeder, 24
Filvatre Anglois défait par Philippe le Bon, Duc de Bourgogne, 198
Financiers recherchez du tems du Roi Charles VI. 155
Les Flamans font un grand tumulte, 47. font la guerre à leur Comte, 78. sont défaits à Rosebeque, 84
Flamans refusent à Jean Sans peur Duc de Bourgogne de s'armer contre le Roi, 161
Les Flamans font une grande perte, 334
Flotte Angloise défaite par celle de Castille, 25. Peinture de ce combat de mer, *là-méme.*
Flote de France défaite par l'Angloise, 167
Foix (le Comte de). Ses progrès en Guienne contre les Anglois, 237
De Fontaines défait un corps d'Anglois, 195
Fradin (Antoine) Cordelier qui prêchoit contre les vices de la ville & de la Cour, chassé, 332, 333
Francarcher condamné à être pendu, & travaillé de la pierre, est livré aux Chirurgiens & Medecins qui le guérissent, & il est absous, 319
Francs-Archers instituez par Charles VII. 233
France en un état déplorable après la bataille d'Azincourt, 168
Les François abandonnez par le Duc de Bretagne, levent le siege de devant Brest, 98, 99
François venus au secours du Roi de Castille, défaits à Juberoth par la jalousie des Espagnols, 98
Les François prennent Mortagne sur les Anglois, 137. Autres succés en Gascogne contre les mêmes, 137. Ils ont encore quelques bons succés contre les Anglois, 138
François : leur négligence à cotoier l'armée des An-

TABLE DES MATIERES.

glois, & à leur couper les vivres, 164. leur donnent bataille à Azincourt, & la perdent, 164 & 165.

François I. Duc de Bretagne meurt, & Pierre son fils lui succede, 242

François I. du nom, Duc de Bretagne : sa figure, 263. representé trois fois, *là-même*.

François II. Duc de Bretagne: sa figure, 351, 352. Autre figure du même, 352

Françoise d'Amboise femme de Pierre Duc de Bretagne : sa figure, 164

Françoise de Brezé, seconde femme de Bertrand de Beauvau: sa figure, 267

G

GALLES. (le Prince de). Edouard va faire la guerre à Henri Roi de Castille ; le défait & remet D. Pedro le Cruel sur le trône, 8, 9. met un impôt qui fait révolter les Gascons, 12. ajourné par Charles V. *là-même*. Prend & brûle Limoges, 24. devient malade, & se retire en Angleterre, *là-même*. meurt, 37

Les Gantois font un grand tumulte, & commencent la guerre, 47. assiegent Oudenarde, 78, 80. surprennent Oudenarde, 91

Les Gantois font de nouveau la guerre aux François, 96. font la paix avec Philippe le Hardi Duc de Bourgogne leur Prince, 96, 97

Les Gantois font la guerre à Philippe le Bon. Le Roi comme souverain Seigneur s'entremet pour faire la paix, & la fait. Les Gantois se révoltent de nouveau, sont défaits & se soumettent, 144

Les Gantois se saisissent de la Princesse Marie, 329. envoient des Deputez au Roi, 329, 330. font mourir deux des principaux Officiers de la Princesse Marie, 330. levent une armée, qui est défaite par les François, *là-même*.

Garnier (Laurent) son histoire, 333
Gaston Phœbus Comte de Foix, meurt, 113
Gaston Comte de Foix, est fait Pair de France sous Charles VII. 278
Gaston Comte de Foix épouse Madelaine sœur du Roi Louis XI. 285
Gennes se met sous l'obéissance du Roi, 119, 120
Les Gennois se revoltent contre le Roi Charles VI. 146
Les Gennois se donnent à Charles VII. sont subjuguez par Janus de Campo Fregoso, 232
Geofroi de Collon Ecuier-tranchant du Roi Charles V. Son portrait, 68
A. Geraert Conseiller d'Eglise séant au Parlement de Charles Duc de Bourgogne, 350
Saint Germain en Laye réduit en l'obéissance du Roi Charles VII. 217
Gillette de la Fontaine, femme d'Hemon Raguier: sa figure, 193
Glindon Prince de Galles prend les armes contre Henri IV. roi d'Anhleterre, 132. est défait avant que le secours de Francey arrive, 133
Glocester (le Duc de) assiege Cherbourg, & prend la ville au bout de dix mois par argent, 169
De Glunigni President séant au Parlement de Charles, dernier Duc de Bourgogne, 349
G. de Glunigni Officier séant au Parlement de Charles Duc de Bourgogne, 350
Gois, Bouchers de Paris font des violences, 151
Golem (Jean) Provincial des Carmes, présente un livre au Roi Charles V. 35
P. de Georges Conseiller Lai séant au Parlement de Charles Duc de Bourgogne, 351
Le Grand Ecuier de François I. du nom, Duc de Bretagne : sa figure, 263
Gueldres (le Duc de) envoie défier le Roi Charles VI. qui marche contre lui avec une armée, & le Duc vient lui faire satisfaction, 103

Guerrande. Paix de Guerrande, 6
Guerre renouvellée contre l'Angleterre sous le Regne de Charles VI. 94
Guerre en Castille & en Portugal, 97, 98
Guerre du bien public contre Louis XI, 187 *& suiv.*
Du Guesclin (Bertrand) défait & prend prisonnier le Captal de Buch à Cocherel, 3, 4. est fait prisonnier à la bataille d'Avrai; est pareillé, 7. mene les compagnies de pillards en Espagne, 7, 8. pris à la bataille de Navarette, 9. delivré de prison, il aide Henri à remonter sur le trône, 10. rappellé de l'Espagne par Charles V. 22. prend avec le Duc d'Anjou plusieurs places sur les Anglois dans la Guienne, 23. fait Connétable de France, 14. 25. défait le corps de troupes de Robert Knolles, & prend plusieurs places, 25, 26. entre dans Poitiers, 26. prend Thouars, 28. & Chisai, 28, 29. où il défait les Anglois, *là-même.* Son portrait, 29

Du Guesclin prend plusieurs places dans la Bretagne, 29. prend encore d'autres villes dans la Bretagne, 30. trompé par le Comte de Salisberi, *là-même.*

Bertrand du Guesclin rendu suspect au Roi, se purge, 48. envoié faire le siege d'une place en Auvergne, il meurt de maladie, 49

La Guienne reprise sur les Anglois en fort peu de tems, 242, 243

Guillaume le May Capitaine des six vingt archers du Roi : sa figure, 356

Guillemette de Segrie, femme de Robert V. Comte de Dreux : sa figure, 265

Gyac Financier executé par ordre du Connétable de Richemont, 199

H

HABOUT (N. de) Greffier au Parlement de Charles Duc de Bourgogne, 351
Harfleur pris par les Anglois, 224. Harfleur repris, 238
Helene de Melun, seconde femme de Charles d'Artois : sa figure, 346, 347
Helion de Jacqueville Gouverneur de Paris insulte le Dauphin Louis, qui veut le tuer, 158
Hemon Raguier, Thrésorier des guerres du Roi, & Conseiller de la Reine : sa figure, 193
Henri de Trastamare frere bâtard de Pierre le Cruel, Roi de Castille, complote pour détrôner son frere odieux à toute l'Espagne, 7. lui fait la guerre, le chasse & est déclaré Roi, 8. défait & chassé par le Prince de Galles, 9. revient, est rétabli sur le trône ; défait & tuë D. Pedro, 9, 10, 11
Henri Comte d'Erbi, fait Roi d'Angleterre, IV. du nom après la prise & la mort de Richard II. 125
Henri V. Roi d'Angleterre, traite de la paix avec le Roi Charles VI. & fait des propositions non recevables, 173
Henri V. Roi d'Angleterre forcé par les Anglois, déclare la guerre au Roi de France, 162, 163. fait une descente en Normandie, & prend Harfleur, 163. va se camper à Azincourt, est attaqué par l'armée Françoise, & gagne la bataille, 164
Henri V. Roi d'Angleterre prend plusieurs villes en Normandie, 168. assiege Rouen qui se defend vaillamment, & capitule enfin, 172, 173
Henri V. fait surprendre Pontoise, Gisors & Château-gaillard, 174. est declaré Roi de France par Charles VI. à l'exclusion du Dauphin Charles, 175. Declaré Roi de France, il reduit Charles VI. son beau-pere dans un fort petit état, 176. fait appeller le Dauphin à la table de marbre, & le fait declarer incapable de succeder à la couronne, 177
Henri V. assiege Meaux & le prend après un long

TABLE DES MATIERES.

siege, 178. fait bien exercer la Justice. Il meurt à Vincennes, 179
Henri VI. declaré Roi de France à Paris après la mort de Charles VI. 194
Henri VI. défait & mis en prison, 249. tué en prison, 310
Henri Duc de Brunsvic, fait Empereur & tué peu de tems après, 126
La Hire (Etienne de Vignoles) prend Château-gaillard, 204
La Hire & Poton de Saintrailles défont le Comte d'Arondel, qui est tué, 210. Etienne de Vignoles, dit la Hire, representé à cheval, 265
Hiver extraordinairement rude, 141
Hommes d'armes; combien chacun d'eux avoit des gens, 232
D'Hubercourt Chevalier séant au Parlement de Charles Duc de Bourgogne, 349
Hugonet (Guillaume) Chancelier du Duc de Bourgogne séant en Parlement, 349
Hugue Comte de Rouci: sa figure, 192
Hugues de Rouci, fils puisné d'Hugues Comte de Rouci; sa figure, 192

I

Jaquelin Maître des Requêtes séant au Parlement de Charles Duc de Bourgogne, 350
J. de Jali Maître des Requêtes séant au Parlement de Charles Duc de Bourgogne, 350
Jaqueline de Baviere, fille de Guillaume de Baviere & de Marguerite de Bourgogne: sa figure, 186
Jaqueline de la Grange, femme de Jean de Montagu: sa figure, 193
Jâques de Bourbon II. du nom, Comte de la Marche: sa figure, 282
Jâques de Bourbon-la-Marche, Baron de Thuri, ou de Buri: sa figure, 262
Jâques Juvenel des Ursins, Archevêque de Rheims: sa figure, 354
Jean XXIII. élû Pape après la mort d'Alexandre V. 149
Jean XXIII. se démet de la Papauté, & reprend depuis sa qualité de Pape; ce qui continuë le schisme, 162
Jean Roi de Castille reçoit un secours de François pour la guerre contre les Anglois & les Portugais, 98. Ces François sont défaits par la jalousie des Espagnols, là-même.
Jean Roi de Chypre: sa figure, 188
Jean fils de Charles VI. devient Dauphin à la mort de son frere Louis, 166
Jean Dauphin meurt non sans soupçon de poison, 167
Jean Duc de Calabre amene des troupes pour la guerre du bien public contre le Roi Louis XI. 292
Jean Duc de Calabre fait la guerre avec succès en Catalogne; prend Gironne, meurt à Barcelonne, 314. sa figure, 345
Jean Duc de Berri, frere du Roi Charles V. prend Saint Maixant, 28. obtient le Gouvernement de Guienne & de Languedoc; est battu par le Comte de Foix, qui lui cede enfin le gouvernement, 77, 78
Jean Duc de Berri mécontent de la Cour, se joint à d'autres Princes pour faire la guerre au Duc de Bourgogne, 148. vient auprès de Paris avec une grande armée, 150. fait une paix de peu de durée, là-même, joint le Duc d'Orleans, 151. assiegé dans Bourges, 153, 154. fait la paix, 154
Jean de France Duc de Berri, fils du Roi Jean, peint plusieurs fois, 181, 182. representé dans un tableau avec sa femme & ses enfans, 182

Jean de Berri, fils de Jean Duc de Berri: sa figure, 182
Jean Comte de Nevers, fils de Philippe Duc de Bourgogne, conduit un puissant secours de France au Roi d'Hongrie pour faire la guerre aux Turcs, 120. défait & pris par les Turcs, 121
Jean devenu Duc de Bourgogne vient à la Cour, armé, avec un corps de troupes, 136. va assieger Calais, & leve le siege, 139
Jean Duc de Bourgogne fait assassiner Louis Duc d'Orleans, 140. se déclare auteur du meurtre, & se retire en Flandres, 140. revient à Paris armé, & fait défendre sa cause par Jean Petit Orateur Cordelier, 141. Le Roi lui donne des lettres d'abolition à Melun, 142. Jean va faire la guerre à Liege, 143. pendant son absence il est déclaré ennemi de l'Etat, 144. Il revient victorieux, & le Roi quitte Paris, 145. maltraite le Sire de Montagu Grand-Maître, là-même. fait un accommodement avec les fils du feu Duc d'Orleans, 145. est choisi pour être Gouverneur du Dauphin, 148. fait une seconde entreprise sur Calais qui ne réussit pas mieux, là-même. arme contre le Duc de Berri, 149. fait une paix de peu de durée, & arme de nouveau, 150
Jean Duc de Bourgogne soupçonné de faire agir les Cabochiens séditieux qui faisoient des violences dans Paris, 157
Jean Duc de Bourgogne soûtient sous-main les séditieux, 158, 159. veut enlever le Roi, 159. se retire en Flandres, là-même. leve une grande armée, prend plusieurs villes & vient devant Paris, où il ne peut entrer, 160
Jean Duc de Bourgogne leve une armée contre le Roi. Son arriere garde est défaite, 161. n'est point admis dans l'armée du Roi contre les Anglois, 163. après la bataille d'Azincourt il fait la guerre aux troupes du Roi, & se tient à Lagni; est appellé *Jean de Lagni*, 166
Jean Duc de Bourgogne veut se rendre maître du Roiaume, 167. prend plusieurs villes; se presente à Paris, & est repoussé: se joint avec la Reine, 168, vient à Paris après la sédition & les massacres, 171
Jean Duc de Bourgogne tué à Montereau-Faut-Yonne par les gens du Dauphin, 173, 174. differens sentimens sur cette mort, 174, 175
Jean Sans peur Duc de Bourgogne: sa figure, 185
Son buste peint au naturel, 186
Jean, fils d'Antoine de Bourgogne: sa figure, 185
Jean Comte d'Etampes, fils de Philippe Duc de Bourgogne, Comte de Nevers: sa figure, 187
Jean I. Duc de Bourbon pris à la bataille d'Azincourt, meurt en Angleterre en 1433. Sa figure est tirée d'un ancien armorial d'Auvergne, 261
Jean II. Duc de Bourbon, premier moteur & l'ame de la guerre du bien public, 287
Jean II. Duc de Bourbon met en prison les Officiers du Roi, qui levoient des subsides dans ses terres, 288
Jean II. Duc de Bourbon porte ceux de Rouen à recevoir Charles frere de Louis XI. pour leur Duc, 294. reconcilié avec le Roi Louis XI. lui aide à recouvrer la Normandie, 296
Jean de Bourbon II. du nom, Comte de Vendôme, 277
Jean d'Orleans, aïeul de François I. representé à cheval, 274
Jean I. Comte de la Marche: sa figure, 190, 191
Jean de Montfort Duc de Bretagne. De ce nom, fait la guerre à Charles de Blois pour la Bretagne, 5. gagne la bataille d'Avrai, là-même. par la paix de Guerrande il est reconnu Duc de Bretagne, 6. fait hommage au Roi de son Duché, 6
Jean de Montfort, Duc de Bretagne appelle les Anglois

TABLE DES MATIERES.

Anglois à son secours, 29. assiege Saint Brieux & Kimperlai, 31, 32

Jean de Montfort Duc de Bretagne sollicite les Anglois de venir faire la guerre en France, 56. trahit le Roi de France, & arrête prisonnier Olivier de Clisson Connétable, & plusieurs autres Seigneurs, 102. se rend à Tours pour se purger d'une accusation, 112, 113. fait assassiner le Connétable de Clisson, 113, 114

Jean V. Duc de Bretagne meurt, 124. surnommé le Vaillant, 189. sa figure, là-mème.

Jean d'Artois, fils de Robert d'Artois : sa figure, 187

Jean Duc de Cleves, fils d'Adolphe IV. & de Marie de Bourgogne : sa figure, 184

Jean de Blois, fils de Charles de Blois délivré de prison, 101

Jean II. du nom, Vicomte de Rohan : sa figure, 352

Jean bâtard d'Orleans, Comte de Dunois surprend Chartres, 208

Jean bâtard d'Orleans, Comte de Dunois : son portrait original, 265. Sa figure à cheval, 274

Jean bâtard de Bourbon : son portrait, 68

Jean Comte de Rouci, & de Braine : sa figure, 192

Jean de Bruges Peintre du Roi Charles V. sa figure, 66

Jean de Troie, Chef des Cabochiens : ses insolences, 156. a la tête tranchée, 159

Jean Petit, Orateur Cordelier, défend la cause du Duc de Bourgogne sur l'assassinat du Duc d'Orleans : sa harangue cause du scandale, 141

Jeanne ou Blanche de France, fille de Philippe de Valois, morte à Beziers, 66

Jeanne fille du Roi Jean, mariée deux fois, 66

Jeanne II. d'Anjou, Reine de Naples, femme de Jaques Comte de la Marche : sa figure, 262

Jeanne de Bourbon, femme de Charles V. son sacre & son couronnement, 2, 3

Jeanne de Bourbon Reine de France, femme de Charles V. meurt, 43. son éloge, là-mème. ses portraits, 66

Jeanne fille de Charles V. morte jeune, 66. son portrait, là-mème.

Jeanne I. Reine de Naples, 93. Charles de Duras la fait mourir, là-mème.

Jeanne de Navarre se marie avec le Roi d'Angleterre Henri IV. ce qui met la Cour de France en mouvement, 128

Jeanne d'Armagnac, femme de Jean Duc de Berri : sa figure, 182

Jeanne d'Artois, femme de Simon de Thouars : son portrait, 67

Jeanne fille du Comte de Vendôme : son portrait, 67

Jeanne de Vendôme ; sa figure, 191

Jeanne de Saveuse premiere femme de Charles d'Artois ; sa figure, 346

Jeanne de Laval, seconde femme du Roi René : sa figure, 255

Jeanne d'Arc appellée Jeanne la Pucelle, se dit envoiée de Dieu, & fait lever le siège d'Orleans, 102. va faire sacrer Charles VII. à Rheims, 103

Jeanne la Pucelle donne un assaut à Paris, & est blessée, 104. bat une troupe d'Anglois, 205. est prise à Compiegne par les Bourguignons. Ceux-ci la vendent aux Anglois qui la font brûler, 205. Varieté sur cette histoire, là-mème.

Jeanne de la Tour, premiere femme de Bertrand de Beauvau : sa figure, 355, 356

Jeanne de Lanvin, femme de Gilles de Fay, Seigneur de Richemont : sa figure, 356

Jeanne Juvenel des Ursins, femme de Nicolas Brulart : sa figure, 353

Jerôme de Prague & Jean Hus brûlez à Constance, 166

Iolande d'Anjou fille du Roi René, & femme de Ferri de Lorraine : sa figure, 345

Jouel Capitaine Anglois tué, 3, 4

Journée des Harans, combat où les François furent obligez de se retirer, 201

Joustes à l'entrée de la Reine Isabeau dans Paris, 105, 106

Isabeau de Baviere épouse Charles VI. Roi de France, 96. fait son entrée à Paris avec une magnificence surprenante, 104, 105

Isabeau de Baviere Reine de France introduit en France le luxe & la pompe dans les habits & les riches coeffures, 108. representée en peinture avec ses riches habits, 108

Isabeau de Baviere & le Duc d'Orleans gouvernent pendant la maladie du Roi, & accablent le Roiaume de subsides, 135

Isabeau de Baviere donne de la jalousie à Charles VI. qui l'envoie à Tours, 167, 168

Isabeau de Baviere consent à l'exclusion du Dauphin son fils de la Couronne, 175

Isabeau de Baviere : sa figure, 188

Isabeau de Maillé, femme de Jean de Brie, Seigneur de Serrant, 67

Isabeau, ou Jeanne de Bourbon-la-Marche, mariée deux fois : son portrait, 67

Isabelle fille de Charles VI. épouse Richard II. Roi d'Angleterre, 119, 120. Richard II. aiant été tué, elle revient en France, 126

Isabelle de Valois Duchesse de Bourbon, prise par les Anglois, 16

Isabelle Stuart, femme de François I. Duc de Bretagne : sa figure, 263

Isabelle Duchesse de Lorraine & de Bar, premiere femme du Roi René d'Anjou : sa figure, 255

Isabelle de Melun femme de Jean d'Artois : sa figure, 188

Isabel de Portugal troisième femme de Philippe le Bon, Duc de Bourgogne : sa figure, 160

Isabelle de Portugal Duchesse de Bourgogne vient trouver le Roi Charles VII. pour des affaires. Cette entrevuë est peinte, 255

Isabelle fille de Jean Duc de Bourgogne, femme d'Olivier de Châtillon de Blois : sa figure, 183

Isabel de Bourbon femme de Charles Comte de Charolois : sa figure, 347

Isabeau de la Jaille ; femme de Silvestre du Chaffaut : son portrait, 67

Isabeau de Courgenai femme de Geoffroi de Collon, Ecuier-tranchant de Charles V. son portrait, 68

Juberoth, lieu où se donna la bataille entre les Espagnols & les Portugais, 98

Juifs chassez du Roiaume, 117

Juvenel des Ursins. Jean Juvenel des Ursins : sa figure, 352 & 353. Plusieurs de ce nom peints ensemble. Guillaume Juvenel des Ursins Chancelier de France : sa figure plusieurs fois, 353. Michel Juvenel des Ursins, Seigneur de la Chapelle en Brie : sa figure, 353. Louis Juvenel des Ursins, Bailli de Troie, 354. Pierre Juvenel des Ursins, Ecuyer : sa figure, là-mème. Jean Juvenel des Ursins Evêque de Beauvais : sa figure, 353. Eude Juvenel des Ursins, femme de Denis des Mares, Seigneur de Doué : sa figure, 354. Jeanne Juvenel des Ursins, femme de Pierre de Chailli : sa figure, 354 *& quelques autres*, là-mème.

K

KNOLLES (Robert) Capitaine Anglois ; ses entreprises avec peu de succés, 15. fait de grands ravages, 23

Kyriel (Thomas) Anglois arrive à Cherbourg,

TABLE DES MATIERES.

prend Valogne, donne bataille avec six mille Anglois au Comte de Clermont, qui n'avoit pas plus de trois mille hommes ; la perd & est tué, 39

L

LADISLAS surprend Rome, 157
De Lalaing Chevalier séant au Parlement de Charles Duc de Bourgogne, 349
P. de Lalaing Conseiller d'Eglise séant au Parlement de Charles Duc de Bourgogne, 350
Lancastre (le Duc de). Son expedition en France, 17. le Duc de Lancastre épouse la fille de Pierre le Cruel, 25
Le Duc de Lancastre descend à Calais avec une grande armée, traverse la France pour aller à Bourdeaux, & perd presque toutes ses troupes, 31
Le Duc de Lancastre va avec une flotte au secours du Roi de Portugal contre le Roi de Castille, 98, 99. en passant il fait lever le siege de devant Brest, 98. les François l'obligent de lever le siege de devant la Courogne, 99. prend plusieurs places de la Castille : mais la maladie l'oblige de faire la paix, 99
Laval pris par les François, 204
André de Laval, Seigneur de Loheac, Marechal & Amiral de France representé à cheval, 274
Gilles de Laval, Seigneur de Rais, Marechal de France, executé à Nantes en 1440. pour ses horribles crimes, representé à cheval, 277
Lemeut (Jean) Receveur des Exploits au Parlement de Charles Duc de Bourgogne, 351
Leon de Lusignan Roi d'Armenie, chassé de son Roiaume, vient en France, 92, 93
Leon Roi d'Armenie envoié par Charles VI. en Angleterre, 100. il meurt, 117
Leon de Lusignan Roi d'Armenie : sa figure, 189
Lescun obtient du Roi le Comté de Comminge & d'autres graces, 315
Liege pris par le Duc de Bourgogne, pillé & brûlé, & le peuple jetté dans la riviere, 303
Liegeois font la guerre au Duc de Bourgogne, & font d'abord leur paix, 297
Liegeois défaits se rendent à discretion, à la reserve du feu & du pillage, 299
H. de Lignara Conseiller Lai séant au Parlement de Charles Duc de Bourgogne, 350
L. Lion Conseiller Lai séant au Parlement de Charles Duc de Bourgogne, là-même.
J. de Longeville Greffier au Parlement de Charles Duc de Bourgogne, 350
Louis Dauphin de France, fils de Charles VI. maltraité par les Cabochiens, 156. Louis Dauphin insulté par Helion de Jaqueville, 158
Louis Dauphin meurt peu regretté, 166
Louis Dauphin de France naît : ce fut depuis le Roi Louis XI. 196
Louis Dauphin épouse Marguerite d'Ecosse, 217, 218
Louis Dauphin à la tête d'une faction contre le Roi son pere, 222, 223
Louis Dauphin se signale au siege d'Acqs, 227. va faire lever le siege de Dieppe, attaque la grande bastille de bois, l'emporte & chasse les Anglois, 228
Louis Dauphin prend le Comte d'Armagnac, & se saisit de son Comté, 229, 230
Louis Dauphin va en Alsace avec une grande armée, prend Montbelliard, défait les Suisses, 230, 231
Louis Dauphin se retire en Dauphiné, où il fait de grandes exactions. Son pere le veut faire saisir ; il s'enfuit auprés du Duc de Bourgogne, 250
Louis Dauphin combattant à cheval, representé par Berri Roi d'armes, 279

Louis va se faire sacrer à Rheims, 282. est fait Chevalier par le Duc de Bourgogne, 282. fait cent dix-sept Chevaliers, là-même. son entrée magnifique à Paris, là-même.
Louis XI. change tous ses principaux Officiers, 282, 283. éleve à des Charges considerables des gens de bas lieu, là même. Fait le Comte de Charolois son Lieutenant General en Normandie, & s'attire aprés son inimitié, là même : abolit la Pragmatique-Sanction, là même : destituë les principaux Capitaines & Officiers de guerre, là même & 284. leve de grands impôts, là même : va en Bretagne pour observer les démarches du Duc, là même : a un démêlé avec le Duc de Bourgogne, là même & 285. va à Andaye pour accommoder les Rois de Castille & d'Aragon, là même : reçoit en engagement les Comtez de Roussillon & de Cerdagne, là même : rachete les villes de la Somme, là même : détourne Philippe le Bon, Duc de Bourgogne, de la Croisade, 286. met en prison Philippe de Savoie, là même : menace le Duc de Bretagne, là même : se brouille avec le Comte de Charolois, là même & 287. tâche de gagner le Duc de Bourbon, 288. & Charles son frere, là même & 289. fait la guerre au Duc de Bourbon, & s'accommode avec lui, là même & 290. ce traité ne tient point, là même : se trouve à la bataille de Mont-le-heri engagée contre son ordre, & dont le succés fut à perte égale, là même : se retire à Corbeil & de-là à Paris, 291. va en Normandie lever des troupes, là même : traite de la paix avec les Princes liguez, 293. fait la paix & accorde à chacun ce qu'il demande, 294
Louis XI. tient les Etats à Tours, & s'accommode avec son frere & avec le Duc de Bretagne, 300. veut s'accommoder avec le Duc de Bourgogne, 300. va à Peronne, où il est enfermé, 301, 302. traite avec le Duc, 302. l'accompagne à la guerre de Liege, 303, 304. se fait apporter tous les oiseaux des Parisiens qui avoient appris à parler, là-même : donne la Guienne en appannage à son frere, 304. fait mettre le Cardinal de la Balluë dans une cage de fer, 305. institue l'Ordre de S. Michel, 305, 306. à l'instigation du Connetable de S. Pol, il veut faire la guerre au Duc de Bourgogne, 306. assemble les trois Etats du Royaume à Tours, où le Duc de Bourgogne est ajourné, 307. Louis va à la tête d'une armée contre le Duc de Bourgogne, 308. fait treve avec lui, 309. prend plusieurs villes du Duc de Guienne son frere, 310. fait traiter du mariage de la fille du Roi de Castille avec son frere, 311. traite avec le Duc de Bourgogne, là-même. Soupçonné d'avoir fait empoisonner son frere, il se saisit de la Guienne, 312. fait prendre Perpignan, 314. fait porter la guerre dans l'Armagnac, 314, 315. fait treve avec le Duc de Bourgogne, 315. Louis veut faire mourir le Connetable qui demande une entrevuë, où il gâta ses affaires, 316, 317
Louis fait un Edit touchant les Gendarmes, 317. suscite des ennemis au Duc de Bourgogne, 318
Louis XI. fait celebrer la fête de S. Charlemagne, 319. prend Montdidier, Roie & Corbie; & tente inutilement de prendre Arras, 319. tâche de porter Edouard Roi d'Angleterre descendu en France, à faire un traité avec lui, 320. Il y réussit & fait une treve avec lui pour neuf ans, 321. Entrevuë des deux Princes, là-même. Louis fait une treve pour neuf ans avec le Bourguignon, là-même : fait couper la tête au Connetable de S. Pol, 322. Il se saisit des villes & des païs du Duc de Bourgogne tué à la bataille, 327. donne au diable les Gennois qui venoient se donner à lui, là-même. Louis agit prudemment en

TABLE DES MATIERES.

n'acceptant point le mariage du Dauphin avec Marie de Bourgogne, 329. amuſe Edouard Roi d'Angleterre qui s'intereſſoit pour la Princeſſe de Bourgogne, 331. fait un traité avec le Roi de Caſtille, 334. veut remedier aux abus de ſon Roiaume, 334, 335. a un accident d'apoplexie, & délivre de priſon le Cardinal de la Balluë, 335. réunit la Provence à ſon Roiaume, *là-même*: a une ſeconde attaque à Tours, 336. va voir ſon fils Charles à Amboiſe, *là même*: fait ménager le mariage de ſon fils avec Marguerite d'Autriche, *là-même*: fait la paix avec Maximilien, 337. ſe retire au Pleſſis-les Tours, *là-même*, où il eſt fort malade; ſes ſoins extraordinaires pour faire croire au dehors qu'il n'étoit pas ſi mal. Il tente toutes les voies de guériſon: invoque les ſaints, ſe fait apporter des reliques, & meurt, 337. *& les ſuivantes*. ſon caractère, 339, *& les ſuivantes*. Il étoit fort adonné à l'Aſtrologie judiciaire, 342

Louis XI. Ses portraits originaux en peinture, 344

Louis Duc de Touraine, frere de Charles VI. épouſe Valentine de Milan, 103

Louis Duc de Touraine eſt fait Duc d'Orleans par le Roi ſon frere, 112

Louis Duc d'Orleans arme contre le Duc de Bourgogne, 127. s'empare du gouvernement, 127. en eſt débuſqué, 128. Louis Duc d'Orleans fait défier Henri IV. Roi d'Angleterre à un combat de cent contre cent, 129

Louis Duc d'Orleans veut s'emparer du gouvernement de la Normandie, 135. Il n'y réuſſit pas, 136

Louis Duc d'Orleans arme contre le Duc de Bourgogne, 136. On fait une paix fourrée entre eux, 137

Louis Duc d'Orleans va faire la guerre aux Anglois en Guienne avec un mauvais ſuccès, 139

Louis Duc d'Orleans maſſacré par ordre du Duc de Bourgogne, près de la porte Barbete à Paris, 140. Ses bonnes & mauvaiſes qualitez, *là-même*.

Louis Duc d'Orleans : ſa figure, ſes Etats & ſes Terres en grand nombre, 180

Louis Duc d'Anjou fils du Roi Jean, & le Connétable du Gueſclin, prennent beaucoup de places ſur les Anglois en Guienne, 45

Louis Duc d'Anjou traite mal les habitans de Montpellier, qui ſe revoltent, 46. Il eſt rappellé par le Roi Charles V. ſon frere, *là-même*.

Louis Duc d'Anjou après la mort de Charles V. ſe ſaiſit de la Regence & du treſor : ce qui penſa cauſer une guerre civile, 73. eſt fait Regent du Roiaume, *là-même*: ramaſſe de l'argent pour ſon expedition de Naples, 76. il part pour Naples, 79, 80

Louis Duc d'Anjou va avec de grands treſors pour conquerir le Roiaume de Naples. Il réuſſit mal, & meurt, 93

Louis de France fils du Roi Jean, Duc d'Anjou, Roi de Naples : ſa figure en buſte, 181

Louis II. Duc d'Anjou declaré Roi de Naples, 97. repreſenté en robe de chambre, 181

Louis d'Anjou III. du nom Roi de Naples : repreſenté par Berri Roi d'armes, 276

Louis II. Duc de Bourbon aſſiege & prend Belleperche, 18, 19. inſtituë un Ordre militaire de l'Ecu ou de Bourbon, 21, 22. fait hommage au Roi du Comté de Clermont en Beauvoiſis, 49

Louis II. Duc de Bourbon fait avec ſuccès la guerre aux Anglois, les défait, prend Taillebourg & pluſieurs autres places, 95, 96. commande la flotte qui va aſſieger Carthage & qui s'en revient ſans rien faire, 110

Louis II. Duc de Bourbon défait & prend Amé de Viri. Sa généroſité, 146. prend Soubize ſur les Anglois, 160

Louis II. Duc de Bourbon à cheval avec ſon Ecuier, 189, 190. Autres figures du même, 190

Louis de Bourbon, fils de Louis II. Duc de Bourbon : ſa figure, 190

Louis de Bourbon fils de Jean Premier Comte de la Marche : ſa figure, 191

Louis de Bourbon, Evêque de Liege, maſſacré par Guillaume de la Marc, dit le Sanglier des Ardennes, 335, 336

Louis Duc de Savoie dans les alliances de Bourgogne, 186

Louis Comte de Flandres aſſiege Gand en vain, & eſt battu par Philippe d'Artevelle, 78

Louis de Male Comte de Flandres meurt, 91. repreſenté ſur ſon tombeau, 183

Louis Bâtard de Navarre, frere de Charles le Mauvais, 4. Ses gens prennent la Charité-ſur-Loire, 5

Louis de Laval, Seigneur de Chatillon en Vendelais, Grand-Maître des Eaux & Forêts, Gouverneur de Paris : ſa figure, 356

Louis de Sancerre Connétable de France : ſa figure, 192

Loups font du ravage à la campagne & à la ville, 221

Louvet Préſident, favori de Charles VII. chaſſé de la Cour, 199

M

MACAIRE, Gentilhomme de la Cour du Roi Charles V. tuë Aubri de Mondidier, 69. eſt découvert par le chien d'Aubri de Mondidier, qui ſe jette ſur lui; il eſt obligé de ſe battre contre ce chien, qui le ſaiſit à la gorge, & Macaire eſt executé à mort, 69, *& ſuiv.*

Magdelaine ſœur du Roi Louis XI. mariée à Gaſton Comte de Foix, 285

Maillotins, les Pariſiens armez de maillets, 86

Mal contagieux dans le Roiaume, 132

Manuel Empereur de Conſtantinople vient à Paris en 1400, 126. s'en retourne à Conſtantinople, 129

Le Maréchal de Bourgogne battu par les Suiſſes, 318

Des Mareſts (Jean) homme irreprochable, eſt décapité, 89

Marguerite fille de Jâques Roi d'Ecoſſe vient épouſer Louis Dauphin, 217. elle meurt, 231

Marguerite d'Orleans Comteſſe de Vertus, femme de Richard de Bretagne : ſa figure, 264

Marguerite d'Anjou, fille du Roi René, Reine d'Angleterre, femme d'Henri VI. Sa figure, 346

Marguerite d'Anjou, Reine d'Angleterre, Princeſſe courageuſe, 249

Marguerite fille de Philippe le Hardi, Duc de Bourgogne : ſa figure, 186, 187

Marguerite fille de Jean Sans peur Duc de Bourgogne, mariée à Louis Dauphin de France : ſa figure, 184

Marguerite de Bourgogne premiere femme d'Artus de Bretagne : ſa figure, 264

Marguerite de Bourbon, mariée au Sire d'Albret : ſon portrait, 67

Marguerite de Savoie fille d'Amé VIII. Duc de Savoie & de Marie de Bourgogne : ſa figure, 185

Marguerite de Bretagne, premiere femme de François II. Duc de Bretagne : ſa figure, 351

Marguerite de Brabant, femme de Louis de Male Comte de Flandres : ſa figure, 183, 184

Marguerite fille de Louis de Male, Comte de Flandres, femme de Philippe le Hardi Duc de Bourgogne : ſa figure, 184

Marguerite de Foix, ſeconde femme de François II. Duc de Bretagne : ſa figure, 352

Marguerite de Chamblay femme de Louis de Beauveau, Seigneur de Champigni : ſa figure, 167

TABLE DES MATIERES.

Marie d'Anjou Reine de France, femme de Charles VII. Son portrait tiré sur l'original. Autre figure, 254
Marie d'Anjou Reine de France, à qui l'on presente un livre, 280
Marie de Berri mariée plusieurs fois, 282, 283
Marie de Berri, femme de Jean I. du nom Duc de Bourbon, tirée d'un ancien Armorial d'Auvergne, 261
Marie de Bourgogne demande à épouser le Dauphin Charles, 328. épouse Maximilien Duc d'Autriche, 331. meurt, 336
Marie de Bourgogne, fille de Jean Sans peur, femme d'Adolphe IV. Duc de Cleves: sa figure, 184
Marie de Bourgogne Duchesse de Savoie: sa figure, 185
Marie de Bourbon Prieure de Poissi, son portrait, 68
Marie de Savoie, fille d'Amé VIII. & de Marie de Bourgogne, mariée au Duc de Milan, 186
Marie de Bretagne, femme de Jean II. Vicomte de Rohan: sa figure, 352
Marie de Chatillon, femme de Simon Comte de Rouci: sa figure, 192
Marie de Roye, femme de Pierre d'Orgemont, Chambellan du Roi: sa figure, 166
Marie de Rulli, femme de Pierre des Essarts Chevalier: son portrait, 68
Marie Juvenel des Ursins, Religieuse à Poissi: sa figure, 354
De Marle (Henri) Chancelier tué & traîné à la sedition de Paris, 171
Martin V. élû Pape à Constance, 166
Massacres faits par les Parisiens, 170, 171, 172, 173, 174
Massiers devant le Duc de Bourgogne séant au Parlement, 348
Maximilien leve le siege de Teroüenne, 333. prend Malaunoi, fait pendre le Capdet Remonet qui s'étoit bien défendu; par represailles le Roi Louis fait pendre cinquante Bourguignons, 334
De Meotte Chevalier séant au Parlement de Charles Duc de Bourgogne, 349
Meulan remis en l'obéissance de Charles VII.
Michelle de Vitri, femme de Jean Juvenel des Ursins, 353
Misericorde, nom d'une dague, 67
Montagu (Jean de) exécuté par l'ordre du Duc de Bourgogne, 146, 147. sa memoire fut depuis rétablie, 147. Jean de Montagu Grand-Maître de France: sa figure, 193
De Montagu (Charles) Vidame de Laonnois: sa figure, 193
Montargis réduit en l'obéissance du Roi Charles, 220
De Montmorenci (Charles) Maréchal de France: sa figure, 191
Montpellier se revolte contre le Duc d'Anjou, & est rigoureusement puni, 46
Mortalité & famine en France, 221
Mortalité dans Paris, 298. Le Roi Louis tâche d'y remedier, là-même.

N

NAINS dans la Cour de Louis II. Duc de Bourbon, 21, 22
Nantoüillet exécuté à mort, 304
Narbonne (le Vicomte de) tué à la bataille de Verneuil, 197
De Neelle (Jeanne) femme de Jâques de Villiers l'Isle-Adam: sa figure, 356
Le Duc de Nemours saisi par ordre du Roi, a la tête coupée, 314
Niort saccagé par les Anglois, 26
Normandie. La Basse-Normandie se révolte contre les Anglois, & se remet sous leur obeïssance, 211
Les Normans défont une flotte Angloise, & s'enrichissent de ses dépoüilles, 101

O

OFFEMONT pris par le Roi d'Angleterre, 178
Orange (le Prince d') défait par le Sire de Gaucourt, passe le Rhône à la nage, 207. Le Prince d'Orange veut faire empoisonner le Roi Louis XI. 332
Ordre militaire de l'Ecu ou de Bourbon, institué par Louis II. Duc de Bourbon, 21, 22
Ordre du Croissant institué par René d'Anjou, Roi de Jérusalem, des deux Siciles, &c. Institution de cet Ordre & les devoirs des Chevaliers, 256, 257, 258. Nom des Chevaliers, 258, 259. Peinture d'un Chapitre & assemblée du même Ordre, 259. devise du même Ordre, LOS EN CROISSANT, là-même.
Ordre de Saint Michel institué par Louis XI. 305, 306
Oresme (Nicolas) Grand-Maître du College de Navarre, traduit en François le livre des Politiques d'Aristote, qu'il presente au Roi Charles V. 32. Il fut depuis Evêque de Lisieux, 33
Orgemont (Pierre) Seigneur de Chantilli, Chambellan du Roi representé armé, 166
Oriflamme: sa figure, 83, 84. Garde de l'Oriflamme, Office de la Couronne, 122
Oris (Michel) Aragonois envoie un cartel de défi en Angleterre, 125. la plaisante issuë de ce défi, 126
Orleans assiegé par les Anglois, 201. les assiegez veulent se rendre au Duc de Bourgogne, 201. le Duc de Bethford l'empêche, 201. Jeanne la Pucelle oblige les Anglois de lever le siege, 202, 203
Orval d'Albret défait les Anglois & les Bourdelois, 242
Oudenarde pris par les Gantois, 91. repris par le Sire d'Estournai, 92

P

PAIRS de France representez en peinture, 74, 75
Paix de Charles VII. avec Philippe le Bon Duc de Bourgogne, 213. à quelles conditions, 213, 214
Th. de la Pappoire Procureur General au Parlement de Charles Duc de Bourgogne, 351
Paris réduit en l'obeïssance du Roi Charles VII. 216
Paris abondant en vivres pendant tout le tems de la guerre du bien public, 295
Les Parisiens sont d'intelligence avec les Flamans rebelles du tems de Charles VI. 79. veulent abbatre les châteaux Roiaux, 81. Les Parisiens sortent en armes à l'arrivée du Roi aprés la guerre de Flandres, 85, 86. fort severement punis, 88, 89
Les Parisiens obtiennent permission d'avoir des Fiefs comme les Nobles, 147. font par ordre du Roi une montre où se trouvent quatre-vingt ou cent mille hommes armez, 316
Parlement tenu par Charles Duc de Bourgogne, tiré d'un tableau original, 348
D. Pedro, dit le Cruel, Roi de Castille, 7. son inhumanité, là-même. est détrôné & s'ensuit, 8. rétabli, 9. Dom Pedro le Cruel remis sur le trône, est défait & tué, 10, 11
Peinture de l'entrevuë de la Duchesse de Bourbon, & de la Reine Jeanne de Bourbon sa fille, 19, 20, 21
Peinture de l'action faite devant Chisai, 29
Peinture d'un duel d'un Gentilhomme contre un chien, 68
Peinture de la bataille de Rosebeque, 83, 84

Peinture

TABLE DES MATIERES.

Peinture de l'entrée de la Reine Isabeau de Baviere à Paris, 104, 105
Peinture des jouftes faites à l'entrée de la Reine Isabeau de Baviere à Paris, 105, 106
Peinture de la venuë de Marguerite d'Ecoffe pour époufer Louis Dauphin, 217
Peinture de l'entrée de Charles VII. à Paris, 220
Peinture du départ de Catherine de France, qui va époufer Charles Comte de Charolois, 222
Peinture de l'attaque de la baftille des Anglois devant Dieppe par le Dauphin Louis, 228
Peinture de l'entrée de Charles VII. dans Rouen, 236, 237
Peinture de l'entrée folemnelle de Charles VII. dans Cân, 240, 241
Peinture de l'Ordre de S. Michel, 306
Pembroc (le Comte de) pris à la bataille navale donnée près de la Rochelle, 25
Perdrier (Jean) Clerc de la Chappelle du Roi: fon portrait, 68
Perigord (le Comte de) privé de fon Comté, 123
Perpignan pris par l'armée du Roi Louis XI. 314
Perronelle de Villiers, troifième femme de Charles de Montmorenci Maréchal de France, 191
Pefte en France en 1399. 124
Phelcton (Thomas) Chef des Anglois, défait & pris près de Bergerac, 45
Philippe dit le Hardi, frere de Charles V. invefti du Duché de Bourgogne par fon frere, 4. fait la guerre aux Compagnies de pillards & au Comte de Montbeliard, 4. prend la Charité-fur-Loire, 5. Philippe Duc de Bourgogne époufe l'heritiere de Flandres, 15. arme contre le Duc d'Orleans, 127
Philippe Duc de Bourgogne, dit le Hardi, meurt, 132
Philippe le Hardi Duc de Bourgogne repréfenté avec Marguerite de Flandres fa femme, 186. fon portrait original, 344. Philippe le Hardi Duc de Bourgogne, 183. alliances de la Maifon de Bourgogne repréfentées fur le tombeau de Louis de Male, *là-même.*
Philippe Comte de Nevers, fils de Philippe le Hardi Duc de Bourgogne, 187
Philippe Duc de Bourgogne furnommé le Bon s'accommode avec le Roi d'Angleterre contre le Dauphin Charles, 175
Philippe le Bon Duc de Bourgogne défait un corps de Dauphinois à Mons en Vimeux, 178
Philippe dit le Bon, Duc de Bourgogne: fa figure, 185
Philippe le Bon, Duc de Bourgogne fait avec fuccès la guerre au Duc de Gloceftre, 198, 199. établit l'Ordre de la Toifon d'or, 206. affiege Calais & eft obligé de lever le fiege, 220. Il manque auffi le Crotoi, 220. veut faire une ligue & une croifade contre les Turcs: mais il n'y réuffit pas, 249
Philippe le Bon fait fon entrée publique à Gand, repréfentée en peinture, 251
Philippe le Bon, Duc de Bourgogne: fon portrait original, 260. Autre portrait du même, *là-même.*
Philippe le Bon Duc de Bourgogne repréfenté par Berri Roi d'armes, 276
Philippe le Bon Duc de Bourgogne affis, 277
Philippe le Bon Duc de Bourgogne meurt: fon éloge, 293
Philippe Duc de Lothier, fils d'Antoine de Bourgogne: fa figure, 187
Philippe d'Artois Comte d'Eu, fils de Jean d'Artois & Connétable de France: fa figure, 188
Philippe d'Artois fait Connétable de France en la place de Cliffon, 116. va faire la guerre en Hongrie, 117
Philippe d'Artois fils du Connétable, 188
Philippe Comte de Geneve, fils d'Amé VIII. Duc de Savoie & de Marie de Bourgogne, 185

Pierre de Bretagne frere de François I. du nom à Duc de Bretagne, lui fuccede en fon Duché: fa figure, 263; 264. Autre figure du même, 264.
Pierre II. du nom Duc de Bretagne, meurt, 278. Artus Connétable de France lui fuccede, & meurt quelques jours après, laiffant le Duché à François II. fon neveu, 251
Pierre Roi de Chypre affifte au couronnement de Charles V. 3
Pillards divifez par compagnie dans le Roiaume de France, 7
T. de Pleine Maître des Requêtes féant au Parlement de Charles Duc de Bourgogne, 350
A. de Pothier Confeiller d'Eglife féant au Parlement de Charles Duc de Bourgogne, 349
S. Pol Connétable veut obliger le Duc de Bourgogne de donner fa fille en mariage au Duc de Guienne, 308
S. Pol Connétable livré aux gens du Roi par ordre du Duc de Bourgogne, a la tête tranchée à Paris, 322
Pontoife remis en l'obéiffance de Charles VII. 212. furpris par les Anglois, 218
Pont-Orfon repris par les Anglois, 200
Portraits de Charles & de Jeanne de Bourbon fa femme, 65
Portugais. Vingt Portugais demandent à fe battre contre autant de François, & font vaincus, 162
Poton de Saintrailles; fa valeur, 178. fortifie Louviers, 224
Poton de Saintrailles pris, échangé contre Talbot, 207
Poton de Saintrailles repréfenté à cheval, 265, 266. & dans le livre de Berri Roi d'armes, 275
L. de Pottos, Maître des Requêtes féant au Parlement de Charles Duc de Bourgogne, 350
D. Poulaert Secretaire au Parlement de Charles Duc de Bourgogne, 351
P. D. Poulin, Secretaire au Parlement du Duc de Bourgogne, 351
Pragmatique-Sanction reçuë en France, 212
La *Praguerie*. Faction & rebellion contre Charles VII. 223
Prelats qui alloient à la guerre, 166
Prefens fort riches faits par les Parifiens à l'entrée de la Reine Isabeau de Baviere à Paris, 104
Princes faits prifonniers à la bataille d'Azincourt, 166
Prognoftic contre un confeiller de meurtre, qui a fon effet, 299
Publication de la paix d'Arras à Rheims, repréfentée en peinture, 213
La Pucelle d'Orleans, Jeanne d'Arc, qui fe difoit envoiée de Dieu, amene un grand convoi dans Orleans, fait plufieurs forties, bat les Anglois, & les oblige à lever le fiege, 202
La Pucelle d'Orleans, *Voyez* Jeanne.

Q

QUENTIN (Saint) réduit fous l'obéiffance du Roi Louis XI. 307

R

RAIS (de) Maréchal de France, executé à Nantes pour fes crimes, 224
Reduction de Paris en l'obéiffance du Roi Charles VII. 216
René d'Anjou Duc de Bar défait & pris, 207
René d'Anjou Duc de Bar, devient Roi des deux Siciles étant prifonnier; delivré de prifon, 218
René dit le Bon Roi de Jérufalem, des deux Siciles, &c. fon portrait original tiré d'un tableau fait de fa propre main, 254. Il étoit, dit-on, excellent Peintre, 255. Autre figure du même, *là-même.*

Tome III. Bbb

TABLE DES MATIERES.

René Roi des deux Siciles a des prétentions sur l'Aragon, & y fait porter la guerre par son fils, 313, 314. se reconcilie avec Louis XI. 324
René Duc de Lorraine prend Nanci, 316
F. Reucens Conseiller Lai séant au Parlement de Charles Duc de Bourgogne, 350
Richard II. Roi d'Angleterre fait treve avec la France, 113. épouse Isabelle fille de Charles VI. 119. fait un traité qui est la cause de sa perte, 120
Richard II. fait executer le Duc de Glocestre & le Comte d'Arondel, 122. gâte ses affaires de plus en plus, 123. est détrôné & tué en prison, 124, 125
Richard II. Roi d'Angleterre: sa figure, 188
Richard Abbé de Saint Germain des Prez fortifie son Abbayie par ordre de Charles V. 13
Richemont Comte Anglois vient avec un corps d'Anglois au secours du Duc de Betri, 149
Robert Duc de Baviere fait Empereur, 126
Robert V. Comte de Dreux: sa figure, 265
Robert de Hesdin Huissier au Parlement de Charles Duc de Bourgogne, 351
Rochefort (ou plûtôt Rais) Maréchal de France surprend Dieppe sur les Anglois, 211, 212
G. de Rochefort Maître des Requêtes séant au Parlement de Charles Duc de Bourgogne, 350
Roche-sur-yon pris par les Anglois, 17
La Rochelle se donne au Roi Charles V. 27, 28
Rodrigue de Villandras Capitaine Espagnol au service de la France, 107
Rodrigue de Villandras grand pillard, 218. le Roi lui donne la chasse, là-même. le bannit du Roiaume; il revient depuis à son service, 219
J. Rolen Conseiller d'Eglise séant au Parlement du Duc de Bourgogne, 350
Rouannois: leur résolution desesperée, qui fléchit le Roi d'Angleterre, 173
Rouen puni de sa rebellion, 90
N. de Ruter Greffier au Parlement de Charles Duc de Bourgogne, 351

S

SACRE de Charles VI. avant qu'il eut atteint l'âge marqué par son pere, 73, 74. representé en peinture, 74
Saint-Yons, Bouchers de Paris font des violences, 151
Salisberi (le Comte de) empêche la prise de Brest, 30
Salisberi (le Comte de) prend le Mans & plusieurs autres places sur le Roi Charles VII. 197. avec une armée Angloise il assiege Orleans, 201. belle défense des François. Le Comte de Salisberi tué, là-même.
Sancerre (le Comte de) fait Connétable de France, 122
Savoisi fait des courses sur les côtes d'Angleterre, & dans l'Isle de Wicht, & revient chargé d'un grand butin, 137
Schisme. Le grand schisme commence, 45. persevere long-tems, 108. moiens proposez pour le faire cesser, 118. soustraction d'obéissance proposée & reçuë pour appaiser le schisme, 123. continuation du schisme, 127. suite du schisme, 130. on se soustrait de l'obéissance de Benoît XIII. 138. Benoît XIII. & Gregoire se maintiennent dans le Pontificat par artifice, 139
Sedition à Paris à l'occasion des Aides & Subsides, 78. passe encore dans les autres villes, 79
Sedition en Angleterre, 79
Sedition & massacre horrible dans Paris qui donne entrée aux Bourguignons, 169, 170, 171
Seigneur tenant l'épée nuë devant Charles Duc de Bourgogne séant en Parlement, 348
Senechal de Bourdeaux pris sur mer avec quatre cens Anglois par ceux d'Harfleur, 148
Sermon prêché sous Charles VII. 181
Sieges. Quatre sieges faits en même tems par les François, 30
Sigismond Empereur vient à Paris, & s'entremet pour faire la paix: il n'y réussit pas, 166
Simon Comte de Rouci & de Braine: sa figure, 192
Simon de Rouci Comte de Pontarci: sa figure, 192
Sommerset Duc Anglois capitule pour Rouen avec le Roi Charles VII. 235, 236
Sorbier (Louis) livre Pontoise aux Bretons, 293, 294
Sorciers en grand nombre à Paris, 130. punition de quelques-uns, 131
Spectacles singuliers donnez à Paris à la venuë de Charles IV. Empereur, 40
Spectacles à l'entrée de la Reine Isabeau de Baviere à Paris, 57
Spenser (Henri) Evêque de Nordvic commande l'armée des Anglois en Flandres, 90. défait les Flamans, 90, 91. est joint par les Gantois, 91. assiege Ipre, là-même.
Suisses se voient la premiere fois en France pour la guerre du bien public, 292
Surienne (François) Aragonnois, surprend le château de Montargis pour les Anglois, 208, 209
Surienne (François) Aragonnois, qui étoit au service des Anglois, surprend Fougeres & viole la treve, 233. se retire du service des Anglois, 237
S. Susanne, château & ville pris sur les Anglois, 222

T

TAILLE excessive qui obligea plusieurs familles de quitter le Roiaume, 94
Taille levée avec grande rigueur, 131, 132. dont le Duc d'Orleans détourne les deux tiers, 132
Talbot pris à la bataille de Patay, 203, échangé contre Poton de Saintrailles, 207
Talbot avec une armée d'Anglois met le siege devant Dieppe, 328. fait une grande bastille de bois, là-même.
Talbot donné pour ôtage de la capitulation de Rouen, 236
Talbot avec les Anglois est introduit dans Bourdeaux, 247. prend plusieurs places, est défait & tué, 248
Tamerlan ruine l'Empire Ottoman, 119
Tannegui du Châtel passe au service de Charles V. 6. fait avec succès une course sur les côtes d'Angleterre, 133
Tannegui du Châtel défait Ladislas Roi de Naple, 148
Tannegui Du Châtel emporte le Dauphin Charles dans la Bastille, pendant la sedition & le massacre de Paris, 170
Tannegui du Châtel se retire de la Cour de Charles VII. 199
Tannegui du Châtel se retire en Bretagne, 182
Theatre ovale dressé pour le combat d'un Gentilhomme contre un chien, 72
De Thouars (Simon) Comte de Dreux. Son portrait, 67
Timbres des Princes & des Seigneurs, 271. & suiv.
Toulongeon, Maréchal de Bourgogne défait & pris par Humbert de Grolée, 196
Tournemine Gentilhomme d'Auvergne, 112
Traité de Troies où le Roi Charles VI. déclare Henri V. Roi de France, à l'exclusion du Dauphin, & par ses propres termes montre son imbellicité, 175
Treve faite entre les Rois de France & d'Angleterre, 31. Autre Treve avec l'Angleterre en 1393. 117. Autre Treve de 28. ans avec l'Angleterre, 119. Treve pour trois ans entre les Rois de Fran-

TABLE DES MATIERES.

ce & d'Angleterre, 103. Treve faite pour un an avec les Anglois, 160. Treve entre Charles VII. Roi de France & Henri VI. Roi d'Angleterre, 230. Treve avec les Anglois violée par Surienne l'Aragonois ; 233
La Trimouille devient favori du Roi Charles VII. 199
La Trimouille favori de Charles VII. enlevé d'auprès de lui, & mis en prison, 210, 211
Tristan de Roie, Sire de Busenes: sa figure, 191
Tristan Prevôt prend le Duc d'Alençon, 313
Truie, machine de guerre, 45

V

VALENTINE de Milan épouse Louis Duc de Touraine, frere du Roi Charles VI. 103
Valentine soupçonnée d'avoir ensorcelé le Roi Charles VI. 117
Valentine demande justice au Roi de la mort de son mari, 141. meurt de déplaisir, 145
Valentine de Milan, femme de Louis Duc d'Orleans: sa figure, 181
Valeran de Luxembourg, Comte de S. Pol défie le Roi d'Angleterre, est mal mené par les Anglois, 131
Venables Capitaine Anglois est battu deux fois. Les Chefs Anglois lui font couper la tête, 212
Venceslas Roi des Romains vient à Paris avec son pere, 39
Venceslas Roi des Romains & de Boheme vient une autre fois à Paris. Ses inclinations basses, 122
Venceslas déposé de l'Empire, 124
Vendôme (le Comte de) fait lever le siege de devant Compiegne, & défait les Anglois, 106
Vernueil pris par les François, 233. & plusieurs autres places de la Normandie, 234
De Vienne (Jean) Amiral de France, va faire la guerre en Angleterre par l'Ecosse, 94. maltraité des Ecossois, il s'en revient en France, 95
De Villete (Jean) Abbé de S. Denis plaide la cause du Duc d'Orleans contre le Duc de Bourgogne, 144
De Villiers (Jâques de l'Isle-Adam) Prevôt de Paris: sa figure, 356
Vincennes representé en peinture comme il étoit du tems de Charles V. 34
Vincennes, le château de Vincennes vendu au Roi Charles VII. 212
J. Vincent Conseiller d'Eglise séant au Parlement de Charles Duc de Bourgogne, 349
Université de Paris: son grand credit, & la vengeance qu'elle tira du Seigneur de Savoisi Chambellan du Roi, 133, 134, 140
Warvic & Suffolk Comtes Anglois assiegent Montargis, & sont battus par les François & obligez de lever le siege, 200
Warvic Comte Anglois, aidé par le Roi Louis, chasse le Roi Edouard de son trône, 309
P. Wirlant Conseiller Lai séant au Parlement de Charles Duc de Bourgogne, 350

Y

YVAIN de Galles défait les Anglois, & prend le Captal de Buch, 27
Yvain de Galles tué traitreusement, 47
Yvain Bâtard de Foix veut s'emparer du Comté de Foix après la mort de son pere, 113. meurt par un accident, 116
Yvon du Chaffaut, fils de Silvestre, 68
Yvon de Kaeraubars, Ecuyer de l'Evêché de Leon en Bretagne, Huissier d'armes du Roi: sa figure, 193

INDEX

A

ÆGIDIA de Fonte, Hemundi Raguerii conjux: ejus depicta imago, 193
Ætariæ rei Ministri ut repetundarum rei examinantur, 155
Agnes filia Joannis Intrepidi Burgundiæ Ducis, uxor Caroli Primi Borbonii Ducis: ejus depicta imago, 260
Agnes de Chalevo uxor Joannis Nothi Borbonii: ejus schema in tabula congressus Joannæ Borboniæ Reginæ cum Elisabeta Valesia matre ipsius, 68
Agnes Sorella, vulgo dicta Agnes formosa: ejus historia quæ varie refertur, 238. quinam Scriptores illam purgare studeant, 238
Aimericus Marcellus prædonum dux, captus & ad supplicium missus, frustra cedente Ricardi II. Angliæ Regis pro Aimerico precatione, 111, 112
Alanus, & Petrus Rusi prædonum duces, in astutia sua capti, supplicio traduntur, 111
Albericus de Monte-desiderii vir nobilis in aula Caroli V. Regis, a Macario interfectus, & canis ejus necem domini sui ulciscitur, 96
Aldefonsus Lusitaniæ Rex, Ludovici XI. Francorum Regem opem postulaturus adit, 326. Eadem de causa Burgundiæ Ducem Carolum convenit. Re infecta revertitur, 327
Aldenarda a Gandavensibus capitur, 91. a Stornacensi Toparcha recuperatur, 92
Alenconius Dux cum Britanniæ Armoricæ Duce altercatur. Lis inter ambos componitur, 209. Alenconius Dux, convictus quod Anglos in Franciam revocare studuisset, capite damnatur; sed mitiore sententia perpetuum in carcerem truditur, 250. Rebellium partes postea sectatur, denuo capite damnatur, & in carcerem conjectus, postea liberatur, 313
De Ambasia (Carolus) Calvi-montis Toparcha, in Cratumnii locum missus, urbes & oppida, quæ Arausicanus Princeps Francis abstulerat, recipit; Helvetios in exercitum suum evocat, 332
Ambianum civitas in potestatem Ludovici XI. Regis redacta, 307
Ambrosius de Lora cum Comite Albæmarlæ 2500. Anglos profligat, 195
Ambrosius de Lora inter Francorum strenuissimos computatus, Anglos sæpe fudit, 178, 208, 207, 209
H. de Amerugio a Consiliis Laïcus sedens in Curia-Senatus Caroli Burgundiæ Ducis, 350
Anglia intestina dissensione agitatur sub Ricardo II. 113. & motibus belloque civili affligitur, Henrico VI. regnante, 249
Angli prope Bergeracum in fugam vertuntur, 45
Angli Maclovium obsident. Rex Carolus V. exercitum grandem illo mittit, & obsidionem solvere coguntur Angli, 47
Angli in Flandriam Episcopo Nordvicensi Duce exscensum faciunt, ut illam in potestatem suam redigant, 90. re infecta revertuntur, 91
Angli violatis induciis Insulam Ream invadunt, 129

Angli in Britanniam Armoricam exscendunt, & a juniore Borbonio Duce profligantur, 134. In Vasconia contra Constabularium & Comitem Claromontanum infeliciter pugnant, 134
Angli frumenti penuria pressi, in Franciam properant cibaria pro numerata pecunia postulantes, sed re infecta revertuntur, 137
Angli oras Gallicanas incursionibus devastantes, a Britonibus Armoricis pelluntur, 131. aliis incursionibus Franciam impetunt, 132
Angli Francicam classem devincunt, 167
Angli Equites quingenti vel cæsi vel capti sunt omnes a Francorum turma, 178
Angli a Normannis in mari profligati, ulterioris portus oppidum & Monasterium desolantur, 159
Angli Montem Sancti Michaelis obsident, & a maris Præfecto Britannico profligantur, 196. Angli sæpe a Francis devicti, regnante Carolo VII. Francorum Rege, 204
Angli Compendium obsidentes, obsidionem solvunt, & a Francis devincuntur, 206. Ab Ambrosio de Lora profligantur, 207
Angli Harflerium capiunt, 224. In Parisinum agrum incursionem faciunt, & omnes Angli illi vel cæduntur, vel capiuntur, 225, 226. in Andegavensi tractu profligantur, 226
Angli post violatas inducias brevi tempore Normanniam totam amisere, 240
Anna filia Joannis intrepidi Burgundiæ Ducis, uxor Ducis Bethfordiensis: ejus schema, 184. Aliud schema ejusdem, 348
Anna Delphina Arverniæ, uxor Ludovici II. Borbonii Ducis: cujus schema est p. 68. & aliud schema, p. 190
Antonius Burgundicus filius Philippi Audacis Burgundiæ Ducis. Ejus schema, 185
Apices Insignium, 271, & seqq.
Aquæ Tarbellicæ urbs ex improviso capta ab Anglis postquam Carolus VII. Rex receptum habuerat, 228
Aquitania brevissimo tempore Anglis erepta, 242, 243
Arausicanus Princeps à Galcurtio Duce profligatus, Rhodanum equo natante trajicit, 207
Arausicanus Princeps Ludovicum XI. Francorum Regem veneno tollere de medio tentat, 332
Armeniacensis Comes, Constabularius Franciæ creatus, 166. captus, occisus & raptatus in seditione Parisina, 170, 171
Armeniacenses a seditiosis vocabantur quotquot Armeniacensis Constabularii & postea Caroli Delphini partes sectabantur, 170
Armeniacensis Bernardus, filius Bernardi Franciæ Constabularii, 276
Armeniacensis Comes (Joannes) a Comite Domni-Martini, ducis exercitus Ludovici XI. Regis, bello impetitus, Fontarabiam se recepit, 314. sæpe ab exercitu Regis pulsus, tandem Lectoræ occiditur, 314, 315
Armorum viri: quot singuli secum pugnatores haberent, 232

Artus,

INDEX.

Artus sive Arturus Britannicus Dux Ricomontius, Carolo VII. Regi sese dedit, qui illum Franciæ Constabularium deligit, 197, 198. Sanctum Jacobum de Beveronio oppidum obsidet, & obsidionem solvere cogitur, 198

Arturus Constabularius Pontem - Ursionis capit & Anglos inde depellit, 199. Galerandam Anglis eripit ; gratiosos qui apud Regem auctoritate valebant expellit, Lupetum Præsidem, Tanaquillum de Castello, Gyacum supplicio tradit, Simum de Bellojoco occidi curat, ibidem.

Arturus Constabularius indignabundus ab aula Caroli VII. recedit, 203

Arturus Constabularius & Comes Dunensis Anglos ad Bricciam profligant, 206

Arturus Constabularius Meldas obsidet & capit, frustra nitentibus Anglis opem obsessis ferre, 221

Arturus Constabularius Abrincas obsidet, & obsidionem solvere cogitur, 222. Caroburgum obsidet & capit, 242

Arturus Constabularius Franciæ & postea Dux Britanniæ ; ejus nativa imago, 264. eques repræsentatur, 274

Arturus Constabularius Franciæ, Dux Britanniæ efficitur, 279

Atrebatensis pactio, ubi Carolus VII. pacem facit cum Philippo Bono Burgundiæ Duce, 213

Atrebatum captum, 328. quantum Atrebatenses a Regis Francorum dominatu alieni. Illi castigantur, 328, 329

Attremenus dux Gandavensium Damum capit, 96. pacem conciliat cum Philippo Burgundiæ Duce, ibid.

Auciacensis eques sedet in Senatu Caroli Burgundiæ Ducis, 349

Aurelianum ab Anglis obsidetur, 200. obsessi deditionem Duci Burgundiæ facere cogitant, 201. obest Dux Bethfordiensis, 202. Joanna Puella Anglos obsidionem solvere cogit, 202, 203

Azincurtium ubi pugna commissa fuit Francis perniciosa, 165, 166

B

Baiocæ captæ & Anglis ereptæ, quibuscum Franci generose agunt, 240

Baiona Anglis erepta, 243

De Balsua Cardinalis in cavea ferrea inclusus per annos quatuordecim, quod Ludovici XI. Regis Francorum rem labefactare studuisset, 305

Barbasanus strenuus Dux Francorum Anglos in Campania vincit, 106. occiditur in quadam pugna ubi Renatus Andegavensis captus est, 107

C. Bataldus vir a secretis sedens in Curia Senatus Caroli Burgundtæ Ducis, 351

Baudius (Petrus) historiæ suæ Britanniæ librum offert Joanni de Castro-gironis in medio cœtus, 354, 355

Beatrix Borbonia Regina Bohemiæ bis repræsentata, 66

Beatrix uxor Tristani de Roia : ejus schema, 191

De Beaumanoir Toparcha Brito ad partes Regis Caroli V. transit, 6

De Beauvau (Bertrandus) Baro Preciniacensis, &c. ejus schema, 355

De Beauvau (Ludovicus) Campiniacensis Toparcha : ejus schema, 267

De Bellaio (Joannes) ab Anglis sagittariis victus, 194, 195

Bellum renovatum contra Anglos regnante Carolo VI. 94

Bellum in Castella & in Lusitania, 97, 98

Bellum boni publici contra Ludovicum XI. 287 & seqq.

Benearni fugantur a Francis in Vasconia, 227

Benedictus XIII. electus Papa post mortem Clementis VII. schisma fovet, 118, 119. Duces Aurelianensis, Bituricensis & Burgundiæ Avenionem pergunt, ut illum ad Pontificatum deponendum deducant ; sed irrito conatu, 119. quibus artibus Papalem dignitatem retineat, ibid.

Benedictus XIII. in palatio suo obsessus, 123. quid agat, quid non agat ut in statu suo maneat, 135

Benedictus XIII. statum Pontificalem suum indesinenter propugnat, 135. Francia sese ab ejus obedientia subtrahit, apprehendi jubetur, ibid. excommunicationis sententiam profert. Qui ab illo missi fuerant castigantur, 142, 143. Aufugiunt ipse Benedictus & competitor ejus Gregorius, 143

R. de Bera Laïcus a Consiliis sedens in Curia Senatus Caroli Burgundiæ Ducis, 350

Bessario Cardinalis a Summo Pontifice Legatus ; ad Regem Ludovicum XI. & ad Burgundiæ Ducem, hunc postremum primo adiit, & a Rege aspere excipitur, 310

Bethfordiensis Dux Latiniacum obsidet, atque obsidionem solvere cogitur, 208

Betisacus ærarii custos apud Ducem Bituricensem, ob scelera & furta incendio perit, 109

Biturix Rex armorum, cui nomen erat Ægidius Bonnerius, librum suum Carolo VII. offert, 273

Blancha Borbonia uxor Petri Crudelis Castellæ Regis, jubente conjuge, veneno sublata, 7

Blancha Ruciacensis uxor Ludovici Borbonii filii Joannis Comitis Marchiæ : ejus schema, 191

Blancha Cuciacensis uxor Hugonis Comitis Ruciacensis : ejus schema, 192

Blondellus (Joannes) proditor, supplicio afficitur, 17

Bocardus Comes Vindocinensis : ejus schema & uxoris ipsius, 67

J. du Bois, Laïcus a consiliis, sedens in Curia Senatus Caroli Burgundiæ Ducis, 350

Bona filia Caroli V. junior mortua est : ejus imago, 66

Bona Bituricensis, quæ nupsit Amedeo VII. Sabaudiæ Comiti, 182. ejus schema, ibid.

Bona Borbonia, quæ nupsit Amedeo VI. Comiti Sabaudiæ, 67

Bonus (Joannes) Gallensis, Delphinum veneno tollere vult, Optio datur ipsi ut vel caput vel oculos deponat, postremum ille amplectitur, 325

Bonnerius (Ægidius) Biturix dictus Rex armorum, librum edit, in quo exhibentur Principes & proceres eo quo equitate debent modo, apices item insignium, clamores bellici & insignia Nobilium, 168 & seqq.

Ar. Borbonius Minister sedens in Curia Senatus Caroli Burgundiæ Ducis. (Non erat ex regia Borboniorum familia), 350

Bordella ab Anglis capta, 16

De Bordis (Guillelmus) ante Caroburgum captus, 44

Brezæus in Angliam exscensum facit, & Sanduicum urbem devastat, 250

De Bria (Joannes) Serrantii Toparcha : ejus schema, 166

P. de Brimevo Clericus a consiliis sedens in Curia Senatus Caroli Burgundiæ Ducis, 349

Britanniæ Dux urbes & oppida multa in inferiore Normannia capit & Anglis eripit, 234. Fugeriam item capit, 237

Britones in oris Gallicis discurrentes, Anglos profligant, 131

Britones in oras Anglicanas incursiones facientes, ab Anglis vincuntur, 133. contubules ulciscitur Tanaquillus de Castello, ibid.

De Brueriis (Girardus) Notarius, Secretarius, &

Tome III. Ccc

INDEX.

cimeliorum Regis Custos: ejus schema, 193
Brugenses arma contra Ducem Burgundiæ arripiunt: ab illo in ordinem rediguntur. 221
Bucicaldus Marescallus Franciæ & Bertrandus Guesclinius Meduntam & Mellentum ex improviso capiunt; 2
Bucicaldus Marescallus Franciæ missus in opem Imperatori Constantinopolitano, 124. ejus expeditiones & fortunæ variæ, 129, 130
Bucamus Scotus Constabularius Franciæ in pugna Veruoliensi cæsus, 197
Bullius (Joannes) Comes Sancerrensis, maris Præfectus in Francia: ejus schema ex libro Biturigis Regis armorum, 275, 277
Buquingamus Comes Anglus, ex Anglia proficiscitur, ut bellum Francis inferat, 50
Buquingamus Namnetas obsidet, obsidionem solvere cogitur, & in Angliam remigrat, 76
Burdegalenses & Angli cum Rege Carolo VII. deditionis conditiones statuunt, 245
Burdegalenses Anglos revocant, seseque illis dedunt, Talbotium & Anglos in urbem suam admittunt, 247. ad Regis Caroli VII. obedientiam sese redigere coguntur, 248, 249
Burgundiæ & Borbonii Duces, cum Andegavenii Duce, de Regni administratione dissident, dum junior adhuc esset Carolus VI. 73
Buverius (Joannes) Præses sedens in Curia Senatus Caroli postremi Burgundiæ Ducis, Advocatus Fiscalis, 349

C.

CABANNIS de (Antonius) Comes Domni-Martini: ejus schema, 355
De Cabannis. *Vide* Domnus-Martinus.
Cabociani, a Cabocio pellione nomen accipiunt, & Lutetiæ seditionem movent, 156, Regem & Delphinum comprehendunt, *ibid.* Alia a Cabocianis perpetrata facinora, 157
Cædes horrenda Lutetiæ, 170, 171
Camusius sive Simus de Bello-loco, Regi Carolo VII. admodum gratiosus, in Pictavorum urbe occiditur jubente Constabulario Ricomontio, 199
Capitalis Boiorum victus & captus a Bertrando Guesclinio, 3, 4
Capitalis Boiorum capitur iterum ab Ivone Gallensi, 27. Rex Carolus V. non vult illum cum alio commutare. Lutetiæ moritur, 43
Cardalliacus (Joannes) Archiepiscopus Tolosanus sexaginta urbes, oppida & castella ad obedientiam Regis Caroli V. reducit, 13
Cardinalis Ambianensis ab aula Regia discedit, post mortem Caroli V. & magnam pecuniæ vim secum aufert, 73
Carnerius cum Caletensis agri incolis armatis, ab Anglis desciscens ad Caroli VII. partes transit, 211
Caroburgum captum & Anglis ereptum, 242
Carolus V. cognomento *Sapiens* & *Dives*, ad coronam Regiam accedens, Regnum devastatum invenit. 1. Meduntam & Mellentum ex improviso capi curat. 2. ejus inauguratio Remis facta, *ibid.* hujus inaugurationis tabulæ depictæ. *Coronatio*, 2, 3. Oriflammam Equiti tradit, 3. Philippo fratri Burgundiæ Ducatum dat, 4. Joannis de Monteforti Ducis Britanniæ hominium accipit, 6. Pacem facit cum Carolo Malo Rege Navarræ, *ibid.* populum quantum potest, fovet, 11. Abbatiam sancti Germani a Pratis propugnaculis cingi jubet, 13. quanta arte Regem Angliæ lactet, *ibid.* Pontivum a suis occupari jubet, 13, 14. ejus pietas, 14. classem magnam parat, 15. bellum in Angliam inferat, 16. istud consilium vel abjicit, vel differt ut advenientem hostem propulset, 17. Ordines Regni advocat ut rei ærariæ prospiciat, 22. Bertrandum Guesclinium ex Hispania revocat, *ibid.* ipsum Constabularium creat, 24, 25. inducias facit cum Angliæ Rege, 31. Literarum studia curat & fovet, 32. in agrum exit, hinc armatis, inde literatis viris comitantibus, 33
Carolus V. oblatos sibi libros accipit, 31 & *seqq.* ejus prudentia in rei ærariæ administratione, 35. ab aliquot Scriptoribus Carolus Dives vocatur. 36. ejus valetudo affecta ex veneno quod sibi Carolus Malus dederat, 36
Carolus V. literas dat circa Regum *minoritatem*, 36. classem mittit, quæ Insulam Vectim desolatur, & in Angliam exscensum facit, 37. Ardram & aliquot alia oppida occupari curat, 38. Imperatorem Carolum IV. magnifice excipit, necnon filium ejus Venceslaum, *ibid.* Lutetiam intrat, Imperatorem ad dexteram & Regem Romanorum ad sinistram habens, 39. Rex Carolus vicinorum Principum consiliis advigilat, 45. omnes fere urbes quas Rex Navarræ in Normannia possidebat, occupari curat, 47. Britanniam Armoricam Regno suo adjungere optat, sed irrito conatu id agit, 48. a Duce Borbonio Ludovico II. sacramentum fidei accipit, 49. cum Rege Castellæ paciscitur, ut desolatio inferatur in Vectim & alias Anglorum insulas, 50
Caroli V. mors, 5. encomium, *ibid.* Cælestinos Lutetiæ fundavit, 65. Carolus *Dives* vocatur ab aliquot Scriptoribus, 51. Aurea & preciosa vasa, itemque cimelia, qu. ipse collegit, singulatim ejus jussu descripta, 52 & *seqq.* Ejus schemata, 65. ejus nativa imago a Joanne Brugensi facta anno 1371, 66
Carolus VI. inauguratus, antequam ætatem a patre ipsius indictam assequutus esset, 73, 74. inaugurationis modus & historia, *ibid.*
Carolus VI. ad consilium suum pergit, accipitrem manu gestans, 80. ad bellum in Flandriam gerendum movet, *ibid.* victoriam reportat, 84. Lutetiam redux, Parisinos armatos sibi obviam venientes offendit, 85, 86, 87. arma ipsis aufert jubet, ipsosque variis modis plectit & castigat, 88, 89. cum ingenti exercitu movet contra Anglos & Flandros, 91. Damum capit, 96. Elisabetam Bavaricam uxorem ducit, *ibid.*
Carolus VI. classem ingentem apparari jubet contra Angliam, 99. procrastinando anni tempestas commoda labitur, & tantus apparatus inutilis evadit, 100
Carolus VI. cum exercitu movet contra Ducem Gueldriensem, qui in ordinem redigitur, 103. Carolus VI. viginti annorum Regni administrationem ipse suscipit, *ibid.*
Carolus VI. admodum prodigus, 107
Carolus VI. in Septimaniam pergit, 108. Clementem Papam invisit, patruos suos Biturigum & Burgundiæ Duces amandat, 108. Nova vectigalia imponere parat; deterretur a tempestate & fulmine, quo duo Ministri ejus ad usque ossa comburuntur, pelle tantum nigra relicta, 110
Carolus VI. in Britanniam bellum illaturus movet, 114. casu quopiam sensu turbatur, & in dementiam cadit, 115. convalescit & alio casu recidit, 116. Inducias facit cum Anglia, 117. extinctionem schismatis curat, 119. alii morbi ejusdem casus, 119. Regi Hungariæ auxilium mittit contra Turcas, *ibid.*
Carolus VI. Bituriges obsessum movet: Compendium & Augustam Suessionum capit, 161. Attrebatum obsidet & pacem facit, 162
Carolus VI. Rotomagum se confert, & grandem exercitum contra Anglos parat, 163. zelotypia motus erga Elisabetam Reginam, Ludovicum Bordonium illam invisentem in flumen demergi

INDEX.

jubet, 167, 168. Silvanectum obsidet, & obsidionem solvit, 169

Carolus VI. per Trecensem pactionem Angliae Regem Henricum V. excluso Delphino, Franciae Regem declarat, 175. ejus imbecillitas, ibid.

Carolus VI. & Henricus V. Senonas obsident & capiunt, 175. & Monasteriolum ad Icaunam, 176. Meloduunm postea obsident, praesidiarii diu hostem propulsant, & deditionem faciunt, ibid.

Carolus VI. ab Henrico V. genero ad exiguam clientelam redactus, ibid. moritur, 179. ejus schema, 180

Carolus Delphinus primus filius Caroli VI. junior moritur: ejus schema, 180

Carolus, qui postea Rex fuit, Joanne fratre defuncto, Delphinus efficitur, 167

Carolus Delphinus tempore seditionis Parisinae, a Tanaquillo de Castello linteo inclusus defertur in Bastiliam, versus Montem-Argisium se recipit, 170

Carolus Delphinus Compendium capit, se *Regentem* declarat, Ducis Burgundiae terras devastat, 171. Turonum urbem occupat, 172

Carolus Delphinus & Dux Burgundiae, sacramento adhibito, pacem & amicitiam mutuam statuunt, 173

Carolus Delphinus necis Joannis Burgundiae Ducis auctor habetur, 175. armatos viros in multis Regni provinciis cogit, ac Britonum Scotorumque auxilia accipit, 175. Nemausum & alia Septimaniae oppida capit, 176

Carolus copias multas colligit: ipsius exercitus in Baugensi pugna victoriam reportat: ibi Dux Clarentiae frater Henrici Regis occiditur, 177

Carolus Delphinus Carnutum obsidet, & obsidionem solvit, accedentibus Anglorum Rege & Duce Burgundiae, 177. Caritatem ad Ligerim capit, Conum obsidet, obsidionem solvere cogitur, 179

Carolus Delphinus post mortem patris sese Regem Franciae declarat apud Velaunos, & in regionibus, quae tunc sibi parebant, 194

Carolus VII. gratiosos semper secum habebat, 199

Carolus VII. post solutam Aureliani obsidionem, a Joanna Puella concitatus, exercitum magnum cogit, 204. Gargogilum & Balgentiacum capit, ibid. Remos petit, & Trecas in Campania capit, 204. inauguratur Remis, ubi Eques efficitur ab Alenconio Duce, ibid. multas urbes & oppida plurima expugnat, ibid. Tremollii consiliis omnia agit, 210. ille autem vulnere affectus, a Regia aula abducitur, 211

Carolus VII. pacem facit cum Duce Burgundiae, 213. Castrum-Landonis, Carniacum & Monasteriolum ad-Icaunam capit, 219. Luteriam solemniter ingreditur, 219, 220. Pragmaticam - Sanctionem accipit, 222. factionem in se insurgentem domat, cujus dux erat Ludovicus Delphinus, 223. Elisabetam Lusitanicam Philippi Burgundiae Ducis uxorem excipit, ita ut illa genibus flexis sit, ille sedeat, 225

Carolus VII. Pontisaram obsidet & capit, obsistente fiustra Eboracensi Duce Anglo, 226. in Vasconiam bellum infert: Tartasium capit, sanctum Severum & Aquas Tarbellicas, 227, 228. Metas obsidet, & cum Metensibus paciscitur, qui illi ducenta scutorum millia numerant, 231

Carolus VII. militiam recte instituit, 231. Francosbalistarios creat, 233. post violatas inducias bellum in Normanniam infert, 233. 234. Rotomagum obsidet & capit, 235, 236. magnifice in urbem ingreditur, 236. Haslevium capit, 238. Agnetem formosam invisit, ibid. Cadomum capit, & solemniter in urbem ingreditur, 240. totam Normanniam in potestatem suam reducit,

& Aquitaniam invasurus movet, 242

Carolus VII. Ducem Sabaudiae cum armis aggreditur, qui supplex bellum amovet, 246

Carolus VII. Burdegalae duo castella construi jubet, 249. contra Armeniacensem Comitem exercitum mittit, qui in Aragoniam fugit, 149

Carolus VII. Magduni ad Averam in Biturigibus moritur, 251. ejus encomium, 252. ejus schemata & nativae imagines, 253. eques repraesentatur, 254

Carolus VII. in folio regio depictus, ad dexteram habens Ludovicum Delphinum, ad sinistram Carolum alterum filium, & in gradu inferiore Arturum Constabularium, & Juvenellum de Ursinis Cancellarium, 273, 274

Carolus VII. concionem audiens exhibetur cum corona & sceptro, 281

Carolus IV. Imperator in Franciam venit, ubi magnifice excipitur, 38, & seqq.

Carolus Malus Rex Navarrae, Carolo V. regnante in Francia, bellum apparat in Normanniam inferendum; sed pacem facit, 6. Carolum V. veneno infecit, 36. rursus eumdem veneno tollere de medio tentat. Carolus V. bello urbes & oppida ejus aggreditur & plurima capit, 44

Carolus Malus Duces Biturigum & Burgundiae veneno inficere tentat, 94

Carolus Malus Rex Navarrae horrendo modo perit, 100, 101. ejus mores, ibid. fuit optimi patris scelestus filius, & egregii filii improbus pater, ibid.

Carolus III. Rex Navarrae, filius Caroli Mali pro iis quae patri sublata fuerant, paria impetrat, 121

Carolus III. Rex Navarrae terras multas accipit, & Caroburgum Regi Francorum Carolo VI. tradit, 132

Carolus Delphinus nascitur, qui postea Carolus VIII. Rex fuit, 309

Carolus Dux Bituricensis frater Ludovici XI. sub umbella sedens, 275. ut Dux Normanniae eques repraesentatus, 276

Carolus frater Ludovici XI. ut Dux Aquitanniae exhibitus, 277, 278

Carolus frater Ludovici XI. cum Duce Britanniae litigat, & ex Normannia fuga elabi cogitur, 296

Carolus Aquitaniae Dux a Carolo Burgundiae Duce filiam ipsius in uxorem postulat, 310

Carolus Dux Aquitaniae veneno sublatus, 312

Carolus Dux Aurelianensis cum exercitu movet contra Joannem Burgundiae Ducem, 150. a Joanne Bituricensi Duce jungitur, 152. occasionem profligandi Burgundiae Ducis amittit, Sanctum Dionysium & Montmorenciacum capit, partes ejus debilitantur, 152. Anglos in opem evocat, 153, 154

Carolus Dux Aurelianensis captus in pugna Azincurtia, 166

Carolus Dux Aurelianensis apud Anglos captivus manet annis 25. Philippi Boni Burgundiae Ducis beneficio liberatur, 224. in folio sedens repraesentatur, 174

Carolus Dux Aurelianensis a Ludovico XI. repulsus, ex dolore interit, 287

Carolus Andegavensis frater Mariae uxoris Caroli VII. Regis, ita gratiam ipsius Regis aucupatur, ut maxima polleat auctoritate, 211

Carolus Andegavensis, Comes Cenomanensis, eques exhibetur, 277

Carolus Bituricensis filius Joannis Ducis Bituricensis, eques repraesentatus, 181

Carolus Comes Nivernensis, filius Philippi Burgundici: ejus schema, 187

Carolus Comes Carolesii filius Philippi Boni Burgundiae Ducis: ejus schema, 185. aliud ejusdem schema, 347

Carolus Comes Carolesii Catharinam filiam Ca-

INDEX.

roli VII. Francorum Regis ducit, 222. cum exercitu movet, & ad agrum ufque Parifinum venit, 889. ad Montem-lehetium cum Rege Ludovico XI. confligit, 289, 290

Carolo Duci Burgundiæ apud Turonum urbem dies dicitur in cœtu trium Regni Franciæ Ordinum, 307

Carolus Dux Burgundiæ filiam fuam Principibus multis pollicetur in conjugem, 310. Nigellam capit, & oppidanos trucidari jubet, 322. Bellovacum obfidet & fortiter repellitur, obfidionem folvit, 313. Augam & fanctum Valaricum capit, quæ oppida a Regiis recuperantur, *ibid.*

Carolus Dux Burgundiæ fe Galliæ Belgicæ Regem declarari cupit, 315, 316. Regem Ludovicum XI. veneno tollere tentat, 316

Carolus Dux Burgundiæ Gueldrienfem Ducatum occupat, & Novefium obfidet, 317. Nanceium & totam Lotharingiam capit, 322. proditur a Comite de Campobaffo, 323. Granfonii cum Helvetiis pugnat, & vincitur, *ibid.* Secundo vincitur Morati, 325. Nanceium obfidet, 326. Renatus Dux Lotharingiæ cum exercitu illum aggreditur, Carolus vincitur & occiditur, 326, 327

Caroli Ducis Burgundiæ imago nativa, 347. ejus Curia & Senatus depictus, 348

Caroli I. Ducis Borbonii fchema, 261. cum uxore repræfentatur, 262. aliud ejufdem fchema, 275

Carolus Artefius Comes Augenfis, ex libro Biturigis Regis armorum eductus, 275

Carolus Artefius Comes Augenfis, poftremus Princeps Artefiæ familiæ, 346

Carolus Durafius, feu Dyrrachius Ludovicum Andegavenfem veneno tollere tentat, ejus exercitum arte peffumdat, Joannam Reginam occidi curat, 93

Carolus Durafius in Hungaria cæfus, 97

Carolus Blefenfis bellum gerit contra Joannem Montefortium pro Britanniæ Ducatu, 5. in pugna Avraica cæfus, *ibid.* ejus probitas, ut fanctus colitur a Britonibus, 5, 6

Carolus Leporeti Toparcha Conftabularii filius, 278

Carolus de Salucia; ejus fchema, 192

Carola Sabaudica fecunda uxor Ludovici XI. ejus fchema, 344

Carola Borbonia uxor Joannis Regis Cypri: ejus fchema, 188

Carola filia Regis Caroli VII. & formofæ Agnetis, a viro fuo Brezæo in adulterio deprehenfa, occifa fuit, 324

Carondeletus (Joannes) Præfes fedens in Curia Senatus Caroli poftremi Burgundiæ Ducis, 350

Caffis fingularis formæ, 266

Caffides Francorum, cujus formæ fuerint in pugna Rofebeccenfi, 84

Caffis cum cornibus in imagine Joannis V. Britanniæ Ducis, 189

Caftelboni Vicecomes Gaftoni Phœbo Comiti Fuxenfi fuccedit, 113

Catharina Regis Caroli VI. filia connubio juncta cum Henrico V. Angliæ Rege, 162

Catharina filia Caroli VII. connubio juncta cum Carolo Carolefii Comite, 221

Catharina filia Philippi Audacis Burgundiæ Ducis, nupta Leopoldo III. Duci Auftriæ, 187

Catharina filia Joannis Burgundiæ Ducis, ejus imago, 184

Catharina Vindocinenfis uxor Joannis I. Comitis Marchiæ, 191

Catharina Budæa uxor Stephani Caballerii Regi a confiliis: ejus fchema, 267

J. Caudetus Procurator Generalis in Curia Senatus Caroli, poftremi Burgundiæ Ducis: ejus fchema, 351

Certamen feu pugna equeftris triginta dierum fufcepta a Reginaldo de Roia, Joanne Mangrio, Bucicaldo & Sancto-Pio contra accedentes omnes, in quo Franci victoriam retulere de Anglis & aliis, 109, 110

Cervus captus qui torquem habebat infcriptum: *Hoc me Cæfar donavit*, fabulam fapit, 77

Chaffaldus (Sylvefter) ejus fchema ex fepulcro ipfius eductum, 67

Chandofius (Joannes) Anglus vir fortiffimus, 14. cæfus in quodam prælio, 18

Clamores Bellici Principum & procerum, 271 & *feqq.*

P. de Claravalle a confiliis Laicus fedens in Curia Senatus Caroli poftremi Burgundiæ Ducis, 350

Clarentius Dux Anglus in Aquitania bellum gerens, 155. in pugna Balgica cæfus, nec fine, non modo fuorum, fed etiam hoftium dolore, 177

S. Clarius Curtenacium nobilem Anglum vincit, qui jactabundus dicebat neminem Francorum fecum congredi audere, 97

Claffis Anglica a Caftellana vincitur, 25. ejus pugnæ imago depicta, *ibid.*

Claffis Francica ab Anglorum claffe vincitur, 167

Clemangius (Nicolaus) de modo tollendi fchifmatis librum edit, 118

Clemens VII. Papa Avenionenfis moritur, 118

Cliffonius (Olivarius) Regi Carolo V. fefe dedit, 6. captus ante Caroburgum, 44. Conftabularius declaratur, 73

Cliffonius Conftabularius a Duce Britanniæ proditore captus, qui illum de medio tollere vult, liberatur, 102. a Petro Cratumnio vulnere confoffus eft, 113, 114

Cliffonius Conftabularius ingentibus pollens divitiis, 115. in Britanniam Armoricam fugit, 115, 116. a regno exulare, amiffo Conftabularii munere, jubetur, 116. Dux Britanniæ ipfum occidere tentat; fed ambo tandem reconciliantur, *ibid. &* 117

De Cluniniaco Libellorum fupplicum Magifter fedens in Curia Senatus Caroli poftremi Burgundiæ Ducis, 351

Cochereilum ubi commiffa pugna fuit Francos inter & Navarræos cum Anglis junctos, ubi Franci victores funt, 4

Conchæ captæ a Brezæo Toparcha, 214

Concilium Conftantienfe, 162

Concio habita fub Carolo VII. 281

Confeffarii afficiendis fupplicio extremo dati, 121

Congreffus Elifabetæ Valefiæ matris cum filia fua Joanna Borbonia Caroli V. uxore in tabula depicta, 19, 20, 21

Conftantinopolis a Turcis capta anno 1453. 249

Convivium in Caroli VI. inauguratione, ubi proceres equis infidentes fercula miniftrabant, 74

Coquelucia morbus in Francia graffatur, 160, 161

Corbechonius (Joannes) Auguftinianus Capellanus Regis; librum offert Carolo V. 34

Corius (Jacobus) accufatus quod rem ærariam fibi derivaffet, capitis damnatus, ab Rege vita donatur; ejus hiftoria, 244. & *feqq.* ejus memoria reftauratur, 246, 247

Coffa (Joannes) Comes Troiæ, Eques Ordinis Crefcentis Lunæ, 259, 260

Cratumnius Toparcha Trimollius, ope Araufricani Principis Burgundiam capit & partem Comitatus Burgundiæ, 330. Araufricanum Principem offendit, qui partem captarum urbium avertit, 331, 332

Cratumnius (Joannes) Archiepifcopus Rhemenfis Carolum V. ungit, 2

Cratumnius (Petrus) pecuniam pro Duce Andegavenfi receptam, fibi & voluptatibus fuis divertit, 94. concitante Britanniæ Duce, Cliffonium Conftabularium occidere tentat, & vulneribus afficit, 113, 114

Credilium

INDEX

Credidium a Francis captum, 216
Crescens Luna. *Vide* Ordo Crescentis Lunæ.
Cruces albæ Francorum, cruces rubræ Anglorum, 229
Cuciacensis Toparcha, ope Caroli V. Regis, ut Ducatum Austriæ sibi successionis jure debitum occuparet, cum exercitu proficiscitur, & re infecta redit, 36, 37
L. Culinus, vir a Secretis in Curia Senatus Caroli postremi Burgundiæ Ducis, 351
Curia Senatus Caroli postremi Burgundiæ Ducis ex tabula depicta repræsentatur, 348
De Curtenaco (Petrus) jactabundus dicit se neminem in Francia reperisse, qui secum congredi auderet, a Clariaco Toparcha vincitur, & vulnere afficitur, 97
De Curtenaco (Joannes) Toparcha de Campinellis ex libro Biturigis Regis armorum eductus repræsentatur, 275, 276
Currtacum a Francis direptum & flammis traditum sub Rege Carolo VI. 85

D

J. DAUFRÆUS Procurator Generalis in Curia Senatus Caroli Burgundiæ Ducis, 351
Dextrarius priscæ significabat elegantem equuum, 74
Dieppa a Resio Marescallo capta, 215. quæ res maximum damnum Anglis importabat, ibid.
Dinantium a Burgundionibus obsessum, captum & solo æquatum, 297. oppidanique in fluvium demersi sunt, 298
Dionysia Pisdoia uxor Dionysii Calliacensis Cambellani Regii : ejus schema, 267
Dissensio Burgundicum inter & Aurelianensem Duces armatorum manu instructos, 127. tandem reconciliantur, ibid.
Domni-Martini Comes Antonius de Cabannis, in carcere conjectus ut causam diceret, ex Bastiliæ castello dilabitur, eratque prædo maximus, sed dux strenuus, 288
Dona opulentissima a Parisinis Elisabetæ Bavaricæ Reginæ in ingressu suo oblata, 104
De Dormientibus (Joannes) Franciæ Cancellarius, 33. ad latus Regis Caroli V. repræsentatus, 34
Duellum nobilis cujuspiam viri contra canem, 68. & seqq.
Duglasius Comes Scotus quatuor vel quinque milia armatorum, ad Regem Carolum duxit, 196. vincitur & interficitur in pugna Vernoliensi, 197
Dunensis Comes. *Vide* Aurelianensis Nothus.
R. Dursetus Procurator Generalis sedens in Curia Senatus Caroli Burgundiæ Ducis, 351

E

EDUARDUS Princeps Gallensis moritur, 37
Eduardus Princeps Gallensis. *Vide* Gallensis.
Eduardus III. Rex Angliæ moritur, 37
Eduardus IV. Rex Angliæ ex solio regio depulsus, ope Burgundiæ Ducis in Angliam redit, profligat Warvicensem Comitem, qui occiditur, & Eduardus in solium regium restituitur, 309
Eduardus IV. in Franciam cum exercitu exscensum facit : Ludovicus ad inducias illum allicere tentat, 320. optatum assequitur, 322. in Angliam Eduardus redit, ibid.
Eduardus IV. re secus quam speraverat cedente, ex dolore exstinguitur, 338
Elisabeta, seu Isabella Bavarica Carolo VI. Francorum Regi nubit, 96. cum ingenti magnificentia Lutetiam Parisiorum ingreditur, 104, 105.
Elisabeta Bavarica Franciæ Regina luxum vestiumque splendorem in Franciam inducit, necnon & ornatum capitis, 108. cum eleganti vestium cultu depingitur, ibid.

Elisabeta Bavarica Regina & Dux Aurelianensis, ægrotante Rege, omnia administrant, & populos vectigalibus obruunt, 135
Elisabeta Bavarica Carolum VI. in zelotypiam conjicit, qui illam in Turonum urbem ablegat, 168
Elisabeta Bavarica assentitur opinantibus Carolum Delphinum filium suum a Regno excludendum esse, 175
Elisabetæ Bavaricæ schema, 180
Elisabeta seu Isabella de Malliaco, uxor Joannis de Buia Toparchæ Serrantii ; ejus schema, 166
Elisabeta seu Isabella filia Caroli VI. Ricardo II. nubit Angliæ Regi, 119, 120. Ricardo autem occiso in Franciam revertitur, 126
Elisabeta, vel ut alii nuncupant, Joanna Borbonia de Marchia, bis connubio juncta : ejus schema, 67
Elisabeta Valesia uxor Borbonii Ducis, ab Anglis capta, 16
Elisabeta Stuartia, uxor Francisci I. Britanniæ Armoricæ Ducis : ejus schema, 263
Elisabeta Ducilla Lotharingiæ & Bari, prima uxor Renati Andegavensis Regis : ejus schema, 255
Elisabeta de Meloduno, uxor Joannis Artesii, 188
Elisabeta Lusitanica tertia uxor Philippi Boni Burgundiæ Ducis : ejus schema, 260
Elisabeta Lusitanica Burgundiæ Ducissa, gravis negotii causa Carolum VII. adit, id quod in tabula depicta repræsentatur, 225
Elisabeta filia Joannis Burgundiæ Ducis, uxor Olivarii de Castellione Blesensis : ejus schema, 184
Elisabeta Borbonia, uxor Caroli Comitis Carolesii : ejus schema, 347
Elisabeta de Jallia, uxor Silvestri de Chaffaldo : ejus schema, 67
Elisabeta de Curgenaco, uxor Geoffridi Collonii : ejus schema, 68
Episcopi Constantiensis, Baiocensis, Ebroicensis, Silvanectensis, & Santonensis, unáque Abbas Compendiensis in seditione Parisina peremti sunt anno 1418. 171
Episcopi qui bella gerebant, 166
Equestris judicra pugna facta, cum Elisabeta Bavarica Regina Lutetiam ingressa est, 105
Equites Regis ad Solem aureum : sic vocati sunt ii qui ludicræ pugnæ equestri operam dederunt, quando Elisabeta Bavarica Regina Lutetiam ingressa est, ibid.
Equus albus, olim nota supremi dominii, 34, 39
Erbius Comes Princeps Anglus in Franciam se recipit, ubi aliquamdiu manet, 123
Ervellius Scotiæ Constabularius Crevantium obsidet : ab Anglis vincitur & capitur, 195
De Essartiis (Petrus) Eques : ejus schema, 68
Excestrius Dux a Francis profligatus, pugnam redintegrat, & Francos vincit, 167
Exercitus ingens fœderatorum pro bono publico, 292

F

FACTIO contra Carolum VII. Regem, cujus dux erat Ludovicus Delphinus, qui postea fuit Ludovicus XI. Hæc profligatur & dissolvitur. Nomen ipsi datur, *Pragaria*, 223
Fallesia a Francis capta, & Anglis erepta, 241
Fames & lues in Francia, 221
De Fayo Ægidius Toparcha Ricomontii : ejus schema, 356
Felix in Pseudo-Papam electus, tumultus in Christiano orbe concitat, 232
Felix V. Pontificatum abdicat, ibid.
H. de Feritate Laicus a consiliis sedet in Curia Senatus Caroli Burgundiæ Ducis, 350
De Ficnnis (Robertus Morellus) Constabularius Franciæ pergit ad obsidionem Caritatis oppidi ad

Tome III. Ddd

INDEX.

Ligerim, 5. Conſtabularii munus deponit, & Bertrandum Gueſclinium indicat, ut huic muneri ferendo parem, 24
Filvater Anglus a Philippo Bono Burgundiæ Duce profligatus, 198
Flandri magnos movent tumultus, 57. Comitem ſuum bello impetunt, 78. ad Roſebeccam vincuntur, 84
Flandri, rogante Ioanne Burgundiæ Duce ut contra Regem arma ſumant, abnuunt, 161
Flandris magnum incidit detrimentum, 334
De Fontibus Toparcha Anglorum manum profligat, 195
Fradinus Antonius Franciſcanus, qui contra vitia Pariſinæ civitatis & aulæ Regiæ concionabatur, exſulare cogitur, 332
Francia, quam deplorando in ſtatu eſſet poſt pugnam Azincurtiam, 168
Franci a Britanniæ Duce deſerti Breſti obſidionem ſolvunt, 98, 99
Franci qui Regi Caſtellæ opem laturi venerunt per Hiſpanorum invidiam Iuberothi victi ſunt, 99
Franci Moritaniam Anglis eripiunt in Vaſconia; contra eoſdem proſpere bellum gerunt, & contra Anglos feliciter pugnant, 137, 138
Franci, quam negligenter Anglorum exercitum obſervent, & quam parum curent illorum commeatus & annonam intercipere, 164. Azincurtii contra illos pugnant & vincuntur, 164 & 165
Franciſcus I. Dux Britanniæ Armoricæ moritur, cui ſuccedit Petrus filius ipſius, 242
Franciſci I. Britanniæ Armoricæ Ducis ſchemata duo exhibentur, 263
Franciſci II. Britanniæ Ducis ſchemata duo exhibentur, 352
Franciſca de Ambaſia uxor Petri Britanniæ Ducis: ejus ſchema, 264
Franciſca Brezæa ſecunda uxor Bertrandi de Beauvau: ejus ſchema, 267
Francus ſeu liber Sagittarius ſuſpendio vitam finiturus, Chirurgis & Medicis traditur, curatur & abſolvitur, 319
Franci ſeu liberi Sagittarii a Carolo VII. Rege inſtituti, 233
Fuxenſis Comes in Aquitania bellum feliciter gerit adverſus Anglos, 237

G

Gallensis Princeps Eduardus bellum infert Henrico Caſtellæ Regi, ipſum devincit, & Petrum Crudelem in ſolium regium reſtituit, 8, 9. Vectigal indicit, quo Vaſcones ad rebellionem concitantur, 12. Dies illi dicitur a Carolo V. Francorum Rege, ibid. Lemovicum capit & flammis tradit, 24. in morbum incidit, & in Angliam ſecedit, ibid. moritur, 37
Gandavenſes tumultum grandem concitant & bellum incipiunt, 47. Aldenardam obſident, 78, 80. eam urbem ex improviſo capiunt, 91
Gandavenſes denuo bellum inferunt, 96. cum Philippo Audace Burgundiæ Duce pacem faciunt, 96, 97
Gandavenſes bellum movent contra Philippum Bonum Burgundiæ Ducem, Rex Carolus ut ſupremus Dominus pro pace ſtatuenda intervenit & pacem facit. Gandavenſes denuo rebelles vincuntur & in ordinem rediguntur, 244
Gandavenſes Mariam Burgundicam Principem in poteſtatem ſuam redigunt, 329. Oratores Ludovico Regi mittunt, 329, 330. exercitum congregant, qui a Francis profligatur, 330
Garnerius (Laurentius) ejus hiſtoria, 333
Gaſto Phœbus Comes Fuxenſis moritur, 113
Gaſto Comes Fuxenſis, Par Franciæ conſtitutus a Carolo VII. Francorum Rege, 278
Gaſto Comes Fuxenſis Magdalenam ducit Ludovici XI. Francorum Regis ſororem, 285
Genua ſeſe ſub Caroli VI. Regis poteſtatem tradit, 119, 120
Genuenſes Carolo VII. Regi ſeſe dedunt, ſed Jani de Campo Fregoſo imperio ſubjiciuntur, 232
Genuenſes contra Carolum VI. Regem rebellionem parant, 146
Geoffridus Collonius Scutifer, Sector menſarius Regis Caroli V. ejus ſchema, 68
A. Gerartius Eccleſiaſticus, a conſiliis ſedens in Curia Senatus Caroli Burgundiæ Ducis, 350
S. Germani in Laia oppidum ſub poteſtatem Caroli VII. Regis redactum, 217
Glindo Princeps Gallenſis bellum movet contra Henricum IV. Angliæ Regem, 132. profligatur, antequam Francorum copiæ ipſi in auxilium miſſæ illo perveniant, 133
Gloceſtrienſis Dux Caroburgum obſidet, & poſt exactos decem obſidionis menſes pro numerata pecunia urbem obtinet, 169
De Gluniniaco Præſes ſedens in Curia Senatus Caroli poſtremi Burgundiæ Ducis, 349
De Gluniniaco Miniſter ſedens in Curia Senatus Caroli poſtremi Burgundiæ Ducis, 350
Goiſii Laniones Pariſini, cum violentia in urbe feruntur, 151
Golemus (Ioannes) Provincialis Carmelitarum librum offert Regi Carolo V. 35
P. de Gorgiis a conſiliis Laicus ſedens in Curia Senatus Caroli poſtremi Burgundiæ Ducis: ejus ſchema, 351
Gueldrienſis Dux Regem Carolum VI. ad pugnam provocat: Rex adverſus illum movet. Dux Regem ſupplex adit, 103
Guetrandæ facta pax, 6
Gueſclinius (Bertrandus) Capitalem Boiorum in pugna Cocherelliana vincit & capit, 3, 4. In pugna Avraica ipſe capitur, 5. redimitur, 7. prædonum turmas in Hiſpaniam ducit, 7, 8. in Navarretæa pugna capitur, 9. liberatus Henrico Caſtellæ Regi opem fert, ut in ſolium aſcendat, 10. a Carolo V. Francorum Rege ex Hiſpania revocatur, 22. cum Andium Duce plurima oppida & caſtra in Aquitania expugnat, 23. Conſtabularius Franciæ creatur, 24, 25. Roberti Knolli manum Anglorum profligat, & oppida multa capit, 25, 26. in Pictavorum urbem ingreditur, & Thuartium capit, 28. & Chiſaium ubi Anglos profligat, 28, 29. ejus ſchema, ibid.
Gueſclinius oppida multa in Britannia Armorica expugnat, 29. alias quoque urbes capit, 30. a Satiſberienſi Comite decipitur, ibid,
Gueſclinius Regi Carolo V. ſuſpectus, ſeſe purgat, 48. mittitur in Atverniam: oppidum obſidet, atque ibi ex morbo interit; 49
Guillelmus Maius dux centum viginti Sagittariorum regiorum: ejus ſchema, 356
Guillelma de Segria, uxor Roberti V. Comitis Drocenſis: ejus ſchema, 265
Gyacus ærariæ rei Miniſter, juſſu Conſtabularii de Ricomonte ſupplicio affectus, 199

H

Habutio (N. de) Scriba in Curia Senatus Caroli poſtremi Burgundiæ Ducis, 351
Harflevium captum ab Anglis, 224. recuperatum a Francis, 238
Helena de Meloduno, ſecunda uxor Caroli Arteſii: ejus ſchema, 346, 347
Helio de Jacobivilla Lutetiæ Rector, Ludovico Delphino injuriam infert, qui ipſum interficere tentat, 158
Helvetii pugnatores prima vice in Francia comparent ad bellum pro bono publico ſuſceptum, 292
Hemo Raguerius, ærarii regii pro bello cuſtos, & Re-

INDEX.

ginæ a consiliis : ejus schema, 193
Henricus de Trastamara, frater nothus Petri Crudelis Castellæ Regis, conspirat ut fratrem Hispaniæ roti invisum de solio regio decutiat, 7. bellum contra ipsum movet, dejicit illum, & Rex creatur, 8. victus ipse ac depulsus a Principe Gallensi, 9. Redit & in regium solium restituitur ; Petrum vincit & occidit, 9, 10, 11
Henricus Comes Erbiensis Rex Angliæ creatus est nomine IV. postquam Ricardus II. captus occisusque fuit, 125
Henricus V. Angliæ Rex de pace agit cum Carolo VI. Francorum Rege, & conditiones proponit, quæ ferri non poterant, 171
Henricus V. Angliæ Rex, Anglis concitantibus, bellum Francorum Regi denunciat, 62. In Normanniam exscensum facit & Harflevium capit, 163. Azincurtii castra ponit; a Francorum exercitu impetitur, & victoriam reportat, 164
Henricus V. Rex Angliæ urbes plurimas in Normanniam capit, 168. Rotomagum obsidet : obsessi strenue hostem propulsant, & tandem deditionem faciunt, 172, 173
Henricus V. Rex Angliæ Pontifaram ex improviso capit, Gisortium item & Castrum - Gaillardum, 173. Rex Franciæ declaratur a Carolo VI. qui Carolum Delphinum a Regno excludit, ibid. Rex Franciæ declaratus Henricus, Carolum Regem socerum suum in tenuem potestatem, comitatum & victum redigit, 176. Delphinum Carolum ad marmoream tabulam evocat, & a Corona Regia excludi curat, 177
Henricus V. Meldas obsidet, ac post longam obsidionem capit, 178. justitiam recte exerceri curat. Vincennis moritur, 179
Henricus VI. Rex Angliæ post mortem Caroli VI. Lutetiæ Rex declaratur, 194
Henricus VI. vincitur & in carcerem truditur, 249. in carcere occiditur, 310
Henricus Brunsvicensis Dux Imperator deligitur, & paulo postea obtruncatur, 126
Hiems asperrima, 141
Hieronymus Pragensis & Joannes Hus Constantiæ combusti, 166
Hiræus (Stephanus de Vincolis) castrum Gaillardum capit, 204
Hiræus & Poto de Santralliis, Arundellianum vincunt Comitem, qui in pugna occiditur, 210 Stephanus de Vincolis Hiræus eques repræsentatur, 265
De Hubercurte eques sedens in Curia Senatus Caroli Burgundiæ Ducis, 349
Hugo Comes Ruciacensis : ejus schema, 192
Hugo Ruciacensis minor filius Hugonis Comitis Ruciacensis : ejus schema, 192
Hugonetus (Guillelmus) Cancellarius Caroli Burgundiæ Ducis, in Senatus illius Curia sedet, 349

I

J. Jaquelinus libellorum supplicum Magister sedens in Curia Senatus Caroli Burgundiæ Ducis, 350
J. de Jalio libellorum supplicum Magister sedens in Curia Senatus Caroli Burgundiæ Ducis, 350
Jacoba Bavarica filia Jacobi Bavarici & Margaritæ Burgundiæ : ejus schema, 186
Jacoba de Grangia uxor Joannis de Monte-acuto, qui capite cæsus fuit. Jacobæ schema, 193
Jacobus Borbonius hoc nomine secundus Comes Marchiæ : ejus schema, 262
Jacobus Borbonius de Marchia, Baro Thuriensis (seu Buriensis) : ejus schema, 262
Jacobus Juvenellus de Ursinis, Archiepiscopus Rhemensis : ejus schema, 354
Imagines depictæ Regis Caroli V. & Joannæ Borbo-

niæ Reginæ uxoris ejus, 65
Inauguratio Caroli VI. antequam ætatem a patre constitutam attigisset, quæ depicta repræsentatur, 73, 74
Induciæ Reges inter Franciæ & Angliæ, cum Anglis induciæ anno 1393. 117. induciæ viginti octo annorum cum Anglis, 119. induciæ trium annorum Reges inter Franciæ & Angliæ, 103. induciæ cum Anglis anni unius, 160. induciæ inter Carolum VII. Regem Francorum & Henricum VI. Angliæ Regem, 230. induciæ cum Anglis a Surienna Aragonensi violatæ, 233
Joannes XXIII. electus Papa post mortem Alexandri V. 149
Joannes XXIII. quem deposuerat Pontificatum resumit, hincque schisma ad longius temporis spatium prorogatur, 162
Joannes Rex Castellæ Francorum militum manum accipit in opem contra Anglos & Lusitanos, 198. qui Franci per Hispanorum invidiam cæsi sunt, ibid.
Joannes Rex Cypri : ejus schema, 188
Joannes filius Caroli VI. moriente Delphino Ludovico fratre, Delphinus, 166. moriturque paulo post, nec sine oblati veneni suspicione, 167
Joannes Dux Calabriæ copias adduci ad bellum pro publico bono susceptum contra Ludovicum XI. 292
Joannes Dux Calabriæ bellum in Catalaunia feliciter gerit, Gerundam capit & Barcinone obiit, 314. ejus schema, 345
Joannes Dux Bituricensis, frater Regis Caroli V. sanctum Maxentium capit, 28. Provincias Aquitaniam & Septimaniam regendas obtinet, & cum Fuxensi Comite armis concertans vincitur, qui tamen Comes ipsi postea Septimaniæ administrationem concedit, 77, 78
Joannes Dux Bituricensis, aulæ Regiæ infensus, aliis jungitur Principibus ad bellum Duci Burgundiæ inferendum, 148. Prope Lutetiam cum grandi exercitu castrametatur, 150. pacem facit ad breve temporis spatium, ibid. cum Aurelianensi Duce jungitur, 151. intra Biturigam obsidetur & pacem facit, 174
Joannes Dux Bituricensis filius Joannis Regis, pluries depictus exhibetur, 181, 182. In depicta tabula cum uxore & liberis exhibetur, 182
Joannes Bituricensis filius Joannis Ducis Bituricensis : ejus schema, 182
Joannes Comes Nivernensis filius Philippi Burgundiæ Ducis, exercitum Francorum ducit ad Hungariæ Regem, ad bellum Turcis inferendum, 120. a Turcis vincitur & capitur, 121
Joannes idem postea Dux Burgundiæ ad aulam Regiam venit cum numerosa militum manu, 136. Caletum obsidet & obsidionem solvit, 139
Joannes Dux Burgundiæ Ludovicum Aurelianensem Ducem Regis fratrem interfici curat, 140. se necis auctorem declarat & in Flandriam receptum habet, ibid. Lutetiam redit armatus, & causam suam dicere jubet Joannem Parvum Oratorem Franciscanum, 141. Rex ipsi literas abolitionis Meloduni dat, 142. ad Leodiense bellum proficiscitur, 143. absens hostis Regni deparatur, 144. victor redit & Rex Lutetia proficiscitur, 145. Montacutum Magnum Magistrum aspere excipit, ibid. cum filiis Aurelianensis Ducis sese reconciliat, 148. In Delphini Rectorem deligitur, 148. Caletum secundo capere tentat, sed irrito conatu, ibid. contra Bituricensem Ducem armatos colligit, 149. pacem facit ; sed ad breve tempus, ac rursum armatos colligit, 150
Joannes Dux Burgundiæ in suspicionem venit, quod Cabocianos seditiosos Parisinos, qui multa violenter patrabant, oculte foveat, 157
Joannes Dux Burgundiæ seditiosos clam fovet, 158, 159. Regem vult secum abducere, 159.

INDEX.

in Flandriam se recipit, *ibid.* magnum exercitum cogit, multa oppida capit, & prope Lutetiam venit, nec potest in urbem ingredi, 160
Joannes Dux Burgundiæ exercitum cogit contra Regem; postremum ejus agmen profligatur, 161. in exercitum Regis contra Anglos collectum non admittitur, 163. post Azincurtiam pugnam cohortes Regias bello impetit, Latiniaci consistit, unde & Joannes Latiniacensis vocatur, 166
Joannes Dux Burgundiæ Regnum vult occupare, 167. urbes plurimas capit, & ante Lutetiam venit; sed depellitur: cum Regina Elisabeta Bavarica jungitur, 168. Lutetiam post seditionem & cædes multas patratas venit, 171
Joannes Burgundiæ Dux Monasterioli ad Icaunam a Delphini comitibus occiditur, 173, 174. variæ circa necem illam opiniones, 174, 175
Joannis Intrepidi Burgundiæ Ducis schema, 185. ejus protome ad vivum depicta, 186
Joannis filii Antonii Burgundiæ depictum schema, 185
Joannis Comitis Stampensis filii Philippi Burgundici Nivernensis Comitis schema, 187
Joannes I. Dux Borbonius in Azincurtia pugna captus in Anglia mortuus est anno 1433. ejus schema eductum ex veteri libro insignium Arvernorum, 261
Joannes II. Dux Borbonius primus motor & auctor belli pro bono publico suscepti, 287
Joannes II. Dux Borbonius in carcerem trudit Ministros Regios, qui vectigalia in ditione sua colligebant, 28
Joannes II. Dux Borbonius Rotomagenses eo inducit ut Carolum Regis fratrem in Ducem suum reciperent, 294. pace cum Ludovico XI. conciliata, ad Normanniam recuperandam ipsi fert opem, 196
Joannes Borbonius hoc nomine secundus Comes Vindocinensis, 277
Joannes Aurelianensis avus Francisci I. eques repræsentatus, 274
Joannes I. Comes Marchiæ, ejus schema, 190, 191
Joannes de Montefortí Dux Britanniæ hoc nomine V. bellum gerit contra Carolum Blesensem pro Britanniæ Ducatu, 5. in Avraica pugna victor evadit, *ibid.* in pace Guerrandæ facta Britanniæ Dux agnoscitur, & hominium Regi præstat, 6
Joannes de Monteforti Dux Britanniæ Anglos in opem evocat, 29. Briocas & Kimperlaium obsidet, 31, 32
Joannes V. Dux Britanniæ Anglos concitat ut bellum in Franciam inferant, 56. Regem Francorum prodit, & Olivarium Clissonium Constabularium in carcerem conjicit, cum aliis quibusdam proceribus, 102. In Turonum urbem se confert ut sese purget, 112, 113. mittit qui Clissonium Constabularium interficiant, 113, 114
Joannes V. Dux Britanniæ obiit, 124. Fortis cognominabatur, 189. ejus schema, *ibid.*
Joannes Artesius filius Roberti Artesii: ejus schema, 187
Joannes Dux Cliviensis IV. & Margaritæ Burgundicæ: ejus schema, 184
Joannes Blesensis filius Caroli Blesensis libertatem adipiscitur, 68
Joannes II. Vicecomes Rohanensis, ejus schema, 352
Joannes Nothus Aurelianensis Comes Dunensis, Carnotum ex improviso capit, 208. ejus nativa imago, 265. eques repræsentatur, 274
Joannes Nothus Borbonius: ejus schema, 68
Joannes Comes Ruciacensis & Brennacensis: ejus schema,
Joannes Brugensis pictor Regis Caroli V. ejus schema, 66

Joannes Trecensis dux Cabociorum: ejus petulantia ac violenta facinora, 156. capite truncatur, 159
Joannes Parvus Orator Franciscanus causam defendit Joannis Ducis Burgundiæ, qui Aurelianensem Ducem interfici jusserat. Ejus oratio multos offendit, 141
Joanna seu Blancha filia Philippi Valesii Francorum Regis, quæ Biterris mortua est, 66
Joanna filia Joannis Francorum Regis, quæ bis connubio juncta est, 66
Joanna II. Andegavensis Regina Neapolis, uxor Jacobi Borbonii Comitis Marchiæ: ejus schema, 262
Joanna Borbonia uxor Caroli V. Francorum Regis: ejus inauguratio & coronatio, 2, 3
Joanna Borbonia Regina uxor Caroli V. Regis moritur, 43. ejus encomium, *ibid.* schemata ejusdem, 66
Joanna filia Caroli V. Regis, junior obiit, 66. ejus schema, *ibid.*
Joanna I. Neapolis Regina, 93. a Carolo Durasio occiditur, *ibid.*
Joanna Navarræa nubit Henrico IV. Angliæ Regi; quæ res aulæ Regiæ Franciæ displicet, 128
Joanna Armeniacensis, uxor Joannis Bituricensis Ducis: ejus schema, 182
Joanna Artesia uxor Simonis Thuartii: ejus schema, 67
Joanna filia Comitis Vindocinensis: ejus imago, 67
Joanna Vindocinensis: ejus schema, 191
Joanna de Savofio uxor prima Caroli Artesii: ejus schema, 346
Joanna de Lavallio secunda uxor Renati Regis: ejus schema, 355
Joanna de Arcu, quæ dicitur Joanna Puella, se a Deo missam dicit, & Aurelianum ab Anglorum obsidione liberat, 202. Regem Carolum VII. Remos ducit, ubi ille inauguratur, 203
Joanna Puella Lutetiam Parisiorum impugnat & vulneratur, 104. Anglorum turmam profligat, 205. Compendii capitur a Burgundionibus: hi illam Anglis vendunt, qui ipsam flammis tradunt, 205. variæ hac de re opiniones, *ibid.*
Joanna de Turre prima uxor Bertrandi de Beauvau: ejus schema, 355, 356
Joanna de Lanuino uxor D. Ægidii de Faio Ricomontii Toparchæ; ejus schema, 356
Joanna Juvenella de Ursinis uxor Nicolai Brulartii: ejus schema, 356
Iolanda Andegavensis filia Renati Regis uxor Federici Lotharingici: ejus schema, 345
Isabella. *Vide* Elisabeta.
Juberothum ubi commissa pugna fuit Anglos inter cum Lusitanis junctos, & Francos, Hispanosque, 98
Judæi ex Regno Francorum pulsi, 117
Juellus Dux Anglus occisus, 3, 4
Ivo Gallensis Anglos profligat, & Capitalem Boiorum capit, 27
Ivo Gallensis a proditore occiditur, 47
Ivo Nothus Fuxensis, post patris mortem Fuxensem Comitatum invadit, 113. casu quodam interiit, 96
Ivo de Chaffaldo filius Silvestri, 68
Ivo de Kaeraubars Scutifer Episcopatus Leonensis in Britannia Atmorica, Ostiarius armorum Regis: ejus schema, 193
Juvenelli de Ursinis: Joannes Juvenellus de Ursinis: ejus schema, 352, 353. *ejusdem cognominis simul multi depicti.* Guillelmus Juvenellus de Ursinis Franciæ Cancellarius: ejus schema pluries, 353. Michael Juvenellus de Ursinis Capellæ in Bria Toparcha: ejus schema, 353. Ludovicus Juvenellus de Ursinis Ballivius Trecarum, 354. Petrus Juvenellus de Ursinis Scutifer: ejus schema, *ibid.* Joannes

Juvenellus

INDEX.

Juvenellus de Urſinis Epiſcopus Bellovacenſis: ejus ſchema, 353 Oda Juvenella de Urſinis, uxor Dionyſii Deſmareſii Dovenſis Toparchæ: ejus ſchema, 354. Joanna Juvenella de Urſinis uxor Petri Calliacenſis: ejus ſchema, 354. & alii quidam ejuſdem familiæ,   *ibid.*

K

KNOLLUS (Robertus) dux Anglorum: expeditionem ſuſcipit non ita feliciter, 15. regiones deſolatur,   23
Kyrielus (Thomas) dux Anglus Caroburgum venit, Valloniam capit, cum ſex millibus Anglorum pugnam committit cum Comite Claromontano, qui non plus, quam ter mille Francos ducebat: vincitur & occiditur,   239

L

LADISLAUS Romam ex improviſo capit, 157
Lalanius eques ſedens in Curia Senatus Caroli Burgundiæ Ducis,   349
P. Lalanius Eccleſiaſticus a conſiliis ſedet in Curia Senatus Caroli poſtremi Burgundiæ Ducis, 350
Lancaſtrius Dux expeditionem in Franciam ſuſcipit, 17. Lancaſtrius Dux filiam Petri Crudelis ducit uxorem,   25
Lancaſtrius Dux Caletum tranſmittit cum grandi exercitu, Franciam trajicit ut Burdegalam petat, & omnes fermè copias amittit,   31
Lancaſtrius Dux cum claſſe tranſmeat, ut Luſitaniæ Regi contra Regem Caſtellæ opem ferat, 98, 99. tranſeundo Breſti obſidionem ſolvit, 98. Franci illum a Corunnæ obſidione depellunt, 99. multa oppida in Caſtella capit; ſed graſſante in exercitu ſuo lue, pacis conditiones accipit, 99
Lavallium a Francis capitur,   104
Lavallius (Andreas) Toparcha de Loheaco , Mareſcalus & Præfectus maris in Francia eques repræſentatur,   274
Lavallius (Ægidius) Reſii Toparcha Mareſcallus Franciæ apud Namnetas nefariorum ſcelerum cauſa extremo ſupplicio affectus anno 1440. eques exhibetur,   277
Lemutius (Joannes) dicarum exceptor in Curia Senatus Caroli poſtremi Burgundiæ Ducis, 351
Leodienſes bellum movent contra Burgundiæ Ducem, & ſtatim ad pacis conditiones veniunt, 297
Leodienſes devicti victoris arbitrio ſeſe dedunt, exceptis tamen direptionibus & incendio, 299
Leodium captum a Carolo Burgundiæ Duce direptum & incenſum, ac reſiduus populus in fluvium conjectus eſt,   303
Leo Luſinianus Rex Armeniæ ex Regno ſuo depulſus in Franciam venit,   92, 93
Leo Rex Armeniæ miſſus a Carolo VI. in Angliam, 102. moritur,   117
Leonis Luſiniani Armeniæ Regis ſchema, 189
L. Leo a Conſiliis Laïcus ſedens in Curia Senatus Caroli poſtremi Burgundiæ Ducis,   350
Leporetæus (Carolus) Conſtabularius Franciæ creatus,   129
Leporetæus minor in Pictavorum urbe capite truncatus, quod contra Ludovicum XI. arma ſumſiſſet,   315
Leſcunius a Rege Ludovico obtinet Comitatum Convenarum, aliaque munera,   315
J. de Longavilla Scriba in Curia Senatus Caroli Burgundiæ Ducis,   351
Ludovicus Franciæ Delphinus filius Caroli VI. a Cabocianis male exceptus, 156. aſperè actus ab Helione de Jacobi-villa,   158
Ludovicus iſte moritur, nec magnum ſui deſiderium relinquit,   166

Ludovicus Delphinus naſcitur, 196. Hic poſtea fuit *Ludovicus XI.*
Ludovicus Delphinus Margaritam Scotiæ Regis filiam ducit uxorem,   218
Ludovicus Delphinus factionis contra patrem ſuum inſurgentis dux conſtituitur,   222, 223
Ludovicus Delphinus in obſidione Aquarum Tarbellitanarum fortiter agit, 227. verſus Dieppam obſidionem ſoluturus contendit, caſtellum ligneum magnum impetit & expugnat, Angloſque pellit,   228
Ludovicus Delphinus Comitem Armeniacenſem comprehendit & Comitatum ejus capit, 229, 230
Ludovicus Delphinus in Alſatiam cum exercitu movet; Montem Belligardi capit, Helvetios vincit, 230, 231
Ludovicus Delphinus in Delphinatum ſe recipit: vectigalia magna exigit: mittit pater ejus qui illum apprehendant, ipſe ad Ducem Burgundiæ confugit,   250
Ludovicus Delphinus eques pugnans repræſentatur a Biturige Armorum Rege,   279
Ludovicus Remos petit ut ungatur in Regem, 202. a Duce Burgundiæ eques efficitur, ipſeque, 117. Equites creat, 281. Lutetiam ingrediens magnificentiſſimè excipitur,   282
Ludovicus XI. veteres Miniſtros Regios amovet; ut novos inducat, 282, 283. plebeios homines ad præcipua munia advocat, 283. Caroleſium Comitem Præfectum in Normannia conſtituit, poſteaque ejus ſibi odium conciliat, *ibid.* Pragmaticam-Sanctionem abjicit, 283. præcipuos duces & tribunos deſtituit, 283, 284. vectigalia magna imponit, 284. In Britanniam Armoricam ſe confert, ut Ducis conſilia & geſta obſervet, *ibid.* cum Burgundiæ Duce altercatur, 284, 285. Andayam petit, ut Caſtellæ & Aragoniæ Reges diſſidentes unà conciliet, 285. pignore dato Ruſcinonis & Ceritaniæ Comitatus accipit, *ibid.* urbes ad Somonam ſitas redimit, *ibid.* Philippum Bonum Burgundiæ Ducem a cruce contra Turcas ſumenda avertit, 286. Philippum Sabaudum Principem in carcerem trudit, *ibid.* Britanniæ Duci minas intentat, *ibid.* Caroleſio Comiti cauſam irarum præbet, 286, 287. Borbonium Ducem ſibi allicere ſtudet, 288, 289. Borbonio Duci bellum infert, & cum illo paciſcitur, 289, 290. quæ pactio non ſervatur, 290. In pugna Montleheria adeſt, ejus injuſſu commiſſa, cujus exitus dubius fuit, 289, 290. Corbolium, indeque Lutetiam venit, 291. in Normanniam milites collectum ſe confert, 291. de pace agit cum fœderatis Principibus, 293. pacem facit ſingulis petita concedens,   294
Ludovicus XI. veteres Regni Duces & Tribunos, Ducemque Borbonium ad partes ſuas revocat, 295. Borbonius illi fert opem ad Normanniam recuperandam, 296. poſt luem frequentium populi Lutetiæ reſtaurare conatur, 298. bellum gerit contra Britanniæ Ducem,   299
Ludovicus XI. Regni Ordines apud Turonum urbem convocat: cum fratre ſuo & cum Britanniæ Duce pacta init, 300. cum Duce quoque Burgundiæ paciſci conatur, *ibid.* Peronam venit, ubi ſub cuſtodia ponitur, 301, 302. cum Burgundiæ Duce paciſcitur, 302. cum illo profiſcitur contra Leodienſes, 303, 304. aves omnes Pariſinas, quæ voces humanas proferre didicerant ſibi tranſmitti jubet, 303, 304. Aquitaniam fratri dat in patrimonium, 304. Cardinalem Balluenſem in caveam ferream includi jubet, 305. Ordinem Sancti Michaelis inſtituit, 305, 306. Inſtigante Conſtabulario S. Pauli Ducem Burgundiæ bello impetere parat, 306. tres Regni Ordines apud Turonum urbem convocat, ubi

Tome III.   Eee

INDEX.

Duci Burgundiæ dies dicitur, 307. Ludovicus cum exercitu movet contra Burgundiæ Ducem, 308. cum illo inducias paciscitur, 309. urbes aliquot Ducis Aquitaniæ fratris sui capit, 310. de connubio fratris cum Regis Castellæ filia agi curat, 311. cum Duce Burgundiæ pacta init, *ibid.* in suspicionem venit, quod opera sua fratrem veneno sustulerit, & Aquitaniam sibi acquirit, 312. Perpinianum capi curat, 314. in Armeniacensem Comitatum bellum inferri curat, 314. inducias facit cum Burgundiæ Duce, 315. Ludovicus Constabulario necem inferre cogitat: hic congressum expetit, quo majus sibi odium pepererit, 316, 317

Ludovicus XI. edictum emittit circa viros armorum, 317. quorquot potest hostes Duci Burgundiæ concitat, 318

Ludovicus XI. Sancti Caroli Magni festum celebrari jubet, Montem desiderii, Roiam & Corbeiam capit, & Atrebatum capere frustra tentat, 319. Eduardum Angliæ Regem, qui in Franciam cum exercitu exscensum fecerat; ad pacta secum ineunda inducere tentat, 310. neque irrito conatu; nam inducias cum illo ad novem annos facit, 321. Congressus amborum Principum, *ibid.* Ludovicus inducias novem annorum etiam cum Burgundione facit, 322. Constabularium de Sancto Paulo capite truncari curat, *ibid.* Ducis Burgundiæ in pugna cæsi urbes & terras occupat, 327. Genuentes qui sese ipsi dedituri venerant, diabolo dedit, *ibid.* Ludovicus prudenter propositum Delphini cum Maria Burgundiæ Ducis filia connubium respuit, 329. verba dat Eduardo, qui Burgundicæ Mariæ rebus advigilabat, 331. cum Rege Castellæ pactum init, 334. male cedentibus Regni negotiis manum medicam admovere parat, 334, 335. apoplexia corripitur, & Cardinalem Balluensem ex carcere emittit, 335. Gallo-provinciam Regno suo adjungit, *ibid.* secundo apud Turonum urbem apoplexia corripitur, 336. filium suum Carolum Ambasiæ degentem invisit, 336. de connubio filii cum Margarita Austriaca tractari curat, 336, 337. pacem facit cum Maximiliano Austriæ Duce, 337. ad Plesseium prope Turonum urbem se recipit, *ibid.* ubi licet gravissimo pressus morbo, nihil non agit ut procul credatur non ita læsam valetudinem suam esse, *ibid.* nullam non valetudinis viam tentat: Sanctos invocat, Reliquias afferri sibi curat, tandemque moritur, 337, 338, 339. ejus mores & animi dotes, 339, 340, 341. Astrologiæ, quam judiciariam vocant, multam dabat operam, 341

Ludovici XI. nativæ imagines depictæ, 344

Ludovicus Dux Turonum frater Caroli VI. Valentinam Mediolanensem ducit, 103

Ludovicus Dux Turonum a fratre suo Rege Carolo VI. Dux Aurelianensis instituitur, 112

Ludovicus Dux Aurelianensis contra Philippum Ducem Burgundiæ arma sumit, 127. Regni administrationem invadit, 127. ab ea depellitur, 128

Ludovicus Dux Aurelianensis Henricum IV. Angliæ Regem ad pugnam provocat cum centenis utrinque militibus, 119

Ludovicus Dux Aurelianensis Normanniæ administrationem invadere tentat, 135. irrito conatu, 136

Ludovicus Dux Aurelianensis I arma sumit contra Joannem Burgundiæ Ducem, 136. pax inter illos non sincera conciliatur, 137

Ludovicus Dux Aurelianensis bellum gerit contra Anglos in Aquitania, non ita felici exitu, 139

Ludovicus Dux Aurelianensis interimitur jussu Joannis Burgundiæ Ducis Lutetiæ propter portam Barbetam, 140. mores ejus boni cum malis permixti, *ibid.*

Ludovici Aurelianensis Ducis schema: quot terras & tractus ille possideat, 180

Ludovicus Dux Andegavensis filius Joannis Regis, & Guesclinius Constabularius oppida & castra multa Anglis eripiunt in Aquitania, 45

Ludovicus Dux Andegavensis cum Montis-pessulani civibus asperrime agit, qui rebellionem fecerunt, 46. a fratre suo Carolo V. revocatur, *ibid.*

Ludovicus Dux Andegavensis post mortem Caroli V. Regni administrationem, rem ærariam, thesaurosque invadit: hinque fere bellum civile exortum est, 73. Regni administrationem obtinet, *ibid.* pecuniam undique corradit ad expeditionem Neapolitanam, 76

Ludovicus Dux Andegavensis cum ingenti pecuniæ summa, ad Neapolitanam expeditionem proficiscitur, res infeliciter cedit, ipseque moritur, 93

Ludovici Ducis Andegavensis Regis Joannis filii protome, 181

Ludovicus II. Dux Andium Rex Neapolis, 97. cum talari veste repræsentatus, 181

Ludovicus hoc nomine III. Rex Neapolitanus a Biturige Armorum Rege repræsentatus, 276

Ludovicus II. Dux Borbonius Bellam-perticam obsidet & capit, 18, 19. Ordinem militarem Scuti seu Borbonii instituit, 21, 22. Regi hominium præstat pro Comitatu Claromontis in agro Bellovacensi, 49

Ludovicus II. Dux Borbonius bellum contra Anglos prospere gerit, illos devincit, Talleburgum capit, aliaque plurima castra & oppida, 95, 96. dux est classis quæ Carthaginem obsedit, & re infecta discessit, 110

Ludovicus II. Dux Borbonius Amedeum de Viriaco profligat & capit: ejus generosus animus, 146. Subisiam capit & Anglis eripit, 160

Ludovicus II. Dux Borbonius eques cum scutifero suo exhibitus, 189, 190. alia ejusdem schemata, *ibid.*

Ludovicus Borbonius filius Ludovici II. Borbonii Ducis: ejus schema, 190

Ludovicus Borbonius filius Joannis I. Marchiæ Comitis: ejus schema, 191

Ludovicus Borbonius Episcopus Leodiensis, a Guillelmo de Marchia Arduennensi apto trucidatus, 335, 336

Ludovicus Dux Sabaudiæ inter affines Burgundiæ Ducum, 186

Ludovicus Comes Flandriæ Gandavum frustra obsidet, atque a Philippo de Artevella profligatur, 78

Ludovicus de Mala Comes Flandriæ moritur, 91. in tumulo suo repræsentatur, 183

Ludovicus Navarræ Nothus frater Caroli Mali Navarræ Regis, 4. ejus copiæ Caritatem ad Ligerim capiunt, 5

Ludovicus de Lavallio Toparcha Castellionis in Vendelesio Magnus Magister Aquarum & Silvarum: ejus schema, 356

Ludovicus de Sancerra Constabularius Franciæ: ejus schema, 192

Lues in Francia, 132

Lupetus Præses apud Carolum VII. Regem gratia pollens, ex aula Regia pulsus, 199

Lupi in agro & in ipsa urbe Lutetiæ sæviunt, 221

Lusitani viginti contra totidem Francos pugnam expetunt & vincuntur, 162

Lutetia Parisiorum in potestatem Regis Caroli VII. redacta, 216

Lutetia Parisiorum rerum & cibariorum copia abundabat, dum *Boni publici* bellum gereretur, 295

M

MACARIUS nobilis vir in aula Caroli V. Regis, Albericum de Monte-desiderii occidit,

INDEX.

69. a cane Alberici indicatur, qui in ipfum infilit. Cum cane illo congredi cogitur, qui gulam ejus dentibus apprehendit, & Macarius fupplicio traditur, 69. *& feqq.*

Magdalena foror Ludovici XI. Regis, Gaftoni Comiti Fuxenfi nubit, 285

Malleotini. Parifini qui malleis armati erant, 86

Manuel Imperator Conftantinopolitanus Lutetiam Parifiorum venit anno 1400, 126. Conftantinopolim redit, 129

Marefcallus Burgundiæ ab Helvetiis vincitur, 318

Marefius (Joannes) vir inculpatæ vitæ, fupplicio traditur, 89

Margarita filia Jacobi Scotiæ Regis in Franciam venit, & connubio jungitur cum Ludovico Delphino, 217. moritur, 231

Margarita Aurelianenfis Comitilla Vertufii, uxor Ricardi Britannici: ejus fchema, 264

Margarita Andegavenfis filia Renati Regis, uxor Henrici VI. Angliæ Regis: ejus fchema, 346

Margarita Andegavenfis Angliæ Regina, virilis animi fœmina, 249

Margarita filia Philippi Audacis Burgundiæ Ducis: ejus imago, 186, 187

Margarita filia Joannis Intrepidi Burgundiæ Ducis, nubit Ludovico Franciæ Delphino: ejus fchema, 184

Margarita Burgundica prima uxor Arturi Britannici: ejus fchema, 264

Margarita Borbonia, quæ nupfit Leporetæo Toparchæ: ejus imago, 67

Margarita Sabaudica filia Amedei VIII. Sabaudiæ & Mariæ Burgundicæ: ejus fchema, 185

Margarita Britannica prima uxor Francifci II. Britanniæ Ducis: ejus fchema, 351

Margarita Brabantia uxor Ludovici de Mala Comitis Flandriæ: ejus fchema, 183, 184

Margarita filia Ludovici de Mala Comitis Flandriæ, uxor Philippi Audacis Burgundiæ Ducis: ejus fchema, 184

Margarita Fuxenfis fecunda uxor Francifci II. Britanniæ Ducis: ejus fchema, 352

Margarita de Camblaio, uxor Ludovici de Beauvau, Campiniaci Toparchæ: ejus fchema, 267

Maria Andegavenfis Franciæ Regina, uxor Caroli VII. ejus imago nativa & aliud fchema, 254

Maria Andegavenfis Franciæ Regina, cui liber offertur, 280

Maria Bituricenfis pluries juncta connubio, 181, 185

Maria Bituricenfis uxor Joannis I. Borbonii Ducis, educta ex veteri libro infignium Arvernorum, 261

Maria Burgundica Carolum Franciæ Delphinum fponfum optat & petit, 328. Maximiliano Duci Auftriæ nubit, 331. moritur, 336

Maria Burgundica filia Joannis Intrepidi, uxor Adolphi IV. Clivienfis Ducis: ejus fchema, 184

Maria Burgundica Sabaudiæ Duciffa: ejus fchema, 185

Maria Borbonia Prior Piffiacenfis: ejus fchema, 68

Maria Sabaudica filia Amedei VIII. & Mariæ Burgundicæ nubit Duci Mediolanenfi, 186

Maria Britannica uxor Joannis II. Vicecomitis Rohanenfis: ejus fchema, 352

Maria de Caftellione uxor Simonis Comitis Ruciacenfis: ejus fchema, 192

Maria de Roia uxor Petri Hordeomontii Cambellani Regii: ejus fchema, 266

Maria Juvenella de Urfinis, Monialis Piffiacenfis: ejus fchema, 354

Marlæus (Henricus) Cancellarius Franciæ occifus & raptatus in feditione Parifienfi, 171

Martinus V. electus Papa Conftantiæ, 166

Maffarii ante Carolum Burgundiæ Ducem in Curia Senatus fui fedentem, 348

Maximilianus Dux Auftriæ, Teruanæ obfidionem folvit, 333. Malaunoium capit, Remonetum qui ftrenue pugnaverat, fufpendio vitam finire jubet; viciffim autem Ludovicus XI. quinquaginta Burgundiones fufpendio perire jubet, 334

Mellentum in poteftatem Regis Caroli VII. redactum,

Meotæus Eques fedens in Curia Senatus Caroli Burgundiæ Ducis, 349

Michaela de Vitriaco, uxor Joannis Juvenelli de Urfinis, 353

Mifericordia, nomen pugionis formæ cujufpiam, 67

Montacutius (Joannes) fupplicio traditus juffu Joannis Burgundiæ Ducis, 146, 147. ejus memoria poftea reftituta fuit, 147. Joannes Montacutius Magnus Franciæ Magifter: ejus fchema, 193

Montacutius Carolus Vice-dominus Laudunenfis: ejus fchema, 193

Montargifium in poteftatem Regis Caroli VII. redactum, 210

Montemorencianus (Carolus) Marefcallus Franciæ: ejus fchema, 191

Monfpeffulanus urbs in rebellionem erumpit contra Ducem Andegavenfem, & acerbiffime caftigatur, 46

N

Nani five Pumiliones penes Ludovicum II. Ducem Borbonium, 21, 22

Nantogileti Toparcha capite plexus, 304

Narbonenfis Vicecomes occifus in Vernolienfi pugna, 197

Nigellæa Joanna uxor Jacobi de Villariis, Infulæ Adami Toparchæ, 356

Nemoris Dux, jubente Ludovico XI. Rege comprehenfus, capite truncatur, 324

Niortum ab Anglis direptum, 26

Normannia inferior contra Anglos infurgit; fed ab illis denuo fubigitur, 211

Normanni Anglorum claffem profligant, & ex ejus manubiis divites evadunt, 101

O

Obsidiones quatuor fimul a Francis factæ, 30

Offemontius captus ab Henrico V. Angliæ Rege, 178

Ordo militaris Scuti, feu Borbonii inftitutus a Ludovico II. Borbonii Duce, 21, 22

Ordo militaris Crefcentis Lunæ, qui inftitutus eft a Renato Rege Jerofolymæ, utriufque Siciliæ, &c. Hujus Ordinis inftitutio, & Equitum officia, 256, 257, 258. ipforum nomina, 258, 259. depicta tabula capituli & cœtus ejufdem Ordinis, 259. fymbolicum dictum iftius Ordinis, Laus Crescendo, 259

Ordo Velleris aurei a Philippo Bono Burgundiæ Duce inftitutus, 305, 306

Ordo Sancti Michaelis a Ludovico Undecimo inftitutus, 305, 306

Orefmius (Nicolaus) Magnus Magifter Collegii Navarræ, in Francicum idioma librum Politicorum Ariftotelis convertit, & Regi Carolo V. offert, 32. Hic fuit poftea Epifcopus Lexovienfis, 33

Orgemontius five Hordeomontius (Petrus) Cantilliacenfis Toparcha, Cambellanus Regius, armatus repræfentatur, 266

Oriflamma; ejus forma, 83, 84. Oriflammæ Cuftos, Officium Coronæ Franciæ, 122

Oris (Michael) Aragonus ad fingularem pugnam provocat Anglos quoflibet, 125. Res fingulari & faceto modo terminatur, 126

Orvallius Leporetæus Anglos & Burdegalenfes fundit, 241

INDEX

P

Th. de P**APPORIA** Procurator Generalis in Curia Senatus Caroli postremi Burgundiæ Ducis, 351
Pares Franciæ depicti repræsentantur, 74, 75
Parisini cum Flandris rebellibus conspirant tempore Caroli VI. 79. Castella Regia solo æquare volunt, 81
Parisini armati exeunt, Rege post Flandricum bellum adveniente, 85, 86. acerrime castigantur, 88, 89
Parisini licentiam impetrant feuda possidendi ut Nobiles, 147. Rege jubente armati exeunt numero 80000. vel 100000. 316
S. Pauli Comes Constabularius Burgundiæ Ducem Carolum eo adigere vult, ut filiam suam nuptui det Duci Aquitaniæ, 308. jussu Burgundiæ Ducis Ministris Regiis traditus, Lutetiæ capite truncatur, 322
Pax facta inter Carolum VII. Regem & Philippum Bonum Burgundiæ Ducem, 213. quibus conditionibus, 213, 214
Pelliones (*Ecorcheurs*) sic vocabantur Prædones quidam qui Campaniam infestam habebant, 225
Pembrocius Comes Anglus captus in pugna navali prope Rupellam in Hispaniam ducitur, 15
Perdrerius (Joannes) Clericus Capellæ Regis; ejus schema, 68
Perpinianum capitur ab exercitu Ludovici XI. Regis, 314
Pestilentia in Francia anno 1439. 124
Petalus Regis Caroli VII. hodiernis similis, 253
Petragoricensis Comes suo spoliatus Comitatu, 123
Petronilla de Villariis tertia uxor Caroli Montemorentiaci Marescalli Franciæ, 191
Petrus Rex Castellæ Crudelis dictus, 7. ejus immanitas, *ibid*. ex solio Regio decutitur, 8. postea restituitur, 9. restitutus deinde vincitur & trucidatur, 10, 11
Petrus Britannicus frater Francisci I. Britanniæ Armoricæ Ducis, qui ipsi succedit: ejus schema, 263, 264. aliud schema, *ibid*.
Petrus II. Dux Britanniæ, 278. moritur: mortuo succedit Arturus, & post aliquot menses fato functus Arturus, Britanniam Francisco II. fratris filio relinquit, 251
Petrus Rex Cypri Regis Caroli V. inaugurationi adfuit, 3
Pheleto (Thomas) Anglus dux prope Bergeracum victus & captus, 45
Philippus Audax prædonum turmas & Comitem Montis-Belligardi impugnat, 4. Caritatem ad Ligerim capit, 5
Philippus Dux Burgundiæ filiam unicam Comitis Flandrensis uxorem ducit, 15. arma sumit contra Ducem Aurelianensem, 127
Philippus Audax Dux Burgundiæ moritur, 132
Philippus Audax Dux Burgundiæ cum Margarita Flandrensi uxore repræsentatus, 185. ejus nativa imago, 324. Philippi Audacis & subsequentium Burgundiæ Ducum affines, 183
Philippus Comes Nivernensis filius Philippi Audacis Burgundiæ Ducis, 187
Philippus Dux Burgundiæ, Bonus cognominatus, cum Henrico V. Angliæ Rege paciscitur contra Carolum Delphinum, 175
Philippus Bonus Dux Burgundiæ Delphinensium turmam profligat, 178. ejus schema, 185
Philippus Bonus Dux Burgundiæ contra Ducem Glocestriensem bellum feliciter gerit, 198, 199. Ordinem Velleris aurei instituit, 206. Caletum obsidet, & obsidionem solvere cogitur, 220. Corocotinum etiam frustra obsidet, *ibid*. Crucem sanctam contra Turcas 'accipere, & socios belli convocare frustra tentat, 249
Philippi Boni ingressus Gandavum in tabula repræsentatur, 251
Philippi Boni Burgundiæ Ducis nativa imago, 260. alia, *ibid*. a Biturige Armorum Rege depingitur, 276. sedens repræsentatur, 177
Philippus Bonus Dux Burgundiæ moritur, 298. ejus encomium, *ibid*.
Philippus Dux Lotherii, filius Antonii Burgundici: ejus schema, 187
Philippus Artesius Constabularius Franciæ post Clissonium, 116. in Hungariam belli gerendi causa se confert, 117
Philippus Artesius Comes Augæ, filius Joannis Artesii, Constabularius Franciæ: ejus schema, 188
Philippus Artesius filius Constabularii, 188
Philippus Comes Genevæ, filius Amedei VIII. Sabaudiæ Ducis & Mariæ Burgundicæ, 185
T. de Plena libellorum supplicum Magister in Curia Senatus Caroli postremi Burgundiæ Ducis, 350
Pons-Ursionis oppidum ab Anglis captum, 100
Pontisara oppidum in potestatem Regis Caroli VII. redactum, 212. ab Anglis ex improviso captum, 218
Porca, machina bellica, 45
A. de Poteriis Clericus a Consiliis sedens in Curia Senatus Caroli postremi Burgundiæ Ducis, 349
Poto de Santralliis dux strenuissimus, 178. Lupariam propugnaculis munit, 224
Poto de Santralliis captus, cum Talboto duce Anglo captivo commutatus est, 207
Poto de Santralliis eques repræsentatus, 265, 266. etiamque in libro Biturigis Armorum Regis, 275
L. de Pottos libellorum supplicum Magister, sedens in Curia Senatus Caroli Burgundiæ Ducis, 350
Prædones per turmas divisi in Francia, 7
Pragaria factio & rebellio contra Carolum VII. Regem Francorum, 223
Pragmatica-Sanctio in Francia recipitur, 222. a Ludovico XI. postea rejicitur, 283
Principes qui in Azincurtia pugna capti fuere, 166
Prognosticon contra quemdam carnificinam suadentem, quod suum sortitur effectum, 199
Publicatio pacis Attrebatensis, quæ Remis facta, depicta repræsentatur, 213
Puella Aurelianensis Joanna de Arcu, quæ se a Deo missam dicebat, commeatum magnum & annonam Aurelianum ducit, in Anglos sæpe erumpit & illos ad obsidionem solvendam compellit, 202
Puella Aurelianensis. *Vide* Joanna.
Pugio Equitum, misericordia appellabatur, 67
Pugna in Ponte Comineo contra Flandros, 81
Pugna Rosebeccensis & clades ingens Flandrorum, 82
Pugna Vernoliensis in qua Franci ab Anglis vincuntur, 197
Pugna Paraviensis, in qua Angli victi & Talbotius captus fuit,
Pugna Guinegatæ ubi victoria incerta dubiaque fuit, 333
Pugna inter septem Equites Francos & totidem Anglos cum victoria Francorum, 128
Pugna Ciconiarum, Ardearum, Picarum contra Cornices, Corvos & Gracculos, 149
Pulartius, vir a secretis in Curia Senatus Caroli Burgundiæ Ducis, 351
P. Pulinus, vir a secretis in Curia Senatus Caroli Burgundiæ Ducis, 351

Q

S. Q**UINTINI** urbs in potestatem Ludovici XI. Regis redacta, 307

Reductio

INDEX.

R

REDUCTIO Lutetiæ in potestatem Regis Caroli VII. 216
Renatus Andegavensis Dux Bari, captivus, utriusque Siciliæ Rex efficitur, ex carcere educitur, 218
Renatus cognomine Bonus, Rex Jerosolymæ, utriusque Siciliæ, &c. Ejus imago nativa ex tabula, quæ ipsius manu depicta est, educta, 254. erat ille, ut narratur, pictor egregius, 255. aliud schema ejusdem, 255
Renatus Rex utriusque Siciliæ, Aragoniæ Regnum sibi competere putans, illo mittit exercitum a filio ductum, 313, 314. cum Ludovico XI, Rege reconciliatur, 324
Renatus Dux Lotharingiæ Nanceium capit, 326
Resius Marescallus supplicio traditur apud Namnetas, ingentium scelerum causa, 214
F. Reucens a Consiliis Laïcus sedens in Curia Senatus Caroli Burgundiæ Ducis, 350
Ricardus II. Rex Angliæ inducias cum Francorum Rege Carolo facit, 113. sponsam ducit Elisabetam Regis Caroli VI. filiam, 119. pacta quædam init, quæ ipsi perniciem attrahunt, 120
Ricardus II. Glocestrium Ducem & Arundellium Comitem supplicio tradit, 122. res suas magis ac magis pessumdat, 123. ex solio Regio decussus, occiditur in carcere, 124, 125
Ricardi II. Angliæ Regis schema, 188
Ricardus Abbas S. Germani a Pratis Abbatiam suam propugnaculis cingit, jubente Rege Carolo V. 13
Ricomontius Comes Anglus cum Anglorum manu opitulatum venit Duci Bituricensi, 149
Robertus Dux Bavariæ Imperator factus, 126
Robertus V. Comes Drocensis : ejus imago, 265
Robertus de Hesdino, Ostiarius in Curia Senatus Caroli Burgundiæ Ducis, 351
Rodericus Villandrasius dux Hispanus in Regiis Francorum copiis, 207
Rodericus Villandrasius prædo magnus, 218. illum Rex insequitur, ibid. ex Regno exsulare jubet; sed postea ad Regias Francicas cohortes revertitur, 219
J. Rolinus Clericus a Consiliis sedens in Curia Senatus Caroli Burgundiæ Ducis, 350
Rotomagenses in desperationem acti, in exercitum Anglorum irrumpere parant. Rex Henricus rejecta prius deditionis pacta admittit, 173
Rotomagus rebellionis causa castigatur, 90
Ruesius Marescallus Franciæ Dieppam ex improviso Anglis eripit, 211, 212
G. de Ruperforti libellorum supplicum Magister sedet in Curia Senatus Caroli postremi Burgundiæ Ducis, 350
Rupella Regi Carolo V. se dedit, 27, 28
Rupes-ad-Yonem ab Anglis capitur, 17
N. de Ruter Scriba in Curia Senatus Caroli postremi Burgundiæ Ducis, 351

S

SANCERRENSIS Comes Constabularius Franciæ deligitur, 122
Sanct-yones Lanii Parisini multa violenter perpetrant, 151
Sarisberiensis Comes impedimento est quominus Brestum capiatur, 30
Sarisberiensis Comes alius, Cenomanum capit, multaque alia oppida Francis eripit, 197. cum Anglorum exercitu Aurelianum obsidet, 201. fortiter propugnant Franci. Comes Sarisberiensis occiditur, 201
Savosiacus Toparcha ad oras Anglicanas prædas agit, atque in insula Vecti: manubiisque onustus redit, 137

Schisma magnum incipit, 47. longo temporis spatio perstat, 108. modi illius tollendi proponuntur, 118. *Subtractio* obedientiæ proposita & accepta ad illud sedandum, 123. schisma viget semper, 127. series rerum in schismate gestarum, 130. obedientia Benedicto XIII. negatur, 138. Benedictus XIII. & Gregorius arte Pontificatum retinent, 139
Scopletorum (*Arquebuses*) usus in Atrebatensi obsidione primum observatus, 162
Scuta lignea & viminea in exercitu Francorum, 229
Seditio Lutetiæ occasione vectigalium & subsidiorum, 78. in aliis quoque urbibus excitatur, 79
Seditio in Anglia, 76
Seditio & cædes horrenda Lutetiæ, in qua Burgundiones in urbem sunt ingressi, 169, 170, 171
Senescallus Burdegalensis & quadringenti Angli in mari capiuntur, 148
Sigismundus Imperator Lutetiam venit, & de pace agit ; sed non felici exitu, 166
Simon Comes Ruciacensis & Brennacensis : ejus schema, 192
Simon Ruciacensis, Comes Pontarciensis : ejus schema, 192
Sommersetius dux Anglus pro Rotomagi deditione cum Rege Carolo VII. paciscitur, 235, 236
Sorberius (Ludovicus) Pontisaram Britonibus tradit, 293, 294
Sortiarii, seu malefici & præstigiatores magno numero Lutetiæ, 130. quidam eorum plectuntur, 131
Spectacula singularia in adventu Caroli IV. Imperatoris Lutetiam, 40
Spectacula in ingressu Isabellæ Bavaricæ Reginæ Lutetiam, 104
Spenserus (Henricus) Episcopus Nordvicensis dux exercitus Anglorum in Francia, 90. Flandros profligat, ibid. a Gandavensibus jungitur, 91. Ypram obsidet, ibid. sine ullo operæ precio in Angliam remigrat, ibid.
Surienna (Franciscus) Aragonensis qui pro Anglis militabat, Montis-Argisii castellum ex improviso capit, 208, 209
Surienna Fugeriam nec opinantibus oppidanis capit, & inducias violat, 233. ab Anglorum militia recedit, ibid.
S. Susannæ oppidum & castellum Anglis eripiuntur, 222

T

TALBOTIUS in pugna Pataviensi captus, 203. cum Potone de Santralliis commutatus, 207
Talbotius cum exercitu Anglorum Dieppam obsidet, 228. castellum magnum ligneum construi curat, ibid.
Talbotius obses datus in pactione Rotomagensi, 236
Talbotius cum Anglis Burdegalam inducitur, 147. oppida multa & castra capit : vincitur & occiditur, 248
Tamerlanus Imperium Ottomanicum dejicit, 129
Tanaquillus de Castello ad Caroli V. Francorum Regis partes deflectit, & deducitur, 6. oram Anglicam feliciter aggreditur, 133
Tanaquillus de Castello Ladislaum Neapolis Regem vincit, 148
Tanaquillus de Castello grassante seditione & cæde Parisina Carolum Delphinum in Bastiliam seu castellum sancti Antonii exportat, 170
Tanaquillus de Castello ex aula Regia Caroli VII. recedit, 199
Tanaquillus de Castello in Britanniam se recipit, 282
Theatrum ovatæ formæ structum pro pugna nobilis cujusdam contra canem, 71

www.ingramcontent.com/pod-product-compliance
Lightning Source LLC
Chambersburg PA
CBHW070821250426
43671CB00036B/640